志学习

山地委副书记、书记，1988年退休，
党的路线方针和政策，带领干部群众
设施，为改变贫穷落后面貌、让老百
滇西粮仓”。退休之后，他主动放弃
0多年，建成了约5.6万亩的大亮山
4月，他将价值超过3亿元的大亮山林
怀深情，经常拿自己的工资接济困难
而对自己和家人却始终严格要求，从
杨善洲同志的模范事迹和崇高精神，
秀，为党员干部特别是领导干部为

2011

云南经济年鉴

YUNAN ECONOMY YEARBOOK

图书在版编目(CIP)数据

云南经济年鉴．第20卷／云南经济年鉴编辑部编．—昆明：云南人民出版社，2012.1

ISBN 978-7-222-08836-8

Ⅰ．①云… Ⅱ．①云… Ⅲ．①区域经济-云南省-2011-年鉴 Ⅳ．①F127.74-54

中国版本图书馆CIP数据核字(2012)第012941号

责任编辑:段兴民　范可

责任校对:赵红

责任印制:施立青

装帧设计:昆明亚明星印刷有限公司

云南经济年鉴(2011)

云南省人民政府研究室
云南经济年鉴编辑委员会 编

出版发行:云南出版集团公司
云南人民出版社
(昆明市环城西路609号)

印　　刷:昆明亚明星印刷有限公司

开　　本:889mm×1194mm　1/16

印　　张:35

字　　数:1000千

版　　次:2011年12月第1版

印　　次:2011年12月第1次印刷

印　　数:1~2000

书　　号:ISBN 978-7-222-08836-8

定　　价:480.00元

编 辑 说 明

1.《云南经济年鉴》是由云南省人民政府研究室主管，云南经济年鉴编辑委员会主办，云南省各有关部门共同参与编纂的一部全面反映云南经济和社会发展面貌的大型资料性工具书，创办于1992年，每年出版一卷，国内外公开发行。本书全面、系统、准确、翔实地反映云南省经济和社会各项事业的基本情况，至2011年已连续出版20卷。

2.《云南经济年鉴》采用分类编辑法。内容按篇目—类目—分目—条目四级结构层次编辑，分设16个篇目。篇目由辑封导入，下设若干类目、分目，以条目为表现内容的基本形式。在少数分目中，增加了子分目的层次。全书条目标题统一用黑体加【】表示，内容较多的条目另加楷体字插题，便于进一步细分资料。与条目有关的图表直接插于文中；为减少某些部类所占篇幅的比重，一些大型图表集中放置在文中，有利于读者专门查阅相关资料。

3.《云南经济年鉴》以出版年号为卷次名称，2011年卷主要载录云南省2010年经济社会发展的基本资料，全书设16个篇目：（1）特载；（2）云南概况；（3）经济大事记；（4）国民经济和社会发展；（5）各行业发展概况；（6）地区经济；（7）市县区经济选介；（8）专题报告；（9）经济研究；（10）法规·文件；（11）公报；（12）国民经济统计资料；（13）表彰·奖励；（14）人物；（15）大中型企业选介；（16）附录。

4.《云南经济年鉴》2011年卷在保持基本框架相对稳定的前提下，对部分内容进行调整、充实，主要目的是记录云南2010年的大事、要事，反映云南的历史发展风貌。

5.《云南经济年鉴》2011年卷收录内容以2010年12月末为限。部分篇目如“云南省科技统计公报”等数据截止到2009年12月末；不一致的地方在书中已标注。

6. 全书所载录的内容和数据，分别由云南省各有关行政管理机构和业务单位的工作人员撰写，部分内容组织专家编辑、整理，并经领导和有关方面审核。由于行业和地区统计口径的原因，个别数据不一致的地方，以云南省统计局提供的资料数据为准。

7. 本年鉴的编辑出版工作得到全省各级党委、政府的大力支持和各有关单位的通力合作，谨此致谢。由于时间仓促，加之水平有限，不足之处在所难免，本书疏漏之处，敬请广大读者提出宝贵意见。

编 辑 说 明

云南经济年鉴编辑委员会

云南经济年鉴编辑部

地　址：昆明市五华山省政府大楼 7 楼

邮　编：650021

电　话：（0871）3628948　3648425

传　真：（0871）3648425

电子邮箱（E-mail）：ynjjnj@163. com

《云南经济年鉴》各编写组主要撰稿人

国民经济和社会发展

黄书雷　省发展改革委
易永红　省民委
黄宏勇　省政府研究室
张　鹏　省政府研究室
何植敏　省工业和信息化委
王宏宇　省工业和信息化委
张云江　省工业和信息化委
李建明　省财政厅
刘　云　省国资委
杨大伟　省国资委
何薇薇　省发展改革委
鞠云昆　省发展改革委
李亚洁　省发展改革委
李　飞　省发展改革委
喻兵兵　省发展改革委
张懋功　省政府研究室
张亚辉　省政府研究室

各行业发展概况

刘余武　省农业厅
徐　斌　省林业厅
陈　葵　云南农垦集团
师晓莹　省水利厅
肖义贵　省扶贫办
黄清祥　省政府发展生物产业办公室
曾尔庆　省烟草公司
陈　云　云南电网公司
杨　颖　云南电网公司
赖庆华　省工业和信息化委
杞耀光　省工业和信息化委
张坤华　省工业和信息化委
徐莉萍　省国防科技工业局
史红玉　省机械工业行业协会
徐秀华　省工业和信息化委
吴立群　昆明铁路局
刘云建　省交通运输厅
刘书含　省交通运输厅
黄　增　省住房城乡建设厅
李　莉　省工业和信息化委
何永盛　省工业和信息化委
高长华　省邮政公司
赵　飞　省旅游局
杨　明　省商务厅
李进云　省统计局
马美平　省供销社
吉　永　昆明海关
洪应松　云南出入境检验检疫局
刘　扬　省金融办
陈夏钢　中国人民银行昆明中心支行
冉玉兰　省国土资源厅
陈　丽　省环境保护厅
张　伟　省教育厅
李　睎　省科教厅
冯　颖　省气象局
耿　弘　省测绘局
蔡　玲　省人口计生委
朱远昆　省人力资源社会保障厅

邱　玮　省民政厅
邹睿佳　省质监局
彭颖睿　省国税局
罗松全　省地税局
白　静　省工商局
张　凤　省工业和信息化委

地区经济

赵丕德　昆明市地方志办公室
沈璐娟　曲靖市委政策研究室
杞兆昌　玉溪市政府研究室
王文蓉　保山市政府研究室
邹　蓉　昭通市统计局
桑列华　丽江市政府研究室
黄　玮　普洱市政府研究室
左映莲　临沧市发展研究中心
张云微　楚雄州发展改革委
李　雁　红河州政府研究室
胡廷汉　文山州政府研究室
黄艳芳　德宏州政府办公室
关建涛　怒江州政府经济研究中心
李燕兰　迪庆州发展研究中心

市县区经济选介

杨连国　五华区地方志办公室
吴焰红　盘龙区地方志办公室
加三益　官渡区史志办公室
刀培凤　西山区地方志办公室
刘　荣　东川区史志办公室
张丽华　安宁市史志办公室
余俊柏　宣威市地方志办公室
邹　瑾　红塔区史志办公室
张永香　古城区史志办公室

王　熹　蒙自市地方志办公室
奎中凌　思茅区地方志办公室
唐永润　临翔区地方志办公室
何少华　个旧市政府办公室
李学慧　文山市委党史研究室
杨　艳　大理市地方志办公室
王娅敏　潞西市委党史研究室
何春城　泸水县地方志办公室
李俊成　香格里拉县地方志办公室
李天义　芒市党史研究办公室

经济研究

谭启彬　省社科联
罗荣淮　省社科院
王德堂　省政府研究室
杨桂敏　省政府研究室

法规·文件

陈晓光　省法制办

国民经济统计资料

黎　晶　省统计局

大中型企业选介

张劲锋　云铜集团
黄绕生　云铜集团
王　昕　云南商业集团公司
李　煜　云南冶金集团公司
李艳梅　云南物流产业集团公司
彭　怡　太平洋人寿保险公司云南分公司

存史资政　服务云南
为我省经济建设谱写新的篇章

——贺《云南经济年鉴》创刊20周年

丁绍祥

2011年，是“十二五”规划开局之年，是中国共产党成立90周年，是云南改革发展迈入新的历史起点之年，也是《云南经济年鉴》创刊20周年的喜庆之年。

在漫长的历史长河中，1992年只是短暂的一刻，但它却承载着中国的重大历史事件和社会进步，被永久性地载入史册。1992年初，邓小平同志南巡并发表了一系列重要讲话，为我国新时期改革开放指明了方向，也为云南经济发展提供了强劲动力。抚今追昔，云南这20年的发展历程，跨越了两个世纪，连接了两个千年，承启了从温饱逐步迈向小康、构建和谐社会的重要历史时期。全省广大干部群众高举邓小平理论和“三个代表”重要思想伟大旗帜，乘着科学发展的强劲东风，踏着改革开放的奋进鼓点，团结带领全省各族人民，众志成城，解放思想，抢抓机遇，锐意进取，攻坚克难，谱写了一曲曲波澜壮阔、翻天覆地的壮丽篇章。

过去的20年是全省经济社会蓬勃发展的20年。2010年，全省实现地区生产总值7220.14亿元，比1992年的618.69亿元增长近12倍，年平均增长10.2%。通过20年的努力奋斗跨越了7000亿元大关。财政总收入从99.78亿元增加到1809.3亿元，全社会固定资产投资从98.32亿元增加到5528.71亿元，非公有制经济增加值占全省生产总值达到了40.6%。

过去的20年是改革开放实现新突破的20年。我省始终沿着改革开放的路线，不断把云南的改革开放推向纵深，进一步增强发展的动力和活力。继续推进农业、国企、财政、金融、投资、教育、文化等领域的改革。积极参与中国——东盟自由贸易区建设，全力加快把云南建设成为中国面向西南开放的重要桥头堡。进出口贸易总额从5.51亿美元提高到133.68亿美元。

过去的20年是人民生活水平不断提高的20年。省委、省政府始终坚持把造福全省各族人民作为加快发展的根本目的，解决了一批人民群众最关心的利益问题，城镇居民人均可支配收入和农民人均纯收入分别达到了16065元和3952元。

过去的20年是社会事业取得新进展的20年。云南省坚持以人为本，更加注重发展社会事业，促进社会和谐。教育、公共卫生、医疗救治体系进一步健全，新型农村合作医疗实现全覆盖。社会保障体系建设进一步完善，建立了城乡最低生活保障制度。

过去的20年是生态环境保护取得新成效的20年。坚持从云南发展的全局出发，积极开展“七彩云南保护行动”，“森林云南”建设，大力推进生态建设和环境保护，全面实施生态建设工程，全省森林覆盖率提高到53%以上，生物多样性得到有效保护。九大高原湖泊水质保持基本稳定。

过去的20年，云南国民经济快速发展，综合实力明显增强，人民生活显著改善，社会事业全面进步，总体上步入了全面建设小康社会的新阶段。

20年风雨兼程，20年波澜壮阔，20年硕果累累。《云南经济年鉴》是1992年经云南省人民政府批准公开出版发行的、由云南省人民政府研究室主管主办的大型资料性工具书。在过去的20年里，《云南经济年鉴》与全省的经济发展相依相伴，肩负着全省经济建设的宣传、交流和资政使命，历经了全省改革发展的艰难曲折，也见证了彩云之南起步发展的历史。在全省各州市、各部门广大编撰人员的精心耕耘下，创刊至今已连续出版了20卷，约3000万字，达4万册，并连年荣获国家、省多个奖项，为全省经济社会发展做出了积极贡献。

一是记述全省经济发展的重要史料。《云南经济年鉴》是一部详细记述全省经济发展的重要史料，具有较强的资料性、权威性和专业性，其以年为横断面，用丰富翔实的资料，系统地反映云南省国民经济的年度发展概况。其信息密集、覆盖面广，博采众家之长，集多功能一身，可以说是集万卷于一册。

二是提供科学决策的重要资政依据。《云南经济年鉴》是云南经济发展存史资政的重要工具，为省委省政府领导研究制定规划和科学决策提供了较为全面的信息和依据，也为各职能部门提供了重要的经济发展信息。

三是营造良好发展环境的有效宣传渠道。《云南经济年鉴》具有较强的政治、经济宣传作用，尤其是在宣传建设富裕、民主、文明、开放、和谐云南；宣传把云南建设成为中国面向西南开放的桥头堡具有不可替代的重要作用。《云南经济年鉴》已经成为国内外、省内外了解云南的一个重要“窗口”，既是经济发展信息的储存库，也是我省政治、经济宣传的重要工具。

2011年5月，《国务院关于支持云南加快建设面向西南开放重要桥头堡的意见》正式下发实施，这是彩云之南的盛大喜事，标志着桥头堡建设成为国家战略，云南的改革开放步入全新的历史阶段。新机遇、新起点，意味着新挑战、新使命，云南经济年鉴编辑委员会要按照省委、省政府的部署要求，切实履行好工作职责，继续做好编撰工作，忠实记述全省各族人民建设家园的光辉历程；要深入挖掘经济特色，更加突出地域性、综合性、时代性、时效性、资料性和实用性特征，准确反映全省经济行情；要拓宽渠道，扩大发行，广泛宣传各行各业经济发展成就，提高经济年鉴的使用率、知名度，不断扩大经济年鉴的社会影响力；要总结经验，开拓创新，把丰富翔实的内容与多姿多彩的外在形式结合起来，打造一本高质量的特色年鉴、精品年鉴。

在新的历史起点上，我们要坚定不移地按照党中央、国务院的要求和部署，围绕建设绿色经济强省、民族文化强省和中国面向西南开放的重要桥头堡三大战略目标，把《云南经济年鉴》创办成为全省重要的经济信息平台，使之更好地为领导决策服务，为经济发展导航。

希望《云南经济年鉴》越办越好，质量越来越高，为全省经济建设做好服务，为建设富裕民主文明开放和谐云南做出新的更大的贡献！

《云南经济年鉴》创刊20周年同贺单位

中华人民共和国年鉴 中国商业年鉴 中国轻工业年鉴 中国广播电视年鉴 中国城市年鉴
中国农业年鉴 中国环境年鉴 中国机械工业年鉴 中国法律年鉴 中国铁道年鉴
中国电子工业年鉴 中国统计年鉴 中国图书年鉴 中国钢铁工业年鉴 中国工会年鉴
中国出版年鉴 中国财政年鉴 中国民族年鉴 中国税务年鉴 中国旅游年鉴
中国工商行政管理年鉴 中国交通年鉴 中国商务年鉴 中国经济年鉴 世界知识年鉴
中国金融年鉴 中国会计年鉴 北京年鉴 天津年鉴 河北年鉴 山西年鉴
内蒙古年鉴 辽宁年鉴 大连年鉴 吉林年鉴 长春年鉴 哈尔滨年鉴
上海年鉴 浦东年鉴 江苏年鉴 南京年鉴 浙江年鉴 杭州年鉴 温州年鉴 安徽年鉴
福建年鉴 厦门年鉴 山东年鉴 济南年鉴 青岛年鉴 河南年鉴 湖北年鉴 重庆年鉴
武汉年鉴 湖南年鉴 广东年鉴 广州年鉴 深圳年鉴 广西年鉴 海南年鉴 青海年鉴
四川年鉴 四川交通年鉴 成都年鉴 贵州年鉴 陕西年鉴 西安年鉴 新疆年鉴 宁夏年鉴
云南省新闻出版局 云南司法年鉴 云南工商年鉴 云南财政年鉴 云南电力年鉴
云南省地方志办公室 昆明市地方志办公室 盘龙区地方志办公室 五华区地方志办公室
官渡区地方志办公室 西山区地方志办公室 东川区史志办公室 安宁市史志办公室
宜良县志办公室 嵩明县地方志办公室 宣威市史志办公室 沾益县地方志办公室
石林县史志办公室 禄劝县地方志办公室 寻甸县史志办公室 曲靖市地方志办公室
陆良县史志办公室 师宗县史志办公室 罗平县史志办公室 马龙县地方志办公室
通海县史志办公室 红塔区史志编纂办公室 华宁县委史志编纂办公室 玉溪市地方志办公室
新平县地方志办公室 元江县史志办公室 昭通市地方志办公室 澄江县史志办公室
昭阳区地方志办公室 鲁甸县地方志办公室 巧家县地方志办公室 盐津县地方志办公室
大关县史志办公室 永善县地方志办公室 镇雄县地方志办公室 彝良县地方志办公室
楚雄市地方志办公室 双柏县地方志办公室 牟定县志办公室 南华县地方志办公室
姚安县地方志办公室 大姚县地方志办公室 永仁县地方志办公室 元谋县地方志办公室
武定县地方志办公室 红河州地方志办公室 开远市地方志办公室 广南县史志办公室
蒙自县地方志办公室 石屏县史志办公室 泸西县史志办公室 元阳县地方志办公室
金平县地方志办公室 河口县地方志办公室 屏边县地方志办公室 沧源县地方志办公室
文山州地方志办公室 文山县地方志办公室 砚山县史志办公室 西畴县地方志办公室
麻栗坡县地方志办公室 马关县史志办公室 富宁县地方志办公室 普洱市地方志办公室
墨江县地方志办公室 景谷县地方志办公室 江城县党史办公室 孟连县地方志办公室
景洪市史志办公室 勐海县地方志办公室 南涧县地方志办公室 巍山县地方志办公室
大理州地方志办公室 大理市地方志办公室 宾川县地方志办公室 施甸县史志办公室
弥渡县地方志办公室 永平县地方志办公室 云龙县地方志办公室 洱源县地方志办公室
腾冲县史志办公室 龙陵县史志办公室 德宏州史志办公室 盈江县史志办公室
梁河县委史志办公室 隆川县史志办公室 丽江市地方志办公室 古城区史志办公室
华坪县史志办公室 玉龙县史志办公室 怒江州地方志办公室 兰坪县地方志办公室
迪庆州发展研究中心 香格里拉史志办公室 德钦县地方志办公室 耿马县地方志办公室
临沧市地方志办公室 凤庆县史志办公室 永德县地方志办公室 镇康县地方志办公室
双江县地方志办公室

云南省行政区划表

（资料截至时间：2010 年 12 月 31 日）

市、州	所辖县、市、区	129 县市区
昆明市	盘龙区　五华区　官渡区　西山区　东川区　安宁市　呈贡县　晋宁县　富民县　宜良县　嵩明县　石林彝族自治县　禄劝彝族苗族自治县　寻甸回族彝族自治县	5 区 8 县 1 市
曲靖市	麒麟区　宣威市　马龙县　陆良县　师宗县　罗平县　富源县　会泽县　沾益县	1 区 7 县 1 市
玉溪市	红塔区　江川县　澄江县　通海县　华宁县　易门县　峨山彝族自治县　新平彝族傣族自治县　元江哈尼族彝族傣族自治县	1 区 8 县
保山市	隆阳区　施甸县　腾冲县　龙陵县　昌宁县	1 区 4 县
昭通市	昭阳区　鲁甸县　巧家县　盐津县　大关县　永善县　绥江县　镇雄县　彝良县　威信县　水富县	1 区 10 县
丽江市	古城区　永胜县　华坪县　玉龙纳西族自治县　宁蒗彝族自治县	1 区 4 县
普洱市	思茅区　宁洱哈尼族彝族自治县　墨江哈尼族自治县　景东彝族自治县　景谷傣族彝族自治县　镇沅彝族哈尼族拉祜族自治县　江城哈尼族彝族自治县　孟连傣族拉祜族佤族自治县　澜沧拉祜族自治县　西盟佤族自治县	1 区 9 县
临沧市	临翔区　凤庆县　云县　永德县　镇康县　双江拉祜族佤族布朗族傣族自治县　耿马傣族佤族自治县　沧源佤族自治县	1 区 7 县
楚雄彝族自治州	楚雄市　双柏县　牟定县　南华县　姚安县　大姚县　永仁县　元谋县　武定县　禄丰县	9 县 1 市
红河哈尼族彝族自治州	蒙自市　个旧市　开远市　建水县　石屏县　弥勒县　泸西县　元阳县　红河县　绿春县　屏边苗族自治县　金平苗族瑶族傣族自治县　河口瑶族自治县	10 县 3 市
文山壮族苗族自治州	文山市　砚山县　西畴县　麻栗坡县　马关县　丘北县　广南县　富宁县	7 县 1 市
西双版纳傣族自治州	景洪市　勐海县　勐腊县	2 县 1 市
大理白族自治州	大理市　祥云县　宾川县　弥渡县　永平县　云龙县　洱源县　剑川县　鹤庆县　漾濞彝族自治县　南涧彝族自治县　巍山彝族回族自治县	11 县 1 市
德宏傣族景颇族自治州	芒市　瑞丽市　梁河县　盈江县　陇川县	3 县 2 市
怒江傈僳族自治州	泸水县　福贡县　贡山独龙族怒族自治县　兰坪白族普米族自治县	4 县
迪庆藏族自治州	香格里拉县　德钦县　维西傈僳族自治县	3 县

总　　目

目　　录
Contents

特载
Special Editing

云南概况
Overview of Yunnan Province

经济大事记
Important Events of Economy

国民经济和社会发展
National Economynd Social Development

各行业发展概况
The Development Of the Industry Overvierview

• 第一产业 •
The First ludustry

·第三产业·
The Third Industry

交通运输和邮政业
Transportantion and Postal Service

旅游业和批发零售业
Tourism Industry and Wholesale&Retail

金融业
Finance

城市建设和房地产业
City construction and realty business

环境保护
Environmental Protection

地区经济

Regional Economy

8 个省辖市

8 Cities Adminlstered by Proviflce

8 个民族自治州

8 Nationality Autonomous Prefectures

市县区经济选介

Introdutction 0f Economy in Selective Cities DistrictS and Counties

昆明市县区经济选介

Economic Situation of Selective Districts and Counties of Kunming City

怒江州县区经济选介
Economic Situation of Selective County of Nu Jiang Prefecture

迪庆州县区经济选介
Economc Situation of Seleclive County of Di Qing Prefecture

专题报告
Key Topics Report

经济研究
Economic Recearch

重要学术活动
Important Academic Activities

研究机构选介
Introduction of Selective Research Institutions

法规・文件
Regulatios and Research Institutions

法　规
Regulations

文　件
Ducoment

公　报
Bulletin

国民经济统计资料

National Economy Satistics

表彰·奖励

Honor & Rewards

人　物

Figures

大中型企业选介

Brief Introduction of Selective Large and Medium - sized Enterprises

附　录

Attachment

协 办 单 位

云南中烟工业公司

云南锡业集团（控股）有限责任公司

昭通市人民政府

普洱市人民政府

德宏州人民政府

云南省总工会

云南省旅游局

云南省监狱管理局

云南省地方税务局

芒市人民政府

麻栗坡县人民政府

中国农业银行云南省分行

中国人民财产保险股份有限公司云南分公司

曲靖市麒麟区东山福田焦化有限责任公司

曲靖市麒麟区珠街小凹子煤矿

云南省南华县一街无烟煤开发有限责任公司

罗平县阿岗镇扎塘煤矿

云南中烟工业公司

YUNNANZHONGYANGONGYEGONGSI

国家烟草专卖局副局长何泽华（左4）、云南省人民政府副省长曹建方（左5）出席会议

2010年，云南中烟工业公司紧紧围绕“卷烟上水平”战略任务和“5331”品牌发展目标，省内生产卷烟714万箱，同比增长3.35%；销售卷烟697万箱，同比增长1.29%。省内实现工业总产值936亿元，销售收入874亿元，税利685亿元，进出口总值1.424亿美元。云南卷烟国内市场规模达到969万箱，“玉溪”“红塔山”“云烟”“红河”等四大重点骨干品牌销量分别达69万箱、275万箱、172万箱和221万箱，创历史新高。对外品牌合作生产224万箱，出口卷烟11万箱，境外生产卷烟11.2万箱。科技创新、市场营销、企业管理、原料保障、思想政治建设和人才队伍建设等项工作取得新的进步。全系统4项科技成果获得国家局科技进步奖，1人获“全国技术能手”、4人获“全国烟草技术能手”、2人获“全国劳动模范”、1个集体荣获“云南省五一劳动奖章”称号。捐赠抗旱救灾资金5000万元以上，个人捐款366万元，党员特别捐款近200万元。整个“十一五”时期，省内卷烟企业累计生产卷烟、销售卷烟、实现工业增加值和实现总税利分别为3404万箱、3369万箱、3157亿元和2820亿元，同比“十五”分别增加327万箱、297万箱、1285亿元和1107亿元，为地方经济社会发展作出了重要贡献。

云南烟草科学研究院成立于1998年，是云南中烟工业公司专门从事基础性、前瞻性、共性技术研究的综合科研机构，致力于烟草科学发展、科技创新。开展烟草化学、减害降焦、烟草添加剂安全性、特色香原料与增香保润、

卷烟原料及薄片、烟草经济信息等领域的研究、开发及应用。拥有中国烟草总公司烟草添加剂安全性测试中心、烟草化学省级重点实验室、省级创新团队和企业博士后科研工作站。

云南中烟物资（集团）有限责任公司为云南中烟工业公司的全资子公司，负责对全省烟草工业的烟用物资（卷烟材料和烟机零配件）和设备实行统一经营和集中管理，并为全省烟草企业提供仓储运输服务。2010年共实现经营收入97亿元，利润2.1亿元，曾获“云南省物资供销企业五十强”“云南省纳税大户”“云南省五一劳动奖状”和“云南省文明单位”等荣誉称号。

云南烟草教育培训中心始建于1983年,是云南中烟工业公司下属事业性质的多层次办学实体和综合教育培训基地。主要开设烟草物流技术培训、PLC应用技术培训、烟机设备维修高级进修、中高级管理人员培训、卷烟营销人员素质提升培训、技能人员鉴定培训等特色培训项目，为“卷烟上水平”的发展提供智力支持和人才保障。

云南烟草国际有限公司成立于2006年，云南中烟工业公司的全资子公司，是全国烟草工业系统第一家专业国际业务公司，归口经营与管理云南烟草工业系统卷烟出口，烟用原辅材料、烟机设备进出口，烟草国际合作与经济技术交流等业务。公司努力开启云南卷烟开拓国际市场新局面，为实现云南卷烟在“国际市场要求新突破，处于领先地位”的目标而不懈努力。

云南烟草兴云投资股份有限公司属于云南烟草多元化经营企业，注册资金5.5亿元。股东单位为云南中烟工业公司、中国烟草总公司云南省公司、云南红塔集团有限公司、红云红河烟草(集团)有限责任公司。主要经营范围为房地产、物业管理、旅游酒店、IT产业、金融保险等业务。拥有云南世博兴云房地产公司和翠湖宾馆等14家全资、控股下属企业。2010年初通过了质量、环境和职业健康安全管理体系“三标”认证。2010年实现利润3亿元。目前，公司正朝着做强做大房地产业和酒店业方向迈进。

烟机职业技能鉴定现场实操

科研人员进行卷烟产品安全性检测

卷烟物资存储转运物流中心

云南中烟工业公司特有职业（工种）职业技能鉴定站于2007年设立，负责云南中烟工业公司行业特有工种和卷烟商品营销职业（工种）的国家职业资格初、中、高三个等级职业鉴定工作，协同国家局鉴定中心实施行业特有职业（工种）国家职业资格技师的鉴定工作。鉴定站坚持“客观公正、科学规范、尽心服务、致力改进”的质量方针，坚持“社会效益第一、鉴定质量第一”的原则，严格按照职业标准要求组织开展职业技能鉴定工作,以为云南中烟工业系统培养高技能人才做好服务。

专业培训班

云南烟草国际有限公司通过海关总署“AA”企业认证

云南世博兴云房地产公司开发的生态住宅小区

红云红河烟草(集团)有限责任公司
HONGYUNHONGHE TOBACCO (GROUP) CO.,LTD

中共中央政治局常委、中央书记处书记、国家副主席习近平视察红云红河集团

红云红河烟草（集团）有限责任公司（简称红云红河集团）成立于2008年11月8日，由原红云烟草（集团）有限责任公司和红河烟草（集团）有限责任公司合并组建，是中国烟草“深化改革、推动重组、走向联合、共同发展”向更高层次和更高水平迈出的重要一步。

红云红河集团是以烟草为主业，跨行业、跨地区经营的大型国有企业，下辖昆明卷烟厂、红河卷烟厂、曲靖卷烟厂、会泽卷烟厂、新疆卷烟厂、乌兰浩特卷烟厂六个生产厂，控股山西昆明烟草有限责任公司，参股内蒙古昆明卷烟有限责任公司，拥有商贸、印刷、运输、酒店、学校、医院等企业公司。

红云红河集团拥有“云烟”“红河”“小熊猫”等多个中国卷烟“百牌号”产品，其中核心品牌“云烟”“红河”为“中国驰名商标”“中国名牌产品”。2010年，红云红河集团累计生产卷烟439.63万箱，同比增长3.94%，实现税利突破410亿元(含蒙昆公司)。“云烟”单品牌销售165万箱，“红河”单品牌销售214万箱。

红云红河烟草(集团)有限责任公司
HONGYUNHONGHE TOBACCO (GROUP) CO.,LTD

红云红河烟草（集团）有限责任公司授牌成立仪式

“云烟品牌发展论坛”在昆明隆重开幕

共同的财富，共同的责任。这是国家烟草专卖局姜成康局长给予“云烟”的准确定位，更是集团肩负的光荣使命。红云红河集团两万多名员工将以科学发展观统领全局，牢固树立“国家利益至上，消费者利益至上”的行业共同价值观，牢记发展不忘回报社会的宗旨，积极推进体制、管理、营销、科技创新，着力品牌、原料、文化、和谐建设，做强做大品牌和企业，向着“331”十二五品牌规划，向着“卷烟上水平”的更高层次，向着“全面创一流”的更高水平，凝心聚力，全力以赴……

集团成立两周年庆祝大会上，集团领导点亮寓意基业长青的长青树

红塔烟草(集团)有限责任公司

优质原料基地

红塔集团创业于1956年。1958年，第一包“红塔山”问世。1995年9月，成立玉溪红塔烟草（集团）有限责任公司。2005年12月，玉溪红塔烟草（集团）有限责任公司更名为红塔烟草（集团）有限责任公司。

经过50多年的风雨淬炼和奋进发展，随着中国烟草改革发展进程的不断加快，红塔集团积极参与联合重组，推进一体化发展战略。目前，集团以母分公司形式拥有省内玉溪、楚雄、大理、昭通4个卷烟厂，以股份制形式控股海南红塔卷烟有限责任公司、红塔辽宁烟草有限责任公司、香港红塔国际烟草公司、红塔瑞士有限公司、老挝寮中红塔好运烟草有限责任公司，参股吉林烟草工业有限责任公司、中烟国际欧洲公司、阿根廷红塔拉美公司，集团境内外卷烟生产点14个，其中境内9个，境外5个。此外，在建立高效顺畅的组织架构和运行机制方面，红塔集团积极推进四大中心建设,建立了“技术中心”“市场营销中心”“物资采购中心”和“生产制造中心”。红塔集团已经形成母分公司、母子公司及股份制公司等多种形式架构的跨地区、跨行业、跨所有制经营的大型国际化集团公司。

红塔集团三大主力品牌“玉溪”“红塔山”“红梅”2005年均被评为“中国名牌产品”，使红塔集团成为中国目前唯一一家有三个品牌被列入“中国名牌”的卷烟生产企业。

红塔集团在国家局、云南省委省政府和云南中烟工业公司、集团董事会的坚强领导下，全面落实科学发展观，积极响应行业“大企业、大品牌、大市场”发展战略，全面推进品牌发展、技术创新、原料保障、市场营销、基础管理“五个上水平”系统工作，不断增强企业适应市场和满足市场的能力，加快实现“两个跨越”，努力构建和谐

现代化卷烟生产车间

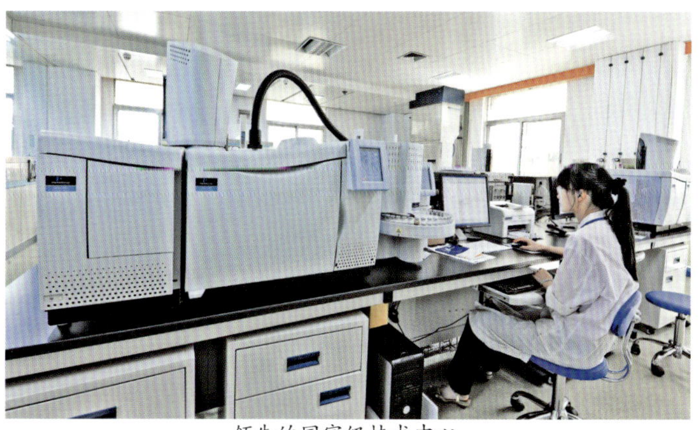

领先的国家级技术中心

企业文化，集团呈现出全面协调、快速发展的良好局面。

2010年，红塔集团卷烟产销协调增长，经济效益持续提高。1月至12月，“玉溪”品牌全国商业销售68.93万箱，同比增加16.51万箱，增长31.49%，位居行业一类卷烟销量第三位；“红塔山”商业销售274.58万箱，同比增加61.02万箱，增长28.57%，为全国卷烟品牌销量第一大品牌。2010年，红塔集团境内外生产规模达到532.7万箱，同比增加50.33万箱，增长10.43%；集团（省内）全年实现税利334.52亿元，同比增加34.33亿元，增长11.43%。

当前，烟草行业处于改革发展的关键时期，红塔集团按照国家局领导提出的“高端品牌‘玉溪’要有影响力，处于强势地位；‘红塔山’品牌要争第一，处于引领地位；国际市场要求突破，处于领先地位”的总体要求和目标，以改革的办法、创新的思路、统筹的方法，走共同发展道路，全面推进卷烟上水平，为打造中式卷烟标志性大品牌和世界领先品牌而奋勇迈进，为云南经济社会发展和全面增强中国烟草总体竞争实力做出新的更大贡献！

云南锡业集团（控股）有限责任公司

云南锡业集团（控股）有限责任公司（以下简称云锡），是世界锡行业排名第一的锡生产、加工企业，是世界锡生产企业中产业链最长、最完整的企业。云锡具有悠久的历史，其前身是清光绪九年（1883年）成立的“个旧厂务招商局”，成立至今已有120多年的历史，是国家520户重点企业之一，中国企业500强之一，云南省重点培养的十大企业集团之一，代表着中国锡工业的领先水平，具有较强的国际竞争力。现已发展成为集地质勘探、采矿、选矿、冶炼、锡化工、锡材深加工、贵金属材料、房地产及建筑开发、国际物流、科研设计和产业化开发等为一体的国有特大型有色金属联合企业，世界最大的锡化工中心、锡材加工中心，以及世界级的稀贵金属研发中心。

云锡公司现有40多个全资、控股子公司，有云南锡业股份有限公司、贵研铂业股份有限公司、YTC资源有限公

云锡控股公司党委书记、董事长雷毅

云锡控股公司党委副书记、副董事长、总经理高文翔

司三个境内外上市公司。在北京、上海、湖南、深圳、武汉、成都、昆明以及香港、美国、德国、澳大利亚、印度尼西亚等国家和地区均有下属公司及机构。现有总资产284亿元，占地近200平方公里，职工3万余人。

云锡主体生产系统现有锡冶炼7万吨/年、锡化工及锡材4万吨/年的生产能力，以“云锡顶吹法”为代表的锡冶炼技术居全世界领先水平；铅冶炼年生产能力已经达到15万吨，并首创了全球领先的“云锡顶吹一步炼铅法”工艺技术；目前，正在投资建设10吨/年铜项目，抓紧10万吨/年锌项目前期工作。产品以精锡、焊锡及锡材、锡化工系列为主，同时生产铜、铅、锌、镍、铟、银、铋、金、铂、贵金属高纯材料、信息功能材料、催化功能材料及有色化工产品等共25个系列1474个品种。有41种产品和设备出口56个国家和地区。主导产品“云锡牌”精锡是“中国名牌产品”、国家质量免检产品，国内市场占有率为50%，国际市场占有率达20%，在伦敦金属交易所注册了“YT”交易席位，是国际知名品牌；“云锡YT”和“贵研SPM及图”被国家工商总局认定为“中国驰名商标”；锡铅焊料在国内同类产品中唯一获国家质量金奖。云锡通过了ISO10012.1计量检测体系认证、ISO9001质量管理体系认证、ISO14001环境管理体系认证和OHSAS18001职业健康安全管理体系论证。

2010年，云锡深入贯彻落实科学发展观，按照第九次党代会确立的“1188656”发展纲要要求，全面推进跨越式可持续发展，不断深化体制机制改革，着力转变发展方式，调整优化结构，深化挖潜创效，夯实发展基础，积极应对挑战，生产经营继续保持回升向好势头，实现了平稳较快增长，全面完成了“十一五”规划的目标和任务。2010年完成有色金属总产量16.9万吨，其中：锡产品5.92万吨，铜产品2.57万吨，铅产品4.97万吨，锡材实物量1.7万吨，锡化工实物量1.54万吨。实现销售收入超过150亿元，实现利润总额5.6亿元。

云锡被中华环保联合会授予“低碳发展突出贡献企业”称号，“矽卡岩型极低品位难选多金属共伴生矿高效综合回收新技术项目”荣获国务院授予的“国家科学技术进步二等奖”，荣获“国家创新型企业”“中国企业培训示范基地”、“全国质量管理小组活动优秀企业”，云南省第一个企业国家重点实验室“稀贵金属综合利用新技术国家重点实验室”通过国家科技部批准建设。

“十二五”期间，云锡将在云南省委、省政府的坚强领导下，全面落实发展纲要，以改革创新为动力，以产

11月18日，中共中央政治局常委李长春（右二）到云锡视察

6月1日，中共中央政治局常委、国务院副总理李克强（左二）到云锡考察

9月20日，两院院士赵鹏大在云锡首届资源战略工作会其间为云锡大资源战略出谋划策，并作《魅力个旧 心系云锡 科学找矿 永继发展》的报告

10月18日，中共中央政治局委员刘延东到云锡贵研铂业视察

9月16日，云锡首届资源战略工作会暨第九届矿山工作会隆重召开，为云锡未来十年的资源拓展及开发工作指明了方向、明确了工作重点和措施，进一步增强了全力推进资源战略，实现云锡跨越式可持续发展奋斗目标的信心和决心。云锡公司总经理高文翔代表云锡分别与代表中国地质大学、中南大学的中国科学院院士、中国地质大学总校校长赵鹏大，中国工程院院士、中南大学古德生教授，签订了资源开发利用科技合作战略协议

9月20日，两院院士古德生在云锡首届资源战略工作会其间为云锡大资源战略出谋划策，并作《我国金属矿业面临的问题与挑战》的报告

云锡成功完成澳大利亚雷尼森锡矿项目收购

云锡公司与世界主要锡生产商之一的印尼PT·蒂玛公司进行商务洽谈

业结构战略性调整为主攻方向，以科技进步和创新为重要支撑，以建设资源节约型、环境友好型企业为着力点，大力推进转方式调结构。全力打造有色金属产业、贵金属产业、新能源新材料产业、房地产及建筑产业、传统优势特色产业和新兴产业等六大产业板块，早日形成“主业超强、相关多元、多业支撑、科学发展”的新格局，实现云锡2015年销售收入500亿元的跨越式可持续发展目标，为云南省社会经济的发展做出新的更大的贡献。

技术先进环境优美的锡冶炼厂及澳斯麦特炉

云锡贵研铂业公司

竣工投产的卡房分矿三千吨多金属采选工程

建成投产的十万吨铅冶炼技改工程

昭通市 ZHAO TONG
2010年经济社会发展主要成就综述

中共昭通市委夜礼斌书记在基层召开民情恳谈会

2010年是“十一五”收官之年。在党中央、国务院和省委、省政府的坚强领导下，昭通人民立足推进科学发展，有效应对困难挑战，勇往直前不动摇，真抓实干不懈怠，经济实力明显增强，社会事业长足进步，人民生活显著改善，谱写了昭通富民强市跨越发展的历史新篇。

（一）经济保持较快增长。认真贯彻国家宏观调控政策，全力以赴推动经济平稳较快发展，主要经济指标保持强劲增长势头，为“十一五”发展划上了圆满句号。全市生产总值实现379.6亿元，增长14.2%，超目标3.2个百分点，创造了“十一五”期间的最高增幅。第一、二、三产业发展经受住了时局考验，实现了持续稳健攀升，增幅分别达到4.9%、19.9%和12.7%。地方财政一般预算收入和支出再创历史新高，分别增长23.2%和31.5%。全社会固定资产投资达到356.1亿元，增长41.4%，比既定目标高16.4个百分点。金融机构存款余额520.4亿元、贷款余额286.3亿元，分别比年初增长34.7%和34.2%，年度新增贷款73亿元。

（二）基础设施不断改善。积极争取上级支持，努力

加强城市建设，注重人与自然的和谐。图为昭通中心城市望海公园一角。

着力提升城市规划建设管理水平，加快推进城镇化进程。图为昭通中心城市一角。

扩大融资规模，基础设施建设快步推进。争取项目资金56.2亿元，其他渠道融资43.1亿元，为各项建设提供了资金保障。8条二级公路建设加快推进，完成投资53亿元，其中镇威、凤威公路提前通车；实施通乡油路工程473公里、通达工程1900公里、客运站点建设15个。水富铜锣坝、镇雄林口水库枢纽工程完工，彝良双河等重点水利项目加快建设，“五小水利”工程实施力度加大，解决了50.1万农村人口饮水安全问题。镇雄、威信500千伏送电工程加紧建设，220千伏水富输变电等工程投入运行，电网升级改造步伐加快。城镇基础建设不断加强，完成投资37.9亿元。中心城市重点项目实施力度加大，二环路和南通道基本贯通；绥江新县城建设有序展开，其他县城建设稳步推进，一批精品特色集镇和重点集镇相继建成。

（三）农村发展态势良好。不断强化“三农”工作，落实惠农补贴5.7亿元，新建农村沼气池4.9万口，实施中低产田地改造29.5万亩。大力发展现代农业，创建粮食科技示范样板468万亩、万亩高产示范片96个，完成烟叶生产设施建设1280件，收购烤烟111.2万担，畜牧业占农业总产值比重上升至48.3%。加快农业产业化进程，新增涉农企业10户，实现农产品加工产值25.6亿元。加大扶贫开发投入，整乡推进试点和片区开发稳步进行，743个整村推进项目有序实施，成功举办了第三届中国贫困地区可持续发展战略论坛。农村人力资源开发效益明显，培训农村劳动力12.8万人次，其中11个夜校点培训3.4万人次，累计输出农村劳动力123.5万人，实现务工纯收入71.5亿元，占农民人均纯收入比重提高到50.1%。

昭通市人民政府刘建华市长调研农业产业化发展

（四）骨干产业持续壮大。坚定不移地实施工业强市

昭通素称“咽喉西蜀、锁钥南滇”，交通、水利等基础设施建设成就显著。图为渝昆高速公路水麻段。

战略，工业增加值增长19.5%。镇雄、威信煤电项目分别完成投资14亿元和17.1亿元，水富、巧家、镇雄水泥生产项目顺利投产，鲁甸年产20万吨轻钙、云天化年产26万吨甲醇等项目加快建设，昭阳年产10万吨电解锌和褐煤化工等项目筹建进程加快，卷烟、原煤、电石等主要工业产品产量持续增长。工业结构逐步优化，非烟工业增加值比重达到73%。金沙江水电开发进展顺利，中小水电新增装机31万千瓦。工业园区建设扎实推进，建成标准厂房17万平方米，入园企业103户，实现工业增加值27.3亿元、增长74%。水富大峡谷温泉二期工程完工，昭阳大山包、大关黄连河等景区景点建设完成投资1.31亿元，文化旅游的品牌效应逐步显现。物流园区、专业市场建设取得积极进展，城乡消费需求持续扩大。

（五）招商引资成果丰硕。制定和落实鼓励外来投资优惠政策，投资环境建设不断加强，招商引资工作向纵深迈进。举办昭通资源深圳推介会、昭通苹果上海推介会等会展，开展昆明昭通商会回乡创业座谈、深圳企业家昭通投资考察等活动，先后与云南工投集团、云南煤化工集团、广东佛山玩具协会等企业和行业协会签订了战略合作协议，云南龙威集团、星耀集团等一大批企业成功落户昭通，昆钢大关水泥生产、省耕塘片区开发等一批项目开工建设或即将启动。签订招商项目96个，协议引资446亿元；到位市外资金125.7亿元，增长47%。积极加强与毕节、凉山、宜宾等周边地区的合作交流，在交通建设、产业发展等方面达成了协作共识，区域合作取得了积极成果。

（六）民生保障明显加强。“两基”顺利通过国检，完成中小学校舍安全工程58.9万平方米。新型农村合作医疗减免资金比全面实施之初的2007年净增4.35亿元，完成防氟改炉改灶17.5万户，免费为4000名贫困白内障患者实施了复明手术。1.48万个自然村广播电视村村通直播卫星覆盖工程全部完成，市第二届少数民族传统体育运动会成功举办。计划生育率提高了7.3个百分点，达到86%。安全生产形势持续好转，生产安全事故起数、死亡人数分别下降19.5%

夯实农业基础地位，新农村建设全面推进。图为昭通市昭阳区青岗岭新农村示范点一角。

实施天然林保护，生态建设成效明显。图为昭通市彝良县万亩野生竹海。

坚持走新型工业化道路，产业结构进一步优化。图为云南侨通包装印刷有限公司一角。

和38.3%。巧家、水富、威信新型农村养老保险试点顺利开展。城镇居民基本医疗保险实现市级统筹和异地联网，覆盖面扩大到21.3万人。启动廉租住房建设36万平方米，建成1418套。争取和落实救灾资金3.5亿元，积极主动地打赢了一场又一场应急抢险、抗灾救灾的硬仗。科技、文体、治安防控、生态建设、环境保护等工作取得了明显成效。

“十二五”已经启航，昭通的发展正站在一个新的历史起点上。当前，全市各族人民在科学发展观的指引下，正以只争朝夕、锐意进取、务实创新的精神面貌，发挥优势、突出重点、团结拼搏，为把昭通建设成为西部大开发的特色区域和开放度高、辐射力强、经济繁荣、社会和谐、生态良好的新兴增长极而努力奋斗。

普洱市 PU ER

"十一五"发展成就辉煌

白恩培书记仔细查看烟叶留养成熟情况

"十一五"期间，在省委、省政府的坚强领导下，普洱市委、市政府以科学发展观为指导，团结带领全市各族人民，主动应对国际金融危机，积极适应国家宏观调控政策重大调整，全市呈现出经济平稳较快发展、社会全面进步、民生持续改善、民族团结和睦、边疆和谐稳定的良好局面。

过去五年，是经济持续快速发展，综合实力实现争先进位的五年。"十一五"期末，全市生产总值达247.3亿元，年均增长13.8%，增幅连续两年高于全省平均水平；全社会固定资产投235.1亿元，年均增长30.6%；地方财政一般预算收入30.9亿元，年均增长37.7%，2010年增幅居全省第一，绝对额排名从全省第十位上升到第九位；地方财政一般预算支出114.1亿元，年均增长31.5%，绝对额排名从全省第九位上升到第七位；社会消费品零售总额72.7亿元，年均增长17%；外贸进出口总额1.7亿美元，年均增长26.7%；城镇居民人均可支配收入达13489元，年均增长10.9%；农民人均纯收入增至3456元，年均增长13%，"十一五"预期目标超额完成。

过去五年是工业经济运行良好，产业发展成效显著的五年。大力推进"工业强市"战略，始终坚持精力向工业集中、资源向产业汇聚，初步形成了结构较为合理、特色较为鲜明的现代产业体系。五年累计完成工业固定资产投资98.9亿元，是"十五"期末的4倍。"十一五"期末，全市工业总产值增加到128.1亿元，年均增长19.6%；规模以上工业增加值从18.9亿元增加到42亿元，年均增长22.3%；工业化率提高到21.4%。茶、林、电、矿等支柱产业快速发展，支撑作用日益明显。茶产业实现了由"农业普洱""文化普洱"向"科学普洱"的新跨越，实现产值16.9亿元。林产业通过基地建设和全力推进林浆纸一体化进程，实现产值67.9亿元。电力产业通过引进大企业来加快水能资源开发，产值21.5亿元。矿产业通过整顿开发秩序、优化资源配置，实现规模效益双提升，实现产值30.2亿元。旅游产业发展荣获全省旅游"二次创业"一等奖，实现产值15.2亿元。咖啡种植面积达27.7万亩，产量2.1万吨，均占全国的一半以上，实现产值4.5亿元，烟草产业打响了黄金走廊生态特色优质烟叶品牌，产量83.1万担。蚕桑、橡胶、生物药业、渔牧业等骨干产业稳步发展。

多彩的民族文化走上央视大舞台

过去五年是固定资产投资连上新台阶，基础设施建设加速的五年。“十一五”期间固定资产投资规模不断扩大，2007年突破100亿元，2010年突破200亿元，五年累计完成全社会固定资产投资727.3亿元，是“十五”期间的3.5倍。先后建成思小高速公路，思茅—澜沧、景谷—永平、澜沧—惠民二级公路，无量山、哀牢山经济干线；公路通车里程比“十五”期末增加3135公里，91个乡镇实现油路化、937个行政村实现通达；思茅机场每天航班增加至4班，年客运量22万人次。建成崖羊山、戈兰滩、居甫渡等8座中型电站。墨江常林河等6座中型水库完工蓄水，完成病险水库除险加固24座，新增水库库容6256.6万立方米、有效灌溉面积16万亩，解决了61.2万农村人口的饮水安全问题。改造中低产田地35万亩、中低产林57.5万亩。加快实施中心城区“南拓北建东扩中改”工程，次中心城市、县城和特色集

退耕还林重绘绿色山河

咖啡产业已成为农民增收和出口创汇的优势特色产业

元磨大桥使天堑变通途

廉租房让困难群众居有其所

镇建设不断提速，全市城镇建成区面积达到85平方公里，城镇化率提高6.5个百分点，达到31%。

过去五年，是改革取得新突破，开放呈现新格局的五年。新一轮政府机构改革和农垦改革基本完成，财税、金融、水务、教育、卫生、文化等改革全面深化。农村土地承包经营权流转有序开展。19个金融服务缺失乡（镇）网点恢复建设基本完成，实现了乡(镇)以上金融服务全覆盖。在矿业、水务、林业、投融资、扶贫开发、恢复重建等方面探索出特色鲜明的“普洱模式”。招商引资成效显著，成功引进了天士力、康恩贝、星巴克、金洲、力奥、中国贵金属、长江同创等国内外知名企业。累计实施经济合作项目509项，引进市外资金308亿元，实际利用外资0.9亿美元。加强与周边国家城市和地区的友好往来，经济贸易和人文交流日益密切，合作领域不断拓展。通过城市更名，借助中国普洱茶节、魅力城市评选、省民运会等平台，加大对外宣传推介力度，先后荣获中国十佳绿色城市、倾国倾城魅力城市、中国最佳休闲小城、云南幸福指数最具潜力城市等称号，普洱的国际国内知名度和影响力不断提升。

过去五年，是民生显著改善，社会事业全面建设的五年。“两基”工作顺利通过国家检查验收，新建普洱二中，组建普洱市职业教育中心，思茅师专、市职教中心新校区投入使用。普洱茶基础研究和产品开发取得重大突破，引进各类紧缺专业技术人才597人，科技对经济增长的贡献率提高到46.4%。医疗卫生服务体系更加完善，在全省率先实现医疗异地刷卡购药和住院结算。普洱民族团结誓词碑和孟连宣抚司署成功申报为国家重点文物保护单位，30项民族文化和传统工艺列入国家和省级非物质文化遗产保护名录，景迈山千年万亩古茶园申报世界文化遗产工作全面启动。认真落实创业、就业政策，累计发放小额担保无息贷款11.1亿元，居全省第一，新增城镇就业4.2万人，下岗、失业人员再就业2.2万人。五年建成经济适用房70万平方米、廉租房23.1万平方米，发放住房租赁补贴3978.6万元，解决了4615户1.2万低收入人

李仙江土卡河水电站清洁能源基地建设有序推进

率先实现医疗异地刷卡购药和住院结算

全面推动教育公平均衡发展

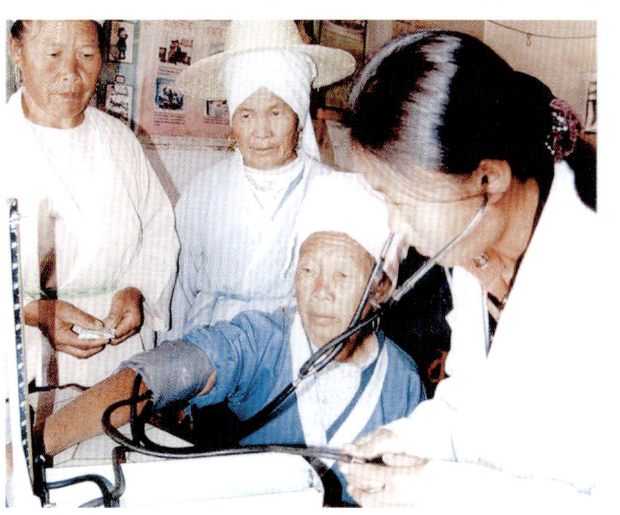

新农合有效解决农民看病难、看病贵的问题

群的住房困难问题；实施6.7万户农村民居地震安全工程，改造2.4万户农村危房。累计投入各类扶贫资金29.7亿元，解决了44万农村贫困人口的温饱问题。

“十一五”的拼搏与奋斗，让新的希望冉冉升腾，“十一五”的成就与辉煌，让新的征程充满期待。站在历史的新起点，普洱全市各族人民将齐心协力，奋发图强，为圆满完成“十二五”规划的各项目标任务、全面建设生态普洱、和谐普洱、妙曼普洱而努力奋斗！

中国面向西南开放桥头堡的黄金口岸

德宏傣族景颇族自治州

2011年3月18至19日，中共中央政治局常委、国务院总理温家宝视察“3.10”地震造成的水利灾情（梁保卫 摄 ）

省委书记白恩培到梁河调研烟叶生产情况

在祖国西南边陲，有一个美丽的地方，她的名字叫“德宏”。

“德宏”，系傣语，意为怒江下游之地。德宏傣族景颇族自治州地处云南西部，位于东径97° 31′ ~98° 43′ 、北纬23° 50′ ~25° 20′ 之间，全州土地面积11526平方千米，瑞丽江、大盈江国家级景区几乎囊括了德宏全境。德宏是块风水宝地，属南亚热带气候，风景如画，土地肥美，物产丰富，特别适宜人类居住，在所辖2市3县中，就拥有瑞丽、潞西两个中国优秀旅游城市。2010年，全州总人口121.14万人，其中少数民族人口60余万人（主要聚居傣、景颇、阿昌、德昂、傈僳等少数民族）。德宏南、西和西北三面与缅甸接壤，边境线长达503.8公里，曾是古代“西南丝绸之路”的出口、滇缅公路的出口，现拥有瑞丽、畹町两个国家一级口岸，盈江、章凤两个国家二级口岸，至今仍然是中国面向西南通往南亚、东南亚的黄金口岸。

2010年，德宏州全年实现生产总值140.63亿元，比上年增15%，增速居全省前列；完成外贸进出口总额11.39亿美元，完成固定资产投资总额131.32亿元，实现财政总收入

2011年5月13日，孟必光、张祖林签署《合作框架协议》。（蓝玉芝 摄）

2011年3月26日，签约现场（曹国雅 摄）

21.73亿元，城镇居民人均可支配收入达1.38万元，农民人均纯收入达3368元，全州呈现出经济发展、社会进步、文化繁荣、民族团结、边疆安宁以及生态文明建设和党的建设全面加强的良好局面。

2009年7月，胡锦涛总书记在云南考察工作时提出“使云南成为我国向西南开放的重要桥头堡”。德宏处于云南对外开放的前沿，处于中国经济区、东南亚经济区、南亚经济区的交汇点，是中国陆地连接东南亚、南亚，走向印度洋的最佳结合部和最便捷通道，在融入“桥头堡”建设，扩大对外开放中最具优势。州委五届十一次全会及时提出要把德宏建设成为中国面向西南开放桥头堡的黄金口岸，继续把促进经济平稳较快发展作为首要任务，把加强基础设施建设作为重中之重，把发展特色产业作为主攻方向，全力抓住大瑞铁路、龙瑞高速公路和腾陇、潞梁二级公路等交通重点工程项目建设，大力实施“五个百亿元工程”，即以竹子、咖啡、坚果、柠檬、油菜、核桃、番麻为重点的生物特色产业工程；以大盈江四级、东方硅谷等为重点的水能电冶工程；以外贸为依托、经济合作区为平台的对外贸易工程；以“一都三城”（美丽德宏，中国玉都；瑞丽——东方珠宝城；芒市——黄龙玉石城；盈江——翡翠毛料集散城）为重点的珠宝玉石产业工程；以休闲度假、康体养生为重点的旅游文化产业工程。

砍甘蔗（倪桂英 梁保卫 摄）

初具规模的茶园

堆满毛料的标场。（朱边勇 摄）

目前，德宏正面临国家深入实施西部大开发、建设中国向西南开放重要桥头堡、把瑞丽确定为重点开发开放试验区三个千载难逢的历史机遇，德宏州委、州政府将团结带领全州各族人民，在省委、省政府的坚强领导下，在国家的大力支持帮助下，以科学发展观为统领，牢牢把握发展第一要务，实施生态立州、科教兴州、产业富州、开放强州、和谐稳州五大战略，把德宏建设成为富裕开放、和谐安宁的社会主义边疆，中国面向西南开放桥头堡的黄金口岸！

务实奋进谋发展——普洱

中共普洱市委书记沈培平

中共普洱市委副书记、市长李小平

2010年，面对后金融危机和历史罕见的自然灾害的严重影响，市委、市政府团结带领全市各族人民，万众一心、众志成城，迎难而上、奋力拼搏，全面完成了年初制定的各项目标任务。

主要指标位次前移。实现生产总值248.1亿元，增长14.2%，高于全省平均水平2.2个百分点。全社会固定资产投资235.1亿元，增长36.5%，高于全省平均水平11.5个百分点。地方财政一般预算收入30.9亿元，增长85.9%，增幅居全省第一，绝对额排名从第九位升到第六位。地方财政一般预算支出114.1亿元，增长33.5%，增幅居全省第二，绝对额排名从全省第九位升到第七位。

农业增产农民增收。全力抗旱救灾，解决了40.8万人饮水困难问题，粮食总产量超目标2万吨。加强83个新农村试点村建设，实施了587个贫困自然村整村推进，实施澜沧拉祜族聚居区综合扶贫开发项目，解决了8万农村绝对贫困人口的温饱问题。组建各类农民专业合作组织249个，加快发展咖啡、烤烟、蔬菜等特色农业。实现农业总产值113亿元,增长7.1%；农民人均纯收入达3456元，人均增收502元，

在上海成功举办第十届中国普洱茶节

成功承办云南省第九届少数民族传统体育运动会

实际增长13.8%。

基础设施建设加速推进。思茅中心城区、磨思高速公路等重点工程全力推进，宁洱至景谷等8条二级公路建成通车，澜沧机场建设前期工作有序推进。糯扎渡水电站筹建工作顺利推进，威远江、三江口电站建成发电。镇沅五一、澜沧小坝子、景谷曼转河等水库建设有序推进，新开工建设一批小（一）型水库，完成“五小水利”工程建设1.4万件。思茅中心城区建设加快，次中心城市、县城和特色集镇建设不断提速，全市城镇建成区面积达到85平方公里，全市城镇化率达31%。

特色产业发展壮大。茶、林、电、矿四大支柱产业稳步发展，实现工业产值94.5亿元，占全市工业总产值的73.8%。旅游产业荣获全省旅游“二次创业”一等奖。咖啡种植面积达27.7万亩，分别占全省、全国的52.8%和50.5%。种植烤烟27万亩，实现产值6.2亿元。生物药业基地建设加快，种植石斛5600亩；桑园12.3万亩，实现产值1.3亿元。养殖优质水产品3650亩，建设生猪标准化规模养殖场27个，实现渔牧业产值29.2亿元。

普洱形象大幅提升。着力打造“妙曼普洱、养生天堂”城市品牌，大力实施绿化美化亮化工程，城市形象全面提升。成功承办云南省第九届少数民族传统体育运动会，取得了奖牌数和金牌数第一的优异成绩。镇沅成功创建“国家卫生县城”，成为全国首个获此称号的国家重点扶持县。先后荣获中国十佳绿色城市、中国最佳休闲小城称号，在上海成功举办了第十届中国普洱茶节，组织经贸代表团赴日本、韩国开拓普洱茶市场，普洱的对外形象不断提升。通过“百名浙商普洱行”等系列招商活动，实施经济合作项目153项，实际到位市外资金77亿元。

改善民生力度加大。全年民生投入达78.2亿元，占财政一般预算支出的68.5%。城镇居民人均可支配收入增加1249元，比上年增长10.2%。“两基”工作顺利通过国家检查验收。解决了1.6万人的就业再就业问题。城镇居民基本医疗保险最高支付限额从2万元提高到3万元。启动新型农村社会养老保险试点。建成469套廉租房，改造7260户农村危房。

普洱各族人民通过一年的拼搏和奋斗，为“十一五”划上了圆满句号。回顾过去，我们精神振奋，展望未来，我们信心十足，在市委、市政府的正确领导下，全市254万各族儿女将以更加坚定的信心，更加崭新的姿态，更加扎实的工作，在新的起点上奋力开辟出一条辉煌卓越的腾飞之路，为生态、和谐、妙曼普洱建设谱写华丽篇章。

全面实行GAP管理的新烟区

标准化石斛种植基地

加快水利基础设施建设

“两基”工作顺利通过国家检查验收

云南省总工会 YUNAN ZONG GONG HUI

2010年5月28日，云南省总工会召开云南省劳动关系和谐企业、工业园区命名表彰大会

2010年，在中共云南省委和中华全国总工会的正确领导下，全省各级工会坚决贯彻落实党中央和省委关于工人阶级和工会工作的一系列重要指示精神，深入贯彻落实科学发展观，认真按照“134561”的工作思路，开拓进取、扎实工作，在组织开展建功立业、推进“两个普遍”、做好维权帮扶、实施地税代收工会经费、开展创先争优等方面做了大量卓有成效的工作，为推动科学发展、促进和谐云南建设和职工队伍稳定发挥了重要作用。

一是深入开展建功立业活动，工会推动科学发展的途径不断拓宽、成效更加明显。紧紧围绕省委省政府提出的经济社会发展目标与战略部署，坚持以广泛开展劳动竞赛活动为抓手，调动职工生产积极性；坚持以实施职工经济技术创新活动为抓手，提升职工技术技能素质；坚持以弘扬劳模精神和工人阶级伟大品格为抓手，激发职工内在动力；坚持以发挥工会大学校作用为抓手，陶冶职工情操；坚持以开展特色活动为抓手，凝聚职工力量等五个方面引导广大职工和工会干部建功立业保增长,维权帮扶促稳定,在实现云南经济社会又好又快发展中充分了发挥工人阶级主力军作用。

二是大力推进“两个普遍”工作，工会组织覆盖面进一步扩大、凝聚力明显增强。各级工会认真贯彻“组织起来、切实维权”的工作方针，认真落实“双措并举、二次覆盖”工作要求，扎实开展“广普查、深组建、全覆盖”集中建会行动，全面启动工资集体协商工作，采取有力措施，依法推进企业普遍建立工会组织、普遍开展工资集体协商，进一步扩大了工会组织覆盖面、增强了工会组织凝聚力。截至2010年9月底，全省净增基层工会涵盖法人单位6686个，净增会员20万人。全省共签订集体合同8088份，覆盖企业9057个，覆盖职工100多万人；全省共签订工资专项集体合同2750份，覆盖企业2910个，覆盖职工37万人。

三是全力做好维权帮扶工作，维权机制进一步健全、维权实效明显增强。加大源头参与，促成省人大审议通过了《云南省企业工会工作条例》。开展城市低收入职工家庭住房困难状况大调研，有效地表达了职工在解决住房困难方面的诉求。召开了省总工会与省人民政府第五次联席会议，为工会工作开展进一步创造了良好条件。积极搭建社会化维权平台，切实维护职工合法权益。广泛开展“安康杯”竞赛、“一法三卡”、劳动保护监督检查等活动，减少和避免了重特大事故的发生。深入开展和谐劳动关系创建活动，评选表彰了一批省、市劳动关系和谐企业。召开了省属国有企业厂务公开民主管理工作座谈会、全省厂务公开民主管理经验交流暨总结表彰电视电话会议，推动了厂务公开企业民主管理工作的深入开展。通过认真开展“贷免扶补”“阳光就业行动”“送温暖”“金秋助学”“特别关爱”活动，进一步完善了职工医疗互助活动长效机制，大力加强困难职工帮扶中心规范化建设，加大信访处理力度，切实做好就业和

2010年6月29日，云南省总工会怒江州工会工作现场办公会召开

2010年7月8日，云南省乡镇（街道）工会工作推进会在陆良召开

2010年9月10日，全省工会开展“广普查、深组建、全覆盖”集中行动电视电话会议召开

帮扶工作，全力维护职工队伍和社会稳定。

四是深入开展创先争优活动，工会自身建设进一步加强、干部队伍素质明显提高。召开了怒江州工会工作现场会，进一步推进“兴边富民工程”工会行动计划深入开展。制定下发了《关于进一步加强乡镇（街道）工会工作的意见》，召开了乡镇（街道）工会工作推进会，激发了全会抓基层组织建设的积极性、主动性。进一步理顺产业工会组织关系。组织了10批次工会干部参加全总年度调训，举办了云南省工会领导干部北京大学高级研修班、贫困县工会主席上海培训班和各类工会专业人才培训班，工会干部的业务素质得到进一步提升、履职能力水平进一步提高。与财政厅联合下发了《关于足额拨付党政机关事业单位工会经费有关问题的通知》，解决了长期制约地税代收工会经费的难点问题。开展了“小金库”专项治理和清产核资工作，积极推行公务卡结算制度，工会财务管理和资产管理工作进一步加强。加大工会经费审查监督力度，确保了经费使用的正确方向。加强对外交往，首次与美国工会达成了建立友好关系意向，并成功出访。省工疗经营业绩创历史新高，工青妇干部学校干部培训基地作用进一步显现，职工之家服务水平进一步提高。工会网络信息、统计、老干部等工作都取得新的成绩。

2010年8月，云南省总工会在全省百万职工中开展节能减排百题知识竞赛

2010年9月17日，全省工会党工共建创先争优工作会在昆明召开

2010年11月26日云南省第十一届人大常委会第二十次会议通过《云南省企业工会条例》

2010年11月6日，云南省企业党工共建创先争优现场推进会在蒙自召开

开拓进取 务实创新

DEVELOP PIONEERING Pragmatic and innovative

云南旅游二次创业异彩纷呈

2010年白恩培、秦光荣、邵琪伟、晏友琼等领导参观云南旅游“二次创业”暨“十一五”成就展

“十一五”以来，云南旅游业在省委、省政府的正确领导下，在各级各部门的大力支持下，在全省旅游行业的不懈努力下，努力克服了自然灾害、流感疫情、金融危机等各种影响旅游业发展的不利因素，认真贯彻落实了党的十七届五中全会精神和《国务院关于加快发展旅游业的意见》，紧紧围绕云南旅游“二次创业”和改革发展的总体目标，扎实推动了旅游项目建设、产品开发、宣传促销、行业管理、区域合作、人材培养等各项工作任务，在抓转型、提质量、促改革、快发展等方面取得了显著成效，为“十二五”云南旅游发展奠定了更加夯实的发展基础和条件。

一、“十一五”云南旅游很给力

（一）“二次创业”“综合改革”两大创新举措促发展

2006年，面对国内外旅游市场竞争日趋激烈的态势和周边省区市加快旅游产业发展的局面，省委、省政府审时度势，及时作出了实施以“优化结构、转型升级、提质增效”为目标要求的旅游“二次创业”战略决策。2008年，为加快推进云南旅游“二次创业”，作出了全面推进旅游产业改革发展的决定。随后，国家发展和改革委员会正式批准了《云南省旅游产业发展和改革规划纲要》，并将云南省作为推进改革试验工作联系点。同时，国家旅游局也把云南省作为全国旅游产业改革发展的试点省份。

“二次创业”以来，省委、省政府空前重视旅游产业发展，审时度势部署全省旅游“二次创业”；连续5年召开产业发展大会，全面统一思想，调动各级各部门支持旅游产业发展的积极性，形成新动力、新合力。与此同时，上升到国家层面的云南省旅游综合改革工作，促使旅游产业发展高潮迭起。随后，我省推进保山腾冲县、玉溪抚仙湖-星云湖片区、大理苍洱旅游区、昆明世博新区作为综合试点的创新工作，初显成效。

（二）旅游经济指标快速增长

据统计，“十一五”期间，全省主要旅游经济指标快速增长。2006年旅游总收入突破500亿元；2010年旅游总收入跨越1000亿元大台阶。2010年接待海外旅游者329万人次，旅游外汇收入13.2亿美元，国内旅游者1.38亿人次，国内旅游收入916.8亿元，各项主要经济指标均较2005年翻一番。

“十一五”期间，全省累计接待海外旅游者1266万人次，实现旅游外汇收入50亿美元；接待国内旅游者5.28亿人次，国内旅游收入3184亿元；旅游总收入达3540亿元，比“十五”期间增长114.15%。游客消费从2006年的360元每人每天上升到2010年的485元每人每天。

（三）大项目建设快速推进，产品转型升级成效明显

实施大项目带动大发展的战略，加快旅游新产品开发。“十一五”期间，《云南省人民政府关于加快旅游重大（重点）项目建设的指导意见》全面实施，破解旅游重大项目在土地、融资、审批等方面的政策性难题。推动并实施对各州市旅游“二次创业”目标责任制的考核工作，连续3年在全省旅游发展大会上进行了表彰，有效调动了全省各州市发展旅游的积极性。据不完全统计，目前我省旅游重大项目达226个，预计规划总投资达4405.71亿元；开工在建项目114个，2010年完成投资超过100亿元，5年来累计完成投资超过500亿元。国家公园、旅游小镇开发建设成效较为明显。迪庆建成了中国内地首个国家公园—普达措国家公园，正在建设的国家公园5个；全省确定的60个旅游小镇已建成了大研古镇、和顺古镇等16个，和顺古镇位居“中国十大魅力名镇”之首，正在推进建设的旅游小镇36个。

度假酒店建设取得突破。省政府于2010年6月在丽江

召开了全省酒店业发展大会。2010年在建开工度假酒店30家，建成7家，成功签约引进了洲际、喜达屋、安娜塔、悦榕庄、阿曼、铂尔曼等一批国际知名酒店管理品牌。旅游特色村建设快速推进，50个旅游特色村建成挂牌，第二批、第三批旅游特色村建设快速推进。目前，腾冲和顺探索出“政府引导、市场运作、农民参与”的运营模式，大理白族自治州成立了乡村旅游协会，丽江市开创了“党支部+合作社”的乡村旅游模式，楚雄彝族自治州开展了“乡村旅游大讲坛”培训活动，乡村旅游成为全省各地推动旅游产业改革发展的新抓手。

随着旅游大项目建设的有效推进，打造了一批休闲度假、康体运动、温泉养生、商务会展的新型旅游业态和项目，不断丰富了云南旅游产品的内容，推动了全省旅游产业结构的调整和优化，增强了云南旅游的吸引力和竞争力。

（四）旅游业对全省经济的综合带动效应彰显

在旅游业快速发展的带动下，我省与旅游密切相关的其他行业也得以快速增长。2010年，全省航空客运量达2629万人次，铁路运送旅客人数2706.2万人次，通过我省各口岸入境人数超过865.5万人次。据旅游卫星账户初步测算，2010年旅游产业增加值达450亿元，占全省GDP的比重达6.4%，对我省交通、住宿、餐饮、娱乐、商品零售业的贡献分别达248亿元、120.5亿元、131.4亿元、43.7亿元、241.5亿元，游览花费达131.7亿元。旅游产业的拉动作用十分显著，旅游产业在国民经济中的地位和作用进一步提升，旅游产业的快速发展为带动群众脱贫致富，增加就业渠道，构建和谐社会，扩大对内对外开放，促进云南经济社会发展作出了重要贡献。

（五）创新市场开发和监管，为旅游业发展提供有力保障

五年来，我们不断尝试旅游客源市场开发和旅游市场促销方式的创新和转变，像宣传商品一样营销旅游产品，加强对重点客源市场的营销，使云南旅游的吸引力和知名度不断增强，全省市场营销工作实现了4个转变，即以开拓国际市场为主向开发国际和国内客源市场并重转变，从形象宣传为主向旅游产品路线营销转变，从单点促销向多线路统筹营销转变，从注重旅游行政部门宣传促销向鼓励企业主动营销转变。

在进一步加强旅游市场监管的过程中，我省创新思路，以标准化建设为突破口，制定了云南省《旅游购物场所等级划分与评定》、《导游服务规范》、《导游服务质量等级划分与评定》、《旅行社等级划分与评定》、《旅游车服务质量等级划分与评定》5个地方标准，稳步推进旅游标准化试点工作，用标准化带动规范化，用规范提升质量，用质量提高效益。

同时，不断完善的旅游安全管理及救援体系使游客和旅游企业的合法权益得到保障。我省在全国率先推行了云南“旅游组合保险”，保险赔付额度达到最高每人100万元，一次赔付金额最高达2500万元。目前参加云南“旅游组合保险”的旅行社377家，旅游车公司21家，参保旅游车辆2500多辆。“旅游组合保险”执行一年多来，反响很好。96927旅游投诉受理平台和12301旅游服务热线平台、12315投诉热线平台联动机制的建立，使旅游行业监管平台与行业诚信平台在实现行业信息共享、监管互动、诚信透明的同时大大提高了游客满意度。

实践证明，“十一五”期间的五年是云南旅游改革创新的五年，是云南旅游产品转型升级的五年，是云南旅游市场监管显著加强的五年，是全省主要旅游经济指标快速增长的五年。这些成绩的取得，离不开省委、省政府的坚强领导，离不开省人大、省政协各位领导高度重视和大力支持。

二、“十二五”云南旅游迈步腾飞

“十二五”期间是我省推动实施“两强一堡”战略的关键时期，我们将始终坚持以邓小平理论科学发展观为指导，紧抓云南旅游发展的重要机遇，全面贯彻十七届五中全会、省委八届十次全会和全国旅游工作会议精神，认真落实《国务院关于加快发展旅游产业的意见》，全面推进《云南旅游产业发展和改革规划纲要》的实施，以把旅游业建设成为云南的战略性支柱产业、人民群众更加满意的现代服务业为主线，以转变发展方式、提高质量效益、实现科学发展为主题，深化改革开放，强化统筹协调，加快推进旅游“二次创业”。

“十二五”期间，云南旅游旅游产业发展将从数量驱动增长向质量驱动增长转变；从政府主导向政府主要引导转变；产业布局从松散向集中转变；产品开发由分散向集群转变；资源利用从粗放向集约转变；产业经营从小散弱向集团化转变；产品供给从单一向多元转变，从观光向休闲度假转变；旅游服务从传统粗放向现代精细转变。将努力完成“一二二三四五六”的发展目标。即深化一个主题，通过进一步提升“七彩云南，旅游天堂”的知名度和吸引力，把七彩云南打造成中国乃至世界的旅游天堂；完成旅游业总收入突破2000亿元和建成200个旅游特色村；新建30个休闲度假酒店；做响“风情云南”“生态云南”“度假云南”“健身养生云南”四个品牌；完成50个旅游重大项目建设；基本建成60个旅游小镇。到2015年，接待海内外游客达2.5亿人次（其中海外旅游者超过550万人次），旅游总收入将突破2000亿元，旅游业增加值占GDP的比重将提高到10%左右，占全省服务业的比重将提高到17.5%；旅游直接和间接就业人数达300万人，占全省就业人数的比例将达10%左右。

回首过去，我们取得的成绩已经成为历史；展望未来，云南旅游“二次创业”和旅游强省建设仍然任重道远。我们坚信，在党中央、国务院的深切关怀和省委、省政府的正确领导下，在全省各族人民的大力支持和全省旅游行业的不懈努力下，一定会实现新的跨越，再创新的辉煌。

深化改革 科学发展
奋进中的云南监狱管理工作

省委书记白恩培同志莅临省第二监狱视察省反腐倡廉警示教育基地并在省第二监狱会议室主持召开中共云南省委第十七次常委会。

省委副书记、省长秦光荣同志莅临省第二监狱视察省反腐倡廉警示教育基地并出席在省二监会议室召开的中共云南省委第十七次常委会。

省委常委、省委政法委书记孟苏铁到省第二监狱视察工作

近年来，云南监狱工作在司法部和省委、省政府的领导下，在省人大的监督下，以科学发展观为指导，开拓进取，改革创新，监狱工作迈出了坚实有力的步伐。

抓首要责任，安全稳定再创佳绩。克服押犯总量高位攀升、监狱爆满、押犯构成复杂、设施装备不足等困难，强化责任，狠抓制度措施的落实，不断加大维稳维安工作力度，监狱持续安全稳定，主要监管指标处于历史最好水平，以法律和正义之剑呵护着祖国南疆的这片热土，为维护多民族边疆省份的社会稳定，促进经济和社会发展作出了积极贡献。

抓首要标准，教育改造工作强势推进。按照“把刑释人员重新违法犯罪率作为衡量监管工作首要标准”的要求，把改造人放在第一位,切实加强对教育改造工作的领导，努力创新教育改造方法，全面提高教育改造质量，在改造人，造就人，化社会消极因素为积极因素上取得了新的明显成效。突出抓好罪犯思想、法制、道德、禁毒防艾教育，加强以文化教育和技术教育为重点的素质教育，大力推进罪犯职业技能培训，不断强化罪犯心理矫治，广泛开展社会帮教和亲情帮教活动，积极实施监区文化建设工程。着眼于罪犯刑满释放后的就业，多渠道、多层次、多途径地进行职业技术教育和职业技能培训，如开办电脑、缝纫、家电维修、烹饪等各类技术教育培训班。通过对罪犯开展素质教育，有力提升了罪犯改造质量，为服刑人员顺利回归社会打下了坚实的基础，使监狱成为罪犯的新生之地。通过技术和文化教育，绝大多数罪犯掌握了一技之长，为罪犯回归社会打下了谋生的手段。绝大多数犯人通过改造，成为遵纪守法、自食其力的守法公民。一些回归社会后依靠在服刑期间学到的技术，劳动致富。

抓重点工作，监狱布局调整、体制改革、信息化建设取得新突破新进展。云南省监狱管理局党委紧紧抓住监狱体制改革这一历史性机遇和建设新型监狱管理体制的

省人民政府曹建方副省长到小龙潭监狱视察工作

省司法厅厅长何剑文视察建水监狱

省委常委、省委政法委书记孟苏铁，省人民政府副省长曹建方到五华监狱慰问警察职工

省监狱管理局庆祝中华人民共和国成立60周年文艺汇演

黄金机遇期，以开拓创新和攻坚克难精神，做到了监狱体制改革、监狱信息化建设和监狱布局调整三管齐下，多措并举，稳中求进、稳中求好、稳中有序，同步推进。一是监狱布局调整取得突破性进展，监狱面貌发生显著变化。通过深化布局调整，使基础设施从落后状况跃上一流水平，同时统筹抓好警察职工住房建设，通过建设经济适用住房、集体购买商品房等办法，使全体警察职工住房问题得到妥善的解决，彻底改变云南监狱面貌。二是监狱体制改革取得实质进展。紧紧围绕“全额保障、监企分开、收支分开、规范运行”的目标，完善刑罚执行制度，建立公正、廉洁、文明、高效的新型监狱体制，推动监狱工作深入健康发展。三是按照《全国监狱信息化建设规划》，积极开展监狱信息化建设工作，切实提高信息技术在监狱工作中的应用水平，全面提升监狱管理和执法工作水平，提高罪犯改造质量。

抓整体合力，队伍建设纵深发展，素质全面提高。全省监狱紧紧围绕“带好队伍”这个工作目标，扎实推进中国特色社会主义理论体系武装，推进思想解放、观念更新，推进基层党组织建设，推进领导班子建设，推进队伍革命化、专业化、正规化，推进宣传文化建设，推进基层基础工作，推进政工力量整合，推进政治机关自身建设，坚持围绕中心，服务大局，争创一流，各项工作取得新的明显成效，为监狱工作创造新佳绩提供了强大的精神动力、思想保证和智力支持。局机关加强自身建设，积极推进机关党建，深入整顿机关作风，取得明显成效，被省委、省政府授予省级“文明单位”称号，被昆明市委、市政府评为“平安建设先进单位”。

抓各方协调，监狱工作环境不断优化。司法部、省委、省人大、省政府高度重视云南监狱工作，认真研究解决监狱工作改革发展的重大问题，给予有利的政策支持，创造了良好的环境和条件。监狱工作健康发展，社会影响力日益扩大，各级各部门、社会各界广泛关心支持，监狱机关和监狱人民警察队伍的社会地位得到提升。

回顾过去，我们激情满怀；展望未来，我们信心百倍。目前，云南监狱工作仍处于“打基础、促发展”的阶段，我们在监管安全、教育改造、基础建设、经济发展和队伍建设等工作中还存在“七个方面的主要问题”需要努力解决，同时我们也有着难得的监狱布局调整、监狱体制改革和监狱信息化建设“三大发展机遇”。面对机遇和挑战，我们要按照做好监狱工作的“九件大事”“三个目标”要求，一定会以饱满的热情，昂扬的斗志，团结向上的精神，高举中国特色社会主义伟大旗帜，深入贯彻落实科学发展观，努力推进法治平安文明和谐监狱建设，为全面建设小康社会、构建社会主义和谐社会、建设富裕民主开放和谐云南做出新的更大的贡献。

云南省地方税务局

国家税务总局局长肖捷视察云南地税工作

2010年，全省各级地税部门紧紧围绕“服务科学发展、共建和谐税收”工作主题，以组织税费收入为中心，以优化纳税服务为主线，以管理制度创新为抓手，以信息化建设为保障，抓好税收分析、收入预敬、税源监控、税收征管等工作，牢牢把握组织收入主动权，实现了地方税费收入大幅增长，首次突破900亿元大关，达到920.61亿元，同比增长26.9%，增收195.15亿元。其中：地方税收入650.07亿元；社会保险费收入245.19亿元，同比增长15.97%，增收33.77亿元；其他规费收入25.35亿元。

认真贯彻落实中央关于建设面向西南开放桥头堡的战略部署，积极向省委、省政府建言献策，向国家税务总局提出了6个方面支持云南桥头堡建设的税收政策。省局被国家人力资源和社会保障部、国家发展和改革委联合授予国家西部大开发“突出贡献集体”，是全国税务系统唯一获此殊荣的单位。

加快推进信息化建设，编写完成了《云南地税信息化建设三期工程发展规划纳要》、《纳税服务平台建设实施方案》和《金税三期工程第一阶段云南地税实施方案》。坚持按月通报网络与信息安全情况，完成了全省16个州市局安全审计系统及防病毒网关建设，及时解决了在网络运行和系统应用中出现的故障，确保了各个系统软件数据安全和正常运行。

云南省地税局发票管理专题会

中共云南省地税局党组理论学习会

云南省地税机关代收工会经费和建会筹备金表彰电视电话会议

干部队伍建设和精神文明建设成效显著，研究制订了《云南省州市县地方税务系统机构改革实施意见》，完成了各州市局“三定”方案的审核上报工作。全省14个州市地税系统被命名为州市级文明行业，有7个单位被表彰为“云南省三八红旗集体”，有9个单位被命名为“云南省巾帼文明岗”，省地税局被命名为省级文明单位。

积极开展社保费扩面征收，加大清欠力度，全年清缴欠费34.58亿元，同比增长9.05%，增收2.87亿元，其中养老保障费清欠完成计划的169.99%。全年代收工会经费和建会筹备金12.45亿元，省局被评为“2009~2010年云南省地税机收代收工会经费和建会筹备金工作先进集体”。

着力抓好效能政府四项制度的贯彻实施，2010年，被省财政厅评为2009年度省级部门决算工作先进单位，被省政府机关事务管理局和省直机关节能工作领导小组办公室授予“云南省公共机构节能试点示范单位”优秀奖。

省直征局上街宣传税法

ABC 中国农业银行 AGRICULTURAL BANK OF CHINA 云南省分行

加快有效发展 夯实管理基础 提升价值创造

农行云南省分行 2010年各项业务经营再上新台阶

云南分行字如钧行长为财富管理中心揭牌

2010年，是我国经济发展形势较为复杂的一年，也是农业银行成功股改上市、实现历史性跨越的一年。一年来，农行云南省分行坚持以邓小平理论和“三个代表”重要思想为指导，以3510发展战略为总纲，深入贯彻落实科学发展观，紧紧围绕“发展、改革、控险”三大主题，积极实施“发展、转型、创新、控险、强管、增效”的业务经营方针，切实推进经营战略转型和管理变革，深入践行服务“三农”使命，着力提升价值创造力和可持续发展能力，各项业务经营实现了速度、结构、质量、效益的协调统一发展。

一、各项业务经营再上新台阶

截至2010年末，全行各项存款余额达2280亿元，比年初增加340亿元，存量、增量分别在全国农行排名第12位和第14位；各项贷款余额为1561亿元,净增196亿元，存量、增量分别在全国农行排名第10位和第15位；清收自营不良贷款19.3亿元和委托资产8.7亿元,分别在全国农行排名第7位和第8位；实现中间业务收入10.5亿元,较上年增长30%，在全国农行排名第17位；实现拨备前和拨备后利润52.8亿元和45.1亿元,增幅分别为24.2%和18.4%，分别在全国农行排名第8位和第10位；实现经济增加值15.57亿元，在全国农行排名第12位。在全省四大行中，农行云南省分行各项存款存量、增量占比分别为33.3%和33.8%，均排名第1位；贷款存量、增量占比分别为33%和27%，分别排第1位和第2位；中间业务收入占比为28.7%，排名第2位；拨备前利润占比为36.2%，排名第1位，有效巩固和提升了省内主流银行的地位。

二、“三农”和县域业务发展取得新成效

2010年，农行云南省分行积极实施县域“蓝海”市场

农行张云行长出席云南省跨境贸易人民币结算试点启动会议并作重要讲话

贷款支持“菜蓝子”工程

公众教育日活动向群众发放宣传资料

农行项俊波董事长深入昆明螺蛳湾调研

“心系三农 刷卡有礼”惠农活动启动仪式

分行本部员工捐款支持抗旱救灾

发展战略，坚持“抓两头、带中间”，稳步推进“三农”金融事业部制改革，切实加大对“三农”和县域的信贷投入，“三农”和县域业务发展成效明显。到2010年末，“三农”县域业务板块各项存款、贷款增幅分别达18.9%和15.7%，分别高于全行存款、贷款平均增幅1.3和1.5个百分点；实现的拨备前和拨备后利润分别占全行两项利润的58%和64%。新发放惠农卡84.7万张，激活率达98.8%，高出全国农行平均水平4.2个百分点；农户小额贷款净增12.5亿元；先后在勐腊、巧家全部或部分代理新农保业务,在安宁等11个县（市）全部或部分代理新农合业务，累计实现资金归集11.2亿元。

三、业务经营转型实现新突破

全行经营转型步伐明显加快，到2010年末，7个省内重点城市行的各项存款增量、贷款增量及中间业务收入在全行的占比分别为34%、55%和71%，其业务支柱和效益支撑作用进一步显现；全行AA级以上法人客户贷款占法人客户贷款总数的92%，同比提高2.3个百分点；小企业贷款增幅达19%，个人贷款同比多增27亿元，个人贵宾客户净增14万户；个人住房贷款增量、人民币结算收入、投行业务收入、代理保险手续费收入、跨境人民币结算业务量等近30项业务在省内四行市场份额排名第1位；自主开发了23个新产品，其中卷烟销售电子结算系统实现了全面支持贷记卡业务，被总行定位为“创新型试点业务”在全国推广；省总工会经费管理项目，荣获总行产品创新三等奖。

四、全面风险管理水平得到新提升

全面加强风险管理体系及合规文化建设，初步建立起内控管理及案件防范的长效机制。到2010年末，全行集中审计发现问题综合整改率达98%；到期贷款现金收回率达98.4%，同比提高1.2个百分点；退出潜在风险客户贷款9.2亿元；会计主管和监管员的及时核销率分别达99.3%和99.9%；一级分行内控综合评价为二类行，较上年上升一个等级；二级分行、县支行中一类行占比分别达50%和71.9%，同比分别提高13和23个百分点。

五、党建和队伍建设得到进一步加强

在省、市、县三级行开展了领导班子和领导干部履职监督检查活动；按照上级行统一部署，稳步推进创先争优活动；建立并完善省分行、二级分行党委成员党建联系点制度，加强对联系点党建工作的督导；严格党风廉政建设责任制考核，有效提升领导干部履行“一岗双责”的能力和水平；加大班子结构调整、干部交流等工作力度，进一步优化班子学历、年龄和专业结构；举办各类培训50期，培训干部员工近1.6万人次，切实提高了全行干部员工的综合素质。

贷款支持公路建设

芒市 MANG SHI
中缅门户 黎明之城

2010年12月14日，中央政治局委员、中央书记处书记、中宣部部长刘云山(左三))到芒市遮放镇调研基层文化体系建设

芒市位于云南省西部，是中国通往南亚、东南亚的边陲重镇，古代南方丝绸之路的要冲，中国远征军出缅作战的重要驿站，也是滇西抗日战争的主战场之一。国土面积2987平方公里，南面与缅甸相连，国境线长68.23公里。

相传佛祖释迦牟尼西行传教到这里时，天刚蒙蒙亮，雄鸡啼叫，晨曦即将照耀这翠绿的坝子，便取名为“勐焕”(傣语)意为“黎明的城市”。公元二世纪以前，大象与芒市人民关系密切，乃至成了地方政权的名称——乘象古国。两汉时期设不韦县，唐初称些罗城，明洪武十五年置茫施府，民国二十三年设潞西设置治局(以芒市位于怒江以西的方位而得名)。1949年3月改为县治，称潞西县。1950年4月21日，潞西解放，次年建立潞西县人民政府。1996年10月28日潞西撤县设市(县级市)。2010年7月12日，国务院批准潞西市更名为芒市。

2010年，芒市辖11个乡镇，1个街道办事处；80个村民委员会，13个社区居委会，719个自然村1008个村(居)民小组，1个国营农场(设4个农业分场31个生产队和2个直属单位)，聚集了汉族和勤劳而善良的傣、景颇、德昂、阿昌、傈僳等世居少数民族。总人口39.08万人。

芒市自然环境优美，历史文化多姿多彩，民族风情独特，被国内外誉为“孔雀之乡”，是云南省甲级卫生城市、中国优秀旅游城市、中国特色魅力城市200强。“菩提

2010年9月6日，国务院发展研究中心课题组到芒市调研

2010年10月27日，省委书记白恩培(中)视察后谷咖啡公司。

寺”为省级重点文物保护单位，“傣族剪纸”被国务院正式列入首批公布的国家级非物质文化遗产保护名录。有4A级景区勐巴娜西珍奇园、树包塔、菩提寺、勐焕大金塔、中缅友谊树、孔雀湖生态旅游区、法帕温泉渡假村、坝竹河温泉渡假村、勐戛三仙洞、风平佛塔等。境内植被保存良好，森林覆盖率61.2%，有野生高等植物257科2564种。野生动物258科1643种。新兴特色产业有“6树”(竹子、咖啡、油茶、核桃、坚果、柠檬)，“一草”(蓖麻)“一片叶”(晾晒烟)“一粒米”(遮放贡米)“一杯奶”(奶水牛)等。

在德宏建设中国面向西南开放桥头堡黄金口岸的重要时期，中共芒市委、芒市人民政府紧紧围绕“国际门户、区域中心、花果之城、咖啡之都”的发展目标；按照“生态环境立市、城镇经济富市、旅游文化活市、新型工业强市、特色农业稳市、对外开放兴市”的发展思路，“科教人才、产业支撑、绿色品牌、中心城市、项目带动、美好家园”的发展战略和“一个中心城市、一条经济走廊、四个产业园、七大产业集群”的发展措施，在德宏州委、州政府的坚强领导下，在新的历史起点上奋力推动芒市经济社会跨越式发展。2010年，实现生产总值45.3亿元，比上年增长13.5%；社会固定资产投资总额41.6亿元，年均增长25%；财政总收入5.51亿元，同比增长31.4%；社会消费品零售总额18.3亿元，增长22.5%；外贸进出口总额12亿元，

2010年2月7日，德宏州委书记赵金(左一)到芒市慰问困难群众

增长32.3%；城镇居民人均可支配收入为14540元，增长10.2%；农村居民人均纯收入达3603元，增长16%。新增就业岗位12392个，城镇登记失业率控制在4.4%以内，人口自然增长率控制在6.92‰以内。

今天的芒市，“康体天堂，休闲芒市”的理念充分体现，生态体验、温泉疗养、康体养生、休闲度假、民俗文化、边关风情、珠宝购物等特色产业初具雏形，呈现给人们的是一个充满激情、神秘而春意盎然、柔情似水、生机勃勃的康体“天堂”，不枉为最适宜人居住的地方。

南疆宝地 麻栗坡

麻栗坡县位于云南省文山壮族苗族自治州东南部，与越南社会主义共和国河江省的同文、安明、官坝、渭川、黄树皮和河江“五县一市”接壤，国境线长277公里。全县辖4镇7乡3个社区93个村委会1939个村（居）民小组，居住着汉、壮、苗、瑶、彝、傣、蒙古、仡佬8个主要民族，总人口27.76万人；全县国土面积2334平方公里，耕地28.7万亩。麻栗坡县矿产资源丰富，有钨、锡、铅、锌等38个矿种，钨为最具优势的矿种，目前已探明储量近30万吨，在云南省占有绝对优势；麻栗坡县水能资源丰富，水能资源理论蕴藏量达102.5万千瓦，可开发利用82万千瓦；麻栗坡县生物资源多样，开发空间和潜力巨大；麻栗坡县具有独特的区位优势，县境内有1个国家级口岸、14个边民互市点和108条边境通道，具有开展对外贸易和边境跨国旅游的优势。

国家外交部副部长张志军（中）到麻栗坡调研

2010年，在党中央、国务院及省委、省人民政府的正确领导下，在外交部、上海闸北区等社会各界的大力关心和支持下，麻栗坡县委、麻栗坡县人民政府始终坚持发展第一要务不动摇，干部群众从容面对风云变幻，无怨无悔无私奉献，实实在在艰苦奋斗，踏踏实实努力发展，认认真真紧紧追赶，全县经济社会实现快速发展。2010年，全县实现地区生产总值25.47亿元，比“十五”期末增加13.9亿元，增长78.8%；完成财政总收入31045万元，比“十五”期末增加21606万元，增长2.29倍；实现城镇居民人均可支配收入12440元，年均增长14.4%；实现农民人均纯收入2630元，比“十五”期末增加1310元，增长98.6%。全县呈现出社会稳定、民族团结、边防巩固、人民安居乐业的良好局面。

——**基础设施明显改善**。2010年，完成城镇投资5.9亿元；全县城镇人均居住面积从“十五”期末的15平方米提高到18.46平方米，城镇化率从“十五”期末的13.8%提高到24.63%。2010年，共改造中低产田地和实施高稳产农田1.79万亩；建成农村饮水工程1161件、小型水利工程4804件、小水窖4106口，全县有效灌溉面积达10.97万亩，有效灌溉程度达18.15%。建成麻栗坡至大坪、新城至猛硐、梁子街至黄家坪等47个“通畅、通达”工程项目。全县等级以上公路总里程达1270公里，比“十五”期末增加了352公里。

——产业发展取得突破。坚持把

产业培育作为富民强县的重要抓手，千方百计加快农业产业、工业产业发展。全县共发展核桃11万亩、油茶1万亩、茶叶2.1万亩、咖啡1.13万亩、香蕉2.4万亩。大力发展畜牧产业，2010年，生猪出栏26.8万头，肉牛出栏2.8万头，实现畜牧业产值4.2亿元。充分发挥矿产、水能资源优势，矿产资源整合全面推进并取得实效，钨矿资源整合通过国土资源部验收。2010年，实现矿业产值4.75亿元，比“十五”期末增长60%。电站建设步伐加快，全县已建成电站44座，电力总装机达62.5万千瓦。2010年，实现电力产值3.76亿元，比“十五”期末增加1.64亿元，增长77.4%。建材产业发展、石材加工等初具雏形。

——外向型经济发展步伐加快。完成了《天保口岸经济区发展总体规划》、《天保旅游小镇总体规划》；恢复了天保口岸异地办证服务，完成设立麻栗坡边境经济合作区可研报告并上报省政府审批。边民互市通道工程等项目建成投入使用，天保口岸设施进一步完善，功能不断健全。实施“引进来”与“走出去”战略，对外贸易取得突破。2010年，实现边贸进出口总额22.28亿元，比“十五”期末增加9.97亿元，增长81%。依托老山爱国主义教育基地，开发边境旅游、跨国旅游等精品旅游，麻栗坡被确定为全省旅游产业改革发展试点五大特色沿边旅游区之一。2010年，共接待游客78.5万人（次），实现旅游综合收入4.79亿元，分别比“十五”期末增长75.3%和1.4倍。

——民生问题不断改善。2010年，全县开展文化科技培训194班4104人，农函大培训14班420人，实用技术培训604期41585人（次）。县一中民中搬迁扩建项目建成投入使用；排除学校D级危房6037平方米；“两基”工作顺利通过国家检查验收；义务教育保障新机制政策得到落实，受益学生达52334人（次）；全县人均受教育年限从“十五”期末的5.58年提高到6.96年。加强公共文化设施建设，一小广场、网球馆等公益设施建成投入使用，对11个乡镇文化站进行改造；安装了41800户广播电视“村村通”直播卫星覆盖工程，农村广播电视覆盖率从“十五”期末的75%、68.2%均提高到96%。县医院搬迁扩建及伤残人员康复中心项目建成投入使用；累计投入资金501万元，对11个乡镇卫生院和68个村卫生室的业务用房进行了改扩建，配置了12所卫生院医疗救护车和93个村卫生室的基本医疗设备；落实和执行新农合制度，2010年，全县参合率达97.2%。启动实施新型农村社会养老保险试点工作，全县参保率达91.7%，位居全省16个试点县第一位。2010年，共向7.179万名农村困难群众发放低保资金5402.78万元，共向6732名城镇困难群众发放低保资金1303.2万元。

“十二五”期间，中共麻栗坡县委、麻栗坡县人民政府将深入贯彻落实科学发展观，以科学发展为主题，以转变经济发展方式为主线，抓住新一轮西部大开发、“兴边富民”“两强一堡”和“新高地”战略等历史机遇，按照“工业打头阵、农业强基础、商贸活经济、项目促发展、和谐固边疆”的思路，实施“农业立县、工业强县、科教兴县、开放活县、和谐稳县、城镇促县”战略，加强基础设施建设，统筹城乡发展，加快改革开放，加快农业产业化、新型工业化、城镇化和教育现代化发展步伐，全力改善民生，促进经济平稳较快发展和社会和谐，为实现全面建设小康社会奋斗目标打好具有决定意义的基础。

县一中民中新校区

新建成的县医院及伤残人员康复中心

天保口岸

罗平县阿岗镇扎塘煤矿

罗平县阿岗镇扎塘煤矿初建于1984年，位于罗平县阿岗镇法郎村委会法郎村，距罗平县城52公里，是一个六证齐全的私营企业，以开采无烟煤为主，原设计年生产能力3万吨，2007年以前一直未能实现生产能力，甚至陷入了负债累累的困境。2008年，在中共罗平县委、罗平县人民政府的关心支持下，在县行业主管部门的直接指导下，由现在的投资人重新组建，同时增加资金投入1400万元，生产能力提高到年产6万吨。2008年在县煤炭局党委的指导下，成立了扎塘煤矿党支部，原有正式党员7人，近年来，经支部认真培养吸收预备党员9人，现有党员总数16人，在现有党员中，矿领导和中层管理人员占50%。全矿现有员工180多人，其中：矿领导40多人，井下工人140多人。成立党支部以来，全体共产党员同企业一道以煤矿安全发展、科学发展、和谐发展为主题，以筑坚强堡垒，树先锋形象为主线，以诚实守信、优质服务、提高效益为宗旨扎实开展各项工作。党支部和矿领导密切配合，相互支持，带头实施安全放心工程，推进党员责任区，保证做到自己身边不违章，身边无“三违”形象，责任区内无事故。煤矿的管理机构有安全科、生产科、技术科、机电科、办公室和后勤管理。

扎塘煤矿历来重视矿村和谐关系，积极预防和依法及时处理矿村关系，刚刚重组煤矿不久，矿村关系极不正常，给煤矿安全生产带来了很多不利因素，严重制约了工作的正常开展。煤矿一直坚持以人为本，牢固树立民生意识和稳定意识，解决了洒谷村的水、电、路、学校等建设以及村民房屋受损近50余件，涉及调解资金300多万元，从源头上预防和减少了大量的热点难点和突出矛盾，为矿井发展创造了稳定和谐的发展环境，使煤矿的各项工作呈现

出快速发展、安全发展、和谐发展的良好局面。

2010年生产烟煤7万余吨，实现销售产值近4000万元，缴纳税费700多万元，文明矿山建设的各项工作稳步推进，安全生产事故连续4年为零的好成绩。2011年4月以来，根据煤炭发展的总体趋势，扎塘煤矿引进国内资金联合办矿，引导煤矿向公司型发展，逐步做强做大煤炭企业，正在筹备申办云南海棠煤业投资有限公司，对扎塘煤矿进行技术改造，通过增层扩界将生产能力扩大到15万吨，年产值实现1亿元，为罗平的煤碳发展迈出新的更大的步伐，实现“十二.五”罗平煤炭发展规划的目标。

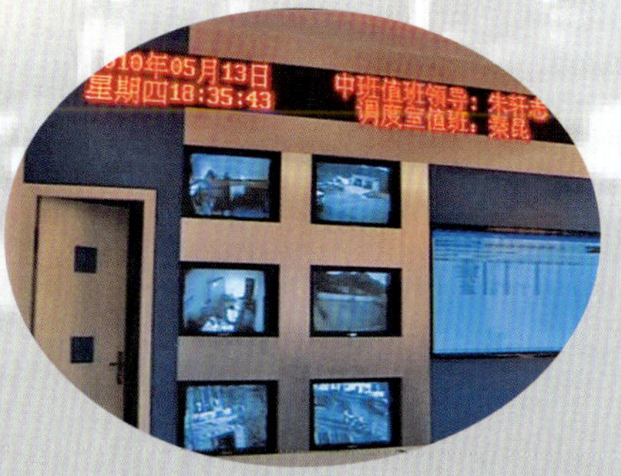

南华县一街
无烟煤开发有限责任公司

南华县一街无烟煤开发有限责任公司始建于1972年，曾经是南华县唯一的一家国有无烟煤生产企业。1998年改制为股份制企业，2003年进一步深化改革，进行股权集中，更名为南华县一街无烟煤开发有限责任公司。注册资本2.5亿元。资产总额4.8亿。现有资产1008.6万元，其中固定资产93.4万元、无形资产274.2万元，流动资产640.9万元，负债872.2万元。一街煤矿具有一定的生产规模及远景发展规划，所采煤质为优质无烟煤。

经过多年的发展，公司拥有雄厚的无烟煤开采技术力量和先进设备，生产条件较好。开采的无烟煤属低灰、低硫、低磷，发热量高达8362卡/克，无污染，有强金属光泽的优质无烟煤。公司成为云南省优质无烟煤基地之一，其产品无烟煤被广泛用于发电、水泥制造、食品加工，作为化工原料和民用燃料，为全州化肥生产作出了一定贡献。随着兰坪锌矿的开发，公司生产的无烟煤越来越受到锌业企业的欢迎，远销大理、兰坪、畹町、安宁等地。公司属于高危行业的煤矿开采，始终把安全工作放在第一位，坚持安全第一，预防为主，综合治理，整体推进的安全工作方针，经过公司全体人员努力，多年以来未发生一起安全死亡事故。同时，积极参与社会公益和捐资助学活动，每年投入教育经费上万元，为当地百姓修建10多公里的乡村公路，方便村民出行和发展农村经济；在矿区周围和荒山荒地上植树2万多棵，为恢复当地的生态环境作出了应有贡献。

2010年公司领导班子调整后，加大了投资力度，依法探矿，解决了当地群众的剩余劳动力，加强了对政策法规的学习、理解和宣传，领导干部轮流现场下井，使矿区村民进一步了解国家政策，同时也使当地煤炭资源得到保护和合理开发。在乡党委、政府的领导下，在各有关部门的关心、支持和公司全体员工的共同努力下，全年完成煤炭产销量6.63万吨，销售收入2220.75万元，上缴税金429.8万元。比上年增长217%。安全生产经营管理、社会效益、经济效益都有了显著提高。

综述

“十一五”期间，芒市生产总值增加到45.3亿元，增长88%；全社会固定资产投资总额增加到41.6亿元，增长3.4倍；财政总收入增加到5.51亿元，增长2.4倍，其中地方一般预算收入增加到3.3亿元，增长2.7倍；社会消费品零售总额增加到18.3亿元，增长1.7倍；外贸进出口总额增加到12亿元，增长1.9倍；城镇居民人均可支配收入增加到14540元，增长69.8%；农村居民人均纯收入增加到3603元，增长1.2倍。全市经济社会发展跃上新台阶。

基础设施

“十一五”期间，全市新建、改扩建农村公路1636公里，公路通车里程达2350公里，乡镇班车通达率100%，行政村客车通达率82.5%。完成大小水利工程5076件，改善灌溉面积32.1万亩，治理水土流失面积31.3平方公里，基本农田保护面积达50万亩以上。水电装机容量发展到34.8万千瓦，发电量增加到10.5亿度，增长1.1倍。城市建成区面积扩大到16平方公里，城镇化率38%。新建、改造城市道路30余条25公里，垃圾无害化处理率98%，供水普及率70%。完成“穿衣戴帽”和开墙透绿改造工程196个，城市绿化、美化、亮化成效明显，“花果城”建设初显雏形。“国家卫生城市”创建工作不断深入，“省级园林城市”创建成功，入选中国特色魅力城市二百强和2010·CCTV中国年度品牌城市。

人民生活

“十一五”期间，实施易地扶贫搬迁803户3615人，整村推进209个村组，“兴边富民”、上海对口帮扶等少数民族发展项目658项，实现3.2万人脱贫。新增就业岗位12392个，城镇登记失业率控制在4.4%以内，转移农村富余劳动力2万多人次。发放各项强农惠农政策资金1.44亿元。补助家电下乡2070万元，带动消费1.95亿元。建设廉租住房857套4.5万平方米。实施农村民居抗震安全工程拆除重建1070户、加固改造2200户。完成芒市华侨农场危房改造3129户，发放补助资金3991.2万元。建设省、州、市新农村重点村、试点示范村121个，带动290个村组自发开展新农村建设。完成1185

中央统战部长杜青林在三台山考察（杨帮庆摄）

中国芒市泛亚珠宝工艺品博览会（杨帮庆摄）

李纪恒在芒市调研（杨帮庆摄）

户5159人的大中型水库建设移民搬迁安置工作。建设农村户用沼气8208户，节柴改灶2189座。解决13.76万人农村人畜饮水安全问题。农村“五保”供养率100%。“五大保险”参保20.65万人，被列为全国首批新型农村社会养老保险试点市。人民群众生活水平全面提高。

中国最大咖啡速溶粉生产线建成庆典（杨帮庆摄）

沙市长陪同蒙牛集团考察组考察芒市镇芒岗村奶水牛养殖小区、德宏祥祥乳业有限责任公司（摆二旺保摄）

改革开放

各项改革不断深化。完成集体林权制度主体改革，确权发放林权证48926本；积极探索农村土地流转经营模式，办理土地流转面积3.29万亩；国有企业、集体企业改制，供销、卫生、教育等领域的改革稳步推进。

对外开放水平进一步提高。招商引资工作取得丰硕成果，累计引进投资项目84个，到位资金59.95亿元，实际利用外资4468万美元。非公经济蓬勃发展，2010年实现地方税收2.4亿元，占全市税收的90.1%。成功举办和协办了勐巴娜西风情节、2010中国·德宏国际目瑙纵歌节、“寻宝——走进芒市”“中缅两国边民联欢大会50周年”等节庆活动，区域影响力和知名度得到进一步提升。

生态环境

节能减排工作有效开展。严格执行建设项目环境影响评价和“三同时”制度，建设项目环评执行率100%。分别削减化学需氧量、二氧化硫2085.7吨和729.5吨，完成3家糖厂环保治理减排工程，关闭7家高能耗、高污染企业。

生态环境保护不断加强。实施土地开发整理项目18个，新增耕地3万亩。认真落实公益林生态效益补偿政策，实施中低产林改造12.2万亩，植树造林45.1万亩，森林覆盖率61.8%。

社会事业

教育得到优先发展。“两基”工作顺利通过国家验收，适龄儿童入学率99.9%，初中毛入学率102.6%，青壮年非文盲率99.8%，高中阶段毛入学率52.7%，市职业教育中心毕业生就业率98.1%。校安工程全面实施，建筑面积17.03万平方米，排除中小学D级危房面积7.95万平方米。

科技支撑能力明显增强。组织实施科技项目试验、示范、推广374项，获州级以上科技成果奖励41项，引进推广农业新品种223个、农业新技术86项，建立农业科技示范基地34个，专利申请118件，已被授权54件。认定省级高新技术企业2家，后谷咖啡企业率先成立“院士服务站”。

文体广电工作全面进步。芒市傣族剪纸入选联合国教科文组织“人类非物质文化遗产代表作名录”，傣族象脚鼓舞、德昂族浇花节等5个项目列入全国非物质文化遗产名录。广播电视“村村通”工程顺利完成，广播和电视覆盖率分别达95%和86.5%。

卫生计生事业健康发展。各类传染病发病率大幅度下降，登革热、甲型H1N1等境外输入性传染病得到及时防治。新型农村合作医疗参合率和筹资水平分别提高到99.9%和140元。大力开展“婚育新风进万家”和“人口文化大院”创建活动，流动人口管理逐步规范，人口自然增长率控制在7.5‰以内。

民主法制

社会主义法制不断健全。“五五”普法工作全面完成，全民法律意识明显增强，依法治市工作深入推进，人民群众在政治、经济、文化和社会方面的权益得到维护和发展。办理人大代表议案、建议1090件，政协委员提案519件，办复率100%。国防后备力量建设和双拥工作成效明显，连续四届荣获“省级双拥模范城”称号。

行政效能进一步提升。率先在全省推行市、乡、村、组四级为民服务网络体系，启动芒市城市居民水、电等费用“一卡通”服务试点工作。成立公共资源交易中心，规范公共资源交易行为。积极推行电子政务，开通“96128”政府专线并正常运行。行政审批项目由300项调整为91项。受理行政复议案件19件，办结率100%。不断加大问责力度，共问责国家公职人员21人。

芒市组团参加缅中边交会（杨帮庆摄）

曲靖市麒麟区珠街小凹子煤矿

曲靖市麒麟区珠街小凹子煤矿，位于曲靖市麒麟区东山镇卑舍村委会小凹子。始建于1962年，2004年完成改制工作。现有在职职工250多人。煤矿改制以来，得到了省、市、区、镇各级政府及领导的关心和支持，2010年原煤产量达6万多吨，原煤销售收入3690万元，实现利润600多万元。通过全矿领导职工的共同努力，社会效益和经济效益都取得了双丰收。

二00八年度
守合同重信用先进企业
麒麟区工商行政管理局
麒麟区企业信用协会
二00八年十二月

授予：小凹子煤矿民兵连
煤矿军事化管理示范单位
中共曲靖市麒麟区委
曲靖市麒麟区人民政府
二〇一〇年一月

奖状
赵小贵 同志：
在二〇一〇年度安全生产工作中被评为“先进工作者”，特发此证，以资鼓励。
曲靖市麒麟区人民政府
二〇一一年三月

捐资办学
功在千秋
云南省教育厅

2007—2008年全省煤炭系统
工会先进群监会
云南省煤矿工会
二00九年三月

授予：支持二00八年度新农村建设
先进个人
中共曲靖市麒麟区委员会
曲靖市麒麟区人民政府
二00九年三月

近年来，省、市、区、镇各级领导高度重视小凹子煤矿的生产建设和安全管理，各级领导多次到矿视察调研职工军事化训练和管理的建设经验，并就煤炭生产经营等方面的工作给予现场指导。

过去的一年，小凹子煤矿在原煤产量、销售收入、上缴国家税收、支持本地周边新农村建设、捐资助学、照顾农村孤寡老人、修建乡村道路等方面做出了积极贡献。一是上缴国家税收共计815万元；二是捐助东山镇学校危房改造资金40万元；三是捐助周边学校校舍建设及困难学生助学款项共计60多万元。四是捐助新农村建设资金、周边村镇乡村道路及农村生产生活道路建设资金达80多万元。五是捐助周边乡村60岁以上老人、农村孤寡老人、镇农村敬老院共10多万元。

多年来，小凹子煤矿连年受到各级政府及相关部门的表彰和奖励。先后荣获中国煤炭工会云南省委员会

颁发的“全省煤炭工会系统工会先进群监会”；省教育厅颁发的“捐资办学、功在千秋”；曲靖市人民政府颁发的“电煤供应先进集体”；曲靖市市总工会、市国有资产管理委员会、市工商业联合会、市劳动和保障局、市安全监督管理局、市企业家联合会联合颁发的“曲靖市劳动关系和谐企业”；麒麟区委、区政府颁发的“新农村建设先进个人”“煤矿职工军事化管理示范单位”“煤矿安全生产成绩突出优秀矿长”“安全生产工作先进工作者”“创建和谐矿山先进单位”等荣誉称号，为煤矿安全生产，和谐社会的创建做出了表率。

安全文明和谐发展
欢迎各位领导莅临小凹子煤矿检查指导工作

曲靖市麒麟区东山福田焦化有限责任公司

曲靖市麒麟区东山福田焦化有限责任公司于2003年3月成立。公司位于麒麟区东山镇高家村，现有职工200人，主要从事焦炭生产、原煤开采。2010年在区煤炭局及独木煤管所的正确领导下，全矿职工苦战在前线，确保了煤矿的安全生产。

煤矿工作是特殊作业，关系到国家资源正确开采和全矿职工的人生安全，必须按照法律法规政策办矿。公司煤矿特种作业人员及全矿职工都经过煤炭局统一培训持证上岗。特种作业人员是从事煤矿行业多年以上，并具备管理能力和特种专长。公司特别重视组织职工学习法律法规和安全施工教育，经过2010年各项“百日安全活动”，全矿职工培训持证率达到百分之百，职工的安全素质意识得到有效提高，做到了人人懂安全，形成了良好的安全工作环境，安全管理工作进一步规范化和

科学化。

根据煤矿主管部门的要求，公司共建盖职工宿舍12间，240多平方米，瓦斯抽放泵2间，40多平方米，职工培训学习室4间，80多平方米，修建职工更衣室、厕所、污水处理厂房200多平方米，地面配电室4间，80多平方米，井口打铃房一间等建筑，为全矿职工提供了安全的工作环境和舒适的生活环境。

公司在加强安全生产的同时，还进一步强化管理措施，对全矿各管理人员和施工人员，层层签定安全生产责任制和安全奖惩责任书；建立健全各种台帐，严格执行交接班记录，奖惩分明；积极配合上级部门的检查，验收工作，对存在的隐患由专人负责，按规定整改完善；煤矿坚持自检自查和安全学习，对违规、违章行为进行重惩重罚，并制定整改措施和质量验收；加强“一通三防”现场跟班管理，矿领导把责任制层层落实到人，强抓严管，通风网络，严防死守瓦斯、煤尘、火源，并制定了各项措施，对井下的隐患采取及时果断处理，确保了“安全第一、预防为主、综合治理”的安全生产工作目标。

2010年生产原煤6万吨。资产总额4000万元，年实现销售收入5000万元，上交税金800万元，利润300万元，捐资公益事业60万元，社会效益和经济效益有了显著提高。

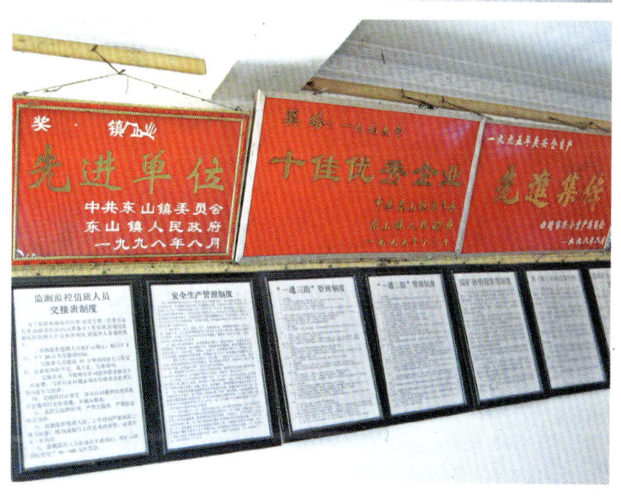

中国人民财产保险股份有限公司

云南省分公司

中国人民财产保险股份有限公司云南省分公司是中国人民财产保险股份有限公司在云南省设立的一级分公司， 具有60年辉煌历史，网点遍布全省，具有独一无二的网络优势。

中国人民财产保险股份有限公司云南省分公司是我省业务规模最大的财产保险公司，主要经营财产保险、责任信用保险、意外伤害保险和健康保险业务。经过30多年的改革与发展，公司保险覆盖面和业务规模不断扩大，现有198个分支机构，遍布全省各县、市（区）。2010年以来，公司延伸农村网点、城市网点（简称“两网”），新建了664个城乡营销服务部和1494个保险服务咨询点。2010年保费规模已发展到45.53亿，居全国人保系统的14位，占全省财产保险市场46.01%以上的份额。公司的经济实力和偿付能力不断增强，1980年至2010年的30年间，共支付各类赔款200.31亿多元。巨大的经济补偿对促进云南经济的发展和稳定社会发挥了重要的作用。

在六十多年的卓越历程里，中国人保财险以“人民保险、服务人民”为使命，秉承“以人为本、诚信服务、价值至上、永续经营”的经营理念，弘扬“求实、诚信、拼搏、创新”的企业精神，充分发挥品牌、人才、产品、技术和服务等优势，为促进改革、保障经济、稳定社会、造福人民提高强大的保险保障。面向未来，中国人保财险将以科学发展观为指引，以锐意进取的改革精神和求真务实的科学态度， 与时俱进，整合创新，实现公司新的创业和跨越式发展，为全面建设小康社会和构建社会主义和谐社会提供更加优质的保险保障服务。

特　载

Special Editing

承前启后 继往开来 全力开创云南科学发展新局面

——省委书记白恩培在中共云南省委八届十次全委会上的报告

（2010年12月24日）

这次全委会的主要任务是：全面贯彻党的十七大、十七届三中、四中、五中全会和中央经济工作会议精神，深入贯彻落实科学发展观，认真回顾总结“十一五”全省经济社会发展取得的成就和经验，深入分析当前和今后一个时期面临的形势和任务，研究部署“十二五”全省经济社会发展的目标任务和重大举措及明年工作，审议《中共云南省委关于制定云南省国民经济和社会发展第十二个五年规划的建议（草案）》，动员全省广大党员干部和各族群众，进一步解放思想、开拓进取，不断开创我省经济社会发展新局面。

下面，我受省委常委会委托，向全委会作工作报告。

一、凝心聚力、埋头苦干，出色完成“十一五”经济社会发展各项目标任务

今年是完成“十一五”目标任务的关键之年。面对国际金融危机带来的复杂局面和百年不遇的严重旱情，我们认真贯彻落实中央的一系列重大决策部署和胡锦涛总书记考察云南时的重要讲话精神，以科学发展观为统领，全力做好经济社会发展各项工作。组织调动全社会力量积极投入抗旱救灾，取得了救灾工作的全面胜利；认真抓好转方式、调结构、促发展、惠民生各项工作，工业、农业、服务业健康发展，经济保持平稳较快发展；牢牢抓住西部大开发和桥头堡建设重大机遇，积极配合中央有关部门研究制定战略规划，认真抓好“十二五”规划编制工作，加快推进重大项目建设；积极参与上海世博会，充分展示云南新形象；切实加大保障和改善民生工作力度，加快发展社会事业，推进边疆民族地区经济社会较快发展，全力维护社会稳定；不断巩固和扩大深入学习实践科学发展观活动成果，认真组织开展创先争优活动，党的建设全面加强，继续保持了经济发展、社会进步、文化繁荣、民族团结、边境安宁、生态环境进一步改善、人民生活水平不断提高的良好局面。

“十一五”以来，我们在总结继承“十五”成功经验的基础上，不断完善发展思路，突出科学发展这个主题，加快转变经济发展方式，继续围绕建设绿色经济强省、民族文化大省和中国连接东南亚、南亚国际大通道三大目标，深入实施可持续发展、科教兴滇、城镇化和全方位开放战略，加快培育和壮大烟草、生物、旅游、电力、矿产等支柱产业，扎扎实实打基础、突出重点抓生态、调整结构创特色、依靠科技增效益、改革开放促发展、统筹兼顾谋协调、齐心协力建和谐，全面推进经济社会发展，为“十二五”乃至更长一个时期加快发展奠定了坚实基础。预计全省生产总值从“十五”末的3462亿元增加到“十一五”末7000亿元左右，实现翻番；地方财政一般预算收入从312亿元增加到860亿元，增长175%；城镇居民人均可支配收入从9266元增加到15800元，增长47 %；农民人均纯收入从2042元增加到3750元，增长53 %。

五年来的生动实践，使基础相对薄弱、发展相对滞后的云南发生了广泛而深刻的变化，从城市到广大农村，从内地到边境一线，从经济到社会各个领域，焕发出发展的蓬勃生机和旺盛活力。

坚持不懈地抓项目、增投资、强后劲，基础设施建设成就显著。坚持大项目带动大建设、大建设促进大发展，抢抓机遇，举全省之力建成了一批事关全局和长远发展的重大基础设施建设项目，发展的基础条件得到前所未有的改善。“十一五”全社会固定资产投资突破1.8万亿元，是“十五”的3.2倍。坚持把交通建设作为重中之重，集中力量打通瓶颈，综合交通运输体系不断完善，铁路运营和在建项目总里程接近5000公里，机场总数达到12个，航线辐射国内外98个城市，高速公路通车里程2630公里，农村公路通畅和通达率较“十五”末提高了一倍，水运港航设施建设得到加强，初步形成了公路、铁路、航空、水路协调发展的交通体系。以“润滇工程”为重点的水源工程建设力度加大，大型灌区和山区“五小水利”工程建设进一步加强，全省蓄水库容五年新增12亿立方米，农田有效灌溉率达到38%左右。“滇中引水”前期工作积极推进。能源建设全面加强，电力装机容量达到3700万千瓦，主干电网覆盖全省，“西电东送”加快推进，煤炭资源整合力度加大，中缅油气管线工程顺利启动。现代新昆明、区域中心城市、县城和特色小镇建设不断加快，功能日趋完善，城镇化率达35%。广大农村的水、电、路、房等建设投入大幅增加，农业农村生产生活条件进一步改善，农村面貌正在发生历史性的巨大变化。

坚持不懈地调结构、创特色、增效益，产业发展的协调性显著增强。全力推动经济持续快速协调健康发展，坚持把加快新型工业化、推进农业产业化、发展特色优势产业结合起来，实施创新型云南行动计划，加快转变经济发展方式，着力调优一产、调强二产、调快三产，全省三次产业比重由2005年的19:42:39调整为2010年的16.2:43.3:40.5，产业结构逐步合理，呈现出农业稳步发展、工业不断壮大、服务业增长强劲的势头。扎实推进新农村建设，大幅增加“三农”投入，启动农民收入翻番计划、中低产田和中低产林改造、“兴地睦边”和木本油料产业培育等一批重大工程，粮食生产连年增产，总产量迈上1600万吨新台阶，特色优势产业规模化水平显著提高，现代烟草农业和新烟区建设不断推进，茶叶、甘蔗、橡胶、花卉、咖啡产量持续增长，以核桃为主的木本油料基地建设快速发展，农业的基础地位进一步巩固。积极实施工业强省战略，围绕重点产业及特色优势产业开展技术创新，启动工业发展“双万亿工程”、重点项目建设“双百工程”和中小企业培育工程，新型工业化进程加快推进，烟草、生物、电力和矿产等支柱产业结构进一步优化，烟草利税突破860亿元，非烟工业增加值占全省规模以上工业增加值比重超过65%。工业经济总量连续突破1000亿元和2000亿元大关，工业主导作用进一步增强。大力发展以旅游业为重点的现代服务业，现代物流、金融保险、中介服务等生产性服务业加快发展，生活性服务业发展空间不断拓展，消费对经济增长的拉动作用逐步增强。

坚持不懈地办实事、解民忧、谋民利，保障和改善民生力度加大。集中有限的财力物力，全力以赴推动保障和改善民生工作。加大对就业困难群众的就业援助力度，实施“贷免扶补”创业模式，加强农民工职业技能培训，五年新增城镇就业和累计转移农村劳动力分别达到110万人和790万人，保持了就业形势总体稳定。加快完善覆盖城乡居民的社会保障体系，各类保险参保人数超过2000万，符合低保条件的城乡居民全部实现应保尽保，城乡低保标准和企业退休人员基本养老金、优抚对象待遇逐步提高，社会救助体系不断健全，残疾人事业、老龄事业、慈善事业进一步发展。扶贫开发力度加大，整村整乡推进成效显著，五年累计减少贫困人口210万。解决近1000万农村人口安全饮水问题。加快实施保障性安居、农村民居地震安全、农村危旧房改造和农垦系统职工安居工程，廉租房、公共租赁住房建设加快推进，一大批困难群众喜迁新居。着力推动义务教育均衡发展，全面实施城乡免费义务教育，积极稳妥推进山区农村中小学集中办学，“普九”目标如期实现，职业教育在校生实现翻番，呈贡高校新校区建设全面推进，各级各类教育质量和水平稳步提高。加快推进基本医疗保障制度建设，公共卫生体系不断健全，三级医疗卫生服务体系不断完善，群众看病难、看病贵的问题进一步缓解。人口和计划生育工作进一步加强。体育事业健康发展。认真开展安全生产、食品药品质量等专项整治活动，公共危机应急机制和救援体系不断健全。全力开展抗灾减灾和灾后恢复重建工作，切实保障了人民群众生命财产安全。

坚持不懈地重文化、抓发展、促繁荣，民族文化强省建设成效明显。加快推进民族文化大省向民族文化强省迈进，宣传思想文化工作呈现出蓬勃发展的良好势头。紧密结合实际抓好理论武装工作，深入开展社会主义核心价值体系教育，不断夯实各族人民共同团结奋斗的思想基础。深入推进公民思想道德和精神文明建设，广泛开展形式多样的文明创建活动，推出了一批在全国反响强烈的先进典型，公民文明素质和城乡文明程度不断提高。牢牢把握正确的舆论导向，加强新兴媒体的管理，大力营造积极向上的浓厚氛围。积极构建具有云南特色的对外宣传格局。坚持一手抓公益性文化事业建设，一手抓经营性文化产业发展，正在探索一条具有云南特色的文化发展路子。文化体制改革不断推进，经营性文化事业单位转企改制取得突破性进展。坚持把繁荣文化事业作为民族文化强省建设的重要内容，大力改善文化设施，精心组织实施广播电视“村村通”、千里边疆文化长廊等文化惠民工程，在全国率先对农民实行文化惠农补贴，极大地丰富了群众精神文化生活。坚持把发展文化产业作为促进文化繁荣发展的重要途径，坚持“三创新”、推动“三结合”，着力打造四大文化品牌，重点培育十大主导产业，特色文化品牌不断涌现，文艺创作持续繁荣，文化遗产保护力度加大，优秀民族文化得到弘扬发展。2010 年，全省实现文化产业增加值 420 亿元，成为全国 6 个文化产业增加值占生产总值比重超过 5% 的省份之一。

坚持不懈地强扶持、促团结、共进步，边疆民族地区加快发展。始终牢牢把握各民族共同团结奋斗、共同繁荣发展的主题，坚持分类指导、因族举措，采取对口支援、政策资金项目人才扶持等措施，千方百计加快边疆民族地区发展步伐。在 25 个边境县和 3 个藏区县先后实施两轮兴边富民工程，累计投入近 300 亿元，着力推进 6 大工程和 30 件惠民实事。在边疆民族贫困山区实施解“五难”惠民工程，对人口较少民族和特困群体进行特殊扶持，下大力气解决深度贫困群体温饱问题，认真落实促进藏区发展的各项政策，民族地区发展条件不断改善，主要经济指标增长速度持续高于全省平均水平。少数民族干部队伍和人才队伍建设取得新突破。全面落实民族区域自治制度，出台了民族区域自治法实施办法等地方性法规，在全国率先实行民族团结目标管理责任制，全省多年来没有发生因民族问题引发的重大群体性事件，各族群众的民族自豪感和爱国主义热情不断增强。

坚持不懈地抓建设、促保护、重节约，生态文明建设步伐加快。坚持在发展中落实保护、在保护中促进发展，积极推进生态建设产业化、产业发展生态化，实施七彩云南保护行动、滇西北生物多样性保护行动、九湖流域水污染综合防治等工程，滇池治理全面提速，综合治理效果开始显现。实施“长治”、“珠治”等水土保持工程，五年累计完成 120 万公顷水土流失治理任务。大力推进“森林云南”建设，实施天然林保护、退耕还林、防护林建设、石漠化治理等工程，森林覆盖率超过 50%。城市污水集中处理率和垃圾无害化处理率大幅提升。加快发展循环经济，突出抓了重点行业、重点领域和重点企业的节能减排工作，淘汰了一大批小炼铁、小焦炭、小水泥等落后产能，工业循环经济体系建设步伐加快，资源利用率不断提高，万元生产总值能耗完成规划目标，化学需氧量和二氧化硫年排放量明显下降。

坚持不懈地破难题、添活力、拓空间，改革开放深入推进。始终把完善体制机制、拓展发展空间作为加快发展的强大动力，着力破除影响科学发展的体制机制障碍。重点领域和关键环节的改革进一步深化，国企改革成效明显，成功引进了一批国内外战略投资者，国有企业和国有控股企业的效益进一步提高，对国民经济发展的支撑作用日益凸显。非公有制经济快速发展，对全省国民经济增长的贡献率达到 40% 左右。农村综合改革和集体林权制度、农垦、华侨农（林）场改革稳步推进。财税、金融、投资、科技、教育、文化、卫生等改革继续深化，扩权强县、省直管县财政管理体制、统筹城乡综合改革和旅游业综合改革等试点有序开展。政府职能加快转变，责任政府、法治政府、阳光政府、效能政府等十六项制度全面实施。开放云南建设取得新成效，桥头堡建设前期工作扎实推进，国际大通道建设取得重大进展，积极参与中国—东盟自由贸易区建设，大湄公河次区域经济合作迈出新步伐，与东南亚、南亚国家合作领域不断拓展，边境经济合作区建设步伐加快，国内区域合作继续深化，利用外资规模不断扩大，云南企业在国外投资居西部省区前列。

坚持不懈地维稳定、建和谐、聚人心，安定和谐的局面不断巩固。积极顺应各族干部群众加快发展的热切期盼，最大限度地调动一切积极因素，聚精会神搞建设、一心一意谋发展的强大合力和良好氛围进一步形成。坚持和完善人民代表大会制度、中国共产党领导的多党合作和政治协商制度，支持人民代表大会、人民政协更好地履行职能，不断巩固和壮大新时期爱国统一战线，工会、共青团、妇联等人民团体的桥梁纽带作用得到充分发挥。依法治省、依法行政全面推进，科学民主决策制度进一步健全，基层民主建设不断加强。动员全社会力量深入开展禁毒和防艾人民战争，严厉打击毒品犯罪，艾滋病疫情快速上升的势头得到遏制。认真贯彻执行党的民族宗教政策，高度重视做好新形势下的民族宗教工作，积极引导宗教与社会主义社会相适应，保持了宗教领域的稳定有序。深入开展社会治安综合治理和“平安云南”创建活动，全力化解影响社会稳定的各种突出矛盾，民族团结、边境安宁、社会和谐的局面进一步巩固。

坚持不懈地抓根本、重创新、强保证，党的执政能力和先进性建设全面加强。坚持党要管党、从严治党，全面推进党的思想、组织、作风、制度和反腐倡廉建设，为全省改革发展提供坚强保障。认真组织开展深入学习实践科学发展观活动，着力把学习实践活动所形成的科学发展共识、富民惠民政策、体制机制成果贯彻落实到基层。深入开展解放思想大讨论、“五个一批”工程等活动，思想政治建设不断加强。在领导干部中，积极开展“个人形象一面旗、工作热情一团火、谋事布局一盘棋”主题实践活动。扎实推进基层党组织建设，深入实施“边疆党建长廊”，认真做好党员发展工作，选好配强基层党组织书记。切实加强干部队伍建设，匡正用人风气，加大公开选拔、竞争上岗等竞争性选拔干部力度。大力推进作风建设，全面推行行政问责制等四项制度，严厉问责不作为、乱作为等行为。加快推进惩治和预防腐败体系建设，严格执行党风廉政建设责任制，在全省厅级干部和县级党政主要领导中开展“坚持廉政勤政，促进科学发展”主题教育活动，对新提拔的省管干部集中进行党风廉政建设培训，强化对权力运行的监督和制约，加大查办案件力度，党风廉政建设和反腐败斗争取得新成效。

我们认真贯彻执行《党政领导干部选拔任用工作条例》、干部选拔任用工作四项监督制度和有关制度规定，按照德才兼备、以德为先用人标准，注重干部的综合素质、工作实绩、基层领导工作经历和群众公认程度，去年10月以来共选拔任用厅级领导干部112人。积极稳妥地推进干部人事制度改革，加大竞争性选拔干部力度，开展了省、州（市）、县三级联合公开选拔厅、处、科级领导干部工作，在全省县以上党政机关全面推行内设机构中层领导干部竞争上岗。坚持和完善从基层一线选拔干部制度，通过做好公开选拔优秀村（社区）党组织书记担任乡镇（街道）领导干部和从农村、社区干部中考录公务员等工作，探索建立来自基层一线干部培养选拔链。继续推进年轻干部培养选拔工作，认真做好选派优秀年轻干部及厅级后备干部担任新农村建设工作总队长和从省直机关选派优秀年轻干部担任县市区党政正职工作。加强干部监督和管理工作，大力抓好干部选拔任用工作“四项监督制度”的学习贯彻，扎实推进提高选人用人公信度“示范县”、“示范单位”创建活动，认真落实中央关于从严管理干部的要求，继续加强对“一把手”、县委书记等关键岗位干部的监督和管理，加大对违反干部人事纪律行为的查处力度，深入整治用人上的不正之风，选人用人公信度明显提高。

“十一五”时期，是改革开放以来我省综合经济实力增长最快的时期，是基础设施建设投入最多、城乡面貌变化最大的时期，是优势特色产业快速发展、产业结构不断优化的时期，是社会事业全面进步、各族群众得实惠最多的时期，是干部队伍建设全面加强、执政能力和领导水平明显提高的时期。这些成绩，是党中央正确领导的结果，是全省干部群众团结一心、顽强拼搏的结果，也是我们不断深化省情认识、坚持改革创新的结果。五年来，我们经受的考验前所未有，面临的挑战前所未有，遭遇的困难前所未有。成绩来之不易，经验弥足珍贵。一是始终坚持把中央方针政策与云南实际结合起来，探索符合云南特点的发展路子。只有坚定不移地贯彻落实科学发展观，充分发挥自身优势，坚持一切从实际出发，创造性地开展工作，才能实现又好又快发展。二是始终坚持统筹兼顾，全面推动城乡、区域、经济社会发展相协调，开发与保护相统一，省内发展和对外开放相促进。只有牢固树立“一盘棋”的理念，正确认识和妥善处理各种重大关系，才能推动经济社会全面协调可持续发展。三是始终坚持各民族共同团结奋斗、共同繁荣发展，认真贯彻党的民族宗教政策，做好事关边疆民族地区发展稳定大局的各项工作。只有认真落实中央的决策部署，始终与各族群众同呼吸、共命运、心连心，在政策、资金、项目、人才等方面加大扶持力度，才能实现边疆民族地区经济加快发展、社会和谐稳定。四是始终坚持以人为本，把保障和改善民生作为一切工作的出发点和落脚点。只有尊重群众意愿，顺应群众期盼，真心实意为民谋利，使改革发展成果更多地惠及各族群众，才能充分激发和调动各族群众的积极性，创造更加幸福美好的生活。五是始终坚持求真务实、真抓实干的工作作风，以优良的作风凝聚党心民心、一丝不苟推动工作落实。只有把心思凝聚到谋发展上，把本事用在干事业上，把功夫下在抓落实上，引导党员干部深入基层、深入群众，出实招、办实事、解难题，才能形成心齐气顺抓落实、团结干事谋发展的良好氛围。六是始终坚持以改革创新精神加强和改进党的建设，不断发挥总揽全局、协调各方的领导核心作用。只有围绕发展抓党建、抓好党建促发展，才能为全省经济社会又好又快发展提供坚强的政治和组织保障。这些经验，是我们继往开来、再创辉煌的宝贵财富，必须坚持好、运用好。

二、认清形势、统一思想，进一步增强加快发展的责任感和紧迫感

“十二五”时期是加快转变经济发展方式的攻坚期，是加快建设“两强一堡”的黄金期，是全面建设小康社会的关键期。我们面临的国际国内形势依然复杂，世界经济复苏进程缓慢曲折，国内通货膨胀压力上升，必须科学判断，准确把握，沉着应对。全省发展不充分、发展不平衡、发展不协调、发展不可持续的问题仍然突出：全省经济总量不大，综合经济实力不强，城乡居民收入偏低，自我发展能力较弱；产业层次较低，科技创新能力薄弱，结构调整和发展方式转变任务非常艰巨；城乡和区域发展仍不平衡，广大偏远民族山区和农村贫困面较大，农民持续增收基础不牢固，扶贫开发仍需付出艰苦努力；经济社会发展协调性不强，社会事业发展依然滞后；发展的资源环境约束强化，生态环境保护和建设压力增大；制约科学发展的体制机制障碍仍然较多，一些重大改革需要继续深化；社会矛盾不断增多，维护社会稳定任务繁重；少数党员干部的能力素质与科学发展观的要求还不相适应。解决这些突出问题，需要我们进一步提高推动科学发展、促进社会和谐的能力和水平，善于在困难中找出路，在挑战中寻突破，在化解各种重大困难和矛盾中不断开创全省改革发展和现代化建设的新局面。

加快科学发展步伐，我们面临难得的重大历史机遇和有利条件。新一轮西部大开发战略的深入实施，将在基础设施建设、生态环境保护、能源资源开发、装备制造和战略性新兴产业培育、边疆民族贫困地区发展、民生改善等方面，为我省加快发展提供强大支持；中国—东盟自由贸易区的全面建成，桥头堡建设的大力推进，为我省对外开放开辟了更为广阔的空间；国内外科技创新步伐加快，经济结构深刻调整，为我省发挥比较优势承接产业转移、加快发展现代产业提供了重大契机；我省总体上进入工业化、城镇化加速推进时期，巨大的内需潜力将为全省持续较快发展提供日益增强的内生动力；改革开放以来特别是近十年来的较快发展，为“十二五”发展奠定了较为坚实的基础；广大党员干部贯彻落实科学发展观的能力不断增强，各族群众盼发展的愿望更加强烈、促发展的信心更加坚定，为加快发展提供了万众一心、众志成城的强大精神动力。

挑战和机遇并存，机遇大于挑战，我们仍然处于加快发展的重要战略机遇期。逆水行舟、不进则退。不发展没有出路，发展慢了同样没有出路。必须进一步增强危机感和紧迫感，坚定信心、知难而进，坚持把创新发展理念和发展模式与有效应对各种困难和挑战、充分抓住和用好重要战略机遇期紧密结合，坚持把政府维护市场有序运转职能与市场配置资源的基础性作用紧密结合，坚持把推动经济发展与促进各族群众共享发展成果紧密结合，坚持把坚决贯彻落实中央的重大决策部署与发挥我省各地各方面积极性紧密结合，坚持把加快发展与对外开放紧密结合，大胆探索符合云南实际的科学发展路子。必须进一步在解放思想上比胆识，在攻坚克难上比干劲，在转变经济发展方式上比力度，在科学发展上比成效，努力形成全省上下争先恐后谋发展、全力以赴促发展的生动局面。

实现“十二五”时期经济社会又好又快发展，必须高举中国特色社会主义伟大旗帜，以邓小平理论和“三个代表”重要思想为指导，深入贯彻落实科学发展观，紧紧围绕建设绿色经济强省、民族文化强省和中国面向西南开放的桥头堡战略目标，以科学发展为主题，以加快转变经济发展方式为主线，坚持推进农业产业化、新型工业化、城镇化和教育现代化，加快改革创新，加大开放步伐，加强统筹协调，强基础、快发展，调结构、上水平，惠民生、促和谐，不断推进富裕民主文明开放和谐云南建设迈上新台阶。

“十二五”时期发展的主要预期目标是：经济保持平稳较快发展，全省生产总值和人均生产总值确保实现两位数增长、力争实现翻番，全社会固定资产投资和地方财政一般预算收入保持合理较快增长；经济结构战略性调整取得明显进展，三次产业结构更趋合理，非公有制经济比重和城镇化率进一步提高；城乡居民收入较快增长，努力实现城乡居民收入增长和经济发展同步、劳动报酬增长和劳动生产率提高同步，就业形势保持总体稳定；生态环境明显改善，单位生产总值能耗持续降低。

三、牢牢把握关系经济社会发展全局的重

大问题，推动科学发展再上新台阶

推动“十二五”时期云南经济社会又好又快发展，必须立足当前、着眼长远，统筹兼顾、突出重点，认真解决关系全局和长远的若干重大问题。

第一，坚持加快发展，进一步增强综合经济实力。云南压倒一切的中心任务，始终是在科学发展观指导下千方百计加快发展。作为集边疆、民族、山区为一体的欠发达省份，必须把加快发展作为“十二五”乃至更长时期最重要、最紧迫的任务，把科学发展作为加快发展的本质要求，把加快转变经济发展方式作为推动科学发展的必由之路，努力实现经济总量、财政收入和群众收入持续较快增长，经济增长质量和效益持续较快提高，综合经济实力和竞争力持续较快提升。坚持抓住基础设施建设这个加快发展的基础不松劲，进一步加强水利、交通、能源、通信等建设，尽快从根本上改变我省基础设施总体较为薄弱的状况，切实增强发展后劲。坚持抓住特色经济这个加快发展的关键不放松，立足丰富的自然、人文资源和沿边区位优势，大力推进农业产业化、新型工业化和服务业现代化，深入推进绿色经济强省建设，做大做强特色产业这篇大文章，不断把巨大的发展潜力转化为强大的经济实力。坚持抓住调整结构这个加快发展的突破口不动摇，继续围绕增收调结构、依靠科技增效益，巩固提升烟草、电力、矿产等传统支柱产业，加快培育现代生物、新材料、新能源、光电子、高端装备制造和节能环保等战略性新兴产业，大力发展现代金融、现代物流、现代旅游、现代传输和文化产业等现代服务业，加快发展现代产业体系，努力使经济结构战略性调整取得新的重大进展。坚持抓住大项目带动这个加快发展的重要支撑不松懈，继续集中力量实施一批在优化发展环境、增强产业竞争能力、保障和改善民生等方面意义重大的项目，坚持市场导向，不断拓宽融资渠道，大力优化投资结构，进一步改善投资环境，充分发挥政府投资对民间投资的引导和带动作用，切实保障重大项目建设顺利进行。认真研究和准确把握国家宏观经济政策的变化，找准着力点，加大工作力度，提高工作质量，继续保持全社会固定资产投资稳定增长，积极扩大消费需求，更好地发挥投资和消费对经济增长的拉动作用。

第二，坚持协调发展，进一步提高统筹城乡、区域、经济社会发展水平。协调既是实现科学发展的重要手段，也是衡量科学发展水平的重要尺度。促进城乡、区域、经济社会协调发展是全面建设小康社会的必然要求，是需要我们不懈努力的长期战略任务。必须坚持以统筹促协调，以协调促发展，正确处理好局部和全局、当前和长远的关系，不断增强发展的协调性。坚持把促进城乡协调发展作为夯实农业农村发展基础、破除城乡二元结构的重要手段，始终把“三农”工作作为重中之重，健全以工促农、以城带乡的体制机制，进一步加大涉农投入，完善强农惠农政策，扎实推进新农村建设，努力形成城乡一体化发展格局。积极稳妥推进城镇化，加快构建布局合理、功能完善、特色鲜明的城镇发展体系。在推进城镇化进程中，必须切实保护农民土地权益，充分尊重农民在进城和留乡问题上的自主选择权，无论是承包地换户口，还是宅基地置换，都要严格遵守法律法规，充分考虑农民的当前利益和长远生计，在农民自愿的基础上有序进行，决不能脱离实际，更不能搞强迫命令。坚持把促进区域协调发展作为实现各民族各地区共同发展的重要途径，进一步优化全省区域开发空间结构和产业布局，发展壮大县域经济，建立健全有利于发挥各地区比较优势、有利于提高资源配置效益、有利于提高可持续发展能力的区域协调发展机制，推动优势资源向现实生产力转化，引导生产要素跨区域合理流动，促进各地区优势互补、协调发展。稳步推进区域间基本公共服务均等化，深入推进开发式扶贫，进一步加强领导、加大投入、创新方式，加快贫困地区发展步伐，加快解决边远、民族地区深度贫困群众和集中连片特殊困难地区的贫困问题。妥善解决好新老移民的生产生活。坚持把促进经济社会协调发展作为提高发展质量和效益的重要抓手，进一步加大社会事业投入，加快健全促进社会事业全面发展的保障机制，努力推动经济社会协调发展。

第三，坚持创新发展，进一步增强发展活力。创新是加快发展的重要途径。只有敢于和善于创新，才能闯出科学发展的广阔空间。要进一步创新思想观念，提高创新能力，打破封闭保守，扫除陈规陋习，以思想的大解放、观念的大更新，推动经济社会的大发展。进一步创新工作方式方法，既要抓住主要矛盾解决关键问题，又要统筹解决好各方面的矛盾，协调推动各项工作。尊重群众首创精神，充分调动各方面积极性，始终从广大群众的生动实践中汲取智慧和力量，在实践中不断完善发展思路、创新发展举措、推动科学发展。坚持把完善体制机制作为推动科学发展的重要保障，既立足当前注重解决实际问题，又着眼长远注重建立长效机制，加快改革创新步伐，全面推进各领域的改革，积极探索开展省直接管理县的体制改革试点，努力在重要领域和关键环节取得新的突破，加快构建充满活力、富有效率、更加开放、有利于科学发展的体制机制。大力研发和推广先进适用技术，提高科技创新水平，加快建设创新型云南，推动以企业为主体的自主创新能力建设，加快推进重大科技攻关，用高新技术改造提升传统产业，推进战略性新兴产业与新兴科技的深度融合，大幅提升科技进步对经济增长的贡献率。毫不动摇地把人才队伍建设作为强省之基、创新之本，加大人才引进力度，加快人才开发建设。加强社会建设和管理创新，大胆探索适应时代要求、符合省情实际的社会管理体制机制，深入推动创新型社会建设。

第四，坚持开放发展，进一步拓展发展空间。开放的程度决定了发展的速度和水平。必须紧紧抓住桥头堡建设的重大历史机遇，以海纳百川的博大胸怀，坚持大开放促进大开发、大开放促进大发展。坚持以开放促改革，进一步放开放活政策，扩大开放领域，加快开放步伐，把桥头堡建设的工作落实到位，力争每年有新进展，几年发生大变化。进一步营造良好的开放环境，在继续优化硬件环境的同时，下更大的功夫营造良好的政策环境、法制环境、市场环境和人文环境，建设高效、廉洁、规范的行政管理和服务体系。着力推动国际大通道建设，不断加强口岸建设。推进外贸主体多元化，鼓励企业利用扩大开放的有利时机，增强市场开拓、技术创新和自主品牌培育能力，积极参与国际合作和竞争。坚持“引资”和“引智”相结合，进一步提高利用外资能力，扩大利用外资规模，提高利用外资水平，紧密结合我省经济结构调整和发展方式转变，更好地引导外来资金、先进技术、管理经验和高素质人才加快向重点产业和发展薄弱环节集聚。坚持与邻为善、以邻为伴的周边外交方针，落实睦邻、安邻、富邻的周边外交政策，创新“引进来”和“走出去”相结合的途径和方式，推动“滇企出境”，充分利用国际国内两个市场、两种资源，优化资源配置，拓宽发展空间。

第五，坚持先进文化引领发展，进一步推动文化大发展大繁荣。没有先进文化的引领，就不可能实现社会主义现代化。必须进一步突出文化在现代化建设全局中的战略性、先导性地位，牢牢把握社会主义先进文化前进方向，弘扬主旋律，提倡多样化，统筹文化事业与文化产业发展，大力推进民族文化强省建设，充分发挥好文化引导社会、教育人民、推动发展的功能，使各族人民基本文化权益得到更好保障，社会文化生活更加丰富多彩，广大干部群众的精神风貌更加昂扬向上。始终坚持中国特色社会主义理论体系，坚持不懈地加强社会主义核心价值体系建设，坚定不移地走中国特色社会主义道路。坚持为人民服务、为社会主义服务的方向和百花齐放、百家争鸣的方针，紧扣云南改革开放和现代化建设的生动实践，推出更多思想性艺术性观赏性相统一的优秀作品，鼓舞和激励广大干部群众为加快云南发展而不懈努力。坚持把发展公益性文化事业作为保障人民基本文化权益的主要途径，加强基层文化设施建设，大力推进文化惠民工程，不断改善文化民生，提升公民道德情操、科学文化素养和城乡文明程度，大力培育文明风尚。坚持把发展文化产业作为加快转变经济发展方式的重要抓手，进一步推动文化与经济的融合，更好地把民族文化资源优势转变为发展优势，不断提高文化产业在生产总值中的比重，加快把文化产业培育为战略性支柱产业。坚持文化“走出去”与桥头堡建设有机结合，充分利用云南与周边国家地缘相连、人缘相亲、文缘相融、商缘相通的优势，积极开展文化交流与合作，努力营造睦邻友好的良好环境。积极推进文化改革创新，进一步解放和发展文化生产力，在文化大发展大繁荣中不断增强先进文化引领发展的功能。

第六，坚持可持续发展，进一步推进生态文明建设。良好的生态环境和自然禀赋，是云南最大的优势，是建设资源节约型、环境友好型社会的重要支撑，是经济社会可持续发展的重要保障。经济越是快速发展，越要加强资源环境保护。必须牢固树立生态立省、环境优先的观念，坚持在保护中开发、在开发中保护，坚持生态建设产业化、产业发展生态化，坚持经济效益、社会效益和生态效益相统一，努力以较低的资源代价实现较高的发展水平，促进经济发展与人口资源环境相协调。继续深入推进“七彩云南保护行动”，切实抓好重点生态功能区保护和以“森林云南”为重点的生态工程建设，增强森林碳汇能力，加快建设生态安全屏障。加强突出环境问题综合整治，健全重大环境事件和污染事故责任追究制度，切实加大环境保护力度。紧密结合经济结构调整，大力发展绿色经济、循环经济、低碳经济，全面加强节能减排，不断提高能源资源综合利用效率，加快构建以低碳排放为特征的产业体系和消费模式。全面加强防灾减灾体系建设，加大重点区域地质灾害治理力度。大力倡导环境保护从我做起、良好生态人人受益的理念，集全社会之力加快推动我省走上生产发展、生活富裕、生态良好的文明发展道路。

第七，坚持和谐发展，进一步巩固民族团结、社会和谐的良好局面。保持社会和谐稳定，是实现科学发展的基础和前提，也是各族群众的共同心愿。坚持依法治省，支持人大、政协依法履行职能，坚持和完善民族区域自治制度以及基层群众自治制度，支持工会、共青团、妇联等人民团体依法开展工作，认真贯彻党的民族宗教政策，促进政党关系、民族关系、宗教关系、阶层关系、海内外同胞关系的和谐。努力探索和正确把握新时期人民内部矛盾的特点和规律，不断完善人民群众诉求表达机制和社会矛盾调处机制，妥善协调各方面利益关系，提高从源头上化解矛盾和应对突发事件的能力，最大限度增加和谐因素，最大限度减少不和谐因素。加强基层基础工作，强化城乡社区建设，完善基层管理网络，健全社会舆情汇集分析机制和社会稳定风险评估机制，着力解决影响稳定的源头性、根本性、基础性问题。深入推进平安云南建设，健全社会治安防控体系，严厉打击各种违法犯罪，继续打好禁毒防艾人民战争，严密防范境内外敌对势力渗透破坏活动，切实维护国家安全和边境安宁。

第八，坚持共享发展，进一步保障和改善民生。民生无小事，民生系民心。必须坚持富民强省、富民优先，在经济发展、财力增强的基础上，切实加大民生投入，确保各族群众共享发展成果。把促进充分就业作为经济社会发展的优先目标，完善城乡公共就业服务体系，继续推进创业带动就业，充分发挥重大项目和劳动密集型产业的就业带动作用，着力构建和谐劳动关系。认真落实国家调整收入分配政策，保障企业职工工资正常增长和支付，坚决防止拖欠农民工工资。加大社会保障投入，按照广覆盖、保基本、多层次、可持续的要求，加快建设覆盖城乡居民的社会保障体系。把教育作为提高人的素质、促进人的全面发展的根本途径，以巩固九年义务教育和发展职业教育为重点，深化教育改革，合理配置教育资源，大力提高教育现代化水平，切实保障各族群众依法享有受教育的权利，办好人民满意的教育。深化医药卫生体制改革，努力实现人人享有基本医疗保障。高度重视食品安全问题。加大保障性住房建设力度，逐步形成符合省情的保障性住房体系和商品房体系。

四、切实加强和改进党的建设，为“十二五”发展提供坚强保证

顺利实现“十二五”经济社会发展目标，关键在党。必须坚持以改革创新精神全面加强党的思想、组织、作风、制度和反腐倡廉建设，为加快发展提供坚强的政治和组织保障。

第一，紧紧围绕坚定理想信念，不断增强党员干部思想政治素质。切实加强和改进理论武装工作，坚持不懈地用中国特色社会主义理论体系武装全省广大党员干部，加强理想信念教育，树立正确的世界观、权力观、事业观。大力加强形势政策教育，切实把党员干部的思想认识统一到中央对形势的重要判断和要求上来。深入推进学习型党组织和学习型领导班子建设，建立健全管用有效的学习制度，不断增强综合素质。进一步解放思想，提高理论联系实际能力，把解决认识问题同解决实际问题结合起来，把提高理论素养、知识素养同提高领导水平结合起来，坚持学以致用、用以促学，善于结合云南实际创造性地贯彻落实中央精神，努力在推动科学发展、促进社会和谐上取得新的成效。

第二，紧紧围绕建设高素质干部队伍，不断提高干部工作水平。继续深化干部人事制度改革，坚持正确的政绩导向和用人导向，进一步建立完善科学的选人用人机制，提高选人用人公信度。坚持德才兼备、以德为先，坚持五湖四海、任人唯贤，建立健全科学的提名制度，提高干部工作的透明度，完善公开选拔、竞争上岗等竞争性选拔干部方式，着力增强干部选拔任用工作的科学性和合理性。坚持和完善从基层一线选拔干部制度，注重从实践中发现和培养优秀人才，着力培养造就一支堪当重任的高素质干部队伍。结合开展创先争优活动加强干部教育培训，注重解决突出问题，增强针对性和实效性，不断提高党员干部推动科学发展和加快转变经济发展方式的能力。健全完善体现科学发展观和正确政绩观要求的干部考核评价机制，强化考核结果运用。坚持从严管理干部，健全干部日常管理机制。继续抓好培养选拔使用民族干部、女干部、年轻干部和非党干部工作，加大干部交流和轮岗力度，激发干部队伍活力。深入整治用人上的不正之风，严格执行干部选拔任用工作责任制和责任追究制，加大对用人违规违纪行为的查处力度，进一步匡正用人风气，提高选人用人公信度。

第三，紧紧围绕发挥战斗堡垒作用，不断加强基层党组织建设。抓住提高基层党组织战斗力这个关键，加强探索创新，切实把基层党组织建设成为推动科学发展、促进社会和谐的坚强战斗堡垒。认真落实党委抓基层党组织建设的责任制。创新党组织设置方式，紧密结合我省山区面积大、少数民族多的实际，以边境地区、城市社区为重点，因地制宜、灵活多样地设置党组织，消除党员空白村，加快在新经济组织、新社会组织中组建党组织，不断扩大党的工作和党的组织覆盖面。加快完善城乡基层党建统筹机制、党内互帮互助机制、绩效考核评价机制、激励约束机制，切实增强基层党组织的活力。发展党内民主，加强党内监督，全面实行党的基层组织党务公开。继续深入实施“云岭先锋”和“边疆党建长廊”工程，深入开展“个人形象一面旗，工作热情一团火，谋事布局一盘棋”主题实践活动和各种形式的创先争优活动，进一步发挥基层党组织推动发展、服务群众、凝聚人心、促进和谐的功能。扎实做好党员发展工作。选好配强基层党组织领导班子，提高基层党组织带头人素质。继续加大投入，加强阵地建设，不断改善基层党组织工作条件。

第四，紧紧围绕密切党同群众的血肉联系，不断增强做好群众工作的能力。必须时刻保持党同人民群众的血肉联系，充分调动各族群众的积极性、主动性和创造性。各级领导干部要牢固树立群众观点，坚持思想上尊重群众、感情上贴近群众、工作上依靠群众，顺应各族群众的新期盼、新要求，千方百计把群众工作做扎实，把党的群众路线贯彻好。始终站稳群众立场，坚持做到想问题、作决策都从群众利益出发，充分考虑和照顾不同群众的利益和承受能力，坚决不干违背群众意愿的事，坚决纠正损害群众利益的行为。深入研究和把握做好新形势下群众工作的新特点、新要求，创新工作方式方法，综合运用法律、政策、经济、行政等手段和教育、疏导、协商等办法，着力在解决实际问题上下工夫。进一步完善群众工作制度，特别要善于把基层创造的好做法、好经验上升为制度，增强制度的执行力。强化做好群众工作是全党全社会共同责任的认识，各级党委、人大、政府、政协和工会、共青团、妇联等人民团体都要高度重视和积极主动开展群众工作，进一步形成做好群众工作的强大合力。

第五，紧紧围绕解决突出问题，不断推进作风建设。党员干部的作风，关系党的形象。必须切实加强思想教育，引导广大干部树立良好作风。要强化责任意识，把推动科学发展、促进社会和谐作为神圣职责，竭尽全力干好本职工作。教育党员干部坚决摒弃虚、懒、软、散等不良作风，坚持锐意进取、艰苦奋斗，始终保持昂扬斗志。切实转变文风，讲真话、讲实话、讲管用的话，真正把心思和精力用在推动工作上。大力发扬求真务实、真抓实干的作风，不务虚名，不搞花架子，防止和克服形式主义、官僚主义。深入开展调查研究，抓住重点难点问题，扑下身子认真解决，以模范的行动影响和带领群众，努力把加快发展的各项工作抓实抓好、抓出成效。

第六，紧紧围绕营造加快发展的良好环境，不断加强反腐倡廉建设。全面推进教育、制度、监督并重的惩治和预防腐败体系建设，严格执行党风廉政建设责任制，认真落实“一岗双责”，确保反腐倡廉建设各项任务落到实处。继续深化改革、健全制度，从源头上预防和解决腐败问题。从严管理干部，加强廉洁从政教育，切实加强对权力运行的监督制约。严肃查处滥用职权、贪污贿赂、失职渎职等各类腐败案件，加大查办违纪违法大案要案的力度。领导干部要严格遵守党的纪律，在思想和行动上自觉与党中央保持高度一致，坚持把纪律的外在约束力转化为内在的自制力，把严守纪律体现在工作和生活的各个方面，自觉规范从政为官、做人处事行为，干干净净做人、勤勤恳恳做事，努力营造互相尊重、互相信任、互相支持的干事创业环境，不断巩固和扩大团结干事的良好局面。

明年是中国共产党成立90周年，是“十二五”开局之年，做好全省经济社会发展各项工作具有十分重要的意义。要认真贯彻落实国家宏观调控政策，更加积极稳妥地处理好稳增长、调结构、防通胀的关系，继续加强基础设施建设，加快推进经济结构调整，切实抓好节能减排，不断深化改革开放，着力保障和改善民生，努力保持经济平稳较快发展，促进社会和谐稳定，确保“十二五”开好局、起好步。

回首过去，我们取得的优异成绩已成历史；展望未来，云南的美好明天等待我们去创造。全省各级党组织和广大共产党员，一定要紧密地团结在以胡锦涛同志为总书记的党中央周围，高举中国特色社会主义伟大旗帜，深入贯彻落实科学发展观，团结带领全省各族干部群众，进一步解放思想、真抓实干，开拓创新、奋发进取，为实现“十二五”发展的宏伟目标而努力奋斗！

政府工作报告

——2011年1月21日在云南省第十一届人民代表大会第四次会议上

省长　秦光荣

各位代表，同志们：

现在，我代表省人民政府，向大会报告政府工作。请各位代表连同《云南省国民经济和社会发展第十二个五年规划纲要（草案）》一并审议，并请省政协委员提出意见。

一、克难奋进，我省经济社会发展取得显著成绩

刚刚过去的2010年，是我省经济社会发展经受严峻考验的一年。在党中央、国务院和中共云南省委的正确领导下，省政府团结带领全省各族人民，迎难而上，奋力前行，全面推进科学发展、和谐发展，取得了可喜成绩，为“十一五”发展画上了圆满句号。全省生产总值增长12.3%，全社会固定资产投资增长22.1%，地方财政一般预算收入增长24.8%，社会消费品零售总额增长21.9%，城乡居民收入实际分别增长8.1%和13.2%，城镇登记失业率4.21%，人口自然增长率6.3‰，单位生产总值能耗下降3.6%，外贸进出口总额增长66.7%。除居民消费价格总水平上涨3.7%，略高于3%左右的控制目标外，省十一届人大三次会议确定的目标任务均全面完成或超额完成。

一年来，我们全力以赴抗大旱，夺取了抗旱救灾的全面胜利。2009年以来，我省遭遇了百年不遇的秋、冬、春、初夏连旱，不仅持续时间长，而且灾情严重、影响面广、危害程度深。全省50%的人口受灾，广大城乡居民饮水出现困难，需要救济的生活困难群众大幅增加；农业生产受到重创，上千万亩小春作物绝收，减产近一半；水电发电量急剧下降，工业企业生产经营受到影响；持续的高温干旱大风天气，导致森林火情、火灾频繁发生。在党中央、国务院和全国人民的支持帮助下，省委、省政府把抗大旱、保民生、抓生产、促发展作为压倒一切的中心工作，万众一心、众志成城，累计筹集资金38.5亿元，共计1600万人次投入抗旱救灾，奏响了顽强拼搏、攻坚克难的时代强音。我们把群众生活放在抗旱救灾工作的首位，有效解决了近1000万人、2200多万头牲畜饮水困难，有效保障了灾区823万缺粮灾民的基本生活。我们坚持抗旱救灾和发展生产“两手抓”，针对严峻的春耕生产形势，及时研究采取“小春损失大春补、粮食损失经济作物补、种植业损失畜牧业补、农业损失非农补”的工作措施，有效弥补了旱灾带来的损失。我们采取超常规措施，严格火源管控，出动60多万人巡山扑火，消除火灾隐患7000多处，扑灭森林火灾578起，最大程度地降低了森林火灾次数和损失。

在这场艰苦卓绝的抗旱救灾斗争中，我省各级党委、政府的执政能力和领导水平经受了重大考验，全省人民的精神意志和勇气毅力经受了重大考验，党和人民群众的深厚感情进一步巩固。大灾之年取得了农业发展、农民增收、农村稳定的好成绩，全省农业增加值1106亿元，增长4%；粮食总产量1650万吨，增长1%；农民人均纯收入增加583元，是改革开放以来增加最多的一年。

一年来，我们努力破解发展难题，保持了经济平稳较快发展的良好势头。针对形势变化，我们继续丰富和完善应对金融危机和扩大内需的一揽子计划，全社会固定资产投资达5529亿元，增加1000多亿元，人民币存贷款余额双双突破1万亿元。全省铁路在建项目达13个，9条高速公路、52条二级干线公路、农村公路建设全面推进，新开工建设42件骨干水源工程、建成40万件“五小水利”工程，新增发电装机容量500多万千瓦，昆明市轨道交通工程等市政基础设施项目加快推进。针对产业发展面临的突出问题，我们对茶、酒、生物医药发展和休闲度假酒店建设分别进行研究推动，制定出台推动农业产业化发展的政策文件；实施“央企入滇”，与16户中央企业签订战略合作协议；建设标准厂房400多万平方米，设立了中小企业创业投资基金，并争取到了国土资源部对云南旅游产业改革发展的特殊土地政策支持。努力壮大烟草产业，两烟创利税850亿元，

继续为云南发展作出重要贡献。全省生产总值新增1000亿元，全部工业增加值实现2606亿元，增长14.7%；旅游业总收入增长24.2%，突破1000亿元大关。

一年来，我们统筹推进经济社会协调发展，民生和生态建设得到加强。全省财政民生投入达1570亿元，占财政一般预算支出的69%，有效解决了一批群众普遍关心的切身利益问题。全年新增城镇就业24万人，新增转移农村劳动力165万人。又解决了60万贫困人口的温饱问题。城乡各类社会保障提标扩面工作继续推进，在37个县实施了新型农村社会养老保险，472万城乡群众纳入低保。及时研究采取20条措施稳定物价，并安排1.2亿元资金实施临时价格补贴，缓解了物价上涨给困难群众造成的生活压力。事业单位绩效工资改革顺利推进。以"两基"迎"国检"和研究制定《云南省中长期教育改革和发展规划纲要》为重点，继续推进各级各类教育加快发展，中小学校舍改造建设、中等职业教育发展、高校新区建设等工作取得新成效。文化建设得到重视，文化产业和体制改革步伐加快。启动实施了《七彩云南生态文明建设规划纲要》和"森林云南"建设计划，推进"三江"流域生态保护和水土流失治理规划；滇池治理全年投入资金53亿元，牛栏江—滇池补水项目已投入资金30多亿元，对程海、杞麓湖水污染防治进行了专题研究部署。

一年来，我们积极主动推进桥头堡建设前期工作，对外开放合作迈出了坚实步伐。配合国家46个部门、160多人组成的调研组，开展了桥头堡建设的调研和专项文件的制定，明确了桥头堡建设的思路、目标和主要任务，推动桥头堡战略上升到国家层面。对东南亚、南亚国家开展了两次重要访问，产生了广泛影响。积极推进中越、中老、中缅跨境经济合作区建设。南亚国家商品展顺利落户昆明，昆交会的层次进一步提高、内容更加丰富。跨境贸易人民币结算试点工作取得重要进展，口岸通关项目整合成效明显。全省外贸实现了历史性突破，实现进出口总额133.7亿美元；引进外资13.3亿美元，增长46%左右；引进省外到位资金突破1300亿元，增长28%。

随着2010年的胜利收官，我省经济社会发展第十一个五年规划全面完成。回顾过去五年，我省走过了极不平凡的历程，战胜了各种艰难险阻。通过全省人民的生动实践和埋头苦干，云岭大地发生了广泛而深刻的变化，焕发出蓬勃生机和旺盛活力，在全面建设小康社会道路上迈出了更加坚实的步伐。

这是经济实力和质量大幅提升的五年。顺应全省人民加快发展的强烈愿望，我们认真实践科学发展观，坚决贯彻落实国家宏观调控政策，不折腾、不懈怠，一心一意推动经济平稳较快发展，主要经济指标实现了翻番。经过五年努力，我省经济总量从3462亿元增加到7220亿元，年均增长11.8%，人均生产总值从7809元增加到15749元；第一产业增加值从662亿元增加到1106亿元，第二产业增加值从1426亿元增加到3224亿元，第三产业增加值从1375亿元增加到2890亿元；社会消费品零售总额从1041亿元增加到2500亿元；财政总收入从766亿元增加到1809亿元，财政支出从766亿元增加到2286亿元。经济结构进一步优化，五年工业投资突破6000亿元，是"十五"的3.7倍；启动实施10大产业发展规划纲要，深入推进旅游二次创业，现代服务业加快发展；实施创新型云南行动计划，着力推进科技创新，启动"质量兴省"战略，促进标准化工作，经济发展的质量和效益有了大幅度提高。

这是基础设施全面改善的五年。面对国际金融危机的巨大冲击，我们坚定信心、砥砺奋进，以非常决心、非常措施、非常办法，不仅在较短时期内有效化解了危机的影响，而且抢抓中央扩大内需的机遇，实施了一批基础设施建设重大项目。2008年至2010年争取到中央基本建设投资410亿元。全社会固定资产投资从"十五"期间的5600亿元增加到1.86万亿元，增长2.3倍。全省公路总里程达20.9万公里、新增4.1万公里，高速公路通车里程达2630公里、新增1209公里，高等级公路通车里程达9135公里、新增4141公里，改造和建设农村公路10万公里；铁路在建项目总里程超过2200公里；昆明新机场建设全面推进，丽江等5个支线机场改扩建基本完成。完成综合交通投资2669亿元，是"十五"的3.16倍。电力装机容量达3700万千瓦，新增2400万千瓦，解决了25.8万户无电人口的用电问题，完成能源投资3240亿元，是"十五"的3.7倍。通信服务进一步改善。"润滇工程"项目全部开工，全省蓄水库容新增12亿立方米。城镇建设得到加强，涌现出了一批亮点突出的特色小镇，城镇化率从29.5%提高到36%。

这是人民群众得到实惠最多的五年。我们顺民意、解民忧、增民利，以空前的力度保障和改善民生。全省三分之二的财政资金投向民生领域，累计达5126亿元，比“十五”增加3207亿元，增长1.67倍。全省财政累计支农资金达980亿元，比“十五”净增620亿元，对农户的各种补贴达到18类。全省城镇居民人均可支配收入达16065元，年均实际增长8.1%；农民人均纯收入达3952元，年均实际增长9.9%，高于全国增长水平。城镇职工社会保险、新型农村养老保险、城乡低保、社会救助等保障体系不断完善，政策覆盖面逐年扩大，补助标准不断提高。累计教育投入1700亿元，有力地推动了教育改革和发展。投入111亿元排除中小学D级危房860万平方米，基础教育发展上了一个新台阶；高中阶段教育在校生五年增加近50万人，其中中等职业教育在校生人数翻了一番多、规模已超过普通高中；高等教育毛入学率提高到20%，呈贡高校新区累计竣工300万平方米，入住学生达8万人。坚持“大办卫生、多办医院”，积极推进医药卫生体制改革，卫生基础设施建设投入超百亿元，城镇居民基本医疗保险覆盖率近90%，新型农村合作医疗参合率达到95%，基本药物制度覆盖全省80%的人口。着力实施文化惠民，公共博物馆实现免费开放，乡镇综合文化站建设任务基本完成，广播、电视人口覆盖率分别达到95%和96%。人口计生、体育等工作得到全面加强。

这是生态文明建设迈出重大步伐的五年。我们正确处理发展与保护的关系，在全省唱响生态立省、环境优先的主旋律，努力推进人口、资源、环境相协调。先后启动实施了“七彩云南保护行动”、生物多样性保护、城镇污水和垃圾处理设施建设、“森林云南”建设、九大高原湖泊水污染治理、节能减排等重大举措。特别是拉开了滇池治理总体战的序幕，累计投入161亿元，初步遏制了滇池水质恶化的势头。累计造林3620万亩，全省森林覆盖率提高到53%。累计淘汰落后产能4796万吨，超额完成了国家下达的节能减排目标任务。生物多样性保护范围由滇西北扩大到包括滇西南地区在内的9个州（市）44个县（市）。全省县以上城镇248个污水和垃圾处理设施项目全部开工建设，已建成投运105个，城镇污水处理率和生活垃圾无害化处理率均提高到70%以上。

这是改革开放实现重大突破的五年。我们着力突破体制机制障碍，增强发展活力，全省农村综合改革、国企改革，以及投融资、行政审批、财税、金融等改革全面推进，集体林权制度改革任务基本完成，昆明和红河综合改革试点、省直管县财政改革和扩权强县试点、资源性产品价格改革、成品油价格和税费改革、新一轮政府机构改革等都取得重要进展。我们采取一系列重大措施推进开放合作，连接东南亚、南亚的国际大通道建设取得积极进展，中缅油气管道及炼化基地等重大项目开工建设；累计完成外贸进出口总额460亿美元，实际利用外资37亿美元，引进省外到位资金4087亿元，分别是“十五”的3倍、5.6倍和5.7倍，其中与东盟国家的贸易增长了2.6倍，对南亚国家的贸易增长了4倍。更为重要的是，通过多年持续争取，云南沿边开放开发得到中央重视，确立了建设我国向西南开放的桥头堡这一重大战略，从根本上提升了云南在全国对外开放格局中的地位，必将开创我省对外开放的全新局面。

这是防灾减灾能力建设取得显著成效的五年。面对各种自然灾害的严重影响，我们及时有效开展抗灾救灾，累计救助灾民3700万人次，最大限度地保障了人民群众的生命财产安全。从云南“无灾不成年”这一省情特点出发，更加积极主动地推进防灾减灾体系建设。从2008年起实施的预防和处置地震灾害10大能力建设已累计投入资金100多亿元，研究部署了加强地质灾害防治的10项重大举措，五年防汛抗旱减灾投入达330多亿元，气象灾害得到有效防治，生物灾害防治也不断加强。建成省救灾物资储备中心，组建了省、州市、县三级综合应急救援队伍和10多支专业应急队伍。把保障性住房建设作为加强民生的重大部署，也作为防灾减灾体系建设的重大举措，五年累计投入232亿元资金、完成246万套（户）保障性住房建设，其中城镇建成廉租房、公租房、经济适用房共31.2万套，农村累计改造危旧房215万户。

这是社会更加和谐稳定的五年。针对我省边疆民族地区发展普遍滞后、群众生活困难的实际，我们全面贯彻党的民族政策，采取有力措施推动各民族共同团结进步、共同繁荣发展。先后实施两轮“兴边富民工程”，累计投入325亿元，加大对25个边境县的扶持；全省投入财政扶贫资金达133亿元，五年累计减少贫困人口265万人；藏区、人口较少民族地区、特困民族地区的发展进一步加快。切实维护稳定安宁的社会局面，推进社会矛盾纠纷“大调解”

体系建设，社会治安秩序不断好转；先后开展两轮禁毒防艾人民战争，取得明显成效；突出抓好重点行业和领域的专项整治，安全生产和公共消防安全形势持续好转。广泛开展群众性精神文明创建活动，城乡文明程度进一步提高。全省宗教事务、国家安全、监狱、劳教等工作得到加强。哲学社会科学和统计调查、史志、档案事业更加繁荣和进步，工会、妇女、儿童、青少年、老龄、红十字、慈善、残疾人等事业健康发展。国防建设不断推进，军政军民团结的良好局面进一步巩固。

这是政府自身建设取得重要进展的五年。根据新形势、新任务对政府工作提出的新要求，我们切实加强民主法制建设，着力提高政府依法履职、依法行政能力。认真执行省人大及其常委会的决定决议，自觉接受省人大及其常委会的法律监督、工作监督和省政协的民主监督，认真办理人大代表建议和政协提案；重视科学民主立法，五年提请省人大常委会审议地方性法规草案 41 件，制定发布省政府规章 29 件；坚持推进基层民主，广泛开展“民主法治村”和“民主法治社区”创建活动；实施“五五”普法教育，行政复议、人民调解、法律援助工作有序开展；推进执法监督，审计、监察等部门和新闻媒体的监督职能进一步发挥。我们以制度创新为突破口，从 2007 年开始，先后在全省推进法治政府、责任政府、阳光政府、效能政府建设，共出台 16 项制度，切实加强政府自身建设，取得了明显成效。全省行政审批事项精简了 36%，累计问责 4430 人；在全国率先建成覆盖全省的“96128”政务查询专线，主动公开政府信息近 200 万条，省公共资源交易中心正式运行；行政成本得到有效控制，购车、接待、出国等费用连续几年实现零增长。

五年的实践使我们更加深刻地认识到，一定要始终坚定不移地贯彻落实科学发展观，把加快发展作为第一要务，努力保持来之不易的良好发展势头；一定要始终坚定不移地把战胜困难的信心和务实工作的精神相结合，强化抢抓机遇的意识，积极主动破解发展难题，全力以赴推进工作落实；一定要始终坚定不移地调结构、转方式，把产业培育作为经济工作的重点，不断增强发展的内生动力；一定要始终坚定不移地把保障和改善民生作为政府一切工作的出发点和落脚点，着力解决好群众关心的切身利益问题；一定要始终坚定不移地深化改革扩大开放，努力破解制约发展的思想束缚和体制机制障碍，充分发挥好沿边开放的优势；一定要始终坚定不移地加快少数民族和民族地区发展，不断巩固民族团结进步的大好局面。这些宝贵的经验是我们积累的重要精神财富，需要在今后的工作中坚持好、运用好。

各位代表，回首“十一五”的工作，我们深深感到成绩来之不易。这是党中央和国务院总揽全局、英明领导的结果，是省委创新思路、正确决策的结果，是人大、政协积极帮助、大力支持的结果，是全省广大干部群众真抓实干、共克时艰的结果。在此，我代表省人民政府，向全省各族人民致以崇高的敬意和衷心的感谢！向人大代表、政协委员，向各民主党派、工商联、无党派人士、各人民团体和各界朋友，向驻滇人民解放军、武警部队官兵和公安政法干警，向中央各部门各单位、兄弟省区市，向关心支持云南建设的港澳同胞、台湾同胞、海外侨胞和国际友人，致以崇高的敬意和衷心的感谢！

在看到成绩的同时，我们也清醒地认识到，云南仍然是一个欠发达省份，发展不充分、不平衡、不协调、不可持续的问题仍然存在，前进的道路上还面临着许多困难和问题。最主要的是：发展方式粗放，自主创新能力不强，调结构转方式任务艰巨；群众收入普遍较低，城乡、区域发展差距较大，贫困人口多，推动贫困人口脱贫和贫困地区发展任务艰巨；节能减排面临更大压力，实现人口、资源、环境协调发展任务艰巨；社会事业发展仍然滞后，加强和改善民生任务艰巨。各级政府行政能力和行政效率也还需进一步提升，作风需要进一步转变。我们将高度重视这些问题，不断化解困难和矛盾，努力改进政府工作，不辜负党和人民的殷切希望。

二、开拓创新，努力推动云南科学发展再上新台阶

“十二五”时期是我省加快转变经济发展方式的攻坚期，是加快建设“两强一堡”的黄金期，是全面建设小康社会的关键期，是工业化和城镇化发展的加速期。我省发展的机遇和挑战并存，机遇大于挑战，发展环境总体有利。国家新一轮西部大开发战略深入实施，中国—东盟自由贸易区初步建成，为我省发展提供了极其有利的条件，特别是我国面向西南开放桥头堡建设，为我省加快发展增添了强劲动力和广阔空间。经过多年努力，云南发展已进入厚积薄发、蓄势待发、千帆竞发的新时期。我们

必须紧紧抓住和用好机遇，顺势而谋，乘势而上，奋力把云南改革开放和现代化建设事业推向前进。

根据党的十七大、十七届五中全会精神和省委八届十次全会精神，省政府组织编制了《云南省国民经济和社会发展第十二个五年规划纲要（草案）》，进一步细化了发展目标，勾画了发展布局，提出了发展重点和工作任务。

《纲要》明确，“十二五”时期我省经济社会发展的指导思想是：高举中国特色社会主义伟大旗帜，以邓小平理论和“三个代表”重要思想为指导，深入贯彻落实科学发展观，紧紧围绕建设绿色经济强省、民族文化强省和中国面向西南开放的桥头堡战略目标，以科学发展为主题，以加快转变经济发展方式为主线，坚持推进农业产业化、新型工业化、城镇化和教育现代化，加快改革创新，加大开放步伐，加强统筹协调，强基础、快发展，调结构、上水平，惠民生、促和谐，不断推进富裕民主文明开放和谐云南建设迈上新台阶。

《纲要》强调，“十二五”时期全省经济社会发展要实现更加宏伟的目标：经济实力要实现大跨越，地区生产总值和人均生产总值年均增长10%以上，力争实现翻番；全社会固定资产投资年均增长15%以上，地方财政一般预算收入年均增长13%以上，社会消费品零售总额年均增长16%以上，外贸进出口总额年均增长17%以上。人民生活要实现大提高，城乡居民收入年均增长10%以上，就业更加充分，贫困人口大幅减少，价格总水平保持基本稳定。教育科技要实现大发展，教育现代化程度显著提升，科技研发投入大幅增加。生态环境要实现大改善，单位生产总值能耗继续下降，污染物排放总量继续减少，生态更加良好。

在“十二五”的发展中，要牢牢把握以下八个着力点：

一是必须突出结构调整，促使经济发展方式发生重大转变。调结构、转方式是推动科学发展的重大举措。要坚持在发展中促转变，在转变中谋发展，使经济增长真正建立在优化结构、提高效益、降低消耗、保护环境、改善民生的基础上。要调优一产、调强二产、调快三产，优化产业结构，力争三次产业比重由15.3:44.7:40调整为12:46:42，推进产业发展从粗放式扩张向精深加工转变，从发展传统产业向发展特色产业、战略性新兴产业转变。优化投资结构，积极引导和鼓励民间投资，加大产业投资力度，力争产业投资占全部投资的比重超过50%。优化需求结构，积极扩大消费需求，提升外贸和省际贸易对经济增长的拉动力，加快形成消费、投资、出口协调拉动经济增长的格局。优化所有制结构，营造各种所有制经济平等发展的体制环境，全面加快非公经济发展，力争非公经济比重达到50%左右。优化工业内部结构，大幅提高轻工业，尤其是最终消费品生产工业的比重，改造提升重化工业，使轻重工业比例更加协调。优化城乡结构，做强大城市、做优中小城市、做特小城镇、做美乡村，推动符合条件的农业转移人口到城镇落户和发展，努力实现城镇化和新农村建设良性互动，加快城乡一体化进程，力争城镇化率达到45%左右。

二是必须把产业发展作为重中之重，促使产业综合实力和核心竞争力大幅提高。加快产业发展是增强经济发展内生动力的根本途径。要大力发展现代农业，以推进农业产业化为突破口，建设优质烟叶、蔬菜、花卉、畜禽等规模化、标准化生产基地，加快发展特色农业、设施农业、节水农业和外向型农业，提高农业综合生产能力、抗风险能力和市场竞争能力。加快新型工业化，把壮大特色主导产业与培育战略性新兴产业有机结合，走技术集成、产业集聚、要素集约的发展道路，促进信息化与工业化深度融合，确保冶金、化工、烟草等产业的技术和装备保持全国领先水平，培育壮大节能环保、生物、先进装备制造等战略性新兴产业，形成烟草、电力、有色等10个销售收入超过千亿元的产业，力争工业增加值达到6000亿元，年均增长20%以上。要把加快发展服务业作为产业优化升级和扩大消费需求的战略重点，以金融、旅游、流通、信息等现代服务业为引领，全面发展生产性、生活性服务业，拓展发展领域，提升发展层次，壮大发展规模。

三是必须着力推进富民强省，促使城乡居民收入和生活水平快速提升。发展的最终目的是更好地保障民生、造福全省人民。要多谋富民之策、多行惠民之举、多求利民之效，千方百计让人民群众过得更加幸福、更有尊严。把促进就业放在经济社会发展优先位置，采取更加积极的就业政策，深入推进创业带动就业工作，提高劳动者就业能力，促进充分就业。深化收入分配制度改革，初次分配和再分配都要处理好效率与公平的关系，再分配要更加注重公平；逐步提高居民收入在国民收入分配中的比重、劳动报酬在初次分配中的比重，努力实现居民收入增长与经济发展同步、劳动报酬增长与劳动生产率提高同步。继续提高政府支出用于改善民生和社会事业的比重，加快建设符合省情、比较完整、覆盖城乡、可持续的社会保障体系、公共卫生服务和基本医疗保障体系、住房保障体系，提高全省人民的保障水平。加强各类文化设施建设，丰富人民群众精神文化生活。健全防灾减灾体系，加强监测预警、物资储备和应急队伍建设，提高应对地震、地质、气象和生物等灾害的能力，更好地保障人民群众生命财产安全。

四是必须深入实施科教兴滇、人才强省战略，促使发展的创新支撑更加坚实。科技进步与创新是转变发展方式的第一推动力和战略基点。要围绕创新谋发展，全面发挥创新引领的作用。大力推进创新型云南建设，逐步构建完整的创新体系，力争我省区域创新能力达到全国中等水平。教育是我省发展的根本大计。要按照优先发展、育人为本、改革创新、促进公平、提高质量的方针，着力推进教育改革发展，力争义务教育巩固率达到93%，增加3个百分点；高中阶段教育毛入学率达到85%，增加20个百分点；高等教育毛入学率达到30%，增加10个百分点。人才是强省之基、创新之本。要进一步强化加快发展的人才支撑，统筹推进各类人才队伍建设，突出经济类人才的培养，加快将人力资源优势转化为人力资本优势，为全省经济社会发展提供有力的人才保障和智力支持。

五是必须持续完善基础设施，促使发展的保障能力进一步增强。基础设施是加快发展的重要支撑。要突出加强水利建设，深入推进“润滇工程”、滇中引水等项目建设，实施“兴水十策”，掀起新一轮水利建设高潮，力争新增库容25亿立方米，水资源开发利用率提高到9%。要构建更加便捷、安全、高效的现代交通运输体系，加快建设铁路新通道，推动建设城市轨道交通和城际高速铁路，完善铁路运输网络；继续加强国道、省道干线公路改造，实施好通畅通达工程，实现州市高速路、县县二级路、县乡柏油路、村村硬化路；推动民航大省向民航强省转变，打造我省对内对外开放的空中走廊；加强港口、航道等航运设施建设。增强能源保障能力，积极配合做好中缅油气管道工程建设工作，加快水电、风电、太阳能等清洁能源开发，优化能源结构，把云南建成全国重要的清洁能源和可再生能源基地。加快信息基础设施建设，推进“三网融合”，创造更加良好的发展条件。

六是必须坚持深化改革扩大开放，促使发展的动力更加强劲。改革是加快转变经济发展方式的强大动力。要加快改革攻坚步伐，统筹推进农村、国有企业、行政体制、社会管理等各领域的改革和创新，有效化解经济社会发展进程中的深层次矛盾和问题，为实现科学发展提供制度保障。开放是云南发展的必然选择和优势所在。要着力提升开放水平，以大开放促进大开发、以大开放促进大发展，力争引进外资突破百亿美元、引进国内资金突破万亿元，2015年外贸进出口总额突破300亿美元，努力使桥头堡建设迈出重大步伐；拓展开放区域，突出推进对东南亚、南亚的开放，努力扩大对发达国家、新兴市场国家以及西亚和非洲东部的开放；强化开放支撑，加快建设国际大通道，构筑与东南亚、南亚以及印度洋沿岸国家互联互通的国际通道与枢纽；打造开放基地，依托国内外两个市场、两种资源，把云南打造为外向型出口加工贸易基地、资源深加工基地、现代新型载能产业基地和特色农产品生产加工基地；搭建开放平台，建立健全合作机制，建设开放合作的服务设施，举办一系列经贸活动，大力推进教育、医疗、体育等开放合作，使云南成为展示中华文化、增进了解互信、促进国际友谊的重要窗口。

七是必须全面推进生态建设和资源节约，促使生态文明建设迈上新台阶。良好的生态环境是云南的优势，也是实现可持续发展的重要保障。要坚持生态立省、环境优先，全面推进生态文明建设。深入开展“七彩云南保护行动”，以更大力度推进“森林云南”建设，增强森林碳汇能力，力争森林覆盖率提高到55%；以更大力度推进生物多样性保护、九大高原湖泊水污染综合防治，做好节能减排工作。加强资源节约、集约利用，坚决守住基本农田这根红线，实行最严格的耕地保护和水资源管理政策。积极应对气候变化，大力发展绿色、循环经济，加快构建以低碳排放为特征的产业体系和消费模式。

八是必须更加重视边疆民族贫困地区发展，促使区域协调取得重要进展。促进区域协调发展是全面建设小康社会的必然要求，是需要我们不懈努力的长期战略任务。必须坚持以统筹促协调、以协调促发展，不断增强发展的协调性。积极培育区域增长极，加快滇中经济圈建设。培育沿边经济带，实施新一轮“兴边富民工程”，积极发展特色产业和边境贸易，加快将边境地区建设为全省经济发展和对外开放的增长带。推进城市群发展，加快形成滇中、滇西、滇东南、滇西北、滇西南、滇东北城市群；建设对内对外经济走廊，引导各种生产要素向城镇、园区和重要交通沿线聚集发展。加大力度支持革命老区、民族地区、边境地区发展，打一场解决深度贫困问题的攻坚战。

三、真抓实干，确保“十二五”实现良好开局

今年是实施“十二五”规划的第一年，开好局、起好步，对我省今后五年经济社会发展具有特别重要的意义。我们要切实做好各项工作，努力实现“十二五”开门红，以优异成绩迎接建党90周年。

宏观调控的主要目标建议为：地区生产总值增长10%以上，全社会固定资产投资增长20%以上，地方财政一般预算收入增长15%，社会消费品零售总额增长18%以上，城乡居民收入都增长10%以上，居民消费价格总水平涨幅控制在4%左右，城镇登记失业率控制在4.6%以内，人口自然增长率控制在6.42‰以内，单位生产总值能耗降低3%，外贸进出口总额增长15%以上。今年要重点抓好以下九项工作：

（一）进一步夯实农业基础，确保农产品有效供给和农民持续增收

农业是国民经济的基础，任何时候都要把“三农”工作放在重中之重。要继续加大强农惠农的政策扶持力度，巩固和发展农业农村好形势，今年力争实现农业增加值完成1180亿元、粮食增产50万吨、农民增收500元以上的目标，突出六个工作重点：

一是以水利为重点加强农业农村基础设施建设。加快在建项目建设进度，新开工建设40件骨干水源工程和40万件“五小水利”工程，推进病险水库除险加固，解决250万农村人口的饮水安全问题。启动实施“兴地睦边”计划，完成中低产田地改造300万亩、中低产林改造400万亩，新建和改建农村公路1万公里。实施新一轮农村电网改造升级，新建15万口农村户用沼气池。全面启动村庄规划，抓好1500个省级重点村的建设和500个自然村村容村貌整治工作。

二是以提高农产品供给能力为重点大力发展现代农业。继续实施百亿斤粮食增产计划，确保粮食播种面积不低于6500万亩。大力发展高产、优质、高效、生态、安全农产品，创建50个现代农业示范园、50个优势特色产业示范区、50个年出栏万头以上的生猪养殖场，创建一批园艺作物标准园。积极发展现代种子产业。加快发展外向型农业，力争农产品出口达到15亿美元。加强农业科技应用推广，完善农机服务体系。

三是以农民增收为重点提高农村生活水平。继续推进农民收入翻番计划，多渠道增加农民收入。着力发展优势特色农业，增加农民经营性收入。全面落实各项扶持政策，扩大涉农补贴范围和规模。新增培训农村劳动力100万人、转移就业50万人以上，进一步提高农民务工收入。

四是以扶持龙头企业为重点加快推进农业产业化。围绕我省12类特色产品，重点培育一批基础好、发展潜力大、市场前景广阔的优势产业。省级财政新增扶持龙头企业发展资金2亿元，统筹整合10亿元涉农产业发展资金，协调省内金融机构建立200亿元农业产业化专项贷款，多方面加大对农业产业化和龙头企业的支持力度。

五是以完善体制机制为重点激发农村发展活力。坚持农村基本经营制度，稳妥推进农村土地管理制度改革。抓好乡镇机构改革，完成农业技术推广、动植物疫病防控、农产品质量监管等公共服务机构改革任务。继续深化集体林权制度、水务管理体制和农村小型水利工程管理体制改革，加快推进农垦改革，积极推进国有林和国有林场改革，巩固华侨农（林）场改革成果。

六是以特困人群为重点持续抓好扶贫开发。巩固脱贫成果，全面推进扶贫工作，重点扶持160万深度贫困人口脱贫发展。继续实施以工代赈、易地扶贫、农村危旧房改造、整乡推进试点、贫困自然村整村推进等措施，再解决50万农村贫困人口的温饱问题。增加并用好专项资金，着力抓好集中连片特殊困难地区综合扶贫开发。实施新一轮“兴边富民工程”，促进边境地区加快发展。

（二）大力实施工业强省战略，推进工业结构优化升级

坚定不移地走新型工业化道路，切实壮大工业规模，提升发展层次，确保工业增加值达到3000亿元以上。今年工业发展要从六个方面

着力：

一是着力加大工业投入。积极推进“央企入滇”，继续支持在滇央企发展。力争民企、外企入滇取得更大进展。继续实施工业重点项目“212 工程”，积极扩大工业投资规模。鼓励和支持具备条件的企业上市融资，增加企业债券融资规模。进一步强化煤电油运协调保障。再建设 100 万平方米标准厂房。力争全年非电力工业投资超过 1300 亿元，增长 25% 以上。

二是着力改造提升传统产业。继续推进烟草原料基地建设，强化品牌战略，力争“两烟”实现利税 920 亿元。加快发展量大面广的轻工业和具有地方特色的清洁载能工业。积极推进石化产业发展。加快企业整合重组，提高加工技术水平，延伸产业链，促进产业集群发展。以质量和价值提升为核心，推动产品结构调整。继续开展地质找矿行动，增加资源储备。

三是着力培育战略性新兴产业。围绕生物、先进装备制造、新材料、光电子、新能源、节能环保产业，抓好一批重大产业化项目，培育一批创新型龙头企业，加快形成一批战略性新兴产业集群和基地，力争战略性新兴产业成为新的经济增长点。

四是着力推进科技创新。加强工业人才培养。完善科技创新服务平台，强化创新能力建设。组织实施 30 项重大科技攻关项目，突破 50 项关键核心技术，研究开发 50 个拥有自主知识产权的重大新产品。实施 100 项传统产业转型升级技术改造项目和 100 项新兴产业发展技术创新项目，建设 20 个省级企业技术中心。做好知识产权保护工作。

五是着力加快中小企业和非公经济发展。加强规划指导，加快培育民营重点大企业。抓好政策落实，进一步改善小型、微型企业发展环境。进一步放宽市场准入，拓宽民间投资领域。推进中小企业服务体系和创业基地建设。力争非公有制经济增加值增长 20%。

六是着力推进工业化与城镇化良性互动发展。完成全省城镇体系规划和重点城市群规划，加快打造城市经济圈，启动特色城镇建设，增强城镇功能和承载能力。深化户籍制度改革，帮助进城农民逐步融入城镇，力争全省城镇化率提高 2 个百分点。

（三）加快发展现代服务业，推动第三产业实现新突破

把加快发展服务业作为产业结构调整的重点，突出发展现代服务业，改造提升传统服务业，力争第三产业增加值达到 3270 亿元，增长 11% 左右。

重视发展金融业。积极支持驻滇金融机构的改革和发展。整合开发地方金融资源，发展壮大地方金融机构。加快发展资本市场，鼓励金融机构开发新产品。确保全年金融机构新增贷款突破 1700 亿元，直接融资和保险资金使用新增 350 亿元。重视防范和化解金融风险。

加快发展旅游业。实施重大旅游项目，完善旅游公共服务设施，大力发展休闲度假旅游，积极发展旅游购物，科学发展森林生态、健康养生旅游，强化旅游营销和国际合作。完善旅游管理体制，促进旅游与文化、餐饮、娱乐健身等产业的融合。力争全年实现旅游业总收入 1130 亿元，增长 12%。

着力发展现代物流业和先进服务业。努力构筑以综合交通、信息技术和中心城市为依托的现代物流体系，建设一批与产业基地、交通枢纽配套的专业市场、物流园区，推进重点口岸物流节点建设。鼓励发展科技研发、技术推广、工艺设计等专业服务业，加快发展投资、工程、法律、信息等咨询服务业。

推进“流通活省”。加快城市商贸流通基础设施、流通平台和流通网络建设，深入推进“万村千乡市场工程”和乡镇农贸、集贸市场及农产品批发市场建设改造工程，扩大农家店覆盖面，改善消费条件。大力发展社区商业、物业、家政、养老等便民服务，鼓励发展网络、租赁和定制销售等新型消费模式，积极发展消费信贷。加强市场诚信体系建设，改善消费环境。力争社会消费品零售总额突破 3000 亿元。

（四）持续加强基础建设，不断增强发展后劲

努力拓宽融资渠道，优化投资结构，提高投资效益，继续保持投资合理增长，力争新增固定资产投资 1100 亿元以上。

进一步推进重大项目建设。加快滇中引水前期工作，突出抓好牛栏江—滇池补水、清水海引水等重点项目。全力推进铁路在建项目，新开工玉溪至磨憨铁路、成昆铁路扩能改造工程，确保全年铁路建设投资超过 220 亿元。大力推进在建公路项目，确保在建 52 条二级公路全部竣工，争取开工建设龙陵—瑞丽、嵩明—昆明等高速公路。加快机场建设，确保昆明新机场实现转场运营，力争开工建设泸沽湖、红河机场。加快昆明轨道交通 1、2 号线建设，争取开工 3、6 号线。进一步完善水运通道及港航

设施。加快推进溪洛渡、向家坝、金安桥等大型水电项目和镇雄电厂等骨干火电项目建设，加大电网建设力度。

切实做好项目前期工作。增加项目前期投入，滚动筛选一批符合国家产业政策、对结构调整和产业升级具有引领作用的大项目、好项目。加强汇报沟通，搞好项目接续，适时推出一批成熟项目。优化投资环境，保障重点项目对土地、资金的需求。

（五）大力发展各项社会事业，促进社会文明进步

加快发展社会事业，是转变发展方式的重要内容。要进一步统筹经济社会发展，不断提高公共服务水平。

推动教育优先发展。扎实推进国家确定我省的11项教育改革试点，以改革创新促进各级各类教育发展。积极探索多形式办学，加快发展学前教育。抓好“两基”国检后的整改工作，切实落实教育经费，增加学校仪器设备，配齐教学资源。继续扩大中等职业教育办学规模，积极开展农村实用技术培训。推进技工教育发展，建立一批示范性高技能人才培养基地和公共实训基地。继续推动高等教育和继续教育、民族教育、特殊教育和民办教育发展。

大力发展文化事业和文化产业。进一步完善公共文化服务体系，提高公共文化设施综合利用效率。加快省博物馆新馆等重大标志性文化设施建设，筹建滇西抗战博物馆，抓好少数民族语广播影视译制和少数民族文字出版工作。加强文化遗产和重点文物的保护、管理和利用。加强对外文化交流合作。深化文化体制改革，规划和建设一批文化产业园区和基地，发展壮大文化企业，鼓励社会力量发展文化产业。实施文艺精品战略和民族文化精品工程，扶持文艺精品的创作和生产。

加强医疗卫生体系建设。重点推进基本医疗保障制度、国家基本药物制度、基层医疗卫生服务体系、基本公共卫生服务、公立医院改革试点等五项改革。继续完善重大疾病预防控制、农村医疗卫生和新型城市医疗卫生服务体系，提高突发公共卫生事件的应急处置能力，完善覆盖城乡居民的医疗保障制度，增加基本公共卫生服务项目，为群众提供安全、有效、价廉的公共卫生服务。进一步扶持中医药和民族医药发展。全面做好人口工作，积极应对人口老龄化，大力发展妇女儿童事业，支持残疾人事业发展。

促进体育发展。大力发展公共体育事业，广泛开展全民健身运动。健全完善竞技体育管理机制，提高竞技体育水平。加快发展体育产业，着力培育高原体育品牌。

（六）全力保障和改善民生，提高人民生活质量和水平

民生连着民心，民心决定民意。要竭尽全力把保障和改善民生的各项政策措施落到实处，使人民群众得到更多实惠。今年要重点从六个方面改善民生：

一是加强就业工作。继续推进“贷免扶补”工作，以高校毕业生、农村转移劳动力和就业困难人员为重点，完善鼓励创业、促进就业政策，扶持7万人自主创业，帮助6万名以上就业困难人员实现就业，确保“零就业”家庭至少1人实现就业，实现全省城镇新增就业24万人。

二是加强社会保障。扩大社会保险覆盖面，城镇各类社会保险参保人数达到1870万人次。全面推行城镇居民大病补充医疗保险，城镇居民医保政策范围内的住院平均报销比例提高到60%，最高支付限额达到城镇居民人均可支配收入的6倍左右。工伤保险待遇平均提高10%。做好社会保险关系跨行业、跨地区转移接续工作，实现全省范围内异地持卡就医购药。继续推进新型农村社会养老保险试点，力争覆盖全省40%的县。提高新农合筹资水平。做好水电移民、被征地农民和房屋拆迁居民安置工作。管好用好社保基金。

三是加强社会救助。符合条件的城市贫困居民，以家庭为单位实现应保尽保。扩大农村低保覆盖面，农村低保对象增加到400万人左右。建立县级城乡医疗救助即时结算制度。及时发放救灾物资和补助资金，切实解决好因灾困难群众的生产生活问题。

四是加强防灾减灾。投入10亿元，推进地质灾害防治10大措施。继续加强防震工作，加强气象、森林火灾、外来有害物种入侵等灾害的防治。分期分批建成辐射全省所有州市、县、乡的救灾物资储备体系。

五是加强住房保障。住房是涉及人民群众生活的重大问题。要切实加大保障性住房建设力度，从今年开始，城镇每年建设20万套，农村建设30万户。同时，要强化房地产市场调控指导，努力保持住房市场供求基本平衡、价格基本稳定，促进房地产业平稳健康发展。

六是加强物价调控。要高度重视物价问题，

多措并举管理好通胀预期，防止价格过快上涨。落实“米袋子”、“菜篮子”行政首长负责制和稳定物价责任制，做好粮食、猪肉、食用油、成品油等重要物资储备工作，保障主要农副产品、基本生活品、重要生产资料的生产和供应，畅通鲜活农产品“绿色通道”。加强物价监测调控，强化价格执法。完善补贴制度，建立健全社会保障标准与物价上涨挂钩的联动机制，保障困难群众基本生活。要高度重视食品、药品安全，坚决打击制假、售假行为。从今年起，省级财政用于食品安全的专项资金增加到2亿元。

（七）抓好资源节约和环境保护，做好节能减排工作

加强生态建设和环境治理。继续搞好天然林保护和造林绿化，加快重点防护林和商品林基地建设，完成退耕还林、荒山荒地造林、封山育林年度任务。切实加大石漠化综合治理力度。进一步抓好生物多样性保护工作，理顺自然保护区管理体制。建立和完善森林生态效益补偿机制，开展资源开发等重点领域的生态补偿试点。加强重点流域和重要水源地水污染防治，进一步做好滇池等高原湖泊的保护治理工作。深入开展农村环境综合整治。

全力推进节能减排。我省将实施“十二五”节能减排计划，今年确立了下降3%的年度节能目标，减排考核指标将增加到4项。要不断完善节能减排的激励政策、技术标准和管理制度，健全政府节能减排目标责任考核评价体系。积极推广节能技术和产品，全面挖掘建筑、公共机构、交通、商业和农业农村节能潜力。继续加大冶金、化工、建材、火电等传统行业技术改造投入力度，切实降低能源和资源消耗，有效减轻重点污染物排放强度。加快城镇污水、垃圾处理设施建设，确保全省城镇污水处理率、生活垃圾无害化处理率分别达到75%和80%以上。

启动低碳省试点工作。积极营造低碳生活环境，倡导绿色消费。大力发展低碳能源，推广低碳技术，启动建设一批低碳发展示范点，组织实施一批节碳重点工程，努力减少碳的消耗和排放。积极发展碳汇项目。推进资源循环利用，发展资源再生产业和可再生资源回收利用体系。扩大循环经济试点，建成一批循环经济园区和循环经济县市区。

（八）全面深化改革，全力推进桥头堡建设

突出重点领域和关键环节改革。继续深化国有企业改革，积极引进国内外战略合作伙伴。完善财政转移支付制度，加快建立健全县级基本财力保障机制。完善预算编制和执行管理制度。依法加强税收征管，强化非税收入管理。全面开展州市县政府机构改革的检查验收和评估，扎实推进扩权强县和省直管县财政改革试点，探索省直管县体制。抓好事业单位改革。深化行政执法体制改革。继续推进昆明、红河综合改革试点。

努力促使桥头堡建设取得实效。积极推动国际公路、铁路、水运和油气通道建设。启动瑞丽重点开发开放试验区建设，加快边境经济合作区、跨境经济合作区建设，积极参与境外经贸合作区建设。继续办好昆交会系列活动。推进“滇企出国”，积极引导企业拓展发展空间。大力开展境外工程承包、劳务合作和设计咨询，支持配合好中央企业的境外投资项目建设。积极探索替代种植向替代经济发展的新模式、新途径。继续推进贸易便利化，提高口岸通关效率。加快发展对外贸易，争取进出口贸易额跃上150亿美元新台阶。以农业、生物、信息为重点，推进滇台合作。加强泛珠三角区域合作，大力推进与“长三角”和西南各省区市的合作。

（九）不断加强民主法制建设，切实维护社会和谐稳定

努力推进民主法制建设。自觉接受省人大及其常委会的法律监督和工作监督，认真执行省人大及其常委会的决定决议，支持省人大及其常委会的立法工作。支持省政协多渠道参政议政，主动接受省政协的民主监督。广泛听取各民主党派、工商联、无党派人士的意见和建议，支持工会、共青团、妇联等人民团体的工作。坚持民族区域自治制度，进一步推进民族团结进步事业。全面贯彻落实党的宗教政策，引导宗教与社会主义相适应。扩大基层民主，保障人民群众的知情权、参与权、表达权和监督权。强化依法行政，不断完善行政监督。全面开展“六五”普法教育。

创新社会管理。加强和改进新形势下的群众工作，建立和完善群众利益诉求表达机制和社会矛盾调处机制，健全重大工程项目和社会政策制定的社会稳定风险评估机制。加强和谐社区建设，进一步做好信访工作，有效预防和化解社会矛盾。加强社会治安综合治理，健全重大突发事件预警及应急处置机制。启动实施

新一轮禁毒防艾人民战争。继续加强藏区维稳工作。深入开展边境地区严打整治行动，坚决维护边境安宁和国家安全。

进一步强化安全生产。全面落实安全生产责任制，突出加强煤矿、非煤矿山和尾矿库、危险化学品、烟花爆竹、特种设备、建筑施工、道路和水上交通、人员密集场所的安全隐患排查整治工作。强化消防工作，推进企业安全标准化，加强安全事故应急管理，努力保障人民群众生命财产安全。

做好今年各项工作，必须进一步加强政府自身建设。要继续推进法治政府、责任政府、阳光政府和效能政府建设，突出充实工作内容、完善制度体系、加强督促检查、提高实施成效四个重点，抓好行政审批制度改革、政务公开、行政成本控制、工作效率提升、政务服务中心和公共资源交易中心建设、重点岗位和关键环节监控、廉政建设、行政问责八项工作，推进政府职能转变。省政府将继续确定20个重大建设项目和20项重要工作进行重点督查，严格执行责任制度，进一步强化考核奖惩机制，全力推进工作落实。

各位代表！中国人民解放军和中国人民武装警察驻滇部队官兵，是保卫祖国边防的坚强柱石和支援云南经济社会建设的生力军，在我省改革发展稳定工作中发挥着极其重要的作用。我们要积极支持军队的现代化建设，进一步加强国防教育和人防工作，完善国防动员体制，加强民兵、预备役部队建设，做好复员转业军人安置，深入开展拥军优属和军民共建活动，不断巩固军政、军民团结。

各位代表！过去成就令人鼓舞，未来发展催人奋进，我们对七彩云南的美好前景充满信心。让我们更加紧密地团结在以胡锦涛同志为总书记的党中央周围，在中共云南省委的坚强领导下，高举中国特色社会主义伟大旗帜，坚持以邓小平理论和“三个代表”重要思想为指导，深入贯彻落实科学发展观，进一步解放思想、开拓创新、扎实工作，为建设富裕民主文明开放和谐云南作出新的更大的贡献！

关于云南省2010年国民经济和社会发展计划执行情况与2011年国民经济和社会发展计划草案的报告

——2011年1月21日在云南省第十一届人民代表大会第四次会议上

云南省发展和改革委员会

一、2010年国民经济和社会发展计划执行情况

2010年是新世纪以来我省发展环境极为复杂、各类自然灾害和重大挑战极为严峻的一年，是我省继续应对历史罕见金融危机、夺取百年不遇特大干旱胜利，取得经济社会发展重大成就的一年。在省委、省政府的坚强领导下，在省人大及其常委会的监督指导下，全省认真贯彻落实中央扩大内需一揽子计划，全力以赴抗大旱，抢抓机遇保增长，坚定不移转方式，千方百计保民生，积极有效化解重大自然灾害以及金融危机的后续影响，全省经济继续朝着宏观调控预期方向发展，回升向好态势进一步巩固。

除居民消费价格指数外，主要经济指标可圆满完成省十一届人大三次会议确定的预期目标。其中，全省生产总值增长12.3%；全社会固定资产投资增长22.1%；社会消费品零售总额增长21.9%；城镇居民人均可支配收入增长8.1%；农民人均纯收入增长13.2%；城镇登记失业率控制在4.21%；人口自然增长率控制在6.3‰；单位生产总值能耗下降3.6%，完成计划目标；外贸进出口总额增长66.7%；居民消费价格指数上涨3.7%。

（一）经济保持平稳较快发展。全省生产总值7220.14亿元，增长12.3%；全部工业增加值2606.04亿元，增长14.7%。经济增长的

质量和效益稳步提升。地方财政一般预算收入完成871.19亿元，增长24.8%；城镇居民人均可支配收入和农村人均纯收入分别比上年增加1641元和583元。

（二）扩大内需成效进一步显现。全社会固定资产投资完成5528.71亿元，增长22.1%。2010年共争取到中央预算内投资176亿元；发行地方政府债券75亿元；发行企业债券135.5亿元。社会消费品零售总额实现2500.25亿元，增长21.9%，消费与投资增幅趋于同步。

（三）产业结构调整和节能减排取得新成效。三次产业结构由2009年的17.7∶41.6∶40.7调整为15.3∶44.7∶40。新型工业化扎实推进。生物产业、物流业、光电子等新兴产业培育取得突破。自主创新能力增强。节能减排积极推进，顺利完成“十一五”节能减排目标和全年淘汰落后产能任务。

（四）农业在大灾之年实现平稳发展。农业实现增加值1105.81亿元，增长4%；粮食产量1650万吨，增长1%。

（五）社会全面进步、民生进一步改善。争取到中央扩大内需资金27.06亿元用于社会事业建设，增长18.3%。城镇新增就业24万人，新增农村劳动力转移就业165万人次。养老、医疗等社会保障覆盖面进一步扩大，新型农村合作医疗基本实现全部覆盖。

（六）改革开放取得新进展。我省被列为全国五省八市低碳经济试点之一，大理市被列为全国33个旅游改革试点市之一，人民币跨境贸易结算试点正式启动。

（七）生态建设和环境保护成效显著。启动实施了2010年国际生物多样性云南行动腾冲纲领。积极推进滇池等九大高原湖泊和三峡库区及其上游水污染综合防治。完成造林合格面积740万亩，治理水土流失面积32.3万顷。

（八）“桥头堡”战略取得重大突破。加强向国家发展改革委汇报，将云南“桥头堡”建设上升为国家战略，主动做好各项衔接工作，配合中央各部委完成了多次重大专题调研。

二、2011年国民经济和社会发展预期目标和主要任务

国民经济和社会发展主要调控预期目标建议为：云南省生产总值增长10%以上；全社会固定资产投资增长20%以上；地方财政一般预算收入增长15%；居民消费价格总水平涨幅控制在4%左右，努力保持价格总水平基本稳定；社会消费品零售总额增长18%以上；外贸进出口总额增长15%；城镇居民人均可支配收入和农民人均纯收入均增长10%以上；城镇登记失业率控制在4.6%以内；人口自然增长率控制在6.42‰以内；单位生产总值能耗下降3%。

为实现上述目标，重点抓好十个方面的工作：

（一）加强宏观调控和运行调节，保持经济平稳较快发展。

着力发挥投资拉动作用。一是扩大有效投资。全社会固定资产投资在2010年的基础上新增1100亿元。二是进一步调整优化投资结构，着力提高投资效益。积极探索投资与扩大内需的有机结合点；逐步提高产业投资占全社会固定资产投资的比重，争取“十二五”期间产业投资在全社会固定资产投资的比重高于50%。三是加强项目前期工作。紧紧抓住“十二五”规划、西部大开发以及“桥头堡”战略实施等重大机遇，积极争取更多重大项目纳入国家盘子，争取得到中央更多政策和资金方面的支持。四是增加资金投入。加强衔接汇报，积极主动争取中央投资；增加省预算内投资，加大各级财政支出力度；在国家稳健的货币政策下，充分发挥地方融资平台功能，保持合理的信贷规模；加大项目直接融资；吸引社会民间投资和外来投资；争取外商投资。

积极扩大消费需求。一是坚持贯彻落实好刺激消费的各项政策。二是完善城乡消费体系建设。三是增加居民消费能力。通过逐步提高扶贫标准和最低工资标准，建立职工工资正常增长机制和支付保障机制；切实调整国民收入分配格局，健全住房、医疗、养老等社保体系。四是营造良好的消费环境。五是积极发展新型消费业态，促进新兴服务消费，拓展新的消费空间。

搞好经济运行调节。强化电力运行调控，保障电力生产供应稳定运行。加强协调监管，缓解成品油供应紧张。完善铁路运输联席会议制度，保证重点物资运输和重点用户需求。排查安全生产隐患，抓好安全生产工作。

（二）强化价格调控监管，稳定价格总水平。

一是切实采取有效措施，确保重要商品市场供应。保障重要商品供应和物价稳定；加强价格监测预警；落实“米袋子”、“菜篮子”扶持政策。二是增强调控针对性，改善价格环境。三是完善储备制度，组织好重要商品的调运工作。四是强化监管，整顿和规范市场价格秩序。

五是加强舆论引导，稳定社会预期。

（三）加快发展现代农业，推进社会主义新农村建设。

一是大力发展特色现代农业，建设一批良种繁育基地、标准化生产示范基地。认真落实百亿斤粮食增产计划。加快发展以烟草等特色农产品为重点的种植业，以猪、牛、羊为重点的畜牧养殖业，木本油料等特色经济林。继续加大龙头企业培育，加快推进农业产业化发展。二是加大农业和农村基础设施建设力度。切实加强重点水源工程和“五小水利”建设。三是努力促进农民增收。加大农村劳动力转移力度，切实增加农民工资性收入；认真落实惠农政策，积极争取中央和地方各级财政对农业和农村加大支持力度。

（四）狠抓产业结构优化升级，努力提高产业核心竞争力。

一是以规划为指导，积极推进我省产业结构优化升级。颁布实施《云南省产业结构调整和优化升级十二五规划》、《云南省轻工业“十二五”规划》、《云南省清洁载能发展规划》，《云南省战略性新兴产业发展“十二五”规划》等规划，并认真抓好规划的落实工作。

二是大力培育新的经济增长点。（1）大力推进自主创新和战略性新兴产业培育发展。继续新建一批国家级、国家地方联合和省级工程研究（技术）中心、工程实验室、重点实验室、企业技术中心和公共技术服务平台等创新平台，继续实施八大科技工程，推进创新型云南建设。积极培育战略性新兴产业。（2）以“桥头堡”建设为契机，积极争取国家差别化产业政策，高起点适度发展新型清洁载能产业。加快发展进出口加工型产业。（3）积极发展消费品工业。

三是改造和提升传统产业。（1）坚定不移地做优做强烟草产业。加大现代烟草农业建设，继续推进卷烟产品结构调整，提高精品卷烟比重，加快产业装备升级步伐，积极发展烟草配套产业。（2）提升冶金行业竞争力。加大地质勘探力度，加快大中型矿山建设，提高资源综合利用水平，稳妥发展冶炼能力，大力发展精深加工，打造产业链群，提高产品附加值。（3）做优做强化工产业。适度发展专用肥等差异化化肥产品。着重发展黄磷和湿法磷酸精细深加工产品。淘汰落后产能，提高焦炭技术装备和资源综合利用水平。（4）高水平发展装备制造业。开发具有自主知识产权的高端产品，促进产品结构调整。

四是促进服务业发展。大力发展现代物流、金融保险、信息咨询和科技服务等生产性服务业，促进服务业与工农业生产互动发展，提高产业附加值和知识、技术、人力资本含量。加大旅游改革发展力度，大力发展休闲度假旅游，强化旅游促销和国际合作。

（五）积极稳妥推进城镇化，统筹城乡区域协调发展。

一是促进城乡协调发展。促进城镇化和新农村建设良性互动；着力推进现代农业小镇、工业小镇、商贸小镇、边境口岸小镇、生态园林小镇、旅游文化小镇等特色小镇建设。二是完善城市基础设施。推进城市基础设施建设、维护和运行管理改革，提高城镇基础设施综合承载能力。三是研究推进户籍改革。促进符合条件的农业转移人口在城镇落户并享有与当地城镇居民同等的权益。四是推进主体功能区建设。

（六）加快“两型”社会建设，提高生态文明水平。

一是以滇池及三峡库区及其上游水污染综合防治为重点，全力抓好流域综合治理工作。二是合理配置土地、矿产等资源。加强土地、矿产等资源的管理，切实保护好耕地。三是狠抓节能减排各项工作。强化节能目标责任制；大力推进节能减排技术进步；深入推进重点领域节能工作；加快城镇污水、垃圾处理设施建设。四是加大力度推动我省循环经济试点工作。

（七）积极推动社会事业发展，着力保障和改善民生。

一是优先发展教育事业，促进教育公平。进一步加快对农村中小学校舍危房的改造，继续推进学前幼儿教育、城乡免费义务教育和农村义务教育经费保障机制改革，加大对困难学生的生活补助，加快推进特殊学校建设工程，加快推进中等职业教育发展行动计划的实施。

二是推动医疗卫生事业发展，保障城乡居民健康。加强城乡医疗服务体系建设，继续实施基层卫生服务体系项目，推进省级医疗机构建设，加快基层卫生技术人员培训进程；进一步巩固提高新型农村合作医疗参合率和筹资水平。

三是进一步完善公共文化体系，促进民族文化强省建设。加快省博物馆新馆等重大标志性文化设施建设，加强文化遗产和重点文物的保护、管理和利用；实施重大文化惠民工程，优先安排涉及群众切身利益的文化建设项目；鼓励社会力量发展文化产业。

四是千方百计稳定和扩大就业，不断完善社会保障体系。以高校毕业生、农村转移劳动力和就业困难人员为重点，充分发挥政府投资、重大项目建设和产业规划对就业的带动作用，努力增加就业岗位，力争实现全省城镇新增就业24万人；不断扩大社会保障覆盖范围，加强就业和社会保障服务设施建设；积极推进收入分配制度改革，努力构建和谐劳动关系。

五是加大保障性住房建设的投入力度。安排50万套保障性住房建设，加大廉租住房和公共租赁住房建设力度，确保完成中央下达我省的建设任务。

六是加大扶贫力度，促进贫困地区脱贫致富。加大25个边境县（市）投入力度；实施易地搬迁、安居温饱、基础设施、素质提高、增收致富“五项工程”建设。落实好党中央、国务院和省委、省政府的部署，加快藏区发展。

（八）深化体制机制改革，加快构建科学发展的体制保障。

优化所有制结构。加快推进国有企业产权制度改革。深化财税、金融和投资体制改革。继续推进农村改革。深化行政管理体制改革。推进社会事业管理体制改革。加快医药卫生体制改革，继续扩大基本医疗卫生保障和服务的覆盖面，扎实推进基本公共卫生服务均等化。积极稳妥地推进资源性产品价格和环保收费改革。继续推进昆明、红河综合改革试点及旅游产业发展改革等各专项改革试点工作。

（九）抓住桥头堡建设重大机遇，全面提升对内对外开放水平。实施互利共赢开放战略，加快对外贸易发展方式转变，扩大开放领域，拓展开放空间，提高开放质量。

一是推进“桥头堡”战略、“大通道”建设。二是优化外贸商品结构。三是进一步改善对外贸易环境。四是积极实施“走出去”战略。建设好瑞丽重点开发开放试验区。五是加强泛珠三角区域合作。六是启动一批资源在外、市场在外、能源在外的外向型产业项目，发展清洁载能产业和面向东南亚、南亚的加工型产业。

（十）抓好“十二五”等规划实施，开创云南发展新局面。启动全省“十二五”总体规划和“十二五”重点专项规划实施工作。积极配合国家发改委编制并尽快出台桥头堡建设规划，全面启动桥头堡建设的各项工作。启动新一轮西部大开发实施工作。

关于云南省2010年地方财政预算执行情况和2011年地方财政预算草案的报告

——2011年1月21日在云南省第十一届人民代表大会第四次会议上

云南省财政厅

一、2010年地方财政预算执行情况

2010年，在省委的正确领导和省人大及其常委会的依法监督下，全省各级财税部门以科学发展观为指导，深入贯彻落实中央和省委的总体部署，努力克服各种困难，恪尽职守、扎实工作，全省财政收支平稳运行，并超额完成了省十一届人大三次会议确定的财政收支目标任务。

（一）全省财政收支预算执行情况

2010年全省地方财政一般预算收入完成871.2亿元，比年初预算增加103.1亿元，增长13.4%，比2009年决算数增加172.9亿元，增长24.8%。其中：税收收入完成702.2亿元，比2009年决算数增长28.1%；非税收入完成169亿元，比2009年决算数增长12.6%。全省地方财政一般预算支出完成2285.6亿元，比年初预算增支101.8亿元，增长4.7%，比2009年决算数增支333.2亿元，增长17.1%，财政收支均超额完成省十一届人大三次会议确定的目标任务。

全省地方财政一般预算收支平衡情况是：地方财政一般预算收入871.2亿元，中央各项补助收入1281.7亿元，上年结余收入137.1亿元，调入资金46.6亿元，财政部代理发行地方政府债券收入75亿元，收入总计2411.6亿元；地方财政一般预算支出2285.6亿元，上解中央支出2.6亿元。收支相抵，年终结余123.4亿元。结余资金的形成，主要是部分中央专款补助资金下达较晚，当年难以形成支出，需结转2011年按规定用途安排使用。另外，已下达预算单位但单位因政府采购未完成等原因尚未支用的授权支付额度结余和已分未拨资金，也需结转2011年支付。

全省地方基金预算收入完成425亿元，比年初预算增加154.3亿元，增长57%，比2009年决算数增加187亿元，增长78.5%；地方基金预算支出完成415.3亿元，比年初预算增支134.4亿元，增长47.8%，比2009年决算数增支189.2亿元，增长83.7%。

全省地方基金预算平衡情况是：地方基金预算收入425亿元，上年结余收入77.8亿元，中央补助收入28.6亿元，收入总计531.4亿元；基金支出415.3亿元，调出资金14.1亿元，收支相抵，全省基金结余102亿元。由于部分政府性基金实行当年收取、次年支用的管理办法，故形成一定规模的结余资金。

（二）省本级财政收支预算执行情况

2010年，省本级财政一般预算收入完成183.5亿元，比年初预算增加35.8亿元，增长24.2%，比2009年决算数增加33亿元，增长22%；一般预算支出完成463.5亿元，比2009年决算数减少49.3亿元，下降9.6%。

省本级财政一般预算收支平衡情况是：一般预算收入183.5亿元，中央各项补助收入1281.7亿元，下级上解收入80.5亿元，上年结余收入63.8亿元，调入资金26.1亿元，财政部代理发行地方政府债券收入75亿元，收入总计1710.6亿元；一般预算支出463.5亿元，补助下级支出1173.6亿元，转贷地方政府债券18.6亿元，上解中央支出2.7亿元。收支相抵，年终结余52.2亿元。

省本级基金预算收入完成69.8亿元，比年初预算增加21.4亿元，增长44.4%，比2009年决算数增加20.6亿元，增长41.9%；基金支出完成27.4亿元，比年初预算增支10.6亿元，增长62.9%，比2009年决算数增支9.7亿元，增长55.1%。

省本级基金预算平衡情况是：基金预算收入69.8亿元，上年结余收入51.3亿元，中央补助收入28.6亿元，收入总计149.7亿元；基

金支出 27.4 亿元，补助下级支出 51.6 亿元，调出资金 12.3 亿元。收支相抵，省本级基金结余 58.4 亿元。

以上均为快报数，财政部批复我省决算后，相关数据还会有所变化，待下次向省人大常委会报告决算时再据实调整。

二、2010 年全省财税工作情况

2010 年是“十一五”规划的最后一年，也是新世纪以来宏观经济形势较为复杂的一年。面对我省百年不遇的特大旱灾，在宏观经济持续回升基础不牢、结构性减税、支出需求快速增长等因素的影响下，全省各级财政部门紧紧围绕省委的各项重大决策部署，积极采取一系列有效的财税政策措施，努力增投资、扩消费、调结构、保民生、建和谐、促发展，圆满完成了“十一五”规划的各项财税目标任务，进一步巩固了全省经济稳步向好发展的势头。

（一）再接再厉，全省财政收支再上新台阶

全省各级财税部门牢牢把握经济稳步向好发展的有利条件，培植财源，加强征管，挖掘增收潜力，全省财政收支双双超额完成省十一届人大三次会议确定的全年目标任务。一是财政收入增势强劲。2010 年，全省财政总收入和一般预算收入都保持较快增长，月累计增幅均保持在 20% 以上，并提前一个月完成年初任务。全省财政总收入自 2007 年突破千亿元大关后，2010 年完成 1809.2 亿元，比上年增长 21.4%。2010 年全省财政总收入是 2005 年的 2.4 倍，五年年均增长 18.7%，年均增幅比“十五”时期提高 7.1 个百分点。地方一般预算收入在 2006 年完成 380 亿元的基础上，2007 年、2008 年、2010 年分别登上了 400 亿元、600 亿元、800 亿元三个大台阶，2010 年完成 871.2 亿元，比上年增长 24.8%。2010 年全省一般预算收入是 2005 年的 2.8 倍，五年年均增长 22.7%，年均增幅比“十五”时期提高 11.2 个百分点。二是财政收入质量明显提高。2010 年，全省税收收入占一般预算收入的比重为 80.6%，比上年提高 2.1 个百分点，拉动一般预算收入增长 22.1 个百分点。其中：增值税、营业税、企业所得税、个人所得税和城市维护建设税等五大主体税种，累计完成 532.2 亿元，占一般预算收入的比重比上年提高 0.8 个百分点；全省非税收入比上年增长 12.6%，其中，国有资源（资产）有偿使用收入和专项收入实现较快增长。三是财政支出突破 2000 亿元大关。继 2007 年全省一般预算支出突破千亿元关口后，2010 年再上一个大台阶，实现 2285.6 亿元，三年翻了一番，五年年均增长 24.4%，年均增幅比“十五”时期提高 11.3 个百分点。

（二）攻坚克难，支持经济平稳较快发展取得新成效

一是认真落实重大项目建设财政投资。2010 年，全省经济建设支出达 605.5 亿元，比上年增长 12.1%。支持铁路、机场、公路等交通基础设施和水利设施、环境保护、保障性住房等一系列重大建设项目及重要民生工程的顺利实施。同时，通过安排固定资产贴息资金、向融资平台公司注入资本金，以及采取政府信用贷款等方式，拓展投融资渠道。二是合理安排中央债券资金。2010 年积极争取中央代地方政府发行债券额度 75 亿元，规模居全国第九位，西部第二位。债券资金重点用于在建项目，优先保障中央投资公益性项目的地方配套。其中，省级统筹安排 56.4 亿元，转贷州市 18.6 亿元。三是充分利用国际金融组织和外国政府贷款支持重点项目建设。全省新增国际金融组织贷款签约 3.1 亿美元，完成在建项目贷款 6871 万美元；新增外国政府贷款人民币 11.7 亿元，用于改善生态环境和支持教育发展。有效拓宽了地方政府的融资渠道。四是适时实施重点产品和重要环节的财政奖补政策。累计兑现重点工业产品财政奖补资金 1.6 亿元，有力促进了本地重点工业产品的生产和销售；下达成品油价格补贴资金 3.7 亿元，有效保障了油价上涨期间公益事业的正常运转；安排资金 5587 万元，对超额完成煤电油运保障任务的单位予以奖励，促进了全省煤电油运的供应。五是不断健全完善重要商品储备制度。对化肥流通企业收储本省化肥予以补助，确保了大春生产抢播抢种的需求；支持粮食和食用植物油储备，完善猪肉储备制度，有力稳定了全省农产品价格和市场供应。六是积极支持商贸流通企业发展。安排资金 7785 万元，扎实推进“万村千乡”市场工程建设，完成了 3500 个农家店、87 个配送中心的建设任务；安排资金 3000 万元，重点支持全省 100 个乡镇农贸和集贸市场建设；积极筹措资金 2000 万元，大力支持企业实施“走出去”战略。七是大力实施“家电下乡、汽车摩托车下乡”政策。全省财政累计兑现“家电下乡、汽车摩托车下乡”补贴资金 20.1 亿元，受益农户超过 200 万户；累计销售家电下乡产品 233 万台，销售汽车摩托车下乡

产品125.8万辆，销售金额共194亿元。

（三）服务“三农”，强农惠农取得新进展

2010年，全省农林水事务支出完成323.5亿元，比上年增长21%。一是及时筹集拨付抗旱救灾补助资金。面对百年不遇的特大旱情，千方百计筹措抗旱救灾补助资金24.8亿元，帮助灾区群众解决生产生活困难。同时，还积极开展了抗旱资金监督检查和绩效评价，确保救灾资金及时兑付到受灾群众手中，真正落实到项目上。二是积极推进水利“双百工程”建设。为有效解决全省工程性缺水问题，按照省政府“从2010年起，三年内开工建设100件以上骨干水源工程和100万件以上‘五小水利’工程”的决定，省财政与相关部门密切配合，多渠道筹集水利建设资金48.4亿元，落实三年60亿元的水利贷款额度，确保完成省级筹集100亿元水利建设资金的任务。三是认真贯彻落实惠农补贴政策。安排拨付粮食作物良种补贴资金4.8亿元、农资综合直补资金22.8亿元、粮食直补资金7500万元，继续对种粮农民实施补贴；安排资金3.4亿元，对购置农机具的农民实施补贴。四是加大资金整合力度支持涉农重点工作。整合资金30.7亿元，实施百亿斤粮食增产计划；整合资金13.1亿元，支持农业产业化发展；整合资金18亿元，实施6622个村扶贫整村推进、500个村村容村貌整治，23个乡扶贫整乡推进试点，加快新农村建设；整合资金2.4亿元，支持完成农村劳动力转移培训特别行动计划。五是继续加大农业综合开发力度。投入资金9.5亿元，建设高标准农田13.5万亩，改造中低产田地58万亩，扶持产业化经营项目107个，促进农业产业结构战略性调整和农业生产方式转变，为提高农业综合生产能力、农产品竞争力和可持续发展能力，起到了“示范、引导、带动”作用。六是积极引导金融机构加大支农力度。筹集资金3.8亿元，对全省116个县（市）共224家开展涉农贷款的县域金融机构增量贷款进行奖励，带动1165亿元信贷资金投放；积极争取中央农业保险保费补贴资金2.1亿元，把与我省群众生产生活密切相关的9大主要农产品，全部纳入中央财政保费补贴试点范围；省财政筹集资金9356万元，支持开展农业保险工作，有效解除了各地农民开展农业生产的后顾之忧。七是加大实施村级公益事业建设“一事一议”财政奖补试点。下达资金17.2亿元，比上年增长72.7%，帮助全省近2.5万个自然村，实施了一大批以道路硬化、村容村貌整治为重点的村级公益事业建设项目，促进了广大农村群众生产生活条件的改善。

（四）突出重点，促进经济发展方式转变推出新举措

一是加快发展非公有制经济。安排专项资金1.1亿元，对全省非公有制经济发展、中小企业信用担保体系建设和上市培育等给予支持，着力缓解中小企业融资困难；安排中小企业技术改造贷款财政贴息、技术创新专项资金2.5亿元，积极支持全省中小企业科技研发和成果转化。二是着力推进新型工业化。安排专项资金1.2亿元，确保完成全省80万平方米工业园区标准厂房建设任务，并对全省部分重点工业园区、特色产业园区、出口加工区的基础设施和软环境建设予以支持；安排专项资金1000万元，大力支持开发利用生物燃料乙醇、生物柴油等可再生能源；安排食用菌产业发展专项资金1000万元，加快发展食用菌产业。三是加大科技投入支持科技创新。全省完成科学技术支出21.4亿元，比上年增长12.7%。安排创新型云南行动专项资金2.5亿元，支持实施了一批对全省经济社会发展有支撑引领作用的重大科技创新工程；安排省院省校合作专项资金4000万元，用于搭建省内外科技、人才合作交流大平台；安排专项资金2650万元，继续加大科学技术普及力度，深入推进科普惠农兴村计划。四是扎实推进节能减排和生态保护。省财政筹集资金81.7亿元，按“先建后补、以奖代补、以奖促治”的财政资金投入原则，积极支持城镇污水垃圾处理设施、节能降耗及新能源试点示范项目建设；筹集专项资金21.7亿元，支持全省九大高原湖泊污染防治和环境综合治理；积极争取中央财政“三河三湖”专项资金4亿元，省财政安排专项配套资金1亿元，专项用于程海、杞麓湖水污染防治工程建设；筹集安排生态功能区转移支付资金11.2亿元，比上年增长1.2倍，引导各地加强生态环境保护，提高重点生态功能区所在地政府基本公共服务保障能力，促进经济社会可持续发展。五是积极推动第三产业健康发展。筹措安排旅游资金1.5亿元，按照“择优扶持、突出重点、注重实效”的原则，全力推动全省旅游产业“二次创业”。安排服务业发展资金1000万元，加快建设现代物流体系；安排餐饮业发展专项资金2000万元，支持滇菜进京入沪，全力打造滇菜品牌。

（五）以人为本，推进基本公共服务均等化实现新突破

进一步加大民生投入，2010年全省民生支出达1570亿元，比上年增长22.1%，占一般预算支出的比重为69%。一是财力分配更加向基层倾斜。省财政共安排省对下一般性转移支付补助458.6亿元，比上年增长12.6%。其中，安排均衡性转移支付及县级基本财力保障奖补资金91.2亿元，比上年增长18.2%，稳步推进基本公共服务均等化；安排民族地区转移支付资金18亿元，比上年增长19.2%，加大对民族欠发达地区支持力度；筹措安排资源枯竭城市转移支付资金3.4亿元，为东川区、个旧市产业转型、改善民生、整治环境提供更加有力的资金保障。二是教育优先发展战略得到切实保障。全省完成教育支出375.3亿元，比上年增长21.8%。下达义务教育经费保障机制各项经费80.5亿元，巩固完善农村义务教育经费保障机制，进一步提高农村义务教育阶段贫困家庭寄宿生、特殊教育学校学生生活补助和农村中小学公用经费补助标准；下达高校、高职、中职各类奖助学金10.1亿元，资助学生61.8万人，其中，中职一、二年级全部在校学生得到生活补助；筹措校舍安全工程专项资金21.5亿元，排除中小学D级危房200万平方米；省财政安排“两基”迎国检资金和专项经费1亿元，保障了“两基”国检顺利通过；全面兑现义务教育学校绩效工资；安排高等教育发展专项资金2亿元，提升高等教育的办学质量和科研水平；在继续安排专项资金2亿元的基础上，省财政转贷5亿元地方政府债券资金，支持州（市）职业教育园区建设；在物价上涨加快的情况下，及时安排资金4194万元，按每生每月10元的标准，对全省大中专院校在校学生及学生食堂进行临时价格补贴，105万学生受益。三是不断加大社会保障和就业投入。全省新增新型农村社会养老保险试点县19个，累计试点县（市）达37个，试点县人口覆盖率达23.7%；省财政筹措安排补助资金6.2亿元，确保试点县（市）60岁以上农村老人按时领取基础养老金；安排资金44.3亿元，确保企业退休人员基本养老金按时足额发放；省财政筹措安排拨付城市低保补助资金14.2亿元、农村低保补助资金27.4亿元，全省92万城市低保对象实现应保尽保，农村低保对象达370万人，比2009年增加40万人；筹措安排资金8602.7万元，用于城市低保、农村五保户、重点优抚对象的临时价格补贴；及时下达全省保障性住房建设资金49.3亿元，加快建设全省50万套（户）保障性住房；安排就业补助资金5.8亿元、创业专项资金1亿元，预拨中央财政贴息资金2.8亿元，使全省失业人员、劳动密集型小企业获得小额担保贷款33亿元，有力地支持了创业就业工作。此外，省财政还及时下达楚雄“2·25”地震、马龙“6·25”特大洪涝灾害、巧家小河镇“7·13”洪涝泥石流灾害、贡山县“8·18”特大山洪泥石流灾害、保山市瓦马乡“9·1”山体滑坡地质灾害等自然灾害生活补助资金4.8亿元，有力地支持了抗灾救灾和恢复重建。安排预防和处置地震灾害10大能力建设补助经费2亿元，确保全省防震减灾重点建设的有效开展。四是积极支持医药卫生体制改革。安排拨付资金2.1亿元，支持国家基本药物制度改革试点地区取消药品加成；安排拨付基本公共卫生服务项目补助资金6.4亿元，重大公共卫生服务项目补助资金10.3亿元，推进公共卫生服务均等化；支持公立医院改革试点，促进多元化办医格局；安排城镇居民基本医疗保险补助资金4.2亿元、新型农村合作医疗补助资金37.4亿元，进一步提高城镇居民基本医疗保险和新型农村合作医疗制度覆盖范围，新型农村合作医疗参合率达95.3%；全面兑现公共卫生与基层医疗卫生事业单位基础性绩效工资。五是大力支持食品药品安全监管工作。安排专项资金8536万元，用于食品药品检验设备更新改造、综合监管能力建设；安排资金5530万元，新建、续建县级农产品质检站23个，支持22家畜产品批发交易市场和基层畜牧部门配备兽药残留快速检验设备，不断加大农产品质量安全抽查监测力度，继续加快农业标准化和农产品质量安全检验检测机构资质能力建设，全省农产品质量安全水平稳步提高。六是继续支持公益性文化事业发展。安排资金2.96亿元，继续实施农村广播电视节目无线覆盖工程、农村免费放电影、农家书屋、村级文化体育活动广场、文化共享工程、基层文化阵地、博物馆纪念馆免费开放等重大公共文化工程；安排文化体制改革专项资金1500万元，对转制单位完成资产清查、评估等工作给予补助；从体制和经费等方面，对云南报业集团改制改革给予大力支持，省级文化体制改革取得实质性进展；安排资金2686万元，支持我省少数民族文化和非物质文化遗产的抢救保护工作。七是支持完成“兴边富民工程”新三年

行动计划的各项目标任务。中央和省级财政三年累计安排补助资金155亿元，实施了基础设施建设、温饱安居、产业培育、素质提高、社会保障和社会稳定、生态保护与建设等6大工程，支持完成了30件惠民实事，使边境地区群众的生活生产水平得到极大改善。八是切实维护社会和谐稳定。安排政法转移支付资金24.4亿元，继续推进政法经费保障体制改革，不断提高基层政法机关办案能力。筹措安排禁毒专项经费3.2亿元、防治艾滋病专项经费4.6亿元，积极支持打好新一轮禁毒防艾人民战争。筹集安排解决特殊疑难信访问题专项资金3100万元，提高人均综治工作经费标准，强化综治维稳工作，着力化解社会矛盾。

（六）深化改革，财政科学化精细化管理频现新亮点

一是深入推进预算管理改革。遵循“夯实基础、简化程序、规模总控、权责对等、民主决策”的原则，积极创新2011年部门预算编制，继续完善年初预算评审机制，不断提高年初预算编制的准确性、完整性和可执行性；成功启动省级预算单位基础信息动态管理，提高了基本支出预算的管理水平；进一步规范省级追加支出预算申报流程，全力推动全省财政追加支出预算审批制度建设，硬化预算约束；稳步推进部门预算内部公示，积极探索参与式预算改革试点，着力促进预算管理公开、透明。二是稳步推进省直管县财政改革试点。通过认定昭通市、曲靖市、保山市及三市所辖的镇雄县、宣威市和腾冲县2008年的财政收支划转基数，理顺了省与试点市（县）间的财政关系。制定《省直管县财政改革具体实施意见》，加强组织协调，及时化解试点改革中存在的矛盾和问题，确保改革平稳顺利运行。三是着力强化乡镇财政改革。高度重视基层财政建设，及时提出乡镇财政预算管理改革标准，顺利完成全省1376个乡镇财政总决算的编报工作；制定《云南省加强乡镇财政资金监管实施办法》，指导各地扎实推进乡镇财政资金监管；积极实施乡镇财政直接联系点制度，以点带面推动乡镇财政资金监管工作的开展和落实；建立健全分级培训机制，切实加强全省乡镇财政干部队伍的业务能力建设。四是大力规范地方政府债务管理。积极研究制定政府性债务会计核算办法，切实做好地方政府性债务的清理统计；重点抓好地方政府融资平台公司管理工作，全省财政可持续发展能力进一步增强；加快推进农村义务教育债务化解，省财政下达各州（市）补助资金10亿元，2005年以前形成的农村义务教育债务31.9亿元已全部化解。五是切实加快预算执行进度。省财政从改进预算编制手段、按时批复和及时下达预算等多个方面，制定一系列有效措施，加大对州（市）财政部门和省本级预算单位做好年度预算执行管理的指导和督促力度；及时启动省级支出预算指标动态监控分析机制，按月统计支出预算指标下达和拨付情况，认真督促各级财政部门加快支出进度，顺利完成全年支出目标任务。六是积极创新财政监督管理机制。以提高财政资金使用的安全性、规范性和效益性为目标，坚持依法行政依法理财，从制度建设入手，不断更新财政监督理念，完善财政监督管理办法，创新财政监督方式；认真组织开展会计信息质量和会计师事务所执业质量检查，积极开展“小金库”专项治理，进一步规范市场经济秩序。七是稳步推进行政事业单位国有资产管理改革。制定省级行政事业单位资产配置、使用、处置管理办法，加强对省级行政事业单位国有资产的日常监管和对州（市）资产管理部门的业务指导，进一步完善资产运行管理机制；稳步推进省级行政事业单位经营性国有资产改革，不断探索深化改革的途径和方法。八是牵头推进行政成本控制制度。制定《云南省行政成本控制制度推进工作方案》，指导全省行政成本控制工作顺利开展；起草了《关于严格控制和规范会议文件庆典论坛考察的实施意见》，促进行政成本降低。经过各级、各部门的共同努力，圆满完成全年行政成本控制目标任务。在全省县级以上行政事业单位全面推行公务卡结算制度，累计发卡50.9万张，通过公务卡报销支出6.9亿元。

2010年是全面完成“十一五”规划目标的最后一年，全省财政部门在省委的坚强领导下，在各级人大的依法监督和各级各部门的大力支持下，圆满完成了“十一五”财政规划的各项目标任务。过去的五年，云南财政综合实力不断壮大，宏观调控能力明显增强，公共服务保障水平有了较大提升，财政改革发展成效显著。五年来取得的成绩来之不易，但面临的困难也不容回避：当前全省财政收入自主增长能力不强，财政支出管理水平有待提高，财政收支矛盾仍较尖锐，财政风险控制任务长期艰巨等。我们将不断总结经验，努力克服困难，加快改革创新，科学谋划“十二五”云南财政工作，

继续推进全省经济社会又好又快发展。

三、2011 年地方财政预算草案

2011 年全省宏观经济发展环境依然十分复杂，不确定因素较多，做好全年财政预算工作有许多有利条件，也存在一些突出矛盾和问题，全省及省本级收支压力较大。从收入来看，全省经济增长的内生动力不强，部分行业经济效益尚未根本好转，支撑税收较快增长的基础不牢；结构性减税和政策性减收因素仍需消化；财源结构单一、县域经济发展水平较低、区域发展不平衡等状况短期内难以根本转变，制约了财政收入的持续快速协调增长；全省财政收入的增量空间有限，增收压力较大。从支出来看，在实施积极财政政策与稳健货币政策的新形势下，要保持经济平稳较快发展，与 2010 年相比，需要较多的财政资金投入，财政收支矛盾会更加突出；在全省基层财政自我保障能力不足，财力增长有限的情况下，推进基本公共服务均等化，省级财政加大转移支付的任务极为艰巨；加快建设社会主义和谐社会，改善民生的支出需求增长迅速，财政保民生的任务异常繁重。但我们也要看到，改革开放 30 年来云南经济社会发展综合实力显著增强，特别是新一轮西部大开发和桥头堡建设，将有利于促进全省经济增长和税源培植；资源税改革的深入推进和生态效益补偿机制的不断完善，有利于促进云南财政增收；社会保障水平的提高以及消费市场趋旺，有利于促进全省税收收入持续增长。这些积极因素都大大增强了我们应对挑战的信心和勇气，在省委的正确领导下，一定能实现全省“十二五”财政的良好开局。

2011 年我省财政预算编制和财政工作的总体思路是：全面贯彻党的十七大、十七届五中全会、中央经济工作会和省委八届十次全会精神，以科学发展为主题，以加快转变经济发展方式为主线，以保障和改善民生为根本，以增强财政服务经济社会发展能力为重点，以桥头堡建设为契机，贯彻落实好积极的财政政策，进一步调整优化财政支出结构，着力推进基本公共服务均等化，不断加强财政科学化、精细化管理，提高财政资金使用效益，为云南“十二五”发展开好局、起好步提供坚实的资金保障。

按照“全面完整、量入为出、收支平衡”的原则和“实事求是、积极稳妥、统筹兼顾、留有余地、突出重点、有保有压”的工作方针，在充分考虑影响财政收支各种因素的基础上，编制 2011 年全省及省本级财政收支预算。

（一）全省地方财政收支预算草案

2011 年，全省地方财政一般预算收入安排 1002 亿元，比 2010 年完成数增长 15%；地方财政一般预算支出安排 2583 亿元，比 2010 年完成数增长 13%。

全省地方财政收支预算平衡情况是：一般预算收入 1002 亿元，中央各项补助收入 1351.9 亿元，上年结余收入 123.4 亿元，调入资金 33.7 亿元，财政部代理发行地方政府债券 75 亿元，收入总计 2586 亿元；一般预算支出 2583 亿元，上解中央支出 3 亿元，支出总计 2586 亿元。收支平衡。

全省地方基金预算收支及平衡情况是：基金收入 455.4 亿元，中央补助收入 23.2 亿元，上年基金结余收入 102 亿元，基金收入总计 580.6 亿元；基金支出 484.5 亿元，调出资金 14.5 亿元。收支相抵，全省基金结余 81.6 亿元。

（二）省本级财政收支预算草案

2011 年，省本级财政一般预算收入安排 200 亿元，比 2010 年年初预算数增加 52.3 亿元，增长 35.4%；一般预算支出安排 449.5 亿元，比 2010 年年初预算数增加 76.5 亿元，增长 20.5%。

省本级财政一般预算收支平衡情况是：一般预算收入 200 亿元，上年结余收入 52.2 亿元，中央各项补助收入 1351.9 亿元，下级上解收入 82.9 亿元，调入资金 16.6 亿元，收入总计 1703.6 亿元；一般预算支出 449.5 亿元，上年结转安排支出 52.2 亿元，补助下级支出 1198.9 亿元，上解中央支出 3 亿元，支出总计 1703.6 亿元。收支平衡。

省本级基金预算收支及平衡情况是：基金收入 57.4 亿元，中央补助收入 23.2 亿元，上年基金结余 58.4 亿元，收入总计 139 亿元；基金支出 18.7 亿元，补助下级支出 59.3 亿元，调出资金 12.6 亿元。收支相抵，省本级基金结余 48.4 亿元。

四、2011 年主要财政工作及措施

2011 年，我们将认真按照中央经济工作会和省委八届十次全会的决策部署，牢牢抓住中央继续实施积极财政政策的机遇，紧紧围绕云南“十二五”时期加快建设全面小康社会的宏伟蓝图，放眼未来五年的财政改革与发展，与时俱进，开拓创新，扎实有效地开展好各项财政工作。

（一）充分发挥财政职能，大力推动经济平稳较快发展

一是积极支持重大基础设施建设。省本级拟安排各类基本建设支出预算76.4亿元，比上年年初预算增长27.3%，增量资金主要用于中央公益性投资项目配套、加大重大基础设施建设投入等方面。继续支持完成省委党校改扩建，加快云南文苑等一批重大标志性文化工程建设，做好滇中引水工程建设前期工作，积极推进特色乡镇建设。同时，着力加大财政资金整合力度，确保重大建设项目和重点民生领域的投资安排。二是进一步增强财政保障能力。加强税源形势分析和监控，积极组织收入，做到应收尽收；推进《云南省非税收入管理条例》尽快颁布实施，健全非税收入征管实施办法，推广运用财政票据电子化管理系统，加大非税收入规范管理力度；积极争取中央财政加大对我省的支持力度，继续争取中央代地方政府发行债券额度；进一步加强与国际金融组织的合作，广泛吸引外国政府优惠贷款；着力加强财政资金绩效管理，不断提高财政资金的使用效益。三是引导社会资金助推经济建设。加快推进政府投融资改革，不断拓宽政府投资项目的融资渠道；继续安排全省固定资产投资项目贷款贴息，充分发挥财政资金的引导作用，大力引导民间资本参与公共项目建设；积极筹措资金支持地方金融机构的改革和发展，鼓励和引导全年新增贷款投向重大基础设施建设并支撑实体经济发展。

（二）着力支持“三农”，进一步推进城乡协调发展

省本级拟安排农林水事务支出48亿元，比上年年初预算增长33.7%。一是大力支持水利基础设施建设。通过财政预算安排、专项水利贷款等途径，加快实施100件以上骨干水源工程和100万件以上“五小水利”工程，尽快解决全省工程性缺水问题，减轻自然灾害对工农业生产的影响；积极争取中央增加我省小型农田水利重点县名额，认真做好重点县和山区“五小水利”建设工作；继续支持渠系配套设施建设和水土流失治理，提高农业综合生产能力。二是着力加快农业产业化发展。按照集中资金、突出重点、扶优扶强的原则，重加工、树品牌、促开放，重点扶持国家级、省级重点龙头企业和对区域经济发展有较强带动能力的加工型龙头企业，支持龙头企业原料基地建设和产品精深加工，支持生物资源开发创新和农业标准化生产，大力扶持培育农民专业合作经济组织，提高农民进入市场的组织化程度。三是不断完善各项支农惠农政策。保持粮食直接补贴、粮食良种补贴政策的稳定性和连续性，继续实施农机具购置补贴，扎实做好退耕还林现金补助工作和森林生态效益补偿工作，加快建立健全财政支农资金的稳定增长机制；巩固集体林权制度改革成果，积极推进中低产林改造；鼓励金融部门加大农业信贷投放力度，引导社会资本投入农业农村领域；强化农民的职业技能培训，促进农村富余劳动力转移就业，促进农民增收；深入推进村级公益事业建设“一事一议”财政奖补试点。四是不断增加扶贫开发投入。省本级拟安排扶贫支出5.9亿元，比上年年初预算增长8.4%。大力支持实施产业扶贫、贫困地区劳动力转移培训、易地扶贫、扶贫安居等重点工程项目，积极开展对深度贫困人口的扶持，不断提高贫困地区和贫困人口的自我发展能力；继续加大扶贫“整村推进”力度，切实搞好扶贫开发整乡推进试点，不断加大对全省七个人口较少民族和少数民族特困群体的扶持力度，努力扫除扶贫开发死角和“盲点”；促进农村低保与农村扶贫开发制度相衔接，进一步提高农村贫困群众的收入水平。五是加大财政支农资金整合力度。按照集中力量办大事的原则，以重点产业、重点区域、重点项目为平台，采取项目推动、部门联动、产业带动等方式，充分发挥县级在涉农资金整合中的主体作用，将性质趋同、目标接近的资金整合起来，带动各方资源投入，集中力量重点突破。

（三）积极引导结构调整，加快转变经济发展方式

一是加快推进新型工业化和城镇化。继续安排新型工业化发展资金，支持省级工业园区基础设施建设和标准厂房建设，推进全省新型工业化发展；安排专项资金，支持城镇、村庄、旅游小镇及特色小镇的规划和建设；加快建立健全支持新型工业化和城镇化的财税政策体系。二是积极支持文化产业发展。继续实施重大公共文化服务体系建设工程，切实落实重大文化建设工程项目配套资金；从2011年起，逐年增加省级文化产业发展专项资金规模，助推文化产业，拓宽融资渠道，不断引导社会资金投资文化产业。三是深入推进旅游“二次创业”。省本级拟安排旅游发展资金1亿元，进一步争取国家旅游发展基金支持，加快推进旅游“二

次创业”步伐，努力把旅游业培育成我省的战略性支柱产业。四是引导社会资金投入新兴产业。安排财政专项资金，设立创业投资引导基金、股权投资基金等，通过基金运作，引导社会资金投入，培育具有云南特色的新兴产业。五是加大力度扶持中小企业发展。继续安排省级中小企业暨非公有制经济发展专项资金、中小企业及非公有制企业上市培育专项资金，加强对中小企业技术创新、新产品研发扶持，帮助云南中小企业更广泛地融入资本市场；继续加大对信用担保机构的资金支持力度，加快完善中小企业信用担保体系建设，缓解中小企业融资困难；继续推进企业会计核算制度改革，为企业提质增效提供会计支持。六是积极支持科技创新。省本级拟安排科学技术支出10.3亿元，比上年年初预算增长9.4%。继续安排企业技改贷款财政贴息资金，支持全省矿产资源精深加工、生物资源开发、先进装备制造业等重点行业企业的技术改造；深入实施创新型云南行动计划，促进企业建立研发经费投入增长的长效机制，切实增强自主创新能力，不断提升科技进步对财政增收和经济增长的贡献。七是着力支持生态保护和节能减排。稳步推进生态环境补偿机制建设，进一步促进产业科学合理布局；以资源税改革为契机，促进资源合理开发利用；继续安排节能降耗专项资金和淘汰落后产能奖励资金，促进产业优化升级；积极开展排污权试点，进一步加强九大高原湖泊和江河流域水污染综合治理；不断完善收费机制，鼓励采取市场化运作方式，支持城镇污水处理厂和生活垃圾处理设施建设。

（四）持续加大财政投入，着力保障和改善民生

按照逐步健全、符合省情、比较完整、覆盖城乡、可持续的基本公共服务体系建设要求，着力保障和改善民生。一是积极推进教育事业加快发展。省本级拟安排教育支出41.9亿元，比上年年初预算增长24.4%。认真贯彻落实《国家中长期教育改革和发展规划纲要（2010-2020）》，确保完成国家核定分解到我省的财政教育支出任务；进一步健全完善农村义务教育经费保障机制，提高全省农村义务教育阶段的资金保障水平；积极筹措资金，确保完成全省2011年校舍安全工程任务；继续安排高等教育发展专项资金，同时大幅提高高校生均经费拨款水平，落实资助提标政策，确保助学资金及时足额下达；积极化解高校债务，减轻高校债务负担，帮助高校实现健康可持续发展；继续支持高等教育、中等职业教育、高中教育、学前教育以及民办教育协调发展，大力推进教育现代化。二是深入推进医疗卫生体制改革。省本级拟安排医疗卫生支出41亿元，比上年年初预算增长15.8%。加快基本医疗保障制度建设，贯彻落实国家基本药物制度，健全基层医疗卫生服务体系，推进基本医疗公共服务均等化；切实抓好医改资金绩效管理，建立完善考核结果与财政补助资金挂钩机制，提高医改资金使用效益；大力鼓励和支持社会力量办医。三是继续加大社会保障和就业投入。省本级拟安排社会保障和就业支出55.5亿元，比上年年初预算增长12.1%。探索建立城镇居民基本养老保险制度，切实完善新型农村社会保障体系，不断扩大新型农村社会养老保险覆盖范围，重点向边境县、贫困县倾斜；继续扩大基本医疗保险异地持卡就医试点范围，加快研究探索社会保险关系跨省转续办法和新农保与其他社会保障制度衔接的措施。大力支持就业促进工作，加快完善促进就业的各项财税措施，稳步推进“贷免扶补”小额贷款、失业人员小额担保贷款和劳动密集型小企业借贷工作，持续扩大就业规模；继续加大对农村劳动力转移培训的支持力度，大力促进服务业发展，拓展就业空间；重点支持和鼓励自主创业，有效促进多种形式就业。四是大力支持保障性安居工程建设。省财政将积极落实资金，确保完成50万套（户）年度保障性住房建设任务；加强公共租赁住房建设，使中等偏下收入住房困难居民、新就业职工、新毕业大学生及外来务工人员等逐步实现住有所居；推进廉租住房建设和棚户区改造，解决好低收入家庭和困难职工的基本住房问题。五是促进收入分配关系合理调整。努力增加低收入群体困难补助，健全弱势群体生活救助和价格补贴机制；稳步实施其他事业单位绩效工资改革，建立健全职工工资的正常增长和支付保障体系；充分发挥税收对收入分配的调节作用，促进和谐收入分配关系的建立；不断完善基本公共服务体系，促进城乡居民增加转移性收入。六是促进社会和谐稳定。深入推进政法经费保障体制和监狱体制管理改革，促进建立公平高效权威的司法制度；大力支持社会治安防控体系建设、应急处置能力建设、禁毒防艾斗争，解决特殊疑难信访问题；加大食品药品监管投入，促进社会管理创新。七是建立地质灾害防治专项资金。从2011年起，紧紧围绕加

强地质灾害防治工作的目标任务，设立地质灾害防治专项资金，每年筹集10亿元，连续10年专项支持全省重大地质灾害防治工作。

（五）深入推进财政改革，构建有利于科学发展的财政体制机制

一是着力完善省对下财政管理体制。简化和规范各级政府间收入划分，合理界定省以下政府的事权和支出责任，努力探索建立“委托—代理”模式的财政支出承担办法，明确各级政府支出负担比例，促进财力与事权相匹配；加大财力向基层倾斜力度，提高基层政府的财政保障能力；继续抓好省直管县财政改革试点工作，加快完善各项制度措施，确保试点县各项财政管理改革有序进行。二是继续完善转移支付制度。加快建立基层基本财力保障制度，逐步提高基层公共服务水平；进一步改进省对下均衡性转移支付制度，稳步推进基本公共服务均等化；结合国家和省主体功能区规划，进一步完善相关财税政策及转移支付制度，增强国家主体功能区和重点生态功能区地方政府的公共服务保障水平，积极引导各地加大生态环境保护力度。三是深入推进预算管理改革。加快建立健全科学、民主、理性、透明的预算决策与编制机制，切实增强预算约束力；不断完善定员定额支出标准体系，继续细化项目支出预算编制；依法建立国有资本经营预算编制报批和执行制度，逐步建立以政府公共预算、国有资本经营预算、政府性基金预算和社会保障预算“四位一体”的预算框架；在保障行政事业单位正常运转和基本公共服务支出需要的前提下，压缩一般性支出，努力降低行政成本；继续狠抓各级财政预算执行进度，努力提高预算执行均衡性与时效性；扎实推进预算公开工作，加快打造“阳光预算”。四是切实加强地方政府债务管理。统筹考虑经济社会发展状况、财政收支形势和现有政府性债务规模，建立健全地方政府债务规模控制、风险预警和政府债务偿还等管理机制，规范政府举债行为；进一步加强各级政府投融资平台公司的债务风险监管，督促建立健全债务账务，定期收集政府债务会计报表，积极开展风险识别、风险跟踪、风险预测、风险应对等债务风险监管；加快建立债务预算编制制度，进一步规范债务资金使用。五是不断强化财政基础管理和基层建设。继续做好部门预算、国库集中支付、收支两条线、政府采购、绩效评价等工作，深入推进省级行政事业单位经营性国有资产管理改革，提高财政基础管理水平；切实加强财政部门党风廉政建设和反腐败工作，深入开展创先争优活动，努力提高财政干部“为国理财、为民服务”的能力和水平。继续加强基层财政建设，进一步总结经验、完善措施，积极稳妥推进乡镇财政预算管理方式改革，着力拓宽和强化乡镇财政职能；加强乡镇财政资金监管，确保各项支农惠农资金使用安全、规范、高效。六是努力提高财政监督管理水平。坚持依法行政、依法理财，健全完善财政监督管理机制；继续做好各项民生资金、“三农”资金等重点领域的财政监管，确保资金安全、规范、有效使用；继续完善财政支出绩效评价机制，进一步推进绩效评价与预算管理相结合；全面推进新企业会计准则体系、企业内控体系、会计信息化体系建设，切实加强会计监督；研究建立“小金库”治理长效机制，进一步做好“小金库”治理工作；主动接受人大依法监督，自觉接受审计监督及社会公众的广泛监督，不断提高财政管理水平。

2011年是“十二五”规划的开局之年，也是深入贯彻落实科学发展观、推动经济结构调整、加快转变经济发展方式的关键之年。我们将认真贯彻党中央、国务院和省委的各项决策部署，按照省十一届人大四次会议确定的目标任务，坚定信心，开拓奋进，为把云南建设成为绿色经济强省、民族文化强省和我国面向西南开放的桥头堡作出新的更大贡献。

云 南 概 况

Overview of Yunnan Province

地 理

云南地处中国西南边陲，地理位置特殊，自古以来就是中国通向东南亚、南亚的门户，战略地位十分重要；地形地貌复杂，气候多样，资源丰富，风光壮丽。

【位置面积】 云南省位于北纬21°8′32″－29°15′8″，东经97°31′39″－106°11′47″之间，北回归线横贯南部。云南全省处于北纬30以南的低纬度地带。云南属内陆省份，东部与贵州省和广西壮族自治区相连，东北部以金沙江为界和四川省隔江相望，西北部紧靠西藏自治区，背依“世界屋脊”青藏高原东南部，西部与缅甸接壤，南部与老挝、越南毗邻。从整个地理位置看，云南省东北两面依托广袤的亚洲大陆，南邻辽阔的中南半岛，处在太平洋东南季风和印度洋西南季风控制之下，又受西藏高原的影响，从而形成了复杂多样的自然地理环境。云南全省东西横跨864.9公里，南北纵跨990公里，总面积为39.4万多平方公里，占全国陆地总面积的4.1%，列新、藏、青、黑、川、甘和内蒙7省区之后，居全国第8位，云南面积比日本（37.7万多平方公里）略大。

【区位优势及国际大通道】 云南省与缅甸、老挝、越南三国接壤，边境线总长为4060公里。其中，中缅边界线云南段长1997公里，中老边界线云南段长710公里，中越边界线云南段长1353公里。云南有8个地州25个县（市）分别与上述三个邻国接壤。其中云南省普洱市同时就与这三国毗邻，是全国“一地邻三国”的两个地州之一。云南全省25个少数民族中有16个民族跨境而居。云南与东南亚“山岭同脉，江河同源”，自古以来有着十分密切的经济文化联系。早在公元前2世纪张骞通西域以前，就有“蜀身毒道”存在，即现在所称的“南方丝绸之路”。也就是说至少在2000多年前，云南就是中国从陆上通向东南亚和印度的门户，是中华民族和上述地区人民友好交往和开展经济贸易的主要通道。云南作为中国的西南门户，地位殊为重要。目前云南与缅甸等周边国家相连接的贸易口岸有13个国家一类口岸、7个二类口岸和90个边民互市通道，在对东南亚和南亚地区的开放中发挥了基础性作用，为西南地区乃至全国的对外开放提供了良好的条件。

云南与东南亚、南亚这种地相接、山相连、水相通的地缘状况，形成极大的区位优势。即将全面建成的11条出入境公路、10条出入境铁路和3条出入境水运航道，让云南汇集西南、华南地区对南亚、东南亚的大部分进出口物流，并由此成为第三亚欧大陆桥东段最重要的枢纽。目前以昆明为终点，我国内陆地区进入云南的高等级公路有7条，通往周边国家的出境通道有4条，分别是中越、昆曼、中缅和经缅甸至南亚公路。而水运出境，通过与越南、缅甸和泰国的合作，可以建成3条国际陆水联运航道，分别是澜沧江至湄公河国际水运通道、中越红河水运通道和中缅陆水联运通道。

【地形地貌】 云南是一个多山的省份，但由于盆地、河谷、丘陵、低山、中山、高山、山原、高原相间分布，各类地貌之间条件差异很大，类型多样复杂。全省土地面积，按地形看，山地占84%，高原、丘陵约占10%，坝子（盆地、河谷）仅占6%。全省整个地势从西北向东南倾斜，江河顺着地势，成扇形分别向东、向东南、向南流去。全省海拔相差很大，最高点为滇藏交界的德钦县怒山山脉梅里雪山主峰卡格博峰，海拔6740米；最低点在与越南交界的河口县境内南溪河与元江汇合处，海拔仅76.4米。两地直线距离约900公里，高低相差达6000多米。

【主要山脉】 东部有轿子山、五莲峰、乌蒙山、梁王山、拱王山、牛首山、六詔山等，均为高原面上的山脉，大致向东北、西南方面展布；西部有高黎贡山、怒山、云岭等高大而狭长的山脉，其北段山高林密，面段为横断山余脉，主要有云岭余脉哀牢山和无量山，怒山的余脉大雪山和邦马山、老别山，高黎贡山的西部分支和槟榔山等。全省海拔2500米以上的主要山峰有30座。

【河流】 云南省境内有大河流600多条，主要的180多条，多为入海河流的上游。他们分属于伊洛瓦底江、怒江、澜沧江、金沙江、红河和珠江六大水系，其集水面积遍于全省。

伊洛瓦底江：伊洛瓦底江上游在云南境内，该水系流经怒江、保山、德宏3个地州，大的支流有独龙江（在省内长80余公里）、大盈江（省内河长186.1公里）、龙江（陇川江和瑞丽江，省内干流长332公里），这3条支流都在滇西地区。

怒江：怒江又名潞江，发源于青藏高原的唐古拉山南麓，自西藏进入云南，穿越怒江、保山、临沧、德宏4个地州，从潞西县入缅甸名为萨尔温江，在云南境内干流长547公里。怒江进入云南境内后，奔流于怒山和高黎贡山之间，山高谷深，声如怒吼，故称“怒江”；其上段支流多为高黎贡山和怒山的融雪溪流，飞瀑高悬，直泻千尺，蔚为壮观。

澜沧江：澜沧江发源于青藏高原的唐古拉山北麓，自西藏进入云南，穿越怒江、保山、临沧、普洱、西双版纳等地州，由勐腊县出境入老挝后称湄公河。澜沧江在云南境内的干流长1170公里，主要支流有黑惠江（中游段叫漾濞江）、威远江、补远江（罗梭江）、流沙河等。

金沙江：金沙江古称丽水，为长江上游，发源于青藏的唐古拉山脉中段，自古以盛产金沙而得名。上游名通天河；从青海玉树县巴塘河口至四川宜宾岷江口一段叫金沙江，全长2308公里；宜宾以下称长江。金沙江自川、藏交界处入云南，在省内河长1560公里。金沙江南流至丽江石鼓突然折向北去，形成了著名的“长江第一湾”。江水切穿玉龙雪山和哈巴雪山，切为坡陡谷深的大峡谷——“虎跑涧”峡谷，水如万马奔腾，空谷雷鸣，声传数里之外。江水再自北向南流而转东，进入滇中高原、滇东北与四川西南山地之间。金沙江右岸云南境内的支流有脂川江、普渡河、牛栏江和横江等10余条。

红河：红河发源于云南，它在云南境内有两大支流：一为元江，一为李仙江。元江有东西两源，东源出自祥云县，西源出自巍山县，两源汇合后称礼社江，向东南流入元江县境始称元江。流域多红色的沙页岩地层，水呈红色，故又称红河。流经楚雄、玉溪、红河3个地州，由河口县流入越南。元江在云南境内全长692公里。李仙江发源于南涧县，流经景东、镇沅、墨江、宁洱等县，在江城县流入越南。李仙江在云南境内全长488公里。此外，红河水系在云南境内还有盘龙河、普梅江（又名八戛河）两条支流，分别流入越南后注入红河。

南盘江：珠江上游是北盘江和南盘江。北盘江源于贵州境内。南盘江发源于云南曲靖市马雄山，是珠江正源，流经曲靖、玉溪和红河、文山两州，在罗平县入广西，和北盘江汇合后称红水河。云南境内南盘江长677公里，主要支流有甸溪河、曲江、泸江、黄泥河、清水江。

云南的河流大都是六大水系的源头或上游，在高山峡谷间奔驰，水流湍急，礁石横阻，河床落差极大。

【湖泊】 云南受断层作用，多断层陷落湖，是西南4省区中淡水湖泊最多的地方。大小湖泊共计30余个，总面积约1066平方公里，占全省总面积的0.28%，集水面积9000多平方公里，总蓄水量约300亿立方米。滇东较大的湖泊有滇池、抚仙湖、阳宗海、杞麓湖及星云湖等；滇西最大的湖泊是洱海，此外还有程海、泸沽湖（位于川、滇交界处，为两省共有）、剑湖、茈碧湖等；滇南主要有异龙湖、长桥海、大屯海等。其中，抚仙湖总容水量最多，平均水深87米，最深处151.5米，是我国第二深水湖泊；而滇池湖面与集水面积为各湖之冠，浩浩然有海的风貌。

【气候】 云南地处低纬度高原，地理位置特殊，地形地貌复杂。主要受南孟加拉高压气流影响形成的高原季风气候，全省大部分地区冬暖夏凉，四季如春的气候特征。全省气候类型丰富多样，有北热带、南亚热带、中亚热带、北亚热带、南温带、中温带和高原气候区共7个气候类型。

由于受地形的影响和天气系统的不同，全省气温纬向分布规律中常会出现特殊的情况，这种情况反映了气候的区域差异和垂直变化。出现了“北边炎热南边凉”的现象。特别是在垂直分布上，因境内多山，河床受侵蚀不断加深，形成山高谷深，由河谷到山顶，都存在着因高度上升而产生的气候类型差异，一般高原每上升100米，温度即降低0.6℃左右。“一山分四季，十里不同天”，表明了“立体气候”的特点。

年温差小，日温差大。由于地处低纬高原，空气干燥而比较稀薄，各地所得太阳光热的多少除随太阳高度角的变化而增减外，也受云雨的影响。夏季，最热天平均温度在19～22℃左右；冬季，最冷月平均温度在6～8℃以上。年温差一般为10～15℃，但阴雨天气温较低。一天的温度变化是早凉，午热，尤其是冬、春两季，日温差可达12～20℃。

降水充沛，干湿分明，分布不均。全省大部分地区年降水量在1100毫米，但由于冬夏两季受不同大气环流的控制和影响，降水量在季节上和地域上的分配是极不均匀的。降水量最多是6～8三个月，约占全年降水量的60%。11月至次年4月的冬春季节为旱季，降水量只占全年的10～20%，甚至更少。不仅如此，在小范围内，由于海拔高度的变化，降水的分布也不均匀。

云南无霜期长。南部边境全年无霜；偏南的文山、蒙自、普洱，以及临沧、德宏等地无霜期为300～330天；中部昆明、玉溪、楚雄等地约250天；较寒冷的昭通和迪庆达210～220天。云南光照条件也好，每年每平方厘米为90～150千卡，仅次于西藏、青海、内蒙古等省、自治区。

云南的这种气候特点，有利方面是适宜多种农作物和经济作物的生长和发展，同时也为旅游业的发展提供了有利的条件。不利方面是干季和雨季过于集中，分布不均，还伴随有洪涝、低温冷冻、冰雹等灾害，会给农业带来危害。

【自然灾害】

气象灾害

云南地处低纬高原，气候地域差异显著，垂直变化剧烈，干湿季分明，多种气象灾害交替发生，灾害种类多、频率高、易成灾。主要气象灾害有干旱、暴雨洪涝、低温、霜冻、冰雹、大风、雷电、雪灾、冰冻、高温，以及滑坡、泥石流、森林火灾、病虫害等气象衍生灾害。

生物灾害

云南是我国农业生物灾害发生最严重的省份之一。植物病害、有害昆虫、螨类、农田杂草和农田鼠类等农作物病虫害发生频繁，危害严重，农作物受损失较大。据全省普查记载，云南农业有害生物共8183种，其中，对农业生产构成威胁并造成损失的约300余种。

地质灾害

云南地处欧亚板块与印度洋板块碰撞带东侧，地质构造复杂，构造运动强烈，地震活动以强度大、频度高、灾害重、分布广而著称，是我国破坏性地震烈度设防区，其中7～9度地震烈度设防的有116个，占全省面积的84%。

森林火灾

由于云南许多地方历史上一直沿袭有“刀耕火种”的生产方式和烧山放牧、驱兽的习惯，全省森林火灾一直比较突出。

历　史

云南省简称为“滇”或“云”，是人类重要的发祥地之一，生活在距今约170万年前的云南元谋猿人，是迄今为止发现的我国和亚洲最早人类。夏商时期，云南属中国九州之一的梁州。秦朝以前，曾出现过古滇王国。秦汉之际，中央王朝在云南推行过郡县制。西晋时期，云南改设为宁州，是全国十九州之一。唐宋时期，曾建立过南诏国、大理国等地方政权。公元1276年，元朝在云南设立行中书省，“云南”正式成为全国省级行政区划名称。公元1382年，明朝在云南设承宣布政使司、提刑按察使司、都指挥使司，管辖全省府、州、县。清朝沿袭明制，设承宣布政使司，下设道、府、州、县。1911年，全省共设置15个府、18个厅、32个州、41个县、18个土司区。1949年，全省分设1个省辖市、12个行政督察区、112个县、17个设治局、2个对汛督办区。1950年2月24日，云南完全获得解放，云南从此翻开崭新的历史篇章。2009年，全省设16个州（市），其中有昆明市、曲靖市、玉溪市、保山市、昭通市、丽江市、普洱市、临沧市8个省辖市；楚雄彝族自治州、红河哈尼族彝族自治州、文山牛卜族苗族自治州、西双版纳傣族自治州、大理白族自治州、德宏傣族景颇族自治州、怒江傈僳族自治州、迪庆藏族自治州8个民族自治州；129个县（市、区），其中有12个市辖区、9个州（市）辖市、79个县、29个民族自治县。

自然资源

云南是中国自然地理条件极其复杂、自然资源十分丰富的省份。矿产资源富聚，生物资源种类繁多，能源资源丰富，林地可开发潜力大。

【土地资源】据2007年土地更新调查数据统计，全省耕地总资源为607.24万公顷，其中常用耕地为419.69万公顷，临时性耕地为187.55万公顷（其中25°以上的陡坡耕地79.94万公顷）；林地2424.8万公顷。由于山地高且多，坝子小而少，坡度大，高差悬殊，直接影响到水、热因素的再分配和土壤的形成发育。云南土地资源类型按地貌可划分为坝区：为种植业主要分布区，地形坡度小于8°，全省1平方公里以上的坝子有1442个，面积约2.4万平方公里，主要大坝子多集中分布在中部和东部高原区，约占总数的2/3。半山区：是种植、养殖业和经济林木主要分布区，坡度多大于8°，区内相对高差在50米~200米之间。山区：一般指海拔2500米以下的山区，在云南山区面积最广，相对高差在200米~1500米之间。高寒山区：一般指海拔2500米以上的山区，属山地较高部分，由于气温低，轮歇地比重大。常用耕地面积420.02万公顷，森林1501.50万公顷，疏林地、灌木林660万公顷，荒山草坡地565.11万公顷，水面面积28万公顷，其他953万公顷。云南省土壤类型从高山地区的寒漠土、亚高山草甸土、棕色针叶林土、暗棕壤、棕壤，到一般山区的黄棕壤、红壤（包括黄壤），到南亚热带砖红壤性红壤和热带的砖红壤都有分布。金沙江、红河、怒江河谷分布有燥红土，滇中紫色砂页岩地区分布有石灰岩土，耕地中的水田土壤主要有鸡粪土、胶泥土，旱地土壤中主要有红土、黄土、羊肝土。全省土壤分布自南而北分为4个阶梯4个大的土区。

【矿产资源】

云南地质构造复杂，金属矿和非金属矿均甚丰富。非金属矿以煤分布最广，其中古生代煤田以石炭二叠纪最为重要；中生代煤田主要产于三叠纪；新生代煤田产于第三纪地层中，以褐煤为主。磷矿形成于寒武系初期的梅树村组内。岩盐、钾盐、石膏等非金属矿则形成于中生代。金属矿以有色金属矿为主，种类多，储量大，尤以个旧锡矿、东川铜矿以及储量名列全国前茅的钛矿著称于世，有“有色金属王国”之称，其形在以燕山运动影响较大。铁矿有形成于早期变质岩中的，也有形成于泥盆系砂岩中的浅海相沉积铁矿。

冶金工业以有色金属的开采和冶炼为主，是中国有色金属重要生产基地。其中，个旧锡矿驰名世界，产量居全国第1位，享有“锡都”称誉；东川、易门、永胜为主要铜产地。东川铜矿所产的铜色泽如银，称“云铜”。兰坪铅锌矿储量大而集中，品位高而易开采，冶炼规模也较大，其次为会泽等地。钢铁工业中，以钢、生铁、钢材产量增长最快。其中优质和小型型材基本自给有余。安宁附近的昆明钢铁厂已发展成为包括采矿、炼铁、炼钢、轧钢等部门的中型钢铁联合企业。

【云南省矿产资源分布】：铅、锌、锗、铟、铊、镉、磷、蓝石棉、锡、铂、银、钾盐、砷、硅灰石、水泥配料用砂岩、硅藻土、铜、镍、钴、锑、化肥用蛇纹岩、盐矿；

锡矿：集中分布在个旧、文山和保山地区，滇西已探明大中型矿8个，可望建成新的锡业基地。

铅锌：主要分布在滇西、滇南地区。

铜矿：现已建成东川、易门、牟定、大姚等4个大中型铜矿生产基地。新平大红山铜矿，探明储量155.64万吨。

锑矿：主要分布在滇东南、滇西地区。资源远景201万吨。

钨矿：主要分布在滇南、滇西地区，除麻栗坡、中甸钨矿已开采外，多数属伴生矿，矿石品位低，利用较困难。

铁矿：主要分布在滇中及昆钢附近。

锰矿：主要分布在滇东南、滇西地区钛砂矿：集中分布在昆明、保山地区，在昆明附近的武定、禄劝、富民一带发现的特大型钛砂矿，品位高，且易采选，地质储量1400万吨，是目前我国最好的资源远景区之一。

金矿：金矿主要分布在滇西、滇南地区，并探明了墨江、镇源、元阳等3个大型金矿床。

银矿：主要分布在滇南和滇东北地区。

铂族金属矿：铂族金属矿产主要有铂、钯、锇、铱、钌、铑等6种，集中分布在滇中、滇西地区。云南有14种矿产探明了储量，产地84处。保有金属储量铟4743吨、铊7776吨、镉17.95万吨，均居全国第1位；锗1112.78吨，居全国第2位；铍（矿物量）3.64万吨、锆（矿物量）19.46万吨、锶（天青石）357.31万吨，均居全国第4位。矿石类型，除锶为单一矿床，磷化矿、独居石、锆英石为砂矿外，其余均为有色金属矿中的伴生或共伴生组分，目前绝大部分尚未开发利用。

煤炭：主要分布在滇东、滇南和滇东北地区，资源远景700亿吨。富源老厂矿区探明无烟煤储量近40亿吨，昭通盆地探明褐煤储量81.5亿吨，是目前我国西南地区最大的无烟煤和褐煤基地。

磷矿：主要分布在滇中地区，昆明附近的滇池周围盐矿：安宁大型盐矿，厚度大，品位高，宜于大规模水采，在60平方千米范围内已控制氯化钠远景储量130.89亿吨、芒硝62.48亿吨，是理想的盐化工基地。

【生物资源】

野生植物

云南素以“植物王国”著称。主要特点：

1. 植物种类之丰富为全国之冠。据不完全统计，云南有12个植物类型，34个植被亚型，169个植物群系，209个群丛。热带、亚热带、温带、寒温带和寒带植物类型都有分布，植物种类丰富，植被类型复杂多样。全省有高等植物426科，2592属，近1.7万多种，其科、属、种的数量分别占全国的88.4%、68.7%和62.9%。低等植物种类繁多。几乎世界上发现的任何野生植物类型和群系，都可以在云南找到踪迹。列入《国家重点保护野生植物名录》的有64科158种。其中，树龄在百年以上的古树和具有历史价值或重要纪念意义的名木4016株。

2. 起源古老，多古植物后裔。

3. 地区特有属和特有种多。如云南种子植物，有特有属108个，占全国的52.9%；有特有种1000个以上，占全国的10%强。尤其是滇西北横断山区、干热河谷地区、滇东南岩溶地区及迎东南季风的热带山地，特有属和特有种相对集中。

4. 地理成分复杂，联系面广。云南植物区系正横跨在泛北极植物区和古热带植物区之间。

野生动物

云南拥有脊椎动物1737种，占全国种类的58.9%；国内见于名录的昆虫2.5万种，云南有1万多种。在脊椎动物中，兽类有300种，占全国种数的51.1%；鸟类有793种，占63.7%；横断山区自中生代以来，地质运动相对稳定，基本上无大面积冰川覆盖，成为许多动物的“避难所”，使一些古老的原始种类和孑遗物种得以保存下来，成为不可多得的“野生动物物种基因库”。许多野生动物为云南所仅有，如鱼类中有5科40属249种为云南特有。野牛、野象、印支虎、滇金丝猴、蜂猴、长臂猿、白尾梢虹雉、犀鸟等45种为国家一级保护动物；列为国家二级保护动物的有猕猴、熊猴、灰叶猴、小熊猫、蟒、穿山甲、麝、绿孔雀等154种。此外，还有大量小型珍稀种类。

森林

云南的森林主要分为针叶林、阔叶林、竹林、灌小林等4个植被型，17个植被亚型，105个森林类型。全省森林种类繁多，木材蓄积量大，属全国3大林区之一。各类型分布特点：

1. 水平分布。云南全境从南到北跨越8个纬度带，发育着热带和亚热带的森林；因山脉河流多呈南北走向，地表切割剧烈，形成了各种气候条件，致使有些热带森林沿河谷向北延伸，亚热带森林顺山脊向南扩展，加之个别地区的特殊气候，形成全省森林分布上出现交错、镶嵌等现象。在一定海拔范围内，因纬度而异的地带性森林类型仍较稳定。

2. 垂直分布。云南森林分布的最显著特色是它的垂直带性。随着山地海拔的升高，气候、土壤和森林植被都有明显的不同。在一定的高度范围内，气候条件相对稳定，形成一定类型的森林，从而构成山地森林的垂直系列。全省森林面积1501.50万公顷，活立木总蓄积量15.48亿立方米，森林覆盖率近50%。森林面积占全国近1/10，活立木总蓄积量占全同近1/8。1997年、2002年两次森林资源连清复查成果表明：1992～1997年间，林业用地面积略有减少；1997年后则略有增加。森林面积、蓄积量、森林覆盖率呈稳步上升趋势；森林资源保持持续增长态势。全省天然林面积125万公顷，蓄积量13亿立方米；天然疏林面积74万公顷，蓄积量214万立方米。在天然林中，经济林面积1.9万公顷，竹林面积4.8万公顷。全省人工林面积25.15万公顷，蓄积量520万立方米。从资源总量上看，天然林占绝对优势。据1997年和2002年全省森林资源两次连清复查结果，全省林业用地单位面积蓄积量平均为65.12立方米/公顷。

2010年，云南省共建有自然保护区162个，其中国家级16个，省级44个，州（市）级59个，县级43个，总面积297.95万公顷，占全省国土面积的7.55%，基本形成了各种级别、多种类型的自然保护区网络，使全省绝大部分的自然生态系统及珍稀濒危野生动植物在自然保护区中得到了有效保护。

2010年，全省林地面积2476.11万公顷，占全省土地总面积的64.7%。全省森林覆盖率47.50%（按2002年以前统计方法计算52.93%）。全省活立木蓄积17.12亿立方米。森林面积约占全国近1/10，居全国第3位，活立木总蓄积约占全国近1/8，居全国第2位。

全省森林资源呈现稳步增长的态势。森林资源变化总的趋势是数量增加，质量提高，覆盖率提高。

物种及其分布情况。云南省12个森林类型里蕴藏着高等植物1.3万多种，占全国总数的46%以上，陆生野生脊椎动物1416余种，占全国总数的52．8%。

【水和水能资源】

水资源

（一）降水　云南省临近热带海洋，又位于青藏高原的东南部，暖湿气流和东南暖湿气流的共同影响之下，由于地形和气候的影响，具有水汽充足、降水量丰富的特点。全省年均降水量为1278.8毫米，折合水量4900亿立方米。降水量地区分布十分复杂，西部、西南部和东南部降水量较大；中部和北部的干热河谷（坝子）地区的降水量较少。从全省范围看，降水量分布规律为：山区降水量多，河谷、坝区降水量少；迎风坡降水量大，背风波降水量少。年降水量的垂直变化主要是受复杂地形的影响，在高山区的局部范围内，年降水量随海拔增高而增大。云南省降水量季节变化十分明显，降水季节分配不均是冬季、夏初极易出现干旱和夏秋易出现洪涝的主要原因。全省大部分地区降水量主要集中在汛期（5月～10月），一般占全年的85%以上。各地降水量的集中程度不一，集中最小的是滇西、滇南等丰水地区，最大的是宾川坝区等干旱地区。

（二）地表水　云南省地表径流主要由降水产生，西部少数地区初春有融雪补给，全省年均地表水资源量为2210亿立方米，约占全国的1/13，全省多年平均径流深为576.7毫米，多年平均产水模数为每年每平方公里57.7万立方米，约为全国平均水平的2倍。云南省自然地理和气候复杂多样，地表水资源地区分布差异极大，资源量除具有地带性分布规律外，垂直变化也十分明显。全省径流深的分布规律：西多东少、南多北少，中部是径流深较少的地带，同时由于几条近似南北走向的大山脉对气流的阻隔，使径流深地带分布呈现出明显的高低相间的特点，主要表现为河谷小、山区大。

（三）出入境水量

1. 出入国境水量。从国外流入云南省的水量来自缅甸和老挝，多年平均入境水量为24.63亿立方米，其中流入澜沧江的水量12.26亿立方米，怒江1.57亿立方米，伊洛瓦底江10.8亿立方米。云南省流到国外的多年平均水量2204亿立方米，主要流入越南、缅甸和老挝，在4条国际河流中以澜沧江出国境水量最多，达738.1亿立方米，其次是怒江710亿立方米、红河440.3亿立方米，最少是伊洛瓦底江，为316亿立方米。

2. 出入省境水量。从外省流入云南的水量主要来自西藏、四川、贵州、广西，多年平均入境水量1625亿立方米。其中流入省内长江流域的水量961.1亿立方米，珠江27.54亿立方米，澜沧江212.2亿立方米，怒江386.4亿立方米，伊洛瓦底江37.7亿立方米。由云南流到外省的多年平均水量为1630亿立方米。其中长江流域流出水量1376亿立方米。珠江250.2亿立方米，红河3.72亿立方米。

（四）地下水　云南省年均地下水资源量为771.5亿立方米，地下水资源量约为全国地下水资源总量的9.54%；全省多年平均地下水产水模数为每年每平方公里20万立方米。地下水资源的地区分布极不均匀，变化趋势与地表水资源量的地区分布基本一致，呈西多东少，南多北少的分布态势。

水能资源

云南水能资源82.5%蕴藏在金沙江、澜沧江、怒江3大水系，尤以金沙江蕴藏的水能资源最大，占全省水能资源总量的38.9%。水能资源理论蕴藏量为1.04亿千瓦，占全国总蕴藏量的15.3%，仅次于西藏、四川，居全国第3位。全省经济可开发装机容量为9795万千瓦，年发电量为3944.5亿度，占可开发装机容量的20.5%，居全国第2位。

云南的江河水能资源在开发上具有许多优越条件：1. 干流开发价值大于支流。2. 可开发的大型和特大型水电站比例高。据调查，全省可建设25万千瓦以上水电站的地点有30多处，可供装机6190万千瓦。3. 水能资源分布比较集中，开发目标单一，开发方式选择性强。4. 可开发的水能资源工程量相对较小，水库淹没损失少，技术经济指标优越。但水能资源大都集中在高山深谷，交通不便，运输困难，建设电站和架设输电线路需要巨资投入。

【其他资源】

风能

云南是一个以水力发电为主的内陆省份，但83%的水电站都是径流式电站，枯水期发电量少，而冬春季枯水期风能资源又较丰富，与水能恰好可以构成有机供电互补体系。这对促进云南工农业发展及满足生活用电需要，具有重要价值。全省风能资源总储量为1.23亿千瓦，风能资源可利用区（年平均风能密度大于50瓦/平方米）面积为4.52万平方公里，占全省总土地面积的11.48%，风能资源储量为2832万千瓦，约占全省风能资源储量的23.04%；欠缺区（年平均风能密度小于50瓦/平方米）面积为34.88万平方公里，占全省总土面积的88.52%，风能资源储量为9459万千瓦，占全省风能资源储量的76.96%。全省风能资源丰富的地区在曲靖市东部、红河州中南部、大理州中部等地，坝区年平均风能密度可达100瓦/平方米，有效时数在2500小时以上；

坝区周围的山上，年平均风能密度可达 180 瓦/平方米，有效时数在 3500 小时以上。云南风能开发最佳区域有 3 个：（1）玉溪南部至红河州中南部的泸西－通海－开远－蒙自－个旧－建水－红河－元江一带。（2）位于曲靖市东部的会泽－宣威－富源－沾益－马龙一带。（3）大理州与楚雄州相交处的下关－祥云－姚安－大姚一带。

地热

云南地热资源非常丰富。从地质构造上看，滇西地区具有温热泉数量多、单泉流量小、温度高、天然热流量大等特征。自西向东分布有腾冲－高黎贡山高温地热带、保山－孟连中低温地热带、临沧－景洪高温带、兰坪－普洱低温带及剑川－下关－金平高温带。有高于 25℃的水热活动区 559 处，其中温度高于 95℃的沸泉群有 17 处，泉水总流量为 0.84x108 立方米/年，天然热流量达 0.016EJ/a 。滇东地区水热活动密度小，强度低，全区有 263 个温泉，水温均低于 90℃，其中水温在 25℃－40℃的 186 处，占总数的 24%，60℃－90℃的 14 处，占总数的 5%。地热分布资源特点：昆明、昭通、会泽等盆地以层状热储为主，深埋在 200 米以下，储热性能及富水性较均；自西向东沿香格里拉、程海、元谋、普渡河、小江、弥勒等主要活动断裂带呈带状分布，即以带状热储为主，储热性能及富水性受断裂构造控制，呈非均一性。云南地热资源开发潜力巨大，但总体研究、利用程度不高。滇西地区的热资源主要用于洗浴、医疗、旅游、养鱼、纺织、孵化、制取化工原料、农用灌溉、饮用等，其规模大小不一。滇东地区地下热水开采量大，被利用泉水占总数的 60% 以上，以钻孔开采为主，仅昆明地热田就有 200 多眼，集中于地热田及地热异常区域中，多用于沐浴、旅游、灌溉和水厂养殖。总体上看云南地热勘查投入力度小、开发研究程度低、综合利用和高技术利用滞后，开发潜力大。

光能

云南平均海拔高，空气清净，光质好，日照时间长。年日照时数在 1000 小时－2800 小时，多数地区日照数在 2100 小时－2300 小时，日照时数大于 6 小时的日数全年约 200 天；大部分地区年太阳总辐射量达 5000 兆焦耳/平方米。地区分布总的趋势是西多东少。滇东北与四川、贵州接壤的地区全年日照时数仅 1000 小时上下，年太阳总辐射量每平方米仅 90 千卡左右，是全省最少的地区。楚雄州北部永仁一带，全年日照时数达 2800 小时以上，年太阳总辐射量达每平方米 150 千卡以上，为全省最多的地区。南部地区的某些热作光能利用率最高可达 3% 。时间分布情况是冬春季较多，夏秋季稍少，春季太阳总辐射在一年中最大，占 35% 。

热量

云南气温冬无严寒，夏无酷暑。全省大部分地区年平均气温在 13 度℃－21℃。气温年温差小，一般为 10℃－15℃；日温差大，一般在 15℃左右，最大可达 20℃。年极端最高多数地区在 30℃－35℃，较我国东部各省区底 5℃－10℃，少数河谷地区（如元江、元谋、河口等地）年极端最高气温亦能超过 40℃。全省积温有效性高。西双版纳、元江和金沙江、怒江河谷区等积温高值区，终年气温在 10℃以上，积温达 7500℃以上，其中元江达 8700℃，接近海南岛水平；滇西北迪庆高原和滇东北山区积温较少，一般在 2000℃以下，其中德钦最少仅 1000℃。其余多数地区积温在 4000℃－7000℃。

旅游资源

【民族风情】 历史上，由于云南独特的地理位置，形成了各民族迁徙往来的大走廊。青藏高原、黄土高原和东南亚地区各民族在南来北往中交流、融汇、定居，形成了云南多民族、多种文化并存的地方特色。在全省 25 个少数民族中，涵盖了氐羌，百濮和百越三大民族系统，其中有 15 个少数民族为云南所独有。多姿多彩的民族风情、民俗文化组成了云南旅游业独特而丰富的人文景观群落。

在云南由不同地域、不同民族组成的不同文化，处处闪现出独特的人文风采：以滇池为中心的古滇文明，出土青铜器－“牛虎铜案”及大型王侯墓葬；彝族首领皮罗阁统一六诏，创建了南诏国，成为第一代“云南王”，太阳柱和是十月历的诞生标志着智慧与文明的进程；白族先民缔造了人与自然相互和谐的本土文化；滇西丽江孕育出了被誉为“活着的象形文字”的东巴文，它与东巴乐、东巴舞和东巴教一起组成了东巴文化；滇南西双版纳傣族独有的贝叶文化，贝叶经上传承着千年的文明；15 世纪前，古代靖先民在魏晋南北时期创造了爨氏文化，《爨宝子碑》和《爨龙颜碑》自 1778 年出土以来为历代书法家所推崇，被康有为称为“正书古石第一”、“书坛神品”；迪庆衍生出了康巴文化及“世外桃源”－香格里拉。

云南的民俗风情：高山上，独龙族用尖刀与牛共舞；丛林间，撒尼人奏响了欢快的大三弦；坝子里，傣家姑娘泼水；峡谷中，怒江边的“澡堂会”，妇女们在温泉中尽情地裸浴；雪山下，泸沽湖畔，摩挲人保守至今的走婚传统，处处流露出原始母系氏族社会的痕迹。

云南的节庆活动：正月十五——景颇族“目脑纵歌”，二月初七——傈僳族“刀杆节”，阳春三月——白族“三月街”、壮族“三月三”，仲春四月——傣族“泼水节”，暮春五月——瑶族“盘王节”、普米族的“转山会”，六月——彝族“火把节”、“跳宫节”，七月——藏族“血顿节”、纳西族的“干木古”（女神会）。此外，还有弥勒的祭火、双柏的祭豹、建水的祭孔等等。

在游览锦绣山川的同时，可以品尝白族的三道茶，傣族的竹筒饭，哈尼族的长街宴，傈僳族的同心酒，壮族的岜夯鸡等风味美食。

【自然风光】云南有着世界上最宁静高远的蓝天，圣洁清丽的白云，一望无垠的星空，源远流长的大川，奇幽险秀的风光，立体多样的气候。国际旅游专家一致公认：云南是旅游王冠上的一颗明珠。

据《山海经》记载，古神州北有雪山，西南有“炎火之山”，南面则“正立无影”。按此记载云南地理地貌和古神州极为相似，北有丽江的玉龙十八峰，西南有腾冲火山群，北回归线则横贯南部的西双版纳热带雨林。惊人的巧合似乎表明云南很有可能就是远古传说中的神州——华夏文明的发祥地：包罗万象的山川地貌、多姿多彩的少数民族、复杂难解的语言文字、神秘灿烂的古风民俗、类型丰富的社会形态。

自古以来，云南就有“动物王国”、“古生物王国”、“有色金属王国”的美誉。在地理位置上，云南位于三大地貌单元的结合部位，地质构造极为复杂，从而形成了许多罕见的地质奇观和层状立体地貌。在840公里的直线距离内，最高点梅里雪山主峰格博峰与最低点红河谷地南溪河与元江汇合处竟有6663.6米的海拔落差。在一个飞行小时内，可以从海拔6740米的极高地到接近海平面的76.4米。从西北到东南，可以依次领略到雪山、草原、峡谷、丘陵、平原及喀斯特地貌等几乎浓缩了全国乃至全世界的地貌景观，在此基础上发育的寒带、温带、亚热带、热带类型等几乎全球所有的气候类型和生态景观；可以感受到一年四季、春夏秋冬的气候；可以几乎领略到大江南北、世界各地众多的自然奇观。复杂多样的地理环境、垂直立体的自然气候、悠久灿烂的历史文化、多姿多彩的民风民俗，造就出一个七彩的云南，形成了现在以“东部喀斯特地貌、南部热带雨林、中部高原湖泊”为主要特色的多重自然旅游资源。云南旅游资源的多样性是世界罕见的。

云南有全世界最美的石林；有全世界最大的自然生态保护区——三江并流区域；有美国作家希尔顿·詹姆斯《在消失的地平线》中描述的天人合一、世外桃源的香格里拉；有全世界独一无二的母系民族“活化石”——摩梭人；有世界级的文化遗产——丽江古城；有东方神韵的“玉臂金川”“玉洱银苍”；有虎跳峡的奇险；沧源的崖画；龙门的绝壁石窟；元阳的云海梯田等等。自然景观与人文景观的完美结合，使云南成为世界上旅游资源最密集的地区之一。

人口·民族

2010年4月全国第六次人口普查结果显示，云南常住人口为4596.6万人，相较于2009年增长25万人。同第五次全国人口普查2000年11月1日零时的4287.9万人相比，十年共增加了308.7万人，增长7.20%。平均每年增加30.9万人，年平均增长率为0.70%，人口增加幅度明显低于第五次全国人口普查前十年增长率15.97%和年平均增长率1.44%。云南省普查实际登记的人口中，低龄人口减少、老龄化进程加快。0～14岁的人口为952.8万人，占总人口的20.73%；15～59岁的人口为3135.1万人，占总人口的68.20%；60岁及以上人口为508.7万人，占总人口的11.07%，其中65岁及以上的人口为350.6万人，占总人口的7.63%。

全省普查实际登记人口中，汉族人口为3062.9万人，占总人口的66.63%；各少数民族人口为1533.7万人，占总人口的33.37%。其中，彝族502.8万人，占总人口的10.94%；哈尼族163.0万人，占总人口的3.55%；白族156.1万人，占总人口的3.40%；傣族122.2万人，占总人口的2.66%；壮族121.5万人，占总人口的2.64%；苗族120.3万人，占总人口的2.62%；回族69.8万人，占总人口的

1.52%，傈僳族 66.8 万人，占总人口的 1.45%；拉祜族 47.5 万人，占总人口的 1.03%。同2000年第五次全国人口普查相比，汉族人口增加了242.3万人，增长8.59%；各少数民族人口增加了118.4万人，增长8.37%。

云南是中国少数民族最多的省份，全国56个民族中，云南就有52个。云南少数民族人口呈多样化分布：一些民族既有一定的聚居区，又杂散居于其他民族中；一些民族高度集中于一个地、州甚至一个县、一个乡中；有的民族杂散居于城镇及交通沿线，以村寨聚居；有的民族散居于城镇。主要聚居于平坝地区和边疆河谷的有回、满、白、纳西、蒙古、壮、傣、阿昌、布依、水等10个民族；主要聚居于半山区的有哈尼、瑶、拉祜、佤、景颇、布朗、德昂、基诺等8个民族和部分彝族；主要居住在高山区的有苗、傈僳、藏、普米、怒、独龙等6个民族和部分彝族。全省没有一个单一民族的县，回族、彝族在全省绝大多数县都有分布。

多民族构成了与相应的多语种。25个少数民族，除回族、满族、水族使用汉语外，其余22个少数民族操26种少数民族语言，这26种语言分属汉藏、南亚两大语系。其中，景颇族有两种语言，一是自称“景颇”的景颇族使用的景颇语，一是自称“载瓦”的景颇族使用的载瓦语。瑶族有两种语言，一是自称“勉”的瑶族使用的勉语，一是自称“布努”的瑶族使用的布努语。怒族有3种语言，即碧江自称“怒苏”的怒族使用的怒苏语，兰坪、泸水自称“柔若”的怒族使用的柔若语和福贡自称“阿侬”的怒族使用的阿侬语。这26种语言中不包括未定族称的克木人、芒人等的语言。可以说云南是民族语言文字的宝库。在历史长河中，各少数民族用自己的勤劳、智慧和以自己语言文字为标志的表达方式，创造出了灿烂的民族文化，使祖国的文化宝库更加丰富。在社会主义时期，少数民族语言文字作为一种社会资源被开发和利用，在少数民族的社会发展和经济建设中起着积极重要的作用。

劳动就业·社会保障·人民生活

2010年城镇新增就业人数24万人，新增转移农村劳动力165万人。年末全省城镇实有登记失业人数15.7万人，城镇登记失业率4.2%。

全年城镇居民人均可支配收入1.61万元，扣除价格上涨因素，比上年实际增长8.1%；城镇居民人均消费性支出1.11万元，增长8.6%。全省职工年平均工资3万元，增长11.0%。农民人均纯收入3952元，扣除价格上涨因素，增长13.2%；农民人均生活消费支出3398元，增长16.2%。城镇居民家庭食品消费支出占消费总支出的比重为41.5%，农村居民家庭食品消费支出占消费总支出的比重为47.2%。

年末全省参加城镇基本养老保险人数为317.42万人，比上年末增加10.88万人。其中，参保职工225.08万人，参保离退休人员92。34万人。参加城镇基本医疗保险人数为820.49万人，增加75.42万人。其中，参加城镇职工基本医疗保险人数414.72万人，参加城镇居民基本医疗保险人数405.71万人。参加城镇医疗保险的农民工为20.07万人。全省参加失业保险人数为201.47万人，比上年末增加11.01万人。参加农村养老保险的人数为648.62万人，比上年末增加528.3万人；参加新型农村合作医疗的农民为3412.15万人，增加119.15万人，参合率95.29%，比上年提高2个百分点。新型农村合作医疗基金累计支出总额43.5亿元，累计受益8043.52万人次。全省享受城市最低生活保障的居民为92.6万人，比上年增加2万人；享受农村最低生活保障的农民为378.1万人，增加39.5万人。

年末全省各类收养性社会福利单位床位4.4万张，全年收养各类人员3.4万人。新建14个州级儿童福利院和18个流浪未成年人保护中心。农村敬老院增加101所，新增床位7000张，集中供养率超过11.85%。全年销售社会福利彩票33.02亿元，筹集社会福利资金11.56亿元，接受社会捐赠12亿元。

教育·科学技术

2010年普通高等学校招生14.25万人，比上年增长7.63%；在校学生43.9万人，增长11.54%；毕业生9.54万人，增长11.05%。各类中等职业教育招生31.72万人，在校生66.91万人，毕业生15.57万人。普通高中招生22.9万人，在校生63.28万人，毕业生18.44万人。初中招生70.66万人，在校生207.35万人，毕业生64.16万人。普通小学招生66.93万人，在校生435.21万人，毕业生73.69万人。幼儿园在园幼儿98.69万人。小学学龄儿童入学率99.71%，小学毕业生升学率96.08%。高等教育毛入学率20.02%，高中阶段教育毛入学率65.0%。

全年科学研究与试验发展（R&D）经费支出42.07亿元，比上年增长13.0%，占生产总值（GDP）的比重为0.6%，与上年持平。年末有国家认定企业技术中心12个，省级企业技术中心164个，省级以上重点实验室34个，省级创新型试点企业122家。全年登记科技成果724项，其中基础理论成果56项，应用技术成果626项，软科学成果42项。已建立国家级高新技术开发区1个，省级高新技术开发区3个。专利申请5645件，获专利授权3823件；签订技术合同1050项，成交金额11.21亿元。

文化·卫生·体育

2010年末全省有各种艺术表演团体146个，文化馆148个，公共图书馆150个，博物馆113个。全省广播、电视人口覆盖率分别为95.37%和96.39%。中、短波广播发射台和转播台57座，广播电台17座，电视台17座，有线电视用户496万户。

年末全省有卫生机构9407个，医院780个；卫生机构拥有床位数15.71万张，卫生技术人员14.31万人，其中医生6.33万人。疾病预防控制机构150个，卫生技术人员6413人；专科防治机构31个，卫生技术人员600人；妇幼保健院（所、站）147个，卫生技术人员5135人。乡镇卫生院1385个，床位3.44万张，卫生技术人员2.2万人。全年甲、乙类法定报告传染病发病人数9.05万例，报告死亡1617人；报告传染病发病率197.93/10万，死亡率3.54/10万。

全年云南运动员在国际比赛中获金、银、铜牌28枚；在全国比赛中获金、银、铜牌134枚。

生态环境·安全生产

2010年末全省有各级环境监测站122个，环境监测人员1362人。全年完成限期治理项目334个，项目总投资10.63亿元。城市污水处理率76.09%。工业废水排放达标率91.88%；工业固体废物综合利用率50.77%。全年化学需氧量排放量比上年削减1.75%，二氧化硫排放量比上年增长0.29%。

全年完成营造林992.25万亩，启动实施4730.59万亩省级公益林生态效益补偿，治理水土流失面积3262平方公里。年末全省有自然保护区162个，其中国家级自然保护区16个，省级自然保护区44个。自然保护区面积295.56万公顷，其中国家级自然保护区面积14.27万公顷，省级自然保护区面积88.31万公顷、全年水资源总量1165.11亿立方米，比上年增长5.6%；人均水资源3632立方米，增长5.0%。全年平均降水量1194.7毫米，增长24.0%。年末全省水利工程蓄水总量64.42亿立方米，比上年末增长17.5%。全年总用水量150.4亿立方米，比上年减少1.5%。万元生产总值用水量208.3立方米，下降15.8%。万元工业增加值用水量86立方米，下降23.4%。全省人均用水量328.06立方米，下降2.1%。

全年能源消费总量8674.17万吨标准煤（等价热值），比上年增长7.99%。全年全社会用电量1003.41亿千瓦时，增长12.59%。在规模以上工业主要能源消费量中，原煤消费量7233.93万吨，增长4.2%；洗精煤消费量1650.94万吨，增长20.4%；焦炭消费量1162.11万吨，下降1.0%，天然气消费量3.34亿立方米，下降20.3%，电力消费量665.41亿千瓦时，增长10.9%。全省能源消费量结构：第一产业占2.69%；第二产业占75.01%；第三产业占12.47%；居民生活消费占9.83%。全省单位GDP能耗比上年下降3.84%；单位工业增加值能耗下降10.6%；单位GDP电耗增长0.5%。全年实现节能量346.1万吨标准煤。

全年生产安全事故死亡人数为2418人，比上年下降1.06%。亿元GDP生产安全事故死亡人数为0.33人，下降15.5%；工矿商贸企业（不含煤矿）生产安全事故死亡人数为347人，下降4.67%；煤矿百万吨死亡人数为1.035人，下降21.8%。全年发生道路交通事故4739起，造成1886人死亡、5900人受伤，直接财产损失2530.23万元；道路交通事故万车死亡率为2.56，下降15.23%。

经济大事记

Important Events of Economy

1月

1日

●经省政府同意，国家人力资源和社会保障部、财政部批准，从2010年1月1日起调整云南省企业退休人员基本养老金，每人每月最低增加85元。各州（市）于2月10日前兑现调整后的基本养老金。此次基本养老金调整范围为2009年12月31日前已按规定办理退休手续的企业退休人员、参加云南省企业职工基本养老保险社会统筹的事业单位退休人员、个体工商户和自谋职业等退休人员及2009年12月31日前已按国发〔1978〕104号文件规定退职的人员。

●10时08分20秒，大理州剑川县发生4.6级地震。地震震中位于沙溪镇境内，震源深度11公里。地震造成全县8个乡镇55个行政村120个自然村不同程度受灾。地震发生后，省长秦光荣等领导立即作出指示，要求尽快开展抗震救灾工作，查明灾情，妥善安置好受灾群众生产生活问题，确保社会稳定。

4日

●省委书记白恩培、省长秦光荣在昆明会见前来出席2010年中国人民银行工作会议暨全国外汇管理工作会议的中国人民银行行长周小川一行。希望中国人民银行和国家外汇管理局继续对云南金融改革给予更多的关心和支持，进一步加大对云南省一般贸易人民币边境结算试点、扩大中期票据规模、加强金融人才培养、深化集体林权制度改革、推动边疆民族经济发展、改善金融生态环境等方面的支持力度。

●省长秦光荣带领省政府领导班子和省级有关部门负责人前往省人大听取对《政府工作报告（征求意见稿）》和省政府工作的意见和建议。

5日

●省长秦光荣率省政府领导班子和省级有关部门负责人到省政协听取对《政府工作报告（征求意见稿）》和省政府工作的意见和建议。

6日

●省委书记白恩培主持召开省委常委会，听取省人大常委会、省政协2009年工作情况汇报，部署2010年工作。

8日

●省政府召开座谈会，听取省老领导对省政府工作和《政府工作报告（征求意见稿）》的意见和建议。省老领导尹俊、李桂英、朱奎、祁山、保永康、李树基、吴光范、赵廷光、陈立英等出席会议并发言。

●省国土资源厅对5起典型的违法用地案件查处情况进行通报。

8～10日

●省委书记白恩培一行第六次到文山州，深入砚山、富宁、文山等县的考察。

9日

●《春城晚报》报道：人民网舆情监测室发布2009年“年度网络对话”关键词和十大事件，这是人民网首次进行此类评选，云南省两大网络事件榜上有名，分别是“躲猫猫”网友调查团和网络应对昆明螺蛳湾群体性事件。

10日

●全省农垦改革发展工作会在昆明召开。会议学习了省委、省政府《关于推进农垦改革发展，维护垦区稳定的若干意见》，对下一步农垦改革发展工作进行了具体部署。

11日

●全省金融工作座谈会在昆明召开。省长秦光荣在会上强调，2010年是云南省经济社会发展极为重要的一年，要保持信贷投放力度不减，大力支持经济结构调整，实现经济与金融互融共连，互动发展。

●中国科学院昆明动物研究所研究人员在整理华吸鳅鱼类标本时，发现2个新物种，并命名为李仙江华吸鳅和大口华吸鳅。新发现的2个物种采自李仙江流域，位于普洱市江城县和红河州绿春县的交界处。

12日

●十一届省政府第四次全体会议在昆明召开，讨论修改即将提交省十一届人大三次会议审议和省政协十届三次会议协商的《政府工作报告》，并对当前各项工作提出要求。省长秦光荣在会上强调要向“两会”提交一份人民满意的政府工作报告，坚定全省人民的信心和决心，再创全省经济社会发展佳绩。

●云南省与国家四部委及上海市联合调研组在昆明召开座谈会，就文山州瑶族支系山瑶和澜沧县拉祜族群众扶持发展问题交换意见。国务院扶贫办主任范小建，省委副书记李纪恒出席座谈会并讲话。

12～14 日

●省委书记白恩培在怒江州调研时强调：希望以扶贫攻坚、生态修复、交通通畅、山区教育资源整合、强基固边工程为重点，努力实现发展新跨越。

13 日

●省长秦光荣主持召开省政府第三十七次常务会议。会议审议并原则通过了《云南省人民政府关于推进城镇和国有工矿企业棚户区改造工作的实施意见》（送审稿）；听取全省房地产市场情况汇报；听取全省安全生产工作汇报，研究部署 2010 年全省安全生产工作；听取全省煤电油运工作汇报。会议还研究了加强政府自身建设相关工作。

14～15 日

●“中国（云南）—印度合作论坛”国际学术会议在昆明开幕。论坛讨论的议题：中印经贸合作的影响和意义；金融危机和后危机时代中印合作的对策和途径；中国（云南）与南亚之间的地区经济合作、贸易与投资、能源、旅游、IT 以及其他领域合作的机遇与挑战等。

15 日

●云南省对 2008 年、2009 年以来的打击整治发票违法犯罪专项行动进行总结表彰，在专项行动中共查获“问题”发票 258.16 万份，目前假发票的零售市场已呈公开或半公开化的态势。

●自 2007 年 4 月停航后，西双版纳至曼谷的航班正式复航。

16 日

●省委、省政府在昆明召开全省烟草工作座谈会。会议强调要汇集各方智慧和力量，形成支持烟草产业持续健康发展的强大合力，保持云南烟草持久竞争力，再创烟草产业新辉煌。省委书记白恩培、省长秦光荣出席会议并讲话。

18 日

●昆明产权交易中心以电子竞价方式组织四零三公司国有产权的公开竞拍。云南建工集团以 7.23 亿元的价格中标，成为四零三公司国有产权受让人。

18～20 日

●全国人大农业与农村委员会到云南就农民工问题、城镇化过程中农村土地管理问题进行调研。

19 日

●省委、省政府在昆明召开独龙江乡整乡推进独龙族整族帮扶专题会议。会议提出，通过 3 到 5 年的努力，从根本上改善独龙族群众生产生活条件，建立脱贫致富长效机制，推动实现独龙乡跨越式发展独龙族整体脱贫的目标。

●省政府召开专题会议，就网民对政府工作反映的意见和建议进行认真研究分析，要求政府各相关职能部门要以认真、务实、负责的态度，对网民反映的问题释疑解惑，达成共识，推动落实解决。

20～25 日

●中国人民政治协商会议云南省第十届委员会第三次会议在昆明海埂会堂开幕。

●省政协举行十届二次会议优秀提案表彰会，对《建议修改〈云南省民族民间传统文化保护条例〉和制定实施细则的提案》、《关于改革云南省初中教育评价制度及高中阶段学校招生考试办法的提案》等 50 件优秀提案予以表彰，并对《关于进一步加强小城镇和农村环境治理的建议—“七彩云南保护行动”系列联合提案》给予特别奖励。

21 日

●省委、省政府举行隆重的追悼大会，深切缅怀在海地大地震中不幸遇难的云南省赴海地维和警察防暴队李钦、钟荐勤、和志虹 3 位云南人民的好儿女，并追授他们“和平卫士”荣誉称号。省委书记白恩培、省长秦光荣等领导参加追悼大会。

23 日

●省政协十届三次会议共收到提案 683 件。其中，党群政法类 154 件，计划工交类 227 件，财贸金融类 85 件，教研文卫体类 142 件，农林水气类 75 件。

22～26 日

●云南省第十一届人民代表大会第三次会议在昆明海埂会堂开幕。省长秦光荣代表省人民政府向大会报告政府工作。

25 日

●省委书记白恩培主持召开省委常委会，总结省委 2009 年工作，研究 2010 年工作要点。

26 日

●省政府召开全省抗旱救灾工作电视电话会，进一步安排部署抗旱救灾工作。

28 日

●省长秦光荣到易门县六街镇、龙泉镇调研抗旱救灾工作，强调全省要紧急动员，全力以赴，打一场抗大旱、保民生、夺丰收的战役。

●省长秦光荣在昆明会见越南外交部副部长胡春山一行。

29 日

●云南省医疗扶贫基金会正式挂牌成立。基金会开展医疗扶贫工作，支持农村和贫困地区医疗卫生事业的发展，促进改善贫困地区的医疗卫生条件，帮助因病致贫、因病返贫人群提高生活质量，脱贫致富。

30～31 日

●省委农村工作会议在昆明召开。会议总结2009年农业农村工作，分析研究当前形势，安排部署2010年“三农”工作任务。

30 日～2 月 4 日

●省委副书记李纪恒到普洱市调研时强调，要建立科学发展长效机制，促进兴边富民工程，推动边疆民族地区经济社会又好又快发展。

31 日

●全省林业局局长会议在昆明召开。会议提出以“森林云南”建设为统揽，加大生态建设力度，加快林业产业发展，推进生态文化建设，强化林业科技支撑，完善林业法规体系，调整产业结构，转变发展方式，推进林业大省向林业强省转变。

2 月

1 日

●省委、省政府在昆明召开企业家座谈会，共谋调整产业结构、转变发展方式之策。省委书记白恩培在会上强调，要围绕转变发展方式、调整产业结构，推动企业走出一条有中国特色、云南特点，经济发展生态化、生态发展产业化的新型工业化道路。

●全省人力资源和社会保障工作会议在昆明召开。2010年云南省就业工作的总体目标：全年新增就业23万人，确保零就业家庭至少1人就业，城镇登记失业率控制在4.4%以内。

●省科协七届三次全会在昆明召开。会议提出要充分发挥科协优势，以学术交流、公众科普为重点，创新联系和服务科技工作者的途径和方式，提高科普工作的成效和水平，推动云南全民科学素质再上新台阶。

4 日

●省政府在昆明举行表彰大会，向在2009年度对全省电力供应暨铁路运输保障工作中作出突出贡献的云南电网公司、各发电企业、昆明铁路局等单位进行表彰奖励。

●为进一步提高云南科学立法、民主立法水平，省十一届人大常委会推出创新举措：设立省人大法制委员会、省人大常委会法制工作委员会立法咨询专家库。

●为应对50年一遇的严重旱灾，妥善安排好因旱新增缺粮人口的生活，省财政厅和省民政厅安排下达自然灾害补助资金3000万元，主要用于解决灾民生活困难临时救助。

5 日

●全省住房和城乡建设工作会议在昆明召开。省政府与各州（市）政府签订2010年云南省城镇廉租住房建设和棚户区改造责任书，2010年云南省城镇污水和生活垃圾处理设施建设责任书。

●东南亚南亚信息港上线开通，为沟通国内和东南亚南亚提供了工作基础和支撑条件。

4～5 日

●副省长孔垂柱率水利农业等有关部门负责人到楚雄州调研抗旱救灾工作时提出，要把抗旱救灾保民生作为当前压倒一切的中心任务，坚定信心，振奋精神，打好抗旱救灾攻坚战。

6 日

●国家防总秘书长、水利部副部长刘宁率国家防总国家减灾委联合工作组到云南省检查指导抗旱救灾工作时提出，要开展生产自救，协力战胜旱灾。

9 日

●省委、省政府在昆明召开情况通报会，向昆明地区省直、中直单位和昆明市副厅级以上离退休老干部通报2009年全省经济社会发展情况及2010年的工作安排。

10 日

●省长秦光荣走访慰问困难企业时强调，要在进一步坚定信心、加快企业改革发展的同时，全力帮助困难职工解决生产、生活困难，让他们共享改革发展的成果，开创企业发展的新格局。

●副省长刘平带队检查春运和黄金周工作，提出要千方百计满足群众的出行需求。

11 日

●省长秦光荣主持召开省政府第二十八次常务会议，落实前一阶段抗旱救灾工作的各项部署，分析旱情发展形势，对下一步抗旱救灾工作进行再部署、再动员，要求全省动员，再接再厉，打好抗大旱保民生促春耕攻坚战。

12 日

●经过22天的公示，昆明市、玉溪市和景洪市被国家住房和城乡建设部命名为国家园林城市，石林县和弥勒县被命名为国家园林县城，安宁市青龙镇被命名为国家园林城镇。此前，云南仅有安宁市获得国家园林城市称号。

17 日

●中组部部长李源潮一行在昆明调研，视察了石林县石林镇小箐村与石林景区、二环快速系统、呈贡新区、螺蛳湾国际商贸城和五甲塘湿地公园。

20 日

●省长秦光荣主持召开省政府第三十九次常务会议，会议审议并原则通过《云南省政府关于全面推行环境保护监督管理“一岗双责”制度的意见》和《云南省政府关于加快推进中低产林改造的意见》，听取云南省教育“两基”迎“国检”工作情况汇报，研究 2010 年上半年省政府几项重点工作，对抗旱夺丰收、桥头堡建设、加快工业化和城镇化发展等重点工作进行了安排部署。

22 日

●中电投云南国际电力投资有限公司在昆明成立，省长秦光荣、中电投集团公司总经理陆启洲为公司揭牌。

23 日

●省委、省政府召开全省抗旱救灾动员大会，要求全省动员，全民动手，全力以赴，奋力夺取抗旱救灾全面胜利。省长秦光荣出席会议并讲话。

●省长秦光荣、省委副书记李纪恒在昆明会见南方电网公司董事长赵建国、总经理钟俊一行。

24 日

●全省民政工作会议在昆明召开，民政部救灾司司长邹铭、副省长曹建方出席并讲话，省民政厅厅长王树芬与各州（市）民政局局长签订民政工作目标管理责任书。

24～26 日

●国务院副总理回良玉在省委书记白恩培、省长秦光荣等领导的陪同下，深入云南旱情最重的文山、曲靖、昆明等地视察灾情，指导抗旱救灾工作，强调要毫不松懈打赢抗旱减灾救灾攻坚战。

25 日

●12 时 56 分楚雄州禄丰县与元谋县交界处发生 5.1 级地震，禄丰、元谋、牟定、武定、永仁、大姚 6 个县 36 个乡镇不同程度受灾。地震发生后，省委、省政府高度重视，迅速派出工作组赶赴灾区指导工作，白恩培、秦光荣等省领导立即作出批示，要求做好抗震救灾工作。

●由省委宣传部、省广电局、云南电视台、省农业厅、省水利厅、省林业厅、省民政厅等部门联合主办的《抗旱救灾、情暖人间》大型电视公益晚会在云南电视台演播厅举行。

26 日

●省政府在昆明召开全省中小学校舍安全工程领导小组会议，要求 2010 年云南省全面完成 200 万平方米中小学校舍安全工程建设，确保本届政府任期内 640 万平方米校舍安全工程目标“五年任务、三年完成”。省长秦光荣出席会议并讲话。

3 月

1 日

●省委、省政府在北京邀请国资委、中央企业的负责人，以及在京云南籍和在云南工作过的领导，出席“情系七彩云南欢迎央企入滇”迎春座谈会。旨在广泛借助优势企业力量推动云南企业和资源的整合重组，加速云南工业化进程，切实推进发展方式转变，调整优化经济结构，为云南的跨越发展注入新活力。省委书记白恩培主持会议，省长秦光荣致辞。

●省政府召开抗旱减灾和森林防火工作电视电话会议，要求全省各级政府要切实做好抗旱减灾和森林防火工作，确保抗旱减灾和森林防火攻坚战取得全面胜利。

2 日

●省委、省政府在北京召开座谈会，邀请国务院扶贫办、27 家中央国家机关企业事业单位的有关领导交流座谈，旨在加强联络、增进友谊，共同推进云南扶贫开发及定点扶贫工作。

●国家防汛抗旱总指挥部召开的西南地区抗旱工作紧急会商会分析认为，当前西南五省（区、市）旱情形势非常严峻，其中云南大部、贵州西部和广西西北部的旱情已达到特大干旱等级，人畜饮水困难尤为突出。预计 3 月份，五省（区、市）大部降雨仍可能较常年同期偏少，旱情还将进一步发展，下一阶段保城乡居民饮水安全将是抗旱救灾工作的重中之重。

●从即日起至 5 月底，云南省进行第四届村民委员会换届选举工作，村党组织换届选举也同期进行。

3 日

●省民政厅、省财政厅、省卫生厅及省人

力资源和社会保障厅在联合转发国家民政部、财政部、卫生部及人力资源和社会保障部的意见中提出贯彻方案：2010 年云南省大力推行城乡医疗救助即时结算。今后，符合条件的城乡困难群众，住院及门诊治疗时产生的医疗费用将不再由本人垫付，改由医疗救助基金直接结算。

11 日

●省政府与海关总署在北京签署合作备忘录，建立省署紧密合作机制。通过采取推进云南口岸大通关进程等八大措施支持云南桥头堡建设。省委书记白恩培出席签字仪式，省长秦光荣与海关总署署长盛光祖签署了备忘录。

12 日

●省政府与中国石油天然气集团公司在北京签署《煤气层开发利用战略合作框架协议》，共同推动云南经济发展方式转变和绿色经济强省建设。省委书记白恩培、中国石油天然气集团公司总经理蒋洁敏、省委副书记李纪恒出席签字仪式，常务副省长罗正富与中石油副总经理周吉平在协议上签字。

15 日

●中国科学院与省政府在北京签署云南省矿产资源勘查专项合作协议，加快云南资源勘查。中科院常务副院长白春礼、省长秦光荣、常务副省长罗正富出席签字仪式，中科院副院长丁仲礼、副省长刘平分别代表双方在合作协议上签字。

17 ~ 18 日

●常务副省长罗正富深入峨山、红河等地对抗旱救灾、地质灾害防治等工作进行调研，强调要把抗旱救灾、防治地质灾害工作作为当前迫在眉睫的任务和重大民生工程抓紧抓实，为人民群众创造安全便利的生产、生活环境。

19 ~ 21 日

●国务院总理温家宝深入云南曲靖市旱灾最严重的地区，看望慰问受灾群众，指导抗旱救灾工作，强调要毫不松懈地继续抓好抗旱救灾工作，全面落实各项措施，保障群众基本生活，维护灾区正常的生产生活秩序。从长计议，大力加强水利设施建设，从根本上增强抗御自然灾害的能力。国家发改委主任张平、民政部部长李学举、财政部部长谢旭人、水利部部长陈雷、农业部部长韩长赋、国务院研究室主任谢伏瞻、国务院副秘书长丘小雄、国务院研究室副主任田学斌、省委书记白恩培、省长秦光荣陪同调研。

19 日

●云南省积极推进深化干部人事制度改革座谈会在昆明召开，省委组织部部长辛桂梓出席会议并讲话。当前云南干部人事制度改革已经进入攻坚克难、重点突破，完善机制、全面深入的关键阶段。各级党委及其组织部门要重点抓好 7 项工作。

●昆明市政府就昆明新机场航站区配套引桥工程“1.03”支架局部坍塌事故调查处理结果进行通报。经调查是一起责任事故，相关事故责任人分别受到党内严重警告处分、撤职以及经济罚款等处罚，另有 6 名涉嫌犯罪的事故责任人被移送司法机关处理。

22 ~ 23 日

●省委副书记李纪恒到楚雄州检查抗旱救灾工作，强调要认真贯彻落实胡锦涛总书记等中央领导同志的重要批示和温家宝总理近日考察指导云南抗旱救灾工作时的重要讲话精神，团结一心、再接再厉、扎实工作，坚决打赢抗大旱保民生促春耕这场硬仗。

23 日

●在《云南日报》创刊 60 周年及云南人民广播电台、新华社云南分社成立 60 周年之际，省委书记白恩培来到云南日报报业集团进行调研，并与各媒体负责人座谈，共同回顾云南日报和云南人民广播电台、新华社云南分社 60 年的光荣历程，展望云南媒体更加美好的发展前景。

24 日

●省政府在昆明召开云南省九大高原湖泊水污染综合防治领导小组会议。会议决定全面推行环境保护“一岗双责”制，明确实行环保“一票否决”制，把环保作为对各级领导干部考核和评优、评先的重要依据；凡在本行政区域内发生特别重大、重大环保污染事故的，州（市）政府主要领导要向省政府作出书面检查。面临日益严峻的水资源供需矛盾，下更大决心抓好水污染综合治理。要坚持一湖一策，加快九大高原湖泊水污染防治，着力改善全省水环境质量。

25 日

●2010 年省政府滇池水污染防治工作在昆明举行。会议要求，要再接再厉、攻坚克难，确保完成滇池治理“十一五”规划目标任务，为下一步工作奠定坚实基础。省长秦光荣、昆明市委书记仇和出席会议并讲话。

26 日

●沪昆铁路客运专线长沙至昆明段建设动员大会在贵阳北火车站举行。国务院副总理张德江出席建设动员大会，宣布工程开工并为工程奠基。沪昆铁路客运专线长沙至昆明段自长沙枢纽新长沙站引出，经湖南湘潭、娄底、怀化，贵州凯里、贵阳、安顺、盘县，云南曲靖，至昆明枢纽昆明南站，线路全长约1167公里，设计时速250公里。沪昆铁路客运专线长沙至昆明段建成后，通道单行客运年运输能力6000万人次，长沙至昆明客车全程运行时间将由目前的22.8小时缩至4小时以内。

●云南省中华文化促进会在昆明成立。省长秦光荣、中国中华文化促进会主席高占祥到会祝贺。省文促会汇聚了云南一大批成就卓越的文艺家、学者、文化活动家，希望能围绕云南发展的“三大目标”“四张名片”卓有成效地开展工作。

28日

●省长秦光荣主持召开省政府第十四次常务会议，传达学习温家宝总理在云南考察时的重要讲话精神，研究部署当前春耕生产各项工作，讨论《云南省政府关于进一步加快水利建设的决定（送审稿）》。

29日

●省政府在昆明召开新机场建设现场办公会。会议提出，全面打造绿色新机场，搭建国家西向开发的“空中走廊”，为云南建设中国面向西南开放“桥头堡”战略的实施搭建重要平台、开辟重要窗口。

30日

●全省春耕生产工作现场会议在曲靖召开。会议强调，全省上下要高度重视春耕备耕工作，抢抓节令，迅速掀起春耕生产高潮。要一手抓抗旱救灾保民生，一手抓春耕生产促发展，坚定完成2010年农业生产目标的信心不动摇，完成2010年农民增收目标的信心不动摇，继续巩固农业农村发展好形势的信心不动摇，努力夺取抗旱救灾的全面胜利。省长秦光荣出席会议并讲话。

31日

●全省水利建设工作会议在宣威召开。省长秦光荣提出要实行“兴水十策”，从2010年到“十二五”末的6年，全省要累计投入1000亿元左右，开工建设100件以上骨干水源工程和100万件以上“五小水利”工程，完成541件病险水库除险加固，新增库容30亿立方米，总库容达到138亿立方米，供水能力达到188亿立方米。

4月

1日

●省边防工作会议在昆明召开。

●省政府召开表彰大会，授予昆明边防检查站“模范边防检查站”荣誉称号。

●14时36分，昆河（昆明石林与红河弥勒县路段）公路K177十700米处发生一起特大交通事故，造成10人死亡，13人受伤。

3日

●由中国红十字会、中华慈善总会、中国文联主办大型公益晚会《抗旱救灾 我们在行动》在北京举行。社会各界积极地行动起来，发动爱心募捐，支援西南五省（区）市的抗旱救灾。

5日

●省长秦光荣在昆明会见泰王国公主诗琳通殿下一行。

6日

●省政府与中国长江三峡集团公司在昆明举行工作会谈，双方就金沙江下游水电开发有关情况交换了意见，共同商定要进一步加强协调，拓展合作领域，共同推进金沙江下游水电开发实现互利双赢。省长秦光荣、中国长江三峡集团公司董事长曹广晶出席座谈会并讲话。常务副省长罗正富主持会议。中国长江三峡集团公司总经理陈飞，副省长曹建方等出席会议。

7日

●省政府召开全省“两基”迎国检工作动员电视电话会，动员部署工作、明确目标任务，确保云南省顺利通过“两基”国检。省长秦光荣出席会议并讲话。

●昆明市住房公积金管理中心对2010年缴存住房公积金的基数上限进行调整。调整后，该基数的上限已达1.25万元，比2009年的1.09万元高出1550元。本次调整是基于昆明市城镇单位在岗职工年平均工资收入增加所致。

●首届（中国·昆明）养生养老高层论坛在昆明召开。2009年末，全省60岁以上的老龄人口已达到532.52万人，占全省总人口的11.65%。预计到2015年，全省60岁以上的老龄人口将发展到近680万人，约占全省总人口的14.3%。

●由团省委、省青年联合会、昆明高新区管委会共同成立的“云南省青年创业孵化基地”揭牌成立。

8日

●副省长李江在全省纠风工作电视电话会议上强调，各级各部门要认真落实纠风工作责任制，严肃查处不正之风案件，推动纠风工作制度化建设，不断以纠风工作新的成效取信于民，为全省经济平稳较快发展、社会和谐稳定作出新的更大贡献。

7～8日

●副省长孔垂柱率农业、水利等部门负责人在玉溪调研、指导抗旱救灾促春耕工作，要求坚定信心、细化措施打好春耕生产攻坚战。

9日

●全省铁路建设工作会暨省铁路建设领导小组第七次会议在昆明召开。会议提出要抓住机遇确保2010年完成投资150亿，推动铁路建设大提速、大发展、大跨越。省长秦光荣出席会议并讲话。常务副省长罗正富主持会议。

●省政府召开2010年全省整治违法排污企业保障群众健康环保专项行动电视电话会议，提出全省各地、各有关部门和单位要采取更加坚决有力的措施，推动环保工作取得新成效，确保完成“十一五”主要污染物总量削减目标。副省长和段琪出席会议并讲话。

12日

●省政府召开《国家中长期教育改革和发展规划纲要》征求意见座谈会，提出要以制定中长期教育改革发展规划纲要为契机，以育人为根本、以改革创新为动力、以促进公平为重点、以提高质量为核心，推动云南省教育改革发展实现更大跨越。省长秦光荣出席会议并讲话。

14日

●省长秦光荣深入部分中、高等职业院校调研，并出席全省职业教育工作领导小组会议，强调要按照“加速度、扩规模、调结构、转方式、提质量、走出去”的工作思路，全力推动全省职业教育跨越式发展。

17日

●云南省与国家烟草专卖局在昆明举行烟草工作座谈会，提出云南烟草要明确新定位、站在新起点，全力推动云南“两烟”发展上新水平。国家烟草专卖局局长姜成康、省长秦光荣出席会议并讲话。

21日

●省政府召开滇中引水工程前期工作情况专题汇报会，强调要进一步提高对滇中引水工程必要性、紧迫性的认识，加快推进前期工作，力争滇中引水工程早日实现。省委书记白恩培、省长秦光荣出席会议并讲话。

23日

●省长秦光荣主持召开省政府第四十一次常务会议，研究2010年一季度全省经济运行形势，强调全省上下要紧紧围绕抗大旱、保民生、抓春耕、促发展的总体部署，坚持抗旱救灾和促进发展两手抓，继续加大力度解决经济社会发展中的突出制约，努力巩固经济社会持续向好的势头，毫不放松地抓好抗大旱促春耕，毫不放松地抓好产业发展，毫不放松地抓好重大项目和重点工程落实，毫不放松地抓好保障和改善民生，毫不放松地抓好扩大开放，毫不放松地抓好生态环保，确保全省在困难之年实现加快发展。会议还听取了2010年政府廉政工作及行政监察重点工作情况汇报并对做好2010年行政监察工作提出要求。会议还讨论了《中共云南省委云南省人民政府关于进一步加强工业人才队伍建设的决定》和《云南省工业人才开发行动计划》，审议了《关于修改〈云南省阳宗海保护条例〉第七条、第三十三条的决定（草案）》。

26日

●省政府召开电视电话会议，对抗大旱、保民生、抓春耕、促发展各项工作进行再动员、再部署、再落实。省委书记、省人大常委会主任白恩培在会上强调，各地各部门要进一步增强忧患意识、责任意识和大局意识，再接再厉，攻坚克难，奋力夺取抗旱救灾全面胜利。省长秦光荣主持会议。

29日

●由联合国亚太经社会、中国国际贸易促进会和云南省政府共同主办的“2010年亚太工商论坛”在昆明举行，共同行动推动绿色低碳经济发展。全国政协副主席阿不来提·阿不都热西提，联合国副秘书长兼联合国亚太经社会执行秘书诺琳·海泽，云南省省长秦光荣，中国国际贸易促进会副会长董松根，外交部大使吕永寿等出席论坛并致词。副省长顾朝曦主持了开幕式。

5月

5日

●全省节能减排工作电视电话会议在昆明召开，省长秦光荣强调强化责任、落实措施，确保云南省“十一五”节能减排目标全面完成。

6日

●国务院批准并出台《国务院关于支持云南省加快建设面向西南开放重要桥头堡的意见》，明确了云南的战略定位和未来发展目标，同时给予云南发展的相关优惠政策。

7日

●省政府与中国核工业集团公司在昆明签订战略合作框架协议，双方将在核电、核材料、核技术应用及相关装备制造等领域进行合作。省长秦光荣，中国核工业集团公司总经理孙勤出席签字仪式。常务副省长罗正富，中国核工业集团公司副总经理余剑锋代表双方在合作协议上签字。

8日

●省长秦光荣主持召开省政府第四十二次常务会议。会议讨论了云南省贯彻《中共中央国务院关于加快四川、云南、甘肃、青海藏区经济社会发展的意见》的实施意见、《迪庆州经济社会发展规划纲要》，听取关于云南省“十二五”规划基本思路的汇报，审议省政府贯彻《国务院关于坚决遏制部分城市房价过快上涨的通知》的实施意见，听取云南省参加第六届泛珠区域合作与发展论坛经贸洽谈会准备工作情况汇报。提出要努力促进房地产市场平稳健康发展。

9日

●全省扶贫开发工作现场会在昭通召开。会议提出要强化责任，抓实关键，提升质量和水平，坚决打好农村扶贫开发攻坚战，确保完成2001～2010年《云南省农村扶贫开发纲要》的目标任务。省委副书记李纪恒出席会议并讲话。副省长孔垂柱主持会议并作工作部署。

10日

●省委、省政府召开全省抗旱形势分析会，分析旱情发展趋势，研究下一阶段做好抗旱救灾工作的措施办法，强调要保持清醒头脑，全力夺取抗旱救灾全面胜利。省委副书记李纪恒主持会议并讲话。

12日

●国土资源部与省委、省政府在昆明举行国土资源工作座谈会。国土资源部部长、国家土地总督察徐绍史，省纪委书记李汉柏出席座谈会并讲话。

13日

●工业和信息化部与省委、省政府在昆明举行座谈会，共商工业和信息化领域转变发展方式、调整产业结构大计，促进云南省工业和信息化建设向着更高更强迈进。工业和信息化部部长李毅中出席座谈会并讲话。省委副书记李纪恒主持座谈会。副省长和段琪汇报云南工业和信息化发展情况并就关于做好新型工业化试验示范区等相关工作提出建议。

10～14日

●副省长李江深入保山、德宏调研，强调要重视改善民生，认真抓好各项政策的落实，使人民群众得到真正的实惠，共享改革发展成果。

17～19日

●省政府滇池水污染防治专家督导组对牛栏江—滇池补水工程进行调研，提出要千方百计确保牛栏江入滇水质稳定保持在Ⅲ类。

23日

●常务副省长罗正富在楚雄对大春生产情况进行检查和调研，提出各地要抓住节令、坚定信心，千方百计采取措施，全力以赴抓好大春栽种，力争将大旱造成的损失降到最低程度。

25日

●省属企业转方式调结构工作座谈会在腾冲召开。省长秦光荣在会上强调，转方式调结构省属企业要发挥引领带头作用，加快全省转方式、调结构步伐。

28日

●滇西北生物多样性保护联席会议第二次会议在腾冲召开。省长秦光荣在会上强调，云南要成为世界上生物多样性保护最好的地区。副省长和段琪在会上宣读《2010国际生物多样性年云南行动腾冲纲领》。

29日

●全国政协《关于把云南建设成为我国面向西南开放的桥头堡的提案》赴滇调研交换意见会在昆明举行。调研组认为把云南建设成为我国面向西南开放的桥头堡，条件已经初步具备，要抓住机遇乘势而上。调研组组长、全国政协提案委员会副主任、中共中央直属机关工委常务书记孙淦代表调研组对云南省推进面向西南开放的桥头堡建设提出意见和建议。省委书记白恩培听取调研组意见并讲话。

●省长秦光荣主持召开省政府常务会议，研究对外开放工作和《云南省政府关于进一步加强外来投资促进工作的若干意见（送审稿）》，讨论《云南省政府关于进一步加强农村住房建设管理的意见（送审稿）》和《云南省农村住房建设管理办法（送审稿）》。强调要按照云南建设中国面向西南开放桥头堡的战略部署，深化区域合作，拓展开放平台，努力开创云南对外开放新格局。会议还研究了全省保障性住房工作，听取了省国资委关于2009年度履行出资人职责情况汇报。

5月31日~6月2日

●国务院副总理李克强，在省委书记白恩培、省长秦光荣、省委副书记李纪恒等陪同下，深入红河、昆明两地考察云南省西部大开发战略实施情况和边疆民族地区经济社会发展情况，强调必须加快转变发展方式，在加快发展方式中实现经济社会又好又快发展，发展与保护并举，在发展中保护，在保护中发展。环境保护部部长周生贤，水利部部长陈雷，国务院副秘书长尤权，卫生部党组书记张茅，国家发展改革委副主任徐宪平，财政部副部长张少春，国务院研究室副主任宁吉喆随同考察。

6月

1日

●国家工商行政管理总局公布首批国家商标战略实施示范城市（区）、示范企业，相关城市（区）和企业将获得国家优惠政策扶持，昆明市和市属企业云南白药集团股份有限公司榜上有名。

●从即日起施行的《云南省发展新型墙体材料条例》明确规定，在云南省房屋建筑的新型墙体材料市场上，未经依法认定为新墙材的不得入市，黏土实心砖将禁用，违反者将最高可罚3万元。

2010年6月1日23时58分，在云南省施甸县老麦乡（24.9N，99.2E）发生M4.5级地震。

2日

●南方电网重点项目—220千伏清水海输变电工程顺利实现零缺陷投产。该工程是云南第一个处于地震带中融入抗震工艺的工程，也是昆明供电局第100个110千伏及以上电压等级的变电站。

全国糖料高产创建活动在湛江启动，农业部在2010年首次将糖料纳入高产创建范围，云南省陇川县、盈江县、耿马县、永德县等12个县被列为全国甘蔗高产创建示范片。

5日

●第五届中国—南亚商务论坛在昆明举办，与会代表围绕“世界经济复苏背景下的中国—南亚合作”的论坛主题，就政府的经济刺激政策、金融业和企业互惠合作等议题发表演讲并进行商讨。省长秦光荣在会上就进一步巩固云南与南亚国家之间的良好合作提出8点建议。

6日

●第十八届中国昆明进出口商品交易会暨第三届南亚国家商品展在昆明国际会展中心开幕。国务院副总理王岐山宣布第十八届昆交会第三届南亚国家商品展开幕。老挝人民民主共和国政府常务副总理宋沙瓦·凌沙瓦，省委书记白恩培，中国海关总署署长盛祖光等出席开幕式，省长秦光荣在开幕式上致词。

20日

●昆明市机动车保有量达到122.55万辆。4个主城区共有路外停车场1032户、停车泊位6.45万个，经公安机关交通管理部门审核设置的路内临时泊车位2582个，分布于市区58条城市道路。城市拥堵形势更加严峻，停车难问题日益突出。

22日

●云南人民广播电台在昆明举行云南云广传媒集团有限公司成立揭牌仪式。

22~24日

●副省长孔垂柱率省级有关部门负责人在临沧市调研农业农村工作，提出要突出重点，细化措施，切实抓好当前农业生产。

23日

●云南省2010年普通高校招生录取最低控制分数线公布，文史类：一本495分、二本450分、三本415分、一专395分、二专290分；理工类：一本500分、二本430分、三本400分、一专360分、二专245分。普通高校招生计划数为13.49万人，比上年增长12.08%，高于全国的平均增长水平，整体录取形势将好于往年。

23~24日

●副省长和段琪在腾冲调研时提出，要加快矿产资源深加工产业发展，不断增强自我发展能力，积极推进新型工业化进程。

25日

●经过3年建设的云南省最大港口—水富港扩建工程竣工开港，云南省有了第一个集装箱港口，千吨级船舶可从水富直航太平洋。

●曲靖市马龙县遭受特大暴雨袭击，造成4个乡（镇）的11个村委会、100余个自然村

5万多人受灾、1人死亡，房屋倒塌6000多间，粮食作物受灾面积14万亩，经济作物受灾面积8.4万亩。灾情发生后，省委副书记李纪恒、副省长孔垂柱率省有关部门负责人第一时间赶赴灾区指导抗洪救灾工作。

●第二届昆明地摊文化节暨第三届昆明连环画交流会在张官营旧货市场小屯交易市场拉开帷幕。

27日

●省长秦光荣在马龙县“6·25”特大暴雨灾害救灾现场会上要求，不怕困难，不畏艰险，奋勇拼搏，切实保障人民群众生命财产安全。

28日

●省政府召开央企入滇工作领导小组会议。省长秦光荣在会上要求各级部门要加大力度，加强服务，把引进央企作为开放促发展的重要突破口，促进全省经济社会又好又快发展。常务副省长罗正富主持会议。

29日

●省政府在昆明召开2009年度云南省科学技术奖励大会，表彰奖励为云南科技事业和现代化建设作出突出贡献的科技人员和单位。省委书记白恩培为杰出贡献奖获得者颁奖。省长秦光荣在会上作重要讲话。

30日

●国务院扶贫办与省政府在北京召开会议，听取扶持云南布朗族（莽人、克木人）、瑶族山瑶支系工作情况汇报，提出坚决打一场解决深度贫困问题的扶贫攻坚战，推动云南边远民族贫困地区实现跨越式发展。国务院扶贫办主任范小建、省长秦光荣出席会议并讲话。副省长孔垂柱、刘平在会上作工作汇报。

7月

1日

●经省政府批准，从7月1号起调整全省最低工资标准。全省一、二、三类地区的月最低工资标准依次调整为830元、740元、630元；对应的小时最低工资标准依次调为8元、7元、6元。《通知》进一步明确，计入月最低工资标准的工资报酬包括按规定应由劳动者个人缴纳的养老保险金、失业保险金、医疗保险金和住房公积金；不包括支付给劳动者的加班加点工资，中班、夜班、高温、井下、有毒有害等特殊工作环境、条件下的津贴，以及法律、法规和国家规定的劳动者福利待遇等。

●国土资源部与云南省政府在北京签署探索建立国土资源管理新机制，促进云南省旅游产业改革发展合作协议。国土资源部部长徐绍史、省长秦光荣出席签字仪式并致词。

2日

●为贯彻落实胡锦涛总书记关于把云南建设成为我国向西南开放桥头堡的重要指示精神，推进桥头堡建设相关工作，国家发展和改革委员会在北京主持召开会议，正式启动制定《支持云南省加快建设我国向西南开放桥头堡的指导意见》工作。省长秦光荣，国家发改委副主任杜鹰出席会议并讲话。常务副省长罗正富汇报了云南建设中国向西南开放桥头堡的基本情况。

8日

●省政府召开深化医药卫生体制改革领导小组第五次全体会议，提出要攻坚克难，全力组织实施好医药卫生体制5项重点改革，确保医改工作有序开展。常务副省长罗正富主持会议并讲话。

●德宏珠宝文化产业发展高峰论坛在昆明举行。

9日

●省长秦光荣主持召开省政府第四十五次常务会议，研究分析2010年上半年全省经济形势，听取全省安全生产和效能政府四项制度实施情况汇报。会议审议《云南省委云南省政府关于加快边远少数民族贫困地区深度贫困群众脱贫进程的决定(送审稿)》《云南省扶持边远少数民族贫困地区深度贫困群体脱贫发展规划(送审稿)》，决定提交省委常委会讨论；审议并原则通过《云南省政府质量兴省规划及实施方案(送审稿)》《云南省林木种苗管理规定(草案)》《云南省地方志工作实施办法(草案)》。

11日

●云南省航海日活动拉开序幕。主题：“弘扬郑和精神，促进和谐发展”，在景洪市、普洱市开展户外宣传活动，在晋宁县举行“郑和与航海”宣传周活动，投资1200万元建造的云南首艘海事搜救船竣工首航，为大理洱海旅游航运保驾护航。

12日

●省政府在昆明召开推进昆明市地下水清理整顿工作会议，要求加快推进昆明市地下水清理整顿工作，确保10月31日前全部封停自来水管网范围内的地下水井。

13日

●由国家发改委牵头，全国人大常委会办

公厅和国家46个部委、企业，160多人组成的国家部委联合调研组，围绕制定支持云南建设我国向西南开放桥头堡的指导意见，深入云南省各地开展调研工作。省政府在昆明向桥头堡建设国家部委联合调研组汇报工作情况。调研组组长、国家发改委副主任杜鹰，全国人大常委会副秘书长何晔晖等调研组全体成员出席会议并听取汇报。省长秦光荣在会上致词。常务副省长罗正富作工作汇报。

●昭通市巧家县小河镇发生特大洪涝泥石流灾害，初步统计造成13人死亡，31人失踪，43人受伤，冲毁房屋15户，严重受损50余户，受灾群众1200余人。灾情发生后，民政部立即启动国家四级救灾应急响应。省委副书记李纪恒、副省长曹建方率省级相关部门负责人赶赴灾区慰问群众，指导抢险救灾和恢复重建工作。

15日

●省政府在昆明召开汇报会，专题向国家发改委汇报云南省水利建设工作情况。省长秦光荣，国家发改委副主任杜鹰出席会议并讲话。副省长孔垂柱汇报云南水利建设工作情况。

17日

●省政府向国家有关部委专题汇报云南省灾情和水利建设工作情况。水利部部长陈雷出席会议并讲话。省长秦光荣主持汇报会。国家发改委副主任刘铁男、国土资源部副部长汪民、交通运输部副部长徐祖远、农业部副部长危朝安、国务院研究室副主任黄守宏、财政部部长助理胡静等有关部委负责人出席会议。副省长曹建方汇报云南灾情和水利建设工作情况。

20日

●省长秦光荣陪同国家发改委副主任杜鹰一行调研滇池治理情况。杜鹰指出要继续加大滇池治理力度，增强科学发展和可持续发展能力。

21日

●云南省节能减排及应对气候变化工作领导小组会议在昆明召开。省长秦光荣在会上强调，要深化工作措施，狠抓责任落实，坚决完成“十一五”节能减排目标。

25日

●2010滇池泛亚文化艺术节开幕式晚会——《泛亚同春》在昆明上演。晚会开始前，省委书记白恩培、省长秦光荣、文化部副部长欧阳坚、二十国集团研究中心秘书长龙永图共同启动代表泛亚文化之光的水晶球。

25～26日

●云南省委八届九次全体会议在昆明举行。省委书记白恩培代表省委常委会作题为《牢牢抓住西部大开发和桥头堡建设重大机遇 全力促进云南经济社会发展再上新台阶》的工作报告。全委会对工作报告进行了讨论，审议通过了《中共云南省委八届九次全体会议公报》。

26日

●零点30分，贡山县普拉底乡咪谷村咪谷河上的2条支流发生特大泥石流灾害，造成蓝溪水电站三号坝口2个工棚被摧毁，施工人员11人失踪、11人受伤。

27日

●省委、省政府在昆明举行全省抗旱救灾工作总结表彰大会。省委书记白恩培出席会议。省长秦光荣出席会议并讲话。省委副书记李纪恒主持大会并宣读《省委、省政府关于表彰抗旱救灾先进集体和先进个人的决定》《中共云南省委关于表彰“共产党员抗旱先锋行动”先进基层党组织和优秀共产党的决定》。

●云南省跨境贸易人民币结算试点启动与昆明区域性跨境人民币金融服务中心揭牌仪式暨滇池跨境财金货币合作大通道建设高峰会议在昆明举行。

●省政府和国家开发银行股份有限公司在昆明签署《支持云南省加快建设中国面向西南开放桥头堡战略合作协议》。省长秦光荣、国家开发银行董事长陈元代表双方签署协议。

28日

●中国东方航空集团公司与省政府在昆明举行东航云南有限公司揭牌仪式，由东航集团所属东航股份有限公司与云南省国资委共同投资组建合资公司进入实质性筹建阶段。省长秦光荣、东航集团公司总经理刘绍勇等为公司成立揭牌。合资公司的注册资本36.6亿元，其中东航股份有限公司占注册资本的65%；云南省国资委占注册资本的35%。

●省政府与中国广东核电集团有限公司在昆明签署“能源合作框架协议”，双方将加强在清洁能源、矿产资源开发利用等方面的合作，推进云南新能源和清洁能源发展。省长秦光荣、中国广东核电集团有限公司董事长贺禹出席签字仪式。

29日

●省政府召开全省固定资产投资暨“十二五”规划编制专题工作会议提出，要加快固定资产投资，精心编制“十二五”规划。常务副省长罗正富出席会议并讲话。

●为引进更多急需紧缺海外高层次人才，

昆明市人才工作领导小组办公室聘任50名引才特使。从2010年起，昆明市将聘任一批国内外科研、学术机构的学术精英及企业管理精英人士担任引才特使，聘任期为3年，聘任期间引才成绩突出可续聘。

8月

1日

●继7月1日起全面调整云南省企业劳动者最低工资标准后，经省政府同意，从8月1日起全面上调云南省失业保险金，新标准比2009年增加40～50元不等，增幅为10%，其中最高一档为650元/月。失业保险金提高后，约3万名失业人员受益。

2日

●省长秦光荣调研云南体育工作，强调要进一步提升全省体育运动水平，把云南工作做亮、做强、做特、做实，打造高原体育品牌，把云南发展成为体育强省。

●省政府与中国保险监督管理委员会在昆明签署合作备忘录，建立全面战略合作关系，充分发挥保险业作用，推动云南经济社会发展。省长秦光荣，中国保监会主席吴定富代表双方签署备忘录，中国保监会副主席魏迎宁、副省长曹建方分别致词。

3日

●省委、省政府在腾冲召开全省社会主义新农村省级重点建设村工作会议，启动全省第二批1500个省级重点建设村工作。会议提出要完善举措，强化责任，加快新农村建设步伐。省委副书记李纪恒出席会议并讲话。

●经过3个月的封闭试运行后，昆明同仁医院正式开业接诊患者。昆明同仁医院是北京同仁医院在北京以外地区开办的第二家大型三级综合性医院，位于广福路上，占地280亩，一期开设500张病床，门诊楼设计接诊能力为每日2500人次。医院共开设18个临床科室、7个辅助科室，以及省内规模最大、设施最完善的健康体检中心。

4日

●省政府召开昭通专题工作会议提出，昭通市要紧紧抓住建设我国面向西南开放的桥头堡、启动新一轮西部大开发战略，推进跨越式发展的良好机遇，抓生态，育产业，强基础，重扶贫，全力推进经济社会发展再上新台阶。省长秦光荣出席会议并讲话。

6日

●滇中引水工程建设前期工作领导小组召开会议，提出全省各级各部门要切实推进滇中引水工程前期工作，为云南经济社会发展提供强有力的水资源保障。省长秦光荣出席会议并讲话。

●省政府在普洱市召开全省鼓励创业促进就业小额担保贷款工作推进会议，强调要努力实现鼓励创业促进就业工作新突破。副省长李江出席会议并讲话。

11～14日

●省委副书记李纪恒在临沧市调研时强调，认真贯彻落实省委八届九次全委会精神，大力实施新型工业化和城镇化战略，推动临沧经济社会又好又快发展。

13～16日

●省委书记白恩培在普洱市调研时强调，各级干部要从最基层最基础最长远的事做起。

17日

●省政府在昆明召开全省国有资产监管工作座谈会，贯彻落实“三重一大”决策制度。副省长和段琪主持座谈会。

18日

●凌晨1时30分左右，怒江州贡山县普拉底乡发生特大泥石流灾害，造成2人死亡、90人失踪、10人重伤、28人轻伤，受灾人员275人。灾害发生后，国务院副总理李克强和中央政法委书记周永康分别作出重要批示，要求全力做好各项救灾工作。省委书记白恩培、省长秦光荣等分别作出批示，要求做好应急抢险工作。刘平副省长率省级有关部门迅速组成省政府工作组赶赴灾区，指导抢险救灾工作。

●云南省第十三届运动会在文山州举行。

20日

●国土资源部部长徐绍史在常务副省长罗正富陪同下，率国土资源部地质灾害工作组赴贡山县检查指导抢险救灾工作，积极协助云南做好抢险救灾工作。

21日

●国土资源部与省政府在昆明举行云南省地质灾害防治工作座谈会，研究部署云南地质灾害防灾减灾工作。国土资源部部长徐绍史、副省长刘平出席座谈会。

●省长秦光荣在永胜县调研程海水污染防治工作，强调要用3至5年的时间，使程海水质稳定达到Ⅱ类标准，治理和保护好程海。

22 日

●省政府在丽江召开程海水污染防治工作会议，提出把程海保护工作作为样板来树立。副省长和段琪出席会议并讲话。

23 日

●省政府召开全省质量兴省工作会议，强调要以质量改善民生保障和谐促进发展。省长秦光荣，国家质检总局副局长蒲长城出席会议并讲话。

24 日

●省长秦光荣主持召开省政府第四十六次常务会议，研究云南地质灾害防治工作。会议强调要以对人民群众生命财产安全高度负责的精神，下更大决心做好地质灾害防治工作。会议审议并原则通过《云南省电网建设促进条例（草案）》《云南省科学技术进步条例（修订草案）》，决定进一步修改后提交省人大常委会审议。

25 日

●国家能源局、中国电力企业联合会、云南省政府共同在华能小湾水电站举行“全国水电装机突破2亿千瓦标志性机组揭牌仪式”。常务副省长罗正富，国家能源局副局长刘琦等出席揭牌仪式。

●省政府召开全省农产品出口工作座谈会，提出要努力完成2010年全省新增贷款2000亿元的目标。副省长孔垂柱出席会议并讲话。

27～31 日

●上海世博会云南活动周期间举办浓郁民族特色和多元文化的各类大型活动，主要活动：云南活动周开幕仪式、《七彩云南》大型民族歌舞演出、《绮彩云南》大型花车巡游、《激情云南》大型庆典广场表演、《云裳异彩》云南民族服饰展演、《记忆云南》非物质文化遗产展示、《水彩云南》和《神系云南》书画展和《丽江情缘》音乐剧。

28 日

●沪滇对口帮扶合作第十二次联席会议在上海举行，提出共创沪滇对口帮扶合作新局面。上海市委书记俞正声主持会议并讲话。省委书记白恩培出席会议并讲话。上海市市长、市沪滇对口帮扶合作领导小组组长韩正出席会议并介绍情况。省委副书记李纪恒在会上介绍了相关情况并与上海市副市长胡延照代表双方签署了会议纪要。

30 日

●省委、省政府在昆明召开金融支持服务云南藏区发展座谈会，提出要加大支持力度，服务藏区发展。迪庆州委书记齐扎拉，副省长曹建方出席会议并讲话。

●中老泰三国便运协定谅解备忘录谈判会在昆明举行。中国、老挝、泰国交通运输、检验检疫、海关等有关部门负责人围绕昆曼公路实施便利运输协定，解决制约瓶颈，从而促进沿线经济发展展开真诚磋商。

31 日

●省企业联合会与省企业家协会发布云南2009年度100强企业名单，红塔烟草（集团）有限责任公司以559亿元的年营业收入蝉联榜单第一，排名第100位的云南变压器电气股份有限公司年营业收入8.2亿元，2009年入围企业平均营业收入53.36亿元，比上年排序增长8.13%。

9 月

1 日

●中国云南—斯里兰卡交流合作推介会在科伦坡举行。云南省商务、旅游、矿业、农业、文化教育界与斯里兰卡政府有关部门及工商界、企业界、文化旅游界500多人，就推进双方的合作进行了广泛深入的交流。斯里兰卡总理亚拉特纳，云南省省长秦光荣等出席推介会并讲话。

●省政府在昆明召开昆明新机场建设现场办公会，提出要加强领导，高标准全力打造门户枢纽。省纪委书记李汉柏出席会议并讲话。

●22时20分许，保山市隆阳区瓦马乡发生特大型山体滑坡灾害，造成12人死亡，36人失踪。胡锦涛总书记、副总理李克强分别作出重要批示。省领导白恩培、秦光荣、李纪恒等要求省级各有关部门全力救援，同时做好受灾群众转移安置工作。副省长刘平迅速率国土资源厅、民政厅等部门组成工作组赶赴灾区指导救灾和慰问群众。

2 日

●云南省先进典型新闻宣传座谈会在昆明举行。2010年以来，云南省先后推出了促进民族团结进步的优秀干部龚曲此里、基层宣传干部的楷模郑垧靖、优秀纪检监察干部刀会祥3个全国重大先进典型。

6 日

●省政府召开汇报会，向国家统计局汇报

云南省第六次全国人口普查工作及全省统计调查工作情况。国家统计局局长马建堂、常务副省长罗正富出席会议并讲话。

●为确保滇池外海环湖湿地建设补充调整工程顺利推进，省政府滇池水污染防治专家督导组对滇池外海湖滨8家省属单位及驻昆部队搬迁工作进行现场调研督查，提出相关迁建项目11月前必须全面开工。

8日

●云南省可再生能源建筑应用工作会议召开。2008年5月1日，云南省正式实施《太阳能热水系统技术与建筑一体化设计施工技术规程》，昆明市政府提出将昆明建设成太阳能之都，对云南太阳能热水器的发展起到了积极的促进作用。已申报昆明、丽江、曲靖、玉溪、石林、巧家等11个市（县）为国家可再生能源建筑应用示范建设城市。目前，昆明市和丽江市已被国家评为可再生能源建筑应用示范城市。

9日

●云南省与中国石油天然气集团公司在昆明签署《云南省政府中国石油天然气集团公司战略合作协议》《昆明市政府中国石油天然气股份有限公司合作协议》。省委书记白恩培、中国石油天然气集团公司总经理蒋洁敏、省长秦光荣出席签字仪式。中国石油天然气集团公司副总经理李新华主持签字仪式。常务副省长罗正富与中国石油天然气集团公司副总经理廖永远，昆明市长张祖林与中石油天然气股份有限公司副总裁沈殿成分别代表省政府、昆明市和中石油在协议上签字。

9～13日

●第六届昆明泛亚国际农业博览会在昆明国际会展中心举办。省长秦光荣、农业部副部长陈晓华、昆明市委书记仇和等出席开幕式。本届农博会以“建设都市现代农业，促进城乡一体化”为主题，展出涵盖农业科技、农副产品、粮油食品、茶叶和茶文化、园林花卉宠物、果蔬等门类。

10～11日

●全省旅游产业发展大会在景洪市召开。会议提出要充分发挥旅游业作为云南桥头堡建设的排头兵、推进器和先导产业的作用，坚持用现代旅游的理念来谋化和推动，把旅游产业培育成云南省战略性支柱产业。省委书记白恩培，国家旅游局局长邵琪伟出席会议并讲话。省长秦光荣主持会议。

10日

●国家西部大开发重点工程—中缅油气管道工程中国境内段正式动工，云南1000万吨/年炼油项目同时奠基。中国石油天然气集团公司总经理蒋洁敏、省长秦光荣分别在开工仪式上致词。常务副省长罗正富，副省长和段琪出席开工仪式。

●大理铁路扩能改造工程正式开工建设。工程完工后，广通至大理铁路将从国家Ⅱ级单线铁路提升为国家Ⅰ级双线铁路，与正在建设的昆明至广通复线铁路相连接，构成昆明至大理之间高效便捷的运输通道，大幅提高云南区域路网结构，加快推进我国面向西南开放桥头堡建设。

12日

●缅甸联邦驻昆明总领事馆新馆舍开馆仪式在昆明举行。缅甸外交部部长吴年温、云南省省长秦光荣、副省长顾朝曦等出席新馆舍开馆仪式。

15日

●全省人才工作会议在昆明召开。会议提出要大力推进人才强省战略，进一步打牢云南加快发展的人才基础。省委书记白恩培出席会议并讲话、省长秦光荣主持会议。

16日

●省长秦光荣调研昆明新机场建设时强调，要又好又快地推进昆明新机场建设，确保2011年7月31日完成工程竣工验收，2011年底前实现转场运营，按期优质完成建设任务，全面加快云南航空强省建设步伐，为全省经济社会发展提供更加强有力的支撑。常务副省长罗正富等参加调研。

25日

●凌晨起，昆曲高速上的严家山收费站停用并随即拆除，与之交接的昆明北收费站全面启用。北收费站位于东绕城高速公路乌龙立交桥靠严家山方向600多米处，有双向16个车道，客车执行0.43元/公里收费，货车执行0.08元/吨，公里收费标准。超重将收取罚金。

26日

●昆明市加强滇池流域及其他重点区域山体植被和水域保护，在城乡开发建设中全面实施禁止挖砂、采石、取土、烧砖、毁林、开垦、放牧、填河、围湖、擅采地下水等“十个禁止”措施。

●云南省全国第六次人口普查宣传月活动在昆明东风广场正式启动。人口普查将从10月

15～31日进行普查前的入户摸底工作，11月1日正式入户登记。

27日

●中国农工民主党成立80周年和农工党云南省委成立25周年纪念晚会在昆明举行。省委副书记李纪恒，省政协主席王学仁等领导出席晚会并观看演出。

●中科院昆明动物研究所宿兵、赖仞研究员获第三届“谈家桢生命科学创新奖”。谈家桢生命科学创新奖”奖励对象是在中国境内从事生命科学事业并做出成绩的科学家、教授，以及取得创新研究成果的青年学者，对生命科学科技成果产业化过程有突出贡献的人士。

27～29日

●云龙县举办首届传统文化旅游节，活动期间在中国历史文化名村诺邓举行祭孔、文化旅游资源调研、云龙县文化旅游发展专家咨询会等活动。

28日

●省长秦光荣主持召开省政府第47次常务会议，专题研究促进云南茶产业、酒产业、生物医药产业发展有关工作。强调要高度重视云茶、云酒、云药产业发展的重要意义，进一步做大、做强云茶、云酒、云药产业，为推动云南绿色经济强省建设作出更大贡献。会议确定“十二五”期间三大产业的发展目标为：到2015年，力争实现全省茶园种植面积发展到600万亩，茶叶产量达到30万吨，综合产值达到400亿元，重点打造普洱茶、红茶、绿茶三大茶类的著名区域品牌；重点发展白酒、葡萄酒和啤酒三大酒种，打造一批优势品牌，力争全省酒产量达到200万千升，销售收入达到200亿元，实现全省规模以上酿酒工业主营业务收入翻两番以上；云南生物医药产业实现“5111”发展目标，即培育50户重点企业、100个大品种、10个大品牌、实现1000亿元的经济总量。

●至28日，云南检察机关立案查办反渎职侵权案件277件304人，比2009年同期的225件234人分别增加52件70人，是云南检察机关历史上反渎职侵权工作最好的年份。其中，查办重大案件81件，特大案件56件，为国家挽回经济1.5亿多元人民币。

●省政府与哈尔滨电气集团公司在昆明签署战略合作框架协议，共同建设云南水电装备制造基地。省长秦光荣，哈尔滨电气集团公司董事长宫晶和总经理邹磊出席签字仪式。常务副省长罗正富，哈尔滨电气集团副总经理张英健分别代表双方在合作协议上签字。

●昆明市首个城中村改造回迁安置房在张官营建成交房。张官营城中村改造回迁安置房项目位于盘龙区联盟街道项目总用地312.56亩，拆迁总户数533户。项目于2009年5月正式启动，目前一期工程已全面完工。

●昆明市公安局、昆明市检察院、昆明市中级法院联合召开新闻发布会披露“华西·滨湖国际生态城”项目所称的永胜村片区未被列入昆明市城中村改造范围，该项目所涉及的2家公司并无任何业务收入，骗购房诚意金3亿元人民币，16名高管已被抓捕。

●从即日起，昆明西部客运站开通网上订购高快专线车票业务，不需支付任何额外费用。至年底，昆明五大客运站将全线开通网上订购车票业务。

●历时2年、总投资近10亿的丽江机场新候机楼以及4、5号站坪正式投入使用。

●大丽铁路开通一周年。运营一年来该路线发送旅客59万人。火车的开通推动大理和丽江的旅游业发展。1～7月，丽江共接待游客477.98万人次，比2009年同期增长13.98%，旅游业总收入预测55.41亿元，比2009年同期增长14.08%。

●德宏州在昆明举行新闻发布会，正式宣布潞西市更名为芒市。潞西是德宏州州府所在地的县级市，总人口37万，国土面积2987平方公里，与缅甸毗邻，国境线长68.23公里，是我国通往东南亚、南亚和西亚的重要门户之一。

●第六届中国·建水孔子文化节—祭孔大典在建水县孔庙举行。作为西南地区最大孔庙所在地，建水已经连续6年举办祭孔大典。此次祭孔大典分公祭和传统祭祀两个部分。

29日

●《云南日报》报道：国家科技部已同意昆明市为国家创新型试点城市。昆明成为云南省首个国家创新型试点城市，全国38个国家创新型试点城市之一。

30日

●省政府召开云南省规范政府非税收入管理工作领导小组第三次会议，提出要加快推进省级行政事业单位经营性国有资产管理改革。常务副省长罗正富、副省长李江出席会议并讲话。

10月

4日

●在上海举行的2010年“世界人居日”庆典活动中，昆明市“莲花池公园环境整治项目”等全国34个项目被授予2009年“中国人居环境范例奖”。是云南唯一一个获得该奖的项目。

9～11日

●国务委员刘延东在昆明、腾冲调研，强调要深入落实科教兴国战略和人才强国战略，坚持教育优先发展，提升科技创新能力，推进文化产业振兴，为西部大开发大发展提供有力支撑。省委书记白恩培、省长秦光荣等领导陪同调研。科技部副部长李学勇、中纪委驻教育部纪检组组长王立英、文化部副部长杨志今、国务院研究室副主任江小娟随同调研。

11日

●全省保障性住房建设工作会议在昆明召开，提出要加快推进保障性安居工程建设，解决住房困难。强调确保预定项目在10月20日前全部开工，再新增4950套公共租赁住房建设指标，力争2011年上半年绝大部分廉租房建成入住。

●中国进出口银行云南省分行在昆明成立。中国进出口银行行长李若谷、常务副省长罗正富出席成立大会并讲话。副省长曹建方与中国进出口银行副行长朱鸿杰在成立大会上签订《云南省政府中国进出口银行战略合作协议》。

●云南省海外投资有限公司与老挝万象市政府在昆明签署关于双方共同组建“老中联合投资有限公司”（LCC）的出资协议。6月在国家副主席习近平出访老挝期间，云南海投与国家开发银行、万象市共同签署了《老挝首都万象综合开发项目谅解备忘录》，将万象市1000公顷土地综合开发项目提升到中老两国合作的层面。该备忘录承接中老两国于2006年签署的《老挝首都万象第29届东南亚运动会场馆综合开发项目融资框架协议》。

12日

●省政府在昆明举行全省“两基”迎国检工作汇报会，要求打好攻坚战确保如期顺利通过国检，把云南人口素质和教育质量提高到一个新水平。省长秦光荣出席汇报会并讲话。

●省政府召开行政成本控制制度专题会议，强调要实施目标倒逼管理高标准完成全年目标任务，为2010年云南省县级以上行政机关勤俭理政、提能增效交出满意答卷。

16日

●由云南文化产业投资控股集团有限责任公司与丽江市委、市政府携手打造的丽江民族文化产业示范基地正式启动建设。基地位于丽江市荣华片区，占地约3600亩，北接束河古镇、南邻丽江古城，区域内可远眺玉龙雪山，低俯中济海湖水。

19日

●云南省实施质量兴省战略领导小组第一次全体会议在昆明召开。强调要抓紧启动全省质量兴省重点工作，确保质量兴省落到实处。

20日

●第二次全国制止公款出国（境）旅游专项工作电视电话会议结束后，云南省召开分会场会议。会议提出要采取有力措施，加大制止党政干部公款出国（境）旅游工作力度，严格控制党政干部因公出国（境）规模，全省党政机关2010年因公出国（境）人数要在2009年基础上压缩10%。

22日

●省政府召开全省加快推进中低产林改造电视电话会议，要求各级领导树立正确的政绩观，加大力度推进中低产林改造，确保完成任务取得实效。

24日

●云南省社会团体、国有及国有控股企业“小金库”专项治理工作进展顺利。截至10月24日，全省自查自纠发现“小金库”103个，涉及金额3239.92万元。

25日

●由恒生银行（中国）有限公司举办的人民币跨境贸易研讨会在昆举行，省长秦光荣出席会议并致辞。2010年7月27日，云南正式启动跨境贸易人民币结算试点工作，挂牌成立昆明区域性跨境人民币金融服务中心。

●省人力资源和社会保障厅通报前三季度全省社会保障工作的基本情况。截至9月，全省参加城镇基本医疗保险人数799.84万人，异地就医联网结算系统的范围在逐步扩大，已覆盖到9个州（市）。

29日

●省政府召开昆明新机场建设现场办公会，提出要高质量、高速度、高水平建设好世纪工程，确保2010年主体工程、空港经济区工程各完成投资60亿元的目标任务。

11 月

1 日

●省长秦光荣主持召开省政府第四十八次常务会议，听取《云南省中长期教育改革和发展规划纲要（2020）编制情况的报告》。审议并原则通过《云南省渔业条例（草案)》《云南省发展中医条例（草案)》《云南省非税收入管理条例（草案)》和《云南省交通运输工程造价管理办法（草案)》，决定做出进一步修改后提请省人大常委会审议。

2 日

●省政府在昆明举行云南省“119 消防日”系列宣传活动暨省综合应急救援总队成立仪式，云南省消防工作和综合应急救援能力建设迈上新台阶。省长秦光荣、公安部消防局局长陈伟民出席仪式并为省综合应急救援总队成立揭牌。

●省长秦光荣在全省地质灾害防治工作会议上强调，要以高度的使命感、责任感、紧迫感，抓好地质灾害防治工作，逐步建立起以地震灾害防治、气象灾害防治和地质灾害防治为重点的防灾减灾体系。

3 日

●云南省政策性森林火灾保险试点项目启动，昆明、曲靖、玉溪、普洱、大理 5 个州（市）1.28 亿亩森林纳入保险试点范围。今后试点区林农等林业经营者每亩只要交 0.12 元的保费，一旦发生森林火灾造成保险林木死亡，即可获得每亩 400 元赔偿。

5 日

●省政府在保山市召开专题工作会议，研究部署推进保山又好又快发展的相关工作。省长秦光荣在会上强调，保山市要抓住桥头堡建设、国家实施新一轮西部大开发和制定“十二五”规划的重大机遇，提升产业体系，加快城镇建设，努力实现保山市在新时期的跨越发展。

4～5 日

●全省深化政务公开推进政务服务工作现场会在德宏州召开。会议提出要全面提升政府公共服务水平。

9～10 日

●省政府在腾冲县召开全省农田水利建设和中低产田地改造现场会，要求今冬明春各级政府要做好 307 万亩中低产田改造工作。

12 日

●省政府在昆明召开全省医疗保险工作推进电视电话会议，提出确保医保三年目标任务全面完成。

16 日

●经省政府报请国务院批准，民政部批复同意撤销蒙自县，设立蒙自市（县级）。蒙自撤县设市仪式举行。

20～21 日

●全国兴边富民行动工作会议在昆明召开。国务院总理温家宝作出重要批示，强调继续搞好兴边富民行动。要认真总结 10 年工作取得的成绩、经验，查找存在的问题。切实编好兴边富民行动“十二五”规划。国务院副总理回良玉出席会议并讲话，国家民委主任杨晶主持会议，省长秦光荣在会上致词。

24 日

●省政府召开云南省人民政府参事室成立 60 周年座谈会，回顾 60 年来云南参事工作取得的成就，展望未来发展。省长秦光荣出席会议并讲话。

●省政府与中国中信集团公司战略合作框架协议签字仪式在昆明举行。省长秦光荣、中信集团董事长孔丹出席签字仪式。副省长曹建方与中信集团副总经理陈小宪代表双方在协议上签字。

25 日

●省长秦光荣主持召开省政府第四十九次常务会议，研究贯彻落实国务院常务会议精神和国务院《关于稳定消费价格总水平保障群众基本生活的通知》，做好云南稳定物价消费价格总水平工作，保障群众基本生活的相关问题。会议决定采取 20 条综合措施进一步稳定物价，保障群众基本生活。听取了食品安全工作和关于建设创新型云南行动计划实施情况的汇报，讨论了《云南省政府关于进一步推进特色小镇建设的决定（送审稿)》讨论了《云南省委云南省政府关于推进农业产业化发展扶持农业龙头企业的意见（送审稿)》决定原则同意这个意见，进一步完善修改后报省委常委会审定。会议还讨论了《云南省关于贯彻加强重金属污染防治工作指导意见的实施方案（送审稿)》，审议了《云南省人口与计划生育条例（草案)》《云南省财政票据管理办法（草案)》《云南省民用航空机场保护条例（草案)》《云南省政府关于废止部分规章和规范性文件的决定（草案)》《云南省政府关于修改部分规章和规范性文件的决定（草案)》。

●铁道部、云南省加快铁路建设专题会议在昆明举行，提出要紧紧围绕桥头堡建设，推动云南铁路建设再上新台阶，加快构建我国面向西南开放的国际大通道。铁道部副部长陆东福、常务副省长罗正富出席会议并讲话。

12月

2日

●省政府在昆明召开全省烟叶工作暨抗大灾保增收表彰大会，传达省委书记白恩培、省长秦光荣的重要批示，全力推进现代化烟草农业建设。副省长曹建方出席会议并讲话。会上，省政府与各州（市）签订2011年烟叶工作责任状。

3日

●省政府在通海县召开杞麓湖水污染综合治理调研办公会。省长秦光荣强调，要按照“一个目标、两条河道、三个片区、四项保障、五大工程”的治理思路，加大力度，强化措施，加快治理杞麓湖步伐，力争在较短时期内取得成效，为全省生态文明建设和九湖治理作出贡献。

4日

●云南省接受“两基”国检工作总结会在昆明举行。国家教育督导团检查组认为，云南省“两基”主要指标达到了验收标准，建议教育部认定云南实现“两基”目标。教育部部长袁贵仁、省长秦光荣等出席会议。

7日

●省政府在昆明举行表彰大会，为云南省公安边防总队记集体一等功。省公安厅厅长孟苏铁出席会议并讲话，副省长曹建方向省公安边防总队颁发集体一等功奖牌。

8日

●省政府召开全省森林防火和减轻农民负担工作电视电话会议，提出要减少森林火灾损失，切实保护农民利益。副省长孔垂柱出席会议并讲话。

13～15日

●中宣部部长刘云山在云南调研时强调，要认真贯彻党的十七届五中全会和中央经济工作会议精神，把文化建设作为促进经济社会又好又快发展的重要支撑，把保障人民群众基本文化权益作为改善民生的重要内容，坚持重心下移、面向基层，切实加快边疆民族地区文化发展步伐，让各族人民群众共享文化改革发展成果。省委书记白恩培、省长秦光荣等领导陪同调研。

17日

●省长秦光荣主持召开省政府第五十次常务会议，讨论《2011年省政府工作报告（讨论稿）》和2011年全省重点督察的20个重大建设项目和20项重要工作，听取2010年国民经济和社会发展情况及2011年主要宏观调控目标建议的汇报。

20日

●云南省公共资源交易中心揭牌运行启动仪式在昆明举行。省长秦光荣为省公共资源交易中心揭牌。

24～25日

●中共云南省委八届十次全体会议在昆明举行。全委会提出：要紧紧围绕建设绿色经济强省、民族文化强省和中国面向西南开放的桥头堡战略目标，以科学发展为主题，以加快转变经济发展方式为主线，坚持推进农业产业化、新型工业化、城镇化和教育现代化，加快改革创新，加大开放步伐，加强统筹协调，强基础、快发展、调结构、上水平、惠民生、促和谐，不断推进富裕民主文明开放和谐云南建设迈上新台阶。

28日

●省政府与中国兵器装备集团公司战略合作协议签字仪式在昆明举行。省长秦光荣，中国兵器装备集团公司副总经理、中国长安汽车股份有限公司总裁徐留成出席签字仪式。副省长和段琪代表省政府与兵装集团签订《云南省政府中国兵器装备集团公司战略合作协议》。

30日

●省长秦光荣主持召开省政府第五十一次常务会议，讨论《云南省“十二五”国民经济和社会发展规划纲要（送审稿）》，审议并原则通过了《云南省防震减灾条例（修订草案）》《云南盐业管理条例（修订草案）》，决定做进一步修改后提交省人大常委会审议。

国民经济和社会发展

National Economy and Social Development

经济社会发展综述

2010年是新世纪以来云南发展环境极为复杂、各类自然灾害和重大挑战极为严峻的一年，在省委、省政府的领导下，全省各级各部门紧紧围绕“两强一堡”战略，坚持以人为本、科学发展道路，牢牢抓住中央扩大内需一揽子计划机遇，克服百年不遇特大旱灾影响，锐意进取，团结拼搏，奋力前行，为“十一五”发展画上了圆满句号。

【宏观经济】 始终坚持抓机遇谋发展，落实中央扩大内需重大决策，化危为机；强化经济运行分析，提高宏观调控水平，经济总体保持了平稳较快增长。2010年全省实现生产总值7220亿元，人均生产总值1.57万元，工业增加值超过2600亿元，全社会固定资产投资总额5529亿元，财政总收入超过1800亿元，地方财政一般预算收入871亿元，社会消费品零售总额2500亿元，外贸进出口总额133亿美元，5年累计全社会固定资产投资突破1.86万亿元，取得了“十一五”期间生产总值、人均生产总值、工业增加值、财政总收入、地方财政一般预算收入、社会消费品零售总额、外贸进出口总额、全社会固定资产投资总额实现或基本实现翻番的显著成效，全省生产总值年均增速达11.8%，为实现“十二五”经济总量翻番奠定了坚实基础。

【产业创新和发展】 根据不断变化的形势，深入分析研究实际，广泛听取各方意见，制定实施加快产业发展的相关政策；支柱产业比重明显提高，占全省生产总值约55%；非烟工业增加值占全部工业增加值比重提高到约69%，电力、钢铁、有色、化工等产业的竞争力进一步提升，先进装备制造、光电子、新材料、生物医药、绿色食品等新兴产业发展加快。生物医药、物流业、光电子等新兴产业培育取得突破，沃森公司成功上市。自主创新能力增强，开发具有自主知识产权的重点新产品118个，其中14项获国家科学技术奖。三次产业比重由2005年的19.1∶41.2∶39.7调整到2010年的15.3∶44.7∶40，5年累计工业投资达6200多亿元，是“十五”时期的3.7倍；粮食连续8年增产，总产量达到1650万吨，农产品年出口额多年居西部省区第一位。

【重大基础设施建设】 实施大项目带动战略，建成了一批事关全局的好项目、大项目。以云桂铁路、沪昆铁路客运专线等高标准铁路项目为代表的大规模铁路建设全面展开，铁路运营里程2500公里，在建规模2200多公里；昆明新机场建设全面推进，机场总数12个，位列全国第二；公路通车里程突破20万公里，其中高速公路里程2600公里，居西部前列；乡镇公路路面硬化和建制村通公路比重分别达到90%和98%，通畅和通达率较2005年提高了近1倍。加快推进能源建设，电力装机容量3700万千瓦，云广±800千伏特高压直流输电工程实现双极投运，中缅油气管道国内段、云南1000万吨/年炼油项目开工建设，金安桥水电站经国家核准正式开工建设。以“润滇工程”为重点的水源工程建设力度加大，国家规划内的541件病险水库除险加固全部完成，大型灌区和山区“五小水利”工程建设进一步加强，全省蓄水库容超过110亿立方米。高速宽带网络覆盖全省，电子政务建设成效显著。

【发展的协调性、持续性、和谐性】 三大需求协调并进，投资、消费双轮驱动，对外贸易规模和结构不断提升。全社会固定资产投资增长22.1%，全社会消费品零售总额增长21.9%，投资消费增幅趋于同步；城乡差异缩小，农民人均纯收入增速比城镇人均可支配收入高5.1个百分点；进出口总额增长66.7%，实际利用外资增长46%，呈现强劲回升势头。发展的可持续性进一步增强，“十二五”规划项目6.66万亿，桥头堡规划项目近2.2万亿元，可以确保未来几年内投资的平稳增长。发展更加和谐，民生投入在财政总支出的比重达69%，城乡三项医疗保险参保率91.9%，5年累计完成城镇保障性住房31.2万套，改造农村危旧房215万户，减少贫困人口265万人，解决950多万农村人口安全饮水问题。实施边疆“解五难”惠民工程、“兴边富民”行动计划、“平安云南”创建活动、扶持人口较少民族发展等重大工程，民族地区经济增速高于全省平均水平。全面实施“七彩云南保护行动”、“滇西北生物多样性保护行动”、“森林云南”建设等工程，节能减排目标如期完成，森林覆盖率达到52.9%，昆明市、曲靖市、玉溪市进入全国10个空气环境质量最好的重点城市行列，新增治理水土流失面积140万公顷，城市污水集中处理率和城市垃圾无害化处理率均达70%以上。

【经济体制改革】 始终坚持把改革贯穿到经济社会发展的各个环节，各项改革全面推进，云南省被列为全国5省8市低碳经济试点之一，大理市被列为全国33个旅游改革试点市之一，人民币跨境贸易结算试点正式启动，全省深化国企改革的目标任务基本完成，财政、投资、文化、卫生和农村等方面的体制改革继续深化。一些重要领域和关键环节改革迈出新步伐，集体林权制度、医药卫生体制、成品油价税费等一些重大改革顺利推进并取得初步成效，改革试点工作有续开展，发展动力和活力进一步增强。

【桥头堡建设】 云南是我国进入印度洋最便捷的陆上通道，在深化与东南亚南亚和大湄公河次区域的交流合作、拓展与西亚和非洲的开放合作、优化我国能源布局、维护西南边疆稳定和国家安全中具有重要战略地位。为进一步发挥云南区位优势，服务全国发展大局，国家46个部委、162人组成12个调研组赴云南开展了大范围、全覆盖的调查，研究编制《关于支持云南省加快建设我国向西南开放桥头堡的若干意见》和《中国向西南开放桥头堡建设规划》，着力推动云南大发展、大开放，我国对外开放格局正由“沿海开放、东部开放”向“沿海开放、东部开放、沿边开放、向西开放”共同发展的更高层次转变。

（省发展和改革委员会）

经济体制改革

2010年在省委、省政府的正确领导下，云南省深入贯彻落实科学发展观，坚持以改革开放为动力，坚定发展信心，创新工作举措，按照省政府下发的《云南省2010年深化经济体制改革工作意见》要求，着力推进各项改革，重点领域和关键环节的改革取得了新进展。

【加强改革的统筹力度】 成立全省经济体制改革工作领导小组。2010年4月省政府办公厅下发《关于成立云南省经济体制改革工作领导小组的通知》（云政办发［2010］70号），加强对改革工作的组织领导，健全统筹协调推进改革的工作机制。开展改革的总体规划和顶层设计。首次开展并完成“十二五”改革专项规划，为未来5年进一步深化改革提供理论指导和政策支持。首次召开省发展改革委成立以来的全省改革工作会议。

【国企改革】 一是继续深化国资监管体制改革。加强对国资监管工作的领导，各州（市）调整充实成立国资监管和国企改革工作领导小组，对监管机构进行了充实加强，初步做到了机构到位、职责到位、人员到位。省政府与全省16个州（市）签订考核责任书，各州（市）与国资监管机构签订责任书，责任明确到国资监管和国企改革的各个关键环节、重要领域。二是加大企业整合重组力度。昆钢控股收购攀枝花一立股份公司部分股权，云锡集团收购华联锌铟部分股权，省投集团收购宣威电厂股权；启动云天化集团重组珠海富华玻纤材料公司工作。三是资本运营力度进一步加大。通过定向增发、公开增发、发行债券、权证行权等方式，多渠道开展直接融资，2010年直接融资额超过230亿元。昆钢、冶金、云天化、工投等企业发行短期融资券，开展中期票据和企业债券的发行工作；城投、云天化发行信托产品，为企业开展正常的生产经营活动提供资金保障。昆钢集团借壳马龙产业上市工作平稳有序推进，西交集团整体上市工作进展迅速。

【行政管理体制改革】 一是坚持以制度建设为核心，2010年在全省县级以上行政机关全面实施以行政绩效管理、行政成本控制、行政行为监督、行政能力提升为主要内容的效能政府四项制度，深入推进政府自身建设，促进机关作风转变，提高行政效率，提升政府执行力和公信力。二是继续深化行政审批制度改革。实行行政审批项目备案管理，推进行政审批项目集中办理、一个窗口对外服务。三是推进重大决策听证工作。截至年底全省举行听证总数1985项。

【医药卫生体制改革】 一是基本医疗保障制度建设加快。新型农村合作医疗试点稳步推进，新农合筹资标准、报销比例不断提高。截至年底，全省3412.15万人参加新型农村合作医疗，参合率95.29%。开展重大疾病医疗保障试点，探索研究医疗卫生服务保障并网工程，提高基本医疗保险统筹层次，整合医疗保险资源，继续做好大病补充医疗保险试点工作。二是实施国家基本药物制度。在昆明、曲靖、玉溪3个试点城市启动实施国家基本药物制度的基础上，2010年又在红河、文山、楚雄、大理、保山、普洱等6个州（市）基层医疗卫生机构和其他7个州（市）政府所在地的市（区、县）启动实施国家基本药物制度。落实国家基本药物医保报销政策，已将国家基本药物目录和国家基本药物目录云南省补充药品目录全部纳入新型农村合作医疗报销补偿范围。规范基本药物招标配送制度。组建了由政府主导、非营利性的云南省药品网上集中采购交易监督平台。三是继续推进基本公共卫生服务均等化。继续实施9项国家基本公共卫生服务项目。制定完善基本公共卫生服务项目考核办法，3月下发了《云南省基本公共卫生服务绩效考核办法（试行）》。继续实施重大公共卫生服务项目并对重大公共卫生服务项目实施情况进行考核评估。加强公共卫生服务能力建设，提高防治重大疫病和应对突发公共卫生事件的能力。四是积极推进公立医院改革试点。制定《云南省公立医院改革试点实施意见》，国家联系的试点昆明市出台了《昆明市公立医院改革实施方案（2010～2012年）》，曲靖市、省第三人民医院等省级公立医院改革综合试点正积极推进。

【文化体制改革】 一是省级艺术院团、新闻单位和出版单位改革基本完成。3月25日省歌舞剧院交响乐团与昆明交响乐团整合组建成立的昆明聂耳交响乐团挂牌运营。省京剧院、省滇剧院、省花灯剧院、省话剧院确定为公益性文化事业单位，进行以劳动人事、收入分配和社会保障为主体的“内部三项制度”改革。完成云南省歌舞剧院、云南省杂技团、云南艺术剧院的转企改制，共同组建隶属于云南文投集团的子公司云南演艺集团有限责任公司。启动春城晚报社等非时政类报刊转企改制工作。云南人民广播电台和云南电视台推进“制播分离”改革，4月云南云视传媒集团有限公司、6月云南云广传媒集团有限公司分别挂牌成立。二是大型国有文化企业不断巩固和深化改革成果。报业集团、出版集团、广电网络集团、文产集团四大国有文化龙头企业逐步建立适应市场经济发展要求、充满活力的运行体制机制，企业竞争力不断增强。云南文投集团不断完善发展战略定位和发展基本思路，成立集团控股企业，启动丽江民族文化产业示范基地建设和香格里拉蓝月山谷文化旅游项目，在云南腾冲、法国巴黎、柬埔寨吴哥分别打造大型演艺节目《梦幻腾冲》、《雨林童话》和《吴哥的微笑》，在北京注册成立云文影视公司并成功参与一批影视剧制作。云南广电网络集团加快网络整合步伐，已基本实现全省一张网，并推进了与华数传媒集团的业务合作，参与筹建中国广电网络联合发展公司。

【集体林权制度改革】 一是全面完成集体林权制度主体改革。2010年7月27日，省委、省政府召开全省集体林权制度主体改革总结表彰暨林业产业发展大会，标志着主体改革已基本结束，进入到深入推进配套改革阶段。截止2010年底，云南省共成立林改组织领导机构17万多个，投入林改资金13.45亿元，应确权集体林地面积2.73亿亩，已确权集体林地面积2.69亿亩，占98.6%，确权宗数1207.09万宗，发证878.23万本。二是配套改革稳步推进。不断扩大林权抵押贷款规模，制定下发《云南银行业林权抵押贷款管理暂行办法》，在全国属首创，中国银监会给予审查备案并批准先行先试。全省有14个州（市）的6家银行机构（国开行、农发行、农行、中行、建行、信用社）开展林权抵押贷款，全省开展林权抵押贷款余额49亿元，占全国林权抵押贷款余额的1/5，贷款7419户。逐步规范林地林木的流转。颁布实施《云南省林地管理条例》，规范林地权属管理、林地使用权流转、林地保护和利用、违反林地管理的法律责任等。出台云南省的森林资源资产评估办法。下发《云南省森林资源资产评估管理暂行办法》，规范评估森林资源资产，积极推进林权抵押贷款业务的迅速发展，推动云南林业产业的快速健康发展。三是加大扶持林农专业合作社的建设。制定出台《关于推进林农专业合作社的意见》，明确发展林农专业合作社的重要意义，指导思想、基本原则和目标，推进林农专业合作社的要求和保障措施，目前全省已成立各类林农专业合作社1534个，11.41万农户加入合作社，合作社经营林地面积436.72万亩。

【财政体制改革】 一是积极推进预算管理改革。率先启动省级预算单位基础信息动态管理，定期下达基本支出动态预算，有效解决预算编制时点与预算年度的差异性问题。探索建立基本支出预算定额标准体系，印发《云南省省属中等职业学校综合定额核定办法（试行）》，分步做好省直机关定额标准的制定。进一步规范省级追加预算支出申报流程，推动全省财政追加预算支出审批制度建设，印发《云南省财政追加预算支出审批制度推进工作实施方案》，进一步规范和细化省本级财政追加预算支出的立项、申报、评审、审核等程序。二是财政国库集中支付改革进一步深化。财政国库集中支付改革继续“扩面增量”，财政统发工资范围继续扩大，中央专项转移支付资金逐步实行国库集中支付。三是扎实推进行政成本控制制度。成立专门机构，制订工作方案，推进行政成本控制。以推行公务卡结算制度为突破口。研究制定全面开展公务卡结算工作的方案，严控预算单位现金管理，保障公务卡结算制度顺利实施。以严格控制和规范会议、文件、庆典、论坛、考察“五控”为抓手，确保全省行政成本控制工作取得实效。

【金融改革】 一是人民币跨境贸易结算试点正式启动。2010 年 7 月 27 日，云南省跨境贸易人民币结算试点启动，昆明区域性跨境人民币金融服务中心揭牌，金融开放步伐不断加快。二是富滇银行和新型农村金融机构改革发展步伐加快。富滇银行已完成增资扩股方案，存贷款余额不断增加，在老挝设立办事处，省内已设置 9 家分支行，在重庆设立分行获中国银监会批复。新型农村金融机构和小额贷款公司快速发展，多家银行积极筹建村镇银行，参与落实农村金融服务空白乡镇等工作正积极推进；小额贷款公司总数不断扩大，覆盖了 16 个州（市）90 个县（区）。三是初步建立符合云南实际的现代金融体系。引进中国进出口银行、恒丰银行和汇丰银行，形成政策性银行、全国性股份制商业银行全部有分支机构、外资银行分支机构和新型农村金融机构不断增加的局面。

【涉外经济体制改革】 一是努力拓展对外开放平台。云南省政府与越南老街省政府签署《关于加快推进中国河口—越南老街市跨境经济合作区研究和建设合作的框架协议》，南亚国家商品展落户昆明，成功构建“中国—东盟自贸区商务门户网站”，曲靖开发区成功升级为国家级经济技术开发区，有效促进了云南省区域经济发展和“桥头堡”战略的深入实施。二是加快提升对外开放服务能力。积极引导省内企业“走出去”开拓国际新兴市场，不断巩固东盟等传统市场。继续构建检贸、关贸、汇贸等合作机制，着力提高贸易、投资便利化水平和商务服务能力。规范现有行政审批管理事项，实施“属地报关、口岸验放”和跨关区通关货物“应转尽转”等区域通关监管模式，提高通关便利化水平。积极吸引央企和省外外向型大企业入滇，共同做大做强我省对外贸易。三是初步建立服务桥头堡建设的体制机制。紧紧围绕建设我国面向西南开放“桥头堡”战略，积极开展重大课题研究，为国家代拟《关于支持云南省加快建设我国面向西南开放重要桥头堡的若干意见》等文件，加快制定与桥头堡建设相适应的配套规划等，为云南加快对外开放步伐，实现经济社会的跨越式发展创造条件。

（省发展和改革委员会）

财　　政

2010 年，面对百年一遇的特大旱灾、宏观经济回升基础不牢、结构性减税、支出需求快速增长等不利因素的影响，云南各级财政部门在省委、省政府的正确领导下，深入贯彻落实科学发展观，抓住建设绿色经济强省、民族文化强省和中国面向西南开放重要桥头堡，以及中央实施新一轮西部大开发战略的历史机遇，认真实施积极的财政政策，采取一系列扎实有效的措施，努力克服各种困难，推进财政改革，创新财政管理，为促进全省经济持续快速发展、维护社会和谐稳定作出了积极贡献。

【财政收支再上新台阶】 全省财政总收入完成 1809.2 亿元，比上年增加 318.4 亿元，增长 21.4%。地方财政一般预算收入完成 871.2 亿元，增加 173 亿元，增长 24.8%。全省地方财政一般预算支出完成 2285.6 亿元，增支 335.8 亿元，增长 17.2%。财政总收支增长双双突破 300 亿元，支出总量首次突破 2000 亿元大关。

财政预算执行的主要特点：

1. 加强收入征管。积极培植财源，努力强化征管，加强对重点行业和重点企业纳税情况运行的监测，掌握重点税源收入变化动态。全省税收收入完成 702.2 亿元，比上年增长 28.1%。

2. 规范非税收入管理。及时掌握和分析非税收入征管情况，切实规范国有资本经营收益管理和行政事业性收费、政府性基金监管，确保各项收入及时足额入库。稳步开展大中型水库库区基金、重大水利工程建设基金征收工作。制定了省级行政事业单位资产配置、使用、处置管理办法，进一步完善资产运行管理机制，深化行政事业单位国有资产管理改革。全省非税收入完成169亿元，比上年增长12.6%。

3. 积极争取中央支持。抓住中央实施新一轮西部大开发战略、继续实施积极的财政政策、支持云南建设面向西南开放重要桥头堡的历史机遇，全年共争取到中央财政各项补助收入1281.7亿元，比上年增加147.2亿元，增长13%。向中央争取代云南省发行地方政府债券75亿元，规模居全国第九位、西部第二位，债券资金重点用于在建项目，优先保障中央投资公益性项目的地方配套，支持做好项目前期工作。其中，省级统筹安排56.4亿元，转贷州（市）18.6亿元。

4. 完善预算执行管理。在全国率先启动省级预算单位基础信息动态管理，积极研究基本支出定额标准，进一步规范省级财政追加预算支出审批制度。继续加强对部门上报项目的入库评审工作，以保证上报项目的质量与可执行性。改进和完善预算编审委员会集体决策制度，总结并推广部门预算信息公开，全面实行内部公示制。积极探索参与式预算改革试点，提供预算编制和项目实施的可行性，推进预算管理的科学化、精细化。加快预算支出进度，强化预算执行责任，有效缓解年底支出压力。

【促进国民经济持续快速发展】

1. 切实保障重点支出的资金需要。认真分析宏观经济运行态势，围绕推进经济结构调整和发展方式转变，积极发挥财政职能，促进全省经济持续快速发展，不断提高经济发展的质量和效益。全省经济建设支出605.5亿元，较上年增长12.1%。累计下达20个重大建设项目和20项重要工作经费234亿元，推进牛栏江—滇池补水工程、润滇工程项目、滇池水污染防治、城乡保障性安居工程、机场建设和地质灾害防治等项目建设。通过安排固定资产贴息资金、向融资平台公司注入资本金，以及采取政府信用贷款等方式，拓展投融资渠道，确保重大项目的融资需求。

2. 认真实施扩大内需政策措施。累计兑现“家电下乡、汽车摩托车下乡”补贴资金20.1亿元，使受益农户超过200万户。累计兑现重点工业产品财政奖补资金1.6亿元，实施重点工业产品生产和促销财政奖补政策。安排专项资金，支持推进“万村千乡市场工程”建设，促进实施企业“走出去”战略，继续支持实施重要商品储备制度，稳定全省农产品价格和市场供应。安排专项资金1.1亿元，对全省非公有制经济发展、中小企业信用担保体系建设和上市培育等给予支持，缓解中小企业融资困难。安排中小企业技术改造贷款财政贴息、技术创新专项资金2.5亿元，支持全省中小企业科技研发和成果转化。安排专项资金1.2亿元，确保完成全省80万平方米工业园区标准厂房建设任务，并对全省部分重点工业园区、特色产业园区、出口加工区的基础设施和软环境建设予以支持。

3. 支持节能减排和生态文明建设。筹集资金81.7亿元，按“先建后补、以奖代补、以奖促治”的投入原则，积极支持城镇污水垃圾处理设施、节能降耗及新能源试点示范项目建设，扎实推进节能减排和生态保护。筹集专项资金21.7亿元，支持全省九大高原湖泊污染防治和环境综合治理。筹集安排生态功能区转移支付资金11.2亿元，比上年增长1.2倍，加强生态环境保护，提高重点生态功能区所在地政府提供基本公共服务的保障能力。

4. 支持实施创新型云南行动计划。安排创新型云南行动计划专项资金2.5亿元，支持实施一批对全省经济社会发展有支撑引领作用的重大科技创新工程。安排资金3000万元，支持开展省院省校合作。安排专项资金2650万元，支持解“五难”、科普惠农兴村计划、科普教育基地建设等。安排资金5270万元，支持改善科研基础设施条件和高端人才引进。

【支持“三农”加快发展】

1. 落实强农惠农政策措施。积极筹措、整合支农资金，确保强农惠农政策措施落到实处，提高支农资金的使用效益。全省农林水事务支出完成323.5亿元，增长21%。安排拨付粮食作物良种补贴资金4.8亿元、农资综合直补资金22.8亿元、粮食直补资金7500万元，继续对种粮农民实施补贴。安排资金3.4亿元，对购置农机具的农民实施补贴。整合资金30.7亿元，实施百亿斤粮食增产计划。整合资金13.1

亿元，支持畜牧、蚕桑、蔬菜、花卉等农业产业化发展和农产品生产基地、农产品质量安全和标准化建设。整合资金18亿元，加大扶贫开发投入力度，实施6622个村扶贫整村推进、500个村村容村貌整治、23个乡整乡推进试点，加快新农村建设。筹集资金5.87亿元，大力支持发展木本油料等特色经济林，提升林业经济效益，加快山区综合开发步伐。整合资金2.4亿元，支持完成培训110万、转移88万农村劳动力任务。多方筹集资金支持涉农改革顺利推进，建立省级森林生态公益林补偿基金，确保中央森林生态效益补偿政策落到实处。

2. 加快以水利为重点的农业基础设施建设。多渠道筹集水利建设资金48.4亿元，落实3年60亿元的水利贷款额度，确保完成省级筹集100亿元水利建设资金的任务。积极筹措资金20.4亿元，改造中低产田200万亩，土地开发整理106万亩。整合小型农田水利建设补助资金6.46亿元，加大对“五小水利”的扶持力度，推进小型农田水利重点县建设，进一步提高和改善农业生产基础条件。

3. 创新财政支农投入方式。完善财政贴息办法，引导金融资金加大对新农村建设的投入，建立财政与金融合作的协调配合投入机制。采取以奖代补、民办公助、以物抵资等财政支持方式，建立财政资金对农民的引导激励机制，调动农民投资投劳的积极性。将省以下各级财政支农资金投入增长率和到位率纳入省政府对各地农业农村工作考核奖励范围。筹集资金3.8亿元，对全省116个县（市、区）224家开展涉农贷款的县域金融机构增量贷款进行奖励，带动1165亿元信贷资金投放，引导金融机构加大支农力度。积极争取中央农业保险保费补贴资金2.1亿元，把与云南群众生产生活密切相关的九大主要农产品，全部纳入中央财政保费补贴试点范围。省财政筹集资金9356万元，支持开展农业保险工作，有效解除各地农民开展农业生产的后顾之忧。筹集安排资金17.2亿元，大力实施村级公益事业建设“一事一议”财政奖补试点，帮助全省近2.5万个自然村实施以道路硬化、村容村貌整治为重点的村级公益事业建设项目，改善农村群众生产生活条件。

【着力保障和改善民生】 全省用于民生方面的支出1570亿元，比上年增长22.1%，占总支出的比重为69%。

1. 加大教育投入力度。全年完成教育支出375.3亿元，增长21.8%。下达义务教育经费保障机制各项经费80.5亿元，进一步提高农村义务教育阶段贫困家庭寄宿生、特殊教育学校学生生活补助和农村中小学公用经费补助标准，巩固和完善农村义务教育经费保障机制。下达高校、高职、中职各类奖助学金10.1亿元，资助学生61.8万人。筹措安排校舍安全工程专项资金21.5亿元，排除中小学校舍危房200万平方米。安排“两基”迎国检资金和专项经费1亿元，为顺利通过“两基”国检提供资金保障。全面兑现义务教育学校绩效工资。安排高等教育发展专项资金2亿元，促进提升高等教育的办学质量和科研水平。省级财政继续安排专项资金2亿元、转贷地方政府债券资金5亿元，支持州（市）职业教育园区建设。

2. 支持医药卫生体制改革。安排专项资金2.1亿元，支持国家基本药物制度改革试点地区取消药品加成。安排拨付基本公共卫生服务项目补助资金6.4亿元，重大公共卫生服务项目补助资金10.3亿元，推进公共卫生服务均等化。安排城镇居民基本医疗保险补助资金4.2亿元、新型农村合作医疗补助资金37.4亿元，进一步提高城镇居民基本医疗保险和新型农村合作医疗制度覆盖范围，新型农村合作医疗参合率达95.3%。全面兑现公共卫生与基层医疗卫生事业单位基础性绩效工资。筹措安排禁毒专项经费3.2亿元、防治艾滋病专项经费4.6亿元，积极支持打好新一轮禁毒防艾人民战争。

3. 支持公益性文化事业发展。安排资金2.96亿元，继续实施农村广播电视节目无线覆盖工程、农村免费放电影、农家书屋、村级文化体育活动广场、文化共享工程、基层文化阵地、博物馆纪念馆免费开放等重大公共文化工程。加大对文化遗产保护的支持力度，从2010年起，每年安排云南省少数民族文化抢救保护专项资金2000万元，用于云南省少数民族文化抢救保护工作。

4. 促进其他社会保障事业协调发展。省级财政筹措安排补助资金6.2亿元，确保新增新型农村社会养老保险试点县（市）60岁以上农村老人按时领取基础养老金。安排资金44.3亿元，确保企业退休人员基本养老金按时足额发放。安排城市低保补助资金14.2亿元、农村低保补助资金27.4亿元，全省92万城市低保对象实现应保尽保，农村低保对象370万人。筹措安排资金1亿元，用于城市低保、农村五保户、重点优抚对象的价格临时补贴。及时下达全省保障性住房建设资金49.3亿元，加快建设全省50万户保障性住房。安排就业补助资金5.8亿元、创业专项资金1亿元，拨付中央财政贴息资金2.8亿元，使全省失业人员、劳动密集型小企业获得小额担保贷款33亿元，有力支持创业就业工作。

【提升基本公共服务均等化水平】 省级财政全年安排省对下一般性转移支付补助458.6亿元，比上年增长12.6%。安排均衡性转移支付资金及缓解县乡财政困难奖补资金91.2亿元，增长18.2%。安排生态功能区转移支付资金11.15亿元，增幅达116%。进一步调整完善生态功能区转移支付制度，以各地生态能值大小为依据，对各地生态价值外溢进行补助；以各地用自身财力投入生态建设资金为基础，给予奖励；对部分跨州（市）实施的重点生态环保项目，根据实际需求给予支持。保障限制开发区及禁止开发区公共服务水平，引导各地政府加大生态环境保护力度，弥补生态功能区所在地政府和居民为保护生态环境所形成的实际支出与机会成本，促进经济社会可持续发展。安排民族地区转移支付资金18亿元，增长19.2%。依照少数民族人口、少数民族种类及财政困难程度等因素，分配民族地区转移支付，使民族地区转移支付进一步向人口较少民族地区和民族贫困地区倾斜，将非民族自治州所属县、非民族自治县的民族乡纳入补助范围。安排资源枯竭城市转移支付资金3.38亿元，增幅达52%，为东川区、个旧市产业转型、改善民生、整治环境提供资金保障。认真落实艰苦边远地区津贴和事业单位绩效工资改革政策，省财政按照2009年末实有人数，对提高艰苦边远地区津贴标准所需资金给予全额补助。安排公共卫生和基层医疗卫生事业单位绩效工资补助1.84亿元，为兑现公共卫生和基层医疗卫生事业单位绩效工资补助提供财力保障。安排政法转移支付资金24.4亿元，继续推进政法经费保障体制改革，不断提高基层政法机关办案能力。

【规范地方政府债务管理】 以“打基础、摸底数、找问题、提规划”为目标，加强和规范地方政府债务管理。成立云南省加强融资平台公司管理工作领导小组及其办公室，分别到省级部门和部分州（市）进行调研，对融资平台公司的债务风险、治理结构、在建项目的后续融资、资本金注入等问题进行了研究。制定了政府性债务会计核算办法，做好地方政府性债务的清理统计工作，仔细甄别，确定了融资平台公司名录，指导各融资平台公司按照政策口径编制报表，组织专门力量对融资平台公司自清自查数据进行核实，为研究制定有关政策奠定基础。加快推进农村义务教育债务化解工作，省级财政下达各州（市）补助资金10亿元，2005年以前形成的农村义务教育债务31.9亿元已全部化解。

【调整完善省对下财政管理体制】 组织开展为期半年的全省财政基本情况调研，对分税制以来云南省财政运行的基本特点和现行财政体制的经验及不足做了认真的分析与总结，初步形成以“重新划分省级与各地收入体系、进一步明确政府间支出责任、建立激励与约束并重的激励机制、重构省对下转移支付体系”为核心内容的新一轮省对下财政管理体制调整方案。组织对省直管县财政改革试点的昭通市、曲靖市、保山市及其所辖镇雄县、宣威市和腾冲县2008年的基数划转进行认定，对3个市及3个试点县（市）2009年财政收支数据进行清理，省财政与3个试点县（市）直接办理了年终结算，并下达3个试点县（市）缓解省直管县支出压力补助资金，理顺省与试点市（县）间的财政关系，确保省直管县改革平稳运行。

（李建明）

国有资产监督管理

2010年，省国资委在省委、省政府的领导下，沉着应对复杂多变的国内外经济形势，抓住宏观经济起暖回升的有利时机，积极推进转方式、调结构，省属企业生产经营呈现快速增长，经济效益大幅提高，一些经济指标创历史新高。据快报，截止2010年底，省属企业完成固定资产投资386亿元，同比增长20.3%；实现销售收入2246亿元，同比增长37%；完成增加值369亿元，同比增长27.5%，占全省规模以上工业增加值的16%；企业资产总额、净资产总额、利税总额分别达到4574亿元、1469亿元和173亿元，同比增长21.7%、12.8%和57.5%；在岗职工29.13万人，同比增加2%，工资总额同比增长13.3%。

“十一五”期间，云南省国资监管和国有

企业改革发展取得突出成效。5 年来，省国资委履行出资人职责，围绕建立完善国有资产监管体制、加快国有企业改革发展，取得了显著成绩。至 2010 年末，省属企业资产总额是“十一五”初的 3.32 倍，年均递增 27%；营业收入增长 1.86 倍，年均递增 23%，达到全国优秀值；累计实现增加值 1486 亿元，年均增长 17%；累计实现上缴税收 506 亿元，占地方财政收入 12%，年均增长 19%。资产超百亿的企业从 6 户增加到 12 户，其中 3 户超 500 亿；销售收入超百亿从 3 户增加到 8 户，其中 3 户超 300 亿，2 户超 200 亿。国有经济的活力、控制力和影响力进一步增强，在全省经济社会发展中发挥了重要作用。

【国有资产监管体系建设】 2010 年 8 月，省政府召开全省国资监管工作会议，专题研究企业落实“三重一大”问题。加强州（市）国资监管机构建设，省政府明确在新一轮机构改革中，昆明、曲靖、红河、楚雄、文山、丽江 6 个州（市）单独设立国资委。一是依法规范监管方式。制定出台 13 个文件，规范审批备案和报告事项、重大国有资产处置审批、国有资本经营预算支出等监管职能。强化建章立制和法制工作，出台《2010 年云南省国资委建章立制工作计划》、《云南省国资委机关法律事务管理暂行办法》、《云南省国资委行政处罚自由裁量权基准制度》等一批规范内部法律流程的文件。二是改进经营业绩考核工作。完成企业负责人年度及任期经营业绩考核工作，对经营业绩考核办法进行修改完善，健全完善企业工资总额调控制度。三是做好国有资本经营预算。完成 2008 年以前年度国有资本经营收益上交和支出工作，建立省属企业国有资本经营项目库管理体系，制定年度国有资本经营预算编制。四是提升监事会工作。围绕中心，开展省属企业对外借款和对外担保等一系列专项检查。强化监事会监督检查成果的运用，全年监事会与企业交换意见 203 次，进行专题调研 118 次，开展专项检查 74 次，向企业发出提示与建议函 44 份。

【省属企业转方式调结构】 在深刻总结应对危机的经验和教训的基础上，省国资委提出改变单纯依靠资源粗放式的发展方式，利用科技创新，促进产业升级，提高产品附加值，彻底改变结构不合理的转方式调结构工作思路。2010 年 5 月 25 日省政府在腾冲召开省属企业转方式调结构工作座谈会，省政府主要领导、分管领导亲临会议并作了重要讲话，充分肯定了转方式调结构的基本思路和工作重点。8 月底，经多方征求意见，并报省政府领导同意，省国资委制定下发了《云南省省属企业转方式调结构科学发展指导意见》。根据《指导意见》，进一步完善相关制度措施，将转方式调结构总体目标细化分解到每一个年度、每一项产品；围绕《指导意见》确定的总体目标，重新调整完善薪酬考核分配方案；加大工作指导力度，推进各企业结合实际，按照《指导意见》精神，从现有主业、相关多元和转型升级三个层面大胆探索，加快实施一批重点项目，不断调整优化投资结构，做好项目储备，取得了显著成效。经过不断调整，省属企业产业结构和产品结构得到明显优化，一批企业增势强劲，发展规模再创新高，昆钢集团销售收入达到 385 亿，煤化工集团和建工集团销售收入突破 200 亿，白药集团销售收入突破 100 亿元。一是传统主业竞争力显著增强，云铜集团启动高速铁路专用铜合金导线产业化开发；云锡集团锡深加工产品销量比重达到 43%；云天化集团聚甲醛规模全国第一；煤化工集团焦化联产 10 万吨/年苯精制项目顺利建成投产；昆明机场旅客吞吐量突破 2000 万人次，跻身世界大型枢纽机场行列；世博老君山国家公园等项目有序推进。二是相关多元产业进展顺利，建工集团、十四冶集团积极发展钢结构；白药集团健康产品快速发展，市场占有率稳步提高；城投房地产、水务板块全面布局；工投公司工业园区进展顺利；物流集团积极进入第三方物流领域；西交集团加快发展矿山工程业务。三是转型升级取得突破，昆钢集团积极发展新型环保产业；云冶集团多晶硅、钛白粉和海绵钛等项目进展顺利；云天化集团参股中缅石油管道项目，发展下游石化后加工项目；云投公司石林太阳能光伏发电项目实现并网发电。

【国有企业改革重组】 积极引进战略投资者，深化与中铝公司的战略合作，为进一步做强做大云铜集团创造条件；西交集团成功引入 3 家战略投资者，引进资金 3 亿元；参股组建东航云南公司；斗南锰业公司、空港百事特公司等一批二级企业相继成功引入战略合作者。继续深化企业改革。按照省委、省政府的安排部署，加快推进农垦管理体制改革；完成省粮贸集团深化改革任务；昆明饭店 9600 万债务顺利处置；建工集团完成二公司、三公司及总承包公司的公司制改革；云铜集团对29户企业的职工持股进行规范。完善现代企业制度。加强企业章程管理，对17户企业的章程进行审核，进一步规范股东会、董事会、监事会、经营层的权限和议事规则。强化外部董事管理，对任期届满的14名外部董事履职情况进行考核，提高董事会的科学决策水平。部分企业继续深化劳动、人事和分配制度改革，营造重能力、重业绩、重创新的氛围。

【国企资本运作】 继续深入贯彻落实省国资委《加强省属企业资本运营工作的指导意见》，积极了解国家宏观政策及相关法律法规，鼓励省属企业创新融资方式，通过定向增发、配股、发行债券、权证行权等方式，多渠道融资，提高企业资本运作的能力。多次与云南证监局联合主办云南省属企业资本运营研讨会，就并购重组、后金融危机时期的企业资本运营、资本运作助推企业快速成长、企业首发上市、企业资本运作重点会计及审计问题等方面与企业进行面对面的交流。各企业通过定向增发、公开增发、发行债券、权证行权等方式，多渠道开展融资工作。锡业股份完成配股工作，云天化、云铜、昆钢、冶金、云白药等企业发行短期融资券，煤化工、云锡、建工等企业开展中期票据和企业债券的发行工作；省投、城投、工投、云天化等企业发行信托产品。西交集团积极筹备首发上市工作，昆钢控股公司拟定对ST马龙重组的方案。2010年省属企业完成直接融资287.01亿元，其中：股权融资12.42亿元，债券融资232.5亿元，信托理财产品37.09亿元，其他5亿元，超额完成省政府下达的160亿元目标。

【国企管理和科技创新】 加大企业技术研发力度，明确企业每年必须从销售收入中提出一定比例的资金从事研发，努力突破制约企业发展的核心技术和关键领域。云锡公司被国家科技部授予“国家创新型企业”称号，驰宏公司被列为全国创新型试点企业，云冶公司“电解炼铅技术产业化”被列入国家重大科技成果转化项目，云白药公司“治疗皮肤创伤贴剂”荣获“中国专利奖”（优秀奖），南天公司存折打印机连续10年被列为国家级新产品。加大管理创新，云白药、世博等企业实施组织结构调整，推进集团内部资源整合；云铜、云天化、煤化工等企业积极创新营销方式和营销策略，主要产品产销率均达90%以上；云锡集团全年挖潜创效6.29亿元；十四冶、西交集团全面实行项目扁平化管理，完善总部直管项目部模式。

【国企产权管理】 进一步完善产权管理基础工作，从基本制度、操作规程、监督反馈三个方面建立健全机制，建立会议决定、公开承诺、业务限时办结、交叉复核、专家咨询制度等多项制度办法，为规范开展业务、提升工作效能提供基础保障；在项目评估核准和备案上，办理资产评估备案项目78项，评估前资产总额271.42亿元、净资产75.37亿，评估值分别为280.63亿元、143.95亿元，分别增值3.39%和90.99%。在产权交易上，全年通过云交所挂牌转让并成交的国有产权项目38项，涉及资产总额15.36亿元，净资产4.42亿元，实际成交额3.17亿元，成交额比转让标的评估值2.18亿元增值9900万元，增值率45.41%，较前5年综合增值率21.04%提高1倍。积极参与云南省级公共资源交易中心的筹建工作，拟定交易中心国有企业产权交易“1个管理制度、5个交易规则”，指定专人进场监督，推动了产权交易的公开、公平、公正。

【国企党建工作】 深入开展创先争优活动，按照中央和省委的统一部署，把创先争优活动与企业经常性党建工作融为一体，把领导班子建设与基层党组织建设有机结合，把党建工作与业务工作有机结合，把“四好”领导班子创建活动和“四强”党组织、“四优”共产党员创建活动有机结合，通过创先争优活动整合、提升、深化、创新经常性党建工作，激发党建工作活力。大力加强企业人才队伍建设，对部分省属企业领导班子进行充实调整，配合省委组织部完成5户升格企业董事长和党委书记的配备工作。加快人才市场化进程，第一次面向全国、面向非公企业和中介机构，打破所有制限制，拿出2个总经理职位，8个副总职位公开选拔省属企业领导人员。全面实施人才强企战略，企业人才整体素质显著提高。做好党群工作和文化建设。深入推进厂务公开、民主管理，省国资委被评为“全国厂务公开民主管理先进单位”。认真做好信访维稳工作，抓好特殊时段和敏感节点的信访维稳工作，确保了企业和社会的稳定。加强思想文化建设，《云南国资新视界》顺利创刊发行，组织迎国庆“国资杯”球类比赛活动和颁奖晚会。全力参与抗旱救灾工作，省国资委党委所属企业先后3次捐款1.63亿元，争取央企捐款4465万元，发挥了表率作用。

【国企反腐倡廉建设】 按照省委、省政府及省纪委的部署，省国资委党委、纪委围绕中心、服务大局、融入管理、主动作为。认真落实党风建设和领导人员廉洁从业责任制，努力推进以制度建设为重点的惩防体系建设，代省委、省政府研究起草《云南省实施<国有企业廉洁从业若干规定>暂行办法》、《云南省贯彻落实〈关于进一步推进国有企业贯彻落实“三重一大”决策制度的意见〉实施意见》；扎实开展工程领域突出问题专项治理，企业自查自纠各类工程项目2153个，省国资委对74个重点项目的排查和投向情况进行检查；认真牵头抓好全省国有及国有控股企业“小金库”专项治理，自查自纠企业3397户，自查“小金库”104个，涉及金额3198.72万元。在省纪委指导下，省国资委首次实施“两规”措施，与企业共同查办个别中层领导人员违法违纪案件，全年收到信访举报379件，初步调查核实案件8件，立案23件，给予党政纪处分25人，挽回经济损失283.26万元。深入开展企业效能监察，立项400项，挽回经济损失6492万元，增加经济效益4.79亿元，完善管理制度771项。

（刘云 杨大伟）

固定资产投资管理

2010年，面对严峻复杂的经济形势及百年不遇的严重旱灾等各类自然灾害，省委、省政府坚决贯彻落实中央各项重大决策部署，继续把国家实施扩大内需政策的重大机遇转化为促进云南经济又好又快发展的强大动力，带领全省各级、各部门继续把固定资产投资作为保增长、调结构、促发展的重点工作来抓，计划早、措施实，全省投资出现了开局良好、平稳运行、在高基数上继续平稳较快增长的良好局面，促进了全省经济平稳较快增长。

【固定资产投资】 2010年，全省全社会固定资产投资完成5528.71亿元，比2009年净增1000亿元，增长22.1%。三次产业投资全面增长，第一产业完成投资225.89亿元，增长14.6%；第二产业完成投资1773.18亿元，增长16.3%；第三产业完成投资3529.64亿元，增长25.8%。

（一）重点行业支撑作用凸显，省政府考核的重点行业共完成投资3983.84亿元，占全省固定资产投资总额的72.1%。

其中：电力完成投资715.25亿元，增长1.8%。小湾水电站全部机组（420万千瓦）和石林太阳能光伏实验示范电站20兆瓦投产发电、滇东电厂二期工程2号机组建成投产、云广±800千伏直流特高压输电工程双极投运，澜沧江糯扎渡、金沙江中游金安桥、梨园、龙开口、鲁地拉、观音岩水电站及金沙江下游溪洛渡、向家坝、白鹤滩、乌东德水电站和镇雄电厂1、2号机组（2×60万千瓦）、威信煤电一体化项目1、2号机组等项目进展顺利。

工业（不含电力）完成投资1051.10亿元，增长28.3%。

云南铝业年产8万吨中高强度、宽幅铝合金板带生产线，云南建锰矿有限公司200kt/a锰系合金生产线、云南万盛有限公司年产1万吨高石墨质阴极碳素制品生产线等项目建成投产；云内动力轿车柴油机产能建设项目、云南文山铝业有限公司80万吨/年氧化铝及配套矿山等在建项目进展顺利，投资完成情况良好；云南冶金集团总公司技术研究基地、德宏后谷咖啡有限公司年产1万吨速溶咖啡项目、玉溪工业投资有限公司2万台数控机床规模化生产等项目如期开工建设。

房地产完成投资737.46亿元，增长32.2%。螺蛳湾商贸城等重点项目进展顺利。

综合交通完成投资933.8亿元，增长75.28%。公路702.06亿元，增长88%；铁路150.43亿元，增长79.3%；民航81.31亿元，增长7.7%。大丽、昆武、石蒙、昆明绕城高速西南段等国家高速公路网和及保腾等地方高速公路等项目进展顺利，宣威至普立高速开工建设，完成农村公路改造2.4万公里；沪昆客专长昆段、广大铁路扩能改造、成贵铁路客运专线、中国—老挝国际铁路通道磨憨铁路物流中心等重大项目开工建设；昆明新机场主体工程建设完成工程总投资的70.1%，丽江机场改扩建主体工程完工投入使用，西双版纳机场改扩建工程进展顺利，泸沽湖机场、红河机场前期工作进一步加快，沧源、澜沧机场前期工作全面启动。

水利完成投资150.20亿元，增长41.4%。

全省新开工42件重点骨干水源工程，建成40万件“五小水利”工程；在建水利工程牛栏江—滇池补水工程有力推进；2007年开工的35件中型及中型降等小（一）型水库已有7件主体工程完工；全国病险水库除险加固专项规划内的27件大中型病险水库除险加固项目，已竣工验收7件，完工4件，主体工程完工14个。

教育完成投资181.20亿元，增长44.2%。校舍安全工程新建384万元平方米，加固改造1.6万平方米，2008年普查认定的640万平方米D级危房提前2年排除。中等职业学校与普通高中在校生比例提高到1.05∶1。呈贡新校区总开工面积、总竣工面积和总投资均完成总工程量的80%以上，9所高校全部投入使用，累计入住学生8万人。

（二）州、市投资普遍增长。全省16个州、市全部完成年初与省政府签订的责任书，均实现25%以上的较快增长。其中：临沧市呈现96.5%的高速增长，昆明、玉溪、普洱、楚雄、红河、迪庆等6个州（市）呈现30%以上的快速增长，曲靖、保山等10个州（市）呈现25%以上的较快增长。

【中央投资项目】2010年共争取到中央投资176亿元，涉及6大专项、89个小项共计4060个项目。其中：保障性安居工程296个项目，农村民生工程和农村基础设施1815个项目，重大基础设施181个项目，卫生、教育等社会事业建设1407个项目，节能减排、环境保护与生态建设222个项目，自主创新和结构调整139个项目。

一是部门上下联动发力。全省各相关部门继续按照中央“出手要快、出拳要重、措施要准、工作要实”的要求和省委、省政府的具体部署，切实加强协调配合，全力推进扩大内需中央投资项目的建设。省发展改革委及时分解下达新增中央投资计划，加快项目审批工作；省财政厅及时拨付资金，积极筹措配套资金；省国土资源厅、住房和城乡建设厅、环保厅、审计厅等部门坚持“特事特办、急事急办”的原则，努力做好服务保障工作。

二是突出重点狠抓中心。省政府研究确定了全省重点督查的20个重大建设项目和20项重要工作，省发改委研究制定了2010年“三个一百”重点建设项目计划，省工信委研究确定了“212”工程，各地、各部门也结合实际研究确定本级、本部门的重点项目。以重点项目和重点工作为抓手，实行重大项目前期工作进展情况通报和专报制度、落实重大项目领导挂钩联系制度等有力措施，力促项目尽早开工建设，形成实物工作量。

三是强化督查服务到位。各州、市和重点行业主管部门按照“目标时间倒逼、责任主体明确、措施具体有力”的要求都把投资任务细化分解到项目，建设任务落实到人，项目进度安排到月，及时跟踪督促建设进度，适时调整优化方案，力促按质按期完成，结合中央检查组的春秋季两次检查，狠抓项目开工率及竣工率。各地、各部门加强督促检查落实，通过制定《项目督促检查实施方案》，成立以主要领导为组长的重大项目建设督促检查领导小组对重大建设项目进行全面督查，保证重大项目建设顺利实施。

【加强投资管理】一是早安排、抓部署，落实责任。省委、省政府高度重视固定资产投资工作，年初召开全省固定资产投资工作会议，统一思想、明确任务、全面安排、周密部署。在全面分析、科学测算的基础上，与16个州（市）、7个重点行业主管部门签订责任书，全省各地按照“策划一批、储备一批、申报一批、开工一批、验收一批、交付使用一批”的要求，不间断地组织策划一批重大项目，全方位地包装储备一批重大项目，高效率地申报推介一批重大项目，力争投资工作主动。

二是抢机遇、强措施，狠抓管理不放松。紧紧抓住国家继续实施一揽子经济刺激计划的重大机遇，用心做好每一项工作、精心组织每一个项目、圆满完成每一项任务。认真贯彻落实《国家发展改革委、财政部关于做好2010年中央预算内投资工作有关要求的通知》（发改投资［2010］316号）精神，开发使用“云南省扩大内需中央投资项目信息管理系统”，为做好中央投资项目管理工作提供制度和技术保障。全力以赴筹集资金实现地方配套足额到位，确保应配尽配、不漏配、不错配、不少配。2010年7月初省发展改革委成立9个调研组深入到各州（市）和重点行业进行固定资产投资责任制协调落实专题调研，全面了解各州（市）、重点行业上半年固定资产投资任务目标完成情况、存在问题及下半年拟采取的工作措施，了解“三个一百”重点建设项目进展情况，指导“十二五”规划编制工作，衔接需纳入国家、省“十二五”规划的项目，掌握情况、查找问题、督促进度、指导工作、研究措施、达到预期效果。7月30日召开全省固定资产投资暨“十二五”规划编制工作专题会议，总结上半年的固定资产投资工作，分析面临的主要困难和问题，研究对策措施，对下半年的固定资产投资工作及“十二五”规划编制工作进行再安排、再部署。9月16日，秦光荣省长主持召开全省固定资产投资工作座谈会，对全面完成全年固定资产投资任务作具体安排部署。

三是重配合、齐联动，形成合力不推诿。根据省委、省政府的要求，围绕大局、各司其职，信息互通、资源共享，协调配合、认真履职，实现了突出重点不分心、勤奋工作不务虚、强化服务不被动、坚持“五关”不缺位。省发展改革委及时组织召开重大投资项目并联并行审批核准会议，提请审批18个项目、确定18项事项。同时，为做好项目前期工作，引导银行信贷资金投入重点项目建设，充分发挥财政资金的作用，年初编制下达省预算内前期工作经费投资计划2亿元和省预算内投资贴息计划1.5亿元，并根据省委、省政府确定的重大事项，及时分批次安排下达省预算内投资补助资金计划10亿元，推动了项目开工和建设，全省固定资产投资稳步推进。

（鞠云昆　梁旭东　杜虎）

实施西部大开发

2010年，面对百年不遇的特大旱灾以及国内外经济环境的重大挑战，云南省按照中央关于深入推进西部大开发的总体部署，用科学发展观统领经济社会发展全局。全力以赴抗干旱、保民生、保增长，坚定不移调结构、转方式，切实推进全省经济社会发展转入科学发展、和谐发展的轨道。

【综合经济实力】 2010年生产总值7220.14亿元，同比增长12.3%。分三次产业看，第一产业增长4%；第二产业增长15.8%（其中，工业增长14.7%，建筑业增长20.8%）；第三产业增长11.5%。全省规模以上工业实现增加值2246.9亿元，同比增长15%，其中轻工业增长15%，重工业增长15%。全省财政一般预算收入完成871.19亿元，增长24.8%。

【抗旱救灾】 面对百年不遇的特大旱灾，云南省累计筹集抗旱救灾资金32亿元，出动1600多万次车辆，投入近1600万人参与到抗旱救灾工作中。农业保持平稳发展势头，实现农业增加值1106亿元，增长4%，粮食产量1650万吨。畜牧业稳定发展，肉类总产量486万吨，增长4.97%；禽肉产量39万吨，增长7.4%；奶类产量57.4万吨，增长3.5%。

【基础设施】 综合交通运输体系建设稳步推进，综合交通投资总体保持较快增长。全年交通基础设施建设完成固定资产投资949亿元，比上年增长7.8%。二级公路建设全面启动，建设进度较快，大理至丽江、昆明至武定、石林至蒙自、昆明绕城西南端高速等在建高速公路及52条路网改造二级公路，农村公路建设和水运及其他项目投资完成情况良好。昆明新机场主体工程土石工程基本完成。能源行业（含电力、煤炭、油气）累计完成投资800亿元左右，水利固定资产累计完成投资150.2亿元，在建水利工程进展顺利。2010年国家下达云南省的中央资金农村饮水安全项目全面开工，中低产田地改造圆满完成既定目标任务。

【生态建设和环境保护】 全省完成造林1142.87万亩，其中：人工造林936.04万亩，封山育林206.83万亩。国际生物多样性保护重点区域由5个州（市）扩大到9个州（市）。继续加大以滇池为重点的九湖治理。节能减排和结构调整取得积极成效，采取更加有力的措施，加快淘汰落后产能，严格控制“两高”行业过快增长，促进节能减排。全年单位生产总值能耗和化学需氧量排放量增长-3.67%和-1%。

【特色优势产业】 卷烟工业完成增加值797.2亿元，比上年同期增长16%，国家政策扶持增加360万担烤烟种植计划顺利落实，种植面积621.16万亩，经济效益继续好转。甘蔗、茶叶、水果等产业减产不减收，增收效益好于上年。规模以上轻工业与重工业增幅的差距缩小。重点产业调整和十大产业发展规划深入实施，企业自主创新、技术改造和兼并重组积极推进，新兴产业加快发展对经济增长带动作用加大。

【社会事业】 就业形势基本稳定。全年城镇新增就业27.06万人，全省城镇登记失业率控制在4.21%以内，推进农民工转移就业取得积极成效，城镇居民人均可支配收入和农民人均现金收入增长8.1%和13.2%。社会保障工作取得积极进展，提高企业退休人员基本养老金标准，扩大城乡低保、新兴农村合作医疗补助范围。深入推进国家基本药物制度，启动实施公立医院改革试点。农村义务教育投入进一步加大，中小学校舍安全工程和农村初中改造工程扎实推进。廉租住房、经济适用住房建设和棚户区、农村危房改造等积极推进，公共租赁住房建设全面启动，争取到国家保障性住房建设资金30亿元，居全国第一。

【改革开放】 对外贸易回升势头强劲，全年进出口总额133.7亿美元，增速为66.7%。利用外资和"走出去"战略积极推进，实际利用外资同比增长46%。成功举办第十八届中国昆明进出口商品交易会。把云南建设成为我国向西南开放的桥头堡开始起步，"桥头堡"和"十二五"规划编制工作有序推进。瑞丽开发开放试验区建设加快推进，编制完成试验区实施方案。

（省发展和改革委员会）

民族自治地方经济

【综述】 2010年，省委、省政府带领全省各族人民，努力克服金融危机的后续影响和百年一遇特大干旱带来的重重困难，紧紧抓住中央深入实施西部大开发战略、"两强一堡"建设和编制"十二五"规划等重要机遇，团结拼搏，克难奋进，全面做好稳增长、调结构、惠民生的各项工作，农业大灾之年保增长，工业平稳较快发展，金融运行良好，全省民族自治地方经济社会发展呈现平稳较快发展态势，民族团结边疆和谐的局面不断稳固。

民族地区综合经济实力逐步提升。2010年云南民族自治地方地区生产总值2799.2亿元，比上年增长12.5%，高于全省0.2个百分点，连续8年保持两位数增长。其中，第一产业增加值623.1亿元，增长5.6%，高于全省1.6个百分点；第二产业增加值1146.5亿元，增长15.5%，其中：全部工业增加值908.1亿元，增长13.6%；第三产业增加值1029.6亿元，增长13.5%，高于全省2个百分点。产业结构进一步调整，三次产业结构从上年的24.82：38.95：36.23调整为22.26：40.96：36.78，第三产业比重上升1.4个百分点。人均GDP为1.24万元，增加1765元，为全省平均水平的78.5%，较上年提升1个百分点。

2010年，省民委落实的民族专项资金3.8亿元，较上年增长27.3%。根据《云南省政府关于推进实施2010年全省重点督查20个重大建设项目和20项重要工作的通知》要求，将"实施400个自然村整村推进"和"全面抓好7个人口较少民族和少数民族中深度贫困群体的重点帮扶，进一步加大对景颇、拉祜、佤、傈僳4个特困民族的扶持力度，着力改善其生产生活条件"摆在重要位置抓紧抓好，全年实施整村推进自然村421个，投入资金1.48亿元，完成村数和落实资金量分别是计划的105.3%和405.7%。

兴边富民行动深入实施。全年争取到国家投入兴边富民行动重点县建设资金1.1亿元，较2009年增长44.7%，安排资金7590万元实施了201个兴边富民示范村建设，并在边境县中选择富宁县、澜沧县实施每县每年900万元连续3年扶持的特色产业发展项目。协助国家民委、国家发改委、财政部在云南召开全国兴边富民行动10年总结暨经验交流会，云南开展兴边富民行动10年来取得的成绩得到国家的充分肯定。

扶持人口较少民族发展工作取得新进展。省民委安排资金1.08亿元，建设109个人口较少民族发展示范村，为7个人口较少民族各建设1个特色村寨，启动基诺族、普米族、独龙族3个人口较少民族特色博物馆建设项目，全省175个人口较少民族聚居村实现"四通五有三达到"的扶持目标。

继续推进扶持特困民族发展。落实资金1665万元，加大对特困民族和少数民族深度贫困群体的扶持力度，其中，投入570万元实施17个扶持特困民族发展试点整村推进项目；投入900万元扶持瑶族山瑶支系10个自然村实施整村推进发展项目和产业发展项目；投入120万元重点对新归属傣族、布朗族的八甲人、老品人聚居的2个特困自然村实施整村推进扶持。同时，进一步落实和巩固对彝族支系莨人、白族支系勒墨人、布朗族支系莽人、克木人的扶持成效。

大力推进少数民族特色村寨保护与发展。省民委和省财政厅联合下发了《关于做好云南少数民族特色村寨保护与发展试点工作的实施意见》，并进一步加大对民族特色村寨建设项目的试点探索，在2009年实施了3个特色村寨试点建设的基础上，选择11个村寨进行试点探索，补助1100万元实施通过专家评审选择的11个民族特色村寨建设，使白族、哈尼族、纳西族、布朗族、普米族、阿昌族、怒族、基诺族、德昂族、独龙族、藏族、布依族、彝族、壮族等世居少数民族都有了具有民族特色、地域特点和时代特征的标志性村寨。

【农业经济】 2010年，面对百年一遇的特大干旱，民族自治地方与全省上下并肩作战，共同开展了一场“抗大旱，保民生，抓春耕，促发展”的攻坚战。在小春作物遭受重大损失的情况下，全年粮食产量815.7万吨，人均粮食产量360公斤，比全省多26公斤，与上年人均粮食产量363公斤基本持平。全年实现农林牧渔总产值1058.5亿元，比上年增长9%，高于全省4.3个百分点。主要农产品生产再获丰收。2010年水果产量305.5万吨，比上年增长34.0%，高于全省22.6个百分点，人均水果产量135公斤，比全省多48公斤；人均蔬菜产量249公斤，与上年基本持平；烤烟产量49万吨，增长9.8%，高于全省1.5个百分点；油料产量16.7万吨；甘蔗产量1274.9万吨。畜牧业生产健康稳定发展。2010年猪牛羊肉总产量217.0万吨，增长9.6%，高于全省4个百分点；人均猪牛羊肉产量96公斤，比上年多8公斤，比全省多27公斤。年末大牲畜存栏数738万头，增长2.5%，高于全省0.1个百分点。电脑农业推广应用工作成效显著。推广应用专家系统52个，全省电脑农业种植业推广面积394万亩，项目辐射350个乡镇，近320万农民受益。

农村生产生活条件进一步改善。2010年，民族自治地方有794个乡镇，7369个村委会，其中自来水受益村6910个，通公路村数7295个，通电话村数7157个，通电村数7331个，分别占村委会总个数的93.8%、99.0%、97.1%、99.5%，与上年相比，分别上升0.7、0.4、0.4、0个百分点。农业机械总动力1429万千瓦，比上年增长13.4%，农村用电量37.36亿千瓦小时，增长12.4%。农民人均纯收入3504元，增长14.7%。

【民族经济】 2010年，积极应对国际金融危机的后续不利影响，开发优势资源，紧抓平台建设，加快工业经济转型，积极推进工业经济结构调整，保持了平稳较快增长的发展态势。民族自治地方实现全部工业增加值908.1亿元，增长13.6%；规模以上工业企业1205个，比上年新增49个，规模以上工业总产值1994.7亿元，增长24.5%；工业销售产值1885.7，增长26.3%；实现利润总额232.6亿元，增长123.1%。

民贸企业扶持力度进一步加强。与省财政厅联合组织2010年扶持民族地区企业贴息贷款项目申报评审工作，争取到国家民贸网点建设和民族特需商品定点生产企业技术改造财政贴息资金补助36万元扶持3个民贸项目建设，争取省级财政专项安排300万元财政贴息资金扶持民贸和定点企业发展。

国际合作项目结出硕果。全年培训省、州、县、乡、村项目管理人员和手工艺人100余人，争取村级培训资金20余万元，完成少数民族地区综合扶贫示范项目8个示范点的村级培训，培训群众近1000人次，提高了项目区群众的自我发展能力，为民族经济工作拓展了新领域，培训了一批熟悉国际项目的组织者和实施者。中国文化与发展伙伴关系框架项目开展了入村督导和培训活动，联合国驻华机构、西班牙驻华使馆官员和项目国际、国内专家等10余人亲临2个项目点指导工作。

开展少数民族优秀民营企业家评选。经政府批准，2010年牵头组织了“云南省首届少数民族优秀民营企业家”评选活动，评选出50位少数民族优秀民营企业家，代表21个世居少数民族。评选活动为期3个月，引起了社会的广泛关注，使少数民族企业家作为一个特殊群体第一次受到省政府的授权表彰。

【财政　金融】 2010年，民族自治地方财政收入226.7亿元，增长24.3%，人均地方财政收入1001元，比上年增加193元，增长23.9%，高于全省0.1个百分点；地方财政支出887.3亿元，增长24.1%，高于全省7.0个百分点，人均地方财政支出3919元，增加750元，增长23.7%，高于全省7.3个百分点。其中用于环境保护、教育支出分别为30.8和161.5亿元，增长36.9%和24.0%，环境保护、教育支出力度的加大，使民族地区环境保护进一步加强，办学条件有所改善。

金融机构贷款较快增长，有力地支撑了民族地区经济持续向好。2010年末，民族自治地方金融机构各项存款余额3804.7亿元，比年初增加943.65亿元，增长33.0%，其中：城乡居民储蓄存款年末余额1987亿元，增加445.6亿元，增长28.9%；金融机构各项贷款余额2320.3亿元，增加518.5亿元，增长28.8%。

【固定资产投资】 投资拉动和项目建设取得明显成效。2010年，民族自治地方全社会固定资产投资总额2709.5亿元，比上年增长59.9%，高27.3个百分点，高于全省37.8个百分点。其中，城镇固定资产投资1896.3亿元，增长35.0%，农村固定资产投资357.6亿元，增长23.4%。基础设施建设得到加强，新增等级公路9957公里，新增高速公路17公里。从投资的资金来源来看，非国家预算内投资2406.5亿元，占全社会固定资产投资总额的88.8%，比上年高3.7%，投资自主性不断增强。

【社会保障】 社会保障体系继续完善。社会保障覆盖范围逐步扩大，保障力度进一步增强。2010年，城镇居民最低生活保障人数51.4万人，比上年增长2%；城镇居民最低生活保障支出9.1亿元，增长15.2%；农村居民最低生活保障人数248.8万人，增长11.7%；农村居民最低生活保障支出19.5亿元，增长30.9%，新型农村合作医疗参保人数1771万人，新农合参合率96.0%，提高2.9个百分点，新型农村合作医疗费用支出23.1亿元，增长29.8%。

【民族乡经济社会发展综述】 云南省先后建立了197个民族乡，后经过几次机构改革的调整和随着经济社会发展撤乡改镇，2010年末全省148个民族乡，纳入2010年统计范围的有151个民族乡（镇），151个民族乡（镇）分布在全省16个州（市）70个县，建乡民族有20个，国土面积4.5万平方公里，总人口297.1万人，其中少数民族人口179.3万人。全年，实现农林牧渔总产值120.8亿元，比上年增长11.0%，在遭遇特大干旱小春作物遭受重大损失的情况下，全年粮食产量达到119.1万吨，减少0.6%；人均粮食产量401公斤，比全省多67公斤，比上年人均粮食产量减少8公斤。实现乡镇企业总产值114.8亿元，增长11.0%，其中：工业企业实现总产值84.6亿元，增长10.1%；完成财政支出9.6亿元，增长14.3%；农民人均纯收入2639元，增长11.8%。

农村生产生活条件进一步改善。2010年，民族乡有1158个村委会，其中自来水受益村1022个，通公路村数1130个，通电话村数1128个，通电村数1145个，通邮村数1127个，分别占村委会总个数的88.2%、97.6%、97.4%、98.9%、97.3%，与上年相比分别上升2.5、2、2.8、0.1、4.1个百分点。农业机械总动力为2006.1万千瓦，增长12.6%，农村用电量2.7亿千瓦小时，增长6.9%。耕地有效灌溉面积116.6万亩，占耕地总面积的27.5%，减少0.5%。

社会各项事业不断取得进步。教育事业稳步发展，2010年有学校2048个，在校学生42.8万人，教师2.6万人；民族文化设施建设得到加强，有图书馆40个，文化站150个，村文化活动室1039个，分别增加5个、1个、191个；医疗卫生条件不断改善，所有民族乡都有卫生院，共有卫生院162个，医生1913人，病床3568张，有村卫生室1150个，乡村医生2279人。拥有农技推广服务机构393个，农技推广服务从业人员1272人。

民族乡经济社会发展面临的主要压力。一是民族乡交通现状仍不能满足发展的需要。村村通工程只是把道路修到了村部，还没有通到各自然村，影响了农副产品外运和农用物资内运问题，相应制约着农民的收入和农村经济的发展。二是农田水利等基础设施薄弱。民族乡有效灌溉面积只占耕地总面积的27.5%，抵御自然灾害能力弱，相当大程度上还处于“靠天吃饭”状态。三是剩余劳动力综合素质偏低。青壮年外出务工的多，留守村中大部分是老、弱、病残、妇，习惯于传统农业，对新品种技术接受慢，影响了农业产业化的发展。四是在产业发展上有差距。部分民族乡由于特殊地理环境，制约了部分产业的规模化发展，特色产业有基地、无规模；有产品、无产量。

【对口帮扶工作】 2010年是上海对口帮扶德昂族发展的第五年，对口帮扶独龙族发展的第一年。投入帮扶德昂族发展资金1089万元（上海帮扶824万元，云南配套265万元）。对17个德昂族聚居自然村实施整村推进、特色产业建设和人才培养等100个项目。自2009年上海市决定把对口帮扶独龙族发展列入沪滇合作内容以来，省民委积极协调，争取到上海投入帮扶独龙族发展资金760.6万元，正式启动对口帮扶独龙族发展试点项目，试点实施整村推进和安居房建设项目。

（易永红）

县域经济

省委、省政府高度重视县域经济发展，“十一五”期间坚持“抓两头、带中间”的思路，采取“试点推进”和“分类指导”的工作措施，多次召开全省县域经济工作会议，出台了“扩权强县”、财政奖励、金融扶持等一系列加快县域经济发展的政策措施，有效地促进了县域经济的整体协调发展。

【“十一五”发展成效】

1. 县域综合实力显著增强 2010年全省县域地方财政一般预算收入350亿元，是2005年的2.34倍，年均增长23.6%，高于全省同期年均增幅2.2个百分点；固定资产投资完成5529亿元，是2005年的2.15倍，年均增长达到26.2%。2010年全省有36个县（市、区）县域生产总值超过50亿元，比2005年增加23个，其中超过100亿元的有16个，比2005年增加10个，五华区突破500亿元，达到了540.08亿元；25个县（市、区）地方财政一般预算收入超过5亿元，比2005年增加了19个，其中6个县（市、区）地方财政一般预算收入突破10亿元，五华区、官渡区突破20亿元，分别达到了20.54亿元和26.16亿元。

2. “一主三化”进程加快。产业结构进一步优化，三次产业结构向着“一产稳定、二产优化、三产加快发展”方向转变。农业农村经济在县域经济中的基础地位进一步巩固，农业产业化发展步伐明显加快，县域农业总产值由2005年的1066亿元增加到1806亿元，年均增长7.0%。全省县域工业化进程加速，工业支撑县域经济发展的作用明显增强，工业增加值由2005年的1169亿元增加到2247亿元、年均增长14.5%。全省以县城和中心镇为重点的小城镇建设取得突破性进展，县域城镇化率达到35.2%，比2005年提高5.7个百分点。“十一五”期间，云南相继出台20多个涉及支持非公经济发展的政策性文件，2010年全省非公有制经济增加值2932亿元，是2005年的2.42倍，年均增长15.4%，成为全省县域经济发展中最具活力的部分。

3. 特色经济发展成效显著。围绕茶叶、橡胶、咖啡、桑蚕、蔬菜、花卉等优势特色产业，天士力生物茶、后谷咖啡等一批省内外知名龙头企业不断发展壮大，呈现出了“知名品牌点活一片、企业集团带动一方”的良好局面，特色经济发展成为云南工业反哺农业、城市支持农村、城乡统筹协调发展的重要载体，并成为农民增收的重要支撑。2010年，特色经济经营收入占到农民家庭经营性收入的70%以上，农民人均纯收入由“十一五”期初的2042元增加到3952元，年均实际增长9.9%。县域特色工业产业发展较快，特色产业集群培育工作进一步得到加强，昆明、曲靖、红河、昭通、玉溪等州（市）充分利用当地大中型工业的聚集辐射效应，积极发展配套工业，形成了大、中、小企业科学分工、有效协作的产业集群。全省40个重点和特色工业园区完成工业增加值652.36亿元，增长22.7%，99个工业园区工业增加值占全省全部工业增加值的比重达到40.2%。

4. 县域经济发展协调性增强。坚持“抓两头带中间”的县域经济发展思路，采取“试点推进”和“分类指导”的工作措施，有效促进了全省县域经济的整体协调发展。2010年，全省35个一类县（市、区）、58个二类县（市、区）、36个三类县（市、区）的地区生产总值增长率分别达到13.8%、13.2%和14.7%；固定资产投资增长率分别达到27.1%、37.8%和44.8%；地方财政收入增长率分别达到24.9%、29.8%和29.2%。各项主要经济指标增幅均高于全省平均水平。2010年，全省有36个县（市、区）县域生产总值超过50亿元，比2005年增加23个；有16个县（市、区）超过100亿元，比2005年增加10个。有25个县（市、区）地方财政一般预算收入超过5亿元，比2005年增加19个。全省“三类县跨越发展、二类县赶超发展、一类县领跑发展”的发展格局基本形成，并促进了城乡统筹发展和社会事业的不断进步。

【“十二五”工作思路及重点】

围绕“富民强县”目标，坚持以科学发展观为指导，以加快转变经济发展方式为主线，以农业产业化、新型工业化、特色城镇化为抓手，在“加快”上下工夫，在“转变”上动真格，在“发展”上见实效，做特农业，做深加工业，做优小城镇，做美乡村，大力发展非公经济，不断深化“扩权强县”等县域体制改革，全面促进城乡统筹和经济社会协调发展，全面改善城乡居民生产生活条件，不断增强全省县域的可持续发展能力。“十二五”时期，全省县域经济发展的总体目标是：县域地区生产总值年均增速达到10%以上，全社会固定资产投资年均增速达到15%以上，地方财政一般预算收入平均增速达到13%以上，城乡居民收入平均增速达到10%以上。到2015年，争取农民人均纯收入达到6000元；非公经济增加值占全省生产总值的比重达到50%左右；城镇化率达到45%，全省县域经济发展质量明显提高、速度明显加快、竞争力明显增强，区域发展不平衡得到明显改善，县域经济实力显著增强。“十二五”期间全省重点抓好六个方面工作：

（一）完善基础设施，夯实县域经济发展基础。牢固树立“抓投资、上项目、求跨越”的发展思路，不断加强城市、农村、工业等基础设施建设。一是加快市政基础设施建设，重点抓好道路和管网建设改造、污水和生活垃圾处理设施建设，学校、医院、文化体育场所等项目建设，增强城镇整体功能。二是加快城乡公路网络建设，重点抓好县域高等级公路连接线、山区腹地公路以及“乡镇通畅工程”和“建制村通达工程”建设，改善县域出行条件。三是加快农业农村基础设施建设，重点抓好农田水利建设和农业生产能力建设，积极实施中低产田地改造，优势优质农产品种植示范基地和畜禽规模化、标准化养殖配套工程建设，扎实推进水源工程、农村饮水安全工程、水库除险加固、中小河流与城镇防洪工程、农村水电工程等项目建设，以及城乡电网改造、农村沼气等能源设施建设，打牢县域农业农村可持续发展的基础。四是加快工业基础设施建设，重点加快园区配套建设，谋划一批“路电水气网”、环保治污等基础设施项目，集聚县域工业企业，发挥工业对县域经济的带动效应。在基础设施建设资金的筹措上，要充分发挥财政资金的引导作用，通过加强“政、企、银、社”之间的联系与互动，积极争取银行金融机构的贷款支持，确保投入的“持续性”，要选准项目，切实提高工程质量、发挥工程的效益，确保投入的“有效性”。

（二）加强产业建设，增强县域经济发展能力。要加大优势产业培育力度，以特色优势产业为基础，产业园区为载体，产品加工业为龙头，带动物流商贸等第三产业发展，不断增强县域经济的竞争力。一要找准特色定位。各县（市、区）要根据自身的区位特点、资源禀赋、历史文化、环境条件，从实际出发，坚持“有所为有所不为”的原则，充分发挥县域内的矿产、生物、气候、交通、区位、沿边、生态以及文化等资源和区位优势，因地制宜制定发展思路，走差异化的发展道路，宜工则工、宜农则农、宜商则商、宜旅则旅。要紧紧围绕“特色”和“优势”，在“一村一品”、“一县一业”上，推动规模化、标准化、品牌化和产业化发展，争取每县培育2至3个主导产业，为实现县域经济跨越式发展提供强有力的支撑。二要抓好园区建设。要通过发挥园区的辐射带动性功能，形成具有区域经济特色的主导产业；要切实搞好产业园区规划，合理确定园区空间布局、功能配套、产业分工，搭建产业发展共用平台，切实做到高起点谋划、高水平发展，提升园区产业承载能力和产业集聚能力，努力在“十二五”时期打造一批销售收入过百亿元的产业园区。三要加快非农产业发展。加快提高农产品的商品率和增值率，大力发展农、林、畜牧业产品精深加工，有效拉长产业链，不断提高产品附加值；要以构筑“大商贸、大物流”为重点，以市场建设为支撑，突出抓好县域物流网络建设和各专业市场的培育，促进工业品顺利下乡、农产品及时进城，大力扶持农业龙头企业，促进农业产业化经营；要鼓励农民进城创业，完善农村的土地流转制度，增强农民进城创业的信心和能力。

（三）加快民营经济发展，提升县域经济发展实力。培育龙头企业，发展非公经济对促进农村剩余劳动力的转移就业，增加农民收入，增强县域经济实力，促进农业和农村经济全面发展有着重要的作用。一要降低准入门槛、放宽经营范围，强化对民营企业的服务，为民营经济发展创造良好的政策和体制环境，及时帮助解决融资、用地、人才等瓶颈问题。二要强化对成长性好的民营企业的支持，对原料有保障、产品有市场，经营管理规范的民营企业给予重点扶持。鼓励民营企业通过兼并重组、调整结构、技术改造和新产品开发等途径壮大实力。要深入贯彻省委、省政府《关于推进农业产业化发展扶持农业龙头企业的意见》，把县域经济发展和农业产业化紧密联系起来，选准扶持对象，“舞动龙头”带动县域经济加快发展。三要依托各类园区和开发区，建立县域民营企业创业孵化基地，打造符合本地特点、有利于招商引资的创业平台。四要推进县域金融体制改革，积极发展县级金融机构，创新金融产品，增加县级分支机构授权、授信范围，实行存贷挂钩，存款增量原则上都应用于支持当地县域经济和非公经济发展，缓解中小企业贷款难的压力。五要加快推进中小企业信用担保体系建设，完善信用评价和风险分担机制，推动银保互利合作，着力解决中小企业贷款担保难问题。“十二五”时期，各县（市、区）要重点评价认定一批成长型中小企业，纳入全省非公经济扶持范围，在财税、土地、融资、科技、人才、市场开拓等政策方面给予重点扶持，做精、做专、做强、做大一批县域企业，推动县域非公经济发展再上新台阶。

（四）推进城镇化发展，聚集县域经济发展要素。要把推进城镇化作为县域经济发展的重要抓手，重点抓好县城这个龙头和建制镇这个节点。在县城建设上，突出特色、增强实力、完善功能，引导生产要素和优势资源向县城集中；在建制镇建设上，加大扶持力度，加快产业培育，建设一批特色名镇，有效集聚人口。一要按照《云南省统筹城乡协调发展总体规划（2009～2020年）》要求，坚持“完善功能扩县城、突出特色建集镇”的理念，尽快启动一批有特色、有基础、有潜力的中心镇建设，切实发挥产业和人口的聚集效应。二要抓紧组织力量编制县城和百镇建设规划，在产业发展、城镇规模、基础设施和公益性设施建设等方面，给予高起点、高质量、高品位的规划建设，在规划建设中充分体现自然风貌、人文历史、民族文化特点等要素，统筹考虑农业、工业、旅游业、交通运输业和商贸流通业及其他服务业的集聚发展，发挥县城和重点集镇在聚集二、三产业、转移农村富余劳动力、带动农村经济社会发展等方面的重要作用。三要重点抓好230个省级重点小城镇建设，其中三农服务型中心小城镇130个，旅游型、工业型、口岸型等重点特色小城镇100个，有计划有步骤地引导各类企业和人口向城市、县城和中心镇集聚。四要将城镇建设与新农村建设有机结合起来，从农村基础设施和公用事业相对落后的实际出发，着力搞好农村水、电、气、道路、通讯、污水及垃圾处理等基础设施建设，努力缩小农村与城镇基础设施上的硬件差距，加快推进社会主义新农村建设，把城镇作特、把乡村做美。

（五）优化发展环境，激发县域经济发展活力。深入贯彻云政发〔2009〕112号文件精神，从体制机制上不断优化县域经济的发展环境，增强县一级发展县域经济的自主权。一要深入开展县域经济分类指导。进一步研究制定三种类型的县域经济分类扶持措施，在加大政策性资金支持、加强县域工业园区建设、完善激励机制等方面，按照“扶强援弱促中间”的原则，加快推进全省县域协调发展。对已基本具备自我积累、自主发展能力、经济实力相对较强的一类县，要赋予其更大的发展自主权、项目决策权和财力支配权，鼓励其尽快由资源主导型向创新主导型转变，发挥其领跑带动作用；对于基础薄弱、财政困难的二、三类县，省和州市财政要进一步加大转移支付力度，在财政、税收、投资、金融、生态补偿等政策上给予倾斜，增强二、三类县自身的造血功能和发展的内生动力。二要深入推进扩权强县试点工作。省县域办及成员单位要加强对扩权强县试点县区的指导和督促；试点县区政府要按照省政府的总体部署和要求，进一步增强责任意识和发展意识，提高工作效率和服务水平，狠抓各项政策措施落实，主动与省级、市级有关部门衔接沟通，争取工作上的支持和帮助；各级、各部门要以实施扩权强县试点为契机，进一步转变政府职能，提高行政效能，为县域经济发展创造有利的外部环境。

（六）把握重大发展机遇，提高县域对外开放水平。紧紧抓住桥头堡建设和国家实施新一轮西部大开发及中国—东盟自由贸易区建成带来的重大机遇，将对外开放作为加快县域发展的主攻战略，充分发挥资源、区位和环境优势，敞开县门，降低门槛，主动走出去、请进来，打造承接产业转移的优势平台，吸引更多国内外企业到县域投资办厂，充分利用“两种资源、两个市场”，不断提升县域经济发展的质量和水平。一要抓紧梳理招商项目和完善引资优惠政策，研究制定优质服务的工作措施，积极吸引资金、技术、人才向县域聚集，努力提升县域经贸合作的层次和水平。二要在全省产业规划指导下，进一步优化产业结构，强化资源综合开发利用，突出自身特色，避免县域间低水平重复建设和无序竞争，加强分工与合作，在对外开放中不断调优、调强主导产业。三要推行招商引资目标责任制管理，建立落实奖惩激励机制，推动招商引资工作务实高效；对重点招商引资项目实行一个项目一套人马服务，做到引进一个、成功一个。

在推进县域经济加快发展的同时，还要高度重视社会事业这块“短板”的弥补，增强经济与社会发展的协调性，切实解决好人民群众最关心、最直接、最现实的利益问题，加快科技、教育、文化、卫生、体育等社会事业发展，努力构建和谐县域。

【存在的主要问题】 实践证明，“十一五”时期省委、省政府加快县域经济发展的工作思路和战略决策是完全正确的，但与人民群众的期望和发达省区的发展相比，还存在较大差距，主要体现在几个方面：一是总体实力不强，经济规模偏小。2010 年，云南省县域平均地区生产总值为 56 亿元，仅为江苏的 10.5%、山东的 13.4%、全国的 66%。二是产业层次不高，发展方式粗放。全省县域经济中“一产过重、二产不强、三产滞后，产业关联度小、高耗能传统产业多、高技术新兴产业少”的结构性矛盾突出，“农业弱县、工业小县、财政穷县”的状况尚未得以根本改变。三是发展不平衡，发展协调性较差。2010 年经济总量居前 10 位的县（市、区）生产总值合计达到 2881.6 亿元，占全省县域经济总量的 39.9%，是后 10 位县（市、区）的 31.4 倍，充分反映了云南区域之间发展存在的巨大差距。四是体制不顺、机制不活。云南“扩权强县”试点和“省直管县财政体制改革”试点中，管理体制不顺、扩权事项不细、工作措施不力、部门“惜权”等现象还比较突出。

（黄宏勇　张鹏）

工业经济和信息化综述

2010 年是“十一五”收官之年，在国际金融危机以及旱灾、水灾、雨雪冰冻等自然灾害次第发生的情况下，省委、省政府坚决贯彻中央决策部署，以“调结构、创特色、快发展、上水平”为方针，遏制住了经济增长一度低迷下滑，有色、钢铁、化工等支柱产业一度面临极大压力的被动局面。

【应对危机】 2010 年，全省工业经济增加值完成 2606.04 亿元，比上年增长 14.7%，工业对 GDP 增长贡献率达到 44.7%，拉动全省 GDP 增长 5.5 个百分点；规模以上工业增加值完成 2247 亿元，比上年增长 15%（现价），规模以下工业增加值 360 亿元左右，增长 12.1%；规模以上工业实现主营业务收入 6100 亿元，利税 1250 亿元，利润 410 亿元，2010 年，全省工业化率 36.1%。

【结构调整】 2010 年，全省完成工业投资 1765 亿元，比上年增长 16%；其中非电力工业投资 1050 亿元，增长 28.3%。

红塔集团、红云红河集团、云南电网、昆钢控股、云铜股份、云天化、云南煤化、云南冶金集团、云锡集团等 9 户销售收入过百亿企业主营业务总收入达到 2900 亿元以上、户均超过 300 亿元。

继烟草、电力、有色、钢铁、化工等产业后，装备制造、煤炭增加值均突破百亿元成为工业支柱产业。中石油中缅油气管道及云南 1000 万吨/年炼化项目开工，光电子、新材料、生物医药等新兴产业正在成为新的经济增长点。

中核集团、中石化集团、兵装集团、哈电集团、中广核集团、北车公司、南车公司以及中智公司等 16 户央企与云南省签署合作协议，协议投资额 3206.26 亿元，已有 6 个项目开工建设，为云南产业结构调整注入新动力。

【科技进步】 2010 年，围绕烟草及配套、电力、有色、化工、建材、装备制造、生物创新、新能源、光电子及新材料等重点领域，加强关键共性技术研发和推广应用，传统产业创新能力得到提升，数控机床、锗铟硅新材料、OLED 主动式有机发光显示器、湿法冶金、新型生物疫苗、新型中药制剂开发等一批生产关键技术取得了较大进展。

推进云白药技改搬迁、云南钛业股份有限公司年产 2 万吨冷轧钛板卷生产线、昆钢重装龙港基地二期技改、云南煤化集团信息化改造等一批重点技改项目建设。

组织实施了企业技术创新“520 工程”，以完善技术创新体系为重点，大力推进企业技术中心建设。到 2010 年末，全省省级企业技术中心达到 164 家，比“十五”末增加 124 家；国家级企业技术中心达到 12 家，比“十五”末增加 6 家。

【工业园区】 2010 年，按照“特色产业集聚区、区域经济带动区、技术创新先行区、循环经济示范区、城镇建设拓展区”的工业园区发展方向，狠抓规划编制工作，健全管理体制机制，完善扶持政策体系，改善基础设施条件，强化招商引资力度，推进标准厂房建设，择优布局优势产业，引进重点项目入园。建设电力装备、机床、汽车、家具、三七、普洱茶等产业园区，推进光电子、机场物流、铁路养护装备、有色金属、磷化工、煤化工、石油化工基地建设。启动省级新型工业化产业示范基地建设工作。

出台了加快工业园区标准厂房建设的意见，明确了企业特别是非公有制企业和中小企业入驻园区标准厂房实行免租、零费、列支补助和就业定补政策。2010 年，40 个省级重点工业园区实现销售收入约 3010 亿元，增加值 645 亿元，利税 249 亿元左右，分别比上年增长 30.3%、30.1%和 26.6%。40 个省级重点工业园区共计安排就业 42.08 万人，增长 9%；59 个州（市）、县（市、区）工业园区 2010 年安排就业 24.09 万人，增长 28.73%。全省完成标准厂房建设面积 419 万平方米，竣工标准厂房已有入驻企业 492 户，新增本省 6014 人就业。

【节能降耗】 2010 年，坚持把节能降耗作为转变发展方式的重要抓手，管理节能与工程节能并举，实施“双百”企业节能行动，开展大企业能源审计，实施重点企业节能对标管理，制定并组织实施主要工业产品能耗限额标准、用水定额标准，全面开展工业固定资产投资项目节能评估审查，实施“以水代火”节能发电调度，推进全民节能行动和节能产品惠民工程，每年组织实施 100 项重点节能示范项目。节能降耗超额完成“十一五”目标任务，单位工业增加值能耗累计下降 28%以上。

着力推进工业循环经济试点工作。认真组织落实 10 个县（市）、10 个工业园区和 100 户工业企业的循环经济试点，积极推进 100 个循环经济重点建设项目。

深入开展资源综合利用认定，积极推行清洁生产，在钢铁、有色、电力、煤炭、化工、建材等重点工业行业和旅游饭店等服务行业，建立了一批清洁生产示范企业，探索生态工业、绿色工业的良性发展路径。5 年来，全省累计认定资源综合利用企业 1222 户、开展清洁生产审核的企业 1425 户、通过清洁生产审核评估的企业 1208 户。

全面完成淘汰落后产能任务。2010 年淘汰落后产能炼铁 200.3 万吨、炼钢 15 万吨、焦炭 681 万吨、水泥 789 万吨、铁合金 5.22 万吨、电石 1.25 万吨、造纸 1 万吨、铜冶炼 7.44 万吨、铅冶炼 7 万吨、锌冶炼 0.8 万吨，已全部关停并拆除落后装置及设备，全面完成 2010 年国家下达的落后产能淘汰任务。

【非公经济】 完善政策扶持体系。推动出台了国发〔2009〕36 号文件的实施意见及云发〔2009〕9 号文件的 7 个配套政策文件，分解落实了鼓励和引导民间投资健康发展的重点工作，成立了省加快非公经济发展督导组。制定了省级成长型中小企业筛选认定办法，认定了 500 户省级成长型中小企业。

加大扶持力度。2010 年，省非公经济发展专项资金安排 139 个项目，扶持资金 6365 万元；争取国家中小企业发展专项资金项目 54 个，扶持资金 6150 万元；申报扶持国家重点产业振兴中小企业技改项目 70 个，扶持资金 9000 万元。

完善了中小企业上市培育政策措施。2010 年，组织 100 户企业上市培训，沃森公司、鑫圆锗业公司成功上市。深化与国家开发银行、浦东发展银行等金融机构合作。继续推进服务体系建设，加强中小企业综合素质提升培训，运用 3G 技术进一步完善中国中小企业云南网功能。

2010 年，全省中小企业和非公经济 130 万户，比 2005 年的 79.7 万户增长 63%；非公有制经济增加值 2931.4 亿元，比 2005 年的 1215 亿元增长 141%（同比）；全省非公有制经济从业人员达 441.6 万人，比 2005 年的 255 万人增加 186.6 万人，年均增加 37.32 万人。

【“两化”融合】 2010 年，确定“两化”融合 1 个省级试验区、3 个省级试点园区、20 个试点企业（项目）。全省“效能政府四项制度应用系统”、“政企公共服务平台”等项目进入实施阶段。推进了国民经济和社会领域一批公共服务平台和管理信息系统建设。政务信息网络查询系统覆盖 1.05 万个省、市、县三级部门，全面推进了“96128”专线建设。新认定计算机系统集成企业 2 家、软件企业 13 家、软件产品 45 个。进一步强化了网络与信息安全和无线电管理工作。军民结合研发生产节能炊事灶具、冷藏等产品，云南民爆集团规模和技术水平居全国同行业第一，国防科技工业全行业工业增加值增长 17.6%。

（王宏宇）

轻工业综述

轻工业在繁荣市场、拉动内需、扩大就业、

增加出口、服务三农等方面承担着重要任务，是云南工业发展和产业结构调整的重要支撑。2010年，随着国家“扩内需、调结构”一系列政策措施的深入落实，国内经济回升的势头进一步巩固，全省上下贯彻落实省委、省政府“大力发展轻工业”的决策部署，为轻工业平稳较快发展创造了良好环境。

【经济运行平稳增长】

（一）消费品行业总量稳步扩大

2010年，全省规模以上工业完成工业增加值2246.91亿元，规模以上轻工业完成工业增加值1037.45亿元，增长15%，首次过千亿元大关。全省规模以上轻工业增加值占规模以上工业增加值的46.17%，比2009年降低0.28个百分点。全省消费品工业完成工业增加值73.05亿元，增长7.01亿元。消费品工业占规模以上工业增加值的比重为2.8%。消费品十大行业中，印刷业完成工业增加值23.25亿元，增长8.8%；造纸及纸制品业完成工业增加值16.19亿元，增长2.8%；木材加工业完成工业增加值8.76亿元，增长39.2%；家具制造业完成工业增加值2400万元，增长39.8%；塑料制品业完成工业增加值9.23亿元，增长9.6%；橡胶制品业完成工业增加值8000万元，增长48.1%；纺织业完成工业增加值2.78亿元，增长17.7%；服装鞋帽业完成工业增加值3300万元，增长14.9%；化学纤维业完成工业增加值4.67亿元，下降2.4%；工艺品及其他制造业完成工业增加值6.80亿元下降29%。

造纸及纸制品业、印刷业、塑料制品业、木材加工业等4个行业增加值占消费品行业的比重为79.04%。得益于全年省内经济环境的总体趋好和市场需求的增加，全年增速超过15%的消费品工业行业有木材加工业、家具制造业、纺织业、橡胶制品制造业等4个行业，有力的支撑了全省消费品工业的增长。

（二）重点工业产品产量略有下降

2010年，累计生产化学纤维3.56万吨，比上年下降1.94%；纱5386吨，下降19.96%；布412.76万米，下降13.10%；印染布2368万米，下降7.78%；丝2137.88吨，下降4.42%；服装786.08万件，下降6.95%；塑料制品34.21万吨，下降0.28%；纸浆21.12万吨，增长2.36%；机制纸及纸板44.87万吨，下降2.51%；人造板150.18万立方米，增长23.60%；复合地板228.10万立方米，下降20.75%。

【固定资产投资】　2010年，轻工业完成固定资产投资52.71亿元，比上年增长40%。其中，造纸及纸制品业完成固定资产投资14.44亿元，增长1.1%；印刷业完成固定资产投资6.02亿元，增长20.7%；木材加工及木竹藤棕草制品业完成固定资产投资11.51亿元，增长163.3%；家具制造业完成固定资产投资2.77亿元，增长40.4%；纺织行业完成固定资产投资3.86亿元，增长63.9%；服装鞋帽业固定资产投资项目实际完成投资总额1.44亿元，增长309.1%。

【纺织品服装出口】　2010年，云南外贸克服了金融危机、特大旱情、人民币升值、国外贸易壁垒增加等诸多困难，外贸进出口总额突破100亿美元大关，全年完成133.7亿美元，比上年增长66.5%。全省贸易伙伴由上年的110个拓展到196个，增加86个贸易伙伴，贸易范围首次覆盖全球所有国家和地区。全年农产品和纺织服装成为云南省第二大和第四大出口产品，分别完成13.5亿美元和7.02亿美元，合计占全省出口的49.6%。2010年，云南省纺织品及服装出口7.02亿美元，增长129%，增幅高于全国纺织品服装出口增速。全国纺织品出口771亿美元，增长28.4%；服装出口1295亿美元，增长20.9%；鞋类出口额356亿美元，增长27.1%。

【重点项目建设】　2010年，云南汉麻产业投资控股有限公司二期3000吨扩建汉麻韧皮纤维生产线项目获得国家2010年产业结构调整项目资金655万元的支持，有助于云南工业用大麻产业加强新技术研发，扩大差别化纤维生产规模，引导云南大麻产业健康持续发展。云南云景林纸公司投资8.56亿元的9万吨纸浆技改项目、云南太标太阳能年产100万套太阳能热水器项目、云南佳浩茧丝绸集团年产生丝600吨及织绸200万米缫丝项目、西双版纳佛兴进出口贸易公司年产1500套红木家具及2万平方米红木实木地板项目、陆良银河纸业年产9.5万吨废纸脱墨生产文化用纸及年产9.5万吨高强箱板纸生产项目、云南人羞花化妆品公司投资3.1亿元建设的人羞花系列化妆品等16个项目被列为重点支持的全省“212”工程项目。2010年，省级财政技术改造专项资金支持轻纺项目17个，扶持资金1790万元，带动投资21.12亿元。这批重点项目的实施促进了全行业产业层次提升，带动了新技术、新工艺及先进设备的引进利用和资源综合利用、清洁化生产的推广，有效促进了全省轻工业产品附加值的提高和产业层次的提升。同时，云南昌宁建星纸业公司实施造纸生产锅炉替代及电机变频改造、景谷林化有限公司实施林产品加工热力及电机系统优化、云南勐象竹业有限公司实施热力及电机系统优化等一批消费品行业节能示范项目，进一步引导全行业实现能源节约和清洁化生产。

云南省2010年轻纺工业重点项目表

序号	企业名称	项目名称	总投资（亿元）	项目建设年限
1	云南云景林纸股份有限公司	9万吨/年纸浆技改项目	8.56	2010～2011
2	云南一通太阳能科技有限公司	年产50万套太阳能热水器生产线及研发中心建设项目	1.40	2009～2011
3	昆明滇威太阳能科技有限公司	年产太阳能真空集热管600万只生产线建设项目	2.40	2010～2011
4	云南省玉溪市太标太阳能设备公司	年产100万套太阳能热水器建设项目	7.63	2009～2012
5	云南锡业同乐太阳能有限公司	年产100万套太阳能热水器、3000万真空管建设项目	6.90	2009～2012
6	云南岭东纸业有限公司	年产35万大箱卷烟条盒商标技术改造项目	2.20	2010～2011
7	云南佳浩茧丝绸集团	年产生丝600吨、织绸200万米缫丝项目	1.50	2010～2012
8	西双版纳佛兴进出口贸易有限公司	年产红木家具1500套，红木实木地板20000平方米，木梯扶手10000平方米项目	1.52	2009～2010
9	陆良银河纸业有限公司	年产9.5万吨废纸脱墨生产文化用纸及年产9.5万吨高强箱板纸生产线项目	4.03	2008～2012
10	腾冲县古林木业有限责任公司	年新增15万立方米中高密度纤维板技改扩建项目	1.68	2010～2011
11	景东力奥林产集团有限公司	年产松香4万吨异地搬迁技改项目	2.34	2008～2010
12	云南金管子实业公司	年产20000吨PE双壁波纹管材项目	1.50	2010～2011
13	云南敏德尔化妆品有限公司	敏德尔化妆品项目	8200万港币	2010～2012
14	云南人羞花化妆品公司	人羞花牙膏系列产品\三七美白系列化妆品生产线项目	3.10	2010～2013
15	云南振兴铅业有限公司	900万只/年蓄电池项目	1.99	2010～2012
16	玉溪自强集团公司	3万吨/年专用胶和300吨/年迷迭香抗氧化剂技改扩建项目	1.65	2010～2012

【龙头骨干企业】 2010年，临沧南华纸业有限公司引进广西南华糖业集团有限公司作为战略合作伙伴，利用临沧丰富的蔗渣资源，总投资9.37亿元的年产9.5蔗渣浆、9.5万吨高中档文化用纸项目，2010年3月顺利建成投产。投产以来，设备运行正常，日产浆量388吨，取得了良好的经济效益和社会效益，加速云南蔗糖产业向集约化、循环型方向迈进。玉溪太标太阳能公司受惠于国家家电下乡政策，企业获得飞速发展。2010年，太标荣获“中国品牌金谱奖—中国太阳能行业十大领袖品牌”称号。相继开发广西、贵州、四川、重庆及东南亚市场，实现销售收入2.5亿元，比上年增长167%。总投资7.6亿元，占地500多亩的太标工业园年产100万套太阳能热水器及2000万支真空管生产线项目已全面动工。云南景谷林业、保山利根丝绸、云南一通太阳能公司等一大批消费品工业龙头企业继续保持快速增长状态，成为引领行业发展的主要力量。

【增强自主创新能力和品牌意识】 2010年，云南珠宝玉石质量监督检验研究院、云南龙润集团、云南天宏香精香料公司、红河千山生物工程公司、大理啤酒公司、德宏后谷咖啡公司等17户轻工业企业的技术中心被认定为省级企业技术中心。到2010年底，云南省有75户轻工业企业的技术中心通过省级企业技术中心认定，占全省164户省级企业技术中心的45.73%。红云红河烟草、云南滇虹药业等5户企业的技术中心为国家级企业技术中心。随着轻工企业技术中心的研发能力和研发资金投入加大，云南轻工业行业自主创新能力、研发设计能力有所增强。

2009年，为有效应对金融危机，国家出台纺织工业调整和振兴规划，云南省出台《轻纺工业调整和振兴规划实施意见》，明确加快自主品牌建设的重点任务和目标。2010年工信部等7部委联合印发《关于加快推进服装家纺自主品牌建设的指导意见》，进一步明确了工作任务和相关政策措施。云南纺织服装企业品牌意识逐步增强，加强了品牌建设工作，云纺集团的“五华”牌面纱、嘉宏纺织厂的“滇兴”牌高支特高支纱、保山利根茧丝绸公司的“利根”牌白厂丝、“OSD”西服、“仙都”服装等产品及品牌市场影响力逐步扩大。

【承接产业转移】 截止2010年底，江苏、浙江、广东等省纺织服装企业集团落户云南的企业达到20户左右。重庆德展集团总投资6亿元年产2500万件服装生产加工项目落户昆明晋宁县工业园区、深圳卡蒙特轻纺服装有限公司投资9200万元年加工700万件服装项目落地临沧经济开发区、浙江乔治白服饰有限公司年产100万件衬衫、20万套西服项目正式签约曲靖开发区。云南梅玲丝纺有限公司总投资1.2亿元的年产18万件套家纺项目2011年2月开工建设。随着一批纺织服装项目的开工建设，云南承接产业转移步伐明显加快。

2010年底，广东省丝绸纺织集团有限公司高层领导入滇实地考察，将与云南茧丝企业携手合作推进茧丝绸产业发展，该公司是以生产和经营茧、丝、绸、纺织服装为主业，集贸、工、农及资本运作于一体的广东省属大型国有企业，拥有国内外的全资及控股企业93家。2009年集团进出口总额40亿美元，销售总额263亿人民币，出口市场179个国家和地区，连续12年居全国丝绸纺织行业外贸出口第一位，历年位列中国企业500强，拥有国家和省级知名品牌10多个，在全国各地设有250多个品牌专卖店。入滇拟发展的项目包括组建“云南省丝绸集团”、建立“彩云之南·中国丝绸文化产业创意园”、丝绸纺织深加工、优质蚕茧生产基地建设等内容。

【节能降耗】 按照工业和信息化部《关于下达2010年工业行业淘汰落后产能目标任务的通知》和《云南省政府关于进一步加强节能减排工作的若干意见》要求，云南省加大淘汰落后工作力度。2010年，消费品行业仅造纸行业有淘汰落后任务。全年淘汰落后造纸产能1.37万吨、涉及企业2户。其中，淘汰公告内落后产能1万吨、占公告量的100%；淘汰公告外落后产能3700吨、涉及企业1户。超额完成国家下达云南的消费品行业淘汰落后任务。全年轻工业综合能源消费量186.66万吨标准煤，比上年下降2.94%，单位增加值能耗下降15.6%。规模以上轻工业能源消费量占全省规模以上工业企业综合能源消费量的比重为3.77%，完成工业增加值占规模以上工业增加值的比重为46.17%，对稀释全省能耗发挥了明显作用。

（吴荣桃）

新型工业化综述

【明确发展思路】 加强全省工业发展规划与统筹。深入贯彻落实国家十大产业振兴规划和云南省有色、黑色、烟草、装备、化工等规划，优化产业布局，积极引导产业集聚发展，推动地区间的产业互补、良性互动、合作发展。制定产业结构调整、轻工业、战略性新兴产业等“十二五”重点专项规划，积极推进个旧、东川2个资源枯竭城市的转型发展规划。加强与国家“十二五”相关规划衔接。抢抓建设“两强一堡”机遇，主动承接产业转移，积极争取落实差别化产业政策。加大协调力度，推动云南省重点项目、重大基地列入国家“十二五”规划纲要和重点专项规划。

【加大投资和重大项目协调力度】 以项目建设为载体，积极推动产业结构调整和优化升级。健全重大项目协调服务机制。实行重点项目目标责任制、月报制度、现场督查制度及银企定期会议协调制度，积极推进项目前期工作和项目建设进度。规范审批程序，改进核准和备案管理模式，提高审批效率。积极发挥园区对产业聚集的促进作用。加快工业园区标准厂房建设，创造中小企业发展条件。完成标准厂房建设面积超过300万平方米。积极推进重大项目建设。全省“三个一百”在建重点工业项目完成投资107.53亿元。云南铝业年产8万吨中高强度、宽幅铝合金板带生产线、昆明冶研新材料股份有限公司3000吨/年多晶硅生产线等项目建成投产。云景林纸年产9万吨纸浆项目，云内动力轿车柴油机产能建设、德宏后谷咖啡有限公司年产1万吨速溶咖啡项目、玉溪工业投资有限公司2万台数控机床规模化生产等项目进展顺利，为优化云南省工业结构，扩大经济总量，发挥优势起到了积极作用。同时强化投资支持，多渠道、多部门争取国家资金支持，推进银企合作，落实项目投资，努力启动社会民间投资，增强投资增长的内生动力。全省工业投资完成1765亿元，其中非电工业投资完成1051亿元，同比增长28.3%。

【发展特色优势产业】 继续做大做强骨干产业。制糖、烟草、化工、医药、有色冶炼及压延、黑色冶炼及压延、电力7大产业完成增加值1588.77亿元，占全省规模以上工业增加值的70.7%。农副食品加工业实现工业增加值62.43亿元，成为轻工中第二大门类。装备制造业实现工业增加值占全省规模以上工业比重达4.9%。积极培育新兴产业。加快以医药、食品、林纸一体化等为重点的生物产业的发展，积极推动包装印刷产业集群，以有色金属和特色材料深加工为主线，积极推进传统材料产业升级和新材料产业并行发展。昆明国家生物产业基地和稀贵金属产业区域高技术产业链建设取得良好成效。大力推进行业技术进步。加强烟草及配套、电力、有色、化工、装备制造等领域关键共性技术研发和推广应用，积极鼓励企业技术创新和装备升级，推动技术进步。全省工业增加值完成2606.04亿元，增长14.5%，其中规模以上工业增加值2246.91亿元，增长15%。

【节能减排和淘汰落后产能】 认真贯彻落实国家清理取消对高耗能产品优惠电价的政策措施，加大差别电价政策实施力度，促进节能减排。深化循环经济试点工作，积极引导工业企业开展清洁生产，优化提升传统产业，推进节能降耗，提高资源利用率。淘汰落后产能炼铁200.3万吨、炼钢15万吨、焦炭681万吨、铁合金5.22万吨、电石1.25万吨、铜冶炼7.44万吨、铅冶炼7万吨、锌冶炼8000吨、水泥789万吨，造纸1万吨，圆满完成淘汰落后产能目标任务。全省单位工业增加值能耗同比下降7.73%。

【企业组织结构调整】 大企业发展迈上新台阶。2010年，红塔集团、红云红河集团、云南电网、昆钢控股、云铜股份、云天化、云南煤化、云南冶金集团、云锡集团等9户销售收和过百亿企业的主营业务总收入达到2900亿元以上、户均超过300亿元。央企入滇快速推进。与中核集团、中石化集团、兵装集团等16户央企签署合作协议，6个项目开工建设。非公经济持续发展。2010年全省非公经济增加值在“十五”末的基础上增加2.4倍，占全省GDP比重由2005年35%提高到40.6%。

（省发展和改革委员会产业协调处）

节能工作

2010年，按照党中央、国务院关于节能减排的一系列战略部署，在省委、省政府的领导下，紧紧围绕加快构建资源节约型、环境友好型社会为目标，以深化实施“七彩云南”保护行动为契机，以调整产业结构、转变发展方式为重要抓手，以重点领域、重点行业为突破，采取积极有效应对措施，全省节能工作取得了积极成效。全省单位GDP能耗下降3.84%，下降到1.438吨标准煤/万元；万元生产总值电耗下降到1590千瓦时/万元；万元工业增加值能耗下降10.6%，下降到2.45万吨标准煤/万元。

加强组织领导。国务院下发了《国务院关于进一步加大工作力度确保实现“十一五”节能减排目标的通知》（国发〔2010〕12号），5月5日召开全国节能减排工作电视电话会议，温家宝总理作了重要讲话。会后，秦光荣省长在云南省分会场作了重要讲话，对全省的节能减排工作进行重要部署和安排。6月17日，省政府于印发了《云南省2010年节能减排目标和确保实现“十一五”节能减排目标实施方案的通知》（云政发〔2010〕95号），同时将《云南省人民政府关于上报云南省2010年节能减排目标和确保实现“十一五”节能减排目标实施方案的报告》（云政发〔2010〕96号）上报国务院。

强化目标责任。把节能减排作为年度重点督查的20项重要工作之一，把节能目标责任制落实情况作为各级政府和国有企业落实“四项制度”的重要内容。发布年度全省和各州（市）单位国内生产总值能耗指标公报，组织节能考核工作组，对58个省级责任单位节能目标责任进行现场评价考核，考核结果向社会公告。对未完成年度目标的责任单位启动行政问责，对超额完成的给予表彰奖励。

淘汰落后产能。2010年9月30日，云南省“十一五”淘汰落后产能目标任务全部完成，重点淘汰了钢铁、铁合金、电力、有色、煤炭、焦炭、黄磷、建材、电石、化肥等行业的落后产能4796万吨，超额完成了淘汰落后产能任务；组织实施了重点节能示范工程项目500余项，带动投资超过200亿元，每年新增节能能力500万吨标准煤。

开展重点领域节能。以钢铁、化工、建材、有色、电力、石化、煤炭、机械等为重点，深入推进节能工作。开展新建、改扩建项目准入标准制订和审批，加大二次能源利用，水资源利用，开展能效对标达标，延长产业链，全面推行清洁生产，提升节能装备和配套设施，加快节能信息化建设，实施六大节能工程，强化企业节能管理。

推进全社会节能。大力推进太阳能热利用与建筑一体化工作，有计划地推进既有建筑节能改造。与2005年相比，全省新增太阳能热利用与建筑一体化使用面积26.6万平方米；大力推进农村清洁能源的开发利用，全省户用沼气池保有量达到273.4万口，居全国前列；建成43个再生资源社区回收站和11个废旧物资交易市场；努力降低交通运输单耗，全省营业性公路运输汽柴油综合燃料单耗、内河运输船舶燃油单耗持续下降；创建了一批节能示范机关。

节能产品惠民工程。结合云南省实际，积极推行合同能源管理，促进节能服务产业发展。充分调动用能单位节能改造的积极性，推动节能改造，提高能源利用效率。采取积极有效措施，加快节能空调、节能电机、节能汽车、绿色照明等节能产品的推广，确保“节能产品惠民工程”顺利实施，有效推动全社会节能工作。

固定资产投资节能评估和审查。按照国家发展改革委6号令精神，云南省从2010年11月起，建立并实行了严格的固定资产投资项目节能评估和审查制度，把节能评估和审查作为固定资产投资项目核准、审批和备案、开工建设的前置性条件，以及项目设计、施工和竣工验收的重要依据，对不符合国家产业政策和技术标准的项目坚决不予审批。

争取列为国家首批低碳试点省（区）。为进一步推动云南省低碳经济发展，经过积极主动争取，多方请示汇报云南发展低碳经济的明显优势和发展潜力，以及云南发展低碳经济取得的成绩，提出将云南列为国家低碳经济试点省，为全国发展低碳经济积累经验提供示范的建议。国家发展改革委在统筹考虑了各地方的工作基础和试点布局的代表性后，2010年7月，发布了《关于开展低碳省（区）和低碳城市试点工作的通知》（发改气候［2010］1587号），云南省被确定为全国首批5省8市低碳试点省区之一。

培育壮大服务产业。根据《国务院办公厅转发国家发展改革委等部门关于加快推进合同能源管理促进节能服务产业发展意见的通知》（国发〔2010〕25号）及《财政部、国家发展改革委关于印发<合同能源管理财政奖励资金管理暂行办法>的通知》（财建〔2010〕249号）精神，按照要求，组织并筛选了一批节能服务公司上报国家进行备案。

重视企业作用。在重点耗能企业深入开展节能对标管理、能源审计，推进实施能效标准管理和产品能耗限额管理，开展企业能效普查和节能监测，建立企业能源利用状况报告制度和耗能岗位负责人制度。推进“千家企业节能行动”、“11户大集团节能表率行动”、“双百企业节能行动”，重点抓好年综合能耗5000吨标准煤以上其他企业的节能工作，开展中小企业节能。

节能宣传。组织开展以“节能攻坚、全民行动”为主题的节能宣传周活动。深入开展节能减排宣传教育，加强人员培训，深入开展节能减排宣传教育，通过工业节能展览、能源工程节能展览、建筑节能展览、禁塑展览等主题展板展示、实物展览和发放环保节能产品的形式，广泛宣传节能减排，倡导全社会进一步把节能理念转化为全民行动，形成了全民节能的强大声势和浓厚氛围。

（省发展和改革委员会）

非公有制经济

【非公经济运行态势】

主要指标完成情况。2010年，全省非公经济主要指标均保持两位数以上增长，其中，非公经济户数、注册资金、上缴税金和社会消费品零售额保持较快增长，增加值、税收及从业人员均全面完成省政府下达的年度发展目标。

2010年全省非公经济主要指标完成情况表

指标名称	2010年	2009年	增长%
非公经济户数（万户）	130	112.5	15.6
其中：私营企业（万户）	15.6	13.7	13.9
非公经济增加值（亿元）	2931.38	2411.8	现价 21.5 可比价 16.2
注册资金（亿元）	5044.6	4016.7	25.6
非公经济增加值（亿元）	2931.38	2411.8	
现价	21.5	可比价	16.2
其中：第一产业	277.06	293.4	-5.6
第二产业	1423.2	1084.6	31.2
#非公工业增加值	1081.51	812.9	33
第三产业	1231.12	1033.8	19.1
上缴税金（亿元）	369.4	292	26.5
民间投资（亿元）	2795.78	2259.8	23.7
社会消费品零售额（亿元）	2064.9	1715.8	20.3
外贸进出口总额（亿美元）	79.7	41.5	92
个私从业人员（万人）	441.6	400.2	10.3

【非公经济运行特点】

1. 非公经济总量。2010年，全省非公经济户数130万户，比上年增长15.6%；注册资金5044.6亿元，增长25.6%；全年非公经济完成增加值约2931.38亿元，占全省GDP的40.6%，所占比重比上年提高1.5个百分点，对GDP的贡献率为52%。其中，第一产业完成增加值277.06亿元，占全省的25.1%；第二产业完成增加值1423.2亿元，占全省的44.1%；第三产业完成增加值1231.12亿元，占全省的42.6%。

2. 消费需求。2010年，全省非公经济消费品零售额2064.9亿元，比上年增长20.3%，占全省社会消费品零售额的82.6%。

3. 民间投资。2010年，国家促进民间投资发展效果显现，全省民间投资完成2795.78亿元，比上年增长23.7%，增幅比上年上升12.2个百分点，占全省固定资产投资的50.6%，上升0.7个百分点。自2008年以来重回到占全省固定资产投资的50%以上的水平。

4. 信贷资金。2010年，全省对中小企业贷款余额3569.6亿元，比年初增加545.06亿元，比上年减少254.79亿元，占全省新增贷款的36.6%，下降2.8个百分点。

5. 非公企业进出口贸易。2010年，全省非公企业共进出口总额79.7亿美元，比上年增长91.9%，占全省进出口总额的59.6%，增加7.8个百分点。其中，非公企业进口额24.6亿元，增长79.2%，占全省进口总额的42.7%；非公企业出口额55.1亿元，增长98.2%，占全省出口总额的72.4%。

6. 非公企业。2010年，纳入财政快报统计的非公企业营业收入较为平稳，利润大幅增加。实现营业收入1245亿元，比上年增长25%，盈亏相抵后累计实现利润突破百亿，达到103亿元，增长66%。分地区看，玉溪市、曲靖市、文山州、红河州累计实现利润超10亿元，分别达到17.1亿元、16.7亿元、10.3亿元、10.2亿元；临沧市、版纳州、保山市、德宏州、丽江市、普洱市盈利大幅增长，分别增长332%、198%、195%、177%、156%、145%。分行业看纳入统计的非公企业利润主要集中在冶金、轻工和煤炭，分别实现利润34亿元、17亿元和13亿元，3个行业利润总和占非公企业实现利润的62%。

7. 社会贡献。2010年，全省非公经济上缴税金369.4亿元，比上年增长26.5%，相当于全省地方财政收入的42.4%；个私经济从业人员441.6万人，增长10.3%。

8. 规模以上中小工业企业运行。2010年，全省规模以上中小工业企业3602户，其中轻工业1010户，重工业2592户；资产合计6447.87亿元，比上年增长17.11%；主营业务收入3729.7亿元，增长29.71%；利润总额275.66亿元，增长82.61%；利税总额590.62亿元，增长42.82%；从业人员74.7万人，增长7.12%。

9. 年度考核目标。2010年，全省非公经济完成增加值2931.38亿元，完成年度目标的106.1%；上缴税金369.4亿元，完成年度目标的109.8%；从业人员441.6万人，完成年度目标的100.3%，三项指标均全面超额完成。从全省16个州（市）非公经济三项责任考核指标的完成情况来看，所有州（市）均全面完成年度目标。

（张云江）

各行业发展概况

The Development Of the Industry Overview

·第一产业·

农业和农村经济

【综述】 2010年，面对百年一遇的特大旱灾，省政府把“抗大旱、保民生、促生产”作为压倒一切的中心任务，制定实施粮食生产10条措施确保全年粮食稳定，制定实施抗旱保畜牧的10条措施确保农业内部增收，启动“农村劳动力转移特别行动计划”，狠抓小春抗旱保苗和大春粮食生产10大措施落实，最大限度地减少小春粮食损失，增加大春粮食产量，努力增加农民务工收入，确保大灾之年农民不减收。通过全省人民的共同努力，不仅战胜了百年一遇的特大旱灾，而且实现了新的突破和进展，取得来之不易、极为难得的巨大成绩，农业农村经济继续保持了平稳较快发展的良好势头。

2010年，全省农林牧渔业固定资产投资完成225.89亿元，比上年增长14.6%。全年农林牧渔业总产值（现价）1810.53亿元，增长4.7%，其中：种植业产值925.58亿元，增长2.2%；畜牧业产值588.81亿元，增长6%；渔业产值48.06亿元，增长10.6%；服务业63.85亿元，增长5.7%。农业增加值1105.81亿元，增长4.0%，占全国比重的2.7%，在全国居第16位，西部第3位。全年农村居民人均总收入5838元，增长14.4%，人均工资性收入930元，增长35.8%。农民人均纯收入3952元，增加582.7元，增长17.3%，扣除价格因素实际增长13.2%，增幅高于全国2.3个百分点，为近14年来最高。农民人均总支出5523元，增长13.7%。农村居民人均生活消费支出3398.2元，占总支出的61.5%，增长16.2%，扣除价格因素人均实际消费支出增长12.2%。农村居民家庭恩格尔系数下降到47.2%，降低1个百分点。

【抗灾夺丰收】 2009年入秋以来，云南省遭受了百年一遇的秋冬春初夏相连的特大干旱灾害，历时之长、范围之广、程度之深、损失之重，历史罕见。全省秋冬播农作物和水果、茶叶、蚕桑、橡胶、咖啡等五类经济林果因旱受灾4700多万亩、成灾2900多万亩、绝收1500多万亩；牲畜饮水困难高峰时2200万头（匹），草地成灾面积近亿亩，渔业养殖受灾近70万亩。因旱灾造成农业直接经济损失156亿元，其中种植业127亿元、畜牧业23亿元、渔业5.7亿元；造成农业间接经济损失185亿元，其中种植业93亿元、畜牧业85亿元、渔业7亿元。全省开展农业抗旱救灾四大行动。切实抓好小春抗旱保苗、改种补种和高产创建等科技措施落实，完成小春抗旱浇灌1200多万亩、改补种272万亩、地膜覆盖230万亩、秸秆覆盖125万亩、施用抗旱剂71万亩、防治病虫害1519万亩次，实施小麦、大麦和冬马铃薯高产创建面积近100万亩。狠抓高产创建、间套种、地膜玉米、水稻旱育秧、玉米集中育苗、水改旱、农机作业和测土配方施肥等10项大春粮食生产措施，调整结构扩面积、扩大机耕抢节令、大兴科技夺高产、加强监管供农资。挽回小春粮食损失10个百分点左右。春茶、蔬菜、水果等经济作物（林果）的总体减产幅度也比最初预计的少。截至6月20日，全省大春农作物播种完成5707.2万亩，比上年同期快273.6万亩，基本完成大春播种计划任务。完成蚕桑、咖啡、橡胶、茶叶、水果等5种经济林果新植和补种49.5万亩。完成牲畜补栏、扩栏2868.4万头（只），落实牧草地建设任务50万亩，草种就位150吨；实施强制免疫畜禽2亿多头（只），开展疫情监测7500多份。组织调运水产苗种12.5亿尾，增氧机、投饵机和抽水机5500台，鱼药、鱼饲料7500吨，恢复受灾水产养殖面积13.2万亩。

【种植业】 2010年，全省农作物播种面积611.85万公顷，比上年增长1.3%。粮食总面积427.44万公顷，增长1.8%，总产量1531万吨，减少2.9%。其中：夏收粮食面积112.24万公顷，产量127.7万吨，分别减少0.5%和44.5%；秋收粮食面积311.31万公顷，产量1378万吨，分别增长2.7%和4.4%。稻谷面积102.1万公顷，产量616.57万吨，分别减少1.8%和3.1%；小麦面积42.89万公顷，产量45.98万吨，分别减少0.8%和50.2%；玉米面积141.78万公顷，产量612.98万吨，分别增长4.7%和13%；马铃薯49.31万公顷，产量（折粮）152.85万吨，分别增长2.3%和增长0.7%。甘蔗种植面积29.52万公顷，产量1750.97万吨，分别减少0.3%和0.6%。蔬菜面积67.13万公顷，产量1255.03万吨，分别增长7.8%和1.4%。果园面积31.52万公顷，水果产量397.91万吨，分别增长1.9%和16.1%。瓜果类面积2.49万公顷，产量56.27万吨，分别增长40.4%和44.7%。花卉种植总面积63万亩，增长8.4%，鲜切花种产量60.50亿枝，增长8.0%。油料面积33.33万公顷，增长5%，产量34.23万吨，减少31.8%。天然橡胶面积48.67万公顷，产干胶33.06万吨，分别增长5.5%和10.8%。茶园面积36.77万公顷，产量20.73万吨，分别增长3.7%和13.3%，咖啡面积4.3万公顷，增长42.9%，咖啡豆产量4.94万吨，增长24.1 %。桑园面积140万亩，增长2.2%，鲜茧产量4万吨，增长14.0%。香料作物面积6000公顷，增长25%。人均占有粮食、油料、蔬菜、水果、茶叶和甘蔗分别为333.04公斤、7.45公斤、273.01公斤、86.56公斤、4.51公斤和380.89公斤。

【养殖业】 2010年，全省肉类总产量321.38万吨，比上年增长5.5%，其中：猪牛羊肉318.53万吨，增长5.6%。禽蛋产量20.79万吨，增长0.2%；牛奶产量50.41万吨，增长4.2%。生猪年末存栏2766.82万头，增长1.1%；羊存栏877. 49万头，与上年持平。肉猪出栏2961.77万头，增长4.9%。人均占有肉类、牛奶和禽蛋69.91公斤、10.97公斤和4.52公斤。饲料工业产品产量338.33万吨，增长9.2%。畜牧业产值588.81亿元，增长6%。肉类总产量占全国比重的4.1%，在全国居12位，成为全国的畜产品主产省份之一。全省水产养殖面积10.8万公顷，与上年持平，其中池塘养殖50.5万亩，湖泊21万亩、水库88万亩，其他养殖面积2万亩。水产品总产量48.17万吨，增长11.9%，其中池塘产量26.9万吨，湖泊产量7600吨，水库产量10.6吨，稻田养鱼产量5.3万吨，其他产量9000吨。全省人均水产品占有量10.48公斤，增长9.2%。

【农业机械化】 2010年，全省农业机械总动力2411万千瓦，比上年增长11.7%，其中收获机械10.8万千瓦，增长13.3%；排灌机械动力157.4万千瓦，增长8.8%；运输机械463.2万千瓦，增长3.2%。农业机械总值148亿元，增长11.9%。拥有拖拉机56万台，增长6.4%，其中大中型拖拉机22.5万台，增长7.7%，小型拖拉机33.9万台，增长5.6%；拖拉机配套农具30.8万部，增长7.9%。联合收割机3496台，增长15.9%。农副产品加工机械动力393.7万千瓦，增长6.7%。全省有农机化作业服务组织644个。全省机械耕耙播收作业面积183.5万公顷，增长23.8%，其中机耕面积165.8万公顷，增长24.2%；机播面积1.8万公顷，增长28.1%；机收作业面积15.8万公顷，增长18.9%。机械植保作业面积104.9万公顷，增长51.4%。机械灌溉面积83.8万公顷，增长61.6%。

【农业基础设施建设】 2010年，省级各部门累计完成中低产田地改造投资34.9亿元、改造面积292.66万亩。农业系统完成中低产田地改造37.8万亩，超目标任务17.8万亩。全省完成农村户用沼气池建设2.11万口；完成省柴节煤灶改造16.67万户。全省农村户用沼气保有量273万口，有1000多万农民从中受益。完成国家批准建设的大中型沼气工程45项，服务网点1100个，联户沼气工程118个。实施省级500个村的村容村貌整治。全省围绕特色产业优势区域布局，重点扶持建设32个马铃薯、20个油菜、18个蔬菜、12个甘蔗、13个茶叶、5个水果，总计100个标准园区。完成18个蔬菜标准园和5个水果标准园创建。32个生猪基地县、5个肉牛基地县、16个肉羊基地县、15个奶源基地县19个家禽基地县，40个优质水产品基地县，进一步提升了基地农产品生产能力。

【农业产业结构调整】 2010年，大力发展优势特色产业，烟、糖、茶、胶等传统产业稳步发展，全省烤烟面积和产量分别比上年增长8.4%和8.4%，橡胶面积和产量分别增长5.5%和10.8%，茶叶面积和产量分别增长3.7%和13.3%，蔗糖因为特大干旱面积产量减少0.4%和0.6%。优势特殊产业快速发展，蔬菜面积和产量分别增长7.8%和1.4%，马铃薯面积和产量增长2.3%和0.7%，咖啡面积和产量分别增长42.9%和24.1%，花卉面积和鲜切花产量增长8.4%和8%。水果面积和产量分别增长1.9%

和16.1%。全省的粮食和经济作物比例由上年的68∶32调整到67∶33。全省优质稻面积890万亩，优质专用玉米1280万亩，优质专用小麦面积310万亩，优质杂粮面积251万亩，分别增长2.6%、4.3%、0%和2.1%；脱毒马铃薯面积453万亩，增长12.4%；双低油菜面积315万亩，发展优质双高甘蔗470多万亩。热带亚热带水果产量155万吨，增长15.8%。全省冬季农业开发完成2009.7万亩，增长1.7%。养殖结构进一步优化，草食畜禽肉产量在肉类总产中的比重上升到18.96%。生猪良种覆盖率86.7%；牛的良种覆盖率35%；规模化养禽基本实现良种化。建立各类养殖小区近8705个，其中生猪2663个，奶牛143个，肉牛649个，肉羊5250个。奶水牛和奶山羊等特色产业快速发展，全省水牛存栏317万头。水牛冻改17万头，奶牛冻改12.3万头，分别增长4.8%和9.04%，形成以奶农合作社（奶协）为基础的养殖、加工和销售为一体的新机制。奶山羊存栏21.4万只，畜产品加工量进一步提高，肉制品和乳制品的原料奶加工量分别增长10.5%和9.8%。全省外销生猪830万头、牛32万头、羊67万只，增幅均超过10%。全省水产品鲫鱼、罗非鱼、虹鳟鱼、罗氏沼虾、鳜鱼等名特优品种的产量比重达30%以上，以水产品流通和休闲、观光渔业为代表的第三产业成为云南渔业发展的新亮点。

【农业产业化经营】 2010年10月，省委、省政府集体调研，出台《云南省政府关于整合财政资金扶持龙头企业带动农业产业化发展的意见》。各地积极探索建立和完善多样化的利益联结模式，逐步形成“公司+基地+农户”或“公司+农民专业合作组织+农户”或“专业市场+农户”等多种有效的组织经营形式，完善和推广“订单农业”。通过引导龙头企业采取建立风险基金、保护价收购、利润返还以及为农户提供市场信息、生产资料和产品销售服务等形式，使农民与龙头企业结成利益共享、风险共担的利益共同体。截至年底，全省农业产业化经营组织总数4822个，其中龙头企业带动型2296个，中介组织带动型814个，专业市场带动型122个，其他1590个。在龙头企业中，销售收入500万元以上的有1099个，1亿元以上的有117个。各类产业化组织固定资产总额494亿元，其中龙头企业固定资产总额402亿元。龙头企业、中介组织销售收入分别为733亿元和25亿元，专业市场完成交易额178亿元。产业化组织净利润76.5亿元，上缴税金29.5亿元。各类产业化组织带动农作物种植面积4215万亩，牲畜养殖量825万头，禽类养殖量5105万只，水产养殖面积30万亩；产业化组织带动农户1064万户次，农户从事产业化经营增加收入258亿元。龙头企业快速发展，2010年全省省级以上重点龙头企业达到298家，其中：19家企业被认定为农业产业化国家重点龙头企业。

【农民专业合作组织】 2010年，农业部和省级财政安排820万元对106个农民专业合作社进行扶持。其中：农业部120万元，扶持6个农民专业合作社；省级财政700万元，扶持100个农民专业合作社。截至年底，全省各类农民专业合作组织已发展到1.01万个，已按《农民专业合作社法》经工商依法登记的合作社7258个，专业协会2672个；专业联合社16个，专业联合会34个。全省农民专业合作组织成员102万户，其中农民成员96.5万户，占全省总农户的10.2%，带动非成员农户154万户，占全省总农户的16.2%。农民专业合作组织数量增加4358个，增长75.5%。培训成员和农民101万人。拥有注册商标的合作社601个，获得无公害农产品、绿色食品、有机食品“三品”认证的合作社333个，产品通过地理标志认定注册登记管理的合作社55个。

【农产品加工】 2010年，全省从事农产品加工业的单位（组织）有5.73万户，从业人员43.9万人，比上年增长6.8%。实现增加值235.1亿元，增长31.5%，高于全省生产总值增幅19个百分点，高于全省工业增加值增幅17个百分点；实现总产值875亿元，增长22.9%；完成营业收入846.2亿元，增长21.4%；实现利润76.2亿元，增长56.9%；上交税金32亿元，增长14.3%。全省农产品加工企业支付农产品原料采购资金361.5亿元，增长38%；支付劳动者报酬47.7亿元，增长19.7%。全省规模以上农产品加工企业927户，比上年净增93户，从业人员14.7万人，实现增加值152.2亿元，增长41.7%，占全省农产品加工业增加值的64.7%；实现总产值530.4亿元，增长28.1%。营业收入5000万元以上的企业有243户，增加48户，其中，1亿元以上的企业有130户，增加31户；5～10亿元的企业有10户，增加7户，10亿元以上的企业有8

户，增加5户。农产品加工业成为投资新热点，全年完成固定资产投资58.3亿元，增长57.2%。在糖、茶、胶传统产业良好发展的同时，以生物制药为主的新兴产业快速发展，2010年，生物制药业实现产值50.9亿元，增长57.6%；饮料加工业实现产值51.3亿元，增长68.8%；林竹加工业实现产值40.5亿元，增长66.7%；蔬菜与花卉加工业实现产值42.1亿元，增长110.5%；畜禽加工业实现产值30.1亿元，增长28.1%。

【农产品出口】 2010年，实现农产品出口13.03亿美元，68.22万吨；比上年分别增长34.1%和2.3%，全年平均保持超过30%的高增长率。成为全省第二大类出口商品，仅次于出口机电产品。蔬菜（食用菌、松茸除外）、烟草、咖啡、食用菌（松茸除外）、松茸、植物精油、茶叶等传统大类出口农产品10.88亿美元，44.98万吨，分别增长34.2%和6.5%，约占全省农产品出口总额的83.48%。其中，蔬菜、烟草、咖啡、其他食用菌（松茸除外）、松茸的出口额和出口数量同比均实现增长。动物及其制品出口2427万美元、5664吨，出口金额及数量分别下降10.4%和23.7%。出口市场中，对东盟、欧盟、北美及拉丁美洲、日本、香港等重点市场出口11.75亿美元，增长26.15%，占出口总额的90.18%。

【农产品质量安全】 2010年，全省进一步加强标准化生产基地建设，加大标准化技术推广和农业投入品、农产品执法监管，大力开展农产品质量安全专项整治行动、无公害农产品产地认定整体推进等活动。昆明、昭通、大理、德宏和怒江等5个州（市）农业局相继成立农产品质量安全专门监管机构。有13个州（市）54个县（区）成立农产品质量认证工作机构。有6个州（市）和83个县成立了农业综合执法机构。省级财政投入1500万元的农产品质量安全监管经费预算。省级监测样品1926批次，蔬菜监测合格率为98.5%，畜产品、茶叶、水果监测合格率为100%。全省各地采用快速检测方法，检测农产品7万余个，抽检合格率稳定在98%左右。全省新增“三品一标”认证企业146家，320个产品，认证面积169.5万亩，畜禽养殖规模169.4万头（只），总产量76.75万吨，总产值17.48亿元。有54家企业、119个产品获得绿色食品认证，认证面积39.33万亩，产量20.1万吨，产值11.47亿元；有16家企业39个产品获得有机食品认证，认证面积83.17万亩，产量1.08万吨，产值7400万元；有1个产品获得地理标志登记管理。全省累计获得“三品一标”认证企业788家，1700个产品，累计认证面积1889.32万亩，总产量674.88万吨，畜禽养殖规模1267.57万头（只），产值218.22亿元。“三品”3年到期复查换证158家企业，321个产品，产地面积787.73万亩，畜禽养殖规模131.17万头（只/羽），年产量122.04万吨，年产值48.85亿元。通过“三品一标”认证，推广各类农业标准8400多项次。全年未发生重特大农产品质量安全事故。

【农业资金投入】 2010年，全省落实惠农补助资金34.8亿元。其中获得中央支农惠农政策补助资金32.2亿元，省级配套5000万元。具体惠农政策是种粮农民综合直补22.78亿元，农作物良种补贴55.04亿元，水稻良种补贴3亿元，玉米良种补贴2.07亿元，小麦良种补贴6116万元，棉花良种补贴资金10万元，青稞良种补贴资金151万元，马铃薯种薯原种生产试点补贴资金2300万元，马铃薯微型薯补贴资金150万元，农机购置补贴3.4亿元。云南省被中央纳入农作物良种补贴的品种已有水稻、玉米、小麦、青稞、棉花及油菜等6个品种，并达到全面积覆盖。实施的政策性农业保险已有能繁母猪、奶牛、牦牛、藏系羊等4个养殖业品种，以及水稻、玉米、油菜、青稞、甘蔗等5个种植业品种。其中，4个养殖业保险品种都达到了补贴全覆盖。畜牧良种补贴品种已扩展为能繁母猪、奶用能繁母牛和肉用能繁母牛，补贴项目实施县范围已扩大到能繁母猪23个县、荷斯坦牛11个县、奶水牛15个县、肉用能繁母牛8个县。农机购置补贴实施范围已覆盖全省129个县，受益农户5万多户。另外中央还安排1000万亩地膜玉米推广资金1亿元。2010年省农业厅通过“一折通”直接兑付给农户的直补政策直补资金已达到28.57亿元，农民人均增收77.8元。

【农业科技】 2010年云南省列入了国家发改委、农业部乡镇农技推广机构建设的14个试点省之一，80个乡镇农技推广机构纳入全国基层农技推广服务体系建设试点项目，中央投入预算内资金2000万元，地方配套400万元，建设项目乡镇农业技术推广机构业务用房和配置仪器设备。农业科技推广示范县建设围绕13个主导产业筛选各产业主导品种和主推技术。全省新增建设300个农业科技试验示范基地、选聘3000名技术指导员、培育3万个农业科技示范户、辐射带动60万个农户。开展新型农民科技培训、绿色证书培训、科技入户直通车培训和实用技术培训，培训100万人。2010年，全省“两杂”面积1988.6万亩，比上年增长4.1%。脱毒马铃薯面积453万亩，增长12.4%；高产创建完成示范632片，增加382片，示范面积655万亩，辐射带动面积3266万亩，实地测产增产粮食35.3万吨；推广间套种举办核心区235.1万亩，中心示范片1132.4万亩，辐射带动面上推广4004.7万亩，增产粮食19.3万吨；全省推广测土配方施肥4623.91万亩，推广使用配方肥91万吨；开展农作物病虫害综合防治面积9800万亩次，地膜玉米1006万亩；完成水稻精确定量栽培示范123万亩，完成“水稻免耕抛秧栽培技术展示”、“马铃薯稻草覆盖免耕栽培技术展示”、“油菜免耕栽培技术展示”等展示面积869万亩。完成水稻、玉米和马铃薯等作物区域试验品种245个，生产试验品种27个，鉴评筛选试验新品种193个；完成“两杂”制种面积19.98万亩，生产种子5237.58万公斤。完成旱作节水技术集成示范推广6022亩，辐射带动2950亩。开展缓控释肥推广试验示范40亩，“谷霖”微生物腐秸秆剂试验示范50亩。生猪杂交改良配种576万窝，增长8.7%。推广良种禽2.2亿羽，增长10%；全省牛冻精改良配种73.9万头，建立和完善配种站点1780个。全省22个畜禽遗传资源18个品种通过国家畜禽品种委员会审定。培育新品种滇陆猪通过国家畜禽遗传育种委员会审定，成功申报德宏危地马拉、德梅特苇状羊茅、草地瓦纳3个国家新牧草品种。水产养殖积极推进中低产池塘标准化改造，加快良种繁育体系、稻鱼工程和养殖网箱设施建设，开展水产健康养殖示范场创建活动。全省水稻机械化育插秧示范县40个，开展机插秧推广示范2.3万亩。重点引进新技术新机具进行试验示范。全年组织农机化技术现场会106场。完成设施农业温室大棚建设4500多亩，节水灌溉面积近3万亩，推广设施农业装备5000多台套。推荐申报2008～2010年全国农牧渔业丰收奖，获成果奖11项，2010年度云南省科学技术奖推荐申报项目3项获科技进步三等奖。云南省2009年农业科技推广奖评出100项农业科技推广奖，表彰100个获奖项目的640个单位和1800人。推荐申报中华农业科技奖科研类成果5项，优秀创新团队类成果1项，科普类成果1项。

【动植物疫病防控】 2010年，逐步形成覆盖全省的农作物有害生物监测和防控体系，下发病虫发生情报和防治建议30余期，全年病虫中长期预报准确率在90%以上。全省成立各种形式的专业化服务队伍771个，拥有专业化服务队员4272人，病虫害防治效果达到95%以上。举办培训700余次，培训辐射人员16万人次，发放有关宣传资料50万份。全年农作物病虫害病、虫、草、鼠害呈中等偏重以上发生，发生总面积1.32亿亩次，防治面积1.87亿亩次，挽回损失311.10万吨。全省开展产地检疫约500万亩次，调运检疫14万余批次，苗木近1000多万株，种子及其他农产品100多万吨。全省高致病性禽流感、口蹄疫等重大动物疫情保持平稳，防堵境外口蹄疫、高致病性禽流感等重大动物疫病的传入。2010年实施禽流感免疫1.97亿羽、口蹄疫8701万头、高致病性猪蓝耳病5290.74万头、猪瘟5289.74万头，免疫抗体均达到国家要求。全年开展畜禽病原学样品监测5.98万份。实施畜禽产地检疫1381万头（只）、屠宰检疫畜禽895万头只，检出染疫畜禽2.7万头（只），检出的染疫畜禽全部作了无害化处理。

【农村改革和发展】 截止2010年底，全省有86个县（市、区）、1008个乡镇、1.02万个村委会完成农村土地承包经营权证补换发工作，发放土地承包经营权证800万份。规范土地承包经营权转包、出租、互换、转让、入股合同，以及委托流转协议、合同和台账等。全省农村承包土地流转总面积383.8万亩。建立调处农村土地经营纠纷调处机制，全省成立县级仲裁委员会32个，人员334人，聘任仲裁员159人。全年发生农村土地承包纠纷1.97万件，调处纠纷1.76万件。全省1316个乡镇、1.29万个村委会实行了村级会计委托代理制，代管村组资金总额123.57亿元。继续安排2000万元专项资金重点扶持200个农村集体经济“薄弱村”、“空壳村”。加强对一事一议示范县工作的指导，进一步规范村民“一事一议”筹资筹劳工作。到年底全省实施一事一议财政奖补项目6.47万个，覆盖6.83万个自然村。

【农村劳务经济】 2010年，面对百年一遇的特大旱灾，省委、省政府于全国两会期间在北京召开云南省农村劳动力转移推进工作会议。中央和省级财政大幅度增加对农村劳动力转移培训项目资金的投入力度，培训资金从2009年的2.63亿元增加到2010年的3.58亿元，增长36.1%，其中，中央财政投入云南农村劳动力转移培训阳光工程资金4100万元，增长22%，省级农村劳动力转移培训项目资金9290万元，增长4倍多。7月14日，省政府召开全省农村劳动力转移就业暨第二届农村“创业之星”总结表彰会。各地针对农民工特点和本地培训资源的实际，开设高、中、低等不同层次的技能培训，大力推行订单式培训、校企联合培训和项目定向培训，坚持培训与就业指导服务相结合，实现培训与输出就业的良性互动；关注沿海地区出现的“民工荒”现象，建立健全输出网络，开展信息收集、劳务对接、权益维护等服务工作；结合特色种植业和特色养殖业的发展，开展使用技能培训；针对创业群体开展农民创业培训，落实“贷免扶补”政策。2010年，全省组织各类招聘会1440场；开展农村劳动力转移培训162万人，其中，技能培训60万人，农民创业培训2万人；全省新增转移农村劳动力136万人，其中转移到省外就业的农村劳动力48万人。农民人均工资性收入930元，比上年增加245元，增幅35.8%，是近年来增幅最大的一年，与上年相比提高24.9个百分点，对农民收入增长幅度的贡献率42%，创历史新高。

【农业资源和环境保护】 2010年，新建农村户用沼气池20万口；节能改灶16.67万户；全省273万口沼气池每年可替代薪柴409.5万吨，相当于956万亩薪炭林，年节约409.5万吨薪柴或165万吨原煤，保护63.7万公顷森林免遭砍伐；年处理人畜粪便多199万吨，提供3276万吨以上的优质有机肥。以273万口沼气池计算，每年可减排二氧化碳546万吨，减排二氧化硫1.6万吨。农村太阳能累计建8.73万平方米。全省农机具更新比重4%，单机能耗降低0.8%。机动渔船更新比例0.4%，单船能耗降低0.4%。建成农村小水电装机184万千瓦，全年农村小水电累计发电量397亿千瓦时。农村水电装机容量累计1190万千瓦。龙头加工企业单机能耗累计下降5.02吨标准煤。

【农业信息化建设】 2010年，全省14个州（市）建立信息工作行政机构，85个县（区）建立信息工作机构，已建立农村信息服务站392个。省级农业数据中心初步建立，各级农业部门均配置设备，并实现互联网接入。全省有146个农业信息网，1495个“数字乡村”网站、13.76万个数字乡村网页，行业专业网站126个、农业信息化应用系统82个。全年云南农业信息网审核发布信息6万条，比上年增长81.8%。获得2010年第七届中国农业网站百强（政府网站类30强），在全国继续保持第九名。省级数字乡村网共审核发布各类信息1.42万条，增长73%。全省制作上传视频文件3.46万个。组织各类信息化培训13期。在大部分乡镇都设立农业信息采集点和50个物价成本监测点，对49种农产品，以月、季、半年、年度为时间段进行综合分析，全年形成18期《云南省农产品成本物价信息》，每期分析数据指标294个。

【农业法制】 2010年，开展了以渔业、农产品质量安全、农民专业合作组织为重点的立法调研工作。对规章和规范性文件进行清理。对农业厅承担的191项行政处罚事项进行细化。开展法制宣传教育，组织培训执法人员1200多人，举办专题讲座7次，开展法律咨询服务700多次，发放宣传资料3万多份，组织法律知识竞赛3次。各级农业综合执法机构查办案件1412件，比上年增加487件，罚没款148万元，移送司法机关1件；调解涉农纠纷360件。重新梳理23家事业单位对社会和行业的服务事项，确定了368项服务事项。

（刘余武）

林　业

【综述】 2010年，云南省高度重视林业工作，省委召开了由省州县三级党政主要领导参加的省委林业工作会议，全面部署当前和今后一段时期云南林业改革发展任务；省委、省政府作出《关于加快林业发展建设森林云南的决定》，云南省政府出台《关于加快木本油料产业发展的意见》《关于推进中低产林改造的意见》《关于加快林业产业发展的意见》《关于推进林农专业合作社的意见》；省委常委会、省政府常务会多次听取林业工作情况汇报，对集体林权制度改革、中低产林改造和林业产业发展等重点工作进行专题研究；省领导深入基层、深入林区调查研究，帮助解决林业工作面临的问题和困难，切实加强了对林业工作的领导。省林业系统深入实施“生态立省”发展战略和“生态建设产业化、产业发展生态化”的发展思路，牢牢把握扩大内需、应对气候变化、发展绿色经济等重大历史机遇，不断深化改革，完善政策措施，强化科技支撑，狠抓工作落实，取得了显著成效。

2010年，云南省遭受了特大旱灾，面对百年一遇的特大旱灾，国家林业局贾治邦局长等领导多次深入云南视察指导，并派出11个工作组赴云南帮助抗旱救灾。全省林业系统把抗旱救灾作为压倒一切的中心任务，采取厅领导挂钩州（市）、派出技术指导组蹲点指导、编印《林业抗旱技术手册》、暂停年度休假安排、层层落实工作责任制、启动行政问责等超常措施应对超常旱情，取得了显著成效。全省累计投入林业抗旱救灾资金6.44亿元、2394万人次，最大限度降低了灾害损失。

【学习杨善洲先进事迹】　2010年12月23日，杨善洲先进事迹报告团到省林业厅进行宣讲，近1000人参加会议。省林业厅对深入学习杨善洲先进事迹进一步作出安排，搞好“五个结合”，开展“六个一活动’，通过扎实学习活动，不断推进林业系统创先争优活动的深入开展。

【林业改革】　自2006年全省正式启动集体林权制度改革以来，截止2010年底，成立林改组织领导机构17万个，参加林改人员76.01万人；林改资金投入13.45亿元，排查山林纠纷16.54万起，涉及面积1560.49万亩，已调处16.32万起，涉及面积1502.57万亩，起数和面积调处率分别为98.7%、96.3%；应确权集体林地面积2.73亿亩，已确权集体林地面积2.69亿亩，占98.6%，确权宗数1207.09万宗。发证本数878.23万本（林权证555.27万本，股权证209.76万本，均利证114.54万本）。

【全省集体林权制度主体改革表彰暨林业产业发展大会】　2010年7月27日在昆明市召开。会议全面总结集体林权制度主体改革工作，表彰奖励先进集体和先进个人，研究深化集体林权制度配套改革，加大中低产林改造力度，推进现代林业发展，对《云南省政府关于加快林业产业发展的意见》（征求意见稿）进行讨论。

2010年11月25日，以“深化配套改革，推进产业发展，促进林农增收”为主题省林改典型县新闻发布会在凤庆县召开。在国家林业局确定的全国集体林权制度改革100个典型县中，云南的凤庆县、腾冲县、景谷县、石屏县、武定县位列其中。

【林改配套改革】　新颁布实施的《云南省林地管理条例》，对林地权属管理、林地使用权流转、林地保护和利用及违反林地管理的法律责任等方面进行了规范；还出台《云南省森林资源资产评估管理暂行办法》，并邀请国家林业局、中国资产评估协会对云南近500名森林资源评估人员进行培训，推动了森林资源资产评估工作顺利开展；同时建立了云南省林业金融服务联席会议制度，下发《关于做好云南省林权抵押贷款业务重点推进县（市）工作的通知》，决定选择23个县作为林权抵押贷款业务的重点推进县，全省林权抵押贷款余额50亿元，贷款户数7419户；全省已建立89家林权流转服务中心，开展了林权登记发证、林地林木流转、林权抵押贷款、森林资源资产评估等工作。

2010年10月，由省林业厅组织开发的“云南省林权及林产业管理信息系统”通过专家评审，被列为国家电子政务工程重点项目。该项目计划投资1.5亿元，投资1500万元，资金到位230余万元；各州（市）、县林权管理服务中心信息平台建设1.48亿元已下拨到位。计划2011年底基本搭建完成全省系统及网站。

【林业生态建设】　2010年，全省完成营造林1100万亩，为年计划600万亩的1.83倍，其中，人工造林930万亩，为年计划的2.07倍；天保工程完成森林管护1.9亿亩，完成公益林建设175.5万亩；完成退耕还林和巩固成果项目营造林262.94万亩，144.19万亩到期面积顺利通过国家验收，确保补助政策的兑现；新建沼气池10.63万户，农村改灶16.41万户。生物多样性保护工程得到切实加强，滇西北生物多样性保护深入推进，极小种群物种保护行动顺利启动，野生动物肇事补偿制度更加完善，国家公园建设试点稳步推进。农村能源建设工程新建沼气池 9.5 万户（仅为省林业厅负责实施部分）；农村改灶项目完成 10.13 万户。森林生态效益补偿日益完善，4517.5 万亩国家级公益林纳入中央基金补偿范围，4730 万亩省级公益林由省级财政筹资 2.37 亿元实施了生态效益补偿。

【退耕还林工程】 截至 2010 年底，云南省全面完成荒山荒地造林 30 万亩，封山育林 20 万亩，巩固成果专项规划建设项目后续产业种植业 191.46 万亩，补植补造 21.48 万亩。2010 年兑现各项补助资金 13.2 亿元，其中，兑现粮食折现 10.1 亿元、现金补助 1 亿元、种苗造林补助 7000 万元、粮食调运费 1.4 亿元。

【中低产林改造】 2010 年，全省中低产林改造完成 210 万亩，国家和地方财政投入中低产林改造资金 4.76 亿元。其中，国家森林抚育试点补贴资金 1.1 亿元；省级财政专项资金 1.05 亿元；地方财政投入改造专项资金 2700 万元；企业完成投资 1.6 亿元；林农投入 7400 万元。

【农村能源建设】 2010 年，省政府继续将“新建农村沼气 20 万户、农村改灶 10 万户”的农村能源建设，作为全省重点督查的 20 项重点工作之一。省林业厅负责组织实施：新建农村沼气 9.5 万户（国家巩固退耕还林沼气项目 3.16 万户、省级财政项目 6.34 万户）和农村改灶 10 万户（国家巩固退耕还林农村改灶项目 3.05 万户、省级财政项目 6.95 万户）。投入建设资金 1.64 亿元，创历史新高。截至 11 月 30 日，省林业厅负责实施的农村沼气完成 9.06 万户；农村改灶项目完成 13.54 万户。

【国家级自然保护区基础设施】 2010 年，组织竣工验收大山包黑颈鹤、永德大雪山国家级自然保护区基础设施一期工程建设项目。永德大雪山、黄连山、大山包国家级自然保护区基础设施建设二期工程 3 个项目获国家项目支持，国家林业局批复建设项目总投资 2905 万元，中央投资 2325 万元，省地方配套 580 万元；哀牢山国家级自然保护区保护设施建设项目获国家发改委支持，项目总投资 2857 万元，中央投资 2000 万元，省地方债券配套 428.5 万元，州（市）投资 428.5 万元。

【林业产业】 认真落实省政府与国家林业局签署的建设木本油料产业示范区合作备忘录，加大投入，全力推进木本油料产业发展。各地立足资源优势，积极发展特色产业，林浆纸、林化工、竹藤、野生动物驯养繁殖、森林生态旅游、木材加工及人造板、林下资源开发等九大林产业全面发展。木本油料种植面积 3000 多万亩，总产量超过 40 万吨，总产值近百亿元；省级林业龙头企业从无到有，发展到 154 户，带动农户近 300 万户。2010 年全省林业总产值 574.8 亿元，比上年增长 25%。

种苗行业管理《云南省林木种苗管理规定》于 2007 年列入了省政府立法计划，2010 年 7 月 9 日提请省政府常委会审议通过，10 月 1 日起施行。该规定共 27 条，明确了林木种苗的保护、开发和利用的专项资金；对引进林木种质资源引种试验的监督管理，林木良种退出制度，非主要林木品种的选育登记，林木良种推广政府补贴，林木良种基地的良种产量年度预测预报及农民自繁自用剩余种苗的出售、串换管理等内容，从林木种质资源保护与利用，林木品种选育、审定与推广，林木种苗生产、经营和使用，林木种苗质量管理，服务与监督和法律责任等方面对《种子法》、《种子条例》等相关内容进行了细化和补充。

【林业“三防”工作】 2010 年，逐级落实森林资源保护责任制，严格执行林地征占用定额管理和林木采伐限额管理制度，加大执法力度，严厉打击破坏森林资源的违法犯罪活动，加强火灾防范和应急处置，强化林业有害生物监测防治。林业行政案件查处率 99%，森林火灾当日扑灭率 95.2%，林业有害生物测报准确率 85%、无公害防治率 83.2%、成灾率控制在 7.8‰以内。

【全省政策性森林火灾保险试点项目】 2010 年 11 月 3 日，云南省政策性森林火灾保险试点项目签约暨启动仪式在昆明举行。对试点五州（市）行政区域内生长和管理正常的公益林和商品林 1.28 亿亩（公益林 5622.22 万亩、商品林 7154.85 万亩）纳入保险范围，其中昆明市 1706.44 万亩、曲靖市 2062.63 万亩、玉溪市 1496.47 万亩、普洱市 4567.3 万亩、大理州 2944.22 万亩。保费 5110.83 万元（央财政投入1983.03万元、省财政投入1277.71万元、州县财政投入991.51万元、林业经营者投入858.58万元）。其中公益林实行统一全额投保，保费2248.89万元（中央财政投入保费1124.44万元、省级财政投入保费562.22万元、州县财政投入保费562.22万元）；商品林以财政补贴（70%）为主、林业经营者适当承担（30%）的方式投保，保费2861.94万元。

【网络森林医院开通】 2010年9月17日，云南省网络森林医院开通仪式在昆明举行。云南省网络森林医院是在国家森林网络医院整体框架下，为顺应林改新形势下林农对林业有害生物防治公共服务的新要求而创办的。网络森林医院以专业基础数据库和专家库为支撑，提供开放式的便民网络服务和管理系统，具有服务和管理双重功能，业务跨度大、覆盖范围广、服务手段多、功能性强的特点。系统开通后，全省广大林农通过登录网站，足不出户就可以自我诊治林业有害生物，与专家进行面对面咨询，从而使自家林木的病虫害得到及时有效的防治，是广大林农“求医问药”的新平台。

【林区治安防控】 2010年，云南省森林公安开展一系列专项行动，办理行政案件1.39万件，侦破刑事案件2843件（其中重特大案件389件），打击处理违法犯罪人员2.45万人，收缴林木木材3.46万立方米、国家保护野生动物1.22万头（只），为国家挽回经济损失6884万元；林区禁毒工作扎实开展，办理毒品案件16起，抓获犯罪嫌疑人36人，缴获毒品海洛因1.33公斤，冰毒1.36公斤，鸦片1.2公斤，卡苦13克，罂粟壳478.5公斤，铲除毒品原植物大麻3.92万株。林区禁毒工作先后5次受到国家禁毒委、国家林业局森林公安局贺电表扬。

【强林惠林政策】

林权抵押贷款业务省委、省政府高度重视集体林权制度改革工作，把积极推进林权抵押贷款业务作为缓解广大林农、涉林企业融资困难，调动广大林农耕山育林的积极性，促进林农增收、产业升级、生态改善的有效途径。一是林权抵押贷款业务快速增长。截至2010年底，全省16个州（市）中有14个州（市）6家银行业金融机构（农信社、农行、农发行、国开行、中行、建行）开办林权抵押贷款业务，贷款余额49亿元，比年初增加17.23亿元，增长54.23%。贷款户数7419户，比年初增加3634户，增长96%。二是林权抵押贷款以涉农银行“唱主角”。农信社、农行、农发行3家涉农银行业金融机构贷款余额分别为20.04亿元、13.51亿元和11.65亿元，占全部林权抵押贷款余额的92.25%。三是林权抵押贷款投向以林业和农业为重点。全省林权抵押贷款投向林业及林业相关产业贷款余额27.76亿元，占全部林权抵押贷款余额的56.66%。投向农业贷款余额5.13亿元，占10.48%。林权抵押贷款集中投向林业和农业，激活了农村林业产业资源，促进了森林资源优势转化为现实经济优势。四是林权抵押贷款地理分布趋于合理。林权抵押贷款分布以森林资源集中和市场交易活跃的州（市）为主，地理分布趋于合理。其中普洱、保山、西双版纳3个州（市）的林权抵押贷款较为活跃，贷款余额分别为13.84亿元、9.08亿元、8.34亿元，合计31.26亿元，占同期全部林权抵押贷款余额的63.8%。五是林改配套服务体系快速成长。林权抵押登记机构、森林资源资产评估机构、林权交易市场和林农专业合作社建设不断完善。

棚户区改造项目 2010年国家下达云南省38家单位5000户棚户区改造任务，总投资4.9亿元。截止年底，全省38家单位已全部开工建设，开工率100%，竣工409套，竣工面积1.98万平方米。项目资金到位3.29亿元（中央资金及省级配套1.25亿元已足额到位），累计完成投资7882万元。

农 垦

【综述】 2010年，百年一遇的特大干旱给农垦生产带来严重影响，在省委、省政府的领导下，经过垦区广大干部职工的共同努力，垦区改革稳步推进，生产经营基本正常，社会稳定。2010年与上年相比：生产干胶12.86万吨，其中，国产橡胶11.09万吨，减少9.3%，收购加工民营橡胶3.82万吨，减少17.6%；茶叶8750吨，减少1.5%；水果9.91万吨，减少19%；咖啡1196吨，减少11.3%。主要工业产品产量：食糖6.01万吨，减少2.3%；精制茶3610吨，增长27.7%；土豆片1164吨，减少4.8%；咖啡粉162吨，增长514.8%；发电

2.64 亿度，减少 29.2%；锯材及人造板材 3.17 万立方米，减少 24.6%；钢模板 9197 吨，减少 16.4%；水泥 14.72 万吨，增加 106%。实现生产总值 36.66 亿元，比上年增长 36.9%。其中第一产业 28.40 亿元，增长 52.1%；第二产业 3.59 亿元，增长 13.7%；第三产业 4.67 亿元，减少 5.5%。完成工农业总产值 52.02 亿元，增长 33%，其中，工业总产值 9.85 亿元，增长 4.6%，农业总产值 42.17 亿元，增长 41.9%。实现销售收入 55.01 亿元，利润 7.15 亿元。职工人均年工资 1.32 万元，比上年增加 2694 元，增长 25.6%；从业人员年人均收入 1.3 万元，增加 2569 元，增长 24.7%。总资产 94.57 亿元，增长 17%，净资产 35.74 亿元，增长 32%。

【稳步推进农垦改革】 2009 年 12 月 30 日，省委、省政府下发《云南省委省政府关于推进农垦改革发展维护垦区稳定的若干意见》。继 2010 年 1 月 10 日全省农垦改革发展工作会议之后，6 月 10 日，省政府在昆明召开全省深化农垦改革工作会议，根据 6 月 6 日云南省政府办公厅印发《关于农场公共管理和公共服务机构编制意见等 5 个方案的通知》，明确了农垦改革相关配套政策。省农垦总局与各州（市）政府签订了农场、医疗机构属地管理移交协议，正式将农垦 39 个农场和 122 所医疗卫生机构等移交相关州（市）实行属地管理。随后，农垦组织全面开展清理移交员工的组织人事关系、社会保障关系等工作，核实农场机构、编制及管理人员，配合做好甄别管理人员身份及从业人员劳动关系等基本情况。截止 2010 年底，各州（市）农垦分局基本撤销，分别成立了农垦局，西双版纳州还在州和市（县、区）设立农垦局。全省 7 个州（市）所属 39 个农场已全部移交属地到县（市、区）管理。125 所农垦医疗机构移交属地到县（市、区）管理。农垦 5.9 万多人的基本养老保险关系由省社保移交至各相关州（市）社保。非橡胶农场资产移交工作基本完成；云南天然橡胶产业股份公司开展了资产清查和银行债务清理。由农垦总局管理的德宏、文山、普洱、保山、临沧农垦分局和农场及农垦总局 3 所直属医院领导干部共 119 名的人事管理业务移交相关州（市）委组织部管理。

【抓好抗灾生产经营】 2010 年，云南省遭遇百年一遇的特大干旱，垦区 41 个农场（分公司）、710 个生产队、18.7 万人受灾，6.49 万人生活极度困难。灾害造成农垦主业天然橡胶损失 2.5 亿元；其他经济作物损失 1.8 亿元。省农垦总局不因农场移交属地管理而放松工作，把抗大旱、抓生产作为重要工作，领导班子成员分赴各地指导抗灾救灾，在积极争取省级有关部门支持帮助的同时，及时拨出资金帮助各农场组织生产自救，同时努力做好胶、茶、糖等常规生产管理，进一步调整橡胶承包人收入分配比例，加大民营胶收购力度。下半年，针对一些干部思想波动，企业管理滑坡，胶产品流失严重的情况，组织专门工作组，千方百计稳定管理、稳定生产、稳定干部职工队伍，保持垦区稳定。在主产品产量大幅下降的情况下，加强市场分析和营销，抓住橡胶市场价格上扬的有利时机，销售橡胶 17 万吨，创实现销售收入 44.78 亿元的历史最好水平。工业企业实现扭亏增盈。农垦工业公司在企业整合、经营管理、项目开发方面取得新进展，长期处于亏损状况的热带作物机械厂、咖啡厂扭亏为盈，物流公司实现营业收入增长，老挝云橡公司开始实现经营利润。垦区做到大旱之年职工、企业减产不减收，企业效益和职工收入双增长。全年农垦销售收入 48.4 亿元，刷新历史纪录。

【科技研发与推广】 2010 年，省农垦总局开展的“云南天然橡胶产业提升关键技术集成与应用”、“天然橡胶良种自根无性系种植材料培育”等一批课题研究取得重要突破。分别在国家天然橡胶产业技术体系的省热带作物科学研究所、德宏热带农业科学研究所和红河热带农业科学研究所建立全国橡胶新品种抗寒前哨点 150 亩；完成橡胶新品种区域性试验示范区建设 600 亩。完成橡胶树“抗病增胶灵”生产技术规程和产品企业标准的制定，并培训技术骨干 200 人次，推广应用抗病增胶灵 30 万亩。在云南植胶区推广具有农垦自主知识产权的橡胶树高产、抗寒新品种 77－2、77－4 约 20 万亩，在老挝、缅甸、越南等周边国家的更新及新植胶园中大量使用云研 77－4、云研 77－2 橡胶良种。同时，在测土配方施肥技术，热带作物重大病虫灾害监测与防控等试验示范及推广，现代农业示范园建设、热作标准化生产示范园建设、农产品质量追溯体系建设等方面工作取得成效。

【改善民生】 2010 年，省农垦总局紧紧围绕垦区改革发展的新要求，全面落实强农惠农政策，继续抓住中央扩大内需的机遇，加强对外协调，多渠道融资。先后协调实施了危房改造、中低产田地改造、农场公路建设、职工饮水安全、一事一议财政奖补试点等20个类别260个年度建设项目的投资。完成投资总额8.78亿元，其中，中央财政补助资金2.6亿元，省财政预算内补助资金2.37亿元，创造了垦区争取年度融资额度历史最高纪录。特别把“两房”建设作为改善民生的重大工程来抓。为确保完成2009年3.33万户建设目标以及7.19万户的总目标，2010年4月组织部分单位召开安居工程建设专题研讨会。5月针对危房改造中存在统一思想难、筹资难、选址难、审批难、进度慢等实际问题，在瑞丽召开垦区保障性安居工程建设现场工作会议，总局与各分局、农场签订责任书。7月垦区组织47个建设单位的危房改造实施方案评审。12月相关领导和部门再次对垦区保障性安居工程建设进行现场督察。截至年底，在危房改造方面，2008年14个农场实施的第一批5000户已在2009年底前全面竣工，完成投资4亿多元；2009年54个单位实施的第二批3.33万户，现已开工3.18万户，其中：已完工2.67万户，完成投资26.75亿元；2010年47个单位实施的第三批2.39万户，现已开工1.2万户，完成投资3.12亿元。截止2010年底，已累计完成投资34亿元。2011年安排9678户危房改造。在廉租房建设方面，云南垦区2008年廉租房建设180套已完成；2009年廉租房4240套已经全部开工建设；2010年廉租房计划3704套，已开工514套。农场面貌大为改观。

【调整“走出去”发展战略】 截止2010年底，云南农垦云橡投资公司已在老挝开垦种植橡胶6.5万亩，并带动当地发展橡胶5万多亩。2010年4月，农垦集团公司对在老挝橡胶开发进行深入调研的基础上，调整发展战略。即从以种植为主，调整为巩固现有胶园，以发展加工贸易为主。原则上不再开发新胶园；加大收胶力度，加快胶厂开工生产；积极摸清胶产品情况，开展胶产品相关贸易。老挝云橡公司在抓好胶林扶管的同时狠抓胶产品贸易，实现利润超过100万元，成为经济效益最好的一年。

【西双版纳景阳橡胶有限公司】 根据《云南省委云南省政府关于推进农垦改革发展维护垦区稳定的若干意见》精神和要求，农垦原来集中到橡胶产业股份公司统一经营管理的橡胶林木等资产划归各相关农场。为促进天然橡胶产业的稳定和健康发展，农垦集团公司和西双版纳州政府于2010年6月29日签订《西双版纳州政府云南农垦集团有限公司合作组建西版纳天然橡胶产业股份有限公司框架协议》，对西双版纳州天然橡胶产业进行整合重组。12月16日，西双版纳景阳橡胶有限公司注册登记。12月底，农垦在西双版纳设立云南农垦电子商务中心西双版纳交易厅，从事天然橡胶电子商务现货交易。

（陈葵）

水　利

【概述】 2010年以来，云南省遭遇百年不遇特大干旱，全省各级水利部门认真贯彻落实省委、省政府抗御特大干旱、切实加强农业基础设施建设的重大战略部署，以超常规的举措和前所未有的力度加快推进水利基础设施建设，切实提升抗御干旱灾害能力和农业综合生产能力，努力从根本上破解水利对全省经济社会发展的瓶颈制约，全省抗旱救灾和水利建设双双取得显著成效。全年完成水利水电投资238.9亿元，其中完成水利固定资产投资150.2亿元，比2009年实际完成投资增加44.7亿元，增幅42.4%。争取中央各种投资和资金补助50.9亿元。百件骨干水源工程中已有42件开工建设，建成40万件“五小水利”工程；与全国同步完成国家规划内442件病险水库除险加固任务，启动新一轮重点小型病险水库除险加固；解决328万人饮水安全问题；治理水土流失面积3262平方公里；部省共建山区水利改革与发展示范区、中小河流治理、农村水电建设等各项水利工作有序推进。昆明市、迪庆州水务局正式挂牌成立，最严格的水资源管理制度启动实施，地下水开采秩序清理整顿深入开展，为全省经济社会又好又快发展提供了有力的水利保障和支撑。

【防汛抗旱】 2010年，面对2009年秋季以来百年不遇特大干旱给全省经济社会发展造成的严重影响，全省累计筹集抗旱救灾资金38.4

亿元，先后投入10.36亿元用于解决人畜饮水困难，出动1666万次车辆为灾区群众拉水送水，投入6900多眼机电井、9200多处泵站、57万台（套）抗旱机动设备，有效解决965万人、2227万头牲畜饮水困难，确保全省在历时9个月的抗旱过程中有水可拉、有水可用，为全省取得抗旱救灾决定性胜利提供了坚实的水利保障。同时全面落实以行政首长负责制为核心的防汛抗旱责任制，进一步完善防汛预案管理，规范防汛应急处置工作程序，增强预案的可操作性，提高防洪应急处置能力，高效处置洪涝灾害；全力抓好防洪工程建设，新增治理各类堤防60余公里；及时进行水毁修复，汛前修复水库111座、坝埭2156座、堤防1728处291公里、护岸1056处377公里、闸涵265座，河道清障1811处982公里，水利工程发挥了极大的错峰削峰和防汛保安作用，共计拦蓄洪量281亿立方米，先后战胜了曲靖市马龙县“6·25”和昆明市呈贡县“8·16”严重洪涝灾害以及昭通市巧家县小河镇“7·13”和怒江州贡山县普拉底乡“8·18”特大山洪地质灾害；全面完成全省6个县（区）2009年全国山洪灾害防治试点项目建设任务；抓好国际界河、大江大河和中小河流治理项目建设，完成新建堤防46公里，护岸30.56公里，加固河堤12.13公里，新建跨河建筑物7座。

【水源工程建设】 云南省政府确定的3年开工建设的100件骨干水源工程中已有42件开工建设，临沧康家坝、安宁王家滩、巍山巍宝山、华宁糯节河等水库建设快速推进，“润滇工程”累计开工54件，超过原规划50件目标。2007年开工的35件水源工程进展顺利，部分工程已完工并开始发挥效益。云南省国家专项规划内的27件大中型、415座小㈠型水库除险加固工程全面完成。同时，省级共安排2256万元专项资金用于32件震损小㈡型水库应急修复及除险加固，16个州（市）自筹资金3.2亿元完成153座水库除险加固。

【农村水利建设】 全省完成“五小水利”工程40万件，解决328万人饮水安全问题。水利部、省政府批复云南省山区水利发展与改革示范区规划，省水利厅和曲靖市、楚雄州及时启动了部省共建山区水利改革发展示范区建设工作，认真贯彻备忘录各项目标任务。全面完成第一批14个中央财政小型农田水利重点县2009年度项目建设任务，建成集雨水窖、水池338个，引水堰闸19座，渠道整治1007公里（其中节水防渗976公里），安装低压管道327公里，建设抽水站20座，配套渠系建筑物2080座。12个大型灌区全部立项建设，蒙开个、元谋灌区信息化试点按建设方案稳步实施，4个中型灌区开工建设，6个节水示范项目开工建设，发展节水灌溉面积60万亩。完成25.4万亩中低产田地改造任务，是水利部门计划数10万亩的254%，文山、禄丰、沾益、石林4个中低产田地改造示范工程全面完工。

【水土保持】 全省完成水土流失综合治理面积3262平方公里，实施保护面积8000平方公里；全面完成2010年度国家下达云南省“长治”工程、“珠治”工程、西南诸河流域小流域综合治理项目等重点工程建设任务及全国第一批坡耕地水土流失综合治理试点工程建设任务；逐步加强和规范水土保持设施补偿费的征收与管理，拓宽思路，抓典型、抓示范，由点带面，水土保持“两费”征收工作取得突破性进展，全年省级征收水土保持设施补偿费4600万元，占计划1200万元的383.3%；加强水土保持方案审批、监督检查和验收工作，与水利部同步启动水土保持监督管理能力建设，确定并启动35个全国水土保持监督管理能力建设试点县编制实施方案。

【水利规划】 超前谋划云南省“十二五”水利发展重点任务，组织编制《云南省水利发展“十二五”规划》初稿；编制《云南省百件骨干水源工程规划》并经云南省政府批复实施；完成《西南五省重点水源工程规划》并经水利部初审同意；完成《云南省中小河流治理和中小水库除险加固、山洪地质灾害防治（水利部分）、易灾地区生态环境综合治理（水利部分）专项规划》编制；完善《全国血吸虫病综合治理水利专项规划报告（2010～2015年）》；继续配合珠江委完善珠江流域综合规划修编、红河流域综合规划，配合长江委完善怒江、澜沧江综合规划编制和长江流域综合规划修编，配合长江委编制伊洛瓦底江流域综合规划；制定并发布《云南省水工程建设规划同意书制度实施细则》，完善云南省实施水利工程建设规划同意书的有关管理制度。

【农村水电】 全省新增农村水电装机容量

184万千瓦，完成农村水电投资89亿元，中小水电装机容量1376万千瓦，农村水电年发电量401亿千瓦时。5个代燃料项目主体工程全面开工建设，完成了9个州（市）26县的“十一五”水电农村电气化县建设的省级达标验收。积极做好水能资源开发利用管理工作，《云南省农村水能资源管理办法》列入云南省政府2010年立法计划。完成《云南省农村水电“十二五”发展规划》《云南省充分发挥大中型水电站综合利用效益专项规划》《“十二五”小水电代燃料工程规划》的编制工作。完成全省“十五”以来投入水电农村电气化建设和小水电代燃料建设形成的农村水电国有行政性资产核查工作，并在瑞丽、盈江、芒市、陇川、洱源、漾濞、宁蒗、镇康8个县（市）全面展开农村水电国有行政性资产的管理工作。

【水利改革管理】　全省已有9个州（市）和66个县（市、区）组建水务局，完成水务体制改革。全省农村小型水利工程管理体制改革有序推进，共有58个县完成改革任务，超额完成年初制定50个县的目标；有121.07万件农村小型水利工程进行管理体制改革，向115.80万件工程发放产权证，通过改革带动群众投资6.78亿元，投劳615万工日，修复4.90万件工程。省水利水电投资有限公司充分发挥省级水利水电行业投融资平台作用，各级水利投融资平台建设进程不断加快。积极推进水价改革综合示范区改革工作，合理调整了非农供水价格。按照实行最严格水资源管理制度的要求，切实加快依法治水管水进程，加大水利立法力度，《云南省水文条例》颁布实施，进一步强化水行政执法队伍和制度建设，规范水行政执法行为，提高依法行政能力，执法效能得到明显增强，全省各类水事纠纷成功调处率达到98%以上，特别是在百年不遇大旱中没有发生一起影响社会稳定的重大水事纠纷。

（师晓莹）

扶贫开发工作

云南地处祖国西南边陲，是集边疆、山区、民族、贫困为一体的省份。有国家扶贫工作重点县73个，省级扶贫县7个，是全国扶贫攻坚重要的主战场之一。

【10年回顾】　云南省委、省政府始终高度重视扶贫开发工作，始终把扶贫开发工作摆在突出位置。2001年以来，结合云南实际，出台《云南农村扶贫开发纲要（2001～2010年）》《关于加快新时期扶贫开发工作的决定》《关于加快“十一五”时期农村扶贫开发进程的决定》《关于完善省级机关企事业单位定点挂钩扶贫责任制度的意见》《关于实施分类指导加快扶贫开发进程的意见》《关于加快边远少数民族贫困地区深度贫困群众脱贫进程的决定》等一系列指导性文件，切实加强领导、创新思路、完善措施，高位强势推进扶贫开发工作。坚持开发扶贫、政府主导、部门协同、社会参与、自力更生，坚持瞄准对象、突出重点、综合开发、整体推进，形成全社会参与的“大扶贫”工作格局。10年来，全省累计投入省级以上财政扶贫资金166.77亿元，其中中央114.83亿元，省级51.94亿元；信贷扶贫资金210亿元。重点抓好“一体两翼”；完成2078个村委会和2.53万个贫困自然村的整村推进，有149万贫困农户直接受益；转移培训贫困地区劳动力202.31万人；项目贷款100.10亿元，扶持国家扶贫龙头企业39家次，到户贷款108.48亿元，支持216.92万户发展生产，在69个县461个贫困村开展互助资金试点，为1.51万户贫困户解决生产发展资金困难。率先开展特困群体和少数民族重点帮扶：实施布朗族、基诺族、苦聪人、莽人克木人综合扶贫工程，启动对㑇人、独龙族、瑶族支系山瑶、拉祜族的重点帮扶，推进革命老区开发建设，2008年至2010年，投入革命老区扶贫开发资金23亿元，占全省扶贫投入的43.6%，安排专项资金4500万元，整合资金2.5亿元。重视做好兴边富民扶贫工程：组织实施2轮兴边富民工程，在边境25个县实施4902个贫困自然村整村推进，进行基础设施建设、温饱安居、产业培育、素质提高、社会保障和社会稳定、生态保护与建设等6大工程30件惠民实事。不断创新片区扶贫综合开发：在18个县开展“县为单位、整合资金、整村推进、连片开发”的试点工作。在全省24个乡镇开展整乡推进试点。着力实施贫困群众安居工程：对64.66万人基本丧失生存条件贫困群体实施易地搬迁扶贫，对43.55万特困农户实施了破烂茅草房改造，得到回良玉副总理的充分肯定。此外，积极推进扶贫国内国际合作。27家中央国家机关企事业单位和腾

讯公益慈善基金会，在云南直接投入资金 7.8 亿元，引进扶贫资金 12.98 亿元，实施扶贫项目 1355 个。上海援滇资金年增长保持 10% 以上，投入帮扶资金 13.05 亿元，实施各类帮扶项目 3503 个，40 余万群众直接受益。引进外资 10 亿元人民币，云南省配套资金 3 亿元，共投入外资扶贫资金 13 亿元，与 6 个扶贫国际组织和 4 个非政府组织（NGO）开展扶贫合作，项目覆盖贫困人口 160 万。10 年扶贫，云南走出具有自身特点的扶贫之路，被 2010 年“亚洲政党扶贫专题会议”誉为“亚洲财富”，为我国率先实现联合国《千年发展目标》中贫困人口减半的指标和云南经济发展、社会稳定、民族团结、边疆巩固做出了积极的贡献。一是贫困人口数量明显减少。全省贫困人口从 2000 年底的 1022 万人下降到 2009 年底的 540 万人、减少 497 万人，贫困发生率由 29.63% 下降到 14.7%。二是贫困地区农民收入水平明显提高。73 个国家扶贫重点县农民人均纯收入由 2000 年底的 1100 元提高到 2009 年底的 2569 元，2010 年国家扶贫重点县农民人均纯收入增幅高于全省平均水平 1 个百分点左右。三是贫困地区整体经济水平明显提高。2000 年至 2009 年，73 个国家扶贫开发工作重点县人均 GDP 从 2207 元提高到 7198 元，农业总产值从 302 亿元提高到 810 亿元，人均地方财政收入从 120 元提高到 418 元。四是贫困地区基础设施明显加强。新增灌溉面积 315.3 万亩，解决和改善 496.16 万人的饮水安全问题。新增通村硬化路面 5.1 万公里、通自然村（组）硬化路面 8.7 万公里。五是贫困地区社会事业发展加快。在 73 个重点县完成学校修缮、建设学校 1.03 万所。有 1.1 万个行政村建设卫生室，新农合参合率达 90% 以上。六是贫困地区生态环境条件不断改善。结合“七彩云南”保护行动、天然林保护、退耕还林还草等生态环境保护工程，着力改善贫困地区生态环境，累计完成退耕还林还草 118.8 万公顷、退牧还草 19 万公顷，建设沼气池及节能灶 137.5 万口。

【扶贫资金投入】 2010 年，全省投入省级以上财政扶贫资金 24.83 亿元（其中：中央财政扶贫资金 18.77 亿元，省级财政扶贫资金 6.05 亿元），比上年增加 2.82 亿元，增长 12.8%，投入总量和增幅均创历史新高。27 家中央国家机关企事业单位投入帮扶资金 1.35 亿元。上海市投入对口帮扶资金 2.26 亿元，较上年增长 41%。完成非政府组织援助扶贫开发投资 2.45 亿元，包括国内配套 395 万元，其中互满爱人与人 675 万元、香港乐施会 660 万元、爱德基金会 1100 万元。此外，2010 年专项用于扶贫的投入：用于边境地区整村推进的中央财政转移支付资金 2 亿元，通过财政贴息引导的扶贫贷款投入扶贫信贷资金 39.87 亿元，规划投入帮扶资金 7.59 亿元。

【整村推进】 2010 年，省扶贫办实施 5100 个整村推进（900 个兴边富民整村推进），补助项目资金 9.97 亿元，项目涉及 16 个州（市）、123 个县（市、区），有 33.26 万户 136.31 万人直接受益。省发展改革委员会以工代赈资金安排 1100 个自然村整村推进项目，总投资 3.04 亿元。省民委负责实施 421 个整村推进，投入资金 1.48 亿元。继续做好整乡推进试点工作，全省启动实施 24 个整乡推进试点项目，涉及 16 个州（市）24 个乡镇 216 个村委会 1993 个自然村。项目规划总投资 37.58 亿元，中央和省级财政扶贫资金投入 9.97 亿元，州（市）、县财政扶贫资金投入 2.23 亿元，整合部门资金 14.21 亿元，社会帮扶资金 1.83 亿元，群众投工投劳折资 7.83 亿元，信贷扶贫资金 1.42 亿元。加大对深度贫困集中连片特殊类型地区的重点帮扶，全省规划投入帮扶资金 7.59 亿元，相继启动对独龙族、瑶族支系山瑶、拉祜族的重点帮扶工作，稳步推进僰人重点帮扶，整合投入莽人克木人帮扶资金 1.89 亿元，全面解决了 6000 多莽人克木人的温饱，莽人克木人村寨发生了翻天覆地的变化。瑶族山瑶支系扶持有序推进，编制实施了总体规划，启动实施了“三点四村”建设，覆盖山瑶群众 320 户 1521 人。澜沧拉祜族聚居区帮扶力度加大，目前已投入财政扶贫资金 4840 万元。按照独龙江整乡推进整族帮扶规划，安排财政扶贫专项资金 1150 万元。加大边境地区扶持力度，在边境 25 个县投入财政扶贫资金 3.3 亿元，实施了 663 个贫困自然村整村推进，积极开展创建“带领致富党支部”和培养“脱贫致富带头人”活动。

【易地扶贫】 2010 年云南克服百年不遇大旱、建材费用上扬等不利因素，投入资金 3.97 亿元实施易地扶贫，其中：投入 1.5 亿元对 3 万人基本丧失生存条件贫困群体实施易地搬迁扶贫，从根本上改善了搬迁群众的生存和发展条件；结合易地搬迁、整村推进项目，投入 2.47 亿元对 4.92 万户破烂危房进行改造，户均补助标准由原来6000元提高到现在1万元，达到人畜分离、安全实用、抗震的要求。

【信贷扶贫】 2010年，全省安排扶贫到户贷款计划规模29.89亿元，比上年增加2000万元，安排财政专项贴息资金1.49亿元，实际发放到户贷款32.31亿元，项目覆盖全省124个县（区）1215个乡镇7290个村，扶持36.5万多贫困农户，扶持36.5万户贫困农户，发展粮食生产106.65万亩，发展经济作物362.67万亩，发展经济林果167.6万亩，养殖大牲畜278.9万头，户均增收1600元。扶贫项目贷款8.4亿元，安排财政专项贴息资金2520万元，项目覆盖全省16个州（市）61个县（市、区）的534个乡镇3140个村，扶持带动贫困人口531万人，发展种植业项目41个，发展养殖业项目43个，发展产业化（含小型加工业）项目44个，实现户均增收1000元以上。

【老区建设】 2010年11月28～30日，云南省革命老区扶贫开发第二次经验交流会在陆良县召开。2010年投入革命老区财政扶贫资金8亿元，安排专项资金2000万元，重点解决贫困人口住房、吃饭、饮水等最急需的问题，优先安排全面覆盖“三老”（老战士、老党员、老交通）人员贫困家庭。

【产业扶贫】 2010年，产业扶贫涉及16个州（市）109个县（区）193个项目，项目规划总投资7.99亿元，其中，中央财政产业扶贫补助资金1.36万元，省级财政产业扶贫补助资金1500万元。2010年度产业扶贫安排实施种植业项目165个，总投资6.10亿元，财政扶贫资金补助9400万元。安排实施养殖项目53个，总投资1900万元，财政扶贫资金补助4100万元。全省在16个“两项制度衔接”工作试点县和3个省直管县开展产业扶贫试点项目，投入财政产业扶贫补助资金5700万元。

【社会扶贫】 2010年，云南省密切与中央27家挂钩单位和上海市的沟通协调和联系，建立联席会议制度、高层互访机制。3月2日，在北京召开中央国家机关企事业单位定点扶贫云南工作座谈会。8月28日，在上海召开沪滇对口帮扶第十二次联席会议。27家中央国家机关企事业单位在全省43个扶贫开发工作重点县，直接投入帮扶资金1.35亿元，开展扶贫整村推进、产业扶贫、劳务输出、科技培训等。上海市投入对口帮扶资金2.26亿元，较上年增长41%，对红河、文山、普洱、迪庆4州（市）26个贫困县实施帮扶，同时还将德昂族、独龙族纳入帮扶范围，实施整村推进、产业开发、社会事业合作和人口较少民族帮扶等项目358项。5月9日，在昭通召开云南省扶贫开发工作现场会暨社会帮扶表彰大会。217家省级国家机关、企事业单位直接投入帮扶资金2.58亿元，驻滇部队、民营企业、科研院所、大中专院校多渠道、多形式参与扶贫开发。

在国际合作方面，广泛开展减贫领域的国际合作与交流，积极争取国际金融机构和援助组织的支持，不断加大外资扶贫力度。3月10日，在昆明召开全省外资扶贫工作会议。4月5日，参加世行贷款“贫困农村社区发展项目”（PRCDP）在广西进行的第十一次检查。10月30日，完成世界银行/英国国际发展部官员和专家对云南省“贫困农村社区发展项目”进行的第十二次实地检查。《外资扶贫在云南的实践与展望》一书编著工作进展顺利，预计2011年上半年出版发行。与4个非政府组织（NGO）合作，实施帮扶项目35个，投入资金2500万元，包括国内配套395万元，其中互满爱人与人675万元、香港乐施会660万元、爱德基金会1100万元，与福特基金会合作的“贫困山区农民专业合作社与扶贫机制创新试验示范项目”继续推进。

【劳动力转移培训】 2010年安排劳动力转移培训专项资金1.28亿元，比上年增长30%。2010年底完成转移培训33.18万人，转移就业30.26万人，转移就业率91%，其中省外转移7.26万人，省内转移22.92万人。

【贫困村互助资金】 2010年，贫困村互助资金试点工作稳步推进，安排专项财政扶贫资金3000万元，新增4个中央试点县和16个省级试点县，项目覆盖14个州（市）、20个县（市、区）、117个乡（镇）、58个村委会、242个村民小组，组建241互助社，入社农户6484户，其中贫困户3981户。

【灾害应急】 2009年入秋以来，云南历经了历史罕见的特大干旱。全省125个县（市、区）2700多万人受灾，因灾返贫人口高达100万人。面对危机，省扶贫办及时派出6个工作组深入旱情较重的州（市）指导基层开展生产自救和贫困地区劳动力转移培训，减少农业损失，增加非农收入。同时加快扶贫项目计划的下达和实施，与往年同期相比提前3个多月，在抗旱救灾中发挥了积极作用。经过多方努力，向中央定点帮扶单位、上海市和中国扶贫基金会等社会各界筹集抗旱资金近2.5亿元，有效改善了贫困地区群众的生产生活条件，最大限度减少了灾害造成的损失。

（肖义贵）

生物资源开发产业
（云南五大支柱产业之一）

【综述】 云南地处中国西南边疆，全省土地面积39.4万平方公里，其中高原、山地占94%，丘陵、平坝占6%，地形地貌复杂，立体气候十分明显，具有从热带、亚热带、温带到高原气候等多种气候类型和北半球除沙漠、海洋外的各类生态系统。特殊的地理环境和气候条件使云南成为全球生物多样性最丰富、最集中、最复杂的地区和世界级的基因库。生物资源禀赋和生物产业发展条件极其优越。一是生物资源丰富。脊椎动物、高等植物和花卉的种类分别占全国的50%以上，微生物更是几乎囊括国内外已发现的种类。仅在滇西北地区，就汇集了全国1/3以上的高等植物和动物种类，包含了大量具有重大经济价值的物种和种质资源，是发展生物产业的理想“天堂”。二是研发力量雄厚。在生物科技创新领域，拥有一批植物、动物、医学、微生物等国家级、省级科研机构和重点实验室，已建成国家重大科学工程2个、国家重点实验室2个、国家级企业技术中心5个和国家工程技术中心1个；建设和认定省部级重点实验室20个，全省9名院士中有4名从事生物领域的研究开发工作。三是产业基础扎实。经过多年培育，云南省发展了多个在全国占据领先优势的行业，继“云烟”之后，“云花”“云茶”“云药”“云糖”“云菜”“云果”“云胶”“云菌”等生物资源产品日益发展壮大，其种植面积和产品产量名列全国前茅，基本形成了以生物农业、生物林业、生物医药、生物能源为重点的生物产业格局；兴起了一批生物产品加工企业，规模以上企业已有1689户、从业人员39.71万人；建设了一批生物原料种植基地，全省生物产业原料种植8500万亩，其中核桃种植面积2400万亩，蔬菜、马铃薯、烟叶、橡胶等10多个作物种植面积已分别超过百万亩；打造了一批名牌产品，目前全省20件“中国驰名商标”有15件出自生物产业领域，“云南著名商标”中有一半以上来自生物产业领域。

培育壮大生物产业作为云南实现科学发展的重大战略和建设绿色经济强省重要支撑，省委、省政府历来给予了高度重视。尤其是2006年以来，在过去大力开发生物资源基础上，多次就加快生物产业发展专门组织调研和召开会议进行研究，相继出台了《关于加快推进生物产业发展的意见》和《云南省加快推进优势生物产业发展计划》2个文件，并于2009年6月在昆明召开云南省生物产业发展大会，对全省加快生物产业发展进行了动员和部署。之后，省委八届八次、九次全会遵照胡锦涛总书记在云南考察工作时的重要讲话精神和国务院《促进生物产业加快发展的若干政策》，把大力发展生物产业作为深入实施西部大开发战略和建设中国面向西南开放桥头堡的重大举措，进一步明确了加快生物产业发展的指导思想、目标任务、战略重点和政策措施，掀起了加快生物产业发展的热潮。在省委、省政府的强力推动下，全省上下按照“扎扎实实打基础，突出重点抓特色”的思路，从财政、税收、金融、土地、人才等方面不断加大对生物产业发展的政策和资金扶持力度，着力推进基地建设、精深加工、市场开拓、品牌培育、科技创新、招商引资等建设发展，做强做大生物农业、生物林业、生物医药、生物能源等优势产业，积极培育生物制造、生物环保等新兴产业，努力实现重点领域的跨越式发展。到2010年末，全省生物产业总产值3730亿元，比2005年的2125亿元增1605亿元、增长75.53%，年均增长11.9%；增加值2240亿元，比2005年的1260亿元增加980亿元、增长77.78%，年均增长12.2%，增加值占全省GDP的34%左右。

经过“十一五”的努力，生物产业在全省经济发展中的重要地位、工业体系中的基础地位、特色经济中的支撑地位、生态建设中的关键地位更加凸显。一是基地规模全国领先。目前，全省烟叶、茶叶、花卉、咖啡、核桃、膏桐等品种的种植面积和烟草、鲜切花、咖啡、核桃、野生食用菌、橡胶等产量位居全国第一；

甘蔗、蔬菜、丝麻、中药材等品种的面积和产量名列全国前茅。农民人均经济作物、经济林木和牲畜出栏分别达到1.2亩、1.4亩和1.5头。二是龙头企业竞相崛起。全省规模以上生物企业的数量和从业人数分别为1689户、39.71万人。到2010年末，生物产业工业增加值1180亿元，比2005年增长90.3%、年均增长13.74%。三是产业结构不断优化。烟、糖、茶、胶等传统产业稳步发展，现代医药、花卉园艺、木本油料等优势产业逐渐兴起，非烟生物产业创造的增加值比重显著提高。到2010年末，非烟生物产业与烟草产业增加值之比达到1.47：1。四是品牌培育成效明显。目前云南省已注册的18个地理标志证明商标全部属生物产业领域，21个“中国驰名商标”有15个出自生物产业领域；400个“云南著名商标”中，生物产业领域有227个，占56.75%。五是开放合作步伐加快。近年来，每年云南生物产业领域实际利用省外、国外资金超百亿元，现已有344户国外企业和400多户省外企业进入云南参与生物资源开发。

【生物产业成效明显】 2010年，在云南省遭受百年一遇特大干旱灾害给生物产业带来严重影响的情况下，全省各级各有关部门坚定不移贯彻落实省委、省政府提出的“抗大旱、保民生、抓春耕、促发展”的总体要求，积极采取有效措施应对特大旱情，千方百计减少干旱对生物产业造成的损失，同时按照省委八届八次、九次全会和省十一届人大三次会议的部署，把大力发展生物产业摆在重要地位，加大工作措施和投入力度，强化规划引导和政策扶持，扎实抓好龙头企业的培育、产业园区的推进、发展项目的落实和产品市场的开拓，使生物产业保持了较快的发展速度。2010年，全省优势生物产业总产值3730亿元，比上年增长13.27%，增加值2240亿元，增加11.1%。主要成绩：一是科学应对干旱影响，基地生产稳中有进。全省优势生物产业种植面积8406万亩，与上年持平；产量4788万吨，增加833万吨、增长21.06%。肉、蛋、奶产量486万吨、35万吨、62万吨，分别增加65万吨、2万吨、5万吨，增长15.4%、9.4%、8.8%。二是注重培植龙头企业，精深加工快速发展。到年末，全省规模以上生物企业的数量、从业人数1698户、39.71万人，分别增加112户、6.98万人，增长7.06%、21.3%；规模以上生物企业利税总额637.42亿元，增加300.12亿元、增长88.98%。三是市场开拓力度加大，出口销售增长较快。全省生物产业销售收入2120.33亿元，增加340亿元，增长19.1%。生物产品直接出口额14.3亿美元，增加4亿美元，增长39.3%。四是开放交流合作加强，引资工作成绩显著。2009年全省生物产业发展大会集中签约的126个项目，到2010年末已有91个项目签订正式合同，75个项目完成工商注册登记，84个项目开工建设、占总数的65%；29个项目竣工投产、占总数的23%；项目到位资金36.4亿元，其中省外、国外资金31.28亿元，比上年末的16.96亿元增加14.32亿元。

【分工协作落实政策】 2010年，全省16个州（市）政府和省级各行业主管部门高度重视生物产业发展，深入贯彻落实《云南省人民政府关于实施加快推进优势生物产业发展计划的通知》（云政发〔2009〕38号文件）和云南省生物产业发展大会的精神，各州（市）政府相继召开了全州市生物产业方面的工作会议，出台了一系列发展生物产业的政策性文件，进一步建立和完善生物产业综合协调服务工作机构，理顺工作关系，强化机构职能，明确工作职责，切实把推进生物产业发展的各项工作落到实处，推动生物产业加快发展。

【突出重点优化产业结构】 各州（市）立足本地生物资源优势和比较优势，分别制定了本州（市）“十二五”生物产业总体规划或特色优势产业的专项规划，进一步明确了本地优势生物产业发展的重点领域和目标任务，以规划为龙头，认真谋划建设一批优质项目、促进产业加快发展，各地具有地方特色的优势生物产业规模进一步扩大，效益不断提升。初步形成了以生物农业、生物林业、生物医药、生物能源、生物制造、生物服务、生物环保等领域为重点的产业格局。2010年，生物农业领域实现总产值2909.15亿元、增加值1724.94亿元，分别占全省生物产业总产值、增加值的82.53%、86.3%；生物林业领域实现总产值375.89亿元、增加值179.674亿元，分别占全省生物产业总产值、增加值的10.66%、8.99%；生物医药领域实现总产值206.65亿元、增加值83.36亿元，分别占全省生物产业总产值、增加值的5.86%、4.17%；生物能源领域实现总产值4.55亿元、增加值1.32亿元，分别占全省生物产业总产值、增加值的0.13%、0.07%；生物制造领域实现总产值25.06亿元、增加值8.17亿元，分别占全省生物产业总产值、增加值的0.71%、0.41%；生物服务领域实现总产值3.57亿元、增加值1.38亿元，分别占全省生物产业总产值、增加值的0.1%、0.07%。

【扶持龙头发展精深加工】 2010年，省级各有关部门和各州（市）、县政府切实增加投入，以推进生物产业工业化为重点、建设生物产业发展重大项目为载体、培育壮大生物龙头企业为抓手，不断提高生物产业的精深加工和产业化经营水平。2010年，在扶持生物产农业发展方面，全省各级财政投入资金40.22亿元，比上年增27.6%。

【强化管理促进招商引资】 2010年，全省各级政府都把招商引资工作作为促进生物产业的重要环节来抓，在营造环境，强化管理、深化服务上下工夫，依托龙头企业组织、设计、包装一批带动面大、关联性强的项目，利用媒体推广、参会参展、举办招商会等各种形式加大生物产业的宣传，采取重大招商引资项目跟踪服务、倒逼管理的机制，积极引进国内外有实力、有市场的大企业、大集团参与生物产业开发。通过努力，全省实际引进资金144.72亿元，比上年增长42.7%。

【精心组织专项规划编制】 2010年，省政府发展生物产业办公室本着“立足资源优势、坚持市场导向、依托高新技术，以加快转变生物经济发展方式为主线、发展优势特色生物产品为核心、加强原料基地建设为基础、推进生物产业工业化为重点、建设生物产业工业园区为载体、落实生物产业发展重大项目为带动、培育壮大生物龙头企业为抓手，努力促进传统生物产业向现代生物产业发展，不断提高生物产业的产业化经营水平，为全省经济社会又好又快发展提供有力支撑”的规划思路，组织研究开展了生物产业“十二五”发展专项规划编制工作，省发改委组织编制的生物医药、生物能源2个规划已经出台，省政府生物办组织编制的生物农业和生物林业2个规划已经专家评审通过。

【开展重大课题研究】 2010年，省政府发展生物产业办公室重点组织进行贯彻落实国务院《促进生物产业加快发展若干政策》实施意见、发展生物产业重点产品目录、云南生物产业发展条例、建立生物产业发展基金等重大课题研究。到年底，《关于贯彻国务院〈促进生物产业加快发展的若干政策〉的实施意见》经广泛征求意见已形成送审稿。编制《云南省生物产业‘十二五’重点发展产品目录》的产品摸底调研工作已经完成，《云南省生物产业发展条例》的调研起草工作正有序展开，建立生物产业发展基金的课题研究也在抓紧进行。

（黄清祥）

·第二产业·

烟 草
（云南五大支柱产业之一）

【概况】 2010年，云南省烟草专卖局（公司）积极抢抓“卷烟上水平”发展机遇，大力实施“1722”工程，扎实有效推进各项工作，继续保持稳定健康发展的良好态势。全年实现总利润97.33亿元，比上年增长8.9%；实现总税利180.41亿元，增长12.69%；其中实现“两烟”税利180.41亿元，增长12.69%。实现“两烟”利润97.33亿元，增长8.90%。卷烟实现销售收入262.49亿元，增长22.61%；实现税利60.50亿元，增长26.71%；实现利润34.89亿元，增长10.32%。烟叶实现税利111.77亿元，增长5.31%；实现利润57.56亿元，增长5.92%。

【烟叶产销】

烟叶种植和收购　2010年，面对百年一遇的旱灾，紧紧围绕保总量、保质量、保烟农增收的目标，采取超常规的举措，卓有成效地开展工作，战胜了各种灾害，较好实现了烟叶增产、烟农增效、财政增收的目标任务。全年全省种植烟叶621.16万亩，烟叶收购总量96.81万吨（1936.2万担）。其中，收购烤烟93.88万吨（1877.59万担）、香料烟2.23万吨（44.6万担）、白肋烟0.7万吨（14万担）。收购总值142.1亿元，比上年增长3.21%；实现烟叶税31.26亿元，增长3.2%。

科技推广　全省漂浮育苗比例达100%，商品化育苗比例达100%；轮作面积574.2万亩，占种烟面积的92.5%，比上年提高1.8个百分点；机械深耕面积492.5万亩，提高16.4个百分点；测土配方施肥面积600.2万亩；百亩以上连片种植面积400.67万亩，占64.5%；千亩以上连片种植面积82.1万亩，占13.2%，户均种烟面积12.3亩，增加0.7亩。

特色优质烟叶开发　围绕卷烟骨干品牌原料需求，扎实推进特需品种、特色品种、区域特色烟叶基地建设。全省承担国家局特色优质烟叶开发点45个，种植面积66.7万亩，收购烟叶197万担；种植红花大金元86万亩，收购烟叶243万担；种植美引品种和津巴布韦引进品种32万亩，收购烟叶100万担，满足了重点企业和骨干品牌优质原料需求。着力开发地方区域特色，打造云南黄金走廊生态特色烟叶品牌。普洱市着力开发“生态普洱”特色烟叶，临沧市充分发挥“澜沧江流域”和“南汀河流域”的生态优势，保山市全面研究火山灰土壤特色优质烟叶生产技术，丽江市深入挖掘金沙江流域高原河谷区域烟叶特色，建设具有鲜明特色的优质烟叶产区。7月25日，全省组织召开“2010？中国云南国际优质烟叶高级专家论坛”，发布了昆明宣言，提出了“珍爱天然环境、珍爱天然品质、珍爱天然特色”的优质烟叶开发方向。

现代烟草农业建设　按照国家局“一基四化”和“整县推进、单元实施”的总体要求，全面推进现代烟草农业建设。全省规划建设19个现代烟草农业示范县，覆盖基本烟田424万亩，年种植烤烟180万亩，收购烟叶557万担。以滇东示范区为代表的现代烟草农业建设，探索出一条以“三化”建设为目标、以基地单元建设为载体、以烟田设施建设为基础、以“两个中心”建设为重点、以信息化建设为支撑的高标准、高质量、高水平、大区域现代烟草农业发展模式。

新烟区开发　按照“四位一体”的开发模式，坚持“高起点、高标准、高水平”开发思路，突出优势区域，突出重点产区，突出资源整合，突出连片规划，扎实推进新烟区开发。与2008年开始发展新烟区相比，烟叶生产总量从241.1万担增加到2010年的383.1万担，农民种烟收入从18.06亿元增加到27.33亿元，烟叶税从3.97亿元增加到6.01亿元。

烟叶生产基础设施建设　2010年全省规划建设烟叶生产基础设施建设项目8.19万件，烟草行业投入总资金27.2亿元，受益基本烟田151.11万亩。烟叶调制设施6.06万座，烟草行业投入资金10.18亿元，调制能力76.23万亩；机耕道路1415件1865.04米，烟草行业投入资金2.55亿元；烟草农业机械1.2万台（套），烟草行业投入资金5200万元，田间配套作业面积101.67万亩；育苗大棚1377座，烟草行业投入资金4886万元，配套大田面积18.79万亩。全年投入资金10.39亿元，改造中低产田地100万亩，进一步夯实了农业生产基础。全年在石林、江川、陆良、师宗、泸西、姚安、腾冲、丘北8个现代烟草农业整县推进示范县投入资金1亿元实施10万亩烟田土地整治项目。启动中国烟草云南祥云大型水源工程、中国烟草云南宣威大型引水济榕工程和中国烟草云南砚山大型灌区工程建设。

烟叶资源配置方式改革　围绕“卷烟上水平”的战略任务，坚持工业“主动参与、深度介入”的工作方针，深化资源配置方式改革，构建适应知名品牌发展的新型工商合作模式。全省建立品牌导向型基地单元60个，种烟面积89.2万亩，收购量263.5万担，定向调拨供应全国17家工业的19个卷烟品牌。复烤公司顺利组建并正式运行，上海（烟草）集团、湖南中烟、省进出口公司采购的255万担烟叶实现了集中加工，湖北中烟等8家工业企业试点了配方模块打叶，整合了资源，提升了服务水平。省局与5家工业企业签订合作框架协议，达成共识。

【省内卷烟经营】　2010年，全省实现销售164.09万箱，比上年增加7.05万箱，增长4.49%，人均消费9.03条，增加0.33条。一类烟15.83万箱，增加5.47万箱，增幅52.77%，占比为9.65%，占比提高3.05个百分点；二类烟4.24万箱，增加1.34万箱，增幅46.34%，占比为2.58%，占比提高0.74个百分点；三类烟61.95万箱，增加15.07万箱，增幅32.15%，占比为37.75%，占比提高7.9个百分点；四类烟52.68万箱，减少5.67万箱，减幅9.72%，占比为32.1%，占比下降5.05个百分点；五类烟29.40万箱，减少9.16万箱，减幅23.75%，占比为17.91%，占比下降6.64个百分点。全省销售居前三位的品牌为红河（硬甲）、云烟（紫）、红山茶（软），其销售量为57.65万箱，占总销量的35.14%。

2010年，实现卷烟销售收入262.39亿元，比上年增加49.92亿元，增长22.61%。实现税利60.5亿元，增长26.71%；实现利润34.89亿元，增长10.32%。含税单箱销售收入1.87万元，增加2879.68元，增长18.19%，在2008年卷烟人均消费数量超过全国平均水平的基础上，含税单箱销售收入首次超过全国平均水平。税利贡献度从2009年29.8%提升至33.5%。

2010年全国“20+10”重点骨干品牌销售增长高于总量增长。全年重点骨干品牌销售115.42万箱，重点骨干品牌卷烟销量占比70.34%，比上年增长21.87%。重点骨干品牌卷烟销量累计贡献毛利62.74亿元，增幅34.8%，占总毛利额的91.12%。其中省外品牌中华、兰州、广东双喜、黄金叶、娇子的增量和增幅较为突出。云产品牌红塔山、云烟、玉溪增长较快。重点骨干品牌的销售比重由上年的60%提高到70%。

全省持证零售客户17.83万户，其中农网零售客户9.78万户，农网覆盖率80%以上，订货量占比为43.05%。经常进行网上订货的零售户10.51万户，占零售户总数的66.09%。

【现代物流建设】 2010年8月23日，云南省烟草专卖局（公司）物流管理处正式成立。科学论证编制完成《中国烟草总公司云南省公司卷烟现代物流建设总体规划（2011～2020）》，编制完成《云南省卷烟现代物流综合业务管理平台建设方案》，并组织完成项目需求方案论证。在全省卷烟销量及零售客户持续增长的情况下，实现了物流成本持续降低和配送效率持续提升。全省单箱物流成本137.68元/箱，较全国平均水平169.17元/箱低31.49元/箱。单箱物流管理成本28.40元/箱，较全国平均水平减少33.79元/箱；人工费用比例30.83%，仅为全国平均水平的一半，3项指标均居于全国前列。

【专卖管理】

打假打私 2010年，省局始终把打击非法经营烟叶活动作为源头打假的重点工作，继续加强对烟叶生产的内部规范和监管工作，从烟叶生产源头上进行管控；积极组织开展打击非法经营烟叶的专项行动，加强对烟叶非法集散地的专项治理；加强路堵路查工作，充分利用出省通道警务站严厉打击云南烟叶非法外流；建立云南、广东、福建联合打击涉烟违法犯罪合作机制，联合查办省际间非法涉烟网络案件，为联合打假工作奠定基础。全年出动打假打私人员16万多人次，查办各类假冒卷烟案件2411起，查获假冒卷烟1.2万件，走私烟262件，查获烟叶、烟丝4618吨，查获各类烟草机械6台，破获非法涉烟网络案件25起。公安机关刑事拘留861人，逮捕507人，判刑558人，劳教7人。

内部专卖管理监督 2010年，全省各级局认真贯彻落实国家局关于发挥内管长效机制作用的要求，积极开展专卖内管检查工作。贯彻落实国家局对高价位卷烟销售、打码到条、卷烟出库信息和准运证信息绑定的相关要求，省局抽查了各州（市）公司卷烟经营情况，督促各单位严格执行规定；省局组织相关属地局对两大卷烟工业集团烟叶采购、涉烟废弃原料处理、准运证取证等业务开展了专项检查。组织合同内丰产烟叶和不列级烟叶收购，避免烟叶流入地下制假窝点，保护烟农积极性和烟叶生产持续稳定；省局对省内跨州（市）集中加工烟叶运输监管提出明确要求，确保了烟叶收购调拨任务的完成。高度重视卷烟市场监管工作。全省检查零售户11.15万户，严厉打击售假、售私、售非和无证经营行为，进一步规范全省卷烟市场经营；制定了定点销毁假冒注册商标卷烟的规定，明确销毁流程及要求，确定中烟昆船瑞升公司为销毁定点单位，组织开展集中销毁，规范了假冒卷烟销毁工作，取得了较好效果。

专卖队伍建设 进一步完善考评验收办法，对2009年确定的28个试点县级局进行考评验收，在试点工作的基础上，安排布置全省百县整体推进创建工作，各州（市）局2010年底已完成对各县级局创建优秀县级局活动的达标考评验收工作。省局高度重视专卖岗位技能鉴定工作，根据国家局发布的技能鉴定公告，严格按照《烟草专卖管理员岗位技能鉴定标准》的要求，组织培训，2010年4期鉴定992

人次参加，613 人次通过鉴定，通过率 61.8%。

专卖证件管理 全省各级局按照行政许可的程序和规定，按照满足市场需求、方便消费、与社会发展相适应的原则，重视扩大农村市场，城乡结合部、新建城区的扩户工作。2010 年新办理烟草专卖零售许可证 3.06 万个，目前全省有效零售许可证 18.67 万个；全省开具卷烟准运证 6.65 万份，烟叶准运证 4.74 万份，烟机准运证 516 份，其他烟草专卖品准运证 2391 份。

【体制改革】

完善昆明市县级经营机构设置 2010 年 5 月 12 日，云南省烟草专卖局对昆明市县级经营机构设置进行改革，撤销昆明市城区烟草专卖局、解散昆明城区卷烟配送有限责任公司；分别设立昆明市五华区烟草专卖局、云南省烟草公司昆明市公司五华区分公司和昆明市盘龙区烟草专卖局、云南省烟草公司昆明市公司盘龙区分公司，实行“两块牌子、一套班子”，合署办公；城区公司在册职工划分到昆明市五华区烟草专卖局（分公司）和昆明市盘龙区烟草专卖局（分公司），按定员编制核定工资总额基数及工资总额使用计划给云南省烟草公司昆明市公司。改革实施工作 8 月完成。

调整股权结构深化复烤企业改革 2010 年 9 月 27 日，云南烟叶复烤有限责任公司股权结构通过增资扩股进行调整，年末资本公积金和任意盈余公积金合计 4.12 亿元，转增实收资本。新增加实物资产和货币资金投资。新增加实物资产投资是将原属云南省相关州、市公司所有并管理使用的实物资产 2.22 亿元，上划省烟草公司，作为省烟草公司对云南烟叶复烤有限责任公司的新增投资。新增货币资金投资是江苏中烟工业有限责任公司、上海烟草（集团）公司、湖南中烟工业有限责任公司等 16 家省外工业公司向复烤公司增加货币资金投资 21.08 亿元。其中，新吸收浙江中烟工业有限责任公司、广西中烟工业有限责任公司、河南中烟工业有限责任公司、川渝中烟工业公司、河北中烟工业公司 5 家工业公司为股东单位。

【科技创新】 科技交流与合作继续深化。2010 年 7 月，举办云南国际优质烟叶高级专家论坛，许多国家科研院所、跨国企业、烟草领域的知名专家学者 80 多人出席论坛，发布《昆明宣言》。烟草农科院深入推进国际交流与合作，与美国北卡州立大学和浙江大学共同建立中美烟草分子育种联合实验室，围绕行业烟草育种、减害降焦战略课题进行联合攻关。科技重大专项进展顺利。深入推进新烟区烟叶与津巴布韦烟叶比较研究、中式卷烟高端品牌优质原料保障生产技术研发、中低产烟田改造后土壤地力恢复综合配套技术研究、烟蚜茧蜂防治烟蚜技术研究与推广应用、提高上部烟叶可用性技术研究等 5 个重大科技专项。烟蚜茧蜂防治烟蚜技术实际推广应用 191.5 万亩。2010 年，有 2 个项目分获国家局科技进步二等奖和三等奖；有 1 个项目拟获云南省科技进步二等奖。标准体系建设成果突出。承担 1 项国家标准、3 项行业标准和 13 项地方标准的制修订任务，目前 1 项国家标准和 3 项行业标准均已通过审定并颁布实施。科技创新队伍建设步伐加快。健全完善人才培养机制，依托重大项目重点选拔培养了一批具有发展潜力的优秀人才，储备了一批年轻有为的重点院校高学历优秀人才。

【进出口贸易】 2010 年，全省实现进出口总值 2.9 亿美元，比上年增长 21.3%。其中，进口总值 517 万美元，增长 20.2%；出口总值 2.85 亿美元，增长 21.4%。出口烟叶 8.52 万吨，增长 16.5%；创汇 2.83 亿美元，增长 21.3%。出口品种有烤烟、烟叶副产品、香料烟、生切烟丝、出口白肋烟、烟草薄片、烟丝等。卷烟进口值 192 万美元，增长 34%。进口仪表仪器等非烟商品 322 万美元，增长 48%。

【十一五回顾】 “十一五”期间，全系统累计实现税利 716.3 亿元；烤烟生产收购累计 8303.97 万担，实现收购总值累计 564.6 亿元；卷烟销售累计 752.7 万箱，实现税利累计 206.5 亿元。2010 年，实现税利 180.4 亿元，比 2005 年的 88.2 亿元增加 92.2 亿元，增长 104.6%，年均增长 15.4%。其中：烤烟生产收购 1877.59 万担，比 2005 年的 1520.73 万担增加 356.86 万担，增长 23.5%，年均增长 4.3%；烟农售烟收入 138.3 亿元，比 2005 年的 83.1 亿元增加 55.2 亿元，增长 66%，年均增长 10.6%；烤烟经营实现税利 111.1 亿元，比 2005 年的 68.3 亿元增加 42.8 亿元，增长 62.7%，年均增长 10.2%；卷烟销量 164 万箱，比 2005 年的 129.2 万箱增加 34.8 万箱，增长 26.9%，年均增长 4.9%；卷烟含税单箱销售收入 1.87 万元，比 2005 年的 1.03 万元增加 8391 元，增长 81.3%，年均增长 12.6%；卷烟实现税利 60.6 亿元，比 2005 年的

20.4亿元增加40.2亿元，增长196.8%，年均增长24.3%。

（曾尔庆）

电力产业

（云南五大支柱产业之一）

云南电力工业

2010年，面对百年一遇特大干旱和国际金融危机的后续影响，云南电力工业仍然保持了较快发展速度，发展整体向好。全省电源装机容量持续扩大，电网网架更加强健，电力系统整体安全运行良好，电力供应高效有序，节能发电调度成效显著，为全省抗击特大干旱和经济社会持续向好发展作出了突出贡献。

【电源装机情况】 2010年，全省累计新投产发电设备容量435.23万千瓦，其中新投产水电344.85万千瓦，新投产火电62.21万千瓦，新投产风电26.17万千瓦，新投产太阳能装机2万千瓦。截至年底，全省发电装机容量3604.68万千瓦，比上年增长13.7%，其中，水电装机2435.22万千瓦，增长16.5%，占全省发电装机的67.56%，比上年提高1.6个百分点；火电装机1133.41万千瓦，增长5.8%，占全省发电装机的31.44%，下降2.35个百分点；风电装机34.05万千瓦，增长332.38%，并网太阳能光伏发电实现零的突破，装机2万千瓦，风电和太阳能新能源装机占全省装机比例达到1%。云南电网统调装机容量2835.63万千瓦，增长15.5%，占全省装机容量的78.67%，提高1.2个百分点。

【电力生产运行】 2010年，全省规模以上电力工业实现增加值255.7亿元，比上年增长19.9%，增速提高3.3个百分点，电力工业增加值占全省规模以上工业增加值2246.9亿元的11.4%，比上年下降1.3个百分点。

电力生产 2010年，全省发电量累计1364.85亿千瓦时，比上年增长16.27%。其中，水电发电量813.80亿千瓦时，增长30.05%，火电发电量546.39亿千瓦时，下降0.31%，风力发电4.55亿千瓦时，增长120.31%。全省发电设备平均利用小时数3786小时，增长82小时，水电平均利用小时数3342小时，增长349小时，火电平均利用小时数4821小时，减少297小时。云南电网统调发电设备平均利用小时数4277小时，比全省发电设备平均利用小时数高491小时。

省内用电 2010年，全省全社会用电量突破千亿千瓦时，达1003.41亿千瓦时，比上年增长12.59%，单位GDP电耗1390千瓦小时/万元，上升0.25%。电力消费中，第一产业用电量10.42亿千瓦时，增长7.9%，第二产业用电量789.64亿千瓦时，增长14%，第三产业用电量64.72亿千瓦时，增长20.8%，城乡居民生活用电量138.62亿千瓦时，增长2.6%。第一产业、第二产业、第三产业和城乡居民生活用电量分别占全省全社会总用电量的1%、78.7%、6.5%和13.8%。第二产业中工业用电量771.27亿千瓦时，增长13.6%，占全省用电量的76.9%。全省用电量较大的行业主要有：有色金属冶炼及压延加工业（192.56亿千瓦时）、化学原料及化学制品制造业（133.43亿千瓦时）、电力、热力的生产和供应业（93.97亿千瓦时）、黑色金属冶炼及压延加工业（91.54亿千瓦时）、非金属矿物制品业（59.64亿千瓦时）。全社会用电量上百亿的州（市）有：昆明市（266.25亿千瓦时）、曲靖市（168.01亿千瓦时）、红河州（121.14亿千瓦时）、玉溪市（102.68亿千瓦时）。

云电外送 2010年，云电外送又开辟了新的市场—老挝，云南电网通过1回115千伏线路与老挝国家电网连接，全年送老挝电量6027万千瓦时。送广东电量322.59亿千瓦时，比上年增长26.42%。送越南电量55.29亿千瓦时，增长34.9%。

电力运行 2010年，在遭遇百年一遇特大干旱和确保“十一五”节能减排目标实现的双重挑战下，全省电力运行加强综合调节，全力以赴抗旱保电，全力确保了电力的安全、可靠和稳定供应。上半年，受特大干旱影响，电力供需形势十分严峻，局部地区电力缺口超过30%，在采取省内计划用电（1～5月省内累计限电量39.3亿千瓦时）和调减送广东电量的措施下，省内总体缺电率控制在20%以内。下半年，由于上半年为保障全省电力供应，统调火电满负荷、大方式运行，二氧化硫排放量增加。为确保完成“十一五”节能减排目标，国家环保部要求全年火电发电量必须控制在550亿千瓦时以内。火电开机在汛期不得不维持较小方式，汛期高峰电力存在缺口，在汛期加强对高耗能企业的有序用电工作，下达电网错峰避峰指标。进入11月，面对电力供应再度趋紧，及时启动计划用电，根据电力供需情况下达计划用电指标，严格按照“五保四压”原则，统筹兼顾，有保、有限、有停，在确保城乡居民生活和重点领域用电的同时，对其他领域用电实行有序供应，确保全省电力生产供应的平稳有序，没有出现大面积拉闸限电情况。在省内电力供应比较困难的情况下，仍按原计划完成送广东电量，完成广东“亚运会”、“亚残会”的电力供应保障任务。

【电源电网发展】

电力投资 2010年，全省电力工业累计完成投资715.25亿元，比上年增长1.8%，其中，水电489.7亿元，增长10.6%；火电46.55亿元，降低11.5%；电网建设141.47亿元，降低26.6%；风电等新能源及其他37.53亿元。

电源建设 2010年，云南水电继续保持快速发展，水电装机占全省装机比例由上年的65.95%提高到67.56%。澜沧江小湾电站（装机420万千瓦）继2009年“一年三投”后，其余3台机组在2010年全部投产完毕，提前2年实现建成投产目标。特别是2010年8月25日，小湾电站4号机组投产发电，成为我国水电装机突破2亿千瓦的标志性机组。8月26日，“中国水电100年纪念大会”在云南举行，中国水电从百年前的云南石龙坝电站起步，以云南澜沧江小湾水电站4号机组顺利投产为标志，全国水电装机容量突破2亿千瓦，跃居世界首位。小湾电站的建成投产，使云南具有年调节能力的水电装机由59.15万千瓦增加到479.15万千瓦，电站水库每年近100亿立方米的调节水量，除保证电站发电外，还使下游的漫湾、大朝山和景洪3个梯级电站的保证出力增加110万千瓦，发电量增加25.75亿千瓦时，且全部是枯期电量，有效地增加全省枯期电力供应能力，改善枯期电力供应紧张状况。

电网建设 2010年，云南电网建设进展顺利。世界首条云南至广东±800千伏特高压直流输电工程，继2009年单极投运后，2010年6月实现双极运行，西电东送最大电力达到790万千瓦，日送电量最大达到1.68亿千瓦时。云南电网全年投产110千伏及以上电网项目75项，新增变电容量1086.7万千伏安、线路2388.9公里。建成500千伏博尚串补站、500千伏通宝、多乐、永丰输变电工程以及金安桥电站送出等主网建设工程。目前，云南电网已经形成500千伏“田”字形环网，500千伏主干电网不断延伸，已覆盖全省9个州（市），220千伏骨干电网覆盖全省所有州（市），220千伏及以上输电线路、变电容量分别为2005年的2.57倍和2.56倍，局部电网结构薄弱、电磁环网运行、电网“卡脖子”等现象得到有效改善。同时，±800千伏直流双极、500千伏线路4回、220千伏线路2回与南方电网连接；3回220千伏线路、3回110千伏线路与越南连接；1回115千伏线路与老挝国家电网连接，大大增强了跨区电力交换能力。

【节能发电调度】 为响应省委、省政府“节能减排，电力先行”的号召，2008年开始试行云南电网节能发电调度，并在2010年7月2日，正式启动云南电网节能发电调度，以节能、环保为目标，优先调度可再生发电资源，按机组能耗和污染物排放水平由低到高排序，依次调用化石类发电资源，最大限度地减少能源、资源消耗和污染物排放。据统计，云南电网实施节能发电调度3年来，累计节约标煤约1140万吨左右，统调火电发电标煤耗从2005年的344克/千瓦时，下降到2010年的313.5克/千瓦时，节能发电调度工作成效显著，为全面完成“十一五”节能减排目标作出突出了贡献。

2010年是“十一五”收官之年，国家全面考核各省节能减排完成情况。由于云南年初遭遇百年一遇特大干旱，上半年为保障全省电力供应，统调火电不得不满负荷、大方式运行，二氧化硫排放量增加。为确保完成“十一五”减排目标，环保部要求2010年全年火电发电量必须控制在550亿千瓦时以内。7月及时正式启动云南电网节能发电调度，通过采取充分挖掘水电发电潜力，加大流域梯级联合优化调度，加大跨流域间协调，加大汛期火电调峰力度，严格控制火电发电量，科学安排火电运行方式等等措施，汛期火电最小开机280万千瓦，不到火电装机容量的30%，通过精心调度，下半年统调火电发电量189.8亿千瓦时，为完成火电控制目标起到了关键性的作用。全年全省火电发电量546.4亿千瓦时，控制在环保部要求的550亿千瓦时以内。

（付晖）

云南电网公司

【概述】 云南电网公司是中国南方电网公司的全资子公司，是云南省域电网营运和交易的主体、云南实施“西电东送”、“云电外送”和培育电力支柱产业的重要企业。2010年，公司本部设20个职能部门、6个中心，下设16个供电局、7个分公司、94个全资子公司、10个控股子公司，职工7.09万人。全年完成售电量1176.35亿千瓦时，其中省内售电量797.87亿千瓦时，西电东送电量322.59亿千瓦时，对越南送电55.29亿千瓦时，对老挝送电6000万千瓦时，实现营业收入491.33亿元。完成固定资产投资122.5亿元。公司资产总额704亿元。

【抗旱救灾】 面对百年一遇的特大干旱，公司坚持“大灾当前、责任在先”的理念，举全公司之力保障电网安全、保障电力供应，在极其困难的情况下，做到错峰不减产、限电不拉路。公司全面履行社会责任，积极投身全省抗旱救灾工作，累计投入4822万元开展“万人下乡，抗旱救灾”活动，建造33口“南网井”，为全省夺取抗旱救灾的全面胜利作出了积极贡献。

【电力供应】 积极应对因干旱导致的电力紧缺，加强一次能源优化调配，做好计划用电、煤电挂钩等工作，调减枯期西电东送电量31.5亿千瓦时，1~5月全省缺电率由预计的30%以上控制到12.04%。入汛后认真做好水电消纳工作，积极增供扩销，省内日供电量最高2.26亿千瓦时，有效保障全省用电需求。深入开展迎亚运优质服务系列活动，广泛进行安全用电到家服务。建设推广一体化呼叫中心平台，提升“95598”供电服务水平。进一步规范业扩报装，认真开展客户受电工程“三指定”专项治理。公司连续2年位列云南省服务行业满意度测评第一名。

【电网建设】 启动老挝国家电网规划及特许权模式研究，完成桥头堡电力大通道研究。积极开展全省输电通道资源、电网建设用地及城市电网等专题规划。深入开展“工程投资管理年”活动，规范建设过程管理。推行供应商业绩考评，通过“红黄牌”制度完善诚信履约管理。强化工程工艺质量管控，52个项目实现“零缺陷”投产，500千伏德宏输变电工程获得国家优质工程银奖。全年投产110千伏及以上电网项目75项，新增变电容量1086.7万千伏安、线路2388.9公里。成立物流管理中心，实行“统一管理、分级操作”的物流管理模式。开展仓库编码及清仓利库工作，工程物资及存货得到有效控制。

【安全生产】 认真落实亚运保供电方案，全力保障云电送粤主通道安全稳定运行。亚运会开、闭幕式特级保供电时段投入1.2万多人进行安全保卫和巡视维护。组织252人的专业队伍支援广州开展保供电工作。实现亚运会保供电万无一失。370座110千伏及以上变电站实现标准化管理。认真开展“安全生产责任落实年”活动，问题整改完成率97%。开展547次应急演练，及时处置山火、特大暴雨、泥石流等自然灾害。全年未发生人身死亡事故和大面积停电事故，安全生产保持平稳。

【企业管理】 扎实推进创先工作向纵深发展，编制可持续发展指标体系框架。推进业务流程优化工作，形成由612条流程构成的供电核心业务流程架构。举办公司首届“管理论坛”，促进软课题研究成果交流共享及转化应用。全面落实信息化“登高计划”，13项科技和信息化成果获得南方电网公司和省科学技术奖，获得专利19项。公司被授予国家认定企业技术中心、云南省知识产权优秀示范企业。推行供电所标准化建设，深入开展基础管理达标创优活动，农电平均综合线损率降至6.74%，比上年下降0.46个百分点。

【供电水平】 开展移动式客户抢修试点，平均抢修到场时间缩短9.8分钟。成立带电作业中心，全年开展带电作业2699次，减少计划停电时间8427小时。加强综合停电管理，城市供电可靠率达到99.915%，用户平均停电7.41小时，比上年缩短14.53小时。全面启动中低压配网建设及改造，全年投资配网建设57.34亿元，配网结构进一步优化。

【服务低碳发展】 支持清洁能源和新能源快速灵活接入电网，全年统调水电发电量首次超过火电发电量。开展电力产业与矿产业协同发展研究，与云南冶金集团签订战略合作框架协议。启动节能发电调度，节约标煤607.7万吨。制定配网节能降耗技术原则，更换289台高损配变。严格执行峰枯峰谷和差别电价政策，配合政府做好淘汰落后产能工作。投运昆明盘龙电动汽车充电站和150个充电桩。

【队伍建设】 健全干部管理制度，持续推进“四好”领导班子建设。着力加强年轻干部培养，开展干部选拔任用专项监督检查。扎实推进“一线工作法”，处级以上干部全年到一线工作3700余次，解决基层800余个实际问题。全面落实持证上岗制度，实现一线员工100%持证上岗。完成供电企业岗位能力素质模型及行为评价标准试运行。加强教育培训，全年开展培训项目367个，全员培训率98.03%。公司教育培训工作连续5年达到南方电网公司优秀等级。全面开展创先争优活动，公司党组被省创先办列为党组织创先示范点。深入推进廉洁从业风险管理体系建设，完成体系设计。

（云南电网公司）

食品工业

【食品工业运行现状】 2010年，云南食品工业取得快速发展。在多年发展的基础上，逐步形成以烟、糖、茶、酒、乳、植物油为主干，肉类、果蔬、软饮料、特色食品等为补充的食品工业体系。全年全省食品工业产值1401亿元，占全国食品工业产值（6.15万亿元）的2.2%，比上年增长13.2%。其中非烟食品工业378亿元，增长13.5%。非烟食品工业产值中，食品加工业产值237亿元，占62.7%；食品制造业产值51亿元，占13.5%；饮料制造业产值90亿元，占23.8%。全省食品工业实现增加值960.29亿元。其中，烟草工业实现增加值797.2亿元，增长16%；非烟食品工业163.09亿元，增长24.56%。非烟食品工业中：农副食品加工62.43亿元，增长35%；食品制造19.39亿元，增长104%；饮料制造33.59亿元，增长19%。目前，全省规模以上食品企业546户，固定资产258.27万元，从业人员12万余人。其中农副食品加工业288户、食品制造业87户、饮料制造业150户、烟草制造业21户。主营业务收入超过10亿元的企业10户，全部是烟草制造企业。主营业务收入在5～10亿元间的企业有6户，1～5亿元间的企业有70家。

【食品工业“十一五”回顾】 “十一五”期间，云南食品工业处于高速发展的进程中。其中食品制造业和饮料制造业的发展速度尤其突出。与“十五”末的2005年比较，食品工业增加值增长299.29亿元，年均增长12.89%。烟草制造业增加值年均增长11.87%，非烟食品工业增加值年均增长22.80%，高于全国的平均增长速率。其中农副食品加工业年均增长19.44%、食品制造业年均增长38.93%、饮料制造业年均增长26.24%，多数小类行业的增长速度都达到了30%以上。产业规模（工业总产值）超过10亿元的行业中，除制糖业年均增长率不足10%外，其余都在10%以上。

一批具备鲜明的资源特色、饮食文化特色等区域特色工食品逐步发展起来，如以梅果、螺旋藻、酸角、火腿、野生食用菌、热带亚热带水果、咖啡、青刺果等为原料的各式加工食品，在经历了从无到有，从小到大的成长过程后，开始走向省内外、国内外市场，逐渐具备了一定的产业规模和市场规模，创建了一批有一定影响力的品牌。如梅果产业的“洱宝”“得一”，保健食品中的“绿A”，咖啡产业中的“后谷”，地方特色食品中的“宣威火腿”“猫哆哩”“马老表”等。

面对国内外强势品牌的竞争，本土企业不断发展壮大，培植了一批有一定竞争力的企业和品牌，如饮用水中的“云南山泉”“承龙”“天外天”等，食用植物油中的“金菜花”，果蔬行业的“宏斌”“王国”“天使”“子弟”等，肉制品中的“高上高”“泰华”等。

云南省的食品工业吸引了越来越多的国内外强势企业和品牌的进入。“康师傅”“统一”“雨润”“可口可乐”“百事可乐”“雀巢”“娃哈哈”“健力宝”“光明食品”等已先后落户云南，对全省食品工业的发展产生了积极的带动作用。

【重点行业发展简况】

烟草工业 在食品工业统计分类中，烟草制品业历来在作为一大产业单列。烟草是云南省最重要的支柱产业，“十一五”期间，云南烟草产业创造了辉煌成就。近年随着《烟草框架控制公约》限制性条款的逐步实施，烟草发展的环境受到进一步制约。在国家实施了一系列专卖体制下的以市场为取向的行业改革，全国烟草工业的迅猛发展和全国统一大市场的形成，使云南烟草工业面临的巨大挑战。为进一步夯实烟草产业在云南经济社会中重要的支撑作用，2008年8月省委、省政府对云南烟草产业提出“永攀高峰、再创奇迹”的发展战略，要求进一步增强烟草产业的支柱作用和提升云南烟草在国内外的产业地位。在此背景和新形势的任务要求下。省工信委分析国家烟草工业的改革方向、云南烟草工业的发展潜力和存在的差距，制定云南省烟草工业发展5年行动计划，提出云南省烟草工业2008～2012年的发展思路和发展目标。在5年行动计划的指引下，云南烟草工业实施大企业大集团大品牌战略，进行资源品牌的整合等一系列重大改革，使烟草工业保持快速发展的势头，卷烟工业平稳运行，卷烟产量稳步增加，卷烟品牌不断集中，高档卷烟比例逐步提高，经济效益持续增长，2005年～2007年间云南烟草工业税利连续跃上400亿、500亿元的台阶。2008年高端高档品牌的竞争力迅速提升。2009年销售收入上800亿的台阶，税利突破600亿大关，各项主要经济指标稳步增长，经济效益进一步提高。当前国家局又提出做大5户企业集团，做强15个烟草大品牌及“461”发展目标的第三次重组战略。云南的两大集团和“玉溪”“红塔山”“云烟”“红河”4个品牌在列。云南卷烟工业经多次整合成红塔、红云红河两个大型卷烟集团，形成并列发展又适度竞争的良好局面。2010年，云南省内生产卷烟714.76万箱，比上年增长3.4%；完成销入收入874.32，增长8.9%；实现工业增加值797.2亿元，增长16%；利税7141.08亿元，增长10.2%。云南烟草工业正向着预定目标稳步发展。

制糖工业 云南制糖产业规模和成品糖产量逐年居全国第二位。“十一五”期间，制糖产业对全省工业经济增长作出了积极贡献。是许多地区农民脱贫致富的重要支撑，对边疆民族地区的稳定和发展、构建和谐社会发挥了重要作用。5年间，全省甘蔗种植面积稳定增长。甘蔗种植面积从367.29万亩，增加到450.63万亩，增幅22.69%。全省日加工甘蔗能力已由2006年的14.42万吨增加到2010年的16.75万吨，最大糖厂的日加工甘蔗能力已达6500吨。全省平均产糖率从2006年的12.42%提高到2010年的12.98%，创历史新高。加工成本不断下降，制糖企业吨糖完全成本（含税）由2006年的3491.64元，逐年下降到2009年的3179.37元。5年间，全省累计产糖941.32万吨，占全国食糖总产量的18%～20%。通过行业整合，制糖企业（法人单位）已由整合前78家，调整组合为28家。成功组建“英茂”“南华晶莹”“力量生物”“凤糖”、“康丰”等糖业企业集团，优化资源配置，强化产业竞争力，巩固了云南作为全国糖料及成品糖第二大生产基地的地位。5年间，制糖工业社会效应和综合效益显著：一是农民种蔗收入逐年提高，全省甘蔗平均收购价从2006年的194.74元/吨，提高到2010年的280元/吨，增幅43.78%，农民种蔗总收入168.11亿元。二是替代毒品种植取得的成绩受到周边国家和国际禁毒机构的高度赞誉。三是循环经济发展良好。制糖企业生产的废弃物蔗渣、糖蜜、滤泥已全部资源化利用。临沧南华糖业有限公司9.5万吨的蔗渣浆纸厂已正式投产，成为云南省“十一五”期间建成的最大综合利用项目。四是全面完成各项节能减排目标。2009/2010年榨季，全省制糖行业成功战胜了百年一遇的严重干旱，做到减产不减收，主要生产技术指标突破历史最好成绩。甘蔗种植面积457.8万亩，累积入榨甘蔗1364.9万吨，比上榨季下降21.7%；生产食糖177.2万吨，占全国食糖产量的16.5%，比上榨季下降20.7%。全省制糖企业实现利润16.2亿元，比上榨季增加12.4亿元，增长3.3倍，确保了云南制糖连续7年实现全行业盈利。

制茶工业 “十一五”期间，云南制茶工业进入一个快速的发展期。制茶工业具备一定规模，特别是“滇红”和“云南普洱茶”2个品牌有了较高的知名度。2007年下半年针对茶叶市场出现的大幅波动形势，云南省通过一系列的强化措施加大扶持，使“十一五末”茶叶产量、茶农收入、企业效益、财政收入、市场份额实现大幅度增长。目前，全省茶园面积以532亩居全国第一位，比“十五”末增长62.3%；茶叶产量以18.3万吨居全国第二位，同比增长57.9%；工农业总产值85亿，同比增长37.1%。其中，工业产值52.84亿元，同比增46.8%。近年来在稳定发展滇绿、滇红的同时，大力挖掘“普洱茶”传统文化，成功将普洱茶推向国内外市场，在“滇红”“下关砣茶”等传统名品的基础上，打造了“大益”“庆沣祥”“七彩云南”“龙润”“龙生”等一批普洱茶的知名品牌，产业的集中度有所提高。2010年6月，龙润茶集团有限公司在香港主板上市，结束了中国制茶工业没有上市公司的历史。与此同时普洱茶产品从传统的“砖、饼、沱”向袋泡、茶粉、茶膏、茶饮料、茶保健品等拓展。天力士集团成功开发出以速溶普洱茶为主的“帝泊洱”系列茶产品，推进传统普洱茶产业产业进一步升级。此外普洱茶国家标准及管理办法的发布，促进了云茶产品质量安全水平的提高。

酿酒工业 酒产业是云南省的传统产业之一，“十一五”期间，初步形成种类齐全、覆盖面广、初具规模的产业体系，为地方经济发展、财政增收、创造就业作出了积极贡献。代表云南小曲清香型的一批酒企发展趋势向好。如玉林泉酒业、鹤庆乾酒厂等企业的管理不断规范化，产品研发能力进一步提高，产销量逐渐扩大，成为云南白酒行业的主力军。浓香型品牌醉明月、云南老窖、地道云南也以其纯正的品质、地道的风格在省内市场向川酒、黔酒发起挑战，有很大的发展潜力。改革开放后，酒类行业的持续高速发展，成为越来越多省份重要财源支柱，使得酒产业尤其是高档白酒竞争异常激烈。与云南相邻的四川和贵州都是产酒大省。新的形势下，省委、省政府非常重视加快酒产业的发展，组织评选出一批具有民族文化内涵、能代表云南形象的接待用酒，下发《关于鼓励在公务接待中使用云南省接待用酒的通知》，为酒产业加快发展打下了良好的基础。2010 年 9 月，省政府第四十次常务会议，专题研究促进云南酒产业发展的有关工作，安排酒产业发展资金。这次会议改变了云南酒产业长期以来处于自然发展状态，表明发展酒产业的决心和政策导向。12 月，省工信委在昆明召开了全省推进酒产业加快发展座谈会。进一步提高认识，明确目标，总结经验，强化措施，安排部署，全力促进云酒产业加快发展。省政府下发《云南省政府关于以名牌建设带动云南酒产业发展的意见》和《云南省“十二五”酒产业发展专项规划》。提出到 2015 年，力争全省酒产量达到 200 万千升。其中，白酒产量 35 万千升。啤酒产量 160 万千升，红酒产量 5 万千升。2015 年，力争实现全省规模以上酿酒工业主营业务收入翻两番以上，达到 200 亿元。其中，白酒销售收入达 120 亿元，啤酒销售收入达 70 亿元，葡萄酒 10 亿元。在以上各项举措下，2010 年云南饮料酿酒产量 97 万多千升，比上年增长 32.9%。

（苏燕妮）

制糖业

云南是产糖大省，全国制糖行业中，广西排第一，云南排第二，是国家重要的食糖生产基地。制糖产业是云南省的第二大传统特色农产品加工产业，是热区县（市）经济的重要支柱，涉及德宏、临沧、保山、普洱、红河、玉溪、西双版纳、文山等 8 个主产糖州（市）、40 多个县（市）的经济发展，是 600 万蔗农的增收期盼。在促进云南经济社会发展、稳定边疆、境外罂粟种植替代、带动农民脱贫致富和社会主义新农村建设等方面作出了积极贡献，发挥了不可替代的重要作用。云南的制糖工业拥有 27 个集团（公司），76 条蔗糖生产线，日处理甘蔗能力 17 万吨，有企业职工 2.28 万人。

【“十一五”制糖行业发展状况】

甘蔗原料种植面积逐年扩大，蔗农收入逐年增加 “十一五”期间，全省甘蔗种植面积稳定增长。5 年间，甘蔗种植面积从 367.29 万亩，增加到 450.63 万亩，增幅 22.69%。全省通过良种、良法和蔗区改造，甘蔗平均农业亩产从 3.72 吨提高到 4.2 吨，每亩增加 0.48 吨，增幅 12.90%。甘蔗平均含糖分从 14.52% 提高到 14.71%，农民种蔗收入逐年提高，全省甘蔗平均收购价从 2006 年的 194.74 元/吨，提高到 2010 年的 275.16 元/吨，增幅 41.30%。2006 年全省农民种蔗收入 22.15 亿元，到 2010 年已增至 37.56 亿元，5 年间农民种蔗总收入 165.47 亿元（以上数字未含制糖企业在农业上的各种投入和补贴费用），5 年来最大的变化是制糖企业不再拖欠农民蔗款，根本扭转“打白条”现象。

制糖工业进一步发展壮大 5 年间，全省产糖累计 941.32 万吨，占全国食糖产量的 18% ~20%。通过行业整合，提高集约化生产水平，制糖企业平均每户日处理甘蔗量从 1800 吨提高到 6200 吨。全省日加工甘蔗能力已由 2006 年的 14.42 万吨增加到 2010 年的 16.75 万吨，最大糖厂的日加工甘蔗能力已达 6500 吨。全省平均产糖率从 2006 年的 12.42% 提高到 2010 年的 12.98%，创历史新高。加工成本不断下降，制糖企业的吨糖完全成本（含税）由 2006 年的 3491.64 元，逐年下降到 2009 年的 3179.37 元，2010 由于甘蔗收购价和制糖原料大幅上涨，每吨白砂糖完全成本（含税）又上升至

3965.72元。

循环经济发展良好 “十一五”期间，综合利用产品的产值占行业产值的15%。临沧南华糖业有限公司投资13亿元，在临沧市勐省建设年产9.5万吨的蔗渣浆纸厂，已于2010年5月正式投产，是云南省“十一五”期间建成的最大综合利用项目，标志着云南省制糖行业综合利用水平突破性的上了一个台阶。

全面完成各项节能减排目标 全省加工百吨甘蔗耗标准煤由2006年的6.33吨，下降到2010年的5.6吨。吨蔗耗电由2006年的32.78千瓦时，下降到2010年的30.01千瓦时。临沧、德宏、保山、红河、普洱、西双版纳和玉溪市7个主产糖州（市）制糖企业烟尘排放全部达标，工业污水排放达标，排放量明显减少。全省制糖工业COD的排放量由2006年的每吨糖41.72公斤下降到2010年的24.92公斤。全面完成各项节能减排目标。

制糖工业社会效益显著 “十一五”期间，在工业反哺农业方面，各制糖企业为扶持农民发展原料，在修路、修建小型水利设施、农资贷款贴息等方面投入18.5亿元。为缓解土地资源的紧张状况，积极在周边国家扩大甘蔗种植，制糖企业已在缅甸、老挝种植甘蔗近16万亩，2009/2010年榨季从缅甸、老挝等境外进口的甘蔗达到68万吨，既是帮助周边国家民众替代毒品种植取得的成绩，也是开展禁毒工作，维护我国边境安全的重要举措，受到周边国家和国际禁毒机构的高度赞誉。

【2009/2010年榨季情况】 云南省2009/2010年榨季从2009年11月28日西双版纳州的勐捧糖厂率先开榨，至2010年5月30日临沧市的南伞糖厂收榨结束，历时185天。比上榨季减少38天。全省累计甘蔗种植面积457.76万亩，甘蔗农业总产量1739.49万吨，比上榨季减少179.77万吨。累积入榨甘蔗1364.88万吨，比上榨季下降21.66%；生产食糖177.16万吨，比上榨季下降20.75%，占全国食糖产量的16.50%；生产酒精11.43万吨，比上榨季下降18.9%。全省食糖产量最大的州（市）是临沧市，生产食糖60.02万吨，产糖最大的企业是英茂集团，生产食糖42.93万吨。其中，临沧产糖60.02万吨；德宏产糖42.92万吨；普洱产糖18.06万吨；保山产糖16万吨；西双版纳产糖13.32万吨，玉溪产糖12.08万吨；红河产糖9.87万吨；文山产糖2.88万吨以上8个主产糖州（市）合计产糖175.15万吨，占全省总量的98.86%。

2009/2010年榨季全省制糖行业产品销售收入78.86亿元，比上榨季增加5.65亿元，增长7.71%，其中糖产品销售收入73.11亿元，比上榨季增长8.88%，综合利用产品销售收入5.75亿元，比上榨季下降5.2%。企业税金总额8.35亿元，比上榨季增加2.25亿元（不含所得税），增长36.83%。企业利润总额16.15亿元，比上榨季增加12.4亿元，增长330.99%，其中糖产品利润14.77亿元，综合利用利润1.07亿元。全省制糖行业实现工农业销售收入116.43亿元，（其中：制糖工业销售收入78.86亿元，蔗农销售甘蔗收入37.56亿元）比上榨季增加6亿元。

【2009/2010年榨季的特点】 2009年9月以后，云南省遭遇受百年一遇的特大干旱灾害，12月下旬至2010年1月，省内部分地区又遭遇了历史罕见的霜冻，据农业部门统计，全省受干旱、霜冻灾害影响的甘蔗面积373万亩（旱灾面积354万亩，霜冻灾害面积19万亩），其中：成灾面积310万亩，绝收面积52万亩，占全省种蔗面积的84%。红河、保山、玉溪、临沧、普洱、文山等主产区干旱灾害严重，其他产糖州（市）也不同程度受灾，这对全省蔗糖产生了极其严重的影响，造成2009/2010年制糖榨季入榨甘蔗减少377.41万吨。2010年国务院专项拨款3000万元支持云南恢复甘蔗生产；国家发改委通过发展县级“双高基地县”（高产、高糖分）扶持云南糖业3000万元，省、州（市）、县三级财政配套扶持资金500万元，企业配套资金500万元。这些资金对恢复云南糖业恢复发展起到了积极有效的促进作用。全省糖业在大灾之年做到了减产不减收，主要生产技术指标突破历史最好成绩，表现的特点：

生产下降 本榨季，由于全省大部分种植甘蔗的州（市）遭受百年一遇的严重干旱，部分蔗区又遭遇霜冻灾害，使蔗糖生产明显下降。全省甘蔗种植面积、入榨量、食糖产量分别比上榨季减少5400亩、377.41万吨和46.36万吨。

两提高 一是企业产品销售收入提高。本榨季全省制糖企业实现产品销售收入78.86亿元。吨糖平均销售价格比上年提高1465.34元，创历史新高。二是平均出糖率创全国最高。本榨季全省平均出糖率12.98%，比上榨季提高

0.15 个百分点，连续 2 年创全国同行业第一。

三较好 一是糖厂生产管理好。本榨季全省日处理甘蔗能力 16.75 万吨，比上榨季提高 3500 吨；白砂糖合格率 99.94%，比上榨季提高 0.23 个百分点，创历史最好水平；安全生产率 99.1%，比上榨季提高 0.30 个百分点。二是企业效益好。本榨季全省制糖企业共实现利润 16.15 亿元，比上榨季增加 12.4 亿元，增长 3.3 倍，连续第 7 年实现了全行业盈利。三是社会效益好。本榨季全行业实现利税 24.49 亿元，比上榨季增加 14.64 亿元，增长 148.63%；甘蔗收购价格每吨平均提高 44.08 元，增长 19.07%，有效弥补了蔗农因灾减产损失。

（赖庆华）

黑色金属产业

【综述】 2010 年，受国家和省一系列拉动内需政策的持续影响，在全省固定资产投资保持快速增长的情况下，全省黑色金属工业持续稳定发展，有效保障了全省经济社会又好又快发展。

生产经营情况 2010 年，云南钢铁工业各项指标继续保持快速增长，生产铁矿石 2464.52 万吨、焦炭 1607.26 万吨、生铁 1337.31 万吨、粗钢 1293.77 万吨、成品钢材 1214.99 万吨、铁合金 78.8 万吨；铁、钢、材产量分别仅占全国产量的 2.27%、2.06% 和 1.53%，分别排在全国的第 15、16、19 位；焦炭、铁矿石、铁合金产量分别仅占全国的 4.15%、2.3%、3.24%，分别排在全国的第 7、9、13 位。与“十五”末相比，铁矿石产量增长 2.5 倍，年均增长 20.2%；生铁产量增长 1.6 倍，年均增长 9.6%；粗钢产量增长 2.5 倍，年均增长 20.3%；钢材产量增长 2.5 倍，年均增长 20.1%。2010 年，全省规模以上黑色金属工业完成增加值 145 亿元，占全部工业增加值的 6.5%。

企业基本情况 2010 年，全省有生铁生产企业 45 户、粗钢生产企业 18 户、有证热轧钢材生产企业 17 户、有证冷轧及二次钢材生产企业 40 户，其中独立炼铁厂 26 户，生产生铁 2950 万吨、粗钢 2300 万吨、钢材 1750 万吨；有铁合金（含工业硅）生产企业 128 户，产能 360 万吨。

组织结构情况 2010 年，全省基本形成以武钢集团昆明钢铁股份公司的国有经济为主体、其他民营经济等多种所有制经济共同发展的产业组织体系；有 7 户企业已具备“铁矿石开发——生铁——粗钢——钢材”产业链、粗钢产能超过 100 万吨规模，其中前三位的昆钢股份、德胜钢铁、永昌钢铁粗钢产量占全省总产量的 68%。产业布局不断优化，区域集中发展进一步突出。昆明、玉溪、曲靖、楚雄粗钢生产能力占全省总能力的 90% 以上，以昆明为中心的滇中钢铁工业经济圈基本形成。

技术装备情况 通过淘汰落后装备产能和改造提升发展，全行业技术装备水平明显提高。全省从“十五”期间只有 1 座 2000 立方米高炉发展到已拥有 450 立方米及以上高炉 20 余座，转炉和电炉炼钢装备基本达到公称容量 30 吨以上。结合云南铁矿特点及水电资源优势，昆钢集团自主研发的电炉熔融还原炼铁工艺技术及装备已通过工业化中试生产，部分工业化项目开始建设。烧结机烟气余热回收和烟气脱硫、高炉煤粉喷吹、转炉煤气回收等配套装置逐步在全行业推广使用。高速线材轧制装备、板材炉卷轧机装备具有国内同行业领先水平。

产品结构调整 2010 年，钢材产品逐步高档化，品种结构调整进一步加快。钢铁企业投入研发或规模化发展市场需求的新型优质钢材产品的积极性进一步提高，400 兆帕及以上高性能抗震钢筋、耐酸钢、管道钢及特种异型钢材品种已初具规模，高强度结构钢、高档工模具钢、高温高压锅炉钢、船用特种耐蚀钢等品种不断研发，以碳钢为基材的不锈钢复合产品已具备 5 万吨生产能力。

节能减排和淘汰落后 截止 2010 年底，全省淘汰生铁 873 万吨、粗钢 191 万吨、轧钢 188 万吨等落后装备产能，相当于每年减少煤气放散 80 亿立方米、二氧化碳排放 1200 万吨。2010 年，规模以上黑色金属冶炼及压延加工业单位工业增加值（当年价）能耗 11 吨标准煤（等价热值），在 2005 年 19.47 吨标准煤基础上下降 69.8%；单位工业增加值电耗 8100 千瓦时，下降 21.1%；单位工业增加值焦炭消耗 9.95 吨，下降 30.2%。

兼并重组工作有序推进 自 2010 年下半年以来，根据国务院和工信部的要求，云南省着力推动钢铁行业节能减排和结构调整，积极鼓励和引导全省钢铁行业开展兼并重组工作。通过反复的宣传动员和调研交流，目前各有关州（市）政府和钢铁企业本着“市场运作、企业资源、政府引导”的原则，加强沟通协调，有序开展各项工作，目前已进入方案编制阶段。

重点企业发展情况 2010年，武钢昆钢生产钢620万吨、铁615万吨、材715万吨，实现销售收入306亿元、利润5.1亿元，比上年分别增长8.3%、7.9%、14.9%、24.98%、226.92%，实现吨钢利润79.37元、吨材利润71.23元，本部吨钢综合能耗降低5公斤标准煤，处于全国同行业较好水平；5座铁矿山全年自产铁成品矿470万吨，比上年增加79.66万吨，矿石自给率达到46%，实现收入30.75亿元、利润6.01亿元；通过技改、扩建，焦炭产能突破400万吨；5万吨/年不锈钢复合板项目成功投产，产品多元化发展步伐加快。

德胜钢铁全年生产铁138万吨、钢147万吨、钢材143万吨，实现销售收入50亿元、利润7.3亿元、税金3.5亿元。

（杞耀光）

有色金属工业

【综述】2010年，云南省有色金属工业逐步走出国际金融危机的影响，在技术进步、提高品种质量、节能减排、淘汰落后产能等方面取得明显成效，十种有色金属产量再创历史新高，产业结构调整和增长方式转变正有序推进。

经济效益 2010年1～11月，全省有色金属工业完成主营业务收入1013.51亿元、利税总额78.34亿元、利润总额44.14亿元。全年完成工业增加值286.07亿元，其中采选业完成62.27亿元，冶炼及压延加工业完成223.8亿元。有色金属工业增加值占全省全部工业增加值的10.98%，排在烟草、能源之后，为云南第三大产业。

产品产量 2010年，全省生产十种有色金属金属240.34万吨，比上年增长11.4%。其中，铜34.09万吨，增长14.2%；原铝67.61万吨，增长11.3%；锌89.13万吨，增长12.7%；铅38.01万吨，增长5.4%；锡7.53万吨，增长1%；锑2.45万吨，增长7%。“十一五”期间，全省累计生产十种有色金属1110.54万吨，为“十五”的2倍。其中，铜172.49万吨，原铝285.91万吨，铅207.21万吨，锌393.93万吨，锑11.85万吨。

产业结构调整 2010年，全省有色金属产品种类增加，产业链不断延伸，铜铝锡材加工已逐步向高精度、高性能、环保、节能方向发展；部分行业产业集中度进一步加强，云铜集团生产精炼铜33万吨，云南冶金集团生产原铝49.7万吨，云锡集团生产锡5.92万吨，其产量占全省产量80%以上，销售收入占规模以上工业企业销售收入的比例逐年提高；民营企业迅速发展，祥云飞龙、蒙自矿冶、华联锌铟等一批重点民营企业通过加大投资、人才引进和技术改造不断壮大发展；淘汰落后产能按计划完成，国家下达云南有色行业落后产能淘汰计划为：铜冶炼6.6万吨，铅冶炼7万吨、锌冶炼8000吨，云南省具体落实情况为：铜冶炼7.44万吨，铅冶炼7万吨、锌冶炼8000吨，完成国家下达的淘汰落后产能任务。

技术进步 2010年，云南有色行业骨干企业冶炼技术达到国内或国际先进水平。云锡股份、云铜股份、云南冶金集团在引进国外先进的富氧熔池熔炼新技术的基础上，通过消化吸收及改造，使冶炼工艺技术跨入世界先进水平。云铝股份节能和环保水平达到国际先进水平。驰宏锌锗机械自动剥锌以及长周期—大极板电解工艺居于全国领先水平。祥云飞龙公司以难处理含氟氯的低品位氧化锌矿和目前国内大量堆积的氧化锌矿浸出渣为原料，首次开发出直接浸出—溶剂萃取新技术，总体技术达到国内领先、国际先进水平。

项目建设 2010年，全省有色金属行业完成投资209.71亿元，占全省非电力工业投资的20%，比上年增长24.9%。云南冶金集团驰宏锌锗股份有限公司16万吨/年铅锌冶炼项目、中铝昆明铜业有限公司22万吨/年高精度电工铜材加工项目、云南锡业集团（控股）有限公司年产10万吨电铜项目、云南永宝特种金属有限公司10万吨/年金属镁资源综合利用及3万吨/年镁合金项目、云南冶金集团文山铝业有限公司80万吨/年氧化铝项目、云南钛业股份有限公司2万吨钛板卷加工生产线等项目于2010年相继开工建设并加快推进实施，通过以上重点项目，加快云南工业调结构、转方式、优化提升原材料工业的步伐，促进有色行业健康持续发展。

行业准入 按照《铅锌行业准入条件》和《工业和信息化部关于印发铅锌冶炼企业准入公告管理暂行办法的通知》，由省工信委组织有关部门、行业专家认真核查、推荐，经工信部进行专家复核，2010年12月，工信部对蒙自矿冶有限责任公司（锌冶炼系统）等全国第二批符合铅锌行业准入条件的11户企业的9个锌冶炼系统、3个铅冶炼系统进行了公示，下一步将予以公告。

领导关怀 2010年，李长春、张德江、刘延东等国家领导人先后视察云南省贵研铂业股份有限公司。李长春在调研过程中，充分肯定了贵研铂业公司从科研院所成功转企改制，积极构建以企业为主体、市场为导向、产学研相结合的技术创新体系，一大批科研成果转化为现实生产力，企业科技实力、产品竞争力不断增强，并勉励企业增加研发投入，吸引一流人才，做大做强做优做久。

（张坤华）

黄金工业

【综述】 2010年是实施“十一五”的收官之年，也是“十二五”的准备之年，云南省黄金行业抓住国际金价持续高位运行的历史性机遇，积极推进企业组织结构调整，坚持科技创新和技术改造，狠抓金矿地质勘探工作，强化企业内部管理，全行业呈现企稳回升快速发展的态势。

产量突破创历史，产业集中度提升 “十一五”期间，云南省累计生产黄金97.03吨，在“十五”38.8吨的基础上增长2.5倍，年均增长14.3%。2010年，全省黄金产量22.28吨，再创历史新高，占全国340.88吨总产量的6.5%，比上年增长18.8%。其中，矿产金产量13.52吨，增长20.6%，冶炼副产金8.76吨，增长15.9%。云南黄金矿业集团股份有限公司、云南黄金有限责任公司、元阳县华西黄金有限公司、文山隆兴金矿有限责任公司等龙头企业产量占全省矿产金总量的71.4%，产业集中度进一步提升。

地勘项目获补助，资源储量有保障 2010年，云南省有6家黄金生产企业获得国家黄金地质勘探资金拨款528万元。2008年～2010年，全省获得国家财政补助已达1138万元。项目的建设将使全省黄金矿山新增332+333黄金资源量80吨以上，其中332资源量达到20吨。截止2009年底，全省累计探明黄金金属量498吨，居全国第七位。

结构调整稳步推，技术进步成效大 通过资产重组和资源整合，云南黄金工业已基本形成以资源和资产为纽带，大型黄金集团带动中小企业共同发展的格局，结构调整工作稳步推进。“十一五”期间，全省实施9个资源战略区勘探和老矿山技能技术改造，明确提出“绿色吨金矿山建设”与共伴生黄金资源综合开发利用“双轨发展”方向，重点建成7个以上吨金黄金生产矿山，取得了较好的科技转化效益。

坚定发展树信心，蓄势待发谋突破 鹤庆北衙万吨级、镇沅4000吨级及其他6个2000吨级金矿山的不断建设，祥云县黄金工业有限责任公司难处理金精矿资源综合回收利用项目、云南金山矿业有限公司技改扩建项目的建成投产，云南黄金工业的未来发展空间巨大，发展后劲十足。“十二五”期间，黄金产量力争实现15%的年均增长率，到2015年，全省黄金产量目标达到35吨。

（张坤华）

国防科技工业

【综述】 2010年，云南国防科技工业完成工业总产值105亿元，比上年增长21%；销售收入122亿元，增长17.2%；工业增加值36.4亿元，增长21.1%；利润12.4亿元，增长26.9%。其中，工业增加值的增速高于全省规模以上工业增加值6.6个百分点。

全年地方军工完成工业总产值41亿元，比上年增长17.9%；销售收入60亿元，增长19.1%；工业增加值17.7亿元，增长30.2%；利润8.5亿元，增长37.7%。中央军工的北方夜视科技集团有限公司实现销售收入16.7亿元、云南西仪工业股份有限公司实现销售收入5亿元、昆明船舶设备集团有限公司实现销售收入28.1亿元、云南航天工业总公司实现销售收入5.1亿元；民口配套实现销售收入30亿元。

【民品产业快速发展】 2010年，围绕生产经营目标，各企业加强市场开拓力度，加强服务和技术支持，提高用户满意度，扩大市场占有率，推动民品产业的快速发展。北方夜视科技集团有限公司成为国内唯一具备微型尺寸AM－OLED生产条件的企业；云南西仪工业股份有限公司利用“总代理模式”，积极推广产品，努力提高售后服务质量，全年实现销售汽车连杆1190万支，比上年增长28.6%，销售数控机床179台，增长34.6%；昆明船舶设备集团有限公司加快新产品投放市场进度，满足用户需求，重点突出烟机与物流的结合、机场装备的落实，全年完成烟草制丝、复烤设备和机场装备等2000余台（套），实现民品产值18.3亿元。云南航天工业总公司利用炊事、冷藏工艺技术加大军民两用产品开发力度，全年完成民品产值2.1亿元。兵器昆明疗养院抓住云南旅游和会展的机会，加强市场营销工作，全年实现营业收入4050万元，增长58.8%。云南民爆集团有限责任公司所属安化、包装、燃一、燃二4户生产企业和省内外各生产点，通过技术进步和科技创新，调整产品结构、降低产品成本，进一步扩大市场，全年完成销售工业炸药26.79万吨、雷管3.96亿发，实现销售收入28亿元。云南海云工贸总公司加大出口经营的力度，调整出口产品结构，扩大业务领域，全年实现销售收入5.16亿元，增长53.9%。省国防科工局研究设计院在建筑设计、监理、机械电子等方面有了较大的发展。云南云开电气股份有限公司实现首台252KV断路器产品的销售，进入国内少数能研制252KV电压等级产品的行列，并以此为契机，加大市场开拓力度，全年实现销售收入4.8亿元，增长32.9%。4户破产企业克服种种困难，确保生产经营的正常开展，为稳定职工思想、促进企业和社会安定奠定了基础。

【生产经营管理水平】 2010年，针对企业财务管理、质量管理、现场管理等方面存在的问题，各单位采取有效办法，制定有力措施，加强企业内控制度建设，建立健全规章制度，推动成本领先工作，提升重点产品盈利能力，提高资金使用效率和财务管理水平；开展质量培训，加强产品质量管理，严把原材料入口，完善检验和控制手段，加强质量检验和监督，提高产品质量，22个质量管理成果获得省级表彰，云南机器三厂、云南燃料一厂获得国家优秀QC成果奖励。推动6S管理，改变作业习惯，整顿生产秩序，调整生产线布局，加强定置管理，规范摆放环境，保障物流畅通，使企业现场管理水平得到较大提高。同时针对军品、民爆行业的高风险性，加大安全生产管理。深入开展安全生产宣传、教育和培训工作，落实安全责任制，开展安全生产大检查、隐患排查和专项整治工作，加大安全生产技术改造、危险品仓储运输设施的安全改造和管理，提高了本质安全水平。加强防范网络泄密和涉密人员教育，推进安全保密技术能力和体系建设。2010年，全行业没有发生重特大安全事故和失泄密案件，保障了各项经营目标顺利完成。

【和谐稳定工作】 2010年，在省、市有关部门的支持下，举全局之力，筹资1亿多元，完成曲靖3户破产企业的资产拍卖变现工作，并分别成立了规范化的公司制企业，为职工安置工作奠定了较好的基础。在破产企业进入法律程序后，由于职工收入低、生活困难，不稳定因素时有发生，我们紧紧依靠企业领导班子、干部职工，深入细致做好工作，开展了生产自救，确保破产企业科研生产、破产重组工作两不误，确保职工思想稳定和社会安定，没有出现大的群体性事件。同时，重新明确了4户破产企业的重组方案。在破产重组工作中，重组企业提前进入，与破产企业共同谋划、共同努力，为破产企业的生产正常、职工思想稳定提供了有力的保障，为推进军工资源整合重组赢得有利时机。

【局机关机构改革】 局党组在省工信委党组的领导下，按照机构改革的有关要求，结合机关和行业情况，广泛听取意见，在充分酝酿和集体讨论的基础上，制定了符合实际和具有可操作性的实施方案，顺利完成内设机构调整，处室职能划分，处级干部调整、轮岗和选拔任用，处以下干部双向选择等工作。在改革中，全局干部职工以高度的责任心，坚守工作岗位，做到了思想不乱、队伍不散、工作不断。与改革前相比，正处级干部本科以上学历达到86.7%，副处级本科以上学历达到100%；正处级干部轮岗比例达到100%，副处级轮岗比例达到30%；正处级干部平均年龄44.75岁，与改革前相比下降5.65岁，副处级干部平均年龄40.8岁，与改革前相比下降3.1岁；新提拔干部13名，占机关干部总数的30.2%。

（徐莉萍）

机械工业

【概述】 截止2010年末，云南省装备制造业规模以上企业395户，全年完成工业总产值430.1亿元，“十一五”期间年均增长21.38%；工业总产值占全省规模以上工业企业的比重由2005年的6.2%提高到7.2%。完成工业增加值110.8亿元，“十一五”期间年均增长23.75%；工业增加值占全省规模以上工业企业的比重由2005年的3.8%提高到4.9%。主营业务收入“十一五”期间年均增长21.38%，占全省规模以上工业企业的比重由2005年的6.3%提高到7.6%。利润总额“十一五”期间年均增长55.80%，占全省规模以上工业企业比重由2005年的6.3%提高到8.0%。云南装备制造业已成为全省工业经济中的支柱产业。

2010年在全省装备制造企业中，主营业务收入有1户超过50亿元，8户超过10亿元，5户超过5亿元，前10位企业的主营业务收入占全省装备制造业主营业务收入的48%。2010年力帆骏马主营业务收入65.22亿元，是2005年的3.93倍，工业增加值11.59亿元是2005年的1.97倍；昆明中铁机械主营业务收入21.02亿元，是2005年的2.40倍，工业增加值10.74亿元，是2005年的4.17倍；昆明机床主营业务收入15.98亿元，是2005年的2.77倍，工业增加值7.10亿元，是2005年的3.10倍；云南CY集团主营业务收入10.04亿元，是2005年的4.22倍，工业增加值3.10亿元，是2005年的6.16倍；昆明台正主营业务收入12.73亿元，是2005年的3.91倍，工业增加值2.55亿元，是2005年的14.35倍。“十一五”末，全省装备制造业中汽车、机床、电工产品三大集群基本形成，力帆骏马、昆明中铁、昆明机床、昆船集团等一批行业排头兵企业逐渐显现。

【生产销售情况】 2010年全行业生产汽车10.19万辆，是2005年的1.62倍；内燃机1178.60万千瓦，是2005年的1.25倍；大型铁路养护设备205台，是2005年的1.77倍；发电设备71.44万千瓦，是2005年的1.10倍；变压器1795.89万千伏安，是2005年的2.03倍；交流电动机149.15万千瓦，是2005年的1.17倍；金属切削机床3.63万台，是2005年的3.71倍。

【固定资产投资】 “十一五”期间，全行业全社会固定资产投资约220亿元，是“十五”期间的4.5倍，实施一批事关装备制造业长远发展的大项目、好项目。云内动力投资18亿元建设国内最大的乘用车柴油发动机研发及生产基地，中国铁建投资11.5亿元建设国家大型铁路养护设备昆明产业基地，力帆骏马投资6.5亿元新建年产10万套载货汽车驾驶室冲压焊装生产线、投资2亿元建设汽车配套产业基地，昆钢重装投资10亿元实施龙港基地大型机械构件生产项目，昆明台正引资20亿元建立玉溪数控装备产业园等。

【行业工业会议】 2010年3月15日，全省机械工业工作会议在昆明召开。孙衍坤会长作《抓住机遇加快发展，努力实现云南机械工业结构调整和发展方式转变》的工作报告。沈阳机床集团昆机股份公司、昆明船舶设备有限公司等4家企业进行经验交流。会上召开零部件配套信息发布会，昆明中铁、昆明电机厂等6家重点企业发布了零部件配套需求信息。

【科技进步·名牌培育】 “十一五”期间，企业为增强核心竞争力，积极加大研发和技改投入，实现一批重大技术突破，行业科技实力明显增强，获得国家科技进步二等奖1项、省科技进步奖39项。昆明中铁开发的DWL－48型三枕连续式捣固稳定车，填补国内捣固稳定综合作业车的空白，标志着我国大型铁路养护设备的整体技术水平进入世界先进行列；昆船集团开发的机场自动行李分拣系统，搭建目前国内规模最大、设备最齐全的行李分拣成套设备；柔性制丝生产线和精细化打叶复烤工艺及设备国内领先；昆明机床开发处于国内领先水平的TK6926大型数控落地铣镗床、XK2740大型数控龙门镗铣床；昆明台正的大型数控龙门系列加工中心光机为国内外多家公司提供优质光机配套；云变开发的220千伏单相AT供电方式和三相Vv联结方式铁路牵引变压器技术水平处于国内领先；昆明电机开发的单机容量10万千瓦水力发电机组和单机兆瓦级双馈异步风力发电机使云南发电设备生产制造技术跃上新台阶；大为化工装备公司制造的φ4850大型粉煤气化炉技术水平达到国内领先；一汽通用红塔开发的L501系列轻卡提升了底盘整体技术水平；力帆骏马开发N3类重型载货汽车；西仪股份自主研发掌握了胀断连杆的锻造、裂解、加工的全套制造技术。

“十一五”期间，多次与国家发改委、工信部、中国机械工业联合会等部委联系、沟通，帮助企业解决生产资质及相关产业政策等问题，完成企业中国名牌推荐、国家级新产品鉴定、“中国机械工业科技奖”申报等工作。此外，协助企业完成“云南省科学技术进步奖”“云南省创新型试点企业”“云南省高新技术企业”“企业工程技术研究中心”及企业科研项目的申报、推荐工作。

【引进战略合作伙伴】 “十一五”期间，全省装备制造业跨行业、跨地域、跨所有制企业重组取得重大突破。哈电集团整合重组昆明电机厂；天威保变集团对云变进行整合重组；长安汽车集团重组云内动力；天水兰天集团出资对昆明电缆进行增资扩股；云南冶金集团对昆明力神重工进行增资扩股，组建云南冶金昆明重工有限公司；一汽集团和美国通用公司在长春成立一汽通用轻型商用汽车有限公司，一汽通用红塔成为合资公司的子公司；沈机集团入主昆明机床；福建凯捷利集团出资收购昆明电工厂、昆明铣床厂等。通过兼并重组、引进战略合作伙伴等多种方式，实现股权多元化；国有和国有独资企业占规模以上企业的比例由2005年的19%下降到“十一五”末的7%。

【产学研合作】 昆明机床、昆明理工大学、省机械研究设计院等16家单位共同组建成立云南省高效精密数控机床技术创新战略联盟。昆明电科所、省机械研究设计院、省农机研究所积极与企业、大学的合作，成立云南省精密机床工程研究中心、云南省铁路大型养路机械工程研究中心、数控装备技术联合研发中心，使行业技术研发平台建设得到进一步加强。

【规划工作】 省政府编制《云南省装备制造业发展规划（2009年～2015年）》。为贯彻落实发展规划，省机械行协编写完成《云南省装备制造业“十二五”发展实施意见》。编写《曲靖市汽车及机械产业发展规划(2010年～2015年)》《玉溪市装备制造业“十二五”发展规划》《云南省装备制造业发展质量规划》等。

承担云南省电工、机床和大型铁路养护机械设备标准化体系的编制工作，完成《云南省装备制造业技术标准体系研究与建设》和《云南省装备制造业企业标准化工作现状调查报告》，不断推进全省装备制造业标准化体系建设。

【经贸合作】 “十一五”期间，多次组织企业参加国内外机械展，成功组织了昆交会机电馆招展、洽谈工作，举办10多次展览会，为云南企业提供了沟通、合作的桥梁。第十八届昆交会机电馆的招展、洽谈工作达到了标准展位483个、露天展位1100平方米和参展企业超过300家的历史最好成绩。2010年10月组织机械行业内的云内、云汽等11家企业的29位中高层管理及技术骨干赴三一重工股份有限公司、北汽福田长沙汽车厂参观学习考察。完成了全省装备制造重点企业统计信息的收集、汇总、分析和发布工作，为政府相关部门制定政策提供了有力的支持。

【人才工作】 昆明中铁大型养路机械集团有限公司谢江生、昆明冶金力神重工有限公司唐炜、云南昆船设计研究院赵立、昆明电器科学研究所谢国政、云南丽江机床有限公司杨文菊入选第十批省技术创新人才培养对象。昆明力神重工有限公司高精度轧制技术及其成套设备研制团队入选省级创新团队。

云南机电职业技术学院办学规模大幅提升，教学质量不断提高。2010年学院在校生总规模超过6000人，实现毕业生一次性就业率达90%以上；在省级示范院校建设基础上，2010年成功申报“国家示范性高等职业院校建设计划”骨干高职院校立项建设单位，为云南唯一进入国家百所骨干高职院校的职业学院；为省内外输送了大批懂技术、有技能的人才。多次组织行业内数十家企业中高级管理人员赴青岛海尔、大连重工、三一重工等国内知名企业参观学习。

【表彰先进】 2010年3月昆明电缆集团股份有限公司、昆明云内动力股份有限公司、沈机集团昆明机床股份有限公司、云南CY集团有限公司、昆明船舶设备集团有限公司、昆明力神重工有限公司、昆明电机厂有限公司、昆明长力春鹰板簧有限公司、云南变压器电气股份有限公司等9家企业产品荣获“云南名牌产品”称号，受到昆明市政府通报表彰。

昆明船舶设备集团有限公司、沈机集团昆明机床股份有限公司、昆明中铁大型养路机械集团有限公司、昆明云内动力股份有限公司等

4家龙头骨干企业被国家认定为制造业信息化科技工程应用示范企业。

云南力帆骏马车辆有限公司拖拉机装配厂、中铁昆明大型养路机械集团有限公司入选2010年中国工业行业排头兵企业名单。

（史红玉）

石油和化学工业

【综述】 2010年是“十一五”的收官之年，“十一五”期间，云南石油和化学工业经历了快速发展期（2006年~2008年）、金融危机冲击期（2009年）和恢复增长期（2010年）3个阶段，尽管呈现出“N”型发展曲线，但总体上保持了企稳向好的发展态势。

总体发展情况 2010年，云南石油和化学工业实现销售收入551.2亿元，比上年增长31.1%，并在2005年基础上增长2.4倍，年均增长19.2%；规模以上企业实现工业增加值161.9亿元，增长41.0%，在2005年基础上增长2.4倍，年均增长19.5%，占全省规模以上工业增加值的7.2%；实现利税67.8亿元，在2005年基础上增长2.3倍，年均增长18.4%。

2010年主要产品

1. 基础原料：全省原煤产量9760万吨，比上年增长9.4%；标准磷矿石产量2316万吨，增长8.5%；标准硫铁矿产量66万吨，增长73.2%；原盐产量124万吨，增长38.8%。

2. 中间原料：焦炭1607万吨，增长10.4%；折百硫酸产量1068万吨，增长13.7%；合成氨201.5万吨，增长19.8%；标准电石64万吨、黄磷41万吨、烧碱17.8万吨、纯碱14.3万吨。

3. 支农产品：全省生产化肥364万吨（折纯）；其中磷肥239万吨，增长14.5%；磷肥产量占全国磷肥产量比重27.7%，高浓度磷肥产能达到780万吨。生产农药1207吨，其中生物农药产量居全国第一位。

4. 磷化工延伸产品：热法磷酸29.96万吨，在2005年16万吨基础上增长87.5%；五钠11.2万吨，在2005年5万吨基础上增长124%；牙膏级与食品级磷酸钙盐2.5万吨，在2005年3000吨基础上增长7.3倍；饲料级磷酸氢钙88万吨，在2005年36.5万吨基础上增长141%。

产业结构调整 2010年，产业组织结构初步形成以云天化、云南煤化、云南南磷、云南祥丰化肥等为骨干，国有和民营企业等多种所有制共同发展的产业组织体系，产业集中度进一步提高。辅之以传统煤化工、磷化工及无机盐化工，以清洁能源和合成材料为重点的新型煤化工产业得到发展，磷化工产业链进一步延伸，生物化工产业开始起步，石油及天然气化工前期工作全面展开，多产业发展的局面正在形成。产品结构方面，高附加值产品比重不断增加。聚甲醛、聚氯乙烯、醋酸乙烯、1，4丁二醇、甲胺、季戊四醇、锡基化工等新材料产能逐步扩大，高浓度化肥比重达到85%，重质纯碱和离子膜烧碱比重达到95%，全面取缔了高毒农药生产。

园区化发展格局 2010年，全省已基本形成以工业园区为载体的化工产业集群发展格局。安宁草铺工业园、海口工业园、晋宁二街工业园、澄江东溪哨工业园、华宁盘溪工业园等成为磷肥及磷化工产业发展聚集地，寻甸工业园、开远工业园等已形成重要的磷煤化工集聚区，水富以天然气和煤为原料的化肥及化工材料园区基本形成，以煤化工为重点的曲靖花山工业园正继续拓展规模，富民硫酸法钛白粉园区建设基本成型，禄丰氯化法钛白粉项目基本建成，昭通昭阳新型煤化产业园正在加紧推进建设，安宁草铺石油炼化及石化产业基地已经启动，正在开展天然气化工基地前期工作。

技术装备水平 “十一五”期间，全省石油和化学工业重大技术装备研制与创新水平进一步提高，部分技术及装置达到国内或世界先进水平。引进消化吸收世界先进的煤气化技术，建成投产2套50万吨煤制合成氨装置；先后建成6套80万吨硫黄制酸、30万吨湿法磷酸、60万吨磷酸二铵、40万吨重钙等大型生产装置，高浓度磷肥生产技术及装备水平国际领先；240万吨大型焦化装置在国内具有典型示范作用。在以黄磷为代表的磷化工产业中，国产黄磷电炉变压器容量突破2万千伏安，最大单台装机容量达到3.8万千伏安，年产万吨黄磷装置比例达到80%以上；黄磷电炉电极升降智能化控制技术得到普遍应用；黄磷尾气净化及利用技术取得新的突破，少数装置已经实现“熄灭火炬”的目标；成功研制黄磷转化余热回收利用技术和装备，并在全省及国内推广。成功研制褐煤提质技术及装备，并在全国第一套煤制油项目中得到利用。正反双浮选技术及浮选药剂产品的研制开发，实现了中低品位胶质磷矿的综合利用，已建成2套200万吨浮选装置，1套450万吨磷矿浮选装置即将投入试生产。自主开发的两步法褐煤制20万吨汽柴油试验示范项目建设，将开辟一条新的煤制油技术装备路线。

节能减排 2010年，全省化工行业消耗能源总量1008万吨标准煤，万元工业增加值能耗由2005年14.7吨标准煤/万元下降到6.23吨标准煤/万元，下降57.6%。全行业废水排放达标率96%，二氧化硫排放达标率84%，烟尘排放达标率83%，粉尘排放达标率71%，工业固体废物综合利用率27%。

发展后劲和动力 石油和化学工业尽管受金融危机影响最大，时间延续最长，但投资发展石化产业及借此调整产业结构的信心未减。“十一五”期间，全行业累计完成固定资产投入498.8亿元，是“十五”固定资产投入总量的3倍以上。一大批以黄磷为原料的深加工项目、高浓度磷肥配套项目、节能减排技术改造项目、煤焦化项目、新型煤化工项目、中缅油气管道及炼化项目等相继启动建设和投产，石化产业发展后劲和动力开始显现。

（张坤华）

医药工业

【综 述】 云南的医药工业是以植物药、民族药、化学药、生物疫苗为主要架构的多门类生产体系和以云南白药系列、三七系列、灯盏花系列、天麻系列、血塞通系列、中药注射液系列、生物疫苗系列、中药提取物系列、贵金属抗癌药物系列、贵金属络合药、生物疫苗和化学药品制剂等系列产品所构成。2010年，云南医药工业企业有175户，规模以上企业123户，规模以下312户，停产21户。主要集中在昆明、玉溪、红河、楚雄、曲靖、大理和文山等州（市）。昆明市有76户，占全省的43.4%。从业人员2.54万人。有药品生产批文4375个，其中化学药2302个，中药2060个，生物制剂11个，进口化学药2个；药品生产品种1468个，化学药610个，中成药品种858个。“十一五”以来，云南医药产业保持年均20%以上的增长速度，高于全省工业平均增速。

【医药工业生产情况】 2010年，云南医药生产企业克服了百年一遇的干旱和原材料价格大幅上涨带来的严重困难，医药产业依然保持持续增长。全省实现医药工业产值166亿元，比上年增长36.62%；工业增加值58.95亿元，增长24.98%；新产品产值17.05亿元，增长15.78%；出口交货值5.64亿元，增长85.89%；销售收入154.45亿元，增长41.46%；利润总额20.3亿元，增长45.47%；资产总额214.19亿元；负债71.48亿元。全省医药工业产值排名前30户企业的产值为131.02亿元，占产值总额的78.93%、其中产值过亿元企业32户；排名前30户的销售收入为119.82亿元，占销售总额的72.18%，其中销售过亿元企业23户；排名前30户的利润为19.11亿元，为利润总额的94.14%，其中：利润过亿元企业3户，利润过5000万元企业11户；亏损企业32户，亏损面21.77%，亏损1亿元。单品种销售收入过亿的品种21个，占全省医药工业总销售收入的45%，过1000万元的110个，占82%。

【基本药物生产情况】 2010年，云南省国家基本药物品种总数307个，化学药205个，中成药102个。云南能够生产的国家基本药物品种121个，占全国的39.4%，其中化学药75个，占全国的36.58%，中成药46个，占全国的45.1%。云南通过GMP认证的制药企业130户，国家基本药物生产企业75户，689个品种获得批准文号，具备生产能力的文号有663个，能够生产20个以上品种的6户；能够生产10个以上品种的23户；能够生产5个以上品种的50户，生产品种最多的是昆明制药集团有39个。

【医药储备情况】 云南省建立医药储备制度，省医药有限公司和云南白药集团股份有限公司中药饮片分公司是承储企业。2户承储企业按照计划储备，库存量保持在计划总量的70%以上。实施储备药品和医疗器械轮换制度，做到勤进快销，仓储条件达到GSP要求。较好地完成了防治甲型H1N1流感、手足口病疫情所需急救药品供应。截至2010年底医药储备品种23个大类，204个品种，新增中成药储备品种18种，中药饮片储备品种33种，储备计划资金1000万元，实际储备金额2349万元。

【医药产业发展情况】

成立生物产业发展领导小组 省长秦光荣任组长、副省长罗正富、孔垂柱、高峰、和段琪和省政府秘书长丁绍祥任副组长，14 个省级有关部门的主要负责人为成员。2010 年 10 月出台《云南省“十二五”生物医药产业发展规划》和《云南省关于促进生物医药产业发展若干政策》。

编制制药产业“十二五”发展规划 省工信委统一组织编制“十二五”产业发展规划，涉及医药行业的有《云南省“十二五”制药产业发展规划》和《云南省“十二五”三七、天麻产业发展规划》2 个规划，年底完成了初稿的编制工作。

扶持医药产业发展 为加快医药产业发展，加大对医药产业的扶持力度，先后对云南特安呐制药股份公司、红河千山生物工程有限公司等 13 户企业的技术改造项目贷款贴息 1330 万元，拉动投资 5.17 亿元。向云南金泰得三七产业股份有限公司、云南楚雄云中制药有限公司等 4 户企业安排中小企业发展专项资金扶持项目贷款贴息 190 万元，拉动投资 3.74 亿元。同时筛选出专用型灯盏花原料种植基地建设、美登木野生变家种种植示范基地建设、龙血竭种苗和种植示范园项目、濒危珍稀药材铁皮石斛人工生态规范化种植基地建设项目等具有云南特色的中药、民族药种植基地建设项目上报国家，争取国家专项扶持资金。并将昆明龙津药业股份有限公司、文山七丹药业有限公司和云南生物谷灯盏花药业有限公司等一批中药项目作为省工信委联系的 2010 年云南省 100 项重点项目、昆明圣火药业（集团）三七深加工及综合利用二期工程等列为州（市）200 项重点项目之一。

医药工业技术中心建设 2010 年，云南文山七丹药业股份有限公司、红河千山生物工程公司、云南希陶绿色药业股份有限公司 3 户企业的技术中心通过省级认定。至此云南医药行业已有企业技术中心 23 家，其中国家级 3 家，省级 20 家。

加强产品研发能力 云南白药集团股份公司分别同麦肯锡、厦门大学合作对公司组织架构、管控模式和业务流程进行系统梳理设计。使集团母子公司运营向一体化顺利推进，运行效率有效提升。昆明圣火药业（集团）有限公司加快对公司一类新药三七素的研发进展。为提高理洫王软胶囊在海外的知名度已向美国食品药品监督管理局（FDA）提出注册申请。云南维和药业股份有限公司投资 8660 万元，进行“200 吨/年三七总皂苷生产高技术产业化项目”。昆明龙津药业股份有限公司研发的注射用灯盏花素有效成分—灯盏花乙素含量达到 98% 以上，由公司起草的注射用灯盏花素质量标准被载入《中国药典》2010 年版。云南特安呐制药股份有限公司提取工艺上舍弃氧化铝脱色，年可节约成本 100 万元以上。

打造知名品牌 云南白药“治疗皮肤创伤的贴剂及其制备方法”专利（对应产品：云南白药创可贴）荣获国家知识产权局第十一届“中国专利奖”（优秀奖）；云南白药集团被国家工商行政管理总局列为国家商标战略示范企业；云南白药集团相继入选“2010 胡润品牌榜”、《福布斯》中文版和 Interbrand 联合发布的“2010 中国品牌价值排行榜”。在 2 个榜单上云南白药的品牌价值 38 亿元。昆明圣火药业公司“理洫王”商标获国家工商总局“中国驰名商标”，云南省仅有 20 件驰名商标，“理洫王”是继云南白药、康王后第三个药品类获批的驰名商标。云南维和药业股份有限公司维和牌血塞通片再获“云南名牌产品”称号。昆明龙津药业股份有限公司的“龙津”注射用灯盏花素冻干粉针剂被列为国家重点新产品、云南名牌产品称号、云南省著名商标。

资本市场 2010 年，云南沃森生物技术公司在创业板市场上市。云南白药、昆明制药、昆明圣火已分别在深交所、上交所、美国纽约证交所上市。

初步建立网上直报制度 为做好医药行业统计工作，建立信息平台，建立云南医药行业的数据库。全国医药行业统计工作采取向“中国医药统计网”网上直报的方式进行。2010 年 4 月组织全省制药行业的统计培训，相关州（市）的统计人员参加培训，初步建立了云南网上直报制度。

重大项目建设 云南白药整体搬迁项目作为省委、省政府调整经济结构、打造医药产业重大战略项目，也是省政府确定的 22 个重大工业建设项目之一，总投资 15.97 亿元，项目自 2008 年开工以来，总体进展按计划有序进行。2010 年，公司全力推进整体搬迁建设项目，产业区及物流区初具雏形，预计 2011 年上半年项目全面竣工投产。

（徐秀华）

铁路建设

【铁路建设】 2010年，全省铁路在建项目13个，即玉蒙铁路、蒙河铁路、沾六复线、昆广复线、广大扩能、昆玉扩能、大瑞铁路、仁丽铁路、丽香铁路、昆明枢纽、东南环线、云桂铁路、沪昆客专，投资162.44亿元，较2009年增加81.04亿元，增长99.6%。年内，六沾二线分段开通，广楚段电化改造顺利完成，大瑞铁路保瑞段、玉溪—磨憨铁路、成昆铁路广通—永仁段扩能改造等规划项目前期工作加快推进；12月3日，全长258米的昆明枢纽扩能改造工程新武家庄隧道贯通，成为昆明枢纽扩能改造工程第一座贯通的隧道；12月31日，云南在建铁路最长隧道—柿花树隧道（全长9952米）贯通，为玉蒙铁路正式铺轨创造条件。为确保铁路建设大力度、高质量推进，昆明铁路局成立项目建设、规划领导小组，实行项目建设岗位、部门责任倒追及质量安全终身负责制；建立高风险隧道挂牌包保机制，开展隧道、桥梁施工专家组活动，强化安全质量控制；推进标准化管理，在云桂铁路建立项目单位工程开工条件及检查验收标准，并在全路推广。

沪昆客专长沙至昆明段工程开工建设 2010年3月26日，沪昆铁路客运专线长沙至昆明段工程在贵阳拉开建设帷幕，国务院副总理张德江出席建设动员大会，宣布工程开工并为工程奠基。沪昆客运专线是国家《中长期铁路网规划》“四纵四横”客运专线的重要工程，与京广客运专线一起连接全国铁路快速客运系统，其中，杭州至长沙段已于2009年开工建设。长沙至昆明段全长约1169公里，途经湖南、贵州、云南省，建设工期安顺以东为4年，安顺以西为5.5年。设计时速300km/h，铁路建成后，长沙至昆明列车全程运行时间由22.8小时缩至4小时以内，有利于完善东中西部的交通运输网，密切西南地区与东部沿海地区的联系，实现区域优势互补，促进东中西部协调发展。2010年3月12日国家发改委批复可研报告，6月29日铁道部批复初步设计，8月12日完成项目招标，9月2日，沪昆铁路客运专线云南段开工动员大会在昆明举行。12月3日，沪昆客专云南段首个开工点—富源县壁板坡隧道开工。壁板坡隧道全长1.48公里，是沪昆客专重点控制性工程和Ⅰ级风险隧道，穿越涌水突泥、断层、瓦斯、煤层等不良地质地段，施工难度较大，计划2015年6月底竣工。

昆明铁路枢纽东南环线开工建设 2010年5月21日，昆明铁路枢纽东南环线开工典礼在晋宁县上蒜乡三多村举行。东南环线铁路是昆明铁路枢纽扩能改造工程的一部分，经滇池东南侧并绕滇池环行，经昆阳、渠东、晋城、化城进入新昆明南站，全长38.86公里，为全自动闭塞的Ⅰ级复线电气化铁路，新建车站2个，桥隧比为54%，设计时速200公里，投资总额29.6亿元，计划工期3年。建成后，将与昆玉铁路、读书铺至昆阳段铁路及云桂铁路、沪昆高速铁路连结起来，形成环昆明滇池的快速铁路网，届时，可以开行昆明—昆明西—读书铺—中谊村—昆明南—王家营—昆明的高密度、高速度、大容量的公交化环滇池列车，实现滇中城市群1小时经济生活圈，改善昆明市区的交通运输条件，提高路网功能及枢纽衔接线路运输能力，促进沿线城市化进程并带动地方经济社会发展。

云桂铁路云南段开工建设 2010年5月25日，云桂铁路云南段开工动员大会在昆明举行，云桂铁路建设进入全面实施阶段。新建云桂铁路是国家《中长期铁路网规划》中的干线铁路，东起广西南宁站，沿既有南昆铁路至百色站，经云南省文山州、红河州和玉溪市，终到昆明南站，正线全长710公里，其中云南段长434公里，为Ⅰ级双线铁路，采用电力牵引，旅客列车设计时速200公里（预留时速250公里），建设工期6年。云桂铁路的建设，对进一步完善云南省“八入滇、四出境”铁路网，扩大西南地区出海通道运输能力，把云南建设成为我国面向西南的桥头堡具有十分重要的战略意义。建成后，昆明至南宁的旅客列车运行时间将缩至3小时以内。云桂铁路沿线山高谷深，桥隧相连，云南段隧道比例高达71%，长度大于10公里的隧道11座，为国内最为艰险的山区铁路之一。8月30日，云桂铁路全线最长的隧道—石林隧道开工，该隧道是目前全国最长的单洞双线铁路隧道和岩溶隧道，隧道最大埋深约250米，最小埋深拱顶以上约3米，是云桂铁路全线重点控制工程之一。

广通至大理扩能改造工程开工 2010年9月10日，广通至大理铁路扩能改造工程开工建设。广通至大理铁路扩能改造工程东端与成昆铁路和正在建设的昆广复线接轨，西端与大理至瑞丽铁路、大理至丽江及香格里拉铁路相接，是泛亚铁路、滇藏铁路的组成部分。工程自广通北经楚雄、南华、祥云至大理东，新建双线167公里，大理东至大理沿既有线增建复线8公里，正线全长175公里，桥隧比64.5%，设计时速200公里，建设工期4年，由铁道部和云南省合资建设，项目总投资143.1亿元。广通至大理铁路扩能改造后，将从国家Ⅱ级单线铁路提升为Ⅰ级双线铁路，与正在建设的昆明至广通复线铁路相连接，构成昆明至大理间高效、便捷的运输通道，降低物流成本，缩短运输时间，对加快滇西资源开发和旅游业发展，促进中缅经贸往来和中国东盟自由贸易区的建设。

磨憨铁路物流中心工程动工　2010年12月29日，磨憨铁路物流中心建设动员大会在磨憨举行，标志着中国—老挝国际铁路通道建设项目将加快启动。中老国际铁路通道—玉溪至磨憨铁路是泛亚铁路中线的重要组成部分。为进一步深化中国与东盟国家的合作与交流，加快推进玉溪至磨憨铁路建设，并带动整个泛亚铁路中线建设，铁道部和云南省决定先行启动磨憨铁路物流中心工程建设。磨憨物流中心结合铁路货场布局，以国际货运集散和保税物流功能为主，建设铁路作业区、货运集散区、现代仓储区、增值加工区、保税物流区、综合服务区和相关配套区域。物流中心Ⅰ期工程占地476亩，投资估算总额1.5亿元，主要在规划铁路作业区内，新建铺焊轨线路基地、道砟及轨枕预制存放场、水泥钢材等物资存放场，主要承担老挝境内磨丁至万象铁路物资储运和钢轨焊接等任务。

（吴立群）

交通建设与管理

【综述】　2010年，全省交通运输系统扎实开展“交通建设冲刺年”和“交通运输管理年”活动，全年完成交通投资702亿元，超额完成省政府下达的340亿元的任务，并超越373亿元的历史最高水平。高速公路投资125亿元，普立至宣威高速公路破土动工，大理至丽江、武定至昆明、昆明绕城高速公路西北段、石林至锁龙寺、锁龙寺至蒙自、保山至腾冲、磨黑至思茅等在建高速公路项目加紧建设，昆明西南绕高速完工通车，龙陵至瑞丽、嵩明至昆明高等6条高速公路前期工作有序开展；52条二级公路投资380亿元，10个项目顺利建成，在建项目强势推进；农村公路投资112亿元，新改建里程2.4万公里，新增132个乡通沥青路，全省1342个乡镇实现90.1%通畅；新增763个行政村通公路，全省1.4万个行政村实现98%通达，30%通硬化路，7个人口较少民族地区全部实现村村通公路。新建农村客运站186个，日发班次4.9万班，全省乡镇通班车率96%，行政村通班车率67%；水运建设力度加大，完成投资2亿多元，创历史新高，实施一批航道治理和港口改扩建工程，水富港建成云南首个千吨级泊位，成为万里长江第一港；完成6个国家公路运输主枢纽布局规划审查；大力实施安保工程，改造危桥90座，危险路段1643处。集中实施高速公路和国省干线公路的修复，路况质量明显改善；以制度建设为重点，制定完善建设、养护、路政、运输、收费等方面的一批管理制度，行业管理的规范化、科学化水平大幅提升。

【公路建设】

昆明绕城高速公路西南段建成通车　2010年12月31日，国道主干线昆明绕城高速公路西南段（安宁至晋宁）建成通车。昆明绕城高速公路西南段是国家高速公路网中南北纵向线重庆至昆明高速公路中昆明至磨憨公路的重要路段；是云南省干线公路骨架网的环线之一。该路段经昆阳、海口抵达安宁和平村，路线全长38.57公里，总投资25.9亿元，采用双向六车道高速公路标准设计，设计时速100公里/小时。项目通车后，连通昆明至玉溪、昆明至安宁两个方向的高速公路，对有效分流滇西与滇南方向的车辆，缓解昆明主城区交通压力，改善昆明的城市环境，促进沿线经济社会发展，促进现代新昆明建设具有重大意义。

10条二级公路完工　2010年有10条二级公路完工，分别是惠民至勐海二级公路，项目全长63公里，总投资2.03亿元；宣威至倘塘二级公路，项目全长64公里，总投资6.03亿元；凤庆至习谦二级公路，项目全长36.46公里，总投资4.37亿元；景谷至宁洱二级公路，项目全长96.71公里，总投资6.78亿元；金厂岭至六库二级公路，项目全长97.5公里，总投资11.12亿元；澜沧至惠民二级公路，项目全长50.9公里，项目总投资5.09亿元；南伞至班幸二级公路，项目全长52.38公里，总投资3.06亿元，澄江至阳宗海二级公路，项目全长47公里，总投资4.5亿元；澄江至江川二级公路，项目全长47.95公里，总投资3.13亿元；下关至巍山二级公路，项目全长51.68公里，总投资8亿元。

普立至宣威高速公路开工 2010年12月10日，普立至宣威高速公路开工建设。普宣高速是国家高速公路网中东西向横12杭州至昆明至瑞丽口岸高速公路的一段，也是云南“9210”干线公路骨架网的联络线之一。项目起于云贵两省交界，建设总里程84.8公里，全线采用双向四车道高速公路标准建设，设计速度普立段采用80公里/小时，宣威段采用100公里/小时，估算总投资71.2亿元，计划工期4年。

云南高速公路多个项目荣获国优 “十一五”期，云南昆明至石林高速公路、砚山至平远街高速公路、安宁至楚雄高速公路、思茅至小勐养高速公路、罗村口至富宁高速公路先后荣获国有工程银奖，其中，安楚高速公路被评为全国交通建设十佳优质管理项目，思小高速公路被评为国家AA级风景区，2010年荣获中国土木工程詹天佑大奖。已通车的安楚高速公路被评为全国交通建设优质管理十佳项目。云南成为获得公路建设国优工程最多的省份之一。

滇东北片区5条收费公路实现联网收费 2010年9月25日零时起，滇东北片区昆明至嵩明、曲靖至嵩明、曲靖至胜境关、嵩明至待补、昭通至待补5条收费高速公路实施联网收费。省公路投资公司、曲靖市公路开发公司在嵩明共同组建路段临时拆分中心，对收取通行费进行拆分管理。

云南省沥青油料储备保障中心成立 2010年1月28日，经省编办批准“云南省沥青油料供应总站”更名为“云南省沥青油料储备保障中心”。省沥青油料储备保障中心负责公路养护沥青和成品油的采购、供应、保障、管理，以及交通战备、武装物资的仓储保管；负责灾害应急沥青油料的储备及保障服务工作，负责重大项目沥青油料储备保障供给；负责沥青油料等应急保障物资的质量检测、计量监管、运输保障。

云南省高速公路联网管理中心成立 2010年11月22日，省高速公路联网管理中心在昆明挂牌成立。省高速公路联网管理中心将负责全省高速公路收费系统的建设管理，负责全省高速公路联网收费的拆分清算，承担全省高速公路电子标签、IC卡、非现金支付卡的制作、发放和管理等工作。目前，全省滇西、滇南、滇东北三大片区高速公路已实现联网收费，联网收费路段已有20条，共计1800余公里。

《云南交通运输工程造价管理办法》颁布 2010年12月17日，云南省政府第164号令颁布《云南省交通运输工程造价管理办法》，于2011年3月1日开始施行。这是全国首个交通行业工程造价管理规章。

《关于加强非法超限超载车辆治理工作的实施意见》出台 2010年5月，云南省政府出台《关于加强非法超限超载车辆治理工作的实施意见》，《实施意见》明确非法超限超载治理的指导思想、总体要求和目标任务，规定全省各级交通运输、公安、工业信息化、工商、质监、安监、法制、监察、新闻宣传、纠风等部门职责，制定具体工作措施，要求各级政府对工作经费给予保障，省政府将对各州（市）治超工作进行专项考核。

全省治理非法超限超载工作电视电话会 2010年7月7日，云南省政府召开全省治理非法超限超载车辆工作电视电话会议。会议要求，全省要争取用2至3年时间使全省货运车辆超限超载率控制在2%以下。全省自2004年6月在全省范围内组织开展车辆超限超载集中治理工作以来，截至2009年底，全省共投入治超执法人员167.41万人次，其中交通执法人员141.66万人次，公安执法人员25.75万人次。累计检查货车1541.64万辆，查处超限超载车辆362.08万辆。全省超限超载率由统一治超前的80%以上下降到目前的8%左右，车辆严重超限超载态势得到有效遏制。

省交通运输厅、省农业厅发布第三期《云南省鲜活农产品运输绿色通道核定产品》公告 公告自2010年11月1日起施行。公告规定凡运输鲜活农产品的车辆，由公路运输管理机构核发《鲜活农产品准运许可证》后，承运车辆凭证和货物（货单），可免费通行收费公路。凡承运不在核定产品范围内的车辆、鲜活农产品与其他货物混装、所运载的鲜活农产品低于承运车辆核定载质量或有效容积率80%以下和超限运输的一律不得享受“绿色通道”免收车辆通行费的政策。

评选产生首届“路县长、路乡长” 经省政府同意，由省交通运输厅牵头，省委宣传部、省委政策研究室、省政府研究室等18个省直有关部门组织开展云南省首届“路县长、路乡长”评选活动，活动从2010年7月初启动12月结束。评选对象为全省“十一五”期间担任或曾担任县（市、区）长、乡（镇）长职务，在农村公路交通建设中作出突出贡献的人员，候选人提名将采取组织推荐、社会推荐和个人自荐相结合等方式进行。砚山县李云龙县长等10名“路县长”、新平县水塘镇镇长刀文高等30名“路乡长”入围。此外还有10名县长、30名乡长获“提名奖”。

交通运输部部长李盛霖到云南调研 2010年4月12～13日，交通运输部部长李盛霖在云南就国际大通道和农村公路建设进行深入调研，考察杭州至瑞丽国家高速公路已建成的保山至龙陵段和待建的龙陵至瑞丽段，德宏州瑞丽市畹町口岸、弄岛南畹河大桥和姐告边境贸易区；听取怒江州贡山县独龙江公路改建工程情况介绍，察看德宏州潞西市三台山德昂族乡允欠新村农村公路；慰问320国道瑞丽姐勒公路管理所养路工人。李盛霖与省委书记白恩培、省长秦光荣，省委副书记李纪恒等就加快云南交通运输发展深入交换了意见。

高原山区高速公路建设支撑技术获国家科学技术进步奖二等奖 由云南省交通规划设计研究院参与完成的“高原山区高速公路建设支撑技术”荣获2010年国家科技进步二等奖。

（刘云建　杨斌斌）

【水运建设】

昆明滇池200客位电力推进环保船通过验收 2010年1月22日，昆明滇池200客位电力推进环保船通过交通运输部验收，并举行首航仪式。该船为观光游览船，船长37米，型宽8.6米，型深1.9米，吃水1.2米，载客200人。采用尖艏、圆舭、方尾，双体船型，主船体为单甲板、单底钢质横骨架式焊接结构，推进系统采用电力推进，由电动机带动齿轮箱螺旋桨组成，功率为120KW×2台。

珠江水运发展调研座谈会 2010年4月1日，珠江水运发展调研座谈会在昆明召开。国务院研究室、交通运输部、部海事局、珠江航务管理局、三峡通航管理局、珠江航务管理局、贵州省交通、航务、云南省交通、航务管理部门有关负责同志参加会议。会议认为，要进一步加强协调，理顺体制，推进珠江水运发展，使珠江航运成为促进区域经济协调发展和对外交流的重要支撑；统筹兼顾珠江航运与防洪、排涝、发电、灌溉、供水等方面的关系，提高珠江水运与其他行业协调发展水平；发挥珠江水运优势，加强与其他运输方式的有效衔接，使区域内综合运输体系更加完善。

交通运输部长江航务局与云南省交通运输厅签订共建协议 2010年5月19日，交通运输部长江部长江航务局局长唐冠军与云南省交通运输厅厅长杨光成签订加快长江云南水运发展共建协议，从建立工作沟通协调机制，培育长江—金沙江水路运输市场，保护长江航运资源，推进长江干线船型标准化，实现长江航运综合信息的互联互通等6个方面达成共识。

云南省水运发展协调领导小组成立 省水运发展协调领导小组6月成立。组长由副省长刘平担任，副组长由省交通运输厅厅长杨光成、省政府副秘书长王俊强担任，成员由省发展改革委、财政厅、国土资源厅、环保厅、住房城乡建设厅、交通运输厅、农业厅、水利厅、商务厅、旅游局、移民开发局、国际区域合作办等单位组成。领导小组办公室设在省交通运输厅，主任由杨光成担任。

水富港开港 2010年6月25日，“万里长江第一港”—水富港开港。水富港地处国道主干线二连浩特—河口、内（江）—昆（明）铁路与长江干线航道交接枢纽位置，原港口建于1992年，设计客运量50万人次，货运量30万吨。基于服务社会经济发展的需求，2008年11月，交通运输部正式将水富港列入“十一五”水运建设项目，于2007年1月开工建设，投资1.64亿元，按1000吨级标准建设重大件、多用途、散货3个泊位，设计年货物吞吐量63万吨。

上湄公河航行水尺安设工作顺利完成 根据JCCCN（中老缅泰澜沧江—湄公河商船通航协调联合委员会）第7次会议纪要精神，由中方出资并组织实施，会同老、缅、泰三国专家，组成上湄公河水尺安设工作组，于5月22日～6月22日，完成青苔滩、勐巴里奥浅滩缅甸岸、相腊浅滩、金三角浅滩老挝岸4把航行水尺的安设工作。

云南库湖区、江河渡口标准化船型推进工作 2010年8月，云南省库（湖）区、渡口标准化船型推广领导小组成立，并制定库（湖）区、渡口标准化船型推广实施方案，委托船舶设计单位研发库（湖）区、江（河）标准化船型，按照不同航区的要求，分15客、20客、25客、30客、50客5个类别、10个船型，进行标准化设计，船舶图纸经船舶检验机构审查合格后，免费提供给船主进行船舶建造。船舶建造资金由省、州（市）、船主按照4∶3∶3的资金比例承担。

中国—湄委会第15次对话会召开 2010年8月27日，中国—湄委会第15次对话会在柬埔寨金边召开。会议由湄委会秘书处主办，湄委会成员国老挝、泰国、柬埔寨、越南，湄委会对话成员国中国、缅甸派团参加会议。会议回顾第14次对话会以来各方在水资源开发利用、水文信息交换、防洪和国际航运等领域的合作进展情况，研讨中方参与湄委会组织的湄公河过船设施通航标准制定工作和湄委会在四国协定通航河段内开展相关的航运开发项目。

中老缅泰澜沧江—湄公河商船通航协调联委会第九次会议召开 2010年8月10～11日，中老缅泰澜沧江—湄公河商船通航协调联委会第九次会议在泰国春武里省芭提雅召开，中、老、缅、泰代表团参加会议。会议回顾第八次联委会以来的工作情况，审议通过关于航道改善及航标维护管理、上湄公河成品油试运输、《澜沧江—湄公河港务收费和检查收费规则》的实施、上湄公河安全应急机制的建立和联委会与湄委会的合作等有关议题。

澜沧江五级航道建设一期工程竣工验收 2010年12月6日，省交通运输厅主持召开澜沧江思茅港—中缅243号界碑五级航道建设一期工程竣工验收会议。澜沧江思茅港—中缅边境243号界碑五级航道建设一期工程于2004年2月开工建设，于2007年8月建设完工，整治从景洪港至243号界碑全长71公里航道，整治20道严重碍航滩险及零星孤礁，建设300吨级的垂岸斜坡工作码头1个，项目批准概算投资9359万元，审定投资9004.7万元，比批准概算投资节约354.3万元。该项目航道整治效果良好，航道等级由以前的六级提升到五级，改善通航状况，提高通行能力；工程实施没有对工程河段及下游行洪、环保、水保等产生不利影响，工程质量总评为优良，同意竣工验收，正式交付使用。

（刘书舍）

信息产业

【电子政务】 全省电子政务网完成了省、州（市）、县三级和部分乡镇的互联，实现了党委、人大、政府、政协系统的互通。79个省级部门和中央驻滇单位，11家商业银行的业务网络覆盖到全省。统一部署的行政审批和政务服务系统、政府信息公开系统、政务信息查询专线、公文传输系统、信息交换系统在全省实现应用。全省49个业务部门专网对促进系统内业务协同发挥了重要作用。以“金盾”工程为代表的“12金工程”建设和应用取得重大进展。政务内网、政务外网、互联网的关系基本理顺，省级机关业务应用集中系统托管工作开始起步。全省政务信息资源库建设步伐加快，公文交换、应急报送、信息公开、行政审批、政务服务、政务查询、电子监察等一大批提高行政效能、服务群众的政务信息系统建成并投入使用。云南电子政务建设已经由基础设施建设阶段向全省多部门、多业务协同，信息资源共享和开发利用、提供政务信息服务阶段转变。

【政府信息公开、政务业务网上办理】 截止2010年底，1.07万个省、州（市）、县、乡政府及部门在网上发布政务信息，主动公开政务信息125万余条，网上累计收到群众提问1.87万件，办理回复1.64万件，达到87.8%。累计制作供查询的行政机关常见问题解答8.79万件。2009年在全国率先开通了云南省“96128”政务信息查询专线，截止2010年12月底，全省共设立服务电话1.15万部，建立1.3万余人的专兼职服务队伍。全省累计应答电话70余万人次，“96128”专线已成为政府与群众之间方便的沟通桥梁，成为解决群众关心问题的途径之一。

政务服务向电子化转变 全省财政、工商、税务、公安、社保、医保、教育、卫生、城乡建设、环境保护、质量监督等部门网上提供的服务种类、数量、效率、质量大幅度提高，通过互联网获取的各类政府服务事项业务表格、文件、资料呈快速增长势头，以信息网络系统为支撑、一站式服务的全省政府服务中心作用日益突出，信息网络为民服务的成效日益显现。

【经济领域信息化】

在农业农村 通过实施“村村通”工程和“数字乡村”、“金农”工程、电脑农业专家、农业科技专家库及咨询答疑系统、农信通、农村信息服务站、农村电子商务、农村信息化试点等项目，构建了信息基础平台，丰富了涉农信息资源，推进了面向“三农”的信息服务。“家电下乡”，提高了农村电脑、电视的普及率，为“十二五”农村信息化奠定了良好基础。

在工业领域 加大了运用信息技术改造和提升传统产业的力度。信息技术在装备制造、烟草、电力、交通运输、冶金、化工等行业得到深度运用，重点推进了设计研发信息化、生产装备数字化、生产过程智能化和经营管理网络化。企业资源管理、供应链管理、客户关系管理等信息系统在大型骨干企业得到有效推广，信息技术推动节能降耗、余能利用成效明显。

服务业信息技术运用 依托互联网、移动通信网络开展的增值业务、金融信息服务、商务信息服务、物流信息服务迅速发展，交通、物流、仓储等信息化水平提升较快，以农特产品信息服务和网上交易为主的电子商务发展迅猛，生产、生活领域信息服务业发展较快。

【社会信息化】 2010 年，全省财税一体化信息系统基本建成。安全生产、质量监督、市场管理等信息系统建设步伐加快。教育信息共享取得新进展，全省农村党员和农村中小学远程教育网基本建成。科技管理、科技情报、科研设备、科技成果信息共享与服务能力不断提高。全省民族文化信息系统建设加快，生态环境监测信息化水平明显提高。全省医疗、医保、疾控与应急处置等系统信息化程度大幅提升。就业与社保信息服务体系基本形成，全省四级社保信息网基本建成。就业信息统计、技能培训、就业指导和政策咨询服务信息化建设步伐加快。昆明等地的社区信息化、城管数字化建设取得新进展。昆明、玉溪被列为国家数字城市试点。

【网络基础设施】 2010 年，全省已建成的光纤主干线分别汇接到国家八纵八横光纤干线，拥有 5 条出省干线光缆，光缆总长度达到 27 万公里。电信服务规模稳定增长，电话用户达到 2783 万户，电话普及率达到 61.5 部/百人，全省行政村实现电话“村村通”。全省宽带用户超过 188 万户，移动互联网用户 1584 万户。全省广电统一传输网整合加快，有线电视用户超过 479 万户，已完成 234 万多户数字化改造，广播电视综合覆盖率达到 95%。建成了昆明区域国际通信出入口局，以昆明为中心，光缆为主体、集微波、卫星通信等多种手段为一体的，连接缅甸、老挝、越南等周边国家的长途干线传输网已经形成。

【信息产业】 2010 年，全省信息产业稳步增长，信息产业实现销售收入约 279 亿元，其中：通信业完成 208 亿元，电子信息制造业完成 44 亿元，软件和信息服务业完成 27 亿元，“十一五”期间年均增幅 9.75%。昆明高新区、昆明经开区等园区的产业集聚效应开始显现，产业特色逐步形成。南天股份、北方夜视、天达光伏、昆船数码、曲靖多晶硅、鑫圆锗业、玉溪蓝晶、个旧圣比和等一批骨干企业的发展，促进了云南金融电子、光学电子、光伏发电及配套产业的发展。以南天股份、昆船、云通服等公司为代表的国家百强软件企业发展壮大，推动了云南软件和信息服务业的发展。围绕新兴产业培育，数字视频、电子标签、物流自动化设备、新型显示器等一批新技术和新产品实现了产业化。

【网络与信息安全体系】 2010 年成立了云南省网络与信息安全协调小组及办公室和专家咨询组，初步形成协调小组统一领导，各部门分工协作、齐抓共管的工作格局。制定了《云南省关于加强信息安全保障工作的实施意见》、《云南省网络与信息安全监察管理规定》、《云南省信息安全风险评估工作暂行管理办法》等一批规范性文件。建立了信息安全测评中心、密钥管理中心、保密技术检测中心等机构和队伍，开展重点领域信息安全检查工作。

建筑业

【概况】 2010 年，全省建筑市场监督管理工作紧紧围绕全省建筑业发展大会精神，以科学发展观为指导，以改革创新为动力，努力为建筑业改革发展构建公开、公平、公正的竞争平台，高效、廉洁的服务平台，强化建筑市场监督管理。

增强建筑业对社会经济贡献 随着云南省固定资产投资项目稳步增加，固定资产投资平稳增长，全省建筑业发展态势良好。2010 年，全省建筑业完成总产值 1496.98 亿元（全国完成 96205.62 亿元），比上年增长 25.1%；增加值 617.89 亿元，增长 25%，占 GDP 比重的 8.8%（高于全国 6.56% 的 1.24 个百分点），拉动 GDP 的增长率 2 个百分点。

拟定“十二五”发展规划 在总结云南省

建筑业"十一五"成果的同时，客观分析云南建筑业发展的现状，拟定云南"十二五"发展规划。针对"十二五"期间经济社会发展面临的形势，明确建筑业发展的指导思想、发展目标和任务。通过发展规划的指导，推动云南建筑业转变发展方式，加快转型升级，加强技术创新，进一步增强核心竞争力，实现建筑业又好又快发展。

规范建筑市场秩序 2010年，针对目前建筑市场存在的违法分包、转包等现象，在全省范围内开展建筑市场专项检查。按照《国务院关于进一步加强企业安全生产工作的通知》（国发〔2010〕23号）和住房和城乡建设部《关于集中开展严厉打击建筑施工非法违法行为专项行动的通知》（建办质电〔2010〕37号）要求，发布了《云南省住房和城乡建设厅关于集中开展严厉打击建筑施工非法违法行为专项行动的通知》（云建建〔2010〕491号），制定了切实有效的实施方案，组织开展了关于严厉打击建筑施工各类非法违法行为的专项行动，对所查项目中存在的违法、违规的责任主体进行了严肃处理，对规范建筑市场秩序取得了一定成效。

增强建筑企业综合实力 2011年，有6家施工企业通过住房和城乡建设部审批，升级为总承包一级企业，另有20家企业升级为专业承包一级企业。目前全省有建筑施工企业3238家（总承包企业1566家，专业承包企业1482家，劳务分包企业178家），其中特级资质企业2家，一级资质企业140家，二级资质企业974家，三级资质企业1957家，不分等级企业37家。监理企业87家，其中综合资质1家，甲级资质21家，乙级资质35家，丙级资质29家，事务所1家。检测企业212家。

强化建筑业执业人员管理 加强执业资格注册管理，全面开展二级建造师的7种所有注册类别的业务。全年办理各类注册6156人次，其中建造师初始注册和变更注册5299人次（一级建造师初始注册609人次，二级建造师初始注册接件3791人次）；监理工程师初始注册、延续注册、变更注册857人次。清理规范建筑业从业人员资格类别，按照《职业大典》及建设部相关规定，把云南原有的500余种类别，清理合并为80余种。针对云南建筑业企业中传统优势专业承包类别的园林古建首次增加了9种资格类别，为传承云南民族建筑文化培养古建传统工艺传承人才奠定了基础。

落实扶持政策工作 按照省财政厅、省住房和城乡建设厅《关于印发云南省促进建筑业发展奖励扶持暂行办法的通知》云财建（2010）51号的要求，2010年下半年开展了奖励扶持资金的申报、报审及奖金兑现工作，截至年底，已完成首批2000万元建筑业奖励扶持资金的兑现工作。拟定贯彻落实《云南省政府关于加快建筑业改革与发展的意见》和秦光荣省长在全省建筑业发展大会的重要讲话精神的政策措施，2010年完成了《关于建筑类企业资质管理实施意见》的起草，并经厅务工作会议研究通过。

勘察设计行业 2010年，开展全省工程勘察、设计企业资质年度检查；完成了工程设计新资质证书的换证工作，通过加强对企业的管理，提高全省勘察设计质量。组织完成了全省3847名注册建筑师及各类工程师的执业资格考试工作；组织了注册师考前免费培训和注册师继续教育工作；建立了勘察设计单位信息员制度，从人员上提高全省勘察设计队伍从业素质。出台了《工程勘察前置审查实施细则》、颁发了《云南省工程建设标准设计图集统一编号规则（试行）》；组织对《云南省建设工程勘察设计管理条例》、新《建筑抗震设计规范》的宣传贯彻活动，从政策法规角度进一步规范云南勘察设计行业。全省541家勘察设计企业上报的营业收入136亿元，工程勘察完成合同额13.83亿元，工程设计完成合同额39.42亿元。

推进标准定额工程建设标准化 创新引入专家评审制度，审定下达了2010年度工程建设地方标准编制计划共20项。督促指导编制单位完成《塑料排水检查井应用技术规程》、《建筑工程应用500MPa热轧带肋钢筋技术规程》等6项工程建设地方标准编制任务。配合昆明市城市轨道交通工程建设，组织编制《云南省城市轨道交通工程造价计价依据》。顺利完成全省9000多名考生参加的造价员考试工作。完成"云南省工程造价咨询企业管理系统"，建立工程造价咨询企业资质身份信息及业绩成果信息统计上报制度。组织参与省级67个项目投资约200亿元的初步设计概算评审。牵头省残联、省民政厅、省老龄办指导昆明市、玉溪市成功创建为"全国无障碍示范城市"。

有效控制建筑安全事故 2010年，通过各级狠抓落实，较好完成了年度各项工作目标任务，在建筑业产值两位数增长的情况下，全省建筑安全生产形势继续保持了总体稳定的态势。全年发生建筑安全事故27起，死亡35人，分别比上年下降30.8%和10.3%，死亡人数低于省安委会下达年度控制考核指标（60人）25人。省住房城乡建设厅2010年度安全生产责任状考核为优秀。

提高工程质量 2010年，全省监督工程项目1.12万项，建筑面积1.11亿平方米，较上年增长34.2%，其中：受理新报监工程7051项，面积7601万平方米，增长60.1%，全年竣工验收4979项，面积2950万平方米；全年办理工程竣工验收备案工程3834项，建筑面积2397万平方米。全省累计获建筑工程鲁班奖9项，国优工程25项，有308项工程获“省优质工程奖”，并获得建设部全国绿色建筑创新奖2项、全国建设行业华夏建设科学奖1项、云南省科学技术奖6项。

规范招投标市场 按照招投标法律法规，从规范招投标和有形市场，维护招投标双方的根本利益出发，认真做好监督、指导和查处工作，并针对云南招投标市场中出现的问题，多次到州（市）进行调研。截至2010年底，全省依法应招标工程的招标率达100%，应公开招标工程的公开招标率达100%。为进一步健全法规制度，组织起草了相关办法、规定。严格按照四项制度规定，认真组织省管项目施工许可和招标代理机构资格的审批。2010年完成省属项目招投标备案和监管687项，处理举报或投诉3件，审查发放施工许可证77件，办理招标代理机构资格新申请、升级、延续42家。

（黄增）

建材工业

【综述】 2010年，云南建材工业在国民经济回升向好趋势的带动下，生产及主要产品产量较快增长，工业产值平稳增加，实现利润平稳增长，生产经营总体保持平稳较快增长的态势。产业结构优化提升、技术进步取得显著成效，综合利用和节能减排成效显著的发展态势。

2010年，全省建材行业完成工业增加值73.83亿元，比上年增长18.9%；全省规模以上建材工业累计完成工业总产值（现价）219.84亿元，增长23.37%，工业总产值上亿元的有水泥、水泥制品、平板玻璃、技术玻璃、建筑陶瓷、石材等行业，其中水泥行业完成169.23亿元，增长23.20%，占全省建材行业工业总产值的76.98%；完成工业增加值62.02亿元，增长23.01%，其中水泥行业完成49.26亿元，增长18.82%，占全省建材行业工业增加值的79.43%；产品销售产值215.37亿元，增长23.7%，其中水泥行业完成165.52亿元，增长21.91%，占全省建材行业销售产值的76.85%；产品销售率97.97%，提高0.2个百分点，其中，水泥行业产销率98.40%，提高0.59个百分点。

2010年，全省规模以上建材工业累计完成主营业务收入185.1亿元，比上年增长29.26%，其中，水泥行业完成143.85亿元，增长26.52%。实现利润12.5亿元，增长107.64%，其中水泥行业实现12.46亿元，增长120.14%。实现利税总额23.2亿元，增长47.86%，其中水泥行业实现23.05亿元，增长62.44%。

2010年，全省建材工业完成投资114.15亿元，比上年增长28.5%。在全国和西部排名分别列第20位和第5位，较上年上升一位。其中，水泥工业投资在全国和西部排名分别列第16位和第6位，与上年持平，西部排名上升一位。

【2010年主要产品产量】

1. 水泥及水泥制品：水泥产量5786.16万吨，比上年增长14.66%，下降11.12个百分点，增速高于全国平均水平9.88个百分点，其中：水泥熟料4286.04万吨，增长16.11%；商品混凝土591.88万立方米，增长15.49%；散装水泥供应量1797万吨，散装率31.06%，提高8.21个百分点；水泥预制管桩281.42万米，增长3.97 %；水泥压力管4.6万米，增长37.92%。水泥产量在全国和西部排名分别列第14位和第3位，排位与上年持平。全省水泥平均出厂价格（含税）330元/吨，比上年增加36元。

2. 平板玻璃及技术玻璃制品：平板玻璃736.08万重量箱，比上年增长46.78 %，其中，浮法玻璃579.09万重量箱，增长31.18%。砖（折标准砖）152.41亿块，增长7.69 %。瓦11.09亿片，增长22.86%。平板玻璃产量在全国和西部排名分别列第16位和第5位，排名较上年上升一位。平板玻璃平均出厂价格81.25元/每重量箱，比上年增加9.91元，增长13.89% 。

3. 石材制品：大理石板材523.49万平方

米，比上年增长10.28%；花岗石板材3.45万平方米，下降34.30%。

4.建筑陶瓷制品：各类建筑陶瓷制品3845.53万平方米，比上年增长52.16%，其中，瓷质砖2600.24万平方米，下降0.91%；陶质砖499.18万平方米，增长47.22%。

从统计的19类建材产品产量的增长情况看除技术玻璃、花岗石板材产量有所下降外，其余产品均实现不同程度的增长。其中，水泥制管、商品混凝土、平板玻璃、建筑陶瓷等产量增幅强劲。

【淘汰落后产能】 “十一五”期间，云南建材工业主要在新型干法水泥生产线纯低温余热余发电、水泥生产线磨机及电系统和陶瓷玻璃企业煤改气及富氧等节能改造项目完成14.42亿投资，年新增节能能力31.61万吨。全省淘汰落后水泥产能2968万吨，并全部淘汰中空窑、土蛋窑生产线，湿法窑生产线水泥熟料生产能力减少到2条、26万吨，机立窑水泥熟料生产能力减少到87条、942万吨；水泥熟料生产企业由2005年237家减少到152家，减少36.7%；在5598万吨水泥熟料生产能力中，新型干法水泥熟料已占全省总能力的82.6%，在2005年基础上提到50个百分点；水泥散装率由2005年的18.3%提高到30%；全省超100万吨水泥熟料产能的企业达到13个，产能2965万吨，占全省水泥熟料产能的53%，产业集中度明显提高。其中，昆钢水泥建材集团和拉法基瑞安水泥云南分公司的水泥生产能力各已超过1000万吨。浮法玻璃生产企业由2005年的1家发展到4家（2户企业在建，1户二期在建），平板玻璃日熔化量1710吨，总产能1090万重量箱，在2005年331万重量箱基础上提高229个百分点，浮法玻璃产量比重上升到89%。建筑陶瓷行业基本形成了布局相对集中的发展格局；围绕建筑石材资源开发与加工，全省已基本形成以火山石、大理石、木纹石、石灰石、米黄石等为重点的石材加工产业聚集区，石材开发与加工企业已发展到3000多家。

【技术创新】 2010年，全省已建成新型干法旋窑水泥熟料生产线102条，其中有41条生产线达到日产2000吨及以上，有6条生产线达到日产3000吨及以上发展要求，有3条生产线建成低温位余热发电系统；同时全省有6条立窑采用建通技术进行改造升级，有2条立窑利用垃圾焚烧技术改造后达到水泥熟料生产同城市生活垃圾处理并行运转的目的，年处理城市生活垃圾3万吨以上。已全部取缔平拉法（含格法）平板玻璃生产工艺，部分企业采用焦炉煤气替代重油的燃料路线改造已取得成功。利用煤气化技术制煤气用于建筑陶瓷生产，较好地解决了省内无天然气发展建筑陶瓷的问题。石材资源开采和加工技术普遍升级，天然石材资源得到更好地利用。

【资源综合利用】 新型干法旋窑和建通机立窑技术的推广应用为其他产业产生的工业废弃物利用提供了资源化再利用途径。2010年，全省水泥行业消化其他工业废弃物1268万吨，占年排放工业废弃物的34%。其中，黄磷渣、粉煤灰、钢渣、有色金属冶炼渣、磷（硫）石膏及建筑（生活）垃圾等已成为水泥生产的主要替代或掺和原料来源。同时，以工业废弃物为原料，以科技进步为支撑的轻质、利废、保温、隔热型新型墙体材料产业的快速发展，也为资源综合利用型建材工业再添光彩。

【节能减排】 “十一五”期间，水泥行业以原燃料替代、余热利用、动力设备变频调速等节能减排技术推广为重点，全面推进行业内的能效对标活动。2010年，全省水泥行业可比熟料综合标准煤消耗平均控制在每吨135kg以内，在2005年165kg基础上下降18.2%；可比熟料综合标准电耗平均控制在每吨78Kw.h以内，在2005年91Kw.h基础上下降14.3%；可比熟料综合能耗平均控制在每吨145kgce以内，在2005年173kgce基础上下降16.2%；综合水泥生产企业可比水泥综合标准电耗平均控制在每吨120Kw.h以内，可比水泥平均综合能耗平均控制在每吨118kgce以内，达到了GB16780－2007现有水泥企业单位产品能耗限额限定标准。平板玻璃企业的熔窑热耗普遍控制在每千克玻璃液热耗8200千焦以内，每重量箱玻璃平均综合能耗控制在20.5kgce以内。由于绝大部分建材产品普遍采用布袋收尘、废渣原料资源及循环利用等生产方式，不仅使绝大部分生产企业的粉尘排放量控制在每立方米50毫克以内的标准要求，而且很大程度上减少了二氧化碳的排放量。

【产业发展重点】 建材工业以发展节约能源、环保的产品为契机，带动产业发展。重点围绕水泥、玻璃、玻璃纤维、建筑卫生陶瓷、石材加工及以工业废弃物资源化再利用为主的新型墙体材料等产业发展，调整品种结构，优化提升水平。

水泥 新建、改扩建水泥熟料生产线全部采用新型干法旋窑技术，生产规模不得低于日产2000吨并同时建设纯低温余热利用装置。支持利用水泥窑协同处置城市生活垃圾、城市污泥和工业废弃物，推进建材工业与电力、煤炭、钢铁、化工等建立紧密结合的循环经济生产体系，扩大资源综合利用范围和工业固体废弃物的利用总量。利用磷石膏作水泥项目不受规划产能和布局约束，但生产规模不得低于日产2000吨。大力推广以纯低温余热发电为主体的窑炉余热利用技术和燃煤助燃剂使用技术，基本完成全省已建成投产的日产2000吨生产线纯低温余热利用技术改造；加快实施以水泥粉磨节电为重点的节能改造工程。

玻璃 发挥全省玻璃用石英砂资源质优量大、中缅天然气管道建设和焦炉煤气多的优势，以市场为导向，以大规模建筑节能工程建设、汽车工业、电子信息产业快速发展为契机，以已有企业改造提升为重点，以引进战略合作企业为主导，加快推进玻璃产业发展。

石材 以结构调整为主线，以发展低碳经济为契机，促进传统石材产业向现代石材产业发展。充分挖掘“石林”、“大理石”历史文化无形资产价值，利用“石林”、“大理石”品牌知名度，开发云南特色大理石、花岗岩、木纹石、火山石、板岩等。利用云南多品种火山岩和天然石材在开采加工过程中产生的边角废料、石渣及其他原料进行人造石材加工或发展石材原料造纸。构建以矿山、工业园区建设为基础，技术创新和大通道为依托的石材产业发展格局。

建筑陶瓷 鼓励引进先进陶瓷工艺技术和装备，建设大型化、高效化、信息化、自动化陶瓷生产线，以统一打造品牌为目标，以实施煤气原料路线改造为重点，加快推进玉溪易门县陶瓷产业化基地建设。重点发展年产60万件以上卫生陶瓷生产线，200万平方米以上建筑陶瓷生产线；鼓励发展3000吨以上大吨位压机、全自动抛光线、全自动储坯系统、先进辊道窑、智能化布料系统、整厂整线信息化管理系统等。

推广应用低温快烧、多次彩烧、仿天然材料、微粉布料、渗花彩饰工艺技术及电脑仿真设计、制版印刷技术等。加快推进产品创新体制建设，促进制品加工型企业向创新创意设计生产型企业转变，不断开发生产适应市场需求变化的（如节水型陶瓷便器、洗面、洗涤槽，高档釉面砖、中高档大规格抛光砖等高强、耐磨、耐污染、吸水率低、抗菌、易张贴、花色品种多样等）优质陶瓷产品。

非金属矿 非金属矿重点发展深加工制品。特别是对硅藻土、硅灰石、高岭土等非金属矿深加工制品生产要上规模、产品要上档次。采用超细、改性、提纯、复合等多种先进技术，不断拓展在电子、电工、造纸、塑料、医药等行业的应用，提高产品附加值，使之形成系列化，并成为发展建材高新产品的重要领域。

（李莉）

煤炭工业

【综述】 2010年，云南煤炭行业认真做好煤炭资源整合、电煤生产供应、煤矿安全隐患排查治理、煤炭企事业单位改革与发展等工作，有力保障了全省国民经济和社会的可持续发展。全省煤炭行业实现工业总产值436.39亿元（现价），比上年增长30.57%；实现销售产值436.85亿元，增长26.43%；完成工业增加值195.85亿元，增长28.87%。全省完成原煤产量9759.9万吨，为云南历史最好水平，增长9.40%。其中，无烟煤2570.60万吨、烟煤5154.86万吨、褐煤2034.44万吨。生产洗精煤990.63万吨，增长19.89%。焦炭生产1607.26万吨，增长10.35%。

2010年，全省销售商品煤9941.75万吨，增长5.95%。其中，销往省外商品煤1691.25万吨，增长8.51%。全省商品煤铁路运量687.16万吨，增长2.7%；公路运量9254.59万吨，增长6.2%。销往四大行业商品煤量6829.42万吨，增长13.42%。其中：供应电煤3112.51万吨，增长16.29%；供应化工用煤1762.85万吨，增长18.41%；供应冶金用煤1353.45万吨，增长10.39%；供应建材用煤600.61万吨，减少4.69%。全省煤炭生产企业原煤库存230.89万吨，增长45.18%。

【商品煤销售价格普涨】 2010年，曲靖市地方煤矿原煤销售均价343元/吨，比上年增长7.52%，洗精煤均价740元/吨，增长12.98%。昭通市原煤销售均价335元/吨，增长21.01%，洗精煤销售均价647元/吨，增长7.65%。丽江市原煤销售均价300元/吨，增长7.14%，洗精煤均价965元/吨，增长20.63%。云南东源煤电公司烟煤均价460元/吨，增长6.98%，褐煤均价110元/吨，减少21.43%，洗精煤均价1100元/吨，增长10%。小龙潭矿务局褐煤均价149元/吨，增长3.47%。云南先锋煤业开发有限公司褐煤均价166元/吨，增长17.73%。

【煤炭安全状况】 2010年，全省煤矿发生死亡事故57起，死亡104人，比上年事故起数减少17起，死亡人数减少14人，事故起数下降22.97%，死亡人数下降11.86%。其中发生较大事故10起，死亡50人，事故起数增加3起，死亡人数增加26人，事故起数和死亡人数分别上升42.86%和108.33%；无重大事故发生，事故起数减少2起，死亡人数减少21人。全省煤矿百万吨死亡率为1.066，同比减少0.257，下降19.43%。

【结构调整】 2010年，全省公告关闭小煤矿160个，淘汰落后产能565万吨/年。大力推进煤炭资源整合和煤矿整顿关闭工作。通过关闭、整合、技改、改扩建的推进，全省矿井（坑）和企业数量控制在批复的煤炭资源整合方案的范围内。及时制定出台了煤矿矿井（坑）“建一关一”政策；定期或不定期召开了办公会议，及时研究解决煤炭资源整合工作中遇到的问题，推进了煤炭资源整合工作；组织开展了煤炭资源整合和煤矿整顿关闭专项督查。

【煤炭企事业单位改革】 2010年稳步有序地推进云南省明良煤矿、云南煤炭基本建设公司等企业的破产工作。强化了煤炭企事业单位内部管理，健全了管理体制，促进了煤炭企事业单位的改革发展和稳定。

【2011年重点任务】

1. 继续抓好煤炭的生产组织。在保安全、保稳定的前提下，继续抓好煤炭的生产组织，保障全省电力、化工、冶金、建材等耗煤工业的煤炭供应需求，确保2011年全省煤炭供需平衡。

2. 要强化煤炭工业的经济运行预警分析，加强日常监测调度，保障煤炭工业经济平稳运行。

3. 持续强化煤炭经营监管，统筹安排全省煤炭经营企业“十二五”结构调整与布局规划，切实抓好煤炭经营资格条件变化和依法经营状况全面检查及换证工作。

4. 切实加强煤矿基础管理工作。重点加强煤矿“一通三防”为主的基础管理工作，加大煤矿隐患排查治理，督促煤矿落实煤矿领导带班下井制度，加大煤矿技术指导力度，推进煤矿技术进步，进一步夯实煤矿安全生产基础。

5. 支持煤矿规模化开采，鼓励建设大中型现代化煤矿。制定完善《云南省培育大中型煤炭企业集团改革发展指导意见和实施方案》，培育煤炭行业大企业集团，进一步调整优化煤炭产业结构。

6. 要严格开办煤矿审批。凡不符合国家煤炭产业政策，以及云南煤炭资源整合方案中对煤矿矿井数量控制目标要求的，一律不予审批。

7. 加强煤炭技术人才培养和职工培训工作。全面做好煤炭管理人才、专业技术人才、技能人才队伍建设工作，积极营造煤炭技术、技能人才成长的社会环境，构建市场经济与现代企业需要的人才。

（何永盛）

·第三产业·

交通运输和邮政业

铁路运输

【概况】 昆明铁路局属国家铁路运输企业，管辖线路跨越云南、四川、贵州三省，主要负责管辖区域内的旅客和货物运输组织工作。开行昆明直通北京、上海、广州、郑州、武昌、西安、成都、重庆、厦门、南宁、南京西、襄樊、贵阳、六盘水、攀枝花、大理、楚雄等旅客列车47对（其中，米轨昆明北至王家营、石咀3对）。

昆明铁路局管内铁路有准轨（轨距1435mm）、米轨（1000mm）2种轨距，是全国18个铁路局中唯一准米轨并存的铁路局。管辖沪昆、成昆、南昆3条准轨电气化铁路干线，昆河、蒙宝2条米轨铁路干线，广丽、水红2条合资铁路，昆玉1条地方铁路，羊场、东川、盘西Ⅰ线、昆阳、安宁、东王6条准轨支线，昆石、昆小、草官3条米轨支线。管内线路总延长3791.1公里，其中，国铁3032.5公里（米轨803.8公里）、合资684.5公里、地方74.1公里；线路营业里程2503.8公里，其中，国铁1923.7公里（米轨660.8公里）、合资524.7公里、地方55.4公里；电气化铁路1384.9公里，其中国铁1065.8公里、合资319.1公里。有桥梁1602座19.12万延长米，隧道789座48.23万延长米。设229个车站，其中，国铁184个（米轨66个）、合资40个、地方5个，按等级分，特等站1个、一等站1个、二等站10个、三等站15个、四等站102个、五等站100个。各型机车371台，其中内燃机车143台（合资公司配属11台）、电力机车228台。国铁配属客车1316辆（准轨1294辆）。

运输主业固定资产原值342.98亿元，累计折旧102.19亿元，固定资产净值240.79亿元，减值准备10.58亿元，固定资产净额230.21亿元，在2010年中国企业500强中排名第440名，中国服务企业500强中排名第133名，云南省企业100强排名第10名。

【运输任务】 2010年，昆明铁路局旅客发送量2708万人，比上年增加272.1万人，增长11.2%；旅客换算周转量80.73亿人公里，增长27.4%，增幅排名全路第一；货物发送量6267.5万吨，增加322.4万吨，增长5.4%；换算周转量443.2亿吨公里，增加34.7亿吨公里，增长8.5%；运输收入90.6亿元，增长17.1%；营业收入72.5亿元，增长10.4%。运输收入提前23天完成全年84.64亿元的任务指标。

2010年，昆明铁路局在完成铁道部下达指标的基础上，自我施压，以“运输收入增收6亿元、营业收入增收3亿元”为目标，挖掘运输潜力，优化运输组织，释放运输潜能，超额完成各项运输任务。客运方面，4次调整列车运行图，优化客车开行结构，客车旅速由56.78公里提高到62.77公里，全局客运运能达到11.32万人/日，增长4.5%；根据客流需求，精细管理客车编组，淡季减编客车3102辆，旺季加开临客1080趟、加挂客车6743辆，实现客运能力最大化，创下单日旅客发送12.6万人新高。7月份，旅客发送量、周转量及平均行程3项指标同比增幅全路第一。货运方面，加强直达、成组、同方向装车组织，将战略装车点、重点客户、整列直达、固定循环、区域运输等纳入优化装车方案，提高运输计划编制质量，成组直达比重环比提高10%，枢纽无调中转比重提高5%；推进货运集中整合，取消货运站及公共货场29个，战略装车点装车比重提高10%；开展“提速、增吨、压点”攻关，牵引定数普遍由3800吨增至4200吨，提升10.5%，部分区段达到4500吨，货车旅速由

28.9 公里提高到 34.5 公里，增幅 19.4%，为实现增运增收创造有利条件。

【重点物资运输】 2010 年，创新路地联席会议机制，联合省工信委等相关部门，牵头组织召开滇桂黔川渝铁路运输第六次联席会议，国家发改委经济运行局、铁道部运输局参加，五省（区、市）工信委和昆明局、成都局、南宁局就加强区域内路地企三方之间的交流协调、区域内运输组织等达成共识，并就区域内 30 家重点企业、4200 万吨/年的重点物资运量，签订《滇桂黔川渝铁路运输战略合作协议》，增强区域间互利合作，全力保障重点物资运输。

发挥路地联席机制作用，与省发改委联合制定《云南省铁路石油专用线到达成品油分流卸车试行办法》，与省工信委联合制定《昆明枢纽地区粮食到达堵塞应急预案》，重新修订《昆明枢纽地区运输堵塞应急预案》，解决卸车积压堵塞问题，改善外部运输环境。3 月 4 日，开放成昆线大德站云南储备物资管理局大德油库，新增成品油库容 10 万立方米，安排专用调机负责大德油库罐车取送作业，解决成品油企业库容小、卸车能力不足问题。

2010 年，昆明铁路局完成出省物资运输任务 3343 万吨，比上年增加 290.2 万吨，增长 9.5%，提前 29 天完成省政府下达的 3060 万吨运输任务，重点企业运输保证率达 95% 以上，重点物资运输大幅增长，电煤 308.7 万吨，增加 16.2 万吨，增长 5.5%；成品油接运 393.3 万吨，增加 65.4 万吨，增幅 19.9%；粮食接卸 258.4 万吨，增加 81 万吨，增长 45.7%；果蔬等鲜活货物 25.6 万吨，增加 9000 吨，增长 3.6%；化肥 717.9 万吨，增加 17.8 万吨，增长 2.5%，为云南经济平稳较快发展作出贡献。

【入滇抗旱物资运输】 2010 年，面对云南百年一遇的特大旱灾，昆明铁路局主动服从服务云南保民生、保春耕、保稳定的大局，及时调整运输组织，按照特事特办、重点保证的原则，对抗旱救灾物资一律实行“优先计划、优先配车、优先装车、优先取送、优先挂运、优先放行、优先接运、优先卸车”的“八优先”运输政策，开辟“绿色通道”，确保抗旱储备粮食、春耕物资、电煤、成品油等物资运输畅通无阻。为保证粮食市场供应和价格基本稳定，在粮食专列集中到达的情况下，昆明铁路局与省工信委、省（市）粮食局和粮食供应商多方联动，在各分界口重点组织接运，运行途中优先放行，到达后采取分流以及大规模调集和补充劳动力等多项举措，集中抢卸粮食，保持良好运输秩序，保障粮食市场供应平衡。3 月 ~6 月，组织接卸抗旱救灾物资 4.20 万车、189 万吨。其中接卸矿泉水 704 车、4.17 万吨，接卸粮食 1.62 万车、56.95 万吨，接卸汽柴油 1.47 万车、72.86 万吨，接卸农用机具器材、农用化肥、种子和农药等 1.04 万车、55.03 万吨，有力支持云南省抗旱救灾和春耕生产。

【优化装车货运组织改革】 2010 年，加大互联网货运受理业务的推广力度，将“铁路货运客户服务系统”向社会全面开放。9 月 20 日，局管内准轨车站的所有货运需求受理业务全部通过网上办理，提前 3 个月实现铁道部下达的货运组织改革目标。年末全局有 233 家密钥用户，“铁路货运客户服务系统”承担 815 家发货单位的计划提报业务，占全局总客户数量的 95.6%，网上货运计划提报数量由原 63.9% 提高至 98.1%。开通全局货运营销服务热线“95105111”，通过短信定制、远程技术服务等多样化服务渠道，进一步提升全局货运营销服务水平。9 月 30 日，“危险货物运输安全监控系统”推广运用到货运计划审核关口，完成铁道部试点工作；全路 4700 多个货运营业站、1.2 万多条专用线办理规定翻译成计算机语言，改变长期以来的营业办理限制人工审核方式，实现计算机自动审核。

【米轨铁路运输组织调整】 2010 年 9 月 19 日，昆明铁路局鉴于米轨机车赠送缅甸联邦铁道运输部后仅余 32 台，米轨运输生产形势发生变化的实际，对米轨铁路运输组织进行调整，关闭昆河线 15 个车站（三家村、可保村、羊街子、大沙田、小河口、西扯邑、碧色寨、黑龙潭、落水洞、倮姑、波渡箐、白寨、白鹤桥、老范寨、南溪），蒙宝线 5 个车站（江水地、鸡街、南营寨、建水东、石屏），昆小线 2 个车站（杨方凹、小石坝）和凉亭线路所，共计 22 个车站、1 个线路所；撤站留点呈贡、小喜村、黑土凹、河口 4 个车站，归属其他车站管理；王家营、水塘、宜良、巡检司、小龙潭、十里村、开远、山腰、雨过铺、仁和村、官家山、蒙自、芷村（路料）站保留货运营业办理，其他车站货运业务办理停止。调整后，米轨实行列车大区间运行，开行王家营—宜良、宜良—

开远、开远—山腰（国际联运、兼路料运输）、开远—雨过铺（蒙自）、雨过铺—官家山（2008年已按调车方式办理行车作业）货物列车及开远—小龙潭—巡检司间煤炭运输小运转列车，日开行列车31对，最大拉运能力509车/日；石咀—王家营间仅开行客车，黑土凹、呈贡按照乘降所组织，取消小喜村停站，昆明北至麻园站间K2+800处增设1处乘降所。

【昆明东站日办理车数突破9000大关】 2010年12月10日，昆明东站当日办理辆数达9082辆，破解昆明东站解编能力6598辆、查定能力6632辆的限制，创下办理辆数最高纪录。昆明东站由于能力不足，再加上受到接触网集中修、线路换轨等施工作业的影响，致枢纽堵塞，影响运输能力。为切实提高运输效率，昆明东站实行站区合署办公，调度、机务、车辆等部门紧密配合，紧盯机车作业环节，优化作业场生产组织，组织加开成昆方向大运转和无调中转列车，充分释放解编场作业能力，保证车站作业安全高效、衔接顺畅，基本消除车站责任等线问题，为办理辆数创新高创造条件。

【运输安全管理】 2010年，创新安全管理机制，构建安全生产责任体系、控制体系、监督检查体系、保障机制体系、考核激励体系，使安全奖惩与岗位、层级、风险责任紧密挂钩，实行逐级负责、分级承责的工作机制。建立安全信息管理系统，推行安全警示书和安全问题红、黄、白牌“看板”管理，实现干部履职和安全过程管理全方位覆盖、数字化分析、显性化追踪，充分体现“正负激励最大化、重奖重罚差异化”的管理导向。严肃安全“红线”管理，建立“有岗就有责、有责要尽责、失责必追责”的责任体系，对不落实安全管理责任、触及安全管理“红线”的425名干部进行严肃问责，对防止事故隐患的59名职工进行奖励，共奖励8.41万元，最高奖励8000元。全年，全局实现无责任一般A类及以上铁路交通事故574天，无责任一般B类事故1062天，实现安全年。

【春运售票组织管理】 2010年，昆明铁路局围绕“和谐铁路、平安春运”主题，全面规范票额管理，最大限度将车票投入公用窗口发售，严肃售票纪律，售票员当班时严格遵守“七不准”规定，即：不准私自携带现金、提包、手机等进入工作岗位；不准利用当班之机抢打、私留车票；不准替他人代买代卖车票；不准一次售票超过规定数量；不准不核对有关证件办理订票取票手续；不准利用工作便利替他人代办订取票手续；不准违反程序办理退票。为杜绝职工以票谋私行为发生，首次组织全局干部职工签订春运承诺书，一旦发生倒卖车票或为票贩子提供车票谋私行为，予以解除劳动合同处理。与此同时，开通昆铁春运热线“95105111”，提供春运期间客车开行、临客、售票组织等信息；最大限度增开售票窗口，延长售票时间，减少旅客购票排队时间，全局售票窗口220个，较上年增加31个。春运期间，在昆明站设置春运临时售票点“大卖场”，累计售出车票66余万张，增设24个客票代售点，售出车票近29万张。优先办理学生票，适时增开学生窗口，到各院校送票上门，发售学生票25万余张，比上年增长12.2%；对农民工用工企业或地方劳动部门组织的20人以上农民工集体，优先办理农民工团体票，办理106批7978人，增加14批241人。

【昆明至丽江东直达客车开行】 2010年1月1日9时27分，丽江东至昆明5654次旅客列车在丽江站始发，20时50分终到昆明，此为昆明与丽江间的首列直达旅客列车。自1月1日起，昆明铁路局利用大丽线建成开通的运能，开行昆明直达丽江东旅客列车K9606/7、K9608/5次，5652/3、5654/1次3对，满足旅客出行需求，推动丽江旅游业稳步发展。

【昆明至上海南旅客列车增开】 2010年1月30日21时37分，昆明至上海南K740次旅客列车在昆明站始发，至此，昆明至上海南间旅客列车增至3对，基本解决K182/1次、K80/79次列车超员问题，缓解运输矛盾。K740/39次编组18辆，有2200余席位，采用25G型DC600V供电车底，经沪昆、盘西、水红、沪昆线运行，运行时间约42小时。

【滇越铁路通车百年】 2010年3月31日，滇越铁路通车整100周年。滇越铁路于1910年3月31日在昆明南站举行通车典礼，4月1日全线正式通车运营，自昆明南站起，经宜良、开远、河口，直至越南海防，全长854公里，成为中国西南地区最早建成的铁路，打开西南边疆面向世界的门户，形成由北部湾出太平洋的早期对外开放格局。1958年2月，滇段铁路更名为昆河铁路。2005年，昆河铁路因设施陈旧老化、自然灾害频发等原因，全线客运停运，仅维持货物运输。滇越铁路作为中国近代工业遗产，记录了中华民族从遭受侵略、压迫到争取自由、民主和解放的百年历史，见证了抗日战争、解放战争及新中国成立后的援越抗法、援越抗美和历次保卫祖国西南边境的自卫还击作战等重大历史事件，反映了特定历史时期社会发展和变革的轨迹。为全面记述该条铁路百年来的风雨历程和发展道路，昆明铁路局编辑出版《滇越铁路百年史》、《滇越铁路史画》。《滇越铁路百年史》以文字为主，全书35万字、200余张图片，共19章；《滇越铁路史画》以图片为主，全书300余张图片、5万字。

（吴立群）

公路运输和水路运输

【概 况】 2010年，全省公路水路客货运输保持平稳较快发展，完成公路客运量3.6亿人、旅客周转量352亿人公里、货运量4.6亿吨、货物周转量548.5亿吨公里，分别较上年增长10.5%、16.5%、12%、10.6%；完成水路货运量402万吨、货物周转量6.9亿吨公里，分别较上年增长16.5%、27.6%。

【公路水路运输春运情况】 2010年春运期间，全省道路日均投放客车3.75万辆，累计加班、包车6.64万辆次，完成公路客运量3054.6万人次，比上年增长2.28%。全省水路投入客运船舶1175艘，2.11万客位，完成水路客运量93.79万人次。

（刘云建 杨斌斌）

邮 政

【综 述】 2010年，面对国际金融危机的巨大冲击和特大干旱等自然灾害的侵袭多复杂多变的内外部环境，全省邮政企业坚持规模和效益并重发展，坚持转变发展方式和业务结构调整，全面推进三大板块业务协调快速发展。全省邮政企业（不含邮政银行、邮政速递物流）实现业务收入12.12亿元，比上年增长14.9%，增幅排名全国邮政行业第19位；完成业务总量15.09亿元，增长15.98%。全省邮政业务总收入连续5年保持两位数以上的快速增长，跨入云南省百强企业行列。

【“十一五”经营成绩】 全省邮政企业在“十一五”期间业务整合重组顺利完成，业务结构不断优化，业务发展持续向好，核心业务发展成效显著，2006年进入到快速发展时期，2007年业务总收入突破10亿元，2008年、2009年保持快速发展势头。至2010年末，全省业务总收入达到18.86亿元（含邮政银行、邮政速递物流），与“十五”末的8.7亿元相比，增长1.16倍，年均增长17%。其中，邮务类5.73亿元，年均增长10%；金融类8.88亿元，年均增长17%。邮储银行自营网点收入3.74亿元，邮政代理5.14亿元；速递物流4.25亿元，年均增长率29%。速递物流专业收入1.87亿元，邮政代理2.54亿元。全省邮政业务总收入连续5年保持两位数以上的快速增长。邮务类、速递物流类、金融类三大板块齐头并进、联动发展的局面基本形成，邮务类、速递物流类、金融类业务收入占比为30∶23∶47。至2010年末，全省亿元业务由“十五”末的2个增加到5个，业务收入超亿元的州（市）局由“十五”末的1个增加到4个。创新邮政业务产品，成功促进传统业务转型，业务领域不断拓展，三大板块业务种类达10大类220余种，商函、账单、短信等优质高效业务呈加速成长趋势，经济效益稳步提高。因地制宜开发的教材发行、烟草配送等业务有力助推地方经济发展，在全国邮政起到了积极的示范作用。

【经济运行质量】 至2010年末，全省各级邮政企业通过开展主辅分离、清产核资、资产盘活、专业损益核算、网点损益核算等工作，经济运行质量和效益稳步提高，财务状况明显改善。一是固定资产周转率由“十五”末的0.54次提高到2010年的1.19次，企业固定资产运用效率显著增加。二是应收账款周转率由“十五”末的6.45次提高到2010年的8.94次，周转天数由56天缩减到40天，企业资金使用效率大幅提高。三是实现经营性实得现金与应得现金的平衡，经营性现金净流入与投资现金净流出的平衡，自由现金流量大于零。竞争性业务净资产收益率达到5%～8%。主业成本年增长幅度低于收入增长幅度。与“十五”末相比，云南邮政银行贷款余额累计减少2.04亿元，至2010年末已无银行贷款。用工人数增幅低于业务收入增长幅度，与“十五”末相比，劳动生产率增幅达49%。成本支撑发展能力明显增强，固定资产投资7.69亿元。

【提升企业核心竞争力】 不断加大通信基础设施的投入力度。一是实物网支撑能力显著增强。新增北京、上海、厦门3条火车行包邮路，邮件运能提升1倍，时限加快3～6天；开通2条省际、6条省内物流专线，初步建成省内二、三级烟草配送网络；党报党刊当日见报率由不到25%提高到68.22%；实现省内15个州（市）60个县（市、区）之间互寄标准特快“次日递”。二是信息网支撑服务能力持续提升。省内骨干网实施扩容优化工程，建成1个省中心、16个州（市）中心、1200多个电子化支局联网网点、1035个储蓄网点。三是营投网能力增强。建成20个省级示范窗口、1个全国级示范窗口。完成797个营投网点标准化改造，投资额约1.6亿元。完成6个县局生产房建设，投资额2857万元。四是昆明新机场航空邮件处理中心、昆明市邮政局火车站邮政生产楼改造工程等重点建设项目都取得重大进展，云南邮政昆明邮件处理中心建成投入使用。

【函件业务】 2010年，全省函件业务收入1.43亿元，比上年增长8.28%。收入排列全国邮政行业第20位，增幅排列全国邮政行业第22位。函件业务收入占全省邮政业务总收入的11.8%，其中商函业务收入1.23亿元，占整个函件业务收入的86%。一是创新邮政贺卡功能。推出2011年邮政贺卡4大类30余款省版产品。二是截至年底，已在19个旅游景区景点建成邮资明信片门禁系统，累计投入闸机118台套。年内云南省累计申报邮资明信片门票409.2万枚，其中，门禁系统申报257.5万枚。三是截至年底，经过3年的成功运作，累计实现开发幸运卡业务量984.45万枚，实现业务收入1968.9万元。在传统国版销售型幸运卡产品模式基础上增加现场刮刮奖，各邮政局累计要数70万枚。

【书报刊发行业务】 2010年，全省邮政实现报刊发行业务收入1.98亿元，比上年增长14.2%。全省完成2011年度一次性报刊收订流转额3.88亿元，同比流转额绝对值增长4239.03万元，增长12.27%。其中集团公司畅销报刊云南收订流转额6648万元，增长19%，畅销报刊对大收订整体流转额的贡献率25%。2010年春季和秋季发行中小学教材250多种5102万册，服务学生约200万人，服务学校2128所。实现“课前到书、人手一册”的发行目标。发行教辅图书40万册（套），实现流转额407万元。

【集邮业务】 2010年，全省集邮业务收入9201万元，比上年增长11.54%，在全国排第19位。特点：一是加大新春生肖邮品的开发力度，形成以总公司产品、自制产品、外购产品为互补的全方位产品体系。2010年新春集邮文化产品累计销售1305万元，增长145%。二是新邮预订工作“稳中有升”，预订套票5.03万套，小版1.53万套，年册4.63万册，实现预订金额2349.98万元，增长3.94%。三是规模发展企业形象年册，申报制作8.29万册，增长55.78%，在全国排第9位，创历史最好纪录，实现业务收入1981万元。四是做实邮票个性化业务，累计申报制作常规个性化邮票折合16枚版计10.72万版。除继续开办“金色童年”专题外，还新开“我爱我家”专题，2010年申报制作1.67万版。五是积极销售外购集藏品，全年销售外购集藏品355.74万元。六是精心组织外购集邮品，全年销售总公司邮品1299.31万元。

【代理金融业务】 2010年，全省代理金融储蓄余额265.8亿元，年度累计新增70.31亿元，余额增幅35.97%，高于全国邮政代理金融平均增幅17.41个百分点，余额增幅连续2年排列全国邮政行业第一位，余额总规模再创历史新高。全省实现代理金融业务收入5.14亿元，比上年增长24.15%，代理金融业务收入已占邮政业务总收入的42.41%。各级邮政企业的绿卡、绿卡通卡、“商易通”业务有较好的发展，发卡量、卡户卡均余额、“商易通”户均余额有较大的提升。代发工资，代收付烟草、卷烟款，代收中石化、通信行业款项等代收代付业务取得新的突破。公司信贷、小额信贷等新业务规范发展，公司开户数、沉淀金额等较上年有明显增长。完成玉龙县、永平县新农保试点。中石化资金归集业务在昆明试点成功并在10个州（市）推广，实现全省158座中石化加油站的营业资金归集，占全省网点总数的14%。

【电子商务和代理信息业务】2010年，全省电子商务和代理信息业务实现业务收入6945万元，比上年增长21.18%，占总收入的13.11%，累计收入排列全国邮政行业第16位，代收款业务收入全国排名第5位，票务代理业务收入排列全国邮政行业第14位。短信业务作为电子商务专业的核心业务，全年邮储短信累计在网用户94.25万户，占全省活期账户数的14.38%，邮储短信累计实现收入2765.08万元；全年短信业务收入3200万元，比上年增长25.52%。

【代收款业务】　2010年，全省代收款业务收入2662万元。全省在中间业务平台上实现代收话费、代收电费、代收水费、代收税款、代充公交IC卡、代售数字电视续费充值卡、代收卷烟款、代付烟叶款等10多种业务的开办，交易460余万笔，交易金额81.5亿元。全年销售彩票3184.52万元。销售航空客票2.74万张，超过前2年的出票量总和。火车票业务利用1104个电子化网点，实现全省联网销售，全年销售火车票2.17万张。

【包件业务】　2010年，全省邮政包件业务收入2206.48万元，比上年增长3.04%。校园包裹、军营包裹是重点项目和品牌业务。受理校园包裹2.08万件，增长1.96%；实现业务收入65.1万元，增长2.21%。受理学生型爱心包裹6411件，学校型爱心包裹117件，捐赠金额累计75.81万元。9个（区）县341所学校2.8万名学生受益。

【速递业务】　2010年，速递业务收入2.74亿元，在全国邮政行业排列第16位；增长11%，增幅在全国邮政行业排列第25位。一是国内标准业务稳步发展。狠抓昆明、曲靖、红河、文山等重点州（市）局重点客户的开发，扭转了上半年负增长的态势，11月增长率达到7.1%。二是电子商务速递业务量293.5万件，收入3622万元，市场占有率达到44%，继续保持全国第一，当年新增600多客户。三是思乡月项目收入3064万元，增长50.7%，排全国第7位。四是国际业务规模不断扩大，EMS国际承诺服务范围扩大到10个国家。开办台湾茶叶专线、贵重包裹寄递业务、成都专线国际空运业务。

【物流业务】　2010年，物流业务收入1.27亿元，在全国排第7位；增长18%，增幅在全国排第16位。一是重点开发合同物流业务，收入8488.97万元，增长16.99%，占物流业务总收入的66.43%。开发了中石化“非油品”仓储及物流配送项目，成为凉亭物流仓储集散中心建成后第一个入驻的大项目，涉及全省500多个加油站商品零售店非油商品的物流配送服务。7月21日正式上线，至年末已完成4400站次、30万件、价值2000万元非油类商品的配送。继续做好医药物流业务项目的拓展以及新开发葵花药业、民欣药业、鸿翔返向物流等新项目，全年实现医药项目业务收入403.33万元。二是全省烟草项目物流业务收入6737.61万元，增长19.83%，占全省物流收入的53.74%。三是功能性物流业务收入3138.7万元，增长47.74%，收入占全省物流收入的24.68%。四是国际物流业务收入180.48万元，增长119.77%。通过省速递物流公司国际物流平台，全省出口货物1593.75吨（其中，针对东南亚周边国家出口1395.5吨，占出口量的87.56%）；进口货物48.42吨，报关1866票；报检847票。

【邮政保险代理业务】　2010年，全省邮政企业代理业务量9.17亿元，比上年增长2.14倍；其中新保代理保费2.29亿元，项目营销代理保费1800万元，批量代收付保费6.8亿元，实现代理手续费收入1270.61万元。与11家保险公司实现批量代收付合作关系，实现批量代收付27.69万笔，代收代付保险金6.88亿元，其中代付保险金2.12亿元，代扣保险金4.76亿元。

【调整优化邮政实物网】　2010年，针对全省公路建设情况，对汽车邮路运行计划进行优化调整，确保邮路沿线各局进出口邮件的处理时限，降低运行成本。为支撑速递物流业务快速发展，增强竞争性业务的市场竞争力。对自办汽车邮路及省内19条干线邮路进行优化调整，新增航空邮路10条，新增州（市）至县委办汽车邮路17条。通过调整实现省内15个州（市）60个县（市、区）之间互寄标准特快“次日递”。为扩大党报党刊覆盖范围，开通3条单向航空邮路、6条委办汽车邮路。通过对邮政实物网的调整优化，使全省党报党刊覆盖率由上年的62.79%提高到68.22%。

【有效拓展战略合作空间】　云南邮政充分发挥实物流、信息流、资金流三流合一的优势，全方位促进对内对外合作，至2010年，战略合作伙伴已囊括通信、金融、运输、石油、旅游、文化、电力、烟草等行业，实现了双赢和多赢。教材发行、烟草和医药配送、农资分销等业务的拓展。邮储专项融资大幅增长，有力地支持了云南的基础设施、交通、能源、电力及农业发展等经济建设。2010年，全省大规模地启动空白乡镇邮政局所补建工作，由国家给予一次性补助完成111个乡镇邮政局所的补建。

【充分调动财务资源支撑业务发展】　一是筹措资金加快全网能力建设。2010年全省下达固定资产投资计划9979万元，其中基本建设项目投资2758万元，技术改造项目投资7221万元；安排“昆明新机场邮件处理中心工程”、“昆明市邮政局火车站邮政生产楼”等重点工程、项目，进一步推进了全网能力建设。全力支持有效益的邮政综合网点的新增，进一步提高骨干网点的竞争能力和服务水平。推进干线运输、终端投递能力建设，不断增强实物网的核心能力。支持流程优化、提升经营管理的项目。二是通过全面预算管理有力支撑了经营发展。优化成本结构，加大对重点业务、重点市场和重点环节的成本投入。在优化财务资源配置，积极支撑业务健康可持续发展方面，主要做好5项支撑工作。三是积极争取政府补助和财政专项扶持政策，累计获得省财政厅等部门给予的普遍服务补贴300万元。四是深化全面结算工作。继续发挥结算对调节企业内部经济关系和引导经营发展方向的作用。

【昆明新机场邮件处理中心奠基】　2010年10月10日，举行昆明新机场邮件处理中心奠基仪式，中心位于昆明新机场南工作区D8地块，是全国首个进入机场飞行隔离区的邮件处理中心。占地98.4亩，总建筑规模2.76万平方米，功能定位为航空邮件转运、航空物流处理、速递，以及国际邮件处理、国际邮件监管等。中心成为继北京、上海、广州等城市后，全国又一个重要的国际邮件处理中心

【《香格里拉》特种邮票首发】　2010年9月13日，由云南省政府、中国邮政集团公司共同主办的《香格里拉》特种邮票首发式在香格里拉县举行。《香格里拉》特种邮票1套4枚，面值4.8元，邮票图名分别为“霞蔚古寺”、“碧水青天”、“平湖叠翠”和“雪域古城”，同时发行小型张1枚，面值6元，图名为“日照金山”。《香格里拉》特种邮票首发期间，第六届“康巴艺术节”也在香格里拉隆重举办。

【和谐企业建设】　在“客户至上、公司至上、员工至上”的企业核心价值观的引领下，构建起适应现代企业制度并与云南邮政实际相配套的企业文化。在邮政服务质量的改善上，通过充分发挥11185客服中心、州（市）和县服务监督电话、省邮政公司服务监督电话三大投诉渠道的作用，确保通信服务质量和水平稳步提升，较好地维护了客户的利益。受理客户来电、来信、来访3258件，办结率100%。客户服务综合满意度平均分为88.18分，高出中国邮政集团公司规定的综合满意度达标分值8.18分。通过实施人才强邮战略，大规模地开展短期培训、技能鉴定和远程培训，积极开展建设职工之家、职工素质提升年活动、技能大赛等工作，邮政员工队伍素质不断提高。全省通信生产人员持证率66.7%，较“十五”末增长14.4%。至2010年末，全省邮政部门已建成州（市）级文明行业12个，建成率75%，县级以上企业建成文明单位126个，建成率95.4%，全国青年文明号集体11个、省级青年文明号集体36个。

（高长华）

旅游业和批发零售业

旅游业

（云南五大支柱产业之一）

【概述】 2010年，云南旅游紧紧围绕省委、省政府确定的旅游“二次创业”和改革发展总体目标，面对国际金融危机和百年不遇特大干旱等事件先后对全省旅游业发展造成的严重冲击，实施了一系列创新举措，推动旅游项目建设、产品开发、宣传促销、行业管理、区域合作、人才培养等各项工作，积极争取政策支撑，推动改革创新，加快项目建设，深化客源市场促销，强化市场规范管理，重视行业自身建设，在抓转型、提质量、促改革、快发展等方面取得了显著成效，推动了全省旅游产业结构的调整和优化，保持了旅游快速增长。2010年，全省接待海外入境游客662.81万人次，比上年增长14.7%，其中接待海外（过夜）旅游者329.15万人次，增长15.7%，接待口岸入境一日游游客333.66万人次，增长12.24%；实现旅游外汇收入13.24亿美元，增长12.92%；接待国内旅游者1.38亿人次，增长15.09%；实现国内旅游收入916.82亿元，增长25.48%；全年旅游业总收入1006.83亿元，增长24.24%。

2010年，云南省国内游客花费抽样调查结果显示：全省国内游客平均花费480.65元/人天，其中过夜旅游者平均花费484.63元/人天，增长5.3%，一日游客平均花费为329.21元/人次，增长2.6%。游客在云南平均停留天数2.48天，比上年增加0.05天。2010年全省A级以上景区接待旅客6370.3万人次，实现营业收入31.9亿元，上缴税收1亿元。

2010年，全省航空客运量2629万人次，铁路运送旅客人数2706.2万人次，通过全省各口岸入境865.5万人次。据旅游卫星账户初步测算，旅游产业增加值450亿元，占全省生产总值的6.25%，对全省交通、住宿、餐饮、娱乐、商品零售业的贡献分别为248亿元、120.5亿元、131.4亿元、43.7亿元、241.5亿元，游览花费131.7亿元。旅游产业的拉动作用十分显著。

【旅游产业改革创新】
2010年，深入推进保山腾冲、玉溪抚仙湖—星云湖改革发展工作，2个试点地区旅游体制机制不断创新，重大项目建设全面推进，完成投资32.75亿元，建成项目2个，旅游指数明显上升。推动完成大理苍洱地区旅游改革发展试点总体规划，并上报省政府批准。启动专项试点改革规划编制和试点前期工作，研究丘北普者黑旅游循环经济专项改革试点总体规划和康辉旅行社经营体制专项改革试点方案。支持和推动旅行社重组做强，世博集团下属旅行社实施了整合，推进昆明国旅、省中旅重组收购，华夏国旅与昆明万达等8家旅行社以资本作纽带建立了现代企业制度，云南商务国旅与锦爱、平安以股份合作的方式实施重组。

昆明、迪庆、丽江、大理、西双版纳是全省接待海外游客较多的州（市），分别接待海外游客86.1万人次、72.9万人次、61.1万人次、40.7万人次、21.7万人次，分别占全省海外旅游者总数的26.2%、22.1%、18.6%、12.4%、6.6%，增长分别为10.6%、16.1%、16.3%、15.4%、42.8%。口岸入境一日游方面，德宏、红河、西双版纳接待规模较大，分别达到125.9万人次、116.5万人次、35.9万人次，分别占全省口岸一日游人数的37.7%、34.9%、10.8%，与去年同期相比分别增长10.7%、13%、16.4%。二是各州（市）国内旅游市场发展情况。2010年，各州（市）国内旅游市场均保持了良好的发展态势，其中接待国内旅游旅客较多的州市为昆明、大理、红河、玉溪，接待国内旅客量分别达到3465.6万人次、1297万人次、1200.4万人次、1164.1万人次，分别占全省国内旅游人数的25%、9.4%、8.7%、8.4%，同比增长分别为14.1%、17.3%、10.7%、19.6%。从国内旅游市场的发展速度来看，2010年昭通、丽江、楚雄、玉溪等多个地州同比增长都超过了18%，其中昭通、丽江、玉溪同比增长分别为24.4%、20.3%、19.6%。

【国际旅游】

入境旅游 2010年，全省接待海外旅游者

329.15万人次，比上年增长15.7%。全省接待边境口岸入境一日游游客333.66万人次，增长12.24%。亚洲市场入滇游客156万人次，增长24%，占外国旅游者总数的67.5%，截止12月底，欧洲市场入滇游客50.3万人次，增长17.6%；美洲市场入滇游客16.7万人次，增长11%。

国际区域旅游合作 2010年，云南省通过抓住中国—东盟自由贸易区建设、GMS次区域经济合作、孟中印缅经济合作以及GMS领导人会议、中国—南亚商务论坛等重要会议在昆举办等机遇，进一步建立和完善旅游合作机制，积极参加旅游相关工作及项目研讨；加强旅游管理部门和企业之间的交流与合作，动员组织旅游企业参加各种涉外旅游展会；共同打造和推出多条跨国旅游线路，开展互为目的地的旅游宣传促销；加强区域内旅游人力资源培训合作，切实推进与次区域国家的区域旅游合作与发展；与周边国家签订16份旅游合作协议或备忘录。在老挝琅勃拉邦省、南塔省、波乔省和泰国清莱府、清迈府分别设立了云南旅游宣传咨询点。

【国内旅游】 2010年，全省接待国内旅游者1.38亿人次，比上年增长15.1%，其中过夜游客7632.9万人次，增长13.4%，一日游游客6203.9万人次，增长17.2%。从各月接待国内游客数来看，全省每个月平均接待国内旅客1153万人次，与上年月平均接待国内旅客量相比增长15.3%。

国内区域旅游合作 2010年，进一步加大国内旅游区域合作力度，以“泛珠三角”、“滇川藏香格里拉生态旅游区”建设、“西部十二省区市”间旅游合作为重点，建设在国内外市场具有较强吸引力和竞争力的“泛珠三角”、“滇川藏”大旅游圈；继续加强滇—港、滇—澳、滇—沪旅游合作等，努力构建面向国内重要客源市场、在中国乃至世界最具知名度和美誉度以及号召力的国内区域旅游圈，采取双边、多边以及建立专责小组等合作方式，将合作任务进行分解，各个突破，务实推进。与西部十二省区、9+2各省以及上海、天津、陕西等省（市）签订旅游合作协议35份。此外，加强对无障碍旅游体制、机制、政策的调研和推进，积极推动省内州（市）之间区域旅游合作，启动无障碍旅游通道建设。

红色旅游建设 2010年6月3日，由省旅游局牵头编制的《西南片区红色旅游规划》完成初稿，范围包括西南片区的4个红色旅游区和9条红色旅游精品线路，涵盖重庆、四川、海南、贵州、甘肃、广西、云南。全年举办红色旅游景区从业人员培训班11期，培训人数1021人次。全省红色旅游产业发展带动直接就业人数2576人，间接就业人数1.26万人。

乡村旅游 2010年4月，对全省首批50个特色旅游村的检查验收工作，指导推动第二批特色旅游村的开发建设工作，精心筛选50个第三批特色旅游村名单上报省政府批复同意全面启动开发建设工作。编制完成《云南省乡村旅游发展规划》和《云南省乡村旅游特色县（特色乡镇、特色村）建设与评价标准》，并于8月13日组织召开评审会议，通过旅游专家组的评审。

假日旅游 2010年“春节”黄金周，全省接待游客521.67万人次，同比增长16.7%。其中，接待过夜游游客126.26万人次，同比增长23.4%；接待一日游游客395.41万人次，同比增长14.7%。实现旅游收入22.3亿元，同比增长23.4%。民航共投入航班5334个架次，同比增加了324架次，其中新增航班20个架次；运送旅客58.94万人次，同比增送旅客5.12万人次，增长9.5%。铁路共投入运力586个车次，运送旅客95.38万人次（因统计口径有所调整，因此无法计算同比）。公路共投入客车26.2万辆次，同比增加了1.3万辆次，运输旅客516.9万人次，同比增送25.4万人次。据初步统计，“春节”黄金周期间，全省自驾车出游达224.89万辆次，其中旅游集散中心昆明市自驾车达72.6万辆次，同比增长118.3%，居全省第一位。

2010年“十一”黄金周全省共接待游客558.97万人次，比2009年“十一”黄金周（以下简称同比）增长24%。其中，接待过夜游游客172.73万人次，同比增长19.6%；接待一日游游客386.28万人次，同比增长26.1%。“十一”黄金周共实现旅游收入25.4亿元，同比增长28.7%。民航共投入航班5637个架次，同比增加了125架次，其中新增航班12个架次；运送旅客63.2万人次，同比增送旅客7.7万人次，增长13.9%。铁路共投入运力714个车次，同比增长13.5%；运送旅客138.8万人次，同比增长14.6%。据初步统计，“十一”黄金周期间，全省自驾车出游达175.7万辆次，同比增长34.6%。其中旅游集散中心曲靖市自驾车达37.9万辆次，居全省第一位。

此外，小长假短线游成为全省旅游发展的热点。五一小长假接待游客139.82万人次，占当月接待国内旅客总量的12.2%；端午小长假期间，全省共接待游客237.55万人次，占当月接待国内旅客总量的20.2%；"中秋节"小长假期间接待游客182万人次，占当月接待国内旅客总量的16.7%。

【边境旅游】

2010年全面启动跨境游，云南继续推进与周边国家的区域旅游合作，建设以昆明为中心，以西双版纳、大理、丽江、腾冲为次中心的入境游客集散地体系，加快丽江、大理、腾冲国际口岸机场建设和落地签证等政策的争取工作，不断提升云南作为区域性国际旅游集散地的功能。云南发挥面向东南亚、南亚的区位优势，加深与老挝、缅甸、泰国的旅游合作，打造边境旅游线，云南省连接周边国家主要旅游目的地旅游线路日趋成熟，形成了"澜湄水路黄金旅游线"、昆明至河内、昆明至河江、昆明至金边、昆明至暹粒（吴哥）、昆明至万象、昆明至琅勃拉邦、昆明至仰光、昆明至曼德勒、昆明至密支那、昆明至加尔各答、昆明至达卡、昆明至加德满都、昆明至科伦坡等10多条航空、陆路及水路旅游线路，有力地促进了跨国境旅游和边境旅游的发展。

旅游节庆活动

【第十三届西双版纳边境贸易旅游交易会】

4月13日，省商务厅、省旅游局和西双版纳州人民政府共同主办的第十三届西双版纳边境贸易旅游交易会在西双版纳国际会议展览中心开幕。西双版纳州州委书记江普生，州委常委常务副州长罗红江，副州长李江虹等及泰国商务部部长助理维纳萨·吉纳拉，老挝南塔省副省长阿仑·洛坎累、缅甸等等国内外嘉宾在主席台出席开幕式。开幕式由副州长李江虹主持，州委常委常务副州长罗红江发表致词。江普生、胡志寿、杨建明、罗红江及出席开幕式的国内外嘉宾为开幕式剪彩。本届"边交会"共设室内标准展位403个，室外展位2000平方米。东盟馆共安排展位186个，产品涉及农副、生物、旅游、信息、工艺品、机械等多个种类。

【2010昆明国际文化旅游节】

5月1日，国家旅游局和云南省政府共同主办的以"相约狂欢昆明、体验七彩云南"为主题"2010昆明国际文化旅游节昆明狂欢节"在昆明拓东体育馆隆重开幕，中共昆明市委常委、市人民政府常务副市长李文荣在开幕式上致词，云南省旅游局局长喻顶成宣布"2010中国昆明国际文化旅游节昆明狂欢节"启动。中共云南省委常委、昆明市委书记仇和，云南省旅游局局长喻顶成，云南省文化厅厅长黄峻，中共昆明市委副书记李邑飞，昆明市人大常委会主任杨远翔，昆明市 政协主席田云翔，云南省旅游局副局长何池康，昆明市人大常委会副主任董利华，昆明市人民政府副市长廖晓珊，昆明市人民政府副市长李茜，昆明市政协常务副主席张建伟，以及江阴市、常熟市相关领导参加了开幕式。

【2010中国佤族司岗里"摸你黑"狂欢节】

5月2日，2010年中国佤族司岗里摸你黑狂欢节在云南省沧源佤族自治县隆重开幕，启动了一场让人们品味民族文化多姿多彩和沧源自然风光的美丽神奇的盛宴。开幕式以一场民族特色浓厚的文艺演出"生命司岗里"拉开了为期3天激情狂欢的序幕。经中国世界纪录协会现场认证，全长2270米的司岗里佤王宴和1.89万人参与的"摸你黑"狂欢活动一举打破了世界纪录，荣获了"世界上最长宴席"、"世界参与人数最多的接触类狂欢节"两项世界纪录和2010年"最佳狂欢节"称号，并成功签约招商引资项目8项，协议资金达到10多亿元。

【第二届中国云南国际休闲文化产业博览会】

5月21日，第二届中国云南国际旅游休闲文化产业博览会在昆明国际会展中心隆重启幕，来自柬埔寨、老挝、马来西亚、捷克等国和国内各省区市的旅游部门和企业齐聚于此，向海内外传播、推广旅游休闲娱乐文化。本届博览会为期三天。

【第三届世界文化旅游论坛】

8月8日，由国际旅游营销协会与丽江市人民政府联合主办的"第三届世界文化旅游论坛"在丽江市开幕，来自联合国、中国国家旅游局、国际旅游营销协会、国际休闲经济促进会以及尼泊尔、印度尼西亚、突尼斯、乍得、西班牙，中国丽江、香格里拉、西双版纳、黄山、平遥等国内外的200位嘉宾出席了论坛。出席本届论坛的有来自世界16个国家的驻华大使、政府官员、旅游专家、企业领导、文化学者、传媒精英，他们围绕“文化旅游发展趋势、文化旅游国际营销、文化旅游与低碳经济、旅游演艺、文化旅游节庆活动、文化旅游案例分享”等议题展开对话。

【中国·瑞丽第十届中缅胞波狂欢节暨第三届国际珠宝文化节】

10月1日至10月3日，由云南省文产办、云南省旅游局、缅甸国家旅游部旅行社宾馆饭店司和中共德宏州委、德宏州人民政府主办，中共瑞丽市委、瑞丽市人民政府和缅甸木姐地区和平与发展委员会承办，瑞丽市宝玉石协会协办的“中国·瑞丽第十届中缅胞波狂欢节暨第三届国际珠宝文化节在“东方珠宝城”——瑞丽市举行。省人大常委会副主任程映萱、省政协副主席倪慧芳，缅甸驻昆总领事吴佐朴温等出席开幕式。

【第十一届腾冲火山热海文化旅游节暨首届中国·腾冲翡翠博览会】

11月1日至5日，由国家轻工珠宝中心、亚洲珠宝联合会、云南省旅游局、中共保山市委和保山市人民政府主办，中共腾冲县委县政府承办，省珠宝协会、腾冲恒益东山休闲度假有限责任公司、腾冲世纪休闲度假庄园有限公司协办的“第十一届云南腾冲火山热海文化旅游节暨腾冲翡翠博览会”在腾冲举行，余炳武致开幕词，腾冲县县长杨正晓主持开幕式。全国政协提案委员会副主任、中国轻工行业联合会会长步正发，省委常委、省委统战部部长黄毅，省人大常委会副主任程映萱，省政协副主席陈勋儒，市委副书记、市长吴松，腾冲县委书记余炳武共同触摸水晶球，启动旅游节。省旅游局巡视员袁光翰，市委常委、市委秘书长张惟建，副市长解丽平，市政协副主席张国儒、宋国生、黄玉仙、寸时庆及保山市老领导胡应舒、杨明佑和友邻州市领导等参加开幕式。

【2010中国·昆明泛亚国际郑和文化旅游节】

7月11日，由昆明市政府主办的以“走进郑和，共建和谐”为主题“2010中国·昆明泛亚国际郑和文化旅游节”在昆明晋宁县磷都体育馆开幕，来自泰国、印尼、英国等25个国家的驻华大使、领事、参赞应邀参加了文化旅游节活动。芬兰驻华大使岚涛先生向晋宁颁授“最值得驻华大使向世界推荐的中国民族精神传承地”牌匾，并颁发中国·昆明泛亚国际郑和文化旅游节“荣誉杯”。

【第26次大湄公河次区域（GMS）旅游工作组会议在云南西双版纳召开】

11月24日，由中国国家旅游局和湄公河旅游协调办公室共同主办，云南省旅游局承办的“第26次大湄公河次区域旅游工作组会议”在西双版纳景洪市召开。本次会议审议通过了第25次旅游工作组会议的纪要，并重点汇报和讨论了实施GMS旅游发展战略的下一步工作计划以及各国牵头项目的实施进展情况。初步确定了第27次旅游工作组会议将于2011年5月在老挝占巴色省召开，同期举办2011年湄公河旅游论坛。出席本次会议的人员有来自柬埔寨、中国、老挝、缅甸、泰国、越南六国的国家旅游机构以及云南省、广西区旅游局的代表；亚洲开发银行（ADB）的代表和湄公 河旅游协调办公室（MTCO）有关人员；荷兰发展组织（SNV）、联合国反对拐卖人口机构间项目等国际组织也派代表参加了会议；西双版纳州相关部门领导应 邀出席了会议。中国国家旅游局党组成员、规划与财务司长吴文学、云南省旅游局局长喻顶成、西双版纳州人民政府副州长陈启忠等领导以及来自亚洲开发银行和湄 公河旅游协调办公室的代表出席会议开幕式并分别致辞。来自GMS国家旅游部及相关组织共计约60位代表参与了此次工作组会议。

【2010怒江傈僳族“阔时”文化旅游节暨首届中国怒江皮划艇野水国际公开赛】

12月18日至20日，国家体育总局水上运动管理中心、云南省体育局、云南省旅游局、怒江州人民政府、云南电视台联合举办2010怒江傈僳族“阔时”文化旅游节暨首届中国怒江皮划艇野水国际公开赛将在怒江举行。大赛以云南怒江贡山县丙中洛乡为起点、州府六库镇为终点，分四个赛段进行，设有单人划艇、双人划艇、女子单人皮艇、男子单人皮艇共4个比赛项目，赛道沿途组织了以“盛情怒江”为主题的系列民族文化活动。

【2010中越（麻栗坡）国际商贸旅交会暨滇桂五边境县文化交流活动开幕】

12月23日，由云南省商务厅、云南省旅

游局、文山州人民政府主办、麻栗坡县人民政府承办，越南社会主义共和国河江省工商厅合办的2010中越（麻栗坡）国际商贸旅游交易会暨滇桂五边境县文化交流活动在麻栗坡县城隆重开幕。开幕式由中共麻栗坡县委副书记、县长彭正兴同志主持，中共麻栗坡县委书记彭辉致欢迎辞，文山州人民政府副州长官悠房同志致开幕辞。文山州委常委、常务副州长徐爱民参加开幕式并宣布交易会开幕。越南社会主义共和国河江省友好代表团团长、河江省工商厅厅长阮庭七同志致词。越南社会主义共和国河江省友好代表团团长、河江省工商厅厅长阮庭七和宣光市友好代表团团长、宣光市委常委、人大副主任范氏成率团参加交易会。期间举办了首届天保口岸论坛、项目推介会暨签约仪式、滇桂五边境县文化交流等活动。

旅游行业管理

【旅游行业自身建设】

2010年，按照中央和省委的部署，在全行业开展“创先争优”活动，全面加强人才队伍和行业风貌建设。全省各级旅游管理部门认真贯彻落实责任政府、法制政府、阳光政府、效能政府四项制度，认真践行“三个一”主题活动，依法行政，规范执法，“服务游客，服务企业，服务基层”的意识不断加强，办事效率明显提高，树立了旅游行政管理部门良好形象。岗前培训、岗位培训等基本形成制度，一年来培训旅游管理和服务人员近10万人次。与省级有关部门联合举办了“2010年云南省七彩云南杯导游大赛”，组织参加全国饭店服务技能和导游服务技能大赛，取得优异成绩，两名参加饭店服务技能大赛的选手获得全国“旅游行业技术能手”荣誉称号，打破历届云南参赛纪录，填补了全省的空白。

【开展旅游市场专项治理】

一是开展旅游服务质量提升年活动。配合国家旅游局，开展了一系列的公益宣传活动；二是加强联合执法。下发了《关于开展全省旅游市场专项检查的通知》，明确了2010年开展旅游市场专项检查中各个相关职能部门的职责任务，同时由各级旅游行政管理部门牵头，组织工商、交通、价格、交警等部门开展了为期三个月的联合检查；三是扎实做好“春节”、“国庆”黄金周假日市场检查。结合今年两个“黄金周”，对州、市旅游管理部门贯彻安全生产有关要求、企业落实安全生产主体责任及假日旅游市场秩序、服务质量等方面进行了全面的检查；四是重点整治行业不正之风。针对行业内反映出的个别旅行社仍存在着“黑车”、“黑导”等非法经营旅游的行为、少数旅游星级酒店存在黄赌毒等社会丑恶现象的问题，进行了专题研究，并及时制定下发了《关于进一步加强旅游行业质量监管的通知》，就加强旅游行业监管工作提出了具体的措施。

【推进旅游行业整合】

2010年，加大力度推动国有企业的改革和行业整合已成为旅游业可持续发展的一项重要工作，云南省旅游局高度重视，及时组织力量，广泛调研，制定了《云南省国有旅行社改革指导性意见》、《云南省国有宾馆饭店改革指导性意见》和《云南省旅游行业战略性整合方案》，为推动全省旅游企业加快改制工作步伐，建立现代企业制度，促进企业经营活力和市场竞争力的提高奠定了坚实的基础。目前，云南世博集团、云南旅游产业集团2家省属国有旅游企业，已组建成云南世博旅游控股集团有限公司，西双版纳对州内旅游汽车资源进行整合，组建1家旅游汽车公司，昆明市成立了2家导游管理公司。

【旅游行业规模】

到2010年底，全省共有星级饭店834家，其中五星级13家，四星级63家，饭店客房总数达到65132间，先后引进了悦榕、悦春、豪生、豪廷、铂尔曼、洲际皇冠假日、阿曼、希尔顿等八家国际知名饭店品牌，星级饭店结构逐步优化；全省有旅行社539家，其中出境社25家；全省在册导游人员总数达到20298人；全省共有旅游车4500辆，座位数达到11万多个；全省有旅游购物企业会员单位共计110家。

【旅游安全管理】

一是按照国家旅游局的部署，制定下发了《关于继续深入开展旅游安全生产年活动方案的通知》，在全行业进行了安排部署；二是联合安监、交通、公安交警、公安消防等部门共同召开全省旅游安全工作会议，对抓好全省旅游安全工作，进行专门的安排和部署，举办了由各州市旅游局和相关旅游企业负责人共计

200余人参加的应急管理培训班；三是及时下发了《关于做好暑期旅游安全工作的通知》（云旅行管〔2010〕219号），进一步明确了各级旅游行政管理部门和旅游企业各自的职责，对暑期旅游安全工作提出了具体要求；四是根据《国务院关于进一步加强企业安全生产工作的通知》（国发〔2010〕23号）精神，研究制定了《关于进一步加强旅游行业安全监管督促企业落实安全生产主体责任的通知》，下发全行业遵照执行；五是按照国家旅游局的统一部署，于6月份在全行业组织部署了“旅游安全生产月”专项活动；六是联合安监、交通、质监、价格、公安交警、公安消防等部门开展旅游安全综合大检查，发现隐患及时整改。通过开展扎实有效的工作，促进了安全工作各项制度、措施、要求的落实，确保了全年安全形势的平稳好转。

【推进全省无障碍旅游建设】

一是加强旅游车营运环境改善，确保旅游车辆在车籍所在地所接的旅游团队在全省各地畅通无阻。督促旅行社与旅游汽车公司必须签订车辆调用合约，旅游汽车驾驶人员必须按照旅行社的团队计划运行，不得私自更改线路。对于人为的阻挠旅游车正常营运的，交通、公安、旅游部门联合严厉打击；二是逐步建立高效快捷的联动执法机制。由原来的单打独斗转变为共同监管旅游市场，建立州市之间的旅游投诉、突发事件应急处理机制及预警机制；三是树立全省旅游一盘棋的观念，明确各州、市对旅游产品价格的调整要提前不少于三个月的时间公布，充分适应旅游市场客观规律，给旅行社对外销售提供足够的时间准备；四是加强导游队伍的管理，严格按照《云南省导游服务规则》的规定，全陪、地陪各司其职，严禁全陪、地陪之间不和谐造成导游服务质量下降；五是打破政策性限制和地方保护主义，鼓励有实力的旅行社、酒店、旅游汽车公司采用联营等多种形式开展州市之间的合作，实行跨地区连锁经营，提供统一价格、统一规格的旅游服务，提高效率和效益；六是鼓励通过参股、控股等形式，在自愿的前提下积极引导和鼓励组建旅游企业集团，实行跨州市网络经营，逐步解决企业规模小、经营分散、核心竞争力不强、经济效益差等问题；七是推动建立统一的旅游信息和宣传促销平台。州、市之间的政府旅游网站、旅游企业网站链接，共享旅游信息资源。建立区域内的旅游宣传促销机制，形成区域互动、信息互通、资源共享、客源互送、市场共赢的客源大市场；八是在建立全省统一的旅游诚信公告网络基础上，不断加强旅游人才培训、旅游教材、导游讲解词等方面合作，实现旅游人才资源共享和旅游人才交流互送。

【健全旅游安全统保机制】

2010年，旅游安全管理及救援体系进一步完善，成立了云南旅游安全协调工作委员会，推动旅行社协会、汽车协会和保险公司合作，在全国率先推行了云南“旅游安全组合保险”，目前参保旅行社达377家，占全省的80%以上，参保旅游车公司21家，参保旅游车辆2500多辆。完善96927旅游投诉受理、12301旅游服务热线和12315投诉平台联动机制，实现旅游行业监管平台与行业诚信平台信息共享、监管互动，游客满意度大大提高。2010年全省旅游投诉209件，旅游投诉率为百万分之一点五，旅游投诉率明显下降，旅游市场秩序明显好转。

【旅游行业动态监管平台建设】

为适应新形势下行业监管工作面临的新情况、新问题，加大监管工作力度，不断提高行业监管的覆盖范围，自2008年以来，组织力量，广泛调研，着力进行云南省旅游行业管理与市场监管平台的规划、系统设计和实施方案编制工作，经多次讨论，该平台基本框架软件系统开发和平台系统功能模块开发已基本完成。同时多次与威斯达公司对接，利用该公司已有的电子行程单平台，结合全省旅游安全组合保险的实施，发挥该公司旅游车辆GPS卫星定位系统的功能，已初步形成云南旅游行业动态网络监管平台，下一步完善其功能后，进入试运行阶段。目前全省已有25%左右的旅游车辆的车载GPS在该公司安装，其余旅游车辆计划逐步安装GPS系统，实现动态监管的全面覆盖。下一步，将积极与交通部门协调，努力实现GPS信息共享，逐步把剩余旅游车辆全部纳入监管平台。

【旅行社管理】

2010年，一是创新经营管理模式，推进旅行社行业整合。4月，指导16家中标旅行社按照“七个统一”要求规范运营，通过享受政府政策扶持和各相关要素行业的政策扶持，做优做强16家旅行社；二是进一步规范旅行社经营行为。加大对贯彻《旅行社条例》、《云南省旅行社和从业人员管理暂行办法》、《云南省旅行社门市部管理暂行办法》、《云南省国内旅游合同》的检查力度，会同有关部门依据相关法律法规，严厉打击旅行社非法用工、违法违规经营等行为；三是加强赴台旅游管理。认真落实《大陆居民赴台湾地区旅游管理办法》，督促赴台旅游组团社，严格执行赴台旅游的各项政策规定，确保赴台旅游有序健康发展。同时，与省台办共同培训60名赴台旅游领队并报国家旅游局申请办理赴台旅游领队证。

【导游队伍管理】

2010年，继续认真做好了导游年检培训。采用教学培训与现场导游讲解、知识问答相结合，实行导游与所在服务单位现实表现鉴定相结合，与行业管理日常监管相结合，严格年检关。2010年全省参加导游年检人数为11760人，合格人数为11379人，年检合格率达到96.8%；同时规范导游人员日常管理。拟定了《导游人员管理规范》及《办理导游证相关业务的工作程序》。

【星级饭店管理】

2010年，一是做好星级饭店的日常管理工作。安排部署2010年全省旅游星级饭店评定复核工作，召开了省星评委会，审核评定了21家三、四、五星级饭店，其中向全国星评委推荐2家五星级饭店，批准四星级饭店10家和三星级饭店9家，派员对28家申报四星级、三星级的酒店分别进行了评定性检查，及时上报各星级饭店经营情况月报、季报和年报；二是组队参加了2010年全国旅游饭店服务技能大赛决赛，在全国参赛的32支代表队、128名选手中，获得2个三等奖和一个第12名及一个第17名的好成绩，充分展示了云南饭店业的服务技能水平，以技能大赛促服务质量提升；三是配合筹备召开全省旅游饭店业发展大会，会上省政府表彰了10家“云南省优秀旅游酒店”，拟定了《云南省支持酒店业发展奖励办法》；四是受国家旅游局委托，承办了2010年12月28~29日《旅游星级饭店的划分与评定》2010版国家标准宣贯培训会议。

【旅游商品开发】

2010年，认真落实云南省财政厅、云南省地税局、云南省国税局下发了《关于建立旅游行业“公对公”佣金机制的实施意见》，指导旅游购物企业和旅行社之间建立“公对公”旅游商品宣传促销费返还机制。8月1日，云南省旅行社行业协会和旅游购物行业协会开始尝试旅游商品宣传促销费“公对公”返还制度，试行过程中将逐步下调“旅游商品宣传促销费”返还比例。同时联合物价部门加强了对旅行社“零负团费”经营的查处力度。在巩固发展传统大众旅游产品的同时，重点开拓休闲度假、体育健身、商务会展、生态旅游、自驾游等休闲度假产品，大力发展野外拓展训练、户外露营等新型业态，规范发展高尔夫旅游、大型主题公园，在全省培育和发展一批涵盖类型多样、档次不同的旅游商品开发基地，推进实现旅游商品开发及销售服务的规模化、规范化、标准化、优质化，努力形成多元化、系列化、适应不同层次需求的旅游项目群和产品体系。

【旅游标准化建设】

2010年，推进旅游标准化建设，成立全省第一个标准化专业技术委员会——云南省旅游标准化技术委员会，与省质监局签署了《关于加快旅游产业标准化战略合作协议》，完成了云南省《旅游购物场所等级划分与评定》、《导游服务规范》、《导游服务质量等级划分与评定》、《旅行社等级划分与评定》、《旅游车服务质量等级划分与评定》五个地方标准。同时组织申报了一批国家级旅游标准化试点城市和企业，获得批准一个试点城市（丽江市）、三个试点企业（石林、云南民族村、丽江玉龙雪山景区），现已全面启动；稳步推进全省标准化试点工作，用标准化带动规范化、用规范提升质量、用质量提高效益的作用进一步显现。

旅游区（点）与基础设施建设

【旅游重大项目建设】

2010年继续推进旅游重大项目建设，全年完成投资150亿元，建成项目21个，其中：重大项目19个，重点项目2个；新开工项目62个；旅游重大项目管理库建成并投入运行。首次召开了全省酒店业发展大会，推动全省休闲度假酒店建设，有力促进酒店业国际化、品牌化和特色化发展。2010年内全省共建成10个酒店项目，其中高端休闲度假和商务酒店类目前已建成6

个，开工39个；洲际、温德姆、喜达屋、香格里拉、悦榕庄、铂尔曼、雅高等一批国际品牌陆续签约落地云南；制定休闲度假酒店建设相关奖励办法，并上报省政府审批。特色旅游村建设不断深入，完成了首批50个特色旅游村的验收挂牌，推进第二、三批的建设；《云南省乡村旅游总体规划》和《云南省乡村旅游特色村建设与评价标准》通过评审并发布实施。

【争取旅游政策支持】

2010年，全省各级旅游部门在党委、政府领导下，积极贯彻国务院《关于加快发展旅游业意见》，强化争取旅游产业发展政策支撑，争取并落实了旅游企业与一般工业企业水电气同价等系列政策；抓住国家支持云南“桥头堡”建设的机遇，积极配合国家调研组工作，协调争取“桥头堡”建设中相关旅游政策支持；启动并基本完成《云南省旅游行政管理规定》，云南旅游法制体系进一步健全；出台了云南省人民政府《关于加快旅游重大（重点）项目建设的指导意见》、《关于加快推进全省旅游公共服务设施建设的意见》等政策文件，为产业发展提供了有力支撑。

【旅游公共服务设施建设】

2010年，修改完善了《云南省人民政府关于加快全省旅游公共服务设施建设的意见》上报省政府批准实施。借助云南省发改委社会处牵头编制《全省城乡基本公共服务体系专项规划》的机遇，组织相关人员研究提出了全省“十二五”旅游公共服务设施建设的相关内容，并纳入专项规划，以争取更大的资金支持，加快全省旅游公共服务设施建设步伐。

【旅游规划管理】

2010年按照省委、省政府关于独龙江乡整乡推进独龙族整族帮扶综合发展工作的部署，完成了《贡山县独龙江乡五个旅游特色村修建性详细规划》以及《贡山县独龙江乡暨独龙江国际生态旅游区旅游发展和开发建设总体规划》；开展了对全省8家乙级旅游规划设计单位复核的初审工作，起草了《全省“十二五”旅游发展规划工作方案》；组织开展了《云南省温泉旅游产品发展规划》、《大理州苍洱片区旅游产业发展和改革综合试点总体规划》、《大理滇西中心城市旅游集散中心总体规划》、《抚仙湖国际养生园总体规划》、《云南仟龙湾旅游文化小镇总体规划》、《德宏州旅游发展总体规划》、《普者黑旅游休闲度假基地暨旅游循环经济试验区总体规划》、《弥勒县旅游业发展总体规划》、《云南剑川旅游文化产业发展与提升总体策划》、《虎跳峡景区修建性详细规划》、《河口县旅游产业总体规划》等一批旅游发展总体规划及相关旅游专项规划的专家评审会。

【深化客源市场营销】

以世博会召开为契机，推出“参观上海世博，度假七彩云南”的营销主题，“请进来，走出去”工作继续强化。组织了对日本等10个国家和地区的旅游促销活动，参加了法国巴黎等5个国际性旅游展会；邀请美国等国家4批次旅行商和日本BS朝日电视台赴滇考察旅游线路及拍摄旅游专题片。深化委托促销，指导和委托一批州市及旅游企业开展营销；委托境外办事处、旅游形象店及主要客源市场的旅行商开展促销，与美国西部风情旅游股份有限公司合作在北美设立“云南省旅游局北美推广中心”。召开“旅游二次创业网络营销研讨会”，强化了中国主流网络媒体对云南旅游的网络营销；顺利实施旅游信息化建设一期工程，旅游信息化建设取得实质性进展。以节庆会展为平台开展国内外客源市场促销，协调做好昆明国际文化旅游节、国际旅交会、国内旅交会的参展和营销；在国际旅交会上签订合同315份，意向组团3000多万人次，荣获“最佳组织奖”和“最佳展台奖”。参加了印度西孟加拉邦等合作论坛，承办了GMS第26次旅游工作组会议等国际性会议；在泛珠大会上签署了“福州宣言”，确立了“一程多站”具体促销线路产品，与香港旅发局中国区代表达成联合促销欧洲市场合作意向。随着旅游促销方式转变和营销合作的推进，云南旅游影响力和知名度不断提升，客源市场不断扩大。

【旅游景区管理和生态文明建设】

2010年，指导大理崇圣寺三塔文化旅游区、丽江古城、西双版纳热带植物园等3家申报国家5A级旅游景区；指导昭通盐津豆沙关等4家申报3A级旅游景区和昆明螺蛳湾国际商贸城等7家申报4A级旅游景区切实做好创建和申报工作；完成了全省48家4A级旅游景区质量等级复核工作；部署了全省1A—3A级旅游景区质量等级复核工作。同时按照中央文明办的要求，配合省文明办、住建厅开展了省级文明风景旅游区考评的相关工作，完成了全省24家旅游景区申报省级文明风景旅游区的考评工作；完成了七彩云南生态文明建设、七彩云南保护行动、九大高原湖泊水污染综合防治、滇池水污染综合防治、滇西北生物多样性保护等生态文明建设的相关会议材料的拟定和报送工作，最终拟定上报了《七彩云南生态文明建设生态旅游发展工程实施方案》。

【特色旅游景观名镇（村）】

2010年，根据国家旅游局和建设部关于申报全国特色旅游景观名镇（村）的有关要求，省旅游局会同省住房和城乡建设厅下发了《云南省住房和城乡建设厅、云南省旅游局关于开展全国特色景观旅游示范名镇（村）（第二批）申报工作的通知》，转发了《国家住房和城乡建设部、国家旅游局关于开展全国特色景观旅游名镇（村）示范工作的通知》（建村［2009］3号）文件和《国家住房和城乡建设厅、国家旅游局关于公布全国特色景观旅游名镇（村）示范名单（第一批）的通知》（建村［2010］36号）文件，动员和指导各州（市）旅游和城建部门积极开展各项申报工作。通过半年多的组织推荐，全省共有9个州（市）17个县（市、区）积极参与了申报工作，先后推荐上报了21个镇、11个村作为全省全国特色景观旅游示范名镇（村）。10月，在各州（市）推荐上报的基础上，省住房和城乡建设厅、省旅游局联合向国家住房和城乡建设部、国家旅游局推荐了楚雄州禄丰县黑井古镇、昆明市石林县长湖镇、红河州弥勒县西山镇等8个镇以及红河州建水县西庄镇团山村、楚雄州禄丰县妥安乡琅井村保山市腾冲县固乐镇江东银杏村等5个村作为第二批全国特色景观旅游名镇（村）的名单。

【休闲农业与乡村旅游示范企业】

2010年，省旅游局与省农业厅乡镇企业处共同开展了云南省休闲农业与乡村旅游示范企业认定工作，成立了云南省休闲农业与乡村旅游工作协调小组，制定了《云南省休闲农业与乡村旅游示范企业认定管理办法》，印发到各旅游市旅游、农业、乡镇企业等主管部门，指导各州（市）开展休闲农业与乡村旅游发展工作。8月，根据《农业部、国家旅游局关于开展全国休闲农业与乡村旅游示范县和全国休闲农业示范点创建活动的意见》（农企发［2010］2号）文件的有关要求，省旅游局、省农业厅联合转发了《农业部、国家旅游局关于开展全国休闲农业与乡村旅游示范县和全国休闲农业示范点创建活动的意见》文件，组织动员各州（市）农业、旅游等部门积极开展各项创建活动，下发了《云南省农业厅、云南省旅游局关于开展云南省休闲农业与乡村旅游示范企业认定工作的通知》，通过推荐审定工作，认定昆明晨农绿色产品有限公司等35家企业为云南省第一批休闲农业与乡村旅游示范企业。

【建立旅游信息采编及发布制度】

随着云南省旅游局门户网站的全新改版，对信息采编及更新工作提出了更高的要求，云南省旅游局信息中心加大对工作人员的新闻采编和平台使用的培训力度，逐步建立信息采编及发布制度。2010年共在省旅游局门户网站和省旅游局政务信息公开网站发布云南旅游信息近800条，向国家旅游局供云南旅网站和其他旅游网站提游信息近600多条（其中被国家旅游局网站采用520余条），在网络上采集发布云南旅游视频110片段和云南旅游图片展览20多个。

【旅游卫星账户体系建设】

2010年，云南省旅游局会同云南省统计局召开云南省旅游卫星账户建设新闻发布会，通报全省旅游卫星账户建设情况，公布了2008及2009两个年度旅游业对全省社会经济发展的带动作用，并与省统计局签订了旅游卫星账户补充调查协议，进一步完善和加强云南省旅游卫星账户体系建设，最终形成集中反映全省卫星账户体系建设成果的《云南旅游卫星账户编制与研究》一书，并完成该书的印制出版和申请云南省科技成果奖的申报工作。同时全面开展了相关调查，为2010年度旅游经济指标和对全省国民经济、社会发展带动作用的测算提供科学的依据。

【云南旅游信息化建设】

云南旅游信息化建设项目于2009年8月通过了省发改委、工信委、财政厅等部门的联合审查，于11月正式通过审查准予立项，11月完成了公开招投标的所有程序并于2009年底正式开始建设。到2010年底，全面完成项目建设设计方案的所有任务，全新开发建设了云南旅游电子政务门户网站、云南旅游外宣网站英韩泰文版的建设、云南旅游资源及服务信息数据库及相关的旅游行业管理应用系统，该项目于

12 月 6 日通过了有关部门和专家的评审，顺利通过验收。

2010 年度云南旅游官方门户网——云南旅游信息网访问量统计表

网站名称 统计指标	点击率（次）	页面访问量 （页次）	访问人数 （人次）
云南旅游电子政务网 http：//www. ynta. gov. cn	12，423，054	4，736，035	1，125，293
云南旅游电子商务网 http：//www. innyo. com	105，218，064	41，253，623	7，913，129
云游播客网 http：//vod. travel	35，691，038	29，392，844	978，964
云游摄影网 http：//www. travelpics. cn	8，319，733	2，545，806	751，476
合计	161，651，889	77，928，308	10，768，862

备注：

1. 点击率指网站中所有类型文件（网页、图片、视频、音频、文档、压缩文件等）被访客浏览的次数，统计单位：次数；

2. 页面访问量指网站中的网页（Htm，Html，Aspx，ASP）被访客浏览的次数，统计单位：页次；

3. 访问人数按访问者 IP 地址计算，由于 IP 地址存在多人共用（包括同一台机器共用、网关共用、拨号 IP 地址共用）的情况，按照通常的做法，同一个 IP 地址在半小时内的访问只计算为一个访问者，统计单位：人次。

2010 年度云南旅游信息网访问来源统计表

十一五期间（2006～2010 年）云南旅游信息网访问人次变化情况图

精神文明建设与教育培训

【机关党的建设】

2010 年，中共云南省旅游局党组，紧紧抓住“两强一堡”建设这一重大战略机遇，以科学发展，全面推进旅游战略性支柱产业建设，深入开展创先争优活动为主题，以执政能力建设为核心，加强领导班子建设，以科学理论武装头脑，提高干部职工队伍的思想政治素质为目标开展机关党建工作，狠抓“凝聚力、执行力、创新力”目标的落实，为推进云南旅游战略性支柱产业建设提供了政治、组织保证和人才支撑，在推进云南旅游战略性支柱产业建设上见成效，开创了工作新局面。

【旅游政策法规建设】

2010 年，云南省旅游局与云南省法制办共同举办了 2010 年全省旅游行政执法培训班，满足了全省州市县三级旅游执法机构新办、补办、变更人员的需要。积极配合省政府法制办推动出台《云南省旅游行政管理规定》，结合云南旅游产业改革发展实际，认真研究提出符合旅游经济发展规律的行政规章及政策措施，制定了工作实施方案和调研工作方案。同时按照省法制办《关于建立行政处罚自由裁量权基准制度的意见》的要求，与质监所共同研究，拟制了《云南省旅游局行政处罚自由裁量权规范细化标准》，完成对《云南省旅游条例》的修订及《云南省旅行社和从业人员管理暂行办法》、《云南省旅游统计管理规定》、《云南省导游服务规则》、《云南省导游人员管理规定》、《云南省导游考试管理办法》等规范性文件的出台工作。

【旅游行业诚信建设】

2010 年结合全省旅游行业实际，大力推进行业诚信建设，制定下发了《全省旅游市场专项检查工作方案》，自 3 月 22 日起至 7 月 22 日止，分两个阶段，在昆明、大理、丽江、迪庆、版纳、保山等重点旅游地区，组织开展为期三个月的旅游市场专项检查，检查涉及云南旅游安全组合保险、旅游合同、导游证件、电子行程单等二十余项内容，工商、价格、交通运政、公安等部门共同参与，各地检查要求采取站点检查和市场巡查两种方式进行。8 月份，为配合推进旅游宣传促销费“公对公”返还制度的建设工作，制定下发了《云南省旅游局关于进一步加强旅游市场重点环节整治工作的通知》。同时积极开展广泛调研，充分讨论，研究推出针对主要旅游线路产品，以优质优价为核心，分地区、分产品要素、分客人选择的线路和时间，兼顾旅游要素各行业利益的诚信经营价格体系。继续指导和推动各州市开展旅行社诚信指导价格体系建设。

【导游援藏工作】

2010 年，云南省旅游学校举办了第二期外语导游学历培训，共培训 40 人；云南省旅游局向迪庆藏族自治州派遣 10 个援藏外语导游，并在香格里拉举办了两个短期外语培训；同时对迪庆全州旅游行政干部进行了相关培训，举办了迪庆全州旅游行政干部提高班。

【旅游教育培训】

一是积极组建云南省旅游行业教育培训工作领导小组，共同谋划云南省旅游行业教育培训工作前景，推动旅游职业教育培训政策的制定、实施和落实，完善教育培训与考核、使用、奖励等相结合的配套政策，把教育培训与就业上岗、人才流动、职务晋级、薪资提升结合起来，把教育培训工作纳入人力资源开发的重要环节。二是建立起省、州（市）、县（区、市）、企业四级培训体系，在全行业开展岗位资格培训。饭店业有 47% 以上的管理人员接受过岗位资格培训，饭店部门经理培训、主管领班培训工作不断创新。三是注重教育培训工作的针对性、科学性、实效性，改革教育培训模式，结合旅游行业特点和实际，充分运用好现代化教育手段开展好培训工作，进一步完善境外培训渠道，在加强自身理论知识和实践能力技能提升的同时，注重拓展旅游教育培训的国际交流与合作。截止 2010 年底，全省培训各类旅游工作者近 50 万人次，持证导游员增加近 1 万人，完成 7 期 500 人的援藏培训和 6 期 200 人的对外培训工作，旅游从业人员队伍素质进一步提升，岗前培训、上岗培训、轮岗培训等基本形成制度，并逐步走向规范化，旅游行业从业人员资格考试认证制度基本上形成体系。

【旅游教育培训信息化平台建设】

2010 年，为进一步加强云南旅游教育培训信息化平台建设，不断建好云南旅游电子政务网，提高旅游教育培训水平。支持条件成熟的各州市和重点区县建立专职的信息化机构，由专人负责旅游信息化建设和网络教育培训、网络营销工作。制定旅游信息化人才培养计划，组织针对省州县三级旅游行政管理人员的信息化培训，促进教培人员观念的转变，组织针对信息化专职人员的业务培训，提高信息化技能和服务水平。加强以云南省为主体，涵盖东南亚及大香格里拉地区的云南旅游数据库建设，将云南旅游文化资源数据以旅游目的地和民族为主线集中入库、统一管理并提供数据共享平台。

【旅游人才队伍建设】

一是实施导游人员的专项培训，提升云南导游人员的整体素质和形象。以导游资格考试培训、导游年检专题培训、导游等级考试培训、异地导游换证培训、景区（点）导游培训等为基本抓手，加大导游职业素质与服务技能的培训力度。二是通过各级各类岗位培训、研修班、境外培训、挂职实训、引进国外培训品牌等方式，加强旅游企业中高层管理者的培训。三是以职业素养、岗位技能和外语水平提升为重点，加强对一线服务人员的培训。采取政府适当补贴培训的形式，充分发挥企业在员工培训中的主体作用，加强企业的岗前培训和在职培训。四是加强省、市、县（区、市）旅游管理干部的教育培训，进一步拓展国际视野，提升宏观决策和执政能力，推动政府职能的转变。整合社会优质教育资源，举办以提高旅游行政管理干部执政能力为主题的系列研修班等，并形成相应的培训考核体制。

【旅游教育培训基地建设】

加强教育培训基地建设，构建一批分工明确、优势互补、布局合理、竞争有序的教育培训基地。积极发挥省旅游培训中心和旅游院校在培训工作中的主阵地作用，推动社会培训机构的资源整合，加强培训教材、课程体系和考核题库建设，推进培训考核师资队伍建设，建立以中青年为骨干的、由旅游院校的教师、行业管理经验丰富和业务技能精湛的专家相结合的“双帅型”旅游教育培训师资队伍。

【旅游数据库建设】

结合《云南省旅游产业发展和改革规划纲要》和云南省建成面向西南开放的桥头堡的重要指示精神，云南省旅游规划研究院（Yunnan Provincial Tourism Planning Academy）、中国旅游研究院昆明分院（China Tourism Academy Kunming Branch）（以下简称“两院”）与云南大学合作，拟建设一个“技术领先，特色鲜明，立足云南，辐射东盟”的区域性跨国界旅游数据库。并于3月向省旅游局提交《关于云南省旅游规划研究院建设旅游数据库的请示》，拟从“云南省旅游基础数据库建设”、“东盟旅游数据库建设”等方面新立项2~3个科研项目。

【旅游科研管理工作】

2010年4月，“两院”拟办的“关于请求批准实施云南省旅游规划研究院暨中国旅游研究院昆明分院《科研管理暂行办法（试行）》、《项目经费使用实施细则（试行）》的请示”获得省旅游局批准，科研管理工作开始逐步走向正轨。同月《云南旅游产业发展年度报告（2010）》、《云南旅游产业年度投资报告（2010）》和《云南旅游决策参考》编制工作，得到省政府批复，编制工作正式启动。7月，《云南省旅游产业发展和配套政策研究》课题启动。8月，协助规划发展处编制完成《云南省旅游产业发展“十二五”规划编制工作方案》，并着手筹备“云南旅游产业提升国际化水平与桥头堡建设”等6个专题研究项目。

【旅游项目规划工作】

2010年，“两院”积极开展对各层次的旅游规划的编制与指导工作，先后以联合体形式主导完成省内外多个旅游规划、策划、咨询工作。主导编制完成《旅游温泉标识使用规范》（DB53/T 256－2008）、《温泉旅游服务规范》（DB53/T 257－200）、《温泉旅游服务场所等级划分与评定》（DB53/T 258－200）、《SPA经营场所等级划分与评定》（DB53/T 259－200）等全国首套省级温泉旅游系列标准，编制完成《元阳哈尼梯田旅游区策划暨发展总体策划》、《云南世博元阳公司发展战略规划及管理流程规划》、《云南省温泉旅游产品发展规划》、《德宏州旅游发展总体规划》、《潞西涞门旅游特色村总体规划》、《河北省旅游投资有限公司企业发展战略》、《怒江州贡山县独龙江乡五个旅游文化村修建性详细规划》、《大理州苍洱片区旅游产业发展和改革综合试点总体规划（2010－2020）》、《大理白族自治州旅游产业发展战略与规划（2010－2025）》等项目规划，成果已通过评审。同时《西南片区红色旅游规划》初稿已通过专家咨询，《独龙江乡旅游发展总体规划》正在编制中。对2010年一年来独立承担和作为主要参与单位承担的旅游规划项目和科研成果进行了更新，5月联合云南师范大学提出“旅游流空间场效应及其扰动机理研究——以云南旅游地为例”项目获准国家自然科学基金委员会立项。同月《关于成立“云南省旅游产业发展咨询顾问团”、“云南省旅游研究学术委员会”、“云南省旅游产业发展专家委员会”的工作方案》通过局办公会批准。12月，由“两院”负责筹备的“云南省旅游研究学术委员会”成立。

【旅游基础理论研究及推广】

2010年，先后提出了《旅游标准化建设工作建议》，《云南省整合旅游研究资源，完善旅游决策咨询论证机制的建议》、《成立云南省旅游研究基金工作方案》、《云南省旅游研究基金管理办法》和《旅游科研课题指南建议》；完成了《云南省生态旅游业发展规划研究》课题，向省级有关部门及时提交了报告。在2009年“首届中国东盟旅游合作论坛”后，整理出版《中国东盟旅游合作论坛文集》。由“两院”常务副院长姜若愚教授编著的《旅游投资企业战略管理》160万字于7月出版发行。与红河州人民政府、国家林业局高原湿地研究中心、云南世博元阳哈尼梯田旅游开发有限责任公司达成三方合作研究意向，进行了多次会谈，并按省科技厅重大项目要求初步起草上报了《元阳哈尼湿地保护与开发项目》建议书。同时先后和英国ATKINS、德国EDEL、美国EDAW等国外机构，北京大学、中山大学、南京大学等省外院校，云南省设计院、昆明艺嘉旅游规划设计公司等规划设计机构，云南大学、云南财经大学、西南林业大学、云南民族大学、云南社科院等省内科研院校进行了合作与交流。

纪　事

1月29日，由云南省农业厅、云南省花卉产业办公室等8家单位主办的2010年中国·大理第三届国际兰花茶花博览会在春光明媚的云南大理白族自治州隆重举办。

2月22日，云南省住房和城乡建设厅正式接到来自住房和城乡建设部《关于命名2009年国家园林城市、县城和城镇的通报》，云南省昆明市、玉溪市、景洪市荣获国家级园林城市称号，石林彝族自治县、弥勒县获国家园林县城称号，安宁市青龙镇获得国家园林城镇称号。

2月24日，云南省旅游局应泰国国家旅游协会主席：Maiyarat pheerayakoses先生以及泰国旅行社协会主席：Charoen Wangananont先生的邀请，组团参加了在泰国首都曼谷诗丽吉皇后国家会议中心举办的“2010年第七届泰国国际旅游展销会”。

3月27日至4月9日，云南省旅游局从各州市旅游局、机关部分处室抽调相关人员组成工作领导小组，历时半个月，组织开展了对全省首批特色旅游村建设的检查验收，并对第二批特色旅游村建设的进行了督促指导，并同步开展乡村旅游规划调研工作。

3月31日，昆明滇池春天温泉会馆、昆明温泉心景花园酒店、昆明君豪温泉会所三家温泉企业、云南腾冲火山热海旅游区开发管理有限公司四家温泉旅游企业获得由云南省温泉等级评定委员会按照《旅游温泉标识使用规范》、《温泉旅游服务规范》、《温泉旅游服务场所等级划分与评定》和《SPA经营场所等级划分与评定（DB53/T258—2008）》4个地方行业标准经量化评定审核荣获“五级皇冠温泉”称号。

4月3日，“世博旅游宣传周”在昆明世博园中国馆、世纪广场举行云南省启动仪式。

4月8日，中国西部地区首个低碳旅游度假项目——丽江天麓正式落户丽江。

4月22日，首届二次洲际酒店集团中国区酒店业主协会暨IAHI亚太委员会中国分会会员大会在丽江和府皇冠假日酒店举行。

4月28日，云南省旅游局举办全省旅游行业应急管理培训班。

5月1日至3日，由墨江哈尼族自治县人民政府、云南电视台主办的以“双子明星秀 双胞快乐园”为活动主题的第六届“中国·墨江北回归线国际双胞胎节暨哈尼太阳节”在云南省墨江哈尼自治县举办。

5月29日，“2010年大理州自行车越野邀请赛暨太极山户外登山活动”在大理州委常委、副州长蔡春生洪亮的开幕声中拉开序幕。

6月1日，石林彝族自治县石林风景名胜区管理局主办、县摄影协会承办的首届世界自然遗产——中国石林摄影大赛正式启动。

6月3日，中印旅游交流合作座谈会在昆明举行。

6月23日，云南文投集团投资、柬埔寨政府鼎力支持的大型旅游晚会《吴哥的微笑》正式签订两国合作备忘录。

6月24日，云南省旅游业协会旅游景区分会2010年工作研讨会暨第二届会员代表大会在云南省迪庆藏族自治州香格里拉县召开。

6月25日，云南省选取高尔夫、温泉SPA两大休闲产品前往在北京举行的“2010北京国际旅游博览会暨北方旅游交易会”，同时率领临沧市沧源县黑旋风旅游艺术团在博览会期间进行佤族民族歌舞专场表演。

6月28日，“中国丽江茶马古道文化研讨会暨云南生态绿色名优茶叶交易会”在丽江市举行。

7月29日至8月1日，在“川滇黔十市地州合作与发展峰会”在四川省攀枝花市举行之际，“川滇黔十市地州旅游展”在攀枝花国际会展中心同期举行。来自攀枝花、大理、丽江、楚雄、毕节、六盘水、昭通、昆明、凉山、宜宾十市地州旅游局和旅游企业参加了旅游展。

8月4日，以“抹黑全身、吉祥终身”为主题的“2010年中国云南·普者黑花脸节”在丘北县普者黑风景区开幕。

8月29日，省文产办、省文化厅、省旅游局、昆明市政府、云南世博旅游控股集团有限公司共同主办“2010昆明泛亚国际民族民间工艺品博览会”在昆明国际会展中心开幕。

9月1日，大理州人民政府、云南省林业厅、云南省旅游局主办，漾濞彝族自治县人民政府、大理州林业局、大理州旅游局承办的“2010中国·大理漾濞核桃节”在苍山西坡的光明村隆重开幕。

9月2日，丽江玉龙雪山旅游开发有限责任公司、云南石林风景区以及云南民族村被列入首批全国旅游标准化试点企业。

9月23日，由云南省旅游局和大理州政府主办，大理州旅游局、洱源县政府、大理地热国承办的“大理洱源温泉旅游文化节”在洱源县地热国开幕。

9月25日，云南省假日旅游协调领导小组启动黄金周节前联合大检查工作。

9月25日，云南省旅游局举办了全省州市旅游行政管理部门、旅游购物协会、旅游购物企业有关负责人参加的《旅游购物场所等级划分与评定》地方标准宣贯培训会。

10月15日至17日，由省旅游局、省人力资源和社会保障厅、省总工会、共青团云南省委、省妇联联合举办了“2010年云南省七彩云南杯导游大赛”暨“2010年全国导游大赛云南区选拔赛”，全省共有14个代表队、96名选手参加全省决赛。

10月23日，云南省旅游局主办，云南省旅游业协会自驾旅游与露营分会承办的“云南省自驾车旅游资源推介会”在成都梨园祥酒店举行。

10月23日，中国观赏石协会、中国收藏家协会、中共水富县委、水富县人民政府主办的首届中国·水富金沙江赏石头文化旅游博览会隆重开幕。

12月6日，云南旅游信息化建设项目通过专家验收评审。

12月15日，2010年度云南省旅游业协会SPA与温泉分会——会员大会在滇池春天温泉会馆召开。

12月22日，“云南省旅游研究学术委员会”成立，“云南省旅游研究学术委员会”第一届第一次会议召开，罗明义等11专家授聘为第一届学术委员。

国内贸易

【概述】 2010年，云南省社会消费品零售总额2500.2亿元，比上年增长21.9%，增幅在全国位居前列，其中城镇1992.7亿元，增长22.8%，乡村507.5亿元，增长18.5%。市场监测调控和市场秩序监管得到进一步加强。重要商品市场供应保持稳定，上半年在抗击百年一遇旱灾和下半年抑制通胀的关键时刻，确保生活必需品和成品油供需平衡，储备充足，为夺取抗旱救灾斗争的全面胜利和保障人民群众生产生活稳定作出了重要贡献。市场流通体系建设全面推进，“万村千乡市场工程”、乡镇农贸市场建设改造、“双百市场工程”、“家电下乡”等重点工程深入实施。全省新建改造农家店3500个，新建、改造配送中心87个。“万村千乡市场工程”重点从注重农家店建设数量向注重农村配送中心转变。在继续建设一批农家店、提高农家店覆盖率的同时，大力加强配送中心建设，提高集中配送率，杜绝假冒伪劣商品流向农村。重点支持中心城镇服务平台建设，提高中心城镇的综合服务功能。推进信息化和统一结算系统建设，提升农村流通体系现代化水平。省级每年配套“万村千乡市场工程”补助资金并列入预算2350万元，每年建设改造3500个农家店、50个配送中心。农家店补助资金实现了1:1配套。每年省商务厅与各州（市）商务局、省级承办企业签订《年度“万村千乡市场工程”目标责任书》。2005年开始实施“万村千乡市场工程”工程至今，云南累计建设改造农家店1.87万个，全省乡镇覆盖率达到100%，行政村覆盖率达到65%，超出全国平均水平10个百分点以上。云南“万村千乡市场工程”取得成效，形成农民、企业和政府三方得益的局面。

2010年改造的100个乡镇农（集）贸市场占地面积约132.24万平方米，经营面积82.01万平方米，摊位4.23万个，其中固定摊位2.54万个，临时摊位1.69万个，投资总额9.36亿元，建成后年交易额约34.25亿元，解决农村3.47万人就业。

2010年，云南新增电动车为家电下乡销售产品，有36家电动车生产企业的500个型号产品中标。从2009年3月“家电下乡”工作启动以来，全省有家电下乡销售网点8000多家，基本实现乡镇销售、售后服务体系全覆盖。全省累计销售家电下乡产品190多万台，总销售金额35亿多元，兑付给农民补贴4亿多元。

特殊流通行业管理。一是在全省范围内开展二手车交易市场升级改造示范工程试点，支持有条件的二手车交易市场升级改造，增加交易透明度，提升服务功能和品质，激发二手车流通活力，促进二手车交易量持续增长。二是深入开展大宗商品中远期交易市场整顿规范工作，与工商、公安、法制、银监、证监、昆明市政府等部门成立“昆明商品中心批发市场监督管理委员会”，引导规范经营、健康发展。三是联合公安、工商、银监等部门，开展寄卖行专项整治行动，严厉打击非法典当行为和非法金融业务。四是做好拍卖协会协调工作，促进协会平稳发展。五是开展拍卖、典当等行业的年度检验工作，加强日常监管。

“十一五”期间，云南社会消费品零售总额年均增长11%以上。全省社会消费品零售总额9229亿元，比“十五”期间翻一番多。

2010 年社会消费品零售总额　　　　金额单位：万元

指标	累计	比上年增长（%）
社会消费品零售总额	25002467.4	21.9
（一）按经营地分		
城镇	19927239.6	22.8
城区	15518463.2	23.7
乡村	5075227.8	18.5
（二）按消费形态分		
餐饮收入	3628382.4	19.0
商品零售	20236246.1	24.0
其中：限上企业（单位）商品零售类值	8970404.0	29.6
1. 粮油、食品、饮料、烟酒类	737690.9	16.7
（1）粮油、食品类	527924.4	20.7
其中：粮油类	230732.4	22.9
肉禽蛋类	73883.1	37.4
（2）饮料类	64031.9	13.8
（3）烟酒类	145734.6	5.2
2. 服装、鞋帽、针纺织品类	452680.2	22.3
#服装类	343822.3	21.9
3. 化妆品类	110574.7	17.4
4. 金银珠宝类	152620.8	31.2
5. 日用品类	188831.4	29.5
6. 体育、娱乐用品类	35296.5	39.8
7. 书报杂志类	165086.0	41.7
8. 电子出版物及音像制品类	5364.6	10.6
9. 家用电器和音像器材类	411640.2	17.0
10. 中西药品类	361465.5	23.6
11. 文化办公用品类	152814.2	16.0
12. 家具类	17014.5	16.4
13. 通讯器材类	96607.0	0.9
14. 石油及制品类	2256973.8	37.5
15. 建筑及装潢材料类	14874.1	-13.5
16. 汽车类	3499189.0	31.6
17. 其他类	311680.6	47.5
（三）按经济成分分		
1. 公有经济	4353458.8	29.9
其中：国有经济	3818433.9	30.4
2. 非公有经济	20649008.6	20.3
其中：私有经济	18436130.3	28.0
港澳台经济	577994.2	52.5

虽然云南的市场体系建设工作取得一定的成绩，但目前云南的市场体系建设还处在初级阶段。一是农村商品市场体系建设成为经济发展中的薄弱环节。对农村流通的投入太少，农村流通欠账太多，基础设施十分落后，农村消费难以有效拉动。占全省总人口 76% 的农村人口，消费额仅占全省的 21%。二是“买难”、“卖难”仍然存在。长期以来，云南农民能够享受到的商品流通服务质量有限，很多农村难以购买到货真价实的商品，农村成为假冒伪劣商品攻击的主要市场。由于农产品卖难长期存在，农民很难从流通环节分享增值带来的收益，农民收入难以增加。

（杨明）

商品市场流通

2010年，全省经济回升向好、持续发展，城乡居民收入稳步提高，在中央和省委、省政府扩大消费一揽子刺激政策的综合作用下，全省消费品市场呈现平稳上扬态势。

消费品市场运行的主要特点

（一）消费品市场平稳发展

2010年，全省实现社会消费品零售总额2500.25亿元，同比增长21.9%。增幅比上年提高2.6个百分点。分季看，一季度增长18.8%、二季度增长18.5%、三季度增长18.39/0、四季度增长19.5%。

（二）城镇市场发展快于农村市场

2010年，城镇市场实现社会消费品零售额1992.72亿元，同比增长22.8%，拉动社会消费品零售总额增长17.4个百分点；农村市场实现零售额507.52亿元，同比增长18.5%，拉动社会消费品零售总额增长4.4个百分点。城镇市场增幅高于农村市场4~3个百分点。

（三）批发零售业仍是支撑全省消费品市场发展的主要力量，假口消费对市场拉动作用明显

2010年，全省批发和零售业实现零售额2023.62亿元，同比增长24%，占社会消费品零售总额的比重80.9%，拉动全省社会消费晶零售总额增长17.7个百分点。假曰经济蓬勃发展，节假日为消费者提供了充足的购物时间及消费氛围，推动了餐饮、旅游和娱乐等消费的增长，消费品市场由此形成了节假日消费的高增长点。2010年，全省住宿和餐饮业实现零售额达362.84亿元，同比增长19%。住宿餐饮业已逐渐成为新经济增长点，占社会消费品零售总额的比重14.5%，拉动全省社会消费品零售总额增长3.2个百分点。

（四）居民消费层次不断提高，消费热点突出

2010年，全省吃、穿、用类商品普遍保持较快增速，市场销售热点纷呈。市场销售热点主要表现在以下几个方面：一是受汽车下乡、小排量汽车购置税优惠等政策影响，2010年，限额以上批发零售企业实现汽车类零售额同比增长31.6%。二是吃、穿类等基本生活用品消费继续保持快速增长的势头。2010年，全省限额以上批发零售企业实现粮油、食品、饮料、烟酒类零售额同比增长16.7%，服装、鞋帽、针纺织品类零售额同比增长22.3%，日用品类零售额同比增长29.5%。三是健康消费、知识消费、娱乐消费成为消费时尚，文体产品需求量逐渐攀升。2010年，全省限额以上批发和零售企业实现体育娱乐用品类零售额同比增长39.8%，书报杂志类同比增长41.7%。四是随着楼市的不断升温，住房相关类商品热销。2010年，全省限额以上批发零售业企业实现家具类零售额同比增长16.4%。五是提高生活品质的商品逐渐成为销售热点。2010年，全省限额以上批发零售企业实现化妆品类和金银珠宝类商品零售额同比分别增长17，4%和31.2%。

（五）大型商场和连锁超市销售稳中趋旺

近年来，城乡零售市场零售业态继续呈多样化的格局，大型商场、购物中心、百货店、超级市场、仓储式商场、便利店、专业店、连锁店、网购、小商品市场等各种零售业态共同生存，互为补充，极大方便了城乡居民购物，满足了不同层次的消费需求。2010年，全省限额以上批发和零售业法人企业零售额888.30亿元，同比增长30%，限额以上批发零售贸易企业占社会消费品零售额的比重为35.5%，拉动社会消费品零售总额增长7.7个百分点。大型商场、购物中心正日益发挥强大的吸聚效应和提升商业消费能力的作用。

促进消费品市场稳步增长的主要因素

（一）宏观经济回暖向好

全球范围内经济形势逐步好转，一系列刺激消费政策的影响，制造业及流通领域的回暖都为消费品市场带来发展动力，城镇居民对未来经济发展走势看好，预期增强，消费信心增加，带动消费品市场增长。

（二）城乡市场共同发展，对经济企稳回升作用显著

2010年，全省消费品市场呈稳中有升态势，增速逐月加快，居民消费需求不断增强，消费潜力得到有序释放，消费结构不断改善，消费层次逐步提升，消费成为拉动经济企稳回升的重要支撑力量。全年全省城镇、农村零售额分别同比增长22.8%和18.5%，消费品市场呈现城乡市场共同繁荣、协调发展的可喜局面。从全省消费品市场销售情况看，全年销售总额再上新台阶，达到5537.58亿元，同比增长25.3%，其中，批发业实现销售额3726.91亿元，增长25%；零售业实现销售额2010.67亿

元，增长260%。成为拉动经济企稳回升的重要力量。

（三）旅游市场持续升温继续推动消费品市场繁荣

全省旅游接待总人数和旅游总收入两项指标均保持增长，假日旅游经济成效进一步显现。2010年，全省共接待国内旅游者1 3836.61万人次，同比增长15.1%；旅游总收入超过1006.83亿元，同比增长24.2%。旅游人数的增加持续推动消费市场繁荣发展，节日、会展因素带动消费。今年“十一”黄金周，云南省共接待游客558.07万人次，同比增长24~/0。其中，接待过夜游游客172.73万人次，同比增长19.6%；接待一日游游客386.28万人次，同比增长26.1%。

（四）居民消费结构不断升级

居民消费已经由满足基本需要的食品消费逐步上升到更加丰富的穿类和用类商品消费。据对限额以上批发和零售企业统计，2010年，吃类商品零售额同比增长16.7%，穿类商品零售额增长22.3%，用类商品零售额增长28.3%，穿类商品和用类商品的零售额增速均大于吃类商品，城乡居民富裕程度向好。

（五）“家电下乡”推动农村市场繁荣活跃

云南实施“家电下乡”政策以来，市场销售情况良好。自2009年全面推行家电下乡政策以来，截至2010年12月10日，云南省家电下乡产品销售量达218万余台，销售额共计40.亿元；兑付家电下乡产品补贴200余万台，补贴金额达4.7亿元。使云南省近120万农户享受到了看得见的实惠。全省已经备案的“家电下乡”网点3800多个，基本覆盖了所有乡镇，对改善农村消费环境，促进城乡市场的相互衔接起到积极作用。农村消费市场有望进一步扩大。“家电下乡”基本实现了乡镇销售、售后服务体系全覆盖，推动农村消费结构升级。

消费品市场运行的不利因素

（一）发展的不确定性仍将制约消费增长

虽然全省经济运行回升向好，发展方式积极转变，全省国内生产总值超过7000亿元，同比增长12%左右。但国际金融危机影响仍然存在，巩固和发展经济转暖势头任务较重，未来经济发展仍然存在不确定性，这将直接导致居民消费行为和习惯趋于谨慎和理性，短期内大幅度扩大消费的难度仍很大。

（二）物价对消费品市场的影响

近年来CPI涨幅逐月扩大，特别是粮食、蔬菜等一些基本生活品价格涨幅较大，导致居民生活成本上涨，消费支出增加，对消费预期产生不利影响，并对其他消费产生挤出效应，进而影响到消费需求的持续增长。同时，农副产品价格高对餐饮企业经营也造成了一定的影响，原材料的价格上涨使企业的经营成本提高，餐饮业市场的竞争将更为激烈，企业的发展受到一定程度的影响。物价上涨过快，特别是粮油食品等生活必需品价格持续上涨，会直接增加低收入家庭的生活成本，对人们的消费预期产生负面影响。

（三）房产新政对消费品市场的不利影响

房贷政策调整的目的是稳定房地产市场，抑制不断攀升的房价，这对消费品市场长远发展产生积极影响，房价的下跌，就会有更多的消费者能够买得起住房，会带动建筑、装潢、家具、家电等相关消费品的增长；同时房屋总价的下跌，也会释放受压抑的其他消费需求。但从短期来看，房产新政出台后，目前，人多数购房者处于观望状态，房屋销售量下降，使建筑、装潢、家具、家电等相关消费品消费受到影响。同时，由于首付比例和利率的提高，又会导致部分消费者或继续积攒首付款，或增加利息支出，挤压其他消费需求，对消费品市场短期内的负面影响将进一步显现。

（四）三大问题制约农村消费需求扩大

一是消费传统导致农民轻消费重储蓄，农民收入增长缓慢。也影响农村的购买力和农民的消费信心；二是社会保障体系不健全和教育负担重抑制了农村居民的消费欲望。农村社会保障体系不完善，上学难、治病难、养老难，已经成为当前阻碍农民扩大消费的羁绊；三是农村商品市场体系还不完善，农村市场存在许多“硬伤”，比如信息服务体系还不完善，农产品“卖难”问题还未妥善解决。

建议

（一）以提高居民收入水平为突破口，改革收入分配结构，改善收支预期

要改善民生，实施更加积极的社会保障政策和完善基本公共服务体系，应提高劳动者报酬及福利待遇，即提高劳动昕得报酬占GDP的比重，加快整体工资水平的大幅度提高。从源头提高居民消费信心。

（二）完善家电等消费促进政策，扩大城乡居民的消费积极性

云南应结合实际，考虑城乡居民的实际消费能力，完善政策，加大优惠力度，提高财政补贴额度，同时，进一步简化补贴领取手续，扩大家电产品的范围，在规范政策执行的同时，切实考虑老百姓享受政策的便利，对进一步促进消费，提高全省城乡居民生活质量发挥重要作用。

（三）针对不同消费群体制定消费促进政策

要制定实施适合不同消费群体，鼓励其扩大消费的政策措施，使他们的消费欲望得到有效激发，并“各得其所”非常必要。同时，积极培育消费市场，通过开拓和加快消费信贷，以消费者的现实和潜在需求为导向，加快产品和产业结构升级换代，积极实施品牌战略；大力拓展服务消费，适应居民新的消费需求变化；发展信贷消费，促进居民消费升级，充分挖掘居民消费潜力。

（四）要把扩大农村消费作为扩大消费的重点

扩大农村消费是拉动内需的重要方面。一是要继续加大财政补贴力度，进一步拓宽“家电下乡”渠道，加大监管力度。二是加快改善农村生产生活条件，为农村消费市场的繁荣和农民消费水平的提高提供基本的硬件支持。三是着力发展农村经济，推进城镇化建设，力促农村消费结构升级。抓住“万村千乡市场工程”和“双百市场工程”深入推进的有利时机，完善农村流通体系和农村商务信息服务体系建设；四是增加适合农村市场需要的适销对路商品。加快调整产品结构步伐，适应农村消费新变化。

（五）统筹解决影响即期消费的体制件问题，增强居民消费信心

一是进一步强化政府的就业和社会保障职能，把扩大就业作为扩大居民消费的重中之重，加大各级财政对就业再就业的支行力度。二是进一步加强社会保障体系建设．增加投入、完善政策、健全制度。三是建立健全廉租房制度，解决低收入家庭住房问题。四是合理配置教育资源，促进教育公平。五是建设覆盖城乡居民的基本卫生保健制度。

（六）净化消费环境，加大整顿和规范市场经济秩序刚上作刀度整顿和规范市场经济秩序，营造公平、安全、有序的市场消费环境。

一是进一步加大“打假保名优”执法力度，严厉打击侵犯驰名商标和著名商标持有企业合法权益的违法行为，保护知名企业市场竞争力。二是加大反不正当竞争执法力度，严厉打击各种损害消费者利益的商业贿赂、限制竞争、虚假广告、消费欺诈等违法行为，营造良好的消费环境。三是进一步加大食品安全监管，强化食品安全质量监测工作，为消费者提供安全的食品消费环境。

（连桦）

供销合作

【综述】 2010年，云南省供销合作社在省委、省政府的正确领导下，在全国供销合作总社的指导帮助下，全系统干部职工解放思想、锐意改革、开拓进取，发展思路不断创新、推进力度不断加大、基础设施投入不断增加、工作措施扎实有力、网络档次全面提升、社会贡献日益明显、整体实力明显增强，呈现出各级党委、政府的重视前所未有、供销合作社的发展态势前所未有、全系统干部职工的工作积极性和热情前所未有、农民群众对供销合作社搞活农村流通的期盼前所未有、发展速度前所未有的良好局面。全系统实现经营总额379.07亿元，利润总额3.08亿元，上缴国家税费总额2.71亿元。省供销合作社被中华全国供销合作总社评定为“2010年供销合作社系统综合业绩优胜单位特等奖”，受到表彰。

【行业快速发展】 2010年，全省供销系统体制机制改革进一步深化，工作力度进一步加大、保障措施进一步落实。一是经营总额大幅度增长，突破300亿元。同比增长26.3%，达到379.07亿元。二是汇总利润显著增长，突破3亿元。增长26.27%，达到3.08亿元。三是化肥销量大幅度增长，突破700万标准吨。增加29万标准吨，达到729.8万标准吨。四是农产品收购大幅度增长，突破50亿元。增长40.8%，达到54.8亿元。五是专业合作社、综合服务社、专业协会发展快速增长，突破3000个。增长19.4%，达到3969个。六是配送中心建设快速增长，突破100个。增长125%，达到125个。七是农产品经纪人等新型农村流通人才培训数量大幅度增长，突破10万人次。增加3万人次，达到13万人次。八是所有者权益大幅度增长，突破40亿元。增长27.3%，达到41.44亿元。

【基础建设扎实推进】 一是基层网络建设扎实推进，标准化程度大幅度提高。2010年，新发展综合服务社1464个，完成标准化综合服务社提升建设1000个，累计发展农村便民超市6333个，50%以上的乡镇建设了购物超市，60%以上的行政村实现了超市进村。二是农民专业合作社发展快速推进，农民组织化程度大幅度提高。新发展农民专业合作社2136个，累计达到6156个，占全省农民专业合作社总数的80%以上，入社农户34.8万户，带动和服务农户218.2万户。三是配送中心建设扎实推进，配送率大幅度提高。全系统紧紧围绕农村现代流通经营服务体系建设，不断提升经营档次。截止到2010年底，累计发展配送中心317个。全省80%以上的县（市、区）建设了县级农资配送中心，农资配送率达60%以上；60%以上的县（市、区）建设了日用工业品配送中心，商品配送率达到40%以上；50%以上的乡镇建设了中心超市和农资配送分中心。四是综合市场建设扎实推进，就业人数大幅度提高。截止到2010年底，全系统累计发展专业合作社、综合服务社、专业协会2.45万个，新建和改造乡村集贸市场170个，就业岗位增长10%，全系统从业人员近50万人。云南今邦日杂公司发展农村连锁经营网点拓展就业岗位700多个；红塔区供销合作社“百信集团”扩大连锁范围，在楚雄、文山、普洱、迪庆等州（市）建设连锁超市，提供就业岗位2000多个。

【农资供应】 面对云南百年不遇的特大旱灾，云南省供销合作社把“抗大旱、保民生、促生产、助增收”作为压倒一切的中心任务，采取切实有力措施，全力保证农资商品供应。一是抓化肥储备。全系统千方百计筹措资金，组织好货源，搞好储备，截至4月底，筹措资金3.6亿元，储备各类化肥近40万吨，保证了春耕用肥高峰不断档、不脱销。二是抓服务到位。充分发挥农资超市、综合服务社、专业合作社贴近农民的优势，及时向农户提供农资和籽种的供应和服务，支持农民调整作物栽种品种，积极开展测土配方施肥和科学用药培训。三是抓质量保证。各地供销合作社广泛开展了“农资商品质量保证承诺书”和“三包一赔”服务活动，并积极配合工商、质检、公安等部门大力开展农资打假活动，防止坑农害农事件发生。四是抓价格稳定。各级供销合作社及其农资经营企业严格执行国家农资价格规定，并充分发挥供销合作社在农资销售中的主渠道作用，尽全力维护农资市场价格的相对稳定。五是抓农资支农惠农政策的落实。完成了省产90万吨化肥和省级10万吨边贫救灾肥的储备调供任务，兑现财政补助资金4000万元，确保省委、省政府支农惠农政策的有效落实。全年销售化肥729.8万标准吨、农药3.25万吨、农用塑料薄膜1.01万吨，保证大灾之年全省农资销售不断档、不脱销、无假货，为全省粮食增产、农民增收作出了积极贡献。省供销合作社机关还积极组织广大干部职工向灾区捐资160多万元，及时向怒江州贡山县“8.18”特大自然灾害受灾群众捐赠近50万元的生产生活物资。

【引进项目资金】 2010年，全省供销系统充分发挥财政资金四两拨千斤的作用，广泛动员和吸纳社会力量共同参与乡村流通基础设施建设，投资额大幅度提高。中华全国供销合作总社安排“新网工程”建设项目52个、资金2583万元；省级财政安排“乡村流通工程”建设项目158个，资金5000万元，省农开办安排农业综合开发项目4个，资金408万元；全省各级财政配套投入资金超过1.5亿元，带动引进合作资金和盘活资产资金24亿元，是“十一五”期间投资额度最大的一年。省供销合作社通过举办“云南省首届‘千社千品’暨农特产品展示展销会”，分别与北京、上海、天津、四川、重庆、海南等六省（市）供销合作社及国内外30多家企业达成项目合作协议，协议金额近9亿元，为云南农特产品进城和出省搭建了新平台；与台湾中如集团达成有机农产品合作开发意向协议。各地供销合作社以“统战”的理念引导社会资源共同建设“乡村流通工程”，达成合作项目161个，引进项目资金7.71亿元。如大理州永平县供销合作社通过农资、日用品市场建设引进资金1000万元，盘活资产1000万元；祥云县供销合作社“乡村流通工程”建设投入资金3200万元，吸纳社会投入资金4455万元。

【食用菌产业发展】 2010年，省级财政继续安排1000万元食用菌产业发展专项资金，启动项目56个。其中食用菌加工项目19个，投资总额2.87亿元；食用菌资源保护及人工促繁项目21个，投资总额1.65亿元；技术推广项目8个，投资总额3466万元；食用菌市场开拓项目8个，投资总额1.8亿元，带动投资6.7亿元。

全省新建和改扩建食用菌中小型专业批发交易市场20个，其中交易量在5000吨和交易额1亿元以上的3家；利用现代商务技术，新建电子交易批发市场1个，年交易额3000万元；完成了“云菌”商标注册和国家“十一五”科技支撑重点项目《食用菌产业升级关键技术研究与开发》技术研究并通过验收，其资源保育技术、保鲜加工技术、质量安全技术处于国内领先水平。全省食用菌加工生产、经营企业达到400家，从事食用菌餐饮的企业达到600家，直接从事食用菌生产加工和销售人员5万余人，比上年增加1.1万人。全省食用菌总产量10.8万吨，其中野生食用菌4.6万吨；栽培食用菌6.2万吨，增长44%；农业产值22亿元，增长7.31%；工业产值15亿元，增长25%；实现销售收入35亿元，增长9.38%。出口创汇7827万美元，增长21.2%。其中，出口松茸2441批，990.19吨，货值3636.9万美元，分别增长31.59%、13.98%和9.09%；出口牛肝菌类产品810批、1.19万吨，货值8212.8万美元，分别增长39.9%、53.54%和34.53%。食用菌出口量及创汇额均创历史新高，继续保持全省农产品第二大出口和创汇位置。

【打造龙头企业】 根据“新网工程”和“乡村流通工程”建设要求，培育和打造农资、日用工业品、再生资源和食用菌等龙头企业工作取得较大进展。截止到2010年底，全系统打造龙头企业200余个。其中，农业产业化龙头企业40个，带动农户32.08万户，帮助农民实现收入9.27亿元。省供销合作社直属企业联合开发跑马山及羊甫的项目论证工作全面启动；县级供销合作社组建企业集团工作稳步推进，部分实力较强的企业已进入集团化运作，涌现出昆明再生资源集团、红河州农资公司、红塔区百信集团、永善县供销兰花集团、鹤庆县供销合作社蚕桑公司、巍山县供销社啤大麦公司、永德县供销集团等一批带动和辐射能力强的龙头企业。

【行业建设】 结合新农村建设的实际，把农民经纪人队伍培训作为服务“三农”的重要工作来抓。一是以培训县、乡基层供销社领导和业务骨干为主，带动行业职工培训；二是以培训乡村干部、农合组织负责人为主，带动农民实用技能培训；三是以培训农村个体能人大户和回乡初高中毕业生为主，带动农村妇女、少数民族等其他人员的培训。全年举办行业职工和农产品经纪人等新型农村适用人才培训班2321期，培训农民经纪人3万余人，其中1.4万人取得国家职业资格证书，行业队伍素质普遍提高。2010年，云南省供销合作社培训工作在全国省级供销合作社评比中名列第一，被评定为“全国供销合作社行业国家职业技能培训与认证突出贡献单位”。

【社有资产管理】 2010年，省国土资源厅、省供销合作社联合转发了《国土资源部 中华全国供销合作总社关于加快供销合作社土地确权登记工作的通知》（云国土资〔2010〕153号），完成全省供销合作社系统土地确权登记680宗，依法保护了供销合作社土地权益。按照省政府领导在《云南省供销合作社关于云南省农业生产资料公司违规违法改制导致国家和集体巨额资产流失建议重新依法改制的请示》上的批示要求，由省监察厅牵头，省财政厅、省审计厅、省国资委、省工商局、省工信委、省供销社等部门组成联合工作组，对省农资公司2001年改制问题进行专项清理核实，查出隐瞒未纳入改制资产2.87亿元、虚假出资2619.16万元，挽回国家和集体的巨额资产损失，并在此基础上根据公司章程重新登记，实现了国发〔2009〕40号文件“对为农服务的骨干龙头企业，要保持供销合作社控股地位”的要求，为打造农资集团奠定了基础。在项目投资和资产管理工作中，全省供销合作社认真落实监督管理措施，加大跟踪检查力度，加强资产收益绩效评价，促进了社有资产的保值增值，省财政厅在“新网工程”和“乡村流通工程”项目建设绩效考评中，对供销社的资金使用情况给予充分肯定，省审计厅在对省供销合作社资产管理的审计中，对供销合作社给予高度评价。

（马美平）

进出口贸易

2010年，云南外贸实现了跨越式发展，在一年中迈上50亿美元的台阶。进出口额133.68亿美元，比上年增加53.41亿美元，增长66.54%，增速位居全国第四，比全国的34.7%高31.8个百分点，位次在全国排名第二十一位，比上年前移二位。出口76.06亿美元，增加30.9亿美元，增长68.42%，进口57.62亿美元，增加22.52亿美元，增长64.16%。一般贸易111.74亿美元，增加46.84亿美元，增长72.17%，在整个贸易中的比重占83.6%，其中出口63.6亿美元，增加26.96亿美元，增长73.58%，进口48.13亿美元，增加19.86亿美元，增长20.28%。加工贸易4.59亿美元，增加1.84亿美元，增长66.91%，其中出口2.57亿美元，增加1.12亿美元，增长77.24%，进口2.02亿美元，增加7200万美元，增长55.38%。边境贸易17.36亿美元，增加4.75亿美元，增长37.67亿美元，其中出口9.88亿美元，增加2.81亿美元，增长39.75%，进口7.47亿美元，增加1.93亿美元，增长34.83%。

对外贸易取得的成绩，主要原因是在观念上、措施上，实现了对贸易结构的不断优化，让进出口工作紧紧抓住了转变经济增长方式、调整外贸结构这个发展的大方向，根据出口商品的潜在优势，进行积极引导、扶持、发展，有效地促成产业效益的形成，首先使机电产品成为云南的出口主力，使产品的出口质量、出口形象、出口实力发生根本性的质变。出口工作充分体现云南的山区优势、物种优势、气候优势，在出口结构调整中着力培植农业经济，看准了云南农业经济在出口市场中将充分地体现它的稀缺性增长优势，以及科技在农业附加值产出中的后劲，使云南的农业经济在出口中体现出了时代的特色、竞争力的特色和区域的分工特色。出口工作进一步开发、锁定了与东南亚北部地区的经济互补性，为云南外贸的可持续发展、优质发展、主动发展提供了条件。从总体看，出口工作体现对整体经济及环境的思考与引领，外贸工作“转方式、调结构”取得初步成效，商品结构明显改善，机电产品、农产品和纺织品占全省出口的比重接近50%，传统出口产品比重下降到20%以下。在出口中占比重最大的3个产品是：机电产品，占总额的22.6%；农产品，占17.8%；磷化工，占15.1%，有色金属和磷化工等传统产业主导云南出口的局面已经改善。出口金额增幅在100%以上的商品：金属制品、蘑菇罐头、松香、服装、铝、锡，这些产品体现了云南出口结构主体的优化，也兼顾了云南出口结构在转变中的过渡。在出口金额中，负增长的产品：辣椒、果蔬汁、磷酸、有色金属、银、铅、焊锡、水产品、玉石，这些产品的负增长没有普遍超出市场的正常波动，体现了高污染、高能耗、资源性产品在市场竞争中的软弱与尴尬。如有色金属的出口总数量虽然增长78.4%，但总金额下降25.3%，说明两高一资的传统出口结构，自身的经济发展受到多种制约，在国际市场上的出路也很尴尬。

在进口工作中，云南省结合经济的发展，利用资源性产品需求的不断增长和外汇充实的良好时机，及周边国家的国情特点和发展机遇，加大对进口产品结构的优化力度、增大进口的力度，实现进口的极速增长。在进口中，占比最大的3个产品：金属原材料，占总额的46.7%、农产品，占15.1%、机电产品，占14.6%。在进口产品中，金额增幅在100%以上的商品：铜矿砂、铅矿砂、锡矿砂、铬矿砂、棕榈油、大豆、铜，其中，铜的增长1962.6%，这些产品反应云南原优势产能的基础需求，及新形势下境内外产能的互补性需求。出口金额负增长的产品：钴矿砂、锌矿砂、贵金属矿砂、芝麻、腰果、金属制品、电器、铁道运输设备、氧化铝、初级塑料、水产品、聚乙烯、硫化橡胶制品。

2010年，云南省积极开拓国际市场，帮助企业抓订单、抢市场，积极组织企业参展，参加韩国、日本农产品市场开拓推介会、美国品牌展、波兰国际食品、饮料及工业展、俄罗斯食品推介会、巴黎食品博览会、英国农产品市场开拓推介会；协助其他部门筹办斯里兰卡经贸推介会、泰国食品展、香港礼品展、香港美食展、第八届沙迦中国商品交易会、台湾两岸优质食品暨设备展；组织省内63家企业参加第107届广交会，61家企业参加第108届广交会；帮助企业利用好华交会、东盟博览会等展会平台，市场开拓取得良好效果，市场多元化战略成效显著，全省贸易伙伴由2009年的170多个拓展到190多个。

2010年云南对外贸易国别、金额状况　　单位：美元

项目	出口			进口		
	本年累计	上年	增减%	本年累计	上年同期	较同期增减%
全省合计	7605682142	4516419840	68.4	5762265024	3510192835	64.2
其中：东盟	2899954938	2099159203	38.1	1675497290	1052096592	59.3
（比重%）	38	46		29	30	
欧盟						
（比重%）						
其中：亚洲	5114371098	3410706281	50	2608130299	1466684101	77.8
（比重%）	67	76		45	42	
非洲	530880682	121324425	337.6	257721961	166999329	54.3
（比重%）	7	3		4	5	
欧洲	1018712295	528803568	92.6	715324080	681198124	5
（比重%）	13	12		12	19	
拉丁美洲	460371368	128625038	257.9	1339076592	473702020	182.7
（比重%）	6	3		23	13	
北美洲	382603686	259419398	47.5	281691869	248958633	13.1
（比重%）	5	6		5	7	
大洋洲	98743013	67541130	46.2	560320223	472650628	18.5
（比重%）	1	1		10	13	
其中：南亚	765543909	394927897	93.8	165255183	145797838	13.3
缅甸	1110432409	775059263	43.3	649213448	452316028	43.5
柬埔寨	3696075	2932824	26		740815	-100

项目	出口			进口		
	本年累计	上年	增减%	本年累计	上年同期	较同期增减%
朝鲜	797592	1103087	-27.7			
中国香港	217415479	318336979	-31.7	5740029	3539182	62.2
印度	515838358	234709127	119.8	161989339	144546563	12.1
印度尼西亚	167855770	144507271	16.2	268143557	200188981	33.9
日本	227282387	199019776	14.2	229072334	70590703	224.5
老挝	102891762	74341668	38.4	100904751	80667692	25.1
中国澳门	12901357	8147721	58.3			
马来西亚	210786241	115011403	83.3	347071034	105556081	228.8
菲律宾	38769270	43598131	-11.1	4512395	15243408	-70.4
沙特阿拉伯	80123087	13969218	473.6	82122462	40831161	101.1
新加坡	142691919	79476613	79.5	14241879	35590076	-60
韩国	158486325	88839222	78.4	7160022	14151933	-49.4
泰国	332675248	202654033	64.2	130754026	33097935	295.1

项目	出口			进口		
	本年累计	上年	增减%	本年累计	上年同期	较同期增减%
越南	788747124	661323536	19.3	160648249	128695576	24.8
中国				9213534	3058951	201.2
中国台湾	102392158	92289850	10.9	11050030	19438167	-43.2
非洲其他国家（地区）		2162	-100			
英国	50977808	37898164	34.5	21527860	10496421	105.1
德国	206336216	109236533	88.9	152568217	225052148	-32.2
法国	69738916	42159333	65.4	44083581	29128338	51.3
意大利	113150177	69612292	62.5	51891948	83771224	-38.1
荷兰	118770967	60015163	97.9	47293214	36248442	30.5
西班牙	105264830	54445267	93.3	64481134	47855825	34.7
俄罗斯联邦	23804674	12664078	88	36633516	9945690	268.3
乌克兰	42901642	6603686	549.7	483571	430000	12.5
阿根廷	77394558	9040443	756.1	15645235	626544	2397.1
巴西	152966241	49207696	210.9	247317068	73764815	235.3
墨西哥	57828825	33539648	72.4	166495664	67381718	147.1
加拿大	29775836	23411435	27.2	37889135	54131157	-30
美国	350836440	234021963	49.9	243802734	194827476	25.1
澳大利亚	72588492	61979921	17.1	558948989	471624334	18.5
新西兰	15342526	3562543	330.7	1371234	1026294	33.6

十一五期间，全省累计完成进出口总额460.9亿美元，是“十五”期间的近3倍，对外贸易拉动全省经济社会发展、进一步扩大开放的作用不断增强，并呈现主要特点：一是对外贸易商品结构明显优化。从出口看，机电产品出口额占全省比重从“十五”末的13%提高到2010年的22.6%，成为第一大类出口产品，高新技术和农产品出口占比也稳步提升。磷化工和有色金属出口占比分别由“十五”末的19%和21.6%下降至2010年的15.1%和3.2%。出口商品结构实现“两高一资”产品持续下降，高技术含量和高附加值产品比重进一步提高，商品结构显著改善。从进口看，金属矿砂进口占比由“十五”末的36%上升至46.7%，为云南经济发展提供了急需原材料。二是外贸市场继续巩固拓展。“十一五”期间，云南与东盟国家进出口总额为“十五”期间的2.7倍。在稳定传统东盟市场的同时，开拓了拉丁美洲、非洲市场，全省贸易伙伴由130多个拓展为190多个。2010年云南对拉丁美洲贸易较“十五”增长4倍多；对非洲进出口较“十五”增长6倍多；与欧洲、大洋洲进出口分别较“十五”期间增长4倍和3倍，市场多元化战略取得突破。三是贸易方式和贸易主体全面协调发展。“十一五”期间，云南一般贸易和边境贸易实现大幅增长。2010年，云南一般贸易进出口、边境小额贸易进出口分别是“十五”末期的3倍和2倍。从贸易主体看，民营企业发展势头强劲，2010年民营企业实现进出口73.23亿美元，是“十五”末的5倍，占全省外贸总额的比重由“十五”末的29.8%上升至56.6%，民营企业和国有企业一道成为全省外贸的支柱力量。

（杨明）

利用外资

2010年新批外商投资项目163个，实际引进外资13.3亿美元，比上年增长46.2%，首次突破10亿美元大关，引进外资迈上新台阶，占全国实际利用外资的比例首次突破1%。外商投资产业结构进一步优化，租赁和商务服务业、公共设施管理业、批发零售业引进外资同比分别增长7.1倍、8.9倍和1.5倍。引进外资大项目增多，单个项目平均引进外资规模达815万美元。招商引资环境明显改善，法规政策体系进一步健全，投资吸引力不断增强。

2010年4月6日出台的《国务院关于进一步做好利用外资工作的若干意见》，进一步开放外资的准入，云南及时将投资总额3亿美元以下的鼓励类、允许类项目以及总投资3000万美元以下的商业领域投资项目审批权全部下放到全省25个审批部门，进一步扩大了各审批部门的审批权，为一些大项目的审批落地创造了条件。省政府2010年6月24日《云南省政府关于进一步加强外来投资促进工作的若干意见》，营造了吸引外资的良好环境，有效地降低了投资者的创业成本和营运成本，有利于塑造创新、诚信、开放、开明的招商引资新形象。经过省商务厅的积极努力，曲靖经济技术开发区获国务院的批准升级为国家级经济技术开发区。2010年，跨境经济合作区建设工作被列为省政府20项重点工作之一，省商务厅和越南先后在昆明和河口分别召开了2次会议完善《云南省政府与老街省人委会“关于加快推进中国河口——越南老街跨境经济合作区建设合作的框架协议”》，6月8日举行UNDP援华项目“中越跨境经济合作区指导委员会第三次会议”，顾朝曦副省长与老街省人委会裴氏金蓉副主任共同签署了协议。中缅、中老项目正在加紧推进，中缅项目可研和磨憨边境经济合作区升级为国家级的可研仍在深化。西部大开发实施10周年以来，云南开放型经济迅猛发展，利用外资实现了总量不断增加，规模逐渐扩大，增速逐步平稳，质量逐年提高的历史过程。外资的进入，为云南加快经济社会发展、扩大对外开放作出了积极的贡献。

2010年云南省利用外资分行业统计表　　金额单位：万美元

地区	项目（企业）个数			合同外资金额			实际使用外资金额		
	本年数	上年同期	同比±%	本年数	上年同期	同比±%	本年数	上年同期	同比±%
总计	163	190	-14	151755	168249	-9.8	132902	91010	46.0
农、林、牧、渔业	16	22	-27.3	17334	7670	126.0	1657	5237	-68.4
采矿业	8	4	100.0	9440	10324	-8.6	7954	929	756.2
制造业	31	26	19.2	33583	37059	-9.4	25942	24944	4.0
电力、燃气及水的生产和供应业	11	8	37.5	17005	19604	-13.3	15861	13245	19.8
建筑业	5	14	-64	14708	49116	-70.1	29555	11151	165
交通运输、仓储和邮政业		3	-100		7394	-100		1834	-100
信息传输、计算机服务和软件业	5	6	-16.7	656	1403	-53.2	3436	4288	-20
批发和零售业	32	31	3.2	14670	5571	163	14878	6004	147.8
住宿和餐饮业	8	14	-42.9	1471	5811	-74.7	1929	3754	-48.6

地区	项目（企业）个数			合同外资金额			实际使用外资金额		
	本年数	上年同期	同比±%	本年数	上年同期	同比±%	本年数	上年同期	同比±%
金融业	1	2	-50	4501	12250	-63	3572	1881	89.9
房地产业	6	2	200	9790	7031	39.2	10952	10496	4
租赁和商务服务业	28	46	-39.1	7667	920	733.4	6589	814	709.5
科学研究、技术服务和地质勘查业	1	4	-75	1002	905	10.7	1924	854	125
水利、环境和公共设施管理业	9	1	800	17417	1462	1091.3	7112	718	890.5
居民服务和其他服务业		3	-100		373	-100		2880	-100
卫生、社会保障和社会福利业		2	-100		1126	-100		787	-100
文化、体育和娱乐业	2	2		2511	230	991.7	1541	1194	29.1

十一五期间，云南实际利用外资37.5亿美元，仅2009年利用外资规模就接近“十五”期间实际利用外资的2倍，外商投资的增长有效弥补内资的投资不足，带动相关产业的发展，增加就业机会和税收。“十一五”期间，云南利用外资领域不断拓展，质量明显提高。外商投资不仅涉及烟草、旅游、制药等传统领域，还扩展到城市基础设施建设、商业零售、金融服务等领域，制造业、农业、服务业、房地产业等领域，利用外资所占比例不断提高，外资在促进云南经济结构调整中的作用不断增强。投资主体进一步优化。外资来源地扩大到了多个国家和地区。（杨明）

对外经济技术合作

2010年，云南对外工程承包营业额9.8亿美元，比上年增长33.5%。“走出去”主体不断优化，初步形成边境民营企业、省属大型企业和中央企业多头并进的良好格局。对外经济合作市场不断扩大，对非洲和南美洲市场开拓迈出实质性步伐。替代种植取得明显成效，进一步得到国家的大力支持，种植面积和企业在稳步增加。对外承包工程方式不断创新，合作领域不断拓宽。云南对外承包工程项目，最初多以劳动密集型的房建、修路等土木工程为主，目前已逐渐拓展到资金技术密集的水电、冶金、机械设备等领域，云南外经业务正朝着附加值较高的领域发展。对外经济技术合作的主体结构不断得到优化。以贯彻落实国务院《对外承包程管理条例》和商务部《对外承包工程资格管理办法》为契机，外经工作积极动员符合条件的企业申报对外承包工程经营资格，让更多的企业加入到对外承包工程的队伍中。为了促使云南外经企业联合抱团“走出去”开拓国际市场，给企业间的交流与合作搭建平台，举办云南省外经企业沙龙暨2010年第一次联谊活动。通过经验交流、座谈和联谊的形式，促进沟通交流、让大家分享经验，促进企业间的资源整合。通过对接，促成联合外经与十四冶的合作。在2010年昆交会期间，通过图片、文字充分展示云南作为我国向西南开放的重要桥头堡所具备的优势，同时也借此展示云南外经工作。根据年初工作安排，按照“稳定周边、发展非洲、进军南美、探索中东”的外经发展工作思路，组织赴南美洲和非洲的2个外经市场开拓团，这是云南对南美洲和非洲外经市场组织的首次考察。通过考察活动，代表团对南美洲和非洲国家的外经市场有更为深入的了解，扩大了合作伙伴，推动了一批项目。尤其是了解到非洲国家的外经市场潜力巨大，前景广阔，值得进一步深入拓展。外经工作强化了服务意识。积极做好各项外经扶持政策的宣传指导工作，充分发挥政策导向作用，用足用活各项扶持政策，密切关注国内、国际宏观环境的变化和国内有关政策的调整，及时深入外经企业进行政策宣讲和情况调研，提出应对措施。加强与海关、商检、外管、公安出入境管理等各有关部门的联系和配合，帮助企业协调解决各种困难。

2010年云南对外工程承包统计报表

金额单位：万美元

	新签项目数	新签合同额	上年	增长%	完成营业额	上年	增长%
合计	22	97130	92403	5.1	98464	73755	33.5
一、分国别							
（一）亚洲		92481	86892	6.4	62381	42597	46.4
1. 缅甸	2	53567	34095	57.1	42238	16716	152.7
2. 老挝	3	21785	15539	40.2	19982	15775	26.7
3. 越南	5	2289	4809	-52.4	1078	5987	-82.0
4. 柬埔寨	1	339			312	102	205.9
5. 泰国	4	12269	27452	-55	1629		
6. 其他	3	2232	4997	-55.3	1719	4317	-60.2
边境经合业务							
（二）非洲	1	2379	5420	-56	31186	30858	1.1
（三）其他	3	2270	91	2394.5	321		
二、分行业							
1. 交通建设	10	8092	9962	-18.8	28817	16792	71.6
2. 房屋建筑	2	22991	12142	89	18884	18476	2.2
3. 电力	9	53196	31611	68.3	46589	23179	101.0
4. 石油化工			344	-100		342	-100
5. 环保产业建设						1300	-100
6. 矿山建设		735				950	-100
7. 供排水					1087	424	156
8. 环保产业			38344	-100		12292	-100
9. 其他	1	12116			3087		

对外投资工作。云南抓住人民币升值对对外投资的良好机遇以及劳动力市场出现的新情况，促进对外投资积极开展，新批境外投资企业49家，实际投资4.7亿美元，比上年增长75.6%，对外实际投资额进入全国前10位。对外投资领域不断拓展，从矿产资源开发向电力、农业、基础设施建设等多领域延伸。在投资增量、市场份额、服务平台、投资主体等方面取得了突破。在中央关于把云南建设成为西向开放的桥头堡指示精神以及省委、省政府“两强一堡”建设目标指导下，全省各类企业对外开放意识高涨，抓住历史机遇，利用自身优势走出去。在中国—东盟自贸区建成的鼓舞下，企业积极利用中国与东盟签订的投资协议，加大对东盟国家的投资，东盟市场份额进一步扩大。借云南“桥头堡”建设之机，加强和巩固东南亚及南亚市场，依托云南企业在缅甸、老挝、越南、斯里兰卡四国设立商务代表处，是践行“桥头堡”建设的一项重要成果。按照“政府监管、依托企业、资源整合、发挥优势”的原

则，完备国外申报备案程序，确定资金扶持方式，最后完成挂牌，正式开始运作。同时制定代表处管理办法，充分发挥和严格规范代表处“窗口、协调、桥梁、服务”的职能作用，对发达国家的投资实现重大突破。云南冶金集团经过认真研究，成功并购加拿大赛尔温铅锌矿，投资金额9000万美元。为云南大型矿产资源类国有企业进军发达国家市场提供了参考和思路，在投资国别和投资形式方面都提供了良好的借鉴意义。另外，传统外经企业逐步向对外投资等业务拓展，工程与投资的互动效应明显。以云南建工、云南阳光道桥股份公司为代表的企业逐步改变以工程承包项目为进军国际市场的主要形式的思路，在积累了国际市场经验的前提下，积极开展对外投资业务。云南建工以云南海外投资公司为依托，积极开展老挝综合新区开发、大米加工厂等业务，云南阳光道桥股份公司在非洲承建公路的基础上，积极筹措成立投资公司，实现对外资源的综合开发。

2010年云南省境外投资统计表 **金额单位：万美元**

	新批境外投资企业	协议投资额	上年	增长%	实际投资额	上年	增长%
合计	49	818992.09	49917.55	1540.7	47404.45	27000.46	75.6
一、分国别							
（一）亚洲	40	807491.45	48499.98	1564.9	36600.45	24608.81	48.7
1. 缅甸	5	767475.04	18084	4143.9	20584.95	8572	140.1
2. 老挝	22	24548.51	23618.95	3.9	6309.5	9669.18	-34.7
3. 越南	5	9667	232	4066.8	3531	2041	73.0
4. 其他	8	5800.9	6565.03	-11.6	6175	4326.63	42.7
（二）非洲	1	500	2.77	17950.5	398	1000	-60.2
（三）其他	8	11000.64	1414.8	677.5	10406.01	1391.65	647.7
二、行业							
	新批境外投资企业	协议投资额	上年	增长%	实际投资额	上年	增长%
1. 农业	17	13586.2	6056.8	124.3	2357	2241.7	5.1
2. 林业	1	22			103.95	168	-38.1
3. 矿产	11	23949.734	20381.53	17.5	16967.5	11566.33	46.7
4. 油气							
5. 电力	1	773251.5	20435.29	3683.9	21947	12315.07	78.2
6. 冶金加工	2	367	150	144.7	1126		
7. 机械制造	1	188			602	362.5	66.1
8. 交通运输							
9. 房屋及路桥建设	1	2500	5.04	49503.2	2402		
10. 轻纺加工	1	990	100	890.0		130.42	-100.0
11. 化学工业							
12. 邮电通讯	1	14.65					
13. 医疗制造	1	15	288.8	-94.8			
14. 教育			35	-100.0			
15. 其他	12	4108.006	2465.09	66.6	1899	216.44	777.4

劳务合作。受国际金融危机的影响，国际劳务市场受到冲击，2010年派出各类劳务人员1.13万人次，比上年增长40.7%。随着一批央企落户云南并在周边国家开展水利水电项目建设，这些项目急需大量的水利水电专业技术人才。上半年，省商务厅批准中国水利水电第

十四工程局有限公司成立“云南省外派劳务水利水电专业基地”。目前，已经批准成立省级外派劳务基地20个、国家级外派劳务基地1个，基本形成门类较为齐全的外派劳务基地。外派劳务基地软硬件设施进一步改善，培训能力进一步提升，年培训外派劳务人员近万人。云南外派劳务经营公司仅有3个，外派劳务经营规模较小。2010年省商务厅积极为云南的基地与省外公司搭建合作平台，引进省外10余家公司与云南外派劳务基地开展外派劳务合作，组织多家外派劳务基地赴重庆召开对接会等活动，取得了良好效果，上半年，省外公司在云南招收劳务人员225人，占云南外派纯劳务的31．7%，同比增长150%。

十一五期间，云南对外工程承包、劳务合作、设计咨询合同累计营业额32．7亿美元比“十五”的14亿美元增长2．34倍。外经业务由单一的工程承包和劳务合作向总承包、带资承包、BOT等方式转变，云南与以次区域五国为主的东盟国家经济合作不断加强，合作领域不断扩大。境外投资向多元化迈进。“十五”期间，云南境外投资还处于起步探索阶段。十一五期间，云南境外实际投资矿业、电力、农业仍是主要领域，但增加了烟草、医疗器械、食品以及服务业，呈现多行业、多领域共同发展的良好势头。随着一批重大项目的成功实施，云南企业在次区域国家树立的良好形象和信誉进一步巩固，企业“走出去”谋求发展的步伐不断加快。境外罂粟替代种植也迅速发展。5年来，新增替代企业100多家，新增投资近11亿元，实施替代项目150多个，累计替代种植面积超300多万亩。替代项目遍及老挝北部七省、缅甸北部掸邦和克钦邦，主要包括橡胶、甘蔗和热带水果等47个品种。替代种植企业素质不断提高，双边合作顺利开展，示范项目有序推进，替代种植在禁毒除源的同时，也极大地推动了云南企业走出去，实现了经济效益和社会效益双赢局面。

（杨明）

昆明出口商品交易会及南亚国家商品展

2010年，第18届中国昆明进出口商品交易会召开的同时，举办第3届南亚国家商品展、第5届中国—南亚商务论坛和各项会期活动，昆交会的联动效应对经济的综合作用进一步体现。本届昆交会取得了丰硕的成果，各项外经贸成交累计24.81亿美元，比上年增长19.8%。其中：进出口成交13.36亿美元，增长23.7%；利用外资签约10.6亿美元，增长15.2%；对外经济技术合作签约8500万美元，增长19.7%。国内经济合作省外合作方计划投入资金994亿元，增长22.1%，其他联办省（区）市累计成交3174.6万美元。国内贸易现场成交29.16亿元人民币，其中，螺蛳湾国际商贸城轻工纺织馆实际成交498.2万元，产品主要为旅游商品、轻工、建材等。

本届昆交会及南亚国家商品展共设置标准展位2452个，比上届增加118个，为18年来最大规模。其中，昆交会设置2092个标准展位，比上届增加58个；南亚国家商品展设置360个标准展位，比上届增加60个。在总体安排上设置机电馆、生物资源馆、化工矿业馆、轻工纺织馆4个商品专业馆，境外来展馆、投资促进馆、绿色产业贸易交流馆3个专题馆以及“桥头堡”建设主题展示区和外资企业展示区。参展企业2306家，比上年增加44%，其中省外参展企业同比增加一成。共有23个国家和地区，国内21个省（区市）交易团参展，其中，境内外交易团参展比上年增加3个，南亚地区8个国家均组织参加了南亚国家商品展和中国－南盟经贸高官会，参展企业313家，比上年增加100多家。到会采购商和专业买家明显增多，据初步统计，展会开幕期间，国内外到会客商超过5万人，其中境外客商2万多人。

中国——南亚商务论坛达成广泛共识，正式成立“南盟各国工商会螺蛳湾商务办事处”；GMS经济走廊活动周达成多项合作意向，签署中越跨境经济合作区框架协议，为建设“桥头堡”前沿基地奠定了基础；第8届东盟华商会签署合作合同、协议共6项，总投资6.85亿美元，达成意向协议72个，总投资7亿美元；中国青年企业家昆明活动日期间，对20余个项目进行“一对一”接洽，进入昆交会签约金额3亿元。

2010年是云南全面推进“桥头堡”建设的起始之年，也是南亚国家商品展永久落户昆明的第一年。作为“桥头堡”建设的重要平台，本届展会及系列活动紧紧围绕国家和云南省委、省政府关于“桥头堡”建设的要求，着力打造面向南亚、东南亚的开放特色。一是在国际会展中心核心区域专辟了“桥头堡”主题展示区，集中展示云南建设中国面向西南开放重要“桥头堡”的有关情况，更广泛地宣传“桥头堡”战略、营造“桥头堡”建设的浓厚氛围。二是会期系列活动不断丰富，本届展会期间，还组织了第5届中国—南亚商务论坛、第2届GMS经济走廊活动周、第8届东盟华商投资西南项目推介会暨亚太华商论坛、第4届昆交会杯国际商务高尔夫球邀请赛、大湄公河次区域2010经贸推介及项目对接会、中阿联委会、中国－南盟经贸高官会、中国青年企业家昆明活动日等一系列重要活动，通过活动的举办，扩大了我国与南亚、东南亚各国的经贸合作交流，发展了友谊，增进了互信。

本届展会共有来访代表团47个，其中，国宾团1个，东盟、南亚国家部级代表团8个，东盟、南亚国家地方省（市）行政长官代表团13个，驻华使节代表团18个，其他代表团7个。共有94位境内外政府高官、商协会负责人、跨国公司总裁等重要客人莅会，其中，国外副部级以上官员48人，国内副部级以上官员30人。参展企业除数量明显增加外，各展位的布展水平也明显提高，其中特装展位1300多个，比上年增加200多个。

本届展会期间，在外经贸业务成交量大幅上升的同时，全省内贸成交29.16亿元，意向成交15.73亿元，昆交会步入内贸、外贸“双轮驱动”的协调发展轨道。云南特色优势产品尤其是农产品交易成果喜人。南亚、东南亚市场进一步拓展。在昆交会及南亚展期间进出口总成交13.36亿美元的统计中，南亚国家进出口累计成交4.03亿美元，占总成交额的30.2%；东盟国家进出口累计成交4.60亿美元，占总成交额的34.4%。出口总成交9.46亿美元，南亚国家3.13亿美元，占33%，成为本届展会的第一大出口市场。进口总成交3.90亿美元，东盟国家2.04亿美元，占52.3%，成为展会最大的进口市场。进出口商品充分反映了云南产业结构特点。从商品类型来看，出口商品的前三位是化工产品、农副产品和机电产品，分别为3.81、3.59、1.05亿美元，占比分别为38.9%、36.7%、10.7%，三项合计就占到总出口的86.3%；进口商品的前三位分别是有色金属、铁矿石和化工产品，分别达1.51、1.29、0.46亿美元，占比为38.7%、33.1%、11.8%，三项合计占总进口的83.6%。

由于联办各方和社会各有关方面的大力支持，近几年来，昆交会的展出规模和展出内容不断扩大，展览、交易均受到场地不足的限制。为解决这一问题，2010年昆交会与螺蛳湾国际商贸城开展尝试性合作，首次在国际会展中心之外的螺蛳湾国际商贸城设置轻工纺织馆150个展位。从运行情况来看，轻工纺织馆利用螺蛳湾国际商贸城的知名度和人流，成交额498.2万元。通过外向联合、资源共享、设置分会场的方式，有效解决昆交会硬件条件受限、展会空间不足等问题。

（杨明）

昆明海关

2010年，昆明海关在总署党组的正确领导和地方各级党政的关心支持下，认真贯彻落实科学发展观和党的十七大、十七届五中全会和中央经济工作会议精神，积极开展“现代新边关”建设，全力支持“中国向西南开放重要桥头堡”建设，不断优化海关监管和服务，较好地完成了全年各项工作任务。

一、强化税收征管

2010年，昆明海关强化归类、估价、原产地和减免税管理，加强税收监控和考评，不断优化税收征管各项业务指标，加强税源分析，深入挖掘税收存量和增量，不断完善综合治税长效机制，各部门间联系配合更加紧密，形成了强有力的综合治税合力，进一步提高了税收征管质量和水平，确保了税收应收尽收。全年共征收税款19.06亿元，同比增长9名。其中征收关税：3.06亿元，同比增长6%；征收进口环节税16亿元，同比增长9.2%，再创历史新高。

二、提高监管通关效能

2010年，昆明海关稳步推进通关监管两级质量管理，建立评估问效机制，业务作业流程进一步规范。实施关区查验工作分类指导，规范查验作业流程，布控查验的针对性和有效性明显提高，查验率为6.81%，较上年下降3.36个百分点；查获率达5.68%，较上年上升：3.61个百分点，查验质量进一步提升。推进以市场化模式新建、改造监管场所，对2个监管场所进行了验收，关区各类监管场所规范化建设取得新进展。参与口岸规划、建设等工作，办理口岸事务近100件，开展关区口岸通道管理研究，促进口岸通道规范化管理。机动车辆进出境管理进一步规范，稳步推进“边境机动车辆进出境IC卡管理系统”建设。提升舱单数据录入质量，强化进出口舱单核销监控，报关单数据事后批量复核工作逐步规范。围绕行邮税调整，强化对进出境行邮物品的实际监管。全年共审核进出口结关报关单11.37万份，同比增长18.3%；监管进出口货物901万吨，同比增长35.9%，进出口总值53.3亿美元，同比增长31.4%；监管进出境人员483万人次，同比增长26.8%；监管行邮物品41万件，同比减少5.4%；监管进出境车辆117万辆次、同比增长52.3%，飞机1.3万架、同比增长30.1%，火车8621节、同比减少30.7%，船舶6003艘、同比减少25.1%。

三、强化风险式管理和后续管理

2010年，昆明海关稳步推进集中管理、全员参与的风险管理模式，各业务部门间的联系配合更加顺畅，风险管理逐步覆盖业务工作各领域。运用绩效考核推动风险管理责任的落实，关区风险管理运行机制不断完善。拓宽风险信息搜集渠道，提高风险信息运用转化率，加强风险甄别参数和布控指令的运行监控和事后评估，风险分析的针对性和有效性进一步提高，关区风险管理实战运用能力进一步增强。各单位运用风险管理平台发布风险信息335条（篇），查获各类走私违规案件及情事97起，案值2834.64万元，追补税款59.57万元，整体布控有效率比去年提升2.8倍。强化企业“分类动态管理”，适时公布、调整企业管理类别调整情况。组织对关区40家边贸企业开展了规范进出口行为管理工作。以风险分析为先导，夯实稽查工作基础。弓I入4家中介机构协助稽核查工作，有针对性地开展市场调查和贸易调查。稳步推进“三查合一”工作。加快构建关企战略合作伙伴关系，与AA类及A类企业建立了联络员联系机制，与我关签订《规范企业进出口行为备忘录》的A类企业已升至4家，加大对关区报关单位、报关员和新注册企业的管理力度，开展关企交流和政策宣传，企业诚信守法意识逐步增强，进出口行为进一步规范。对55家企业的管理类别进行了动态调整。稽查企业88家，稽查补税入库359.29万元，移交缉私案件11起，涉嫌违规案值5415.29万元。

四、深入推进分类通关改革试点

2010年，昆明海关所属机场、瑞丽、河口三个海关试点实施出口货物分类通关改革工作，通过科学设置参数、优化作业模式、健全配套措施、强化监控评估，加强风险管理和后续管理，逐步实现监管时空的前推后移。试点海关80%左右的出口货物以系统自动放行方式通关，348家企业享受到了“低风险快速放行”模式带来的通关便捷。现场作业环节和岗位设置进一步优化，监管重点更为明确，整体通关效率明显提升。

五、始终保持打私缉毒高压态势

2010年，昆明海关综合运用刑事执法和行政执法手段，以情报信息为先导，始终保持打私高压态势，走私活动得到有效遏制。“以打促税”成效明显，组织开展了“打击磷出口走私专项行动”“打击出口骗退税百日专项行动”“打击废物（矿渣）走私专项行动”等专项斗争，相继查办了“3.26”、“5.13”、“9.02”、“11.23”等一批走私违法大要案件。禁毒人民战争深入推进，开展了“公开查缉毒品专项行动”，成功破获“10.09”等一批特大走私毒品案，得到国家禁毒委、云南省禁毒委的高度评价。认真履行海关非传统职能，严厉打击濒危野生动植物、固体废物和枪支弹药等非涉税物品走私活动。深入开展“扫黄打非”行动，加大对各类违禁印刷品、音像制品的查缉力度。继续加强关区刑事技术鉴定、缉毒犬工作，我关训导员及搜爆犬执行世博会和亚运会的反恐防暴任务，搜烟犬参与打击涉烟走私违法活动均取得了良好的社会效果。反走私综合治理有效开展，与云南省人民检察院、云南省烟草专卖局签订了合作备忘录，与云南省国税局等有关部门建立了打击骗取出口退税工作协调机制。全年共立案办理各类走私案件692起，案值4.76亿元，涉嫌偷逃税款1965万元，对138名走私犯罪嫌疑人采取了强制措施；查办毒品案件56起，缴获各类毒品104.099千克，易制毒化学品99.8吨；查获制式军用枪支配件8件，仿真枪配件14件；查获濒危野生动植物及制品案件17起；查获走私进口固体废物68吨；查获各类违禁印刷品、音像制品共计3497件。年内关区各业务部门向缉私部门移交案件1 82起，案值2581.94万元，涉嫌偷逃税款189.31万元。

六、海关统计监测预警作用进一步发挥

2010年，昆明海关加大报关单数据审核力度，丰富数据审核技术手段，进一步规范关区报关单证档案管理，报关单数据质量不断提升。

密切关注云南外贸整体运行情况，跟踪重点商品、重点贸易区域变化情况，多角度反映云南参与中国—东盟自贸区以及与南亚、GMS 次区域国家经贸合作，及时反馈进出口变化，加强统计分析和进出口监测预警，开展每月进出口数据速报工作，为地方党政决策和企业经营提供参考。年内共报送统计速报 12 篇，监测预警分析文章 62 篇，工作信息专报 54 期，90% 以上被中办、国办和省委、省政府采用，省领导批示 4 篇次，昆明海关参与的自贸区联合调研课题报告得到李克强副总理批示。

七、制定实施服务桥头堡建设的一揽子措施

2010 年，昆明海关全力配合国家调研组开展桥头堡建设各项专题调研，积极向国家和省委、省政府建言献策；及时向海关总署汇报桥头堡建设的进展情况、协调需国家层面支持解决的问题。协助海关总署与云南省政府签署了《署省合作备忘录》，以全面落实署省合作备忘录为载体，制定《昆明海关关于支持面向西南开放重要桥头堡建设的若干意见》，从 6 个方面提出支持桥头堡建设的 18 项措施，报总署批准并公告实施。

八、大力促进贸易便利化

2010 年，昆明海关巩固并扩大区域通关合作范围，全年通过“属地申报、口岸验放”模式办理进出口货物 559 票，货运量 25.7 万吨，货值 3.93 亿美元。完善会展监管模式，为昆交会、南亚国家商品展等提供了快捷优质通关服务。支持云南电子口岸建设，网上支付税费取得突破性进展，与 40 家企业签订网上支付税费协议，通过网上税费系统支付税款 1.386 亿元人民币，同比增长 2 倍。积极支持跨境贸易人民币结算试点工作，试点以来以人民币报关的进出口额达 59.12 亿元。继续推行重点口岸 5+2 工作制和 24 小时预约通关，为鲜活易腐货物以及国家能源战略重大项目建设物资设备提供便捷通关服务。

九、支持海关特殊监管区域建设和发展

2010 年，昆明海关优化保税监管业务流程，支持帮助昆明加工区拓展保税物流功能、扶持昆明高新区保税仓库、景洪、勐腊成品油保税仓库的发展，促进云南加工贸易的转型升级，全年共办理加工贸易备案手册 81 份，备案进口金额 2.91 亿美元，同比增长 1.12 倍。积极参与云南设立昆明综合保税区、红河综合保税区和跨境经济合作区的研讨论证工作，主动提供政策咨询和服务。加强与总署的沟通协调，多渠道向国家相关部委反映云南设立海关特殊监管区的需求。

十、认真落实国家税收优惠政策，支持云南特色优势产业发展

2010 年，昆明海关积极宣传并认真落实国家税收优惠政策。结合中国—东盟自由贸易区建立，先后 5 次开展专题知识培训，8 次接受新闻媒体专访，帮助各级地方政府和企业正确理解、充分运用各项优惠政策。依法审批，大力支持重大项目建设，推动云南骨干龙头企业的技术改造及产业升级。全年共审批减免税总货值 4.24 亿美元，减免税款 7.2 亿元人民币，其中审批替代种植项目进出口货值 1.83 亿美元，减免税款 4.33 亿元人民币。积极服务云南特色农业、花卉、“三石产业”以及旅游“二次创业”。以规范管理推动边民互市健康发展，关区边民互市进出口贸易量值大幅增长，达 72.7 万吨和 20.63 亿元，同比分别增长 51.71% 和 73.07%。引导企业加强自主知识产权保护工作，完善关区知识产权海关保护操作程序，加大知识产权海关保护力度，共查办各类侵犯知识产权案件 104 起，案值 180 万元，增长 4.5 倍，位居西部海关前列。

十一、海关国际合作服务于企业“走出去”平台作用不断增强

2010 年，昆明海关全面参与大湄公河次区域海关合作，务实推进《GHS 便利货物及人员跨境运输协定》实施工作。成功举办中越直属海关第四次会晤，在数据交换、执法合作方面取得积极成效；在河口—老街口岸成功举办首次中越海关与企业座谈会。牵头开展“边境海关合作模式”署级课题研究，积极探索与周边国家海关深化贸易便利化与执法合作的有效途径。支持中泰蔬菜换石油项目，为中泰车辆采取甩挂换柜直达互通运输方式等提供通关便利；积极向海关总署反映昆曼大通道跨境运输中存在的问题和瓶颈，并提出了加快推进中、老、泰三方跨境运输海关担保制度谈判、签署工作的建议。

出入境检验检疫

【概况】 2010 年，云南出入境检验检疫局受理报检 16.2 万批次，货值 51.3 亿美元（其中边民互市产品 6.19 万批次，货值 1.52 亿美元)，比上年批次增长10.28%，货值增长20.85%。签发各类原产地证明书2.19万份，签证金额10.27亿美元，分别增长11.13%和21.04%。出入境人员检疫查验1145.74万人次，健康检查2.99万人次，艾滋病监测2.96万人次，预防接种9.15万人次。检疫和消毒处理交通工具79.98万（辆、架、艘）次，从进出境货物中检验检疫出不合格货物6669批次，货值2.08亿美元。有6596批（货值2.01亿美元）进境货物经检验检疫处理合格后放行。从进境植物及植物产品中截获有害生物7561种次，计250种。与上年相比，有害生物种次增加5.45%、种类下降10.71%。口岸截获非法入境动物及产品75批次，450吨。从出入境人员传染病检测及健康检查中检出传染病2071例（其中检出HIV阳性111例、肺结核7例、性病32例）。

【“质量提升”活动】 2010年，按照国家质检总局在全系统开展“质量提升”活动的统一部署，云南出入境检验检疫局将“质量提升”的各项工作落到实处。一是强化“检、政、企”合作机制建设，初步建立共同应对进出口食品安全问题的机制；二是完成2096家企业信用评定，布控3家，降级1家，信用体系建设受到总局表彰；三是开展质量安全服务进万家活动，组织39次企业人员免费培训，召开22次出口产品质量分析会议，对8种重要商品进行质量解读；四是推动地方政府负总责的质量管理机制建设，帮助宾川县、普洱市政府推进出口食品质量安全示范区建设，并交由商务厅主管和牵头；五是各部门联合“双打”专项行动，对132家单位或企业的违法行为进行处理，涉及金额1000多万元，并查处1起盗用“QS”标识的违法案件；六是开展“实验室开放”集中展示月活动，接待695人次，提高全社会的质量意识，树立了云南出入境检验检疫局良好形象；七是与地方质监部门联合开展检测技能“大比武”、质量知识讲座，认证行政执法检查等活动。通过全面开展以上7个方面的活动，确保“质量提升”活动取得实效。

【推进云南“桥头堡”建设服务工作】 2010年，云南出入境检验检疫局按照省委、省政府要把云南建设成为我国面向西南开放的“桥头堡”战略部署要求，把握大局和发展方向，采取“九项措施”，加快推进云南“桥头堡”建设服务工作。一是积极争取国家质检总局的支持，努力提高云南省沿边开放水平；二是不断探索创新检验检疫监管模式，促进云南口岸通关便利化；三是努力创新疫情疫病防控机制，推进云南边境地区疫情疫病联控“3+1”防线建设；四是充分发挥检验检疫部门的职能作用，不断提高服务地方经济社会发展的能力和水平；五是加大检测能力建设，积极筹建国家质检总局新批准的5个国家级重点实验室，为推进“桥头堡”建设提供技术保障；六是打造电子检验检疫，提高信息化管理水平；七是加强口岸核心能力建设，提高云南口岸检验检疫国际化水平；八是加强国际间合作和交流，积极探索与“桥头堡”建设相适应的检验检疫监管模式；九是加大对国外技术性贸易措施研究，不断提升服务云南外贸发展的能力。通过狠抓九项措施的落实，推进云南“桥头堡”建设的服务工作初见成效。

【提升服务水平】 2010年，云南出入境检验检疫局采取服务于云南外贸经济的针对性措施。一是制定《云南局推进桥头堡建设工作实施方案》，向国家质检总局和相关部门争取对云南跨境经济合作区、“蔬菜换油品”，“冷果换热果”、进口老挝玉米等政策支持，破解昆曼公路“通而不畅”的难题。提出云南检验检疫局中缅油气管输项目实验室建设的前期准备工作方案；二是严格执行检验检疫费减免政策和《法检目录》调整政策，全年减免收费约2066万元；三是积极推动全省出口农产品安全示范区建设和基地备案工作。已完成497个出口基地备案，面积147.6万亩，奠定了扩大出口的良好基础；四是采取“一对一”措施，帮扶63家企业扩大出口。帮扶云南猪肉企业拓展国际市场，全年检疫出口8914吨，创汇2800多万美元，并首次实现出口吉尔吉斯斯坦；支持红塔集团及两烟出口，比上年批次增加15.1%，货值增加21.7%；帮扶力帆骏马集团扩大汽车出口，批次增加245.36%，货值增加78.22%；帮扶云南松茸和牛肝菌出口实现恢复性增长，全年检验出口松茸1100吨，牛肝菌1.7万吨，增长19.4%和80%，货值1.3亿美元；五是举办200多家企业参加的原产地证知识讲座和中国—东盟自贸区知识讲座，指导和帮助企业享受普惠制和自贸区优惠等政策，全年签发各类原产地证22.2份，减免进口国关税约3548万美元。采取以上5项措施，提升了服务水平，为云南外贸进出口总额达到创纪录的133.68亿美元作出了应有的贡献。

【应对国外技术性贸易措施】 2010年，云南出入境检验检疫局充分发挥技术支撑优势，积极有效应对国外技术性贸易措施。一是积极开展牛肝菌中尼古丁成因调查分析，妥善解决2008年以来牛肝菌尼古丁问题，促使欧盟将限量标准从0.01PPM放宽到2.3PPM，实现云南省牛肝菌出口恢复性增长；二是积极协助云南绿华食品公司请求国家质检总局食品局向日本厚生劳动省协调，促使日本撤销对其脱水青葱辐照的命令检查；三是针对近些年日本、韩国在我国出口猪肉食品中检出克伦特罗事件，开展出口猪肉质量专项整治，确保了云南产猪肉的安全品质，提高了云南产猪肉在国际市场上的食品安全知名度，促使云南猪肉出口逆势上扬，拓展了新市场；四是通过调查研究和科学的检测比对验证，找出热区水库养殖罗非鱼无机砷含量较高原因，指导企业按照美国FDA与欧盟食品安全委员会的食品安全标准组织生产，降低罗非鱼无机砷含量，符合出口贸易国食品安全标准，促使新海丰食品公司获得美国出口动物源性食品卫生注册资格，生产的罗非鱼产品成功打入喀麦隆、安哥拉、埃及、刚果、科摩罗、加纳等非洲市场以及墨西哥、哥伦比亚、阿联酋，并取得美国的第一份出口订单。通过以上工作，有效地应对了国外技术性贸易措施，大力扶持云南优势食品、农产品出口，拓宽了国际市场。

【进出口食品安全整顿】 2010年，云南出入境检验检疫局认真做好云南辖区进出口食品安全整顿工作，狠抓食品质量安全。一是认真做好打击违法添加非食用物质和滥用食品添加剂专项整治工作，对涉及使用食品添加剂的38家企业进行严格检查，未发现违法现象；对可能涉及使用添加剂的进口食品重点加强检验和检测；二是认真落实出口食品企业质量安全承诺制，与342家出口食品企业100%签订《出口食品质量安全承诺书》；三是落实进口食品收货人备案管理制度，敦促企业建立和完善进口食品追溯和召回管理制度；四是制定进出境动植物源性食品有毒有害物质残留和食品添加物质监控方案和抽样计划，将云南重点进出口食品、农产品以及食品添加剂纳入国家监控；五是强化进出口食品安全风险分析与预警，组织开展对重点进出口食品、农产品的安全风险分析；六是完善进出口食品安全问题定期通报会商机制，定期与地方政府和相关部门通报会商，研究措施，妥善处置进出口食品安全问题；七是明确责任机制，省局与各分支机构签订《进出口食品安全目标责任书》和《一岗双责责任书》；八是严厉打击边境口岸通道非法走私进口食品和农副产品行为，对查获的70批（次）、422吨非法入境动物、动物产品以及食品等进行了100%退回或销毁处理。通过以上工作措施，进一步建立健全了保障进出口食品安全检验检疫与监督管理的长效机制。

【出口食品基地备案和示范区建设】 2010年，云南出入境检验检疫局加强和推进出口食品种养殖基地备案和示范区建设，督促企业建立健全质量管理体系、强化源头管理和过程监管工作。一是积极推动出口食品、农产品的质量认证，帮助15家出口食品、农产品生产企业建立HACCP体系，帮助1家茶叶出口企业和1家咖啡出口企业建立GAP体系，并获得证书，有8家蔬菜、粮豆企业通过ISO9000认证；二是积极推进出口食品原料种养殖基地备案工作，对出口茶叶、咖啡、蘑菇、朝鲜蓟、青刀豆、新鲜蔬菜、水果、罗非鱼、活猪等食品生产原料进行种养殖基地备案，完成对40.3万亩茶叶基地和107.3万亩蔬菜、水果基地的备案工作；三是推进出口农产品质量安全示范区建设工作开展，全面提升了云南出口食品原料的种养殖科学化、规范化、标准化水平，从源头确保出口食品的卫生质量安全；四是加强对已备案生产企业的日常监督管理、生产加工过程各环节的监管，对基地使用的化学物品严格把关，从源头上控制产品的安全卫生质量，同时积极鼓励企业采取“企业+基地+标准化”的种植模式。

【确保供港澳蔬菜卫生质量安全】 2010年，云南出入境检验检疫局全面落实与深圳检验检疫局签订的《关于确保云南供港水果蔬菜安全扩大出口的合作备忘录》。一是重点做好与广东、深圳检验检疫部门的配合协调，逐步签订通关便利协议，加快供港澳蔬菜的出境通关速度；二是进一步加强与省农业厅、省商务厅的联系和业务沟通，优势互补、联合推动疫情把关和促进供港澳蔬菜出口的各项措施；三是进一步明确各出口企业和备案基地是供港澳蔬菜质量安全的第一责任人，促进企业形成自我约束、诚信经营的良好机制，从根本上把住供港澳蔬菜的卫生质量安全关，采取上述措施，进一步提高云南供港澳农产品的竞争力，促进云南农产品扩大出口，确保供港澳蔬菜的卫生质量安全。

【口岸艾滋病防治工作】 2010 年，按照省政府《云南省新一轮禁毒和防治艾滋病人民战争实施方案》的部署，云南出入境检验检疫局认真落实各项口岸防控措施。一是继续实行艾滋病防治目标责任管理。二是坚持经常性宣传教育与重要时段宣传教育相结合的原则，重点针对边民、外出务工人员及口岸从业人员，广泛深入地开展多种形式的宣传教育工作，并在各分支机构建立咨询室。三是进一步加强 HIV 检测实验室建设，对全省筛查、确正实验室的硬件进行补充、更新，云南国际旅行卫生保健中心 HIV 确证实验室通过了 IS09000 质量管理体系认证及 1.7 万个实验室认可（或计量认证），切实提高了检测质量和检测效率。四是继续开展防治艾滋病项目课题工作，完成总局《云南边境口岸艾滋病分子流行病学研究》课题，负责制定《国境口岸艾滋病/性病咨询规程》、《入出境人员 HIV 快速检测规程》等行业标准，口岸防治艾滋病同伴教育及艾滋病哨点监测项目工作取得明显成效。五是进一步加强口岸联防联控机制，与边防、公安、卫生、劳动和社会保障、民政、教育、外经贸、外事等部门建立口岸 HIV 监测协调机制，互通信息、相互支持、相互配合。2010 年，云南检验检疫局顺利完成了新一轮（2008 年～2010 年）口岸防治艾滋病工作计划。

【口岸登革热及其传播媒介监测】 2010 年，云南出入境检验检疫局针对云南边境地区伊蚊分布各项指数皆超标，而埃及伊蚊已经通过陆路从瑞丽市姐告口岸扩展到瑞丽市郊和陇川县，通过水路由澜沧江输入到西双版纳关累码头和景洪港，云南边境地区边民的登革抗体水平都普遍较高，瑞丽市和西双版纳勐腊县尤为突出的情况。为做好登革热防控工作，在瑞丽、德宏、腾冲、版纳、临沧等地开展登革热及其传播媒介的监测工作。通过监测一是初步证实埃及伊蚊已经完全适应了当地自然和人文环境，已经逐渐成为本地物种。二是埃及伊蚊的滋生地有逐渐向内陆推进的迹象。三是获得云南国境口岸伊蚊分布、密度、种群构成等较为可靠的资料。四是由于埃及伊蚊的入侵，云南伊蚊优势蚊种构成可能会发生改变。五是边境伊蚊分布各项指数的监测结果提示，只要存在登革热病毒，登革热流行的风险性极大。六是从登革热抗体水平监测及近年来登革热疫情情况分析，瑞丽市和勐腊县已经成为潜在的登革热流行地区。口岸登革热及其传播媒介监测工作，为云南蚊传疾病的防控工作提供了科学依据。

【实验室能力建设】 2010 年，云南出入境检验检疫局重视实验室能力建设，实现了跨越式发展，全面提升检测工作实力。一是加强重点实验室建设，按照国家级重点实验室能力建设与评定指南要求，食品、烟草、花卉、虫媒病 4 个国家级重点实验室接受国家质检总局重点实验室验收组专家核查验收；物种资源检测鉴定、野生食用菌、化矿产品、猴病、实蝇检疫与监测 5 个实验室列为国家质检总局批准筹建的“二次规划”国家级重点实验室；二是完成首次组织承担的《蓝舌病竞争酶联免疫吸附试验能力验证》工作，参加国家认监委组织的各种能力验证 22 项；三是充分应用现有先进仪器设备，开展病原菌分子生物学检测技术应用研究，致病菌检出率提高。开展卷烟端部落丝的检测项目，恢复卷烟透气度和吸阻的检测，增加烟叶还原糖和氮单元的检测，使检测效率在原来基础上提高 1 倍：四是顺利通过国家认监委 2010 年复评审、扩项评审的现场评审，2010 年申请扩项 401 项，现场评审项通过 340 项，技术中心实验室项目参数由原来的 604 个增加到 944 个，增长 56.3%；五是重视科研技术工作，国家质检总局和地方政府申报科研项目 6 项，批准立项 6 项 ，申报制标项目 6 项，批准 6 项。

（洪应松）

金融业

【综述】2010年在省委、省政府的正确领导下，省政府金融办深入贯彻落实科学发展观，牢牢把握工作主动权，认真贯彻党的十七大、十七届五中全会、省委八届八次、九次全会精神和省委、省政府有关金融改革发展的一系列重要部署，切实履行协调与推进、管理与服务、桥梁与纽带的职能，推进全省金融改革发展取得重要突破，为建设面向东南亚、南亚的区域性金融中心奠定了重要基础，为服务全省经济社会发展，加快经济发展方式转变做出了重要贡献。

【金融发展水平快速提高服务经济社会发展能力显著增强】

金融规模跃上新台阶 2010年，全省新增人民币贷款1789亿元，贷款融资总量2113.9亿元，全省人民币存贷款余额分别达到1.34万亿元和1.06万亿元，均比2005年增长约1.6倍，成为西部省（区）中第三个进入“存贷款万亿元俱乐部”的省份。“十一五”期间，年度新增贷款先后突破600亿元、1000亿元、2000亿元大关，并且在最近2年连续保持2000亿元的增幅，有力地支持了全省经济发展。全省直接融资规模从2005年的8亿元快速增长到2010年的350亿元，5年直接融资规模累计893亿元，初步建立了多层次、多渠道、市场化的融资体系，资本运作能力持续提升，在全省城市化、新型工业化和农业产业化中发挥了积极作用。全省保费收入从2005年的81亿元增长到2010年的236亿元，5年保费收入累计788亿元，全省保险资金运用超过50亿元，保险产品日益丰富、保障覆盖更加广泛，保险业为全省经济社会发展提供了广泛的风险保障。

金融服务达到新水平 全省金融行业紧紧围绕省委、省政府确定的经济社会发展战略，确保重点项目资金需求。针对部分领域金融服务不足的问题，金融部门和金融机构积极创新金融产品、拓宽服务范围，通过设立中小企业信贷专营机构、发放“惠农卡”等多种措施，解决金融服务中的薄弱环节。“十一五”期间，全省金融业不仅有力地支持了重大项目建设，还对“三农”、中小企业和消费给予有效的金融支持，2010年末，全省涉农贷款余额近3630亿元，中小企业贷款余额达到3569亿元，消费贷款余额1353亿元，年均增长都在23%以上，高于全省信贷增幅，有力地支持了产业结构调整和扩大内需等工作，全面支持了经济发展。

金融开放开创新局面 省市金融部门正积极筹划加快建设服务云南、面向西南、辐射南亚东南亚的昆明区域性金融中心。2010年11月，富滇银行老挝代表处成功开业，成为全国145家城市商业银行首个在境外设点的城市商业银行。“十一五”期间，云南省新增引入恒生银行和汇丰银行2家外资银行来滇设立分支机构，金融“走出去”和“引进来”步伐明显加快。

金融合作实现新跨越 “十一五”期间，全省不断完善金融协调、服务和管理机制，完善了支持地方金融发展的政策体系，地方政府与金融机构之间的合作关系得到加强，金融合作范围稳步扩大。省政府与中国保监会、国家开发银行、中国进出口银行、中国农业银行、中信集团、平安保险集团、中国出口信用保险公司等国家有关部门和金融机构签订内容广泛、指向明确的金融合作协议，意向金融4742亿元，并累计完成信贷投放2128亿元，为促进云南的重点建设和优势产业发展提供了充分的资金保障。2010年落实银政合作贷款156.96亿元，为全省重大项目建设和重要工作顺利实施作出了积极贡献。

金融机构发展呈现新格局 2010年末，全省银行业金融机构增长到40家（含村镇银行、资产管理公司），证券业经营机构72家，期货经营机构13家，法人保险业公司29家，上市公司发展到30家，金融系统从业人员13万人，银行业净利润水平提升到218亿元，形成种类齐全、多种所有制和多种经营形式并存、结构相对合理、功能相对完善的现代金融体系。在地方金融机构中，云南省农村信用社存款规模超2500亿元、贷款规模1613亿元，成长为全省最大的银行。富滇银行各项业务发展迅速，网点布局得到优化，存款规模超过550亿元、贷款规模达到361亿元，发展势头良好。全省新型金融机构从无到有、蓬勃发展，新增村镇银行达到8家、小额贷款公司达到228家，已覆盖16个州（市）90个县（区），累放贷款突破100亿元，全面解决了全省122个乡镇金融服务缺失问题。

【金融体系建设迅速推进　地方金融改革发展成效明显】

地方金融体系正在丰富和完善

1. 地方法人保险公司设立工作取得重大进展。设立地方法人保险机构是省委、省政府做出的一项重大决策，2009年12月20日，省金融办召开专题协调会议，确定了地方保险公司的主发起人和股份认购等相关事宜。2010年6月9日，省金融办召开投资人会议，决定云南省法人保险机构名称为诚泰财产保险公司。在中国保监会于2010年6月24日正式受理诚泰财产保险公司筹建审批申报材料后，省金融办和云南保监局主要领导多次率筹备组赴中国保监会汇报沟通，在中国保监会的大力支持下，云南省设立地方法人保险机构的工作取得了重要进展。

2. 股权投资基金的设立工作取得重大突破。按照省政府的统一部署，省金融办牵头组建股权投资基金，并明确列入了2010年全省的20项重点工作。2010年11月1日，省政府第48次常务会议审议通过了省金融办提出的股权投资基金组建方案和引导基金组建方案，这是云南省股权投资市场发展的“破冰之举”，标志着云南省股权投资基金的发展有了重大突破。根据省政府常务会议通过的方案，由省财政分5年出资1亿元设立一支政府引导基金，同时由1家省属国有企业与在国内享有较高市场认可度的1家机构共同组建基金管理公司，政府引导基金以参股的方式，与基金管理公司共同发起设立一支规模为50亿元左右的综合性股权投资基金。其中政府引导基金以独立事业法人的形式设立。目前，股权投资基金设立的各项工作正得以正积极推进。首先是引导基金的设立正按计划推进。《云南省政府股权投资引导基金管理暂行办法》已上报省政府审批，设立“云南省股权投资发展中心”已经省编办批准设立。股权投资基金的成功设立，是云南省重要的投融资体制创新和金融工具创新，对于发挥多层次资本市场的融资功能，促进产业结构调整和优化升级，将具有积极作用。

地方金融改革发展成效显著

1. 富滇银行改革发展步伐加快。截至2010年底，富滇银行存款规模超550亿元、贷款规模361亿元，不良贷款余额4.64亿元，不良贷款占比1.28%，比年初下降0.94%。全行实现净利润5.14亿元，较重组时增长22.21倍。经营效益3年实现20倍增长，富滇银行的业务发展步入“快车道”。富滇银行老挝办事处正式挂牌成立，成为全国首家迈出国门的城市商业银行。富滇银行在省内设置9家分支机构，到重庆设置分支机构已获得批准，是全国第一家到境外设置分支机构的城市商业银行。

2. 农村信用社成长为全省最大金融机构。截至2010年末，农村信用社各项存款余额2502亿元，各项贷款余额1612亿元，存、贷款保持较高增幅，存量和增量稳居同业第一、保持全省金融机构第一；涉农贷款余额1343亿元，高于全部贷款增幅0.25个百分点。农村信用社既成长为云南金融服务“三农”的主力军，也成长为全省最大的金融机构。

3. 2010年，2家地方证券公司、2家期货公司发展迅速。红塔证券和太平洋证券公司实力不断增强，利润大幅增长。太平洋证券正积极筹划到境外设置合资证券公司。红塔期货、云晨期货资产总额和净利润额与上年相比显著增长，较好地发挥了套期保值的重要功能。

4. 对地方金融机构的管理逐步规范和加强。认真履行省级地方金融资产的出资人职责，不断加大对地方金融机构的管理力度。起草了对地方金融机构管理考核办法，提出了贯彻“三重一大”的实施意见，对证券、期货、保险类金融机构考核奖励办法已报请省政府审批。

农村金融体系建设有效推进

1. 扎实推进解决农村金融服务缺失问题。召开了全省深化农村金融改革强化服务“三农”工作座谈会，印发了省委、省政府关于切实解决农村金融服务缺失问题的实施意见、金融支持服务“三农”指导意见两个政策性文件。协调解决了农村金融服务缺失推进中财政补贴、网络建设等问题，缺失乡镇金融服务网点建设进展顺利，2010年全部解决全省122个乡镇的金融服务缺失问题。

2. 小额贷款公司异军突起。截至2010年底，云南省小额贷款公司试点范围已经扩大到全省16个州（市）90个县（区），覆盖面达到70%，小额贷款公司总数达到228家，资本金总规模达到84亿元。2010年1～12月，全省小额贷款公司累计发放贷款75亿元，其中“三农”贷款余额34亿元，占总贷款余额的71%，

成为云南农村金融服务体系的重要组成部分，是服务“三农”、促进中小企业和县域经济发展的重要力量，

3. 新型农村金融机构建设继续推进。积极协调相关银行和监管机构，大力推进发起设立村镇银行的工作，2010 年新设立村镇银行 4 家，使云南省村镇银行数达到 8 家。截至 2010 年底，村镇银行存款余额 22 亿元，贷款余额 14 亿元，呈现较快发展势头，成为云南农村金融发展的又一支生力军。

非上市公司股份转让的有效途径正在形成

1. 积极推进以代办股份转让系统为核心的场外交易市场建设。中国人民银行、银监会、证监会和保监会于 2010 年 6 月 21 日发布《关于进一步做好中小企业金融服务工作的若干意见》，指出要“积极推进证券公司代办股份转让系统非上市股份有限公司股份报价转让试点，适时将试点扩大到其他具备条件的国家级高新技术园区”。为抓住为一重要机遇，积极推进昆明高新区进入首批扩容园区，省金融办在赴昆明高新区调研和赴西安高新区学习考察的基础上，向省政府上报了考察报告，提出意见建议，得到了省政府领导的高度重视，批示由省推动企业直接融资联席会议牵头协调推进各项工作。目前，昆明高新区正拟订工作方案，各项筹备工作正抓紧推进。

2. 积极探索非上市公司股份转让的有效途径。遵照中央关于推进西部大开发要“探索非上市公司股份转让的有效途径”的要求，积极与滨海国际（天津）股权交易所有限公司和云南产权交易所进行联系沟通，拟在促进全省场外交易市场发展，实现非上市公司股份有序转让等方面做出新的探索。目前正积极推进金融资产交易所的设立工作。

【积极推进金融开放与合作】

跨境贸易人民币结算试点开始启动 云南省于 2010 年 7 月正式获批为第二批跨境贸易人民币结算试点省份。2010 年跨境贸易人民币结算总额 83 亿元。跨境贸易人民币结算试点的稳步推进，顺应了国内外市场的意愿，拓宽了境外人民币资金的来源渠道，满足了企业跨境业务多元化的需求，进一步密切和巩固了云南省与周边国家和地区尤其是与东南亚、南亚国家的经贸联系。

滇港金融合作有了新的拓展 省金融办与省港澳办于 2010 年 9 月召开 2010 年滇港金融合作研讨会，香港特区政府、港交所、香港著名投资机构代表参加了研讨会。研讨会以“桥头堡机遇与香港上市融资”为主题，就如何加强滇港两地进一步拓展金融合作与交流、促进云南优势企业借助香港国际平台实现海外融资和上市等问题展开探讨，省金融办在会上提出了深化滇港金融合作的设想和建议，得到与会者的热烈响应，云南省部分企业表达了赴港上市意向，并与港方有关机构进行了对接。按照省政府主要领导和分管领导的批示，赴港参加“亚洲金融论坛”的相关活动，进一步推进滇港合作。

金融服务桥头堡建设积极推进 根据省委八届八次全会的重要战略部署，围绕建立健全多层次、多渠道、保障有力的金融支撑体系，建立向西南开放的人民币结算金融服务中心这项金融支持服务“桥头堡”建设的根本任务，大力推进金融服务桥头堡建设。提出了金融服务“桥头堡”建设的总体思路，起草了《金融支持服务桥头堡建设的实施意见》并报省政府审批。同时，还明确了金融支持服务桥头堡建设的 17 项专题任务，并将其分解到责任单位和责任人。目前各项专题任务正在积极向前推进。

【金融发展环境不断改善政策支撑保障作用明显增强】

金融政策支撑体系得到强化 按照更加注重体制机制创新、更加注重营造发展环境、更加注重增强发展的长期性和可持续性的要求，以构建覆盖银行、证券、保险的地方性政策支撑体系为目标，着力完善政策环境取得了重要进展。2010 年以来，先后起草上报了《金融支持服务“三农”指导意见》《关于切实解决农村金融服务缺失问题的实施意见》《关于严厉打击非法集资活动的意见》《关于推进企业上市的指导意见》《关于加快保险业发展的指导意见》《关于推进企业集团整体上市的意见》《保险服务“三农”行动计划》《云南省政府股权投资引导基金管理办法》《关于金融支持服务云南藏区发展的实施意见》《关于加大金融支持服务抗旱救灾的意见》等 10 项政策性文件，其中的《金融支持服务“三农”指导意见》《关于切实解决农村金融服务缺失问题的实施意见》《关于严厉打击非法集资活动的意见》已经省委、省政府印发执行，《关于加大金融支持服务抗旱救灾的意见》和《保险服务“三农”行动计划》已经省政府同意，由省金

融工作协调领导小组印发执行，其余的文件正在由省政府修改审批。这批文件出台后，将构建起覆盖云南金融业的政策支撑体系。

金融外部发展条件不断优化 经过积极协调、沟通和多方努力，省政府2010年与中国保监会签署了合作备忘录，与中国出口信用保险公司和国家开发银行签署了服务桥头堡建设的专项合作协议，与中国进出口银行和中信集团签署了战略合作协议。这些合作协议的签署和落实，将为云南经济金融的发展创优新的环境，带来重要契机。

狠抓金融风险处置工作

1. 认真开展非法集资处置工作。强化处置非法集资工作培训，建立完善打击非法集资工作机制，指导相关州（市）和部门强化处非工作机制。2010年召开5次处置非法集资案件分析工作会议，认定云南宝森林业有限公司、昆明康东科技有限公司、云南润龄经贸有限公司等涉嫌非法集资案件15件。继续做好金座公司非法集资案件后续工作，督促协调有关资产处置和维稳事项。

2. 着力化解金融风险。把化解相关上市公司风险放在突出位置，其中景谷林业的经营风险得到有效化解。认真做好金融系统维稳工作，以高度的政治责任感，积极协调有关金融机构化解原部分解除劳动合同人员上访等问题，参与云证风险处置有关债权人会议和法院裁决的工作，云证风险处置工作圆满结束。

（刘扬）

金融运行

2010年，中国人民银行昆明中心支行紧密结合云南经济发展实际，认真贯彻落实适度宽松的货币政策，切实维护金融稳定，扎实推进外汇管理改革与服务，不断提升金融服务水平，有效履行了地方央行职能，在引导金融支持地方经济可持续性发展方面发挥了重要作用。

【贯彻落实适度宽松的货币政策】

政策传导 通过向省委、省政府积极宣传年度适度宽松货币政策调控重点的变化，求得全年金融工作部署得到地方党政的理解和支持；通过制定出台《2010年云南省信贷指导意见》，对辖内各银行业金融机构合理安排投放计划、把握信贷投放重点进行指导；通过“全省金融工作会议、全省货币信贷运行分析会议”等形式，及时分析辖区贯彻货币政策面临的形势，并针对运行中的问题对金融机构的信贷工作提出明确要求，进一步疏通货币政策传导渠道。确保全年全省货币信贷运行总体保持平稳，信贷投放逐步向常态回归。截止2010年末，全省金融机构人民币各项存款余额1.34万亿元，同比增长20.61%，比全国平均水平高0.7个百分点，比年初新增2291.86亿元，人民币各项贷款余额1.06万亿元，同比增长20.38%，增幅较上年末下降11.8个百分点，新增贷款1789.15亿元，同比减少395.51亿元。

灵活使用货币工具 针对全省遭受百年一遇特大旱灾的实际，及时做好抗旱资金需求总量的预测分析工作，并对灾区流动性不足的农村信用社和村镇银行积极运用支农再贷款予以支持，满足春耕抗旱保收对信贷资金的需求。2010年，人民银行累计向农村信用社及村镇银行发放支农再贷款10.14亿元，同比多投放4.9亿元。同时，积极开展再贴现业务，重点满足中小金融机构持有的商业承兑汇票、涉农票据、中小企业票据的再贴现要求。1～12月，累计中小金融机构办理778笔、金额38.33亿元的商业汇票再贴现，并对富滇银行发放1.2亿元的中小金融机构再贷款。

推动信贷结构调整 通过对银行业金融机构落实支持相关信贷政策效果进行评估的方式，引导其在保障对重点基础设施建设和云南优势支柱产业的信贷需求的同时，进一步加强对“三农”、中小企业、就业、助学等经济社会薄弱环节的信贷支持。

1. “三农”贷款：截止2010年12月末，全省涉农贷款余额627.25亿元，同比增长23.75%，增幅高于各项贷款3.37个百分点，金融支持力度持续增强。同时，以林权抵押贷款为代表的农村金融产品和服务创新工作取得积极效果，截止12月末，全省林权抵押贷款余额48.5亿元，比年初增加25.47亿元，同比增长89.29%，林权抵押贷款增长突出。

2. 中小企业贷款：截止12月末，全省中小企业贷款余额3569.4亿元，比年初增545.06亿元，同比增长17.66%，贷款增长较快。

3. 就业、助学贷款：截止12月末，全省就业小额担保贷款余额48.3亿元，同比增长

214%；助学贷款同比增长48.89%。

改善融资结构 通过大力推动金融机构、企业利用银行间市场发行债券融资（短期融资券和中期票据）的形式，全年实现直接融资227亿元，同比多增156亿元。

【维护金融稳定】

加强监测、分析和评估 建立地方法人金融机构风险监测月报等制度，并将小额贷款公司、村镇银行、资金互助社等机构纳入监测范围；建立金融稳定工作重点联系制度，对县域法人银行机构经营状况、流动性等进行监测；结合全省经济发展实际，对经济热点、重大政策调整、市场波动、新产品和新业务等领域开展监测分析，及时掌握市场动态，防范可能出现的风险点。

密切关注突发事件 针对全省先后出现的旱涝灾害、“云南省金座公司非法集资案”，以及中缅边境形势变化等有可能影响当地金融稳定的突发事件，及时采取应对措施，确保金融运行的稳定。

推动金融改革 在促进云南省农村信用合作社在金融服务空白乡镇设立网点、城市商业银行设立异地分支机构、富滇银行老挝代表处上报审批、地方商业银行走出国门等工作中积极发挥作用，支持商业银行拓展金融服务领域。

处置历史遗留资产 在26家融资机构中，有23家融资机构已经办理工商登记注销，向汇达资产托管有限责任公司移交融资中心待处理资产债权本息合计3.76亿元。原人民银行自办商工贸类经济实体15家，已经全部完成自办经济实体的工商登记注销及脱钩手续，向汇达资产托管有限责任公司移交自办经济实体待处理资产项目44个项目，本息合计6317.2万元。

管理金融稳定再贷款 完成金融稳定再贷款管理统计、监测上报工作，全面记录了再贷款发放、展期、收回等信息维护工作；有效评估云南省原人民银行自办城市信用社专项再贷款、紧急贷款和其他类金融稳定再贷款质量；积极督促地方财政部门落实还款承诺，全力推进禄丰金龙城市信用社市场退出工作，依法维护人民银行的债权。截至2010年12月末，云南省金融稳定再贷款本金余额17.31亿元，欠息2.33亿元，累计已归还本金17.73亿元，支付利息4.19亿元。

推进社会信用体系建设 顺利组织23家联席会议成员单位以及20家省级银行业金融机构负责人召开了全省信用体系建设第一次联席会议，并草拟《云南省社会信用体系建设联席会议制度》和《云南省社会信用体系建设十二五规划》等文件，进一步推动全省信用体系建设；顺利完成对198家担保机构、65家借款企业的信用评级工作，并制定《云南省信用评级管理规定》、《云南省信用评级机构考核管理办法》，有效规范全省评级机构的经营和评级市场秩序；对辖内19家省级金融机构开展个人征信工作执法检，同时组织全省人民银行和金融机构开展“信用记录关爱日”活动和“征信知识宣传周”活动，提高社会公众的信用意识；截至2010年12月末，为677.09万户农户建立信用档案，评定信用农户298.56万户，信用组1.08万个、信用村1614个、信用乡镇33个，涉农金融机构农户贷款余额840.43亿元。截至11月末，全省人民银行累计完成2.05万户中小企业信用档案建设工作，其中2932户企业获得信贷支持，涉及金额1362亿元，中小企业信用体系建设和农村信用体系建设进一步推进。

提升反洗钱工作水平 积极探索证券、期货、保险和支付清算领域的反洗钱监管方法，首次组织对期货公司的反洗钱工作现场检查，并持续开展大额现金存取监测工作，对全省40家银行业金融机构、3家证券期货金融机构和23家保险业金融机构开展检查工作，有效推动金融机构履行反洗钱义务，进一步夯实预防洗钱犯罪的工作基础；切实加强反洗钱调查及案件协查工作。全年，在人民银行各州（市）中心支行配合下，开展行政调查21次，向侦察机关报案10件，报案涉及金额5.8亿元。受理司法机关案件协查153件，协查1287次，协助公安司法部门破获案件14起。其中：公安部督办的“12.12”六合彩网络赌博案件的侦破，抓获犯罪嫌疑人50人，收缴赌资285万，涉赌资金2亿元；云南铜业（集团）有限公司原高管人员严重违纪违法案件的侦破，为国家挽回经济损失9.7亿元。全年组织开展反洗钱宣传活动126次，参加宣传活动的人数1980人，发放宣传材料29.58万份；举办反洗钱培训65次，培训人数3970人次。

【推进外汇管理改革与服务】

助推企业“走出去” 通过对境外投资企业的调查，梳理全省境外投资企业基本情况，掌握企业在实施“走出去”战略过程中存在的困难及问题，特别是在国家扩大跨境贸易人民币结算试点的政策背景下，召开具有人民币对外投资需求的企业座谈会，宣传国家支持“走出去”的政策，了解企业的实际困难与需求，并为全省企业积极争取外汇政策支持，推动全省境外投资继续呈现快速增长态势，境外投资登记笔数、金额大幅增长。截至2010年12月末，办理境外投资外汇登记55家，增长112%；协议中方投资总额80.73亿美元，增长28.57倍；境外投资外汇资金汇出3.75亿美元，增长486%。在认真总结评估历年云南省短债指标使用情况的基础上，在与相关金融机构充分沟通、协商的基础上，全年的短债指标为全省企业的外汇贸易融资预留了空间，有效促进了全省涉外企业的发展。

推动“小币种兑换”业务 为支持云南旅游大省建设，满足市场主体货币兑换便利化需求，积极向国家外汇管理总局争取个人本外币兑换特许业务试点政策，促成全球知名外币兑换专业机构“通济隆”落户昆明，并先后设立2家网点办理业务。同时，统筹口岸金融发展先行先试，力推瑞丽2企业与银行协作成立外币代理兑换机构，实现了云南省货币兑换机构向边疆企业延伸的突破，为有效推动云南省“小币种兑换”走向便利化、规范化、合法化发展奠定良好基础。

严厉打击外汇违法违规行为 紧贴不同时期形势变化，不断加大对“热钱”流动、地下钱庄、非法“网络炒汇”等外汇违法违规行为的打击力度，并针对历时三年的昆明兴汇公司非法“网络炒汇”案件，从人力、财力、政策把关、现场取证、案件公诉等方面给予了积极支持和配合，终促成该案年内终审宣判，为今后全省运用司法手段对非法经营外汇行为进行制裁树立了成功典范；同时，为保证专项检查工作的落实到位，形成全省一盘棋的良好格局，先后组织全省15个州（市）外汇管理中心支局对辖内20个工行分支机构外汇业务合规性开展现场检查、22个邮储银行分支行机构个人结售汇业务开展专项检查，对银行和企业违反外汇管理行为立案15件，立案金额1828.49万美元，有效打击了违法违规资金流动，维护了经济金融秩序。

加强个人外汇业务管理 密切关注个人分拆结售汇现状及变化趋势，做好个人跨境资金流动和交易的非现场监管，并利用个人结售汇管理信息系统，加大事后非现场核查，实时监测个人外汇收支情况。

实施特殊的管理政策 对以获取政府奖励为目的贸易型出口企业，实施了特殊的外汇管理政策，即通过控制发放核销单的数量，审核企业注册信息的真实性和一致性，审核货物流与资金流的真实性和一致性，加强对此类外贸企业的管理，尽可能地减少和避免了逃套汇违法案件的发生。

全力推进跨境贸易人民币结算试点工作 按照“人员是基础，各部门协调配合是前提，具体实施方案是主线，试点企业是保障，跨境人民币收付系统是关键”的原则，迅速成立跨境人民币结算试点工作组，初步制定《云南省跨境人民币结算试点具体实施方案》、《云南省跨境人民币结算试点操作规程》、《云南省跨境人民币结算试点启动方案》等一系列相关工作方案，加强跨境人民币收付系统建设，与财政、商务、海关、国税、银监完成1097家试点企业的筛选工作，上报人总行，获批1043家，并全面加强与地方党政部门的沟通联系，积极协调跨境贸易人民币结算涉及的财政、商务、海关、国税、银监等多个部门，全力做好人民币结算试点的前期准备工作，为试点工作的顺利开展打下坚实基础。目前，跨境贸易人民币结算试点工作已于7月27日正式启动。同时，经过努力，于8月促成缅甸央行同意缅甸银行和企业在其境内外开立人民币账户；在11月促成泰国北部央行同意其辖内商业银行与云南省商业银行搭建清算渠道，使中缅、中泰跨境人民币结算工作取得了突破性进展。截至12月末，全省办理跨境贸易人民币结算83.12亿元，同比增长86%，占全省贸易量的9%，相比全国跨境贸易人民币结算量占贸易量的3%高6个百分点。

全省外汇收支呈恢复性增长 截至12月末，跨境收支总规模、银行结售汇总额双双创历史新高，跨境收支总规模突破百亿元大关，达136.80亿美元，同比增长54.57%；银行结售汇总额109.76亿美元，同比增长55.78%。

【提升金融服务水平】

加强支付环境建设 制定下发了《云南省支付系统和支票影像交换系统参与者管理办法（试行）》、《云南省同城票据交换准入、变更和退出管理办法（试行）》和《云南省人民币银行结算账户业务参与者管理办法》等制度，为“寓管理于服务”工作奠定了制度基础。研究开发了惠农支付服务业务系统，完成人民银行总行对账系统换版试运行试点和农业银行申请变更支票影像交换系统接入方式的各项相关工作，实现了云南省电子商业汇票系统、会计核算数据集中系统、网银支付跨行清算系统的顺利上线，并在8月27日、9月3日圆满完成昆明同城票据清分系统一、二次清分系统的升级改造，有效缓解了昆明同城票据交换的运行风险。积极探索在农副产品聚散地、农业龙头企业实现农副产品收购环节电子支付、网上银行批量支付的有效途径，并在认真总结丽江市宁蒗县3个金融机构缺失乡镇试点农村金融惠农支付服务业务的成功经验后，将试点范围扩大到楚雄、临沧、红河、版纳，受到地方政府、金融机构、商户和农民群众的普遍欢迎，这标志着云南农村金融支付服务水平又迈上了一个新的台阶。对全省128家金融机构和20家人民银行分支机构开展人民币银行结算账户、银行卡发卡和受理市场、商业汇票承兑与贴现现场检查及非现场检查，进一步规范了支付清算管理秩序。

推动银行卡市场发展 积极配合政府相关部门切实做好推行公务卡结算制度工作，继续加大二级地市受理市场建设，推动银行卡发卡数量和交易量持续增长，受理市场不断改善。截止2010年12月末，全省银行卡发行总量4580万张，同比增加17%，新增借记卡587万张，信用卡87万张；全年实现银行卡跨行清算交易8660万笔，交易金额1970亿元，同比分别增长29%和59%。

加强流通货币管理

1. 发行基金调拨。截止2010年12月末，完成省外调入发行基金金额1087.6亿元；全省投放发行基金1441.4亿元，回笼发行基金1243.1亿元，净投放198.29亿元，同比分别增长15.46%、8.93%、95.17%。

2. 钞票处理工作。昆明钞票处理中心在全国钞票处理中心清分、销毁工作量排名中获得了5次全国第一；销毁工作在人民银行总行通报中，1月、2月、7月、8月产量4次排名全国第一，清分工作1月单机单班产量排名全国第一。3. 业务规范管理。起草下发了《中国人民银行昆明中支货币发行业务会计核算操作规程》、《中国人民银行云南省分行发行库存取款及调拨业务预约管理暂行办法》和《中国人民银行云南省分行发行库现金存取业务管理办法》，统一规范了全省发行库业务管理，进一步加强了对商业银行的管理，有效提升了服务质量。

4. 人民币反假工作。成功运行全省银行业金融机构反假信息子系统试，并积极开展反假宣传活动。截止2010年12月末，云南省各级人民银行累计发放“反假货币”宣传资料、宣传品5亿多份。全省收缴假人民币2025万元，其中公安机关收缴852万元，金融机构柜台收缴1173万元。

提高国库管理工作水平 继续加快财税库银横向联网推广工作的步伐，拟定了《2010年云南省财税库银横向联网推广工作计划》、《2010年横向联网系统第一批推广实施方案》、《财税库银横向联网推广总体步骤》和《TIPS上线所需操作手册及相关资料》等材料，召开15次云南省财税库银横向联网领导小组办公室会议，为横向联网系统在全省的推广运行奠定了基础。已开展电子缴税业务的昆明和曲靖，截至12月末，有99家试点单位通过TIPS实现横向联网，累计完成实时扣税交易业务5.06万笔，金额28.6多亿元；批量扣税交易业务53笔，金额2684万元；自缴核销交易业务6974笔，金额20.4多亿元。不断拓展国库服务范围，建立国库直接支付政府补助资金长效机制。截至2010年12月末，支付政府补助资金6.12万笔，金额2734.92万元。不断提高国库基础工作效率，积极服务地方经济发展。截至12月末，全省各级国库完成各级预算收入1849.63亿元，同比增收329.55亿元，增长21.7%，全省完成各级预算支出2260.58亿元，同比增支436.87亿元，增长24%。

推动金融行业信息化建设 建立人民银行第一个行业管理平台和金融信息交互平台及邮件系统，出台《云南省银行业金融机构科技部门工作联席会议制度（暂行）》等8个金融业信息化管理制度，并研究制定“十二五”人民银行云南省数据中心建设发展方案，系统提出全省金融信息化发展建议，有力推动金融行业信息化管理体系建设。实施了金融机构编码规范、金融工具统计分类及编码标准、金融IC卡标准等银行卡类、统计类、信息安全类、征信类金融标准化推广应用，大力推行国家金融业标准化工作。完成省级数据中心总体建设方案的制订，开展了数据中心一期工程项目建设，为下一步建立云南省金融信息中心奠定了基础。在支付清算、国库服务、征信管理、反洗钱以及金融统计等13大类132个应用方面积极开展数据集中、资源整合、系统建设和版本升级，有力支撑金融行业服务的创新。

（陈夏钢）

城市建设和房地产业

城乡规划

【概况】　2010年，省住房和城乡建设厅以坚持科学发展观、构建和谐社会为目标，全面贯彻落实《城乡规划法》，着力强化城市规划宏观指导和调控作用，扎实开展城乡规划效能监察工作。帮助指导基层规划部门开展工作，不断提高城乡规划工作质量。

全省村庄规划工作会议　2010年10月11日，省政府在昆明市召开全省村庄规划工作会议，印发《关于加快推进村庄规划工作的意见》（云政发［2010］143号），安排部署全省用3年（2010年~2012年）时间完成全部村庄规划编制任务，实现村村有规划的目标。各州（市）政府分管领导、建设（规划）局长，省级各有关部门领导等150名代表参加会议。

全省城镇特色规划研讨会　根据《关于进一步加强城镇特色规划编制工作的通知》对城镇特色规划的编制提出的要求，2010年10月在武定召开全省城镇特色规划研讨会，对全省城镇特色规划工作进行了安排部署，对全省城镇特色规划编制工作进行总结；开展了《云南省城镇特色规划编制暂行办法》的制定工作，作为省住房和城乡建设厅规范性文件出台。

《云南省城乡规划条例》（初稿）完成　2010年经省外、省内调研及多次论证，完成《云南省城乡规划条例》的初稿，并由省政府法制办组织召开了部门座谈会，积极按省政府法制办的安排开展其他立法程序。

【区域规划工作】　2010年，完成《云南省城镇体系规划修编》（大纲）编制，征求了相关部门和州（市）意见，并通过住房和城乡建设部组织的专家论证，进入按审查组意见进行修改、调整和完善阶段。《滇中城市群规划》向社会公告工作全部完成，修改完善后的最终成果上报省政府请求批准实施。完成《滇西城镇群规划研究》《滇东北城镇群规划研究》，及《云南省历史文化名城名镇名村名街保护体系规划》方案。

【规划指导服务工作】　2010年，进一步加大对全省城乡规划工作的指导和服务力度，深入开展主动服务、上门服务“两服务”活动，派出工作人员到临沧市、瑞丽市、双江县、宣威市、河口县、泸水县等对城乡规划编制及管理工作给予指导；到会泽县、通海县、巍山县、香格里拉县、永平县、建水县对国家历史文化名城申报及保护管理工作给予指导；积极帮助临沧市委、市政府联系邀请北京、上海、深圳、重庆、浙江、江苏等地的国内知名城市规划方面专家对临沧城市规划编制及临沧市发展战略与目标、产业定位、空间布局、城市建设与旧城改造等重大问题把脉建言。

【城市规划报批工作】　2010年完成了《普洱市域城镇体系规划》、《安宁市城市总体规划》、《昆明空港经济区总体规划》的报批成果和昭通市、玉溪市、建水县、镇沅县、西盟县等15个市、县城市总体规划纲要及发展规模的审查工作；完成了文山州域体系规划及泸水县、香格里拉县、景洪市城市总体规划修改的审查及批复工作；按照有关规定和要求，办理了涉及铁路、航运码头、高速公路、输变电设施等43项区域重大基础设施建设项目选址和3个城乡规划编制单位资质的行政许可工作。

【历史文化名镇名村工作】　2010年，完成了彝良县牛街镇、永平县曲硐村、宣威市可渡村、云龙县宝丰乡及诺邓村、祥云历史文化街区等历史文化名城、名镇、名村、名街保护规划及保护详细规划的审查工作；开展了永平县杉阳镇、宾川县平川镇、鹤庆县松桂镇、永平县曲硐村、香格里拉县尼汝村、红河县城迤萨镇历史文化街区等18个镇村街区申报省级历史文化名镇名村名街审查及报批工作。底蒙自县新安所镇、宾川县州城镇、洱源县凤羽镇、祥云县云南驿镇云南驿村等4个镇村成功申报为国家历史文化名镇、名村，新批准公布省级历史文化名镇名村8个，全省历史文化名城名镇名村名街总数已达到60个，国家级历史文化名镇名村总数已达到12个。

【村镇规划编制工作】 2010年村庄规划编制工作纳入了各级政府工作的议事日程。省政府安排部署3年（2010年~2012年）完成全部村庄规划编制任务。2010年底，1151个乡、镇总体规划和小城镇近期建设规划编制完成率分别为65%和14%；行政村总体规划和自然村建设规划完成率分别为27%和15.5%。加强村镇规划实施管理，进一步规范了规划许可制度，对村镇集体土地上的建设项目核发乡村建设规划许可证，全省发放许可证的县有74个。云南村镇步入了先规划、后建设的发展轨道。

城乡建设

【概况】 2010年，全省住房城乡建设工作在省委、省政府的正确领导和住房城乡建设部的大力指导下，坚决贯彻落实中央应对国际金融危机的一系列政策措施，根据“做强大城市、做优中小城市、做特乡镇、做美农村”和“坚持规划、突出特色、保证质量”的要求，紧紧围绕省委、省政府的中心工作，化危为机、勇抓机遇，坚定信心保增长、坚持不懈保民生、坚定不移保稳定，突出推进保障性住房建设，积极推动城乡统筹发展，努力加大生态文明建设力度，全省城镇化水平达到36%。全省住房城乡建设事业取得了显著的成绩。全省住房和城乡建设工作会议 2010年，2月5日，省政府在昆明召开全省住房和城乡建设工作会议。副省长刘平出席会议并作题为《开拓进取，扎实工作，促进全省住房和城乡建设事业又好又快发展》的讲话。16个州（市）政府分管领导、建设（规划）局长及省级有关部门领导等400余名代表参加会议。

云南省领导干部城镇化专题培训班 2010年9月12日~14日，省委组织部牵头，会同省住房城乡建设厅在昆明举办云南省领导干部城镇化专题培训班。住房和城乡建设部副部长仇保兴、中国城市科学研究会副理事长李兵弟、省住房和城乡建设厅书记叶建成等领导、专家分别从城乡规划建设管理相关知识、国内外城镇化建设先进理念、云南城镇化建设新思路新举措等方面为学员授课。各州（市）、县（市、区）政府分管领导、建设局长（规划局长、房管局长），省国土厅、省交通运输厅、省环保厅、省人防办分管领导，省住房和城乡建设厅处以上干部，370名学员参加培训。

【市政基础设施】 2010年，全省城市道路系统不断完善，人均道路面积10.29平方米，较“十五末”增加了2.26平方米。城市道路长度7132公里，较“十五末”增加2125公里。城市道路照明路灯近50万盏，较“十五末”增加1倍。燃气普及率61.66%，较“十五末”增加5个百分点。开展了昆明市二环快速系统改造，开始建设昆明市轨道交通工程，各州、市中心城市进一步完善城市主干道路建设和改造，丽江、楚雄、玉溪、文山、潞西等城市开始城市管道燃气工程建设。全省县以上城市供水总规模达到450万吨/日。人均日生活用水量128.56升，供水普及率达到92.27%。在此期间，开展了昆明市掌鸠河引水供水、清水海引水供水、全省城市供水管网改造和缺水县城供水设施建设等97项重点工程的建设，极大地促进了全省城市供水基础设施的建设。全省各地加大了城镇排水设施建设力度，城市排涝能力大幅提高，建成排水管渠约5734公里，较“十五末”增加约1000公里。公共汽车运营数据1.1万标台，比“十五末”增加5000标台。新建城市公交专用道路535公里，全省城市公共交通网络得到进一步完善，昆明基本形成了公共交通快速道路系统。

【城市园林绿化工作】 积极开展园林城市创建工作，到2010年底，全省有18个市（县）创建为云南省园林城市（县城）、6个国家园林城市（县城）和2个国家园林城镇。开展城市绿地系统规划技术审核工作，指导城镇完成绿地系统规划的编制（修编），2006年~2010年，全省有20个市（县）通过“云南省城市基础设施建设专家委员会”组织的绿地系统规划编制（修编）技术审核，保障了专业规划的科学性和可操作性。成立了以推动云南“绿化苗木产业化、滇派园林品牌化”为内容的“两化”工作组，完成《云南省园林苗木产业发展规划》的编制工作。年底，全省具有城市园林绿化资质的企业463家，其中，一级资质企业5家，二级资质企业86家，三级资质企业133家，四级资质企业239家。在一系列工作的推动下，极大改善云南人居环境质量，带动了绿化产业的发展，取得了可观的成就。

【城镇污水生活垃圾处理设施建设】 2008年~2010年全省开展每县都建成污水生活垃圾处理设施建设工作，规划实施治污项目建设248个，投资约213亿元。其中，污水项目143个，投资约170亿元，预计新增污水处理能力240万吨/日，管网6800公里；垃圾项目105个，投资43亿元，新增垃圾处理能力约1.3万吨/日。2010年底已开工建设199个，其中在建138个，进入试运营阶段61个（包括25个污水处理项目和36个生活垃圾处理项目）。出台了城镇污水生活垃圾处理设施建设的建设质量管理办法、竣工验收管理办法、运营监管办法等，进一步规范了行业管理。

【城市管理】 2010年，信息数字技术在城市管理得到广泛应用，昆明、安宁、曲靖等成功实现了数字化城市管理，城市管理迈上了新的台阶。城建监察队伍的人数和人员素质有了大幅提高。城建监察从业4700人，已进行培训700人员；城市供水从业1.07万人；城市燃气从业1.4万人；市政设施从业5984人；园林绿化从业人员15万人，经过专业培训的有3190人；市容环境卫生从业人员2.55万人。

【住房城乡建设法规工作】 2010年，圆满完成人大代表建议、政协委员提案办理工作，办理省人大建议25件、省政协委员提案69件，办理工作得到了人大代表、政协委员的肯定和好评。积极推进《云南省城市规划管理条例》、《云南省风景名胜区管理条例》2件法规的修订工作。完成80件与省住房和城乡建设厅工作相关的法律、法规征求意见稿的修改工作。开展了由起草的政府规章、规范性文件的集中清理工作，清理规章13件，规范性文件7件。提出废止1件规章、2件规范性文件的清理意见。全年制定实施4件规范性文件《云南省建筑和市政工程勘察招标投标管理办法》（公告第26号）、《云南省农村住房通用图制定和推广使用管理办法》（公告第27号）、《云南省建设工程安全防护、文明施工措施费用管理暂行办法》（公告第28号）、《云南省农村住房建设管理办法》（公告第29号）。

【建设科技与建筑节能工作】 2010年，全省新开工房屋建筑工程按照国家建筑节能强制性标准完成建筑节能设计和建筑节能施工图审查执行率95%，竣工验收阶段执行建筑节能设计标准比例达到90%。已完成太阳能热利用与建筑一体化使用面积34.6万平方米。云南省商品房有7个可再生能源建筑应用项目列入国家示范，示范建筑面积69.1万平方米，示范太阳能板面积1.5万平方米，全省有26个商品房项目列入城市生态示范小区。丽江、昆明市可再生能源建筑应用列入国家示范城市，宣威市列入国家可再生能源建筑应用示范县，获得国家补助资金1.72亿元。云南师范大学太阳能热水器检测中心列入国家级检测中心。启动太阳能光伏发电与建筑应用项目，2009年~2010年云南省太阳能光电建筑应用示范5个项目得到审批，补贴光电装机容量6018.6KWp，补助总额8170万元。启动机关办公建筑与大型公共建筑的节能监管，获得国家补助资金582万元。启动以太阳能为主的绿色照明工作，加强半导体照明产品在城市路灯的应用示范。推广建筑节能新技术、新材料、新工艺（如500MPa热轧带肋钢筋，废止砖砌检查井等），取得良好节能效益。

【住房城乡建设执法稽查工作】 2010年起草《云南省城乡建设执法稽查办法》、《云南省住房和城乡建设厅关于进一步统一和规范违法建设行政处罚有关事项的通知》等规范性文件。整理行政执法依据目录130件，行政处罚事项目录405项。2010年，直接立案查处违法违规案件38件，对37件做出了行政处罚，且无一提出行政复议和行政诉讼。

【风景名胜区规划管理】 2010年，加强风景名胜区保护和管理，石林风景名胜区成功申报为世界自然遗产，“云南三江并流保护区”世界自然遗产边界细化方案工作顺利完成并通过联合国教科文组织第34届世界遗产大会表决通过。

【云南参与上海世博会工作】 2010年，在省委、省政府的高度重视下，省住房城乡建设厅加强与有关部门的协调配合，按照“突出主题、全面参与、主动对接、打造特色、拓展商机、提升形象”的工作思路，紧扣“七彩云南，和谐城乡”的参展主题，本着“务实、节俭、高效”的原则，周密部署、精心组织，云南参展工作实现了省委、省政府提出的“云南馆、云南活动周、云南参与中华美食街3项活动办成全国最好之一”的目标，接待游客突破1200万人（次），云南馆荣获了“十大地方馆”殊荣。省住房城乡建设厅上海世博会办公室获“上海世博会先进集体”，3人获先进个人和优秀共产党员。

【云南旅游小镇建设】 2010年，优化确定60个省级旅游小镇，并公布16个旅游名镇。各旅游小镇按法定程序推进总体规划、集镇建设规划、历史文化名城（镇、村）保护规划、旅游小镇保护与开发利用规划、旅游规划和旅游小镇战略性规划编制工作。截至年底，全省旅游小镇建设已下达省级补助资金1000万元，完成投资25.5亿元，50余家企业进入全省60个旅游小镇中45个旅游小镇开发建设。

保障性住房建设

【概况】 2010年，省住房和城乡建设厅认真贯彻中央和省委、省政府的重大决策和部署，牵头会同有关部门加强指导，完善政策，注重落实。各地开拓创新，克难攻坚，克服财政困难和百年一遇旱灾的影响，严格落实目标责任制管理，强化项目管理，充分调动各方的积极性，快速推进全省城镇保障性住房建设和农村保障性安居工程建设。全省保障性住房建设总体布局已全面展开，整体推进工作体系已逐步建立，政策措施日益完善，从根本上有效解决城乡困难群众住房问题的基础更加坚实。

【全省保障性住房工作会议】 2010年6月21日，省政府在临沧市召开全省保障性住房工作会议。省长秦光荣出席会议并作题为《加快保障性住房建设，改善城乡住房条件，努力实现全省人民住有所居和目标》的讲话。副省长孔垂柱、刘平分别就落实农村保障性安居工程建设任务和抓好城镇保障性住房建设工作进行了部署。16个州（市）政府主要领导、建设（规划）局长及省级有关部门领导等250余名代表参加会议。

全省保障性住房建设工作会议 2010年10月11日，省政府在昆明召开全省保障性住房建设工作会议。副省长刘平出席会议并要求突出“廉租保底、公租解困、农村解危、抗震安居”四大工作重点。各州（市）政府分管领导、各州（市）建设（规划）局长，省级各有关部门领导等150名代表参加会议。

【城乡保障性住房建设】 2010年，全省各类城镇保障性住房累计完成建设投资79.28亿元，竣工4.15万套。其中，新建的8.77万套廉租住房全部开工建设，完成投资45.42亿元；建成廉租住房5.87万套（其中2010项目竣工1.67万套），大部分建成的房屋都及时分配给保障对象入住；争取廉租住房租赁补贴资金6.61亿元，截至年底，已为12.23万户低收入住房困难家庭发放租赁补贴2.26亿元；剩余租赁补贴资金按照国家要求用于购买5751套廉租住房。在国家建设投资计划和资金下达晚的情况下，云南省多方筹集，建设的8100套公共租赁住房已竣工3900套，完成投资4.85亿元。1.65万户城镇棚户区全部开工，竣工1.16万户，完成投资16.33亿元。5513户国有工矿企业棚户区改造全部开工，完成投资2.74亿元。8000户国有林区（场）棚户区（危旧房）改造全部开工，竣工1200户，完成投资1.12亿元，占总投资的22.86%。2.39万户国有垦区危旧房改造项目已开工2.35万户，竣工2468户，完成投资4.47亿元，占总投资的22.27%。2010年分2批下达11.5万户的农村危房改造，下达中央补助资金7.84亿元、省级补助资金3.66万元，截至年底，全省农村危房改造工程开工率100%，竣工10.24万户。

【加强组织领导】 2010年，为确保目标任务的完成，全省16个州（市）政府都成立了以州（市）长任组长，分管副州（市）长为副组长，建设、发改、财政、国土、民政等部门主要领导为成员的保障性住房建设领导小组，并在住房和城乡建设部门设立办公室，具体负责协调处理保障性住房建设工作，为推进保障性住房建设提供了组织保障。各级政府都将保障性住房建设工作纳入政府年度重点事项，签订了目标责任书，建立了考核奖惩制度，实行了领导分包联系制，并定期召开专题会议，研究解决实施过程中遇到的难点、疑点问题。同时进一步分解任务、细化项目、落实责任，加强督促检查，做到组织有力、目标明确、措施到位、责任到人。

【加大资金投入配套力度】 2010年，在省委、省政府的高度重视和各部门的支持配合下，全省争取到国家补助城镇保障性住房建设资金36.74亿元，其中廉租住房建设补助资金22.03亿元，租赁补贴资金6.61亿元，公共租赁住房补助资金4.04亿元，城镇棚户区改造补助资金1451万元，国有工矿棚户区改造补助资金7167万元，林区棚户区改造补助资金1.05亿元，垦区危房改造补助资金2.15亿元。仅廉租住房、公共租赁住房中央补助资金33.56亿元，比上年增加12.56亿元。同时省政府克服困难，及时安排省级配套资金20.4亿元（含地方债券转贷资金13.5亿元）。年底，已将争取到中央补助资金、省级配套资金和地方债券转贷资金如实下达到各地；各州（市）、县（市、区）的配套资金也逐步落到到位。绝大部分地区都按照扩大内需项目资金管理要求，对项目建设资金实行专户管理或专账核算，有的采取单位报账和国库直接支付的方式管理资金，防止截留、挪用以及虚报冒领、铺张浪费等问题的发生。各地还组织财政、审计、监察等部门对项目资金使用情况不定期开展监督检查，确保资金规范运行。

【健全完善住房保障制度】 2010年，各地根据国家和省有关文件及会议精神，结合当地实际，先后制定、出台了解决城市低收入家庭住房困难问题、完善住房保障体系的政策措施。如，昆明市下发了关于推进保障性安居工程建设的实施意见；大理州各县均制定了《廉租住房管理办法》、《廉租住房保障资金转账管理制度》；保山市隆阳区制定下发了《隆阳区城镇最低收入家庭廉租住房管理办法》；昆钢集团公司制定了《昆钢廉租住房建设管理规定》。

【制度建设和管理工作】2010年，各地严格执行国家和省有关政策规定，对住房保障工作实施了系统化、规范化的管理。进一步完善了保障性住房申请、审核、公示、轮候、复核、退出等制度和社区居委会、乡镇（街道办事处）和县（市、区）建设、民政、财政联合审查的三级审核制度，对低收入住房困难家庭资格、租房补贴协议等进行严格审查，确保符合条件的保障对象按政策得到保障。采取多种形式公开相关政策标准、申请条件和办理程序等内容，进一步规范了工作程序和提高了办事效率。认真执行档案管理制度和统计报表制度，保障性住房建设管理水平逐步提高。

【超前谋划住房保障工作】 各州（市）按照国家和省的要求，结合实际，科学编制2010年～2012年保障性住房建设规划和“十二五”城镇保障性安居工程建设规划及年度计划，为推进保障性安居工程提供了科学指导依据。为加快推进当地保障性住房建设，各地提前谋划，统筹协调，认真搞好项目储备，提前做好前期工作。西双版纳、迪庆州不仅提前完成2010年的廉租住房建设任务，而且还提前开工建设2011年的1100余套廉租住房。

【加强工程质量安全监管】 各地严格落实项目法人责任制、招标投标制、合同制和工程监理制，严格把好规划设计、工程招投标、施工质量、安全监管、竣工验收等“关口”，严格执行国家有关住房建设的强制性标准，推广节能、省地、环保的新技术、新材料和新工艺。从检查考评的情况看，在建的绝大多数保障性住房功能完善、配套设施齐全、工程质量良好、施工安全。

（黄增）

房地产业

【概况】 2010年，面对复杂多变的国内外经济环境，省住房和城乡建设厅在省委、省政府的高度重视和正确领导下，牵头会同有关部门认真贯彻落实国务院和省政府的一系列房地产调控政策，切实做好稳定房价的相关工作，坚持不懈地抓好增加住房供应，促进房地产开发投资增长的工作，促进了云南房地产市场的持续健康发展。

贯彻国家房地产调控政策研究 国务院及有关部门先后三轮出台房地产调控政策，云南省住房城乡建设厅均在第一时间抓紧调研，及时提出的贯彻意见。关于贯彻国办〔2010〕4号和国发〔2010〕10号2个文件的意见，报省政府常务会议研究后分别以云政发〔2010〕18号和云政发〔2010〕84号文件印发实施；关于贯彻住房和城乡建设部等三部门深化国发〔2010〕10号文件调控政策的意见，以云建房〔2010〕624号文件印发实施。会同人行昆明中支和省银监局印发《关于转发规范商业性个人住房贷款中第二套住房认定标准文件的通知》

（云建房〔2010〕367号）；配合省财政厅、省地税局印发《转发财政部国家税务总局和住房城乡建设部关于调整房地产交易环节契税个人所得税优惠政策的通知》（云财税〔2010〕89号）等文件，结合云南实际，认真贯彻落实差别化的信贷和税收政策。上述文件的及时印发，保证了国务院及有关部门房地产调控政策在云南的贯彻落实。

完善房地产市场调控协调机制 按照云政发〔2010〕84号文件要求，积极协调有关部门，落实领导小组成员名单，明确成员单位具体职责，及时上报省政府批准成立了省房地产市场监测调控协调领导小组。并召开第一次会议，形成专题会议纪要，进一步加强对全省房地产调控工作的协调和指导。

分类指导房地产市场工作 2010年，根据在房地产市场监测和经济运行分析中发现的昆明市房地产市场运行中存在的房地产开发投资增速大幅下滑、供求存在失衡风险、房价面临反弹压力的问题，积极向省政府提出调控工作建议，及时协调昆明市有关部门全力做好遏制房价上涨的工作。按照省房地产市场监测调控协调领导小组第一次会议、省政府关于昆明市房地产开发用地及房地产市场调控专题会议精神以及省政府督查室要求，加强对各地房地产调控工作的监测和指导，重点督导昆明市完成好省政府提出的商品住房供给、房地产开发投资、住房建设用地供给量等3个方面指标同比增长3个“15%”以上的目标要求。

加大房地产市场监管力度 2010年，按照国务院及住房和城乡建设部的部署，开展预售项目专项检查，出台加强预售管理的政策规定，督导各城市建立健全商品房预售制度，严格预售条件，强化预售资金监管，对获得预售许可的项目实行一次性公开全部房源并明码标价对外销售，提高预售透明度。清理整治市场秩序，严厉查处捂盘、囤积房源和哄抬房价等违规行为。加强工程质量监管，维护消费者合法权益和社会稳定。全面开展房地产开发企业经营行为的专项检查，并按时将各州（市）检查结果汇总报省政府后，上报至国务院。

加强房地产经济运行分析和市场监测 坚持做好全省房地产经济运行分析工作，按月形成房地产经济运行分析报告上报省政府及印送有关部门，按季度召开有关部门参加的省级房地产经济运行分析联席会议，研判市场形势，论证分析报告，提出政策建议，形成房地产调控的合力，引导云南房地产市场的健康发展。加强对各州（市）房经济运行分析工作和重点城市房地产市场监测分析工作的指导。建立健全昆明、大理、曲靖、玉溪、丽江、昭通、楚雄、个旧、景洪、芒市10个重点城市房产交易信息统计监测和上报制度。通过省级房地产经济运行分析联席会议和人行昆明中支召集的房地产金融形势分析会议2项会议制度，加强与人行、银监部门以及各商业性金融机构的沟通联系。配合金融部门结合云南实际贯彻信贷调控政策，积极争取银行部门加大对房地产业的信贷资金支持力度。云南金融机构认真贯彻适度宽松的货币政策，为房地产业的发展提供了相应的信贷资金支持。

【**房地产开发投资**】 2010年，云南省在房地产开发投资促进工作中，加强分类指导，突出重点，抓住关键，着力解决好制约全省房地产平稳较快增长的突出问题。特别是下半年以来，高度重视昆明市房地产开发投资增速一度大幅回落影响全省房地产开发投资平稳较快增长的关键问题，多方采取有力措施，督导昆明市促进房地产开发投资恢复性增长。最终房地产开发投资扭转了增速下滑的局面，实现了较快增长。全年全省完成房地产开发投资900.44亿元，比上年增长22.1%。投资规模净增长162.98亿元，直接跨过800亿元的台阶，突破900亿元大关。投资规模占全省城镇固定资产投资的比例达到17.8%，增速接近城镇固定资产投资22.7%的增长水平，促进全省经济社会的又好又快发展。“十一五”期间，全省累计完成房地产开发投资2950.50亿元，是“十五”期间的4.1倍。

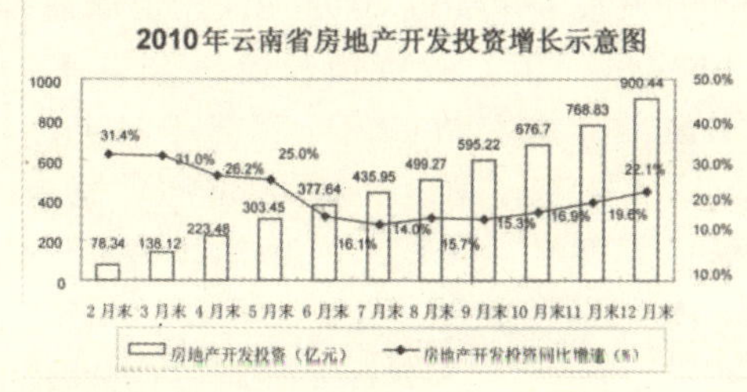

房地产开发投资的构成 2010年，土地开发投资52.29亿元，比上年增长4.3%。土地购置费121.27亿元，下降8.5%。房地产开发投资增长主要靠商品房的建设投资拉动。

与全国的情况进行对比，云南房地产开发投资规模占全国总投资的比重为1.9%，在全国31个省、区、市中排第20位，排位与上年相同。房地产开发投资增速低于全国平均增速 11.1 个百分点，在全国排第 27 位，下降 20 位。

房地产开发投资的用途 2010 年随着对商品住宅市场调控力度的加大，住宅开发投资占房地产开发投资的比重略有下降；其他类型房地产开发投资增速加快，占比提高。具体为：住宅开发投资 654.67 亿元，比上年增长 18.4%，占比为 72.7%，下降 2.3 个百分点。其中 90 平方米以下住宅开发投资 127.07 亿元，增长 30.4%。办公楼开发投资 22.21 亿元，增长 17.5%。商业营业用房开发投资 97.88 亿元，增长 10.9%。其他类型开发投资 125.67 亿元，增长 47.7%。

分州（市）的情况 2010 年四季度以来昆明市房地产开发投资逐步呈现恢复性增长的态势，是全省房地产开发投资增速回升的主要原因之一。昆明市完成房地产开发投资 440.75 亿元，比上年增长 19.3%。增速较 8 月末的 2.4% 提高 16.9 个百分点。其他 15 个州（市）合计完成房地产开发投资 459.69 亿元，增长 24.9%，占全省的比重达到 51.1%，提高 1.2 个百分点，为全省房地产开发投资增长提供了有力支撑。大部分州（市）房地产开发投资规模跨上了新的台阶，除迪庆州和怒江州外，全省有 14 个州（市）房地产开发投资在 15 亿元以上，其中：曲靖市房地产开发投资首次突破 100 亿元，达到 101.56 亿元；红河州和玉溪市房地产开发投资首次突破 50 亿元，分别达到 59.97 亿元和 57.54 亿元；楚雄州和大理州房地产开发投资首次突破 30 亿元，分别达到 38.03 亿元和 32.41 亿元；丽江市、普洱市、文山州、西双版纳州和临沧市 5 个州（市）的房地产开发投资也超过 20 亿元。投资增速排在前 9 位的州（市）投资增长超过全省平均水平，分别是：德宏州 49.1%、怒江州 48.4%、玉溪市 43.1%、临沧市 42.8%、楚雄州 33.0%、大理州 27.0%、普洱市 26.4%、红河州 25.6%、曲靖市 24.3%。

【主要城市房价调控成效】 根据国家发展改革委和统计局发布的 2010 年全国 70 个大中城市房屋销售价格指数显示：2010 年 2 月份以来昆明市和大理市新建住房价格均低于全国平均涨幅。

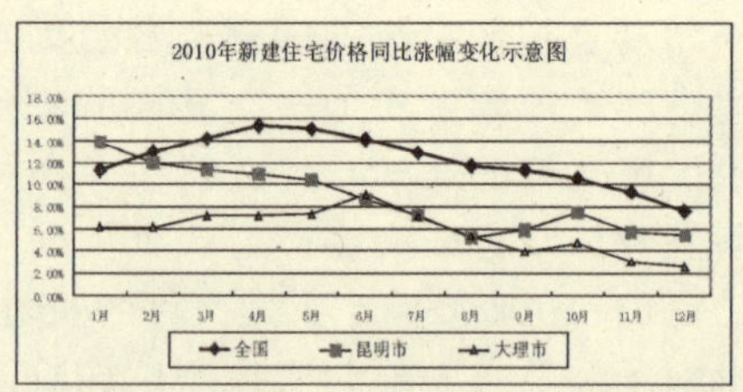

在上半年省房地产经济运行分析联席会上，结合市场供求的形势，对昆明市 6 月份新建住房环比涨幅高于全国平均涨幅、房价上涨压力加大的情况及早作出预警。此后，对 7 月、9 月、10 月昆明市，8 月、10 月大理市新建住房价格高于全国平均涨幅、排名靠前的情况予以了充分关注和高度的重视，及时提出了应对的具体措施和建议上报省政府决策，并通报昆明市和大理市政府与相关部门。经过各级政府和相关部门采取一系列切实稳定住房价格的有力措施后，年末最后 2 个月昆明市和大理市新建住房价格环比涨幅明显回落，房价调控工作取得明显成效。

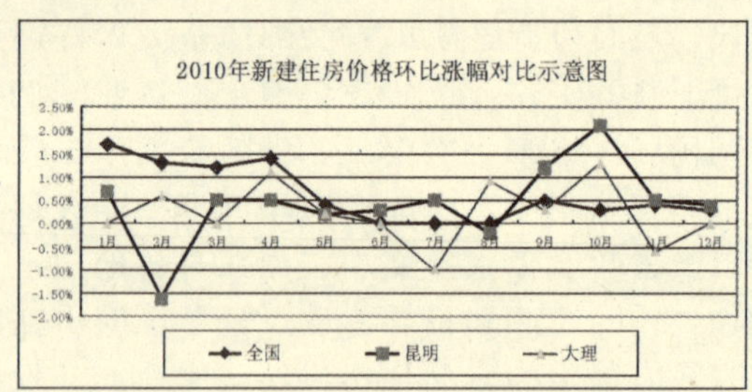

2010 年 12 月，昆明市和大理市新建住房价格分别同比上涨 4.5% 和 2.9%，均明显低于全国 70 个大中城市 6.4% 的平均涨幅；环比分别上涨 0.4% 和 0.0%，与全国 70 个大中城市相比分别高 0.1 个百分点和低 0.4 个百分点，较 10 月份的高位明显回落。

2010 年 12 月份 70 个大中城市房屋销售价格指数

地　区	房屋销售价格指数		新建住房价格指数				二手住房价格指数	
	同比	环比	同比	环比	同比	环比	同比	环比
全　国	106.4	100.3	107.6	100.3	109.9	100.3	105.0	100.5
昆　明	104.5	100.1	105.4	100.4	108.2	100.6	103.4	100.0
大　理	102.9	100.1	102.6	100.0	112.0	100.0	105.2	100.5

从云南省重点监测城市房产交易的绝对数值来看，2010 年主要城市主城区新建商品住房交易年度均价分别为：昆明市 5925 元/平方米、大理市 3776 元/平方米、个旧市 3008 元/平方米、丽江市 2588 元/平方米、昭通市 2531 元/平方米、楚雄市 2256 元/平方米、曲靖市 2091 元/平方米、景洪市 1954 元/平方米、芒市 1872 元/平方米。与一线城市万余元的均价相比，处在相对合理的范围内。

【商品房供求】 2010 年，全省商品房施工面积 8784.97 万平方米，比上年增长 28.5%；新开工面积 3702.76 万平方米，增长 31.3%。其中商品住房施工面积 7046.37 万平方米，增长 27.3%；新开工面积 2960.81 万平方米，增长 32.7%。全省商品房销售面积 2859.43 万平方米，增长 32.7%；全省商品房销售额 934.6 亿元，增长 43%。其中商品住房销售面积 2658.99 万平方米，增长 30.3%；全省商品住房销售额 769.32 亿元，增长 38.5%。与市场的供求关系相对应，商品房待售面积比上年增长，商品住房待售面积比上年下降。2010 年全省商品房待售面积 219.43 万平方米，增长 10%。全省商品住房待售面积 112.89 万平方米，下降 10.4%。

【房地产信贷】 2010 年，全省房地产信贷余额 1533.86 亿元，同比增长 22.4%。全年新增房地产贷款 280.84 亿元。由于银行信贷发放的规律和房地产调控政策的实施，信贷支持的力度在上半年体现较为集中，1～2 季度新增额分别为 154.17 亿元、89.57 亿元。全省房地产开发贷款余额 370.20 亿元，增长 6.7%。全省个人购房贷款余额 1161.3 亿元，增长 28.5%。全省住房公积金个人住房贷款 292.27 亿元，增长 32.1%。充分发挥出政策性金融业务对职工购房的支持作用。

【房地产税】 2010 年，云南省各级税务部门认真贯彻落实差别化税收政策，加强税收征管。全省完成房地产税收收入 189.88 亿元，比上年增长 47.1%。占全省地税部门组织地方税税收收入的 29.2%，较上年提高 3 个百分点。

【住房公积金】 截至 2010 年底，全省缴存住房公积金 185 万人，累计归集住房公积金 768 亿元，归集率 82%；住房公积金累计缴存余额 440 亿元；为 55 万人提供住房公积金贷款，个人住房公积金贷款总额 495 亿元，贷款余额 270 亿元；个人住房公积金贷款逾期率下降到 0.05%，个贷率达到 62%，资金使用率实现 80%；累计提取贷款风险准备金 6.5 亿元，提取廉租住房补充资金总额 6.9 亿元。

住房公积金管理体制 2010 年，各州（市）都成立“住房公积金管理委员会”，管委会成员按照“三个三分之一”原则组成。管委会明确了议事规则和决策程序，审议并通过管委会章程，拟定缴存比例，确定个贷额度，审议、审批了各年度住房公积金归集、使用计划和计划执行情况及财务执行情况。根据《条例》的要求，住房公积金管理中心是直属于州（市）政府的独立事业单位，不能挂靠其他单位，中心主任不能兼任其他单位领导职务，各州（市）政府对此高度重视，采取有力措施，稳步积极推进机构调整工作。挂靠建设局的迪庆、大理中心已经和建设局脱钩，副处级红河、曲靖、临沧中心已经升格为直属州（市）政府的正处级事业单位。

住房公积金监管体系 2010 年，深入贯彻落实《住房公积金行政监督办法》，在全国率先实现各州（市）住房公积金管理中心与省住房城乡建设厅、住房城乡建设部住房公积金信息系统联网，健全纵向行政监管。住房公积金管理中心主动接受财政、审计、人民银行、银监等部门的横向监督。住房公积金年度预、决算及中心管理费用，均根据财政部门的审核意见报请管委会批准后执行；接受各级审计部门的定期和专项审计，保证资金规范管理和安全运作。大部分州（市）住房公积金管理中心向职工发放了存储卡，可以通过网络、银行查询个人账户信息，并将上一年度住房公积金财务报表向社会公告，接受新闻媒体及社会全方位监督。

住房公积金内部管理 会同相关厅局制定完善了云南省住房公积金监督、管理、使用等各项制度，向各州（市）中心先后印发了《云南省住房公积金管理中心工作考核办法》、《云南省住房公积金个人贷款管理办法》、《关于开展云南省住房公积金异地贷款业务的指导意见》等一系列政策性文件。各州（市）中心根据国家和省的相关法规政策，制定了住房公积金各项业务管理制度和业务操作流程；建立了住房公积金总账、单位账和个人明细账三级账目；部分中心还开通了住房公积金电话语音查询和网络查询，基本实现了住房公积金规范管理。各州（市）中心对各管理部实行“统一管理、统一制度、统一核算”，定期对管理部履行职责、执行政策、资金使用、办理业务等情况进行业务稽核，加强对各管理部业务开展情况的实时监控。

住房公积金资金健康有序运行 2010年，云南省住房公积金覆盖面已由建立之初的56%提高到82%，从原来的以城区机关事业单位为主，逐步扩展到乡镇机关、企事业单位，并开始向非公有制经济组织发展。住房公积金缴存比例由建立之初的5%调整为5%～12%，“十一五”期间住房公积金归集额年均增长25%。严格按照《条例》规定，发放住房公积金个人住房贷款，同时加大对逾期贷款的清理和催收工作，建立逾期贷款的预警和催收机制，提高住房公积金资产质量。2010年底，逾期率控制在0.05%以内，使用率达80%，经过各方努力，截至2010年底，云南省未归还单位项目贷款已由2006年年底的2.38亿元降至2000万元。近2年实现住房公积金年增值收益近6亿元，累计提取城市廉租住房补充资金近7亿元。住房公积金制度有效提高了职工特别是中低收入家庭的购房能力，其经济效益和社会效益日益显现。

（黄增）

环境保护

水资源开发和利用

【水资源管理】 2010年，加强取水许可管理工作，在取水许可审批中，认真核实取水户的法定身份证明文件、有利害关系第三者的承诺书完成情况等，对符合审批条件的达开水电站等16个项目的取水许可申请书进行审核；对南盘江三佳水电站等9个申请办理取水许可证的项目进行现场审验，办理取水许可证。加强水资源费征收工作，第一次在全国范围内实现对在建电站开征水资源费的工作，完善分级征收体制，建立征收目标责任、分解、通报、程序机制，坚决执行“依法征收、应收尽收”，全省征收水资源费5.59亿元，其中省本级征收3.07亿元，实现历史性的跨越。同时严格建设项目水资源论证管理，开展23项水资源论证报告书评审，涉及水电、水库、城市供水、建材、化工、工业园区等多个方面，包括地表水、地下水取水水源，在行政许可时限范围内及时出具25项水资源论证报告书审批意见。积极配合水利部长江水利委员会、珠江水利委员会对7项建设项目水资源论证报告书进行审查。

【水资源节约与保护】 2010年，认真开展水功能区保护工作，全面启动全省主要水功能区纳污能力核定工作；加强流域入河排污口摸底调查，全面推进实行牛栏江最严格水资源管理试点。加强水功能区的水质监测，发布州（市）界河流水资源质量状况月报。积极开展县级以上供水水源地的调查，协调昆明市实施地下水清理整顿。完成《云南省地下水利用与保护规划》和《云南省“十二五”水资源保护规划》。妥善处置突发性水污染事件。编制完成云南省水利系统突发性水污染事件应急预案，有效处置大屯海砷污染事件等6起突发性水污染事件。加强县级以上城市集中式饮用水水源地管理，在向社会发布县级以上城市203个包括供水水源地和备用水源地目录的基础上，加大水源地水质监测范围和频次，落实县级以上城市水源地安全责任制，指导督促相关州（市）完成饮用水水源地的确界立碑工作，明确水源地的保护范围和保护目标。继续推进节水型社会建设工作，全面开展节水型社会建设"十二五"规划编制工作，制定云南省大中型灌区用水效率考核方案、考核办法和云南省规模以上企业用水效率考核方案、考核办法。积极推进国家节水型社会建设曲靖、玉溪试点工作，加强资金支持，加速节水型示范项目建设，促进节水型社会建设机制创新。严格执行《云南省用水定额地方标准》，严格建设项目水资源论证管理，从源头上遏制不符合国家产业政策、高耗水、高污染的项目。

（师晓莹）

国土资源保护

【土地整治】 为确保耕地占补平衡，2010年全省国土资源系统大力开展中低产田地改造和土地整治工作，积极搭建土地整治新平台。在国土资源部的重视和大力支持下，云南省"兴地睦边"农田整治重大工程获立项审批。计划在沿边25县投资86.2亿元，实施农田整治重大工程，建设总规模323万亩，新增耕地23万亩，计划5年完成。云南省政府专门成立由分管副省长任组长、相关部门领导为成员的领导小组，出台《云南省兴地睦边农田整治重大工程管理办法》，"兴地睦边"工程建设指挥部开始运转，及时制定了招标投标、资金管理等相关制度，为项目推进奠定了坚实基础。

【地质灾害防治工作】 云南省是全国地质灾害多发、易发省份之一。2010年汛期，省内怒江州贡山县、保山市隆阳区又连续发生2起特大地质灾害，造成重大人员伤亡和财产损失，给灾区人民生产生活带来重大影响。党中央、国务院多次作出批示，国务院和相关部委领导数次往返云南省指导救灾工作。下半年，省政府及时召开全省地质灾害防治工作会议，对加强地质灾害防治工作进行全面动员和部署，出台《云南省政府关于加强地质灾害防治工作的意见》，决定采取10项重大措施，每年筹措10亿元，10年筹措100亿元资金，突出搬迁避让，逐步建立起群测群防与专业监测预警相结合的综合防治体系，全面加强和改进地质灾害防治工作。

【土地执法监察工作】 根据全国2009年度卫片执法检查工作要求，2010年全省认真清理核查各类土地违规违法现象，检查监测图斑2347个，面积9万余亩。其中，违法用地宗数占总宗数的20.74%，违法用地面积占总面积的15.23%，违法占用耕地面积占耕地征收总面积的12.56%。根据土地卫片执法检查结果，国土资源部对红河州进行了警示约谈和启动问责，国家土地督察成都局对师宗县进行了警示约谈，云南省政府对镇康县和思茅区进行了警示约谈工作。2010年，全省立案查处土地违法案件377件，矿产违法案件178件，涉嫌犯罪31起，依法移送38人，有力维护了国土资源管理秩序。

（冉玉兰）

环境保护

2010年，全省环保工作坚决贯彻落实中央和省委、省政府的各项重大决策部署，面对国际金融危机的影响和百年一遇的特大干旱，以实施"七彩云南保护行动"为载体，以争当生态文明建设排头兵为总目标，把加强环境保护与提高发展质量效益、促进社会和谐有机结合起来，突出抓好主要污染物减排、以九大高原湖泊为重点的水环境综合整治和以滇西北生物多样性保护为重点的生态环境建设与保护等各项工作，积极开展农村环境保护，加大环保执法监管力度，防范环境突发事件，着力解决危害群众健康、影响可持续发展的突出环境问题，加强环保能力建设，全力推进环境保护各项工作，为实现全省经济、社会平稳健康和较快发展作出了积极贡献。

【"十一五"污染减排任务】 国家确定云南省"十一五"污染减排目标是：2010全省化学需氧量要在2005年的基础上削减4%，二氧化硫要在2005年的基础上削减4%。云南省在全省经济总量5年翻一番、固定资产投资5年增加2.3倍、工业投资突破6000亿元的情况下，超额完成了“十一五”污染减排目标任务。“十一五”期间，全省累计投入污染减排资金374.27亿元。在全省10万千瓦以上火电机组脱硫设施全部建成投运，提前1年完成火电行业重点减排工程，62家规模以上糖厂实现酒精废醪液零排放的基础上，2010年为消化特大干旱导致大幅增加的二氧化硫排放量，加大节能减排发电调度力度。省政府召开全省节能减排及应对气候变化工作领导小组会议，对火电发电调度、治污项目建设和运营管理、淘汰落后产能以及减排监督检查等工作进行了部署。在控制火力发电量和优化火电脱硫指标的双重调控作用下，全省二氧化硫排放量大幅下降。省政府还出台《云南省节能减排工作行政问责实施意见》等政策措施和考核办法，把减排指标完成情况纳入各州（市）经济社会发展综合评价体系，作为政府主要领导综合考核评价的重要内容，每季度对减排形势进行分析，发现问题，及时采取措施。省政府督查室把节能减排督查纳入督查重点。省环保厅将年度减排指标任务分解、落实到各州（市）和各重点企业，对未完成任务州（市）的建设项目实施“区域限批”，对相关企业实施“企业限批”，并追究相关人员的责任。

2010年7月，完成总装机容量580万千瓦的14台火电机组脱硫设施增容改造工程，脱硫效率大幅提高。对14台机组脱硫设施旁路烟道实施了封堵、8台机组实行了铅封，国电宣威发电有限责任公司在全国率先拆除了4×30万千瓦机组脱硫设施旁路烟道。昆钢等4家钢铁企业8台烧结机烟气脱硫项目建设按时完成，云南解化集团等50多家企业实施了工业锅炉脱硫或工艺尾气净化及综合利用改造。至2010年底，全省建成68个污水处理项目，污水处理率达到70%，已建成投运污水处理厂的城市全部开征了污水处理费。淘汰落后产能任务全面完成。截止2010年底，省政府与各州（市）人民政府签订的122个《减排责任书》项目已全部完成，完成率100%；省政府授权省环保厅与18家企业签订的36个《减排责任书》项目已全部完成，完成率100%；省环保厅确定的272个省级重点减排项目已完成219个，完成率81%。

【加强环境监管】

环境执法力度不断加大　2010年，全省环保专项行动出动环境执法人员4.32万人次，开展联合执法80余次，检查企业8438家，查处企业环境违法行为567家，行政处罚387家，罚款金额610.86万元；下达限期整改通知书902份，完成整改698家；限期治理201家，完成整改160家；完成国家、省、州（市）挂牌督办事项75件；做到县级环保部门不少于每月1次，州（市）环保部门不少于每季度1次，省级环保部门抽查率不低于60%。“12369”环保投诉受理5356件，办结5291件，办结率98.8%。切实解决了一批危害群众健康和影响可持续发展的突出环境问题，全面整治了南盘江、红河、沘江、螳螂川流域重金属排放企业环境违法问题。进一步加大牛栏江上游水污染防治工作力度，确保牛栏江调水水源区达到Ⅲ类水质。对个旧市降低环评等级违规审批建设项目环评文件的情况进行了现场检查。

环境监测工作扎实开展　全省16个州（市）政府所在地实现了环境空气自动监测。较好地完成国控、省控重点污染源监督性监测任务。各级环境监测站加大了监督性监测频次，除对国控企业做到每季度监测1次外，对部分重点减排项目的主要指标按月实施监测。开展重点流域的水质监测、“菜篮子”和有机食品基地环境监测工作，完成集中式饮用水源地有机污染物调查、全省持久性有机污染物更新调查、温室气体监测试点等工作。组织全省首次环境监测大比武，并组队参加全国环境监测大比武，在全国33个参赛单位中取得团体第14名、个人三等奖的优异成绩。

加强核与辐射环境安全监管　2010年，完成368家未办理或换发辐射安全许可证的企业和单位的办证换证工作。正式启用国家网络化放射源监管系统，完成全省2003家核技术利用单位及其1758枚放射源的数据导入“国家核技术利用辐射安全监管系统”工作。对放射源和射线装置的日常监督检查转向规范化和常态化。加强对全省165户淘汰落后产能企业放射源的监管。全省各州（市）已上报包含淘汰落后产能企业在内的146枚待收贮放射源，已完成收贮79枚。同时强力推进电磁辐射行业补办环评手续。

拓展环境执法的新途径　省环保厅与人银昆明支行、银监局建立了落实环境法规防范信贷风险工作联席会议制度，及时向金融部门通报环境违法违规企业名单和环保专项行动省级挂牌督办企业及项目。向云南省工程建设领域信用平台提供企业环境违法信息和环境行政处罚信息，支持省高院开展环境公益诉讼研究。积极探索重大行政处罚事前约谈违法违规企业负责人的工作机制，取得良好的处罚效应。昆明市、玉溪市政法机关在全国率先成立环保公安分局、环保法庭和环保检察机构，建立了环境保护执法协调机制。昆明市环保局以公益诉讼人身份，对某企业乱排污水直接导致附近村民、牲畜饮水困难，损害环境公共利益的行为，向人民法院提出公益诉讼，为全省首例。

加强重金属污染防治 云南省对重金属污染防治高度关注，采取了一系列措施，加大了污染防治工作力度。一是加强环境监管，对涉及重金属的环境违法行为加大了打击力度；二是重点治理一批污染源，局部地区重金属污染状况有所好转；三是积极稳妥地处置一批环境突发事件。通过采取这些措施，重金属污染防治取得了一定的成效。至2010年下半年，阳宗海水体砷浓度降至最低值0.021 mg/L，较最高值下降了84.3%，水质稳定在Ⅱ～Ⅲ类；沘江干流水质重金属大幅下降，达到水功能区Ⅲ类标准的要求；涉及出境的红河干流在2009年～2010年水质大幅好转；文山州的南北河、小白河水质得到根本性好转，2010年下半年开始稳定达标。

【严格环境影响评价】

积极支持全省重大项目建设 厅领导班子高度重视事关云南经济社会发展全局的重大项目和民生项目，实施提前介入、超前研究、沟通协调、联合审查、同步审批、跟踪服务和开辟绿色通道等措施，加快环评审批。对符合中央和省重点投资要求的交通、输变电、污水和垃圾处理等基础设施，以及节能减排和现代服务业等拉动内需的建设项目，本着特事特办、急事急办的原则，及时评估和行政审批，确保经济平稳较快增长；对重大资源开发利用项目和重大投资项目，加快了环评文件的审批，确保重点项目顺利推进；对环评中涉及自然保护区等环境敏感区域的项目与其他部门实行并联审批，简化程序，提高审批效率。

严把环境准入关 严格执行环境影响评价制度和环评分类管理、分级审批等规定以及环保部“四个不批”、“三个严格”的要求，严把环境准入关，从严控制高能耗、高污染、资源消耗型的项目建设，严把环境准入关，确保结构调整、优化发展方式。严格实行建设项目环评分类审查以及分级审批制度等一系列规章制度，规范了环评审查、审批程序，为严格建设项目环评审批、强化环保“三同时”监管和竣工环保验收提供强有力的政策保障。2010年，全省审批建设项目环评文件310项，比上年减少67项，涉及固定资产投资999.03亿元，减少749.97亿元。验收审批77项，增加24项，增长45.3%。

积极推进规划环评 坚持把规划环评作为项目环评审批的前置条件，确保规划的严肃性、开发的有序性和建设的规范性。2010年，与有关部门共同组织对工业园区规划、水电开发规划、旅游总体规划等17项规划环评进行审查。推动了云南省“十二五”中长期电网和电力工业的战略环评。

切实加强“三同时”监管 2010年，对16家存在“未批先建”、“批建不符”等环境违法行为的项目（企业）进行严肃查处，罚款165万元。对各地辖区内自2003年9月1日《环境影响评价法》实施以来审批环评文件的建设项目环保“三同时”执行情况进行了一次全面的检查、清理和整顿。分别对红河州、文山州等8个州（市）开展了环评重点工作专项检查，督促各地进一步加强环评管理，对存在的问题及时按照相关要求进行整改。

【水环境治理工作】

2010年，省政府分别召开程海、杞麓湖现场办公会，确定了程海“4114711”和杞麓湖“12345”的治理思路和措施。投入省级国债资金2.5亿元，拉动省级部门和地方政府、社会企业投资20.9亿多元，加快了异龙湖、程海、杞麓湖治理步伐。省环保厅坚决贯彻落实省政府现场办公会精神和省委、省政府关于环湖截污和交通、外流域调水及节水、入湖河道整治、农业农村面源治理、生态修复与建设、生态清淤等“六大工程”治理措施，切实加强对九湖水污染防治“十一五”目标责任书及规划的监督、检查和指导。积极开展九湖水体监测，强化执法监督力度。“六大工程”进展顺利。环湖截污治污工程取得新进展 滇池流域加速污水处理厂及配套管网建设。昆明市完成主城区8个污水处理厂新建和升级改造，污水日处理规模达到110.5万立方米，所有污水处理厂达到一级A排放标准。

环湖生态建设取得新突破 滇池流域完成退塘、退田4.5万亩，迁出湖滨居民1.6万人，搬迁各级企事业单位和驻昆部队50个，退房95.1万平方米，建设湖滨湿地和林带5.4万亩，整治水土流失493平方公里，滇池流域林木覆盖率50.8%。洱海流域完成48公里湖滨带生态建设工程，海东湖滨带新一轮“三退三还”已完成土地清退1089亩，拆迁房屋673户。异龙湖签订退塘还湖协议5300亩，拆除塘埂2400亩。玉溪市“三湖一海”建成1500多亩人工湿地及湖滨带，实施退塘2388.8亩。

入湖河道整治得到加强 滇池流域采取堵口查污、截污导流、拆临拆违、道路平整、两岸绿化、入湖湿地、河道保洁、中水回用等措施强力推进36条入湖河道的综合整治。洱海流域完成了永安江、罗时江、弥苴河生态河道综合整治约20公里。抚仙湖梁王河环境综合治理工程正在抓紧实施。

外流域引水工程稳步推进 牛栏江—滇池补水工程控制性实验场地建设开工，德泽水库大坝已实现截流。抚仙湖—星云湖出流改道工程已竣工运行。杞麓湖调蓄水隧道工程全线贯通。异龙湖新街海河疏挖工程已完成，初步具备了复归珠江水系的条件。

沿湖村落环境综合整治顺利推进 编制完成了九湖流域沿湖494个村落环境综合整治规划；2009年中央农村环保专项资金支持九湖流域沿湖44个村落环境综合整治项目全部完工。

内源治理工程加快实施 继续实施滇池污染底泥疏浚二期工程，疏浚污染底泥340万立方米，清除滇池主要污染物总氮1.1万吨、总磷5000吨。

截止2010年底，九湖“十一五”规划项目206项，已完工196项、在建10项，完工率95.15%、开工率100%，完成投资204亿元、投资完成率97.24%。监测数据显示，九湖湖体水质监测断面达标率70.15%，5个湖泊达到水体功能要求、达标率55.60%，COD入湖削减率与2005年相比大于10%，全面完成了省政府确定的“规划项目开工率100%、完工率95%，主要入湖污染物总量削减率10%，湖体水环境功能达标率50%以上”的目标。

编制实施《牛栏江流域（云南省部分）水环境保护规划》，启动《南盘江流域（云南省部分）水污染防治规划》编制工作。开展了重金属污染企业专项排查，严肃整治南盘江流域重点涉砷企业。截止2010年底，三峡库区上游涉及云南省的48个规划项目，已完成31个、在建16个、开展前期工作1个。争取中央重金属污染防治专项资金1.81亿元对云南省10个项目予以支持。编制《云南省关于贯彻环境保护部等九部委加强重金属污染防治工作指导意见的实施方案》。召开全省保障出境河流环境安全工作座谈会。完成全省出境跨界河流基本情况和污染企业调查，保障了出境跨界河流环境安全。

【建设生态安全屏障】

生物多样性保护工作成效显著 2010年，继《滇西北生物多样性保护丽江宣言》后，省政府出台《2010国际生物多样性年云南行动腾冲纲领》，成立“云南省生物多样性保护基金会”；举办《云南省生物多样性（滇西北区域）大型图片展》。“滇西北生物多样性保护联席会议”扩大为“云南省生物多样性保护联席会议”。云南生物多样性保护重点区域由滇西北扩大到滇西南，由5州（市）18个县（市区）扩大到9州（市）44个县（市区）。“云南省生物多样性研究院”的组建工作正在积极开展；省环保厅组织滇西北、滇西南9州（市）编写完成了9州（市）区域性生物多样性保护教育基地建设项目实施方案，目前，西双版纳州、德宏州和临沧市生物多样性保护教育基地已正式挂牌，并向社会免费开放。开展了滇西北18个县生物物种资源重点调查，编制完成了《云南省生物物种资源保护与利用规划》。

生态建设示范区创建工作不断深化 截止2010年底，全省有12个州（市）、70余个县（市、区）开展了生态创建工作，其中9个州（市）、45个县（市、区）编制完成了生态建设示范区规划；现已获得命名的国家级生态乡镇16个，国家级生态村1个，云南省生态乡镇188个；另有4个县（区）被环保部命名为全国生态示范区。省环保厅制定了《关于加强生态建设示范区工作的实施意见》；安排890万元补助滇西南4州（市）26县（市、区）开展生态建设规划的编制；组织专家对保山、大理、迪庆、丽江、怒江、迪庆和西双版纳等生态州（市）、县（市、区）建设规划进行论证。

自然生态保护监管进一步加强 2010年，对云南省包括长江上游珍稀特有鱼类保护区在内的17个国家级自然保护区开展专项执法检查。切实加强对纳板河、苍山洱海2个保护区2009年能力建设项目的实施，争取到中央专项资金700万元；对环保系统管理的3个国家级自然保护区3年来国家安排的能力建设和湿地保护项目的实施情况和进展进行跟踪监督。目前全省已建成各级各类自然保护区162个，其中国家级16个、省级44个、州（市）级59个、县级43个。

农村环境治理试点项目示范效应良好 通过实施2008年～2010年度中央农村环保专项资金109个项目，村庄的环境状况明显改善，农村环境综合整治取得积极成效，争取2010年中央农村环保专项资金项目30个，共2490万元。扎实推进云南农村环境保护“以奖促治”工作，畜禽养殖污染防治试点示范作用显著。完成了云南土壤污染状况调查，基本掌握了全省土壤环境质量现状及污染程度。

【环境法制、宣教和对外合作工作】

环境法制不断强化 进一步规范环境行政处罚程序和会商制度，严格按照行政处罚程序，严格执法、依法行政，并积极参与地方性法规的立法工作，积极探索实践用综合手段解决环境问题。

环境宣传教育创新发展 不断推进七彩云南保护绿色传播、绿色创建行动。利用“六五”环境日、“国际生物多样性年”、图片展以及新闻发布会和网站宣传等形式，向社会通报全省环境状况、环保专项行动情况及省级挂牌督办事项等环境保护工作情况，展示生态保护和建设成效。完成了“七彩云南保护行动环境保护十大杰出人物及环保贡献奖”评选工作。继续推进绿色创建工作，截止2010年底，与教育厅、商务厅、旅游局等部门密切合作，创建各级绿色学校2664所、绿色社区268个、绿色酒店31家；培训环保导游1.2万人次；创建18个环境教育基地。提升了云南环保形象，促进了一批公众关注的环境热点和难点问题的解决，环境宣教工作的先导作用得到了充分发挥，“了解自然、敬畏自然、亲近自然、保护自然”的理念深入人心。

对外合作交流有序开展 世行贷款云南城市环境建设一期项目实施总体进展顺利，二期项目正式启动实施。大湄公河次区域的环境合作取得丰硕成果，加强了生物多样性保护、战略环评和环境绩效评估等方面的能力。多边和双边援助项目成效显著。完成中瑞合作《云南规划/战略环评能力建设项目》。全球环境基金援助的《老君山生物多样性保护示范项目》进展顺利，完成《老君山示范区综合生态系统管理（IEM）规划》为核心的52个项目成果。泛珠环保合作、沪滇环保合作、滇川环保合作等区域合作顺利推进。

（陈丽）

教育和科学技术

教 育

【综述】 2010年，全省在学总规模1335.3万人。其中，高等院校在学人数63.6万人；高中阶段在学人数130.23万人，其中中等职业教育在学人数66.91万人；义务教育阶段在学人数643.25万人；学前教育在园（班）人数98.69万人；其他教育399.53万人。学前三年教育毛入园率37.43%，小学学龄儿童毛入学率99.71%，初中阶段学龄人口毛入学率104.36%，高中阶段毛入学率达65%，高等教育毛入学率20.02%，人均受教育年限7年。教育惠民政策体系建设不断加强，农村义务教育“两免一补”政策得到落实，义务教育阶段学校享受生活补助的人数266万人。少数民族在校学生299.93万人。教育均衡发展不断推进，教育公平迈出重大步伐。

【教育保障】 2010年，教师队伍建设不断加强，全省专任教师48.1万人，其中义务教育阶段教师35.9万人，高等教育教师2.7万人。2010年投入教师培训专款3730万元，培训中小学教师7万多人，教师整体素质不断提高。全省已拆除中小学校舍危房280万平方米，开工新建388.5万平方米。积极推进中小学校布局调整，全省小学比上年减少1767所；教学点减少3411个。结合中小学布局调整，积极推进学前教育改革试点，整合教育资源，以新建、改扩建等方式大力推动乡镇中心幼儿园和省级示范性幼儿园建设。继续实施特殊学校建设工程，已经建成50所并投入使用9所，其余40所已经启动建设。实施农村初中校舍改造工程，推进学校标准化建设，安排项目学校39所，校舍建设面积约12万平方米，投资1.7亿元。实施职业教育园区建设工程，新建12个职教园区。着力推进以呈贡高校新区为重点的高等教育基础设施建设，呈贡高校新区完成投资58.58亿元，完成全年投资计划40亿元的125.18%。整个新校区累计已开工建设343.12万平米，竣工建筑面积约300万平方米，已完成投资95.44亿元，9所高校已进入呈贡高校新区，入住学生8.5万人。整合信息资源，大力实施教育信息化工程。积极抓好党员干部现代远程教育工作，充分发挥现代远程教育在农村党员干部教育和农业科技教育的作用，构建农村党员干部培训学习支撑服务体系，确保当地现代远程教育在党员干部培训和推广农村实用技术方面发挥作用。

【教育体制改革】 2010年，云南省被列为全国教育综合改革的试点省份之一，深入推进办学体制、教育管理体制、人才培养机制、考试招生制度改革，加强学校现代制度建设。在中小学全面实施校长公选、教师聘任、绩效分配的“三制”改革。实施初、高中学生学业水平考试和综合评价制度改革。积极推进高校招生制度改革试点工作。积极创新校企合作的职业教育办学机制，推进职业教育集团化办学，组建职教集团31个。大力推进现代大学制度建设和深化高校后勤改革。办学体制改革有力推进了民办教育的大发展，各类民办教育在校学生占在校生总数的8.76%。进一步扩大教育对外开放，教育国际交流与合作取得新的进展，云南省已与50个以上的国家和地区建立了教育交流与合作关系，合作办学项目不断增加，出国留学生和来华留学生规模不断扩大，国际化人才培养进一步加强。

【素质教育】 2010年，坚持育人为本、德育为先、立德树人，把社会主义核心价值体系融入国民教育全过程，不断加强和改进未成年人思想道德建设和大学生思想政治教育，积极推进青少年校外教育工作，学校德育工作体系、思想政治教育体系和校外教育体系基本形成。切实加强现代教育价值建设，创造性地在各级各类学校大力实施的生命教育、生存教育和生活教育取得显著成果。全力推进“减负提质”工作，切实减轻学生课业负担。学校体育、卫生、艺术和安全教育不断加强。不断推进人才培养模式改革，加强对学生的兴趣熏陶、思维训练、能力培养、综合素质、语言文字应用能力和人格塑造，为学生成长、成才、成人提供良好的教育环境。

【办学水平】 2010年，完成“基本普及九年义务教育，基本扫除青壮年文盲”的历史任务，“两基”顺利通过国检，基础教育取得历史性成就。初中毕业生升学率72.58%，高中毕业生升学率75.36%，培养全日制高校毕业生65.16万人。获得国家级和省部级科技奖3项，占全省获奖数的25%，获得国家级部委重点实验室3个、省级工程研究中心9个、省级重点实验室6个，高校科技创新团队11支，高校已成为云南基础研究的主力军和应用研究、技术开发的生力军。不断提高高等教育的质量，国家级“质量工程”获得新突破，省级“质量工程”稳步推进。加强重点学科和科技创新平台建设，积极推进云南大学“211工程”三期建设，推进高校重点实验室和工程研究（技术）中心建设，高校的学科综合实力和自主创新能力进一步提升，高等学校承担科研项目的数量、层次、成果水平、获奖级别、研究经费及科技贡献都大幅度增长和提高。加强博士、硕士学位授权点申报工作，同时推动云南的研究生教育由数量扩张向质量提升转变。经国务院学位委员会全委会审议通过全省新增一级学科博士学位授权点14个、一级学科硕士学位授权点76个及专业硕士学位授权点（领域）48个，比过去30年总和分别增长了155%、125%和150%，一级学科博士学位授权点实现100%的申报成功率。

【职业教育】 2010年，扩大中等职业教育招生规模，完成招生31.72万人，职普比达到1.06:1，在校生人数66.91万人，专任教师2.37万人，特聘教师岗位2000个。全面推进职教区域基地化建设，争取到中央专项资金约1.5亿元用于34所学校的专项建设，新增5亿专项资金，重点用于支持区域性职教中心建设。区域性职教园区已经完成建筑面积超过100万平方米，入住学生3.5万人。曲靖市、楚雄州、普洱市职教园区一期建设已经完成，昆明安宁和嵩明、临沧职教园区正在建设，德宏、昭通、玉溪、文山、保山、版纳等地职教园区正在规划。办学能力得到提升，云南省国家级职业学校达到53所，省部级职业学校达到60所，占全部中等职业学校的1/3。

【普通高中教育】 2010年，召开全省一级高完中、普通高中教育教学工作会议，制定下发《云南省普通高中新课程改革工作方案（试行）》等23个指导性文件，全省所有普通高中学校从2009年9月启动新课程改革，完成对13所普通高完中办学水平的综合评价和全省一级高完中教学质量的综合评价。全省普通高中学校达到451所，招生22.9万人，在校生63.28万人，普通高中校均规模1403人，高中阶段毛入学率65%，一级学校在校学生已占普通高中在校学生总数的48.9%。

【高等教育】 2010年，国家级“质量工程”获得新突破，省级“质量工程”稳步推进，获国家级特色专业建设点18个，国家精品课程9门，国家级教学团队5个，国家双语教学示范课程4门。加强重点学科和科技创新平台建设，云南省在“十一五”期间立项的52个省级重点建设（培育）学科全部通过了评估验收并挂牌。积极推进云南大学“211工程”三期建设，积极推进高校重点实验室和工程研究（技术）中心建设，高校的学科综合实力和自主创新能力进一步提升，高等学校承担科研项目的数量、层次、成果水平、获奖级别、研究经费及科技贡献都大幅度增长和提高，其中获国家技术发明二等奖、科技进步二等奖等共3项，完成新增一级学科博士点、硕士点的申报评审工作，在学位点建设方面获得历史性的重大进展。

【教师队伍建设】 2010年5月7日“2010星巴克乡村校长培训班”在云南警官学院开班，对西部省区250余名乡村校长进行培训。以“国培计划”引领教师培训工作，对6.28名省级骨干教师、中小学校长、班主任和学科教师进行培训。通过“国培计划”评审，获得3000万元经费，可培训教师2.8万名。扎实推进中小学教师素质提升工程和云南现代教育示范学校建设工程，评出首届名校长127名、学科带头人312名、骨干教师1391名。招聘特岗教师5349人，全省特岗教师3.12万余名，获得中央专项经费12亿元，极大地推动了农村贫困地区基础教育的发展。

【教育信息化】 2010年4月30日召开云南省教育信息化工作会议，分别与中国电信云南分公司、中国移动云南公司签署推进教育信息化的战略合作协议，计划用3~5年的时间，投入10亿元，全面加强“四体系”和“五机制”建设，建成技术先进、标准统一、互通互联、资源丰富、高效运行、广泛运用，较为完善的教育信息化体系和科学合理的发展保障机制，促进学生的全面发展。开通了具有独立域名的云南教育科研网，完成农村中小学现代远程教育工程项目学校2068名校长和3万名中小学教师信息技术培训工作，全面推广OA办公软件，推进教育系统电子政务建设，建成全省普通高中选修课网络课堂平台，加强优质教育资源的开发建设，扩大优质教育资源共享，以教育信息化助推教育现代化。

（张伟）

【教育国际化】 在桥头堡建设中，提出了建设“一个家园、三个平台”的教育桥头堡战略构想，一个家园指建设世界教育博物馆、国际教育博览会、国际教育论坛，三个平台指建设国际教育基础平台、国际教育交流合作平台、国际人才培养平台，大力开展短期学生的交流活动，加大教师的互派学习力度。2010年云南省各级各类学校接收来自85个国家的外国留学生和外国学生1.51万人，招收中国政府奖学金留学生140人，云南省政府奖学金留学生138人，各类出国留学人员1244人，在境外建成4所孔子学院、3个孔子课堂，组织7次规模较大的因公出访。红河学院与越南太原大学境外办学项目得到教育部批准，云南省境外合作办学项目实现零的突破。

（对外处）

【民办教育】 2010年，云南省《完善民办教育发展环境》项目正式列入国家教育体制改革试点，引资办教取得新成果，组织召开“中国民办教育创新与发展高峰论坛”，吸引社会意向投资33亿元，云南民办教育取得突破性发展。截至年底，全省有民办学校3220所，在校生79.37万人，其中民办高校17所（含独立学院），在校生10.71万人，中等职业学校54所，在校生8.58万人，普通高中50所，在校生

3.63万人，幼儿园2906所，在园人数41.55万人，民办学校有教职工5.27万人，民办教育已成为云南教育事业的重要组成部分和教育事业发展的重要力量。

（李舜）

【教育管理体制改革】 2010年，完成18所高校的岗位设置工作，全省16个州（市）、129个县（市、区）的义务教育学校和高中全部兑现了70%的基础性绩效工资和30%的奖励性绩效工资。深化公办中小学校长公选、教师聘任工作，全省已有1.68万所中小学校实行校长负责制，45万教职工进行了新一轮全员聘任。

（吴昌银）

【招生制度改革】 2010年，积极进行考务管理及考试方式创新，将高考报名时间提前至上年12月份，首次实现各科类所有批次网上填报志愿。积极推进与高中新课改相适应的高考改革，制定《云南省2012年新课改普通高等学校招生考试录取方案》，使高考具有更多的选择性、多次考试、多元录取的特点。云南大学进入第二年自主招生改革。为探索适合云南省高职院校多元选拔模式，云南省被列入“百所示范性高等职业院校建设工程”的昆明冶金高等专科学校和云南交通职业技术学院2所院校进行单独招生改革试点，2所学校依法规定报考资格，单独组织考试，单独确定录取标准，全省有7149人报考，单独录取考生705人。在全国率先实行英语科目听力考试和口语测试改革，将英语听力考试和口语测试提前至高考前进行，测试方式采用全国公共英语等级考试二级听力考试和口语机试，替代原听力考试和口语测试，自2011年开始，每届考生可考2次，选择较好的1次听力考试成绩记入高考总分，口语机试成绩作为高考英语口语测试成绩。

（王建）

【帮困助学】 2010年，认真落实高校国家奖助学金政策，完善国家助学贷款新机制，落实中等职业学校以国家助学金为主的资助政策，做到了一、二年级学生100%获得国家助学金，普通高中资助制度开始建立，全年各级各类学校学生资助投入资金18.73亿元，其中全省高校学生资助投入10.66亿元（各级财政支付的奖助学金4.41亿元、助学贷款4.46亿元、高校及社会奖助学金1.79亿元），高中阶段学生资助投入8.07亿元（中职学校投入6.45亿元、普通高中投入1.61亿元）。生源地信用助学贷款成绩突出，资助面和资助力度创历年新高，召开2010年生源地信用助学贷款工作培训会暨2009年度先进集体先进个人表彰大会，全省全年发放生源地信用助学贷款3.47亿元，资助6.25万人，贷款金额和资助人数均在往年生源地助学贷款的基础上翻了两番。世界银行贷款云南职业教育发展项目获国务院的批准，项目资金总额1亿美元。

（张晓明）

【高校毕业生就业】 加强高校毕业生就业市场建设，强化以就业和社会需求为导向的办学理念，认真做好“双困”毕业生的就业帮扶工作，巩固毕业生到基层就业工作成果，完善就业指导与服务工作体系，通过就业工作评估促进各学校就业工作发展。2010年有普通高校毕业生10.2万多人，全省高校毕业生初次就业率82%，比上年增加5.4个百分点；年终就业率95.1%，增加1.8个百分点。

（田一闳）

科学技术

【科技管理】

科技发展概况 2010年是“十一五”收官之年，全省科技工作按照省委、省政府年度工作部署，组织实施30项培育战略性新兴产业重大项目，突破51项关键核心技术，研究开发66个拥有自主知识产权的重大新产品。认定省级重点实验室14个、省级工程技术研究中心21个、高新技术企业123家、省级高新技术特色产业基地4个、云药之乡10个，遴选创新型试点企业31户，培育云南锗业、沃森生物在深圳证券交易所挂牌上市；8家企业被认定为国家火炬计划重点高新技术企业，2个产业基地被认定为国家高新技术特色产业基地，红河农业科技园区被批准为国家农业科技园区，2个中药材种植基地新获国家GAP认证，6个新药申报了新药临床试验批件；7个保健食品获批准证书。引进高端科技人才16名；遴选省中青年学术和技术带头人后备人才52人，省技术创新人才培养对象52人。争取国家科技项目560项，经费4亿元。主要农作物新品种申报省级品种审定30余个，“云薯103”、“云蔗99—91”通过国家新品种鉴（审）定；全面完成25个县50多万亩科技抗旱粮食高产创建任务，粮食增产1.12亿千克，增加产值1.07亿元；云药之乡中药材种植面积扩大到116万亩，产值达到38亿元。紧急启动实施了科技抗旱减灾专项行动，科学找水、抗旱应急产品等科技抗旱工作得到万钢部长和省领导的充分肯定和群众的广泛赞誉。

（李晞）

云南省“十二五”科学和技术发展规划编制 省科技厅高度重视《云南省“十二五”科学和技术发展规划》编制工作，于2010年初就着手我省“十二五”科学技术发展规划的有关前期工作，成立了规划编制领导小组、规划编制工作组和规划顾问咨询组。规划编制工作组深入省内外进行了广泛的实地调研，对全省省内各重点产业、企业、高校、院所及16个州市的科技创新需求进行了大量的调研，并与国家科技部规划组进行了多次衔接，同时也借鉴了上海、天津等发达省区科技规划编制的先进经验。在此基础上形成了规划初稿，召开了各州（市）科技局、相关委办厅局及行业协会、高校及科研院所、部分重点企业、行业专家等多轮征求意见会。2010年12月，由省政府法制办主持召开了规划听证会，面向社会各界进行听证。

（李晞）

科技计划与经费投入 2010年，省科技计划认真贯彻落实十七大和十七届四中、五中全会精神、中央经济工作会议精神和省委八届八次、九次全委会精神，按照省委省政府年度工作部署，以加快实施建设创新型云南行动计划为中心，以支撑全省发展方式转变和经济结构调整为主线，着力组织实施一批支撑我省产业结构优化和产业技术升级的战略性重大项目，突破核心关键技术，加快培育战略性新兴产业，继续发展民生科技，大力推进我省创新体系建设，充分发挥科技对经济社会发展的支撑引领作用，推动我省走上创新驱动、内生增长的发展轨道。2010年，省科技计划项目共安排科技创新强省、重点新产品开发、社会发展科技、科技平台建设、科技富民强县等五大科技计划项目1583项，项目总投资199.36亿元，安排科技经费总数119957万元，下达年度科技经费60702万元。其中，新立项目1164项，安排科技经费总数57227万元，下达年度科技经费36322万元。

（李晞）

科技计划项目管理 2010年，继续推动省科技计划管理机制创新，继续开展重大项目监理，强化全程管理，对25项国家级、省级重大项目开展监理，及时掌握项目实施动态，客观评价项目实施效果，为项目的组织实施提供服务，提高项目实施绩效。完善科技计划项目中期检查评估工作，对71项在研项目组织中期检查评估，改进检查评估工作方法，优化检查评价指标，强化检查结果的整改落实。优化经费配置方式。充分发挥政府科技资金的引导作用，调整科技经费配置结构，逐步加大后补助、贷款贴息和科技创业投资等经费配置方式的力度，加强科技与金融对接，积极探索科技融资担保、科技小额贷款、科技保险、知识产权质押等投入方式，加大高新技术企业上市培育力度。实行网络申报，简化管理程序。省级科技计划项目实现了网上申报、网上受理和网上初审。为基层科研单位申报项目极大地节省了时间、简化了程序、节约了成本，推进了科技计划管理的公开、公正和透明。系统经过三年的运行，得到了企业、高校、科研单位及其科技主管部门的充分肯定和一致好评。在系统注册用户的项目申报单位达1388家。通过系统申报项目近2110余项。

（李晞）

科技投入与科技金融 2010年全省直接用于研究开发与实验发展（R & D）的投入达42.07亿元，占GDP的0.6%，2010年省本级财政投入5.9亿元，安排科技计划项目1583项。在科技与金融结合方面，继续深化与省科技厅签订战略合作协议的中国银行云南省分行、招商银行昆明分行等6家银行的合作。于2010年9月向300多家科技型企业发放了《科技型企业金融服务需求信息表》，收到59家企业上报86项需融资项目，总融资额达138亿多元，其中1亿元以上项目7个。为有效解决企业融资难、支持科技企业技术创新、促进科技成果转化搭建平台，2010年12月30日，举办了“2010年云南省科技金融项目对接会”，省科技厅、省银监局、省金融办、中国银行省分行等单位领导及昆明阳关基业公司等企业代表共计100多人参加了会议。随着科技金融合作工作的深化，银行对科技项目的贷款逐年上升，据统计，2009 年为 51 亿元，2010 年达 80 亿元。科技保险工作也迈出实质性步伐，起草了《云南省科技保险保费补助资金管理暂行办法》，提出了自愿参保、先保后补、企业为主体、政府扶持的原则和分类补贴标准。

（李晞）

科技经费监管 一是采取“点面结合”的方式对 71 项重大科技项目进行了中期审计。涉及项目总预算经费 300552.74 万元，其中：省科技经费 13348 万元，单位自筹 252794.74 万元，主管部门匹配 12920 万元，银行贷款 21490 万元。从专项审计情况看，大多数项目承担单位项目经费管理比较规范，对部分单位在财务管理中存在的问题，出具了审计整改通知书，并要求单位限期整改。二是启动了重大项目财务验收工作。按照对财政资助经费在 200 万元（含 200 万元）以上的科技项目，在验收前必须先进行财务验收，通过财务验收后，才可申请项目验收的要求，共组织专项财务验收 9 项：其中委托会计师事务所专项审计验收项目 2 项，对违规使用的科技经费 59.41 万元进行收缴处理；组织财务专家验收项目 7 项。三是对厅科技计划项目财务专家库进行了充实完善和动态管理，至年末，已建成由企业集团、会计师事务所、高等学校、科研院所、政府部门相关财务人员组成的约 70 人财务专家库，并于 2010 年 11 月对入库的财务专家集中进行了业务知识培训，进一步提升经费监管的质量和水平。

（李晞）

科技计划项目绩效评价 2010 年，对 2009 年安排的创新型云南行动计划、应用技术研究与开发、省院省校科技合作、科研院所技术开发、边疆解五难中学科技难、技术创新暨产业发展等 6 个专项工作开展了绩效评价，涉及科技计划项目 990 个，财政投入资金 5.43 亿元。为强化绩效评价结果的应用，积极推进“三个结合”，即绩效目标审核与项目立项相结合、绩效评价结果与科技资金安排相结合、绩效目标实现程度与科技诚信相结合；构建了四项机制，即通报制、回访制、诚信制、激励制，通过开展绩效评价工作，改善了科技计划项目管理、优化科技资源配置，提高资金使用效益。

（李晞）

厅州（市）科技工作会商 2010 年，云南省科技厅分别和 16 个州（市）人民政府进行了科技工作会商。通过会商，一是形成了各州（市）领导高度重视和支持科技工作的良好局面，优化了创新环境。州（市）党政“一把手”亲自过问并对科技工作进行安排部署，积极参与科技工作会商和研讨，亲自抓“一把手”科技示范工程项目，形成厅州（市）上下联动、齐抓共管的科技创新工作良好局面；二是促进了省、州（市）科技工作重点和工作思路的有效对接。进一步理清了地方科技工作思路，明确了目标，实现了科技资源向厅州（市）共同关心的重点工作和重点项目聚集；三是促进了一批重大科技项目的实施。通过会商，先后确定了厅州（市）共同推进的 80 余项重点工作和重点项目，为地方科技进步搭建了上下联动、横向互动的平台，对促进相关科技项目实施，提升区域科技创新能力和产业核心竞争力起到了积极的推动作用。

（李晞）

争取国家科技项目支持 2010 年，按照省科技厅党组的工作部署，凝练重大项目，进一步加大争取国家支持工作力度。抓好“国家自然科学基金委员会—云南省人民政府自然科学联合基金”的组织实施，吸引和集聚全国科技力量，围绕我省经济、社会、科技发展的重大科学问题和关键技术问题开展基础研究；同时，积极组织申报国家重大科技专项、973 计划、863 计划、支撑计划、国家自然科学基金以及有关政策引导项目。通过科技厅上下及省内有关科研单位的共同努力，争取国家支持取得丰硕成果。2010 年我省争取国家科技部、自然科学基金委等部门立项支持 560 项，获国家科技经费 4 亿元。

（李晞）

科技统计 2010 年，省科技厅圆满完成了科技部安排的全国第二次 R&D 资源清查、科普工作、火炬计划、国际科技合作与交流项目、海峡两岸科技交流项目、地方科技基础资源调查等各项科技统计调查任务，工作成效显著，获得了科技部相关部门的肯定和好评。其中火炬计划统计工作在全国 49 个省区市、计划单列市工作评比中排名第八，获得科技部火炬高技术产业开发中心表彰。2010 年，省科技厅还与省统计局合作开展了云南省规模以上工业企业科技活动调查，联合发布了《云南省科技经费投入统计公报》、《云南省科技统计公报》和《2010 云南省科技统计报告》；与省知识产权局、省统计局合作开展了全省有效专利转化实施状况普查。并首次组织开展了重点科技计划项目统计调查工作，及部分已验收重点科技项目的跟踪统计调查工作。同时，围绕“建设创新型云南行动计划”各项目标任务，省科技厅加强了科技统计指标的开发利用与监测，并与经济社会指标相结合进行了多项课题研究，先后开展了“创新型云南指标跟踪与分析研究”、“云南省州市科技进步水平监测研究”“科技项目绩效评价分类指标体系研究”“云南高新技术企业发展现状、问题及对策研究”等多项课题研究，取得了丰富的研究成果，其中“云南高新技术企业发展现状、问题及对策研究”已被推荐为国家级优秀课题。

（李晞）

转制科研机构发展 截至 2010 年 10 月底，转制科研机构资产总额合计 24.88 亿元，比 2009 年增长 17.4 %，其中：昆明冶金研究院、云南省建筑材料科学研究设计院分别增长 136.3% 和 64.7 %。净资产 11.57 亿元，上缴税金 5,409.32 万元，转化科技成果共计 69 项 。

（李晞）

科技管理干部培训 2010 年，组织实施科技管理干部培训项目 14 项，安排经费 100 万元。共培训全省科技行政管理系统、相关地区党政机关、企业、高校、科研院所、中介机构等部门的管理干部 2000 余人次。

（李晞）

应用基础研究 2010 年，云南省应用基础研究专项支持重点项目 11 项（安排科技经费总额 415 万元，其中 2010 年安排经费 280 万元），支持面上资助项目 140 项（安排经费 700 万元），支持省科技厅—昆明医学院联合专项 80 项目（科技厅投入 200 万元，带动医院系统自筹投入经费 800 万元，共计经费总额 1000 万元）。支持省内 53 家单位，自筹经费 1380 万元，开展 271 项面上项目的研究。2010 年 NSFC—云南联合基金项目评审会在云南昆明召开，共批准项目 17 项，资助经费 2925 万元。其中，云南省科技人员获资助项目 10 项，经费 1734 万元。NSFC—云南联合基金管理委员会决定从 2011 年起，国家基金委与云南双方各自增加联合基金经费投入 1000 万元，使 NSFC—云南联合基金总额达到 5000 万元。2010 年获得国家 973 计划项目 1 项，使我省累计承担 973 计划项目达到了 7 项。云南农业大学朱有勇教授成为云南省两次承担 973 计划项目的第 1 人。全年获科技部 973 前期专项立项支持 4 项，争取到项目经费 248 万元。获得国家基金项目 364 项，经费超过 1.2 亿元。首次获得国家基金重大项目 1 项，争取经费 1000 万元。2010 年，Nature China 将中国科学院昆明动物研究所张亚平院士课题组研究成果作为“最新研究亮点”进行了评论。研究成果发表于当年的国际著名刊物美国《国家科学院院刊》。中国科学院昆明植物研究所高立志研究员带领的团队，通过一年多的努力，获得了普通野生稻全基因组的框架图。这是我国科学家自主完成的第一个野生稻全基因组测序计划，也是世界上第一个完成的高杂合度野生稻全基因组框架图谱。中国科学院西双版纳热带植物园方真研究员发明的特殊装置可实现快速非催化水解木材料，相关的研究结果发表于国际著名的生物能源刊物《Bioresource Technology》，并已申请专利。

（李晞）

企业技术创新 围绕我省的特色优势产业，积极服务企业，促进企业技术创新上台阶，在在省科技计划立项支持的基础上，引导和支持企业争取国家有关科技计划支持取得重大突破。一是获国家科技型中小企业技术创新基金支持实现飞跃。2010 年度，在新材料、生物医药、光机电一体化、资源与环境、电子信息、新能源等领域，我省共有 82 户企业（单位）的 82 个项目获得国家科技型中小企业技术创新基金立项支持，立项率达 75%，立项增长率排全国第八位，我省争取国家创新基金达到历史最高。项目新增投资共计 28373 万元，获国家资助经费 5380 万元，省及各州市配套资金 1360 万元。这批项目的实施，对我省发展优势特色产业、培育战略性新兴产业、逐步形成产业集群具有重要意义。这是省科技厅在科技部创新基金管理中心的大力指导、帮助下，认真总结创新基金项目实施 10 周年的工作经验，抓住国家西部开发的机遇，对创新基金工作做了改进，增强对科技型中小企业的服务意识、提高服务质量取得的重大突破。二是获国家火炬计划支持领域进一步扩大。2010 年，我省共有 26 个项目列为国家火炬计划，其中产业化项目19项，涉及新材料、生物医药、装备制造和农产品精深加工等领域；科技兴贸项目4项，主要是我省特色药用植物深加工产品的技术提升；环境建设项目3项，获得国家财政资助135万元，进一步提升了我省软件产品开发和技术成果转化的公共服务能力。三是获国家重点新产品计划支持的高新技术产品特征更加明显。2010年我省有18家企业的18个产品获得国家重点新产品计划立项支持，包含变压器、铁路养护设备、光机电一体化产品及设备、稀贵金属材料等，这些产品在金融危机的影响下依然取得了较好的市场销售业绩，有效增强了我省优势特色产业的国内市场竞争力，为企业依靠技术创新健康成长做出了示范。

（李晞）

重点产业创新 2010年，按照建设创新型云南行动计划重点产业创新工程实施要求，继续推进有色金属新材料、磷化工煤化工、装备制造三个产业化创新基地建设。围绕铝、硅、不锈钢复合材料、稀贵金属材料开发生产，组织实施项目6项，项目总投资40906万元，安排省科技经费1240万元，拉动银行贷款15400万元。项目完成后预计实现年销售收入23亿元，利税2亿元，申报专利9项，解决核心关键技术14项，开发新产品5个，制定产品标准3项。围绕数控机床、烟草加工设备、钢材轧制设备、光电子、汽车及其配套等重大装备的研究开发及产业化生产，组织实施项目7项，项目总投资4.62亿元，安排科技经费1150万元，拉动银行贷款0.68亿元，项目完成后预计实现年销售收入7亿元，税金0.7亿元，利润0.9亿元，解决关键核心技术6项，开发自有自主知识产权的重大新产品10个。围绕磷肥生产副产物高效利用、褐煤高效利用关键技术开发等，组织实施项目2项，项目总投资1.32亿元，安排科技经费450万元，拉动银行贷款0.57亿元。项目完成后预计实现年销售收入1.44亿元，税金0.14亿元，利润0.22亿元，解决核心关键技术3项，获得专利2项。通过农业科技创新工程和特色产业基地项目的实施，全省优势特色农产品原料基地建设不断得到发展。茶叶、甘蔗、马铃薯、木本油料、蔬菜、林纸、水果、橡胶、畜牧等特色产业基地建设呈现规范化、标准化发展。全省经济作物种植面积达到4200万亩，特色经济林面积达到3500多万亩。烟叶、茶叶、花卉、核桃、咖啡、膏桐6个产业种植面积居全国第一位；烟叶、鲜切花、核桃、咖啡4个产品产量居全国第一位；甘蔗面积及产量均居第2位，马铃薯面积居第4位、产量第3位，蚕桑面积居第3位、蚕茧产量居第5位，肉类总产量486万吨，居全国第12位。选育出通过全国烟草品种审定委员会审定的品种5个。烤烟新品种累计推广面积达369万亩，香料烟新品种“云香巴斯玛1号”累计推广面积45.56万亩，已成为云南省香料烟的主栽品种。以中药、民族药为核心，2010年新立项目42项，项目总经费24199万元，省科技厅拨款经费4485万元。2010年新认定10个“云药之乡”，安排云药之乡建设的项目经费500万元，带动地方政府、企业（经济组织）投入570万元。2010年，云药之乡中药材规范种植示范面积达到11.4万亩，比2009年增长9.6%；带动中药材种植面积56.3万亩，比2009年增长7.2%，全省中药材种植面积接近300万亩，较“十五”末增长2.4倍。我省有三七、灯盏花、云木香等3个中药材品种共5个基地获得GAP认证。启动实施了昭通天麻、秦艽、金银花、滇龙胆、五倍子等重要中药材种植产业化项目，有力地带动了地方中药材产业发展，促进了我省中药材及产品的品质和质量的提升。

（李晞）

高新技术特色产业基地建设 一是积极争取国家对我省特色高新技术产业基地的支持，2010年，昆明自动化物流装备高新技术产业化基地、昆明金融电子产品高新技术产业化基地通过了科技部认定，至此，我省有国家级高新技术产业化基地6个。据统计，6个国家高新技术产业化基地2010年实现销售收入112亿元。二是围绕县域经济的发展，加快建设和发展一批高新技术特色产业基地，按照省高新技术特色产业基地认定管理暂行办法的要求，2010年组织认定了云南省通海电力配套装备高新技术特色产业基地、云南省祥云有色金属高新技术特色产业基地、云南省大理载货汽车制造高新技术特色产业基地、云南省麒麟煤化工二次资源高效利用高新技术特色产业基地等4个省级高新技术特色产业基地。至此，我省有省级高新技术特色产业基地9个。据统计，9个省高新技术特色产业基地2010年实现工业总产值290.54亿元，销售收入276.3亿元，利润

13.7亿元，税金4.42亿元。

（李晞）

实施农业科技创新工程 2010年，农业科技创新工程按照企业主体、产业布局的思路，以特色种植业、生态养殖业、林产业和农产品加工业为重点，加强农业产业重大集成创新项目的组织策划和实施，推进农业产业结构调整和农业产业化经营，提高农业整体水平和效益的支撑作用。2010年组织实施了8项培育战略性新兴产业重大项目，解决了13项关键核心技术，研究开发了13个拥有自主知识产权的重大新产品。“十一五”期间省科技计划支持选育的农业新品种通过国家级审（认）定32个，省级审（认）定111个，国家植物新品种保护授权36个。解决关键技术138项，新产品开发185个，新工艺61项，新装置54台（套），专利授权数160余件。已备案或发布的标准国家标准9项，行业标准11项，地方标准36项。自主选育的两系杂交稻“云光17号”和杂交玉米“云瑞8号”以及自主研发的“测土配方施肥技术”等3项成果被农业部列为2010年全国农业主导品种和主推技术在全国推广；“永德蔗糖循环经济模式”已成为云南乃至全国蔗糖产业示范推广的循环经济典型模式。

（李晞）

推进畜牧科技产业发展 2010年，承担省级科技计划项目的畜牧企业销售收入25.32亿元，净利润2.15亿元，税收2819万元。解决关键技术23项，授权专利数5个。带动农户18.64万户，农户增加收入4.21亿元。科技重点扶持企业云南爱伲农牧（集团）有限公司荣获中国南方唯一的“全国十大优秀牛肉品牌”和“中国著名品牌”称号。

（李晞）

实施粮食高产创建活动 根据省委、省政府“百亿斤粮食增产计划”的总体部署，2010年，云南省科技厅承担了50片（总面积50万亩）粮食高产创建示范区建设。在相关部门的支持配合下，省科技厅充分发挥科技的引领及支撑作用，通过技术集成、科技成果推广应用，大大提高了粮食单产，增加了粮食总量，经济社会效益显著，示范带动效果明显。在大旱之年实现了省委、省政府“小春损失大春补”的目标，粮食高产创建活动成效显著。省科技厅粮食作物高产创建示范50.657万亩，水稻、玉米、马铃薯三种作物总产量达到35447.4367万千克，总产值达到65540万元，增幅26.05%，依靠科技增产效果明显。围绕粮食作物高产创建活动对示范区农户采取多种形式的培训，69个乡镇农户60393户838541人掌握了相关技术要领，享受到科学种田的实惠，增强了主动学习科技知识和参加科技培训的意识。示范区采用统一供种，良种覆盖率达100%，共种植优质专用和高产品种65个，其中85%以上为“十五”以来云南省科技计划项目支持选育、拥有自主知识产权的品种。

（李晞）

边疆解“学科技难”惠民工程 2010年按照省委、省政府的总体安排和部署，省科技厅继续在25个边境县（市）及3个藏区县开展了大规模的以增加边境县农民群众的收入为目的边疆解“学科技难”惠民工程实施行动。以科技为支撑，组织实施科技项目，做大做强当地特色优势产业，大幅度提高边境和藏区各县（市）特色优势产业的科技含量。25个边境县（市）及3个藏区县共282个乡（镇）分期分批启动实施了云南边疆解“五难（学科技难）”惠民工程，工程实施涉及到2317个行政村。在组织实施解“学科技难”惠民工程中，2007－－2010年，全省累计投入资金11056万元，选派科技特派员1582名，培养科技辅导员2972人，配套完善科技活动室2836个，培育农村经济技术合作组织383个，发放技术资料56万多份，培训农民群众2864718人次。全省因地制宜，共实施特色项目403项，涉及粮食作物、蔬菜、蚕桑、中药材、橡胶、茶叶、核桃、草果、八角等种植，猪、牛羊鸡鱼养殖以及农副产品加工等特色产业，实现产值24.96亿元，项目覆盖282个实施乡镇，共719.9万人受益。通过云南边疆解“学科技难”惠民工程的实施，28个县（市）的农民年人均纯收入平均增幅达到了17.9%。

（李晞）

生物质能源产业化创新基地建设 2010年，小桐子筛选出优良品种（系）13个，建成良种繁育基地1600亩，繁育优质种苗400万株，完成良种核心示范种植48620亩，原料林丰产栽培试验示范116万亩。小桐子生物柴油研发与生产线建设示范厂房建设正在进行，粗加工厂进入安装施工阶段。完成了年产100吨小桐子生物柴油连续生产中试装置设计，正在筹备小桐子生物柴油台架试验、小型车辆场地和路用性能对比试验、车船用小桐子高混配比柴油、小桐子油及其生物柴油长期储藏技术等中试试验。同时，小桐子生物柴油副产品综合利用技术与产业化开发有机复合肥项目已经启动。云南神宇新能源有限公司被省能源局认定为云南省小桐子生物柴油示范企业。到2012年，力争全省小桐子种植面积达到1000万亩，年产生物柴油50万吨、燃料乙醇200万吨，实现年产值110亿元、工业增加值30亿元。

（李晞）

花卉产业创新基地建设 2010年省科技厅围绕创新基地建设，启动实施了一批花卉科技项目，进一步优化花卉产业格局，推进"云花"产业整体发展。我省已成为全国最大的花卉新品种研发基地，共育成花卉新品种100余个，其中获得新品种权授权54个，占全国授权总数的85%以上，花卉新品种研发数量和种类全国第一。康乃馨、玫瑰、非洲菊等品种种苗实现标准化生产，种苗成活率达到90%以上，符合外销标准的达到80%以上，昆明已成为全国花卉种苗产销中心。全省花卉种植面积达63.01万亩，总产值达232亿元，出口1.5亿美元。鲜切花总产量60.5亿枝，连续17年全国排名第一，农民增收实现60亿元。

（李晞）

生物医药产业发展 2010年云南省生物医药产业发展呈现良好的发展态势。云南省实现医药工业总产值166亿元，比2009年增长了36.6%；销售收入154亿元，比2009年增长了41%；实现利润20.46亿元，比2009年增长了46.6%；出口额达5.64亿元，比2009年增长了85.7%。云南省科技计划立项支持了一批生物医药产业科技项目。通过实施中药现代化科技产业（云南）基地建设和重点新产品开发计划（社会发展），启动实施了外科止血治疗用生物制品5类新药生物蛋白胶冻干制剂等新药研发项目，新型人工骨BAB等医疗器械研发项目，灯盏生脉胶囊大品种培育示范等名方名药二次开发项目，雪域牌红景天五味子口服液等保健食品开发项目，文山三七科研平台建设项目等共计47项科技项目，总经费25287万元，科技经费支持4730万元。生物医药产业科技工作成效显著。2010年，通过实施相关科技项目，突破了多项关键核心技术，如：依托"治疗抑郁症中药、天然药物1类新药奥生乐赛特胶囊的临床前研究"项目，首次从传统中药中发现具有显著抗抑郁作用的非含氮类天然小分子酚苷类活性成分奥生乐赛特；研究开发了14个拥有自主知识产权的重大新产品，如："冻干剂A、C群脑膜炎多糖结合疫苗"进入产业化，"盐酸钠美芬注射液"等3个新药产品已申报新药证书获得受理，"Sabin株脊髓灰质炎灭活疫苗"进入Ⅲ期临床试验，"奥生乐赛特胶囊"等7个中药、天然药物申报临床试验获得国家食品药品监督管理局颁发的《药品注册申请受理通知书》；研究开发"天麻杜仲胶囊"等7个保健食品。新药研发投产项目经济效益明显：经省科技计划立项支持的新药研发项目已有26个新药产品投产上市，实现年销售收入超过10亿元。

（李晞）

环境保护科技 2010年，通过开展以阳宗海、滇池为重点的九大高原湖泊水污染综合防治，推进七彩云南保护行动工作，引导和支撑循环经济发展，加强生态保护、恢复技术与资源可持续发展利用研究，新立项目21项，总投资16107万元，省级科技经费投入4390万元，使我省的环境污染和生态恶化得到一定遏制，为我省可持续发展提供了技术支撑。突破了滇池土著物种治理污染技术、太阳能联合沼气水葫芦与牲畜粪便中温厌氧发酵技术、适宜昆明气候条件的多年生根系泌氧性水生植物的快速繁殖技术等10余项关键技术。通过实施一系列科学治理措施，阳宗海水体砷污染治理工作取得了较好成效。

（李晞）

灾害防御能力建设 "外来入侵物种监测预警及可持续控制关键技术研究"、"城市地震安全关键技术应用与示范研究"、"森林火灾监测及应急处置关键技术研究与应用示范"等5个灾害防御能力建设方面的科技项目均取得了较好的研究成果。"外来入侵物种监测预警及可持续控制关键技术研究"项目建立了"云南省农林外来入侵生物物种数据库"，首次实现外来物种信息资源共享；确立了风险等级划分标准；制定了21种外来物种入侵的防范预案，为减少外来入侵物种所带来的损害具有重要作用。“城市地震安全关键技术应用与示范研究”项目完成了省内相关地区地震危险性与设定地震研究；研制的小型民居建筑隔震橡胶支座使用效果良好；地震预警系统已具备在6级以下地震时在利用P波3秒初始波形以较小的误差确定震级的能力，可以在10分钟内确定地震烈度分布。

（李晞）

医疗卫生科技 2010年，省科技厅共立项支持了8个医疗技术项目，项目总经费1414万元，省科技经费支持382万元。主要针对防治艾滋病、恶性肿瘤、泌尿系统结石、骨质疏松症以及危重孕产妇救治、器官移植、体外受精胚胎移植等方面开展了技术研究。这些项目的实施为促进云南省医疗卫生事业的发展起到了积极作用。

（李晞）

可持续发展实验区建设 2010年，为创建国家可持续发展先进示范区，麒麟区以发展清洁能源和循环经济为重点开展工作，全力打造绿色阳光之城。在第八届国家可持续发展实验区论坛上，麒麟区提交的论文《积极推行低碳经济，走可持续发展的生态文明之路——云南省曲靖市麒麟区创建绿色阳光之城的探索与实践》被评为优秀论文并在论坛上作经验交流。2010年，陆良县国家可持续发展实验区以科技为支撑，以项目建设为重点，在突出经济发展的同时，注重社会、人口、资源、环境的协调配合，取得显著成效。景洪市、腾冲县腾越镇、文山县、云县、水富县5个省级可持续发展实验区在2010年通过实验区的建设工作实现了经济与社会的共同发展。

（李晞）

组建技术创新战略联盟 研究制定并印发了《云南省推动产业技术创新战略联盟组建与发展实施的办法（暂行）》。截止2010年12月，全省已组建3个技术创新战略联盟。一是，由沈机集团昆明机床股份有限公司、云南省机械行业协会、昆明理工大学、省机械研究设计院等16家理事单位共同组建成立了我省首个技术创新战略联盟——云南省高效精密数控机床技术创新战略联盟，正式启动云南省高效精密数控机床产业关键领域的技术创新战略合作。二是，由昆明医学院发起成立了云南医疗设备技术创新战略联盟。经省科技厅同意，该联盟已正式开展试点工作，并积极向科技部争取国家科技计划项目支持。三是，由贵研铂业股份有限公司发起，联合24家合作单位成立了贵金属产业技术创新战略联盟。

（李晞）

节能减排科技创新工程 2010年，围绕钢铁、化工、有色、建材、煤炭、电力等重点耗能行业和年耗能10000吨标煤以上的重点耗能企业，以及新能源的开发利用，研究开发节能减排新技术、新产品，深入推进企业节能行动，建设节能减排示范工程。依托科技创新强省、重点新产品、国家相关计划等各类科技计划，组织实施“低浓度煤矿瓦斯发电工程示范推广”；“3600套/年生物质气化成套设备产业化”；“30万套/年太阳能热水器提质增效”；“3万吨/年冰晶石产业化”；“电袋组合式除尘器低耗”、“自动控制一体化污水处理回用系统”等30项节能减排重点示范工程和重点节能新产品开发项目。项目总经费70683万元，其中国家科技经费支持1260万元，安排省科技经费1445万元，通过启动实施，节能减排、降耗工作取得了较好成效，一批节能减排创新成果、新能源产品已成功推广应用。

（李晞）

高新技术企业培育 在国家和云南省委、政府高度重视和政策引导下，各州（市）党委、政府持续加大了对高新技术企业培育、发展高新技术产业的工作力度，采取有力举措，依托我省资源和技术、人才优势，围绕高新技术改造提升传统产业和战略性新兴产业培育，逐步建立了以生物与新医药、新材料、新能源、先进制造为重点的我省优势特色高新技术产业，一批企业正迅速向高新技术产业聚集，产业集群度大幅提高，产业链不断延伸，以龙头企业为主体、科技型中小企业为配套的高新技术产业集群格局正在形成。2010年，按照国家《高新技术企业认定管理办法》规定，并经国家核准，云南省有123家企业通过国家高新技术企业认定，全省培育认定的高新技术企业总数达到334家，其中，电子信息技术领域78家、生物与新医药技术领域104家、新材料技术领域45家、高技术服务业领域18家、新能源及节能技术领域11家、资源与环境技术领域15家、高新技术改造传统产业领域63家。2010年，

334家高新技术企业拥有总资产1665亿元，2010年共实现销售收入917亿元，其中高新技术产品销售收入达860亿元，占销售收入总额的93.8％。有96家高新技术企业年销售收入超过1亿元，其中年销售收入达100亿元以上企业1家，10亿元～99亿元企业16家，1亿元～10亿元企业79家。企业2010年投入的研发经费总额37.4亿元。近三年通过自主研发、受赠、受让或独占实施许可等方式获得的自主知识产权4442项，其中授权发明专利991项。

（李晞）

创新型企业培育 新遴选第五批创新型试点企业31户。通过重点支持和培育，有19户试点企业圆满完成试点任务目标，经考评被正式命名为云南第一批“创新型企业”。昆明贵研铂业股份有限公司、云南南天电子信息产业股份有限公司被认定为国家级创新型企业。驰宏锌锗有限责任公司和蒙自矿冶有限责任公司被列为国家第四批试点企业。截止2010年12月，省科技厅累计安排科技经费4600万元，用于支持试点企业技术创新平台条件建设。全省共拥有国家级创新型企业5户，国家级创新试点企业6户，省级创新型（试点）企业122户。据不完全统计，2010年通过创新型试点企业培育，带动企业投入研发平台建设经费近1亿元；2009年全省创新型（试点）企业研究与试验（R&D）经费支出30.95亿元，研发投入户均占销售收入的比例超过了3%。企业技术性收入和新产品销售收入367.51亿元，占全省工业销售收入的7.42%。

（李晞）

科学技术普及 2010年，举办“科技下乡”集中示范、科技活动周、“文化、科技、卫生三下乡”等科普宣传活动，举办“云南科学大讲坛”6场。2010年省科技厅安排科普专项经费450万元，按照引导和支持全社会共同参与科普事业的工作原则，列项支持重大特色科普活动、科普教育基地能力提升、农村科技辅导员队伍建设、科普理论及管理创新等56个项目，在全省范围内形成了良好的科普宣传教育氛围。

（李晞）

省级重点实验室建设 2010年，14个云南省重点实验室培育对象全部通过省科技厅组织的专家验收，省科技厅发文认定为“云南省重点实验室”并统一授牌。至此，云南省重点实验室达到34个。其中，依托高校建设的17个、依托科研院所建设的12个、依托转制院所建设的4个、依托医院建设的1个。“十一五”期间，34个省级重点实验室共承担各类科技项目1690项，获经费支持9.5亿元；发表论文3970篇，出版学术专著102部；申请专利444项，获授权270项；制定国家、行业标准112项。2010年，在对省级重点实验室培育建设的基础上，依托贵研铂业股份有限公司建设的“稀贵金属综合利用新技术国家重点实验室”被科技部批准正式开始建设，这是依托我省地方单位建设的第一个企业国家重点实验室。依托云南农业大学建设的“云南省农业生物多样性利用与保护重点实验室”和依托昆明理工大学建设的“云南省复杂有色金属资源清洁利用重点实验室”，被科技部批准成为省部共建国家重点实验室培育基地。至此，我省已有国家重点实验室2个、国家企业重点实验室1个、省部共建国家重点实验室培育基地3个。

（李晞）

省级工程技术研究中心和科技条件平台建设 2010年省科技厅新认定省级工程技术研究中心21家，全省省级工程技术研究中心达42家。据2010年统计，42家省级工程技术研究中心共拥有总资产46.5亿元，拥有大型科学仪器设备数774台（套），申请专利1204件，其中发明专利申请数679件，专利授权数693件，其中发明专利授权数318件。参与制定国家标准、行业标准307件，技术转让和服务收入12.4亿元，累计创造经济效益215.2亿元。2010年，经省科技厅组织推荐，我省依托云南磷化集团有限公司建设的国家磷资源开发利用工程技术研究中心获科技部批准立项，获国家科技经费支持300万元。全年下达省级工程技术研究中心和科技条件平台建设项目25项，其中工程技术研究中心类项目23项，公共科技平台类项目2项。共安排科技补助经费3180万元，其中年度科技经费1500万元。

（李晞）

实验动物科技工作 2010年云南省动物生产和使用许可证实现网上办理登记。全年共办理实验动物许可证申请9个，办理时限从相关法规规定的63个工作日缩短到30个工作日内，为申报单位提供了优质的服务；省科技厅组织实验动物从业人员培训2期，免费培训实验动物从业人员367人；昆明医学院研究制定的实验树鼩质量控制标准被省质监局批准为云南省地方标准。

（李晞）

大型科学仪器设备协作共用服务平台建设 云南省大型科学仪器协作共同网正式开通以来，基本实现了网上信息查询、网上预约测试服务（手机短信息预约测试服务）、分析测试的智能推荐、统计分析、管理决策等十三项主要用功能。截止2010年大型仪器服务平台服务的企业达469家，服务大学、研究机构等事业单位200余家，服务省级以上科技项目1000余个，服务省级以上重大工程20个。2009年网站的点击率为7万多人次，经过2010年5次大型的宣传推广会以后，大型仪器协作网的点击率大幅提升，达到24万多人次，使用单位大幅增加。

（李晞）

科技文献信息共享服务平台建设 经过多年的建设，科技文献信息共享服务平台实现了科技文献资源提供网络化、数字化和“一站式”服务。2010年，更新和维护了国内大型数据镜像站，升级了国家科技图书文献中心NSTL昆明镜像站等7个全国大型数据库的全套数据镜像站；订购和维护了美国化学文摘（CA）、美国工程索引（EI）、中国生物医学文献3个国内外知名的大型网络数据库；实时更新和维护国内外重要的检索工具，《Biological Abstracts》（生物学文摘）、《Metals Abstracts Index》（金属文摘索引）等65种；中文科技期（报）刊1000种、外文科技期刊23种，中文图书、年鉴、技术手册及字典、词典等工具书；全面开展科技文献资源服务工作，面向全社会开展定题检索服务、专题咨询分析、企业竞争情报服务、知识产权分析服务、产品行业产业分析等深层次综合信息服务。

（李晞）

云南科技创新园建设 2010年，省科技厅积极做好云南科技创新园项目立项、规划、公司组建、政策研究和筛选入园机构等工作；提出把创新园建设成国家向西南开放的科技创新与技术转移基地、作为支撑昆明市建设国家创新型城市的重大科技支撑工程等目标；省科技厅已将云南科技创新园建设工作向科技部进行多次汇报，科技部已派出专题调研组进行了调研并表示积极支持。省发改委已同意开展建设用地落实、环保审批和规划报批等前期工作；昆明市委、市政府同意结合昆明市建设国家创新型试点城市的实际，按照“省部市共建”的思路共建创新园。同时，省科技厅就玉溪等积极性高的地区进行了选址备选调研和工作初步联系，并将结合区位、价格成本以及入园机构的承受能力等综合比较后作出推进计划安排。

（李晞）

组建云南省应用技术研究院 2010年成立了云南省应用技术研究院，力求面向我省优势特色产业，以产业和企业需求为核心，通过建立多方合作权益保障机制，整合科技资源，组建有云南特色的产业技术创新战略联盟，构建云南省重点产业的技术支撑系统，组织对云南产业发展具有战略作用的技术研究开发；以统筹全省应用技术研究开发资源，承担特色优势产业关键共性技术研究开发和技术转移为目标，面向产业和企业的应用技术需求，开展研究开发、技术转移、设备共用、产品检测、信息服务、技术服务、管理咨询、人员培训等，为全社会特别是广大中小企业提供共性技术的支撑和服务。为加快专业研究机构的共建工作，根据省科技厅印发的《共建云南省应用技术研究院若干专业研究机构的实施意见》精神，省应用技术研究院积极开展共建专业研究机构的前期准备工作。与云南师范大学等7家单位就共建专业研究机构进行了对接和协商。凝练出的第一批6个条件平台建设项目和10个重大应用技术开发项目上报省科技厅。

（李晞）

培养引进高层次人才 2010年，全省引进高端科技人才16名；新选拔省中青年学术和技术带头人后备人才52名，省技术创新人才培养对象52名；授予53人“云南省中青年学术和技术带头人”称号，授予28人“云南省技术创新人才”称号。至年底，全省引进高端科技人才达38名，选拔省级创新团队达51个，培养中青年学术和技术带头人后备人才达610名，省技术创新人才培养对象达358名。

（李晞）

科研院所技术开发专项 2010年立项支持转制科研院所项目30项。其中：研究开发和成果转化项目20项，资助经费1400万元；条件建设项目10项，资助经费1050万元；安排省药物研究所CLP中心公益性技术服务补贴50万元，专项资金带动企业和社会科技投入6440万元。完成了云南省科研院所技术开发研究专项10年回顾绩效评价总结工作，通过总结管理经验，展示转制院所所取得的成果，进一步理顺工作思路，为“十二五”期间实施好专项奠定了良好基础。

（李晞）

国际科技合作 2010年，全省立项支持国际合作专项计划项目25项，资助科技经费3068万元，引导和带动社会投入近3.2亿元。一批国际科技合作项目获国家科技部立项支持。其中，国家国际科技合作计划专题项目4项，获资助经费1763万元；对发展中国家科技援助计划项目2项，获资助经费94万元；火炬计划项目4项；政府间科技合作联委会项目6项。

（李晞）

国内科技合作 2010年，围绕解决重大关键技术瓶颈问题，填补省内空白，促进经济社会发展的要求，组织实施省院省校科技合作重大项目13项。“羊拉铜矿难采难处理资源综合利用工程化研究及产业化示范”项目，为云南铜业集团形成年产精矿含铜7500吨、电积铜2500吨的采选冶综合生产能力，每年可提供近1万吨铜原料，新增效益1亿元以上。“蒙自复杂铅锌铟硫化矿资源采选冶综合利用关键技术及其产业化示范”项目，使蒙自矿冶有限责任公司形成年产锌5.57万吨，铟50吨，硫酸11.94万吨的生产规模，年产值达15.56亿元，纯利润2.53亿元，成为全国重点行业效益十佳企业。进一步加强了与国内大院名校的合作。云南省人民政府与中国科学院于2010年3月15日在北京签署了“云南省矿产资源勘查专项合作协议”。中国科学技术法学会会长、中国产学研合作促进会常务副会长、何梁何利基金评选委员会秘书长段瑞春先生于6月9日～14日，对我省进行了考察访问。北京理工大学副校长杨宾、重庆大学黄宗明副校长、中国矿业大学刘炯天副校长分别率代表团对我省进行了访问。沪滇科技对口帮扶和科技合作取得新成效，2010年12月8日，由云南省科学技术厅、上海市科学技术委员会主办的沪滇科技成果对接洽谈会在昆明隆重召开，上海方23家科技型企业、省内科研院所、大学、企业的代表约400余人参加，有37个项目签约，签约金额达3.23亿元。2010年，省科技厅实施了一批与上海市的科技合作项目，有效地推进了沪滇科技合作。积极参与泛珠三角区域科技合作2010年8月26日至31日，省科技厅组织我省部分企业和投资机构代表参加了第六届泛珠三角区域合作经贸洽谈会，并代表云南省经贸代表团，在科技成果项目和新兴产业推介会上作推介。

（李晞）

科技抗旱 2010年初，面对我省遭遇的百年一遇的严重干旱灾害，省科技厅启动科技应急机制。结合2010年度省科技厅承担的25个县、50万亩“粮食作物高产创建活动”，紧急下达了2010年科技抗旱减灾专项行动项目28项，经费1150万元。组织省内专家编写《科技抗旱技术应用手册》、《农业抗旱减灾技术读本》、《农作物实用抗旱技术光碟》等抗旱技术资料6万余册发往灾区。省科技厅及时组织5个专家组分赴25个粮食高产创建示范县，“一县一策”提出科技抗旱应急技术方案，指导抗旱和大春生产。协调科技部组织吉林大学专家组携带先进的抗旱找水仪器在我省受灾最重的县区探测水源，结合国家专家组找水结果，省科技厅安排经费为重旱灾区群众打出6口水井，帮助灾区群众解决饮水困难。组织策划并向科技部上报了“低纬高原及喀斯特地区主要粮经作物应急抗旱关键技术研究与示范”等一批重大科技项目，申请国家经费4930万元。在省科技厅统一协调下，全省科技部门和科研单位积极行动、紧密配合，开展科技抗旱救灾工作，先后派出技术人员1100余人次奔赴抗旱第一线，涌现出了许多的先进人物和事迹。2010每年的科技抗旱成效显著，受到万钢部长、孔垂柱副省长、和段琪副省长等各级领导的肯定和全省各族人民群众的广泛赞誉。

（李晞）

【科技活动】

2010年6月29日，省委、省政府在昆明召开2009年度云南省科学技术奖励大会，表彰奖励为云南省科技事业和现代化建设发展作出突出贡献的科技人员和单位。197个项目分别被授予自然科学类、技术发明类和科技进步类

一、二、三等奖，1835 位工作在科研、生产一线的科技人员获得总额 1310 万元的奖金。中国工程院院士、云南大学教授陈景获得杰出贡献奖 300 万元。省委书记、省人大常委会主任白恩培为杰出贡献奖获得者陈景颁发证书和奖金。省委副书记、省长秦光荣在会上作重要讲话。省委副书记李纪恒主持会议，省政协主席王学仁，省委常委、常务副省长罗正富，省委常委、省委秘书长杨应楠，省委常委、省委组织部部长辛桂梓，省人大常委会常务副主任晏友琼，省军区副政委杜国胜，武警云南省总队总队长王诚出席会议。罗正富在会上宣读云南省人民政府关于 2009 年度科学技术奖励的决定。

全省科技工作会议　2010 年 1 月 19 日，省政府在昆明召开 2010 年全省科技工作会。副省长和段琪、省政府副秘书长叶燎原和省人大教科文卫委员会、省政协教科文卫体委员会、民盟云南省委、九三学社云南省委领导出席了会议。在滇“两院”院士，各州、市人民政府分管领导和科技局局长、科技局办公室主任，省级有关委办厅局、高等学校、中央驻滇有关单位分管领导和科技部门负责人，省属部分科研院所、部分企业负责人，国家及省级高开区管委会负责人，2007 ~ 2008 年度全国科技进步考核先进县（市）科技局局长参加了会议。会议学习传达了省委八届八次全会精神和省政府第四次全体会议精神，总结了 2009 年全省科技工作，对 2010 年全省科技工作作了安排部署。和段琪副省长代表省政府与 16 个州市人民政府和 10 个委办厅局签订了《建设创新型云南行动计划年度目标责任书》。会议兑现了 2009 年创新型云南行动计划目标责任奖励，颁发了 2009 年省中青年学术和技术带头人及技术创新人才证书，对获得认定的高新技术特色产业基地、2009 年新认定的高新技术企业进行了授牌。

签署云南省矿产资源勘查专项合作协议　为了进一步加强云南省与中国科学院的合作，发挥中国科学院技术优势，参与云南三年地质找矿行动计划的实施，<2010 年 3 月 15 日>，云南省人民政府与中国学院在北京举行了“云南省矿产资源勘查专项合作协议”的签字仪式。云南省委副书记省长秦光荣、云南省委常委常务副省长罗正富、云南省副省长刘平、云南省政府秘书长丁绍祥以及云南省政府及相关部门的领导出席了签字仪式。

“科技下乡”集中示范活动　2010 年 3 月 30 日，省科技厅在永平县举办以“抗旱减灾”为主题的科技下乡集中示范活动。为落实省委、省政府对抗旱救灾的部署和要求，进一步做好科技抗旱工作，云南省科技厅联合共青团云南省委，省气象局、省科协、云南农大、省林科院、省疾控中心、昆医附一院等 10 多家单位参加活动。此次活动主要开展了“抗旱减灾”专题文艺演出，省州县三级 20 多家部门和单位的近 200 名专家和科技人员在永平县市政广场开展了现场集中示范活动，展出科技抗旱宣传展板 135 块，发放各类宣传资料 25000 份，常用药品 1 万余元，开展医疗义诊 450 人次，近 3000 名群众到现场咨询和领取有关资料。同时针对机关干部、畜牧技术人员、青少年学生分别组织了《科技创新决定未来》、《动物常见疫病防治措施及研究进展》、《青少年心理健康》、《青少年科技创新活动》等 4 场专题讲座，参加讲座人数 2200 人。发放《青少年心理健康》调查表、现场评估表 2000 份，学生作业本、课程表 2000 份。

科技活动周　2010 年 5 月 15 日，以“携手建设创新型国家”为主题的云南省暨楚雄州 2010 年科技活动周在楚雄市桃源湖广场举行启动仪式，全省 2010 年科技活动周正式拉开帷幕。开幕式现场，楚雄州举办了一场精彩的科普演出，近万名现场观众观看演出；参加活动的省、州、市各级单位共有 50 多家，共展出科普展板 200 余块，发放各类科普宣传资料 3.6 万份，各类设施器材 60 余件，6 家医疗单位共进行义诊 300 多人次，发放计生用品 10 箱及价值 1 万余元的常用药品。在云南省科技活动周组委会精心组织下，全省 16 个州市围绕国家确定的“携手建设创新型国家”主题，结合自身特点，开展了科技服务经济发展、提高公民科学素质、科技惠及民生以及保护生态环境等方面的系列活动，全省参与科技活动周的科技人员、干部约 18560 人次，参与群众约 262 万人次，现场技术咨询 533140 人次，举办各类科技培训 2180 期，179780 人次，发放各类知识读本 972 种，约 178390 册，发放各类宣传资料 3246380 份。各科普教育基地和大学重点实验室开放接待人数约 81580 人次，科技文艺演出 31 场次，观看人数 36660 人次，放映科技电影 430 多场次。

云南科学大讲坛　2010 年，举办云南科学大讲坛 6 场，陈颙、徐立之、欧阳自远、饶毅、李昌钰、托马斯·斯托克等 6 位名家大师分别走上大讲坛讲台。累计有 3000 多人次现场聆听了名家大师的演讲，科学家们以睿智的思维、理性的眼光、精彩的语言让云南热心听众享受到了科学的盛宴。大讲坛嘉宾还对云南高校、相关企业、科研院所进行了考察，先后同省科教领导小组成员单位领导、云南省科研院所领导、医疗卫生专家、各高校领导、云南省学术技术带头人等进行了座谈，为云南科技、教育、卫生、人才培养和自然灾害防治等提出了许多真知灼见的良策，“云南科学大讲坛”已成为云南科技对外交流的重要桥梁。

亚太太阳能建筑系统技术研究应用研讨会 2010年4月20日~4月21日，由科技部国际合作司和省科技厅共同举办的“亚太太阳能建筑系统技术研究应用研讨会”在昆明举行。来自中国科技部、韩国、缅甸、泰国、印度、尼泊尔、菲律宾、越南、蒙古、大湄公河次区域可再生能源委员会等国家和国际组织以及我国相关省市科技厅（委）主管部门、企业、大学、科研院所代表80多人参加了会议。

中国—东盟太阳能开发利用国际科技合作论坛 2010年8月4日~8月5日，由科技部国际合作司和省科技厅共同举办的“中国—东盟太阳能开发利用国际科技合作论坛”在昆明举行。来自中国科技部、东盟秘书处、柬埔寨、老挝、马来西亚、泰国、越南、大湄公河次区域可再生能源委员会等国家和国际组织以及我国相关省市科技厅（委）主管部门、企业、大学、科研院所代表70多人参加了会议。

中国—东盟农业新品种与种业国际科技合作论坛 2010年10月11日~10月12日，由科技部国际合作司、东盟秘书处和省科技厅共同举办的“中国—东盟农业新品种与种业国际科技合作论坛”在昆明举行。来自柬埔寨、马来西亚、印度尼西亚、老挝、泰国、越南等东盟国家和我国相关省市科技厅（委）主管部门、大学、科研院所、企业代表70多人参加了会议。

云南玉溪生物资源与生物产业发展国际研讨会 2010年12月14日~15日，由省科技厅、玉溪市人民政府和中药全球化联盟共同举办的“云南玉溪生物资源与生物产业发展国际研讨会”在玉溪召开。来自美国、加拿大、法国、日本、中国台湾、香港等国家地区以及省内外的65名生物产业界的知名专家、学者、企业家及来自玉溪当地生物产业领域的14家企业代表参加了研讨会；省食品药品监督管理局、省政府发展生物产业办公室相关领导出席了研讨会。

沪滇科技成果对接洽谈会 2010年12月8日，由云南省科学技术厅、上海市科学技术委员会主办的沪滇科技成果对接洽谈会在昆明隆重召开。开幕式上，云南省科技厅龙江厅长，上海市科委陈杰总工程师为“上海—云南技术转移基地昭通分基地”、“上海—云南技术转移基地普洱分基地”成立揭牌。在开幕式上，还举行了多场合作协议签约仪式。万达信息股份有限公司、华东理工大学、同济大学、上海海洋大学分别进行了项目推介。会议还开展了成果展览展示、对接洽谈、中介服务与技术咨询、现场采访等活动。上海方23家科技型企业、省内科研院所、大学、企业的代表约400余人参加了本次洽谈会。会上有37个项目签约，签约金额达3.23亿元。

【科技成果及应用】

科技成果登记 2010年，全省科技成果管理工作进一步推进管理创新，突出三个加强：一是加强了对企业科技成果管理的指导和服务工作，二是加强了对非财政经费支持的科技成果的登记管理工作，三是加强了科技成果评价、成果登记规范化工作。2010年度登记成果总数达到724项，超过了2009年度的历史最高水平。

2010年全省科技成果具有以下特点：

——政府计划外科技成果为主体。在724项登记成果中，国家计划项目50项，其中国家基础研究计划22项，高技术研究发展计划2项，科技基础条件平台计划6项，其他13项；部门计划58项，地方计划186项；部门基金14项、地方基金项目18项；国际科学技术合作项目4项；上述各类政府科技计划项目成果数占登记成果总数的45.58%。自选项目317项，横向委托16项，其他来源65项，非政府计划所产生的科技成果数已经达到登记成果总数的55%。

——应用技术成果是主流。在724项科技成果中，基础理论成果56项，占成果总数的7.73%，应用技术成果626项，占成果总数的86.46%；软科学成果42项，占成果总数的5.8%。数据表明，各类机构在创造科技成果的同时，更加重视科技成果的应用。

——自主创新成果大幅度增加。一是具有自主知识产权的成果数量大幅度增长。2010年度登记的成果中拥有发明专利达214项，较2009年150项度增加64项，增幅42.66%，表明我省自主创新能力进一步提高。二是标准制定工作得到充分重视数。2010 年登记的成果中，我省相关单位主持或参与国际、国家、行业、地方和企业标准的制定数为 42 项，企业更加重视技术的规范化、标准化。

（秦穆　吴杰）

科技成果应用　在 626 项应用技术成果中，原始性创新成果 315 项，占 50.32%，国外引进消化吸收创新 65 项，占 10.38%，国内技术二次开发 242 项，占 38.65%。在 626 项应用技术成果中，已转化应用的成果 611 项，占 97.6%。在 626 项应用技术成果中，处于成熟应用阶段的成果 538 项，占 85.94%；处于中试或设备的样机、试样等中期阶段的成果 57 项，占 9.1%；处于实验室、小试等初期阶段的成果 31 项，占 4.95%。据对 452 项应用技术成果进行统计，属于电子信息 8 项，软件 27 项，光机电一体化 27 项，生物、医药和医疗器械 191 项，新材料 32 项，新能源与高效节能 20 项，环境保护 17 项，地球、空间和海洋 6 项，农业 123 项。可以看出我省农业和生物、医药领域的高新科技成果仍然占主体地位。

（秦穆　吴杰）

【科技奖励】

——2010 年度云南省科技奖励评审工作。2010 年度，共受理并经过形式审查，合格 396 项（人），通过评审、审定、公告和异议处理等工作程序，奖励项目（人）180 项（人），其中科技创业奖 4 人，科技合作奖 2 人，特等奖 1 项、一等奖 13 项、二等奖 35 项、三等奖 125 项。据对奖励项目的统计数据表明，奖励项目的来源已经改变了政府计划为主体的格局，自主立项和横向委托项目成为科技奖励的主体，占奖励项目的 52%；奖励项目的完成单位以企业为第一完成单位的占 26%，超过了高等学校和科研单位的比例，进一步显示了企业技术创新的主体地位。

——科技奖励政策和制度建设。通过深入调查研究，完成了《云南省科学技术奖励办法》和《云南省科学技术奖励实施细则》的研究和立法审定。《云南省科学技术奖励办法》于 2010 年 1 月 1 日起施行，《云南省科学技术奖励实施细则（试行）》于 2010 年 7 月 13 日起施行。

新的《科技奖励办法》和《实施细则》认真实施国家和云南省中长期科学与技术发展规划纲要，深入贯彻落实科学发展观，更好地发挥政府科技奖励政策的激励和导向作用，加强对企业技术创新的奖励，促进技术创新体系的建立和完善，引导创新要素向企业积聚；完善科技奖励的条件标准，延长成果应用时间，促进科技成果的转化和应用；完善科技奖励推荐评审程序，提高评审工作的规范性、科学性和公开度，保证科技奖励的公正性和权威性；完善科技奖励监督机制和处罚机制，提高报奖者、推荐者、评审者及评审组织者的自律意识。以提高科技奖励的权威性和公正，营造创新环境，激励科技队伍，推动创新型云南建设。

——获国家奖情况。2010 年度我省获国家科学技术奖励的数量大幅度增长，共获得国家科学技术奖 12 项（其中云南省主持完成的 5 项），获奖数量为 2005 年的两倍，比 2009 年度增长 71%，是“十一五”期间获国家奖数量最多的一年。

——社会力量设奖情况。到 2010 年，经省科技厅批准登记的面向全省的社会力量设立的科学技术奖共计有四项：“中国烟草公司云南省公司科学技术奖”（设奖单位中国烟草公司云南省公司）、“云南交通科学技术奖”（设奖单位云南省公路学会）、“云南卫生科技教育管理协会卫生科技成果奖”（设奖单位云南卫生科技教育管理协会）、“云南农业科技大青年标兵奖”（设奖单位云南省农业科学院）。2010 年度共计奖励科技成果 104 项（人），奖励金额 306.4 万元。社会力量设奖逐步成为我省科技奖励体系的重要组成部分。

（秦穆　杨爱民）

技术市场　2010 年度全省技术交易活动、技术交易额比上年度有较大幅度增长，并呈现以下特点

——技术交易额大幅增长。2010 年共登记技术合同 1050 项，合同成交额 11.21 亿元，其中技术交易额 10.14 亿元。分别比 2009 年度增长 2%、14% 和 41%，技术交易额实现大幅度增长。

——技术开发是技术市场交易的主要方式。在 1050 项技术合同中，从合同类别看，技术开发合同 719 项，合同成交额 8.19 亿元；技术转让合同 75 项，合同成交额 1.54 亿元；技术咨询合同 29 项，合同成交额 0.15 亿元；技术服务合同 227 项，合同成交额 1.31 亿元。

——市场机制的主导作用进一步显现。在2010年的1050项技术合同中，计划外847项，合同成交额89，920.26万元，占合同总项数的80.67%，占总成交额的80.21%。各级政府科技计划项目进入技术市场共203项，合同成交额22，191.74万元，占合同总项数的19.33%，合同总成交额的19.79%。

——企业是技术市场交易活动的主体。从卖方情况看，企业法人作为合同卖方712项，合同成交额80，169.50万元，分别占合同总项数的67.80%和总成交额的71.50%；事业法人作为合同卖方273项，合同成交额15，913.11万元，分别占合同总项数的26%和总成交额的14.19%；从买方情况看，企业法人买入682项，合同成交额83，222.85万元，分别占总项数的64.95%和总成交额的74.23%

——技术市场服务机构能力增强。我省三家国家级技术转移示范机构，在2010年度实现了快速发展。2010年度促成技术转移项目484项，项目成交金额1.77亿元，形成了各具特色的服务方式，如云南技术转移中心暨上海－云南技术转移基地，立足于云南的区位优势和市场需求，大力发展网络化的技术转移工作，形成了外与发达国家、东盟国家、内与发达省区互联的覆盖面广、联系紧密的技术服务共享网络；昆明理工大学技术转移中心，充分发挥高校的科技、人才、成果的综合优势，通过深化产学研合作，创新了以企业为主体、以高校为支撑、校企无缝连接的高校技术转移新模式，2010年完成技术转移项目476项，技术转移项目合同金额1.66亿元，全年实现总收入2.078亿元，本年度申请专利673项，获得专利339项，突显了全省技术转移集散地的集聚效应。全国新技术新产品西南展销中心，按照构建以企业需求为导向、大学和科研院所为源头、技术转移服务为纽带、围绕农业科技成果推广应用，摸索出一套以“科技项目＋公司＋示范推广基地＋农户”的农业技术推广模式，充分发挥技术转移基地服务“三农”功能。技术转移机构的快速发展，标志着我省科技服务业作为一种新兴的高端服务业态，已经成为自主创新和高技术产业化过程中的重要环节和关键要素，具有广阔的市场前景和发展空间。

（秦穆　吴杰）

自主创新产品认定 用创新的工作思路，进一步完善云南省自主创新产品认定的评价标准和工作规范，一是加强政策宣传，做好服务工作。针对自主创新产品的基本要求和优惠政策，奖励办公精心组织了一期自主创新产品专题培训班，进行政策解读和操作实务的培训；二是结合工作实际，完善了云南省自主创新产品评审认定的主要指标和评审规范。2010年度新认定了43项云南省自主创新产品。

（秦穆　龙向东）

【知识产权保护与管理】

知识产权创造　2010年，全省专利申请5645件，其中发明专利2333件，发明专利授权652件，分别完成全年目标的134.4%、150.5%和155.2%，超额完成建设创新型云南行动计划2010年度目标。全省专利申请从2005年的2556件上升到2010年的5645件，跨越3个台阶，是历年来增长最快的一年。“十一五”期间，累计专利申请量20560件、授权量12543件，年均增长17.2%和22.6%，分别比“十五”期间增长101.04%和98.06%。

知识产权战略实施工作　省政府批准建立了云南省知识产权战略实施工作联席会议制度，对实施知识产权战略进行了任务分解，明确了各部门的重点任务与工作职责。知识产权有关职能部门、各州市知识产权局以《实施意见》为纲领，注重抓落实，积极推进知识产权战略的实施。专利目标任务纳入到省人民政府与各州市人民政府签订的建设创新型云南行动计划年度责任目标之中加以落实和考核。各部门、各单位对知识产权战略实施的高度重视和支持，推动我省初步形成了“政府主导、部门联合、整体推进”的知识产权战略实施工作格局。

专利技术转化实施　2010年7月省知识产权局联合省科技厅制定出台了《云南省专利转化实施计划项目管理办法（试行）》，启动了全省第一批专利转化实施项目，根据我省产业发展重点和方向，遴选涉及装备制造、环保、医药和农特产品加工等技术领域10个企业的10项专利技术进行扶持。根据省委、省政府抗旱工作部署，省知识产权局选择具有自主知识产权的“组合式水窖”专利技术，在昆明市东川区和普洱市墨江县进行试点示范，项目共实施安装水窖715立方米，解决20个村民小组，共469户1992人的生产生活有用水，有效解决79亩耕地的灌溉问题。

知识产权试点示范工作　云南省百户企业知识产权试点示范工作的总结验收顺利完成。5

户示范企业和113户试点企业通过验收，验收合格率达到90%以上。城市、园区知识产权试点示范工作稳步发展。“知识产权强县工程”和“传统知识知识产权保护”试点工作稳步推进。昆明市五华区、安宁市、玉溪市红塔区、文山州文山市4个知识产权强县工程试点和丽江市古城区、石林县2个传统知识知识产权保护试点，结合当地产业发展特点和资源优势，积极培育自主知识产权，加强创新成果和知识产权的转化，促进发展方式转变，取得明显成效。

知识产权保护工作 《云南省专利保护条例》修订工作全面展开。按照国务院、省政府的部署，全省认真组织开展打击侵犯知识产权和制售假冒伪劣商品专项行动，取得实效，并受到国务院督导组的充分肯定。专利行政执法保护取得新进展。全年专利纠纷立案20件，结案15件，有效维护了专利权人的合法权益。在第十八届昆交会期间，重点加强对展馆商品的知识产权监管，保障了昆交会正常交易秩序。

知识产权信息化建设 开发建立了内容较全的九国两组织两区域全部领域专利文摘数据库，并在此平台上设计加载了专利数据在线分析软件，为企业用户提供了便捷的专利在线检索和信息分析服务；完成了云南省生物产业10个专利数据库建设和网络环境建设，为加快全省企业技术改造升级、提高自主创新能力提供了信息保障。结合“中国面向西南的桥头堡”战略，完成了“中国面向西南的桥头堡”专利信息服务平台建设的规划工作。落实省委、省政府抗旱救灾工作部署和要求，与中国知识产权出版社共同开发建设23万多条数据的“云南抗旱救灾中外专利专题数据库”，在省知识产权局门户网站发布，为服务全省中心工作提供了信息支撑。

知识产权宣传普及工作 “知识产权宣传周”活动广泛开展。省知识产权局按照国家有关部门的部署，与23个省级部门联合，统一安排、统一行动，与全国同步组织“知识产权宣传周”活动。省、州（市）、县上下联动，以企业为重点，面向社会公众，以不同形式组织宣传活动近百场次，在全省广泛深入开展知识产权宣传普及，不断营造知识产权氛围。省知识产权局组织的知识产权巡讲和现场咨询服务活动形成常态机制。强化媒体知识产权宣传。在云南日报、云南科技报出刊知识产权专版、专栏60余期，400多篇报道；持续在昆明市主要街道和社区的250个读报栏张贴全年《中国知识产权报》，促进知识产权进一步走入社会公众。以昆明冶金高等专科学校为试点单位，高等院校知识产权普及教育试点取得突破，全省各州市知识产权法律知识进学校试点取得了良好效果。

知识产权培训和人才培养工作 针对我省知识产权专业人才缺乏的突出问题，出台奖励政策，多措施加强专利代理人才队伍建设，2010年有13名考生取得专利代理人资格，实现历史性突破。进一步加大了培训力度。组织开展全省百名知识产权人才培训、知识产权局系统管理干部高级培训、县处级领导干部知识产权知识培训、州市以企业为重点的科技人员和管理人员培训。搭建高层次知识产权人才培养和知识产权综合服务平台。省知识产权局与昆明理工大学联合，成立云南省知识产权发展研究院，发挥昆明理工大学教学、科研、人才和知识产权资源优势，采取省校共建的方式，建立了首家知识产权人才培养基地，开展知识产权领域的教学、研究和综合服务。

（李常有）

气　象

【综述】 2010年云南气象灾害频繁发生，历史罕见特大干旱；森林火灾频发；“6·26”曲靖马龙特大暴雨；“8·15”昆明市呈贡县暴雨；“7·13”昭通市巧家县滑坡泥石流灾害；“8·28”怒江州贡山县普拉底滑坡泥石流灾害。全省气象部门上下齐心协力，积极应对，奋力拼搏，各类气象保障服务工作取得优异成绩，得到党委政府和社会各界的充分肯定和广泛赞誉。

抗击历史罕见特大干旱期间，全省气象部门采取超常规措施加强对干旱的监测、分析评估及预报预警工作，全力做好抗旱决策气象服务，先后向省委、省政府提供各类服务材料538份，其中，《重要气象信息专报》和抗旱专题服务材料69份。这些决策服务材料为省委、省政府早研究、早决策、早部署赢得了宝贵时间，抗旱救灾应急气象服务取得全面胜利。

人工增雨防雹工作取得显著效益。组织124个县开展了地面人工影响天气作业14691点次，共使用三七高炮（火箭）弹14.3万发。

协调落实广西区人影办和成都军区空军飞机支援云南开展增雨作业18架次，飞行60小时。地面和飞机增雨作业取得明显成效，受益农田约1130万亩，受益林区约308万公顷，参与扑灭森林火灾25起，产生直接经济效益约15亿元。

2010年，中国气象局、省委省政府领导先后10批次亲临云南省局，对云南气象工作给予了大力支持和亲切关怀。4月16日，秦光荣省长在省气象局主持召开全省抗旱救灾工作情况汇报会，5月10日，省委副书记李纪恒在省气象局主持召开全省抗旱形势分析会，孔垂柱副省长3次到气象局检查指导工作。2010年，全省气象部门有1人受到国家防总表彰，有8个集体、4人受到省委、省政府表彰。云南省军区司令部还专门发来感谢信，感谢省局为部队抗灾救灾提供的无私帮助。

气象业务与现代化建设 全省15个州（市）的73个县（区）政府发文支持农村综合信息服务系统建设，完成电子显示屏建设12684块，组建了12659名农村气象信息员队伍。积极推进为农气象服务“两个体系”建设。开展了现代农业气象服务试点。云南省级气象服务热线电话正式开通运行。中国天气网云南省级站点建设完成。

组织玉溪、丽江市局参与中国局组织的“省、地级预报业务体系建设试点”工作。《云南中尺度WRF模式预报业务系统》5月份正式投入业务运行。《县级天气预报综合信息集成分析系统》正式在全省县级台站推广应用。

完成全省20个自动土壤水分观测站和省级中心站建设并投入试运行。完成我省6个中国大陆构造环境监测网络基准站的基础工程验收和仪器安装调试工作。大理观象台各项管理、业务建设、科研工作稳步推进。完成丽江、思茅2个高空站新型探空仪的对比观测工作，思茅、丽江L波段雷达探空系统正式启用。完成蒙自探空站L波段探空雷达换型，并顺利进行业务切换。积极推进大理新一代天气雷达项目、西双版纳713天气雷达项目建设相关工作，完成省级中心机房的改造工作，云南省气象防灾减灾应急指挥中心正式投入使用。完成云南新一代天气雷达技术支持保障系统建设和探测设备全网监控系统（ASOM），完成省局配电工程建设。

气候变化和气候资源开发利用 组织实施4项省气象局气候变化专项项目，组织开展了云南气候变化基本事实研究。充分发挥气象部门管理职能，完成了8个风电场选址和4个太阳辐射站建设工作；组织对《云南省楚雄州永仁县太阳能资源评估报告》和17个风电场开发工程项目的《风能资源评估报告》进行了专家评审。完成了云南省气候中心气候可行性论证机构确认，启动了重大项目气候可行性论证工作。

气象科技创新 有3个项目获2010年公益性（气象）行业专项支持，2个项目获得国家自然科学基金资助，2个项目获中国气象局关键技术集成与应用项目立项，1个项目获云南省科技厅资助。有4项科技成果荣获云南省科学技术奖科技进步类三等奖。有50篇论文在国内核心期刊发表，其中1篇被SCI收录，4部专著出版，争取科研经费达800多万元，有5项科研项目成果得到推广应用。

气象依法行政 2010年3月，云南省政府下发《云南省人民政府关于进一步加强气象防灾减灾能力建设的意见》（云政发〔2010〕67号）。省人大常委会组织执法检查组深入4个州（市），对我省贯彻实施“一法两条例”工作情况进行了专项执法检查，并提出9条具有针对性的建议，全省气象执法工作力度进一步加大。

气象人才建设 组建首批54名全省基层台站大气探测资料应用分析科研队伍。1名同志取得正研级高级工程师任职资格。1名同志被评为云南省有突出贡献优秀专业技术人才。3名同志被列为第四届享受西部人才津贴人员。实施了省气象局机关优秀年轻干部下基层任职锻炼计划。组织开展了6名副处级干部竞争上岗工作。年内出访越南、缅甸、老挝、澳大利亚、美国等开展科技交流、培训和合作。与南京信息工程大学签订合作协议，积极开展局校合作。举办了16期（次）培训班，培训职工达1409人次；164名职工接受函授学历教育。

【气候评价】

2010年，云南气候出现明显异常，气温创1961年以来最高纪录，降水量偏少，日照接近常年。全省雨季开始期跨越4月下旬至6月下旬，大部地区为正常至偏晚，结束期为9月下旬至11月中旬，大部地区偏晚。全省异常气候事件及气象灾害频繁，其中高温、干旱、连阴雨较为突出，给全省工农业生产和人民生活带来较大影响。总体而言，2010年为气象灾害偏重年份，就农业生产气候条件而言属偏欠年景。

全省各站点年平均气温 6.6～24.6℃，与常年相比，全省大部地区偏高 1～2℃。气温除 4、月、6 月、11 月正常至偏高外，其余时段均为偏高，其中 1 月为异常偏高。全省站点年平均气温 17.6℃，较常年偏高 1.2℃，比 2009 年偏高 0.3℃，为 1961 年来气温最高的年份。

全省平均年降水量 1027 毫米，较常年偏少 63 毫米，比 2009 年偏多 184 毫米。年降水量总的分布特点为由中部向南、向西递增。最大降水区位于滇南边缘及怒江州北部一带，降水量为 2000mm 以上，其中金平 2412mm 为全省最大值。降水量最少的地区位于大理州～楚雄州～玉溪市一线及昭通市北部的永善一带，降水量少于 600mm，其中宾川 416mm 为全省最小值。其余地区多为 700～1200mm。与常年相比，除滇西和滇西北大部外大都偏少 1～3 成。降水量除 4 月、7 月、9～10 月、12 月正常至偏多外，其余时段皆为偏少。

全省站点平均年日照时数 2053 小时，较常年偏多 4 小时，比 2009 年偏少 50 小时。年日照时数最多和次多区域位于滇北部的大姚和滇西的保山一带，最少和次少区域位于滇东北的盐津和滇西北的贡山一带。具体分布为：除滇东南、滇东北及滇西北北部外大都多于 2000 小时，其中大姚 2665 小时为全省最大值；滇东北的部分地区及滇西北的贡山一带少于 1000 小时，其中盐津 757 小时为全省最小值。与常年相比，滇中以南地区及曲靖市偏多，其中临沧市、红河州、普洱市北部、文山州西南部等地偏多 100～500 小时；滇中以北地区及德宏州、文山州北部等地偏少，其中滇西北大部及昆明市、德宏州、文山州北部等地偏少 100～500 小时。从日照的时空变化看，除 1 月、2 月、8～9 月、12 月正常至偏多外，其余时段正常至偏少。

【主要气候事件】

1. 气温异常偏高

1 月、2 月、3 月、5 月、7～9 月、12 月累计共有 131 站次月平均气温创历史同期最高纪录，其中 1 月、5 月、7 月、9 月分别有 32 站、26 站、23 站、29 站月平均气温突破历史同期最高纪录。2009/2010 年冬季全省站点平均气温高达 11.6℃，比常年同期偏高了 1.6℃，是自 1961 年最强的暖冬年。

2. 降水时间分布差异明显

全省大部分地区的年降水较常年偏少，时间分布差异比较明显。与常年同期相比，第一、第二、第三季度降水异常偏少，第四季度降水则异常偏多，其中 12 月全省站点平均降水量为 35.2 mm，较常年同期偏多 175%。

3. 严重干旱

2009 年秋季至 2010 年初夏的连续高温少降水造成了云南秋、冬、春及初夏连旱，这次干旱是我省有气象记录以来持续时间最长、影响面最广、危害程度最深的特大干旱。

4. 大部地区雨季结束期偏晚

约占全省七成的站点雨季于 10 月下旬至 11 月中旬结束，较常年偏晚。

5. 秋季连阴雨天气明显

2010 年 9 月下旬～11 月，除文山、华坪等 10 个站点外，全省逾九成的地区现了秋季连阴雨天气，是近年来连阴雨天气影响较重的年份。

6. 单点性强降水引发的洪涝灾害偏重

2010 年汛期（5～10 月），全省共出现大雨 910 站次，暴雨 199 站次，大暴雨 14 站次，与历年同期相比，大雨偏少 56 站次，暴雨偏少 17 站次，大暴雨偏少 1 站次。但 14 站次大暴雨中就有 13 站次出现在 6～8 月，较常年同期偏多 2 站次，由其引发的诸如马龙、呈贡等地洪涝灾害造成了重大的人员伤亡和经济损失。

【主要气象灾害】

2010 年，云南省主要灾害有干旱、低温冷害、大风冰雹、雷击、洪涝及强降水引发滑坡、泥石流灾害等。其中干旱和洪涝灾害是我省最严重的气象灾害，造成的直接经济损失分别占总损失量的 82% 和 11%。

全省 2874.5 万人受灾，因灾死亡 230 人，失踪 115 人；房屋受损 244087 间，倒塌 30122 间；农作物受灾面积 3358.5 千公顷，绝收面积 1083.0 千公顷；直接经济损失 334.1 亿元，其中农业经济损失 232.6 亿元。总的来说，2010 年干旱灾害突出，干旱灾害造成的经济损失偏重，洪涝、地质灾害造成人员伤亡惨重，属气象灾害偏重年。

1. 旱灾

2009 年 11 月至 2010 年 5 月，云南降水量持续偏少，气温持续偏高，全省大部地区出现罕见的秋、冬、春干旱灾害，致使小春作物严重受灾，人畜饮水困难，楚雄州、大理州、丽江市、昆明市西部、玉溪市北部、文山州西部、红河州中北部等重旱区的灾害持续至 7 月，大春作物的栽插、生长受影响。

全省 16 个州市 2497.7 万人受灾，农作物受灾面积 2957.2 千公顷，绝收面积 1015.5 千公顷；直接经济损失2732983.6万元，其中农业经济损失1986286.7万元。

2. 洪涝

2010年云南省汛期降水总体偏少，但单点性强水引发的洪涝灾害偏重，其中马龙县“6.26”大暴雨造成5万多人受灾，1人死亡，直接经济损失6亿元；巧家县“7.13”暴雨山洪灾造成了19人死亡，26人失踪，43人受伤，直接经济损失1.75亿元；宁蒗县“7.13”洪灾造成3人死亡；嵩明县“6.30”大暴雨、瑞丽市“8.11”大暴雨、呈贡县“8.16”大暴雨造成严重的城市内涝。

全省洪涝灾害共造成294.7万人受灾，69人死亡，30人失踪；房屋受损64586间，倒塌21513间；农作物受灾面积157.4千公顷，绝收面积31.3千公顷。因灾造成直接经济损失371842.8万元，其中农业经济损失190033.9万元。

3. 大风、冰雹、雷电

1～10月全省出现局地冰雹、大风灾害214县次，灾害损失与常年相当。其中4月、5月中下旬，昭通、德宏、临沧、大理、普洱、西双版纳、文山、红河等州市局部冰雹、大风灾害突出；7月中下旬和8月上中旬，冰雹、大风灾害主要发生在昭通、曲靖、玉溪、丽江、大理等州市。大风、冰雹灾害造成219.3万人受灾，9人死亡，1人失踪；房屋受损166072间，倒塌4431间；农作物受灾面积218.5千公顷，绝收面积37.8千公顷。直接经济损失179901.1万元，其中农业经济损失145166.6万元。

2010年雷电灾害初发期偏晚且灾害偏少，属近6年来最轻的年份。6月至9月，文山、昆明、昭通、楚雄、普洱、西双版纳、保山、丽江、大理等州市发生雷电灾害，造成323人受灾，33人死亡，其中9月28日，墨江县的雷电灾害造成3人死亡，1人受伤。

4. 滑坡、泥石流

2010年我省因强降水引发的滑坡、泥石流共造成16.3万人受灾，106人死亡，84人失踪；房屋受损11082间，倒塌3143间；农作物受灾面积10.2千公顷，绝收面积1.9千公顷。直接经济损失36510.9万元，其中农业经济损失11812.6万元。怒江州、丽江市、保山市、红河州东部等地受灾较重，其中贡山县普拉底乡“8.18”特大滑坡灾害造成39人死亡、53人失踪、39人受伤；“9.1”隆阳区瓦马乡滑坡灾害造成12人死亡，36人失踪。

5. 低温冷害、霜冻、雪灾

2010年低温冷害、霜冻、雪灾频繁发生。1月至2月中旬，临沧、德宏、昭通、曲靖、迪庆等州市发生局部低温冷害、霜冻、雪灾，其中2月中旬末宣威市的霜冻灾害造成农作物严重受损；6月永善县发生低温冷害；12月中下旬，临沧、德宏、玉溪等州市发生局部霜冻、低温冷害。

灾害造成28.7万人受灾，1人死亡；房屋受损2493间，倒塌1035间；农作物受灾面积35.4千公顷，绝收面积2.5千公顷。直接经济损失18693..7万元，其中农业经济损失14150.7万元。

测　绘

2010年，在省委、省政府的正确领导下，在国家测绘局的大力关心支持和指导帮助下，云南省测绘工作坚持以邓小平理论、“三个代表”重要思想为指导，深入学习实践科学发展观，认真学习贯彻十七大、十七届四中、五中全会精神，抓住云南深入实施西部大开发、建设中国面向西南开放的桥头堡的战略机遇，全力推进基础测绘，着力构建数字云南，努力提升服务保障，切实强化统一监管，各项工作取得了明显成效，显现出良好的发展势头。

一、加快基础地理信息资源建设，测绘服务保障能力不断提高

截至10月末，共完成1∶1万外业控制1019幅、外业调绘11 79幅、内业3D测图818幅、已成图数字化120幅。完成1∶1万3D建库计划80%的工作量。云南省行政界线数据库建设完成80%的工作量。完成了国家西部1∶5万空白区测图横断山脉E区内业测图23幅。完成了保山、昭通和田林摄区基础航空摄影。旨在服务新农村建设的“一乡一图”工程取得突破性进展，共完成1254个乡（镇）地图编制，站到全省1314个乡（镇）总工作量的95.4%。

州市基础测绘取得长足发展。红河州以编制、组织实施州级基础测绘规划为龙头，以国家边远、少数民族基础测绘专项补助项目“红河州哈尼族彝族自治州蒙自1∶500测图项目”为牵引，大幅增加基础测绘投入，启动了我省首个州市级现代测绘基准建设—“红河州卫星定位连续运行参考站网系统建设和大地水准面精化项目”建设，在全州11个县（市）全面实施总面积达227平方公里的1:500测图项目，上述项目完成后，红河州基础测绘将实现跨越式发展。“德宏傣族景颇族自治州潞西、瑞丽、陇川1:5000测图项目”全面完成并通过了专家组验收，所获得的554幅1:5000数字地图成果将为德宏州经济社会发展和边防巩固提供强有力的基础测绘保障。文山州申报的概算投资1008.94万元的“文山州卫星连续运行基准站系统项目”获得批准。

立足实际，着眼长远，紧紧抓住深入推进西部大开发和桥头堡建设战略机遇，做好项目储备，增强基础测绘发展后劲和可持续性。拟定了《云南省建设中国向西南开放桥头堡测绘服务保障行动计划建议方案》，并向省政府、国家测绘局、省国土资源厅报送了请示，积极争取“云南省1:1万基础地理空间数据资源建设”“云南省综合卫星定位服务系统”“云南省桥头堡建设综合地理信息服务平台”和“云南省地理信息产业园”等重大项目立项。

二、推进数字地理空间框架，平台建设显现成效

认真学习领会国家测绘局关于“数字城市”建设推广的精神，将“数字城市地理空间框架试点”作为推进数字云南建设、促进州市基础测绘跨越式发展、全面彰显测绘服务经济社会重要作用的工作抓手来抓。通过在全省测绘工作会议上重点强调，极大调动各州市积极性，玉溪市加快了申报步伐，昆明市积极提出申报申请。同时，认真做好“数字安宁”建设推进和“数字玉溪”启动、和筹备推进工作。“数字安宁”完成1:1万DLG、DEM、DOM生产和1:500 DLG数据采集工作，面积近38平方公里的示范样区精细三维信息采集及建模已完成近85%的工作量，着手编写技术方案。5月12日，国家测绘局、云南省测绘局和玉溪市政府签署合作共建协议，正式启动“数字玉溪”建设，目前完成了总体方案设计和部分基础航拍和基础地理信息数据生产。

“中国东盟（云南）—东盟自由贸易区—南亚区域合作联盟空间信息公共平台建设”项目基本完成，提供省政府办公厅进行调作、中印缅孟地区经济合作等方面的情况提供直观、科学、准确的信息服务，更好地服务桥头堡建设的工作需要。

按照国家测绘局部署，将云南省地理信息公共平台建设作为测绘公共服务体系建设的一个重要节点项目强力推进。经与省有关部门多次沟通协调，争取到省工信委大力支持，将“云南省地理信息公共服务平台”纳入我省信息化推进的重点项目，平台的一期工程已获得省工信委正式立项。

三、围绕中心提供服务保障，测绘地位作用彰显

紧密围绕省委、省政府中心工作，服务大局，彰显测绘地位作用。按照上级部署，圆满完成一系列重要供图任务，满足领导同志视察工作、国家部委工作调研、政府部门决策等用图需求。全年为中央领导来滇视察工作提供视察路线图9次1130份。如为温家宝总理到云南视察指导抗旱工作制作《视察路线图》；配合全国政协调研组、国家部委联合调研租到我省调研云南桥头堡建设情况，编制《云南与周边国家通道示意图》480份，编制《云南省综合交通图》《向西南开方桥头堡云南与周边国家陆路通道示意图》《中国向西南开放桥头堡空间示意图》1200张；专门为省委办公厅编制1000册《云南省地图册》（领导用图专版）；为省委、省政府制作10套PDA省情查询系统；为2010年“昆交会”制作了大幅面《云南与南亚、东南亚区位示意图》展示地图。面向社会做好测绘成果分发服务。一年来，为中缅油气管道工程、第二次全国土地调查、西部测图项目、国家1:5万数据库更新、矿业权实地核查等国家级重点项目和昆玉铁路改造、昆明机场建设、大理铁路建设、地震应急系统建设、农村路网改造等省级重点项目提供了大量测绘成果。组织对全省1:25万公开版数据进行更新，将数据的现势性由2002年推进到2010年。截至10月末，共向社会提供各种比例尺地形图8553张、各类控制点成果4482个、电子数据978GB，保障了我省经济社会发展对基础测绘成果的需要。

发挥测绘应急救急功能作用，切实做好应急保障。为抗击百年不遇旱灾，先后为省森林防火指挥部提供了最新版全省范围1:25万电子地图、向省抗旱救灾地下找水行动指挥部提供《云南省1:75万行政区划图》数据、为昆明市五华区水务局提供1:1万地形图，满足了防火决策、打井布局、引水施工等需要。利用新装配的无人机航拍系统对“8.18贡山特大山洪泥石流”灾害发生地实施无人机航拍，成功获取7千平方千米0.1米高分辨率灾后影像图，为查清泥石流爆发源头、成灾面积等情况提供了及时、翔实的第一手资料，得到了国土资源部、省委、省政府领导的充分肯定。进一步完善应急保障体系及能力建设。拟定了《云南省突发公共事件应急测绘保障预案》（草案），力争将测绘应急保障预案由部门预案上升为省政府专项预案。探索建立测绘成果提供、应急制图、无人机低空航拍、测绘内外业作业等应急测绘保障分队。积极争取和筹措资金购买了3套无人机航拍系统、1辆应急运输车辆和数据处理软件，积极争取应急测绘保障经费投入机制，加强应急队伍业务演练，开展应急保障人才引进和培训工作，不断加强应急保障能力建设。

大力提升国土资源工作的测绘服务保障水平。在省国土资源厅的关心支持下，我省拟成立全省国土资源测绘工作领导小组，由省国土资源厅和省测绘局领导任正副组长、相关处室领导任成员，负责安排部署全省国土资源管理中的重要测绘工作。在省国土资源厅的安排下，由我局负责组织实施云南省兴地睦边农田整治重大项目测绘工作，组织了我省3家单位利用无人机航拍系统实施低空航拍和影像处理，安排6家单位实施1:2000地形图测绘。目前各项工作正有序展开，完成航摄45个项目、4 39平方公里，地形测量完成约30%的工作量。

四、完善测绘法规体系，依法行政迈出新步伐

制定《云南省国家秘密基础测绘成果提供使用办法》，为贯彻落实《云南省测绘成果管理办法》提供了业务操作规范。结合我省测绘行政执法实际，针对23种测绘违法行为建立了自由裁量权基准制度，形并向社会公告，形成行政自由裁量权的裁量标准，以有效防止行政权力滥用。对《云南省测量标志保护规定》、《云南省地图编制出版管理规定》和《云南省测绘成果管理办法》等3个规章进行了清理，对规范性文件作出保留8件（其中单件进行修改）、废止5件的决定。

继续深入实施"阳光政府四项制度"，推行政务公开。1～10月，共向社会发布重要事项公示3条、重点工作通报6条，政务受理窗口受理961 28来电和其他业务咨询95条，首问首办接待914人次。局机关作为省财政厅确定的省级试点单位，顺利推行了部门预算内部公示，在局系统全面推行公务卡结算制度。

五、加强统一监督管理，事业发展的环境进一步优化

全省地理信息市场专项整治圆满完成，取得了明显成效。有关单位保密制度进一步完善，从业人员保密意识普遍增强，各种泄密隐患得到消除，建立起多部门参与的联席会议制度、重大事项联合执法检查机制、重大案件联合查处制度和信息互通互享机制，一批单位和个人荣获全国整顿和规范地理信息市场秩序工作先进集体或个人的称号。

针对全省各地、各部门竞相开展卫星定位连续运行参考站建设的局面，积极向省政府提出加强统一监管的建议，以省政府办公厅印发了《云南省人民政府关于加强卫星定位连续运行参考站网建设与使用管理的通知》，修补了管理盲区，为争取财政资金投入奠定了基础。指导完成了大理市、马龙县、师宗县、富源县和麒麟区城市坐标系统论证工作。

完成469家测绘单位测绘资质复审换证工作，促进测绘单位提高管理水平，加大专业技术人才引进、测绘仪器配备力度，积极开展质量保证体系认证和档案管理达标。继续加强地图编制管理，地图编制单位编图前进行测绘资质验证登记率达100%。加大测绘违法行为查处力度，处理2起违法编制地图案件，销毁违法地图3000余幅。依法对一起超越测绘资质许可范围违法测绘行为和一起擅自复制机密地形图的违法行为做出行政处罚。

继续开展全省测绘成果质量监督检查。重点检查乙级测绘资质单位近3年来完成的服务总值5万元以上的项目，促进测绘单位不断提高测绘成果质量水平。继续开展涉密测绘成果管理人员岗位培训，近350人接受培训。做好测量标志保护，审批测量标志拆迁9件，对大理州漾濞县和保山市腾冲县开展测量标志普查，完成大理州巍山、南涧、弥渡、鹤庆和曲靖市普查资料汇交工作。

六、精心谋划蓝图，测绘发展思路更加明晰

组织开展"十二五"测绘规划编制。完成"十二五"测绘重大课题研究，广泛开展基础测绘需求调研，完成了《云南省测绘事业发展第十二个五年规划纲要》和《云南省基础测绘"十一五"规划》的初稿编写工作。积极推进州、市基础测绘规划，全省16个州市中已有1 0个州市完成本级基础测绘规划编制，丽江、怒江启动了基础测绘规划编制。经过多年努力，省发改委正式印发了《云南省空间信息基础设施建设及应用规划（2010—2015年）》，其中的相关基础设施任务有望纳入《云南省国民经济和社会发展信息化“十二五”专项规划》中，将对我省空间信息基础设施建设与应用起到积极的推动和促进作用。

进一步提高认识、统一思想。通过召开全省测绘工作会议，各州、市测绘行政主管部门、局系统上上下下、全省各主要的测绘行业单位进一步统一了思想，普遍树立起“大测绘、大产业”的理念，各地对地理信息资源的建设、利用的重要性认识进一步提高，测绘行业单位对测绘系统的认同度进一步凝聚，为实现各项工作目标和任务创造了良好的思想认识氛围。以“测绘事业改革发展”为主题召开党组务虚会，带动全局领导干部广泛开展科学发展、创新发展、解放思想大讨论，在全局倡导以高度的责任意识、发展意识、创新意识、亲民爱民意识、战略意识、全局意识来指导自己的领导行为，全局上下谋发展的意思普遍增强，逐步形成了“看大局、抓大事、谋全盘、突重点、定方向、提速度”基本工作方法，确立了坚持科学发展观，在改革中解决突出问题的基本工作思路。

七、完善现代测绘技术装备设施，科技人才同步推进

加强测绘技术装备建设。在国家测绘局和省政府关心支持下，3套低空无人机航测遥感系统及其配套设备装配到位，其中包括1套“快眼二”型无人机航测遥感系统、2套“陕眼三”型无人机航测遥感系统，在应急测绘保障和服务经济社会中得到成功运用。无人机航拍系统不但在“8.18”贡山特大山洪泥石流，灾害中初试身手，还充分发挥机动灵活、作业周期短、影像拍摄分辨率高等特点，在省国土资源厅部署的全省“兴地睦边”农田整治重大工程项目测绘保障任务中得到成功运用，圆满完成了西双版纳、普洱、德宏、保山等州市的低空航摄任务。新增野外业务越野车3辆，无人机运输车2辆。

推进科技创新工作。省测绘学会完成换届选举，新设科技奖励委员会，面向全省测绘行业设立了“云南省测绘学会测绘科技进步奖”、“云南省测绘学会优秀测绘工程奖”和“云南省测绘学会优秀地图奖”。目前，首届评奖准备工作正有序开展。《运用WORDVIEW卫星数据进行边境地区立体测图的研究》获2010年中国测绘学会科技进步三等奖。积极开展新技术应用，利用机载激光雷达LIDAR技术实施了景洪市200平方公里航拍；利用数码调绘系统新技术探索建设野外调绘作业新模式。

加大人才选拔培养力度。贯彻落实全国人才工作会议精神，成立“云南省测绘局人才工作领导小组”，统一指导全局人才队伍建设工作。组织开展局机关副处级领导职位竞争上岗。认真组织参加全国测绘技术能手评选，1人获全国测绘技术能手称号。加强领导干部履职能力培训，以新知识、新理论、新技能、新信息为主要内容，加大专业技术人员继续教育培训力度，全年举办各类专业技术培训班19个，参加人数532人次。

八、深入开展创先争优，测绘文化建设再上台阶

以深入开展创新争优活动为抓手，在全局开展党组织和党员公开承诺活动，进一步加强和改进党建工作。认真做好局直属机关党委换届准备工作。对2008—2009年度先进基层党组织、优秀党员和优秀党务工作者进行了表彰。2名同志分别获得省直机关工委表彰的优秀共产党员和优秀党务工作者称号。举办了第四期入党积极分子培训班。进一步开展党风廉政建设工作，抓好厉行节约八项要求的贯彻落实，认真做好信访举报工作。

认真组织完成推荐全国测绘系统先进集体和先进工作者评选工作。省测绘局荣获省政府表彰的“中越陆地边界云南段勘界先进集体”，2位同志分别获得记三等功和嘉奖的表彰。对在“8.18”贡山特大山洪泥石流灾害测绘应急保障服务工作中作出突出成绩人员进行了表彰奖励。通过广泛宣传测绘系统模范集体和模范人物先进事迹和崇高精神，营造崇尚先进、学习先进的良好氛围。开展了“爱读书、读好书、善读书”三读活动，在机关公务员中组织开展“七个一”活动和“忠诚教育”活动，不断提高干部职工思想素质和职业道德水平。面对百年不遇的干旱，先后组织广大干部职工开展捐款献爱心活动和共产党员抗旱救灾特别捐款活动，共募集资金27万余元。积极支持我局的扶贫挂钩乡抗旱救灾，帮助开展打水井、购置水泵、实施引水工程，我局再次被省委、省政府授予“2009年度社会扶贫先进集体”的光荣称号。组织职工排演了具有云南特色的哈尼族舞蹈“木屐舞”，在中国创新基地成功演出，展示了云南测绘人的风采。组织职工参加了国家测绘局举办的羽毛球比赛和省直机关工会举办的乒乓球赛。

（耿弘）

人口与计划生育工作

【概述】 低生育水平继续保持稳定。全省人口计生系统认真贯彻落实中央领导的重要指示和全国人口计生工作会议精神，围绕省委、省政府的中心工作，注重统筹协调，服务大局，在“稳政策、提信心，变思路、重创新，注统筹、形合力，强督查、抓落实”上下工夫，各项工作均取得了新的成绩，确保了人口计生各项任务的圆满完成。据人口计生部门统计数据显示，2010年，全省人口出生率有效控制在12.6‰、人口自然增长率控制在6.3‰、年末总人口控制在4597万人。

法制化建设取得新进展。认真开展基层文明执法专项活动，集中治理行政执法中存在的突出问题。全省各州市认真开展了“六查一清理”活动，注重解决工作方法等七个方面的问题，进一步树立了以人为本、执法为民、依法维权、优质服务的工作理念，促进了依法行政、文明执法和行风建设；《云南省人口与计划生育条例》修订工作进入关键阶段，省政府常务会于2010年11月25日对《条例（送审稿）》进行了第一次审议。《流动人口计划生育管理规定》列入省政府规章的修订计划。

人口计生综合改革取得初步成效。全面启动以建立“统筹协调、科学管理、优质服务、利益导向、群众自治、人财保障”六个机制为主要内容的省级综合改革试点工作，将其纳入四项制度建设的倒逼工作目标任务。制定并下发《云南省人口和计划生育委员会关于省级人口和计划生育综合改革试点工作指导意见》，确定了玉溪市、德宏州、大理州祥云县为省级人口和计划生育综合改革试点地区。指导试点地区，找准综合改革工作的切入点，扎实开展人口计生综合改革工作。同时，西双版纳、保山、大理、临沧等地确定了综改试点，制定了综改实施方案。扎实开展综合改革示范市创建活动和基层群众自治村（居）示范活动，2010年12月，继昆明市（第一批全国综合改革示范市）之后，又有玉溪市、德宏州被国家人口计生委评为第二批全国综合改革示范市，有60个村（居）被授予全国基层群众自治村（居）示范单位、128个村（居）被授予省级基层群众自治村（居）示范单位称号。

信息化建设取得重要突破。为全面改变全省人口计生系统信息化建设工作相对滞后的面貌，打破制约工作的瓶颈，省、市、县三级财政共投入6000多万元资金，改善网络设施建设，提高信息化工作能力。开展了2000年以来出生人口基础信息核查工作，改革台账，盘点了所有旧台账，理顺和建立了新台账，为全员人口数据库建设奠定基础；在全省范围启动数据库建库工作，开展信息采集，完成了所有乡镇、街道、办事处的信息采集工作，共采集了4500多万人的数据；建立起了数据省级集中管理，满足各级要求，较为实用的全员人口数据库，基本实现了数据交换，信息交流。

流动人口区域“一盘棋”工作进展良好。按照流动人口计划生育工作“三年三步走”的目标任务，2010年着力推进省内外流动人口重点区域“一盘棋”工作。研究制定《全省2010年流动人口计划生育区域“一盘棋”工作方案》，加强统计监测和网络化协作，构建全员流动人口信息统计工作平台，加强双向管理，参加并签署《泛珠三角区域人口与计划生育工作合作框架协议》。昆明、玉溪、昭通、曲靖、楚雄、红河等地与周边地区广泛开展流动人口服务和管理区域协作，实现与四川、贵州、福建、广东等省际、省内各地间“信息互通、服务互补、管理互动、责任共担”的区域协作，扎实推进全省流动人口计划生育体制机制创新，促进流动人口计划生育服务管理区域一体化，巩固提升“一盘棋”工作水平。

优生健康促进工程稳步推进。大力实施优生健康促进工程，稳步推进增补叶酸预防神经管缺陷项目工作。叶酸发放工作进展顺利，2010年，共发放叶酸31万人份，完成年初确定目标的72%（年初确定的发放目标数为70%）。全面启动晋宁等8个国家孕前优生健康检查试点县工作，筹建“西部孕前优生健康检查指导中心”，着力推进孕前优生健康检查，为孕前夫妇提供健康教育、健康检查、风险评估、咨询指导、实验室筛查、营养素补充等专项服务，有效降低出生缺陷发生风险，从源头上注重出生缺陷干预。

计划生育优质服务提质提速。积极开展计划生育优质服务单位创建活动，提升“国优、省优”优质服务水平。按照环境优美、技术优良、服务优质、管理优秀、群众满意的“四优一满意”要求，经过逐级严格考核评估，截至2010年12月，新增国优县7个，新增省优县20个；积极推进县乡计划生育服务站（所）规范化、标准化建设，基本实现服务站所全覆盖；广泛开展形式多样的计划生育药具知识宣传活动，积极组织参加全国计划生育药具知识竞赛并荣获全国三等奖的好成绩。

利益导向机制建设不断完善。积极稳妥地组织实施奖励扶助制度、特别扶助制度、“少生快富”工程和“奖优免补”政策，提高农村部分计划生育家庭奖励扶助（养老生活补助）标准：独生子的父母由每人每年600元提高到720元，独生女的父母由700元提高到840元，对依法生育子女死亡现无子女的夫妻由750元提高到900元；全面兑现城乡独生子女死亡或伤残（三级以上）后未再生育或收养子女的计划生育家庭特别扶助金；免除18.5万农村独生子女及父母、双女户父母参加“新农合”个人应缴费用；启动计划生育家庭意外伤害保险工作，投保额已达767.82万元，受益93.76万人；截至2010年12月30日，新增约2.29万户农业人口领取《独生子女父母光荣证》，自实施《云南省农业人口独生子女家庭奖励规定》以来，全省共有68万多户农业人口领取《独生子女父母光荣证》。

宣传倡导作用明显加强。2010年是中央《关于控制我国人口增长问题致全体共产党员共青团员的公开信》（简称“9·25”《公开信》）发表30周年，各地都开展了不同形式的纪念“9·25”《公开信》发表30周年的宣传活动。省人口计生委与省委宣传部等六部门联合在全省组织了为期两个月的系列纪念宣传活动，通过张贴宣传画、召开新闻发布会、寻找“人口计生001”等活动，集中展示了30多年来人口计生工作取得的辉煌成就。各类主流媒体加大了对人口计生工作的宣传报道，形成了良好的工作导向和舆论氛围。

行业作风建设和党风廉政建设取得新实效。坚持把党风廉政建设与计划生育业务工作两手抓，两手硬，切实落实人口计生系统党风廉政建设和反腐败各项工作任务。认真贯彻落实《中国共产党党员领导干部廉洁从政若干准则》和廉洁从政各项规定，抓好中央扩大内需新增资金的使用管理和效能政府四项制度的监督工作。以建立健全防范风险措施为抓手，抓好省人口计生委机关处室和直属单位廉政风险防范管理工作，从源头上防止和消除腐败行为，增强干部职工廉政风险防范意识。抓好行业作风建设和纠风工作，认真开展“阳光计生行动”，深入推进人口和计划生育工作公开透明运行，提高服务管理水平，实现“阳光管理”。发挥12356阳光计生服务热线和96128的重要作用，着力解决群众反映强烈的突出问题。把开展共产党员创先争优活动与行风评议工作结合起来，促进了全省人口计生系统行风的进一步好转，服务质量、服务水平和群众满意度明显提高，机关作风评议位居先进行列，“请农民兄弟姐妹评计生”和“请流动人口农民工评计生”的“双评”活动，满意率分别达到98%和95%。

存在困难和问题 人口惯性增长数量较大，出生人口素质偏低，服务管理整体水平不高，与统筹解决人口问题相适应的领导、管理体制机制不够健全，区域发展不平衡等等仍是突出的矛盾和问题。同时，个别地方党政领导对人口计生工作重视程度有所下降、少数地区基层人口计生工作机构被撤并等问题不同程度的存在。

人口和计划生育数据及态势分析 根据云南省统计局提供的数据，2010年全省出生人口57.8万人，比上年增加0.7万人；人口出生率为12.6‰，比上年增加0.07个千分点；净增人口28.9万人，比上年增加1.2万人，自然增长率为6.3‰，比上年上升0.22个千分点；死亡人口28.9万人，死亡率为6.3‰，年末全省常住人口为4597万人，完成了2010年度责任目标任务。

全省人口和计划生育工作会议 2010年1月19日，云南省人口计生委在玉溪市江川县召开全省人口和计划生育工作会议。省人口计生委领导，各州（市）人口计生委主任，省人口计生委机关各处室、直属单位负责人，各州（市）人口计生委办公室主任、统计科科长参加了会议。会议传达了温家宝总理的重要指示和李克强副总理的重要批示，以及全国人口计生工作会议精神，总结了2009年云南省人口和计划生育工作，安排部署了2010年全省人口和计划生育重点工作。会上，省人口计生委党组书记、主任郝青山作了题为《锐意进取 扎实工作 努力推动人口和计划生育事业取得新成效》的报告。他指出：2009年，在省委省政府的领导和国家人口计生委的指导下，全省人口自然增长率继续稳中有降，保持在年净增人口30万以下，全省人口自然增长率、总人口控制在6.4‰和4571万人以内。人口计生宣传教育工作不断加强，宣传活动形式多样，建立了人口文化大院，对转变群众婚育观念，引导其自觉实行计划生育起到了积极的推动作用；农村“少生快富”工程稳妥实施，“奖优免补”工作成效明显，农业人口累计领取《独生子女父母光荣证》65万户。计划生育家庭特别扶助制度得到完善，提高了农村独生子女养老补助标准。建立了免除农村独生子女及父母、双女户父母参加“新农合”个人应缴费用制度，有189万多户享受了免费待遇；计划生育优质服务水平明显提高，安宁等6个县（市）被命名为全国优质服务先进单位，官渡等20个县（区）为省级优质服务先进单位；计划生育基础建设加快。截至2010年10月，全省已完成第一批新增投资项目总投资9698万元和第四批总投资9664万元，落实三个“百分之百”的考核目标。第一批245个项目全部完工，第四批197个项目已全部完工；政风行风建设取得新的成效，群众满意率上升。

公开信发表30周年纪念活动 2010年11月8日，省委宣传部、省人口计生委、省统计局、省广电局、团省委、省妇联在昆明联合召开全省人口计生先进模范座谈会，总结云南省纪念中央《公开信》发表30周年系列宣传活动开展情况，揭晓全省“寻找人口计生001”活动结果，慰问表彰带头实行计划生育的群众代表和长期从事人口计生工作的工作人员。省人口计生委郝青山主任在会上作了讲话，金桂兰副主任通报了全省纪念中央《公开信》发表30周年系列宣传活动的开展情况。省级六部门的领导为先进模范代表颁奖。原省人大主任、省人口计生协会会长李桂英等人口计生先进模范代表作了会议发言。郝青山回顾总结了全省人口计生工作的奋斗历程和辉煌成就：通过全省上下30年多来的不懈奋斗，全省因计划生育因素少出生了1450万人，有效遏制了人口过快增长的势头，使全省总人口达到4000万的时间推迟了7年，全省总和生育率由每个家庭近6个孩子下降至不到2个，实现了人口再生产类型的历史性转变，为云南推进小康社会建设创造了较为良好的人口环境，极大地缓解了人口对资源环境和社会就业的压力，对促进民族团结、边疆稳定和社会和谐发挥了巨大作用。会议揭晓了全省“寻找人口计生001”活动结果：全省从事人口计生工作时间最早、最长人员李桂英，全省第一个领取《独生子女证》的王文祥、杨学苏夫妇及其女儿——全省第一个独生子女王梓丁，全省农村第一个领取《独生子女证》的李本有、沈翠英夫妇及其儿子——全省第一个独生子李国华，全省第一批获计划生育养老补助的李顺金，全省第一批获独生子女全程教育奖学金学生毕学明，德宏陇川县最早领《独生子女证》的贺述明、汪荣燕夫妇，普洱市宁洱县最早领《独生子女证》的周丰祺、安玉芬夫妇。六部门的领导为001家庭和人员颁发了荣誉证书、奖杯和慰问金。

抗旱救灾献爱心 2009年9月至2010年3月，云南省遭遇了60年不遇的旱灾，给群众生产生活带了严重影响，给工农业生产造成了较大损失。灾情牵动着省人口计生委领导及全体干部职工的心。省人口计生委高度重视，号召每个干部职工行动起来，向灾区人民群众献爱心，支持抗旱救灾。委机关干部职工为灾区捐款123315元，捐衣服358件，军用棉被100件，用于抗旱救灾，同时，省人口计生委为扶贫挂钩点鲁甸县水磨镇补助5万元抗旱救灾款，以解决灾区群众的燃眉之急。省计生协办、省计生药具站、省计生宣传教育中心、省计生科研所也组织了捐款。

“十一五”工作

2005年至2010年，全省人口计生工作从“十一五”开局之初采取切实措施进一步降低生育水平起，到实现稳定的低生育水平，走上统筹解决人口问题道路历经了一个艰难的过程。通过全省上下共同努力，人口计生工作取得了巨大成效。

规划确定的主要目标如期实现 据云南省统计公报数，2010年全省总人口控制在4597万人，“十一五”期间5年共出生289.5万人，比规划少27万人，平均出生率为12.81‰，比规划底1.16个千分点，5年自增146.2万人，比规划少1.5万人，年均自增率6.48，比规划低0.02个千分点，全面完成了“十一五”的要求。

云南省“十一五”规划完成情况				
项目	单位	“十一五”人口规划	“十一五”实际	实际比规划
总人口	万人	4600	4597	-3
总出生数	万人	316.5	289.5	-27
平均每年出生数	万人	63.3	57.9	-5.4
平均出生率	‰	13.96	12.81	-1.16
总增长数	万人	147.7	146.2	-1.5
平均每年自增数	万人	29.5	29.2	-0.3
平均自增率	‰	6.50	6.48	-0.02

人口发展迈入健康平稳的轨道。“十一五”时期，人口和计划生育主要指标呈现出“五降五升”的特点，即出生水平、死亡水平、人口增长水平、违法生育率、违法多生育人数下降，而计划生育率、综合节育率、独生子女父母领证率、长效节育率、避孕及时率呈上升趋势。妇女总和生育率控制在1.85左右，出生人口性别比控制在110以下。

人口计划生育政策逐步完善。制定出台《中共云南省委云南省人民政府关于进一步加强人口和计划生育工作统筹解决人口问题的决定》、《云南省农业人口独生子女家庭奖励规定》、《云南省人口出生缺陷预防规定》、《云南省出生人口性别比升高问题综合治理规定》、《云南省推广使用安全套管理暂行办法》等文件，及时修订《云南省人口与计划生育条例》和《流动人口计划生育管理规定》，为进一步做好人口和计划生育工作提供有利的政策法制环境。

出生人口素质明显提高。全面开展出生缺陷一级预防工作。稳步推进增补叶酸预防神经管缺陷项目工作，启动孕前优生健康检查试点县工作，着力推进孕前优生健康检查，为孕前夫妇提供健康教育、健康检查、风险评估、咨询指导、实验室筛查、营养素补充等专项服务，有效降低出生缺陷发生风险，从源头上注重出生缺陷干预。出生缺陷一级预防覆盖率达到35%，出生缺陷人口有所减少。人均预期寿命由“五普”时的67岁提高到目前70岁。

人口结构分布趋向合理。落实关爱女孩各项奖励和优惠政策，积极探索关爱女孩新机制和新做法。加强孕产期全程服务管理，推广出生实名登记制度。强化管理，严打“两非”(非医学需要的胎儿性别鉴定和选择性别的人工终止妊娠)，依法严惩溺、弃、残害女婴和针对妇女儿童的违法犯罪行为。出生人口结构状况有所改善，2005年以来连续5年出生人口性别比有效控制在110以内。积极应对人口老龄化问题，提高独生子女父母养老补助金，将农村计划生育家庭优先纳入新农保范围。探索建立多种形式的养老保险制度，加快推进家庭养老向社会养老转变。遵循人口发展规律，科学制定出人口功能区主体规划，积极研究全省人口发展七个重要战略课题，为人口发展科学合理分布打下基础。

流动人口服务管理“一盘棋”工作稳步推进。按照流动人口计划生育工作“三年三步走”的目标任务，制定并下发了《全省流动人口计划生育工作“一盘棋”工作方案》、《全省2010年流动人口计划生育区域“一盘棋”工作方案》、《检查评估方案》、《检查评估标准》和《10项绩效指标说明》等一系列指导性文件，组织了《流动人口计划生育条例》实施宣传月活动，建立健全全员流动人口计划生育信息平台，扎实推进全省流动人口计划生育体制机制创新，认真开展检查考核工作，重点推进全省“一盘棋”、重点区域“一盘棋”取得实效，促进流动人口计划生育服务管理一体化。

计划生育优质服务上水平。以质量管理、优生促进、科技练兵、服务关怀为重点，进一步推进基层服务规范化、标准化、信息化建设。抓住中央扩大内需机遇，大力发展计划生育服务体系基础设施建设，县级服务站建站率达100%，乡级服务所建所率达90%。全省有35个县荣膺“国优”、53个县荣膺“省优”称号。完善信息网络服务功能，初步建立了省、市、县三级人口基础信息数据库，实现与国家“奖励扶助”专网、全国流动人口信息交换平台互联互通，建立了人口计划生育宣传教育、政策咨询、政府信息公开交流平台。

人口计生人财保障机制建立健全。加快人口计生技术服务队伍的职业化建设，建立健全培训、考核、评比、保障机制，稳定机构、稳定人员。建立政府主导、社会补充的财政分级负担、“以奖代投”的投入保障新机制。从2005年起，全省各级财政均逐步加大对人口计生事业经费的投入比例，2009年全省人均计划生育事业经费达26.32元。

社会参与管理和监督的评价机制发挥作用。充分发挥计划生育协会、人口学会等非政府组织的作用，广泛开展了“生育关怀”、“母亲水窖”、幸福工程、大香格里拉—新农村新家庭建设、“改善中国少数民族贫困地区获得健康教育和基本服务”、“边境促进性与生殖健康服务质量”、艾滋病防治等多项活动和项目工作，推动促进群众改善生产生活条件，提高生殖健康水平。帮助建立村（居）民自治，完善自治章程，鼓励村（居）民参与民主管理。建立健全政务公开、村务公开制度，完善群众参与评议人口计生工作机制，切实开展机关作风评议、农民兄弟姐妹评计生“双评”等活动，人民群众对人口计生工作的满意度逐年提高，人口服务综合管理成效明显。

（蔡玲）

劳动和社会保障

【综述】

2010年，是完成“十一五”目标任务的关键之年。面对国际金融危机的后续影响和我省百年不遇的严重旱情，全省人力资源社会保障系统的干部职工再省委省政府的正确领导下，以科学发展观为指导，紧紧抓住桥头堡战略实施和新一轮西部大开发的战略机遇，团结拼搏，锐意进取，克服了各种困难，圆满完成了各项目标任务，为“十一五”规划的全面完成，交上了一份让组织和人民都满意的答卷。

【促进就业】

2010年，全年城镇新增就业27.06万人，城镇登记失业率4.21%，新增转移农村劳动力165.52万人，帮助就业困难群体人员实现就业6.52万人，开发公益性岗位3.6万个，援助2292户新增“零就业家庭”至少1人实现就业，保持全省的动态清零。就业工作中，我省更加突出创业带动就业，进一步完善了小额担保贷款政策体系，形成以“贷免扶补”小额贷款为重点，失业人员小额担保贷款和劳动密集型小企业贷款为基础，3种方式共同推进、相互补充的创业带动就业工作新格局。全年“贷免扶补”创业促进就业贷款发放40393户，贷款发放金额20.08亿元，带动13.98万人实现就业。全年失业人员小额担保贷款发放27897户，贷款发放金额13.66亿元，扶持6.35万人实现就业。创业带动就业的倍增效应日益显现。积极做好就业公共服务工作。全年各级就业公共服务机构介绍成功41.39万人，为45.47万人开展职业指导服务，3.94万人接受创业服务。省、州（市）、县三级劳动力市场按季度发布了职业供求信息。

【社会保障扩面】

在2009年实现城镇居民基本医疗保险制度全覆盖后，2010年我省37个县实施了新型农村社会养老保险试点工作，其他各项社会保险覆盖面稳步扩大，社会保障体系建设再创新局面。全省城镇职工养老保险达到317.42万人、城镇职工基本医疗保险达到414.77万人、城镇居民基本医疗保险达到405.71万人、失业保险达到209.61万人、工伤保险达到227.37万人、生育保险达到210.23万人。农村基本养老保险参保人数达684.62万人，其中，全省37个县实施了新型农村社会养老保险，参保人数达到533.37万人，参加被征地农民社会保障人数27.23万人。

【完善社会保障制度】

5项社会保险待遇都得到了提高。全省城镇职工医保政策范围内住院费用平均报销比例超过77%，最高支付限额达到当地职工平均工资的6倍，提前完成医改目标任务。城镇居民医保政策范围内住院费用平均报销比例超过60%。9个州市实现城镇职工医保州市级统筹。建立了养老保险、医疗保险跨统筹地转移接续机制以及职工医保、居民医保和新农合之间的转移接续制度。职工医保、居民医保在省内13个州市实现异地持卡就医购药。企业退休人员社区管理率达到66%，全省社会保障卡持卡人数达到643万人，持卡率达83.1%。通过开展社会保险基金专项治理监督、专项检查、重点抽查等方式，对各项社会保险费的征缴、管理、运营和支付使用环节都做到了有效的监管。

【人才队伍建设】

2010年，全省人才队伍规模进一步扩大，新批准组建2个高评委，10924名专业技术人员获得高级专业技术职称，其中破格晋升158人。新增100名享受省政府特殊津贴专家，全省享受省政府津贴专家总数达到1278名。新引进海内外高层次人才80人。新增博士后工作站8个，全省博士后工作站达到55个（含分站）。对100名拔尖农村乡土人才进行了表彰。人事考试测评工作得到了新发展。到2010年底，全省各类人才总量达275万人，其中，专业技术人才总量达118万人，高技能人才总量达40万人，农村实用人才总量达48万人。

【技能人才培养】

新增4所技师学院，全省技工院校全年共招收学生38215人，在校生人数达到93835人，毕业生26758人，毕业生实现就业25820人，就业率达96.49%。全年各类职业技能培训机构共培训结业52.91万人次，其中：社会培训机构全年职业培训结业44.72万人次；技工学校全年培训结业社会人员8.12万人次；其他机构培训结业0.07万人次。全年参加职业技能鉴定457702人次，比上年减少22.48%。获得职业资格证书382080人次，比上年增长26.56%。通过职业技能鉴定，新增高技能人才54386人，其中技师和高级技师5258人。开展了形式多样的职业技能竞赛和岗位练兵活动。

【引进人才】

制定《云南省留学回国人员安置办法》，开展海外赤子为国服务行动计划，积极鼓励留学人员创新创业。面向海内外积极开展高层次人才招聘和引进工作，开辟了引进高层次人才的绿色通道。完成国家外国专家局批准资助我省的引智项目39项，下达省内引智项目计划40项。引进了176名经技类外国专家到我省工作。圆满完成国家外专局批准的我省出国（境）培训项目，培训成果的推广应用取得积极成果。

【公务员管理】

公务员考录工作的科学化水平得到进一步提升。在全国率先建立了公务员考试测评基地。全省各级机关考试录用5342名普通公务员，全省基层政法机关定向招录公务员788人。省级机关从具有两年以上基层工作经历的人员中招录公务员的比例提高到了72%。组织了18家省级机关和参照管理单位，拿出133个岗位面向基层公开选调公务员，使公务员队伍从基层开始的培养链得到进一步的巩固和完善。组织实施了全省公安机关执法勤务机构人民警察警员职务套改工作。在全省行政机关公务员中广泛开展了以职业道德和能力提升为核心的“忠诚教育”活动，取得较好效果。对全省县级以上行政机关9628项重点工作实施目标倒逼管理，有力地推进了各项工作落实。

【机关事业单位工资】

2010年，我省继续做好机关事业单位工资正常运行和规范津贴补贴工作。建立或调整了部分公务员特殊岗位津贴制度，调整了我省艰苦边远地区津贴四至六类区标准。根据国家统一政策规定，扎实有效推进我省事业单位实施绩效工资工作。56万名义务教育学校教职工已于2010年4月7日前全部兑现了绩效工资，公共卫生与基层医疗卫生事业单位近8万名工作人员已于2010年12月31前全部兑现了绩效工资，2010年12月28日安排部署了56万名其他事业单位工作人员的绩效工资实施工作，并在春节前基本完成了退休人员生活补贴和在职人员基础性工资的审批工作。

【企业收入分配】

对全省企业最低工资标准进行了调整。目前，全省一类地区最低工资标准为830元，二类地区为740元，三类地区为630元。继续实施企业工资指导线制度，14个州市发布了企业工资指导线，8个州市发布了劳动力市场工资指导价位，，全年各州、市共发布272个职位

（工种）的工资指导价位725个。

【人事制度改革】

事业单位人事制度改革取得积极进展，全省已核准19104个事业单位的岗位设置方案，占总任务数的73%。已核定岗位59.35万个，占全省事业单位编制总数的67.80%，事业单位岗位设置管理制度基本建立。事业单位人事管理工作取得新突破，全省各级事业单位通过公开招聘23012人，拿出1005个岗位，定向招聘到农村基层服务期满的高校毕业生。98%的事业单位实行聘用制，事业单位聘用合同签订率达96%。

【军转安置】

继续在全国率先完成年度军转安置任务。完成了637名计划分配军官和331名自主择业军官的接收安置任务。不断完善多部门协调配合的工作机制，促进各项解困政策落实，努力化解各种不稳定因素，保持了企业军转干部的总体稳定。

【协调劳动关系】

2010年，我省开展了农民工劳动合同签订“春暖行动”、小企业劳动合同制度实施专项行动计划和推进集体合同制度实施的“彩虹计划”。全省城镇单位职工劳动合同签订率98%，农民工劳动合同签订率83%。年末签订当期有效集体合同4881件，涉及职工116.2万人。16个州、市建立了劳动关系三方协调机制。深入开展劳动关系和谐企业、和谐工业园区创建活动，表彰了306户劳动关系和谐企业和5个劳动关系和谐工业园区。全年各级劳动人事争议仲裁委员会立案受理劳动人事争议案件4645件，比上年减少1088件，其中：集体劳动争议案件183件。劳动争议案件涉及劳动者人数7745人，比上年减少1020人。劳动争议案件结案4693件。全年共处理来信来访49534件次，减少21398件次。处理集体上访113批，减少140批；涉及人员5465人，减少4335人。

【维护劳动者权益】

劳动者权益保护力度不断加大。全省各级劳动保障监察执法机构全年主动监察用人单位4.63万户，涉及劳动者152.5万人次；对11.83万户用人单位进行了劳动保障执法年审，涉及劳动者319.49万人。通过监察执法活动，责令各类企业为28.80万人补签劳动合同；追发劳动者工资35913.64万元，涉及劳动者12.40万人；督促4164户用人单位缴纳社会保险费9925.80万元，涉及劳动者20.09万人；督促2170户用人单位办理社会保险登记，涉及劳动者9.30万人；清退非法收取劳动者的风险抵押金106.34万元，涉及劳动者0.40万人；取缔非法职业中介机构27户；清退童工69人。审结劳动保障监察案件8387件。查处群众举报906件，结案851件。对违反劳动保障法律法规的企业下达行政处罚决定587件。

【基础建设】

基层基础得到夯实，完成了基层人力资源社会保障公共服务体系建设规划，并列入云南省经济社会发展规划。8个县和所属的32个乡镇试点项目已陆续开工建设。在信息网络上，基本建成全省统一的数据交换平台。全省16个州市全部完成养老保险系统统一软件部署。完成了工伤、生育保险系统合并在养老保险系统的三险合一工作。全省县级以上社会保障经办机构联网率达到96%，城域网覆盖率达98%。

（朱远昆）

社会管理

社会福利

老年福利 2010年，首届“中国·昆明养生养老高层论坛”在昆明举办，全国各方面的专家和学者就养老服务体系的构建、保险资金的进入、养老护理的最新理念等问题，进行了深入研讨，扩大了适度普惠型老年福利的影响。出台了《关于加快推进养老服务事业发展的意见》，将养老服务工作覆盖的群体由城市“三无”老人、农村“五保”老人、低收入老人扩展到我省60岁以上的所有老人，明确了发展养老机构、完善社区养老服务设施、拓展居家养老服务、开发老年颐养新村、建立高龄津贴制度五大任务，规定了养老用地支持、税费减免、床位补贴、政府购买服务、加大财政投入等方面的优惠政策，奠定了发展适度普惠性老年福利的基础。我省被列为全国基本养老服务体系建设试点省份，主要开展以城市国办养老机构为重点的养老服务项目建设和运营试点；昆明市盘龙区、玉溪市红塔区、曲靖市麒麟区、红河州个旧市被列入第三批全国养老服务示范活动示范单位。2010年，共争取中央和省级投入11413万元，新建和改扩建51个城市国办养老福利机构，培育发展了13个民办养老福利机构，全省城市养老福利机构发展到107个，加上农村敬老院新增床位，我省养老床位增加到44334张。

儿童福利工作 2010年把孤残儿童纳入城乡社会救助体系，在执行全国孤儿最低养育标准前，省财政安排专项资金504.22万元，对全省艾滋病致孤儿童在享受原城乡低保标准的基础上每人每月再发放120元的生活救助金，感染艾滋病的儿童除给予生活补助外，每人每月再发放30元营养补助费；中央财政下拨我省资金19537万元，从2010年开始，对全省孤儿按照每人每月360元的标准给予基本生活费补助，云南及时安排下发了资金，保障了孤儿的基本生活。争取到10个“儿童福利机构建设蓝天计划”新建和改扩建项目，全省儿童福利机构数量达到24个，实现了“十一五”期间每个州（市）有1个儿童福利机构的目标，超额完成了8个县（市、区）儿童福利机构建设项目。经民政部、联合国儿童基金会和中国儿童福利示范区专家委员会考察，把云南定为首期开展“中国儿童福利示范区”项目建设的4个试点省份之一，德宏州为试点地区。2010年，“残疾孤儿手术康复明天计划”安排贫困家庭唇腭裂患者手术390人，手术治愈患者358人；“重生行动——全国贫困家庭唇腭裂儿童手术康复计划”安排37人实施手术；“西部贫困家庭疝气儿童手术康复计划”，安排贫困家庭疝气儿童手术治愈395人。

残疾人福利工作 2010年，民政精神病医院首次被纳入国家精神卫生服务体系建设，争取到6个民政精神病医院建设项目。指导全省开展社会福利企业资格认定并实施了2009年年检工作，全省福利企业409家，较上一年同期减少78家，同比下降16%；集中安置残疾人就业20378人，较上一年同期减少8574人，减少29%；残疾职工年均收入11338元，同比增长22%；全年实现退税4.09亿元。

福利彩票 2010年，在全省发行销售福利彩票33.02亿元（其中：电脑彩票销售28.52亿元），同比增长4.37亿元，增幅为15.25%，筹集社会公益金11.17亿元，比2009年增加1.8亿元，增幅为19.21%，代扣代缴个人偶然所得税5610.90万元。使用福彩公益金资助社会福利事业及社会公益事业项目529个，争取到民政部社会福利事业彩票公益金4528万元资助社会事业及社会公益事业项目67个。

【社会管理】

社区建设 2010年，召开了全省和谐社区建设工作推进会议，出台了《关于解决全省和谐社区建设中几个突出问题的意见》，提出了解决7个影响和制约社区建设突出问题的具体措施，加强社区组织体系、干部队伍和服务设施“三大体系建设”。下达16个州市社区两委专职工作人员生活补助和开展社区干部教育培训经费3112.85万元。城乡社区“一站式”服务中心建设项目被列为省政府重点督查项目，中央、省级共投入建设资金4415万元，建设城乡社区服务设施项目315个。按照统一形象标识、统一项目设置、统一运行流程、统一服务规范、统一资源调配的要求和“两委一站”的社区工作模式，在省会城市和州（市）政府所在地城市打造了第一批23个具有云南特色的精品社区和亮点社区。

基层民主政治建设 2010年1月，全省启动了村级党组织和第四届村民委员会换届选举工作，全省12958个任期届满的村委会和115万多名农村党员、2400多万名农民群众参加了换届选举，选举产生村党组织委员74633名、村民委员会委员72060名。新一届村“两委”班子党员、妇女干部、高中以上文化程度的所占比例比上届分别提高了10.6%、3.5%、8.7%。

救助管理工作 2010年，云南省流浪未成年救助保护中心建设项目进展顺利。大理市、临沧市2个流浪未成年人救助保护中心已建成投入使用；昆明市、曲靖市、普洱市3个流浪未成年人救助保护中心项目基本建成。全省各级救助管理机构和基层民政部门共救助61955人次，其中救助未成年人6416人次，救助60岁以上老人8002人次，救助危重病人，精神病人3211人，救助残疾人9795人次；省内护送返乡2604人次，跨省护送1461人次，接收外省送回的云南籍人员2039人次。

婚姻登记 2010年，婚姻登记规范化建设有新进展，安宁市、晋宁县、富民县、麒麟区、罗平县、红塔区、江川县、华宁县、易门县、陇川县、祥云县、弥渡县、鹤庆县、漾濞县、巍山县、个旧市16个县级婚姻登记机关被民政部授予“全国婚姻登记规范化单位”称号。为纪念新中国首部婚姻法颁布60周年，云南上报的《临沧市中缅边民涉外婚姻初探》一文，被民政部收入全国婚姻家庭研讨会暨纪念新中国首部婚姻法颁布60周年大会优秀论文集。

殡葬工作 截至2010年底，全省共建有殡仪馆84个，（投入使用56个，在建28个）；共建有经营性公墓65个（其中骨灰公墓53个，遗体公墓12个），公益性公墓3607个。全省死亡人口总数为294829人，死亡率约为6.45‰；共火化遗体64633具（其中殡仪馆火化51453具，民俗火化13180具），火化率达22.27%。认真落实《云南省民政厅关于全省部分特殊困难群体火化补助的通知》，对全省3522人发放了火化补助，其中省级福彩公益金下拨火化补助专项资金1000万元。3月至4月在全省殡葬系统开展殡葬改革宣传月暨优质服务月活动，开通“96511”殡葬服务热线；开展全国殡葬改革示范单位创建活动，昆明市民政局等3家单位和刀震宇等6名殡葬干部职工被评选为2010年全国殡葬工作先进单位、先进个人。

行政区划调整变更 国务院批准蒙自县、文山县撤县设市；省政府批准潞西市更名为芒市；完成了云龙县旧州镇、诺邓镇、表村傈僳乡主要以乡镇政府驻地迁移和乡镇更名为主要内容的行政区划调整。截至2010年12月31日，全省行政区划格局为16个州市，其中8个自治州、8个地级市；129个县市区，其中77个县、29个自治县、11个县级市、12个市辖区；1286个乡镇，其中541个乡、148个民族乡、597个镇，80个街道办事处。

行政区域界线管理和平安边界建设 圆满完成了7条州市间含29条县界、州市辖区内54条县界共计83条县级界线联检工作任务。由我省牵头建立了五省区平安边界建设联席会议制度，并于2010年11月在我省召开了云南、四川、贵州、广西、西藏五省区平安边界建设联席会议。

地名工作 2010年，德宏州瑞丽市被列入全国第二次地名普查试点先行地区。12月，瑞丽市已按时完成地名普查试点工作，共录入普查地名条目2419条；完成25个类别564条地名的草图标注和782条普查地名的效果图绘制，绘制效果图4份；设置了共2个类别卷宗26个类目卷宗分设20个卷盒。12月6日至12月9日全省第二次全国地名普查试点工作培训会在瑞丽召开，全面启动24个县市第二次全国地名普查试点工作。

社会组织培育发展 截至2010年12月31日，全省共有社会组织12639个（社团9180个、民办非企业单位3421个、基金会38个），全省新增社会组织975个，年增长率8%。省级社会组织共968个，州（市）级2346个，县级9327个。2010年省本级成立登记社会组织77个，比去年增长50%。围绕省委、省政府确定的重点产业，围绕推动泛珠三角地区经济合作和东、中部省份与云南经济社会互补性发展，支持成立省药材商会、宁波商会等行业协会和异地商会。2010年，全省异地商会为云南招商引资911亿元，21个省级异地商会在我省抗旱救灾中共捐赠资金160万元。基金会登记总量和非公募基金会登记数有了新的突破，全年登记8个（公募基金会和非公募基金会各4个），重点引导、扶持成立了省生物多样性保护基金会、云南鸿献助学扶贫基金、云南海佳助老基金会等与我省经济社会发展密切相关的基金会。

境外非政府组织备案制度 2010年，正式开始实施《云南省规范境外非政府组织活动暂行规定》。该规定是结合云南省情的地方性政策，也是我国首个公开颁布对境外非政府组织实施管理服务的地方性规定，是对境外非政府组织登记管理制度的创新和改革。截止2010年12月31日，已为25个境外非政府组织在滇代表机构办理了备案手续，发放了备案批准文件及《备案通知书》。

社会组织年检直通车 在2010社会组织年检中，首次从省本级业务主管单位中选择社会组织数量较多、有一定代表性和影响力的省政府研究室、省招商合作局、省工信委、省工商联、省科学技术协会、省社会科学界联合会6个部门所属293个社会组织推行上门年检“一揽子”服务，登记管理机关、业务主管单位、会计师事务所一同为社会组织现场提供办理年度检查、到期换证、受理公益性组织税前扣除申请等服务，上门年检覆盖率达36%。云南开通“社会组织年检直通车”被列入2010年度全国民政工作创新工作之一。

双拥工作 2010年，省双拥办以省委、省政府名义，走访慰问了36个驻守在8个州市的边防一线部队基层单位，筹资80万元为边防部队解决实际困难。召开了全省第八届双拥模范城（县）命名表彰大会，命名了50个省级双拥模范城（县）、18个先进城（县），表彰了21个双拥模范单位、52个双拥先进单位和50名双拥先进个人。协调驻滇部队积极开展抗旱救灾工作，驻滇部队派出车辆100余台次，运送600余吨救灾物资；召开抗旱救灾军地座谈会，向在抗旱救灾中做出显著成绩的11个部队发放了500万元抗旱救灾补助经费。开展了庆祝建军83周年暨军事日活动，省委副书记、省长秦光荣出席活动并讲话，省委副书记李纪恒主持活动。继续与省军区政治部、省民族事务委员会、省教育厅筹资560万元（其中民政厅筹资100万元）援建7所“爱民小学”，并组成军地工作组对去年援建的8所“爱民小学”进行了检查验收。

优抚工作 2010年，全省重点优抚对象共291895人，全年优抚总经费98139.04万元，与2009年相比，增加了11213.24万元，增长率为13.2%。全省16个州市和122个县市区建立健全了优抚对象医疗保障体系。全面推行优抚对象医疗“一站式”即时结算服务，为288017名重点优抚对象办理了参保参合手续，其中参加城镇职工基本医疗保险13801人，参加城镇居民基本医疗保险22607人，参加新农合251609人。投入资金2527万元（专项经费2079万元，补助经费448.2万元），按每户12000元的标准，解决了2079户农村籍重点优抚对象无房问题；按每户2000元的标准，补助了162户城镇籍无房重点优抚对象。2010年10月，国家再次大幅度提高部分优抚对象抚恤补助标准，全省抚恤生活补助经费达86088.2万元。

安置军休工作 2010年，全省于8月底前全面完成了年度安置任务，共接收安置2009年冬季退役士兵1.2万多人，其中回农村安置8000多人，符合城镇安置4000多人。城镇退役士兵自谋职业率达62.27%。2010年，全省共接收安置296名军休干部和退休士官，共下拨全省军休经费61392万元；在纪念抗日战争胜利60周年之际，全省安置系统分别走访慰问30余名抗日老战士（及遗属），每户发放3000元的慰问金。筹集资金11万多元为全省无固定收入遗属320人进行体检。成功举办云南省军队离退休干部第六届“夕阳红杯”文艺体育比赛和云南省第一届“夕阳红杯”书法、绘画、摄影比赛。抗旱救灾期间，全省军休干部和工作人员捐款69万余元，购置了19辆“云岭老战士爱心水车”，发往昆明、红河等受灾严重的11个州市，受到中央军委的高度肯定，徐才厚副主席作出批示。完成了7个州市军休干部400多人购房未达标货币补差和购买现有住房相关数据的汇总上报工作。开展创建行风建设示范单位活动，8个干休所（军休中心）被评为“全省军休服务机构行风建设示范单位”，昆明市五华区军队离退休干部服务中心、昆明市军队离退休干部白马庙休养所被评为“全国民政系统行风建设示范单位”。

城市居民最低生活保障 2010年，在对符合条件的困难群众实现应保尽保的基础上，按月人均20元的标准提高了全省城市低保对象的补助水平，全年月人均补助水平达到159元；根据物价上涨情况，按20元/月的标准给城市低保对象发放了两个月的旱灾生活补助，年底又按20元/月的标准发放了3个月的价格临时生活补助。到12月底，全省共有城市低保对象925894人，全年总支出173374万元。全年中央和省级共投入资金148250万元，其中，中央补助120250万元，省级安排28000万元。

农村居民最低生活保障 2010年，按照云南省“兴边富民”计划要求，以边境地区为主进一步扩大了保障范围，新增保障对象40万人，全省农村低保对象总数达到3781385万人。按月人均10元的标准提高了补助水平，全省月人均补助水平达到70元。在旱灾期间按15元/月的标准发放了两个月的旱灾生活补助。下发了《关于建立农村最低生活保障标准动态调整机制的通知》，指导各地有序开展农村低保标准调整工作，并在全省15个州市的15个县开展农村低保按标施保试点。全年农村低保共支出资金298808万元，中央和省级共投入资金319010万元，其中，中央补助254210万元，省级安排64800万元。

农村五保供养和敬老院建设 2010年，省政府办公厅印发了《云南省农村五保供养实施办法》，对供养对象、供养形式、内容和标准、资金筹集和管理、服务机构建设与供养管理、扶持政策以及监督管理等进行了明确。全省集中供养平均标准达到250元/月，分散供养平均标准达到116元/月，年底集中供养对象近2.9万人，集中供养率提高到了13%。全年累计支出五保对象生活补助金近3亿元，其中，省级按每人每月80元标准对农村五保供养资金进行补助，共投入21216万元。全年中央和省级共投入敬老院建设资金10342万元，其中，中央“兴边富民”边境敬老院建设资金4050万元，民政部“霞光计划”497万元，省级财政投入1620万元，省级福彩公益金安排4175万元，共对147所农村敬老院新建、改扩建及建设资金缺口给予了资助。至年底，县级中心敬老院布局基本完成，107所边境地区敬老院省级建设补助资金全部到位。现全省共有农村敬老院659所，供养床位3万张。

城乡医疗救助 在全省全面推行医疗救助“一站式”即时结算管理服务模式，方便救助群众看病就医。全年城市医疗救助累计救助117.29万人次（其中资助参保104万人），累计支出救助资金16241.74万元；农村医疗救助全年累计救助531.69万人次（其中资助参合476万人次），累计支出救助资金57150.53万元。中央和省全年投入资金70912万元，其中中央补助62872万元，比上年的48102万元增加了30.7%，省级安排8040万元，比上年的6960万元增加了15.5%。

老龄事业 2010年底，全省60周岁以上老年人口达565.6万人，占全省总人口的12.3%。全省第二十三届敬老节期间，适逢全国首个“敬老月”之际，组织开展了“关爱老人·边疆行”系列活动，安排100万元社会捐赠款对25个边境县、3个藏区县、2个内地县的“五老”（高龄老人、贫困老人、知名老人、老英雄、老党员）共1200名老年人和20个养老机构进行了走访慰问；举办了中华不老城（魅力？云南）中老年时尚风采展演交流活动、“云南省敬老爱老助老摄影大赛”等形式多样的文体活动；11月中旬，开展了城乡老年人口状况追踪调查工作，对昆明、昭通、楚雄、红河、文山、西双版纳、大理7州（市）、12个县（市、区）、100个村委会的1009名城市和农村60岁以上的老年人进行选调、摸底、入户调查等工作，掌握了老年人的基本情况，提高基层老龄工作部门组织实施基层老龄调查工作的能力水平。12月在北京举行的“全国敬老爱老助老主题教育活动”表彰大会中，云南省杨长友获“中华孝亲敬老楷模”荣誉称号（全国表彰10名）；和常贵、徐登早两位同志获“中华孝亲敬老楷模提名”（全国表彰60名）；云南省老龄工作委员会办公室、玉溪市老龄工作委员会办公室、昆明市联盟街道办事处长寿路社区、曲靖市麒麟区东山镇拖古村委会4个单位获“全国敬老模范单位”荣誉称号（全国表彰120个单位）；李加芬等110名同志获“全国敬老之星”荣誉称号（全国表彰2856名）。

惠老政策 2010年4月修订了《云南省老年人优待证办理工作规定》，明确规定了老年人今后可免费办理优待证，同时，港、澳、台及外国籍老人如符合条件也可申请办理云南省老年人优待证。新《规定》标志着云南建立了统一的老年优待证发放制度，为维护好老年人的合法权益提供了有力的法律保障。2010年共筹集资金1.83亿元（省级财政安排0.3亿元，州、县两级配套1.53亿元），为全省59.9万名高龄老人发放了保健补助和长寿补助。截至2010年底，105个县（市、区）已达到年人均240元的补助标准，80～99岁老年人平均标准302元/年，百岁老年人平均2300元/年；各地采取有力措施，督促相关部门在医院、旅游景点、公厕、商业网点等主要服务窗口设置老年人优先、优惠和免费的标志，60周岁以上老年人持老年优待证免费乘坐公交车、进公园公厕和就医减免挂号费等优待政策得到较好落实。

养老服务体系建设 组织实施“百村建

设”计划，积极筹集省级福彩公益金200万元、省老龄事业发展基金会安排70万元，帮助170个基层老年协会解决活动设施、器材和图书等，各州（市）、县（市、区）按1:2:4的比例积极落实配套资金，帮助农村基层老年人协会解决实际困难，充分发挥了老年协会在新农村建设中的积极作用，进一步推动了基层老龄工作的全面发展。继续开展爱心护理工程建设，安排530万元组织开展8个省级爱心护理试点项目建设。

【抗灾救灾】

灾情综述 2010年，云南遭受了百年一遇的特大干旱、禄丰—元谋“2·25”地震、马龙“6·25”洪涝、巧家“7·13”山洪泥石流、贡山“8·18”特大泥石流、隆阳“9·1”山体滑坡等重特大自然灾害，共造成全省2938.41万人不同程度受灾，因灾死亡222人、失踪115人，伤病2331人，饮水困难人口964.94万人、紧急转移安置人口16.03万人，民房倒塌20275户72452间、损坏115339户434246间，农作物受灾3537.88千公顷、绝收1125.65千公顷，死亡大牲畜20557头（匹）；水利、交通、教育、卫生、电力、通信等设施不同程度受损；灾害造成直接经济损失345亿元。

面对云南频繁严重的自然灾害，党中央、国务院高度重视。胡锦涛、温家宝、李克强、周永康、回良玉等中央领导同志6次作出重要批示和指示，对云南抗灾救灾工作给予了极大的关怀。国家有关部委对我省的抗灾救灾工作给予大力支持和帮助，多次派出工作组，深入重灾区，查看灾情，指导和帮助抗灾救灾工作。其中，国家减灾委、民政部针对我省旱灾先后启动了旱灾四级响应1次、三级响应1次和二级响应1次，汛期启动救灾应急四级响应1次、三级响应2次，8次派出部、司领导和国家减灾委专家组深入灾区，指导抗灾救灾工作。

省委、省政府高度重视抗灾救灾工作，省领导多次作出批示，第一时间深入灾区视察灾情，指导灾区开展抗灾救灾工作。省民政厅及时启动救灾应急响应，研究和动员部署抗灾救灾工作，在全省民政系统开展了“抗旱救灾民政救助特别行动”，成立由厅领导牵头的特别行动小组，实行24小时值班和领导带班制度，全面做好灾情汇总上报、救灾资金分配使用、灾民生活救助、捐赠款物接收、宣传动员社会力量等工作，集中公开对灾区小春无收成、无经济收入、无基本口粮家庭的人员进行集中统一救助。并采取下发紧急通知、深入实地查看、专题向上汇报和分片包干督查等方式，认真履行职责，协助当地做好抢险救灾和灾民转移安置等工作。全年共启动救灾一级应急响应1次、二级响应4次、三级响应1次，共派出68个工作组赴灾区指导抗灾救灾工作。在抗灾救灾中，省民政厅坚持按照“政府主导、分级负责、民政牵头、部门协同、社会参与”的救灾工作机制，全力以赴组织开展抗灾救灾、灾民救助和民房恢复重建工作，灾区受灾群众的基本生活得到妥善安排，抗灾救灾成效显著。

2010年，中央和省级先后投入抗灾救灾资金140079万元（中央58500万元、省级81579.13万元），救助受灾群众1000多万人次，其中冬春期间救助困难群众610.06万人；完成民房恢复重建19230户67964间，修复96128户376298间；向灾区紧急调运救灾帐篷3812顶，棉被43982床，衣服18910套，大衣2150件、毛毯60床，确保了抗灾救灾工作顺利开展。旱灾期间，全省民政系统共派出7.2万多人（次）参与救灾工作。截至2010年底，全省已建成省级库（已确定为中央救灾物资储备库代储点）1个、省级分库5个、州市级库11个、县级库80个；省级共储备救灾帐篷6.33万顶、棉被10万床、衣服3.2万套、大衣5.5万件、彩条布7800件，省救灾物资储备仓库代储中央物资救灾帐篷2万顶、棉被6万床、大衣5万件。优先为多灾重灾、边境、藏区的500个乡镇配备了救灾车辆。

质量技术监督

【综述】 2010年，省质监局注重积极探索质监工作发展规律，在全系统提出的大局为重、民生为本、质量为贵、安全为先、监管为要、服务为荣的“六为”工作理念进一步明晰，法制立局、科技兴局、素质强局、创新活局、和谐稳局的“五局”工作目标进一步确立，年初党组确定的把握“三条线”（始终把实施“质量兴省”战略、促进科学发展作为质监工作的“主线”，始终把保障质量安全作为质监工作的“底线”，始终把改革创新作为贯穿质监事业发展的“红线”）；力求“三突破”（在推动经济发展质量和效益上有新突破；在质量全过程监管上有新突破；在探索建立大质量工作机制上有新突破）；抓好“三落实”（落实各类生产企业产品质量安全主体责任；落实各级质监部门质量安全监管责任；推动落实各级政府对质量安全负总责的责任）；实现“三提高”（进一步提高各级质监部门服务经济建设的能力；进一步提高以县级局业务建设为重点的质监业务能力；进一步提高以技术机构检验检测水平为重点的技术支撑能力）的工作思路得到较好的落实。特别是面对新形势、新任务、新要求，在广泛调研的基础上，积极探索，进一步明确了质监部门在促进经济社会科学发展中应充分发挥“质量把关、安全保障、标准引领、技术支撑、促进和谐”作用。

【积极启动质量兴省战略】

2010年，省委、省政府全面启动实施了质量兴省工作，出台了《关于实施质量兴省战略的意见》，8月23日，省政府组织召开了全省实施质量兴省战略工作会议，秦光荣省长、国家质检总局蒲长城副局长到会并作重要讲话，标志着我省质量兴省战略已正式启动。于10月19日协调召开了全省质量兴省工作领导小组第一次会议，省委常委、副省长李江同志和各成员单位主要领导参加了会议，就各项工作职责及重点工作分解方案、年度实施质量兴省战略的重点工作等达成共识，为各项工作的细化开展奠定了基础。会议召开后，各州（市）质监局建立了相关部门参加的联席会议机制，全面启动了“质量兴州（市）”战略，先后有14个州（市）召开了质量兴市（州）工作会议，56个县（市、区）开展了质量兴县（市、区）活动，各级政府抓质量工作更加有力。围绕打造知名品牌，新评选出了49个云南名牌，开展了保山小粒咖啡等5个地理标志产品保护申报工作。同时，启动了重点行业质量发展状况分析工作，全省质量宏观管理的能力和水平进一步提升。

【有效推进名牌战略】

2010年共评出云南名牌产品49个，复评49个，云南名牌产品已达317个，数量较“十五”末增加184个，增长1.4倍。名牌产品的社会影响力不断扩大，名牌产品生产企业的结构不断优化，品牌经济效应得到进一步显现。

【大力发挥标准引领作用】

2010年，由我省主导或参与制定的国家标准、行业标准达68项；全省共建成134个国家级农业标准化示范区，面积达697.5万亩，带动农户近240万户，总增效76.2亿元，7个产品获国家地理标志产品保护。启动了咖啡、桑蚕、花卉、林木种苗、香料油等重点特色产业的标准体系建设工作，为农业产业化发展提供了重要的技术支撑。完成了全省一万多家制造业企业的执行标准登记工作，为督促企业严格按标准组织生产奠定了良好的基础。重点行业和企业技术标准体系建设稳步推进，全省采用国际标准产品认可（复审）26个，“4A级标准化良好行为企业”达到5家，批准发布了33项地方标准。全省旅游、林业专业标准化技术委员会已成立，制定了3项旅游要素地方标准，启动了10个省级服务标准化试点项目建设工作。发布了《高原湖泊区域人工湿地技术规范》、《餐厨废弃物处理技术规范》等5项节能环保地方标准，为推进全省循环经济、保护生态环境起到积极的作用。

【积极开展“质量提升”等活动】

2011年，大力开展了“质量提升进万企”和“质监邀您看企业”等活动。建立了重点食品企业质量安全联络员制度和有关专家组成的专家库。认真开展了法律法规、标准和检验技术等免费培训宣传服务，组织法律法规、产品相关标准、产品质量控制和检验技术常识等免费培训近60次，参加人员2000多人次；帮助企业加强产品质量控制，召开质量分析会30余次，强化了企业的质量安全主体作用；邀请社会各界近600人担任了食品生产安全监管员，进入食品生产企业一线进行检查150多次。开展了全系统执法打假、检测技能大比武和“实验室开放集中展示月”等活动。组织各类考试、竞赛近百场次，参加人员占我省执法人员总数的84.3%。在国家总局组织的全国执法大比武活动中，省质监局代表队取得了全国第8名的可喜成绩。组织全省20个检测机构对社会进行开放展示活动，取得了较好的社会效果。

【积极推进工业产品生产许可工作】

认真履行生产许可、市场准入职能，严格依法审批，完善落实审批制度，严格执行国家产业政策。截止2010年底，在国家实行生产许可证管理的64类产品中，全省共有水泥、热轧带肋钢筋、危险化学品等44类1898家企业的1906个产品获得工业产品生产许可证；4555家企业的5611个产品获得食品生产许可证，食品相关产品及化妆品获证企业达350家。

【扎实推进认证认可工作】

加快完善行政许可工作程序和认证认可工作机制，摸清法定检测机构、机动车安检机构、体系认证、产品认证等各项认证认可工作基础数据，建立了拥有540多人参加的全省认证认可评审员专家库。组织对我省法定检测机构和机动车安检机构的专项整治；积极开展强制性产品认证监督检查和管理体系认证有效性监督检查，进一步规范了全省的认证认可工作。

【切实加强计量工作】

2010年，省质监局深入推进“千家企业节能降耗服务行动”，广泛开展能源计量技术检测、咨询服务活动，重点耗能企业能源计量器具配备率、受检率、数据采集率得到较大提升。积极开展“推进诚信计量、建设和谐城乡”主题活动，引导全省2500多家集贸市场、医院和加油站等单位开展了诚信计量自我承诺活动，严厉查处了计量违法行为。组织开展了汽车衡计量专项整治和农资产品计量专项整治工作，配合有关部门依法完成了淘汰落后产能工作。

【食品生产加工监管出新招】

2010年，全省质监系统认真落实《食品安全法》，进一步督促全省食品生产加工企业落实质量安全主体责任，健全完善了食品生产加工环节质量安全风险预警机制，稳步推进食品及相关产品市场准入，深入开展食品安全专项整治，认真做好三聚氰胺的跟踪监测及问题乳粉的彻查销毁工作，全年共检查乳制品及涉乳食品生产企业238家和1300余家小作坊，检测样品152个，未发现使用和藏匿有三聚氰胺超标的原料乳粉问题，配合相关部门监督销毁问题乳粉近420公斤。继续开展以打击违法添加非食用物质和滥用食品添加剂为主要内容的各类专项整治行动，组织开展了化妆品、一次性塑料餐饮具、大米、蜜饯等产品的专项整治工作。认真落实食品质量安全区域监管责任制。积极探索建立基层政府食品质量协管员制度，建立完善了食品质量安全监管体系，实施了重点食品企业质量安全联络员制度，并加大巡查力度，提高了监管的威慑力。2010年，国家质检总局在我省进行了4次食品风险监测，共抽取307个样品，合格286个，合格率为93.2%；省局组织开展了两次风险监测，共抽取1655个样品，合格1423个，合格率为86.0%。全省全年未发生系统性、区域性的食品产品质量安全问题。

【特种设备安全监察重实效】

积极贯彻执行《特种设备安全监察条例》，以使用环节为重点，以落实企业主体责任为着力点，全面推行特种设备安全监管“一岗双责”制，建立了全省特种设备使用安全报告制度，扎实开展特种设备安全监督检查，认真组织开展了重点工程、重大活动、重要节日特种设备安全检查专项行动，做好特种设备安全检验工作。切实加强特种设备事故和突发事件的分析和预警，做好应急救援演练等工作。针对容易发生事故的重点环节和设备，发出工作预警通报3期。与各州（市）政府、公安消防、卫生等部门合作，全年共组织开展了16次应急救援演练。全省全年未发生较大以上特种设备事故和公共安全突发事件，万台设备死亡率控制在省安委会下达的指标（0.86）范围内，事故起数比去年下降2起，死亡人数比去年下降2人。

【强化落实产品质量监督工作】

2010年，对包括食品、农资、建筑及装饰装修材料、日用消费品、危险化学品、重要工业原材料、旅游消费品、能源、计量器具在内的14大类155种产品实施了产品质量监督抽查和定期监督检验，共抽查10800家企业的14663个批次产品，产品实物质量抽查批次合格率为84.66%，较2009年提高了5个百分点，在我省产品质量监督抽查历史上，抽查合格率首次突破80%。昆明、玉溪、大理、保山、红河、临沧、普洱、曲靖等8个州（市）产品质量抽查合格率还达到80%以上。同时，国家质检总局全年在我省监督抽查101家企业115个批次产品，合格率为97.39%，与全国平均水平基本持平。制定实施了《云南省质量技术监督局产品质量监管“一会四书”制度（试行）》。通过实施严格的产品质量监督，全省制造业企业的质量竞争力指数稳步上升，重点产品质量安全水平有效提升，有效促进了全省产品质量的稳步提高和市场环境的同步优化。

【行政执法工作有突破】 2010年，全系统坚持从源头抓质量，从基层抓落实，积极探索，勇于负责，严厉打击假冒伪劣产品违法行为，努力提高执法打假工作的有效性。全年共出动执法人员3万多人次，立案查处产品质量案件5134起，查获假冒伪劣产品货值金额13342.23万元，为消费者挽回经济损失上百万元。认真组织开展了抗旱救灾产品、家电下乡产品、建材产品和“清新居室百日行动”、能源效率标识和卫生纸等专项执法检查。特别是针对年初全省百年不遇的严重旱灾，及时组织开展了抗旱救灾物资和化肥等重要农资产品的专项整治行动，为确保抗旱救灾工作取得决定性胜利做出了积极贡献。全面推进区域整治工作，对弥勒县的葡萄酒、晋宁县的刹车鼓和磷肥、楚雄州的白酒、大理州的乳制品、江川县的磷肥、石屏县的非发酵性豆制品、安宁市的复混肥料开展了重点整治，通过了国家质检总局的检查并得到充分肯定。

【检验检测能力明显提升】 一是全面实施能力提升工程。制定实施了《云南省质量技术监督系统检验检测机构能力建设三年行动计划》，全面推进检测机构技术人才、实验环境、检测仪器设备、科研能力等建设，省计量测试技术研究院被国家质检总局评为“科技兴检”先进集体。二是国家级产品质检中心建设实现了零的突破。筹建的5个国家级产品质检中心中，国家热带农副产品、太阳能两个质检中心和国家城市能源计量中心顺利建成并通过验收，支撑我省优势特色产业发展的检验检测服务平台实现了重大突破。三是加强对检验检测机构的整顿规范。对全省69家检验检测机构进行了整顿检查，开展能力验证70多次，按规定注销了4家单位的实验室资质，促进了检验检测机构整体水平的进一步提高。四是加强检验检测科研工作。取得了一批检验检测科技成果，其中液体置换法气体流量标准装置等三个项目获得了国家专利。

【行政审批集中办理有创新】 按照省政府要求，为认真推进行政许可项目集中办理，实行行政许可项目的“一站式”服务，于2010年上半年投入500多万元资金，在机关办公大楼一楼设置了政务服务中心，并制定了一整套行之有效的管理方法，加强对工作人员的岗前培训，努力创造为企业、消费者和广大群众服务的一流环境。各州、市局也按照当地政府的要求，对具备进驻政务服务中心条件的行政审批项目实行了进驻集中办理，并接受行政审批的网上监察和动态监管。省局政务服务中心全年共受理完成行政业务近1100件，通过评价器统计，非常满意的占96.9%，取得了较好的社会效果，窗口服务“一站式”的优势作用日益突显。

【质监系统自身建设不断深入】 全省质监系统结合自身实际，采取有力措施，狠抓效能政府四项制度建设，对机关导入ISO 9001质量管理体系进行了有益探索，效能政府四项制度实施工作取得明显成效。突出质监工作特点，认真开展创先争优活动，在服务发展中创先争优，在执法打假、提升检测技能中创先争优，加大了干部职工教育培训力度，建立了“每月一讲”制度，质监队伍素质进一步提升。我省参加全国质检系统大比武活动获得了第八名和“优秀组织奖”的可喜成绩。努力推进“金质工程”建设，全省质监系统信息化监管水平进一步提高。

国家税务

【国税收入】 2010年全省国税收入完成1070.1亿元（不含海关代征收入，含车购税），同比增收170.01亿元，增长18.9%，突破了千亿元大关，完成确保目标960亿元的111.47%，完成奋斗目标980亿元的109.19%。在上半年严重旱灾和地质灾害频发以及政策性减收近45亿元的困难条件下，全系统强化征收管理，加强税收分析、纳税评估、税务稽查、税源管理的联动，着力提高征管质量和效率，全力以赴抓收入，促进应收尽收，坚决防止收“过头税”和越权减免税。一般纳税人增值税税负达到4%以上，有41行业的税负超过全国平均水平。2010年云南国税收入呈现以下几个特点。

（一）税收收入突破1000亿元

“十一五”时期，全省国税税收收入从2006年的592.4亿元增至1070.1亿元，收入实现翻番，税收收入迈上1000亿元台阶，位列全国国税十四个税收收入上千亿元的省份之一。

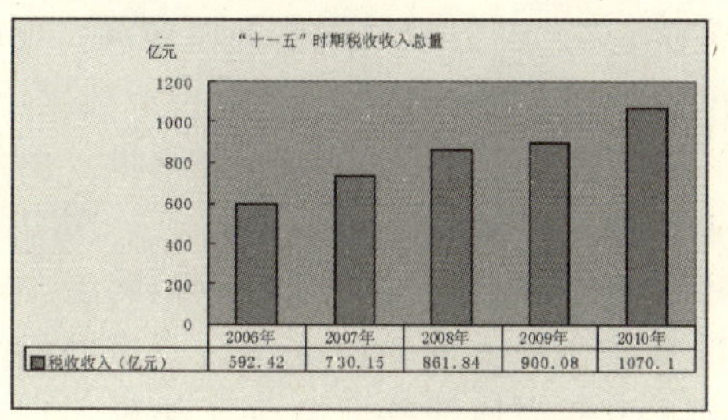

（二）税收与经济实现同步增长

2010 年，全省 GDP 达到 7220 亿元，现价 GDP 增幅 17.02%，与税收收入 18.89% 的增幅较为接近，税收总量增长略高于经济的增长，两者变动趋势和步调基本趋同。

（三）主体税种对税收增长的贡献较大

2010 年，全省国内增值税收入完成 4602005 万元，同比增收 663915 万元，增长 16.86%，拉动整体税收增长 7.38 个百分点，对整体税收增长的贡献率为 39.05%；国内消费税收入完成 4279889 万元，同比增收 644513 万元，增长 17.73%，拉动整体税收增长 7.16 个百分点，对整体税收增长的贡献率为 37.91%；企业所得税收入完成 1342471 万元，同比增收 246493 万元，增长 22.49%，拉动整体税收增长 2.74 个百分点，对整体税收增长的贡献率为 14.50%；车辆购置税收入完成 470111 万元，同比增收 159625 万元，增长 51.41%，拉动整体税收增长 1.77 个百分点，对整体税收增长的贡献率为 9.39%；储蓄存款利息个人所得税收入完成 6502 万元，同比减收 14405 万元，下降 68.90%，拉动整体税收增长负的 0.16 个百分点，对整体税收增长的贡献率为负的 0.85%。

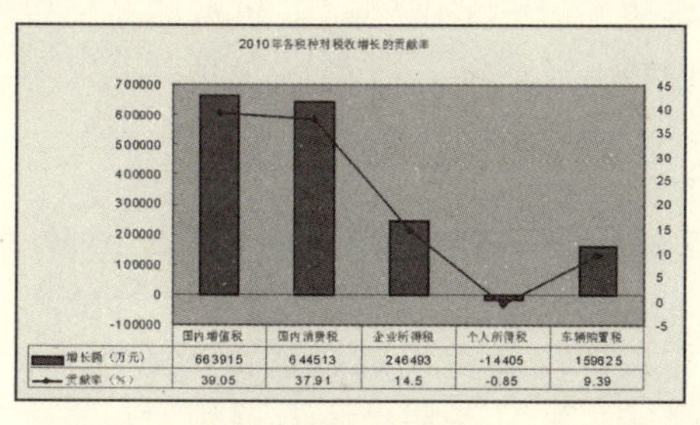

（四）16 个州市圆满完成全年国税收入任务

2010 年，全省 16 个州市税收收入全面增收，并全部完成确保任务和奋斗目标。16 个州市税收收入增幅均超过两位数，其中增幅位居前三位的是临沧、迪庆和保山，增幅分别为 60.16%、47.75% 和 39.14%。

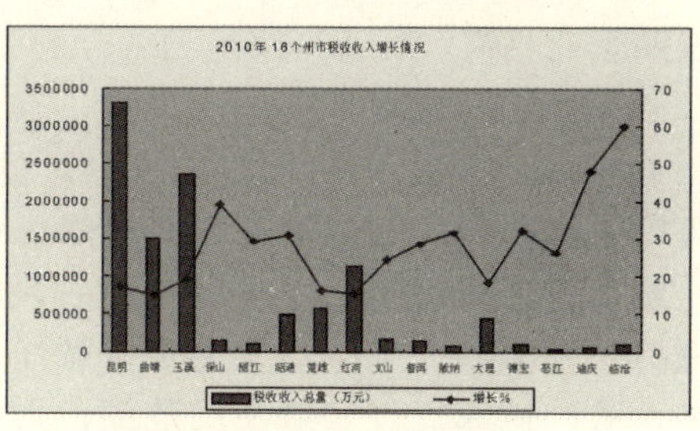

（五）税收总量西部排名首位

2010 年，全国国税税收收入（不含海关代征）增幅为 21.3%，我省国税税收收入（不含海关代征）增幅为 18.89%，比全国国税税收收入整体增幅低 2.41 个百分点，增幅在全国排名列第 26 位，比 2009 年的第 27 位前移 1 位；在西部 12 个省区中，增幅高于甘肃（12.4%），与贵州同列西部第 10 位。税收收入总量（不含海关代征）在全国国税系统排第 13 位，比 2009 年下降 1 位；在西部 12 个省区中，税收总量继续保持首位。

【依法治税】 充分发挥税收职能作用，认真宣传和落实增值税转型改革、消费税政策调整、车购税减征、内外资企业所得税合并等政策，确保国家各项税收宏观调控措施落实到位，全力服务结构调整和经济发展方式转变。全年共减免税收 34 亿元，办理出口货物退（免）税 19.58 亿元，增长 15.11%，其中，以人民币结算边境小额贸易退税 6.36 亿元，增长 68.1%。继续全面落实国家结构性减税政策，全省一般纳税人抵扣固定资产进项税额 37.62 亿元，1.6 升排量以下小汽车减征车购税 3.9 亿元，小规模纳税人增值税征税率统一下调为 3%，减征税款 3.05 亿元。坚持依法行政基本准则，认真贯彻省政府部署的“法制政府、责任政府、阳光政府、效能政府”四项制度。继续深化税务行政审批制度改革，将 35 项审批项目精简压缩为 26 项，精简率达到 26%，审批时限压缩了 1/3 以上。

【税收征管】 以加强税收风险管理为导向，以规范行业管理为切入点，对汽车销售、农产品抵扣、医药制造、出口退税四类行业的异常企业实施专项评估，共完成对 7537 户企业货物和劳务税的纳税评估工作，补缴增值税及进项转出 4.54 亿元，消费税 19 万元，加收滞纳金 1731 万元。完成对 7161 户企业的所得税纳税评估工作，补缴企业所得税 3.41 亿元，调减企业待弥补亏损额 5.48 亿元。实施专业化分层管理，按照企业规模、行业、属地相结合的原则，创新我省烟草、房地产、电力、煤炭、有色金属等行业企业所得税专业化管理模式。同时，规范核定征收程序，有效提高企业所得税核定征收质量，核定征收比例达到25%左右，同比提高近10个百分点。逐步推进普通发票简并换版工作，通过扩大机打发票使用范围，大力压缩手工发票，科学设置票种，把我省国税系统原来使用的28种普通发票简并为10种。积极开发开票软件，稳步推进发票换版，于2011年1月1日在全省范围全面启用新版发票。积极开展税收管理员辅助信息系统功能拓展开发及试点工作，税收管理员的工作效率进一步提高。积极创新税务登记管理的新方法，在昆明市试点推行国、地税联合办理税务登记。贯彻落实“信息管税”工作思路，在楚雄州开展第三方信息比对分析试点工作，利用基本单位名录库信息加强税务登记管理。

【税务稽查】 以组织分级分类稽查、专项检查和区域专项整治为中心，以查处税收违法案件和打击发票违法犯罪活动为重点，探索重点税源审计式检查，大力推进依法稽查，强化稽查管理体制，努力构建税务稽查长效机制。对全省范围内所有需要进行稽查的纳税户，选案人员选出的待查户，上报省、州市局实行统一审批，消除了多头稽查、重复稽查的现象。注重查后回访服务，帮助企业规范财务、账务处理，切实杜绝查后屡犯现象。2010年，全省国税系统共查补税款15．88亿元。配合公安机关不断开展打击发票违法犯罪活动，不断提高开展打击发票违法犯罪活动工作重要性、艰巨性、迫切性的认识，切实采取强有力措施，积极会同公安、地税等部门继续开展虚假发票整治工作，工作中严格按照“打防结合、突出重点、标本兼治、综合治理”的方针，加强部门协作，注重区域联动，着力阻截、切断虚假发票流通渠道，扎实深入地推进打击整治工作，全省共立案发票犯罪案件77件，抓获犯罪嫌疑人员163名，查获涉案发票903.3万份。

【纳税服务】 更新服务理念，将纳税服务工作列入国税部门核心业务。12366纳税服务热线的建设筹备工作已在昆明市国税局先行启动，全省各地也在做好前期准备工作。依托金税网和互联网，将云南国税内部管理系统与纳税人端对接，开发应用“云南省国税局对纳税人电子服务平台”。大力推行网络办税服务，先后完善了网上申报、网上缴税、重点税源数据上报、纳税人涉税查询、网上延期缴税审批、出口退税网上预审、增值税专用发票认证、网上报税等涉税事项等项目，试点开发应用网上办理税务登记系统和网上发票申购系统，借助网络环境延伸了服务窗口职能，减少了纳税人往返税务机关的次数和在办税服务厅排队等候时间，纳税人免费使用软件系统，不增加办税成本。推进办税服务厅标准化建设，规范办税服务厅内部标识。使国税基层办税服务厅内部设施标识、功能区标识、窗口标识统一整齐，更加方便纳税人识别，提高纳税人的办事效率。

【信息管税】 认真落实云南国税“自力更生、自主开发、自行运维”的信息化建设“三自”工作原则，促进节约成本、锻炼队伍、提高效率。全面完成数据处理中心的机房建设、搬迁和验收工作，建成了具有一定领先水平的智能化数据处理中心，构建大平台、大窗口、大服务的税收信息化工作格局得以扎实推进。网络申报、监控系统、重点税源网上直报、网络教育培训系统、普通发票开填系统、税收管理员辅助平台建设取得新的进展，与省委党校合作“体验式教学”，实施云南国税信息化建设走出去战略。开展软件设计竞赛，进一步增强信息化建设的活力与动力。积极扩大财税库银横向联网试点，开发横向联网系统与我省多元化申报系统的接口程序和纳税人网上开具缴税凭证系统，实现主流申报纳税业务与横向联网系统的对接。云南省国税系统财税库银横向联网四个单位试点于2009年11月正式上线运行以来，业务成功率位居全国第二批新增试点单位第一名，得到了财政部、国家税务总局、中国人民银行三部委的高度评价和充分肯定。

【国家税务总局领导来滇调研】 2010年11月30日至12月2日，国家税务总局肖捷局长率总局有关部门负责人亲临云南检查指导工作，围绕“十二五”时期税收发展规划和明年税收工作思路开展工作调研。并先后到普洱、西双版纳、昆明等地走访纳税企业，看望和慰问基层税务干部职工。省委副书记、省长秦光荣与肖捷进行了会谈。省委常委、常务副省长罗正富，省委常委、副省长李江分别陪同调研。副省长曹建方出席调研座谈会并讲话。

【国税“十二五”规划编制】　按照国家税务总局和云南省“十二五”规划研究编制工作的部署要求，结合我省国税工作实际，采取座谈会、协调会、多次征求规划草案意见等形式，广泛听取基层干部、广大纳税人和社会各界的意见，认真分析“十一五”发展情况和税收工作发展环境，总结经验，群策群力，研究提出了云南省“十二五”时期国税工作发展规划，对于全省国税系统积极适应发展形势的新变化，妥善应对经济社会发展的新挑战，全面落实建设小康社会的新要求，加快推进云南国税事业科学发展、和谐发展、长远发展具有重大意义。

【机构人员情况】　截至2010年底，云南省国家税务局机关共有25个内设机构。下辖16个州、市局，138个县、市、区局。全系统共有干部职工15740人，其中：在职干部职工11846人，离退休干部职工3894人。在职干部职工中，党员5932人，占50．08%。

【干部管理】　进一步深化干部人事制度改革，拓宽选人用人渠道，创新公务员内部交流和选拔方式。加强州、市局领导班子建设，优化领导班子结构，对州、市局班子的副处级领导干部进行竞争性选拔，最终确定30名拟任人选。推行公开选调工作机制，选调9名基层公务员到省国税局机关工作。继续坚持干部上挂下派制度，先后选派了2位同志为新农村建设指导员到艰苦地区锻炼，选派9名优秀年轻干部分别到基层一线和挂钩扶贫单位挂职锻炼。

【廉洁从税】　全省国税系统于8月20日上线运行税务纪检监察管理信息系统，对提高全省国税系统纪检监察信息化程度，有效提升全系统纪检监察工作的质量和水平起到了重要的推动作用。加快推进内控机制建设，完成部分州市局和省局机关试点工作。加强对财务管理的监督，深入开展“小金库”治理。切实抓好领导干部重大事项报告、民主生活会、诫勉谈话和述职述廉等制度的落实。继续推行与纳税人签订《廉政公约》工作，从2004年起至2010年11月30日，全系统共与284395户纳税人签订了税企《廉政公约》。强化社会监督，进一步完善聘请特邀监察员制度，全系统共聘请特邀监察员1270名。国家税务总局党组巡视组、财政专员、审计署特派办分别办对云南国税近几年税收征管质量、财政收支情况、干部任用、党风廉政建设等工作进行审计检查，对云南国税的工作给予了较好评价。

【教育培训】　在中央党校举办了云南省国税系统第五期正处级以上领导干部培训班，全省国税系统37名正处级以上领导干部参加了培训。组织全省县（市、区）国税局副局长业务培训，进一步提高计算机和数据监控分析系统的操作、应用、分析水平，全面掌握增值税转型有关政策和企业所得税法。组织开展第八届业务能手竞赛，以基层干部为着力点展开大规模教育培训，有效提高了广大国税干部的综合素质、执法水平和岗位技能，营造了创先争优的学习氛围，促进了学习型机关建设。组织实施2010年“智力援西”培训项目，为我省大规模开展税收管理员培训奠定坚实的基础。创办了“云南国税讲坛”，以专题报告的形式举行，按月邀请国内知名学者专家登台演讲，通过视频会议系统面向全省国税系统干部职工同步直播，营造和谐工作、快乐学习、健康生活的良好氛围。

【创先争优】　全面推进国税系统学习型党组织建设，深入开展创先争优活动，认真开展“三读”活动。积极创建了一批富有国税特色的创先争优活动示范点。围绕迎接中国共产党成立89周年开展系列活动，根据国税部门的实际情况和党员的岗位特点，把创先争优活动与开展讲党性、重品行、作表率活动有机结合起来，精心设计特色鲜明、务实管用的活动载体，通过公开承诺、领导点评、群众评议、评选表彰等方式，切实改进工作作风、提高工作效能，形成了比学习、比工作、比奉献和学先进、赶先进、当先进的浓厚氛围。

【文明创建】　全系统涌现出了一批政治过硬、业务熟练、作风优良、执法公正、服务规范的先进典型。云南省国家税务局机关工会被中华全国总工会表彰为“全国模范职工之家”，云南省国家税务局机关被云南省委、省人民政府授予“2009年度社会扶贫先进集体”称号，被云南省人民政府授予“2009年度接收安置退役士兵先进单位”称号。云南省妇联、云南省国家税务局共同授予大理市国税局、思茅区国税局收入核算股“三八红旗集体”称号，授予周爱梅“三八红旗手”称号，授予李冬梅“巾帼建功标兵”称号，授予昆明市国税局办公室、昆明市国税局直属局第五税务分局、红塔区国税局第一税务分局、元谋县国税局办税服务厅、禄丰县国税局办税服务厅被云南省妇联表彰"巾帼文明岗"称号。

（彭颖睿）

云南省2010年分地区国税收入完成情况

单位：万元

地区	各项税费收入总计		地税部门组织地方税收收入				税收收入合计		社会保险费收入	
	累计数		累计数				累计数		累计数	
	实际完成数	比上年同期±%	比上年同期±额	完成年计划%	实际完成数	比上年同期±%	实际完成数	比上年同期±%	实际完成数	比上年同期±%
昆明	2757530	27.78	2059406	30.50	481304	99.97	1789506	36.46	634289	19.64
昭通	309299	21.00	215110	26.64	45250	99.59	183145	22.72	81691	10.61
曲靖	859552	20.05	634057	20.54	108037	99.85	555444	21.12	195557	16.72
玉溪	774369	21.82	546918	24.56	107836	99.99	457808	23.77	195590	13.85
红河	695260	19.26	482738	21.84	86544	99.95	405923	21.99	189330	12.86
文山	282103	26.34	211666	28.29	46677	99.84	187285	28.18	63767	19.49
普洱	400274	81.40	305957	120.40	167138	99.99	149852	23.45	88225	21.73
西双版纳	176902	26.71	112594	34.34	28779	100.53	99814	31.22	60006	19.94
楚雄	375134	17.39	262015	18.94	41715	100.01	229702	20.95	101477	12.75
大理	410492	24.90	307186	27.98	67168	100.00	250871	19.66	91552	16.03
保山	251488	30.38	192777	36.80	51857	100.40	148056	23.53	53085	12.63
德宏	135387	17.23	100003	21.40	17628	100.00	84628	17.40	31481	9.87
丽江	186182	31.48	136518	34.39	34934	100.38	118014	34.76	44268	23.58
怒江	64005	12.24	44002	9.59	3851	100.23	36465	-0.07	17585	18.42
迪庆	69429	35.74	48832	44.44	15024	100.68	42516	39.27	18308	16.96
临沧	181584	42.71	130007	56.41	46886	100.01	96726	35.05	47575	20.83
省直征局	1277133	29.10	710900	43.37	215049	100.13	671318	39.28	538105	12.84
全省合计	9206123	26.90	6500686	31.73	1565677	100.01	5507073	29.12	2451891	15.97

地方税务

【税费收入完成情况】 2010年，全省各级地税部门以组织税费收入为中心，抓好税收分析、收入预警、税源监控、税收征管等工作，牢牢把握组织收入主动权，实现了地方税费收入大幅增长，首次突破900亿元大关，达到920.61亿元，同比增长26.9%，增收195.15亿元。其中：地方税税收收入650.07亿元，同比增长31.73%，增收156.57亿元；社会保险费收入245.19亿元，同比增长15.97%，增收33.77亿元；其他规费收入25.35亿元。

【依法治税和依法行政】 研究制定了《云南省地方税务系统规范行政处罚自由裁量权实施办法（试行）》和《云南省地方税务系统税费全面执法督察工作规程（试行）》。对审批项目进行了清理、公开和备案，完善了税务行政审批内部管理工作制度，实行了"一个窗口受理、一套制度保障"的新的行政审批管理办法。按照财政部和总局的要求，完成了锡矿石等资源税调查和耕地占用税、车船税、城建税立法调研任务。统一了全省新老《营业税暂行条例》实施后的部分政策执行口径。加强个人所得税管理，年所得12万元以上个人所得税全年自行纳税申报人员达到24588人，比2009年增加2546人；对限售股转让和股权转让个人所得税进行了专项检查，促进了对资本市场个人所得税的征管。

贯彻落实好国家和省政府促进房地产市场平稳健康发展的政策措施，及时明确了住房交易契税政策，提高了全省房地产开发企业土地增值税预征率和核定征收率，全面清查了全省房地产开发项目，加大了土地增值税清算力度。对房产税、城镇土地使用税明确了减免税工作纪律，开展了减免税审批检查，加强了出租房屋税源监管。

开展社保费扩面征收，加大清欠力度，全年清缴欠费34.58亿元，同比增长9.05%，增收2.87亿元，其中养老保险费清欠完成计划的169.99%。全年代收工会经费和建会筹备金12.45亿元，省局被评为“2009－2010年云南省地税机关代收工会经费和建会筹备金工作先进集体”。

深入整顿和规范地方税收秩序。以开展重点税源检查和税收专项检查工作为主要方式，承办了总局两个税务稽查专案，对中国航空、紫金矿业等集团公司在滇企业开展了重点检查，对房地产与建筑安装、药品经销等6个行业的3740户企业实施了专项检查，共查补入库收入12.82亿元。加强协同配合，与全省12家单位联合开展打击虚假发票“买方市场”专项行动，成功查处了昆明市五华区“4·14”特大贩卖假发票和官渡区“9·02”、玉溪“3·28”特大制售假发票案件，对全省房地产及建筑安装、交通运输行业及行政事业单位发票使用情况实施了专项检查，对昆明市重点区域发票进行了专项整治，共查处违法企业1105户，查处非法发票200余万份，查补收入713万元，震慑了发票违规违法行为。

认真贯彻落实中央关于建设面向西南开放桥头堡的战略部署，积极向省委、省政府建言献策，向国家税务总局提出了6个方面支持云南桥头堡建设的税收政策。省局被国家人力资源和社会保障部、国家发展和改革委联合授予国家西部大开发“突出贡献集体”，是全国税务系统唯一获此殊荣的单位。充分发挥部门职能作用，积极参与做好“两基”迎国检、促进就业再就业、深化集体林权改革、推进旅游“二次创业”等项工作，其中：省局被省委、省政府授予“云南省集体林权制度主体改革先进集体”，被省政府授予云南推进旅游“二次创业”突出贡献奖。

【税收征收管理】　征管基础工作进一步夯实。研究制定了延、缓缴纳税款和数据修改管理暂行办法，从制度上确保了税款安全和规范管理。建立房地产税收监控指标体系，为掌握全省房地产税源、加强房地产税收监管打下了基础。与省国税局联合开展统计数据与税务登记数据比对分析试点工作，进一步清理漏征漏管税源，逐步完善税源管理制度。深入开展“数据清理月”活动，累计清理75万纳税户的征管资料。

普通发票改革顺利完成。按照“简便、易行、可操作、便于管理”的原则，制定了普通发票简并票种统一式样工作的具体实施方案，明确了“大力推行机打发票，完善定额发票，逐步取消手工发票，分阶段建立全省发票信息管理系统”的原则，将现行6类84种发票简并为三大类发票，从2010年4月1日起在全省范围内陆续开始启用新版发票，发票管理工作进一步向信息化管票方向迈进。按照规定程序和要求，完成了普通发票和税票印制的政府采购工作，保证了发票和税票印制的正常开展。及时对发票管理人员进行发票简并方案及新版发票防伪技术培训，以点带面，促进了发票简并工作的顺利开展。

【信息化建设】　编写完成了《云南地税信息化建设三期工程发展规划纲要》、《纳税服务平台建设实施方案》和《金税三期工程第一阶段云南地税实施方案》。建立全省数据集中查询数据库，在曲靖建成了大集中系统数据级灾备中心，完善了相应模块功能。研究制定了信息化项目建设管理和审批办法、信息化项目建设专家顾问组管理办法，强化了对信息化项目建设和运行管理。坚持按月通报网络与信息安全情况，完成了全省16个州市局安全审计系统及防病毒网关建设，及时解决了在网络运行和系统应用中出现的故障，确保了各个系统软件数据安全和正常运行。

积极探索信息管税，以数据大集中系统为依托，对2009年下半年以来的税收征管状况进行了全面分析，及时发现和解决征管工作中存在的异常情况和薄弱环节，不断提高征管质量；严格规范会计核算，改进和完善会计核算管理体系，制定了数据大集中系统税收会计业务更正操作规程，为及时有效纠正错误数据提供了保障机制；积极协助审计部门开展联网审计，认真落实整改意见，全面加强各项税费征管工作；在红河地税开展了云南地税数据比对分析系统项目建设探索和试点，努力提高税费监管能力和执法水平。以上线总、分机构信息管理平台为契机，加强了对跨地区总、分机构税收管理。制订方案，加强指导，抓好房地产模拟评税和应用评税技术核定房地产交易计税价格试点工作。应用比对软件，做好城建税、教育费附加、地方教育附加与“两税”的比对工作。在曲靖市开展了财税库银横向联网试点和扩面工作，为在全省推广应用积累了经验。

【纳税服务】 对各地推荐的2009年度30个办税服务厅开展了考评，并对其中的20个优秀办税服务厅进行了表彰，对2008年度20个优秀办税服务厅中的10个进行了抽查复评，不断提升纳税服务水平。推进税务信息公开，通过政府信息公开网、云南地税网站、《云南地税》内刊等载体，及时、主动公开税费政策和地税工作动态。围绕“税收、发展、民生”主题，突出地方特色，深入开展了第19个税收宣传月活动，利用宣传资料、招贴广告、手机短信、税收动漫等传统与时尚相结合的宣传方式，大力宣传地方税费法规、政策和地税成就，提高了地税干部和纳税人对税法的遵从度。红河地税文化周活动和保山地税《税收与民生》电视专题系列片，分别被国家税务总局评为优秀税收宣传项目。省局税收信息调研工作，被总局办公厅指定为5家单位之一作了经验交流。

【干部队伍建设和精神文明建设】 加强干部管理。深入贯彻落实干部选拔任用工作“四项监督制度”，组织开展了学习教育。积极做好机构改革工作，研究制定了《云南省州市县地方税务系统机构改革实施意见》，完成了各州市局“三定”方案的审核上报工作。认真落实退休人员的政治、生活待遇，开展了以“关爱老人、构建和谐”为主题的“敬老月”活动，组队参加了全省老干部政策法规知识竞赛，并取得了团体第一的好成绩，省局2009年度老干部工作被省委组织部、省委老干部局评为优秀二等奖。

加大干部教育培训力度。在全省地税系统开展了以“忠诚教育”为核心的培训教育，进一步提升了地税干部的职业道德核心价值观。深入开展“爱读书读好书善读书”三读活动，倡导终身学习理念，推进学习型组织建设。加快高层次、专业化人才培养步伐，培养税收学、国民经济学硕士研究生100人；开展了注册会计师、注册税务师考前辅导，全系统有近500人参加了资格考试。省局专门业务培训规范化建设工作，被总局教育中心指定为4家单位之一作了会议交流。

全省有14个州市地税系统被命名为州市级文明行业，有7个单位被表彰为“云南省三八红旗集体”，有9个单位命名为“云南省巾帼文明岗”，省局被命名为省级文明单位。省局举办了以“和谐·发展·奋进”为主题的摄影作品征集和展出活动，开展了各类主题征文活动。

【党风廉政建设】 深入开展学习贯彻《廉政准则》教育月活动，利用视频讲座、廉政考试、撰写心得体会、传唱廉政歌曲等形式，加强对《廉政准则》的学习，增强地税干部队伍廉洁从政、廉洁从税的主动性和自觉性。精心组织节目，参加全国税务系统学习落实《廉政准则》成果汇报会并获得了二等奖。加强领导干部廉政教育，省局纪检组对36名新任领导干部进行了廉政培训和集体廉政谈话，2010年国庆中秋前夕，对全系统副处以上干部、各县（市、区）局长发送了廉政提示短信。组织省局督查组赴12个州市局，对工程领域问题专项治理实施情况进行集中检查。对规范津补贴实施情况开展了自查自纠和检查督促，从源头上防治违规违纪行为。组织8个考核组，对16个州市局、省直属征收局党组贯彻落实惩防体系建设和党风廉政建设责任制情况进行了交叉考核和督促整改，努力从机制上促进和保障和谐、廉洁、文明地税建设。

【四项制度落实情况】 2010年着重抓好效能政府四项制度的贯彻实施，全省各级地税机关制订了实施方案，成立了领导机构和办事机构，并把实施情况纳入“六好”考核，实现了以考核促落实。加强行政绩效管理，对项目经费开展绩效评价和专项审计，最大限度地发挥资金的使用效益。省局被省财政厅评为2009年度省级部门决算工作先进单位。降低行政成本，坚决落实厉行节约各项要求，强化预算管理，健全完善管理制度，推行公务卡结算，严格控制和规范会议、文件、庆典、论坛和考察，严格公务用车购置审批，推进节约型地税机关建设，省局被省政府机关事务管理局和省直机关节能工作领导小组办公室授予“云南省公共机构节能试点示范单位”优秀奖。提升行政能力，从规范行政行为和强化队伍建设入手，不断提高地税机关和干部职工的执行能力，为完成全年重点工作任务提供了坚强保障。强化行政行为监督，以健全内控机制为切入点，对“两权”运行中的关键岗位、重点环节所存在的风险点

读者调查意见表

姓　名	工作单位	职　务	联系电话
您经常使用年鉴吗(请打“√”)		经常使用(　)	不常使用(　)
您觉得年鉴哪些内容对您比较有用(如能提供使用年监的实例更好)			
您认为《云南经济年鉴》还有哪些地方需要改进?请提出改进意见和建议。			

感谢您对《云南经济年鉴》的支持!

电　话:0871－3648425(传真)　　电子邮箱:ynjjnj@163.com

联系人:阎志民　黄俊　　邮　编:650021

通信地址:昆明市五华山省政府大楼7楼

进行了排查，制定了具体的防控措施，把源头预防的责任落实到部门、岗位和人员。省局纪检组在全省推进党政领导干部问责制和行政行为监督电视电话会议上，专题介绍了地税系统的经验和做法。深入动员，精心组织，积极开展群众评议省直机关作风活动。在2009年群众评议省直机关作风活动中，省局在政府部门中，取得了第三名的优异成绩。明确责任，强化措施，抓好社会治安综合治理和维护社会稳定工作，深入推进平安地税、和谐地税建设，全系统未发生群体性上访事件和重大安全事故。

（罗松全）

国土资源管理

【国土资源保障】

保障发展持续有力。2010年，全省各级国土资源部门全年共完成241项国家级、省级建设项目的用地预审工作，总面积26.76万亩；全省共组织上报国务院批准建设项目24件，9.4万亩；省内共受理和批准征转用地856件，18.87万亩。玉溪至蒙自铁路、成昆线广通至昆明段、昆明新机场专用高速公路、牛栏江等一大批重点建设项目用地得到及时保障。同时，全省用地计划指标保障能力进一步增强。国土资源部对云南省灾后恢复重建项目、52条二级公路建设项目以及旅游、水电工程用地等计划指标保障，给予了政策倾斜与支持。土地利用总体规划、矿产资源规划编制和二次土地调查工作全面完成。创新开展了《云南省旅游产业用地专项规划》《滇中经济区国土资源保障规划》《云南省电网用地专项规划》以及《云南省国土资源“十二五”规划》等专项规划的编制工作。

地质找矿取得重要突破。2010年，云南省全面推进地质找矿整装勘查，三年地质找矿行动有新突破。针对地勘行业属地化以来，地质找矿缺乏统一部署、地勘投资不足及资金分散、探矿权设置过多、小打小闹形不成整装勘查等突出问题，云南省人民政府常务会会议决定，一次性投入3亿元，连续5年，每年增加5000万建立全省地勘基金，审议同意并全面启动实施“三年找矿行动计划”。至2010年底，全省新探明鹤庆北衙南段金铅多金属矿和麻栗坡钨矿等2个超大型矿产地，鹤庆北衙北段金铅多金属矿、镇康芦子园铅锌矿、保山隆阳西邑铅锌矿、镇沅老王寨金矿等5个大型矿产地，以及一大批矿化点和多条物化探异常带，并揭示出鹤庆北衙—松桂将成为全省新的特大型贵金属、有色金属成矿区。

抗旱打井惠及百万人。2010年初，面对全省遭遇的百年不遇的特大旱灾，省国土资源厅率先动员全行业水文地质钻探力量，发挥行业优势，突击开展抗旱救灾地下找水突击行动。先后组织18支钻探队、5000多人奔赴抗旱第一线。国土资源部迅即调派13个兄弟省份、3000多人的打井找水队伍，赴云南省开展抗旱找水工作，形成8000多人共同打井的壮举。全省累计施工钻井2085口，出水1853口，日出水量达18万多方，缓解了370多万人畜饮水及春耕保苗困难，赢得了全省社会各阶层的普遍赞誉，极大地提升了国土资源部门的形象。

【国土资源保护】

土地整治取得新进展。为确保耕地占补平衡，2010年全省国土资源系统大力开展中低产田地改造和土地整治工作，积极搭建土地整治新平台。在国土资源部的重视和大力支持下，云南省“兴地睦边”农田整治重大工程获立项审批。计划在沿边25县投资86.2亿元，实施农田整治重大工程，建设总规模323万亩，新增耕地23万亩，计划5年完成。云南省人民政府专门成立了由分管副省长任组长、相关部门领导为成员的领导小组，出台《云南省兴地睦边农田整治重大工程管理办法》，“兴地睦边”工程建设指挥部开始运转，及时制定了招标投标、资金管理等相关制度，为项目推进奠定了坚实基础。

地质灾害防治工作有新突破。云南省是全国地质灾害多发、易发省份之一。2010年汛期，省内怒江州贡山县、保山市隆阳区又连续发生2起特大地质灾害，造成重大人员伤亡和财产损失，给灾区人民生产生活带来重大影响。党中央、国务院多次作出批示，国务院和相关部委领导数次往返云南省指导救灾工作。2010年下半年，云南省人民政府及时召开了全省地质灾害防治工作会议，对加强地质灾害防治工作进行全面动员和部署，出台了《云南省人民政府关于加强地质灾害防治工作的意见》，决定采取10项重大措施，每年筹措10亿元，10年筹措100亿元资金，突出搬迁避让，逐步建立起群测群防与专业监测预警相结合的综合防治体系，全面加强和改进地质灾害防治工作。

着力加强土地执法监察工作。根据全国2009年度卫片执法检查工作要求，2010年全省认真清理核查各类土地违规违法现象，检查监测图斑2347个，面积9万余亩。其中，违法用地宗数占总宗数的20.74%，违法用地面积占总面积的15.23%，违法占用耕地面积占耕地征收总面积的12.56%。根据土地卫片执法检查结果，国土资源部对红河州进行了警示约谈和启动问责，国家土地督察成都局对师宗县进行了警示约谈，云南省人民政府对镇康县和思茅区进行了警示约谈工作。2010年，全省共立案查处土地违法案件377件，矿产违法案件178件，涉嫌犯罪31起，依法移送38人，有力维护了国土资源管理秩序。

【国土资源管理机制创新】

构建矿政管理长效机制有新突破。2010年，全省进一步规范矿政管理，着力构建矿产资源管理长效机制。陆续制定出台了全面加强矿政管理的14个配套文件，编制12个审批流程；耗资近2亿元，完成了全省1.09万个矿业权实地核查；严厉打击无证开采、持过期证勘查开采等违法违规行为，下发过期通知书2270份，注销过期探矿权888个。16个州（市）、129个县级矿产资源规划编制工作全面完成。加快推进矿业权市场建设。公开出让矿业权282个，成交价款8.6亿元。矿产资源勘查开发整合工作如期完成。全省矿产资源勘查开发工作，逐步走入“规划控制、计划投放、有偿使用、合同管理、安全生产”的轨道。大力推进绿色矿山、和谐矿区建设，着力开展了安宁县街磷矿区、麻栗坡钨矿区和谐矿区建设，以及昆阳磷矿区、海口磷矿区、尖山磷矿区绿色矿山示范区建设。2010年年底，中央巡视组针对两年前提出的，云南省在矿政管理方面存在的三个突出问题，开展了巡视回访工作。在听取汇报及深入实地查看后，中央巡视组对云南省两年来落实整改任务所采取的措施、工作成效以及下步矿政管理的工作思路给予了高度肯定和评价。

反腐倡廉关口前移，作风建设全面加强。2010年，全省国土资源系统始终把党风廉政建设工作作为重点和中心工作来抓，在制度建设、行政职能、内部管理等方面都做了认真梳理，坚持将关键岗位、重点环节和监管的薄弱环节作为廉政风险点，进行重点监督和防范。深入开展国土资源领域腐败问题治理工作，认真部署“两整治一改革”专项行动。切实将党风廉政建设和反腐倡廉工作，深入到源头预防和制度创新中，融入到国土资源管理的业务工作之中。依靠制度、体制、机制建设，抓好源头防范工作，加强对抗旱救灾资金管理的廉政监督检查，加强对扩大内需、调整结构、规范和节约用地等政策措施落实情况的监督检查，加强对土地、矿业权审批、土地整治和“兴地睦边”重大项目招标投标的监督检查。着力完善干部管理制度，加强干部选拔任用监督，有效遏制用人上的不正之风，营造风清气正的选人用人环境。积极完善干部工作机制，加大干部轮岗、交流力度，努力建设一支政治强、业务精、作风硬的国土资源干部队伍。倡导“感恩教育”，牢固树立全心全意为人民服务的宗旨意识，强化公务员的法制意识和服务意识。全年全系统共发生党风廉政违法案件8起，涉案人数15人，比上年同期下降44.5%。

（冉玉兰）

工商行政管理

【概述】 2010年，全省工商系统牢牢把握“四个只有”，增强“四种意识”，推进“四项建设”，以认真贯彻落实省政府效能政府“四项制度”为契机，紧密结合云南工商工作实际，将履行职能与服务发展有机结合起来，将上级部署要求和全年工作任务转化为具体的量化指标，科学制定了“五项指标”和“六项重点工作”任务，在全面履职中突出重点，在突出重点中推进履职全面到位，着力打造“效能工商”，各项工作都取得了新的成绩。

【积极争取国家工商总局支持出台关于支持云南建设我国面向西南开放重要桥头堡的22条意见】 紧紧围绕省委、省政府建设“两强一堡”重大战略部署，把工商行政管理职能工作放在全省经济社会发展大局中进行深入思考和统筹谋划，积极争取国家工商总局的支持，提出恳请国家工商总局予以支持的意见草案。12月16日，国家工商总局研究通过了关于支持云南建设我国面向西南开放重要桥头堡的22条意见，全省工商系统以观念更新促进服务更新取得新的突破，受到了省委、省政府和国家工商总局领导的重视支持和充分肯定。

【企业登记管理】 坚持把工作的切入点放到培育和扶持市场主体发展上，认真抓好各项政策措施的落实，全省内资企业和个体工商户户数实现双突破。内资企业突破20万户，达20.43万户，其中，私营企业15.55万户，增长13.75%；个体工商户突破100万户，达114.12万户，增长15.66%，省委常委、李江副省长亲自为第一百万户个体工商户颁发了营业执照；外资企业3804户，合同利用外资15亿美元，实际到位外资13－3亿美元，同比增长46.2%，省工商局连续三年被省政府评为“招商引资先进单位”。认真落实国家产业政策，积极协助完成关闭一批“两高一剩”企业。开展股权出资、出质登记，启动债权转股权登记、小额贷款公司登记试点，全力帮助企业扩大投融资渠道。提升服务质量，积极推行网上年检，内资企业网上年检率达88.78%，外资企业连续三年达100%。建立依法查处取缔无照经营联席会议制度，初步形成查处取缔无照经营“政府统筹、部门协同、疏堵结合、综合治理”的工作格局。共查处无照经营案件1.6万件，取缔无照经营9886户，引导办照8886户。

【服务农村改革发展】 深入开展“红盾护农保春耕”专项执法行动，积极服务全省抗大旱、保民生、促生产大局。与省政府研究室联合对工商系统服务“三农”进行专题调研，形成了《工商系统服务“三农”研究报告》供省政府领导参考。完善政策措施，积极促进涉农市场主体发展，全省农民专业合作社发展到7258户，增长66.0576；农村经纪人14555户，增长33.97%。加大合同帮农力度，引导涉农企业参加“守合同重信用”企业公示活动，新制定涉农合同示范文本198种，全省签约农户37.32万户，签约合同37.85万份，合同金额35.78亿元。进一步完善农副产品和农资价格的监测分析报告制度，共采集上报云南农副产品价格监测周报49期，受到省政府领导的高度评价。

【市场规范管理】 尽职尽责加强市场监管，严厉打击经济违法行为。2010年，全省工商系统共查处各类经济违法违章案件3.63万件，案件总值7.91亿元，为我省经济发展营造了公平竞争的市场环境。依托商品交易市场信用分类监管成果，在“A级守信市场”中进一步推进“诚信市场”创建工作，共采集录入1750个商品交易市场信息，创建1—4A级诚信市场691个，已有14个市场通过5A级诚信市场初审评定。积极促进涉农市场主体发展，全省农民专业合作社发展到7258户，增长66.0596；农村经纪人14555户，增长33.97%。进一步完善农副产品和农资价格的监测分析报告制度。加强对网络商品交易及有关服务行为的规范和监管，下发《云南省工商局关于认真贯彻网络商品交易及有关服务行为管理暂行办法通知》，进一步明确了工商系统对网络商品监管的职能、任务、方法及目标，为规范网络商品交易监管奠定了基础。加强粮食市场监管，进一步完善粮食市场监管措施，严厉打击违法经营活动，维护粮食价格稳定。加强限制使用塑料购物袋检查工作，共出动执法人员77063人次，检查集（农）贸市场1.4891个次，检查各类经营户359119户次，收缴不合格塑料购物袋7421.2万个，取缔了6家违法生产塑料购物袋的小型加工厂。加强汽车市场监管，认真贯彻《汽车品牌销售管理办法》和总局关于做好汽车品牌销售备案的要求，先后对近200户申请汽车品牌销售的企业进行了备案审核上报。加强商品展销会监管，全省共核准商品展销会160个，查处违法违章案件7件。

【消费者权益保护】 实现工商12315与云南政务信息96128专线的并行协作，不断优化消费者权益保护和群众监督举报工作机制。大力推进“一会两站”规范化建设，在全省100%建立“一会”的基础上，新建“两站”2971个，初步实现一条线、一个平台、一张网全覆盖的工作格局。积极与泛珠九省区建立了跨区域消费维权合作机制，探索建立边境一线消费维权合作调解机制，更好地维护我国和周边国家消费者的合法权益。共受理消费者申（投）诉14964件，调解成功率达96.73%，为消费者挽回经济损失2433.49万元，受理消费维权电话咨询服务26373个次。有针对性地开展流通领域商品质量监测，共完成商品质量监测4770组，并对监测中的不合格商品进行了全面清查。

【流通环节食品安全和商品质量监管】 全省工商系统共核发食品流通许可证75720份。推行“一票通”制度，进一步完善食品安全监管长效机制。积极探索和不断创新农村食品配送、边民互市食品安全监管工作取得积极成果。深入开展农村食品市场、乳制品市场、食品添加剂等六项专项执法检查，切实保障食品流通市场消费安全。共创建“食品安全示范店”9946户，星级示范店1080户。

【反垄断和反不正当竞争执法】 继续保持打击传销高压态势，引导直销企业建立行业自律机制。共查办各类传销案件79起，捣毁取缔各类传销窝点895个，清劝遣散参与传销人员3281人，移送司法机关案件12起23人。认真抓好竞争执法工作，查处不正当竞争案件383件，案值3130.9万元；查处商业贿赂案件76件，案值964.16万元，移送司法机关20起21人。打击侵犯知识产权和制售假冒伪劣商品专项行动扎实推进，组织开展“娃哈哈”“云南白药”“金沙江”“宣威火腿”“云南红”等驰名商标专项保护行动，认真开展上海世界博览会标志和广州亚运会标志保护工作，严厉打击严重侵权、群体性侵权、大规模假冒等影响恶劣的商标侵权行为，共查处各类商标侵权假冒违法案件929件。严厉打击制售假冒伪劣商品违法行为，查处制售假冒伪劣商品案件3983件，捣毁制假售假窝点35个。

【合同监督管理】 加大合同帮农力度。各地工商机关加大对蔬菜\水果买卖合同和甘蔗种植订购\农业种养产销合同的检查力度，进一步抓好涉农合同示范文本的推广，引导涉农企业参加“守合同重信用”企业公示活动，及时解决涉农合同纠纷，严厉打击利用合同坑农、害农、损农的行为，保护了农民利益，截止10月30日，全省签约农户308828户，同比减少35.83%，签约合同312713份，合同金额225.36亿元，各级工商机关共检查涉农企业4310户，检查涉农合同290863份，调解涉农合同纠纷258件，合同金额206-25万元，及时查处涉农案件31起。同时，各地根据实际，新制订了涉农合同示范文本824种，维护了消费者的合法权益。

【广告监督管理】 继续深入开展虚假违法广告专项整治，完善广告监管机制，规范广告审批、广告经营许可证登记行为，强化对媒体和广告企业的行政指导、预警和告诫，加强行业指导，认真研究制定政策措施，积极促进我省广告业健康有序发展。集中在医疗、药品、保健食品等主要商品广告上加强办案力度、拓展办案领域，全年共监测各类广告131万条次，查出并责令整改涉嫌违法广告3.1万条次，依法查处违法广告9400条，为22个烟草广告、18个固定形式印刷品办理了行政许可。

【商标监督管理】 积极争取省委、省政府将“云南省著名商标工作目标考核”纳入对州、市人民政府进行年度集中检查考评的项目之一，在绩效考核和激励机制两个层面进一步健全了我省实施商标战略的工作机制。全省商标梯次培育工作稳步推进，提前超额完成了年初目标任务。全省新获准驰名商标认定9件，驰名商标总数达到20件；新获准注册地理标志证明商标4件，总数达到18件；新申请认定云南省著名商标209件，续展认定191件；全省商标注册申请量12000件，有效注册商标总量达41000件。昆明市和云南白药集团被国家工商总局确定为首批国家商标战略示范城市和示范企业。严厉打击商标侵权假冒行为，强化商标行政执法。认真组织开展打击侵犯知识产权和制售假冒伪劣专项行动和保护世博会标志专有权和亚运会标志专项行动，查处制售假冒伪劣商品案件745件（其中，侵犯驰名商标案件45件、侵犯涉外商标案件35件），案值478万元，罚没金额230万元。捣毁制假窝点29个，在全省大中市场建立商标维权服务站189个，与197户驰名、著名商标企业和行业协会建立了商标协作维权联络制度。

（白静）

地区经济

Regional Economy

8个省辖市

昆明市

【经济综述】 2010年，实现地区生产总值2120亿元，是“十五”末的近2倍，年均增长12.7%；财政总收入559.6亿元，年均增长19.8%，其中地方财政一般预算收入253.8亿元，是“十五”末的2.8倍，年均增长22.9%；全社会固定资产投资2160亿元，年均增长30.8%，累计超过6000亿元，是“九五”、“十五”10年总和的2倍多；社会消费品零售总额1060亿元，是“十五”末的2.6倍，年均增长20.6%。三次产业结构调整为5.8:45.2:49。农业增加值年均增长5.4%，2010年达122亿元。粮食生产平稳发展，烤烟生产质量效益稳步提高，蔬菜、花卉、畜牧业等特色产业快速发展。国家、省、市级重点农业龙头企业分别达11户、52户和297户，扶持农民专业合作社149个，成功争取国家批准设立“石林台湾农民创业园”，都市型现代农业“4210”工程全面实施。工业增加值年均增长13%，达700亿元。实施大投资拉动、大项目带动、大企业推动，累计完成工业固定资产投资1413.3亿元，是“十五”的3.6倍。中缅油气管道及炼化基地、先锋褐煤洁净化利用等69个亿元以上重大项目开工建设，云内动力轿车用柴油机、中铁大型铁路养护设备昆明产业基地等31个项目竣工。规模以上工业企业达1132家，主营业务收入亿元以上的企业达240家。成为国家创新型试点城市，科技进步对国民经济增长的贡献率和科技成果转化率分别达55%和38.2%，全市高新技术企业达244家，高新技术产业实现增加值214亿元。新增国家、省、市级企业技术中心90个。园区建设实现新突破，规划面积达1061平方公里，形成了以4个国家级园区为龙头，13个省级园区为支撑的园区体系。第三产业增加值达到1039亿元，年均增长12.3%。螺蛳湾国际商贸城一、二期和顺城王府井等一批大型商业项目建成开业，关闭搬迁主城区生猪定点屠宰企业12家。搬迁改造主城区批发及批零兼营市场43个，完成农贸市场标准化改造29个，“家电下乡”累计销售总额达4.8亿元。昆明区域性跨境人民币金融服务中心实施意见正式获中国人民银行批准，一批国内外金融机构入驻昆明。旅游总收入累计达1033.5亿元，年均增长15.5%，石林成功申报世界自然遗产并列入国家5A级景区。全面启动打造滇池泛亚合作平台的战略行动，促进与泛亚在经济、贸易、金融、文化等领域的合作。成功举办昆交会、旅交会、泛亚财经与股权高峰会、农博会、国际人类学大会等会展活动．被商务部评为现代物流示范城市。信息、中介服务、总部经济、服务外包等现代服务业加快发展。

【城市建设】 充分发挥规委会作用，加强规划监督管理，完成昆明城市总体规划、土地利用总体规划修编和一批重大专项规划。主城建成区面积达287平方公里，呈贡新区建成区面积达41平方公里。交通环境进一步优化，二环快速系统、三环闭合工程、国道东连接线，昆安高速等一批重点项目建成通车，绕城高速内环和外环、环湖公路等重大项目建设加快推进，完成193条城市道路微循环改造，“四环十七射”骨干路网基本形成。新增城市道路1460.8万平方米、高等级公路230公里。地铁1、2、3、6号线开工建设，轨道交通产业园区建设加快推进。昆明铁路枢纽扩能改造、沪昆高铁、云桂高铁等一批国家和省级重大项目进展顺利。城区14个汽车客运站完成搬迁，5个新站投入运营，公交营运线路增加到685条，公交出行分担率达38%。主城功能不断提升，建成掌鸠河引水供水工程，清水海一期工程顺利实施，城市日供水能力达到163万立方米。电网建设力度加大，城市供电可靠率提高到99.9%以上。蓝龙潭煤气储配站投入运行，建成区城市气化率达98%。“四创两争”强势推进，荣获国家园林城市称号，创模26项指标达标23项，创卫通过国家技术评估．主城绿地率、绿化覆盖率分别为37.9%和41.6%。建成区连续五年环境空气质量优良率达100%，优级天数达116天。启动拆迁127个城中村，开工面积达981.5万平方米，63.8万平方米安置房交付使用。呈贡新区建设加快推进，核心区路网基本形成，大学园区入驻师生近8万人，王家营铁路集装箱物流中心站竣工运行。云白药等一批重点项目落户新区。完成新机场征地拆迁，配套设施建设全面推进，机场高速路全线贯通。强化城市管理综合执法，建成数字化城市管理平台，基本建立“横向到边、纵向到底、协调联动、无缝对接”的城管新机制。

【新农村建设】 农村基础设施不断完善，实现乡乡通油路，完成行政村公路路面硬化3837公里、路基改造5928公里。城乡公交实现“镇镇通”，行政村覆盖率达90%。新建扩建水库43座，完成中小型病险水库除险加固工程126件，建设农村“五小”冰利工程16. 5万件，新增和改善灌溉面积144.6万亩，累計解决107.5万人饮水安全问题。启动“三农”金融服务综合配套改革先行试点实施方案，进一步完善“三农”金融服务体系．大力推进城乡一体化，加快一、二、三板块发展，设立阳宗海风景名胜区、倘甸产业园区和轿子山旅游开发区。“543倍增计划”进展顺利。城镇化率达63%．嵩明县列为全国土地整治规划编制试点县。完成扶贫开发整村推进1958个村，解决36万贫困人13的溫饱问题。11.8万农村贫困人口享受农村居民最低生活保障。

【滇池治理】 完成滇池治理“十一五”规划及被充报告项目56项，在建11项。草海综合营养状态指数下降29%，外海综合营养化程度得到遏制，环湖截污主干管渠实现基础闭合，完成主城8个污水处理厂建设和升级改造，主城区污水日处理能力达110.5万吨，疏挖滇池底370万立方米。牛栏江一滇池补水工程进展顺利。实行河（段）长负责制，全面开展36条出入滇池主要河道及84条支流综合整治，河道水环境明显改善。完成4971个河道排污口的截污及雨污分流改造，铺设改造截污管网353.3公里，河道两岸绿化面积728.7平方米。开展“四退三还一护”工作，建成湖滨湿地和林带5.42万亩。全面实施“一湖两江”流域水环境综合治理“四全”工作。滇池流域关闭挖沙、采石、取土点547个，主城封停禁采地下水井361口。阳宗海砷污染防治工作取得阶段性成效，水质达到Ⅳ类水标准。加强饮用水源地保护，水质达标率上升到99.6%。推进节水型城市建设，建成再生水利用设施265座。县城污水处理厂全部建成运营，城镇生活污水处理率达95.1%，生活垃圾无害化处理率达80%。国家森林城市，国家生态市创建工作扎实推进，绿化造林105万亩，全市森林覆盖率达45%以上，荣获全国绿化模范城市称号。实施“六清六建”，村容村貌明显改善。加强土地资源集约利用和矿产资源合理开发。推进环保执法机制创新。在全国率先成立环保公安执法队伍。单位生产总值能耗、二氧化硫排放量、化学需氧量均完成目标任务。

【社会事业】 城镇居民人均纯收入分别达18800元和5810元，年均实际增长10.6%和8.5%。不断加大对“三农”、教育、医疗卫生、社会保障与就业等民生工程的投入，2010年达131.5亿元，是“十五”末的3倍。创新人才政策体系，引进各类人才11000多人。全面实施城乡免费义务教育，义务教育巩固率达99%以上，“两基”工作顺利通过国家检查验收。完成农村中小学校标准化建设231所。优质普高在校生比例达67. 1%。中等职业学校在校生达9.3万人，安宁、嵩明两个职教基地加快建设。民办学校达912所，在校生27.6万人。完成昆明学院新校搬迁。各级各类医疗卫生机构达2775个，每千人拥有床位数5.4张。累计开发就业岗位71.6万个，新增城镇就业46.6万人，城镇登记失业率控制在4.5%以内。新增农村转移就业71万人。超额完成“十一五”城镇职工养老、医疗。失业、工伤和生育保险覆盖率目标。开展新型农村社会养老保险试点．城镇居民医保覆盖率达。90%，新农合参合率达98.4%，城乡一体的医疗救助制度初步建立。人口自然增长率年均控制在6.5%。以内，创新优先优惠的计划生育家庭利益导向机制，累计兑现计划生育家庭奖励4.3亿元，被评为全国农村部分计划生育家庭奖励扶助先进市和全国人13计划生育综合改革示范市。累计建成保障性住房65063套，发放租赁补贴13092户，解决7万多户城市低收入家庭的住房困难。大力构建覆盖城乡的公共文化服务体系，建成85个文化站、370个文化活动室。开工建设市工人文化宫、市博物馆二期等重大工程．成功举办滇池泛文化艺术节、郑和国际文化旅游节、聂耳音乐节等品牌活动，广播电视综合。盖率达98%。竞技性体育和群众性体育蓬勃发展，全国第七届残运会在昆成功举办。食品药品安全责任体系不断完善，监管和保障工作进一步加强。

【各项改革深入推进】 深化行政管理体制改革，行政审批事项由506项精简到86项，成为全国行政审批事项最少省会城市。下放市级经济社会管理权限62项，东川、石林扩权强县试点工作稳步推进．完成新一轮政府机构改革。撤销乡（镇）建制35个。开发区和园区实体北管理改革成效显著，组建昆明泛亚产权交易中心。加快政府投融资体制改革，组建昆明发展集团，形成投、融、建、管相分离的运行机制，国有投资公司融资能力显著增强．成功试点引进股权投资，推进股权资本市场建设。完善国有资产监管体制，全面完成国企改革任务。非公经济实现增加值935亿元，占全市地区生产总值的44%。积极推进各项社会事业改革，组建昆明演艺集团等5大文化产业集团，大力发展民办学校和民营医院，公立医院改革国家试点和基本药物制度改革省级试点工作深入推进。农村综合改革不断深化。集体林主体改革全面完成，配套改革有序开展。财政综合改革稳步推进，财力保障、资金安排、预算管理、财政监管等机制逐步建立。积极推进招商引资，组建招商分局，实行驻点招商，瑞士雀巢、法国拉法基等一批世界500强企业落户昆明，引进哈电、中国南车等19家央企，累计实际利用外资和实际到位市外资金分别达28.5亿美元和2722亿元，是“十五”的11倍和9.8倍。2010年，实现进出口贸易100亿美元。昆明出口加工区封关验收。积极参与“9+2”泛珠三角经济区和“10+1”中国—东盟自由贸易区，大湄公河次区域等交流互动，加强与滇中经济区各州市合作。缔结国际友好城市7个。

【民主法制不断加强】 全面推进依法治市，不断加强地方立法，提请市人大审议通过地方性法规25件，制定政府规章42件、规范性文件55件。自觉接受市人大及其常委会的法律监督、工作监督，主动接受市政协的民主监督，虚心听取各民主党派、工商联和无党派人士的建议，人大代表建议、议案和政协提案办复率100%。在全国率先建立科学发展决策协调机制，推进公众参与政府重大决策和听证制度。深入推进民主法治村（社区）创建活动，基层“四议两公开”不断深化。加强廉政建设，不断加大对大案要案的查处力度，强化重点领域的反腐工作。认真落实安全生产责任制，严密防范各类重特大安全事故，公共突发事件应急处理机制日趋完善。深入开展“打黑除恶”，“扫黄打非”、打击“两抢一盗”等专项斗争，平安昆明创建成果进一步巩固。民族团结进步事业稳步发展，宗教工作取得新进展，国防动员、双拥、消防、人防、信访等工作扎实有效，工青妇、老龄、残疾人、气象、档案，外事侨务等工作取得新成绩。

【行政效能与软环境建设】 围绕建设责任政府、法治政府、阳光政府、效能政府，全面加强政府自身建设。深入贯彻落买《公务员沃》，公务员队伍建设示断加强。着力解决制约昆明发展的体制机制问题，建立差别化综合考核评价体系。开展“行政效能提升年”和“干部作风改进伞”活动，推进“效能昆明”建设。大力推行“五办作风”、“一线工作法”、“工作成果倒逼法”，实施“三最三严”制度，干部作风明显转变，执行力显著提高。实施阳光政务，落实行政执法责任制，实行公开承诺制，向社会公布领导干部公务电话，市长热线工作机制进一步完善，开通“96128”政务信息查询，政府公信力进一步增强。

【存在问题】 昆明市经济社会发展中的短期问题和长期问题交织，结构性问题和体制性问题并存，经济思量不大、结构不优，产业支柱单一，经济发展方式亟待转变；城乡区域发展不平衡问题突出，农业基础依然薄弱，城市功能布局仍需优化，城镇化水平亟待提高，统筹城乡区域协调发展任重道远；滇池治理任务艰巨，资源环境约束加剧，生态环境建设与城市化进程矛盾突出；城乡居民收入水平偏低，社会建设相对滞后，保障和改善民生还需加强；社会管理面临新压力，和谐社会建设面临新课题；政府自身建设和民主法制建设亟待加强，干部素质和作风有待进一步改进，等等。对此，我们必须高度重视，在今后的工作中，采取更有力的措施加以解决。

（肇凡）

曲靖市

【综述】 2010年是曲靖市发展极不平凡的一年。面对国际金融危机的巨大冲击，面对百年一遇的特大旱灾，在党中央、国务院和省委、省政府的正确领导下，市委团结带领全市各族人民，紧紧围绕“富民强市”总目标，坚持“率先发展、科学发展、安全发展、和谐发展”不动摇，坚定不移实施农业稳市、工业强市、商旅活市、科教兴市、生态立市、依法治市和以城带乡战略，突出特色，发挥优势，抢抓机遇，真抓实干，扎扎实实打基础，突出重点强产业，依靠科教增效益，改革创新添活力，持之以恒惠民生，齐心协力建和谐，战胜了严峻的挑战，经受住了空前的考验，完成主要目标任务，全市国民经济实现平稳较快发展，各项社会事业全面发展，人民生活水平继续提高。全市实现生产总值1005.5亿元，按可比价格计算比上年增长13.1%，人均GDP突破1.7万元。其中：第一产业实现增加值183.5亿元，增长6.6%，拉动GDP增长1.1个百分点，对经济增长的贡献率为8.0%；第二产业实现增加值526.7亿元，增长15.5%，拉动GDP增长8.2个百分点，对经济增长贡献率为62.7%；第三产业实现增加值295.3亿元，增长12.4%，拉动GDP增长3.8个百分点，对经济增长贡献率为29.3%。产业结构调整为18.2：52.4：29.4。财政总收入251亿元，增长19.6%，地方一般预算收入72.4亿元，增长14.6%，固定资产投资规模跨越700亿元大关，完成701.5亿元。

【农业】　面对百年不遇的特大旱灾，面对农产品价格异常波动的影响和农业生产成本不断攀升，面对国内外经济形势复杂多变、制约“三农”因素明显增多，全市遵循“稳粮保供给、增收惠民生、改革促统筹、强基增后劲”的基本思路，把保证城乡居民饮水安全作为首要任务，把解决困难群众基本生活作为工作重点，把保证农业农村经济平稳较快发展作为根本要求，着力克难攻坚，农业农村发展取得显著成就。全市实现农林牧渔业增加值183.5亿元，按可比价计算增长6.6%。全年粮食播种面积870万亩，粮食产量再创新高，总产25.47亿公斤，比上年增长4.26%，实现连续7年增产，创下农民人均有粮485公斤的历史新高。畜牧产业再创佳绩，实现产值165亿元、收入97亿元，分别增长18.19%和14.47%；农民人均畜牧业收入1811元，增长15.13%。“六大”特色产业稳步壮大，种植面积365.6万亩，实现产值75.1亿元，增长44.8%，其中魔芋、万寿菊规模化种植和加工开发水平居全国前列。

产业化经营在结构调整中扎实推进。区域布局更趋合理，新建核桃采穗圃2500亩，完成生产林建设20万亩，收购烟叶411.28万担、实现产值30.96亿元，初步建成优质稻米、加工型马铃薯、蚕桑、商品蔬菜、腌肉型肉猪等十大基地，共建成农产品生产专业乡60个、专业村240个，培育种养大户12.5万户。龙头企业发展壮大，新增农业龙头企业20个，现有规模以上农业龙头企业140个，市级以上重点农业龙头企业实现产值53.7亿元，增长14.3亿元，带动农户143万户，户均增收854.9元；新发展农民专业合作社61家，各类专业合作经济组织550个，带动农户23.17万户；新增农产品加工企业5个，累计139个，农产品加工转化率达50%。标准化生产步伐加快，认定省级无公害农产品产地127万亩，认证国家级无公害农产品40个，已有1个有机农产品、12个省级名牌农产品、20个省级著名商标。就业结构明显优化，培训农村劳动力22.23万人，转移输出农村富余劳动力14.5万人，实现农村劳务综合收入140亿元，增长13%，人均工资性收入1300元。

林业生态建设稳步发展。全年造林面积102.48万亩，其中：封山育林23.5万亩，义务植树2732万株。集体林权制度主体改革基本完成，配套改革稳步推进，集体林确权率99.2%、均山到户率89.9%。

新农村建设在实践探索中创新发展。扶贫开发成效显著，整合投资17.54亿元，全面完成了10个乡（镇）到乡到村到户的“整乡推进”扶贫开发“8666”工程，98个行政村、835个自然村、11万户43万人直接受益；启动实施了宣威市阿都乡省级“整乡推进”扶贫开发新增试点工作。小康示范村建设顺利完成，投入资金7.67亿元，培育特色高效产业350个，农民人均纯收入5385元，增长33.2%，圆满完成第二批9个小康示范村建设任务，成为新农村建设的示范点和辐射源。新村庄、新社区建设有序推进，在全省率先开展以新村庄、新社区建设为重点的统筹城乡发展工作，启动实施首批30个“两新”建设试点。同时，圆满完成176个省级重点建设村、8700户农村民居地震安全工程建设任务，启动实施了2010年度180个省级重点建设村建设工作。

【工业】　在国际金融危机和严重旱灾的严峻考验下，通过全市上下的艰苦努力，工业经济总体保持了平稳向好的运行态势。全年完成工业投资248.6亿元，全部工业增加值实现468.7亿元，按可比价计算增长14.9%，拉动GDP增长7.1个百分点，对经济增长贡献率为54.1%。规模以上工业企业实现增加值365.7亿元，增长15.1%。轻工业实现增加值125.5亿元，增长11%，重工业实现增加值240.2亿元，增长17%。主要支柱产业：烟草制品业实现工业增加值114亿元，增长10.8%；电力热力的生产和供应业69.5亿元，增长8.1%；煤炭开采和洗选业64.5亿元，增长19.9%；炼焦业29.8亿元，增长33.8%；有色金属冶炼及压延加工业28.9亿元，增长16.3%；黑色金属冶炼及压延加工业5.14亿元，增长26.9%；化学原料及化学制品制造业23.6亿元，增长20.6%；非金属矿物制品业11.5亿元，增长40.2%；交通运输设备制造业2.68亿元，下降19.3%。全市539户规模以上工业企业实现利润54.5；亿元，增长23.79%；利税总额179.58亿元，增长14.3%。

始终把调整工业结构作为转变发展方式的主攻方向。认真落实产业振兴规划，加大曲靖烟厂、会泽烟厂技改力度，完成技改投入189亿元；支持煤化工、冶金产业进一步延伸产业链；投资30亿元的多晶硅一期项目建成试生产，填补了全市乃至全省工业发展的多项空白；新布局了一批新能源、新材料项目，杨梅山风电项目建成投产；工业内部结构继续改善，轻重工业结构比调整为26:74。曲靖开发区成功升级为国家级经济开发区。12个工业园区总规划面积419平方公里，园区工业总产值占全市工业总产值的42.7%；安排1389.5万元补助资金推动300万平方米标准厂房建设，已建成100万平方米；曲靖国际农业食品科技园建设顺利推进，累计完成投资10.7亿元。部署质量兴市和标准化发展战略，设立“市长质量奖”。安排1565万元中小企业和非公经济发展专项资金，进一步加快非公有制经济发展。

采取对黄磷、铁合金、电石等高能耗低附加值的行业进行关停、限电等措施，淘汰落后产能736万吨。对会泽者海、陆良西桥等11个工业片区实施专项整治和重金属污染防治工作。城市“两污”设施全部建成投入使用。

【固定资产投资】 紧紧抓住国家扩大内需的政策机遇，集中力量争项目、上项目、引项目，2010年全社会固定资产投资规模跨越700亿元大关，完成701.5亿元，比上年增长26.4%。其中工业投资248.6亿元，增加18%，水利投资20亿元，增长91%，公路建设投资26亿元，增长31%，城市基础设施和房地产投资193亿元，增长11%，煤炭投资56亿元，增长32%。投入1.15亿元项目前期工作经费，协调金融机构投放重大项目贷款53亿元，争取中央和省补助资金20.3亿元。加快水利、交通和城镇基础设施建设步伐。新开工建设6件骨干水源工程、13件病险水库除险加固工程，完成60件病险水库除险加固，建成4.9万件“五小水利”工程，解决46.2万人的饮水安全问题。千方百计抢抓蓄水，蓄水总量8.7亿立方米。宣普高速公路开工建设，宣倘二级公路竣工通车，富江二级公路建设快速推进，新建、改建农村公路3817.4公里。扎实推进建设人民满意城市三年行动计划，按中心城市、县城、乡镇、中心村四个层次修编市域城镇体系规划，控规覆盖率分别达100%、80%、50%和20%。启动了市级“五馆一中心”建设，推进了一大批城市基础设施项目建设。城镇建设投资192.7亿元，其中房地产投资完成101.6亿元，城镇基础设施共投资91.1亿元。城镇化率37%，比上年提高2.2个百分点。

【现代服务业】 2010年消费品市场活跃。全年实现社会消费品零售总额232.8亿元，增长22.5%。红星美凯龙、恒大地产等商贸地产项目快速推进。从经济成分看，非公有制经济占主导地位，全年实现零售额178.5亿元，占全市零售总额的比重为76.7%。从城乡市场看，完成270个农家店、6个配送中心、22个商品市场的规范化建设。城镇实现消费品零售额156.1亿元，增长24.3%；落实家电、农机、汽车和摩托车下乡政策，补助2.3亿元，带动21.9亿元产品销售，农村实现消费品零售额76.7亿元，增长19%。从行业看，批发和零售业零售额201.1亿元，增长23.2%；住宿和餐饮业零售额31.7亿元，增长18.4%。2010年全市居民消费价格指数（CPI）上涨3.6%，工业品零售价格指数（PPI）上涨8.5%，企业家信心指数为133.5%，比上年提升17.7个百分点。2010年全年进出口总额2.17亿美元，增长28.8%，其中出口总额2亿美元，增长132.9%，进口总额1700万美元，下降78.9%。

2010年末公路通车里程2.67万公里，其中高速公路392.7公里。2010年末全市机动车总量75.32万辆，其中个人拥有70.93万辆。2010年末拥有汽车27.62万辆，其中个人拥有23.4万辆。2010年末移动电话用户358.34万户，增长27.5%。固定电话用户38.8万户，下降2.1%。互联网用户21.88万户，其中宽带网用户21.84万户。

推进旅游“二次创业”，旅游业运行良好。加快黄家庄旅游小镇、罗平布依风情园、师宗凤凰谷旅游区等一批旅游基础设施建设，全年接待海外游客1.73万人次，增长6%，旅游外汇收入396.1万美元，增长57%；国内游客707.3万人次，增长16%；旅游总收入43.4亿元，增长16%。

金融运行平稳，存贷款持续增加。2010年末金融机构各项存款余额1017.4亿元，同比增长21.7%，其中：企业存款余额308.2亿元，同比增长10.2%；储蓄存款余额510.1亿元，同比增长21.1%。金融机构各项贷款余额629.9亿元，同比增长19.6%，其中：短期贷款221.7亿元，同比增长10.9%；中长期贷款389亿元，同比增长25.5%。持续改善金融生态环境，不断提高金融服务水平，银行类金融机构发展到16家、保险类金融机构25家、证券期货机构4家、村镇银行1家、小额贷款公司24家。

【社会事业】 教育事业稳步发展。建立健全“两免一补”制度。全部免除农村义务教育阶段学生学杂费，认真做好农民工随迁子女的义务教育工作。筹资3.51亿元改造中小学D级危房38万平方米；撤并10所中学、61所小学、482个小学教学点，推动了城乡教育均衡发展；投入“两免一补”资金5.5亿元，完成“两基”迎“国检”任务；高中阶段毛入学率达85.6%，高考上线人数占全省的1/5；职业教育加快发展，高等教育取得新成效，高等学校在校生达2.15万人。中等职业学校30所，在校生12.85万人。普通中学242所，在校生45.55万人。特殊教育学校5所，在校生4398人。小学1705所，在校生65.15万人。幼儿园768所，在园幼儿15.69万人。小学适龄儿童入学率99.81%。

加大基层公共文化基础设施的建设力度，文化事业日益繁荣，公益性文化事业稳步发展，公共文化服务能力显著提高。2010年末全市有文化表演团体7个，文化馆10个，文化站115个，632个农家书屋，文物管理所10个，文物管理所10个，公共图书馆11个。推进第二批“村村通”工程建设，解决了60万山区群众听广播、看电视难的问题。全市电视人口覆盖率96.16%，广播人口覆盖率96.3%。开展文化市场专项整治行动。

卫生事业扎实推进。全市共有各类卫生机构603个，其中：医院64个，乡镇卫生院108个，共有病床1.75万张，卫生技术人员1.28万人。市第一、第二人民医院综合住院大楼建成投入使用，完成3个县级医院、25个乡镇卫生院和2个社区卫生服务中心改扩建。疾病预防控制、艾滋病防治、血液管理、妇幼保健等工作进一步加强。保持省甲级卫生城市称号。

举办曲靖市第三届少数民族传统体育运动会，积极参加省第十三届运动会和省第九届民运会，争取了十四届省运会的承办权。在第十六届亚洲残疾人运动会上，曲靖运动员取得了游泳项目3金2铜的好成绩。邮政服务实现全覆盖。深入开展“红盾护农”、“消费维权”专项整治活动。

【社会保障】 社会保障体系进一步完善。城乡居民收入水平持续提高。城镇居民人均可支配收入1.59万元，比上年增长13%，农村居民人均纯收入4130元，实际增长12.7%。提供城镇就业岗位3.8万个，“零就业家庭”实现动态清零，城镇登记失业率3.5%。累计发放小额贷款3.2亿元，扶持6719户创业、带动2.48万人就业。2010年全市城镇单位从业人员33.27万人，增长4.3%，从业人员劳动报酬105.1亿元，增长15.0%。城镇在岗职工年平均工资3.25万元，增长10.1%，其中国有单位3.85万元，增长12.8%；集体2.8万元。增长14.9%；其他单位2.37万元，增长6.7%。

2010年末，全市城镇职工参加基本养老保险20.86万人，参加失业保险21.88万人，全市城镇职工参加基本医疗保险和大病统筹39.15万人，启动城镇居民基本医疗保险，全市城镇居民参加医疗保险43.06万人。五项社会保险参保人数突破194万，调整工伤保险基准费率，将所有老工伤人员纳入社会统筹，将企业退休人员基本养老保险金、工伤保险待遇、失业人员救济金提高10%，城镇职工医疗保险实现异地持卡就医。在基层医疗机构100%实行国家基本药物制度并实行零差率销售。

提高新农合统筹标准，全年减免补偿费用6亿元；启动了富源县、师宗县新型农村社会养老保险试点，新农保参保人数51.2万人，其中领取养老金人数9.7万人。安排1.6亿元，对56.8万困难人口实施救助，发放粮食8790.9吨。启动价格临时干预机制和社会救助、保障标准与物价上涨挂钩的联动机制，对困难群众实行价格临时补贴。安排4.32亿元，为9.4万人发放城市低保金、26.1万人发放农村低保金。实施城乡医疗救助3.41万人（次），农村五保供养2.25万人，资助参合参保41万人，新建和改扩建8所农村敬老院。认真做好移民搬迁安置和后期扶持工作。建成廉租房34.1万平方米、经济适用房25万平方米、公共租赁房3.6万平方米，改造棚户区12.7万平方米、农村危房7200户，实施抗震安居工程1.07万户。改造农村电网5万户，基本消除无电人口。

【困难和问题】 经济持续快速增长，但投资拉动仍处在突出位置，还没有形成投资、消费、出口协调拉动的格局；产业层次不断提高，但工业仍处在打基础、扩总量、提质量阶段，现代农业和现代服务业发展相对不足，还没有形成一、二、三产协同带动的格局；要素投入结构发生积极变化，但资源要素投入过大，科研基础薄弱、高层次人才紧缺、自主创新能力不足的问题仍很突出，还没有形成科技、人才、管理等高端要素支撑发展的格局；节能减排取得阶段性成果，但粗放发展方式还未根本扭转，资源和环境压力加大，特别是水资源支撑不足，还没有形成资源环境协调发展的格局；公共财政投入不断加大，社会建设不断加强，但可用财力有限，远不能满足公共事业发展和民生改善的需要，城乡之间、行业之间收入差距较大，部分群众生活还很困难，还没有形成居民收入与经济协调增长的格局。

（沈璐娟）

玉溪市

【综述】 2010年，玉溪市面对后金融危机的复杂局面和百年不遇的特大干旱，坚定不移地实施以改革开放和科技进步为动力的生态立市、烟草兴市、工业强市、农业稳市、文化和市战略和做强烟草产业、做大矿电产业、培育旅游文化产业、大力发展县区特色经济的“三优一特”经济发展思路，全市完成生产总值736.5亿元，比上年增长12.8%，增速分别高于全国、全省2.5和0.5个百分点，其中：第一产业完成增加值67.5亿元、增长4%，第二产业完成增加值448.2亿元、增长14.7%，第三产业完成增加值220.8亿元、增长11.5%，一、二、三产业分别占生产总值的9.1%、60.9%和30%；财政总收入304.4亿元、增长17.1%，地方财政收入83.5亿元、增长31.3%，地方财政一般预算收入64.7亿元、增长19.5%；固定资产投资324.6亿元，增长35.1%；社会消费品零售总额141.5亿元，增长22.6%；万元生产总值能耗下降3.57%。

【农业 农村经济】 2010年，玉溪市全力以赴抗大旱、保民生、抓生产、促发展，累计投入抗旱资金4.5亿元，采取一系列重大措施，确保城乡供水和人畜饮水安全。全市完成农业总产值120亿元，增长5.3%，完成农业增加值67.5亿元，增长4%。高度重视粮食生产，确保粮食安全，完成总播种面积381万亩，粮食总产4.51亿公斤，下降12.0%。全力抓好烤烟生产，收购烟叶207.1万担，收购金额15.2亿元。调整优化种植结构，大春烤烟、甘蔗、蔬菜等经济作物种植面积148.4万亩。加快推进农村土地流转，流转土地21.1万亩。集体林权制度主体改革全面完成，配套改革稳步推进，集体林均山到户率93.09%，加快发展特色经济林，发展核桃15万亩、竹子7万亩，实现林业产值3.4亿元，增长3%。牧渔业产业稳步发展，实现畜牧业产值47亿元，增长10.8%，渔业产值1.9亿元，增长5.1%，农林牧渔服务业产值1.7亿元，增长6.3%。肉蛋奶总产量34.5万吨，增长9.7%；水产品产量1.5万吨，增长4.0%。大力培育龙头企业发展壮大，2010年新增市级龙头企业16户、省级6户，5个产品通过绿色食品、无公害农产品认证，新增农民专业合作社89个。制定实施服务农民增收行动计划实施方案和农村劳动力转移就业特别行动计划，培训农村劳动力3.9万人、转移5.9万人。加强农田水利基础设施建设，完成中低产田地改造27.3万亩，完成中低产林改造12.3万亩，4件中型水库和30件小型病险水库除险加固工程竣工，建成小水窖2797口，实施农村饮水安全和解困工程517件，解决29万人的饮水安全问题。

【工业 建筑业】 玉溪市坚定不移的实施工业

强市战略不动摇，加快推进新型工业化步伐，安排工业发展专项资金1.1亿元，加强对重点产业、重点企业和重点产品的扶持培育，加快工业园区和产业集聚区发展，玉溪工业经济迈上了一个新的台阶。2010年，玉溪市工业总产值突破千亿元大关，达1115.5亿元，增长23.4%；实现工业增加值427.8亿元，增长15.2%。其中：全市规模以上工业企业完成总产值938.2亿元、增长25.2%，实现增加值398.6亿元、增长15.9%。优势产业发展成效突出，卷烟及配套产业完成产值369.6亿元、增加值267.3亿元，分别增长13.9%和16.2%；矿电产业完成产值614.3亿元、增加值136亿元，分别增长26.7%和18.6%。烟草、矿电两大优势产业占全市工业增加值比重94%。特别是烟草产业对玉溪市经济增长的支撑作用明显，生产卷烟351.7万箱，增加12.2万箱，增长3.6%，其中：一类卷烟71.6万箱，增长33.0%，二类卷烟2.1万箱，增长3倍。烟草制品业实现主营业务收入309.2亿元，增长10.1%；实现利税总额223.3亿元，增长9.4%；实现增加值259.2亿元，增长14.9%，占全市规模以上工业增加值的65.%。装备制造、新材料新能源、生物医药等战略性新兴产业培育发展取得重大进展，沃森生物在创业板成功上市，实现了玉溪上市企业零的突破。

着力推进园区规划建设发展，建成标准厂房100万平方米，新增入园企业58户。玉溪高新技术产业开发区实现生产总值34.5亿元，增长15.2%；玉溪研和工业园区实现生产总值28亿元，增长31%。各经济类型全面增长，国有及国有控股企业完成增加值323.5亿元，增长15.3%；非公经济实现增加值236.3亿元，增长20.6%。

建筑业稳步发展。2010年，玉溪市建筑业完成增加值20.4亿元，增长3.1%。全市具有三级以上资质等级证的建筑施工企业154个，从业人员2.88万人。商品房施工面积507.7万平方米，增长15.4%；商品房竣工面积118.7万平方米，下降17.3%。

【现代服务业】 认真落实关于加快全市旅游文化产业发展的决定，召开抚仙湖—星云湖生态建设与旅游改革发展综合试验区工作会议，试验区规划建设取得重大进展，湖畔圣水一期竣工，太阳山等重大项目开工建设，仙湖锦绣、仟龙湾旅游文化小镇等重点项目稳步推进。启动实施哀牢山—红河谷特色生态景观和民族文化旅游线路公共服务设施首批项目建设，大力发展特色乡村旅游，2010年，接待游客1164.4万人次，实现旅游总收入40.5亿元，增长19.5%。加强市场体系建设，市级财政安排300万元专项资金，对市场建设进行贴息，着力改善消费环境，新建改造各类市场29个，乡镇农贸市场覆盖率92%，农家店覆盖率85%。认真落实家电、汽车摩托车、农机具下乡政策，兑现补贴1.2亿元，城乡消费繁荣活跃，实现消费品零售总额141.5亿元、增长22.6%。城镇消费占据主导地位，实现零售额107.2亿元，占全社会消费品零售总额的75.8%。加大招商引资力度，完善招商引资工作机制，2010年引进市外国内资金94.1亿元、增长28.5%，实际使用外资3231万美元、增长79%。实现外贸进出口总额2.86亿美元、增长82.3%，农产品出口成为最大亮点，全市农产品出口8055万美元，增长92.7%，占全市出口总额的41.4%。

交通运输、仓储及邮电业稳步发展。2010年，交通运输、仓储及邮政业实现增加值28.0亿元，比上年增长14.2%。客货运输平稳发展，全市公路运输客运量2942万人，增长9.9%，旅客周转量18.7亿人/公里，增长14.4%；公路货运量4593万吨，增长12.6%，货物周转量78.7亿吨/公里，增长13.4%。全面实施农村公路通畅、通达工程，新建、改造农村公路516公里。年底全市公路通车总里程1.65万公里。其中：高速公路233公里、一级公路78公里。高级、次高级路面占全市公路总里程的22.3%，提高1.6个百分点。电信业快速发展，年底全市固定电话交换机总容量39.1万门，固定电话用户23.7万户；移动电话用户168.2万户，增加28.6万户，增长20.5%。互联网宽带网用户16.1万户，增长35.7%。

金融保险业平稳发展，2010年，玉溪市金融业实现增加值27.4亿元，比上年增长11.6%。年末，金融机构人民币各项存款余额816亿元，比年初增加116.6亿元，增长16.7%，其中城乡居民储蓄存款余额374.7亿元，增加56.0亿元，增长17.6%；全市金融机构人民币各项贷款余额465.7亿元，增加85.2亿元，增长22.4%。存贷比57.1%，提高2.7个百分点。保险业实现各种保费收入18.95亿元，增长5.9%，全年赔付支出3.44亿元，下降6.1%。

【县区特色经济】 坚持市级财政分配向县（区）倾斜，科技扶持向县（区）倾斜，干部和人才向县（区）倾斜，重点项目及其税收留在县（区）。2010年，市级财政向县（区）转移支付30亿元（不含省专款），县（区）经济保持两位数以上增长，县（区）地方财政收入占全市的比重由2005年38%提高到44%。八县一区地方财政收入均超过2亿元，红塔区10.5亿元，新平县5.8亿元，峨山、澄江、易门、通海等县超过3亿元，元江县、峨山县增速分别为54.1%和40.7%。易门、新平2个扩权强县试点成效明显，2010年，易门县实现生产总值32.9亿元、地方财政收入3.08亿元、完成固定资产投资30.2亿元，分别增长11.5%、30.6%和50%；新平县实现生产总值53.8亿元、地方财政收入5.81亿元、完成固定资产投资38.9亿元，分别增14.5%、31.6%和40.3%。

【固定资产投资】 玉溪市认真贯彻落实中央和省扩大内需各项政策，131个项目争取到中央、省资金支持7.7亿元，257个市级重点项目完成投资187亿元。加大推进项目建设，制定出台市级重点项目并联并行审批和核准办法、重大投资项目审批核准限时办结规定、重大投资项目审批核准通报规定，召开重大项目督查推进会，易门—峨山—高仓、新平—三江口、元江—红河二级公路建设进展顺利。2010年完成固定资产投资324.6亿元，增长35.1%，比上年提高3.1个百分点，增速分别比全省、全国高出13和11.3个百分点。城镇固定资产投资248.4亿元，增长33.3%；农村固定资产投资76.2亿元，增长41.4%。三次产业投资全面增长，第一产业完成投资11.4亿元，增长16.5%，第二产业完成投资106.0亿元，增长27.7%，第三产业完成投资207.2亿元，增长40.6%。工业、交通运输业、房地产开发投资增幅明显，工业完成投资106.0亿元，增长28.4%；交通运输、仓储和邮政业完成投资37.9亿元，增长81.5%；房地产开发完成57.5亿元，增长43.1%。县区投资大幅增长，元江县增长67.3%，峨山县增长62.0%，江川县增长51.4%。

【生态建设】 全面落实环保“一岗双责”，完成“三湖一库”及入湖河流、元江、南盘江、绿汁江、曲江等月报监测和玉溪市中心城区环境空气质量监测工作。确立抚仙湖保护治理“一退够、二调优、三保护”战略，省政府杞麓湖现场办公会从政策、项目、资金等方面对杞麓湖保护治理给予极大支持。启动抚仙湖保护管理综合行政执法，开征抚仙湖资源保护费，抚仙湖东岸截污治污、梁王河综合治理等工程完工，星云湖截污治污工程进展顺利，东风水库水源保护区环境污染综合整治深入推进。深入开展环保整治专项行动，立案查处环境违法违规案件88件。淘汰落后炼铁产能134.3万吨、水泥产能271.5万吨。完成生态城市、老城保护等规划编制，加快县乡村规划编制完善。九龙监控门架牌坊竣工，东风水库路坝合一、玉溪大河抗旱防洪二期、玉山城、玉水金岸等项目加快推进，拆临拆违工作进展顺利，城市管理水平明显提高。采取TOT等方式引进治污项目资金3.53亿元，全面推进市污水处理厂和7县11个污水处理厂市场化运作。中心城区建成集流水、灯光、名木古树、文化为一体的20平方公里生态文化区和10平方公里的研和新型工业园区，老城区的交通、绿化、排水、景观、环境得到改善，“二山三河三片区”的现代宜居生态城市框架基本形成，中心城区常住人口、暂住人口接近40万，城区面积扩大到25平方公里，水面面积660亩，绿化覆盖率37%，人均公共绿地面积14平方米，荣获“国家园林城市”、“中国十佳休闲宜居生态城市”和“中国十佳和谐发展城市”称号。积极开展生态县、乡、村创建活动，新平县桂山镇荣获全国环境优美乡镇称号。玉溪市城镇化率38.3%。

【社会事业】 2010年，坚持教育优先发展战略，认真落实农村义务教育经费保障机制，投入“三免一补”资金2.21亿元，进一步扩大“三免一补”覆盖范围，外来务工人员子女1.81万名小学生、初中生全部享受政策优惠。彝族山苏支系中小学生实现全免费教育。职校与普通高中招生比例为0.9∶1。着力推进教师安居工程建设，完成中小学校排危8万平方米。科技发展取得新成果，实施国家和省各类科技计划项目52项，获国家、省奖励的科技成果项目15项，获市奖励的科技成果项目50项，申报专利637件，批准（授权）专利296件。实施“文化和市”战略，打造聂耳文化品牌，文艺精品不断涌现，文化惠民工程和文化遗产保护工程成效显著，全市已建成农家书屋679个，位居全省第一。继续实施广播电视村村通工程，全市广播覆盖率和电视覆盖率分别达到98.53%和98.67%。全面深化医药卫生体制改革，719个基层医疗卫生机构全部实施基本药物零差率销售；新农合个人财政补助标准每人每年120元，参加新型农村合作医疗保险159.8万人，参合率94.97%；市急救中心和市儿童医院正式挂牌运行。高度重视人口和计划生育工作，人口自然增长率控制在5‰以内。广泛开展全民健身活动，参加省十三届运动会取得金牌榜、奖牌榜、总分榜第二名的好成绩。

【民生保障】 2010年，全市从业人员149.3万人，比上年增长0.1%，其中城镇从业人员38.4万人，占全部从业人员数的25.7%，年末全市城镇登记失业率2.91%。新增城镇就业2.3万人，下岗失业人员再就业1.1万人，“4050”等特殊困难人员就业6523人，城镇零就业家庭保持动态清零。认真做好国有企业改制后续工作，关闭破产国有、集体企业和濒临破产困难企业的2109名退休人员全部纳入城镇职工基本医疗保险。社会保障事业整体推进，2010年，参加城镇职工养老保险人数22.1万人。其中，参加机关事业养老保险在职职工6万人，收缴机关单位养老保险费7.5亿元；企业养老保险参保人员11.5万人，收缴企业养老保险费6.2亿元。参加农村养老保险人数57.6万人。参加基本医疗保险单位5340户，参保职工22.2万人，收缴基本医疗保险基金5.6亿元。参加城镇职工失业保险人数12万人，征缴失业保险费6000万元，为5809名失业人员按时足额发放失业保险待遇2677.5万元，确保了失业人员的基本生活。安全生产目标任务得到有效控制，事故起数和死亡人数都比上年有所下降，全年安全事故死亡161人，下降2.4%。彝族山苏支系特困人口安居工程建设进展顺利，大龙潭整乡推进扶贫成效显著，全市5.5万农村贫困人口实现脱贫。

城乡居民生活不断改善。2010年末户籍人口214.6万人，比上年增长0.1%。其中：农业人口176.1万人，非农业人口38.5万人。全市在岗职工平均工资3.02万元，比上年增加2569元，增长9.3%；全市城镇居民人均可支配收入1.65万元，比上年增加1730元，增长11.7%；城市居民（红塔区）人均可支配收入1.73万元，比上年增加1469元，增长9.3%；全市城镇居民家庭每100户拥有汽车21.8辆，其中：红塔区家庭每100户拥有汽车37辆；全市农民人均纯收入5747元，比上年增加628元，增长12.3%。

（杞兆昌）

保山市

【综述】 2010年，保山市委、市政府带领全市各族人民深入贯彻落实科学发展观和中央、省委省政府各项决策部署，按照年初确定的目标任务和工作重点，以“四化五加强”为总抓手，努力克服金融危机持续带来的不利影响，有效应对百年一遇特大旱情，全市经济社会发展持续向好，呈现经济平稳较快增长、结构不断优化、效益明显提升的良好态势，圆满完成全年各项经济目标。2010年，全市完成生产总值261亿元，增长12.5%，分别比全国、全省平均水平高2.2和0.3个百分点。其中第一产业增加值增长6%；第二产业增加值增长17.5%；第三产业增加值增长13.5%。三次产业比重由上年的30.9∶29.7∶39.4调整为30.3∶30.9∶38.8，第二产业比重提高1.2个百分点。完成财政总收入35.3亿元，增长37.2%；地方财政一般预算收入21.4亿元，增长35.2%。；完成社会消费品零售总额84.4亿元，增长21.6%；完成外贸进出口总额1.94亿美元，增长86.7%；年末金融存贷款余额为347亿元和229亿元，比年初分别增长33.25%和25.01%；城镇居民人均可支配收入1.49万元，增长9.3%；农民人均纯收入3626元，增长16.3%；人口自然增长率控制在6.2‰以内；城镇登记失业率控制在4.2%以内；居民消费价格指数为103.4%。

【农业】 2009年入秋以后，全市遭遇了百年一遇的持续性干旱。旱情发生后，按照“两有、三好、两调”的总体要求和“小春损失大春补、农业损失工业补、种植业损失畜牧业补、务农损失务工补”的工作思路，制定实施了扩大种植面积、水改旱等增产增收措施，奋力抗大旱、保民生、抓春耕、促发展。累计投入抗旱救灾资金2.75亿元、人力67万人次，有效解决了54.9万人和27.5万头大牲畜饮水困难问题，有力保障了夏荒困难群众的基本生活，实现了大旱之年夺丰收的目标。2010年，粮食总产量113万吨；烤烟生产提质增效，收购烟叶130万担，烟叶产值8.92亿元，比上年增加1.31亿元，烟叶税收1.96亿元，增加2000万元；香料烟产量产值持续增长，收购烟叶26.1万担，增长9.66%，实现产值1.73亿元，增长

14.78%；核桃、茶叶、蚕桑三大产业扎实推进，新增面积分别为45.07万亩、5.5万亩和1.6万亩。传统优势产业进一步巩固和提升，甘蔗、蔬菜、水果和咖啡产量分别达180万吨、40万吨、8万吨和1.6万吨。山葵、食用菌、石斛等产业发展良好。20多种特色农产品进入上海、义乌等高端市场，参与国际竞争。畜牧业得到稳步发展，肉类总产量31.3万吨，增长15.3%。农村劳动力转移输出成效显著，全年转移农村劳动力46.92万人次，实现劳务收入27亿元，均超额完成计划目标。全年完成农业总产值129亿元，增长8%。

【工业】　深入实施工业立市战略，着力加强水长等工业园区建设，矿电结合有力推进，工业发展明显加快。2010年，完成工业总产值171.2亿元，增长21%，超额完成年度目标1.18亿元。工业增加值59.34亿元，增长18.1%，增幅提高1.1个百分点。其中，轻工业增长明显，增速31.5%，增幅高于重工业18.6个百分点。规模工业实现增加值38.14亿元，增长15.2%，占全部工业增加值的比重达到67.3%。工业运行质量大幅提高，全市规模工业企业亏损32户，减少14户，亏损面下降18%，主营业务收入增长68.9%，实现利税增长76%。

【第三产业】　高度重视以旅游业为龙头的第三产业发展，积极发展以旅游业为重点的现代服务业，金融保险、现代物流、中介服务等产业性服务业得到发展，生活性服务业得到拓展。以腾冲为龙头的旅游业异军突起，成为云南旅游"二次创业"的亮点，腾冲经验、和顺模式得到各级各界充分肯定。2010年，接待海内外旅游者620万人次，增长10.7%，实现旅游业总收入30.76亿元，增长31%，收入增幅提高17.7个百分点。在旅游业的带动下，商业、餐饮、通信、运输、金融等服务业市场活跃，全市第三产业保持持续快速发展势头。

【固定资产投资】　坚持大项目带动大建设，大建设促进大发展，抢抓中央和省扩大内需的机遇，以非常决心采取非常措施和办法，实施了一批事关民生大计和长远发展的重大基础设施建设项目。2010年，全市公路里程1.17万公里，所有乡镇和78.3%的行政村通客车；以槟榔江、龙川江流域为重点的水电开发进一步加快，全市水电装机容量大幅提高；电网建设进一步加强，形成了以220千伏连接省网、110千伏辐射5县（区）、35千伏覆盖乡镇的供电网络。全年累计完成全社会固定资产投资211.6亿元，增长25.8%。2008年第四季度以来，中央和省下达新增中央投资一、二、三、四批项目和2010年6月底前下达计划的中央投资项目已全面实现三个"百分之百"。工业、能源、交通、旅游及社会事业、城镇及房地产、农业农村六大重点行业和领域对投资增长支撑作用明显，全年完成投资194亿元，占全市完成全社会固定资产投资总额的91.7%，完成年度投资计划200亿元的97%。

【招商引资】　对外交流与合作取得新突破，在与缅甸密支那市缔结为友好城市以及实现与缅甸甘拜地口岸对等开放的基础上，农业、旅游、水电、矿产等领域的开发与合作取得实质性进展。招商引资成绩显著，一批大型企业集团相继成功入驻保山。2010年，累计实施招商项目147个，其中新签约63项，引进市外到位资金86亿元，增长32.6%；实际利用外资3364.63万美元，增长81.7%。

【社会事业】　教育事业取得较大突破。义务教育得到巩固，中等职业教育发展加快，高中阶段毛入学率和教育质量明显提高。高考成绩迈上新台阶，2010年全市高考上线率96.87%，比上年提高9个百分点，高于全省平均水平1.85个百分点。中小学校舍安全工程建设力度加大，排除危房和新建校舍面积24.2万平方米，增加5.7万平方米。

【科技】　2010年，组织申报国家和省科技计划项目36项，申请科技经费4000多万元，现已下达"昌宁云馨有机茶叶生产技术开发"、"施甸县优质石材新产品产业化开发示范"、"隆阳区小粒咖啡产业化科技示范"、"优质紫皮石斛特色产业开发示范"等23项1260万元。市级科技计划项目申报34项，列入项目21项，安排项目经费128万元。其中，"保山市168万亩保玉系列玉米新品种选育示范推广"获得省科技进步奖励。全市专利授权60件。

【文化　体育】　全面推进图书馆、文化馆、文化站、文化室、文化信息资源共享工程、农家书屋等文化惠民工程建设任务。2010年，全市有7个公共图书馆，腾冲馆达部颁二级；6个文化馆达部颁三级；72 个文化站，49 个达部颁三级以上，达级率 68%，全年完成文化站建设投资近千万元；全市初步建成文化室 559 个，占行政村总数的 61.2%；全市文化信息资源共享工程已建成市级支中心 1 个、县区级支中心 5 个、乡镇网点 55 个、村级网点 176 个；实施 693 个农家书屋建设，全市建成 736 个，并顺利通过国家、省、市、县验收，绝大多数书屋已正式向群众开放。文化市场监管进一步加强。群众性文化活动活跃，重要文体赛事组织有力，在全省文艺展演运动会上获得较好成绩。阿昌族女子群舞《阿昌女子蹬窝罗》获得国家文化部政府社会文化最高奖“群星奖”；《梦幻腾冲》丰富了旅游文化；在云南省首届宗教界体育运动会暨文艺汇演中《景颇族健身操》和《彝族健身操》分获规定套路和自选套路三等奖。

【民生】 医疗卫生事业健康发展。新型农村合作医疗参合率 96.02%，提高 1 个百分点，参合群众得到了实惠，农村“看病难、看病贵”问题得到有效缓解。

就业再就业工作成绩突出。2010 年，开发城镇就业岗位 1.68 万个，实现城镇新增就业再就业 1.14 万人，城镇登记失业率 3.8%。进一步完善了农民工工资保证金制度，全市累计缴纳农民工工资保证金 7150.35 万元，涉及农民工 5.06 万人。为促进就业工作，精心组织开展了各种专项行动，重点帮扶大学生、农民工和困难人员就业。建立高校毕业生就业见习基地 40 个，基地共提供就业见习岗位 650 个，到基地见习的高校毕业生 449 人。通过下岗失业人员小额担保贷款、创业贷款、劳动密集型小企业 3 项近 2 亿元贷款的发放，带动 1 万多人就业再就业。

【主要经验】 一是坚持以科学发展观为统领，把加快发展作为第一要务，将中央的方针和政策，省委、省政府精神与保山实际结合起来，务求好中求快，以快促好，着力推动保山经济社会又好又快发展；二是坚持以转变经济发展方式为主线，把培植产业作为经济工作的重点，努力调整产业结构，着力构建符合保山发展要求的现代产业体系；三是坚持以项目建设为抓手，把大项目、大投资作为加快经济社会发展的主导力量，切实加强招商引资工作，着力实施大集团带动、大项目支撑战略；四是坚持以人为本、民生为上，把保障和改善民生作为政府一切工作的出发点和落脚点，统筹推进经济社会协调发展，着力解决群众最关心最直接最现实的利益问题；五是坚持以深化改革、扩大开放为动力，把体制机制创新作为突破口，努力破解制约发展的障碍，着力探索沿边开放的新路子；六是以提高执行力、创新力、公信力为目标，把转变作风、提高效能作为政府自身建设的重点，健全制度，严肃督查，着力提升领导和服务科学发展的能力和水平。

【存在的困难和问题】 全市经济总量不大，综合经济实力不强，城乡居民收入偏低，财政收支矛盾突出，财政自给率仅为 26%，加快经济发展任务依然艰巨；产业层次不高，工业化程度和城镇化水平低，分别为 23% 和 30%，远低于全国、全省平均水平，调结构转方式、推进新型工业化和特色城镇化任务依然艰巨；城乡、区域发展仍不平衡，特别是农村贫困面较大，农民持续增收基础不牢固，扶贫开发任务依然艰巨；交通、水利、城镇、教育、文化、卫生等基础设施仍显薄弱，社会事业发展滞后，保障和改善民生任务依然艰巨；对外开放水平不高，沿边经济文化交流合作与自身区位优势和桥头堡建设要求不相适应，提高对外开放水平、发展外向型经济任务依然艰巨；各级政府行政能力和行政效率还需进一步提高，转变作风、狠抓落实、提升政府效能任务依然艰巨。

（王文蓉）

昭通市

【综述】 2010 年，在昭通市委、市政府的正确领导下，全市深入贯彻科学发展观，统筹推进稳增长、调结构、抓创新、惠民生各项工作，经济实现平稳较快增长，转变发展方式取得显著进展，发展质量进一步提升，民生得到持续改善，改革开放向纵深推进，各项社会事业全面进步，在科学发展道路上迈出了坚实步伐。昭通市生产总值（GDP）379.62 亿元，按可比价格计算比上年增长 14.2%。其中第一产业增加值 74.11 亿元，增长 4.9%，第二产业增加值 174.82 亿元，增长 19.9%，其中：工业增加值 132.63 亿元，增长 19.5%，第三产业增加值 130.7 亿元，增长 12.7%；按常住人口计算，人均 GDP 约为 7075 元，增长 13.2%。产业结构继续调整，第一产业得到加强，第二产业保持较快增长，第三产业发展加快，全市三次产业比例为 19.5∶46.1∶34.4，继续呈现“二、三、一”格局。非公有制经济所占比重稳步上升，非公经济增加值 149.07 亿元，增长 14.7%，比重由上年的 38.1%上升为 39.3%。

全年居民消费价格总指数为 103%。分类别看，食品类价格上涨 7.4%，其中：粮食类价格上涨 14.4%，是推动价格总水平上涨的主要因素。农业生产资料价格指数为 100.2%，商品零售价格指数为 103.5%，部分产品价格回落。

2010 年居民消费价格指数

类别	单位	指数（上年同期为 100）	
		2009 年	2010 年
居民消费价格总指数	%	100.3	103.0
食品类	%	104.2	107.4
烟酒及用品	%	100.2	100.2
衣着类	%	96.7	98.1
家庭设备用品及维修服务	%	100.3	100.3
医疗保健及个人用品	%	100.2	101.3
交通及通信	%	95.5	99.7
娱乐教育文化用品	%	96.6	100.7
居住类	%	100.6	104.3
农业生产资料价格指数	%	96.9	100.2
商品零售价格总指数	%	101.3	103.5

注：此表数据为昭阳区、巧家、大关 3 个县调查数。

全年单位 GDP 能耗下降 5.84%。能源消费总量 428.36 万吨标准煤（等价热值），较上年增长 7.53%。其中，第一产业为 20.31 万吨标准煤，占总能源消费 4.74%；第二产业为 269.44 万吨标准煤，占总能源消费 62.9%，其中，工业为 258.79 万吨标准煤，占第二产业能源消费 96%；第三产业为 51.17 万吨标准煤，占总能源消费 12 %；居民能源消费量为 87.43 万吨标准煤，占总能源消费 20.4%。

【农村经济】 2010 年，全市实现农林牧渔服务业总产值 115.62 亿元，按可比价计算，比上年增长 5.4%。其中，种植业产值 53.21 亿元，增长 2.7%，林业产值 3.57 亿元，下降 10.5%，畜牧业产值 55.87 亿元，增长 9.2%，渔业产值 0.41 亿元，增长 17.6%，农业服务业产值 2.56 亿元，下降 0.9%。

全年粮食总产量 175.94 万吨，比上年增长 7.1%。其中：夏粮 8.1 万吨，下降 29.8%；秋粮 167.83 万吨，增长 9.8%。粮食单产由上年的 228 公斤/亩增加到 236 公斤/亩。

全年肉类总产量 39.37 万吨，增长 10.6%；禽蛋产量 1.91 万吨，增长 13.8%；水产品产量 1.35 万吨，增长 20.1%。

全年实施中低产田地改造 29.5 万亩，新建农村沼气池 4.9 万口，大力发展现代农业，创建粮食科技示范样板 468 万亩，万亩高产示范片 96 个，实施基本烟田建设 6.5 万亩。治理水土流失面积 49.3 千公顷，新增农田有效灌溉面积 9.84 千公顷，到年底解决饮水安全达标人数 374.88 万人，“五小水利”工程实施力度加大，解决 50.1 万农村人口饮水安全问题，水利化程度达到 33%。年末拥有农业机械总动力 13.07 亿瓦特，增长 29.6%。农业生产条件进一步改善，有效地推动了农业经济的稳步发展。

新农村建设与扶贫攻坚、抗灾救灾相结合，着力改善农村生活条件。实施新农村示范点建设 605 个，投入村容村貌整治资金 1159 万元。整合资源，加大扶贫开发投入，整乡推进试点和片区开发稳步推进，733 个整村推进项目有序实施，巩固和解决了 11.5 万贫困人口温饱问题。

2010 年主要农产品和畜产品产量

产品名称	单位	绝对数	比上年增长%
一、农产品产量			
粮食吨	吨	1759368	7.1
油料吨	吨	33612	-6.8
甘蔗吨	吨	121984	-10.1
烤烟吨	吨	56114	1.6
蔬菜吨	吨	1089383	8.4
水果吨	吨	207368	-6.9
二、畜产品产量			
肉类总产量	吨	393700	10.6
#猪肉吨	吨	347076	10.9
禽蛋吨	吨	19113	13.8
猪存栏头数	万头	315.15	5.5
牛存栏头数	万头	56.28	4.9
羊存栏头数	万头	61.27	5.4
家禽存栏只数	万只	732.41	4.4

【工业·建筑业】 2010 年，全社会完成现价工业总产值 263.44 亿元，按可比价格计算比上年增长 19.7%。实现工业增加值 132.63 亿元，

增长19.5%。其中，规模以上工业总产值205.07亿元，增长16.8%。规模以上工业中：轻工业总产值61.43亿元，增长14%；重工业总产值143.63亿元，增长18%。

2010年工业主要产品产量

产品名称	单位	绝对数	比上年增长%
原煤	万吨	1738.12	20.7
合成氨	万吨	30.49	-23.1
铁矿石原矿量	吨	35542	6.0
铅金属含量	吨	30725	-7.0
锌金属含量	吨	118003	-16.4
发电量	万千瓦时	519759	29.1
水泥	万吨	298.25	0.9
碳化钙（电石）	万吨	44.7	16.3
自来水生产量	万立方米	2147	3.1
氮磷钾肥（折纯N100%）	万吨	26.72	-27.0
卷烟	万箱	53.06	3.4

全市规模以上工业产销协调、衔接较好，产品销售率93.69%。实现主营业务收入192.15亿元，比上年增长22.8%；实现利税57.63亿元，增长3.6%，其中实现利润14.36亿元，下降5.1%。

全年全社会建筑业完成增加值42.19亿元，增长20.9%。年末资质以上建筑企业157户，增加14户，全年实现建筑业总产值59.39亿元，增长65.4%。

【固定资产投资】 2010年，完成全社会固定资产投资356.13亿元，比上年增长41.4%。在各类投资中，城镇投资304.19亿元，增长52.1%；农村非农户投资34.51亿元，增长18.1%；房地产投资17.43亿元，增长18.5%。全年累计完成基础设施投资243.17亿元，增长61%，占全社会固定资产投资的比重为68.28%，地方项目完成投资292.08亿元，增长47%，占全社会固定资产投资的比重为82%。

全市第一产业投资额11.24亿元，增长0.5%；第二产业投资额183.46亿元，增长35.6%；第三产业投资额161.42亿元，增长57.8%。从主要行业看，交通运输、仓储和邮政业，房地产业，水利环境和公共设施管理业三大行业投资增长较快，分别增长210.90%、58.24%、35.94%，三大行业投资拉动全社会投资增长23.69个百分点，对全社会投资增长贡献率57.24%。工业实现投资额183.46亿元，增长34.4%。在工业项目中，占主导地位的仍是能源工业，能源工业投资154.67亿元，增长33.44%，占工业项目投资比重的84.31%，占全社会投资比重的43.42%。

全年房地产开发投资完成17.43亿元，比上年增长18.5%，其中，商品住宅投资10.62亿元，增长3.1%；商业营业用房投资3.54亿元，增长16.45%。全市商品房屋销售面积49.27万平方米，下降58.02%，商品房屋销售额14.28亿元，下降48.23%。

2010年分行业固定资产投资及其增长速度

行业	投资额	比上年增长%
总计	3561294	41.39
农、林、牧、渔业	112410	0.53
采矿业	233503	10.05
制造业	219602	57.82
电力、燃气及水的生产和供应业	1381533	36.24
建筑业	-	-
交通运输、仓储和邮政业	627399	210.9
批发和零售业	26350	15.4
住宿和餐饮业	22202	62.85
金融业	2920	117.59
房地产业	413490	9.58
水利、环境和公共设施管理业	314295	35.94
教育	121501	77.83
卫生、社会保障和社会福利业	51088	16.79
其他	35001	-44.39

【国内贸易·对外经济·旅游业】 2010年，实现社会消费品零售总额105.67亿元，比上年增长20.3%。城乡消费基本同步增长，农村市场转旺。县以上城镇实现零售额72.74亿元，增长18.7%，市场份额为68.8%；县以下农村实现零售额32.93亿元，增长24%，市场份额为31.2%。非公有经济实现社会消费品零售额83.19亿元，增长23.3%，市场份额达到78.7%。零售业、住宿和餐饮业生意兴旺。其中，零售业实现零售额90.24亿元，增长20.2%；住宿和餐饮业实现零售额12.51亿元，

增长45.3%。

全年签约及实施国内经济合作项目96个，新签约及实施项目协议总投资446亿元，实际到位市外资金126亿元，增长46.8%，招商引资成效明显。国际贸易进出口总额1405万美元，增长40.8%，其中：出口额955万美元，增长1.6倍。

旅游业接待游客和旅游收入有所增加。全年累计接待海内外旅游者591.3万人次，增长24.4%，其中海外旅游者792人次，国内旅游者591.21万人次。旅游业综合收入20.06亿元，增长33.86%。

【财政. 金融业】 2010年，财政总收入完成71.26亿元，比上年增长28.3%。地方一般预算收入完成25.62亿元，增长23.2%，一般预算支出完成146.6亿元，增长31.5%。良好的财政收支运行，有力地促进了全市经济社会事业的健康发展。税收收入快速增长。国税税收收入48.75亿元，增长30.7%；地税税收收入19.68亿元，增长23.9%。

2010年财政收支情况

单位：万元

指标名称	绝对数	比上年增长（%）
财政总收入	712565	28.3
其中：一般预算收入	256180	23.2
#税收收入	211991	24.1
非税收入	44189	19.4
一般预算支出	1465980	31.5
#一般公共服务	145749	20.1
教育	330277	12.6
社会保障和就业	193875	51.6
农林水事务	231262	40.0

年末全市金融机构人民币存款余额520.35亿元，比年初增长34.7%。其中：城乡居民储蓄存款余额234.75亿元，增长25.5%；金融机构人民币贷款余额286.34亿元，增长34.2%。金融机构累计现金收入777.94亿元，比上年增长17%；累计现金支出803.8亿元，增长17.2%，全年货币净投放25.86亿元。

2010年金融机构人民币信贷收支情况

指标名称	绝对数	比年初增长（%）
存款余额	5203518	34.7
其中：企业存款	1103594	22.8
城乡居民储蓄存款	2347674	25.5
贷款余额	2863358	34.2
其中：短期贷款	869750	16.8
#个人贷款及透支	250121	-3.5
中长期贷款	1986910	43.7
个人贷款	687940	40.2

【教育·文化·卫生·体育】 2010年，有普通高等学校1所，在校学生5943人，比上年增长7.1%；普通中等专业学校在校学生9522人，增长23.1%；职业中学在校学生1.86万人，增长17.3%；普通中学在校学生37.11万人，增长2.97%；小学在校学生71.95万人，下降3.5%。“两基”顺利通过国检，中小学布局逐步优化，农村办学条件进一步改善。小学学龄儿童入学率99.48%；初中毛入学率99.06%；高中毛入学率33.94%。全年扫除文盲1.17万人。

全面落实“两免一补”政策，办学条件不断改善，累计争取和投入各类教育专款14.26亿元，比上年增长7.2%，新建校舍31.7万平方米、排除中小学危房45.1万平方米，完成中小学校安全工程58.9万平方米。新增教师2363人。高考上线率提高14.15个百分点，职业教育招生规模增加15.25%。

年末全市共有公共图书馆12个，文化馆12个。电视综合人口覆盖率93.72%，广播综合人口覆盖率91.95%，报刊、杂志以及图书出版的发行量不断增加。

年末全市共有医疗卫生机构451个，实有病床1.1万张，比上年增长21.7%；专业卫生技术人员7959人，比上年增长12.97%。

【社会保障·劳动就业】 社会保障事业整体推进，各项改革措施不断完善。城镇职工基本养老、失业、工伤、生育保险参保人数稳步增加。2010年，全市各种社会保险参保人数突破110万人，达116.67万人，比上年增长61%。城乡社会救助体系逐步完善，城镇居民基本医疗保险实现市级统筹和异地联网，覆盖面扩大到21.3万人。新型农村合作医疗全面推进，参合农民达到483.3万人，参合率96%。全市资助五保对象、农村低保对象及重点优抚对象参加新农合52.58万人，兑付各类社会保险资金6.98亿元，发放最低生活保障资金5.27亿元、临时救助金8700万元。启动廉租住房建设36万平方米，建成1418套。

劳动就业规模扩大，再就业工作成效显著。年末全市从业人员297.45万人，其中：第一产业199.88万人、第二产业28.07万人、第三产业69.5万人。城镇累计新增就业2.01万人，下岗失业人员再就业4710人，特殊困难群体就业3227人，城镇登记失业率4.4%。“百万劳务输出工程”目标如期实现，累计转移农村富余劳动力123.5万人。

【人口．人民生活】 2010年末全市户籍人口574.24万人，比2009年度净增13.19万人。有27种民族，其中少数民族人口数58.24万人。计划生育率提高7.3个百分点，达到86%，人口自然增长率8.16‰。

2010年，全市在岗职工年平均工资2.88万元，比上年增长7.8%。城镇居民人均可支配收入1.23万元，增长10.2%；人均生活消费支出8369元，增长9.6%。农民人均纯收入2768元，增长13.2%；农民人均生活消费支出2314元，增长13%。城乡居民居住条件继续改善。城镇人均住房建筑面积30.65平方米，农村人均住房居住面积23.92平方米；城镇居民家庭恩格尔系数为44.3%，农村居民家庭恩格尔系数为56.1%。

（邹蓉）

丽江市

【综 述】 2010年，丽江市面对国际金融危机后续影响和百年不遇特大旱灾，坚决执行中央、省委、省政府和市委的决策部署，紧紧围绕文化立市、旅游强市、水能富市、和谐兴市、人才推动和全面开放“六大战略”，着力推进生态产业基地、清洁能源基地、国际精品旅游胜地建设，积极启动中国面向西南开放“桥头堡”的重要窗口和国家生态安全的重要屏障建设。全市生产总值143.6亿元，比上年增长15.2%，加快2.2个百分点，比全国、全省平均增幅高4.9、2.9个百分点，位居全省各州（市）第二位；地方财政一般预算收入16.46亿元，增加4.8亿元，增长41.1%，增幅排名全省第三；社会消费品零售总额45.5亿元，增加8.9亿元，增长24.3%；城镇居民人均可支配收入1.55万元，增加1595元，实际增长8%；农民人均纯收入3410元，增加565元，实际增长14%。主要约束性指标均未超出预期目标：居民消费价格总水平涨幅控制在4%以内，城镇登记失业率控制在4.5%以内，人口自然增长率控制在7‰以内，单位生产总值能耗控制在省下达目标3.4%以内。

【农业】 统筹城乡发展，积极落实惠农政策，夯实农业农村发展基础。坚持生态建设产业化、产业发展生态化，大力推进生态产业基地建设，不断提高农业产业化和农民生活水平。积极应对特大旱情，2010年全市累计投入抗旱资金7727万元、劳力36万人次，挽回经济损失3.2亿元。加快农业基础设施建设，新建“五小水利”工程1000件、沼气池7944口、节柴改灶6691户，解决7.8万农村人口饮水安全问题。改造中低产田地10万亩。实施乡（镇）通油路工程168公里、村委会通达工程400公里。实施整乡推进项目1个、整村推进项目222个，易地扶贫开发搬迁1550人，产业扶贫投入1.89亿元，解决和巩固了5万贫困人口温饱。积极推进农业产业化发展，培育了丽江特色优质烟叶、芒果、雪桃等一批具有品牌效益的特色生态产业。2010年，粮食播种面积12.72万公顷，粮食总产量43.4万吨，增长0.25%，再创历史新高；油料产量1.09万吨，增长1.64%；种植烤烟15.7万亩，收购烟叶46.6万担，实现烟农收入3.2亿元；肉类总产量10.2万吨，增长9.81%。完成农业总产值44.9亿元，增长6.8%。10.2万农村居民享受到最低生活保障。实施100个社会主义新农村示范村建设。农村劳动力转移输出3.98万人，增长41.8%。

【工业】 大力推进重大工业项目建设，新型工业化进程不断加快，工业生产持续回升，经济效益不断提高。2010年，完成工业总产值88.8亿元，比上年增长21.2%，其中规模以上工业总产值70.18亿元，增长22.9%；工业增加值33.12亿元，增长22.9%，其中规模以上工业增加值28.57亿元，增长24.4%。工业对经济增长的贡献率29.5%，拉动GDP4.5个百分点，规模以上工业企业实现主营业务收入64.94亿元，增长43.6%，实现利税9.84亿元，增长31.9%，其中利润5.07亿元，增长39.2%。主要工业产品产量中原煤产量801.63万吨，增长9.69%；发电量12.77亿千瓦时，增长0.32%；成品糖7500吨；水泥250.73万吨，增长6.89%。建筑业增加值21.9亿元，增长20.8%，对全市经济增长的贡献率达到20.7%，拉动GDP增长3.1百分点。安全生产主要控制指标明显下降，全年各类安全生产事故50起，下降61%，生产安全事故死亡66人，上升27%，全年亿元生产总值生产安全事故死亡人数为0.45人。

【固定资产投资】 加强基础设施建设，着力夯实跨越式发展的基础。深化固定资产投资目标责任制和重大项目领导挂钩联系制度。2010年，全社会固定资产投资突破200亿元大关，达到202.1亿元，比上年增加51.8亿元，增长34.5%，加快4.3个百分点，其中：城镇固定资产投资171亿元，增长43.2%。实施投资项目（不含房地产项目）688个，其中：新开工项目482个。农村非农户投资3.88亿元。全社会固定资产投资中，第一产业投资4.86亿元，增长93.4%；第二产业投资95.46亿元，增长33.8%；第三产业投资70.64亿元，增长55.2%。投资行业中，工业投资95.29亿元，增长33.5%；交通运输业投资31.62亿元，增长1.07倍；水利管理业投资2.94亿元，增长72.5%；环境管理业投资2.04亿元，增长4.65倍；公共服务业投入明显增大，完成投资6.77亿元，增长27.5%；教育5.52亿元，增长1.08倍；文化体育2.83亿元，增长3.5倍。全年城镇建设项目到位资金148.9亿元，增长20.9%，其中：国家预算内资金13.4亿元，国内贷款资金48.4亿元。

【现代服务业】 非公有经济不断发展壮大，全市非公经济组织3.07万户，从业人员10.82万人，比上年增长21.3%，非公有制经济增加值69.71亿元，增长17.2%，占GDP比重48.5%，提高0.7个百分点。非公有制经济上交税金17.99亿元，增长62%。

全市第三产业增加值62.52亿元，增长13.6%，上升0.4个百分点。对经济增长的贡献率42.1%，拉动全市GDP增长6.4个百分点。城乡交流活跃，消费品市场繁荣旺盛。全市实现社会消费品零售总额45.5亿元，增长24.3%。其中城镇完成消费品零售额30.07亿元，增长28.3%；农村完成消费品零售额15.43亿元，增长17.2%。分行业看批发零售贸易业33.68亿元，增长27.7%；住宿和餐饮业11.8亿元，增长15.4%。分经济类型看：公有经济3.06亿元，增长48.2%，其中：国有经济1.9亿元，增长62.8%；非公有经济42.4亿元，增长22.9%。其中：私有经济38.48亿元，增长24.5%。

立体交通网络进一步形成，交通运输能力不断提高。2010年，公路货运量815万吨，增长11.8%，公路货物周转量12.75亿吨公里，增长14.85%；公路客运量1616万人次，增长8.79%，公路旅客周转量11.43亿人公里，增长14.43%。全年民航货邮运输量完成3100吨，增长82.7%，运输旅客221.77万人次，下降3.4%，运输航班1.05万架次，下降4.8%。邮电业务总量4.7亿元，增长11.06%；固定电话普及率12.64部/百人；移动电话用户68.8万户，增长15.8%。

全市金融机构人民币各项存款余额297.62亿元，比年初增加78.9亿元，增长36.08%；各项贷款余额193.92亿元，比年初增加41.3亿元，增长27.06%。金融机构人民币现金收入合计44.87亿元，现金投入回笼运行正常。全年保险业保费收入5.78亿元，增长21.1%，赔付金额1.22亿元，下降0.9%。

全年有招商引资项目171个，其中在建项目137个，筹建项目14个，完工项目20个。招商引资国内合作项目到位资金125亿元，省外到位资金110.9亿元，外商投资到位资金282万美元。

积极实施旅游强市战略，紧紧围绕旅游业六个转变，全面推进旅游“二次创业”。2010年，全市接待海内外游客909.97万人次，增长20.03%，其中海外游客61.14万人次，增长16.26%。旅游业总收入实现历史性跨越，突破100亿元大关，达到112.46亿元，增长26.84%，其中实现国内旅游收入98.71亿元，增长28.2%；旅游外汇收入2.02亿美元，增长18.37%。此外，丽江市名列世界著名品牌大会第七届年会公布的“2010年度世界特色魅力城市200强”。根据“2010中国城市榜—全球网民推荐的中国旅游城市”网络推荐活动，丽江市以其特有的民族文化魅力、优美的自然风光荣获“十佳旅游品牌城市”荣誉称号。

【社会民生】 坚持以人为本，着力提高人民群众的生活水平。积极构建民生财政，2010年全市财政投入保障民生资金35.9亿元，占财政总支出的60.7%。全面实施农村义务教育“两免一补”政策，受益学生16.46万人，免补金额1.11亿元。教育基础设施进一步改善，完成中小学危房改造25万平方米。全年小学在校人数10.65万人，初中在校人数5.27万人，高中在校人数2.13万人，幼儿园在园幼儿2.25万人，幼儿园专任教师760人。在校残疾儿童332人，残疾儿童入学率89.01%。小学毛入学率110.31%，提高1.33个百分点。小学入学率99.6%，升学率97.02%。初中升学率70.25%，比上年提高6.35个百分点，初中巩固率98.24%，初中辍学率1.93%，降低0.69个百分点。普通高考录取率82.9%，提高0.3个百分点。国民平均受教育年限为8.3年。

全年财政预算安排科技支出363万元，比上年增长11%，实施国家和省科技计划项目23项，申报专利74件，有2项科技成果获省级以上科技进步奖。

新建19个乡镇综合文化站，年末共有文化馆6个、博物馆1个、公共图书馆6个、文管所4个。广播综合人口覆盖率88%，提高8个百分点；电视综合人口覆盖率95%，提高7个百分点。完成20户以上通电自然村的广播电视“村村通”工程。文化产业增加值16.9亿元，占GDP比重达到11.8%。举办综合性运动会180次，丽江市运动员在各项目比赛中获金牌11枚，银牌3枚，铜牌6枚。

新型农村合作医疗覆盖农业人口99.06万人，参合92.99万人，参合率93.9%，全年有234.05万人次享受新农合减免补偿，减免补偿金1.08亿元。全市共有全民所有制卫生机构99个，卫生技术人员27人。基本医疗保障、基层医疗卫生服务体系不断健全，公共卫生服务建设得到加强。

2010年全市常住人口123.1万人，比上年增长4.6‰。年末城镇全部单位从业人员8.75万人，增长5.5%。年末城镇登记失业人数4366人，增加383人，城镇登记失业率3.6%，下降0.2个百分点。

年末城镇参加基本养老保险人数6.27万人，比上年增加3800人。农村社会养老保险制度快速推进，参保人数13.53万人，增长334%。城镇居民最低生活保障人数4.06万人；农村居民最低生活保障人数10.16万人，增加5700人。全年城镇居民最低生活保障资金支出5997.74万元，增长2.1%；农村居民最低生活保障资金支出8211.8万元，增长9.8%。各类社会福利单位23个，社会福利单位床位数1232张，收养各类人员859人。城镇建立各种社区服务设施23个，其中，综合性社区服务中心19个。新建廉租住房300套1.5万平方米。

【环境保护·城市生态建设】 2010年，全市城镇人口34.47万人，城镇化率28%，比上年提高1个百分点。城市建成区面积39平方公里，增长23%；建成了一批市政道路，城市交通明显改善，城市道路长度138公里，增长8.9%；自来水综合生产能力11.2万立方米/日；用水普及率92%，提高4个百分点；燃气普及率82%，提高2个百分点。

全市环境保护支出1.72亿元。全面开展城市绿化、亮化、净化、美化工程，城市公共绿地面积9.8平方公里；人均公共绿地面积19平方米，增长12%；建成区绿化覆盖率26%，提高3个百分点；建成区绿地率22%，提高2个百分点；全市森林覆盖率66.15%，完成人工造林68.35万亩、封山育林32.12万亩、巩固退耕还林成果8358亩，治理水土流失121.7平方公里。

全市完成环境污染治理投资总额7912万元，比上年增长7.8%。全年工业废水排放达标率98.4%；工业固体废物综合利用率85%；城镇生活污水集中处理率78%，提高3个百分点；城镇垃圾无害化处理率达到85%；全年二氧化硫排放总量6700吨，下降2.8%。

（桑列华）

普洱市

2010年，面对后金融危机和百年一遇旱灾的严重影响和严峻挑战，普洱市委、市政府深入贯彻科学发展观，围绕经济社会发展目标，团结带领全市各族人民攻坚克难，开拓创新，在应对挑战中把握先机、在战胜困难中赢得主动，全市呈现出经济平稳较快发展、社会全面进步、民生持续改善、民族团结和睦、边疆和谐稳定的良好局面。

【经济平稳较快发展】 2010年，全市生产总值247.3亿元，比上年增长14.2%；人均生产总值9553元，增长14.1%；地方财政一般预算收入30.9亿元，增长85.9%，绝对额排名从全省第十位上升到第九位；地方财政一般预算支出113.9亿元，增长33.5%，绝对额排名从全省第九位上升到第七位；社会消费品零售总额72.7亿元，年均增长18.8%；外贸进出口总额1.7亿美元，年均增长49%；金融机构年末存贷款余额分别为363.9亿元和232亿元，增长33.5%和21.8%；居民消费价格总水平上涨3%。

【基础设施建设】 2010年，着眼于解除基础设施建设滞后对普洱经济社会发展的瓶颈制约，加大投资建设力度，实施了一批带动能力强、关系发展全局的重大基础设施建设项目。交通方面，磨思高速公路、碧云大桥等重点工程稳步推进，思澜公路三期完工、澜惠公路交工验收，农村公路在建里程3745公里。水电及电网方面，糯扎渡水电站筹建工作顺利推进，威远江、三江口电站建成发电，石门坎、勐野江、长田、普西桥电站建设工作稳步推进。农林水方面，镇沅五一、澜沧小坝子、景谷曼转河等水库建设有序推进，澜沧糯干、墨江中山、孟连糯董3件小㈠型水库开工建设，墨江常林河水库竣工验收、思茅箐门口水库下闸蓄水验收，大中河水库、营盘山水库即将组织验收，病险水库除险加固工程建设稳步推进，完成“五小水利”工程建设1.4万件。努力抓好事关民生的项目建设，建成一批教育、卫生、科技、文化等公共设施。

【“三农”工作】 2010年，面对特大干旱，普洱市全民抗大旱、保民生、抓春耕、促发展，组织49.6万人深入一线抗旱，投入抗旱资金8331.9万元，解决40.8万人饮水困难问题。确保群众生产生活用水的基本需求，实现了大灾之年大丰收，粮食总产量90.5万吨，比上年增产2.36万吨。完成中低产田地改造14.95万亩，新增2.1万亩有效灌溉面积和3.15万亩节水灌溉面积。继续抓好83个新农村试点村建设，实施587个贫困自然村整村推进，易地扶贫开发转移安置2200人，解决8万农村绝对贫困人口的温饱和18.7万农村人口饮水安全问题。引进和培育龙头企业，组建各类农民专业合作组织249个，加快发展咖啡、烤烟、蚕桑、水果、蔬菜等特色农业，产业化水平明显提高。实现农业总产值113亿元，增加值73.7亿元，分别增长7.1%和6.7%；农民人均纯收入3456元，实际增长13.8%。

【产业培植】 2010年，充分利用土地、热区、水能、矿产、民族文化等优势资源，坚定不移地实施“工业强市”战略，全力推进支柱产业提质增效、骨干产业优化升级。全市工业总产值128.1亿元，增长13.8%；规模以上工业增加值53亿元，增长14%。天士力“帝泊洱”生物茶谷、云景林纸年产9万吨纸浆技改等14个项目列入2010年云南“212”工程。茶、林、电、矿四大支柱产业稳步发展，实现工业产值94.5亿元，占全市工业总产值的73.8%。完成47万亩生态茶园改造，“帝泊洱”普洱茶品牌效应逐步显现，茶产业产值16.9亿元。原料林建设加快，林浆纸一体化快速推进，林产业产值28亿元。水电装机规模338.7万千瓦，实现产值32.3亿元。实现矿产业产值30亿元，澜沧铅矿建成全国第一条具有自主知识产权的电锌生产线。加快景区景点建设和文化产品开发，旅游产业发展荣获全省旅游“二次创业”一等奖，实现产值15.2亿元。咖啡种植面积23万亩，分别占全省、全国的52.8%和50.5%，实现产值4.5亿元，成为农民增收和出口创汇的优势特色产业。加快生物药业基地建设，种植石斛5600亩。桑园面积12.3万亩，实现产值1.3亿元。加快渔业标准化养殖示范区建设，养殖优质水产品3650亩，建设生猪标准化规模养殖场27个，实现渔牧业产值29.2亿元。

【改革开放】 2010年，继续深入推进重点领域和关键环节改革。新一轮政府机构改革进入全面落实阶段，宁洱县扩权强县试点工作有序推进。新一轮矿业秩序整顿规范工作完成，江城钾盐矿、澜沧铅矿、镇沅和墨江金矿被列入省重点扩大勘探范围重点矿区。集体林产权制度主体改革工作被省委、省政府授予“一等奖”，林权抵押贷款总额居全省第一。农垦系统改革基本完成，农村小型水利工程管理体制改革进入全面推进阶段，卫生、医药、文化等体制改革继续深入推进。承办了云南省第九届少数民族传统体育运动会，取得了奖牌数和金牌数第一的优异成绩。镇沅县成功创建“国家卫生县城”，成为全国首个获此称号的国家重点扶持县。积极搭建对外交往的新平台，在上海举办第十届中国普洱茶节，组织经贸代表团赴日本、韩国开拓普洱茶市场，普洱的对外形象不断提升，先后荣获中国十佳绿色城市、中国最佳休闲小城等称号。紧紧抓住云南建设中国面向西南开放桥头堡的重要机遇，全面启动桥头堡绿色经济试验示范区申报工作。融资工作成效显著，富滇银行在普洱设立了分支机构，林权抵押贷款总额居全省之首。通过“百名浙商普洱行”等系列招商活动，康恩贝、星巴克、永丰源、金洲、中欧同创等知名企业落户普洱市，实施经济合作项目153项，实际到位市外资金77亿元。

【城乡建设】 2010年，树立“大普洱”规划建设理念，实施“大城建”战略，全面推进中心城市、县城、集镇和新农村四个层次一体化规划和建设，城乡配套功能不断完善，城镇承载能力有效提高。围绕建设国家级园林城市和最宜人居生态城市目标，中心城区实施了“南拓北建东扩中改”工程，中心城区建成区面积从不足10平方公里扩大到23.1平方公里。规划实施44条70多公里的路网工程，行政中心实施整体迁建，并配套进行北部普洱人家、思茅河整治及河岸景观项目等重点工程；市行政中心主体工程验收，市文化中心建成美术馆、博物馆、档案馆、图书馆和健身馆。东部教育区、南部旅游度假区、西部工业园区、北部行政文化区、中部商业区的功能格局基本形成，中心城市辐射带动能力进一步增强。各县城充分结合当地自然禀赋、人文历史、产业特色，高起点规划、高品位建设城镇，县城承载力和城市品位不断提升。集中力量建设澜沧惠民旅游小镇、思茅茶马古镇、宁洱磨黑古镇、墨江碧溪古镇、孟连娜允古镇等一批特色集镇，全市城镇建成区面积85平方公里，城镇化率31%。

【社会事业】 2010年，在经济加快发展的同时，协调推进社会事业发展。思茅师专新校区和市职业教育中心项目建设加快推进。“两基”工作顺利通过检查验收。实施拆除重建D级危房校舍15万平方米。享受“两免一补”政策学生70.9万人次，高考上线率90.2%，比上年提高17个百分点。科技创新步伐加快，创新型普洱行动计划稳步推进，实施科技项目66项，申请专利38项，开展科技培训52.9万人次，科技进步对解决增长的贡献率46.4%。覆盖市、县、乡、村的医疗服务体系不断完善，城镇居民基本医疗保险参保13.7万人，新型农村合作医疗参保187.6万人，新型农村合作医疗参合率达95.3%。举办了“中国文化遗产保护·普洱论坛暨茶马古道科学保护培训”和第三届普洱民族文化艺术节。墨江哈尼族民间文学叙事长诗《洛奇洛耶与扎斯扎依》，西盟佤族民间文学《司岗里》被列入第三批国家级非物质文化遗产保护名录，澜沧景迈万亩古茶园申遗工作正式启动。全民建设活动广泛开展，36个村再次实施国家农民建设工程建设项目。第三批直播卫星覆盖工程建设全面展开，广播、电视综合人口覆盖率96.1%和98%。

【人民生活·社会保障】 2010年，始终坚持以人为本，切实改善民生。民生投入78.2亿元，占财政一般预算支出的68.7%。投入3150万元事业保险基金帮助困难企业稳定就业岗位，筹集就业再就业资金3536万元，解决1.55万人的就业再就业问题。全年城镇新增就业人数9444人，下岗失业人员再就业人数4138人，就业困难人员就业人数3000人，城镇零就业家庭保持“动态清零”，城镇登记失业率4.17%。筹措560万元转移培训资金，转移就业农村劳动力13.6万人。企业退休人员养老金月增资135元。城镇居民基本医疗保险最高支付限额从2万元提高到3万元。城镇居民最低生活保障人数4.71万人，农村居民最低生活保障人数45.5万人。澜沧县、墨江县新型农村社会养老保险试点工作顺利推进，44.37万人参加新型农村养老保险。完成1576套、7.88万平方米廉租房建设，新开工1760套、8.8万平方米廉租房建设，完成7260户农村危房改造项目。全面启动澜沧拉祜族聚居区综合扶贫开发项目。社会治安综合治理和禁毒防艾人民战争扎实有效开展，食品药品市场监管和安全生产工作得到加强，平安普洱建设工作稳步推进。

【生态建设】 2010年，扎实推进“七彩云南·生态普洱”保护行动，建立了糯扎渡生物多样性宣传教育基地，治理水土流失面积107平方公里，实施天然林保护工程6990亩，封山育林1.5万亩，荒山造林2.5万亩，营林造林71万亩，城市绿化覆盖面积2246万平方米，城市人均公共绿地面积10.4平方米，全市森林覆盖率67%。实施城市治污工程3项，建成7座生活垃圾处理场和3个污水处理厂，单位生产总值能耗下降1.59%，全面完成省政府下达的污染减排和淘汰落后产能任务。城市污水处理总量276万立方米，工业废水排放达标率

99.1%，工业固体废物综合利用率82%，城镇垃圾处理率30%，完成限期治理项目20个，烟尘控制区1个，城乡环境综合整治取得显著成效。全市已建各级自然保护区18个，其中，国家级自然保护区2个，省级自然保护区5个。

（黄玮）

临沧市

【综述】 2010年，临沧市委、市政府紧紧围绕市委二届八次、九次全会和市二届人大三次会议确定的发展目标，突出主旋律，增强凝聚力，提高执行力，以固定资产投资新增100亿元、财政总支出完成100亿元、招商引资实际到位资金100亿元的"三个一百"工作任务为抓手，大力实施新家园行动计划，深入开展优化软环境增强软实力活动，经济社会发展实现新跨越。全市完成生产总值（GDP）218.3亿元，比上年增长12.2%；完成地方财政总收入25.5亿元，增长51.6%；城镇居民人均可支配收入1.26万元，增长10.8%；农民人均纯收入3279元，增长20.1%。

【农业·农村经济】 2010年，全市实现农业总产值117.9亿元，按可比价格计算，比上年增长8.7%。以新家园行动计划为抓手，扎实推进社会主义新农村建设。完成350个行政村、2890个自然村的村庄规划编制。400个旧村改造扎实推进，完成旧房改造2.78万户，占计划数2.51万户的110.7%；实施整村推进545个村，累计完成投资2.24亿元。特色产业不断壮大。围绕"到2010年建成1000万亩以上优质农产品基地"目标，高度重视核桃、烤烟、茶叶、甘蔗、橡胶、澳洲坚果等特色产业建设。深入开展核桃"三率"（成活率、成长率、挂果率）大会战，新植核桃22.7万亩，补植补造14.1万亩，核桃种植面积累计680万亩；茶园、蔗园面积得到巩固，膏桐、橡胶、澳洲坚果、木瓜、木薯、桑蚕等产业基地建设取得新成效；新烟区规划建设有力推进，烤烟产业快速发展，支撑全市农民增收，农村可持续发展的产业集群逐步形成。乡镇企业稳步快速发展。全年完成乡镇企业营业总收入103.4亿元，增长13.6%，实现增加值31.6亿元，增长21%。

【工业·建筑业】 2010年，以实施第二轮工业发展倍增计划为载体，加大投入，积极推进项目建设，加大企业技术创新工作力度，认真落实中小企业扶持等一系列政策，抓实节能降耗工作，以农产品为主的轻工业集群建设取得初步成效；工业园区快速发展，新型工业化发展平台初步显现。完成工业增加值53.7亿元，比上年增长11.4%。全市有工作量的建筑施工企业190个，增加32户，实现总产值77亿元，增长81.6%，其中国有及国有控股企业实现产值17.5亿元，增长152.7%；房屋建筑施工面积379.7万平方米，增长52.3%，房屋竣工面积197.7万平方米，增长97.7%。

【固定资产投资】 2010年，全市围绕固定资产投资增加100亿元的工作目标，积极争取国家和省的支持，创新机制，优化项目，整合资源，调整投资结构，全力推进交通、水电为重点的基础设施建设，提高了投资质量，投资保持平稳较快增长。全年施工项目2775个，比上年增长91.5%。其中新开工项目2198个，增长106%；投产项目1974个，增长227.4%。完成全社会固定资产投资234.4亿元，增长104.7%。其中：城镇固定资产投资156.1亿元，增长79.9%，农村固定资产投资78.3亿元，增长182.5%。

【交通运输·邮电业】 2010年，全市交通运输、仓储及邮电业实现增加值6.2亿元，比上年增长12%。公路建设实现历史性突破，客货运输发展平稳。2010年末通公路里程1.4万公里，拥有机动车29.8万辆，完成货运量1535万吨，增长5.1%，货物周转量13.51亿吨公里，增长12.9%，客运量684万人，增长5.2%，旅客周转量8.89亿人公里，增长7.3%。完成航空客运量12.7万人次，增长10.6%，客座率74%，提高6.5个百分点。邮电通信业继续保持了稳步发展的良好势头，完成邮电业务收入7.2亿元，增长6.2%，移动电话用户120.1万户，增长40.5%，固定电话普及率8.5部/百人，移动电话普及率49.4部/百人，互联网入户数6.5万户，增长25.5%。

【贸易·旅游】 2010年，全市完成社会消费品零售总额72.6亿元，比上年增长22.2%；完成进出口总额13.5亿元，增长62.7%。在"招商引资"工程的推动下，对内对外开放又有新发展，全年合同利用外资4278.4万美元，实际利用外资2110万美元。共签订和实施国内合作项目610个，实际到位资金114.8亿元，增长169.5%。旅游产业稳步发展，2010年接待国内外旅游人数273万人次，增长7.7%，其中：接待海外旅游人数4.1万人次，下降6.3%；实现旅游业总收入14.5亿元，增长31.8%。外汇收入1472万美元，下降6.4%。

【金融·保险业】 2010年末金融机构各项人民币存款余额245.5亿元，比年初增加50.2亿元。其中，企业存款48.5亿元，增加7.4亿元，居民储蓄存款余额118.9亿元，增加25亿元。金融机构各项人民币贷款余额168.1亿元，增加26.9亿元。其中短期贷款41.1亿元，减少6.7亿元，中长期贷款127亿元，增加33.6亿元。货币净投放量22.7亿元，同比多投放5.3亿元，年末货币流通量59.9亿元，增长20.3%。保险事业健康发展。2010年全市有保险公司11家，全年完成各种保险收入2.81亿元，增长16.1%。

【社会事业】 2010年，全市安排科技三项费用227万元，共实施科技项目51个，创建农村科普示范基地19个，全国科普示范县区3个，有效促进了工农业生产的发展。在新家园行动中，校安工程“代建制”模式得到有力推广，共拆除中小学D级危房27.8万平方米，新建校舍10.8万平方米；拥有各类学校1782所，其中高等学校1所，中等职业教育学校21所，普通中学121所，小学1576所（含教学点），特殊学校1所，幼儿园62所，在校学生人数40.97万人，专任教师2.2万人。教育保障机制逐步完善，“两免一补”政策全面实施，教育综合改革取得阶段性成果，高考取得新成绩，职业教育得到加强，教育体系不断健全。广播电视“村村通”工程顺利开展，全市拥有调频转播发射台40座，电视转播发射台10座，卫星收转站16.08万座，广播覆盖率95.51%，电视覆盖率96.26%。体育事业取得新成绩，参加云南省第十三届运动会，共获金牌6枚、银牌6枚、铜牌4枚。启动实施医药卫生体制改革，医疗救治体系、疾病预防控制体系和卫生监督执法体系建设不断完善，卫生服务能力和服务水平不断提高，新型农村合作医疗取得新成效。新型农村合作医疗参合农民181.1万人，参合率96.2%，减免补偿参合农民医药费2.4亿元。完成32个乡镇卫生院和72个村卫生室建设任务，有效缓解了广大农村群众“看病难”、“看病贵”问题。

【民生保障】 2010年，社会保障进一步提高，各项改革措施不断完善。启动实施了耿马县、永德县新型农村社会养老保险试点工作。退休养老、城镇低保按时足额发放，共发放各类保险资金5.4亿元，有效解决了城乡困难群众基本生活。城镇居民基本养老保险稳步推进，参保人数8.5万人。城乡救助工作有序开展，共发放社会救助和优抚资金4.4亿元，惠及城乡低收入群体和优抚对象91万人次。37.45万平方米7490套廉租住房、31万平方米城镇和国有工矿棚户区改造工程顺利推进。就业工作不断加强。新增就业1.2万人，城镇失业人员再就业4000人，其中就业困难人员再就业4000人，2000名大中专毕业生实现了就业。扶贫济困工作取得实效。投入各类扶贫资金12.4亿元，实施扶贫安居工程1350户，易地扶贫开发转移安置2100人，完成农村劳动力转移培训17万人，转移就业15万人；5万贫困人口脱贫。

【城市建设·生态建设】 2010年末城镇人口74.3万人，城镇化水平达到30.6%，比上年提高1.6个百分点。“园林城市”建设稳步推进。投资24.3亿元，实施园林化工程124项，人居环境不断优化；城镇基础设施和服务功能逐步健全和完善，城镇对经济的带动和辐射作用明显增强。生态文明建设切实加强。2010年完成造林面积6.11万公顷，比上年增长61.6%，森林覆盖率60.56%；建成农村沼气池2.1万口；单位生产总值能耗1.015吨标煤/万元，下降4.7%；化学需氧量2.44万吨，增加594吨；二氧化硫排放量3801吨，增加193吨。

（左映莲）

8个民族自治州

楚雄彝族自治州

【综述】 楚雄彝族自治州位于云南省中部偏北，跨东经100°43′~102°30′，北纬24°13′~26°30′之间，属云贵高原西部、滇中高原的主体部位。总面积2.93万平方千米，山地面积占总面积的90%以上。东邻省会昆明市，南连思茅和玉溪两市，西接大理白族自治州，北与四川省攀枝花市和凉山彝族自治州接壤，西北与丽江市隔金沙江相望。州境东西最大横距175千米，南北最大纵距247.5千米。

楚雄州有丰富的自然资源和人文景观。境内最高点为大姚县百草岭主峰帽台山，海拔3657米；最低点在双柏县南端的三江口，海拔556米。属亚热带季风气候，具有立体气候特点。2010年平均降雨量682毫米，年平均气温17.4℃，年日照2360小时。现有自然保护区19个，面积287.79万亩，其中国家级保护区面积48.56万亩。森林覆盖率为62.48%，有6000多种植物，中草药材1300多种，野生动物近百种，鸟类390余种。国家级保护植物有云南红豆杉等27种，国家级野生动物有长臂猿等48种。矿产资源以铜、铁、煤、盐等著称。现已探明铁矿储量2.7亿吨、煤10亿吨、盐11亿吨。水资源总量73.23亿立方米，各河流水能理论蕴藏量为416.36万千瓦（包括金沙江干流228.3万千瓦）。楚雄盆地具有蕴藏石油天然气的良好地质条件。举世闻名的距今800万年前的禄丰腊玛古猿化石和170万年的元谋人化石以及1.8亿年前的禄丰恐龙化石在这里出土，被誉为“古生物之乡”和“人类发祥地”。

全州辖楚雄、双柏、牟定、南华、姚安、大姚、永仁、元谋、武定、禄丰9县1市，103个乡（镇），1037个村委会。2010年末全州总人口262万人，全州常住人口271万人。其中：农业人口222.55万人，非农业人口38.96万人。居住有汉、彝、苗、白、回、哈尼、傈僳等26个民族。总人口中，少数民族人口有90.4万人，占总人口的34.6%，其中彝族人口73.15万人，占总人口的28%，占少数民族人口的80.9%。2010年全州人口出生率10.94‰，死亡率6.63‰，自然增长率为4.31‰。

楚雄彝族自治州成立于1958年4月15日。建州52年来，在党的民族政策的指引下，全州的经济建设、政治建设、文化建设、社会建设取得了辉煌成就。2010年全州实现生产总值（GDP）404.44亿元，按可比价计算，比2009年增长11.3%。一、二、三次产业分别完成增加值90.49亿元、171.81亿元和142.14亿元，分别增长3.0%、15.0%和12.2%。一、二、三产业的比重由2009年的23.6∶41.6∶34.8变为22.4∶42.5∶35.1。

【农业·农村经济】 全州共投入抗旱救灾资金2.32亿元，落实粮食直补、农资、良种、农机购置等支农惠农资金2.16亿元，全州全年粮食种植面积达346.48万亩，全年粮食总产量达96.03万吨，减少6%；生产收购烟叶198.3万担，蔬菜、啤酒大麦、马铃薯等经济作物种植效益显著。全州肉类总产量达33.28万吨，增长8.7%，实现畜牧业产值56亿元，增长8%。年产值100万元以上的农业龙头企业达143户，新增10户；各类农民专业合作经济组织发展到2300个，带动农户28万户；累计有110户企业的201个农产品通过了国家质量认证，新增12户24个产品。共推进在建和新开工水利项目124件，其中青山嘴、龙虎、尼白租等骨干水源工程基本完成，80件病险水库除险加固工程全面完成；新增灌溉面积2.04万亩、节水灌溉面积5.99万亩，完成中低产田地改造25.1万亩，解决了18万农村人口和农村学校2.14万师生的饮水安全问题，治理水土流失面积560.66平方公里；完成农村户用沼气建设9951户。整合各类资金8419.13万元，推进实施了105个重点建设村，受益6421户25715人；“元双”线“彝州乡风文明示范带”建设继续推进。累计投入以工代赈资金3342万元。实施完成2099户8333人的易地扶贫搬迁，完成624个扶贫整村推进任务。全年农林牧渔业总产值达152.5亿元，按可比价计算增长3.6%。

【工业·建筑业】 规模以上工业实现增加值106.32亿元，增长14.4%。轻重工业的比例调整至53.4∶46.6。全州每万元GDP能耗下降4.7%，圆满完成2010年及“十一五”污染物减排目标任务。工业发展基础进一步夯实，楚雄和禄丰工业园区水电配套设施逐步完善；土官片区云钛路正在加快推进；大姚、永仁、南华、双柏等8个州级工业园区水、电、路建设及土地报批等工作取得新进展；全州共建成标准厂房30.7万平方米。重点项目建设加快推进，云南钛业股份有限公司年产2万吨钛材加工生产线一期建设项目、云南昆钢重型装备制造集团有限公司年产20万吨钢结构产品项目建成投产；云南新立公司禄丰钛业分公司年产6万吨氯化法钛白粉和年产1万吨海绵钛项目、禄丰天宝磷化工有限公司年产30万吨饲料磷酸盐建设项目、云南红塔集团楚雄卷烟厂易地搬迁技改等项目稳步推进。

【重点产业】 面对国际金融危机和百年不遇特大旱灾的影响，州委、州政府及时明确目标任务，强化措施，加强与大企业、大集团的合作，促进了五大重点产业的发展。五大重点产业共实现增加值192.85亿元，增长9.8%，占GDP的比重达47.68%。其中：全州烟草产业实现增加值63.94亿元，增长4.0%，占GDP的比重达15.8%；天然药业实现增加值3.2亿元，增长13.1%，占GDP的比重为0.79%；冶金化工业实现增加值37.52亿元，增长13.2%，占GDP的比重达9.28%；绿色食品业实现增加值61.9亿元，增长6.8%，占GDP的比重为15.3%。全年共接待海外游客1.99万人次，增长20.0%；接待国内旅客960万人次，增长18.0%。实现旅游总收入26亿元，同比增长20%；文化旅游业实现增加值26.28亿元，增长14.1%，占GDP的比重为6.5%。

【固定资产投资】 前期工作扎实有效。州人民政府继续安排项目前期工作经费4540万元。纳入省级“三个一百”的5个重点前期项目进展顺利，其中：下口坝水库建设项目、世界和平园建设项目已开工建设；禄丰西河水库建设项目已报有关部门审查；牟定县城供水管网改扩建二期建设工程项目初步设计已经通过审查；元谋县城市基础设施建设项目已完成项目可研报批；州重点督查的武禄高速公路、重点水库等20个重大前期项目，已实现开工或部分开工5个、工程已批或待批6个、4个正在编制工程、5个正在编制或完成规划编制。全年全州共向国家和省上报项目4805个，争取资金54.5亿元，比上年48.7亿元增加5.9亿元，增长11.9%。重点建设项目快速推进。中央扩大内需1～4批457个投资项目已全部开工建设，有443个项目完成年度投资计划，累计完成投资23.8亿元，占年度总投资计划的99.3%；2010年省下达的341个中央投资项目已有275个项目开工建设，完成年度投资计划项目76个，完成投资8.4亿元；纳入省级“三个一百”的22个重点项目完成投资46.3亿元，占省下达投资计划的88%；州重点督查的重点水源工程建设项目、元双公路建设项目、农村公路建设项目等20个重大在建项目推进迅速，全年共完成投资79.8亿元，占投资总额的92.7%。

【县域经济】 州委、州人民政府全面贯彻落实省委、省政府富民强县各项重大决策部署，围绕扩内需、增投资、强基础、培产业的工作目标，切实加大了对县域经济发展的扶持力度。各县市因地制宜，充分发挥比较优势，积极采取措施，着力推动县域经济发展，成效明显。全州9县1市财政总收入均超过亿元，超亿元县比2009年增加2个；有9个县市地方一般预算收入实现15%以上的增长，最高增幅达37%，全州县级完成地方财政总收入38.15亿元，增长19.9%。全州规模以上工业增加值增长高于25%的县市达5个，全社会固定资产投资增长高于40%的县市达2个。

【国内贸易·对外经济】 全州社会消费品零售总额131.9亿元，增长20.2%。非公有制经济增加值占GDP比重达42.1%，实现零售额112.4亿元，增长20.5%，其中个私经济实现零售额107.52亿元，增长22.6%。外贸进出口总额完成10843万美元，增长56.4%。其中：出口额10351万美元，增长71.3%；进口额492万美元，下降44.8%。全年共实施招商引资项目363项，实际到位资金111亿元，增长47%。

【交通·邮电】 州内公路通车里程达1.69万公里（含村道），其中高速公路304.5公里，一级公路13公里，二级公路291.5公里。年末全州拥有民用机动车40.89万辆，增长18.4%。全年完成客运量2404万人次（含水运），增长7.4%；货运量1317万吨，增长10.8%。

全年完成邮电业务总量9.78亿元，增长

21.3%。年末固定电话和移动电话135.48万户，增加10.49万户，电话普及率达51.76部/百人，比上年增加3.86部/百人。新增互联网用户达4.96万户，2010年末总数达26.82万户，增长22.7%。

【财政·金融·保险】 2010年楚雄州完成财政总收入86.49亿元，比上年增长18%，其中地方一般预算收入30.7亿元，增长20%。地方一般预算支出108.58亿元，增长19.2%。

金融机构年末人民币存款余额437.98亿元，比年初增长17.4%，其中城乡居民储蓄存款228.51亿元，增长20.3%。金融机构年末人民币贷款余额265.22亿元，比年初增长22.6%。年末存差172.77亿元。金融机构净投放现金5.5亿元，下降56.0%。

州内保险企业全年保费收入10亿元，增长15.2%。其中：寿险业务保险保费收入5亿元，下降5.8%；赔款及给付0.53亿元。财产险业务保险保费收入3.68亿元，增长31.5%；赔款及给付1.5亿元。健康和意外伤害保险业务保费收入1.39亿元，增长117.2%，赔款及给付0.46亿元。

【社会事业】 免除了31.46万名中小学生的杂费和教科书费，农村中小学13.14万名家庭贫困寄宿制学生享受了生活补助；中小学布局调整进一步推进，全州撤并中小学校（点）227所（个），其中撤并初中15所，撤并小学212所（含教学点185个）。2010年底，楚雄州共有全日制各类学校1221所，其中普通高校3所，普通中专27所，高中21所，初中120所，小学850所，特殊教育学校1所，幼儿园200所。高考专科以上上线人数13196人，其中本科以上7335人，较上年增加1284人。全州学龄儿童净入学率99.85%，辍学率0.41%，初中阶段毛入学率113.22%，辍学率1.19%。

实施科技计划项目69项，认定高新技术企业6家，创新型试点企业1家，获省科学技术奖3项，取得州科技成果41项，列入省级创新后备人才培养对象3名，新增专利申请150件，科技对国民经济、农业和工业的贡献率分别达47.6%、50%和49%。

继续实施文艺精品和文化惠民等工程建设，文化遗产保护和文化市场管理工作扎实推进，年末共有专业艺术表演团体10个，公共图书馆11个，公共图书馆藏书112.1万册，文化馆11个（含群艺馆1个），博物馆4个，文管所10个，乡镇文化站103个。电视台1座，广播电台1座，电视覆盖率97.29%，广播覆盖率97.02%。共出版报纸310期，837万份。楚雄州选手获得全国首届农民歌手大赛原生态组个人金奖，阿乖佬彝歌队获全国青歌赛原生态组银奖。

截止2010年年底，共有医院52所，卫生技术人员10805人。医疗卫生机构床位9812张，医院和卫生院床位9400张，其中医院床位6842张。共有211.15万农民参加新型农村合作医疗，参合率达95.74%；全州传染病报告发病率126.07/10万，下降4.7/10万；孕产妇死亡率37.73/10万，上升4.84/10万；婴儿死亡率10.86‰，下降1.84‰。低生育水平进一步稳定，2010年人口自然增长率4.31‰。

体育事业发展取得新成就。体育基础设施进一步加强，群众性体育活动广泛开展，竞技体育水平不断提高，参加云南省第十三届运动会获得金牌27枚，团体总分名列全省第六名，成功举办了州第八届少数民族传统体育运动会和州第四届残疾人运动会，体育彩票销售达1.26亿元，连续3年突破亿元。

共排查各类重大矛盾纠纷、社会热点问题792起，涉及16240人。依法、有效处置各类群体性事件96起4909人。共破获“法轮功”案件3起，查处农村邪教违法案件2起。共立各类刑事案件5651起，破获3544起，综合破案率62.71%，抓获各类犯罪嫌疑人1537名，与上年同期相比，破案绝对数上升17个百分点。严厉打击了各类违法犯罪活动，进一步巩固了“长安杯”创建成果，维护了社会治安稳定。

【人民生活·社会保障】 全州城镇居民人均可支配收入15624元，比上年增加1305元，增长9.1%。农村居民人均纯收入3896元，比上年增加385元，扣除物价上涨因素，实际增长7.5%；年末全州城镇居民人均住房总建筑面积35.16平方米，农村人均住房使用面积35.3平方米。全州建设廉租住房7840套，总建筑面积39.2万平方米。

全州参加基本养老保险11.68万人，增加3279人；参加失业保险12.85万人，增加2152人，领取失业保险金1881人；参加基本医疗保险39.93万人，增加19.1万人；参加工伤保险7.82万人，增加5705人；参加生育保险5.37

万人，增加4585人；参加农村社会养老保险53.34万人，增加23.94万人；参加新型农村合作医疗211.15万人，增加5.64万人。领取最低生活保障金的城镇人口有7.62万人，农村人口有13.92万人；优抚革命伤残军人1216人、在乡复员军人5672人；全州有养老院102个，收养3116人，有福利院4个，收养77人。

【环境·安全生产】 2010年末楚雄州共有耕地234.43万亩；中小型水库1063座，总库容10.76亿立方米；完成人工造林作业面积70.4万亩，天保工程管护面积2244万亩，封山育林面积16万亩。在县市政府驻地中，楚雄市、双柏县、大姚县、元谋县空气质量达到一级标准，牟定县、南华县、姚安县、永仁县、武定县和禄丰县为二级标准；城镇生活污水集中处理率达60%，城镇垃圾无害化处理率达83%。安全生产形势总体稳定。全年发生安全生产事故465起，死亡130人，比上年下降11.0%，受伤454人，直接财产损失1156.73万元。全年亿元生产总值生产安全事故死亡人数为0.321人，下降24.6%。

【存在问题】 一是国际金融危机影响深远，世界经济有望继续恢复增长，但不稳定不确定因素仍然较多，抵御风险的压力加大。二是产业结构不合理的问题还未得到根本改变，加快转变发展方式任务艰巨。三是投资结构单一，民间投资启动不足，融资渠道狭窄，资本运作的能力有待于进一步提高。四是保障和改善民生，推进基本公共服务均等化任务艰巨。我们必须增强忧患意识、风险意识、责任意识，采取有力措施，积极妥善加以解决。

（张云徽）

红河哈尼族彝族自治州

2010年是红河州经济社会发展进程中困难最多的一年，面对后金融危机和百年一遇特大干旱的双重压力，州委、州政府坚持把“抗大旱、保民生、抓春耕、促发展”作为全年的中心任务，动员和组织全州各级各部门和广大干部群众，采取了一系列有效的措施和办法，扎实推进重要工作、重大项目和重点工程的实施，沉着应对发展中出现的各种风险和困难，保持了经济社会的平稳较快发展，全州呈现出经济平稳较快增长、社会各项事业全面推进、民生不断改善的良好局面。全年实现生产总值650.42亿元，比上年增长11.0%。其中：第一产业104.38亿元、增长5.5%，第二产业345.15亿元、增长11.0%，第三产业200.88亿元、增长13.7%，人均生产总值1.45万元、增长14.8%。

【农业·农村经济】 2010年，围绕农村发展、农业增产和农民增收，持续加大对“三农”的投入和扶持力度。推进优势产业，扶持龙头产业，全州州级以上农业产业化龙头企业达到84户，增加21户，带动订单种植基地57.8万亩，增加6.2万亩。共拥有各类农业产业化经营组织243个，其中，国家级农业产业化重点龙头企业1家、省级农业产业化经营重点龙头企业23家、州级农业产业化经营重点龙头企业60家。参与农业产业化经营的农户64万户，从事产业化经营增加收入9.7亿元。全州完成无公害农产品、绿色食品认证25个，认证农产品累计102个；在建或已经建成的各类农产标准化生产示范区50个、示范面积40万亩；完成冬季农业开发面积151.5万亩，实现产值11.54亿元；截止2010年“两社一会”农村合作经济组织2007个，建成农产品信息网基层站点117个，服务三农能力增强；新增转移农村劳动力10.6万人，实现劳务总收入33.17亿元，增长5.8%。全年实现农林牧渔业总产值175.84亿元，比上年增长6.1%。

2010年，粮食生产在大灾之年再获丰收，粮食产量141.57万吨，增长1.0%；“八个百万亩”工程中的石榴、特色水果、优质高效蔬菜、优质茶叶等优势特色产业加快发展；由于百年一遇的干旱，主要经济作物除烤烟外产量都下降，烤烟产量增长5.5%，“两烟”销售收入50亿元，实现利税16亿元。全年实现农业产值85.39亿元，增长5.3%。

2010年，实现牧业产值71.88亿元，增长8.2%，渔业产值5.16亿元，增长4.8%。肉类总产量57.40万吨，增长12.3%，其中：猪肉增长11.3%，牛肉增长9.9%，羊肉增长8.7%。水产品产量5.6万吨，增长9.4%。

2010年，全州完成营林任务面积142.15万亩，增长22.1%，其中人工造林105.78万亩、封山育林13.24万亩，总天然林管护面积达475.6万亩，全州森林覆盖率42.7%（含灌木林)。实现林业总产值10.73亿元,增长1.4%。

农业生产条件继续改善。2010年,州本级财政支农支出19.04亿元。年末全州有效灌溉面积17.45万公顷,新增灌溉面积3万亩,建成高稳产农田273.6万亩,治理水土流失183.26平方公里,"五小"水利工程完成4.54万件,完成干支渠防渗120.66公里,解决农村饮水困难和饮水安全28万人;完成中低产田改造21.5万亩、中低产林改造32.63万亩;农业机械总动力24.38亿瓦特,增长5.9%;农业化肥施用量(折纯)20.54万吨,增长6.9%;农村用电量6.54亿千瓦小时,增长13.1%。

【工业·建筑业】 工业经济规模扩张和质量提升进一步加速。依托工业产业基础和资源优势,全面实施大企业战略,扩大对外招商引资,推进优势资源向优势产业集中,加快了工业集群式发展。2010年,全州实现全部工业总产值853.48亿元,比上年增长13.1%,其中,500万元以上工业总产值693.85亿元,增长12.6%。500万元以上工业企业实现增加值265.6亿元,增长10.1%。500万元以上工业企业实现工业总产值中,国有经济增长47.7%,集体经济增长26.9%,股份合作制经济增长438.2%,股份制经济增长2.6%,三资及外商经济增长13.4%,其他经济增长46.4%。从轻重工业看,重工业产值547.85亿元,增长15.8%,轻工业产值146.00亿元,增长2.0%。在市场回暖的情况下,主要工业产品产量增长多于下降。500万元以上工业企业实现实现利税总额139.08亿元,增长17.7%。

2010年,开工新建云锡10万吨铅和10万吨铜、云冶60万吨炭素阳极和20万吨锰系合金等重大工业项目,完成解化集团15万吨二甲醚及20万吨甲醇等一批重点技改项目。烟草工业实现红云红河的整合,冶金工业建成红钢200万吨钢等一批重大项目。州级20个工业重点项目建设步伐稳步加快,泸西大为焦化95万吨/年焦化项目、云锡公司"10万吨铅项目"、建水锰矿公司20万吨/年锰系合金项目建成投入试生产。完成水泥行业85万吨熟料淘汰落后产能的任务,万元国内生产总值能耗1.968吨标煤,单位GDP能耗下降3.53%。

建筑业快速发展。2010年,完成社会建筑业总产值83.78亿元,增长36.7%,房屋建筑施工面积709.69万平方米,增长23.1%,房屋竣工面积276.36万平方米,增长7.5%。

【固定资产投资】 固定资产投资保持较快增长。2010年,固定资产投资规模完成投资520.55亿元,比上年增长28.7%,其中,国有经济投资283.47亿元,增长28.9%;集体经济投资27.12亿元,增长10.2%;其他经济投资67.46亿元,下降10%;城乡个体私营投资142.50亿元,增长67.5%。其中,房地产开发投资完成57.89亿元,增长26.3%。

2010年,红河州紧紧抓住国家进一步扩大内需的重大机遇,积极扩大投资需求,拉动经济增长。积极向国家、省有关部委汇报,争取中央、省支持,共获得国家和省级资金支持27.5亿元。加强政银合作,融资28亿元,用于重大基础设施项目,对扩大内需项目及固定资产投资的增长起到了积极的促进作用。首次成功发行投资类企业债券20亿元,为红河州扩投入、保增长注入了强大动力。强化目标责任制,千方百计协调解决重大项目报批、资金、环评和用地等难题,推动了重大项目建设。全州在建项目3426项,新开工项目2846项,其中:实施3000万元以上重大建设项目共581个。交通方面,玉蒙、蒙河铁路,石锁、锁蒙高速、元红、元绿、蛮金、冷清、蒙屏、红南二级公路以及农村公路通畅通达工程项目建设顺利推进,新开工建设鸡个一级公路、云桂铁路;红河机场预可研已完成终审。水利方面,开远大庄水库、石屏阿白冲水库建设进展较快,红河阿扎河水库、蒙自杨柳河引水工程已开工建设,屏边云洞水库可行性研究报告已获省发改委批复。能源方面,500kV通宝输变电工程、弥勒220kV朋普输变电工程、220千伏锡都输变电工程已竣工投产,马堵山水电站、小龙潭矿务局五期扩建、建水500千伏惠历输变电、泸西县李子箐风电场一期工程稳步推进。产业方面,泸西大为焦化公司95万吨/年煤焦化项目已竣工投产,推进建水县20万吨/年锰系铁合金项目建设,完成红河钢铁公司年产150万吨碳素结构钢项目预可研报国家发改委立项。市政方面,开远、蒙自、弥勒、个旧、元阳、金平、红河、石屏污水处理厂扩建及配套管网建设工程已投入试运行,红河州大屯海、长桥海环湖截污综合治理项目规划已基本完成。其他方面,实施了绿春县城"削峰填谷"、红河县城地质滑坡治理工程;中国东盟昆海河经济走廊红河粮食物流中心正进行施工图设计;红河州卫生学校已完成项目可行性研究评审、地质灾害危险性评估、压覆矿产初审、建设项目选址意见、水土保持方案可行性研究、土地预审意见审批等。

【交通·邮电】 交通运输业稳步发展。2010年末，全州通车公路里程1.97万公里，比上年增长2.0%。全年公路运输货运量5203万吨，货物周转量65.34亿吨公里；公路旅客运输量3853万人，旅客周转量27.92亿人公里。

邮电通信事业快速发展。2010年，全州完成邮政业务总量1.25亿元。2010年末全州固定电话用户42.98万户（含小灵通），比上年下降9.8%；固定电话普及率9.6%；移动电话用户231.41万户，增长7.7%；国际互联网络用户19.56万户，增长18.8%。

【贸易】 积极扩大内需，国内城乡消费品市场的供销两旺，商贸餐饮、运输物流、文化康体、休闲度假等服务业快速发展。2010年，全州社会消费品零售总额153.47亿元，比上年增长20.5%。按所在地分，城镇和乡村分别增长23.5%、10.6%。按行业分，批发业、零售业、住宿业、餐饮业均呈增长趋势，分别增长15.6%、20.5%、38.2%、19.7%。按经济成分分，公有经济和非公有经济分别增长24.5%和18.3%。“家电下乡”产品销售位居全省前列；“万村千乡市场”工程、“乡村流通工程”试点继续实施，2010年建成农村便民超市333个、农资连锁经营加盟店116个。

对外贸易实现恢复性增长。2010年，全州外贸进出口总额11亿美元，比上年增长30.3%，其中，出口7.18亿美元，增长22.0%，进口3.82亿美元，增长49.5%。边贸企业进出口总值1.80亿美元，增长14.3%。外经贸企业进出口总值9.01亿美元，增长33.0%。外商投资企业进出口总值1900万元，增长111.6%。

【旅游】 旅游业持续稳定发展。2010年，接待国内外旅游者1214.19万人次，比上年增长10.8%。其中：国内游客1200.43万人次，增长10.7%；国际游客13.76万人次，增长19.9%。旅游总收入69.22亿元，增长19.4%。其中：实现国内旅游收入60.40亿元，增长19.2%，实现旅游外汇收入1.3亿美元，增长21.4%。抓住旅游二次创业和“十二五”开局的机遇，高起点做好《红河旅游发展战略》、《红河旅游发展总体规划》及全州13县、市旅游发展总体规划的编制，提升红河旅游的品质。着力推进以元阳哈尼梯田景区设施建设、弥勒红河春天健康运动休闲度假村、开远凤凰谷片区乡村旅游和“旅游小镇”建设等重点项目，促进全州旅游业的发展。2010年全州投资10万元以上的新建旅游项目82个，列入省级重点19个，完成投资总额23.9亿元。

【财政·金融·保险】 财政收入继续保持稳定增长。2010年，财政总收入160.26亿元，比上年增长14.2%。其中，地方财政一般预算收入61.22亿元，增长17.6%。全州地方财政一般预算支出169.42亿元，增长23.1%。

金融运行状况良好。2010年末，全州金融机构各项存款余额884.68亿元，比上年末增长28.8%，其中，城乡居民储蓄存款460.71亿元，增长21.6%。金融机构各项贷款余额488.25亿元，增长19%。全年货币累计净投放58.93亿元，增长10.65%。

保险事业稳定发展。2010年，全州保险公司保费收入19.94亿元，比上年增长26.4%，其中：财产保险保费收入8.80亿元，寿险保费收入11.14亿元。全州支付各类赔款4.13亿元，增长14.6%，其中：财产保险赔款支出3.59亿元，寿险赔款支出5404万元。

【人民生活】 人民生活不断改善。2010年，全州在岗职工工资总额73.35亿元，比上年增长15.3%，在岗职工人均年工资2.73万元，增长12.0%。全州农民人均纯收入3922元，增长13.8%。城镇居民人均可支配收入1.34万元，城镇居民人均消费性支出8543元。居民消费价格指数3.4%。

社会保障工作进一步加强。积极推进就业再就业，2010年，新增城镇就业2.59万人，城镇登记失业率3.7%。发放“以免扶补”创业小额贷款1.56亿元，带动就业9000余人；发放失业人员小额担保贷款7083万元，带动就业4723人；启用失业保险基金6676万元，稳定就业岗位3.92万个；开发公益性就业岗位4212个，消除“零就业家庭”32户；转移农村富余劳动力就业11.92万人，打击非法用工，维护农民工合法权益，保持了全州就业形势的总体稳定。各类社会保险覆盖面不断扩大，待遇标准有所提高。全州参加各类社会保险的人数158.67万人；降低个人医疗自负比例，提高支付限额；城镇职工基本医疗保险信息系统升级改造顺利实施，实现了全州异地就医联网结算一卡通；弥勒县新型农村社会养老保险试点参保人员32.06万人，启动石屏、屏边第二批试点工作。城乡困难群众的基本生活得到有效保障，2010年全州城市低保人数11.57万人，农村低保人数41.94万人，发放城市低保金2.12亿元、农村低保金3.25亿元。农村五保年人均供养标准已提高到1950元。5万余名80岁以上老年人和百岁寿星享受到生活补助。建成城镇廉租房3090套15.45万平方米。移民安置和后期扶持政策得到落实，“兴边富民”工程、边疆解“五难”惠民工程和以工代赈工程继续实施。

扶贫开发力度继续加大。2010年，全州投入扶贫开发资金12.13亿元，帮助7万贫困人口解决了温饱和增收问题。实施整村推进项目600个、革命老区综合扶贫开发项目8个，上海对口帮扶项目78个。完成易地扶贫搬迁4850人，发放信贷扶贫资金3.85亿元，扶持金平县莽人发展取得成效，扶贫安居工程建设使贫困户人均住房面积由14平方米增加到21平方米，“整乡推进”和“县为单位、整合资金、整村推进、连片开发”试点工作顺利推进。

【改革开放】　2010年，稳步推进了经济社会各领域的改革，围绕体制机制创新，重点推进了统筹城乡、经济管理体制、金融管理体制、社会管理体制、农村综合配套和行政管理体制等方面的改革已取得了阶段性成果。集体林权制度主体改革任务基本完成，启动了国有农垦体制改革。实施互利共赢的开放战略，全力推进国际大通道建设，积极推动中国红河—越南老街跨境经济合作区建设，实施了物流保障、产业支撑、进出口贸易等对外合作平台建设，红河综合保税区可研报告通过了省级评审。加快了出入境服务体系的构建，口岸基础设施不断改善，与越南地方政府和民间在多领域的合作更加紧密，“走出去”战略取得新突破。与泛珠三角、川渝地区和全国各地经济交往更加密切，与省内大企业建立了战略合作关系，引进了一批大企业、大集团入驻红河州参与开发建设，全方位、多层次、宽领域的开放格局进一步拓展。招商引资工作成效突出。全年新签利用外资协议（合同）项目13个，实际利用外商直接投资1518.6万美元，年末实有外商投资企业37个。招商引资额（协议总投资）217.37亿元，其中：内资212.83亿元，外资4.54亿元；本年实际到位资金141.09亿元，其中：内资140.08亿元，外资1.01亿元。

【科技·教育】　2010年，科技扶持投入力度加大，自主创新能力增强，科技成果推广应用加快。组织实施一批重大科技项目，科技项目申报管理、技术攻关、成果转化、产业化发展等工作有效开展。全年获得国家科技计划项目立项4项，上海科委立项1项，省级科技计划项目立项20项。全州专利申请180件，专利授权120件。年底有高新技术企业11户，新增高新技术企业3户。全州荣获云南省科技进步奖11项，其中：一等奖2项、二等奖2项、三等奖7项。全州组织评审奖励科技进步奖47项，其中：一等奖2项、二等奖9项、三等奖36项。

教育事业协调发展。2010年，全州共有各级各类学校1818所，其中普通中学204所，普通小学1239所，幼儿园329所。全州幼儿入园（班）率63.34%，提高2.75个百分点；小学适龄儿童入学率99.63%；初中毛入学率101.02%；高中阶段毛入学率55.02%，2010年高考上线率91.51%。排除D级危房42.4万平方米，开工建设校舍19.2万平方米。

【文化·卫生】　2010年，公共文化服务体系不断完善，规划建设32个乡镇综合文化站，24个文化站申报达标，467户“农家书屋”通过省级验收。加大对文物和非物质文化遗产的保护，红河哈尼梯田成功列入联合国粮农组织“全球重要农业文化遗产保护试点”，组织召开哈尼梯田大会（中国·红河），筹办“百年滇越铁路论坛”。年末全州有艺术表演团体8个，艺术表演场所数4个，艺术演出观众人次74.5万人次，文化（群艺）馆（站）147个，博物馆4个，公共图书馆（站）14个、藏书156.5万册；广播电台1座，电视台1座，卫星发射接收站38.97万座，广播人口覆盖率96.07%，电视人口覆盖率96.06%。

卫生事业不断发展，公共卫生服务进一步加强。2010年，全州有县及县以上医院86个，乡镇卫生院139个，床位数1.74万张。投资3.51亿元建设卫生基础设施项目68个；投资286万元为中心卫生院配备救护车35辆、社区卫生中心配备8辆。处置公共卫生事件的能力得到增强，有效开展了各类传染病的防控工作，防止了疫情扩散和聚集性暴发。人口和计划生育工作稳步推进，基层基础建设和服务能力得到加强，保持全州低生育水平。新农合覆盖全州，新农合参合农民 327.38 万人，参合率 95.84%，报销医药费 4.58 亿元，农民受益率 179.16%。疾病预防控制、妇幼卫生服务、艾滋病防治、食品卫生监督等工作富有成效。

【环境保护】 2010 年，坚持生态立州、环境优先发展战略，以环境保护推动绿色经济的发展。继续实施“七彩云南·生态红河”保护行动，着力推进天然林保护、退耕还林、石漠化治理等生态工程的建设。重点抓好异龙湖水污染综合防治工作和红河干流、南盘江干流的重金属污染治理。加强水资源管理、特别是饮用水水源地环境的保护。加强对矿产资源开发的环境监管，逐步建立环境治理和生态恢复责任机制，推动资源开发区的生态型开采和边开采、边恢复模式。广泛开展农村环保工作，危险废物、医疗废物处置中心建设项目有新突破。全州已建成各级各类保护区 17 个，总面积 27.66 万公顷，占全州国土面积的 8.40%。创建“云南省生态乡镇”14 个，“红河州生态示范村”5 个。开远市被列为工业循环经济示范城市，个旧市启动“全国环境保护模范城市”创建工作。通过减排项目的实施，完成主要污染物减排任务。全州工业废水排放达标率 98.90%，工业固体废物综合利用率 44.34%，城镇生活污水处理率 74.47%，城镇生活垃圾处理率 85.68%。

（李雁）

文山壮族苗族自治州

【综述】 2010 年，是文山州经济社会发展经受严峻考验的一年，既要应对国际金融危机的持续影响，又遇到了历史罕见的特大干旱。面对重重困难和压力，州政府在省委、省政府和州委的领导下，团结和依靠全州各族人民，攻坚克难，奋力拼搏，推动全州经济社会继续保持了良好的发展势头。全州完成生产总值 329.8 亿元，比上年增长 13%；财政总收入 37.9 亿元，其中地方一般预算收入 22.0 亿元，分别增长 29.1% 和 27.4%；全社会固定资产投资 275 亿元，增长 27%；城镇居民人均可支配收入 1.46 万元，增长 11.4%；农民人均纯收入 2806 元，增长 17.9%；社会消.费品零售总额 143.6 亿元，增长 21%；城镇登记失业率 3.5%，人口自然增长率 6.9‰，单位地区生产总值综合能耗下降 4.9%。

【抗旱保农】 2009 年入秋以来，文山州遭遇了秋、冬、春、夏四季连续大旱，库塘蓄水和主要河流来水锐减，对群众生活和工农业生产造成严重影响，全州 1/3 以上城乡居民出现饮水困难，农作物受灾 360 万亩，小春和冬农大幅减产，林地受灾 732 万亩，因缺水缺电造成 53 户规模以上企业停产半停产。面对严重旱情，在党中央、国务院和省委、省政府以及社会各界的关心支持下，把抗大旱、保民生、抓春耕、促发展作为压倒一切的任务，万众一心、众志成城，累计筹集资金 4.9 亿元，180 多万人次投入抗旱救灾。坚持把群众生活放在首位，发动党员干部、部队官兵运水送粮，有效解决 120.7 万人、61.3 万头大牲畜的饮水困难，因灾缺粮群众得到及时救助。坚持一手抓抗旱保民生、一手抓生产自救，采取“小春损失大春补、粮食损失经济作物补、种植业损失畜牧业补、农业损失非农补”的工作措施，有效弥补了旱灾带来的损失。2010 年，大春粮食作物比上年增加 60 万亩，三七在地面积增加 1.53 万亩，烟叶收购增加 22 万担，辣椒种植增加 13.5 万亩，定植油茶 29 万亩、核桃 20 万亩，生猪出栏增加 70 万头，肉牛出栏增加 10 万头，农业各项增产增收措施得到有效落实。全年粮食总产量 12.8 亿公斤，比上年增产 4000 万公斤；完成农业总产值 123.8 亿元，增加值 73.1 亿元，分别增长 5.5% 和 4.6%；农民人均纯收入增加 427 元，为近年来增收最多的一年，大灾之年取得了农业增效、农民增收的好成绩。

【工业】 加强工业用水、用电、用油及运力需求调度，积极保障工业生产需要，确保工业经济平稳运行。2010 年，完成工业总产值 250.9 亿元、增加值 90.1 亿元，分别增长 20.7% 和 16%。加大工业投资力度，组织实施重点工业项目 54 个，完成工业投资 50.6 亿元，年产 80 万吨氧化铝及配套氯碱项目等重点工业项目进展加快，全年有 25 个项目竣工投产。工业园区建设力度加大，建成标准厂房 25.44 万平方米。

【现代服务业】 2010年，城乡流通体系建设加强，家电、汽车下乡深入推进，社会消费持续活跃，全年改造建设配送中心6个、农家店250个，14个乡镇农贸市场建设获得中央和省支持，文山壮华物流中心、富宁县物流中心、砚山物流中心和天保物流中心规划和建设工作积极推进，全社会消费品零售总额143.6亿元，增长21%。积极支持金融业改革发展，引进富滇银行到文山设立分支机构，消除了金融服务空白乡（镇），新设立小额贷款公司13户、担保公司5户，全州金融服务业在有力支持地方经济社会发展的同时，自身得到了健康快速发展。年末金融机构各项存款余额387.3亿元，比年初增长28.1%，各项贷款余额271.8亿元，增长17.3%，保险业保费收入5.5亿元，增长13%。《文山州旅游休闲度假基地总体策划》通过专家评审，普者黑旅游休闲度假基地、“世外桃源”广南坝美、文山大自然地热谷等为重点的省级重大旅游项目建设稳步推进，旅游特色村建设初见成效，旅游宣传促销力度加大，全年接待游客463万人次，实现旅游总收入33亿元。

【固定资产投资】 2010年，深入落实国家和省扩大内需促进经济增长各项政策，在抓好中央一至四批扩大内需项目建设的同时，新争取国家和省下达扩大内需项目313个。全年实施建设项目947个，其中新开工项目501个，超额完成固定资产投资任务，有力拉动全州经济增长，推动基础设施建设取得新成就。普炭一级公路建成通车，3条政府还贷二级公路建设进展顺利，实施农村公路通畅工程288.9公里、通达工程1341.91公里。云桂铁路文山境内段全线开工建设，完成投资30亿元。富宁港一期工程进展加快，2011年3月可完成建设。实施水利建设项目6.34万件，其中新开工41件，新增蓄水库容7000万立方米，新增有效灌溉面积5万亩，新增节水灌溉面积2.9万亩，改造中低产田地35万亩，解决26.6万人的农村饮水安全问题。新增电力装机3万千瓦，新增变电容量90万千伏安。

【城镇建设】 州域城镇体系规划、“文砚平”城市群规划、县城和乡镇总规修编及县城、中心集镇、旅游小镇、风景名胜区修建性详规和控制性详规有序推进，完成了1322个村庄规划编制。结合承办省第十三届运动会，加强以文山、砚山和富宁三县（市）为重点的市政基础设施建设，全年完成公共市政基础设施投资61.1亿元，市政道路、供水、供气及污水排放、垃圾处理等设施进一步完善。积极引导房地产市场健康发展，完成房地产开发投资21亿元，商品房施工面积92万平方米，竣工面积60万平方米。全州城镇总人口98.3万人，城镇化水平比上年提高1.6个百分点，达到28.6%。同时，文山县实现撤县设市。

【改革开放】 集体林权制度主体改革通过省级验收，配套改革积极推进，农村小型水利管理体制改革试点取得经验，国有企业和国资监管制度、财政管理体制改革进一步深化，国有华侨农（林）场、农垦系统及供销社二次创业改革顺利推进，投融资体制改革取得较大突破，医药卫生体制、文化体制等社会事业改革步伐加快，“扩权强镇”、“扩权强园区”试点工作稳步推进，政府机构改革基本完成。加大招商引资力度，进一步加强与省内外大企业集团的合作，完成国内合作项目200个，实际到位资金81.2亿元，比上年增长9.95%；对外贸易稳步增长，外贸进出口总额6814万美元（未含电力出口），增长3.3%；实施对越投资项目5个，对外投资1238万美元。

【生态建设】 启动建设“森林文山”，完成人工造林57万亩、改造中低产林28万亩，建设农村沼气池9320口，实施森林生态效益补偿面积650.67万亩，完成灾后水源林建设规划，加大森林资源管理和保护力度，森林覆盖率41%。文山县污水处理厂及配套管网工程等10个污水处理和城市垃圾处理工程投入试运营，麻栗坡县、马关县、西畴县污水处理厂及配套管网工程相继开工建设，垃圾无害化处理率和城市污水处理率达到80%。积极发展循环经济建设和推进清洁生产，加强老君山保护和盘龙河、马关南北河、小白河等重点流域综合治理。超额完成淘汰落后产能任务，全面完成削减化学需氧量、二氧化硫排放量任务，“十一五”节能减排任务圆满完成。

【民生保障】 全年开发城镇就业岗位1.85万个，使用失业保险基金稳定就业岗位3115个，发放小额担保贷款8200万元、“贷免扶补”资金5520万元，扶持3106人创业，带动9318人就业，新增城镇就业1.6万人。被征地农民养老保障政策全面落实，城镇居民基本医疗保险、新型农村养老保险试点稳步推进，参加各类社会保险人数、享受城乡低保人数大幅提升，临时救济受灾群众210万人次，困难群众基本生活得到有效保障。新建廉租住房5242套26.2万平方米，开工建设公共租赁住房600套，发放住房租赁补贴1600万元，城乡低收入群众住房困难进一步缓解。建成整村推进扶贫开发村759个，对富宁瑶族支系山瑶、丘北彝族支系僰人的扶持力度加大，农村生产生活条件进一步改善。

【社会事业】 全州教育“两基”顺利通过国家检查验收，8县（市）“普实”工作通过省级验收；贷款2亿元推进中小学校舍D级危房排除工作，排除中小学D级危房45.5万平方米；撤并普通初中3所、小学308所、教学点645个，积极推进中小学区域布局调整，促进了教育资源均衡配置；成立教育投资公司，采取委托代建的方式，职教园区建设步伐加快；通过贷款贴息、帮助招聘“特聘教师”等方式，加大对文山学院和三鑫职业技术学院办学的支持力度。全面推进医药卫生体制改革，实施175个基层医疗卫生机构建设项目，为116所乡镇卫生院配置基本诊疗设备，加强药品监督管理，新型农村合作医疗覆盖率达到93.5%。出台《文山州加强农村公共文化服务体系建设的实施意见》，开工建设州民族博物馆，建设乡镇综合文化站38个、新建“农家书屋”285个、文化信息资源共享工程9个；组队参加“云南省第三届青年歌手电视大奖赛”获得好成绩。以承办云南省第十三届运动会为契机，进一步加强体育场馆建设，体育设施有明显改善。全面完成20户以上自然村“村村通”建设任务。计划生育“奖优免补”和“少生快富”政策落到实处，低生育水平进一步稳定；第六次全国人口普查工作扎实推进，防灾减灾、残联、档案、老龄等各项事业健康发展。

【社会管理】 开展“手拉手·兄弟情”、“心连心·鱼水情”、“肩并肩·爱国情”为主题的民族团结示范创建活动取得初步成效。加强矛盾纠纷排查调处和信访接待工作，积极化解一批社会矛盾和稳定隐患。加强社会治安综合治理，加大对严重刑事犯罪的打击力度，有力维护了社会稳定。加强安全生产监督管理，全州安全事故起数、死亡人数、受伤人数继续保持较大幅度下降，安全生产形势进一步好转。按照中越陆地边界条约有关法律文件，切实加强边境管控。国家安全人民防线建设进一步加强，有力维护边境安宁。

【存在问题】 经济总量小、人均水平低，综合实力较弱，加快发展的任务艰巨；发展的质量和效益不高，调整经济结构、转变发展方式任重道远；基础设施与加快发展的要求还不相适应，特别是水资源“瓶颈”制约亟待破解；城镇化水平较低，区域经济发展不平衡，统筹城乡一体化发展难度大；社会事业发展依然滞后，保障和改善民生的任务十分繁重；影响社会和谐稳定的因素日益增多，维护社会稳定的压力增大；思想不够解放、体制机制不活，对外开放水平不高；干部作风需要进一步改进，机关行政效能和服务水平还需进一步提高，发展环境仍需改善。

（胡廷汉）

德宏傣族景颇族自治州

【基本情况】 德宏州地处祖国西南边陲，云南西部，辖2市3县，即瑞丽，芒市、梁河、盈江、陇川县。辖50个乡镇，1个街道办事处，336个村民委员会，37个居民委员会，3810个村民小组。

2010年末，德宏州总人口121.38万人，其中城镇人口41.49万人，城镇化率34.18%；少数民族人口58.34万人，占总人口的48.07%。人口自然增长率控制在7.59‰以内。

【经济综述】 2010年，经济保持平稳较快发展，综合实力进一步增强。全州实现生产总产值140.63亿元，按可比价计算比上年增长15.1%。其中，第一产业实现增加值37.25亿元，增长7.1%，支撑生产总值增长2.0个百分点；第二产业实现增加值42.62亿元，增长25.0%，支撑生产总值增长7.2个百分点；第三产业实现增加值55.76亿元，增长13.6%，支撑生产总值增长5.9个百分点。一、二、三产业对经济增长贡献率分别为13.2%，47.7%，39.1%。产业结构发生明显变化，三次产业结构由上年的28.6:30.0:41.4调整为26.5:33.9:39.6。人均生产总值1.17万元，增长13.8%。非公有制经济创造增加值64.3亿元，占全州生产总值的比重45.7%，提高2

个百分点。

由于消费环境日益改善，促进了消费品市场的繁荣活跃。全年完成社会消费品零售总额54.36亿元，比上年增长22.1%。全州居民消费价格上涨3.5%，商品零售价格上涨3.8%，农业生产资料价格上涨1.6%。

【农业和农村经济】 2010年，全州实现农林牧渔业总产值58亿元，比上年增长12.6%，按可比价格计算增长8.2%，农业和农村经济持续稳定增长。一是粮食生产取得突破、蔗糖产业稳定发展。粮食作物种植面积200.92万亩，增长10.1%，总产量60.30万吨，增长10%。全州甘蔗种植面积80.15万亩，产量400.27万吨，实现甘蔗农业总产值11.48亿元。二是生物特色产业快速发展，截至2010年末，全州竹子、咖啡、澳洲坚果、柠檬、核桃、油茶、番麻等“六树一草”种植面积152.02万亩，已建和在建生物特色产业加工生产线10条，建成了全国最大的咖啡种植基地、澳洲坚果种植基地和速溶咖啡生产线；培育了“后谷咖啡”等产业龙头和一批知名品牌。三是以烟叶、马铃薯、玉米为主的冬季农业开发成为农民增收的新亮点，开发面积101.3万亩，增长10.3%，其中完成冬农作物订单面积30.05万亩。冬农开发区农民人均开发收入1051元，增长17.2%。四是全面兑现涉农补贴。全州兑付各类涉农补贴资金1.14亿元。五是新型农民培训和农村劳动力转移成效明显。全州培训劳动力1.24万人，转移劳动力5.16万人，劳动力外出务工收入1.21亿元。六是畜牧业生产持续发展，2010年全州肉蛋奶总产量8.6万吨，增长9.7%，人均肉蛋奶占有量71.5公斤。实现畜牧业产值12.8亿元，增长5.5%。七是加快推进农村基础设施建设，全年完成农田水利投资3.7亿元，解决5.69万人的饮水安全问题；实施农村公路基础建设项目169项，完成农村公路建设投资3.6亿元，乡镇油路（水泥路）通达率92%，建制村公路通达率100%，分别增加16个百分点和1.9个百分点。八是扶贫工作有力推进。全州共投入各类扶贫资金1.8亿元，实施200个贫困村“整村推进”，启动“整乡推进”试点工作，完成1150人的易地搬迁，解决和巩固3.6万人的温饱问题。九是土地资源保护与开发利用上新水平。全年保障拉动内需项目及全州重点工程项目用地6000亩，坚守全州282.9万亩耕地红线，实施10个土地开发整理项目，建设规模10.98万亩，总投资2.4亿元，新增耕地6000亩。

农林基础设施建设得到改善，取得显著成效。年末全州拥有农业机械总动力10.45亿瓦特，比上年增长5.6%；农用排灌动力机械993.9万瓦特，增长89.4%。拥有农用大中型拖拉机9495台，增长8.8%；农用小型拖拉机4.29万台，增长6.4%；农用运输车2703辆，下降7.8%；粮食加工机械1.07万台，下降1.9%。全年农机化作业机耕面积150.7万亩，机收面积59.3万亩，实现农机化作业收入3.11亿元。年末有效灌溉面积94万亩，当年新增3.21万亩；当年治理水土流失面积42平方公里。全年农村用电6625万千瓦小时，增长13.1%。

【工业和建筑业】 全年完成工业总产值102.03亿元，比上年增长39.5%；完成工业增加值36.96亿元，增长27.7%。工业生产呈现以下主要特点：一是主要工业产品产量升多降少。年发电量103.99亿千瓦小时，增长36.6%；水泥172.04万吨，增长25.3%；工业硅13.38万吨，增长27.7%；食糖45.47万吨，下降4%；电解铝1.40万吨，增长3.9%；酒精3.34万千升，增长4.8%；锡精矿含锡量702吨，增长30.7%；机制纸及纸板3006吨，增长40.2%。二是农产品加工企业不断发展壮大。已建和在建生物特色产业加工生产线10条，其中竹子加工生产线1条，年加工竹工业用板5万立方米；咖啡加工生产线2条，年生产速溶咖啡3000吨；坚果加工生产线1条，年加工坚果1000吨；番麻加工生产线3条。三是工业园区建设取得新成绩。芒市、瑞丽、盈江工业园区基础设施进一步改善，全州工业园区入园企业216户，完成工业产值44.67亿元，工业增加值17.75亿元。四是落实节能减排目标。实现单位GDP能耗下降3.48%。

建筑业稳步发展。年末，建筑企业从业人员1.19万人；全州建筑业完成增加值10.66亿元，增长18.0%。全州具有资质的34户建筑业企业完成总产值20.82亿元，比上年增长67.2%；实现利润3781万元，增长23%。房屋建筑施工面积123.93万平方米，增长98.3%；竣工面积62.38万平方米，增长70.4%。

【固定资产投资】 2010年，全年完成固定资产投资总额131.32亿元，比上年增长30.1%。

城镇固定资产投资完成117.89亿元，增长40.3%；农村固定资产投资完成6.61亿元，下降12.8倍；农村私人投资完成6.82亿元，下降26.7%。施工项目大幅度增加，全州在建项目1511个，增加275个，增长22.2%，其中新开工项目942个，增加72个。

重点工程支撑带动作用明显。全州在建项目中，计划总投资5000万元以上项目113个，比上年增加19个，完成投资68.37亿元，增长50.7%，占全社会固定资产投资总额的52.1%，支撑总投资增长22.8个百分点。其中亿元以上项目52个，增加8个，完成投资55.28亿元，增长67.1%，占全社会固定资产投资总额的42.1%。

交通、教育、非电工业投资增长迅速。在潞梁路、腾陇路等重点项目的拉动下，全州交通运输仓储及邮政业完成投资27.93亿元，增长1.8倍，占全社会总投资的21.3%，拉动全社会固定资产投资增长17.7个百分点；教育完成投资5.01亿元，增长1.1倍；非电工业完成投资13.97亿元，增长1.0倍；水利、环境和公共设施管理业完成投资14.33亿元，增长30.5%；电力生产与供应业完成投资17.67亿元，下降37.1%，占全社会投资的13.5%。

【交通运输和邮电业】 2010年，全年交通运输和邮政业完成增加值4.08亿元，增长12.3%。全年货物运输量2670万吨，增长12.3%，完成旅客运输量1667万人，增长8.0%；完成货物周转量20.96亿吨公里，增长13.7%，完成旅客周转量13.24亿人公里，增长12.4%。

邮电通信业平稳发展。全年邮电业务总收入6.52亿元，下降0.9%，其中：邮政业务收入3500万元，下降11.4%，电信业务收入6.21亿元，下降0.3%。年末用户交换机总容量147.4万门；年末拥有城市固定电话用户10.94万户，增长2.7%，乡村固定电话用户11.8万户，下降14.0%。移动电话用户90.94万户，增长22.8%。年末互联网用户7.28万户，增长36.3%。

【商业和旅游】 全年完成社会消费品零售总额54.36亿元，比上年增长22.1%，其中：城镇市场实现消费品零售额39.81亿元，增长23.9%；乡村市场实现消费品零售额14.55亿元，增长17.3%。分行业看：批发零售贸易业零售额46.75亿元，增长23.0%；住宿和餐饮业零售额7.61亿元，增长16.9%。

全年对外贸易进出口总额11.39亿美元，增长49.3%，其中：进口总额2.88亿美元，增长47.4%，出口总额8.51亿美元，增长49.9%。全年批准利用外资项目4项，其中新批3个，增资1个，实际到位资金2382万美元，增长79.9%。

旅游文化产业得到了快速发展，拥有瑞丽、芒市2个国家级优秀旅游城市；有国家4A级旅游景区点3个；星级宾馆酒店40家；创建了全国农业旅游示范点瑞丽大等喊傣寨，荣获“2010中国最具民俗文化特色旅游目的地”殊荣。物流、商贸、信息、会计、法律服务等现代服务业不断发展。全年接待国内外游客470.12万人次，增长13.7%，其中：海外游客9.49万人次，增长15.5%；国内游客460.63万人次，增长13.7%。实现旅游业总收入46.21亿元，增长19.9%。

【财政 金融】 财政金融平稳运行。全年财政总收入21.73亿元，比上年增长26.1%；地方一般预算收入13.24亿元，增长34.6%。地方财政一般预算支出58.11亿元，增长18.9%。其中：社会保障和就业支出8.32亿元，增长6.9%；农林水事务支出10.97亿元，增长79.3%；教育支出8.87亿元，增长18.7%；医疗卫生支出5.48亿元，增长27.2%；一般公共服务支出7.08亿元，增长11.9%。科学技术支出2300万元，增长26.3%。

2010年，金融机构存贷款持续增加，年末存款余额290.49亿元，比年初增长38.2%。其中：企业存款41.39亿元，增长28.8%；城乡居民储蓄存款余额183.2亿元，增长33.5%。全年贷款余额162.25亿元，增长23.3%。其中：短期贷款41.3亿元，增长24.9%；中长期贷款120.94亿元，增长22.8%。

2010年，全年各种保费收入5.25亿元，增长12.6%。其中：财产险保费收入2.06亿元，增长28.7%；人寿险保费收入3.19亿元，增长4.2%。

【教育 科技 文化 体育 卫生 环境保护 安全生产】 2010年，教育事业稳步发展。德宏普通高等学校招生2391人，比上年下降0.2%，在校生5938人，增长24.3%，毕业生1238人，增长12.4%。中等职业技术学校招生4892人，在校生12760人，毕业生3638人；普通中学招生2.14万人，在校生6.29万人，毕业生1.9万人；小学招生1.72万人，在校生10.71万人，毕业生1.74万人；幼儿园在园幼儿2.91万人；小学学龄儿童入学率99.8%，初中学龄少年毛入学率109.73%。

科技发展取得新成果。2010年争取到国家、省科技计划项目27项，科技经费1240万元；州级科技计划项目立项48项，安排科技经费60万元。2010年度，获省政府科学技术奖2项，获德宏州政府科学技术奖34项，其中：一等奖3项，二等奖7项，三等奖24项。

文化事业日益繁荣。年末全州有艺术表演团体7个，艺术研究所1个，文化馆7个，公共图书馆7个。有广播电台1座，广播人口覆盖率93.46%；电视台1座，有线电视用户9.09万户，电视人口覆盖率93.68%；全年出版各类报纸321.99万份，各类书籍160种，16万册。

体育事业蓬勃发展，2010年开展多次形式多样、特色鲜明的体育比赛活动。举办国际性的比赛1次、国家级的比赛1次、省级比赛1次、州级比赛8次、县市级比赛56次。参加省级比赛获得金牌9.5枚，银牌10枚，铜牌16枚。

2010年末有卫生机构338个（不含村卫生室），病床4461张。卫生技术人员4486人，其中：执业医师1557人，助理医师342人，注册护士1481人，其他卫生技术人员746人。全年诊疗345.85万人次，比上年增长39.9%。公共卫生体系建设进一步加强，有11.31万名职工参加基本医疗保险，88.51万农民参加新型农村合作医疗，参合率98.6%。

环境保护和生态建设发展加快，环境质量有所改善。2010年全年完成人工造林51.01万亩，比上年增长9.0%。全州森林覆盖率67.1%。自然保护区有1个，保护区面积77.48万亩。全年竣工环境污染治理项目11个，完成投资2992万元。建立城市集中式饮用水源保护区5个。

出境河流水质总体达到Ⅲ类标准，符合国家要求。芒市、瑞丽市城市空气质量全年达到国家环境空气质量Ⅱ级标准要求。

全年城市生活垃圾清运量15.18万吨。年末，全州环保系统在职人员172人，监测站2个。

全年发生各类安全事故168起，比上年增长5.7%，安全事故死亡77人，下降1.3%，受伤44人，下降43.6%，直接经济损失539.8万元，增长65.6%。亿元生产总值生产安全事故死亡人数0.55人，下降21.4%。生产企业安全事故死亡人数15人，与上年持平。全年发生道路交通事故60起，下降15.5%，死亡62人，下降1.6%，受伤39人，下降43.5%，直接经济损失8.9万元，下降4.9%。

【人民生活 社会保障】 2010年，城乡居民生活水平继续提高。全州城镇居民人均可支配收入1.38万元，增长9.8%；农村居民人均纯收入3368元，增长19.0%，城镇居民人均消费支出1.04万元，增长8.7%。农村居民人均消费支出2893元，增长18.5%。城镇居民人均房屋使用面积37.2平方米，增长2.8%；农村居民人均住房面积25.3平方米，增长3.7%。年末，城镇居民每百户拥有家用汽车16辆，拥有家用电脑50台，每百户拥有移动电话211部；农村居民每百户拥有摩托车83.4辆，拥有移动电话117.3部。城乡居民人均储蓄存款15232元，增长32.1%。

全面实施广播电视“村村通”工程，广播覆盖率93.9%，电视覆盖率93.5%。就业和再就业成绩显著。全州城镇新增就业2521人，扶持和鼓励各类人员成功创业1233人，使用失业保险基金稳定困难企业就业岗位2823个，开发公益性岗位902个，城镇下岗失业人员再就业1256人。社会保障体系不断完善，全州9951名退休人员100%实现社会化管理。全州15.97万农村绝对贫困人口和4.6万城镇低收入人口纳入最低生活保障，1.06万名农村“五保”对象全部纳入供养范围。启动城市困难群体临时救助制度，对部分城镇低收入群众实施医疗救助，全州范围内80岁以上老年人发放健康长寿补贴。年末全州城镇职工参加基本养老保险参保4.73万人，增长7.1%，参加失业保险4.78万人，增长0.4%，参加基本医疗保险11.31万人，增长9.1%。农村参加养老保险人数15.45万人，增长14.9倍。参加新型农村合作医疗保险农民88.51万人，参合率98.6%，年人均筹资标准提高到100元。全州享受最低生活保障的城乡居民20.53万人，其中城镇居民4.56万人，农村居民15.97万人，全年发放城乡居民最低生活保障金1.91亿元，增长24.3%。其中城镇居民6949万元，增长4.9%，农村居民1.2亿元，增长39.0%。

（黄艳芳）

怒江傈僳族自治州

【综述】 2010年，全州实现生产总值54亿元，按可比价格计算比上年增长13%。其中：第一产业增加值完成6.63亿元，增长5.9%；第二产业增加值完成22.16亿元，增长1.9%；第三产业增加值完成25.76亿元，增长27.2%。三次产业比重调整为12∶40∶48。

【农业·农村经济】 2010年，农业综合生产能力稳步提高。全年农林牧渔业总产值10.55亿元，比上年增长6.3%。其中，农业产值4.48亿元，增长10%，林业产值1.26亿元，下降7%，牧业产值4.01亿元，增长7.1%，渔业产值218万元，增长28%，农林牧渔服务业7729万元，增长3.5%。

农业种植结构进一步优化。全年农作物总播种面积9.59万公顷，增长5.1%；粮食播种面积7.82万公顷，增长5%；油料面积3441公顷，下降8.4%；甘蔗种植面积1421公顷，增长0.5%。全年粮食总产量17.7万吨，增长1.1%，油料产量1412吨，下降25%；甘蔗产量7.95万吨，下降15%。

2010年主要农产品产量

产品名称	绝对数	比上年增长%
粮食	177424吨	1.6
其中：谷物	148050吨	2.4
小麦	7523吨	-37.5
玉米	91170吨	9.1
豆类	17804吨	3
薯类	11570吨	-9
油料	1412吨	-25
甘蔗	79549吨	-14.9
茶叶	83吨	-22.4
水果	5434吨	3.1
蔬菜	72438吨	-1.2
中药材	806吨	27.3

年末大牲畜存栏20.2万头，增长0.6%。猪存栏53.1万头，增长2.7%；全年猪牛羊肉类总产量2.97万吨，增长3.5%。

年末全州拥有农业机械总动1.75亿瓦特，增长18%。全年农机化作业机耕面积17.45万亩，增长44%。农村用电量4593万千瓦小时，增长10.8%。

【工业·建筑业】 2010年，全年完成工业总产值38.42亿元，比上年增长14.14%（按现价计算）。其中：重工业完成产值35.58亿元，下降11.3%，轻工业完成产值2.85亿元，增长67.45%。

全年工业增加值17亿元，按可比价计算下降4.4%。规模以上工业完成增加值9.79亿元，按可比价计算下降6.8%。

2010年主要工业产品产量

产品名称	绝对数	比上年增长%
十种有色金属	110205吨	-10.8
铜选矿含铜量	2116吨	-38.7
铅选矿含铅量	8526吨	-6.2
锌选矿含锌量	139406吨	-12.5
饮料酒	2262千升	-45.1
水泥	195733吨	6倍
砖	7776万块	-2.19
锌	110205吨	-10.8
发电量	163998万千小时	22.5
自来水	333万立方米	持平

工业经济效益下降。15个规模以上工业企业中，亏损企业有个6个，下降25%。企业主营业务收入24.77亿元，下降8.03%，主营业务成本17.03亿元，下降7.9%。企业实现利润总额2.21亿元，下降40.4%；实现利税总额5.12亿元，下降23.4%。亏损企业亏损总额1887万元，下降57%。全部从业人员平均人数6623人，增长4.1%。

全社会建筑业增加值4.99亿元，按可比价计算比上年增长30.4%。

【固定资产投资】 投资机构优化，投资总额继续稳步增长。全年施工项目212个，比上年下降3.6%。全年完成固定资产投资总额60亿元，增长50%。抓住国家实施积极财政政策和适度宽松货币政策的重大机遇，积极组织申报扩大内需中央投资项目，争取省和国家加大支持力度。2010年共争取国家和省建设资金7.17亿元。其中：中央投资5.11亿元，省投资2.06亿元。

【基础设施建设】 2010年，六曼二级公路、剑兰二级公路、工业园区建设、六库城镇建设、澜沧江十流电站、州民族中学扩建等重点建设项目稳步推进，重点建设项目完成投资31.25亿元。交通、能源、市政、社会事业等一批重点项目相继动工建设或投入运营，基础设施建设得到加强。

【交通·邮电·旅游】 2010年，全年完成客运量236万人，旅客周转量3.37亿人公里；完成货运量135万吨，货运周转量1.53亿吨公里。

邮电通信业平稳发展。全年邮政公司业务收入1313.8万元，比上年增长%。函件12.7万份，下降43%。报刊期发数6.4万份，增长11.5%。电信公司业务收入5214万元，增长47.8%。年末拥有固定电话4.85万户，电信小灵通用户2430户，互联网用户（包括拨号上网用户）2.15万户，增长23%。年末拥有移动电话用户1.6万户，移动公司业务收入1.59亿元，增长17.5%。手机用户23.9万户，增长21.9%。

全年接待国内外游客155.9万人次，增长10.3%。旅游业总收入8亿元，增长20.57%。

【商贸·物价】 2010年，消费品市场保持繁荣稳定。全年社会消费品零售总额14.87亿元，比上年增长18.2%。其中：公有经济实现消费品零售额2.71亿元，增长33.2%，私有经济实现消费品零售额7.56亿元，增长21.6%。全年全州外贸进出口总额3.04亿元，增长10%，其中进口2.01亿元，下降3.5%，出口1.02亿元，增长47.8%。

2010年全州地区居民消费价格总水平103.5%，上升1.4个百分点；商品零售价格103.9%，上涨3.6%；农业生产资料价格100.4%，上涨4.9个百分点。

2010年居民消费价格指数

指标	全州（%）
居民消费价格	103.5
食品	107.5
其中：粮食	111.9
油脂	102.0
肉禽及其制品	98.4
菜	117.9
蛋	112.3
烟酒及用品	99.8
衣着	96.7
家庭设备用品及服务	99.7
医疗保健及个人用品	105.2
交通和通信	101.4
娱乐教育文化用品及服务	102.7
居住	102.4

【财政·金融】 财政金融运行平稳。全年财政总收入9.88亿元，比上年增长15.3%，一般预算收入5.84亿元，增长25.1%。其中，税收收入3.8亿元，增长30%；非税收入2.04亿元，增长16.9%。财政一般预算支出34亿元，增长23.6%。其中，社会保障和就业支出5.1亿元，增长34.4%；教育支出5.08亿元，增长12.08%；农林水事务支出4亿元，增长42.5%；一般公共服务支出4.63亿元，增长9.2%。

年末金融机构人民币存款余额91.57亿元，同比增长27.9%。其中，储蓄存款余额33.85亿元，同比增长23.3%；金融机构人民币贷款余额51.45亿元，比年初增长18.3%。

【社会事业】 教育事业稳步发展。2010年，5所州民族中等职业技术学校招生1374人，比上年增长1.7倍；在校生2678人，增长1.1倍%；毕业生441人，下降2.9%。普通中学30所，招生（包括初中高中学生）1.01万人，增长1.3%；在校生（包括初中高中学生）2.87万人，增长0.7%；毕业生9207人，增长3.5%；小学144所，招生7988人，下降2.96%；在校生5.03万人，下降0.3%；毕业生7865人，增长3.5%；小学学龄儿童入学率99.4%，初中学龄少年入学率67.89%。特殊教育机构1个，招生64人，在校生436人，毕业生48人。

科技发展取得新成果。2010年争取到省科技计划项目11项，科技经费1120万元；州级科技计划项目立项56项，安排科技经费158万元。

文化事业日益繁荣。年末，全州有艺术表演团体4个，艺术研究所1个，文化馆5个，公共图书馆5个。有广播电台5座，广播人口覆盖率88.44%；电视台5座，有线电视用户25.91万户，其中数字电视用户1.96万户，电视人口覆盖率93.45%。

卫生事业不断进步。年末有卫生机构52个，增长1.96%。病床1553张，增长5.2%。

卫生技术人员1697人，下降0.3%。其中：执业医师及助理医师953人，增长12.1%，护士570人，全年入院人数2.64万人，下降8.6%，出院人数2.64万人，下降8.6%。全年诊疗92.07万人次，增长0.66%。

体育事业取得新成绩。全年举办各类形式的体育运动会、体育活动68次。举办州级运动会5次。参加省级以上运动会6次，获得金牌4枚，铜牌3枚。

【生态环境·安全生产】 生态环境进一步得到保护。2010年完成人工造林22.43万亩，比上年下降19.4%。年末实有封山育林面积6万亩。下降36.8%。全州森林覆盖率72.9%。自然保护区有4个，保护区面积599.4万亩。

安全形势好转。全年发生各类安全事故25起，比上年下降31%，安全事故死亡33人，与上年持平，受伤31人，增长3.3%，直接经济损失308.25万元，下降29%。其中，全年发生道路交通事故15起，下降40%，死亡26人，下降13.3%，受伤28人，与上年持平，直接经济损失15.86万元，增长61%。

【社会保障】 社会保障工作进一步加强。全州城镇基本养老保险参保人数1.64万人，征缴基本养老金8245万元；工伤保险参保人数2.87万人；参加生育保险参保人数3.15万人；失业保险参保人数1.73万人；参加新型农村合作医疗的农民达41.65万人，参合率95.81%，城镇居民基本医疗保险参保6.53万人，比上年增长62%。监察巡查用人单位1122户，涉及劳动者2.2万人；投诉结案数114件，结案率100%。

【人民生活】 城乡居民生活水平继续提高。年末，全州城镇居民人均可支配收入1.05万元，比上年增长8.9%。农村居民人均纯收入2005元，增长17.3%。

【存在的问题】 发展基础差，经济总量小，加快发展的任务依然艰巨；经济结构不够合理，产业结构较为单一，加快调结构、转方式的任务依然艰巨；农业农村基础脆弱，农业产业化和农民组织化程度低，农村贫困面大、贫困程度深，扶贫开发的任务依然艰巨；生态环境脆弱、地质灾害严重，加强生态环境保护、节能减排工作的任务依然艰巨；以交通为代表的基础设施建设还要下更大力气突破、以教育为代表的社会事业还需要进一步加快发展。

（关建涛）

迪庆藏族自治州

【经济综述】 2010年，面对极为复杂的国内外经济环境和百年不遇的严重旱情，州委、州政府审时度势，科学决策，团结带领全州各族人民，以科学发展观为统领，扎实工作，全面落实增投资、扩消费、转方式、调结构、重民生、建和谐、快发展、上水平的各项工作措施，实现了大灾之年农业保增长，工业经济较快发展，社会消费需求旺盛，金融市场运行良好，民生状况不断改善，社会各项事业全面进步的经济社会发展目标，全州呈现出经济发展、社会和谐稳定、民族团结、宗教有序、文化繁荣、人民安居乐业的良好局面。

2010年全州生产总值77.1亿元，按可比价计算，比上年增长19.5%，增速比上年加快1.2个百分点。分季度看，一季度增长19.5%，二季度增长17.9%，三季度增长12.7%，四季度增长23.9%。分产业看，第一产业增加值7.34亿元，增长6.7%，对GDP增量的贡献率为3.8%，对经济增长的拉动力为0.7个百分点。第二产业增加值29.51亿元，增长24.5%，对GDP增量的贡献率为47.7%，对经济增长的拉动力为9.3个百分点，其中：工业增加值15.76亿元，增长20.0%，对GDP增量的贡献率为23.2%，对经济增长的拉动力为4.5个百分点；建筑业增加值13.75亿元，增长31.1%，对GDP增量的贡献率为24.5%，对经济增长的拉动力为4.8个百分点。第三产业增加值40.25亿元，增长18.5%，对GDP增量的贡献率为48.5%，对经济增长的拉动力为9.5个百分点。按总人口计算的人均生产总值达20051元（总人口为年平均人口），比上年增加3211元，按可比价计算，增长17.43%。

一、二、三产业占GDP的比重由上年的10.9∶37.6∶51.5调整为9.5∶38.3∶52.2，第三产业比重比上年提高0.7个百分点，三二一结构得到进一步稳固。

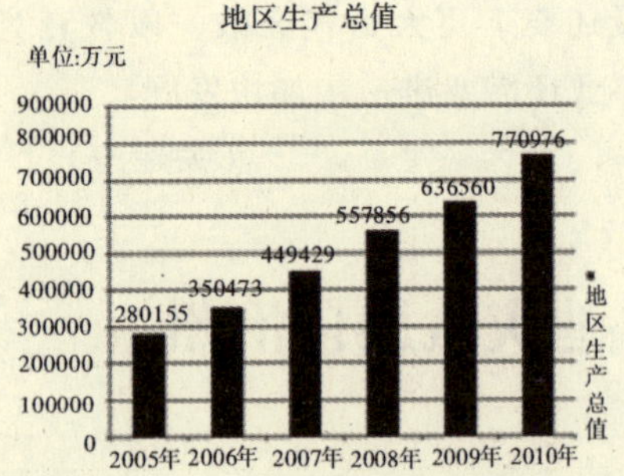

【农业】　全州实现农林牧渔业总产值117187万元，按现价计算，比去年增长6.75%；其中，农业产值为53310万元，增长6.37%，林业产值15416万元，增长5.22%，牧业产值35950万元，增长8%，渔业产值2197万元，增长9.8%，农林牧渔服务业产值10314万元，增长6.05%。

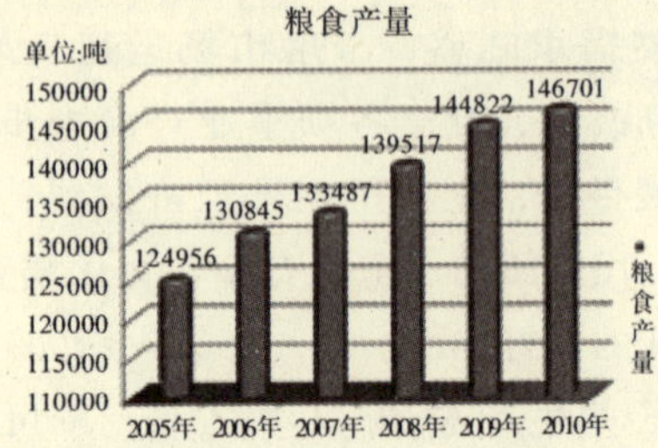

全年粮食播种面积46830公顷，比上年增加247公顷，油料种植面积2062公顷，增加8公顷，粮食生产实现连续五年增产，成为历史最高年。药材、核桃、花椒等农产品产量增长，主要畜产品及牲畜存出栏数较上年增长。

主要农产品产量：

	2010年	比上年增减（±%）
粮食	146701吨	1.30
#谷物	125003吨	0.44
#稻谷	15745吨	0.42
玉米	68535吨	3.56
小麦	25636吨	−6.08
豆类	10481吨	1.48
薯类	11217吨	11.77
油料	4292吨	0.82
#油菜子	3810吨	−2.23
药材	5680吨	8.83
核桃	11555吨	6.58
板栗	376吨	−10.26
花椒	316吨	10.1
水果	7591吨	−6.41

主要畜产品产量及牲畜存栏头数：

	2010年	比上年增减（±%）
肉类总产量	23307吨	1.36
#猪牛羊肉产量	22142吨	5.48
禽肉产量	1165吨	17.91
家禽蛋产量	992吨	11.34
牛奶产量	14783吨	6.23
生猪年末存栏	488759头	3.37
#能繁殖母猪存栏	93990头	2.29
生猪出栏	276909头	2.93
羊存栏	229542只	1.42
羊出栏	68071只	7.72

年末全州拥有农业机械总动力33152万瓦特，比上年增长13.38%。

【工业】　全州实现工业总产值343197万元，比上年增长32.9%。其中年产品销售收入500万元以上工业企业（以下简称规模以上工业）产值274966万元，增长30.6%；年产品销售收入500万元以下工业企业（以下简称规模以下工业）产值68231万元，增长43.2%。

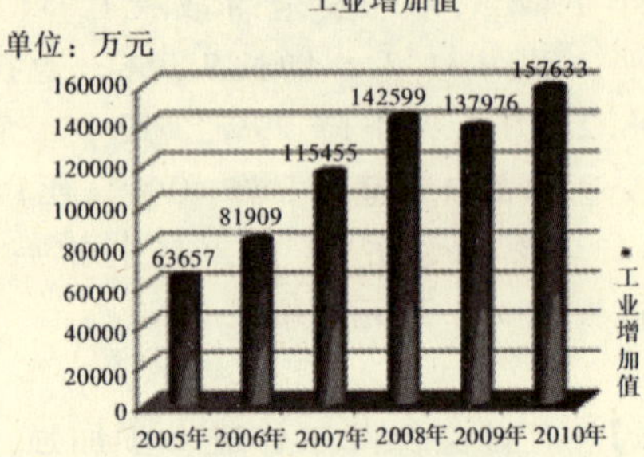

在规模以上工业总产值中，轻工业产值72443万元，增长21.4%；重工业产值202523万元，增长34.2%。按经济类型分，国有经济工业产值70031万元，增长14.7%；集体经济工业产值17656万元，增长2.38倍；股份合作企业产值16661万元，增长24.9%；股份制企业产值114284万元，增长29.6%；外商及港澳台商投资企业产值56334万元，增长31.8%。

全州规模以上工业企业22户，实现产品销售产值237393万元，比上年增长27.8%，其中亏损企业4户，亏损总额5628万元，比上年下降42.99%，企业盈亏相抵后实现利润总额8491万元，比上年增长1.87倍。

主要工业产品产量：

	2010年	比上年增减（±%）
发电量	192180万千瓦小时	29.3
水泥	184700吨	64.8
铁合金	48614吨	19.2
饮料酒	16732千升	52.3
铁矿石原矿	84.26万吨	−5.1
铜金属含量	22732吨	38.3
食用植物油	3390吨	12.1

【固定资产投资】

2010年完成全社会固定资产投资133.96亿元，比上年增长43.2%。其中，城镇投资123.1亿元，增长47.2%，农村投资0.87亿元，增长22.1%，农村私人投资6.4亿元，增长14.4%，房地产投资3.58亿元，下降1%。

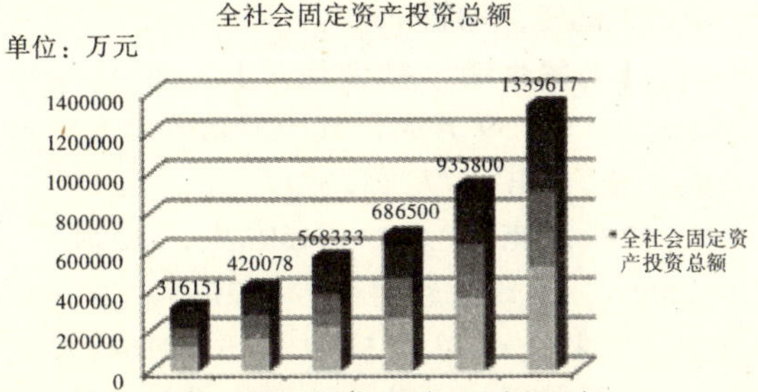

【交通·运输和邮电业】

2010年，全州年末公路通车里程4815公里，其中等级公路3813公里，占公路里程的79.19%。全州旅客运输量为459万人，比上年下降4.93%；旅客周转量76195万人公里，下降2.99%；其中，民航旅客运输量26.33万人，增长18.98%，民航旅客周转量12638万人公里，增长18.97%。全州货物运输量439万吨，增长12.6%；货物周转量304293万吨公里，增长32.74%。

2010年，全州完成邮电业务总量23361万元，比上年增长15.33%。其中，电信业务总量22014万元，增长5.74%；邮政业务总量1347万元，增长10.36%；固定电话用户为37469户，比上年末下降6.01%，移动电话用户总数达276647户，比上年末增长31.49%，电话普及率达到每百人81.69部，比上年末增加15.69部。

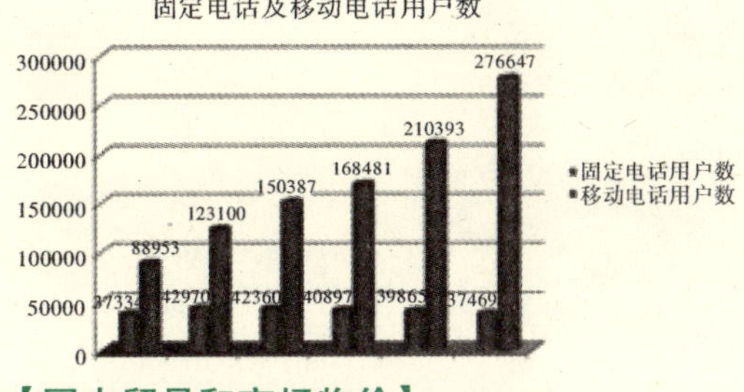

【国内贸易和市场物价】

2010年，全州社会消费品零售总额20.99亿元，比上年增长23.8%。按隶属关系划分，县以下消费品零售额8.32亿元，增长21.9%；县消费品零售额12.67亿元，增长25%。分行业看，住宿业零售额0.63亿元，增长44.2%，餐饮业零售额1.49亿元，增长22.2%，批发业零售额6.11亿元，增长40.5%，零售业零售额12.76亿元，增长16.6%。分经济类型看，非公经济零售额13.16亿元，增长15.5%；公有经济零售额7.83亿元，增长40.7%。

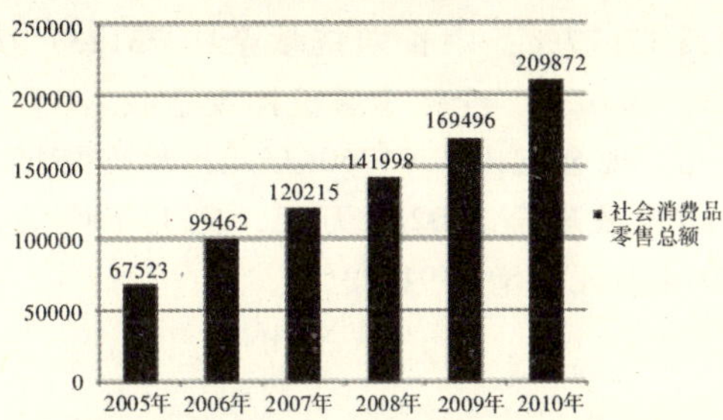

全年香格里拉县城居民消费价格比上年上涨4.4%，其中，食品上涨8.7%。商品零售价格比上年上涨4.1%，农业生产资料价格上涨3.5%。

各种价格指数如下：（以上年同期为100）

1、居民消费价格指数	104.4
（1）食品	108.7
其中：粮食	102.1
油脂	96.2
肉禽及其制品	108.1
蛋	103.3
菜	120.3
调味品	100.2
（2）烟酒及其用品	103.4
（3）衣着	99.2
（4）家庭设备用品及维修服务	100.3
（5）医疗保健和个人用品	101.2
（6）交通和通信	99.3
（7）娱乐教育文化用品及服务	104.5
（8）居住	103.6
2. 商品零售价格指数	104.1
3. 农业生产资料价格指数	103.5

【财政·金融·保险】

2010年，全州地方财政一般预算收入59667万元，比上年增长36.9%；地方财政一般预算支出431485万元，增长43.4%。

财政一般预算收入

单位：万元

年份	2005年	2006年	2007年	2008年	2009年	2010年
财政一般预算收入	13905	18156	23566	32026	43578	59667

年末金融机构本外币各项存款余额1200334

万元，比年初增长38.99%。其中，城乡居民储蓄存款360960万元，增长25.2%。年末金融机构本外币各项贷款余额873596万元，增长24.31%。其中，短期贷款余额142095万元，增长17.77%；中长期贷款余额731237万元，增长25.62%。全年金融机构现金收入1521550万元，现金支出1701760万元，收支相抵，累计净投放现金180210万元，比上年增加投放85974万元，增长91.23%。

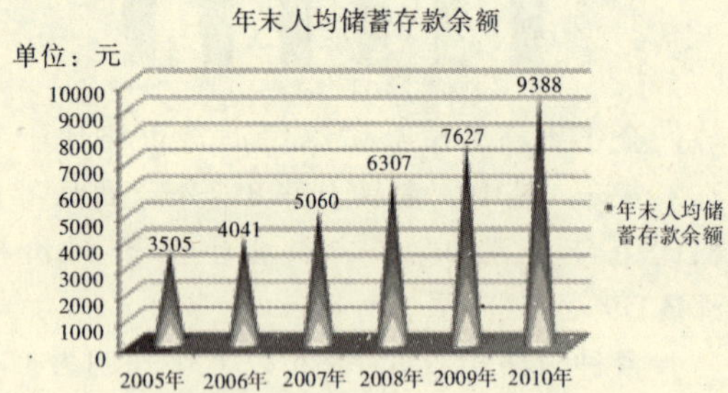

全年各种保险保费总收入13126万元，比上年增长62.93%。

【科技·教育·卫生】

2010年，争取省级科技计划项目、迪沪对口帮扶项目和迪昆科技合作项目3项，项目资金投入130万元。安排州级科技发展计划项目25项，项目资金投入200万元。

全州拥有幼儿园8所，在园幼儿3012人；小学159所，其中一点一教师51个，小学在校学生30968人，小学适龄儿童入学率99.21%，小学辍学率0.16%。中学22所，其中完全中学7所，初高中在校学生22382人，其中高中在校生5306人，初中在校生17076人，初中辍学率1.76%。职业中学2所，在校学生306人。中等专业学校1所，在校学生2549人。教师进修学校3所。

年末全州拥有卫生机构98个，卫生机构床位数788张，专业卫生技术人员1444人，其中执业（助理）医师719人。全州有293087人参加了新型农村合作医疗，参合率达95.7%。

【文化·体育】　年末全州共有文化、文物事业机构共51个，其中艺术表演团体3个，艺术表演场馆2个，文化馆4个，公共图书馆3个，乡镇文化站29个，文化文物行政主管部门4个，文物保护管理机构4个，博物馆2个。全州广播人口覆盖率96.11%，电视人口覆盖率96.11%。《迪庆报》出版发行346期493.6万份。

全民健身、群众体育活动不断深入，竞技体育水平得到明显提高。年内参加省及省以上运动会运动员107人，获得省及省以上运动会奖牌28.5枚，其中金牌11.5枚，银牌9枚。

【旅游业】　全年共接待国内外游客602.99万人次，同比增长14.6%，其中，海外游客72.9万人次，增长11%；国内旅游者530.09万人次，增长15.1%。旅游业总收入61.57亿元，增长13%。

【人民生活·社会保障】　2010年年末全州总人口为39万人，其中户籍管理人口357528人。全年出生人口3717人，人口出生率10.12‰，死亡人口2150人，人口死亡率5.85‰，人口自然增长率4.27‰。

年末全州单位从业人员32164人，增长9.53%，其中在岗职工28479人，增长9.09%。单位从业人员劳动报酬112791万元，增长21.8%，其中在岗职工工资108360万元，增长21.41%；在岗职工年平均工资39633元，增长12.27%。农民人均纯收入3347元，增长14%。城镇居民人均可支配收入15996元，增长9.57%，城乡居民人均储蓄存款9388元，增长23.09%。

年末全州参加基本养老保险职工人数15421人，比上年增长7.54%；参加失业保险人数15965人，下降1.66%；参加城镇职工基本医疗保险人数34562人，增长7.39%；参加城镇居民基本医疗保险人数26024人，增长16.91%。年末全州城镇最低生活保障对象11944人，比上年末增加1050人，共发放保障资金2523万元，增长29.05%，年末全州农村低保人数达103900人，增加2400人，共发放保障金7532万元，增长10.18%。

（李燕兰）

市县区经济选介

Introduction of Economy in Selective Cities Districts and Counties

昆明市县区经济选介

五华区

【概况】　五华区位于昆明主城区西北部，总面积380.50平方公里，其中建成区面积40.86平方公里，平均海拔1887米。年末常住人口85万人，密度每平方公里2234人。下辖11个街道办事处，88个社区居民委员会，214个村（居）民小组。

2010年实现地区生产总值540.08亿元，比上年增长12.5%。实现工业总产值648.26亿元，增长21.8%，其中规模以上工业总产值638.47亿元，增长22.1%；规模以上工业增加值253.2亿元，增长14.5%。实现农林牧渔业总产值2.44亿元，下降0.9%。全年粮食总产量7938.2吨，下降2.7%。肉、禽、蛋、奶总产量8416吨，增长10.4%。

2010年实现地区财政总收入55.97亿元，增长25.54%，其中地方财政一般预算收入20.55亿元，增长30.31%。地方财政一般预算支出20.35亿元，增长15.1%。实现社会消费品零售总额283.58亿元，增长22.9%。完成全社会固定资产投资250.13亿元，增长35.1%。万元GDP能耗下降4%。城镇登记失业率1.95%。城镇居民人均可支配收入实现1.99万元，实际增长10.9%。农民人均纯收入实现7577.75元，实际增长10.38%。人均消费性支出1.29万元，增长12%。

【结构调整】　以金融、商贸、会展、物流、中介、旅游为重点的第三产业快速发展，烟草、有色金属、印刷等传统工业做大做强，生物医药、信息产业等新型工业加快发展，科技研发、技术孵化、文化创意产业等新兴产业逐步壮大。五华区三大产业的比重由2005年的0.4∶60.2∶39.4调整为2010年的0.3∶56.1∶43.6。第三产业增加值235.7亿元，比上年增长8%，占全区GDP的43.6%。2010年底，全区非公企业3.58万户，其中私营企业1.23万户，全区非公企业实现增加值占全区GDP总量的48%。

【都市经济】　金鹰天地购物广场建成，文明街历史街区保护修建二期、世纪广场主塔楼、云南饭店、东方柏丰首座等项目顺利推进，中央商务区内商务、商贸、休闲、娱乐等综合功能不断聚集。红云红河集团易地技改项目预计实现投资15亿元，云南煤化工集团新建总部办公大楼已竣工，北市区总部聚集趋势更加明朗。香港亚洲联合财务有限公司等26个金融机构的引入，使金融聚集功能进一步显现。辖区商务楼宇166幢，面积157万平方米，其中税收超千万元的楼宇30幢，超亿元的4幢。五华科技产业园成功申报云南省重点工业园区，新型工业化加快发展。大力发展都市农业，成功申报为“国家级绿色农业示范区建设单位”。

【招商引资】　积极筹备参加昆交会、农博会，组织38家市级招商分局召开项目推介会，首次到厦门举办招商引资推介会。2010年引入内资项目253个，实现内资实绩71.86亿元；引入外资项目32个，实现外资实绩5812.18万美元，创历史新高。招商引资质量进一步提升，投资3000万元以上项目41个。强化对固定资产投资类项目的引进，顺利实现苏宁环球总部基地、民生能源昆明液化天然气储配中心等重点招商引资项目落地。实现招商引资渠道也从单一的楼宇经济向综合开发、高新技术、基础设施、社会事业等方面转变，招商引资的热点由主城核心区向西北部待开发区拓展。

【科技产业园区建设】　在完成王家桥城市设计的基础上，提出建设昆明泛亚科技新城的全新定位。深入实施“三年倍增、六年跨越”行动计划，同步推进五华科技产业园设施建设和产业培育，园区内五华2号路、科普路等5条主、次道路建成通车，五华1、3、7号路等6条道路建设正积极推进。中小科技企业创业园完成标准化厂房建设1.2万平方米，2010年实现规模以上工业增加值180.38亿元，比上年增长10.2%。云南铜业股份有限公司新增年产18万吨电解铜产能技改配套项目完成工程量95%，实现投资5.7亿元；中船重工七〇五研究所昆明分部、民生能源锅盖山基地已开工建设。新增专利申请和授权2679件，园内已有国家和省、市高新技术企业（技术中心）32个，承担着科技项目111项。五华区大学生创业园正式开园，成为国家科技部、国家教育部首批命名的国家“大学生科技创业见习试点基地”

和“高校学生创业实习基地”。

【城市更新改造】 2010年安排政府投资项目74项，总投资40.85亿元；争取中央、省资金支持2.93亿元。34个城中村签订改造项目合作协议，16个片区19个村进入实质性拆迁，拆迁面积205万平方米。苏家塘、北仓等10个片区13个村进入安置房建设，总开工面积237、4万平方米，其中龙院、上峰、前所、上庄4个村的回迁房已建成，1500套回迁房交付使用。完成昆武高速、西北三环、轿子山旅游专线、西北绕城等省市重点道路建设征地5794.68亩，拆迁70.51万平方米。启动15家工业企业“退二进三”工作，完成8个批发（专业及批零兼营）市场的关闭搬迁，为土地资源盘活和产业结构调整提供有力支撑。

【社会事业】 2010年，组织实施“科技富民强县示范工程”，推荐国家和省级科技创新项目22项，申请区域专利1445件、专利授权976件。300套太阳能路灯通过检测验收，“绿色光亮工程”效果明显。30项科技成果、173名科技人员受到表彰奖励。教育水平稳步提升，“两基”迎国检工作顺利完成。瓦恭小学、沙朗民族中学、云铜中小学等学校的搬迁和标准化建设进展顺利。完成61处文物复查，新发现180处。成功申报非遗保护名录80项，《福林堂》、《滇剧》、云南土陶制作技艺、滇派制墨技艺、传统武术等项目及传承人名列其中。整合旅游资源，建设西翥生态旅游区，举办大型旅游超市，旅游收入比上年增长10%。体育事业蓬勃发展，获云南省群众体育先进单位称号。新设置社区卫生服务机构5个，诊所、医务室、门诊部16个，新引进民营医院3家。实施国家基本药物制度，零差价销售，药品价格下降30%。

【劳动就业与社会保障】 提供有效就业岗位3.34万个，城镇新增就业3.07万人，城镇登记失业率1.95%。城镇职工参加基本养老、失业、基本医疗、工伤、生育保险人数分别达到16.53万人、17.2万人、42.5万人、7.5万人、6.6万人。新型农村合作医疗、农村低保实现全覆盖。政府自建的250套农民工保障性住房竣工，政企合建的2894套保障性住房正在加快建设。接收国有企业退休人员3831人，对3.05万名企业退休人员实现社会化管理服务，为全区3943个企事业单位的16.29万名离退休人员及时足额发放养老保险金3.68亿元，为2.99万名离退休人员提高养老待遇。为900余名特困残疾人和残疾人家庭发放慰问金27万余元。对435名城乡无业重度残疾人实行居家托养。筛查白内障患者2100余人，实施复明术468例。

（杨连国）

盘龙区

【基本情况】 盘龙区位于昆明市主城区东北部，东、南面与官渡区相连，北接嵩明县和富民县，西临五华区，西南与西山区接壤。辖拓东、鼓楼、东华、联盟、金辰、青云、龙泉、茨坝、双龙、松华10个街道办事处。辖区面积345.83平方公里，建成区面积45.79平方公里，山区面积约292平方公里。根据市委、市政府的决定，从2009年8月1日，由盘龙区对嵩明县阿子营镇和滇源镇行使管理权，盘龙辖区面积扩大到886.9平方公里。辖区最高点海拔2588.9米，最低点海拔1888米。年平均气温14.7℃，年降雨量900～1200毫米。全区森林覆盖率55.87%。主要旅游资源点286处，其中，人文旅游资源点179处，自然旅游资源点107处。同时拥有国际标准锦标级的阳光高尔夫球场，100多家乡村旅游点（度假山庄、农家乐和垂钓休闲园）。2010年，全区户籍人口51.11万人，比上年末增加1740人，增长0.34%。

【经济社会发展情况】 2010年，盘龙区经济保持较好的发展态势。着力发展壮大以楼宇（总部）经济为突破的都市经济，培育以现代服务业为主体的产业体系，加强以水源区为重点的生态保护与建设，结合水源保护实际，围绕城市需求，调整农业产业结构，推进都市型农业发展。加快经济结构调整和发展方式转变，促进一、二、三产业协同带动经济增长。

2010年，全区实现地区生产总值250.33亿元，比上年增长14.1%，其中，第一产业增加值实现3.84亿元，下降6.5%；第二产业增加值实现76.27亿元，增长13.2%；第三产业增加值实现170.22亿元，增长14.9%。三次产业的构成为1.53∶30.47∶68.0。人均生产总值3.32万元，增长9.8%。非公经济增加值113.67亿元，增长17.0%，非公经济增加值占地区生产总值的45.4%。财政总收入41.61亿元，增长35.99%，其中，地方财政一般预算收入16.67亿元，增长33.41%。

2010年，农林牧渔服务业总产值6.35亿元，扣除物件上涨因素，比上年下降4.84%。全区粮食总产量2.80万吨，下降7.3%；鲜切花产量1.24万枝，下降15.92%；烟叶产量3671.7吨，下降22.46%；蔬菜产量8.64万吨，下降9.95%。全年肉类总产量7625.8吨，下降15.52%。工业总产值164.95亿元，增长26.16%；实现工业增加值54.18亿元，增长14.4%。全年建筑业企业总产值165.38亿元，增长24.16%，实现增加值22.1亿元，增长10.5%。招商引资成效显著，引进外资投资项目18个，实际利用外资6168.37万美元；引进市外投资项目506个，实际利用内资48.29亿元。全社会固定资产投资完成210.1亿元，增长45.2%，其中，房地产投资完成87.59亿元，增长25.72%，占全社会固定资产投资的41.69%。社会消费品零售总额213.06亿元，增长22.64%。

【中央商务区建设】 2010年，按照市委、市政府的相关工作要求，以及“分步实施，分块建设，重点突出，整体推进”的工作原则，盘龙区将占地420亩的中央商务区地块向邻近区域延伸拓展，范围扩大到一环路以内3.4平方公里，并启动中央商务区概念性规划编制工作。全面推进中央商务区建设，完成了白塔及东风广场一号地块的拆迁，东风广场片区城市中央公园及CBD核心区项目征地拆迁工作正在加紧推进，汇都国际二期、工人文化宫迁建、欣都龙城等一批重点项目进展顺利。商贸服务业布局及商圈打造工作不断强化，以金格百货、汇都国际等品牌为代表的白塔片区高端精品商贸商圈形象进一步提升；北市区财富中心商圈进一步聚集；联盟商圈不断成熟；北京路楼宇经济带初具规模；得胜家居世博店、世博商圈等特色专业市场发展壮大，世博商圈日益凸显。

【外贸工作】 2010年，做好外贸企业政策扶持引导工作，在国际经济形势趋于好转，企业经营逐步恢复正常的基础上，“内扶外引”，依托昆明力神重机有限公司、昆明鑫商源经贸有限公司、兴化经贸、昆明健盛经贸有限公司、昆明德众贸易有限公司等骨干企业持续发力；同时从深圳等沿海地区引进10多户贸易型进出口企业，实现全区外贸进出口保持较好的恢复性增长态势。全区实现外贸进出口总额2.28亿美元，超额完成市政府下达的1.58亿美元的任务数，占全年任务的144.43%。

【发展楼宇（总部）经济】 2010年，加快城中村改造步伐，结合盘龙区楼宇（总部）经济发展布局规划，利用规划手段引导开发商建设商务楼宇、高端写字楼和集商业、购物、商务办公、餐饮娱乐、酒店公寓等为一体的城市综合体，扩大城中村改造中的商业占比，促进楼宇（总部）经济加快发展。制定楼宇经济发展专项规划。在全市率先开发“盘龙区楼宇信息管理软件”，为相关部门了解辖区楼宇经济发展现状提供便利，也为盘龙区发展楼宇经济，制定相关政策提供第一手的数据依据。同时利用这一专业软件对辖区26幢重点楼宇的情况进行跟踪管理。加快推进重点项目建设，怡泰领域时代、欣都龙城、七彩俊园等项目进展顺利。凤凰新村、张官营、大白庙、小厂村、下河埂等13个城中村改造已全面开工。怡泰领域时代、百金大厦、金领地大厦、奥斯迪购物广场2期、昆明园博商业大楼、春城商务中心等楼宇顺利完工，新增楼宇面积突破20万平方米。引进世界500强企业沃尔玛在盘龙区设立总部，旗下已有2家百货超市开业。完成奥斯迪家居名店创建“绿色商场”。2010年实现新增楼宇面积36.6万平方米，完成年初任务的183%；新增总部型企业5户。

【人民生活】 2010年，城镇居民人均可支配收入2.02万元，扣除物价上涨因素后，实际增长10.06%；农民人均纯收入7403元，实际增长10.11%。城镇登记失业率2.09%。全年转移培训农村劳动力1.24万人，转移就业1.15万人，其中，省外转移167人、省内区外转移872人、区内转移1.04万人。盘龙区实施10个省级重点村、2个市级重点村整村推进扶贫开发项目，涉及8个村委会12个村民小组946户3653人。从2010年6月25日开工，到2010年11月5日，实施项目全部竣工，共完成基础设施、产业发展、生态建设、社会事业等42件项目，农村生产生活条件不断得到改善。盘龙区启动14片16个城中村改造，凤凰新村在全市首家实现净地“招、拍、挂”。城中村改造项目内已建成配套小学2所1.06万平方米，幼儿园1所4779平方米，1.34万人完成村改居，纳入城市社会保障和医疗保障。张官营城中村改造项目回迁安置房在全市首个实现原址回迁入住，并荣获昆明“城市典范贡献奖”，其“先安置、再搬迁、后拆迁”的模式受到社会各界好评。探索实施“迁村并点、统规统建”工作，涉及4个街道办事处、1个镇，有2个村委会、20个村小组、6个居民小组，总户数4461户，总人口1.05万人，拟占地面积889.7亩。2010年，盘龙区廉租住房970套、4.85万平方米的建设任务有序推进。2010年1～10月，城市低保累计保障6.67万人次，农村低保累计保障农村低保累计保障4.95万人次。

（吴焰红）

官渡区

【概述】　2010年，官渡区辖9个街道办事处、1个空港经济区，97个村（居）民委员会。其中，村委会40个，社区居委会57个；155个自然村。年末总人口54.1万人，比上年增长2.5%。其中非农业人口36.76万人，增长3.3%；人口出生率5.1‰，死亡率2.53‰，人口自然增长率2.57‰。

全区实现地区生产总值471亿元，比上年增长14.8%。其中：第一产业实现增加值8.1亿元，降低2.9%；第二产业实现增加值179.2亿元，增长15%；第三产业实现增加值283.5亿元，增长15.3%。财政总收入66.79亿元，增长12.5%。其中地方财政一般预算收入26.16亿元，增长30.2%。实现社会消费品零售总额205.23亿元，增长23%。年末各项存款余额686.34亿元，比上年增长67.8%。其中，城乡居民储蓄存款余额327.07亿元，增长53%；各项贷款余额468.82亿元，增长111.5%。三次产业结构比调整为1.7∶38.1∶60.2。

【投资·贸易】　2010年，固定资产投资规模继续稳步扩大。2010年全社会固定资产投资完成356亿元，比上年增长43.5%。其中：城镇投资323.04亿元，增长54%。房地产投资33亿元，增长3.1%。房屋竣工面积63.18万平方米，降低6.9%；商品房市场销售快速增长，全年商品房销售面积135.59万平方米，增长64.6%；商品房销售额49.57亿元，增长55.9%。

基础设施建设加快推进。官渡46号路、方旺片区2号路、云天路、云水路等多条交通公路顺利通车；完成昆明新机场供油工程铁路专用线等配套重点项目以及南连接线，轨道交通1号线、6号线，昌宏路、珥季路、贵昆路、入城段等道路改扩建工程征拆迁工作。公、铁、空基础设施建设全面推进，综合性交通运输体系逐步完善。新开工城中村改造面积210万平方米，启动10个城中村回迁房建设。

国内贸易增势较强，消费市场活跃。以世纪城、新亚洲体育城、新螺蛳湾国际商贸城为中心的南部片区区域性商贸物流消费中心初显规模，全区商贸市场格局逐步扩展，市场经营结构逐渐多样化，消费品市场繁荣旺盛。全年实现商品销售总额847.64亿元，比上年增长25.2%。其中，批发业450.58亿元，增长24.5%；零售业50.98亿元，增长23.8%。全区社会消费品零售总额205.23亿元，增长23%。分行业看，批发零售贸易业零售额172.75亿元，增长23.3%；住宿餐饮业零售额32.48亿元，增长21.6%。全年限额以上批发零售贸易企业实现汽车类零售额13.12亿元，增长47.6%。

整合区属投融资公司，加强政府投融资体制改革创新力度，采取BT、BOT方式融资建设项目6个，总投资额11.2亿元，全区新增政府性融资42.62亿元。健全完善差别化考核机制，开展招商引资“百日竞赛”活动，完成市外资金152.57亿元、实际利用外资7019.81万美元，分别为市下达任务的101.7%、108%。非公经济实现增加值217亿元，增长17.1%。新增市场主体2.37万户。

【工业·建筑业】　2010年，全区工业生产持续增长。规模以上工业企业完成增加值102亿元，比上年增长15%。规模以上工业企业233户，实现增加值102.03亿元，增长15%。在规模以上工业中，国有工业增加值40.64亿元，增长11%；股份制工业增加值46.66亿元，增长25%；外商及港澳台商投资工业增加值13.79亿元，增长0.4%。大中型工业企业实现增加值69.2亿元，增长12%。全年工业用电21.01亿千瓦时，增长11.7%。总投资240亿元的62项重大产业、重大基础设施类项目开工建设。官渡工业园区实现收储土地5621亩，工业项目固定资产投资完成16.6亿元，新建标准厂房9.75万平方米。规模以上工业主营业务收入完成79.4亿元。亏损企业亏损额8900万元，下降47.1%。三一重工云南生产基地、国家大型铁路养护设备昆明产业基地（二期）、园区标准厂房（二期）等亿元以上项目顺利推进。园区入园企业59家，其中，竣工投产24家，预计总产值30亿元。

建筑业稳定发展。全区总承包及专业承包施工企业实现建筑业总产值331.17亿元，比上年增长28%。其中，建筑工程产值311.2亿元，安装工程产值18.6亿元。房屋建筑施工面积1367.62万平方米，增长26.9%；房屋建筑竣工面积553.68万平方米，增长18%。

【农业】 2010年，全年实现农林牧渔业总产值12.9亿元，按可比价格计算比上年降低6.9%。农作物播种面积8428公顷，减少917公顷。全年粮食总产量1.87万吨，减少5.5%；蔬菜产量8.95万吨，减少36.2%；鲜切花产量2.38亿枝，减少38.1%。全年肉类总产量1.42万吨，增长22.8%，禽蛋总产量2.81万吨，增长2.7%，生猪出栏10.47万头，增长31.9%。年末大牲畜存栏7389头，减少13.7%；生猪存栏6.44万头，减少18.4%。

新农村建设取得新成就。全面落实强农惠农政策，加大支农投入力度。全区财政用于农林水支出1.24亿元，比上年增长47.4%。现代都市农业发展扎实推进，新登记农民专业合作社4户，培育省、市龙头企业28家，获得有机农产品认证5个。农业基础设施不断加强，完成滇池外海退田、退塘5902亩，还林、还湿地生态建设8652亩，实施抗旱应急工程及小水窖（池）建设151项。年末，化肥施用量（折纯量）6661吨，农村用电量5392万千瓦小时。

【教育】 2010年，坚持教育优先发展，不断加大教育投入，预算内教育拨款增长高于财政经常性收入，增长8个百分点。制定中小学、幼儿园布局调整规划及三年行动方案，推动义务教育均衡发展。职业教育、民办教育快速健康发展，职中在校生人数增加至3043人，比上年增长13.7%；民办学校在校生人数7.33万人，占全区比重48.7%。巩固和发展教育“两基”成果，顺利通过国家督导检查。年末，全区有普通小学91所，专任教师2916人，在校学生7.88万人；普通中学38所，专任教师2498人，在校学生3.94万人；各类成规模幼儿园95所，在园幼儿2.9万人。初步形成了义务教育与职业教育健康发展的新格局。全区幼儿入园率100%；小学适龄儿童入学率100%，巩固率100%；初中毛入学率125.2%。

【科技】 2010年，积极组织区科学技术奖的申报评审，昆明云海印铁制盖有限公司企业创新平台建设等10个项目成果获得科学技术进步奖，昆明盛方信息技术有限公司等8家单位获得科技创新认证奖。全年组织实施科技项目29个，举办科技培训66期，培训2.83万人，其中转移培训2.52万人。完成专利申请493件，批准专利383件。

【文化·体育·卫生】 2010年，打造官渡特色的文化品牌，子君、官渡等社区创建为特色文化社区。成功举办官渡区第五届运动会。完成金马寺建筑群恢复重建，金马寺碑刻陈列馆和滇越铁路西庄站旧陈列馆挂牌开放。建立“乌铜走银”传习馆。全年新建（改扩建）文化室16个。群众文化生活丰富多彩。完成第五届中国徐霞客国际旅游节闭幕式暨“幸福江阴诗画江南”文艺演出任务。舞蹈作品《拉木鼓》、《舞动云南》分别荣获昆明市一、二等奖。文化经营领域不断拓展，文化市场逐渐繁荣，文化产业规模由小到大，实力由弱到强，已开始进入快速发展时期，区内文化娱乐场所313个。弘扬“全民健身”主旋律，群众体育运动蓬勃发展，向省、市输送优秀体育人才30人，全年累计承办和接待各级各类运动会和大型活动52次，接待人数22万余人次。参加市级及以上比赛15次，取得个人及团体名次奖项207个。积极推进医药卫生体制改革，全区72家卫生机构实施基本药物制度，实行药品零差率销售。完成公共医疗单位、基层医疗卫生事业单位绩效工资制度改革。推进公共卫生与计生服务体系建设，扎实做好传染病防治防控工作，全年传染病发病率237.83/10万。年末全区有各类卫生机构757个，其中医院、卫生院39个，各类卫生机构床位数4189张。其中医院、卫生院床位数3396张，专业卫生技术人员5579人。其中执业（助理）医师3280人。全年总诊疗334.23万人次。年内孕产妇死亡率37.04/10万，婴儿死亡率2.52‰，初级卫生保健覆盖率100%。

【城市建设】 2010年，空港经济区总体规划、官渡区土地利用总体规划修编通过省级评审。完成昆明新机场供油工程铁路专用线等配套重点项目以及南连接线、昌宏路、珥季路、官南路、贵昆路入城段等道路改扩建工程征地拆迁工作。日新路—官南路节点改造、昌宏路延长线平直段、官渡46号路、方旺片区2号路、云天路、云水路、云桥路建成通车，320国道新机场改移段、李长公路路基改扩建工程完工，新机场生活配套服务区学校、医院、社区综合服务中心等公共基础设施全面启动。云秀小巷回迁安置房和金海新区迁村并点一期建成，金海新区二期和龙马新居项目按计划推进。新开工城中村改造面积210万平方米，启动10个城中村回迁房建设。大力整治农房违法加层和无序建设，全面完成建筑物立面挤占公共空间整治，拆除各类临违建筑38.55万平方米。建成区绿地面积34.02平方公里，城市人均公共绿地面积14.66平方米。新机场生活配套服务区学校、医院、社区综合服务中心等公共基础设施建设全面启动。云秀小巷回迁房和金海新区迁村并点一期建成、二期和龙马新居项目进展顺利。“四创两争”成绩显著，完成8条道路灯光亮化，新建15座公厕，启动官渡区中心敬老院建设。

【环境保护】　2010年，继续开展河道整治工作。盘龙江、宝象河综合整治工作通过市级第二阶段观摩验收，14条入滇池河道整治工作通过市级专业技术验收，海河截污及水环境综合整治工程竣工。建立环境执法监督长效机制，节能减排任务圆满完成。全年工业废水排放达标率、工业固体废物综合利用率及工业废气处理率均达100%；减排二氧化硫424.87吨，减排化学需氧量2253.41吨。建成滇池湖内湿地2750亩，新增5.05平方公里烟尘控制区，城市（城镇）生活污水集中处理率90%。加强基层绿化管养及环卫设施建设，发放11辆绿化浇灌车和100辆垃圾清运车，确保实现城乡园林绿化管养、卫生死角管理无盲区的目标，城市（城镇）生活垃圾无害化处理率100%。全年调查处理环境违法案件62起，建设项目环保“三同时”执行率100%。

【旅游】　2010年，着力打造独具魅力的“文化名片”和文化旅游精品。年初，制定创建国家4A级旅游景区实施方案，把官渡古镇、五甲塘生态湿地公园、昆明螺蛳湾国际商贸城作为创建的目标。7月5日，3个景区向市旅游局提交《旅游景区质量等级申请评定报告》，申请市级专家对景区进行初评。7月20日至22日，昆明市A评专家组分别对3个景区进行了初级评定。9月28日省A评委专家实地调研官渡3个创A工作情况。11月6～7日，昆明螺蛳湾国际商贸城、官渡古镇旅游景区顺利通过省级评审。

2010年，全区接待旅游者728万人次，比上年增长9.84%。其中，接待旅游者海外旅游者18.12万人次，增长9.8%；实现旅游外汇收入6000万美元，增长9.2%；接待国内旅游者728万人次，增长9.80%；国内旅游收入50亿元，增长8%；旅游业总收入56亿元，增长8.4%。

【社会保障】　2010年，积极拓宽就业再就业渠道，落实鼓励创业小额担保、“贷免扶补”政策，激发全社会创业活力。提供有效就业岗位3.45万个，城镇登记失业率2.0%。在全国率先开通手机缴纳城镇居民医疗保险费，全区基本养老、失业、工伤、生育、职工医疗保险以及居民医疗保险参保人数分别为9.5万人、11.8万人、5.47万人、4.46万人、17.06万人、21.89万人。累计3万名被征地农民纳入社会保障，955名贫困残疾人得到定额生活补助，为城乡低收入群体发放最低生活保障金1974万元。年末全区养老保险参保人数17.45万人，城镇基本医疗保险参保人数38.9万人，失业保险参保人数11.8万人，工伤生育保险参保人数9.9万人。为城乡低收入群体发放最低生活保障金1974万元，方旺片区2200套保障性住房一期工程建设顺利。

按照城乡一体化战略要求，不断健全和完善工作协调体系、就业服务体系、技能培训体系、就业援助体系，全方位推进统筹城乡就业工作，实现经济发展和经济结构调整中就业规模持续扩大，就业结构逐步优化，就业渠道不断拓宽，就业形式更加灵活。全年累计收集提供有效就业岗位3.45万个，新增城镇就业人员2.51万人，城镇登记失业率2.02%。

【人民生活】　2010年，全区城镇居民人均可支配收入2.06万元，农民人均纯收入8920元，分别增长14.6%、15.6%。城市居民人均消费性支出1.46万元，增长12%。其中，食品、衣着、文教娱乐用品及服务支出分别达到5613元、1683元和1908元，分别增长11.8%、11.9%和28.4%，城镇居民恩格尔系数为38.5%；农民人均生活消费支出1.11万元，增长1.1%，其中：食品、衣着、文教娱乐用品及服务支出分别为到2864元、543元和1061元，分别增长19.8%、27%和10.8%，农村居民恩格尔系数为25.9%。

【昆明空港经济区建设】　2010年，完成昆明新机场22.97平方公里范围外二期预处理用地及零星用地655.295亩征地拆迁工作。加快推进2个导航台站项目规划建设及新建一朵云气象雷达站、八家村短波发信台。完成新机场生活配套区概念规划、控制性详细规，2010年8月11日市规委审查通过控制性详细规划。完成土地勘测定界、房调、地调、用地分类及土地一级开发成本测算等前期工作。及时调整空港经济区总体规划及昆明综合保税区布局，确保新机场生活配套服务区规划建设需求。制定并报请市政府批准实施公租房建设方案。新机场生活配套服务区学校、医院、社区服务中心、等公共配套设施全面开工。年内完成产权房项目1644亩建设用地组件上报工作。积极配合新机场供油工程铁路专用线及卸油站规划建设。该项目位于大板桥街道办事处复兴居委会，用地面积169.57亩，年内已征用土地164.01亩并移交项目业主。全面推进螺蛳湾110千伏中心变电站和外线工程建设，6月30日已正式授电并投产运行。完成新机场内10kV兔耳线、双龙线、长水线迁改方案设计、工程预算编制、工程造价审核及迁改协议签订工作。市规划委员会审查通过《昆明空港新区总体规划修编暨中心城区空港分区规划》。加快推进新机场配套道路建设，完成李长公路路基改造碎石路面铺筑施工并实现全线通行，云天路（二期）、云水路、云桥路（二期）工程建设并投入运行。新机场专用高速路已累计完成23.5亿元投资和95.6%工程量，按期实现了有条件通行。积极做好新机场高速路沿线可视范围内裸露山体绿化工作，在沿线红线范围外种植香樟、杨树、冬樱花等树木9200株，绿化面积2295亩。继续推进空港经济区污水处理厂、垃圾焚烧厂项目建设。区污水处理厂项目已取得BOT特许经营权许可。项目完成投资1771.5万元，工程形象进度38%。加快电力、通信、供水、供气工程建设。空港“三云路”（云天路、云水路、云桥路）通信、煤气、自来水管网建设于6月11日进场施工，工程已随道路施工全面完成。清水海供水工程进展顺利，一、二期土建标段已全面开工。新机场场外液化天然气（LNG）供气站项目由昆明煤气（集团）控股有限公司负责实施，11月3日，昆明市规划局已核发该项目《建设项目规划选址预审意见》。空港经济区迁村并点工作全面启动，集中搬迁安置空港经济区红线内农村群众。年内，云天苑、云翔苑、宝象佳园、小哨片区“迁村并点”项目规划选址已通过市规划委员会审查。云天苑项目建设已启动实施，为顺利推进新机场外部及空港经济区重点项目建设提供有力保障。积极开展昆明综合保税区申报工作，2010年1月27日官渡区政府、空港经济区管委会向市政府上报《关于申报设立昆明综合保税区的请示》，经市政府第153次常务会议同意，4月2日市政府向省政府上报《关于申报设立昆明综合保税区的请示》。4月11日经省政府办公厅研究，由省商务厅牵头，昆明海关、云南省出入境检验检疫局、省发改委、云南机场集团公司等单位研究并提出具体意见上报省政府。4月16日省商务厅召开专题会议，研究申报设立昆明综合保税区工作意见，根据会议要求，完善《昆明综合保税区可行性研究报告》及“两规一表”（城市总体规划、土地利用规划、四至坐标表）。

（加三益）

西山区

【综述】　西山区位于昆明市主城区西南部，总面积879.06平方公里，城区面积42平方公里。2010年末，西山区常住人口75万人，其中户籍人口50.11万人。人口出生率5.51‰，人口自然增长率2.21‰。

2010年，全区实现生产总值（GDP）246.12亿元，比上年增长12.8%，人均GDP3.36万元。生产总值中：第一产业完成增加值2.70亿元，降低6.0%；第二产业完成增加值71.69亿元，增长15.3%，其中工业完成增加值47.69亿元，增长7.7%；第三产业完成增加值171.73亿元，增长12.0%，三次产业结构比调整为1.1∶29.1∶69.8。非公经济完成增加值125.61亿元，增长10.0%，占全区生产总值的51.0%。地方财政总收入46.35亿元，增长25.55%，其中，地方财政一般预算收入17亿元，增长30.74%。地方一般预算财政实际支出16.04亿元，增长21.0%。全区社会消费品零售总额199.46亿元，增长22.6%。全社会固定资产投资总额210.53亿元，增长43.6%。其中工业固定资产投资27.5亿元，增长41.03%。全区乡镇企业交通运输仓储业营业收入11.02亿元。邮政业务总量5359.43万元。完成融资40.7亿元。年末金融机构各项存款余额509.45亿元，增长22.15%；贷款266.30亿元，增长24.12%。2010年全区纳入监测范围的旅游企业实现旅游收入3.47亿元，增长27%。

【农业·农村工作】　2010年，农林牧渔业总产值4.4亿元。完成“4210”、“1245”工程、

“6+1”产业培育为载体的农业农村工作。全区农村经济总收入339亿元，比上年增长4%。全年农作物总播种面积6917.3公顷，其中粮食作物4158.5公顷（谷物3180.7公顷、豆类737.9公顷、薯类239.9公顷），油类221.5公顷，药材2.9公顷，蔬菜、瓜果类2048.5公顷，其他农作物485.9公顷。粮食单产4.1吨，总产1.71万吨。谷物1.4万吨，蔬菜4.03万吨，园林水果6102.3吨。建设绿色标准化示范基地510公顷，有机示范村1个。完成水稻高产综合集成技术示范200.67公顷，玉米高产创建种植面积666.67公顷，农作物间套种680公顷，晚秋作物种植面积720公顷。加强动、植物疫病监测，提高免疫效果，4个强制免疫病种免疫密度均达100%。完成滇池流域农业产业结构调整245.27公顷、中低产田地改造133.33公顷。“一池三改”沼气池202口，推广节能气化灶1200眼。

农业产业园区建设，种植加工型花卉200公顷；在引入玫瑰加工企业昆明艾谱香料有限公司；西山区现代农业观光园规划通过专家评审，园区规划建设总面积166.67公顷。

农业科技园区建设，建成以苹果、草莓、西瓜为主的团结四季特色瓜果园区47公顷。完成海口黄梨保护与开发园区77.82公顷。

年末存栏生猪8.3万头、牛9393头、羊3万只、家禽31.43万羽。全年出栏肉猪10.71万头、肉牛1672头、肉羊1.36万只、肉禽73.09万羽。肉类总产9859.3吨，牛奶产量401吨，禽蛋产量538.3吨，实现畜牧业产值2.035亿元。

2010年，完成农村劳动力培训1.52万人次，转移就业1.39万人（其中省外344人，省内区外3456人，区内就地就近转移就业1.01万人），新增转移收入7047.2万元。举办绿色证培训班26个、培训1520人；开展农村实用技术培训204期，培训1.23万人次；举办农业科技进村入户培训班22个，入户培训1345人；培训汽车驾驶员150人、拖拉机驾驶员137人、农机修理工76人。组织完成2个在读农民中专班6个科目的教学辅导和考试，合格率96.4%。

2010年，农业产业化经营新增市级以上农业龙头企业6家、农村专业合作经济组织2个。全区有龙头企业24家，固定资产4.7亿元，年产值4.59亿元，带动农户11.65万户（含区外）。

全区完成林业绿化755.46公顷，其中新增辖区面山绿化49.46公顷，样板林建设14公顷，“五采区”建设23.53公顷，新造林地补植补造543公顷，苗木基地建设150.26公顷；森林管护面积3.68万公顷；滇池面山低效林改造86.67公顷；滇池流域面山抚育及补植38.8公顷；义务植树79.2万株；村庄绿化99个，绿化面积327.46公顷。年末实有封山育林面积333公顷。

2010年，对大坝水库、三家村水库、长坡水库、明朗水库进行除险加固工程 。“五小”水利工程建成小水窖9567个、小泵站49个、小水池107个、小引（饮）水管道378.3公里、小水渠52.88公里、小坝塘74个、防渗渠35条共48.93公里。新增有效灌溉面积533.33公顷，改善灌溉面积200公顷，解决1.74万人饮水安全问题。全区农业有效灌溉面积3860公顷。

【城乡一体化建设】 2010年，投入1313.4万元，完成60个省级新农村重点村建设项目。行政村公交开通率、“村村通”油路、自然村通电率、广播电视覆盖率实现100%；居民小组多功能活动中心覆盖率35.3%、路灯覆盖率12.6%；自然村道路硬化率52.9%、自来水入户率96.6%；建成小水窖9567个，完成33个山区居民小组1.74万人的饮水安全工程建设，更新改造供水管道378.3公里，实现城乡饮用水覆盖率97%。

【工业经济】 2010年，全区完成工业总产值163.19亿元，在全部工业总产值中，规模以上工业企业完成139.4亿元，其中轻工业完成25.7亿元，重工业完成113.7亿元。全区工业企业完成增加值47.71亿元，比上年增长6.5%；规模以上工业实现增加值27.46亿元，增长12.5%，利润总额6.89亿元，利税总额11.25亿元。产销衔接状况继续改善，产品销售率98.3%。工业固定资产投资完成27.5亿元，增长41.03%。主要工业产品产量：磷矿石（折含五氧化二磷30%）212.88万吨，饲料1.43万吨，硫酸（折100%）225.87万吨，农用氮、磷、钾化学肥料（折纯）75.19万吨，磷酸铵肥（实物量）151.24万吨，中成药4475吨，水泥56.82万吨，耐火材料制品1.62万吨，十种有色金属849吨，滚动轴承100万套，发电机组（发电设备）64.17万千瓦，交流电动机86.31万千瓦，电力电缆8637公里。

2010年，针对区规模以上工业企业受金融危机和“退二进三”政策影响的情况，安排工业专项发展资金500万元，加大对骨干企业的技改扶持力度，对有成长性的企业加强指导，将7户企业培育为规模以上工业企业，使区规模以上工业企业户数回升至124户。全力推进海口工业园区建设，全年收储土地69.07公顷，“五通一平”面积完成68.07公顷，完成基础设施投资3.16亿元；开工亿元以上项目8个，竣工2个；建设标准化厂房6.5万平方米。

积极为企业申请省、市新型工业化扶持资金，努力推动以企业为主体，产学研相结合的节能减排技术创新体系建设，增强企业自主创新能力。鼓励和支持企业进行节能减排的技术改造，采用节能环保新设备、新工艺、新技术，走新型工业化道路。进一步加大调控力度，对未按规定进行节能评估或未通过节能审查的固定资产投资项目，一律不予核准、备案和建设。2010年单位GDP能耗降低率完成－9.4%。2010年全区建筑业总产值78.88亿元，增长38.4%。

【商贸·旅游】 2010年，中国·昆明泛亚产权交易中心落户西山区；引进昆钢科技大厦、云南广电网络文化产业园区、西城国际金融、云铜总部大厦等4个总部基地项目，总投资额200亿元。楼宇经济新增云南医药物流中心、云南省粮油批发交易中心、昆钢科技大厦、海航酒店、华海新境界、南亚风情·第壹城、昆明红星国际、南市中央购物金座、国家开发银行、非常天地商务大厦等商务楼宇30万平方米。螺蛳湾商业片区市场关闭及业态升级改造工作稳步推进；关闭搬迁17个批发（专业及批零兼营）市场；建设和改造开业甲壳城市和中央金座标2个标准化农贸市场。建成86个临时蔬菜直销点。启动“质量兴区”活动，实施名牌和标准化战略，新注册商标207件。

全年实现社会消费品零售总额199.46亿元，增长22.6%。按所有制结构分：公有制经济实现20.94亿元，占全区比重的10.5%；非公有制经济实现178.52亿元，占全区比重的89.5%。

“万村千乡市场工程”建设完成团结街道办事处的妥吉村新果园百货店、乐亩村百货店和雨花村怡秋百货店，海口街道办事处的双哨村双哨百货店、中平新村丹丹百货店和海丰村顺达百货店。关闭云南海春畜牧有限公司生猪定点屠宰场（厂）、鑫禄公司的中峰等定点生猪屠宰场（厂）。昆明昱西再生资源回收处理中心于4月16日开工建设。全区持有“成品油零售经营批准证书”加油站48个。

加强全区招商引资项目服务协调、对外宣传及扩展外引，完善项目推进机制，优化投资软环境，营造招商引资良好氛围，与项目投资企业建立“一对一”的对口联系，确保招商引资项目顺利落地，保障资金及时到位。2010年全区招商引资引进内资项目385个，实际到位资金84.04亿元，其中一般项目61.46亿元，城中村改造项目22.58亿元，完成市政府下达招商引资65亿元任务的129.3%，增长38.3%。大力培育和扶持外向型经济，全区外贸企业61家。2010年进出口总额9200万美元，增长31%。

全年引进外资项目16个，实际利用外资6085.31万美元，增长16.6%。

2010年，全区有个体工商户4.09万户，私营企业8223户，农民专业合作社31户。辖区内共有市场87个，全年新增注册商标207件，6家企业的商标被认定为“云南省著名商标”，12家企业的商标被认定为“昆明市知名商标”。

2010年，全区监测范围内的旅游经营单位接待游客585.31万人次，增长30%，实现营业收入3.474亿元，增长27%，其中景区（点）、度假山庄接待游客267.19万人，实现营业收入5002.6万元；乡村旅游经营户接待游客235.94万人，实现营业收入2691.21万元；宾馆（酒店）接待游客80.64万人，实现营业收入23911.2万元；旅行社接待游客1.54万人，实现营业收入3137.4万元。

【城市建设与管理】 2010年，道路建设启动西山226号、197号路东段、147号、320号、319号、111号、170号、13号路东西段、114号、16号等10条规划路道路的前期工作。为配合城中村改造，增加启动明波立交下行匝道、西山23号、229号、42号、48号、49号、50号、197号路西段、益宁路西段、马街中路、马街北路、兴苑路延长线南段等12条规划道路的前期建设工作。全年承担18条道路的建设任务，道路总长22.08公里，计划总投资44亿元。

2010年，城中村改造投入资金165.34亿元，29个片区46个村的专项规划已通过市规委会审批，有9个片区12个村新开工建设，新开工面积179.8万平方米，63.89万平方米建筑已封顶断水。全年新增7个片区10个村安置房建设，20号片区红庙寺村二期的安置房14.1万平方米已启动建设；全区启动拆迁26个片区50个村，拆除建（构）筑物687.54万平方米。新增10个片区22个村全面进入实质性拆迁。全区城中村已征收土地725.33公顷，5个片区7个村49.71公顷完成土地交易工作。

2010年，推进“四创两争”工作，“创园”工作新增绿地202.7公顷。“创卫”工作通过国家专家组技术评估考核，并全面启动卫生乡镇、卫生村创建工作。“创城”工作已进入整改提升。“创节水”迎检工作，西山区4家备检企业、5家备检单位、3家备检小区的各项迎检工作已准备就绪。“创模”26项考核指标中，西山区3项基本条件全部达标，21项达标，1项基本达标，1项正在改善。“创生”工作已完成生态区规划编制，海口、团结2个街道办事处已完成省级生态乡镇的创建工作，同时启动涉农街道办事处及涉农社区的生态乡镇、生态村创建工作。

全区生活垃圾定点清运率、垃圾无害化处理率、粪便清掏清运合格率均为100%，主要道路机械清扫率60%以上。基本实现城乡生活垃圾“全收集”、“禁填埋”目标。

数字化城市管理模式覆盖西山区所辖区域内64.8平方公里范围。率先在全市将数字城管系统与政府电子政务平台整合起来开展工作，实现市、区、专业部门三级联动运行。年底，与区数字城管指挥中心联动运行的区级专业部门有26个。

加强城市道路的巡查管理，完善市政设施抢险应急机制，补盖失缺或损坏窨井盖1327块，更换破损雨水篦子1047块，完成主城区管辖范围内40米以上（含40米）17条主干道雨水篦子5910块的清疏工作。组织实施环城西路、环城南路、西昌路、广福路、兴苑路、东寺街等破损路面的整修工作。完成春雨路马街路口、眠山路口、益宁路口、电机厂路口、大渔路口及大渔路口铁路北侧沥青路面路面开裂及下凹形成的明显沟槽的修复工程，修复破损路面约7036平方米，修复破损人行道路面（含小块、青石板）1.04万平方米，修复破损街沿石、流水石2380米。

按照“四创两争”的工作要求，在人民西路、西园路、滇池路、广福路、十里长街、金碧路等主要道路征用施工围栏广告牌23块次、征用自行车围栏广告牌125块、征用大型户外广告牌11块。全年西山区拆除临违地块574个，建筑面积25.96万平方米，围墙2381米。农房违法加层和无序建房96起，建筑面积7671平方米，围墙290米，拆除率100%。

2010年，西山区建成区绿地总面积2254.91公顷，绿化覆盖总面积2342.15公顷，绿地率47.57%，绿化覆盖率49.41%，人均公共绿地面积31.97平方米。西山区4家单位（小区）被评定为昆明市园林单位（小区），其中昆明市园林单位2家，昆明市园林小区2家。

【生态环境保护建设】 2010年，西山区主要污染物排放量均控制在指标范围内，所有建设项目环境影响评价制度执行率100%，“三同时”合格执行率100%。

加大对重金属排放企业、重点排污企业、饮用水水源保护区、污水处理厂监管和整治，对101家存在问题的单位下达限期整改通知，查处企业违法排污2家，停产4家，列入搬迁17家。全年监测污染物排放单位540家。对西山区38家医疗机构进行监督性监测。对28家工业污水全面截流收集处理建设工作进行验收，确保各项污染物达标排放，切实改善滇池流域水环境质量。

推进“四退三还一护”农房拆迁工作，全年签订退房协议29.1万平方米，完成建构筑物拆除28.7万平方米，退人1594户7604人，完成农房退房总体任务的98.9%。按照滇池湖滨生态湿地建设详细规划，在辖区滇池湖滨带范围内大力开展退田还林、退塘还湿工作，建成环湖生态带1359.07公顷（包括草海和外海），其中生态林862公顷，湖滨湿地218.67公顷，河口湿地38.4公顷，湖内湿地240公顷。选择晖湾、富善、白鱼3个地块种植中山杉，完成20.67公顷种植任务。截至年底完成5.05公顷山邑村湖滨生态园工程建设，并通过初验。

【教育·文化·科技·卫生】 2010年，投入2000万余元，全面落实“两免一补”工作，惠及学生13万人次；落实和完善贫困生救助制度，补助寄宿制学校15所，惠及学生3777人；妥善解决城中村改造过程中学生分流安置和原退休民办教师待遇等突出问题。高标准巩固“两基”成果，进一步完善“1231”工程，并深入推广运用。完善政府助学体系，切实做好义务教育阶段“两免一补”工作，投入资金2010.68万元，惠及学生13万人次。实施“三就三百”工程，西山区适龄儿童百分百就学。推进“减负提质”工作，做到“减负”不减责、“减负”不减质。北京师范大学昆明附属中学通过省教育厅一级完中评估验收专家组复评。

2010 年，普通中学在校学生 2.75 万人，增长 5.2%；普通小学在校学生 5.15 万人，降低 14.0%；幼儿园入园班 7555 人，降低 6.7%。全区小学入学率 100%，初中毛入学率 101.18%，小学、初中辍学率 0%，初中升入普高 78.9%。

全年投入 122 万元，完成 2 个乡镇综合文化站和 20 个村文化室的建设。春节系列文化活动开展“三下乡”活动，组织各街道办事处各自安排了符合地方实情的文化活动。5 月 1～3 日的 2010 年中国昆明国际旅游节昆明狂欢节，西山区节目获得优秀组织奖 1 个，金奖 2 个，二等奖 2 个，三等奖 1 个，表演奖 1 个的成绩。6 月 12 日组织了非物质文化遗产保护展示。组织丰富多彩的民俗文化活动，7 月 29 日组织实施了“六月十九”观音山民族民间艺术展示活动、9 月 15 日第二届团结山歌调子节、9 月 28 日第二十三届西山音乐节暨首届“睡美人杯”青年歌手大奖赛等一系列活动。全年为 20 个农家书屋配送图书 1264 种 1500 余册，音像制品 100 余盘（盒）。

2010 年，全社会研究与试验发展经费投入 4.3 亿元，占 GDP 比重的 1.8%；科技成果转化率和科技进步贡献率分别为 31.5% 和 56 %。安排区级科技研究与开发经费 2068 万元，实施科技项目 78 项。评选西山区科学技术奖 16 项，获市级科技奖 12 项。组织 16 个企事业单位申报国家、省、市中小企业创新基金科技项目 18 项，其中 3 家已获得国家级中小企业创新基金支持。继续实施“绿色光亮工程”，在 13 个社区安装太阳能路灯 716 盏。

2010 年，全区各类医疗卫生机构 643 个，每千人拥有床位 9.2 张，覆盖城乡的医药卫生服务体系基本形成；新型农村合作医疗和社区卫生服务覆盖率 100%。实施国家基本药物制度，实行零差率销售；建立双向转诊制度，办理医师多点执业 289 人。辖区内有政府举办的非营利性医疗机构 176 家，民办医院 23 家，个体医疗机构 488 家；辖区内医疗机构总床位数 6505 张，其中非营利性医疗机构设置床位数 5388 张，营利性医疗机构设置床位 1117 张。辖区内有医务工作人员 1.32 万人，社区卫生服务机构 76 个。新型农村合作医疗参合率 100%，0～6 岁儿童保健覆盖率 97.08%。

【社会保障·人民生活】 2010 年，提供有效就业岗位 1.56 万个，城乡劳动力职业技能培训 1633 人，城乡劳动力就业人数 2.49 万人，城镇登记失业率 2.63%，控制在 4% 以内。核定养老保险参统企业 2588 户，参统职工 10.13 万人。扩大农民工工伤保险覆盖面，农民工参保人数 1.9 万人。做好被征地人员基本养老保险费用征收工作，政府补贴资金 650.4 万元。推进农村养老保险工作，新增参保 4005 人。积极推动老龄事业健康发展，发放高龄老年人保健补助金 184.5 万元。救助农村、城市特困群众医疗困难 350 户，发放医疗救助金 60.18 万元，城乡医疗救助率 100%。做好廉租住房分配管理和最低收入家庭住房租赁补贴发放工作，全区用于实物配租的廉租住房 904 套，分配入住 931 户城镇最低收入家庭；发放低保住房困难家庭住房租赁补贴 973 户，发放金额 204.17 万元。全年有 6985 户 1.01 万人得到城市和农村最低生活保障。全年发放城镇职工基本养老保险金 4.1 亿元；支付医疗保险金 7982 万元；支付失业保险金 1488.69 万元；发放最低生活保障金 2506 万元，其中城市居民 2308 万元，农村居民 198 万元。安置各类下岗失业人员 3880 人。

人民生活水平进一步提高，2010 年城镇居民人均可支配收入 1.98 万元，增长 11.02%；农民人均纯收入 8244 元，增长 9.01%。

（刁培凤）

东川区

【综述】 2010 年，东川彻落实科学发展观，聚力再就业特区建设，积极探索转型发展新路径，全力克服自然灾害和金融危机等不利因素的影响，抢抓机遇、顺势而谋，全区经济稳步回升，综合实力不断增强。

2010 年，东川区实现地区生产总值 46.57 亿元，按可比价格计算，比上年增长 14.9%；其中第一产业实现增加值 3.27 亿元，增长 7.4%；第二产业实现增加值 32.84 亿元，增长 16.8%；第三产业实现增加值 10.46 亿元，增长 12.1%。人均地区生产总值 1.65 万元，增长 18.6%。财政总收入 9.36 亿元，增长 63%（其中：地方一般预算收入 4.1 亿元，增长 70%），地方财政支出 16.5 亿元。全社会固定资产投资完成44.2亿元，增长40%；社会消费品零售总额9亿元，增长17%；金融机构各项存款余额65.9亿元，增长18.3%；各项贷款余额30.2亿元，增长17.3%。城镇居民年人均可支配收入1.46万元，增长10%；农民年人均纯收入3200元，增长15%。

【农业】 2010年，东川虽然遭到百年一遇旱灾影响，但全区上下及时狠抓抗旱等各项惠农措施的落实，确保农业经济稳步发展。全力加强水源工程建设，抓好农村饮水安全项目，启动团结渠渠首延伸工程建设以及2.3万件“五小”水利工程，解决4.5万人、5.6万头大牲畜饮水问题。完成乌龙镇碑棋、汤丹镇达朵、拖布卡镇树桔小流域治理，治理水土流失面积32平方公里。

全年完成农林牧渔业总产值6.8亿元，比上年增长8.6%。农村富余劳动力转移培训2.53万人，转移输出2.08万人。启动连片开发扶贫试点，加大扶贫攻坚力度，完成82个整村推进扶贫项目，启动85个整村推进扶贫项目。

【工业·再就业特区建设】 2010年，随着国际铜价的回暖，东川涉铜企业生产、经营、效益情况较好，整个工业经济呈现增长态势。全区工业总产值完成113.5亿元，比上年增加17.5亿元。工业增加值完成26亿元，增长10.8%。完成华新公司2000吨/日水泥技改项目，推进凯通公司10.5万吨/年粗铜技改项目。积极发展循环经济，对新型工业化、节能减排和资源综合利用项目给予大力扶持，单位地区生产总值综合能耗下降4.1%。在再就业特区建设方面，继续抓好碧谷工业园区入园主干道工程、四方地工业弃渣渣场工程，启动四方地、碧谷工业园区集中式污水处理厂工程和四方地工业园区北片区东环路排污管网检查井改造工程。完成天生桥特色产业园总体规划和部分控制性详规的编制工作。投资4700万元（含征地费用4300万元），完成天生桥特色产业园1230亩土地预收储工作，启动产业园主干道（东川路）、次干道（天四路）工程建设。全年引进项目101个，实际到位内资18.5亿元。

【经济转型】 2010年编制完成东川区转型规划，推进2009年1.38亿元中央专项资金支持项目的工程进度，确定2010年1.65亿元中央专项资金支持项目和资金分配。积极支持新铜人公司铜深加工项目建设。组织金水技改、尾矿综合利用、园区建设等项目申报2011年国家资源型城市专项投资项目。获得国家矿山公园资格，前期准备工作顺利开展。东川矿山地质环境综合治理项目获得国土资源部正式批复，并给予1亿元资金支持（国家计划支持3年，每年1亿元）。编制东川区2010～2019年移民搬迁规划，完成2009年538户1734人移民搬迁工作，启动2010年529户1781人移民搬迁工作。

【城乡建设】 城乡各项建设快速推进。积极推进中华铜都园和金沙路北段道路前期工作，抓好100条城镇道路路灯亮化工程、50个城镇公厕建设、10个城镇农贸市场工程，推进农村民居防震保安工程建设（修缮加固2000套，拆除重建200套），东起路、城市生活垃圾处理场建设接近尾声，基本完成“祥和家园”廉租住房五期工程（2000套、10万平方米）。在交通基础设施方面，完成金东大桥征地拆迁及水、电、路等施工场地“三通一平”工作，推进建制村公路112.5公里路面硬化和139公里路基改造工程，完善东川至寻甸倘甸二级公路建设的前期准备工作。

加快红土印象旅游小镇、太阳谷神鼓彝寨和铜都印象建设进度，成功举办2010中国东川泥石流汽车越野赛和摩托车赛，红土地花沟村获得“云南省乡村旅游示范村”称号。深入挖掘东川民俗文化，积极申报非物质文化遗产保护项目。积极开展“万村千乡市场工程”建设，完成10个农家店建设项目。年末主要景区农家乐发展到40余家，床位500个；全年接待中外游客37万人次，旅游综合收入9000万元。

【社会事业】 2010年，完成6所标准化学校建设，启动7所标准化学校建设。东川高级中学实验大楼开工建设，东川一中教学楼及学生宿舍前期准备工作加快。抓好“两基”迎国检工作，完成东川三类语言文字达标验收工作。全区4.12万中小学生享受免费教科书和国家提供的免费教辅材料。1.01万名中小学生享受到贫困学生寄宿制生活补助。年内高考上线率90.7%。有275名大学生办理了生源地助学贷款。完成2300余户的数字微波电视建设区有线电视前端机房的搬迁，141个自然村6761户直播卫星设备的安装调试，农村受益群众增加2万余人；完成第一批“村村通”直播星机顶盒软件升级和中星6A鑫诺3号卫星的接替工作。农村省级广播电视节目无线覆盖工程完成96.6MHZ调频发射设备的安装调试。制作播出新闻稿件2100条，完成第三批非物质文化遗产项目代表性传承人的申报，东川彝族民歌被列为昆明市非物质文化遗产。完成19个农家书屋建设，配送图书1260余种2.85万册，音像制品100种2548张，期刊20种4560余册。36个业余文艺团体自发组织演出80余场次。检查网吧营业场所126家次，对12家接纳未成年人的网吧依法给予行政罚款的处罚，取缔1家无证经营黑网吧。参加新型农村合作医疗人数21.98万人，参合率92.9%。为6.5人次农民减免医药费，减免（补偿）资金961.56万元。各社区卫生服务机构为社区居民提供“优质、价廉、方便”的卫生服务，全年门诊1.27万人次，出诊136人次，家庭病床累计设立106张，双向转诊189人次。

年内提供有效就业岗位4270个，城镇新增就业3810人，年末城镇登记失业率14%。全区企业基本养老保险参保2.62万人，工伤保险1.94万人，生育保险1.14万人，被征地人员基本养老保险参保4500人，失业保险参保1.65万人。对城市低保对象1.32万户2.62万人发放低保金3889万元，对农村低保对象1.72万户2.47万人发放保障金1365万元。

【存在的主要问题】 一是经济结构性矛盾仍然突出，经济发展方式有待进一步转变，对外开放还需进一步扩大，转型发展的任务很重。二是农业基础设施仍较薄弱，抵御自然灾害的能力不强。三世经济总量偏小，财政收支矛盾突出。四是基础设施建设任务繁重，环境治理、生态恢复、节能减排、矿山安全生产压力大。

（刘荣）

安宁市

【经济综述】 2010年，全市国民经济保持了快速增长的态势，综合经济实力进一步增强，全年实现地区生产总值（GDP）134.25亿元，比上年增长14.1%。人均生产总值（按常住人口计算）4万元，增长9%。

一、二、三产业共同推动经济发展。第一产业实现增加值1.64亿元，比上年增长6.8%，拉动经济增长0.3个百分点；第二产业实现增加值76.46亿元，增长15.7%，拉动经济增长8.6个百分点，其中工业实现增加值68.96亿元，增长14.4%，对生产总值的贡献率60%，拉动经济增长7.2个百分点；第三产业实现增加值50.15亿元，增长12.1%，拉动经济增长3.4个百分点；一、二、三产业增加值比重分别为5.7%、57%、37.3%。非公经济实现增加值49.28亿元，占全部生产总值的36.7%。全市工农业总产值457亿元，增长22.2%。

个体私营经济快速发展，2010年末全市有个体工商户1.29万户，比上年增长15.7%；私营企业1661户，增长17.8%；个体私营企业从业人员5.11万人，增长9.8%。

2010年，全市实现社会消费品零售总额30.26亿元，比上年增长22.3%；商品零售物价指数为103.6%；上升3.6个百分点；居民消费价格指数为104.2%，上升3.4个百分点。财政收支快速增长，全年实现地方财政总收入30.40亿元，增长33%。其中：一般预算收入16.69亿元，增长30.4%；上划中央四税收入12.57亿元，增长34.5%；全年地方财政支出26.35亿元，增长33.9%。其中，一般预算支出19.28亿元，增长25.9%。

2010年末全市金融机构各项存款余额168.87亿元，比年初增长11.1%；金融机构各项贷款余额125.74亿元，比年初增长28.7%；金融机构现金收入227.32亿元，现金支出249.25亿元，分别增长15%和17.2%；全年净投放现金19.84亿元，增长32%。

农业经济持续增长。2010年，全市实现农林牧渔业总产值12.74亿元，比上年增长8%；实现农林牧渔业增加值7.64亿元，增长6.8%；粮食产量4.35万吨，下降18.3%；平均亩产量347公斤，下降8.7%。烤烟生产完成双控目标，烤烟产量4900吨，下降0.5%，中上等烟比例达到100%，实现产值6929万元。蔬菜总产量19.01万吨，增长10.4%，水果总产量2.5万吨，下降86.5%；油料总产量1312吨，增长21.8%。

畜牧业生产稳步发展。2010年，全市畜牧业产值6.56亿元，占农林牧渔业总产值的51.5%，比上年提高1.9个百分点；主要畜产品产量：肉类总产量4.88万吨，增长17.3%，其中猪肉产量2.78万吨，增长19%；全年出栏生猪34.24万头，增长19.1%；家禽出栏901万只，增长12.1%；禽蛋产量6521吨，增长58.1%；牛奶产量3106吨，下降2.1%；2010年末大牲畜存栏1.86万头，下降8.6%；生猪存栏19.05万头，增长3.2%；羊存栏

2.77万只，比上年末下降2.4%。

乡镇企业快速发展。2010年，全市有乡镇企业1.06万户，比上年增长0.3%；从业人员6.97万人，增长13.8%；乡镇企业实现营业收入265.44亿元，增长69.3%，实现增加值36.52亿元，增长15.7%；实交税金7.31亿元，增长25.4%。

植树造林成效显著。2010年绿化造林取得较好成绩，全年完成造林面积6378亩，比上年增长7.1%；护林防火工作不断加强和完善。全市森林覆盖率50.1%。全市实现了灭荒目标。

【工业经济】 2010年全市完成工业总产值444.6亿元，比上年增长22.8%，全年实现工业增加值68.96元，增长14.4%。其中，规模以上工业企业实现增加值65.84亿元，增长14.7%。全市主要工业产品产量：钢451.3万吨，增长9.8%；钢材401.5万吨，增长10.7%；生铁441.3吨，增长8.1%；化肥（折纯量）43.3万吨，下降13.8%；原盐58.5万吨，增长16.8%；煤气71.66亿立方米，增长0.8%；磷矿石532万吨，增长4.9%；水泥220万吨，增长3.3%；自来水供应2042万吨，增长5.6%。

工业经济效益进一步提高。全市规模以上工业企业实现销售产值427.9亿元；实现主营业务收入469.9亿元，比上年增长16.8%；实现利税25.2亿元，增长64.7%，其中：利润总额12.8亿元，增加234.9%；产品销售率96.2%。

【交通·邮电】 2010年，全市公路交通运输业平稳发展，交通运输条件进一步改善。全市公路里程1298公里。全市货运量1.03亿吨，比上年增长16.8%；货运周转量11.96亿吨公里，增长16.3%；客运量8631万人，增长8.5%；客运量周转量10.13亿人，增长8.9%；交通运输邮政业实现增加值9.05亿元，增长8.9%。全市拥有机动车5.37万辆，增长11%，其中：普通载货汽车8454辆，增长15.1%；载客汽车3.06万辆，增长26.1%。

工业园区快速运输通道县草公路（县街—草铺）建设项目稳步推进。路基工程全面完工，进入路面工程、绿化工程和交通工程阶段，完成总工程量的60%以上；安禄公路（安宁—禄脿）路基工程基本完工，完成总工程量的50%以上。西一绕路基工程全面完工，进入路面工程、绿化工程为交通工程阶段。珍泉东路延线及圆山东路工程于5月10日开工建设；中段于6月4日试通车西段（人民路—滨川路）于7月3日开工建设。完成石安一级公路入城段改造工程。太平新城集镇主干道二期工程全面通车，安晋高速建成通车。

邮电通信业迅猛发展，全市实现邮电业务总量2.03亿元。2010年末，全市拥有固定电话5.91万部，比上年减少8.2%；在网移动电话用户22.53万户；增长15.1%，互联网在网用户6.48万户，增长43.3%。

【基础设施建设】 2010年，旧城改造工程启动。金方商业大厦改扩建工程于6月31日正式开工，伊皇购物中心新建工程已基本完工。鼎立医院、省建设银行档案馆、宁湖峰境二期、盛世锦苑等项目基本完工。职业教育基地基础设施建设投资2.05亿元。柳树花园小区、窑窝村小区建成投入使用。全年房地产开发工程面积26.04万平方米。麒麟片区不小企业孵化基地建设全面启动。

【重大项目】 2010年，重大项目推进取得新突破，中石油云南炼油厂项目顺利奠基，武钢集团昆明钢铁股份有限公司项目有序推进；弘祥化工“836”项目，云南盐化股份公司80万吨真空制盐项目进展顺利。

【商品市场】 2010年，全市城乡市场货源充足，但粮、肉、禽、果、菜等农副产品价格上涨较快。全年批发零售贸易业商品销售总额204.94亿元，比上年增长31.6%；社会消费品零售总额30.26亿元，增长22.3%。在社会消费品零售总额中：批发零售贸易业实现零售额11.1亿元，增长37.4%；零售业实现零售额22亿元，增长22.0%；住宿餐饮业实现零售额7.11亿元，增长72.2%。从经济成分来看，公有经济实现零售额7.67亿元，增长15.8%；非公有经济实现零售额22.58亿元，增长24.7%。2010年商品零售物价指数为103.6%；上升3.6个百分点；居民消费价格指数为104.2%。

【商贸经济】 2010年，安宁市继续加大招商引资和对外开放力度，不断优化投资环境，进一步完善工作机制和流程，形成了开发一批、储备一批、推介一批、跟踪一批的运行机制，全年引进内资项目165个，外资项目7个，协议引进内资467.6亿元；引进外资7283万美元。实际到位内资72.68亿元，外资6283万元。2010年，全市工商企业完成出口总额9.9亿元。全年接待游客238万人次，比上年增长12.3%，旅游综合收入8.45亿元。

【科技·教育·文化·卫生】 2010年，用于科学技术支出的财政资金3825万元，重点企业科技研发经费1.35亿元，科技研发经费5000万元。

教育事业取得新的进展，“两基”教育通过国检，完成首批中心学校校舍安全工程，青龙学校建成投入使用。2010年，全市学龄前儿童毛入学率100%，初中毛入学率106.53%，普通高中录取率47.8%，高考综合上线率99.6%，高考录取率99.6%。2010年末，全市幼儿在园人数8882人，全市小学在校学生2.8万人，初中在校学生1.23万人，高中在校学生3511人。职教基地入驻职业教育院校7所，专任教师1416人，在校学生3.06万人。

2010年，文化、体育、广播电视事业蓬勃发展。全市有电影放映单位9个，文化馆（站）1个，文艺表演团体8个，表演场所14个，博物馆1个，公共图书馆藏书15.83万册。建立了国民体质检测站和非物质文化遗产项目展示项目中心，启动数字电视整体转换有线电视入户率90%，电视人口覆盖率100%。

医疗卫生工作通过深化城镇医疗体制改革，城乡医疗卫生条件进一步改善，突发公共卫生事件应急机制和重大疾病防控体系进一步完善。2010年，常驻儿童疫苗接种覆盖率100%，食品卫生监督覆盖率100%。全面推行新型农村合作医疗工作，农村合作医疗覆盖率99.8%，11.1万人参加农村合作医疗；7.51万人参加城镇居民基本医疗保险，人人享有基本医疗保障目标初步实现。年末全市共有卫生机构182个，病床2333张，专业卫生技术人员1785人。农村卫生厕所普及率83.09%。

【人民生活】 2010年，全市在岗职工年末人数6.67万人，比上年增长3.9%；工资总额23.3亿元，增长16.7%；在岗职工年平均工资3.6万元，增长15.2%，城镇居民人均可支配收入2.05万元，增长12.8%；城镇居民人均消费性支出1.53万元，增长43.5%。农民人均纯收入6913元，增长12%；全年农民人均生活消费支出7627元，增长17.1%。

2010年，生活环境继续得到改善。城乡居民的居住条件明显改善，城镇居民人均住房建筑面积33.5平方米。农村居民人均住房建筑面积42平方米。住房质量继续得到提高，住房中钢筋混凝土结构的比重达到55.9%。2010年新建廉租房5264套，完成农村、居民抗震工程2300套。社会福利事业进一步发展，全市享受城镇居民最低生活保障的人数3.92万人，发放保障金644万元；享受农村居民最低生活保障的人数4.46万人次，发放保障金637万元；全市有社会福利院4个，病床460张。

【环境保护】 2010年，环境质量逐步改善，全市环保投资总额5.6亿元，环保投资指数达到4.2%。环境综合整治取得了较好成绩。城市集中饮用水源地水质达标率达到100%，工业废水排放达标率99.8%；工业烟尘排放达标率99.89%；工业固体废物综合利用率46.57%；环境质量综合指数84.43。

（张丽华）

曲靖市县区经济选介

宣威市

【概述】 宣威市位于云南省东北部，总面积6069.88平方公里。2010年，年均气温14.8℃，年均降雨量854.7毫米。辖26个乡（镇、街道）331个村25个社区146.78万人。年内，全市出生1.48万人，出生率10.48‰；死亡6258人，死亡率4.42‰；人口自然增长率6.05‰。

2010年，宣威市实现生产总值148.2亿元，比上年增长13.2%，“十一五”期间年均增长13.66%。其中一产业实现32.5亿元，增长7.1%，二产业实现66.6亿元，增长14.5%，三产业实现49.1亿元，增长14.7%；三次产业结构由上年的22.5：45.7：31.8调整为22：45：33。财政总收入20.3亿元，增长17.7%；地方财政一般预算收入9亿元，增长13.4%；财政总支出33.8亿元，增长30.6%；固定资产投资完成117.37亿元，增长26.1%；金融机构存款余额138.1亿元，增长25.33%；贷款余额74亿元，增长27.62%；社会消费品零售总额61亿元，增长22.2%；城镇居民人均可支配收入1.47万元，增长10.8%；农民人均纯收入3735.1元，增长9.72%。

【资源特产】 2010年，宣威火腿产量4330万公斤，火腿产值12.3亿元（其中精加工增值3.6亿元）。宣威火腿行业协会有会员企业36家，23家企业获得国家质量技术监督总局认可的“全国工业产品生产许可证”（QS认证）。围绕火腿加工、生猪养殖，相关的运输、皮革、肉食品加工、饲料、医药有很大发展，产业优势日趋明显，初步形成大产业、大市场、大流通的态势，宣威火腿已成为云南省的拳头产品，以猪为主的畜牧业已成为宣威市最有特色和潜力的优势产业。

【矿产资源】 宣威矿产资源丰富，已探明有铁、锰、铜、铅锌、钴、锑等金属矿12种，煤、油页岩、伊利石、建筑砂等金属矿19种。煤炭储量2180亿公斤，主要分布在倘塘、龙潭、阿都、双河、杨柳、乐丰、宝山、文兴、龙场、羊场、海岱、东山、田坝、来宾等14个乡（镇）。铁矿储量800亿公斤，有赤铁矿、褐铁矿、菱铁矿3种。锰矿储量44.19亿公斤，其中富矿11亿公斤、贫矿33.19亿公斤，主要分布在普立、阿都、来宾馆等乡（镇），普立乡格学有中型锰矿床。油页岩储量57.6亿公斤、焦油11.5亿公斤，主要分布在阿都同兴。伊利石分布在宛水、双龙、板桥、龙潭、倘塘、乐丰等地。

【第一产业】 2010年，宣威市实现农业生产总值57.88亿元，比上年增长16.8%。农业增加值32.5亿元，增长7.1%。全年粮食播种面积17.36万公顷，其中夏收粮食2.8万公顷（大、小麦1.87万公顷，豆类4000公顷，马铃薯5300公顷），秋收粮食14.56万公顷（玉米6.34万公顷，水稻6700公顷，杂粮1.15万公顷，豆类5600公顷，马铃薯5.84万公顷）。实现粮食产量6.25亿公斤，增长4.14%；收购烟叶3859万公斤，实现收购总值5.81亿元。销售烤烟4715.5万公斤，销售卷烟4.23万箱，实现税收2.14亿元，增长0.36%。

全年完成人工造林1.5万公顷，其中义务植树380万株，完成森林管护26.7万公顷，完成8200公顷退耕还林的查缺补漏工作，完成5200口沼气池建设，推广节能改灶5000户。实施森林病虫害防治监测26.7万公顷，完成病虫害防治4500公顷。

改善灌溉面积2800公顷，新增除涝面积1667公顷，修复水毁工程150处，治理河道35公里，治理水土流失面积65.03平方公里，新增供水受益人口2.4万人。人饮安全项目涉及26个乡（镇、街道）88个村委会，工程总投资5773.37万元，已完成工程建设总投资5733万元，解决3.29万户12.32万人1.37万头牲畜的饮水安全问题。“长治”、“珠治”工程完成治理面积4148公里，完成总投资753.8万元。

年末，生猪存栏183.78万头，牛17.5万头、羊30.4万只，家禽201.3万只。全年出栏肥猪318.45万头，牛5.13万头、羊16.32万只、家禽325.2万只。实现畜牧业产值28.8亿元，畜牧业收入16.1亿元。

【第二产业】 2010年，宣威市工业总产值142.8亿元，比上年增长15.71%。其中规模以上工业产值88.97亿元，增长5.07%；规模以下工业产值53.83亿元，增长30.2%。规模以上四大支柱产业继续保持增长，其中煤炭工业产值15.8亿元，增长23.53%；化工工业产值27.2亿元，增长8.24%；建材工业产值7.79亿元，增长23.45%；冶金工业产值3.11亿元，增长40.72%。四大产业产值累计53.9亿元，占规模以上工业产值的60.6%，成为拉动经济的主要力量。主营业务收入79.37亿元，增长0.8%；利税总额3.62亿元，增长11.5%；利润总额亏损9050万元，比上年减亏56.05%；工业投资完成34.7亿元，增长4.8%。

全市主营业务收入2000万元以上企业44户，累计主营业务收入73.3亿元，累计工业产值83.4亿元，累计工业增加值28.4亿元，成为全市工业经济的主要支柱。大企业、非公企业、节能降耗、煤电运力运行呈现四好，园区工业经济聚集发展，云维乙炔化工项目、云电投600MW煤矸石热电项目等重点项目顺利开工建设。

【第三产业】 2010年，全市个体私营经济社会消费品零售总额49.27亿元，比上年增长37.26%，占全市社会消费品零售总额的80.66%，在社会消费品市场中处于主导地位。年内，全市经市工商局核准注册登记的从事商业贸易的个体工商户7684户，减少11户；从业人员1.08万人，注册资金总额1.38亿元。全市现有私营商业企业496户；从业人员5829人，注册资金总额6.83亿元。

【交通运输】 2010年，宣威市客运量989.7万人次，完成客运周转量9331.1万人公里，货运量999.94万公斤，货运周转量86 308.03万公斤公里。年末，全市公路通车里程7386.9公里，其中国道1条106.6公里、省道5条161.1公里、县道18条515.2公里、乡道328条2409.6公里、村道1534条4112.4公里、专用道22条62公里。按技术等级分，一级公路36.16公里、二级公路122.53公里、三级公路44.46公里、四级公路29.06公里，等外公路4277.75公里。

【邮电通信】 2010年，宣威市邮政业务收入1562.29万元，比上年增长16.95%；中国电信宣威分公司业务总收入5180万元，移动业务收入798万元。全年发展固定电话用户5100户，宽带7496户，致富通电话237户，移动用户9035户，3G无线宽带1721户。

【商贸流通】 2010年，宣威市社会消费品零售总额61.08亿元，比上年增长22.2%。第三产业完成增加值49.06亿元，占GDP比重33.1%。外贸进出口实现1250万美元，增长20%。重要商品成品油购进2.09亿公斤，增长10.5%，成品油销售2.07亿公斤，增长10.8%。全市定点屠宰场集中宰杀生猪9.87万头，增长5.1%。酒类备案登记累计2189户，并逐步推引溯源制管理。再生资源回收经营备案登记累计88户。“家电下乡”累计备案销售网点205个。

【财政 税务】 2010年，宣威市实现各级财政总收入20.33亿元。地方财政一般预算收入9亿元，增加1.06亿元，增长13.4%。地方一般预算支出31.32亿元，增支6.74亿元，增长27.41%。

2010年，宣威市国税税收收入10.52亿元，增长19.45%，地税税收收入7亿元，增长14.10%；完成宣威市本级收入5.66亿元，增长12.73%。

【金融 保险】 2010年，宣威市有各类金融机构80个，从业人员804人。年末人民币各项存款余额138.1亿元，比上年末增长25.33%。其中：储蓄存款余额85.75亿元，增长19.15%。各项贷款余额74亿元，增长27.62%。全年累计现金收入270.26亿元，累计现金支出285.31亿元，净投放现金15.05亿元，增长6.72%。

年内，全市12家财产类保险公司保费收入1.95亿元，比上年增长45.71%；各项赔款支出8295万元，增长17.61%。全市7家人寿类保险公司实现保费收入1.51亿元，增长17.59%；各项赔款支出7465万元，增长66.41%。

【固定资产投资】 2010年，实施投资500万元以上的项目172个，完成固定资产投资117.37亿元，比上年增长26.1%。羊过水水库工程竣工验收，东屯、三联、马房、冲门口水库除险加固主体工程基本完成，小干河、红石岩水库和中德财政合作、农业综合开发等项目加快建设；响水电站扩容、阿都等电站建设快速推进，110千伏、220千伏、500千伏等骨干电网项目加快实施；宣倘二级公路建成通车，普宣高速公路开工建设，贵昆铁路沾六复线宣威段建设加快推进；磷电公司年产2.5万吨磷酸、6500吨泥磷制酸、3.2万吨三聚磷酸项目建设试运行，革香河公司年产3.6万吨镍铬合金一期工程、凤凰山钢铁厂技改项目建成投产，云维年产60万吨电石及年产300万吨石灰石矿山、云地电投60万千瓦煤矸石综合利用热电厂、恒邦年产10万吨低品位磷矿粉综合利用等项目开工建设；成功引进并启动建设云南云河集团年产1万辆专用汽车项目，填补了云南省专用汽车生产的空白。

【人民生活】 2010年，宣威市城镇居民人均可支配收入1.47万元，比上年增长10.8%；城镇居民人均支出1.35万元，增长9.16%。农民人均纯收入3735.1元，增长9.72%；农民人均支出2931.11元，增长8.78%。

（余俊柏）

玉溪市县区经济选介

红塔区

【概述】 红塔区地处滇中腹地，距省会昆明88公里，总面积1004平方公里。2010年，平均气温17.4℃，全年日照时数2370.5小时，日照率54%，有霜期113天，降水量639.6毫米。辖3个街道办事处和6个镇及2个彝族乡，81

个村（居）民委员会、871个村（居）民小组，436个自然村。年末总人口42.18万人。其中非农业人口14.27万人。有汉、彝、回、白、哈尼5个世居民族。人口自然增长率-1.17‰。

2010年，红塔区继续扎实打基础、调结构、建生态、惠民生、保稳定，生产总值、工业总产值、社会消费品零售总额、财政收入等主要经济指标继2007年实现翻番后，2010年实现再翻番，全区完成生产总值（现价）430.10亿元，比上年增长14.6%。人均实现生产总值9万元。农业产值16.01亿元，工业产值673.76亿元。三次产业占GDP的比重为5.2:43.5:51.3，形成更加优化的“三二一”产业结构模式。财政总收入突破20亿大关，达到20.53亿元，增长33%。其中地方财政收入10.52亿元，增长32.9%。全区地方财政支出16.57亿元，增长28.5%。全年自营进出口总额6848万美元，增长151%，其中出口额6186万美元。全社会固定资产投资106.3亿元，增长30.8%；社会消费品零售总额68.25亿元，增长23.1%。人均GDP居全省第一，工业总产值居全省第二，被评为“云南省县域经济发展十强县”，综合发展实力跻身全省前列。

2010年，农村经济总收入559.18亿元，比上年增长29.6%，其中出售产品收入329.96亿元。粮经作物种植比例由上年的46.2:53.8调整为40.5:59.5。农产品商品率84.2%。粮食总产量5850.14万公斤，烤烟产量719.99万公斤，油料总产736.14万公斤，蔬菜总产4176.44万公斤。农田水利化程度达到88.6%。森林覆盖率62.6%。

2010年，全区红塔区有规模以上工业企业118户。全部工业总产值（现价）673.76亿元，比上年增长21.8%。全区拥有高新技术企业36户（其中国家级高新技术企业4家）和国家级新产品17个、省级新产品68个、云南名牌产品18个。当年争取到省、市对红塔区技术创新扶持资金615万元。

区内交通便利，213国道、昆玉高等级公路和昆玉铁路纵贯南北，形成全省南北交通枢纽，是通往滇南和东南亚邻国的重要通道。自然村通车率100%，公路通车里程1375公里，中心城区建成区面积25平方公里，城市道路总长度120公里，城市供水综合生产能力15万立方米/日，用水普及率98%，处理污水能力10万吨/日，公共绿地面积204.4万平方米，人均拥有公共绿地14.6平方米。全年投入城市建设资金1.7亿元，增长23.69%），投入创卫专项资金3842万元，投入城市保洁1629万元。本地电话交换机总容量13.02万门，移动电话用户54.63万户，电话普及率158部/百人，互联网用户9.07万户。玉溪中心城区建成18.14平方公里的环境噪声达标区和27.5平方公里的烟尘控制区，空气质量居全国109个国家环境保护重点城市第八位；境内森林覆盖率48.6%，建成区绿化覆盖率40.2%。在获得国家级“园林城市”的基础上，继续争创国家级“卫生城市”、“环境保护模范城市”。

2010年，农村居民家庭人均纯收入7011元，比上年增长10.0%；其中工资性收入3066元，增长15.3%；人均生活消费支出6642元，增长12.2%。城市居民全年人均可支配收入1.73万元，增长9.3%，其中工资性收入1.29万元，增长10.7%。人均消费性支出1.23万元，增长7.8%。城市居民人均住房面积41平方米，农村居民人均生活住房面积72.2平方米。

【生态城市建设】 2003年年底，玉溪启动“抚仙湖—星云湖出流改道工程”建设。通过提高抚仙湖水位，让抚仙湖一类水倒流入星云湖，对星云湖水体进行改善和置换，再经过湿地过滤后，由地下隧道把水从星云湖引入玉溪中心城区，作为城市景观、工业、农业之用。2007年12月26日，全长23.45公里的隧道工程竣工通水，总投资4亿余元。在玉溪中心城区形成“三水归流”景观。在出流改道工程出水口处建起“出水口公园”，建成宽276米、高18米的人工大瀑布—两湖大瀑布。其间，以水资源为基础，先后兴建聂耳音乐广场、聂耳图书馆、聂耳纪念馆、聂耳大剧院等标志性文化建筑群，成功打造聂耳文化品牌，为玉溪中心城区生态文化区建设注入了灵魂。

2005年11月~2006年1月，完成玉溪大河上段改造—玉溪大河一期工程整治，总占地面积670亩，河道全长2500米，绿化面积42万平方米，水域面积2.2万平方米，防洪标准为50年不遇。玉溪大河与玉湖共同构成中心城区防洪水系综合工程。

2010年，玉溪大河二期工程开工，全长2293米。经过改造后的玉溪大河将宛若一条游龙穿行在玉溪中心城区，形成“两河、两岸、六桥、两闸”的总体布局，沿河岸兴建有亭台、栈桥、树景、石景等城市景观小品，与聂耳文化广场浑然一体，待二期建设完工后，波光粼粼的宽阔河道和城市景观融为一体，整个中心城区将呈现出一幅更加动人的“碧玉清溪”山水画卷。截至2010年末，玉溪中心城区建成区面积发展到25平方公里，城镇化率56.18%，城镇化率从37%，建成区面积56.9平方公里，以水为特色，以聂耳文化为灵魂的生态城市雏形初现。

【房地产业】 2010年，红塔区房地产开发企业累计完成投资39.6亿元，比上年增长61.2%，占全区固定资产投资额的37.3%。商品住宅累计投资31.8亿元，增长42%，占同期房地产开发投资的80.2%，减少9.8个百分点；商业用房累计投资1.2亿元，增长21.1%。年内，商品住房施工面积307.6万平方米，增长14.1%；销售面积152万平方米，增长67.7%；销售额48.6亿元，增长105.9%。商品住宅销售8803套，增长35.8%。区内有房地产开发商88家。

【工业园区建设】 2010年，按照园区建设“高起点规划、高标准建设、高水平管理、高效益产出”的原则，红塔区2个省级工业园区实现经济社会又好又快发展。年末，实现工业园区工业总产值609.22亿元。其中：研和工业园区是全省40个省级工业园区之一，规划范围由“一园三片区”（研和冶炼物流区、洛河冶炼加工区、峨山冶炼加工区）组成，总规划面积22.4平方公里，以钢铁、有色金属冶金加工和铸造业，物流业为主。2010年实现工业总产值121.1亿元，比上年增长30.2%；增加值17.34亿元，增长36.4%；上缴税利5.12亿元，增长48%；利润6.53亿元，增长169.8%。年内引进重点项目29个，引进资金37.6亿元。建成标准厂房面积57万平方米，基础设施建设累计投资5.89亿元，其中2010年完成2.38亿元。

红塔工业园区是全省40个省级工业园区之一，也是全国唯一以烟草及配套产业为主导产业的工业园区。规划范围由“一园五片区”（红塔集团片区、高新技术园片区、大营街片区、高仓片区和九龙片区）组成，总规划面积25.44平方公里。主导产业是卷烟及配套产业、生物制药产业、农特产品加工、高新技术产业。2010年，入园企业182户，园区（含红塔集团）完成工业总产值488.12亿元，工业增加值291.53亿元，固定资产投资原值504.6亿元。主导产业增加值占园区工业增加值的比重97.31%，园区工业增加值占红塔区工业增加值的87.78%。非烟企业实现工业总产值137亿元，比上年增长46%；增加值31.92亿元，增长52%；上缴税利5.98亿元，增长32.9%；利润9.92亿元，增长131%。基础设施建设累计完成投资18.2亿元，其中2010年完成1.2亿元；标准厂房建设面积30万平方米。红塔区工业园区的烟草配套产业与烟草产业同步发展，相互促进，相互带动，形成比较完整的产业链。

【加大抗旱投入】 2009年11月~2010年12月底，红塔区各级累计投入抗旱资金2290.29万元，其中：中央210万元、省级140万元、市级60.5万元、区级财政补助56.8万元、乡镇街道财政补助154.11万元、乡镇群众自筹586万元、社会捐赠962.2万元、共产党员特别捐款87.5万元、区级工会组织职工捐款33.18万元。出动抗旱人员6.92万人次、运水车辆6943辆次、机动抗旱设备455台套、抽水泵站64处、机电井6眼，抗旱用电30.95万度，用油38.82吨，分发应急运水水袋460条，解决3.76万人和8856头大牲畜饮水困难以及5.09万亩农田灌溉问题。国土部门在群众饮水特别困难的玉苗村委会小黄塘、排山村委会董家坝和东山村委会二、三组及双龙村委会上厂村选址打深井4口，解决3720人吃水问题。区防汛抗旱指挥部将省防汛抗旱指挥部下拨的抗旱运水车辆1辆，拨给灾情最为严重的小石桥乡，用于灾区远水送水。

（邹瑾）

丽江市县区经济选介

古城区

【综合经济】 古城区位于云南省西北部，是丽江市直辖区。全区面积1255.4平方公里，下辖5个乡、4个街道、58个村（居）民委员会。2010年，丽江站平均气温13.6℃，年降雨量989.8毫米，年日照时数2357.5小时。年末户籍总人口15.23万人，人口自然增长率4.3‰。

2010年，全区地方生产总值（GDP可比价）50.46亿元，比上年增长16.7%。分别高于全国、全省平均水平6.4和4.4个百分点。全区人均GDP 2.91万元，增长16.1%。其中第一产业增加值3.27亿元，增长5.8%，占生产总值的比重为6.5%；第二产业增加值17.03亿元，增长21.3%，占生产总值的比重33.7%，其中：工业增加值7.66万元，建筑业增加值9.37亿元；第三产业增加值30.17亿元，增长0.9%，占生产总值的比重6.5%。三次产业比例调整为6.5：33.7：59.8，第三产业拉动经济增长加快，第一产业拉动经济比上年减弱，第二产业拉动经济比上年增高。年末，全区个体工商户及私营企业户1.23万户，从业人员3.03万人，实现非公经济增加值30.79亿元，占GDP比重61%，增长17.6%。

【财税·金融】 2010年，全区地方财政一般预算收入5亿元，比上年增长36.33%；地方财政一般预算支出8.88亿元，增长40.24%。各项税收收入6.24亿元，增长27.7%，其中国税收入2.63亿元，增长31.1%；地税收入3.61亿元，增长25.3%。金融机构人民币各项存款余额172.25亿元，比年初增加53.092亿元，其中储蓄存款68.5亿元，比年初增加12.87亿元，企业存款69.06亿元，比年初增加23.53亿元；各项贷款余额137.65亿元，比年初增加27.18亿元。其中短期贷款27.6亿元，比年初减少7.13亿元，中长期贷款107.03亿元，比年初增加31.35亿元，其中个人中长期消费贷款26.13亿元，比年初增加7.29亿元。全区金融机构累计现金收入24.17亿元，现金支出24.37亿元。

【固定资产投资·房地产】 2010年，全社会固定资产总额56.99亿元，比上年增长31.3%，其中国有经济控股完成投资28.43亿元，增长44.3%；城镇固定资产完成投资39.14亿元，增长34.6%；农村固定资产投资3.12亿元，增长40.6%。第一产业投资2.83亿元，增长1.6倍，第二产业投资2.96亿元，下降33.9%，第三产业投资36.47亿元，增长40.1%。全年房地产开发投资14.73亿元，增长21.6%。开发施工房屋面积125.55万平方米，增长66.2%，竣工房屋面积52.55万平方米，下降3.8%；商品房销售面积（含期房）61.66万平方米，增长69.6%，销售额（含期房）17.01亿元，增长60.7%。

【农业·农村经济】 2010年，古城区实施一批事关农业农村发展的重点水利工程，改善农业生产综合条件，传统农业稳步发展，特色产业不断壮大，呈现粮食增产、农业增效、农民增收的良好势头，全区农林牧渔业年末总产值5.55亿元，比上年增长6.5%。其中农业产值2.36亿元，增长3.4%；林业产值1250万元，下降48.6%；畜牧业产值2.8亿元，增长14.2%；渔业产值2008万元，增长14.9%；农林牧渔服务业产值739万元，增长7.4%。全年粮食播种面积21.93万亩，粮食总产4.22万吨，增长1.5%。其中油料产量2087吨，增长0.5%；烤烟产量1350吨，增长21.3%；蔬菜产量2.78万吨，下降29.4%；水果产量5279吨，下降0.7%。全年肉类总产量1.36万吨，增长9.6%；牛奶产量112吨，下降38.1%；禽蛋产量530吨，下降1.1%。全年生猪出栏14.26万头，上升3.4%；牛出栏8617头，增长16%；羊出栏3.37万只，增长6.9%。渔产品产量760吨，增长8.3%。

【旅游业】 古城区紧紧围绕建设国际精品旅游城市和国家级园林城市，深入实施城市精细化管理，提升城市形象，旅游业实现新突破，2010年末古城区有星级宾馆酒店146家，其中五星级4家，四星级16家，三星级46家，二星级62家，一星级18家；非星级宾馆、酒店、客栈、招待所953家，其中特色等级50家；旅游购物店30家；旅行社27家；已开发的旅游景区（点）13个。全区旅游日接待能力5.5万人次，旅游直接从业人员3.3万人，间接从业人员7.8万人。全年接待游客582.42万人（次），比上年增长14.1%，其中海外游客47.47万人（次），增长4.6%；国内游客534.95万人（次），增长15%。旅游综合收入66.18亿元，增长13.9%。其中旅游外汇收入1.63亿美元，增长7.9%。国内旅游收入55.49亿元，增长16.1%。

【交通运输】 2010年末，全区有省级公路114.4公里，城市公路70公里，区乡道140公里，乡道223.7公里，村道314.9公里。全年公路营运性客运量290.4万人，公路货运量276.1万吨。丽江机场起降民航航班2.11万架次，旅客吞吐量221.77万人次，货邮吞吐量3058.7吨。全年邮政函件159.22万件，特快专递23.51万件，报刊期发数7.05万份。固定电话用户8.43万户，普及率48.6%，移动电话用户18.46万户，普及率106.5%。互联网用户4.03万户，普及率23.2%。

【工业·建筑业】 古城区不断拓宽工业发展空间，优化工业结构，着力发展以水电开发、建材生产、旅游产品和生物资源开发为主的新型工业，2010年，工业总产值19.17亿元，比上年增长37.6%，其中规模以上工业总产值16.17亿元，增长42.4%；规模以下工业总产值3亿元，增长24%。工业增加值7.66亿元，增长26.1%，拉动经济增长3%。全区拥有资质以上建筑企业34个，建筑总产值11.48亿元，增长43%，实现增加值9.37亿元，增长17.8%，拉动经济增长2.8%，下降1.8%。

【国内外贸易】 2010年，全区社会消费品零售总额21.59亿元，比上年增长25.3%。农村消费品零售总额5.67亿元，增长17.8%；城镇消费品零售总额15.92亿元，增长28.1%。按行业分，批发零售贸易业零售额14.44亿元，增长31.2%；住宿餐饮业零售额7.152亿元，增长14.9%。公有经济实现消费品零售1.47亿元，增长1.05倍，非公经济消费品零售20.12亿元，其中私有经济实现零售17.95亿元，增长20.5%。年末全区限额以上（主营业务收入200万元以上）住宿餐饮企业和产业个体53个，增长29.3%，从业人员5830人，增长6.1%，营业额5.51亿元，增长17.9%。拥有客房7383间，床位1.36万个，餐位1.67万位，餐饮营业面积4.1万平方米，增长83.9%。全年进出口贸易总额1262万美元，下降79%。其中出口1251万美元，下降79.1%，进口11万美元，下降83.9%。

【科·教·文·卫】 2010年，本级财政投入科技三项费45万元，共组织实施科技项目20项，专利申请31项，专利授权16项，科技培训1.82万人次。2010撤并43个校点，新建校舍2.52万平方米，年末全区各级各类学校119所，在校学生3.49万人，专任教师2330人。全区拥有卫生机构47个，147张床位，疾病预防控制中心1个，妇幼保健院1个，卫生院5个，专业卫生技术人员313人。新型农村合作医疗参合率99.77%。2010年，全区拥有艺术表演团体18个，文化艺术活动121场（次）；拥有1个文化馆，1个公共图书馆，藏书6万册，1个文物管理所，1个博物馆，9个乡镇文化站。全年放映电影544场，全区电视覆盖率96%，广播覆盖率89%。

【民生·社会保障】 2010年，居民消费价格总指数103.2%，比上年上涨3.2%，上升2.6个百分点。其中服务项目价格上升4.1%；消费品价格上涨3.1%。食品类价格涨幅较大的有粮食、油脂、鲜菜、糖、干鲜瓜果等。据城乡住户抽样调查资料，农民人均纯收入5220元，增加786万元，增长17.7%，村民家庭恩格尔系数为47.6%；城镇居民人均可指配收入1.55万元，增加1064元，增长7.4%，扣除价格因素，实际增长8%，人均消费性支出8981元，增长17.7%，居民家庭恩格尔系数为41.8%。

2010年末，养老保险参保1.62万人，医疗保险参保1.74万人，失业保险参保8300人。城镇居民基本医疗保险参保2.5万人。至年末城镇最低生活保障人数8863人，农村低保人数4900人。各类社会福利院有1个，床位192张。城镇社区服务设施6个。民政事业费支出3962.8万元，其中抚恤事业费支出183.7万元，社会救济福利事业费211.7万元，城镇居民最低生活保障费1276.3万元，救灾支出505.5万元。全年接受社会捐赠166.4万元。

（张永香）

普洱市县区经济选介

思茅区

【综合经济】 2010年，思茅区地区生产总值53.67亿元，按可比价格计算，比上年增长12.8%。其中：第一产业增加值5.90亿元，增长3.7%；第二产业增加值22.08亿元，增长15.3%；第三产业增加值25.70亿元，增长12.6%。第一产业增加值占生产总值的比重11.0%，下降1.2个百分点；第二产业增加值占生产总值的比重41.1%，提高1.8个百分点；第三产业增加值占生产总值的比重47.9%，下降0.6个百分点。

【农林牧渔业】 2010年，全区农林牧渔业总产值9.61亿元，按可比价格计算，比上年增长4.4%。调整农作物种植结构，扩大经济作物种植面积。茶叶面积12.92万亩，增加3400亩，增长2.7%，产量9954吨；咖啡面积8.22万亩，增长18.6%，产量7566吨；烤烟播种面积1.06万亩，增加750亩，增长7.65%，产量1631吨；蔬菜播种面积3.18万亩，增加90亩，增长0.3%，产量3.22万吨。

粮食生产保持稳定，播种面积24.83万亩，比上年增加4845亩，增长2.0%。其中：大春粮食播种面积18.39万亩，增加3690亩，增长2.1%；小春粮食播种面积6.44万亩，增加1155亩，增长1.8%。粮食总产量5.1万吨，增加163吨，增长0.3%。其中：大春粮食产量4.58万吨，增长3.5%；小春粮食产量5295吨，下降20.7%。

林业生产取得新成绩，造林面积2.13万亩，全社会木材生产量10.76万立方米，松脂产量3142吨。

畜牧业生产稳定增长，肉类总产量1.35万吨，增长5.4%。猪、牛、羊出栏分别为19.15万头、7000头、1.04万只，分别增长8.9%、下降10.8%、增长1.2%；猪、牛、羊肉产量分别为1.16万吨、495吨、174吨，分别增长6.2%、下降13.2%、增长1.2%。家禽出栏80.96万只，增长10.7%；家禽肉产量1203吨，增长7.4%。蛋类产量751吨，增长19.0%。年末大牲畜存栏2.58万头、生猪存栏18.39万头、山羊存栏1.99万只。

渔业生产平稳，水产品产量1.03万吨，增长1.1%。

【工业·建筑业】 2010年全部工业完成总产值30.13亿元，按可比价格计算，比上年增长14.6%。规模以上工业完成总产值25.21亿元，增长22.7%，其中，轻工业增长79.7%，重工业增长15%。在规模以上工业中：国有企业增长26%，外商及港澳台投资企业下降6%，股份制企业增长36.9%。非公有工业增长49.2%。规模以上工业企业主营业务收入24.81亿元，增长51.6%；产品销售率95.9%。全年实现利税总额3.51亿元，增长69.9%，其中利润总额2.09亿元，增长1.26倍。饮料制造业、木材加工业、非金属矿物制品业、电力的生产和供应业、有色金属矿采选业5个行业累计实现利润2.03亿元，占全部规模以上工业的97.2%。

2010年末资质等级以上建筑企业49个。资质以内建筑企业完成施工产值37.94亿元，增长26.5%；实现利润7557万元，增长15.9%；税金1.16亿元，增长7.4%。建筑单位房屋建筑施工面积203万平方米，其中招投标承包面积151万平方米，招投标面积74.4%。竣工房屋面积73万平方米。

【固定资产投资】 2010年，固定资产投资突破70亿元，达到70.15亿元，比上年增长34.2%。其中：城镇固定资产投资56.68亿元，增长49.4%；农村固定资产投资2333万元，下降84.4%。重点项目建设继续推进。糯扎渡电站完成投资20.93亿元，增长54.4%；磨思高速公路完成投资3.19亿元，增长74.4%；思江路改造工程完成投资2.49亿元，增长11.8%；思澜公路二期改造工程完成投资6389万元；旅游环线完成投资8.39亿元；职教中心完成投资1.21亿元；普洱文化中心完成投资1.29亿元；普洱工业园区完成投资6004万元。房地产开发投资13.24亿元，增长13.1%。商品房销售面积80.88万平方米，增长68.0%，实现销售额18.49亿元，增长67.3%。其中销售商品住宅72万平方米，增长65%，实现销售额14.52亿元，增长65.9%。

【贸易】 2010年，全区社会消费品零售总额23.04亿元，比上年增长18.6%。市场规模化程度提高，限额以上批发和零售业、住宿和餐饮业企业单位数35家，增加7家，增长25%；实现零售额11.55亿元，增长25.1%，占零售总额的50.1%，比重提高2.6个百分点。城镇市场零售额21.81亿元，增长18.8%；乡村市场零售额1.23亿元，增长15.6%；城镇市场增幅高于乡村市场3.2个百分点。

进出口总额快速增长，进出口总额7107万美元，比上年增长1.9倍。其中：出口7010万美元，增长2.1倍；进口97万美元，下降39%。实现贸易顺差6913万美元，增长2.3倍。

【交通·邮电】 2010年末民用汽车拥有量3.18万辆，比上年增长17.29%。全年各种运输方式货物周转量13.69亿吨公里，增长9.5%；旅客周转量13.21亿人公里，增长11.6%。机场旅客吞吐量21.99万人次。

2010年末固定电话用户7.01万户，移动电话在网用户26.95万户，宽带网用户2.79万户。全年邮电业务收入3.32亿元，增长9.3%。其中，邮政业务收入1113万元，增长5.8%；电信业务收入3.21亿元，增长9.4%。

【旅游业】 2010年，实现旅游总收入5.5亿元，增长25%；接待海内外游客135.3万人次，比上年增长14.2%。实现国内旅游收入5.3亿元，增长24.9%；接待国内旅游人数134.1万人次，增长14.1%。入境旅游收入2000万元，增长28.6%；接待海外旅客人数1.2万人次，增长19.6%。

【财政·金融】 2010年，地方财政总收入6.85亿元，比上年增长27.6%，其中一般预算收入4.06亿元，增长22.5%。财政支出9.57亿元，增长23.8%。金融运行保持平稳。年末全区金融机构各项存款余额141.81亿元，比年末增加42.28亿元，增长42.5%。其中，企业存款余额40.74亿元，增长47.7%；城乡居民储蓄存款余额59.31亿元，增长20.7%。金融机构各项贷款余额118.83亿元，比上年末增加22.24亿元，增长23.0%。其中：短期贷款35.09亿元，增长21.8%；短期贷款中个人消费贷款6236万元，增长85.5%。中长期贷款83.74亿元，增长23.8%，中长期贷款中个人消费贷款17亿元。

【教育·科学技术】 2010年末全区有普通高等学校2所，专任教师429人，在校学生7819人；普通中学13所，专任教师1174人，在校学生1.88万人；小学44所，专任教师1177人，在校学生2.39万人；全区各类幼儿园21所，在园幼儿8534人。年末有县及县以上独立自然科研单位6个，全年科研经费支出1737万元。完成各种实用技术培训6700人次，推广实用技术39项。

【文化·卫生·体育】 2010年末全区有专业艺术表演团体1个；公共图书馆1个，藏书17万册；乡镇文化站7个。有广播电台2座，电视台2座，年末有线电视用户4.9万户。年末全区有卫生机构109个，其中医院8个，卫生院7个；有卫生技术人员2122人；医院、卫生院床位2109张。有体育运动中心2个。参加普洱市第二届民族运动会获金牌2枚、银牌11枚、铜牌6枚。举办思茅区第十届农民民族运动会。

【人口·人民生活·社会保障】 2010年，全区总人口26.65万人，人口出生率12.3‰，死亡率6.0‰，自然增长率6.3‰。城镇居民人均可支配收入1.37万元，比上年增加1275元，增长10.2%；城镇居民人均消费支出9476元，增长1%；农村居民人均纯收入3983元，增加511元，增长14.7%；农村居民人均消费支出3368元，增长12.2%。参加城镇基本养老保险人数3.87万人。参加基本医疗保险人数7.37万人。参加农村新型合作医疗11.71万人，参合率94.9%。年末拥有各类福利院6所，床位145张。

2010年，居民消费价格上涨3.2%，比上年涨幅提高3.3个百分点，食品类价格上涨6.5%。

2010年末全部从业人员17.31万人，比上年末增加3004人。城镇登记失业率4.3%。

【环境保护】 思茅城环坝区178平方公里生态林得到有效保护，区内有菜阳河、糯扎渡2个省级自然保护区。有污水处理厂1家，日处理污水能力2万吨，2010年生活污水处理量603万吨，生活污水处理率83%。工业废水排放达标率达到98.7%，工业固体废物综合利用率达到98.1%。

（奎中凌）

临沧市县区经济选介

临翔区

【综述】 2010年，临翔区实现生产总值33.34亿元，增长12.7%；完成财政收入3.75亿元，增长48.43%，其中，地方财政一般预算收入1.95亿元，增长36.09%；社会消费品零售总额20.39亿元，增长28%；城镇居民人均可支配收入1.3万元，增长10.9%；农民人均纯收入3329元，增长20.18%；金融机构各项存款余额90亿元，比年初增长17.47%，各项贷款余额80.9亿元，比年初增长16.53%；城镇登记失业率控制在3.9%以内；人口自然增长率控制在5.9‰以内；单位GDP能耗下降5.92 %。

全社会固定资产投资38.45亿元，增长110.8%。共争取国家、省、市项目资金6.5亿元，增长202.8%。招商引资实际到位资金17.93亿元，增长140.6%。财政支出11.98亿元，增长34.6%。

新家园行动计划扎实推进。启动实施8个旧城改造项目，完成改造面积14.42万平方米。新建廉租房1050套5.25万平方米。完成旧村改造50个、旧房改造5571户。完成93个行政村、331个自然村的村庄规划编制。排除中小学校舍D级危房1.27万平方米，新建校舍1.98万平方米，校安工程“代建制”模式在全省得到推广。

基础设施建设取得新突破。158公里通达通畅工程全面完成，国道323线、214线临翔过境段二级公路建设顺利推进，省道319线临沧至新河公路改造工程开工建设，博尚水库码头基础设施建设、博尚至那招、团结桥至平村的农村公路通畅工程启动实施，建成硬板路102公里，完成交通投资6.83亿元，增长340.7%。完海现代烟草农业示范区基础设施建设项目顺利完工，改造中低产田地3.98万亩，改造中低产林5.3万亩。投入农田水利建设资金6348万元，完成除险加固、整复修和新建各类水利工程3560件；小龙潭水库建设、西河河道生态治理、忙布箐水源引入白花箐水库的城市备用水源工程建设全面完成；鸭子塘水库已开工建设；中山、柳树河、锅底塘、小道河4座水库及章驮户远等5座坝塘除险加固工程通过验收；解决2万人的饮水安全问题。

农业产业优化升级。完成大小春农作物种植53.45万亩，粮食产量8万吨；种植烤烟5.52万亩，完成17万担收购任务；种植油菜5.3万亩；累计建成茶园21.9万亩（其中高优茶园9.76万亩）、蔗园4.18万亩（其中高优蔗园3.48万亩）；抓好核桃“三率”建设，深入开展核桃管护大会战，累计种植核桃76.3万亩；畜牧业产值4亿元，增长10%；实现农业总产值12.75亿元，增长13%。

工业经济快速发展。坚定不移地实施“工业强区”战略。以矿业、水电、农产品加工为支撑的工业体系逐步形成。重点企业自主创新能力不断增强，鑫圆锗业股份公司上市，云南天鸿公司年产6万吨高岭土厂房建设、临沧生物融基科技有限公司年产5000吨酵母生产线、深圳卡蒙特轻纺集团临沧服装厂、泛华林业木材综合生产加工等一批工业项目开工建设，博尚特色工业园区前期工作进展顺利。实现工业总产值9.5亿元，增长16.9%，实现工业增加值4.76亿元，增长5.7%。完成非公经济增加值13.26亿元，增长18%。

城镇化进程不断加快。城镇基础设施建设快速推进，城镇供水管网和污水处理设施不断完善，污水处理厂、第三水厂已竣工投入使用。东片区开发、工业园区道路基础设施建设等工程有序推进，国道214线临沧城过境段改建工程、缅宁大道工程、南汀河临沧城段河道治理工程等项目开工建设。开展以“让城市美丽、让人民满意”为主题的临沧城市容市貌百日整治活动，投资8000万元实施城市“绿化、美化、亮化、净化”工程，完成机场路、部分城市主次干道、沧江园周边的绿化改造，种植大树1万株；完成截污管网改造28公里，完成城区主街道下水道的修复、加固、更新工作；城市路灯改造工程取得新进展；城市“脏、乱、差”问题得到有效整治，人居环境不断优化。

民生保障不断加强。就业再就业工作扎实推进，稳定困难企业就业岗位483个，新增城镇就业人员2575人。新型农村合作医疗参合率95.13%。全年征缴养老、医疗、失业、工伤、生育五项社会保险费1.02亿元。落实各项支农惠农政策，累计投入支农惠农资金1.43亿元，增长40.27%。培训转移农村劳动力1.89万人。

（唐永润）

红河州县区经济选介

蒙自市

【概 述】 蒙自市位于云南省东南部，是红河州州府驻地。全市总面积2228平方公里，辖7个镇，4个乡，86个村民委员会，693个自然村，991 个村民小组。2010 年末，蒙自市总人口 37.13 万人。出生率 47.27‰；人口自然增长率 26.46‰。建城区面积 28.57 平方公里，城镇化水平 56.41%，城市绿化覆盖率 35.3%，2010 年 9 月 10 日，民政部作出“关于云南省撤销蒙自县设立蒙自市的批复”。11 月 16 日举行蒙自县撤县设市庆祝仪式。

2010 年，蒙自市实现生产总值（GDP）73.58 亿元，比上年增长 16%（按可比价格计算）。其中，第一产业 11.66 亿元，增长 4%；第二产业 38.65 亿元，增长 22.6%；第三产业 23.27 亿元，增长 13.1%。三次产业之比为 15.9 ∶ 52.5 ∶ 31.6。固定资产投资 62.06 亿元，增长 28.73%。实现工业总产值 151.66 亿元，增长 46.81%。实现农林牧渔业总产值 18.04 亿元，增长 5.1%。粮食总产量 13.48 万吨，增长 2%。全市财政总收入 12.72 亿元，增长 35.4%。其中：地方财政一般预算收入 7.23 亿元，增长 24.4%。全市地方财政一般预算支出 13.22 亿元，增长 18.5%。

【乡镇企业】 2010 年，全市有乡镇企业 3700 个。全年实现乡镇企业营业收入 38.64 亿元，比上年增长 5.1%；工业总产值 32.55 亿元，增长 8.5%；乡镇企业增加值 16.62 亿元，增长 11%；工业增加值实现 15.46 亿元，增长 14.6%；上交税金 1.92 亿元，下降 0.3%；累计转移农村劳动力 2.28 万人。蒙自市乡镇企业依托于上规模、上档次的工业龙头企业稳步发展。蒙自矿冶公司、蒙自博发矿冶公司、蒙自瀛洲水泥公司、蒙自市安南邑石料熔剂厂、芷村玉溪市塔甸煤矿公司 5 家规模以上工业龙头企业的增加值 14.67 亿元，占全市乡镇企业增加值的 88.3%；占全市乡镇企业工业增加值的 94.9%；上交税金 1.76 亿元，占全市乡镇企业的 91.4%；从业人员 7815 人，占全市乡镇企业从业人员的 34.3%。

【非公有制经济】 2010 年，蒙自市非公有制经济户数 1.46 万户，比上年增长 13.8%，增加 1764 户；从业人数 3.97 万人，增长 14.3%，增加 4964 人；注册资金 15.09 亿元，增长 16.4%，增加 2.13 亿元；上缴税金 9.84 亿元，增长 24.4%，增加 1.93 亿元；非公有制经济社会消费品零售总额 12.99 亿元，增长 14.1%，增加 2.29 亿元。非公有制经济上缴税金占全市税收的 73.3%，国内生产总值占全市国内生产总值 29%，社会消费品零售总额占全市社会消费品零售总额的 65%。

【交通】 2010 年，蒙自市公路通车里程 1410 公里（不包括高速公路）。道路运输行业共拥有运输经营业户 1528 户，从业人员 9300 人。全年完成客运量 499 万人次，完成旅客周转量 3.61 亿人公里；完成货运量 500 万吨，完成货物周转量 6.28 亿吨公里；完成道路运输业产值 7542.1 万元。

【商业】 2010 年，实现社会消费品零售总额 20.1 亿元，比上年增长 23.1%。按行业划分：批发零售贸易业社会消费品零售总额 13.7 亿元，增长 24.2%；住宿餐饮业社会消费品零售总额 6.4 亿元，增长 20.7%。

【金融·保险】 2010 年末，金融机构各项存款余额 198.96 亿元，比年初增长 49.46%；各项贷款余额 118.62 亿元，比年初增长 28.74%。全市金融机构累计现金收入 230.69 亿元，累计现金支出 239.31 亿元，货币投放 8.6 亿元，分别比上年增长 26.48%、30.52%、797.62%。

年末，中保人寿蒙自市支公司实现保费收入 6855 万元，全年发生各类理赔案件 1711 件，支付赔款 131.08 万元。中保财险蒙自支公司全年实现保费收入 6375.4 万元，全年发生各类赔案 5401 件，支付赔款 2873 万元。

【科技】 2010 年，蒙自市实施管理的重点科技计划项目：铅锌银铟多金属矿冶技术及产业化、蒙自 2 万亩生态枇杷产业化开发研究与示范、云南红河国家农业科技园区名贵石斛产业化开发、耕整机侧驱前置多功能作业机研究与开发、蒙自石榴汁生产技术研究与产业化示范。年内组织实施“三下乡”、“科技活动周”、“科普街”等惠农服务活动，开展科普组织和阵地建设，举办实用技术培训。

【教育】 2010 年，全市投入教育经费 2.65 亿元，全面落实免费义务教育政策，做好教师队伍的引进培训。全市幼儿园、小学、初中、高中入学率分别达到 84.04%、99.97%、103.4%、68%，高考总上线率 95.98%。全市有各类学校 209 所，在校学生 8.37 万人；初级中学 17 所，在校学生 1.74 万人；小学 140 所，在校学生 3.55 万人。全市中小学校、幼儿园在职教职工 4248 人。年内，蒙自市被省政府认定为全省第三批“教育工作先进县”。全市校舍总面积 44.56 万平方米。

【文化】 2010 年，全市 11 个乡镇有文艺演出队 739 支，常年直接参与活动的各民族文艺表演队员 1 万余人。以撤县设市及第二届过桥米线美食文化旅游节等大型活动为重点，年内策划、组织、实施各类大型文化活动31场，参与观众约13万人次。创作各类文艺作品30个，一批优秀作品获省、州级奖励；编纂出版《蒙自彝族传统花灯音乐》，编辑制作《蒙自酒歌》碟片，编辑出版内部刊物《文化蒙自》；成功申报蒙自为“中国特色美食名城”，成功申报新安所镇为国家级历史文化名镇；2010年，广播、电视人口覆盖率均达到97.5%，投资1086万元，完成459个自然村2.83万户广播电视村村通建设。文化产业增加值占地区生产总值的比重达到6.11%。

【卫生】 2010年，全市有6.77万户26.41万人参加新型农村合作医疗，参合率95.4%。年末全市有卫生事业机构40个，其中市属7个。全市有卫生专业技术人员2057人，拥有病床4.84张。全年全市门诊诊治病人56.48万人次，收治住院病人20.18万人次。截至年底全市有省级卫生乡镇2个（草坝镇、芷村镇），省级卫生村12个，州级卫生乡镇6个，州级卫生村27个。

【体育】 2010年，蒙自市举办“全民健身日”体育展演活动、第十一届冬泳比赛、“迎新春”乒乓球比赛、老年麻将邀请赛、百人老年门球联赛、蒙自地区龙舟比赛、首届足球联赛、顺成商务杯乒乓球团体邀请赛等群众性体育活动；组队参加云南省第十三届运动会、云南省第十九届象棋棋王赛、红河州老年运动会、红河州钓鱼比赛等竞赛活动。

【社会保障】 2010年，全市城镇新增就业4303人，城镇登记失业率4.1%，发放被征地农民基本生活保障补助金654.61万元，全市参加失业保险2.88万人、养老保险2.93万人、工伤保险2.95万人、城镇职工医疗保险3.9万人、城镇居民医疗保险5.35万人。全市最低工资标准740元，建成城镇廉租房115套5295平方米。

【人民生活】 2010年，蒙自市在岗职工年人均工资收入2.61万元，增长6%；农民人均纯收入4139元，增长14.6%。全年实现消费品零售总额20.1亿元，比上年增长23%。其中，城镇实现消费品零售额16.65亿元，增长23.3%；市及市以下实现消费品零售额3.5亿元，增长21.9%。全年投入资金3140.11万元，实施整村推进项目53个。发放小额信贷扶贫资金4000万元。按照国家出台的新的贫困标准，蒙自市人均纯收入低于1196元的贫困人口有3.7万人，占农业人口的13.7%。

（王熹）

个旧市

【综述】 2010年，面对复杂多变的形势和艰巨繁重的任务，个旧市委、市政府团结和带领全市各族人民，深入贯彻落实科学发展观，坚持以发展为第一要务，转变发展方式、创新发展思路，大力实施“工业强市，文化兴市，生态立市，机制活市”发展战略，全市经济实现平稳较快发展，社会各项事业取得长足进步。

2010年，全市实现地区生产总值122.49亿元，比上年增长10.1%。其中第一产业增加值6.98亿元，增长5.6%；第二产业增加值80.96亿元，增长7.9%；第三产业增加值34.55亿元，增长16.5%；地方一般预算收入7.9亿元，增长2.3%；工业总产值285.69亿元，增长9.1%；全社会固定资产投资62.03亿元，增长34.6%；城镇居民人均可支配收入1.41万元，增长10.5%；农民人均纯收入6080元，增长14.0%。金融机构各项存款余额180.68亿元，贷款余额99.24亿元，分别比年初增长33.6%、25.3%。非公经济完成增加值41.93亿元，占全市生产总值的比重为34.2%，比上年提高1.1个百分点。

【农业·农村经济】 2010年，个旧市紧紧围绕全年粮食生产不滑坡、农民收入不降低、农村发展不减速目标，着力抓好抗大旱、保春耕、保民生工作。筹措拨付各类抗旱救灾专项资金4060万元，修建“共产党员爱心水窖”891个，修建“共产党员爱心水窖”891个，累计投入抗旱救灾人员14.96万人次，解决5.8万人及2.4万头牲畜饮水困难。完成600亩中低产田地改造任务，成立国家杂交水稻研究中心高原育繁示范中心。鸡街石榴坝肉牛养殖基地等7个畜牧业发展项目顺利推进。全年实现农业总产值11.7亿元，增长5.6%。粮食产量6.13万吨，下降0.4%。全年肉类总产量3.67万吨，增长9.5%；生猪出栏34.86万头，增长14.6%；牛奶产量1.41万吨，增长10.4%；禽蛋产量5980吨，增长54.9%。

【工业经济】 2010年，个旧市委、市政府按照“抓工业、保增长；抓项目、保投资；抓财税、保增收；抓执法、保服务”的总体思路，强化项目建设，增强工业发展后劲，进一步加大对工业经济发展的促进和引导力度，克服全球金融危机影响经济回升的诸多不利因素，工业经济呈现提速增效的良好运行态势。规模以上企业完成工业总产值224.19亿元，比上年增长3.5%；实现主营业务收入219.3亿元，增长20.9%；实现利税13.56亿元，增长27.6%。重点产业项目建设顺利推进。总投资12.8亿元的云锡10万吨/年铅项目建成投产；云锡10万吨/年铜项目完成厂房主体工程；红铅10万吨/年铅项目累计完成投资2.1亿元；润鑫铝业10万吨/年铝材项目开工建设；振兴铅业年产900万只铅酸蓄电池项目一期工程有序开展；南翔公司年产10万吨电解锰项目在省发改委完成备案；马堵山水电站下闸蓄水；云河药业改扩建及中药现代化技改、茶多酚二期扩建、木棉产业综合开发、莲花山风电场等项目有序推进；大红屯粮油仓储加工项目、红河危险废物和医疗废物处置场开工建设。

【国内外贸易·旅游】 2010年，个旧市商贸流通业快速发展壮大，现代化商场鑫和都商业中心、丽水金湾购物中心建成营业，“沃尔玛”、“肯德基”入驻个旧，促进了全市消费市场的持续发展和繁荣。全年实现社会消费品零售总额30.82亿元，比上年增长19.6%。其中，批发和零售业零售额25.88亿元，增长31.4%；住宿和餐饮业零售额4.94亿元，增长20.2%。

全市外贸进出口总值5.01亿美元，增长66%，其中，出口2.22亿美元，增长52%；进口2.79亿美元，增长80%。努力探索招商引资新理念，进一步明确招商引资工作的生命线地位，招商引资工作取得了较好成效。全年招商引资在建项目17项，引进州外到位资金16亿元。

按照“五抓”、“五促”的总体思路，大力拓展旅游市场，促进新、老旅游资源的开发和利用程度，牢牢抓住云南省旅游特色村、大屯海旅游休闲度假区、老阴山旅游景区等重点项目的推进实施，着力打造“世界锡都、人居圣境”旅游品牌，推动旅游业健康发展。全年接待国内外游客98.45万人次，旅游业总收入实现5.05亿元，分别增长14.2%、30.3%。

【固定资产投资】 2010年，完成固定资产投资62.03亿元，比上年增长34.6%，其中，城镇投资51.79亿元，增长40.6%；农村投资2.24亿元，下降31.4%；房地产开发投资8亿元，增长33.1%。全年争取中央资金项目20个，补助资金8.93亿元，省、州配套资金7004万元。获得资源枯竭城市中央财力性转移支付资金1.35亿元及州级配套资金1000万元。通过首批资源枯竭城市经济转型及可持续发展评估，进入第二轮中央财力性转移支付扶持范围。以“西扩”为重点，阳山新区市级行政中心和西二环道路正在抓紧规划设计。市委新党校、国标一级客运中心、工人文化宫提升改造、廉租房建设等一批项目建成投入使用。市区道路改造、强电入地、防洪沟改造等市政工程累计投入4300万元。市污水处理厂二期扩建工程、第二水厂供水管网建设顺利推进，第二垃圾处理厂可研上报省发改委待批。宝华路维修、麻玉田新村和小蔓堤移民新村建设等工程相继竣工。全年完成交通基础设施建设总投资3亿元。拉车坡线局部路段沥青路面大修工程、个旧至贾沙尼格温泉路面改造和农村通畅工程邦干公路改造通过竣工验收。冷清公路延长线鸡街至个旧段提升改造工程完成投资2.7亿元，7个农村公路通达项目建设顺利推进。加快农村客运站点建设，18个农村客运招呼站工程通过验收。

【环境保护】 2010年，认真执行建设项目审批制度，严格环境准入标准。全力做好重金属污染专项整治工作，争取到国家财政部、国家环保部专项资金支持1.03亿元。全年削减化学需氧量100余吨，削减二氧化硫排放550余吨。拆除市水泥总厂13万吨水泥熟料装置，淘汰落后产能有序推进。继续实施“七彩云南·精品个旧”保护行动，积极推进绿色创建工作。完成《个旧市创建国家环境保护模范城市规划》的初稿编制。完成人工造林3.06万亩、中低产林改造5000亩。生态环境不断改善，森林资源保护与管理工作得到切实加强，森林覆盖率39.2%，连续16年无重大森林火灾。集体林权制度主体改革全面完成，全市完成改革确权100.4万亩，确权率98.2%，确权到户率91.1%，林改纠纷调处率96.7%，发证率99.5%。

【社会事业】 2010年，深入贯彻落实“建设创新型云南行动计划”实施意见，充分发挥科技在全市经济社会发展中的引领支撑作用。全年组织申报国家、省、州级科技项目22项，获立项支持8项。申请专利59件，授权35件，其中发明专利8件，居全州第一。不断加大教育投入、深化教育教学改革、加强师德建设、改善办学条件，全年教育支出2.95亿元，排除

D级危房2.07万平方米，新建校舍建筑面积2.18万平方米。组织教师、校级干部3653人次参加各级各类培训。全面完成“两基”迎国检工作。狠抓文化基础设施建设，不断完善公共文化服务体系。锡都博物馆、锡都图书馆正式投入使用。着力打造文化惠民工程，群众文化活动丰富多彩。不断加大广播电视村村通工程建设力度，全市广播、电视覆盖率分别达到99.2%、96.9%，数字电视用户5.5万户。不断深化医药卫生体制改革和优化卫生资源配置，医改工作取得阶段性突破，新农合制度得到巩固和完善，新型农村合作医疗参合率99.4%。重大疾病防治扎实有效，卫生监督和应急救援保障及时高效，医疗服务质量继续提升。通过了“国家卫生城市”复审，继续保持“国家卫生城市”荣誉称号。

【社会保障】 2010年，全年新增就业6559人，城镇登记失业率4.05%。培训农村富余劳动力5834人，转移农村富余劳动力4562人，帮助就业困难人员就业再就业1901人。新增农民工工资性总收入2400万元。有效保障城镇困难居民的基本生活，累计发放城市低保金7586万元，农村低保金552万元。积极促进养老、医疗、失业、工伤、生育5个险种的均衡发展，各项社会保险参保人数41.69万人次，居全州之首。老龄事业健康发展，80周岁以上老年人保健补助标准进一步提高。“全国残疾人社区康复示范市”顺利通过检查验收。

【存在问题】 经济社会发展中的一些不和谐因素仍然存在，经济回升的基础还不稳固；南部山区与北部坝区的差距仍然较大，统筹城乡发展的任务十分艰巨；因受环境保护、节能减排、安全生产等政策因素的影响，部分企业已被停产关闭，部分落后产能也面临淘汰的危险，财税收入形势严峻；新形势下的政府自身建设和管理仍有待加强。

（个旧市政府办公室）

文山州县区经济选介

文山市

【综述】 2010年，全县生产总值（GDP）完成100.1亿元（可比价格），比上年增长14.8%。第一产业实现增加值10亿元，增长3.0%；第二产业实现增加值48.1亿元，增长19.4%，其中：工业实现增加值38.2亿元，增长20.3%，建筑业实现增加值9.9亿元，增长15.6%；第三产业实现增加值41.9亿元，增长13%。三次产业结构由上年的11.5∶46.1∶42.4调整为10∶48.1∶41.9。人均GDP 2.17万元。非公有经济创造增加值49.5亿元，增长14.4%。其中第一产业2.2亿元、第二产业25.2亿元、第三产业22.1亿元，分别比上年增长0.2%、17.2%、12.9%。

年末全县城镇化率52.41%，比上年提高1.92个百分点，城镇人口24.28万人。

经国务院批准，民政部2010年12月2日批复同意撤销文山县，设立文山市。

【农业】 2010年，农业总产值实现16.03亿元（可比价格计算），比上年增长4.63%。其中：种植业产值8.7亿元，增长2.93%；林业产值3000万元，增长16%；畜牧业产值6.35亿元，增长6.39%；渔业产值1300万元，增长11.4%；农业服务业产值5500万元，增长4.64%。

全年农作物播种面积109.91万亩，比上年下降3.5%。其中：粮食作物种植面积58.13万亩，经济作物种植面积38.3万亩，其他作物种植面积13.48万亩。粮经比例53：47。粮食总产量15.22万吨，增加3571吨，增长2.4%。粮食综合平均亩产262公斤，增加33公斤。油料产量4901吨，减产2956吨，下降37.6%；蔬菜产量9.17万吨，减产9482吨，下降9.4%；烤烟产量8725吨，增产706吨，增长8.8%；三七产量1444吨，增产228吨，增长18.8%；甘蔗产量13.44万吨，减产4.37万吨，下降24.5%。

全年实现畜牧业产值6.35亿元，占农业总产值的40%。生猪出栏46.68万头，比上年增长9.1%，年末生猪存栏36.56万头，增长4%；大牲畜出栏2.51万头，增长15.3%；家禽出栏130.34万只，增长9.5%。肉类总产量

4.62万吨，增长9.5%。禽蛋产量3009吨，增长13.2%。水产品产量2291吨，增长100%。

年末全县农业机械总动力18.64万千瓦特，比上年增长11.7%；沼气池2.18万口，减少283口；农村用电量5254万千瓦时，增长5.9%。

全年新增有效灌溉面积2.34万亩，累计达到23.78万亩；年末拥有各种水库34座，累计库容9199万立方米。全县完成中低产田改造4.74万亩。

【工业・建筑业】 2010年，全县实现工业总产值86.1亿元，比上年现价增长33.5%，创造工业增加值38.2亿元，增长20.3%，工业拉动经济增长7.49个百分点，贡献50.6%，其中规模以上工业增加值37.5亿元，增长20.7%。全县规模以上国有工业企业增加值18.3亿元，增长39%；股份制工业企业增加值19.2亿元，增长7%，国有、股份制工业比重为48.7∶51.3。全县规模以上轻工业增加值18.7亿元，增长19%；规模以上重工业增加值18.8亿元，增长22%，轻重工业比重为49.8∶50.2。全年规模以上工业企业实现主营业务收入60亿元，增长16.5%；实现利税11.8亿元，增长19.3%；实现利润7.9亿元，增长20.4%；规模以上工业企业产品销售率82%。

2010年,全县建筑业增加值9.9亿元,增长15.6%,拉动经济增长1.44个百分点,贡献率9.7%,占地区生产总值(GDP)的9.9%。

【节能降耗】 2010年全县社会能源消费量108.2万吨标准煤，比上年增长8.4%，全社会万元GDP能耗1.18吨标准煤/万元，其中：全市工业耗能66.9万吨标准煤，工业增加值能耗1.75吨标准煤/万元，下降12%。全县万元GDP能耗下降5.54%。

【固定资产投资】 2010年，全社会固定资产投资完成75亿元，比上年增长25.1%。其中：城镇投资完成46.9亿元，增长37.7%，占全社会固定资产投资的62.6%；农村投资完成9.6亿元，增长9.3%，占全社会固定资产投资的12.8%；房地产投资完成17.6亿元，增长7.7%，占全社会固定资产投资的23.5%；农村私人投资完成8500万元，增长15%，占全社会固定资产投资的0.1%。全县商品房销售面积46.14万平方米，增长46.6%；房屋施工面积142.19万平方米，增长32.2%，建安工程投资额46.3亿元，增长20.4%。

全县第一产业完成投资2.3亿元，下降39.5%；第二产业完成投资31.9亿元，增长27.6%，其中工业完成投资25.6亿元，增长16.9%；第三产业完成投资40.8亿元，增长30.8%。

在固定资产投资项目中，以改建和技术改造项目为主的内涵效益型投资完成10.8亿元，比上年增长2.04倍，占全社会固定资产投资的14.4%；以新建、扩建项目为主的外延型投资完成44.9亿元，增长27.9%，比重为59.9%。

全县基础设施完成投资16.3亿元，比上年增长63.2%，高于全社会固定资产投资增速38.1个百分点。其中，交通运输业完成投资8.5亿元，增长181.5%；农田水利完成投资8.3亿元，增长2.7倍；在房地产投资中保障性住房完成投资0.3亿元，占房地产投资的1.7%。在固定资产投资中教育投资增长31.6%，卫生、社会保障和社会福利投资增长29.3%。

全县全社会固定资产投资中，国有及国有控股完成投资34.2亿元，增长73.7%，占全社会固定资产投资的45.6%；非国有投资完成40.8亿元，增长1.3%，占全社会固定资产投资的54.4%。

2010年全县500万元以上重大重点项目162个，比上年增加21个，增长14.9%，累计完成投资62.1亿元，增长47.5%，占全县全社会固定资产投资比重达82.8%，增幅高于固定资产投资总额增幅22.4个百分点。

【国内贸易・市场物价】 全县社会消费品零售总额45.1亿元，比上年增长21%。县级实现零售额33.7亿元，增长17.4%。全县批发和零售业零售额33.9亿元，增长20.7%；住宿和餐饮业实现零售额11.1亿元，增长21.8%。全年居民消费价格总指数（CPI）为103.6，上涨3.6%。商品零售价格指数103.3%，增长3.3%。农业生产资料价格指数106.3%，增长6.3%。工业品出厂价格指数（PPI）109.7%，增长9.7%。

【对外经济】 2010年，全县进出口总额2845万美元，比上年增长68.3%。其中进口346万美元，下降8.5%；出口2499万美元，增长90.5%。全年实施新签约及结转的国内外经济合作项目39个，项目协议总投资122.7亿元，增长42%，实际到位资金19.95亿元，增长36%。实际利用外资988万元。

【交通运输・邮政・旅游】 2010年，交通运输、仓储和邮政业增加值5.9亿元，比上年增长3.5%。货运量349万吨，增长14.9%；货物周转量2.68亿吨公里，增长46.7%；旅客周转量8.56亿人公里，增长9.2%；客运量390万人，增长6.9%；境内公路2615公里，增长3.7%。年末全市汽车保有量45.6万辆，增长361.2%。全县邮政业务总量2261万元，下降10.8%。年末全县固定电话用户6.8万户。移动电话2.1万户。全年接待游客138.68万人次，增长8.93%。全县实现旅游业总收入11.41亿元，增长14.5%。

【财政·金融】 全县财政总收入11.7亿元，比上年增长25.6%。其中：地方一般预算收入6.8亿元，增长26.9%。财政总支出16.18亿元，增长29.6%。其中：地方一般预算支出15.27亿元，增长30.8%。年末全县金融机构各项存款余额150.7亿元，比年初增加29.19亿元，增长24.02%。各项贷款余额139.1亿元，比年初增加27.19亿元，增长24.3%。

【教育·科技】 2010年，全县幼儿园数33所，在园幼儿1.39万人，比上年增长9.1%；小学191所，在校学生4.62万人，小学专任教师2689人；普通中学25所，在校学生3.32万人，增长1.28%。全县获得免除学杂费补助3225.5万元，53.14万人次中小学生享受国家免费教科书。

2010年，全县实施国家科技计划项目1项，省级科技计划项目5项，新批准高新技术企业1个，申请专利53项。全年投入科技项目资金348.5万元，比上年增长79.6%。截至年底专利申请量520件，授权书200余件。

【文化·卫生·体育】 2010年，全县各种艺术表演团体5个；公共图书馆藏书量4万余册；全县广播、电视人口覆盖率分别达到98.7%、96.72%。有线电视用户6.59万户。

全县卫生机构154个；卫生机构床位数1322张；专业卫生技术人员1112人。新型农村合作医疗参合农民33万人，参合率95.94%。新型农村合作医疗基金累计支出总额1.16亿元，累积受益204.58万人次。

2010年，开展群体活动30多项次。在州第八届少数民族传统体育运动会中获得金牌16枚，银牌9枚，铜牌10枚，金牌总数居全州第二；在省第十三届运动会中获得8枚金牌、7枚银牌、5枚铜牌。

【生态环境·自然资源】 2010年，全县工业废水排放达标率88%，工业固体废物综合利用率63%。全年投入环保专项治理资金330万元。

新增封山育林7.18万亩，年末实有封山育林11.86万亩，完成人工造林6.2万亩，全县森林覆盖率33.9%，自然保护区面积2.3万公顷。

【人口·劳动就业·社会保障·人民生活】 2010年，全县人口出生率13.6‰，死亡率6.8‰，自然增长率6.8‰。年末全县总人口45.89万人，比上年末增加4000人。

全年城镇居民人均可支配收入1.58万元，比上年增长13%；城镇居民人均消费性支出9480元，增长7.8%。全县在职职工年平均工资2.9万元，增长9.5%。农民人均纯收入3547元，增长20.4%。

年末全县农村就业人员1.5万人，增长16%；年末全县城镇实有登记失业人数714人，城镇登记失业率3.25%。

年末全县参加城镇基本养老保险1.2万人。参加农村养老保险5973人。全县参加基本医疗保险39.58万人，参加城镇基本医疗保险6.61万人，增加2.04万人。全县参加失业保险人数5848人，救助失业人员3212人。参加工伤保险的人数4850人。

2010年全县享受城县最低生活保障的居民7119人；享受农村最低生活保障的农民2.01万人。年末全县各类收养性社会福利单位床位379张，收养各类人员1618人。城镇建立各种社区服务设施7个。全年接收社会捐赠款667.57元。

（李学慧）

大理州县区经济选介

大理市

【财政情况】　2010年，全市财政总收入22.23亿元，比上年增收3.04亿元，增长15.82%。其中地方一般预算收入14.21亿元，增收1.92亿元，增长15.7%；上划中央和省级收入8.01亿元，增收1.17亿元，增长16.03%。非税收入3.47亿元，增长23.2%，占总收入的15.59%。财政支出21.05亿元，增支1.63亿元，增长8.38%。

【收入稳步增长】　2010年，大理市城乡居民收入稳步增长，人民生活水平得到进一步提高，城市居民收入主要以工资收入为主，占家庭总收入的80%，年收入的主要动力来自于工资的正常滚动增长和离退休金的调增，另外由于重点工程、民生工程投入力度加大使农民就业机会增加，劳动报酬不断提高，农民在本地从业得到的收入增加122元，外出就业收入增加15元。大理市工资性收入1.46万元，增加1491.26元，拉动总收入增长10.52个百分点。城镇居民可支配收入1.58万元，比上年增长11.43%，扣除物价因素后，实际增长7.8%，实现了稳步增长。农民人均纯收入6760元，增长9.28%。

【消费特点】　2010年，大理市城镇居民人均消费支出1.16万元，比上年增长2.19%。在消费支出八大项中呈现四增四减。其中：食品支出4428.6元，增长11.37%；衣着支出1131.57元，增长6.81%；居住支出696.49元，下降14.52%；家庭设备用品及服务支出652.24元，增长44.91%；医疗保健支出475.09元，下降20.32%；交通和通讯支出2722.57元，下降8.64%；教育和文化娱乐服务支出1106.1%，下降3.47%；杂项商品和服务支出431.66元，增长16.15%。

【商贸物流体系建设】　截至2010年10月，大理市有商业网点1.13万个，已建成各类市场61个，市场总占地面积146.24万平方米。其中下关城区32个，大理古城13个，其他乡镇16个。按市场分类，生产资料市场15个，消费品市场44个，要素市场1个，其中年营业额达到1亿元以上的市场有10个。建设大型超市6个，步行商贸街5条，零售网点和商品交易市场星罗棋布，贯通城乡、辐射周边，为建设滇西中心城市打下了坚实的基础。小商品批发、农资、水果、蔬菜、钢材、家具等专业市场交易活跃，建材、装饰材料等已形成气候，汽车、二手车专业市场正在崛起，已辐射滇西八地州及四川、西藏等地。全市商业贸易形成专业市场、物流配送、餐饮服务、专卖店、百货店、连锁超市等共同发展的态势。

【道路运输市场】　2010年，全市道路运输市场保持快速发展的态势，道路运输业发展分类齐全，班线客运、公交客运、旅游客运、出租车客运、汽车租赁、普通货物运输、危险货物运输、货运配载、仓储理货、搬运装卸、停车洗车、汽车修理、汽车驾培业都有较大的发展。以客运站为重点的基础设施建设得到进一步的加强，现有客运站4个，其中一级站1个、二级站2个，过渡站1个；货运站场1个，货运公司39户、危险货物运输公司4户；客运公司23户，其中侧重旅游运输的有10户；出租汽车公司10户；汽车租赁公司23户。截止2010年底，全市汽车保有量1.25万辆，其中班线客车865辆、旅游车700辆、出租汽车800辆、租赁车170辆、货车6793辆、危货车340辆、驾培车259辆、拖拉机2532辆，汽车维修业户360户。

【农业】　2009年冬至2010年春大理市和省内的其他地区一样遇到严重冬春连旱，大理市一是作好资金物资的准备，安排资金15万元，用于购买作物病虫害防治的农药和备荒种子；二是及时组织100多名农科人员深入田间地头开展技术指导，抓好灌溉保苗、补植补种、作物病虫害防治，三是为了充分利用洱海和库塘水源进行灌溉，由市农机站组织发放1400多台套补贴抗旱机具投入抗灾抽水之中；四是积极开展大春备耕工作，备好种子、化肥等物资，根据水源特点及时调整作物种植，进行水改旱，确保了大春作物的按照节令满栽满插。五是狠抓良种、测土配方施肥、精确定量栽培、水稻旱育稀植、玉米地膜覆盖种植等技术措施，抓紧中后期管理。六是采取间套种和冬季农业综合开发等措施，提高复种指数，充分发挥有限耕地资源的潜力，为大春丰收打下坚实的基础。2010年，全市完成农作物总播种2.89万公顷，比上年增加1191.34公顷，其中粮食播种2.13万公顷，增加1071.87公顷；粮食平均单产484公斤，与上年持平；总产粮食15.46万吨，增加7827吨。在小春播种粮食作物平均单产较上年减少45公斤，总产减少5249吨的情况下，大春播种粮食比上年增加1097.87公顷，比上年单产增15公斤，总产粮食比上年增加1.31万吨。其中水稻、玉米的高产样板1380公顷，间作套种7000公顷，为全市的丰产丰收作出了较大贡献。全年实现农业总产值25亿元，农民人均纯收入5408元。

【畜牧业】 2010年，大理市生猪存栏24.81万头，出栏61.02万头，猪肉产量5.5万吨；肉羊出栏1.16万头，羊肉产量230吨；家禽存栏255.8万羽，出栏475.3万羽，禽肉产量9500吨；肉类总产量7. 13万吨，比上年增长5.63%；奶牛存栏3.42万头，增长2.09%，奶类产量16.5万吨，增长8.75%；禽蛋产量1.24万吨，增长9.73%，畜牧业产值13. 24亿元。

（杨艳）

德宏州县区经济选介

芒 市

【综述】 2010年，芒市积极应对金融危机带来的不利影响，妥善化解社会矛盾，努力战胜频发的自然灾害，攻坚克难，真抓实干，全面完成各项目标任务，使全市经济社会步入快速发展的轨道。全市实现生产总值45.3亿元，比上年增长13.5%；全社会固定资产投资总额为41.6亿元，年均增长25%；财政总收入5.51亿元，增长31.4%；其中地方一般预算增加3.3亿元，增长29.4%，完成年计划的113.8%；社会消费品零售总额增加到18.3亿元，增长22.5%，完成年计划的100%；外贸进出口总额增加到12亿元，增长32.3%；城镇居民人均可支配收入增加到1.45万元，增长10.2%；农村居民人均纯收入3603元，增长16%。新增就业岗位1.24万个，城镇登记失业率控制在4.4%以内，人口自然增长率控制在6.92‰以内。

【农村经济】 2010年，全市农村经济总收入21.81亿元，比上年增长22%。完成农林牧渔业总产值17.5亿元，增长7.3%。农业产业效益不断提高，粮、糖、茶、畜四大传统产业进一步提升，生物特色产业、冬农开发成效明显，打造了遮放贡米、后谷咖啡等一批具有较强知名度和竞争力的农特产品。粮食播种面积65万亩，增长7.7%；粮食产量19.70万吨，增长8.3%；茶叶产量7548吨，增长7.1%；咖啡产量3117吨，增长27.2%；甘蔗产量6.81万吨，增长12.7%；水产品产量3610吨，增长16.5%。新播种油茶面积2.82万亩。

【工业经济】 2010年，完成工业总产值33.2亿元，完成目标任务数29.5亿元的112.54%，比上年增长37.36%。其中：规模以上工业企业完成工业总产值28.41亿元，增长50.85%；完成工业增加值10.62亿元，增长104.8%，完成州下达目标任务数6.8亿元的156.18%；完成主营业务收入29.69亿元，增长52.9%，完成州下达目标任务数20.84亿元的142.47%；完成利税总额5.44亿元，增长432.1%，完成州下达目标任务数2.05亿元的265.15%；完成利润3.12亿元，增长406.9%，完成州下达7000万元目标任务数的445.21%。电力的生产和供应实现产值13.06亿元，增长48.5%；制糖业实现产值3234万元，增长1.9%；水泥制造业实现产值3.2亿元，增长6.8%；有色金属冶炼业实现产值2.86亿元，增长2.5%。

【非公经济】 2010年，非公经济增加值14.02亿元；上交税金3.87亿元，完成4.46亿元，完成任务数的115%，占全市税收入库数5.37亿元的83.05%；从业人员2万人。

【旅游商贸】 第三产业实现增加值13.1亿元，增长12.8%。随着城市接待功能的日趋完善，芒市的知名度和美誉度不断提高。2010年，全市接待中外旅游者154.6万人次，比上年增长13.5%。芒市城市建成区面积16公里，城镇化率38%。新建、改造城市道路30余条

25公里，芒市机场大道建成使用，团结大街北段、金塔大街和金孔雀大街等市政道路建设扎实推进。城市垃圾处理场、污水处理厂建成并投入使用，垃圾无害化处理率98%，供水普及率70%。房地产健康发展，芒市财富中心、珠宝小镇、金塔水乡、勐垅沙等房地产开展项目建设进展顺利。完成“穿衣戴帽”和开墙透绿改造工程196个，城市绿化、美化、亮化成效明显，“花果城”建设初显雏形。“国家卫生城市”创建工作不断深入，“省级园林城市”创建成功，入选中国特色魅力城市二百强和2010 CCTV中国年度品牌城市。

【交通运输】 2010年，完成交通固定资产投资9.34亿元，比上年增长551%；完成农村公路建设投资1.52亿元，增长8%；客运周转量1.07亿人公里，货运量228.51万吨，货运周转量3605万吨公里，实现运输生产产值5527万元。

【固定资产投入】 2010年，全社会固定资产投资总额41.62亿元，突破40亿元大关，比上年增长36.3%。工业部分企业固定资产投资4.95亿元。

【社会事业】 教育得到优先发展。“两基”工作顺利通过国家验收，适龄儿童入学率99.9%，初中毛入学率102.6%，青壮年非文盲率99.8%，高中毛入学率52.7%，市职业教育中心毕业生就业率98.1%。校安工程全面实施，建筑面积17.03万平方米，排除中小学D级危房面积7.95万平方米，芒市一小顺利搬迁。

卫生计生事业健康发展。境外输入性登革热、甲型HIVI等疫情得到及时有效防治，新型农村合作医疗参合率和筹资水平分别提高到99.9%和140元。流动人口管理逐步规范。

【解困惠民】 巩固移民搬迁安置成果。2010年，兑付移民后期扶持直补资金564.985万元；兑付产业扶持资金36万元；投入资金40万，实施芒良移民安置道路铺砂工程，铺筑道路砂石1.87万平方米；落实兑现了民居抗震拆除重建318户，兑现资金318万元；组织兑现全市大中型水库移民后期扶持直补资金151.92万元。落实整村推进47个村，扶持资金1155万元。易地搬迁项目省批43户213人，扶持资金106.5万元。扶贫到户贷款1500万元，覆盖8个乡镇50个村委会336户1615人，扶持发展粮食供应生产面积7037亩，经济作物面积1.28万亩，经济林果4739亩，养殖大牲畜2120亩，加工户17户。

【招商引资】 2010年，全市引进投资项目20个，比上年增加5个，增长33.3%；协议投资203.13亿元，增加102.87亿元，增长102.6%；全年累计资金20.1亿元，增加4.28亿元，增长31.5%。新增项目中，旅游项目7个（含旅游地产）、商业项目3个、工业项目6个、房地产项目2个、林业项目1个、教育基础设施建设项目1个。

【节能降耗】 2010年，完成单位GDP能耗为1.533吨标准煤目标和任务；牵头组织12个相关单位组成工作组，分别关闭淘汰落后产能3条水泥生产线，年产水泥熟料23万吨。

（李天义）

怒江州县区经济选介

泸水县

【概述】 泸水县位于云南省西北部，怒江州南部，面积3203.04平方公里，其中山区面积占99.96%，国境线长136.24公里。2010年，县城六库年平均气温20.5摄氏度，年降水量1147.8毫米，较多年平均偏多150.4毫米。

全县辖3镇6乡、71个村民委员会、4个居民委员会、833个自然村，年末全县总人口17.3万人。人口自然增长率3.57‰。境内居住着傈僳、白、彝等12个主要民族。

2010年，全县生产总值18.71亿元，比上年增长11.5%。三产业分别占GDP的12%、33%、55%，其中一产业2.33亿元，增长8.5%；二产业6.2亿元，增长6.6%；三产业10.18亿元，增长15.6%。人均GDP 1万元。全社会固定资产投资21.06亿元，增长31.39%。对外贸易进出口总额2.55亿元，增长21 %。社会消费品零售总额6.62亿元，增长17.8%。

全县农业生产总值3.93亿元，增长14.01%。地方财政收入1.27亿元，增长17.64%。税收总额1.8亿，增长27.25%，其中国税完成1.2亿元，增长33.37%，地税完成6022万元，增长16.59%。城镇居民人均可支配收入1.02万元，增长6.72%。农民人均纯收入2268元，增长15.24%。城镇登记失业率控制在4.01%以内。单位GDP能耗下降4.2%。解决6000名贫困人口的温饱问题。接待游客61.31万人次，实现旅游收入3亿元，增长17.8%。

【工业经济】 2010年，全县工业总产值16.02亿，比上年增长30.17%。全县有工业企业400余户，工业增加值4.66亿元，增长4%。以分水岭硅工业园区建设为平台，努力聚集产业，入园企业9户，其中硅冶企业7户，投产16台炉子，生产工业硅4.57万吨，实现产值5.95亿元。生物加工和农产品综合加工企业逐步发展壮大，建成木蜡、瓦姑茶、草果等农产品加工项目6个，生产木蜡150吨。石材加工、免烧砖、黏土制砖等建筑建材加工业稳步发展，基本形成多轮驱动，多元发展的格局。

年末全县累计签订投资开发协议河流13条，拟建电站27座，装机容量48.7万千瓦，已试机发电的电站12座（年内新开工电站2座），在建电站3座，正在开展前期工作的电站12座，全县水电站装机容量达27.1万千瓦。

【农村经济】 2010年，全县农村经济总收入3.6亿元，比上年增长16.35%。粮食总产量5.85万吨，增长2.73%。培育标准化规模养殖大户和养殖示范村建设，建成1个生猪良种繁育基地、24户养殖大户，年末大小牲畜存栏44.9万（头）只，出栏25.5万（头）只，畜牧业经济收入1.12亿元，增长15%，肉类总产量1.49万吨。劳动力转移输出8000人，农民工资性收入3800万元。培育绿色经济，优化产业结构，扶持发展龙头企业14户，建成农村特色产品种植协会8个、综合服务社90个、专业合作社78个，新种植核桃8.48万亩、漆树1.1万亩、草果1.63万亩、其他经济林果1.59万亩，年内销售草果4200吨、核桃4000吨，收入1.32亿元，生物产业已成为农民增收的主要来源之一。良种覆盖率90%，科技覆盖率75%。

2010年，兑现支农惠农资金6.23亿元，其中地方财政投入2.78亿元。投入3574万元，抗旱保增长。完成7个省级重点新农村建设，32个扶贫整村推进项目，2741户农户的居住条件得到改善。投入农田水利建设资金1452.3万元，完成95条10公里水毁修复，新增防渗渠道干支渠66公里、田间渠道20多公里，清淤渠道440多公里，改善灌溉面积3.67万亩，新增灌溉面积350亩，新增节水灌溉面积983亩。完成饮水安全及饮水困难工程41件，投资403万元，解决8000人、1.44万头牲畜的饮水困难。新建农村通达公路20条185公里，完成通乡油路改扩建16条84公里，年末全县通车里程1081.91公里，71个村委会62个通公路，通路率87%。完成中低产田地改造9634亩。

【物价水平】 2010年，受宏观经济通胀压力及生产和供求关系的影响，入秋以来，县内粮食价格明显上涨，消费品市场部分商品价格持续上扬。食品类：标准面粉比上年上涨26.6%；菜籽油一级散装上涨15.4%；鲜猪肉上涨20%；工业生产资料及工业品类：线材（高线Φ6.5）、螺纹钢（Φ12）、角钢（3#）上涨12%、13%、10%；水泥325强度上涨53%，425强度上涨23%；0#柴油、90号无铅汽油、93号无铅汽油、97号无铅汽油上涨5%。农业生产资料类和服务价格基本与上年保持稳定。

【社会事业】 2010年，推进集中办学，年内撤并21个校点，全县学校撤并至85所。投入勤工俭学滚动资金20万元，行政划拨各类勤工俭学菜地、林地1810.34亩，新建校舍1.86万平方米，改善了办学条件。全县各专业教师1805人，适龄儿童入学率99.42%。

完成5个乡镇卫生院、5个社区卫生服务中心和75个村卫生室建设，完成6个乡镇计划生育服务站改建。新型农村合作医疗参合率96%。建成14个达标农家书屋。

城镇新增就业人员1104人，城镇登记失业率控制在4.01%以内。城镇职工基本养老保险、医疗保险、失业保险、工伤保险、生育保险等五大险种参保人数2.87万人。年内启动新型农村养老保险试点工作，全县16～59岁农村居民8.97万人，参保5.11万人，参保率74.1%，1.34万名60周岁以上农村老人不用缴费就可以按月领取60元的基础养老金。全年发放城镇和农村低保金3777.44万元、低保粮2598吨，5.34万名农村群众和3525名城市人口享受最低生活保障。一次性兑付370名70岁以上离退休干部的住房补贴1217.97万元。发放廉租住房补贴151.83万元。

全县广播、电视覆盖率分别为86.1%和

89.96%。承办2010年怒江傈僳“阔时”文化旅游节暨首届中国怒江皮划艇野水国际公开赛泸水段的赛事和文艺节目。

【扶贫工作】 2010年，投入扶贫资金4520万元，重点支持整村推进、异地扶贫、劳务输出、安居工程、异地开发、少数民族发展等扶贫项目，较好地改善了困难群众生产生活条件，拓宽了农民增收渠道。整村推进项目：完成2009年度边境县整村推进项目，覆盖9个乡镇，28个村委会，24个自然村，2471户1.05万人，项目总投资3137.6万元，其中省补资金1600万元，县级部门配套资金412.5万元，其他扶贫资金33万元，社会帮扶资金50万元，信贷资金53万元，群众现金自筹和投工投劳折资989.1万元；组织实施2010年第二批重点扶持村项目27个（重点扶持勒墨人居住区域），投资405万元，边境县整村推进项目31个，投资1550万元。大兴地整乡推进项目：规划总投资5979万元，至2010年11月完成投资8542.5万元，占总投资计划的142.9%，重点打造卯照、计付坝、灯笼坝3个自然村。扶贫安居工程项目：完成2009年度安居工程100户，户均补助6000元，投入省补资金60万元，项目覆盖鲁掌、大兴地、洛本卓、六库4个乡镇，16个自然村；组织实施2010年度安居工程项目300户（定点扶持勒墨人居住区域），投资300万元。易地搬迁项目：完成2009年度易地搬迁项目，涉及洛本卓、称杆、老窝、六库4个乡镇，5个安置点，转移安置197户900人，投入财政扶贫资金450万元组织；实施2010年度易地搬迁项目，投资225万元，转移安置450人。劳动力转移培训项目：投资116万元，完成劳动力转移培训1705人，其中引导性培训1400人、技能培训305人，主要进行特色经济作物种植、农产品经纪人、基础建筑工、餐饮服务、保安、酒店服务、民族舞蹈、供用电技术专业培训。信贷扶贫项目：完成2009年度龙头企业扶贫贴息贷款400万元，贴息资金12万元；完成2010年度扶贫到户贴息贷款1501.5万元，贴息资金75万元，受益农户445户，资金投向为种植业870.8万元、畜牧业580.3万元、加工业50.4万元，总增收348万元，户均增收7820元。贫困村互助资金项目：2008年10月，泸水县被省、州扶贫办确定为贫困村互助资金试点县，投入国家财政补助资金70万元，2年多来，该项目在鲁掌镇、大兴地乡和老窝乡3个村7个互助组中稳步推进。社会帮扶项目：2010年国电云南公司捐赠社会帮扶资金40万元，25万元用于六库镇老六库村委会办公楼建设；10万元用于六库镇段家寨村委会活动场地、村间道路硬化、公路挡墙等建设；5万元用于鲁掌镇古炭河村文化室建设。溜索改造项目：组织实施2009年度称杆乡双纳瓦底溜索改造项目，总投资108.71万元，其中投入财政扶贫资金100万元，项目效益覆盖2个村委会、9个自然村、274户1233人。

【固定资产投资】 实施“项目带动”战略，固定资产保持较快增长，年内落实中央及省级政府投资项目56个，到位资金4.02亿元，项目涉及瓦姑水库、怒江二桥、廉租住房建设、农村电网、生猪标准化规模养殖场建设、人畜饮水、基本农田改造、企业贴息项目、易地搬迁工程、垃圾和污水处理项目、以工代赈示范项目、村级组织活动场所建设项目等。共储备交通、能源、市政、农业农村、工业、社会事业项目104个，其中瓦姑水库、六丙公路（六库至跃进桥段）、怒江二桥、片马红色旅游景区建设、县级档案馆、县级劳动力转移培训中心等61个项目可研、初设通过上级审核审查，部分项目年内已开工。年末全县在建项目203个（新开工123个，续建80个），固定资产投资21.06亿元，比上年增长31%。

（何春城）

迪庆州县区经济选介

香格里拉县

【概述】 香格里拉县位于云南省西北部、迪庆州东部，总面积1.16万平方公里，是云南省面积最大的县。2010年，平均气温7.3℃，日照1893.6小时，年降水量705.5毫米，全年无霜期199天。县境内有大小河流244条，主要一级支流13条，总长545公里。香格里拉县辖4镇7乡，63个村民（社区）委员会，688个村民小组。年末户籍人口14.37万人，人口死亡率4.88‰，人口出生率10.57‰，人口自然增长率5.69‰。居住着藏族、汉族、纳西族等9个世居民族，有25个民族、7种语言、5种文字。

2010年，全县县域生产总值48.93万亿元（可比价），比上年增长18.5%。其中，第一产业实现增加值3.1万亿元，增长2.5%；第二产业实现增加值19.41万亿元，增长17.6%；第三产业实现增加值26.43万亿元，增长21.5%。全县县级生产总值28.88万亿元（可比价），增长18.6%。其中，第一产业增加值3.1万亿元，增长2.5%；第二产业增加值10.61万亿元，增长20.9%；第三产业增加值15.18万亿元，增长20.9%。第三产业对全县经济的快速增长继续起到支撑作用。产业结构调整取得新进展，布局更趋合理，县域的一、二、三产业增加值占全县生产总值的比重由上年的7.1∶41.5∶51.4调整为6.3∶39.7∶54.0；县级一、二、三产业增加值占全县生产总产值的比重由上年的12.7∶35.9∶51.4调整为10.7∶36.7∶52.6。县域全社会消费品零售总额15.13亿元，增长25%；县级全社会消费品零售总额8.96亿元，增长31.4%。

【财政·金融】 2010年，全县县级地方财政总收入3.59亿元，增加7366万元，增长25.8%；地方财政收入2.1亿元，增长26.4%；地方财政支出11.25亿元，增加3.64亿元，增长47.9%。城镇居民人均可支配收入1.74万元，增加1353元，增长8.4%；农民人均纯收入3398元，增长12.3%。

2010年末金融机构各项存款余额44亿元，增长45.6%，其中：储蓄存款余额15.68亿元，增长24.8%。全年现金投放稳步增加，累计现金收入61.91亿元，比上年增长37.8%，累计现金支出64.82亿元，增长26.4%，收支相抵后，累计投放现金2.92亿元。

【农村经济】 2010年，全县农业总产值（现价）4.61亿元，增长4%。其中，农业产值1.97亿元，增长3.9%；林业产值4119万元，增长2.7%；畜牧业产值1.48亿元，增长5.6%；渔业产值71万元，增长4.4%；农林牧渔服务业产值7369万元，增长2%。全年农作物播种面积1.99万公顷，增长2.2%。其中，粮食作物播种面积1.74万公顷，增长2.3%；油料播种面积1363公顷，减少10.8%。粮食总产量6.42万吨，增长1.5%；油料产量2881吨，增长1.1%；烟叶产量3.2万公斤，减少11.1%；药材产量96.9万公斤，增长3.4%；蔬菜类产量884.11万公斤，减少16.9%；蚕茧产量137吨，增长18.1%。肉类总产量1.28万吨，增长5.7%。其中猪肉产量8874吨，增长7.7%；牛肉产量2407吨；羊肉产量440吨，增长2.6%。农民人均有粮549公斤。年末实有封山育林面积5.52万公顷，增长13.7%，其中造林面积9000公顷；零星植树34.6万株；苗木产量367.7万株。

【工业经济·乡镇企业】 2010年，县域工业总产值13.35亿元，增长33.4%，其中：规模以上工业企业总产值18.87亿元，增长31.8%。在县域工业总产值中，轻工业产值8.55亿元，增长19.6%；重工业产值14.8亿元，增长42.9%。全年县级工业总产值8.13亿元，增长13.6%。其中：规模以上工业总产值4.5亿元，增长54.6%。县级轻工业完成3.09亿元，下降19%；重工业完成5.05亿元，增长50.8%。乡镇企业总收入8.89亿元，增长44.4%；乡镇企业总产值10.13亿元，增长50.5%。

2010年，县级主要工业产品产量：白酒3007千升，增长198.3%；水泥12.77万吨，增长67.8%；发电量5.41亿度，增长159.1%；自来水455万吨，增长36.2%；铜精矿含铜量9664吨，增长55.6%；铅精矿含铅量804吨，增长237.8%；锌精矿含锌量4037吨，增长858.9%；钨精矿707吨，增长75.9%。

2010年，乡镇企业总收入8.89亿元，增长44.4%；乡镇企业总产值10.13亿元，增长50.5%。

【国内贸易】 2010年，县域社会消费品零售总额15.13亿元，比上年增长25.0%，按经济成分分，公有经济实现5.4亿元，增长30.3%；非公有经济实现9.73亿元，增长22.2%。按行业分，住宿业零售总额4518万元，增长45%；餐饮业零售总额1.04亿元，增长21.5%；批发业零售总额5.09亿元，增长37.8%；零售业零售总额8.54元，增长18%。

全年县级社会消费品零售总额8.96亿元，比上年增加2.14亿元，增长31.4%，按经济成分分，公有经济实现2.36亿元，增长13.9%；非公有经济实现6.6亿元，增长39.1%。住宿餐饮业收入1.35元，增加3209万元。增长31.1%。

【基础设施建设】 2010年，香格里拉县域固定资产投资总额完成79.06亿元，比上年增加19.59亿元，增长33.0%，其中：城镇固定资产投资完成73.02亿元，增加18.91亿元，增长34.9%；房地产投资完成2.6亿元，增加4844万元，增长22.8%；农村私人投资完成3.43亿元，增加5303万元，增长18.3%。

2010年，全年县级固定资产投资完成53.45亿元，增加12.99亿元，增长32.1%。

【交通·邮电】 2010年，全县有公路2476.37公里，国道1条，191公里；省道1条，77.29公里；县道13条，653.82公里；乡道121条，859.04公里；村道172条，672公里；有桥梁104座。全县拥有营运车辆6139辆，其中货运车辆4780辆；班线客车28辆、短途客车微型车294辆；旅游车725辆；出租车260辆；公共车52辆。全年公路运输客运量48.2万人次，旅客周转量1.06亿人公里。

全年邮政业务总量1094.48万元，增长24.37%。其中，函件业务量155.93万元，包裹业务量52.99万元。邮政储蓄期末余额1.94亿元，增长23.76%。年底固定电话用户3.57万户（包括移动电话1246户和小灵通1409户），互联网宽带接入用户1.41万户，增长7447户，增长112.35%。

【旅游业·招商引资】 2010年，全县旅游总人数452.25万人次，比上年增长14.6%，其中：国内旅游总人数397.57万人次，增长15.1%。全年旅游总收入46.18亿元，增长12.7%，其中国内旅游总收入25.59亿元，增长8.8%。旅游门票收入1.87亿元。2010年，招商引资实际到位资金31.1亿元，增长14.2%。其中：引进州外资金30.39亿元，增长11.8%。

【科技·教育·文化·卫生·体育】 2010年，全县有农技协会34个，有会员1.02万人，增加3个协会，会员增加160人。全县举办培训93期，参训人员7633人。

全县有幼儿园5所，在园幼儿数1271人，教职工数97人；小学60所，在校学生数1.27万人，教职工数1120人；普通中学校数7所，在校学生数6730人；中学教职工599人。小学学龄儿童入学率99.2%，小学升学率84.46%；初中入学率78.64%，初中升学率47.69%。

全县有基层文化站11个，群众艺术馆、文化馆从业人员8人。全年群众艺术馆、文化馆组织文艺活动3次，举办展览7个，组织文艺活动次数59次，举办训练班6次，培训182人次，藏书5.88万册。

年末全县拥有14个卫生机构，从业人员353人，其中卫生技术人员286人。门诊总诊疗31.68万人次，病床使用率65.37%，住院人数4130人次，实有床位139张。村卫生室51个，人员62人。

学校体育、竞技体育、群众健身活动继续发展。年内参加省级运动比赛，获得金牌3枚、银牌4枚，铜牌3枚；全国比赛中，获得银牌2枚；亚洲比赛中，获得金牌1枚、铜牌1枚。

【人民生活】 2010年，县域全部单位在岗职工有1.9万人，比上年增加10.2%，其中：县级全部单位在岗职工9755人，增长3%。工资总额7.12亿元，增长24.1%，其中县级全部单位在岗职工工资总额：3.743亿元，增长19.7%；县域全部单位在岗职工年平均工资3.94亿元，增长13.8%，其中县级全部单位在岗职工年平均工资4.06亿元，增长16.6%。城镇居民人均可支配收入1.74万元，增长8.4%。农民人均纯收入3398元，增长12.3%。城镇登记失业率3.5%。解决温饱人口3660人，项目扶持人口3.54万人，解决饮水困难人数3760人。

（李俊成）

专题报告

Key Topics Report

2010年云南省国民经济发展报告

2010年，省委、省政府团结带领全省各族人民，努力克服国际金融危机的后续影响和百年不遇特大干旱带来的重重困难，团结拼搏，扎实工作，全省经济运行呈现高开稳走态势，农业大灾之年保增长，工业平稳较快发展，消费需求旺盛，对外贸易恢复强劲增长势头，金融运行良好，国民经济总体呈现平稳较快发展、巩固回升向好的态势，除CPI指标外，全面完成或超额完成省十一届人大三次会议审议通过的宏观调控主要预期目标，为云南“十一·五”的收官之年画上了圆满的句号。

一、国民经济保持平稳较快增长

2010年全省生产总值突破7000亿元，达到7220.14亿元，同比增长12.3%。其中：第一产业实现增加值1105.81亿元，增长4.0%；第二产业实现增加值3223.93亿元，增长15.8%，其中：工业增加值2606.04亿元，增长14.7%，建筑业增加值617.89亿元，增长20.8%；第三产业实现增加值2890.40亿元，增长11.5%。全省三次产业结构比为15.3：44.7：40.0。人均GDP达到15749元，比上年增长11.6%。非公经济蓬勃发展，创造增加值2931.38亿元，占全省GDP的比重达40.6%，比上年提高1.5个百分点。

二、粮食生产大旱之年再夺丰收

2010年，面对百年不遇的特大干旱，全省上下开展了一场“抗大旱、保民生、抓春耕、促发展”的攻坚战，在小春作物遭受重大损失的情况下，全年粮食产量达到1650万吨，实现连续8年增产。初步预计，全年实现农业总产值1821亿元，增长5.5%，其中，农业产值896亿元，增长3%，林业产值208亿元，增长7%，牧业产值588亿元，增长8%，渔业产值45亿元，增长10%，农业服务业产值63亿元，增长5%。农业增加值1105.81亿元，增长4.0%，对GDP的贡献为15.3%。

主要农产品生产再获丰收。2010年全省蔬菜产量1243.24万吨，增长0.4%，烤烟产量95.99万吨，增长9.0%，油料产量37.60万，甘蔗产量1739.69万吨，茶叶19.72万吨，增长7.8%，橡胶产量32.96万吨，增长10.5%，水果产量360.33万吨，增长5.1%，鲜切花产量60.50亿枝，增长8.0%。

畜牧业生产健康稳定发展。2010年肉类总产可达500万吨，比上年同期增长8%左右。其中，猪出栏4658万头，增长8.4%，猪肉产量411万吨，增长8.9%，牛出栏328万头，增长7.4%，牛肉产量39万吨，增长7.4%，羊出栏700万只，增长5.4%，羊肉产量14万吨，增长5%，家禽出栏2.2亿只，增长7.6%，禽肉产量39万吨，增长7.4%。奶产量达到57.4万吨，增长3.5%。畜牧业生产在一直保持良好发展态势，成为农民增收的一个重要支柱产业。

林业生产形势良好。本年新育苗面积56824亩，低效林改造111.99万亩，造林预整地335.97万亩。全年完成900万亩的营造林任务，林业产业总产值达510亿元，保持10%以上的增幅。

三、工业经济平稳发展

2010年，全省工业经济逐步企稳向好，有力地带动了全省经济的持续快速增长。全省全部工业增加值完成2606.04亿元，增长14.7%，其中：规模以上工业实现工业增加值2246.91亿元，增长15.0%，规模以上工业生产的主要特点：

（一）轻、重工业同步增长

全年规模以上轻工业完成增加值1037.45亿元，增长15%，增幅比上年提高2个百分点。全年规模以上重工业增加值达1209.46亿元，同比增长15%，增幅比上年提高5.2个百分点。

烟草业效益平稳增长，卷烟结构进一步优化。2010年省内烟草企业产量完成714.76万箱，比上年增加23.18万箱，增长3.35%；实现税利677.86亿元，增长9.78%。一、二、三类烟产量分别增长28%、91.7%和10.8%，比重分别比上年提高3.1、0.3和3.2个百分点；重点品牌集中度进一步提高，“玉溪”、“云烟”、“红塔山”、“红河”四个品牌省内产量占总产量比重为78.4%，同比提高6.1个百分点。烟草制品业增加值完成797.2亿元，增长16.0%。

（二）各种类型企业全面增长

2010年，全省规模以上工业企业中，国有企业完成增加值501.57亿元，增长18%；集体企业完成增加值19.31亿元，增长22 %；股份合作企业完成增加值2.17亿元，增长45%；股份制企业完成增加值1519.43亿元，增长14%；外商及港澳台商投资企业完成增加值120.44亿元，增长12%；其他企业完成增加值83.98亿元，增长11%。全省大中型企业完成增加值1585.44亿元，增长13%；国有大中型企业完成增加值446亿元，增长18%。

（三）支柱产业支撑作用明显

2010年，全省规模以上工业企业中，重点行业中，除制糖业因自然灾害影响，完成增加值比去年同期下降7.5%外，其他几大行业与去年同期相比均保持平稳增长，其中：烟草制品业完成增加值797.20亿元，增长16%；电力、热力的生产和供应业完成增加值255.70亿元，增长19.9%；化学原料及化学制品制造业完成增加值125.91亿元，增长17.1%；医药制造业完成增加值47.68亿元，增长12%；有色金属冶炼及压延加工业完成增加值223.80亿元，增长11%；黑色金属冶炼及压延加工业完成增加值113.53亿元，增长18.7%。这6大行业共完成增加值1563.82亿元，占规模以上工业增加值的69.6%，对全省工业增长起到较好的支撑作用。

（四）规模以上工业经济效益大幅提升

2010年全省规模以上工业经济效益明显好转，各项工业经济效益指标均呈向好态势。工业经济效益综合指数为267.8%，同比提高28.28个百分点。全省规模以上工业企业实现主营业务收入5602.82亿元，增长27.6%；实现利税1165.2亿元，增长23.8%；其中利润377.95亿元，增长47.4%。全省3640户规模以上工业企业中，有1035户亏损，减少175家，亏损面为28.4%，分别比1～2月、1～5月、1～8月下降9.3个、7.7个和5.2个百分点；亏损企业亏损额43.72亿元，下降36.1%。

四、固定资产投资保持快速增长

2010年，云南抓住扩大内需的发展机调，加大固定资产投资力度，全省固定资产投资规模跨越了5500亿元的新台阶，创历史新高，达到5528.71亿元，增长22.1%。比上年净增1001.69亿元，如期实现了省政府年初确定的固定资产投资新增1000亿元的目标。

（一）固定资产投资结构进一步优化

结构优化体现在两个方面的变化上，一是在三次产业投资结构发生了变化，2010年全省第一产业投资225.89亿元，增长14.6%；第二产业投资1773.18亿元，增长16.3%；第三产业投资3529.64亿元，增长25.8%；三次产业投资结构比为4.1∶32.1∶63.8，三次产业投资结构明显改善；二是投资经济类型的结构发生了转变，2010年全省国有经济投资2623.07亿元，增长22.3%，国有投资占全社会固定资产投资的比重达47.4%；民间投资2795.78亿元，增长23.7%，占全社会投资的比重达50.6%；外商及港澳台投资109.86亿元，下降10.6%，投资比重仅占2%，民间投资重新占据了半壁江山，取得了投资主体地位。

（二）重点行业发挥重要支撑作用

首先，工业投资较快增长发挥支柱作用。2010年全省工业固定资产投资1765.35亿元，增长16%，其中，非电工业完成投资1051.1亿元，增长28.3%，非电工业投资占全社会固定资产投资的比重达19%，成为各重点行业中投资比重最高的行业。其次，基础设施建设成效显著。2010年全省交通运输、仓储及邮政业完成固定资产投资977.55亿元，增长73.6%，占全社会固定资产投资比重为17.7%，成为拉动全省投资增长的最大“亮点”。其中公路投资达702.06亿元，增长88%；航空运输业投资81.31亿元，增长7.7%。三是全省教育事业投资快速增长。2010年全省完成教育投资181.2亿元，增长44.2%，教育投资占全社会固定资产投资的比重超过3%，成为全省投资发展新增长点。

（三）建设资金总体到位情况较好

2010年全省建设项目到位建设资金6544亿元，比2009年增长35.8%，其中，国内贷款1365.79亿元，增长23.7%；自筹资金2984.82亿元，增长44.5%；其他资金1037.04亿元，增长32.4%，建设资金总体到位情况良好，为全省固定资产投资增长提供了重要支撑条件。

（四）房地产业蓬勃发展，楼市成交活跃

2010年全省房地产开发投资900.44亿元，增长22.1%，占全社会固定资产投资的比重达16.3%。其中全省商品住宅投资654.67亿元，增长18.4%，而90平方米以下房屋投资127.07亿元，增长30.4%；2010年全省商品房施工面积8784.97万平方米，增长28.5%。全省商品房楼市交易活跃。2010年全省商品房销售面积2959.43万平方米，增长32.7%，商品房销售额934.6亿元，增长43%。房地产业成

为改善民生，促进全省经济发展的重要力量。

五、消费品市场持续活跃

2010年，在中央和省委、省政府扩大消费一揽子刺激政策的综合作用下，全省消费品市场呈现平稳上扬态势。全省实现社会消费品零售总额2500.25亿元，同比增长21.9%，增幅比上年提高2.6个百分点。

消费品市场的主要特点：

（一）城镇市场发展快于农村市场

2010年，城镇市场实现社会消费品零售额1992.72亿元，同比增长22.8%，拉动社会消费品零售总额增长17.4个百分点；农村市场实现零售额507.52亿元，同比增长18.5%，拉动社会消费品零售总额增长4.4个百分点。城镇市场增幅高于农村市场4.3个百分点。

（二）批发零售业仍是支撑全省消费品市场发展的主要力量

2010年，全省批发和零售业业实现零售额2023.62亿元，比上年增长24%，占社会消费品零售总额的比重80.9%，拉动全省社会消费品零售总额增长17.7个百分点。随着全省城乡居民生活水平提高及现代生活节奏加快，住宿和餐饮业面临越来越广阔的市场需求空间，住宿餐饮市场规模持续扩大。全省住宿和餐饮业实现零售额达362.84亿元，同比增长19%。住宿餐饮业已逐渐成为新经济增长点，占社会消费品零售总额的比重14.5%，拉动全省社会消费品零售总额增长3.2个百分点。

（三）居民消费层次不断提高，消费热点突出

2010年，受汽车下乡、小排量汽车购置税优惠等政策影响，汽车消费的快速增长，同时也成为推动消费增长的主要动力，限额以上批发零售企业实现汽车类零售额同比增长31.6%。健康消费、知识消费、娱乐消费成为消费时尚，文体产品需求量逐渐攀升，限额以上批发和零售企业实现体育娱乐用品类零售额同比增长39.8%，书报杂志类同比增长41.7%；以追求丰富精神生活、提高生活质量的化妆品及金银珠宝类等商品销售成为近年消费品市场的热点领域，限额以上批发零售企业实现化妆品和金银珠宝类商品零售额同比分别增长17.4%和31.2%。

（四）大型商场和连锁超市销售稳中趋旺

2010年，全省限额以上批发和零售业法人企业零售额888.30亿元，同比增长30%，限额以上批发零售贸易企业占社会消费品零售额的比重为35.5%，拉动社会消费品零售总额增长7.7个百分点。大型商场、购物中心正日益发挥强大的吸聚效应和提升商业消费能力的作用。

六、财政收支持续较快增长，金融运行良好

2010年，全省财政总收入突破1800亿元，完成1809.2亿元，增长21.4%；全省财政一般预算收入达871.19亿元，增长24.8%，其中，各项税收收入702.16亿元，增长28.1%；全省一般预算支出完成2285.57亿元，增长17.1%。

金融机构贷款较快增长，有力地支撑了全省经济继续企稳向好。2010年末，全省金融机构人民币各项存款余额为13411.49亿元，比年初增加2291.86亿元，增长20.6%；其中：居民储蓄存款5719.55亿元，比年初增加1050.94亿元，增长22.5%；企业存款4462.42亿元，比年初增加618.18亿元，增长13.2%。全省金融机构人民币各项贷款余额10568.78亿元，比年初增加1789.15亿元，同比增长20.4%；其中：中长期贷款7724.47亿元，比年初增加1695.81亿元，比年初增长28.1%；短期贷款2671.12亿元，比年初增加190.26亿元，比年初增长7.7%。

七、对外贸易恢复性快速增长，旅游业蓬勃发展

2010年，全省外贸进出口总额完成133.68亿美元，增长66.7%，其中：出口完成76.06亿美元，增长68.5%，进口完成57.62亿美元，同比增长64.4%。

从贸易方式来看。一般贸易进出口累计完成111.74亿美元，同比增长72.2%；加工贸易完成4.59亿美元，增长66.7%；边境小额贸易17.36亿美元，增长37.7%。

从企业类型看。国有企业进出口额完成53.99亿美元，增长39.3%；外商投资企业完成6.45亿美元，增长46.8%；民营企业完成73.24亿美元，增长97.3%。

农产品、纺织品及服装和电力出口保持较快增长。农产品出口完成13.52亿美元，同比增长36.6%；电力出口2.87亿美元，增长38.7%；纺织品及服装出口7.02亿美元，增长1.3倍。

旅游业蓬勃发展。全年接待海外入境游客662.81万人次，实现旅游外汇收入13.24亿美元，分别增长14.7%和13%；接待国内旅游者

达1.4亿人次，增长15.1%；实现国内旅游收入916.82亿元，增长25.5%。全省实现旅游业总收入1006.83亿元，增长24.2%。

八、当前经济运行面临的主要压力

当前全省经济发展企稳回升势头得到进一步巩固和加强，但结构性矛盾、不确定性因素依然存在；宏观经济调控面临的“两难”选择增多；货币政策趋紧，由适度宽松转向稳健审慎灵活的货币政策；转方式、调结构、稳物价的任务艰巨。

（一）结构不合理是长期困扰经济发展的难题

“三驾马车”对经济发展的拉动不协调；农业基础地位不牢固，尚未摆脱靠天吃饭的传统农业发展之路；工业规模庞大而实力不强，粗放发展特征明显，尚未进入新型工业化发展轨道；服务业比重低，传统服务业多，现代服务业少的问题突出，难以适应生产和生活的需要，尚未转入快速全面发展的轨道。

从经济增长结构看，在消费、投资和净出口“三驾马车”中，“十一五”全省社会消费品零售总额年均增长19.1%，同期全社会固定资产投资总额的年均增长速度为26.2%，投资增长速度持续明显超过消费增长速度，表明投资与消费的比例不协调。另外，云南城镇居民消费支出滞后收入水平，影响消费的拉动作用。2009年城镇居民人均可支配收入列全国第15位，而人均消费性支出列全国第20位，消费需求有待进一步释放，消费增长的空间还很大。

从三次产业结构看，非农产业比重过低问题是云南经济中的突出“短板”，2009年全省三次产业结构为17.3:41.9:40.8，服务业比重比全国平均水平低2.6个百分点，第二产业比重比全国平均水平低4.4个百分点，而第一产业的比重比全国平均水平高7.0个百分点。

从就业结构看，就业结构转型滞后于产业结构变化。2009年全省就业人员产业构成62.3:12.0:25.7，与产业结构相比，就业结构转型明显滞后。第一产业就业人员比重过大，比全国平均水平高24.2个百分点，农村富余劳动力转移任务十分艰巨，第二产业就业比重还不到全国平均水平的1/2，第三产业就业比重比全国平均水平低8.4个百分点。

工业结构相对单一，转变发展方式紧迫而繁重。2006年以来，全省重工业增加值比重超过轻工业增加值比重，2009年，重工业增加值占全部工业增加值比重为53.5%。分行业贡献上看，烟草制品业对工业增加值的贡献为30.2%，采矿业对工业增加值的贡献为12.7%，电力、热力的生产和供应业38.8%，可见，云南的工业结构相对单一，工业发展过多依靠资源消耗。

（二）保持固定资产投资较快增长困难加剧

投资的增长受多方面因素制约，核心是受国家宏观调控的货币政策和存款影响，从当前的实际情况看，制约投资增长的主要因素有：一是2010年下半年央行在两个多月的时间内三次上调国内存款类金融机构人民币存款准备金率、两次上调金融机构人民币存贷款基准利率。业界普遍预计，货币政策转向稳健，出于加强通胀预期管理、防范资产价格泡沫的考虑，加息通道或将正式开启；二是去年以来，国务院采取了一系列针对高房价的调控措施，并实行更严格的住房贷款认定和管理办法，房产税收政策的加紧研究和试点的推行，增加了政策走向的不确定性，房地产投资前景不容乐观；三是把扩大消费需求作为扩大内需的战略重点，消费支出的增加，在一定程度上会引起储蓄的减少，从而影响投资的增长速度；四是投资效率偏低，储蓄转化为投资的效率不高，宏观经济波动，不利于经济发展方式的转变和可持续性。

1978～2009年云南固定资产投资效率（元）

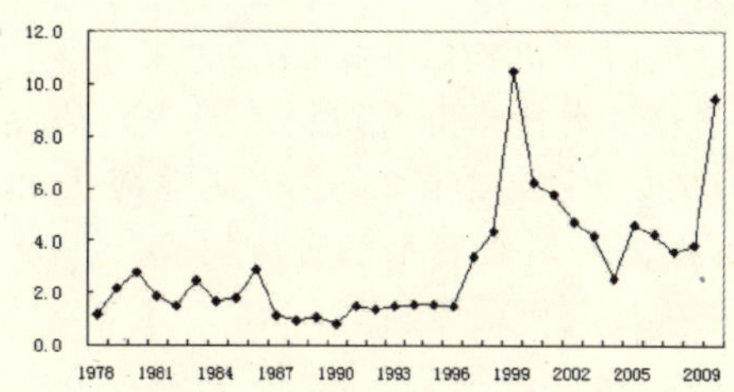

（三）煤电油气运趋紧，能源“瓶颈”依存

随着汛期的结束及冬季用电高峰的到来，云南煤电油气运趋紧，受节能减排及用电供需矛盾的影响，去年11月总限电量约为2.4亿千瓦时，平均缺电率约为3.7%；全国“柴油荒”的波及以及全省成品油企业自采柴油“批零倒挂”问题突出，自采量下降等因素的叠加影响，去年11月份以来全省各地陆续出现不同程度的柴油供应紧张、限量供应、排队加油状况，油气供需紧张影响了工业生产及交通运输的正

常运行；制约经济发展的能源“瓶颈”依然存在。

（四）收入分配问题受关注

从宏观角度看，收入分配领域面临的问题表现为居民收入在国民收入中的比重偏低，劳动报酬在初次分配中的比重偏低，这是消费度低、投资率高的症结所在。据西蒙·库兹涅茨研究，西方国家国民收人中由物质资本所贡献的份额已从45%下降到25%，而劳动对国民收入的贡献从55%上升到75%。2009年，云南的生产总值中，劳动者报酬仅占49.6%，美国劳动收入在国民收人中所占的份额，在19世纪后期占到50%，20世纪60年代后逐渐上升，到了20世纪后期上升到74%。从微观角度看，收入分配问题表现为行业、地区、城乡差距过大，2009年5个州（市）城镇非私营单位在岗职工平均工资高于全省平均水平，11个州（市）低于全省平均水平；最高的金融业是最低的住宿和餐饮业的3.8倍，垄断性行业、新兴产业与传统产业间在岗职工工资水平差距逐步拉大。2009年云南城乡居民收入比4.3∶1（全国3.3∶1），而1978年云南的城乡居民收入比2.5∶1（全国2.6∶1）。

（五）自主创新能力较弱，科技对经济发展的贡献较低

主要表现在以下几方面：一是研发经费投入较低。2009年，云南省R&D经费内部支出37.23亿元，R&D投入强度［2］为0.6%，与全国1.7%的平均水平差距较大，列全国第27位；二是研发机构较少，高层次人才少。2009年全省有各类技术开发机构576个，研发人员1.3万人，列全国第23位，其中博士和硕士0.3万人；三是研发水平有待提高。2009年全省各类单位共申请专利2299件，其中发明专利1164件，列全国第21位，万名就业人员专利申请量1.53项，列全国第29位；四是科技对经济发展的贡献低。科技活动产出水平35.1%，列全国第20位，高新技术产业化水平14.9%，列全国第23位，科技促进经济社会发展指数48.14%，列全国27位。云南省综合科技进步水平指数33.83%，指数值较上年下降0.33%，列全国第29位，西部地区第10位。

（六）通胀预期加剧，控胀压力加大

2010年全省居民消费价格指数涨幅为3.7%，控制物价上涨的压力日趋加大。一是全球极端天气因素直接影响粮食生产，农产品供给减少，价格上涨；二是国际大宗商品价格上涨，输入型通胀压力较大；三是劳动力成本上升引起的成本推进；四是资源性产品价格改革的不断推进进一步推动物价上涨；五是美国实施“量化宽松”政策造成全球货币混乱，全球经济通胀预期加剧。

（云南省统计局）

2010年云南省农业农村经济及社会发展情况

2010年，省委、省政府把抗大旱、保民生、抓春耕、促发展作为压倒一切的中心任务，狠抓扩大种植面积、推广农业科技应用等“兴农”措施，努力做到小春损失大春补、粮食损失经济作物补、种植业损失养殖业补、农业损失非农产业补，全省农业农村经济持续增长。

一、农业农村经济效益持续恢复增长

初步预计，全年实现农业总产值1800亿元，增长5.5%，其中，农业产值可达896亿元，增长3%，林业产值可达208亿元，增长7%，牧业产值可达588亿元，增长8%，渔业产值可达45亿元，增长10%，农业服务业产值可达63亿元，增长5%。农业增加值1100亿元，增长5%，对GDP的贡献为16%左右。据16个州（市）统计预计，增长幅度分别为：德宏8.2%、西双版纳8%、普洱7.1%、临沧7%、丽江6.8%、曲靖6.5%、保山6.5%、怒江6.3%、大理5.9%、红河5.8%、迪庆5.7%、昆明5.5%、文山5.5%、昭通5.4%、玉溪5.3%、楚雄2.2%。

二、粮食产量比上年略增

粮食总产量达到1650万吨，比上年同期增长1%左右，实现连续8年增产。夏粮因旱灾减产45%左右，产量为128万吨，仅占全年粮食的14%左右，据各州市统计，秋粮除大理、玉溪、楚雄、昆明减产外，其余州（市）均保持不同程度的增长，特别是粮食生产份额较大的曲靖增产2%，其产量占全省总产量的1/6强，另外粮食产量排前4位的曲靖、昭通、红河、文山四州市累计产量占全省45.5%，均保持了1~2%的增长幅度，为全省粮食增产奠定了基础。全年粮食之所以能够保持小幅增长，其主要原因：一是粮食种植面积增加，据统计，全年粮食播种面积达到6650万亩，比上年同期增长3.5%，特别是当年种当年收的晚秋作物面积比往年扩大到800万亩，并加大对晚秋粮食生产的各项技术投入，长势良好，单产提高，为全年粮食增产打下了基础。二是秋粮生产气候条件适宜并好于往年，光、热、水、气适宜于农作物生长，积温高、无低温冷冻及大面积病虫害发生。三是粮食单产提高。稻谷每亩单产434公斤，比上年增加10公斤，增长20%左右，玉米每亩单产达到310公斤，比上年增加43公斤，增长16%左右。四是科技措施得力。主要农业技术措施有：大力推广高产创建综合示范区，面积不断扩大，大面积推广间套种，做到田拉长、地拉宽，实施烟粮间种、果粮套种等技术措施，全省玉米种植做到了地膜全覆盖，积极推广测土配方技术，提高土壤肥力，提早进行农作物病虫害的防治工作。五是投入增加，中央对云南省支农惠农补贴和财政专项补贴资金达43亿元，中央和地方农林水固定资产投资230亿元，均大于往年。

三、特色经济作物成效显著

一是蔬菜生产效益明显，价格普遍好于往年。随着雨季的到来，菜农及时补种，蔬菜种植面积增加，一些季节性蔬菜大量成熟上市，如叶类蔬菜、茄子、四季豆、青辣椒等，价格比上年同期上涨了10~15%以上，个别品种价格成倍增长。特别是作为蔬菜食用的马铃薯、青蚕豆、青玉米、青毛豆类品种，品质及价格均普遍好于往年，平均价格高出同期20%以上，在水源条件好的地区，青蚕豆普遍作为蔬菜出售，提高了产出效益。全国出现的洪涝灾害及南部台风影响，省外蔬菜供需失调，需求量急剧上升，云南蔬菜外调量明显增加，蔬菜价格不但没有回落还有所上升。蔬菜量增价涨，增加了农民收入，促进了种植业效益提升。预计全年蔬菜产量达到1300万吨，同比增长5%左右。二是烤烟生产发展势头强劲。今年国家增加360万担烤烟种植指标，为全面落实种植计划，各级党委政府将落实种植计划视为讲政治讲大局来认真贯彻执行，在巩固扩大滇中老烟区基础上，不断开辟扩大滇西及滇西北地区、滇南等新烟区的种植面积。据各州市统计上报，今年种植面积达到620多万亩，比上年同期增长近10%，较好地完成了种植计划。全年烟叶产量突破百万吨，创历史新高。烤烟收购价格比上年略有增长，平均价格达到12~15.3元/公斤，烟叶产值将达160亿元，单增加的360万担烤烟，将净增加农业产值近30亿元。三是茶叶、橡胶、甘蔗、核桃、咖啡、板栗、松子等产品，价格普遍好于往年，促进了农村经济发展，增加了农民收入。

四、秋冬农作物播种面积稳定增长

2010 年，全省各级党委、政府紧紧围绕“稳粮、增收、强基础、重民生”的工作方针，强化各项利农惠农政策措施，积极防灾减灾，为弥补小春损失，各地积极扩大晚秋作物种植，推进农业优势产业开发，努力提高农业综合生产能力，特别是在常年积温较高的德宏、红河、版纳、普洱等地，大力发展反季蔬菜、玉米、薯类、豆类特色农产品，并且农产品价格普遍好于往年，促进农民增收，农业增效，加之各项惠农政策落实到位，对种植优质油菜的农户进行补贴，提高了农民的种植积极性，有力地促进了农村经济稳步发展，确保了今年秋冬播种面积稳定增长。

2010 年，全省秋冬农作物播种面积达 2779 万亩，比上年增加 120 万亩，增长 4.5%。其中，谷物播种面积 902 万亩，增加 31 万亩，增长 3.6%；豆类播种面积 499 万亩，比上年增加 8 万亩，增长 1.6%；薯类播种面积 184 万亩，增加 30 万亩，增长 19.8%；油料播种面积 390 万亩，比上年增长 2.2%；其中油菜子播种面积 377 万亩，比上年增长 2%；蔬菜播种面积 507 万亩，比上年增加 43 万亩，增长 9.2%。从 16 个州（市）秋冬农作物播种情况看，除昆明因滇池流域种植结构调整，退耕退种，干旱和休耕面积扩大、城镇建设征收大量耕地等原因比去年下降 3.4% 外，15 个州（市）均有不同程度的增长，其中增幅超过全省平均水平的有曲靖、玉溪、普洱、红河、文山、德宏和迪庆，增幅较大的是德宏和迪庆分别增长 32.1 和 13.9%。

五、林业生产形势良好

本年新育苗面积 56824 亩；低效林改造 111.99 万亩，造林预整地 335.97 万亩；义务植树 7934.33 万株。全年完成 900 万亩的营造林任务，林业产业总产值达 510 亿元，保持 10% 以上的增幅。

六、畜牧水产业生产形势较好

畜牧业生产在云南农业经济中一直保持良好发展态势，是农民增收的一个重要支柱产业。据 16 个州市统计，全年肉类总产可达 500 万吨，比上年同期增长 8% 左右。其中，猪出栏 4658 万头，同比增长 8.4%，猪肉产量 411 万吨，同比增长 8.9%，牛出栏 328 万头，同比增长 7.4%，牛肉产量 39 万吨，同比增长 7.4%，羊出栏 700 万只，同比增长 5.4%，羊肉产量 14 万吨，同比增长 5%，家禽出栏 2.2 亿只，同比增长 7.6%，禽肉产量 39 万吨，同比增长 7.4%。奶产量达到 57.4 万吨，同比增长 3.5%。水产品生产持续增长，达到 50 万吨，比上年同期增长 10% 以上。分州（市）看，肉类总产增长 10% 以的州（市）有文山、红河、曲靖三个州市，分别增长 13.2%、13.2 和 10%，曲靖肉类总产达 136 万吨，占全省 27%，三州（市）产量占全省肉类总产 47%，全省 16 个州（市）除玉溪减产外，其余 15 个州（市）均保持不同程度的增长。

七、促进云南农业农村经济持续稳定发展的建议

（一）继续强化各项惠农政策，促进生产发展

在国际农产品市场频繁波动，要进一步强化扶持粮食、油料、橡胶和生猪、奶牛生产的惠农政策，落实农资综合直补、良种补贴、能繁母猪补贴、农机购置补贴等各项资金，调动和保护农民的生产积极性。认真贯彻落实中共中央国务院《关于加大统筹城乡发展力度，进一步夯实农业农村发展基础的若干意见》，确实健全强农惠农政策体系，推动资源要素向农村配置。

（二）加强政府宏观调控，避免农产品价格大幅波动

必须加强政府的宏观调控，进一步规范全省特色农业产品的生产与销售。在生猪养殖业方面，由于生猪生产具有周期长、点多面广、信息反映滞后等特点，供求矛盾突出，容易产生价格波动。通过加强调控和指导，避免价格的大起大落，可以促进生猪养殖业的健康、稳定发展。为此要建立农产品收购保护价格，对粮食、食糖、猪肉、油菜子的保护收购价，建立收贮制度，保持农产品市场稳定和合理的价格水平。

（三）加快推进农业产业化，建立农民收入持续增长长效机制

以结构调整为重点，以建立农民收入持续增长长效机制为目标，配合农村土地流转，要加快推进农业产业化经营。提高产业化经营水平，延长农民增收链条，让农民分享农产品加工和流通环节的利润，收入才能实现突破性增长。在大力推进农业产业化经营的同时要积极探索建立龙头企业与农民结成风险共担、利润共沾的利益分配机制。

（四）继续提高农民收入，拉动农村消费市场

一要千方百计增加农民收入，大力发展农业，挖掘农业内部增收潜力，继续加大国家对农业的支持力度，提高粮食最低收购价格，通过中低产田、中低产林“两改造”，山区综合经济开发等措施，优化农业内部结构，大力发展畜牧业、渔业、林果业；加快推进农业产业化进程。二要继续加大财政投入力度，加快农村基础设施建设，通过财政向全社会所有居民提供均等公共服务的重要途径，是兼顾效率和公平的重要体现。三要建立健全农村社会保障制度，尽快在农村建立农村居民养老制度，或在逐步取消城镇农村户籍之分的同时办理养老，让农民与城镇居民一样，享受到改革开放的成果，使农民“老有所养”。四要建立农村信贷担保机制，促进农村居民消费。五要完善农村市场流通体系，拓宽消费渠道。六要加强农村市场监管，保护农民消费权益和消费信心。

（五）继续加强以中低产田改造为重点的农业基础设施建设

针对云南农业基础设施薄弱，农业抗灾能力弱的问题，单位面积产出低的现状，要继续加大以农田水利为重点的农业基础设施建设，大规模改造中低产田，稳步增加高产稳产农田面积。要以水利为基础、以山区为重点、以农田为中心、以农民为主体，深化改革，强化管理，健全机制，加大投入，加快推进以中低产田改造为主的农田水利建设，争取在提高耕地质量、增加高稳产农田数量和保障农田水利灌溉方面取得新突破。

（六）加快农村市场信息体系建设

针对农民抵御风险能力弱的问题，要完善农村信息体系建设与运用，让农业生产经营户能够更加快速、准确地掌握市场信息，发挥对农业生产的产前、产中、产后操作的指导作用。利用日趋完善的通信科技和计算机技术，建立覆盖农村的现代通信、互联网等基础设施，为服务现代农业发展提供良好的平台。

（七）培育城乡统一的市场与资金融通体系

培育城乡统一的市场与资金融通体系，建立和完善商品市场和生产要素市场，农村信用社要结合本地实际，本着为农户着想、为农民服务的宗旨，依据风险大小、信用高低、农户的偿还能力和不同阶段的需求，合理增加贷款额度，确定贷款期限，确保农业生产周期与农业资金周转速度相衔接，支持农业生产顺利进行

（八）加大农村劳动力转移力度，增加农民工资性收入

一要充分发挥阳光工程、省级农村劳动力转移培训项目、雨露计划等转移培训项目的作用，围绕农业和农村服务业、农产品加工等涉农工业、农村特色产业和农村带头人等从业人员开展培训，探索农民创业试点培训，推动农民由单纯外出务工向就地就近转移就业转变，由服务城市发展向支撑农村经济社会发展转变；二要抓住农村劳动力外出务工和阳光工程全面实施的有利时机，通过有针对性的与用工企业和劳务中介开展对接活动，进一步推动劳务合作，力争与用工企业和中介组织签订劳务派遣合同，为农民持续增收和今后向珠江三角洲地区的劳务输出奠定扎实基础，带动全省农村劳动力向省外转移输出，增加农民工资性收入。

（云南省统计局）

2010年云南省规模以上工业能源消费及节能降耗情况

2010年，云南省省委、省政府以科学发展观为指导，把节能降耗作为调整经济结构、转变发展方式的重要抓手和突破口，着力淘汰落后产能，推进节能降耗重点项目建设，强化重点企业监督管理，加快资源节约型、环境友好型社会建设，节能降耗工作取得了明显成效，初步核算，全年全省单位工业增加值能耗同比下降7.74%（等价热值，可比价计算），为“十一五”全省工业节能降耗工作画上圆满句号。

一、规模以上工业企业能源消费情况

（一）全年工业能源消费量平稳增长

2010年全省规模以上工业能源消费4945.05万吨标准煤（等价热值，下同），比上年增长6.11%。低于同期工业增加值增速8.99个百分点，以较低的能耗支撑了较高的工业增长。其中：轻工业能源消费量为186.66万吨标准煤，同比下降2.94%，拉动全省规模以上工业能源消费量同比下降0.12百分点；重工业能源消费量为4758.39万吨标准煤，同比增长6.50%，拉动全省规模以上工业能源消费量同比增长6.23百分点。

从比重上看，2010年轻工业占工业能源消费的比重为3.77%，较去年下降0.35个百分点；重工业占工业能源消费量的比重为96.23%，较上年上升0.35个百分点。

分能源品种实物量看，原煤消费7233.93万吨，增长4.24%，其中，火力发电用煤3342.53万吨，增长1.08%；电力消费665.41亿千瓦时，同比增长10.92%；焦炭消费1162.11万吨，同比下降1.02%。

（二）六大高耗能行业能源消费量增长平缓

从全省主要耗能行业看，2010年，全省6大高耗能行业工业行业合计能源消费量达4357.13万吨标准煤，同比增长7.04%。其中：石油加工炼焦及核燃料加工业同比增长8.06%、化学原料及化学制品制造业同比增长0.43%、非金属矿物制品业同比增长5.26%、黑色金属冶炼及压延加工业同比增长7.16%、有色金属冶炼及压延加工业同比增长18.67%、电力热力的生产和供应业同比增长7%。

（三）主要耗能行业所占比重有所变化

2010年全省规模以上工业行业中，6大高耗能行业工业行业合计能源消费量达4357.13万吨标准煤，占全省规模以上工业能源消费量的比重达到88.11%，较上年上升0.8个百分点，实现增加值占全省规模以上工业增加值的比重为36.88%，较上年下降0.44%。

其中，黑色金属冶炼及压延加工业能源消费量1249.36万吨标准煤，占全部规模以上工业能耗的比重25.26%，居全省规模以上工业行业能源消费量第1位；化学原料及化学制品制造业能源消费1034.14万吨标准煤，比重为20.91%，居第2位；有色金属冶炼及压延加工业能源消费量782.54万吨标准煤，比重15.82%，居第3位；非金属矿物制品业能源消费量722.97万吨标准煤，比重14.62%，居第4位；电力热力的生产和供应业能源消费量317.42万吨标准煤，比重6.42%，居第5位；石油加工炼焦及核燃料加工业能源消费量250.70万吨标准煤，比重5.07%，居第6位。

（四）16州（市）规模以上工业能源消费量同比“13增3降”

分州(市)看,到12月止,全省16个州(市)的规模以上工业能源消费量同比呈“13增3降”,能源消费量同比增长的州(市)是,昆明市（增7.37%）、曲靖（增8.01%）、玉溪（增6.52%）、保山（增6.94%）、丽江（增8.37%）、普洱（增8.23%）、临沧（增0.87%）、楚雄（增0.83%）、红河（增4.31%）、文山（增3.98%）、大理（增7.11%）、德宏（增27.41%）、迪庆（增17.51%）。

能源消费量同比下降的3个州（市）是，昭通（降9.28%）、西双版纳（降7.73%）、怒江（降4.58%）。昭通和西双版纳虽然工业能源消费量同比下降，但工业生产仍保持着较快增长，主要原因是，这两个地方低耗能工业行业发展迅速，远远超过高耗能行业，结构性节能特征明显。

二、工业企业能效情况

2010年，全省规模以上工业单位工业增加值能耗为2.20（现价，等价热值）（下同），按可比价格计算，同比下降7.73%。

（一）全省工业行业单位增加值能耗“25降12升”

2010年，从全省37个工业大行业看，单位工业增加值能耗呈“25降12升”。12个行业单位工业增加值能耗上升的行业分别是：石油和天然气开采业（升69.49%）、非金属采选业（升0.91%）、食品制造业（升9.72%）、纺织及服装鞋帽制品业（升1.26%）、塑料制品业（升10.56%）、有色金属冶炼及压延加工业（升6.91%）、金属制品业（升18.35%）、通用设备制造业（升27.2%）、交通运输设备制造业（升30.12%）、仪器仪表制造业（升0.16%）、工艺美术制品业（升52.79%）、水的生产和供应业（升13.25%）。

值得关注的是；有色金属冶炼及压延加工业是云南规模以上工业第三大能耗行业，随着它的单位增加值能耗的上升，对全省工业增加值能耗的上升形成一定的直接拉动。

（二）16州（市）单位工业增加值能耗同比“2升14降”

分州市看，16州（市）单位工业增加值能耗呈“2升14降”。14个单位工业增加值能耗下降的州市分别是：昆明（降7.28%）、曲靖（降6.16%）、玉溪（降8.09%）、保山（降7.17%）、昭通（降22.33%）、丽江（降12.89%）、普洱（降5.06%）、临沧（降3.57%）、楚雄（降11.86%）、红河（降5.26%）、文山（降10.44%）、西双版纳（降16.19%）大理（降7.50%）、德宏（降0.54%）。2个州（市）单位工业增加值能耗不降反升，分别是怒江（升2.38%）迪庆（升2.09%）。怒江州的情况是工业能源同比下降，同时工业生产的下降幅度超过了能源消费下降幅度。迪庆州的情况是工业生产与工业能耗都保持较快增长，但工业能耗增幅超过了工业增加值增幅。

三、主要能源产品生产、消费及库存情况

2010年，从全省主要能源产品生产情况看，原煤生产9763.38万吨，同比增长9.4%；洗精煤990.63万吨，同比增长19.9%；焦炭1607.26万吨，同比增长10.4%；发电量1364.84亿千瓦时，同比增长16.3%，其中：火电生产546.39亿千瓦时，同比下降0.31%，水电生产813.81亿千瓦时，同比增长30.1%；风电完成4.55亿千瓦时，同比增长20.4%。

从规模以上工业企业主要能源产品实物量消费库存情况看，12月，全省规模以上工业企业原煤消费库存为918.91万吨，库存周转天数为46.45天；洗精煤消费库存为95.43万吨，库存周转天数为21.11天；焦炭消费库存为51.56万吨，库存周转天数为16.25天。

（云南省统计局）

2010年云南省消费品市场发展报告

2010年，全省经济回升向好、持续发展，城乡居民收入稳步提高，在中央和省委、省政府扩大消费一揽子刺激政策的综合作用下，全省消费品市场呈现平稳上扬态势。

一、2010年消费品市场运行的主要特点

（一）消费品市场平稳发展

2010年，全省实现社会消费品零售总额2500.25亿元，同比增长21.9%。增幅比上年提高2.6个百分点。分季看，一季度增长18.8%、二季度增长18.5%、三季度增长18.3%、四季度增长19.5%。

（二）城镇市场发展快于农村市场

2010年，城镇市场实现社会消费品零售额1992.72亿元，同比增长22.8%，拉动社会消费品零售总额增长17.4个百分点；农村市场实现零售额507.52亿元，同比增长18.5%，拉动社会消费品零售总额增长4.4个百分点。城镇市场增幅高于农村市场4.3个百分点。

（三）批发零售业仍是支撑全省消费品市场发展的主要力量，假日消费对市场拉动作用明显

2010年，全省批发和零售业实现零售额2023.62亿元，同比增长24%，占社会消费品零售总额的比重80.9%，拉动全省社会消费品零售总额增长17.7个百分点。假日经济蓬勃发展，节假日为消费者提供了充足的购物时间及消费氛围，推动了餐饮、旅游和娱乐等消费的增长，消费品市场由此形成了节假日消费的高增长点。2010年，全省住宿和餐饮业实现零售额达362.84亿元，同比增长19%。住宿餐饮业已逐渐成为新经济增长点，占社会消费品零售总额的比重14.5%，拉动全省社会消费品零售总额增长3.2个百分点。

（四）居民消费层次不断提高，消费热点突出

2010年，全省吃、穿、用类商品普遍保持较快增速，市场销售热点纷呈。市场销售热点主要表现在以下几个方面：一是受汽车下乡、小排量汽车购置税优惠等政策影响，2010年，限额以上批发零售企业实现汽车类零售额同比增长31.6%。二是吃、穿类等基本生活用品消费继续保持快速增长的势头。2010年，全省限额以上批发零售企业实现粮油、食品、饮料、烟酒类零售额同比增长16.7%，服装、鞋帽、针纺织品类零售额同比增长22.3%，日用品类零售额同比增长29.5%。三是健康消费、知识消费、娱乐消费成为消费时尚，文体产品需求量逐渐攀升。2010年，全省限额以上批发和零售企业实现体育娱乐用品类零售额同比增长39.8%，书报杂志类同比增长41.7%。四是随着楼市的不断升温，住房相关类商品热销。2010年，全省限额以上批发零售业企业实现家具类零售额同比增长16.4%。五是提高生活品质的商品逐渐成为销售热点。2010年，全省限额以上批发零售企业实现化妆品类和金银珠宝类商品零售额同比分别增长17.4%和31.2%。

（五）大型商场和连锁超市销售稳中趋旺

近年来，城乡零售市场零售业态继续呈多样化的格局，大型商场、购物中心、百货店、超级市场、仓储式商场、便利店、专业店、连锁店、网购、小商品市场等各种零售业态共同生存，互为补充，极大方便了城乡居民购物，满足了不同层次的消费需求。2010年，全省限额以上批发和零售业法人企业零售额888.30亿元，同比增长30%，限额以上批发零售贸易企业占社会消费品零售额的比重为35.5%，拉动社会消费品零售总额增长7.7个百分点。大型商场、购物中心正日益发挥强大的吸聚效应和提升商业消费能力的作用。

二、促进消费品市场稳步增长的主要因素

（一）宏观经济回暖向好

全球范围内经济形势逐步好转，一系列刺激消费政策的影响，制造业及流通领域的回暖都为消费品市场带来发展动力，城镇居民对未来经济发展走势看好，预期增强，消费信心增加，带动消费品市场增长。

（二）城乡市场共同发展，对经济企稳回升作用显著

2010年，全省消费品市场呈稳中有升态势，增速逐月加快，居民消费需求不断增强，消费潜力得到有序释放，消费结构不断改善，消费层次逐步提升，消费成为拉动经济企稳回升的重要支撑力量。全年全省城镇、农村零售额分别同比增长22.8%和18.5%，消费品市场呈现城乡市场共同繁荣、协调发展的可喜局面。从全省消费品市场销售情况看，全年销售总额再上新台阶，达到5537.58亿元，同比增长25.3 %，其中，批发业实现销售额3726.91亿元，增长25%；零售业实现销售额2010.67亿元，增长26%。成为拉动经济企稳回升的重要力量。

（三）旅游市场持续升温继续推动消费品市场繁荣

全省旅游接待总人数和旅游总收入两项指标均保持增长，假日旅游经济成效进一步显现。2010年，全省共接待国内旅游者13836.61万人次，同比增长15.1%；旅游总收入超过1006.83亿元，同比增长24.2%。旅游人数的增加持续推动消费市场繁荣发展，节日、会展因素带动消费。今年“十一”黄金周，云南省共接待游客558.97万人次，同比增长24%。其中，接待过夜游游客172.73万人次，同比增长19.6%；接待一日游游客386.28万人次，同比增长26.1%。

（四）居民消费结构不断升级

居民消费已经由满足基本需要的食品消费逐步上升到更加丰富的穿类和用类商品消费。据对限额以上批发和零售企业统计，2010年，吃类商品零售额同比增长16.7%，穿类商品零售额增长22.3%，用类商品零售额增长28.3%，穿类商品和用类商品的零售额增速均大于吃类商品，城乡居民富裕程度向好。

（五）“家电下乡”推动农村市场繁荣活跃

云南实施“家电下乡”政策以来，市场销售情况良好。自2009年全面推行家电下乡政策以来，截至2010年12月10日，云南省家电下乡产品销售量达218万余台，销售额共计40.亿元；兑付家电下乡产品补贴200余万台，补贴金额达4.7亿元。使云南省近120万农户享受到了看得见的实惠。全省已经备案的“家电下乡”网点3800多个，基本覆盖了所有乡镇，对改善农村消费环境，促进城乡市场的相互衔接起到积极作用。农村消费市场有望进一步扩大。“家电下乡”基本实现了乡镇销售、售后服务体系全覆盖，推动农村消费结构升级。

三、当前消费品市场运行的不利因素

（一）发展的不确定性仍将制约消费增长

虽然全省经济运行回升向好，发展方式积

极转变，全省国内生产总值超过7000亿元，同比增长12%左右。但国际金融危机影响仍然存在，巩固和发展经济转暖势头任务较重，未来经济发展仍然存在不确定性，这将直接导致居民消费行为和习惯趋于谨慎和理性，短期内大幅度扩大消费的难度仍很大。

（二）物价对消费品市场的影响

近年来CPI涨幅逐月扩大，特别是粮食、蔬菜等一些基本生活品价格涨幅较大，导致居民生活成本上涨，消费支出增加，对消费预期产生不利影响，并对其他消费产生挤出效应，进而影响到消费需求的持续增长。同时，农副产品价格高对餐饮企业经营也造成了一定的影响，原材料的价格上涨使企业的经营成本提高，餐饮业市场的竞争将更为激烈，企业的发展受到一定程度的影响。物价上涨过快，特别是粮油食品等生活必需品价格持续上涨，会直接增加低收入家庭的生活成本，对人们的消费预期产生负面影响。

（三）房产新政对消费品市场的不利影响

房贷政策调整的目的是稳定房地产市场，抑制不断攀升的房价，这对消费品市场长远发展产生积极影响，房价的下跌，就会有更多的消费者能够买得起住房，会带动建筑、装潢、家具、家电等相关消费品的增长；同时房屋总价的下跌，也会释放受压抑的其他消费需求。但从短期来看，房产新政出台后，目前，大多数购房者处于观望状态，房屋销售量下降，使建筑、装潢、家具、家电等相关消费品消费受到影响。同时，由于首付比例和利率的提高，又会导致部分消费者或继续积攒首付款，或增加利息支出，挤压其他消费需求，对消费品市场短期内的负面影响将进一步显现。

（四）三大问题制约农村消费需求扩大

一是消费传统导致农民轻消费重储蓄，农民收入增长缓慢，也影响农村的购买力和农民的消费信心；二是社会保障体系不健全和教育负担重抑制了农村居民的消费欲望。农村社会保障体系不完善，上学难、治病难、养老难，已经成为当前阻碍农民扩大消费的羁绊；三是农村商品市场体系还不完善，农村市场存在许多“硬伤”，比如信息服务体系还不完善，农产品“卖难”问题还未妥善解决 。

四、建议

（一）以提高居民收入水平为突破口，改革收入分配结构，改善收支预期

要改善民生，实施更加积极的社会保障政策和完善基本公共服务体系，应提高劳动者报酬及福利待遇，即提高劳动所得报酬占GDP的比重，加快整体工资水平的大幅度提高。从源头提高居民消费信心。

（二）完善家电等消费促进政策，扩大城乡居民的消费积极性

云南应结合实际，考虑城乡居民的实际消费能力，完善政策，加大优惠力度，提高财政补贴额度，同时，进一步简化补贴领取手续，扩大家电产品的范围，在规范政策执行的同时，切实考虑老百姓享受政策的便利，对进一步促进消费，提高全省城乡居民生活质量发挥重要作用。

（三）针对不同消费群体制定消费促进政策

要制定实施适合不同消费群体，鼓励其扩大消费的政策措施，使他们的消费欲望得到有效激发，并“各得其所”非常必要。同时，积极培育消费市场，通过开拓和加快消费信贷，以消费者的现实和潜在需求为导向，加快产品和产业结构升级换代，积极实施品牌战略；大力拓展服务消费，适应居民新的消费需求变化；发展信贷消费，促进居民消费升级，充分挖掘居民消费潜力。

（四）要把扩大农村消费作为扩大消费的重点

扩大农村消费是拉动内需的重要方面。一是要继续加大财政补贴力度，进一步拓宽“家电下乡”渠道，加大监管力度。二是加快改善农村生产生活条件，为农村消费市场的繁荣和农民消费水平的提高提供基本的硬件支持。三是着力发展农村经济，推进城镇化建设，力促农村消费结构升级。抓住“万村千乡市场工程”和“双百市场工程”深入推进的有利时机，完善农村流通体系和农村商务信息服务体系建设。四是增加适合农村市场需要的适销对路商品。加快调整产品结构步伐，适应农村消费新变化。

（五）统筹解决影响即期消费的体制性问题，增强居民消费信心

一是进一步强化政府的就业和社会保障职能，把扩大就业作为扩大居民消费的重中之重，加大各级财政对就业再就业的支持力度。二是进一步加强社会保障体系建设，增加投入、完善政策、健全制度。三是建立健全廉租房制度，解决低收入家庭住房问题。四是合理配置教育资源，促进教育公平。五是建设覆盖城乡居民

的基本卫生保健制度。

（六）净化消费环境，加大整顿和规范市场经济秩序的工作力度

整顿和规范市场经济秩序，营造公平、安全、有序的市场消费环境。一是进一步加大“打假保名优”执法力度，严厉打击侵犯驰名商标和著名商标持有企业合法权益的违法行为，保护知名企业市场竞争力。二是加大反不正当竞争执法力度，严厉打击各种损害消费者利益的商业贿赂、限制竞争、虚假广告、消费欺诈等违法行为，营造良好的消费环境。三是进一步加大食品安全监管，强化食品安全质量监测工作，为消费者提供安全的食品消费环境。

（云南省统计局）

2010 年云南省科技成果统计分析报告

2010 年，全省科技成果管理工作进一步推进管理创新，突出三个加强：一是加强了对企业科技成果管理的指导和服务工作，二是加强了对非财政经费支持的科技成果的登记管理工作，三是加强了科技成果评价、成果登记规范化工作。

在 2010 年度科技成果登记工作中，各州、市科技局、部分大中型企业（集团）、中央驻滇单位和省级有关部门积极配合，较好完成了登记工作，成果总数达到 724 项，超过了 2009 年度的历史最高水平。

一、成果概况

（一）统计范围

2010 年度全省科技成果统计范围包括各州、市科技局，省直有关委办厅局，大型企业事业单位，中央驻滇单位。

（二）成果总量

2010 年度全省共登记科技成果 724 项。其中：各州、市科技局登记 399 项；省直委办厅局、大型企业、中央驻滇单位登记 325 项；分别占成果登记总数的 55% 和 45%。

（三）成果来源

在 724 项登记成果中，国家计划项目 50 项，其中国家基础研究计划 22 项，高技术研究发展计划 2 项，科技基础条件平台计划 6 项，其他 13 项；部门计划 58 项，地方计划 186 项；部门基金 14 项、地方基金项目 18 项；国际科学技术合作项目 4 项；上述各类政府科技计划项目成果数占登记成果总数的 45.58%。

自选项目 317 项，横向委托 16 项，其他来源 65 项，非政府计划所产生的科技成果数已经达到登记成果总数的 55%。数据表明，云南省各类机构的科技创新积极性日益提高。

图 1:2010 登记成果计划来源分布图

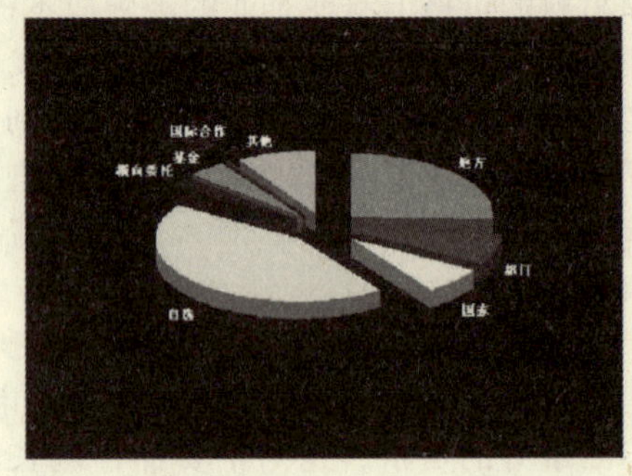

（四）成果类别

在 724 项科技成果中，基础理论成果 56 项，占成果总数的 7.73%，应用技术成果 626 项，占成果总数的 86.46%；软科学成果 42 项，占成果总数的 5.8%。数据表明，各类机构在创造科技成果的同时，更加重视科技成果的应用。

图 2. 2010 年云南省登记成果类别分布图

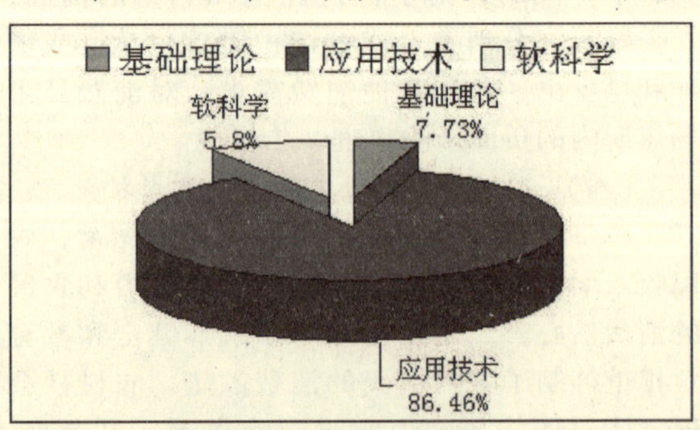

（五）成果完成单位情况

在 724 项科技成果中，按第一完成单位进行统计如下：

表 1. 科技成果完成单位分类表

单位类别	项目数	占总数的%
各类企业	238	32.87%
医疗机构	208	28.72%

单位类别	项目数	占总数的%
独立科研机构	103	14.23%
大专院校	52	7.18%
其他	123	16.99%

（注：上表中其他包括行政和部分事业单位）

图3：2010年云南省登记成果按完成单位类别分布图

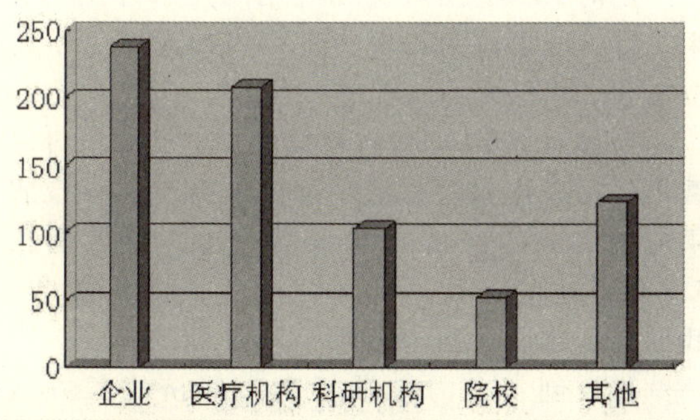

上述数据表明，企业技术创新主体地位在科技成果创造中得到充分体现。

（六）成果完成人员情况

从科技成果完成人员情况看，按文化程度统计：博士562人，硕士1158人，大学本科3589人，大专844人，中专259人，其他学历106人。本科以上学历人员较2009年均有增加。大学本科以上学历的人员占完成人员总数的81.45%。

图4.2010年度云南省登记成果完成人员学历分布图

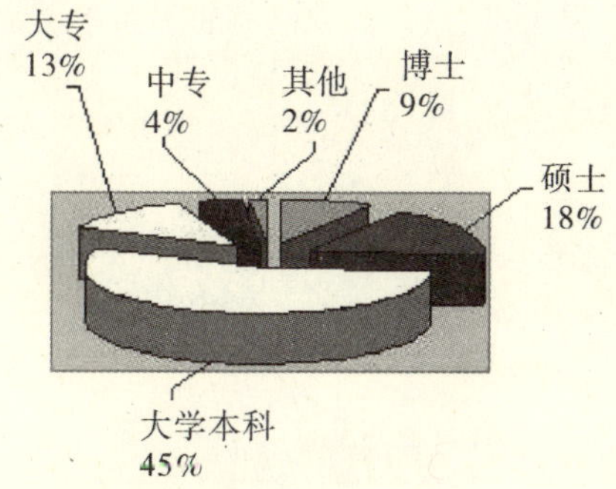

按科技成果完成人员年龄统计：35岁以下为1742人，36~45岁为2653人，46~55岁为1703人，56~65岁为292人，65岁以上为128人。可以看出35岁以下和36~45岁的科技人员是承担科技成果研发工作的主体。

按科技成果完成人员职称统计：院士14人，正高1013人，副高1656人，中级2617人，初级825人，其他393。

科技成果完成人员分析显示，我省加强科技创新人才和创新团队培育工作，取得明显成效，科研队伍逐步形成了年龄结构、学历结构和职称结构的合理搭配。

（七）自主知识产权获取情况

2010年度我省科技成果在自主知识产权方面有以下特点：

一是具有自主知识产权的成果数量大幅度增长。2010年度登记的成果中拥有发明专利达214项，较2009年度的150项增加64项，增幅达43%，表明我省自主创新能力进一步提高。

二是标准制定工作得到充分重视。2010年登记的成果中，我省相关单位主持或参与国际、国家、行业、地方和企业标准的制定数为42项，企业更加重视技术的规范化、标准化。

表2.2010年度我省登记成果包含的各类标准分类表

标准类别	数量
制订标准总数	42
国际标准	6
国家标准	8
行业标准	13
地方标准	9
企业标准	6

二、成果应用情况

（一）成果属性

在626项应用技术成果中，原始性创新成果315项，占50.32%，国外引进消化吸收创新65项，占10.38%，国内技术二次开发242项，占38.65%，表明我省自主创新能力逐步提高。

在626项应用技术成果中，处于成熟应用阶段的成果538项，占85.94%；处于中试或设备的样机、试样等中期阶段的成果57项，占9.1%；处于实验室、小试等初期阶段的成果31项，占4.95%。

图5.2010年云南省登记的应用技术成果所处阶段分布图

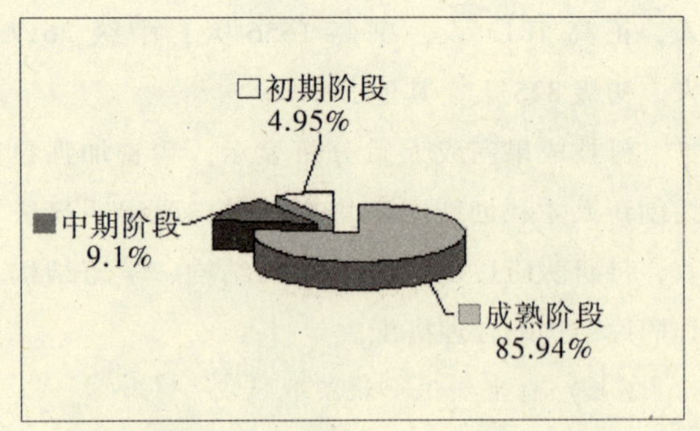

（二）成果转化情况

在626项应用技术成果中，已转化应用的成果611项，占97.6%。

（三）成果所属高新技术领域分布

据对452项应用技术成果进行统计，属于电子信息8项，软件27项，光机电一体化27项，生物、医药和医疗器械191项，新材料32项，新能源与高效节能20项，环境保护17项，地球、空间和海洋6项，农业123项。可以看出我省农业和生物、医药领域的高新科技成果仍然占主体地位。

（四）成果应用行业分布

按技术成果实际推广应用的行业分类进行统计，农林牧渔业有175项，采矿业14项，制造业92项，电力、燃气及水的生产和供应业41项，建筑业9项，交通运输、仓储和邮电业30项，信息传输、计算机服务和软件业10项，住宿和餐饮业1项，科学研究、技术服务和地质勘查业15项，水利、环境和公共设施管理业18项，居民服务业1项，教育3项，卫生、社会保障和社会福利业211项，公共管理和社会组织4项，国际组织1项。

（五）成果应用实现的经济效益

据对131项投入实际应用的技术开发类成果统计，成果应用新增利润141.29亿元，节约资金38.79亿元。

通过对2010年我省科技成果统计分析可以看出，在科技成果总量增加的基础上，科技成果应用实现的经济效益显著，比上年度增长5.7倍。这也显示了在“十一五”的结束之年，我们实施建设创新型云南行动计划的集成效益——科技创新有力推动了我省经济增长方式转变。

（云南省科技厅）

经 济 研 究

Economic Research

重要学术活动

云南省社会科学联合会

1. 举行第七次学会暨各州（市）县社科联“双先”评选

2010年2月8日下午，云南省社科联第七次（08－09年度）学会“双先”评选暨各州（市）县优秀社科联、先进社科工作者评选会在省社科联召开，17位评委参加了会议。

“双优”评选委员会对参评的省级各社科学会（协会、研究会）和各州（市）县社科联申报的集体和个人进行评选，一方面是对省级各社科学会（协会、研究会）和各州（市）县社科联及个人在繁荣发展我省社会科学事业中做出贡献的肯定，另一方面也是要通过“双优”评选不断推动省级各社科学会（协会、研究会）和各州（市）县社科联的工作。评选委员会通过无记名投票评选出十佳学会10个，优秀学会10个，优秀社科联10个，先进社科联7个；十佳秘书长10人，优秀学会工作者10人，优秀社科联工作者16人，先进社科联工作者6人。

2. 云南社科专家德宏行暨百名学者话德宏大型调研咨询活动

2010年5月6日至15日，由中共云南省委宣传部、中共德宏州委、德宏州人民政府、云南省社会科学界联合会联合举办了“2010年云南社科专家德宏行暨百名学者话德宏”大型调研咨询活动。这次活动共确定了42个调研题目，组织了来自北京、省、州的41名省内外社会科学、自然科学和实际工作部门的专家，分经济、社会事业和对外开放（桥头堡建设）三个组依次对德宏州梁河县、盈江县、陇川县、瑞丽市、潞西市5个县市进行了为期7天的实地调研。5月14日在德宏州芒市举行了“德宏经济社会发展高端论坛”，专家们结合德宏州的经济发展、社会事业发展、对外开放（桥头堡建设）三个方面的实际，就德宏如何落实我省“两强一堡"发展战略目标，把德宏建设成为中国向西南开放重要桥头堡的黄金口岸问题，建立中缅跨境经济合作区问题，经济社会发展战略问题，发展绿色产业、特色产业问题，三农问题，旅游文化产业发展问题，教育改革发展问题，生态建设问题，维护边疆稳定问题，边疆基层党组织建设等问题进行了探讨和研究，论坛结束后对27位专家的意见和建议整理成《德宏经济社会发展高端专家论坛咨询建议》，下发德宏州各级领导参考。

此外，活动组委会把专家们在深入研究基础上形成的有理论深度、有学术新意、有应用价值、有指导意义的调研报告和研究论文汇编成《社科专家话德宏》文集公开出版，并提供给德宏州各级领导作为今后工作的重要参考。

3. 云南省第十三次哲学社会科学优秀成果奖

云南省哲学社会科学优秀成果奖是云南省人民政府设立并颁发的政府奖，是我省哲学社会科学界最高规格的奖项。云南省第十三次哲学社会科学优秀成果评奖工作于2009年8月28日至12月27日举行，申报时间自2009年9月3日起至10月10日止，共收到申报参评成果432项，其中符合申报条件的为415项（专著158项，论文257项）。经过同行专家阅评、学科组评审和省评委会终评，最终评选出《马曜文集》等获奖成果106项。其中：荣誉奖2项（专著2项）；一等奖10项（专著5项，论文5项）；二等奖20项（专著10项，论文10项）；三等奖74项（专著33项，论文31项）。云南省人民政府于2010年8月1日颁发了《云南省人民政府关于云南省第十三次哲学社会科学优秀成果奖励的决定》（云政发［2010］118号）。

4. 组织学会参加“全国科普日”活动

2010年9月19日，省社科联组织了省保险学会、省演讲学会、省粮经学会、省绿色经济学会参加昆明市、县、区共计十五家主、分会场同时举办的“全国科普日”活动。活动主题是“防灾减灾、低碳生活、安全健康、和谐发展”。省保险学会现场共发放《保险知识宣传手册》学生版、社区版、农村版资料书300余套1000余本和各种保险知识宣传彩页近2000

份、并宣传保险知识咨询服务等；省演讲学会组织趣味性回答宣传150余人，咨询人数300余人，发放各类纪念册、演讲稿汇编、纪念图书、演讲学会宣传单、册、碟片、小报等2140册；省粮经学会以实物展示的形式宣传了粮食、营养和健康的关系；省绿色经济研究会发放宣传资料300份，提出“多食与次有机食品少去一次医院”的理念，使广大市民接受新环保科普知识；省社科联发放宣传资料10000册和展示云岭大讲堂演讲集，省社科联领导班子成员都参加了活动的主、分会场；各家学会均围绕防灾减灾、低碳经济、安全健康、和谐发展的主题开展活动并取得了圆满成功。

5. 举办全省第四届社科学术年会

2010年11月9日至12月7日，云南省第四届社会科学学术年会由中共云南省委宣传部和云南省社科联联合主办，本届年会的主办是云南促进哲学社会科学学术繁荣和理论创新、加强全省社会科学界广泛交流与合作的一个重要平台。年会的主题是“中国面向西南开放桥头堡：机遇与发展”。年会设立了一个主场、五个专场，分别在昆明、红河、西双版纳、德宏四地举行。由开幕式暨第十三次社科优秀成果颁奖仪式、专家咨询会、云南财经大学“物流论坛”（专场主题是：“发展云南物流，建设桥头堡”，经过相关专家的严格评阅和论坛组委的审查，共收录论坛论文45篇并编辑出版《云南物流发展研究2010》）、省社会科学院专场（专场主题为“桥头堡建设战略中的国际大通道建设”）、德宏州专场（专场主题为：“建设桥头堡黄金口岸——德宏先行”，编辑出版了《桥头堡建设·德宏先行》）、西双版纳州专场（专场主题为“桥头堡建设·西双版纳论坛”）、红河州1专场（专场主题为“桥头堡建设红河怎么办”）构成。年会的全部过程都紧紧围绕如何建设桥头堡来开展，过程中社科专家充分发挥“思想库”、“智囊团”作用，为云南的桥头堡建设建言献策。

6. 全国“百名法学家百场报告会”云南报告会精彩纷呈

2010年10月29日至11月3日由中宣部、中组部、中央政法委、教育部、司法部和中国法学会共同组织；云南省委宣传部、云南省委组织部、云南省委政法委、云南省教育厅、云南省司法厅和云南省法学会共同承办的2010年“百名法学家百场报告会”云南报告会分别在昆明和曲靖举行。

此次“双百”活动云南报告会团长为江苏省高级人民法院院长、党组书记公丕祥，报告团成员为中国法学会办公室综合处处长王贵生、中国法学会办公室宣传处左锦、中国政法大学副校长马怀德、中国政法大学法学院院长薛刚凌、中国人民大学法学院副院长王轶。报告团在云南期间分别在昆明、曲靖举行了4场报告会：10月29日上午在昆明云南海埂会堂举办了第一场“云南领导干部专场”，由江苏省高级人民法院院长、党组书记公丕祥作《推进社会矛盾化解工作中的法律原则》的报告，报告会由省委常委、省委政法委书记、省法学会会长孟苏铁主持，省委和省级国家机关各部委办厅局，各人民团体、在昆高等院校、省属企事业单位，中央驻滇部分单位和驻昆武警等单位的领导约300人听取了报告；11月1日上午在昆明人民胜利堂举办第二场“省级政法机关、大专院校专场”，由中国人民大学法学院副院长作《物权保护与依法行政》的报告，报告会由省委政法委副书记齐海田主持，省级各政法机关、部分政法院校的师生约600人听取了报告；11月1日下午在昆明人民胜利堂举办了第三场“昆明市领导干部专场”，由中国政法大学副校长马怀德作《积极预防和妥善处理群体性事件》的报告，报告会由昆明市委常委、政法委书记杜敏主持，市委和市级国家机关的领导干部及公安、检察、法院干警约500余人听取了报告；11月3日上午在曲靖市举办了第四场“曲靖市专场”，由中国政法大学法学院院长薛刚凌作《社会管理创新与法治保障》的报告，报告会由曲靖市委常委、政法委书记朱家美主持，报告会采取视频会议的方式延伸到各县、市、区的乡镇，曲靖市委和市级国家机关、各企事业单位、人民团体负责人，市级各政法实职正科级以上领导干部500人在主会场听取了报告，在各分会场约5600余人听取了讲座。

“双百”报告会期间，云南省“双百”活动组委会对4场报告会进行了全程录像，将录像资料作为云南省干部在线教育学院的课件（全省16000多名正处级以上干部参加学习），让更多的领导干部通过在线教育的方式听取“双百”报告会。

7. 召开《当代云南社会科学百人百部优秀学术著作丛书》

编辑工作咨询论证座谈会2010年10月20日，省社科联召开《当代云南社会科学百人百部优秀学术著作丛书》的编辑工作咨询论证座谈会，我省社会科学界的部分专家、科研管理者、云南人民出版社、云南教育出版社、云南美术出版社的负责人参加了座谈。

会议达成以下共识：一是为了整体推出云南优秀学术人才、整体推进云南哲学社会科学优秀成果的社会转化，省委宣传部、省财政厅、省社科联决定编辑出版《当代云南社会科学百人百部优秀学术著作丛书》是一项重点基础文化工程项目，具有深远的历史意义和重大的现实意义。二是云南有丰厚的学术研究基础，具备出版该《丛书》的条件。三是初步确定了该《丛书》的遴选标准。四是成立编委会。

此外，大家还就丛书出版涉及的版权问题、丛书名称、合著问题等作了深入的探讨。

8. 2010 年“云岭大讲堂”精彩纷呈

由中共云南省委宣传部、云南省社会科学界联合会主办，省社科联、省演讲学会、省传统蒙学研究会、省国学研究会承办，红云红河烟草集团有限公司、春城晚报、云南网、昆明广播电台协办，红云红河烟草集团有限公司独家赞助的公益性科普讲堂“云岭大讲堂”在2010年共开讲43场，同时邀请国内知名专家学者仇和（云南省委常委、昆明市委书记）、郑永年（新加坡国立大学东亚研究所所长、教授），张宇燕（中国社会科学院世界政治与经济研究专家、研究员），何明珂（中国物流与采购联合会副会长），做客“红云红河云岭大讲堂·名家讲坛”，整个名家讲坛的演讲主题主要围绕桥头堡建设和云南与东盟的关系展开。据统计，全年云岭大讲堂听众超过12000多人。同时，在讲堂开讲期间，省社科联进行全程电视录制、网络播出，对每一期讲座进行录制，并组织有关专家进行审片，对精选的有关专题推上云南网。同时，与云南干部在线学习学院联合，有针对性地选取部分具有云南特色、展示云南优秀文化成果的讲座，为全省干部的在线学习提供本土教材。全年讲堂结束后，整理出版了《云岭大讲堂演讲文集》。

9. 成功举办第六届“中国·泛珠三角合作与发展法治论坛”

2010 年 12 月 21 日至 23 日，由福建、江西、湖南、广东、广西壮族自治区、海南、四川、贵州、云南九省区法学会共同主办，云南省法学会承办的第六届“中国·泛珠三角合作与发展法治论坛”（以下简称“泛珠论坛”）在昆明饭店举行，来自九个省区的120余名代表参加了本次论坛。中国法学会副会长李清林、云南省政协副主席倪慧芳等领导出席论坛并讲话。会议期间，云南省委常委、省委政法委书记、省法学会会长孟苏铁会见了中国法学会李清林副会长。

此次论坛以“和谐、稳定、发展”为主题，围绕泛珠区域合作与创新法制问题研究；区域经济一体化法律问题研究；构建和谐社会法治问题研究；社会稳定、民族团结法律问题研究；环境生态可持续发展法律问题研究进行了交流。有10位代表在会上做交流发言，并由我省的3位法学专家进行了点评。本次论坛共收到论文83篇，在各省、区法学会推荐的基础上，由我省专家学者组成的评委会对论文进行了评审，评出一等奖15篇、二等奖27篇、三等奖41篇并将获奖论文收录到论文集中。

论坛举办期间的各主办方联席会议上，一致同意重庆市法学会加入举办“中国·泛珠三角合作与发展法治论坛”，通过了《中国·泛珠三角合作与发展法治论坛办会规则》，使今后论坛的举办更加规范化。

（谭启彬）

研究机构选介

云南省社会科学院经济研究所

一、科研成果

规划项目：《中国面向西南开放保山综合配套改革试验区发展规划纲要》，《云南省农产品市场体系建设“十二五”规划》，《丽江旭辰公司发展规划（2010—2020）》，《云南特色现代农业园区建设规划》，《昆明医学院第三附属医院云南省肿瘤医院“十二五”规划纲要》，《普洱市“十二五”国民经济和社会发展规划纲要（2011～2015）》，《怒江州扶贫攻坚综合规划》，《宁蒗彝族自治县国民经济和社会发展第十二个五年规划纲要》，《麻栗坡县国民经济和社会发展“十二五”规划》，《培育和扶持农业龙企业发展研究报告》，《开远市物质文明建设“十二五”规划》，《兰坪县“十二五”发展规划》。

桥头堡建设研究：《云南建设我国面向西南开放桥头堡的财政投融资支撑研究》，《云南建设我国面向西南开放重要桥头堡要以改善民生为重点》，《切实发挥财政职能作用，着力支持桥头堡建设》，《桥头堡建设的金融支撑体系研究》，《云南桥头堡建设的大通道建设》，《桥头堡建设中的云南人居环境》，《云南桥头堡建设的教育问题研究》，《云南桥头堡建设的金融问题研究》、《云南桥头堡建设的财政研究》，《关于在云南保山建设我国面向西南开放综合配套改革试验区的建议》，《昆明“无水港”建设对策研究》，《昆明“无水港”模式选择》，《昆明“无水港”建设调研报告》，《围绕“桥头堡”建设着力打造昆明“无水港”》，《昆明现代物流枢纽目标建设研究》，《中国—东盟自由贸易的建成对云南省与东盟商贸关系影响分析》，《建立健全云南面向西南开放的交通网络》，《建立健全云南面向西南开放的电力调配枢纽》。

发展与预测研究：《2009～2010年云南经济形势分析与预测》，《云南金融业运行形势分析》，《云南物价走势分析与预测》，《云南就业形势分析与2010年就业趋势》，《新中国成立60年云南经济建设历程、成就及经验》，《扶贫形势分析与政策建议》，《外商投资形势分析及预测》，《非公有制经济发展形势分析及预测》，《云南省滇中城市经济圈区域发展报告》，《云南农业农村经济分析与预测》，《工业经济运行分析与预测》。

新农村建设与扶贫：《从救灾到发展：对灾后重建项目可持续发展机制的探索与创新》，《广西壮族自治区社区主导型发展与参与式扶贫管理机制创新试点项目操作手册》，《新农村建设与贫困社区参与式发展培训手册》，《西部民族地区自发移民迁入地聚居区建设社会主义新农村研究》，《未来10年云南农村扶贫开发战略思考》，《经济发展新形势下新农村建设中的政府投资探索》，《云南省实施“兴边富民”工程调研报告》，《进一步推进云南“兴边富民”的对策建议》《“兴边富民”工程推动麻栗坡县经济发展的调研报告》，《麻栗坡“兴边富民”中的突出问题及对策建议》，《澜沧江上游水电移民脱贫致富与生态环境保护研究》。

能源建设与环境保护研究：《云南省节能减排与发展新能源研究》，《云南能源消耗与经济增长关系研究》，《发展新型和可再生能源是桥头堡建设的需要》，《新型和可再生能源的发展趋势》，《云南现有能源的开发利用》，《桥头堡建设要采用的能源发展战略》，《支持桥头堡建设的可再生能源的发展对策》，《节能减排运行分析》，《云南人居环境建设的思路与内容》。

新型工业化与产业发展研究：《云南新型工业化“十二五”发展思路研究》，《“十一五”云南新型工业化发展回顾》，《云南“十二五”新型工业化发展面临的机遇与挑战》，《促进云南新型工业化“十二五”发展的思路及对策》，《新型工业化在云南的实践》，《云南电力产业发展报告》，《云南矿产业发展报告》，《云南旅游产业发展报告》，《云南生物产业发展报告》。

小额信贷发展研究：《云南小额信贷发展模式与运行机制研究》，《政府的小额信贷》，《金融机构的小额信贷》，《国际机构的小额信贷》，《迪庆州香格里拉县的小额信贷发展》，《文山州麻栗坡县的小额信贷》，《促进小额信贷发展的对策建议》。

现代农业发展研究：《昆明市构建现代农业产业体系对策研究》，《把西双版纳打造为以旅游业为核心的现代服务业"新高地"》，《丽江古城区生态农业休闲建设项目》，《丽江旭辰生态农业休闲园可行性研究》，《农村科技特派员：中国农村发展实践中的一项社会创新》。

其他项目：《刺激云南消费需求的对策研究》，《设立国家级麻栗坡边境经济合作区可行性研究报告》，《昆明市扩权强县、扩权强镇对策研究》，《后金融危机时期云南增强经济增长内生动力的对策研究》，《禄劝经济发展、文化保护、和谐团结示范区建设实施方案》，《云南民族地区农民合作社建设途径思考》，《云南红河农村社区综合发展项目评估报告》，《当前云南省转变经济发展方式的工作思路及重点》，《后金融危机时代云南省应充分利用银行存贷差资源》，《云南省规范公务员津补贴情况分析》，《石林县石林镇经济发展、少数民族文化保护与民族团结示范区实施方案》，《云南省昆明市石林县寺背后村彝族特色村寨建设》。

在研项目：《中国西部民族地区土地、林地流转研究》（国家社科基金项目），《西部边疆民族地区社会主义新农村建设的特殊性问题与对策研究》（国家社科基金项目），《越南社会主义的理论与实践》（国家社科基金项目），《西部地区对口帮扶的理论实践研究》（国家社科基金项目），《澜沧江水电移民问题调查与研究》（横向合作课题），《中老农产品贸易比较研究》（中同合作项目），《云南现代农业科技园区建设研究》（省政府委托课题），《五大梯级电站水电开发对社区的影响研究》（横向合作课题），《云南造林与碳汇研究》，《云南与东盟粮食贸易研究》。

出版的著作：《2009～2010 云南经济发展报告》云南大学出版社，2010 年 5 月；《桥头堡建设中的云南新型和可再生能源发展》云南人民出版社 2010 年 11 月，《云南小额信贷发展研究》云南科技出版社 2010 年 12 月。

二、社会活动

学术交流：2010 年云南省社会科学院经济所成功主持和举办了三次会议。一是举办首届《天保口岸论坛》。二是《小额信贷发展与挑战全国研讨会》。三是云南省第四届社科联学术年会的专场研讨会《桥头堡建设战略中的国际大通道建设研讨会》。此外，一些科研人员还参加了在全国各地召开的各类学术交流会议。经济所科研人员参加云南省政协举办的 2010 年民生论坛的参会论文《完善社会保障体系，构建平安和谐云南》（获一等奖），《完善社会救助体系，构建稳定和谐云南》（获三等奖）。

创新模式：创新"3＋1"帮扶机制，开创了"科研基地"扶贫新模式。中共云南省委、省政府明确提出加大对边境扶贫开发重点县的扶持力度，实施"3＋1"扶贫模式，深入贯彻落实省委、省政府新三年"兴边富民工程"挂钩帮扶制度。

云南省社科院作为"3＋1"对口帮扶单位之一，积极探索和创新扶贫模式。在院领导指示下，充分发挥自身优势，开展县院合作创办云南省社会科学院麻栗坡科研与服务基地，主要由经济研究所承担"科研基地"的管理与交流。

合作方式：一是在县院合作框架协议范围内，逐年逐步对县院两大平台急需开展的重大课题进行研究和重大项目进行包装。二是在重大课题研究中甄别出热点问题和麻栗坡县发展面临的困难，云南省社会科学院通过社科要报、智库要报、云南日报内参和咨询报告形式向相关部门呼吁和造势，麻栗坡县县委、政府按照现有程序向有关部门上报。三是结合麻栗坡县的实际和发展，解决好所甄别出的热点问题和麻栗坡县发展中面临的困难，有目的、有重点包装不同领域的项目，麻栗坡县按照有关程序向相关部门上报。同时，云南省社会科学院调动已有的人脉资源积极配合该县的项目申报。争取项目在较短时间内落地麻栗坡县，从而促进麻栗坡县的快速发展。四是在县院合作工作中，通过工作日志和总结，明确"科研基地"模式的内涵和特点，用 3～5 年时间逐步形成"科研基地"模式雏形。

科研基地建设：建立了云南省社会科学院麻栗坡县科研与服务基地。经过多次联系、沟通磋商，2010 年 7 月 6 日，云南省社会科学院麻栗坡科研与社会服务基地在麻栗坡县正式挂牌。云南省社会科学院及文山州、麻栗坡县等相关领导出席了挂牌仪式。

经济研究所与麻栗坡县委、县政府达成县院合作的工作方案，即以经济研究所牵头组织开展麻栗坡县"十二五"经济社会发展规划为切入点，深入分析麻栗坡县当前及未来经济社会发展的热点和难点问题，有计划有步骤地开展直接影响麻栗坡县经济社会发展的重大课题。同时，在开展重大课题研究中，有目的地选择当地经济社会发展急需的领域或者产业开展项目预可行性研究，在一个领域或者一个产业上形成了一系列能促进麻栗坡县经济社会发展的项目建议书，并随时可根据国家和云南省相关发展的需要和政策，有针对性地对项目进行打包向国家和云南省相关部门申报。在项目争取过程中，县院要共同努力，尽可能地利用人脉资源为其服务，争取尽可能多的项目落地麻栗坡县。

（罗荣淮）

云南省人民政府研究室（发展研究中心）

2010年省政府研究室完成的重大课题研究

1. 云南中长期发展展望
2. 云南产业发展的总体构想
3. 云南产业国际化发展研究
4. 云南产业集群发展研究
5. 云南产业发展中的品牌培育研究
6. 云南旅游产业改革发展综合试点政策研究
7. 云南扩大开放政策研究
8. 依靠科技促进云南旅游转型升级研究
9. 中国（云南）—东盟自由贸易区—南亚区域合作联盟空间信息公共平台建设项目研究
10. 我国向西南开放重要桥头堡的内涵及辐射区域发展特点研究
11. 加快推进孟中印缅地区经济合作实施研究
12. 以改革促开放提升我省沿边开放水平研究
13. 把云南建设成为中国向西南开放重要桥头堡政策体系研究
14. 中国向西南开放桥头堡国际合作平台建设方案研究
15. 推进我国向西南开放桥头堡建设的开放合作组织体系保障研究
16. 云南推进发展方式转变的思路、重点领域和关键环节研究
17. 调整完善国民收入分配格局研究
18. 沪滇对口帮扶和经济社会合作“十二五”规划纲要
19. 云南建筑业发展“十二五”规划纲要
20. 云南省深化农村改革研究
21. 加快云菌产业化发展研究
22. 云南节水农业发展研究
23. 云南发展林业碳汇研究
24. 加速发展云南现代流通业的必要性、重要性及保障措施研究
25. 推动流通活省的思路和措施研究
26. 云南与周边国家协力共建国际大通道相关问题研究
27. 云南特色小镇城镇发展研究
28. “科技玉溪”建设研究
29. 资源枯竭城市云南个旧转型规划
30. 新时期德宏州中缅边境贸易发展研究
31. 梅里雪山国家公园管理体制研究
32. 丽江老君山国家公园管理体制研究
33. 昆明高新技术产业开发区“十二五”国民经济和社会发展规划纲要（2011—2015年）
34. 昆明高新技术产业开发区“十二五”城乡建设规划

2010年云南省政府研究室重要调研考察报告

1. 省政府保山市专题办公会前期工作调研报告
2. 我省进城农民工转变为城镇人有关情况的调研报告
3. 关于中央企业在滇发展情况的调研报告
4. 关于我省返乡农民工创业带动就业情况调研报告
5. 云南省合作共建产业园区专题调研报告
6. 进一步拓展云南航空市场的调研报告
7. 保山市开放合作情况调研报告
8. 德宏州口岸物流建设情况调研报告
9. 关于我省义务教育均衡发展情况的调研报告
10. 推进云南企业整合重组调研报告

11. 关于大旱之后我省粮食生产及农业发展问题调研报告
12. 现代旅游业发展趋势调研报告
13. 进一步拓展云南航空市场的调研报告
14. 关于扩大对缅贸易考察情况的报告
15. 云南社区发展问题调研报告
16. 关于工商系统服务“三农”调研报告
17. 国家旅游产业发展的新动向及给云南省带来的机遇调研报告
18. 民间资本进入社会事业领域调研报告
19. 福建推进海西经济区建设经验和启示调研报告
20. 云南企业境外投资困难问题调研报告
21. 云南“引进来”企业发展状况调研报告
22. 云南省技工教育发展调研报告
23. 部分省市促进农村人口向城镇转移的主要做法和措施
24. 关于保险资金进入云南投资领域的调研报告
25. 省政府四项制度第六督察组督查情况报告
26. 省政府四项制度第四督察组督查情况报告
27. 云南省扩权强县试点工作情况的督导报告

（王德堂　杨桂敏）

云南省第十三次哲学社会科学优秀成果获奖项目名单

荣誉奖

1. 马曜文集
云南民族大学　马曜
2. 徐嘉瑞全集
云南民族大学　马曜　省歌舞剧院　徐演

一等奖

1. 当代中国文化人类学
云南大学民族研究院　瞿明安　主编
2. 云南古代举士
云南师范大学教育科学与管理学院
党乐群著
3. 南宋交通史
云南大学民族研究院　张锦鹏著
4. 《二十四诗品》诗歌美学
云南大学人文学院中文系　张国庆著
5. 中国西部外资问题研究
云南大学发展研究院　杨先明　张建民
黄宁　赵果庆等著
6. 理解人类的命运：从规律性假设到复杂性假设
——兼与王南湜教授商榷
昆明理工大学社会科学学院哲学所
白利鹏
7. 偏离与调适：规范民族区域自治运行
——兼以西南E自治县为例
西南林学院人文社会科学系　王传发
8. 我国省对县（市）一般性转移支付的绩效评价
——基于DEA二次相对效益模型
云南财经大学财政与经济学院　伏润民
常斌　缪小林
9. 问题意识与意识问题
——人文社会科学问题的特征、来源与应答
云南大学民族研究院　何明
10. 关于云南省应对金融危机应急对策研究系列报告
云南大学发展研究院　杨先明
吕昭河　梁双陆等

二等奖

1. 李国文纳西学论集
云南民族大学云南省民族研究所
李国文　著
2. 绿色供应链管理——企业可持续发展模式　昆明理工大学管理与经济学院
杨红娟　编著
3. 传播与文化概论
云南师范大学科研处　庄晓东　主编
4. 电子政务价值评估
——基于政务流程和信息整合的研究视角
云南大学公共管理学院公共管理系
邓崧著
5. 汉字学导论
曲靖师范学院人文学院
秦建文著
6. 发展的反思——澜沧江流域少数民族变迁的人类学研究
云南省社会科学院民族文学研究所
郭家骥著
7. 叙事学导论：从经典叙事学到后经典叙事学
云南大学人文学院中文系
谭君强著
8. 冲击与震荡
云南艺术学院思想政治理论教学部　赵彦飞著
9. 课堂教学有效性标准研究
云南师范大学教育科学与管理学院
孙亚玲著
10. 基于比较优势动态化的中国贸易条件研究
云南大学发展研究院　黄宁著
11. 1992－2005年中国旅游业全要素生产率及省际差异
云南财经大学旅游学院　左冰
保继刚
12. 云南电网项目依法合规建设的措施研究
云南省经济研究院　课题组
13. 董事会规模与公司价值关系的进一步检验
——基于公司规模门槛效应的分析

云南财经大学会计学院　余怒涛等

14. 西方宪政民主的内在价值冲突
云南民族大学　陈德顺

15. 关于中国——非洲能源关系发展问题的若干思考
云南大学国际关系研究院　吴磊　卢光盛

16. 依托学校建立民族农村社区学习中心的实践探索
云南师范大学教育科学与管理学院　王凌　曹能秀

17. 对中国云南省不同人群美沙酮维持治疗可接受性的调查
云南警官学院刑事科学技术系　杨丽君等

18. 解决农村义务教育投入保障中的制度缺陷
——对中央转移支付作用及事权体制调整的思考
云南财经大学财政税收研究所　张丽华　汪冲

19. 边疆考古的民族视角与范式思考
云南大学社科处　李东红

20. 试论中国边疆学的研究方法
云南大学西南边疆少数民族研究中心　方铁

三等奖

1. 破译千古易经——兼论彝汉文化的同源性
云南省司法厅　阿苏大岭著

2. 彝族建筑文化
——全球背景下传承楚雄彝族建筑文化个案研究
楚雄州委办公室　李明峰著

3. 地区主义与东盟经济合作
云南大学国际关系研究院　卢光盛著

4. 活力楚雄和谐彝州丛书
楚雄州社科联　李忠吉　主编

5. 现代教师教育模式新探索——民族边疆地区“综合型”教师培养模式改革的理论与实践
昆明学院院长办公室　罗明东等著

6. 现代汉语语气副词研究
云南师范大学国际语言文化学院
齐春红著

7. 云南民族口传非物质文化遗产总目提要
云南省少数民族古籍整理出版规划办公室　普学旺　主编

8. 甲骨卜辞神话资料整理与研究
昆明学院文学与新闻传播系　刘青著

9. 经济分析的伦理基础：马克思对古典经济学的道德重塑
云南师范大学哲学与政法学院　李建立　李东方　王红玲著

10. 中国少数民族古籍总目提要·哈尼族卷
云南省少数民族古籍整理出版规划办公室
李克忠　普学旺　史军超　主编

11. 汉藏语系语言被动句研究
云南师范大学文学与新闻传播学院中文系　李洁著

12. 教育项目评估方法：微观视界的评估研究
云南大学高等教育研究院　刘康宁著

13. 水语复音词研究
云南师范大学文学与新闻传播学院
冯英著

14. 纳税信用体系研究
云南师范大学经济与管理学院
陈新著

15. 滇东文学：历史与个案
曲靖师范学院人文学院　张永刚著

16. 明清佛教发展新趋势
云南师范大学组织部　黄海涛著

17. 生存与信仰——云南稻作文化之鬼神崇拜
云南师范大学历史与行政学院
董晓京著

18. 贝叶上的傣族文明
——云南西双版纳南传上座部佛教社会研究
云南师范大学哲学与政法学院哲学系
吴之清著

19. 词语语义语法偏离搭配研究
云南师范大学文学与新闻传播学院
周春林著

20. 云南水富内陆港发展战略及建设方案研究
省政府研究室　课题组

21. 云南调查报告
云南调查总队
杨雯主编

22. 纳西民族志田野调查实录

云南省社会科学院　杨福泉著

23. 区域人文社会和谐发展机制及对策研究
云南师范大学旅游与地理科学学院
吴映梅　封志明　彭福亮著

24. 少数民族发展中的人力资源开发研究
云南大学工商管理与旅游管理学院
杨红英著

25. 纪录片：观念与语言
云南艺术学院影视学院　宋杰著

26. 简单：整合营销传播的一个关键词
——理论模式及运用
云南财经大学传媒学院
蔡勇著

27. 翻译与创作：鲁迅语言的现代转型
曲靖师范学院外国语学院
黄琼英著

28. 跨境洗钱犯罪研究
云南警官学院侦查系　李春著

29. 重彩壁画
玉溪师范学院艺术学院美术系
赵芳著

30. 保山碑刻
保山市文化广电新闻出版局编

31. 警察擒拿格斗
云南警官学院　李德祥　主编

32. 刑法适用解释
昆明市人民检察院公诉三处
王凯石著

33. 都市经济简明教程
云南财经大学公共管理学院　于干千
李河流　胡洪斌　主编

34. 彝族谱牒的史学研究价值
楚雄彝族文化研究所
普珍

35. 中国边境地区的一体化效应与边缘经济增长中心的形成
——基于空间经济理论的解释
云南大学发展研究院　梁双陆

36. 从生命伦理看吸毒行为及其社会后果
昆明理工大学社会科学学院　韩跃红

37. 信息服务与农户收入：中国的经验证据
云南民族大学经济学院　高梦滔　和云　师慧丽

38. 关于放生的叙事与分析——嘉绒藏族村落宗教生活考察
云南师范大学艺术学院　李立

39. 高校思想政治工作要注重人文关怀
云南大学马克思主义研究院　张巨成

40. 金平县莽人族属问题简论
红河学院国际哈尼/阿卡研究中心
杨六金

41. 生态文化与生态文明
云南大学生命科学学院　周鸿

42. 和谐社会建设与当代中国经济学家责任
——兼论“预言与劝说”之经济学伦理内涵
云南财经大学金融学院　侯合心

43. 加强云南多发性自然灾害预警应急机制建设研究
中共云南省委政策研究室党政处
课题组

44. 隆阳区新型农村合作经济组织的理论与实践研究
中共保山市隆阳区委党校课题组

45. 文学历史的阐释与文学经典的建构
云南师范大学文学与新闻传播学院
傅宇斌

46. 地区主义与跨界民族主义
——论中国西南边疆跨界民族主义
云南师范大学历史与行政学院　何跃

47. 试论中国农民获得物质帮助的宪法权利
云南师范大学哲学与政法学院
周梁云

48. 论中国保险产业的适度规模
云南财经大学金融学院保险系　何晓
夏章林

49. 国外热点问题研究系列论文
云南师范大学马克思主义理论研究中心

50. 欠发达地区教师资格认证制度问题及对策
——以云南省为例
云南师范大学党委组织部　史晓宇

51. 终极控制权、股权结构与资本结构
云南财经大学会计学院财务管理系
李小军　王平心

52. 建立潜在债权保护制度的初步构想
——以瑕疵担保请求权为考察中心
云南财经大学法学院　于定明

53. 云南农民增收：体征、模式和机制

玉溪师范学院商学院　李春海
沈丽萍
54. 人在学校日常教育实践中的共同成长
——一种教育学意义上的幸福观
云南师范大学教育科学与管理学院
张向众
55. 论数字图书馆知识社区的构建
曲靖师范学院图书馆　韩丽
56. 殷商教育思想重溯
昭通师专中文系　简孝平
57. 清代云贵总督之建置演变考述
云南师范大学学报编辑部　邹建达
58. 中国贫困地区的功能定位与反贫困战略调整研究
云南师范大学旅游与地理科学学院
熊理然　成卓
59. 略论南京临时政府处理民族问题的政策及设想
云南大学人文学院历史系　潘先林
60. 云南省旅游业投融资方式与体制机制创新研究
云南省财政厅云南财经大学　课题组
61. 西部少数民族人口城市化的特征
——非剩余劳动力大尺度异地城市化
曲靖师范学院经济与管理学院　杨筠
62. 人的早产与教育起源
——兼评理查德·利基《人类的起源》的教育价值
大理学院教育科学学院　何志魁
张诗亚
63. 信息时代的国家安全与信息安全研究
楚雄师范学院图书馆　李仲良
64. 马克思的社会建设思想
云南大学马克思主义研究院　蒋红
65. 中国民族村寨研究省思
——以20世纪中叶以来的学术著作为对象的讨论
云南师范大学文学与新闻传播学院
肖青
66. 承认与执行国际体育仲裁裁决相关法律问题研究
云南财经大学法学院　石现明
67. 建立“云南旅游综合改革试验区”的构想
云南大学工商管理与旅游管理学院
田里　吕天云
68. 云南民族地区城市弱势群体现状分析
楚雄师范学院党委宣传部　陈文清
陆琴雯
69. 西部大开发税收优惠政策执行情况的回望分析与调整完善相关优惠政策的思考
云南省地方税务局　白玉刚
70. 彝汉纠纷中的身份、认知与权威
云南大学民族研究院民族学所　杨洪林（嘉日姆儿）
71. 对农村金融的差异需求与分层供给行为选择的模型分析
——基于机制设计理论的视角
云南大学经济学院　郭树华　王健康
袁天昂
72. 持久收入与农户储蓄：基于八省微观面板数据的经验研究
云南民族大学经济学院　高梦滔
毕岚岚　师慧丽
73. 云南地方党委领导方式转变研究
中共云南省委党史研究室　课题组
74. 社会资本与消除农村贫困
云南财经大学　周文　李晓红

法规 · 文件

Documents Laws and Regulations

法　规

2010 年云南省经济立法概况

2010 年，为了更好地适应全面推进依法行政、加快建设法治政府的要求，云南省的政府立法工作（含法规规章清理工作）取得新进展，为如期实现 2010 年形成中国社会主义法律体系目标作出了富有成效的努力。经过省政府法制办公室组织起草、审查、协调、修改和提请省政府常务会议讨论或审议通过等立法程序后，在年内公布的地方性法规和省政府规章共 18 件，其中经济立法（含涉及经济立法的决定）共 12 件。

主要经济立法概况为：

《云南省发展新型墙体材料条例》立法概况　为保护土地资源和生态环境，发展新型墙体材料，促进资源综合利用，推进经济和社会可持续发展，根据《中华人民共和国循环经济促进法》等有关法律、法规，结合云南实际，制定该条例。该条例对新型墙体材料推广应用、新型墙体材料产品认定、新型墙体材料专项基金、监督管理、法律责任等事项作了具体化规定。该条例草案由省工业和信息化委员会起草，经省政府法制办公室审查、协调、修改后，提请 2009 年 8 月 14 日省政府第 28 次常务会议讨论通过，并由秦光荣省长签署省政府议案提请省人大常委会审议。该地方性法规案经 2009 年 11 月、2010 年 3 月省十一届人大常委会第 14 次、16 次会议审议通过。已通过的该条例共 32 条，于 2010 年 3 月 26 日发布省十一届人大常委会公告第 17 号予以公布，自 2010 年 6 月 1 日起施行。

《云南省水文条例》立法概况　为加强水文管理，规范水文工作，发展水文事业，促进经济社会的可持续发展，根据《中华人民共和国水法》、《中华人民共和国防洪法》和《中华人民共和国水文条例》等法律、法规，结合云南省实际，制定该条例。该条例对水文管理体制、专用水文测站的管理、水文监测资料的使用审查、水文监测环境的保护、法律责任等事项作了具体化规定。该条例草案由省水利厅起草，经省政府法制办公室审查、协调、修改后，提请 2009 年 9 月 21 日省政府第 30 次常务会议讨论通过，并由秦光荣省长签署省政府议案提请省人大常委会审议。该地方性法规案经 2009 年 11 月、2010 年 3 月省十一届人大常委会第 14 次、16 次会议审议通过。已通过的该条例共 30 条，于 2010 年 3 月 26 日发布省十一届人大常委会公告第 18 号予以公布，自 2010 年 6 月 1 日起施行。

《云南省林木种苗管理规定》立法概况　为保护和合理利用林木种质资源，规范林木种苗生产、经营、使用和管理行为，维护林木种苗选育者、生产者、经营者和使用者的合法权益，根据《中华人民共和国种子法》、《云南省林木种子条例》等法律、法规的规定，结合云南省实际，制定该规定。该规定对林木种质资源保护与利用、品种选育、审定与推广和林木种苗生产、经营、使用、管理的程序和要求及法律责任等事项作了较为明确具体的规定。该规章草案由省林业厅起草，经省政府法制办公室审查、协调、修改后，提请 2010 年 7 月 9 日省政府第 45 次常务会议审议通过。已通过的该规定共 27 条，由秦光荣省长于 2010 年 8 月 4 日签署省政府令第 161 号予以公布，自 2010 年 10 月 1 日起施行。

《云南省财政票据管理办法》立法概况　为加强财政票据管理，规范财政票据使用过程中的行为，维护国家利益，保护公民、法人及其他组织的合法权益，根据国家有关财政票据管理的规定，结合云南省实际，制定该办法。

该办法对财政票据的概念和效力、财政票据种类和适用范围、财政票据的印制权限、法律责任等事项作了较为明确具体的规定。该规章草案由省财政厅起草，经省政府法制办公室审查、协调、修改后，提请 2010 年 11 月 25 日省政府第 49 次常务会议审议通过。已通过的该办法共 31 条，由秦光荣省长于 2010 年 12 月 22 日签署省政府令第 165 号予以公布，自 2011 年 3 月 1 日起施行。1995 年 7 月 19 日省政府令第 26 号发布的《云南省行政事业性收费票据管理规定》同时废止。

（陈晓光）

文 件

云南省发展新型墙体材料条例

（2010年3月26日云南省第十一届人民代表大会常务委员会第十六次会议通过2010年3月26日云南省第十一届人民代表大会常务委员会公告第17号公布）

云南省水文条例

（2010年3月26日云南省第十一届人民代表大会常务委员会第十六次会议通过2010年3月26日云南省第十一届人民代表大会常务委员会公告第18号公布）

云南省人民代表大会常务委员会关于修改部分地方性法规的决定

（2010年5月28日云南省第十一届人民代表大会常务委员会第十七次会议通过2010年5月28日云南省第十一届人民代表大会常务委员会公告第24号公布）

云南省人民代表大会常务委员会关于废止部分地方性法规的决定

（2010年5月28日云南省第十一届人民代表大会常务委员会第十七次会议通过2010年5月28日云南省第十一届人民代表大会常务委员会公告第25号公布）

云南省人民代表大会常务委员会关于变更《云南省阳宗海保护条例》执法主体的决定

（2010年5月28日云南省第十一届人民代表大会常务委员会第十七次会议通过2010年5月28日云南省第十一届人民代表大会常务委员会公告第26号公布）

云南省林地管理条例

（2010年7月30日云南省第十一届人民代表大会常务委员会第十八次会议通过2010年7月30日云南省第十一届人民代表大会常务委员会公告第27号公布）

云南省人民政府关于修改《云南省著名商标认定和保护办法》的决定

（2010年6月13日云南省人民政府第44次常务会议通过2010年7月14日云南省人民政府令第159号公布）

云南省林木种苗管理规定

（2010年7月9日云南省人民政府第45次常务会议通过2010年8月4日云南省人民政府令第161号公布）

云南省人民政府关于废止部分规章和规范性文件的决定

（2010年11月25日云南省人民政府第49次常务会议通过2010年11月29日云南省人民政府令第162号公布）

云南省人民政府关于修改部分规章和规范性文件的决定

（2010年11月25日云南省人民政府第49次常务会议通过2010年11月29日云南省人民政府令第163号公布）

云南省交通运输建设工程造价管理办法

（2010年11月1日云南省人民政府第48次常务会议通过2010年12月17日云南省人民政府令第164号公布）

云南省财政票据管理办法

（2010年11月25日云南省人民政府第49次常务会议通过2010年12月25日云南省人民政府令第165号公布）

公　　报

Bulletin

云南省2010年国民经济和社会发展统计公报

云南省统计局　国家统计局云南调查总队

（2011年4月）

2010年，省委、省政府团结带领全省各族人民，努力克服国际金融危机的后续影响和百年不遇特大干旱带来的重重困难，大力推进“两强一堡”建设，团结拼搏，迎难而上，扎实工作，全面推进科学发展、和谐发展，国民经济保持了巩固回升向好的态势，实现了平稳较快地发展，人民群众得到了更多的实惠，各项社会事业取得了新的进步。

一、综　合

初步核算，2010年全省生产总值（GDP）完成7220.14亿元，比上年增长12.3%，高于全国平均水平2个百分点。分产业看：第一产业增加值1105.81亿元，增长4.0%；第二产业增加值3223.93亿元，增长15.8%；第三产业增加值2890.4亿元，增长11.5%。三次产业结构由上年的17.3:41.9:40.8调整为15.3:44.7:40.0。全省人均GDP达到15749元（按年末汇率折合2378美元），比上年增长11.6%。非公有制经济创造增加值2931.38亿元，占全省生产总值的比重达40.6%，比上年提高1.5个百分点。

图1　2006－2010年云南省生产总值及其增长速度

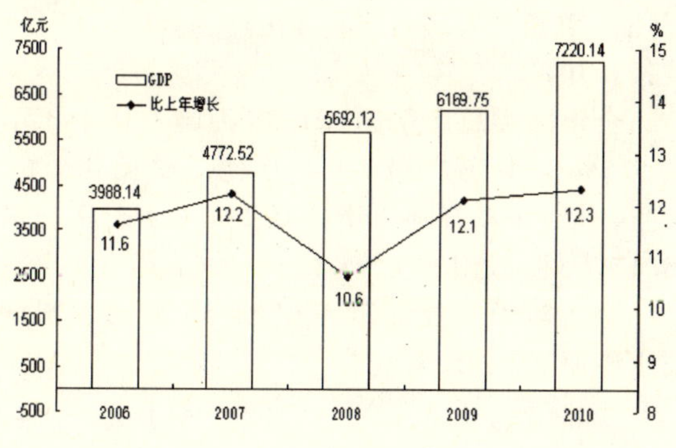

全省财政总收入完成1809.3亿元，比上年增长21.4%。地方财政一般预算收入完成871.19亿元，比上年增长24.8%；其中增值税完成112.78亿元，增长15.6%；营业税237.26亿元，增长35.0%；企业所得税82.28亿元，增长26.0%。全省地方财政一般预算支出完成2285.72亿元，比上年增长17.1%，其中，用于农林水事务、教育、医疗卫生、住房保障支出、社会保障与就业的支出分别增长22.4%、21.6%、21.4%、63.6%和16.3%。

图2　2006－2010年云南省地方财政一般预算收入及其增长速度

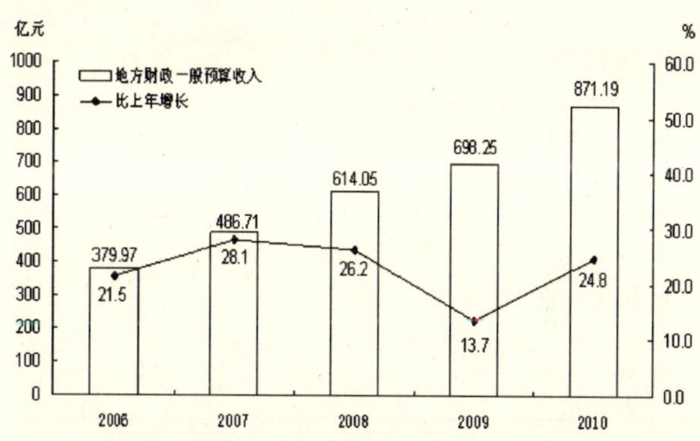

居民消费价格比上年上涨3.7%，其中食品价格上涨8.4%。工业品出厂价格上涨8.8%。原材料、燃料、动力购进价格上涨9.0%。固定资产投资价格上涨2.7%。农业生产资料价格上涨1.4%。

表1 2010年云南省居民消费价格比上年涨跌幅度

单位:%

指标	全省		
		城市	农村
居民消费价格	3.7	3.8	3.6
食品	8.4	8.9	7.7
其中:粮食	14.1	15.1	13.2
油脂	2.7	4.6	1.4
肉禽及其制品	2.2	2.7	1.6
鲜菜	21.8	25.0	17.0
鲜蛋	6.6	9.0	3.2
烟酒及用品	1.0	1.1	1.0
衣着	-3.2	-4.0	-1.9
家庭设备用品及服务	-0.4	-0.1	-0.8
医疗保健及个人用品	4.0	5.1	2.2
交通和通信	0.0	-0.6	0.9
娱乐教育文化用品及服务	1.0	0.4	2.0
居住	4.6	5.1	3.9

注:居民消费价格及相关价格指数由国家统计局云南调查总队提供。

二、农 业

全年完成农业总产值1805.98亿元,比上年增长4.5%。其中,种植业产值906.6亿元,增长2.2%,林业产值188.73亿元,增长8.8%,畜牧业产值598.14亿元,增长6.0%,渔业产值48.76亿元,增长10.6%,农林牧渔服务业产值63.7亿元,增长5.7%。

全年粮食总产量达1531万吨,比上年减少2.9%。油料产量34.22万吨,比上年下降31.8%;烤烟产量95.4万吨,增长8.4%;蔬菜产量1255.03万吨,增长1.4%;园林水果产量341.64万吨,增长12.4%;茶叶产量20.73万吨,增长13.3%;鲜切花产量60.5亿枝,增长8.0%。

全年肉类总产量达321.38万吨,比上年增长5.5%;牛奶产量50.4万吨,增长4.2%;禽蛋产量20.8万吨,增长0.2%;水产品产量48.17万吨,增长11.9%。

全年新增有效灌溉面积58.56万亩,新增节水灌溉面积45.2万亩。

表2 2010年云南省主要农产品产量及其增长速度

单位：万吨

产品名称	产 量	比上年增长%
粮食	1531.00	-2.9
油料	34.22	-31.8
甘蔗	1750.92	-0.6
烤烟	95.4	8.4
蔬菜	1255.03	1.4
园林水果	341.64	12.4
茶叶	20.73	13.3
橡胶	33.06	10.8
肉类总产量	321.38	5.5

注：粮食产量、肉类总产量、牛奶和禽蛋产量是按全省抽样调查推算数据，由国家统计局云南调查总队提供。

三、工业和建筑业

全年全部工业完成增加值2606.04亿元，比上年增长14.7%；规模以上工业完成增加值2246.91亿元，增长15.0%。在规模以上工业中，轻工业完成增加值1037.45亿元，比上年增长15.0%；重工业完成增加值1209.46亿元，增长15.0%。

图3 2006－2010年云南省全部工业增加值及其增长速度

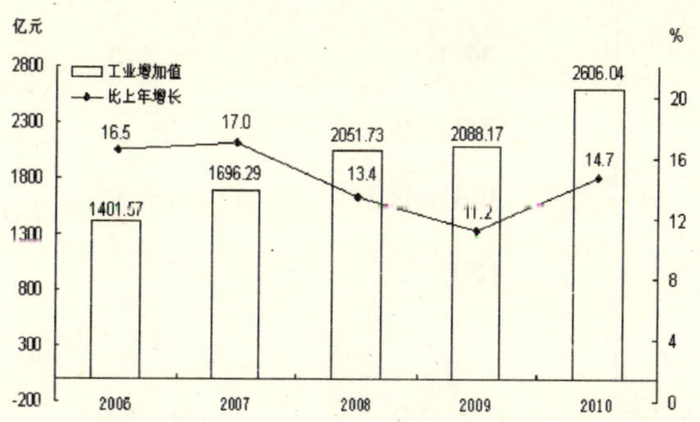

全年规模以上工业中，烟草制品业完成增加值797.2亿元，同比增长16.0%；电力生产和供应业完成增加值255.7亿元，同比增长19.9%；矿产业完成增加值832.51亿元，同比增长14.4%。6大高耗能行业共完成增加值828.74亿元，比上年增长16.8%，其中，化学原料及化学制品制造业增长17.1%、非金属矿物制品业增长18.9%、电力热力的生产和供应业增长19.9%、黑色金属冶炼及压延加工业增长18.7%、有色金属冶炼及压延加工业增长11.0%、石油加工炼焦及核燃料加工业增长15.8%。

全年原煤产量9759.9万吨，比上年增长9.4%；发电量1364.85亿千瓦小时，增长16.3%；粗钢产量1293.77万吨，增长23.3%；钢材产量1214.99万吨，增长24.8%；十种有色金属产量240.34万吨，增长11.4%；水泥产量5786.16万吨，增长14.7%；卷烟产量714.76万箱，增长3.4%；成品糖产量179.78万吨，下降19.7%。

表3 2010年云南省主要工业产品产量及其增长速度

产品名称	单 位	产 量	比上年增长%
原煤	万吨	9759.9	9.4
发电量	亿千瓦小时	1364.85	16.3
其中：水电	亿千瓦小时	813.80	30.1
火电	亿千瓦小时	546.39	-0.3
铁矿石原矿量	万吨	2464.52	9.2
粗钢	万吨	1293.77	23.3
钢材	万吨	1214.99	24.8
十种有色金属	万吨	240.34	11.4
其中：铜	万吨	34.09	14.2
原铝	万吨	67.61	11.3
铅	万吨	38.01	5.4
锌	万吨	89.13	12.7
锡	万吨	7.53	0.9
硫酸（折100%）	万吨	1068.19	13.7
烧碱（折100%）	万吨	17.83	-13.3
化肥（折100%）	万吨	363.97	2.0
卷烟	万箱	714.76	3.4
成品糖	万吨	179.78	-19.7
精制茶叶	万吨	12.28	24.9
化学医药	吨	3774.91	68.3
中成药	吨	20846.54	17.0
自来水生产量	万立方米	69499.12	7.5
机制纸及纸板	万吨	44.87	-2.5
水泥	万吨	5786.16	14.7
平板玻璃	万重量箱	736.08	46.8
人造板	万立方米	150.18	23.6
发电设备	万千瓦	71.44	-17.1
变压器	万千伏安	1795.89	-10.0
汽车	辆	101873	40.1

2010年1～11月全省规模以上工业企业累计实现利税1165.18亿元，比上年同期增长23.8%；其中实现利润377.95亿元，增长47.4%。

全年全社会建筑业完成增加值617.89亿元，比上年增长20.8%。全省具有资质等级的总承包和专业承包建筑业企业完成总产值1496.98亿元，比上年增长25.1%；实现利润48亿元，增长24.6%；上缴税金60亿元，增长34.8%。

图4 2006－2010年云南省建筑业增加值及其增长速度

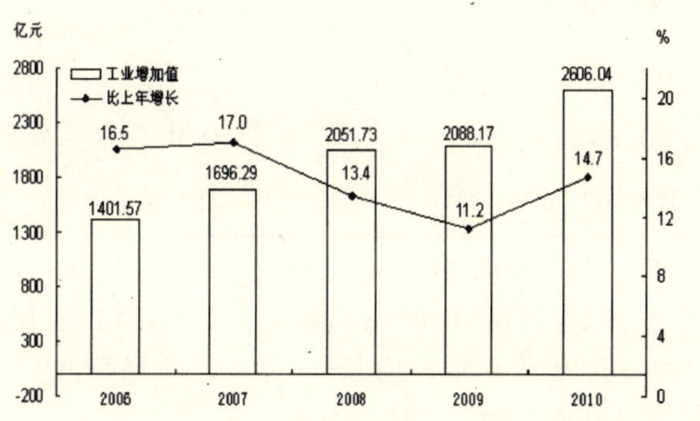

四、固定资产投资

2010年全社会固定资产投资规模达到5528.71亿元，比上年增长22.1%。分三次产业看，第一产业投资225.89亿元，增长14.6%；第二产业投资1773.18亿元，增长16.3%，其中工业投资1765.35亿元，增长16.0%；第三产业投资3529.64亿元，增长25.8%。

图5 2006－2010年云南省全社会固定资产投资及其增长速度

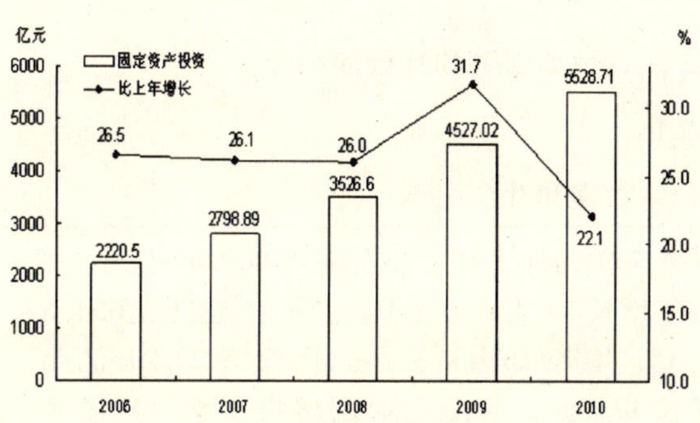

表4 2010年云南省分行业全社会固定资产投资及其增长速度

单位：亿元

行　业	投资额	比上年增长%
总　计	5528.71	22.1
农、林、牧、渔业	225.89	4.1
采矿业	251.80	28.8
制造业	757.77	27.2
其中：烟草制品业	28.55	－19.3
化学原料及化学制品制造业	78.85	－38.5
医药制造业	19.14	1.0
非金属矿物制品业	114.15	28.5
黑色金属冶炼及压延加工业	60.44	84.3
有色金属冶炼及压延加工业	116.44	27.1
电力工业	715.25	1.8
建筑业	6.83	106.0
交通运输、仓储和邮政业	977.55	73.6
信息传输、计算机服务和软件业	51.85	－18.2
批发和零售业	123.11	11.9

行 业	投资额	比上年增长%
住宿和餐饮业	82.10	106.5
金融业	4.92	-20.4
房地产业	1222.50	10.6
租赁和商务服务业	14.50	-13.7
科学研究、技术服务和地质勘查业	7.77	-33.4
水利、环境和公共设施管理业	632.18	18.9
居民服务和其他服务业	8.05	-8.9
教育	181.20	44.2
卫生、社会保障和社会福利业	67.10	33.5
文化、体育和娱乐业	50.84	0.9
公共管理和社会组织	105.97	-13.2

全年房地产开发投资完成900.44亿元，比上年增长22.1%，其中，商品住宅投资654.67亿元，增长18.4%；办公楼投资22.21亿元，增长17.5%；商业营业用房投资97.88亿元，增长21.6%。全省商品房屋施工面积8784.97万平方米，增长28.5%；竣工面积1535.99万平方米，下降8.6%；商品房屋销售面积2959.43万平方米，增长32.7%，商品房屋销售额934.6亿元，增长43.0%。

表5 2010年云南省房地产开发和销售主要指标完成情况

指 标	单 位	绝对数	比上年增长%
投资完成额	亿元	900.44	22.1
其中：住宅	亿元	654.67	18.4
其中：90平方米以下住宅	亿元	127.07	30.4
其中：经济适用房	亿元	12.47	-36.5
房屋施工面积	万平方米	8784.97	28.5
其中：住宅	万平方米	7046.37	27.3
房屋新开工面积	万平方米	3702.76	31.3
其中：住宅	万平方米	2960.81	32.7
房屋竣工面积	万平方米	1535.99	-8.6
其中：住宅	万平方米	1258.44	-10.6
商品房销售面积	万平方米	2959.43	32.7
其中：住宅	万平方米	2658.99	30.3
本年资金来源	亿元	1300.66	30
其中：国内贷款	亿元	160.82	15.3
其中：个人按揭贷款	亿元	208.98	1.6

指　　标	单　位	绝对数	比上年增长%
本年购置土地面积	万平方米	1031.39	-18.8
完成开发土地面积	万平方米	391.75	-52.6
土地购置费	亿元	121.27	-8.5

全省铁路在建项目达 13 个，9 条高速公路、52 条二级干线公路、农村公路建设全面推进，新开工建设 42 件骨干水源工程、近 40 万件“五小水利”工程，新增发电装机容量 500 多万千瓦，昆明市轨道交通工程等市政基础设施项目加快推进。

五、国内贸易和对外经济

全年实现社会消费品零售总额 2500.14 亿元，比上年增长 21.9%。按经营地统计，城镇消费品零售额 1992.72 亿元，增长 22.8%；乡村消费品零售额 507.42 亿元，增长 18.5%。按消费形态统计，批发业零售额 173.2 亿元，增长 19.3%；零售业零售额 1850.43 亿元，增长 24.4%；住宿业零售额 25.7 亿元，增长 19.4%；餐饮业零售额 337.14 亿元，增长 19.0%；其他行业零售额 113.68 亿元，与上年持平。

图 6　2006－2010 年云南省社会消费品零售总额及其增长速度

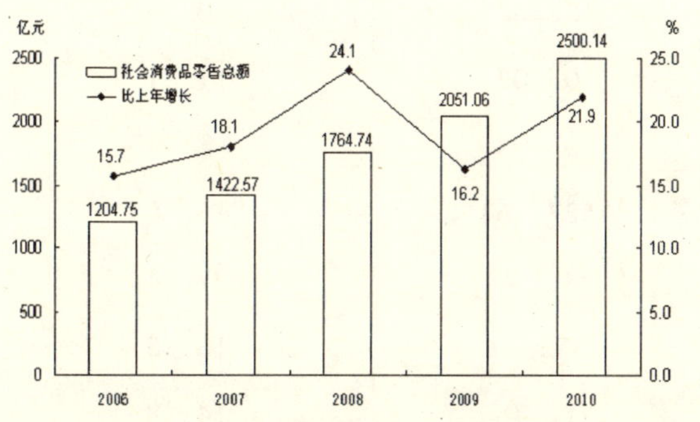

在限额以上批发和零售业零售额中，粮油类零售额比上年增长 22.9%，汽车类比上年增长 31.6%，石油及制品类增长 37.5%，机电产品及设备类增长 49.4%，中西药品类增长 23.6%，日用品类增长 29.5%，文化办公用品类增长 16.0%，化妆品类增长 17.4%，金银珠宝类增长 31.2%，家具类增长 16.4%，家用电器和音像器材类增长 17.0%。

全年外贸进出口总额完成 133.68 亿美元，比上年增长 66.5%。其中出口完成 76.06 亿美元，增长 68.4%，进口完成 57.62 亿美元，增长 64.2%。全年对欧盟进出口 14.6 亿美元，增长 29.5%；对东盟进出口 45.75 亿美元，增长 45.2%；对南亚进出口 9.31 亿美元，增长 72.1%。

图 7　2006－2010 年云南省进出口总额及其增长速度

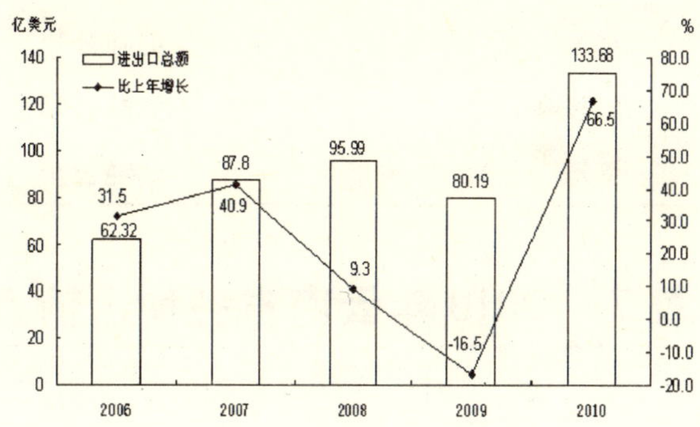

机电产品成为全省出口创汇的新龙头。全省机电产品出口 17.2 亿美元，增长 90.3%；农产品出口 13.52 亿美元，增长 36.6%；磷化工产品出口 11.47 亿美元，增长 48.8%；纺织品及服装出口 7.02 亿美元，增长 1.29 倍。在进口商品中，金属原材料进口 26.92 亿美元，增长 75.0%；农产品进口 8.71 亿美元，增长 1.09 倍；机电产品进口 8.42 亿美元，增长 8.4%；非金属原材料进口 2.48 亿美元，增长 62.9%。

全年共批准利用外资项目 163 个，比上年下降 14.2%，合同外资 15.18 亿美元，下降 9.8%，实际使用外商直接投资 13.29 亿美元，增长 46.0%。

六、交通、邮电和旅游

全年交通运输、仓储和邮政业增加值为 198.71 亿元，比上年增长 6.9%。

表6　2010年云南省各种运输方式完成货物运输量及其增长速度

指　　标	单　　位	绝对数	比上年增长%
货物运输总量	亿吨	5.28	11.2
铁路	亿吨	0.63	5.4
公路	亿吨	4.57	12.0
水运	亿吨	0.04	16.5
民航	万吨	8.74	13.0
管道	亿吨	0.04	10.0
货物运输周转量	亿吨公里	990.5	8.8
铁路	亿吨公里	358.31	5.1
公路	亿吨公里	548.53	10.6
水运	亿吨公里	6.91	27.6
民航	亿吨公里	1.29	11.3
管道	亿吨公里	75.46757	13.0

表7　2010年云南省各种运输方式完成旅客运输量及其增长速度

指　　标	单　　位	绝对数	比上年增长%
旅客运输总量	亿人	4.04	10.4
铁路	亿人	0.27	11.2
公路	亿人	3.62	10.5
水运	亿人	0.07	11.1
民航	亿人	0.08	4.5
旅客运输周转量	亿人公里	523.64	16.8
铁路	亿人公里	80.73	27.4
公路	亿人公里	352.1	16.5
水运	亿人公里	1.78	14.8
民航	亿人公里	89.03	9.5

年末全省民用汽车保有量达到242.38万辆（包括三轮汽车和低速货车8.47万辆），比上年末增长22.0%，其中私人汽车保有量193.86万辆，增长26.5%。民用轿车保有量94.39万辆，增长28.5%，其中私人轿车81.97万辆，增长32.0%。

全年接待海外入境旅客（包括口岸入境一日游）662.81万人次，比上年增长14.7%，实现旅游外汇收入13.24亿美元，增长12.9%。全年接待国内游客1.38亿人次，增长15.1%；实现国内旅游收入916.82亿元，增长25.5%；全省实现旅游业总收入1006.83亿元，增长24.2%。

七、金融、保险和证券

年末金融机构人民币存款余额达13411.49亿元，比上年末增长20.6%，其中城乡居民储蓄存款余额5719.55亿元，增长22.5%。年末全省金融机构人民币各项贷款余额达10568.78亿元，增长20.4%。

图8 2006－2010年云南省城乡居民人民币储蓄存款余额及其增长速度

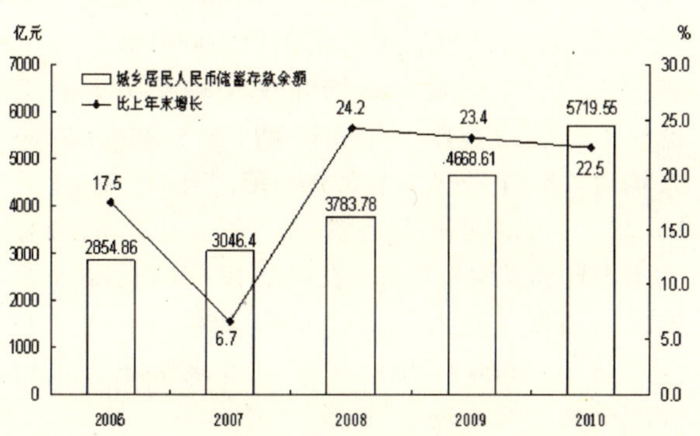

全年保险公司原保险保费收入235.68亿元，比上年增长30.9%。其中，财产险业务原保险保费收入94.22亿元，增长38.2%；寿险业务原保险保费收入117.41亿元，增长27.1%；健康险和意外伤害险业务原保险保费收入24.05亿元，增长23.2%。全年支付各类赔款及给付66.31亿元，比上年增长1.8%。其中财产险业务赔款37.96亿元，增长11.2%；寿险业务给付17.39亿元，下降20.9%；健康险和意外伤害险赔款及给付10.96亿元，增长22.0%。

全年云南企业通过证券市场累计筹资55.9亿元，比上年减少64.65亿元。A股再筹资（包括配股、公开增发、非公开增发、认股权证筹资）48.9亿元，减少53.65亿元。年末全省共有上市公司28家，总股本148.89亿股；总市值2777.68亿元，比上年增加170.83亿元。

八、教育和科学技术

全年普通高等学校，招生14.25万人，比上年增长7.63%；在校学生43.9万人，比上年增长11.54%；毕业生9.54万人，比上年增长11.05%。各类中等职业教育招生31.72万人，在校生66.91万人，毕业生15.57万人。普通高中招生22.9万人，在校生63.28万人，毕业生18.44万人。初中招生70.66万人，在校生207.35万人，毕业生64.16万人。普通小学招生66.93万人，在校生435.21万人，毕业生73.69万人。幼儿园在园幼儿98.69万人。小学学龄儿童入学率达99.71%，小学毕业生升学率达96.08%。高等教育毛入学率达20.02%，高中阶段教育毛入学率达65.0%。

全年科学研究与试验发展（R&D）经费支出42.07亿元，比上年增长13.0%，占生产总值（GDP）的比重达0.6%，与上年持平。年末共有国家认定企业技术中心12个，省级企业技术中心164个，省级以上重点实验室34个，省级创新型试点企业122家。全年共登记科技成果724项，其中基础理论成果56项，应用技术成果626项，软科学成果42项。已建立国家级高新技术开发区1个，省级高新技术开发区3个。专利申请5645件，获专利授权3823件；签订技术合同1050项，成交金额达11.21亿元。

九、文化、卫生和体育

年末全省共有各种艺术表演团体146个，文化馆148个，公共图书馆150个，博物馆113个。全省广播、电视人口覆盖率分别达到95.37%和96.39%。中、短波广播发射台和转播台57座，广播电台17座，电视台17座，有线电视用户496万户。

年末全省共有卫生机构9407个，医院780个；卫生机构拥有床位数15.71万张，卫生技术人员14.31万人，其中医生6.33万人。疾病预防控制机构150个，卫生技术人员6413人；专科防治机构31个，卫生技术人员600人；妇幼保健院（所、站）147个，卫生技术人员5135人。乡镇卫生院1385个，床位3.44万张，卫生技术人员2.2万人。全年甲、乙类法定报告传染病发病人数90473例，报告死亡1617人；报告传染病发病率197.93/10万，死亡率3.54/10万。

全年云南运动员在国际比赛中获金、银、铜牌28枚；在全国比赛中获金、银、铜牌134枚。

十、资源、生态环境和安全生产

年末全省共有各级环境监测站122个，环

境监测人员1362人。全年完成限期治理项目334个，项目总投资10.63亿元。城市污水处理率为76.09%。工业废水排放达标率为91.88%；工业固体废物综合利用率50.77%。全年化学需氧量排放量比上年削减1.75%，二氧化硫排放量比上年增长0.29%。

全年共完成营造林992.25万亩，启动实施4730.59万亩省级公益林生态效益补偿，治理水土流失面积3262平方公里。年末全省共有自然保护区162个，其中国家级自然保护区16个，省级自然保护区44个。自然保护区面积295.56万公顷，其中国家级自然保护区面积14.27万公顷，省级自然保护区面积88.31万公顷。

全年水资源总量1165.11亿立方米，比上年增长5.6%；人均水资源3632立方米，增长5.0%。全年平均降水量1194.7毫米，增长24.0%。年末全省水利工程蓄水总量64.42亿立方米，比上年末增长17.5%。全年总用水量150.4亿立方米，比上年减少1.5%。万元生产总值用水量208.3立方米，比上年下降15.8%。万元工业增加值用水量86立方米，下降23.4%。全省人均用水量为328.06立方米，下降2.1%。

全年能源消费总量8674.17万吨标准煤（等价热值），比上年增长7.99%。全年全社会用电量为1003.41亿千瓦时，比上年增长12.59%。在规模以上工业主要能源消费量中，原煤消费量7233.93万吨，增长4.2%；洗精煤消费量1650.94万吨，增长20.4%；焦炭消费量1162.11万吨，下降1.0%，天然气消费量3.34亿立方米，下降20.3%，电力消费量665.41亿千瓦时，增长10.9%。全省能源消费量结构为：第一产业占2.69%；第二产业占75.01%；第三产业占12.47%；居民生活消费占9.83%。全省单位GDP能耗比上年下降3.84%；单位工业增加值能耗比上年下降10.6%；单位GDP电耗比上年增长0.5%。全年共实现节能量346.1万吨标准煤。

全年生产安全事故死亡人数为2418人，比上年下降1.06%。亿元GDP生产安全事故死亡人数为0.33人，下降15.5%；工矿商贸企业（不含煤矿）生产安全事故死亡人数为347人，下降4.67%；煤矿百万吨死亡人数为1.035人，下降21.8%。全年共发生道路交通事故4739起，造成1886人死亡、5900人受伤，直接财产损失2530.23万元；道路交通事故万车死亡率为2.56，下降15.23%。

十一、劳动就业、社会保障与人民生活

全年城镇新增就业人数24万人，新增转移农村劳动力165万人。年末全省城镇实有登记失业人数15.7万人，城镇登记失业率4.2%。

全年城镇居民人均可支配收入16065元，扣除价格上涨因素，比上年实际增长8.1%；城镇居民人均消费性支出11074元，比上年增长8.6%。全省职工年平均工资30000元，比上年增长11.0%。农民人均纯收入3952元，扣除价格上涨因素，比上年实际增长13.2%；农民人均生活消费支出3398元，比上年增长16.2%。城镇居民家庭食品消费支出占消费总支出的比重为41.5%，农村居民家庭食品消费支出占消费总支出的比重为47.2%。

图9　2006－2010年云南省城镇居民人均可支配收入及其增长速度

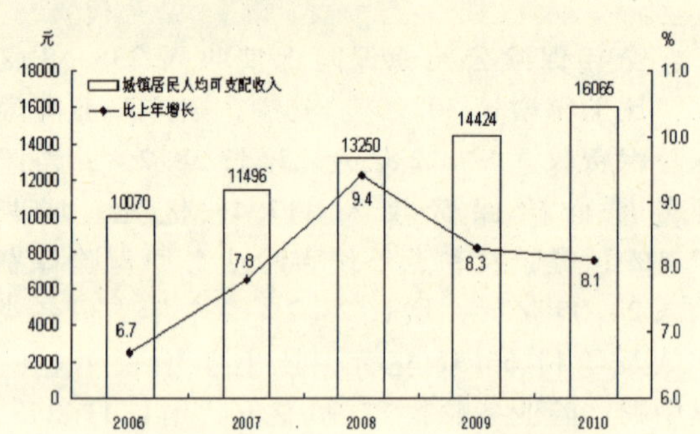

注：城镇居民人均可支配收入由国家统计局云南调查总队提供。

图10　2006－2010年云南省农村居民人均纯收入及其增长速度

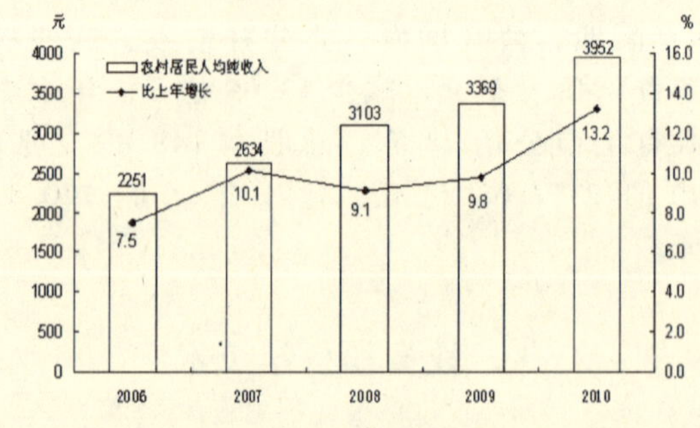

注：农村居民人均纯收入由国家统计局云南调查总队提供。

年末全省参加城镇基本养老保险人数为317.42万人，比上年末增加10.88万人。其中，参保职工225.08万人，参保离退休人员

92.34万人。参加城镇基本医疗保险人数为820.49万人，增加75.42万人。其中，参加城镇职工基本医疗保险人数414.72万人，参加城镇居民基本医疗保险人数405.71万人。参加城镇医疗保险的农民工为20.07万人。全省参加失业保险人数为201.47万人，比上年末增加11.01万人。参加农村养老保险的人数为648.62万人，比上年末增加528.3万人；参加新型农村合作医疗的农民为3412.15万人，增加119.15万人，参合率达95.29%，比上年提高2个百分点。新型农村合作医疗基金累计支出总额为43.5亿元，累计受益8043.52万人次。全省享受城市最低生活保障的居民为92.6万人，比上年增加2万人；享受农村最低生活保障的农民为378.1万人，比上年增加39.5万人。

年末全省各类收养性社会福利单位床位4.4万张，全年收养各类人员3.4万人。新建了14个州级儿童福利院和18个流浪未成年人保护中心。农村敬老院增加101所，新增床位0.7万张，集中供养率超过了11.85%。全年销售社会福利彩票33.02亿元，筹集社会福利资金11.56亿元，接受社会捐赠12亿元。

注释：

1. 本公报中数据均为初步统计数。

2. 生产总值、三次产业增加值的绝对值按现价计算，增长速度按可比价计算。

3. 规模以上工业企业是指年主营业务收入500万元及以上独立核算工业企业。

4. 城镇居民人均可支配收入和农村居民人均纯收入的增长速度为扣除价格因素影响后的实际增速，城镇居民人均消费性支出和农民人均生活消费支出的增长速度未扣除价格因素的影响。

5. 房地产业投资除房地产开发投资外，还包括建设单位自建房屋以及物业管理、中介服务和其他房地产投资。

6. 城镇职工基本医疗保险人数包括参保职工和参保退休人员。城镇居民基本医疗保险的参保对象是不属于城镇职工基本医疗保险覆盖范围的城镇非从业人员。

7. 万元生产总值用水量按2005年不变价格计算。

8. 人口数据待第六次全国人口普查结果汇总及评估完毕后以普查公报等形式发布。

2010年云南省第六次全国人口普查主要数据公报

云 南 省 统 计 局
云南省第六次全国人口普查办公室
（2011年5月9日）

根据国务院的决定，我国以2010年11月1日零时为标准时点进行了第六次全国人口普查。在省委、省政府和地方各级人民政府的统一领导和全省各族人民的支持配合下，通过近三十万普查工作人员的艰苦努力，圆满完成了人口普查的现场登记、复查验收、数据汇总等任务。现将人口主要数据公布如下：

一、总人口及人口分布

全省总人口为4596.6万人。16个州、市的人口分布为：

	人口数（万人）
昆明市	643.2
曲靖市	585.5
玉溪市	230.4
保山市	250.6
昭通市	521.3
丽江市	124.5
普洱市	254.3
临沧市	243.0
楚雄彝族自治州	268.4
红河哈尼族彝族自治州	450.1
文山壮族苗族自治州	351.8
西双版纳傣族自治州	113.4
大理白族自治州	345.6
德宏傣族景颇族自治州	121.1
怒江傈僳族自治州	53.4
迪庆藏族自治州	40.0

二、人口增长

全省普查实际登记的人口，同第五次全国人口普查2000年11月1日零时的4287.9万人相比，十年共增加了308.7万人，增长7.20%。平均每年增加30.9万人，年平均增长率为0.70%。

三、家庭户人口

全省普查实际登记家庭户1235.5万户，家庭户人口为4357.0万人，平均每个家庭户的人口为3.53人，比2000年第五次全国人口普查的3.73人减少了0.20人。

四、性别构成

全省普查实际登记的人口中，男性为2385.0万人，占总人口的51.89%；女性为2211.6万人，占总人口的48.11%。总人口性别比为107.84（以女性为100，男性对女性的比例），比2000年第五次全国人口普查的110.11下降了2.27。

五、年龄构成

全省普查实际登记的人口中，0~14岁的人口为952.8万人，占总人口的20.73%；15~59岁的人口为3135.1万人，占总人口的68.20%；60岁及以上人口为508.7万人，占总人口的11.07%，其中65岁及以上的人口为350.6万人，占总人口的7.63%。同2000年第五次全国人口普查相比，0~14岁人口的比重下降了5.23个百分点，15~59岁人口的比重上升了3.33个百分点，60岁及以上人口的比重上升了1.90个百分点，65岁及以上人口的比重上升了1.54个百分点。

六、民族构成

全省普查实际登记人口中，汉族人口为3062.9万人，占总人口的66.63%；各少数民族人口为1533.7万人，占总人口的33.37%。其中，彝族人口为502.8万人，占总人口的10.94%；哈尼族人口为163.0万人，占总人口的3.55%；白族人口为156.1万人，占总人口的3.40%；傣族人口为122.2万人，占总人口的2.66%；壮族人口为121.5万人，占总人口的2.64%；苗族人口为120.3万人，占总人口的2.62%；回族人口为69.8万人，占总人口的1.52%，傈僳族人口为66.8万人，占总人口的1.45%；拉祜族人口为47.5万人，占总人口的1.03%。同2000年第五次全国人口普查相比，汉族人口增加了242.3万人，增长8.59%；各少数民族人口增加了118.4万人，增长8.37%。

七、各种受教育程度人口

全省普查实际登记的6周岁及以上人口中，具有大学（指大专以上）文化程度的265.6万人；具有高中（含中专）文化程度的385.0万人；具有初中文化程度的1263.1万人；具有小学文化程度的1994.4万人。

同2000年第五次全国人口普查相比，每10万人中具有大学程度的由2013人上升为5778人；具有高中程度的由6563人上升为8376人；具有初中程度的由21233人上升为27480人；具有小学程度的由44768人下降为43388人。

全省普查实际登记15周岁及以上人口中，文盲人口为277.0万人，同2000年第五次全国人口普查相比，文盲人口减少205.3万人，文盲率由11.39%下降为6.03%，下降了5.36个百分点。

八、城乡人口

全省普查实际登记人口中，居住在城镇的人口为1618.0万人，占总人口的35.20%；居住在乡村的人口为2978.6万人，占总人口的64.80%。同2000年第五次全国人口普查相比，城镇人口增加了628.4万人，乡村人口减少了267.7万人，城镇人口占总人口的比重上升了11.84个百分点。

注：

1、本公报数据均为初步汇总数。

2、人口普查对象是指普查标准时点在中华人民共和国境内的自然人以及在中华人民共和国境外但未定居的中国公民，不包括在中华人民共和国境内短期停留的境外人员。“境内”指我国海关关境以内，“境外”指我国海关关境以外。

3、家庭户是指以家庭成员关系为主、居住一处共同生活的人组成的户。

4、文盲率是指人口中15岁及以上不识字人口所占比重。

5、城乡人口是指居住在城镇、乡村地域上的人口，城镇、乡村是按2008年国家统计局《统计上划分城乡的规定》划分的。

2009年度云南省科技统计公报

云南省统计局　云南省科学技术厅

（2010年12月）

2009年，在云南省委、省政府的正确领导下，全省科技工作贯彻落实科学发展观，促进产业结构优化升级；加强企业技术创新，促进科技成果转化；深入推进科技体制改革，加快科技创新平台建设，各项科技工作取得新的成效，科技对经济增长和社会发展的支撑和引领作用进一步增强。

一、科技队伍继续扩大

2009年，云南省从事科技活动人员9.3万人，比上年增长25.9%，其中研究与试验发展活动（R&D）人员3.7万人，占从事科技活动人员的39.5%。规模以上工业企业科技活动人员3.0万人，占全省科技活动人员总数的32.2%，其中R&D人员1.2万人，占企业从事科技活动人员的40.3%。

二、科技经费支出显著增长

2009年，全省R&D经费支出达37.2亿元，比上年增长17.8%。R&D经费占全省生产总值的比重为0.6%，比上年提高0.05个百分点。财政科学技术拨款（科学技术功能支出）19.0亿元，比上年增加1.3亿元，增长7.5%，占地方财政支出的比重为0.9%；其他功能支出中用于科学技术的支出17.4亿元。

2009年，全省规模以上工业企业R&D经费较快增长，R&D经费内部支出15.1亿元，比上年增长14.9%，占主营业务收入的0.3%。其中，大中型工业企业R&D经费支出13.1亿元，增长17.5%，占主营业务收入的0.4%，比上年提高0.1个百分点。

三、科技创新成果显著

2009年，全省规模以上工业企业实现新产品产值273.6亿元，新产品产值占规模以上工业总产值的比重为5.3%。

2009年，全省共登记科技成果716项，有7项成果获国家科技奖。其中，国家自然科学一等奖1项；国家技术发明二等奖2项；国家科技进步一等奖1项，二等奖3项。在全省奖励的199项（人）科学技术成果中，杰出贡献奖1名；自然科学一等奖6项，二等奖11项，三等奖16项；技术发明一等奖1项，二等奖3项，三等奖5项；科技进步一等奖11项，二等奖26项，三等奖119项。

2009年，全省共申请专利4633件，比上年增长13.3%，其中申请发明专利1637件，比上年增长11.1%。授权专利2923件，比上年增长44.6%，其中授权发明专利476件，比上年增长24.3%；全省规模以上工业企业申请专利1049件，比上年增长66.0%，其中发明专利421件，比上年增长40.3%。

四、科技机构稳步发展

2009年，全省共有各类科技机构576个，比上年增长4.2%，R&D活动人员1.3万人，R&D经费支出21.5亿元。其中，国有独立研究与开发机构97个，R&D活动人员0.6万人，R&D经费支出12.9亿元；高校科技机构112个，R&D活动人员0.1万人，R&D经费支出0.5亿元；企业技术开发机构295个，R&D活动人员0.4万人，R&D经费支出7.9亿元。

五、科技创新平台建设初具规模

截至2009年，全省共有国家重点试验室2个、省重点实验室20个；国家工程技术研究中心1个、省级工程技术研究中心21个；国家级企业技术中心11个、省级企业技术中心132个；拥有科技企业孵化器11个，其中国家级5个，累计孵化毕业企业369家；国家创新型试点企业6家，省级创新型试点企业91家，高新技术企业211家。

六、技术市场交易活跃

2009年，全省共签订各类技术合同1030项，成交金额9.8亿元，分别比上年增长15.6%和88.5%。其中，企业输出技术739项，成交额6亿元，分别占输出技术项目数的71.7%和成交额的61.2%；企业买入技术712项，合同成交金额7.2亿元，分别占购买技术项目的69.1%和成交额的73.8%。

2010年云南省环境状况公报

综　述

2010年，全省环境保护工作坚决贯彻落实中央和省委、省政府的重大决策部署，以实施七彩云南保护行动为载体，积极推进七彩云南生态文明建设，污染减排任务圆满完成，生物多样性保护工作扎实有效，九大高原湖泊水污染防治成效显著，环保专项行动效果明显，环境管理服务经济发展和保障群众权益的意识、能力和水平不断提高，环境法制、政策、科技、宣教和对外合作等顺利开展hig，环境管理基础性工作取得进展。

“十一五”以来，全省环保事业蓬勃发展。省委、省政府高度重视环境保护工作，确立了生态立省、环境优先的发展战略，全面实施七彩云南保护行动；召开了全省第八次环保大会，先后出台了《关于加强环境保护的决定》、《关于加强生态文明建设的决定》、《关于进一步加强节能减排工作的若干意见》、《关于加强滇西北生物多样性保护的若干意见》、《关于全面推行环境保护“一岗双责”制度的决定》等一系列重要政策和文件，初步形成了政府主导、部门协作、全民参与的环境保护机制，全社会关心、支持、参与生态建设和环境保护的“大环保”格局正在形成。全省环保系统攻坚克难，圆满完成了“十一五”污染减排任务；依法加强环境监管，着力解决了一批突出环境问题；

严格环评管理，加快审批积极服务经济社会发展大局；狠抓治理，以滇池为重点的水污染防治工作取得成效；着力建设生态安全屏障，生物多样性保护有了新进展。

通过五年的努力，2010 年我省化学需氧量排放量较 2005 年削减 5.76%，完成“十一五”减排目标任务的 117.6%；二氧化硫排放量较 2005 年削减4.08%，完成“十一五”减排目标任务的 102%。五年来，全省环境质量明显好转。大气中二氧化硫、二氧化氮、可吸入颗粒物年日均浓度均呈下降趋势。全省受酸雨影响范围明显减少，酸雨控制区出现酸雨的城市、频率逐年下降。地表水环境质量逐年改善。主要河流监测断面水质优良率由 2005 年的 58% 提高到 2010 年的 63.8%，水环境功能达标断面的比例由 62% 提高到 70.4%；主要湖泊、水库水质优良比率由 2005 年的 60.4% 上升到 2010 年的 67.2%。

环境状况

主要污染物总量减排

我省“十一五”主要污染物总量控制目标是：到 2010 年，全省化学需氧量在 2005 年的基础上削减 4.9%，由 28.47 万吨减少到 27.1 万吨；二氧化硫在 2005 年的基础上削减 4.0%，由 52.2 万吨减少到 50.1 万吨。

2010 年，全省化学需氧量排放量比 2009 年的 27.31 万吨下降 1.75%，削减 0.48 万吨；二氧化硫排放量比 2009 年 49.93 万吨上升 0.29%，增加 0.14 万吨。2010 年化学需氧量排放量 26.83 万吨，比 2005 年下降 5.76%；二氧化硫排放量 50.07 万吨，比 2005 年下降 4.08%，完成“十一五”削减目标。

水环境

全省开展监测的主要湖库和主要河流水质持续改善。

【主要湖泊、水库水质状况】

2010 年，在开展水质监测的 61 个湖泊和水库中，水质符合或优于Ⅲ类标准、水质优良的占 67.2%；水质符合Ⅳ类标准、轻度污染的占 18.0%；水质符合Ⅴ类标准、中度污染的占 3.3%；水质劣于Ⅴ类标准、重度污染的占 11.5%。全省湖库总体水质仍为轻度污染。44.3% 的湖泊、水库水质达到水环境功能要求。

全省主要湖库水质优良率比上年增加 3.8%，比 2005 年的 60.4% 增加 6.8%。

2010 年主要湖泊、水库类别统计

名称	个数	Ⅰ类	Ⅱ类	Ⅲ类	Ⅳ类	Ⅴ类	劣Ⅴ类	水环境功能达标个数
湖泊	23	2	1	10	2	2	6	8
水库	38	1	12	15	9	0	1	19
合计	61	3	13	25	11	2	7	27

2010 年，九大高原湖泊中，抚仙湖、泸沽湖水质符合Ⅰ类标准，洱海、程海水质符合Ⅲ类标准，4 个湖泊水质优良。阳宗海水质符合Ⅳ类标准，中度污染。滇池草海、滇池外海、异龙湖、星云湖、杞麓湖水质劣于Ⅴ类标准，重度污染。抚仙湖、泸沽湖、程海达到水环境功能要求。

与上年相比，九大高原湖泊水质基本保持稳定。由于受我省百年不遇特大干旱影响，滇池外海、异龙湖和星云湖中总氮、总磷年均值略有升高，营养状态指数有所上升。阳宗海砷浓度值有较大幅度下降，由 2009 年 12 月的 0.111 毫克/升下降至 2010 年 12 月的 0.065 毫克/升，水质由劣Ⅴ类上升为Ⅳ类，水质明显好转；且 2010 年 2 月以来水体中砷浓度值一直低于 0.1 毫克/升，符合Ⅳ类水质标准，其中 8、9、10 三个月低于 0.05 毫克/升，符合Ⅲ类水质标准。滇池草海水体中主要污染指标高锰酸盐指数、总磷、总氮的年均值比 2009 年分别下降 31.0%、58.4%、33.9%；营养状态指数由 2009 年的 82.4 下降到 71.0，有 5 个月的营养状态改善为中度富营养。

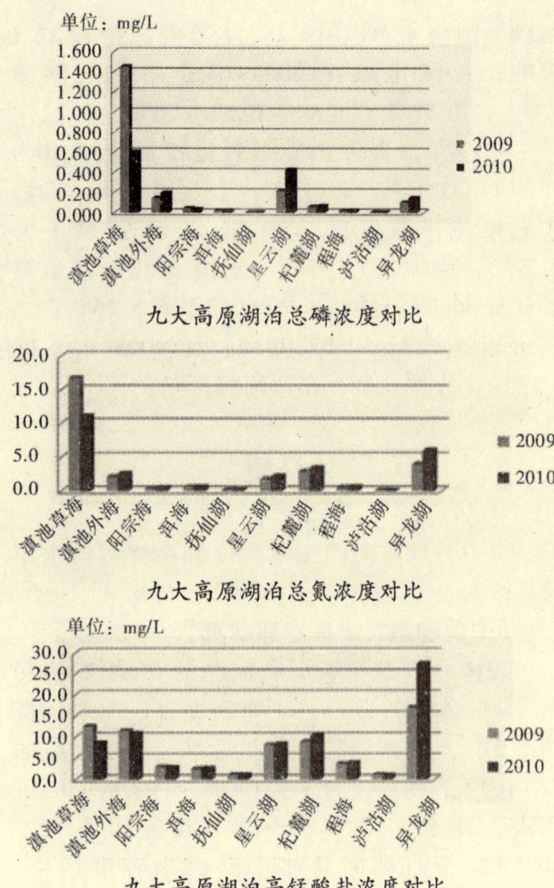

九大高原湖泊总磷浓度对比

九大高原湖泊总氮浓度对比

九大高原湖泊高锰酸盐浓度对比

2010 年九大高原湖泊主要污染指标值

单位：毫克/升，营养状态指数除外

湖泊名称	高锰酸盐指数	生化需氧量	总磷	总氮	营养状态指数
滇池草海	8.7	10.9	0.605	11.1	71.0
滇池外海	10.9	3.8	0.200	2.6	69.7
阳宗海	2.8	1.1	0.034	0.5	44.6
洱海	2.6	1.6	0.022	0.6	40.0
抚仙湖	1.1	1.0	0.005	0.2	19.4
星云湖	8.4	6.6	0.428	2.2	66.3
杞麓湖	10.4	6.0	0.065	3.4	61.4
程海	4.0	1.0	0.024	0.6	41.4
泸沽湖	1.0	1.0	0.006	0.1	14.5
异龙湖	27.5	14.8	0.148	6.0	79.1

注：营养状态指数（TLI（Σ））的分级标准为：<30 贫营养、≤50 中营养、50<TLI≤60 轻度富营养、60<TLI≤70 中度富营养、>70 重度富营养。

九大高原湖泊 2006～2010 年水质类别变化状况表

湖泊名称	水质类别					水功能类别
	2006 年	2007 年	2008 年	2009 年	2010 年	
滇池草海	劣Ⅴ	劣Ⅴ	劣Ⅴ	劣Ⅴ	劣Ⅴ	Ⅳ
滇池外海	劣Ⅴ	劣Ⅴ	劣Ⅴ	劣Ⅴ	劣Ⅴ	Ⅲ
阳宗海	Ⅱ	Ⅱ	Ⅴ	劣Ⅴ	Ⅳ	Ⅱ
洱海	Ⅲ	Ⅲ	Ⅱ	Ⅲ	Ⅲ	Ⅱ
抚仙湖	Ⅰ	Ⅰ	Ⅰ	Ⅰ	Ⅰ	Ⅰ
星云湖	劣Ⅴ	劣Ⅴ	劣Ⅴ	劣Ⅴ	劣Ⅴ	Ⅲ
杞麓湖	劣Ⅴ	劣Ⅴ	劣Ⅴ	劣Ⅴ	劣Ⅴ	Ⅲ
程海	Ⅱ	Ⅲ	Ⅲ	Ⅲ	Ⅲ	Ⅲ
泸沽湖	Ⅰ	Ⅰ	Ⅰ	Ⅰ	Ⅰ	Ⅰ
异龙湖	劣Ⅴ	劣Ⅴ	劣Ⅴ	劣Ⅴ	劣Ⅴ	Ⅲ

“十一五”期间，九大高原湖泊水质总体保持稳定。水质优良的抚仙湖、泸沽湖、洱海、程海水质保持稳定。阳宗海由于受砷污染事件的影响，2008 年水质由Ⅱ类下降为Ⅴ类，2009 年劣于Ⅴ类；随着治理措施逐步见效，2010 年水质好转为Ⅳ类。滇池、异龙湖、星云湖、杞麓湖等污染严重的湖泊水质恶化的趋势基本得到遏制。滇池外海的主要污染指标总氮自 2007 年后逐步下降，2009 年已接近Ⅴ类标准值 2.0 毫克/升（2.13 毫克/升），2010 年受干旱影响，有所回升。滇池草海主要污染指标高锰酸盐指数、总磷、总氮年均值有较大幅度下降，营养状态有所改善。

其他 13 个开展监测的湖泊中，北海和浴仙湖水质类别为Ⅱ类，普者黑、此碧湖、西湖、海西海、青海、属都湖和碧塔海水质类别为Ⅲ

类，个旧湖水质类别为Ⅳ类，大屯海、长桥海和南湖水质类别为劣Ⅴ类。达到水环境功能要求的湖泊有5个，占38.5%。

【主要河流水质状况】

2010年，在77条主要河流的152个监测断面中，水质符合或优于Ⅲ类标准、水质优良的断面占63.8%，水质符合Ⅳ类标准、轻度污染的断面占14.5%，水质符合Ⅴ类标准、中度污染的断面占4.6%，水质劣于Ⅴ类标准、重度污染的断面占17.1%。水环境功能达标的监测断面有107个，占70.4%。

全省主要河流监测断面水质优良率比上年增加3.5%。与2005年比较，水质优良率由58.0%提高到63.8%，水环境功能达标断面的比例由62.0%提高到70.4%。

2010年度云南省主要河流水质类别表

流域水系名称	Ⅰ类	Ⅱ类	Ⅲ类	Ⅳ类	Ⅴ类	劣Ⅴ类	断面数	水质状况	与2005年相比的变化趋势
金沙江	1	11	10	4	3	11	40	中度污染	无明显变化
红河	0	6	7	6	1	6	26	中度污染	无明显变化
珠江	3	5	6	5	2	8	29	中度污染	水质变好
澜沧江	0	15	14	6	0	1	36	良好	水质变好
怒江	0	7	2	1	1	0	11	良好	水质变好
伊洛瓦底江	2	4	4	0	0	0	10	优	无明显变化
合计/总评	6	48	43	22	7	26	152	轻度污染	水质变好

注：按断面数统计

2010年，伊洛瓦底江水系水质总体为优，澜沧江水系、怒江水系水质良好，金沙江水系、红河水系、珠江水系水质中度污染。全省河流水质评价结果为轻度污染，总体干流水质较好，部分支流受到一定程度的污染。

六大水系主要河流水质受污染程度由大到小的排序为：金沙江水系、红河水系、珠江水系、澜沧江水系、怒江水系和伊洛瓦底江水系。污染严重的主要河流是金沙江水系的新河、螳螂川、秃尾河、普渡河和新宝象河，红河水系的三家河和红河干流，珠江水系的泸江，澜沧江水系的沘江等。

2010年，我省河流水质的主要污染指标为总磷、氨氮、生化需氧量和铅。

【出境、跨界河流】

2010年，19个出境、跨界河流监测断面中，16个断面水质符合或优于Ⅲ类标准，水质优良率84.2%，较2005年的58.8%，有较大的提高。有1个断面水质中度污染，2个断面水质重度污染。16个断面达到水环境功能要求，占84.2%，比2005年提高25.4%。

与2005年比较，六大水系干流出境、跨界断面，金沙江三块石水质类别由Ⅳ类改善为Ⅱ类，南盘江设里桥水质由劣Ⅴ类改善为Ⅲ类，水质明显好转；澜沧江关累断面水质Ⅱ类，怒江红旗桥断面水质Ⅱ类，伊洛瓦底江水系大盈江汇流电站、瑞丽江姐告大桥断面水质均为Ⅲ类，红河河口医院断面水质劣于Ⅴ类，水质基本稳定。

【城市集中式饮用水水源地】

2010年，16个州（市）政府所在地和5个不设区城市开展监测的38个集中式饮用水水源地中，水质满足要求的29个，占76.3%，达不到要求的9个占23.7%。与上年相比，水质保持稳定的17个，占44.7%，水质好转的5个，占13.2%；水质下降的16个，占42.1%，影响饮用水源地水质的主要污染指标为总磷和总氮。

“十一五”期间主要城市集中式饮用水水源地水质达标率较2005年有所提高。

2005～2010年主要城市集中式饮用水源地水质达标情况

年份	2005年	2006年	2007年	2008年	2009年	2010年
达标率（%）	70.6	75.7	87.8	85.7	87.5	76.3

【城市水域】

15 个主要城市水域 43 个监测断面中，符合或优于Ⅲ类标准水质优良的占 44.1%，符合Ⅳ类标准水质轻度污染的占 14.0%，符合Ⅴ类标准水质中度污染的占 7.0%，劣于Ⅴ类标准水质重度污染的占 34.9%。能达到水功能要求的断面 21 个，占 48.8%。城市水域水质总体仍为重度污染，主要污染指标为高锰酸盐指数、生化需氧量、氨氮和总磷，耗氧有机污染严重。

“十一五”期间，城市水域水质总体呈稳定状态。

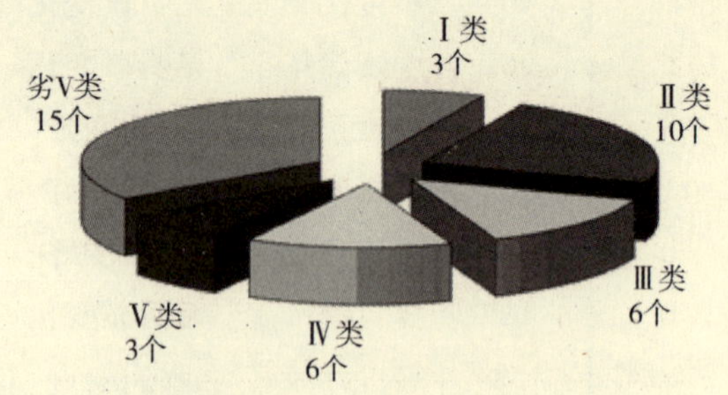

全省主要城市水域水质类别比例图

【地下水】

2010 年全省地下水监测网点控制面积 1635 平方千米。地下水动态监测按松散岩类孔隙水、基岩水（裂隙水和岩溶水）和泉水分类监测。

地下水水位动态变化情况：孔隙水的基本稳定区占监测控制面积的 85.80%、强上升区占监测控制面积的 14.20%；基岩水的强上升区占监测控制面积的 12.85%、弱上升区占监测控制面积的 25.30%、基本稳定区占监测控制面积的 6.45%、弱下降区占监测控制面积的 38.11%、强下降区占监测控制面积的 17.29%。2006～2010 年的水位动态变化不大，总体呈稳定状态；受降雨影响，呈一定的相关变化，2009～2010 年属特枯年，地下水水位相对较低。

地下水水质状况及达标情况：浅层孔隙地下水受污染较重的主要有昆明、曲靖、开远、蒙自、个旧等地，多为较差～极差级。而基岩水水质相对较好，以优良级为主，大部分仍能满足生活饮用水标准。在无工矿企业分布区，水质以良好～较好（Ⅱ～Ⅲ类）为主，在工矿企业、人口集中分布区，水化学类型复杂，水质以较差－极差（Ⅳ～Ⅴ类）为主。

2010 年基岩水的水质监测结果表明：优良级占 63.64%、良好级占 9.09%、较差级占 27.27%，优良级较 2005 年显著增加。主要污染物为酸碱值、氨氮、大肠菌群等。

大气环境

全省城市环境空气二氧化硫年平均浓度 0.0308 毫克/立方米，二氧化氮年平均浓度 0.0171 毫克/立方米，可吸入颗粒物年平均浓度 0.0587 毫克/立方米。与上年相比无明显变化，与 2005 年相比，呈好转趋势。二氧化硫、二氧化氮和可吸入颗粒物三项污染因子年平均浓度值总体呈下降趋势。首要污染因子仍为可吸入颗粒物。

【城市环境空气质量】

2010 年，全省 16 州（市）政府所在地，昆明市、保山市、丽江市、普洱市、临沧市、楚雄市、文山市、景洪市、大理市、芒市、六库镇和香格里拉县城 12 个城市环境空气质量达到或优于二级标准天数比例为 100%。

其他 4 个城市，环境空气质量达到或优于二级标准天数比例分别为：玉溪市 98.63%，蒙自市 97.46%，曲靖市 97.26%，昭通市 92.2%，全年没有出现劣于环境空气质量三级标准的天数情况。

【降水和酸雨】

2010 年，19 个城市开展了降水酸度监测，有 8 个城市监测到酸雨，占总数的 42.1%。

在监测到酸雨的城市中，昭通、个旧、楚雄的降水 pH 年均值低于 5.6。降水 pH 最低值 3.72，出现在个旧市；次低值 3.77，出现在昭通市。

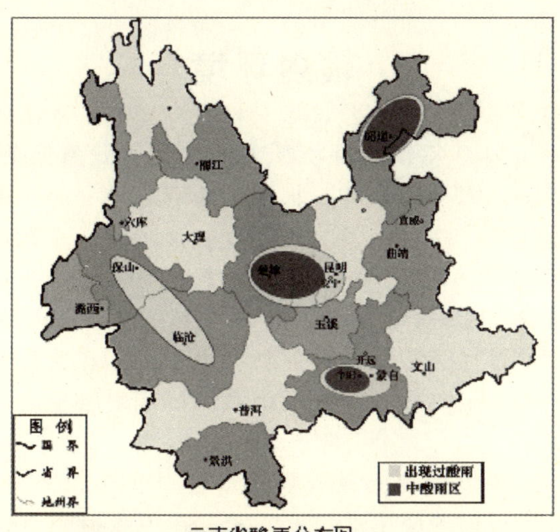

云南省酸雨分布图

开展监测的城市酸雨频率范围在 0～63.2%之间，平均为 8.2%。其中：酸雨频率为0的城市占57.9%，酸雨频率小于20%的占26.3%，酸雨频率在 20～40%的占 5.3%，酸雨频率大于40%的10.5%。酸雨频率最高的是楚雄市，为 51.9%，其次是个旧市，为46.8%。

“十一五”期间，全省受酸雨影响范围明显减少，酸雨控制区出现酸雨的城市、频率逐年下降，全省酸雨频率由2005 年的12.8%下降为2010 年的8.2%，降幅为36%。变化趋势见下图：

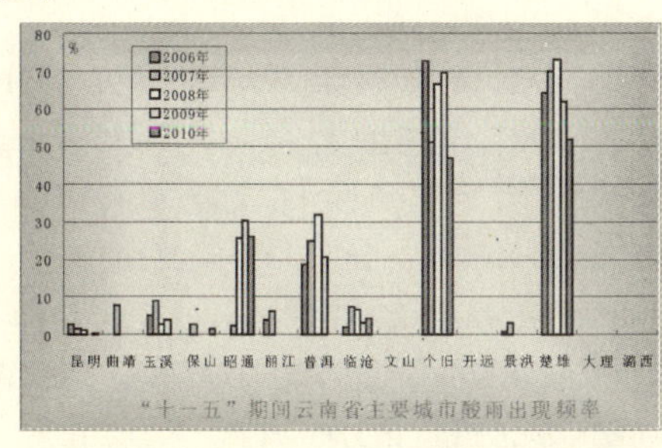

“十一五”期间云南省主要城市酸雨出现频率

声环境

【城市道路交通噪声】

全省 18 个城市道路交通噪声平均等效声级值范围为63.6～71.4分贝，最高是文山市，超过国家标准1.4分贝。

曲靖、玉溪、保山、昭通、丽江、普洱、临沧、楚雄、景洪、大理、蒙自、香格里拉和开远13个城市道路交通噪声质量为好，昆明、芒市和个旧3个城市道路交通噪声质量为较好，文山和六库2个城市道路交通噪声质量为轻度污染。

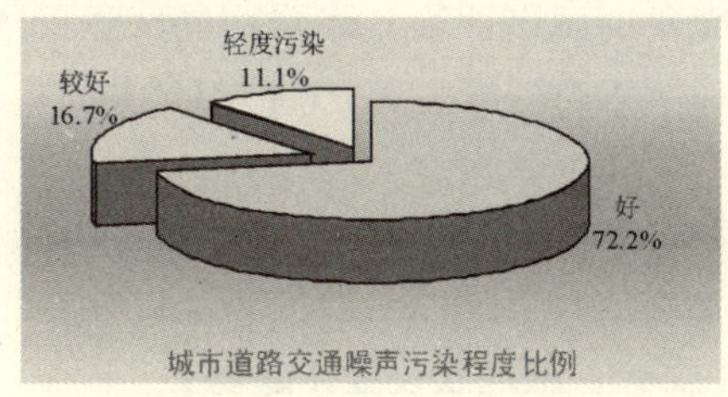

城市道路交通噪声污染程度比例

“十一五”期间，全省15个城市连续5年监测了城市道路交通噪声，2010年与2006年相比，全省城市道路交通噪声路长加权平均等效声级值下降了0.8分贝，道路交通声环境质量略有好转。

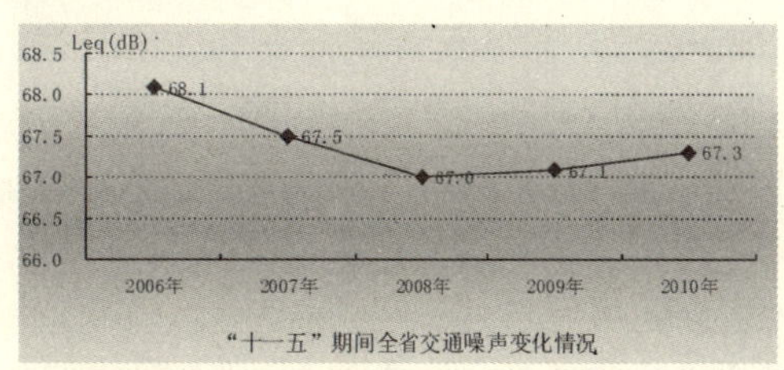

“十一五”期间全省交通噪声变化情况

【城市区域环境噪声】

17个城市区域环境噪声平均等效声级值范围为46.2～59.2分贝。曲靖、玉溪、昭通和香格里拉4个城市区域环境噪声质量为好，昆明、丽江、楚雄、个旧、开远、景洪和芒市7个城市的区域环境噪声质量为较好，保山、临沧、普洱、大理、文山和六库6个城市区域环境噪声质量为轻度污染。共有11个城市区域环境噪声质量达标。

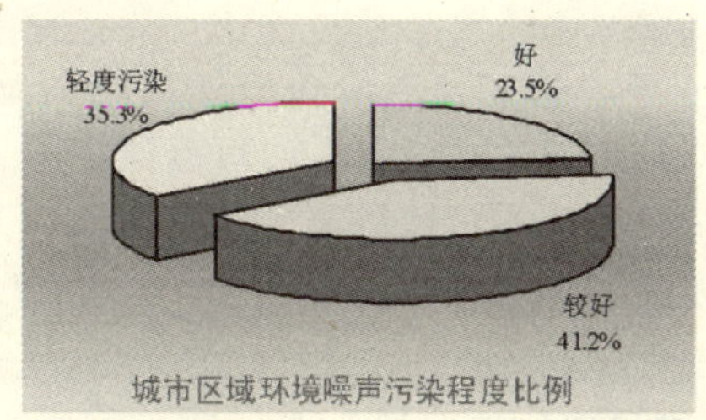

城市区域环境噪声污染程度比例

“十一五”期间，连续5年进行监测的城市有13个，期末与期初相比，区域声环境等效声级值面积加权平均值总体上下降了1分贝。

【城市功能区噪声】

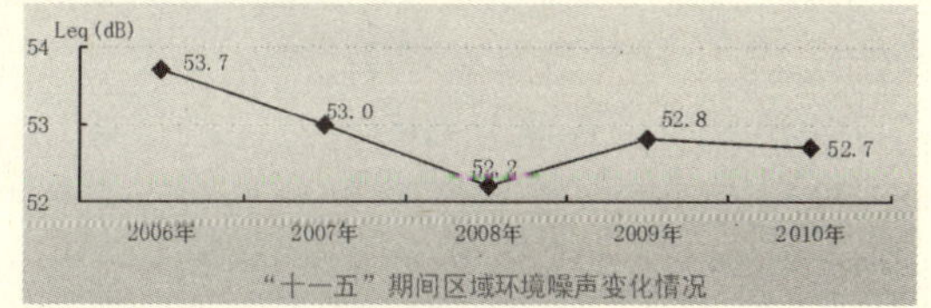

“十一五”期间区域环境噪声变化情况

在进行功能区噪声监测的15个城市中，曲靖、玉溪、保山、昭通、普洱、楚雄和开远7个城市的各类功能区昼间和夜间噪声平均等效声级值全部达标，占监测城市总数的46.7%；昆明、丽江、个旧、景洪、大理、蒙自、文山和六库8个城市，均有部分功能区昼间或夜间的平均等效声级值出现不同程度的超标。

自然生态环境

【森林资源现状及变化趋势】

2010年，云南省林地面积2476.11万公顷，森林面积1817.73万公顷，森林面积占林地面积的73.41%。森林以乔木林为主，面积为1581.63万公顷，占森林面积的87.01%。

“十一五”期间，我省林地面积保持增长，蓄积量大幅增加，森林覆盖率持续上升。活立木总蓄积从15.47亿立方米增加到的17.12亿立方米，森林蓄积从13.99亿立方米增加到15.54亿立方米，森林覆盖率从40.8%增加到47.5%。

【物种状况】

我省12个森林类型蕴藏着高等植物13000多种，占全国总数的46%以上，陆生野生脊椎动物1416余种，占全国总数的52.8%。在我国公布的401种重点保护野生动物和246种8类重点保护野生植物中，我省各有222种和114种8类，分别占总数的55.4%和46.3%。

【湿地】

我省现有天然湿地总面积3，439平方千米，其中河流湿地1，595平方千米，湖泊湿地1，754平方千米，沼泽和沼泽化草甸湿地90平方千米。全省有湿地类型自然保护区15处。大山包、碧塔海、纳帕海、拉市海被列入“国际重要湿地”。红河哈尼梯田和洱源西湖被批准为国家湿地公园。

【自然保护区】

截止2010年12月，全省共有各类自然保护区162个，面积2.96万平方千米，占全省国土面积的7.5%。其中国家级自然保护区16个；省级自然保护区44个；州（市）级自然保护区59个、县级自然保护区43个。基本形成了各种级别、多种类型的自然保护区网络体系，使全省典型生态系统及85%珍稀濒危野生动植物在自然保护区中得到了有效保护。

“十一五”期间，自然保护区数量和面积趋于稳定，保护区发展由数量增长向质量提升转变，国家级自然保护区基础设施条件大为改善，资源保护、科研监测、科普宣教等管理能力全面提升，逐步实现法制化、规范化管理。

辐射环境

2010年辐射环境质量监测覆盖我省昆明、玉溪、大理、丽江、临沧、西双版纳、怒江和迪庆8个州（市），监测的γ辐射剂量率范围为38.6～108.2纳格瑞/小时，均值为61.1纳格瑞/小时（已扣除宇宙射线响应值），辐射环境质量保持稳定，辐射环境水平处于正常波动范围。全省重点辐射污染源周围辐射环境水平正常。

2010年全省共有核技术利用单位2266家，其中放射源使用单位473家，在用放射源2006枚；射线装置使用单位1793家，射线装置3410台（套）。核技术应用中的放射性同位素和射线装置总体处于安全状态。

废水、废气及固体废弃物排放

【废水】

2010年，全省废水排放总量9.21亿吨，分别比2009年和2005年增长5.1%和22.5%。其中，工业废水排放量3.10亿吨，分别比2009年和2005年降低4.2%和5.8%。生活污水排放量6.11亿吨，比2009年和2005年增长10.6%和44.4%。

化学需氧量排放量26.83万吨，分别比2009年和2005年降低1.75%和5.76%。其中，工业废水中化学需氧量排放量8.93万吨，比2009年增长4.7%，比2005年降低了16.5%。生活污水中化学需氧量排放量17.90万吨，比2009年降低4.7%，比2005年增长了0.67%。

氨氮排放量2.08万吨，比上年增长9.0%。其中，工业废水中氨氮排放量0.38万吨，比2009年增长17.5%和2005年下降12.9%。生活污水中氨氮排放量1.70万吨，比2009年和2005年增长7.6%和13.3%。

工业废水中其他污染物排放量81.01吨，分别比2009年和2005年降低38.8%和62.2%。

【废气】

工业废气排放总量10978.07亿标立方米，比上年和2005年增长15.8%和101.6%。

二氧化硫排放量50.07万吨，比上年增长0.29%，比2005年减少4.08%。其中，工业二氧化硫排放量43.96万吨，比上年增长5.2%。

氮氧化物排放量 43.47 万吨，比上年增长 10.0%。其中，工业氮氧化物排放量 32.94 万吨，比上年增长 12.2%。

烟尘排放量 13.82 万吨，分别比上年和 2005 年降低 22.5% 和 39.0%。工业烟尘排放量 8.92 万吨，比上年降低 27.8%。

工业粉尘排放量 9.18 万吨，分别比上年和 2005 年降低 9.9% 和 40.9%。

【固体废弃物】

2010 年全省工业固体废物产生量 9392.38 万吨，较上年增长 8.3%，其中危险废物产生量 61.51 万吨，增长 22.0%。工业固体废物综合利用量 4798.40 万吨，综合利用率 50.8%，较上年增长 1.9%；工业固体废物储存量 1844.51 万吨，降低 7.85%；工业固体废物处置量 2911.38 万吨，增长 11.3%；工业固体废物排放量 36.31 万吨，减少 40.1%。

危险废弃物连续 3 年无排放量。

措施与行动

污染防治

【总量减排】

2010 年，省委、省政府高度重视主要污染物总量减排工作，狠抓治污项目建设及运行管理。对总装机容量 5800MW 的 14 台火电机组脱硫设施进行增容改造，并对脱硫设施旁路烟道实施了封堵和铅封，脱硫效率大幅提升。完成了钢铁企业烧结机烟气脱硫项目等 158 个签订责任书的减排项目。关停了 164 户公告淘汰的企业。

“十一五”期间，累计完成 252 个化学需氧量减排项目，462 个二氧化硫减排项目。完成 68 个污水处理厂项目。出动环境执法人员 78568 人次，对 402 家重点控制涉水企业（化学需氧量）、150 家重点控制涉气企业（二氧化硫）、415 个化学需氧量和二氧化硫总量减排治理工程项目进行现场检查。

【九大高原湖泊水污染防治】

2010 年，九大高原湖泊治理投资 140.49 亿元，其中滇池治理投资 110.35 亿元（含滇池治理“十一五”规划外投资 29.73 亿元），其他八湖治理投资 30.14 亿元。截止 2010 年底，九湖治理累计投资 349.54 亿元，其中滇池治理投资 279.39 亿元。

九大高原湖泊水污染防治“十一五”规划项目共 212 项，经省政府同意调减 6 项。截止 2010 年底，规划项目全部开工，完工 196 项，在建 10 项，项目开工率为 100%；项目完工率为 95.15%。

【三峡库区上游地区水污染防治】

“十一五”期间，在三峡库区上游地区累计完成投资 14.25 亿元用于污染防治，推动了《三峡库区及其上游“十一五”水污染防治规划》的实施。截至 2010 年底，规划涉及云南的 48 个项目已完成 36 个、在建 11 个，1 个正在抓紧开展前期工作；国家考核断面三块石（滇川交界）水质稳定达到Ⅱ类水质标准。

【重金属污染防治】

省政府印发《云南省关于贯彻加强重金属污染防治工作指导意见的实施方案》。编制了《云南省重金属污染综合防治“十二五”规划》，其中 11 个重点防控区、100 个重点治理项目列入国家十二五重金属污染综合防治规划。制定并组织实施重金属污染综合防治 2010 年度行动计划。争取国家专项资金 1.8 亿元，启动个旧市重金属污染综合防治等 10 个重金属污染治理项目。

【工业废水治理】

2010 年全省工业废水治理投资 24183.6 万元，完成治理项目 119 个，新增废水处理能力 48.12 万吨/日。

“十一五”期间，全省工业废水治理累计投资 105311.3 万元，完成治理项目 578 个。新增废水处理能力 141.3 万吨/日。

【大气污染治理】

2010 年全省工业废气治理投资 72910.3 万元，完成治理项目 158 个，新增废气处理能力 4812.44 万标立方米/时。

“十一五”期间，全省工业废气治理投资 287268.6 万元，完成治理项目 1181 个，新增废气处理能力 7820.11 万标立方米/时。

【固体废弃物治理】

2010 年，全省完成工业固体废弃物污染治理投资 6301.7 万元，完成治理项目 24 个，新增固体废弃物处理能力 5953 吨/日。全省核发危险废物经营许可证 2 份，办理危险废物出省转移手续 7 批。

“十一五”期间，全省工业固体废物治理投资 58776.2 万元，完成治理项目 131 个，累计核发危险废物经营许可证50份，办理危险废物出省转移手续25批。全省工业固体废弃物产生量、综合利用量、处置量总体均呈上升趋势，而工业固体废弃物排放量呈下降趋势。

全省纳入《全国危险废物和医疗废物处置设施建设规划》项目16个，覆盖全省16个州（市）。目前，5个项目试运行、2个已完工、5个在建、3个完成三通一平、1个未建设。

【清洁生产】

2010年，对144家企业进行强制性清洁生产审核，22家企业通过评估验收。

“十一五”期间，共对204家重点企业实施强制性清洁生产审核。通过实施生产环节的全过程控制和废弃物的循环利用，实现了节水节电、节能降耗、减少主要污染物排放的目标。

生态环境保护

【生物多样性保护】

2010年，发布了《2010国际生物多样性年云南行动腾冲纲领》。设立了云南省生物多样性保护基金会。生物多样性保护重点区域拓展为滇西北、滇西南9州（市）44县（区）。在全国首次以县域为单位对全省生物多样性进行评价，滇西北18个县开展了生物物种资源重点调查。滇西北、滇西南部分州市建成生物多样性保护教育基地并免费向社会开放。

“十一五”期间，滇西北生物多样性保护全省累计投入资金超过60亿元，云南省生物多样性保护基金会接受捐款3800万元。

【自然保护区的建设及重大生态工程】

充分发挥省级自然保护区评审委员会的作用，规范自然保护区晋升和范围功能区调整的管理，强化涉及自然保护区建设项目的监管，全省自然保护区建设和管理水平再上新台阶。2010年，争取国家级自然保护区基础设施建设项目4个、能力建设项目6个，总投资6362万元。

“十一五”期间，先后争取国家级自然保护区基础设施建设项目20个，国家投资1.17亿元，湿地保护建设工程和湿地保护补助资金项目10个，投资7488万元。

【生态建设示范区】

全省13个州（市）69个县（市、区）开展了生态创建工作，9个州（市）45个县（市、区）完成规划编制，部分规划通过省级专家论证，部分已由同级人大审议颁布实施。

“十一五”期间，共建成全国生态示范区4个，国家级生态乡镇16个、生态村1个，省级生态乡镇188个。

【水土保持】

2010年完成水土流失治理面积3200平方公里，中央预算内投资11095万元，其中中央投资9276万元，地方配套1819万元。

“十一五”期间，开展了“长治”工程、“国债”项目、“珠治”试点工程等治理工程，全省完成水土流失治理1.39万平方公里，新实施生态修复面积3.0万平方公里，中央预算内投资32486万元，其中中央投资24541万元，地方配套7945万元。全省水土流失呈递减趋势。

【农村环境保护】

2010年，争取到中央农村环保专项资金项目30个，共2490万元。

“十一五”期间，争取中央农村环保专项资金9208万元用于96个村庄开展环境综合整治和13个乡镇开展生态示范建设；省级环保专项资金安排4725万元开展农村环境综合整治。

在全省所有县（市、区）推广测土配方施肥，累计完成测土配方施肥推广面积13640万亩，减少了化肥流失，防治农业面源污染。加强农村能源建设，全省农村户用沼气累计保有量273万户（其中“十一五”期间建设124万户）。在九湖流域开展农村清洁工程建设项目17个。

建设项目环境管理

2010年，全省各级环保部门共审批环评文件12953项，比上年的8946项增加4007项。建设项目竣工环保验收2272项，比上年1302项增加970项。牛栏江—滇池补水工程等7个重大建设项目环评文件通过环保部审批。与有关部门共同组织对工业园区规划、水电开发规划、旅游总体规划等类17项规划环评进行审查。

开展工程建设领域突出问题专项治理，自查发现存在问题项目269个。经整改，办结环评、竣工环保验收等环保手续的81个，责令限期补办环评审批或竣工环保验收手续的169个，其余18个尚未开工建设。

监察执法

【环保专项行动】

2010年，按照环境保护部等九部委要求和部署，全省出动环境执法人员47647人次，检查企业13541家，排查重金属排放企业1019家，行政处罚222家，关闭73家。受理办结12369环保热线投诉5291件，完成国家、省、州（市）三级挂牌督办事项80件。

"十一五"期间，全省共出动环境执法人员20多万人次，检查企业45016家次。立案查处企业1265家。共提出了处理（处罚）建议118家次。举行环境行政处罚听证案件25件，办理行政复议案件19件；办理行政诉讼案件18件。

【排污费征收】

2010年全省共征收排污费2.75亿元，其中：上缴中央国库0.27亿元，省级国库0.93亿元，州（市）级以下国库1.55亿元。"十一五"期间，全省累计征收排污费13.2亿元，年均增长率超过10%，其中缴入中央国库1.33亿元，缴入省级国库5.08亿元。

【环境突发事件及处理】

2010年，全省共处置非等级突发环境问题4起，有效遏制了环境突发事件的频发态势，最大限度地减轻了事件所造成的危害。

"十一五"期间，全省共处置各类环境突发事件28起。

城市环境保护

【集中式饮用水水源地区划】

全省16个州（市）政府所在地和5个不设区城市的43个集中式饮用水水源保护区划分报告通过省政府批复。其中，湖泊（水库）类型水源地有35个，占81.40%；河流类型水源地5个，占11.63%；地下水类型水源地2个，占4.65%；龙洞型的1个，占2.32%。共划分水源保护区总面积5169.16平方千米。

【城市基础设施建设】

至2010年末，全省已建成污水处理厂80座，污水处理能力达274.95万吨/日，城镇污水处理率由2005年的39%提高到2010年的71%。建成无害化垃圾处理厂（场）57座，形成无害化处理能力12086吨/日，城镇垃圾无害化处理率由2005年的41.88%提高到2010年的62.5%。全省城市燃气普及率63.29%，绿地率26.31%，较2005分别增加9.69%和8.51%。

【城市机动车污染防治】

2010年全省机动车保有量达6946302辆，新增注册1068359辆。全省有效环保委托检验机构共计20个。

2010年昆明市机动车保有量1279263辆，机动车简易工况法环保检测量356050辆，发放环保标志382127辆（含新车），其中黄标96457辆、绿标285670辆。

【城市环境综合整治定量考核】

2010年，全省17个设市城市环境综合整治定量考核结果：

地级市前5名：昆明市、丽江市、普洱市、玉溪市、曲靖市。县级市前5名：安宁市、景洪市、个旧市、芒市、大理市。

辐射环境管理

2010年完成了核技术利用单位辐射安全许可证办换证工作，累计换发2156家。办理辐射行政许可及备案179件。强力推进电磁辐射行业补办环评手续，中国移动云南分公司完成全省16个州（市）1.2万个基站的环评报告编制及监测工作，中国联通云南分公司、中国电信云南分公司等相关单位和企业已开展补办环评手续工作。

"十一五"期间，全省各级环保部门共出动检查人员4000余人次，检查放射源共3500余枚（次）；收贮废旧放射源722枚；完成"765"矿、云南省农业科学院和中科院昆明动物所钴源辐照室退役治理。

宣传教育

2010年，表彰命名了省级绿色学校143所，省级绿色社区56个，省级环境教育基地17个。全省已有省级绿色学校（幼儿园）436所，省级绿色社区118家，省级环境教育基地18个。

举办了"生态文明建设大家谈"、云南省生物多样性（滇西北区域）大型图片展等重要活动。其中，云南省生物多样性（滇西北区域）大型图片展近10万人参观展览。拍摄制作了九湖污染防治专题片《扮靓九湖》和污染减排专题片《勇担重任》。

减排“三大体系”能力建设

环境监察机构覆盖全省县（市、区），建立起省级总队、州（市）级支队、县（市、区）级大队组成的三级执法队伍体系。县级环境监察机构较2005年增加32个，全省环境监察系统共有人员1116人。

“十一五”期间，累计购置执法车辆343辆，各类办公设备、监测取证设备2773台（套）。

全省共有环境监测站107个，其中68个通过实验室资质认定，有职工1310人，较2005年分别增加了17个、10个和193人。监测系统拥有业务用房54690平方米，监测仪器设备3775台（套），较2005年增加2398平方米和2469台（套）。有67个站的仪器设备基本达到国家环境监测站标准化建设验收要求。

建成云南省污染源自动监控中心、昆明市监控分中心及其他15个州市监控系统使用终端和会商中心。

环境信访

2010年，省级处理群众来信（含传真、邮件、网上信访）195件，比2009年下降31%，来信办结率达95%以上；接待群众来访24批65人次，比2009年下降14%（批次）、10%（人次），来访办结率达100%；办理省人大政协建议、提案50件，办结率达100%。

“十一五”以来受理群众来信1164件，来访244批（567人次），办结率达95%以上。

全省加强了‘12369’环保投诉热线建设，2010年受理投诉10171件，办结10168件，办结率99.97%。

“十一五”以来，共办理环保部交办查处的案件105件，办结率100%。办理省委、省人大、省政府、省政协交办的案件38件，受理环境投诉10203件，办结10029件，办结率98.29%。

环境科技

“十一五”期间，国家水体污染控制与治理重大科技专项滇池流域水污染控制及富营养化治理关键技术与示范项目和富营养化初期湖泊（洱海）水体污染综合防治技术研究与工程示范项目已启动实施课题11个，共获12827万元的中央专项资金支持。向环保部、省科技厅推荐和申报科研项目20余个，获补助资金近4000万元。

发布《高原湖泊区域人工湿地技术规范》、《糖蜜酒精废醪液处置复合微生物二步发酵法》等5项云南省地方环境标准。

交流合作

世行贷款云南城市环境建设一期项目实施总体进展顺利，二期争取到世行贷款6000万美元用于昭通中心城市环境基础设施建设。全球环境基金援助的《老君山生物多样性保护示范项目》进展顺利，中英合作《云南排污许可证管理示范项目》取得阶段性成果，亚行援助《云南昆明低碳经济发展示范项目》启动实施。

积极参与大湄公河次区域环境交流与合作，多次派员参与大湄公河次区域国家举办的国际研讨培训。成功举办“生物多样性保护国际论坛”、“中英低碳经济论坛”等大型国际环保合作交流活动。

积极推进滇沪、滇川和泛珠在环境监测、执法、宣教、产业、科研、能力建设等领域的区域环保合作，并取得了实际的合作效果。参加“2010澳门国际环保合作发展论坛及展览”，滇、川两省开展了金沙江中下游在建水电站、泸沽湖流域的现场联合环境监察。

国民经济统计资料

National Economy Statistics

2010年人口与自然资源

指标	单位	2010年	指标	单位	2010年
全省年底人口总数	万人	4601.6	主要湖泊湖面面积		
人口密度	人/平方公里	117	滇池	平方公里	306.3
全省土地面积	万平方公里	39.4	洱海	平方公里	250.0
其中：山地高原	万平方公里	37	抚仙湖	平方公里	212.0
民族自治地区土地面积	万平方公里	27.67	阳宗海	平方公里	31.0
全省牧草地面积	万公顷	78.23	星云湖	平方公里	39.0
全省常用耕地面积	万公顷	423.01	程海	平方公里	78.8
全省森林面积	万公顷	1817.73	泸沽湖	平方公里	51.8
全省水面面积	万公顷	27.9	主要河流境内河长		
主要山峰高程			大盈江	公里	196
高黎贡山	米	3374	陇川江	公里	332
碧罗雪山	米	4141	怒江	公里	618
梅里雪山（卡格博峰）	米	6740	澜沧江	公里	1227
玉龙雪山（扇子陡峰）	米	5596	金沙江	公里	1560
点苍山（马龙峰）	米	4122	元江	公里	680
大雪山	米	3504	南盘江	公里	677
无量山	米	3291	全省水力资源蕴藏量	亿千瓦	1.04
哀牢山	米	2940	全省铁矿保有资源储量	亿吨	35.5
拱王山	米	3677	全省煤矿保有资源储量	亿吨	289.84
			全省磷矿石保有资源储量	亿吨	42.4

主要年度国民经济主要指标

指标	单位	1978年	1990年	1995年	2000年	2005年	2009年	2010年
年末总人口	万人	3091.5	3730.6	3989.6	4240.8	4450.4	4571.0	4601.6
年末就业人员数	万人	1313	1923	2149	2295.4	2461.3	2684.8	2765.9
生产总值（当年价）	亿元	69.05	451.67	1206.68	1955.09	3472.89	6169.75	7224.18

指标	单位	1978 年	1990 年	1995 年	2000 年	2005 年	2009 年	2010 年
农林牧渔业总产值（当年价）	亿元	40.02	211.72	474.46	680.86	1068.58	1706.19	1810.53
工业总产值（当年价）	亿元	55.43	345.26	1079.46	1589.36	3249.84	6261.75	7880.70
轻工业产值	亿元	23.84	181.14	584.60	802.70	1120.47	1930.88	2317.95
重工业产值	亿元	31.60	164.12	494.86	786.66	2129.37	4330.87	5562.75
主要工农业产品产量								
粮食	万吨	864	1061	1188.91	1467.8	1514.93	1576.92	1531.00
油料	万吨	5.51	13.31	19.58	26.98	36.22	50.16	34.23
甘蔗	万吨	160.01	661.88	1055.92	1420.29	1415.50	1761.31	1750.92
烤烟	万吨	12.26	43.60	76.07	64.61	77.22	88.03	95.40
水果	万吨	11.62	31.97	55.71	76.95	136.63	342.74	397.91
茶叶	万吨	1.78	4.48	6.40	7.94	11.59	18.29	20.73
猪牛羊肉	万吨	29.23	74.74	120.45	191.51	277.32	301.68	318.53
水产品	万吨	1.12	4.60	8.44	16.62	23.85	43.06	48.17
布	万米	10507	17974	13964	5855	1385	364.95	412.76
机制纸及纸板	万吨	5.12	15.43	30.41	22.32	28.88	46.02	44.87
糖	万吨	13.49	51.01	94.21	152.25	153.57	223.91	179.78
卷烟	万箱	63.3	448.25	680.45	612.77	631.47	691.58	714.76
钢	万吨	35.12	80.15	140.50	189.41	513.41	1049.05	1293.77
成品钢材	万吨	25.59	68.97	144.34	183.71	486.93	973.30	1214.99
原煤	万吨	1483	2227	2803	2216	6462	8921	9763
发电量	亿千瓦小时	52.51	125.78	228.42	317.46	624.20	1173.82	1364.85
农用化肥	万吨	42.05	90.32	121.46	197.22	265.84	356.73	363.97
水泥	万吨	131.23	470.73	996.93	1642.80	2832.62	5046.45	5786.16
汽车	万辆		0.61	1.90	2.21	6.29	7.27	10.19
运输邮电								
货运周转量	亿吨公里	62.34	260.67	307.71	479.52	656.49	910.43	990.50
旅客周转量	亿人公里	24.25	87.67	137.93	237.94	331.60	418.45	523.64
邮电业务总量	万元	0.30	1.27	13.97	99.07	272.20	669.99	765.11

指标	单位	1978 年	1990 年	1995 年	2000 年	2005 年	2009 年	2010 年
全社会固定资产投资	亿元	15.04	75.74	380.57	697.94	1755.30	4527.02	5528.71
国有单位投资	亿元	13.44	51.22	262.84	466.20	815.27	2144.32	2623.07
民间投资	亿元					899.01	2259.84	2795.78
外商、港澳台投资	亿元					41.02	122.86	109.86
社会消费品零售总额	亿元	28.38	145.59	369.55	583.17	1034.40	2051.06	2500.14
进出口总额	万美元	10420	75114	212102	181283	473822	802661	1336795
出口	万美元	6948	56241	133097	117516	264158	451642	760568
进口	万美元	3472	18873	79005	63767	209664	351019	576227
地方财政收入	亿元	11.76	77.43	98.35	180.75	312.65	698.25	871.19
地方财政支出	亿元	18.28	90.76	235.10	414.11	766.31	1952.34	2285.72

注：1. 进出口数据包括边境贸易，1998 年以前为外贸业务数，1999 年以后为海关进出口统计数。

2. 农林牧渔业总产值从2003 年开始按新口径统计。

主要时期国民经济主要指标增长速度

指标	2010 年比下列各年增长%						平均每年增长%		
	1978 年	1990 年	1995 年	2000 年	2005 年	2009 年	1979～2010 年	“十五”时期	“十一五”时期
年末总人口	48.8	23.3	15.3	8.5	3.4	0.7	1.3	1.0	0.7
年末从业人员数	1.1 倍	43.8	28.7	20.5	12.4	3.0	2.4	1.4	2.4
生产总值	19.4 倍	5.7 倍	3.1 倍	1.7 倍	74.3	12.3	9.9	9.0	11.8
农林牧渔业总产值	4.9 倍	2.1 倍	1.5 倍	83.5	39.1	4.7	5.7	5.7	6.8
工业总产值	43.8 倍	11.9 倍	5.2 倍	3.0 倍	1.2 倍	13.5	12.6	12.7	17.3
轻工业	35.5 倍	7.2 倍	2.9 倍	1.8 倍	1.1 倍	15.6	11.9	6.0	16.2
重工业	49.3 倍	17.1 倍	7.7 倍	4.2 倍	1.3 倍	12.3	13.0	17.9	17.8
主要工农业产品产量									
粮食	77.2	44.3	28.8	4.3	1.1	-2.9	1.8	0.6	0.2
油料	5.2 倍	1.6	74.8	26.8	-5.5	-31.8	5.9	6.1	-1.1
甘蔗	9.9 倍	1.6 倍	65.8	23.3	23.7	-0.6	7.8	-0.1	4.3
烤烟	6.8 倍	1.2 倍	25.4	47.7	23.5	8.4	6.6	3.6	4.3
水果	33.2 倍	11.4 倍	6.1 倍	4.2 倍	1.9 倍	16.1	11.7	12.2	23.8

指标	2010 年比下列各年增长%						平均每年增长%		
	1978 年	1990 年	1995 年	2000 年	2005 年	2009 年	1979～2010 年	"十五"时期	"十一五"时期
茶叶	10.6 倍	3.6 倍	2.2 倍	1.6 倍	78.9	13.3	8.0	7.9	12.3
猪牛羊肉	9.9 倍	3.3 倍	1.6 倍	66.3	14.9	5.6	7.7	7.7	2.8
水产品	42.0 倍	9.5 倍	4.7 倍	1.9 倍	1.0 倍	11.9	12.5	7.5	15.1
布	-96.1	-97.7	-97.0	-92.9	-70.2	13.1	-9.6	-25.0	-21.5
机制纸及纸板	7.8 倍	1.9 倍	47.6	1.0 倍	55.4	-2.5	7.0	5.3	9.2
糖	12.3 倍	2.5 倍	90.8	18.1	17.1	-19.7	8.4	0.2	3.2
卷烟	10.3 倍	59.5	5.0	16.6	13.2	3.4	7.9	0.6	2.5
钢	35.8 倍	15.1 倍	8.2 倍	5.8 倍	1.5 倍	23.3	11.9	22.1	20.3
成品钢材	46.5 倍	16.6 倍	7.4 倍	5.6 倍	1.5 倍	24.8	12.8	21.5	20.1
原煤	5.6 倍	3.4 倍	2.5 倍	3.4 倍	51.1	9.4	6.1	23.9	8.6
发电量	25.0 倍	9.9 倍	5.0 倍	3.3 倍	1.2 倍	16.3	10.7	14.5	16.9
农用化肥	7.7 倍	3.0 倍	2.0 倍	84.6	36.9	2.0	7.0	6.2	6.5
水泥	43.1 倍	11.3 倍	4.8 倍	2.5 倍	1.0 倍	14.7	12.6	11.5	15.4
汽车		15.7 倍	4.4 倍	3.6 倍	62.0	40.2		23.3	10.1
运输邮电									
货运周转量	14.9 倍	2.8 倍	2.2 倍	1.1 倍	50.9	8.8	9.0	6.5	8.6
旅客周转量	20.6 倍	5.0 倍	2.8 倍	1.2 倍	57.9	16.8	10.1	6.9	9.6
全社会固定资产投资	366.6 倍	72.0 倍	13.5 倍	6.9 倍	2.1 倍	22.1	20.3	20.3	25.8
国有单位投资	194.2 倍	50.2 倍	9.0 倍	4.6 倍	2.2 倍	22.3	17.9	11.8	26.3
民间投资					2.1 倍	23.7			25.5
外商、港澳台投资					1.7 倍	-10.6			21.8
社会消费品零售总额	87.1 倍	16.2 倍	5.8 倍	3.3 倍	1.4 倍	21.9	15.0	12.1	19.3
进出口总额				6.4 倍	1.8 倍	66.5		21.2	23.1
出口				5.5 倍	1.9 倍	68.4		17.6	23.6
进口				8.0 倍	1.7 倍	64.2		26.9	22.4
地方财政收入			7.9 倍	3.8 倍	1.8 倍	24.8		11.6	22.7
地方财政支出	124.0 倍	24.2 倍	8.7 倍	4.5 倍	2.0 倍	17.1	16.3	13.1	24.4

注：1999 年及以后的进出口总额因口径与往年不一样故不可比。

生产总值

单位：亿元

年份	生产总值	第一产业	第二产业	工业	建筑业	第三产业	# 交通运输、仓储和邮政业	# 批发零售贸易业	人均生产总值（元）
1978	69.05	29.46	27.58	20.91	6.67	12.01	2.34	4.49	226
1979	76.83	32.38	30.50	23.56	6.94	13.95	2.72	5.21	247
1980	84.27	35.89	33.98	25.86	8.12	14.40	2.80	5.16	267
1981	94.13	41.23	35.80	28.62	7.18	17.10	3.33	6.09	294
1982	110.12	47.04	42.39	34.21	8.18	20.69	4.01	7.41	339
1983	120.07	49.33	47.28	39.08	8.20	23.46	4.56	8.37	363
1984	139.58	57.33	54.38	44.14	10.24	27.87	5.42	9.94	417
1985	164.96	66.07	65.41	52.51	12.90	33.48	6.51	11.94	486
1986	182.28	71.32	70.83	61.09	9.74	40.13	7.84	14.20	529
1987	229.03	84.06	84.30	73.30	11.00	60.67	11.80	21.66	653
1988	301.09	103.47	112.40	99.19	13.21	85.22	14.57	33.01	845
1989	363.05	119.01	138.06	124.73	13.33	105.98	18.47	39.48	1003
1990	451.67	168.13	157.80	142.77	15.03	125.74	19.82	40.44	1224
1991	517.41	169.48	179.56	162.32	17.24	168.37	23.70	52.76	1377
1992	618.69	186.80	219.03	193.90	25.13	212.86	25.19	73.64	1625
1993	783.27	191.45	325.57	284.65	40.92	266.25	30.52	95.84	2030
1994	983.78	236.25	428.68	383.91	44.77	318.85	39.01	114.70	2515
1995	1222.15	302.69	534.78	480.95	53.83	384.68	49.93	134.91	3083
1996	1517.69	360.48	669.06	599.82	69.24	488.15	67.97	161.27	3780
1997	1676.17	387.02	743.82	657.05	86.77	545.33	77.37	169.34	4121
1998	1831.33	403.43	818.26	705.55	112.71	609.64	90.76	183.14	4446
1999	1899.82	406.87	811.90	686.09	125.81	681.05	110.48	194.42	4558
2000	2011.19	431.80	833.25	704.00	129.25	746.14	123.23	216.33	4769
2001	2138.31	444.42	868.06	730.81	137.25	825.83	142.34	221.24	5015
2002	2312.82	463.44	934.88	788.44	146.44	914.50	154.71	239.25	5366
2003	2556.02	494.60	1047.66	882.08	165.58	1013.76	176.38	244.87	5871
2004	3081.91	593.59	1281.63	1066.41	215.22	1206.69	219.90	278.68	7012
2005	3462.73	661.69	1426.42	1168.68	257.74	1374.62	250.46	345.58	7812
2006	3988.14	724.40	1705.83	1401.57	304.26	1557.91	175.98	306.20	8929
2007	4772.52	837.35	2038.39	1696.29	342.10	1896.78	196.06	354.32	10609
2008	5692.12	1020.56	2452.75	2051.73	401.02	2218.81	164.98	468.42	12570
2009	6169.75	1067.60	2582.53	2088.17	494.36	2519.62	179.45	571.03	13539
2010	7224.18	1108.38	3223.49	2604.07	619.42	2892.31	193.26	685.38	15752

注：本表按当年价格计算

生产总值指数

年份	生产总值	第一产业	第二产业	工业	建筑业	第三产业	# 交通运输、仓储和邮政业	# 批发零售贸易业	人均生产总值
1978	121.7	113.7	129.0	128.3	132.6	119.2	94.0	121.4	118.9
1979	103.1	93.0	105.8	106.3	103.2	114.8	115.8	117.1	101.3
1980	108.5	109.8	110.1	109.4	113.9	102.5	103.3	98.3	107.1
1981	107.8	109.3	103.3	105.7	91.5	117.2	119.0	111.9	106.3
1982	115.5	112.8	115.1	115.7	111.6	120.4	120.4	129.2	113.6
1983	108.4	104.2	108.9	110.3	100.2	113.3	113.7	115.3	106.6
1984	114.5	113.7	112.9	111.8	120.0	118.9	119.2	120.5	113.0
1985	113.0	106.8	113.6	112.6	119.3	119.6	125.1	116.7	111.5
1986	104.3	97.7	106.6	106.6	106.7	107.1	114.6	100.4	102.7
1987	112.3	107.7	110.4	110.3	111.0	120.7	120.5	112.0	110.4
1988	116.0	107.8	118.5	118.1	120.8	119.0	115.8	115.5	114.1
1989	105.8	103.2	103.9	104.5	100.4	111.3	120.4	104.5	104.1
1990	108.7	108.5	109.8	110.1	107.9	107.1	104.8	104.5	106.7
1991	106.6	101.1	108.9	109.3	105.5	111.0	110.0	102.9	104.7
1992	110.9	103.0	116.8	115.2	133.5	113.4	111.6	119.4	109.4
1993	111.1	102.5	113.7	113.2	117.8	117.0	118.1	112.3	109.6
1994	112.2	103.0	117.3	117.7	114.0	114.7	121.1	114.3	110.7
1995	111.7	105.0	113.5	114.2	107.1	115.2	116.8	109.3	110.2
1996	111.1	105.2	111.5	112.0	106.6	115.1	121.6	111.3	109.7
1997	109.7	104.6	110.6	109.6	120.4	112.3	119.1	104.7	108.3
1998	108.1	103.0	109.2	107.2	126.6	110.3	108.8	109.3	106.8
1999	107.3	104.5	107.0	106.5	110.9	109.3	116.6	107.9	106.0
2000	107.5	105.6	105.8	107.0	97.2	110.4	107.5	114.8	106.3
2001	106.8	103.9	103.9	103.9	104.2	111.7	119.2	103.1	105.6
2002	109.0	103.8	109.3	110.0	105.8	111.4	108.4	110.6	107.8
2003	108.8	105.5	110.1	110.2	109.7	109.1	111.3	102.4	107.7
2004	111.3	105.3	112.7	111.8	117.8	112.8	120.9	109.2	110.3
2005	108.9	104.8	107.5	106.4	113.6	111.7	111.4	115.9	107.9
2006	111.6	105.5	116.8	116.5	118.2	109.0	104.4	110.6	110.7
2007	112.2	104.2	115.2	117.0	107.2	112.5	113.1	108.7	111.4
2008	110.6	106.3	112.1	113.4	105.5	110.7	108.6	113.9	109.8
2009	112.1	105.2	113.6	111.2	126.3	113.1	108.3	121.4	111.4
2010	112.3	104.2	115.8	114.6	121.1	111.5	109.9	113.5	111.6

注：本表指数按可比价格计算

人口与就业人员

单位：万人

指标	1995 年	2000 年	2005 年	2009 年	2010 年
一、年末总人口	3989.6	4240.8	4450.4	4571.0	4601.6
按性别分：					
男性人口	2055.2	2192.0	2302.2	2364.6	2387.6
女性人口	1934.4	2048.8	2148.2	2206.4	2214.0
按城乡分：					
城镇人口	1821.3	990.6	1312.9	1554.1	1601.8
乡村人口	2168.3	3250.2	3137.5	3016.9	2999.8
按农业非农业分：					
农业人口	3445.5	3584.3	3720.5	3812.8	3838.3
非农业人口	544.1	656.5	729.9	758.2	763.3
出生率（‰）	20.75	19.05	14.72	12.53	13.10
死亡率（‰）	8.03	7.57	6.75	6.45	6.56
自然增长率（‰）	12.73	11.48	7.97	6.08	6.54
二、就业人员数	2148.5	2268.50	2461.3	2684.77	2765.85
1. 全部职工	311.5	273.40	235.71	293.60	303.67
国有经济单位	262.9	220.60	168.39	178.01	181.30
城镇集体经济单位	43.3	23.70	10.65	10.27	9.79
其他各种经济单位	5.3	29.10	56.67	105.32	112.58
#联营经济	0.6	0.29	0.19	0.25	0.25
股份制经济	2.2	25.50	45.69	57.65	62.37
外商投资经济	1.0	1.23	1.58	2.76	2.72
港、澳、台投资经济	1.3	1.61	1.53	2.43	2.37
其他经济	0.2	0.47	7.68	42.23	44.87
2. 城镇私营企业就业人员	3.9	22.90	76.09	113.33	138.08
3. 城镇个体就业人员	27.9	43.50	87.25	122.13	138.22
4. 乡村就业人员	1798.0	1921.90	2050.93	2137.27	2166.78
5. 城镇其他就业人员	7.2	6.80	11.32	18.44	19.10

全部职工工资总额和平均工资

指标	工资总额（亿元）		平均工资（元）	
	2009 年	2010 年	2009 年	2010 年
合计	788.38	903.71	26992	30177
1. 国有经济单位	546.72	619.52	30329	34330
# 企业	185.22	221.59	33262	40927
事业	232.74	260.94	27634	30637
机关	128.76	136.99	31907	33294
2. 城镇集体经济单位	21.61	24.46	21407	25137
3. 其他各种经济单位	220.05	259.73	21633	23768
# 联营经济	0.62	0.58	24033	23869
股份制经济	136.88	161.12	24619	26627
外商投资经济	7.72	7.99	27483	29479
港、澳、台投资经济	5.42	5.97	22549	25373
其他经济	69.41	84.07	17074	19343

全社会固定资产投资

单位：亿元

指标	1995 年	2000 年	2005 年	2009 年	2010 年
一、投资总额	380.57	697.94	1755.30	4527.02	5528.71
按三次产业分：					
第一产业			52.94	197.06	225.89
第二产业			653.31	1524.87	1773.18
第三产业			1049.05	2805.09	3529.64
按经济类型分：					
1. 国有经济	262.84	466.20	815.27	2144.32	2623.07
2. 集体经济	38.55	47.44	79.47	111.54	107.41
# 城镇	9.92	10.38	16.18	80.50	75.31
农村	28.63	37.05	63.29	31.04	32.10
3. 个体私营经济	39.52	110.02	240.58	419.72	244.37
# 城镇	3.57	60.27	177.30	33.24	19.98
农村	35.95	49.75	63.28	386.48	224.39
4. 其他经济	39.66	74.28	619.98	1851.44	2553.86
在投资总额中：					
房地产开发投资	36.63	83.23	246.91	737.46	900.44
二、全社会新增固定资产	290.04	499.15	916.7	2036.07	2600.49
三、全社会竣工房屋面积（万平方米）	3442.00	3552.02	4468.7	4231.00	7160.80
# 住宅	2291.19	2464.30	3041.3	2671.10	5485.20

财政、金融主要指标

单位：亿元

指标	1995 年	2000 年	2005 年	2009 年	2010 年
一、地方财政收入	98. 35	180. 75	312. 65	698. 25	871. 19
二、地方财政支出	235. 10	414. 11	766. 31	1952. 34	2285. 72
三、金融机构各项存款余额	1187. 24	2465. 68	5140. 50	11119. 64	13411. 49
# 企业存款	478. 89	1038. 40	1773. 63	3942. 38	4462. 42
四、金融机构各项贷款余额	924. 67	1987. 83	3987. 58	8779. 63	10568. 78
五、金融机构现金收入	1403. 37	5047. 79	10287. 27	16839. 06	19913. 94
金融机构现金支出	1450. 92	5060. 25	10342. 45	16927. 65	20092. 62
六、居民储蓄存款余额	500. 13	1138. 22	2430. 28	4668. 61	5719. 55
# 定期储蓄		750. 67	1399. 14	2398. 08	2825. 10

各种物价总指数

（以上年价格为 100）

指标	1995 年	2000 年	2005 年	2009 年	2010 年
居民消费价格指数	121. 3	97. 9	101. 4	100. 4	103. 7
# 城市	120. 3	97. 6	101. 7	100. 5	103. 8
农村	121. 8	98. 4	101. 0	100. 2	103. 6
服务项目价格指数	120. 3	103. 8	106. 3	99. 5	102. 0
商品零售价格指数	118. 1	97. 6	100. 1	100. 1	103. 6
# 城市	116. 3	97. 0	100. 4	99. 9	103. 5
农村	120. 1	98. 4	99. 8	100. 4	103. 7
农业生产资料价格指数	125. 5	98. 9	105. 9	99. 3	101. 4
工业品出厂价格指数	110. 2	101. 2	104. 5	91. 5	108. 8
农产品生产价格指数			104. 0	96. 5	112. 5
主要原材料、燃料、动力购进价格指数	113. 2	101. 5	106. 5	95. 0	109. 0
固定资产投资价格指数	104. 0	101. 6	104. 6	98. 1	102. 7

城镇居民家庭生活基本情况

年份	平均每户家庭人口（人）	平均每户就业人口（人）	平均每户就业面（%）	平均每一就业者负担人数（人）	人均年可支配收入（元）	人均年可支配收入指数（上年 =100）	人均年消费性支出（元）	食品
1978	4. 45	2. 15	48. 3	2. 07	327. 70	110. 6	303. 12	190. 94
1979	4. 39	2. 16	49. 3	2. 03	362. 40	109. 6	342. 60	214. 56
1980	4. 34	2. 14	49. 4	2. 03	420. 45	107. 4	380. 64	236. 66
1981	4. 28	2. 20	51. 4	1. 95	446. 41	105. 4	411. 57	247. 19
1982	4. 24	2. 27	53. 5	1. 87	492. 51	108. 5	455. 92	273. 26

年份	平均每户家庭人口（人）	平均每户就业人口（人）	平均每户就业面（%）	平均每一就业者负担人数（人）	人均年可支配收入（元）	人均年可支配收入指数（上年=100）	人均年消费性支出（元）	食品
1983	4.21	2.29	54.4	1.83	532.54	107.5	480.13	285.94
1984	4.13	2.27	55.0	1.82	608.23	111.3	527.27	311.02
1985	3.85	2.03	52.7	1.89	752.29	110.5	703.56	360.39
1986	3.80	2.03	53.4	1.88	871.75	110.6	813.92	423.93
1987	3.77	2.01	53.3	1.88	989.37	105.6	883.52	481.85
1988	3.69	1.92	52.0	1.93	1156.49	96.6	1143.29	553.70
1989	3.67	1.92	52.3	1.91	1305.15	95.7	1140.71	621.33
1990	3.57	1.93	54.1	1.85	1514.81	114.3	1272.09	679.18
1991	3.48	1.91	54.9	1.82	1703.16	108.3	1428.28	763.42
1992	3.37	1.91	56.7	1.76	2061.74	109.6	1704.15	861.60
1993	3.30	1.87	56.7	1.76	2639.07	107.7	2186.29	1066.99
1994	3.20	1.83	57.1	1.75	3433.97	110.9	2843.69	1441.93
1995	3.17	1.84	57.8	1.73	4064.93	98.4	3448.27	1808.71
1996	3.13	1.86	59.4	1.68	4977.95	113.2	4007.48	1971.54
1997	3.12	1.88	60.3	1.66	5558.29	106.7	4537.08	2109.53
1998	3.05	1.83	60.0	1.67	6042.78	106.2	5032.67	2222.58
1999	3.05	1.80	59.0	1.69	6178.68	103.5	4941.26	2194.25
2000	3.12	1.77	56.7	1.76	6324.64	104.9	5185.31	2091.70
2001	3.04	1.60	52.6	1.90	6797.71	109.6	5252.60	2105.66
2002	3.00	1.56	52.0	1.92	7628.34	113.0	5828.06	2423.43
					(7240.65)			
2003	2.99	1.55	51.8	1.93	7643.57	104.2	6023.56	2506.62
2004	2.96	1.41	47.6	2.10	8870.88	109.4	6837.01	2895.60
2005	2.96	1.33	44.9	2.22	9265.90	102.7	6996.90	2997.06
2006	2.95	1.37	46.4	2.15	10069.87	106.7	7379.81	3102.46
2007	2.88	1.39	48.3	2.07	11496.11	107.8	7921.83	3562.33
2008	2.87	1.40	48.8	2.05	13250.22	109.4	9076.61	4272.29
2009	2.85	1.40	49.1	2.04	14423.93	108.3	10201.81	4460.58
2010	2.86	1.42	49.7	2.01	16064.54	107.3	11074.08	4593.49

注：1. 人均年可支配收入指数已扣除价格因素。

2. 从2003年起，人均年可支配收入按国家统计局规定的新口径统计，2002年括号内的数据系按新口径统计。

农民家庭生活基本情况

年份	平均每户常住人口（人）	平均每户整半劳动力（人）	平均每个劳动力负担人口（人）	平均每人全年纯收入（元）	平均每人全年纯收入指数（上年＝100）	平均每人全年生活消费支出（元）	食品	平均每人年末居住面积（平方米）
1978	6.28	3.03	2.10	130.60	110.9	113.40	84.00	7.69
1979	6.01	2.83	2.12	125.21	95.9	111.50	81.00	8.37
1980	5.98	2.90	2.06	147.70	116.2	122.63	86.21	8.96
1981	5.93	2.92	2.03	178.08	115.9	137.75	91.83	9.10
1982	5.95	2.99	1.99	231.83	128.1	185.80	124.30	9.50
1983	6.04	3.37	1.79	266.66	112.8	223.81	144.63	11.68
1984	5.93	3.38	1.75	310.43	114.8	260.62	160.25	14.08
1985	5.83	3.31	1.76	325.74	96.7	267.01	177.91	14.92
1986	5.76	3.22	1.79	338.14	99.9	304.99	205.19	15.45
1987	5.68	3.20	1.77	364.57	104.1	325.65	217.26	15.86
1988	5.58	3.19	1.75	427.72	105.9	389.20	240.49	16.31
1989	5.50	3.20	1.72	477.89	100.6	436.18	269.18	16.56
1990	5.42	3.16	1.72	489.75	100.6	453.03	274.73	16.96
1991	5.20	3.02	1.72	572.58	103.4	501.36	315.10	18.02
1992	5.18	3.05	1.70	617.98	103.0	536.06	324.96	18.07
1993	5.10	3.11	1.64	674.79	101.3	625.19	382.60	20.12
1994	5.01	3.07	1.62	802.95	104.6	764.91	458.43	18.68
1995	4.94	3.12	1.59	1010.97	105.9	981.10	602.92	19.78
1996	4.90	3.15	1.56	1229.28	107.5	1209.16	743.33	19.80
1997	4.82	3.10	1.55	1375.50	104.9	1318.07	818.51	20.42
1998	4.68	3.05	1.53	1387.25	102.8	1312.31	801.99	20.64
1999	4.59	2.96	1.55	1437.63	104.3	1269.33	815.67	21.37
2000	4.56	2.85	1.60	1478.60	104.0	1270.83	749.22	22.18
2001	4.49	2.83	1.59	1533.76	104.3	1422.85	811.71	22.42
2002	4.48	2.87	1.57	1608.77	104.7	1381.54	772.61	23.72
2003	4.45	2.85	1.56	1697.12	105.0	1405.70	744.58	23.45
2004	4.41	2.88	1.53	1864.19	106.0	1569.98	847.24	23.53
2005	4.33	2.79	1.56	2041.79	106.5	1789.00	975.72	25.24
2006	4.35	2.85	1.53	2250.46	107.5	2195.64	1071.13	25.79
2007	4.32	2.85	1.52	2634.09	110.1	2637.18	1226.09	26.73
2008	4.32	2.86	1.51	3102.60	109.1	2990.61	1483.16	27.44
2009	4.30	2.87	1.50	3369.30	109.8	2924.90	1410.00	28.67
2010	4.28	2.87	1.49	3952.00	113.2	3398.00	1605.00	28.97

注：平均每人全年纯收入指数已扣除价格因素。

农村基本情况

指标	单位	2009 年	2010 年	指标	单位	2009 年	2010 年
一、农村基层组织情况				五、农业机械拥有量			
乡镇个数	个	1188	1188	农用机械总动力	万千瓦	2159.40	2411.05
#镇个数	个	492	497	# 收获机械	万千瓦	9.54	10.81
村委会个数	个	13034	12927	排灌机械	万千瓦	138.96	149.53
二、农村户数、人口、劳动力				运输机械	万千瓦	448.67	463.16
乡村户数	万户	927.56	947.30	拖拉机	万台	53.02	56.43
乡村人口数	万人	3670.84	3711.23	六、农业四化			
乡村劳动力	万人	2267.04	2299.37	当年实际机耕面积	千公顷	1334.70	1658.13
# 乡村从业人员	万人	2137.27	2166.78	有效灌溉面积	千公顷	1560.00	1588.42
三、常用耕地面积	千公顷	4202.90	4230.13	化肥施用量（折纯）	万吨	171.39	184.58
四、水库总数	座	5514	5555	乡、村水电站装机容量	万千瓦	33.36	41.26
水库库容量	亿立方米	108.30	111.20	农村用电量	亿千瓦小时	54.41	61.67

农林牧渔业总产值及指数

年份	农林牧渔业总产值（亿元）	农业	林业	牧业	渔业	农林牧渔业总产值指数（上年＝100）	农业	林业	牧业	渔业
1978	40.02	30.34	2.48	7.12	0.08	112.4	112.9	127.0	105.9	113.8
1979	44.71	33.15	3.17	8.30	0.09	94.4	92.2	108.9	98.6	124.9
1980	48.20	35.29	2.94	9.78	0.19	106.8	107.8	104.5	103.3	108.6
1981	55.20	40.46	3.77	10.77	0.20	108.9	109.9	107.9	105.1	107.3
1982	61.84	44.94	3.86	12.83	0.21	110.7	109.1	104.8	119.3	103.2
1983	65.68	46.84	4.73	13.87	0.24	105.5	103.5	116.2	108.2	114.3
1984	77.36	55.30	5.97	15.82	0.27	115.2	113.9	130.0	113.6	112.4
1985	88.88	60.24	7.89	20.35	0.40	106.4	104.5	114.7	108.4	122.3
1986	96.01	61.74	7.40	26.15	0.72	97.7	97.6	87.0	102.5	117.7

年份	农林牧渔业总产值（亿元）	农业	林业	牧业	渔业	农林牧渔业总产值指数（上年＝100）	农业	林业	牧业	渔业
1987	111.25	72.02	8.85	29.44	0.94	106.1	108.4	96.0	103.0	122.4
1988	135.39	86.75	10.05	37.03	1.56	106.6	106.9	106.2	105.8	108.4
1989	152.68	96.08	12.97	41.70	1.93	102.9	101.8	105.5	105.1	106.7
1990	211.72	138.04	18.26	54.03	1.39	106.5	105.9	109.6	107.5	104.5
1991	222.93	147.17	18.69	55.70	1.37	105.6	106.1	102.5	105.3	107.2
1992	250.35	163.93	22.84	61.56	2.02	104.4	103.7	110.2	104.2	108.4
1993	281.21	179.39	25.39	72.89	3.54	103.0	101.7	118.8	106.0	120.7
1994	356.78	228.99	30.41	92.13	5.25	103.1	101.0	106.7	105.9	124.0
1995	474.46	299.48	40.53	127.19	7.26	106.5	107.2	102.3	106.0	120.8
1996	567.51	369.36	43.21	146.03	8.91	107.4	107.4	106.3	107.4	118.3
1997	612.01	397.09	40.40	163.93	10.59	108.2	108.0	106.9	109.1	111.4
1998	620.02	381.26	41.77	184.83	12.16	104.5	100.6	105.1	112.6	124.1
1999	642.48	394.96	45.60	188.82	13.10	105.0	104.2	102.7	109.0	110.9
2000	680.86	416.36	49.75	201.49	13.26	106.5	106.1	104.1	108.6	103.8
2001	703.53	431.31	47.21	210.63	14.38	103.6	103.8	96.4	105.6	106.9
2002	737.55	445.35	53.52	223.49	15.19	104.6	103.5	109.0	105.1	109.3
	743.75	414.89	59.27							
2003	799.33	433.91	73.17	242.53	16.56	106.6	104.7	114.4	107.2	113.6
2004	965.22	516.92	86.40	305.42	19.14	106.8	106.1	103.7	108.7	109.5
2005	1068.58	559.32	105.53	339.68	22.97	106.9	104.3	108.8	110.3	111.4
2006	1209.76	630.19	142.59	362.90	26.30	108.4	107.8	113.2	107.4	117.1
2007	1414.79	707.15	156.27	459.63	35.73	107.3	106.7	109.6	106.0	121.2
2008	1641.46	790.87	183.60	570.01	38.12	107.9	106.6	111.6	109.0	106.7
2009	1706.19	850.65	196.13	557.76	41.96	105.8	104.2	106.6	107.9	110.6
2010	1810.53	925.58	184.23	588.81	48.06	104.7	102.2	108.8	106.0	110.6

注：1. 本表绝对数按当年价格计算，指数按可比价格计算。

2. 农林牧渔业总产值从2003年开始按新口径统计，2002年括号内的数据系按新口径统计的。

工业增加值及指数

年份	全部工业增加值（亿元）	规模以增加值（亿元）	国有工业	集体工业	全部工业增加值指数（%）	规模以上工业	国有工业	集体工业
1998	705.55	517.51			107.2			
1999	686.09	505.46			106.5			
2000	704.00	531.47			107.0			

年份	全部工业增加值（亿元）	规模以增加值（亿元）	国有工业	集体工业	全部工业增加值指数（%）	规模以上工业	国有工业	集体工业
2001	730.81	582.14	428.72	21.89	103.9			
2002	788.44	651.38	467.35	20.56	110.0	110.9	97.3	96.0
2003	882.08	719.75	623.89	20.22	110.2	109.1	106.0	95.2
2004	1066.41	881.28	524.30	33.38	111.8	116.6	110.5	127.5
2005	1168.68	998.83	600.03	16.97	106.4	108.4	108.1	79.4
2006	1401.57	1240.36	652.12	17.41	116.5	117.8	111.0	107.4
2007	1696.29	1494.38	759.48	16.93	117.0	117.5	117.2	91.1
2008	2051.73	1803.62	566.78	19.10	113.4	112.6	111.9	105.9
2009	2088.17	1904.38	593.02	18.59	111.2	111.2	110.6	101.9
2010	2604.07	2246.91	501.57	19.31	114.6	115.0	118.0	122.0

注：本表工业增加值按当年价格计算，指数按可比价格、以上年为100计算。

全部国有及规模以上非国有独立核算工业企业主要经济效益指标

年份	综合经济效益指数（%）	总资产贡献率（%）	资产负债率（%）	流动资产周转次数（次）	成本费用利润率（%）	全员劳动生产率（元/人）	产品销售率（%）
2000	142.69	16.35	55.43	1.31	8.39	68960	98.79
2001	148.48	15.57	54.14	1.24	8.99	82039	98.61
2002	143.98	15.43	54.19	1.23	6.97	94973	99.00
2003	159.72	16.61	54.88	1.37	8.62	110665	99.36
2004	222.57	19.16	52.66	1.49	12.94	134384	98.47
2005	218.74	18.34	52.18	1.62	10.63	145111	99.28
2006	243.22	19.50	54.86	1.72	10.99	177701	98.38
2007	253.96	19.90	54.40	1.90	10.79	190846	98.31
2008		17.69	57.40	1.74	7.66	227801	95.28
2009	233.80	15.90	57.10	1.60	8.50	192961	95.80
2010	262.01	18.10	59.70	1.80	10.80	212309	96.70

注：全员劳动生产率系按当年价的工业增加值计算。

主要年份能源利用经济效益指标

年份		能源消费量（万吨标煤）	工业部门消费（万吨标煤）	亿元工业产值耗能（万吨）	吨能创造工业产值（元）	吨能创造生产总值（元）
1952	19.0	11.4	4.99	1.61	2005	6200
1978	1065.9	692.8	19.23	15.44	520	648
1985	1298.3	761.1	9.53	7.87	1050	1271
1990	1954.8	1143.6	5.66	4.33	1766	2311
1995	2640.6	1688.6	2.15	2.19	4658	4570
1996	2819.4	1746.0	2.18	1.89	4580	5291
1997	3429.0	2090.8	2.38	2.09	4200	4795
1998	3364.5	2222.9	2.24	1.88	4468	5332
1999	3288.0	2125.2	2.11	1.77	4748	5644
2000	3468.3	2346.4	1.48	1.72	6773	5799
2001	3741.0	2481.7	1.48	1.75	6750	5716
2002	4131.3	2796.9	1.51	1.79	6616	5598
2003	4450.0	3132.0	1.44	1.74	6949	5744
2004	5209.8	3802.2	1.53	1.69	6520	5916
2005	6024.0	4390.7	1.35	1.74	7402	5747
2006	6620.6	4882.8	1.19	1.66	8418	6024
2007	7132.6	5301.0	1.03	1.49	9691	6691
2008	7510.8	5598.0	0.98	1.32	10252	7579
2009	8032.1	5868.9	0.94	1.30	10669	7680
2010	8674.2	6301.6	0.80	1.20	12506	8328

注：2000－2004年各项数据均按第一次经济普查口径调整，与往年不可比；2004－2008年各项数据已根据第二次经济普查数据进行了修正；能源消费量采用等价热值计算，生产总值与工业产值用当年价计算，年度之间不可比。

运输邮电主要指标

指标	单位	1995 年	2000 年	2005 年	2009 年	2010 年
铁路营运里程	千米	1644	2015	1925	1924	1924
公路通车里程	千米	68236	163604	194495	206028	209231
# 高速公路					2512	2630
民用航空航线里程	千米	51638	119702	135448	152041	182841
货物运输量	万吨	38400	52452	62246	47455	52775
# 铁路	万吨	2829	3521	5300	5945	6267
公路	万吨	35446	48789	56702	40765	45665
水路	万吨	123	134	236	345	402
民用航空	万吨	2. 40	7. 8	7. 93	7. 74	8. 74
管道	万吨				393	432
旅客运输量	万人	21697	33704	41079	36590	40423
#铁路	万人	1257	1532	1574	2436	2708
公路	万人	20095	31586	38509	32775	36230
水路	万人	134	241	501	658	731
民用航空	万人	211	345	495	721	754
货物周转量	亿吨千米	307. 71	479. 52	656. 49	910. 43	990. 50
#铁路	亿吨千米	114. 24	180. 76	270. 37	340. 95	358. 31
公路	亿吨千米	192. 10	296. 65	381. 96	496. 14	548. 53
水路	亿吨千米	1. 06	0. 98	2. 93	5. 42	6. 91
民用航空	亿吨千米	0. 31	1. 13	1. 23	1. 16	1. 29
管道	亿吨千米				66. 76	75. 46
旅客周转量	亿人千米	137. 93	237. 94	331. 60	448. 45	523. 64
#铁路	亿人千米	23. 03	31. 35	41. 04	63. 37	80. 73
公路	亿人千米	93. 10	171. 20	233. 12	302. 22	352. 10
水路	亿人千米	0. 35	0. 78	1. 05	1. 55	1. 78
民用航空	亿人千米	21. 45	34. 57	56. 39	81. 31	89. 03
邮电业务总量	亿元	13. 97	64. 3	272. 20	669. 99	765. 11
函件	万件	16024	10001	7958	6516	5499
报刊期发数	万份	485	758	318	305	301
固定电话户数	万户				583. 12	562. 53
移动电话户数	万户				1936. 38	2244. 53

注：1. 邮电业务总量1995年的数据是按1990年不变价格计算的，2000年及以后的数据是按2000年不变价格计算的。

2. 公路客货运输量2009和2010年因统计口径变化，与往年不可比。

社会消费品零售总额

单位：亿元

指标	1995 年	2000 年	2005 年	2009 年	2010 年
社会消费品零售总额	369. 55	583. 17	1034. 40	2051. 06	2500. 14
一、按经济类型分					
公有经济	211. 07	229. 41	187. 68	335. 24	435. 35
# 国有经济	143. 66	148. 53	116. 80	275. 91	359. 11
非公有经济	158. 48	353. 76	846. 72	1715. 82	2064. 80
# 私有经济	92. 26	253. 92	660. 22	1440. 72	1843. 61
二、按行业分					
批发零售贸易业	328. 85	493. 53	823. 83	1746. 24	2151. 43
住宿和餐饮业	22. 82	74. 87	155. 44	304. 82	348. 72
其他	17. 88	14. 77	55. 13		
三、按销售地区分					
城镇	277. 47	448. 36	803. 83	1622. 74	1992. 72
乡村	92. 08	134. 81	230. 57	428. 32	507. 42

对外经济贸易和旅游主要指标

指标	单位	2009 年	2010 年	指标	单位	2009 年	2010 年
一、对外贸易情况				三、对外经济技术合作			
进出口贸易总额	万美元	802661	1336795	对外承包、劳务合作及设计咨询合同额	万美元	93021	97676
# 出口	万美元	451642	760568				
进口	万美元	351019	576227	对外承包、劳务合作及设计咨询营业额	万美元	74195	99002
# 边境贸易	万美元	126134	173558				
# 出口	万美元	70742	98843	四、旅游事业发展情况			
进口	万美元	55392	74715	接待国内外旅游者	万人次	12307	14166
二、利用外资情况				# 国内旅游者	万人次	12022	13837
外商直接投资合同项目	个	190	163	海外旅游者	万人次	284	329
外商直接投资合同金额	万美元	168249	151755	旅游总收入	亿元	810. 7	1007. 0
外商直接投资实际利用金额	万美元	91010	132902	# 国内旅游收入	亿元	730. 7	917. 0
				旅游外汇收入	万美元	117221	132365

注：进出口贸易总额为海关统计数。

进出口贸易总额

单位：万美元

年份	进出口总额	出口额	进口额	差额 （+出超，-入超）
1985	25413	15032	10381	+4651
1986	32472	19682	12790	+6892
1987	46642	32301	14341	+17960
1988	67571	47258	20313	+26945
1989	80210	53863	26347	+27516
1990	75114	56241	18873	+37368
1991	75682	52468	23214	+29254
1992	96546	64869	31677	+33192
1993	121304	77379	43925	+33454
1994	160363	105334	55029	+50305
1995	212102	133097	79005	+54092
1996	205865	114168	91697	+22471
1997	201111	121425	79686	+41739
1998	203498	126299	77199	+49100
1999	165969	103444	62525	+40919
2000	181283	117516	63767	+53749
2001	198906	124412	74494	+49918
2002	222635	142965	79670	+63295
2003	266767	167658	99109	+68549
2004	374776	223882	150894	+72988
2005	473822	264158	209664	+54494
2006	623174	339143	284031	+55112
2007	877976	473613	404363	+69250
2008	959887	500139	459748	+40391
2009	802661	451642	351019	+100623
2010	1336795	760568	576227	+184341

注：本表数据均包括边境贸易，1998 年以前为外贸业务数，1999 年以后为海关统计数。

2010年西部12省区主要经济指标（一）

指标	单位	云南	四川	贵州	广西	西藏	重庆
年末总人口	万人	4601.6	8042	3475	1603	300	2885
地区生产总值（当年价）	亿元	7224.18	16898.6	4594.0	9502.4	507.5	7894.2
农林牧渔业总产值（当年价）	亿元	1810.53	4081.8	997.8	2721.0	100.8	1021.1
工业增加值（当年价）	亿元	2604.07	7326.4	1516.87	3860.46	39.73	3697.83
#规模以上工业增加值	亿元	2246.91			3009.93	29.25	
#轻工业增加值	亿元	1037.45			878.54	9.69	
重工业增加值	亿元	1209.46			2131.39	19.57	
主要工农业产品产量							
粮食	万吨	1531.00	3222.9	1112.3	1412.3	91.2	1156.1
油料	万吨	34.23	268.5	60.3	45.8	5.9	44.4
甘蔗	万吨	1750.92			7119.6		
烤烟	万吨	95.40		37.02	2.03		
蔬菜	万吨	1255.03	3408.3	1202.4	2129.4	58.1	1309.5
水果	万吨	397.91	722.9	123.5	1094.4	2.2	238.5
茶叶	万吨	20.73	16.9	5.23	3.92		
肉类	万吨	321.38	656.6	179.10	387.8	25.0	192.5
水产品	万吨	48.17	105.1	8.79	275.1		
布	亿米	0.04	14.9	0.1	0.20		8.4
机制纸及纸板	万吨	44.87			225.11		
糖	万吨	179.78			705.46		
卷烟	亿支	3573.78	914.2	1196.2	716.50		501.0
钢	万吨	1293.77	1581.0	360.48	1204.57		456.10
成品钢材	万吨	1214.99	1976.6	391.04	1560.34		699.92
十种有色金属	万吨	240.34	84.7	93.28	140.56	0.15	25.84

指标	单位	云南	四川	贵州	广西	西藏	重庆
原煤	万吨	9763.38	10836.2	15954.0	757.57		4547.03
发电量	亿千瓦小时	1364.85	1683.8	1385.6	1032.15	24.16	504.28
水泥	万吨	5786.16	13227.6	3694.8	7516.51	219.12	4598.04
汽车	万辆	10.19	10.30	0.84	136.61		161.40
运输邮电							
货物周转量	亿吨公里	990.5	1808	1006	2927	39	2016
旅客周转量	亿人公里	523.64	1066	475	879	33	461
邮电业务总量	亿元	765.11	1458.9	581.90	806.96	63.84	601.05
全社会固定资产投资	亿元	5528.71	13582.0	3186.28	7859.07	463.26	6934.8
房地产开发投资	亿元	900.44	2194.6	556.69	1206.22	8.96	1620.26
国有单位投资	亿元	2623.07			2958.58	344.41	
社会消费品零售总额	亿元	2500.14	6810.1	1482.7	3312.0	185.3	2938.6
进出口贸易总额	亿美元	133.68	327.8	31.4	177.1	8.4	124.3
出口	亿美元	76.06	188.5	19.2	96.1	7.7	74.9
进口	亿美元	57.62	139.3	12.2	81.0	0.6	49.4
地方财政收入	亿元	871.19	1561.0	533.89	772.30	36.65	1018.36
地方财政支出	亿元	2285.72	4242.5	1640.17	1994.42	550.95	1770.96
城镇居民人均可支配收入	元	16064.5	15461.2	14142.7	17063.9	14980.5	17532.4
农民人均纯收入	元	3952.0	5086.9	3471.9	4543.4	4138.7	5276.7

2010 年西部 12 省区主要经济指标（二）

指标	单位	内蒙古	陕西	甘肃	青海	宁夏	新疆
年末总人口	万人	2471	3733	2558	563	632	2181
地区生产总值（当年价）	亿元	11655．0	10021．5	4119．5	1350．4	1643．4	5418．8
农林牧渔业总产值（当年价）	亿元	1843．6	1666．1	1057．0	201．3	305．9	1846．2
工业增加值（当年价）	亿元	5618．4	4516．4	1602．87	613．65	648．53	2105.0
#规模以上工业增加值	亿元		4159.51	1376.34	571.76	552.89	
#轻工业增加值	亿元		565.85	193.99	45.35	82.38	
重工业增加值	亿元		3593.66	1182.35	526.41	470.51	
主要工农业产品产量							
粮食	万吨	2158.2	1164.9	958.3	102.0	356.5	1170.7
油料	万吨	128.1	56.1	64.1	34.4	20.8	66.6
甘蔗	万吨						
烤烟	万吨		6.7	1.01			
蔬菜	万吨	1350.9	1384.0	1235.5	141.6	407.4	1734.4
水果	万吨	278.2	1476.5	488.5	3.8	228.9	1028.8
茶叶	万吨		2.5				
肉类	万吨	238.70	102.6	84.40	28.30	25.7	121.7
水产品	万吨	11.38	6.0	1.23	0.16	9.0	10.0
布	亿米	1.0	7.52	0.1			1.5
机制纸及纸板	万吨						37.1
糖	万吨	12.04					45.1
卷烟	亿支	265.0	830.0	400.0			150.0
钢	万吨	1232.8	604.8	662.25	137.33		825.5
成品钢材	万吨	1341.4	994.9	699.17	137.91	33.00	891.70

指标	单位	内蒙古	陕西	甘肃	青海	宁夏	新疆
十种有色金属	万吨	224. 5	112. 71	195. 53	156. 72	102. 26	9. 09
原煤	万吨	78664. 7	36115. 5	4547. 20	1863. 19	6613. 61	9926. 7
发电量	亿千瓦小时	2483. 9	1112. 3	791. 53	468. 23	587. 14	679. 3
水泥	万吨	5354. 4	5463. 8	2414. 11	811. 09	1357. 45	2401. 0
汽车	万辆	5. 2	65. 21	2. 10			0. 2
运输邮电							
货物周转量	亿吨公里	4713	2465	1764	420	819	1359
旅客周转量	亿人公里	389	747	539	95	99	421
邮电业务总量	亿元	675. 43	902. 85	456. 34	122. 1	156. 2	582. 32
全社会固定资产投资	亿元	8972. 08	8562. 04	3378. 10	1068. 73	1464. 70	3539. 00
房地产开发投资	亿元	1120. 02	1160. 23	266. 41	108. 19	254. 37	344. 93
国有单位投资	亿元	3371. 02	4996. 37		644. 87	776. 08	
社会消费品零售总额	亿元	3384. 0	3195. 7	1394. 5	350. 8	403. 6	1375. 1
进出口贸易总额	亿美元	87. 2	120. 8	73. 3	7. 9	19. 6	171. 3
出口	亿美元	33. 4	62. 1	16. 4	4. 7	11. 7	129. 7
进口	亿美元	53. 8	58. 7	56. 9	3. 2	7. 9	41. 6
地方财政收入	亿元	1069. 98	957. 92	353. 56	110. 21	153. 64	500. 58
地方财政支出	亿元	2280. 47	2217. 62	1466. 66	743. 40	555. 87	1698. 91
城镇居民人均可支配收入	元	17698. 2	15695. 2	13188. 6	13855. 0	15344. 5	13643. 8
农民人均纯收入	元	5529. 6	4105. 0	3424. 7	3862. 7	4674. 9	4642. 7

2010年云南主要经济指标占全国的比重及在全国的位次

指标	单位	指标值		云南占全国的比重（%）	云南在全国的位次
		云南	全国		
年末总人口	万人	4601.6	133972	3.4	12
生产总值（当年价）	亿元	7224.18	397983.3	1.8	24
第一产业	亿元	1108.38	40497.0	2.7	16
第二产业	亿元	3223.49	186480.9	1.7	24
第三产业	亿元	2892.31	171005.4	1.7	23
农林牧渔业总产值（当年价）	亿元	1810.53	69319.8	2.6	19
工业增加值（当年价）	亿元	2604.07	160029.6	1.6	24
#规模以上工业增加值	亿元	2246.91			
轻工业增加值	亿元	1037.45			
重工业增加值	亿元	1209.46			
全社会固定资产投资	亿元	5528.71	278139.8	2.0	22
房地产开发投资	亿元	900.44	48267.1	1.9	20
国有单位投资	亿元	2623.07			
社会消费品零售总额	亿元	2500.14	156998.4	1.6	24
进出口总额	亿美元	133.68	29727.6	0.4	21
出口额	亿美元	76.06	15779.3	0.5	20
进口额	亿美元	57.62	13948.3	0.4	23
财政收入	亿元	871.19	83080.3		
财政支出	亿元	2285.72	89575.4		
城镇居民人均可支配收入	元	16064.50	19109.4		15
农民人均纯收入	元	3952.00	5919.0		28
主要农产品产量					
粮食	万吨	1531.00	54647.7	2.8	14
油料	万吨	34.23	3230.1	1.1	22
甘蔗	万吨	1750.92	11078.9	15.8	2
烤烟	万吨	95.40	273.1	34.9	
蔬菜	万吨	1255.03	65099.4	1.9	18

指标	单位	指标值		云南占全国的比重（%）	云南在全国的位次
		云南	全国		
水果	万吨	397.91	21401.4	1.9	19
茶叶	万吨	20.73	147.5	14.1	
肉类	万吨	321.38	7925.8	4.1	12
水产品	万吨	48.17	5373.0	0.9	
主要工业产品产量					
布	亿米	0.04	800.0		
机制纸及纸板	万吨	44.87			
糖	万吨	179.78	1102.9	16.3	2
卷烟	亿支	3573.78	23752.6	15.0	1
钢	万吨	1293.77	62695.9	2.1	14
成品钢材	万吨	1214.99	79775.5	1.5	19
十种有色金属	万吨	240.34	3092.6	7.8	3
原煤	万吨	9763.38	324000	3.0	13
发电量	亿千瓦小时	1364.85	42065.4	3.2	13
水泥	万吨	5786.16	188000	3.1	14
化肥	万吨	363.97	6740.6	5.4	6
汽车	万辆	10.19	1827.0	0.6	22

注：云南财政收入和财政支出数为地方财政一般预算口径。

2010年云南省主要贸易品种数量情况

品种	本年累计完成额	去年同期完成额	比去年同期增减额	同比增减
煤炭（万吨）	173	113	60	53%
钢材（万吨）	122	53	69	130%
有色金属（吨）	834	1104	-270	-24%
白糖（万吨）	14	15	-1	-7%
黄磷（吨）	11530	14786	-3256	-22%
化肥（吨）	3780	900	2880	320%
塑料（吨）	7041	8102	-1062	-13%
汽车（辆）	18734	15375	3359	22%
工程机械（辆）	416	308	108	35%

表彰 · 奖励

Honor & Rewards

2010年度云南省科学技术奖励项目（人、组织）名单

自然科学奖（36项）

特等奖（1项）

1.《云南植物志》的编研

吴征镒 陈书坤 朱维明 闵天禄
李德铢 彭 华 李锡文 樊国盛
孙 航 孙必兴 庄璇璇 李 恒
白佩瑜 高 谦 黎兴江

一等奖（3项）

1. 微波在冶金中应用的基础理论研究

彭金辉 张利波 华一新 郭胜惠
刘纯鹏 张世敏 夏洪应

2. 真兽类若干类群的分子系统学研究

张亚平 于黎 罗静

3. 新基因起源和遗传进化的机制研究

王文 杨爽 周琦 张越 赵若苹
俞海菁 蔡晶

二等奖（12项）

1. 基于与建筑结合的太阳能集热器件能量传输转换机理研究

李明 林文贤 唐润生 刘滔 高文峰

2. 云南粉虱传双生病毒的种类、分布及其分子变异特征

张仲凯 丁铭 周雪平 董家红 方琦

3. 云南两栖爬行动物分类区系及其适应性进化

杨大同 饶定齐 刘万兆 利思敏
吕顺清

4. 非线性时滞微分方程的周期解及稳定性研究

李永昆 刘 萍 赵莉莉

5. 非线性分析中的若干障碍问题及相关问题研究

吴 鲜 赵富坤 滕凯民

6. 有γ辐射的类星体CCD观测和高能辐射机制研究

张 雄 郑永刚 马力 胡绍明
鲍玉英

7. 灯台树等资源植物中新颖结构、生物活性及新药临床前研究

罗晓东 蔡祥海 杜芝芝 冯涛
尚建华

8. 非制冷红外探测材料与器件的研究

杨宇 王茺 刘焕林 李亮 张曙

9. 受限域汉语问答系统研究

余正涛 毛存礼 郭剑毅 向凤红
黄青松

10. 手掌多生物特征识别技术研究

徐 丹 余鹏飞 袁国武 张学杰
魏骁勇

11. 有机钒配合物的设计、合成和抗糖尿病药理机制

李 玲 刘伟平 谢明进 高丽辉
谌喜珠

12. 以VEGFR2胞外域为靶点的口服基因工程疫苗抗大肠血管生成实验研究

陈明清 董坚 李文亮 杨 军
洪 敏

三等奖（20项）

1. 云南重大气候灾害形成机理研究

程建刚 晏红明 严华生

2. 间作系统中作物种间碳氮代谢与其抗病性的关系

汤利 郑毅 赵平

3. 中国三种野生稻的群体遗传学和保护遗传学

高立志 葛颂 董玉琛

4. 中国地星科鸟巢菌科真菌研究与科志编写

周彤遷 杨斌 赵理忠

5. 原子层热电堆物理及应用

张鹏翔 刘翔 张辉

6. 腾冲火山区3个壳内岩浆囊的发现

赵慈平 姜朝松 上官志冠

7. 云南东部早寒武世马龙动物群和关山动物群

罗惠麟 李勇 胡世学

8. 云南民族民间44种药用植物的化学成分研究

李 良 羊晓东 赵静峰

9. 滇产芸香科植物化学及其生物活性研究

何红平 郝小江 汪云松

10. 颈部淋巴结超声图像量化分析系统

张俊华 汪源源 施心陵

11. 几种环境重金属元素分析中的新方法研究

胡秋芬　杨光宇　章　新

12. 灵长目几个类群代表物种的染色体涂色研究

佴文惠　杨凤堂　王金焕

13. 小分子抗氧化剂在红细胞膜氧化损伤中的作用机制

邹成钢　李树德　周薇

14. 轮状病毒NSP4基因变异与毒力关系及NSP4抗体对轮状病毒感染的干预研究

侯宗柳　黄永坤　蒋立虹

15. 复合材料置入软骨下骨诱发兔膝骨关节炎的实验研究

舒钧　陆继鹏　浦波

16. 良性胆管瘢痕狭窄原因、形态学，相关细胞因子和癌基因表达的研究

张小文　邹浩　王炳煌

17. JAK/STAT活化对实验性结肠炎大鼠金属蛋白酶表达的研究

缪应雷　段丽平　盛　娟

18. 滇丹参对瘢痕成纤维细胞生物学行为的影响

刘流　袁瑞红　赵德萍

19. 临床常见革兰阴性杆菌整合子与多重耐药相关性研究

杜艳　单斌　缪应雷

20. 脐血来源VECs与ADSCs联合培养异位成骨研究

王福科　刘流　赵德萍

技术发明奖（9项）

一等奖（1项）

1. 内河小型船舶电力推进系统研制

顾　伟　邱　江　薛圻蒙　褚建新
唐安慧　康　伟　曾昭文　沈爱弟
杨艳萍

二等奖（2项）

1. 引进水稻新株型材料进行育种创新与示范应用研究

袁平荣　普双有　杨从党　周能
李贵勇　李　全　李俊流

2. 铸轧坯料生产5754合金铝板关键技术研究

田　永　陈德斌　李　全　胥福顺
丁吉林　杨钢　王吉坤

三等奖（6项）

1. 热带高淀粉玉米云瑞4号的选育

番兴明　张玉东　严富民　陈　威
姚文华

2. 高性能银基系列钎料开发

罗锡明　李　季　李靖华　张利斌
金娅秋

3. 高炉炼铁烟尘综合回收有色金属及再资源化新技术

王树楷　王浩洋

4. 鲜花含片关键技术研究与系列产品开发

吴荣书　戈振杨　袁唯　董文明　陆萍

5. 穿流式滚筒热风润叶方法及装置

张勇　李顺忠　徐源宏　张滨　史云鹏

6. CDE复合型沥青改性剂的研制、产业化与应用

吴飞云　侯云建　于諴　王陆昌　夏非

科学技术进步奖（133项）

科技创业奖（4名）

1. 云南临沧鑫圆锗业股份有限公司

包文东

2. 曲靖博浩生物科技股份有限公司

柏老六

3. 云南沃森生物技术股份有限公司

陈尔佳

4. 云南瑞升烟草技术（集团）有限公司

杨伟祖

一等奖（9项）

1. 大型曲面阴极高能效铝电解槽新技术的研究与开发

云南冶金集团股份有限公司
云南铝业股份有限公司
中南大学
丁吉林　田　永　李　稶　杨叶伟
张春生　董仕毅　倪为民　王进录
熊自勇　丁风其　普曦俊

2. 云南优势及新型花卉原种繁育技术创新与应用

云南省农业科学院花卉研究所
农业部花卉产品质量监督检验测试中心（昆明）
吴丽芳　屈云慧　赵培飞　王继华
杨春梅　瞿素萍　黎　霞　蒋亚莲
丁仁展　李进昆　王祥宁

3. 环保防潮型刨花板工业化生产技术

西南林业大学
昆明新飞林人造板有限公司

河北金赛博板业有限公司
昆明人造板机器厂
昆明美林科技有限公司唐山福春林木业有限公司
杜官本　张建军　张国华　李学新
李　宁　储建基　袁运增　段珍光
雷　洪　施金国　文天国

4. 布沼坝露天矿五期扩建安全控制关键技术的研究

云南省小龙潭矿务局
北方工业大学
北京建筑工程学院
北京工业职业技术学院
云南地质工程勘察设计研究院
杨　宏　冉启发　孙世国　王文忠
朱孔凡　朱家春　宋志飞　陈路良
薄志毅　王明珠　范建明

5. 大型枢纽机场行李分拣系统特征实验线研制建设

昆明船舶设备集团有限公司
李　涛　马一川　张晓昆　李　攀
谢军华　江　敏　张家毅　何　炬
吴　刚　徐信荣　张智勇

6. 基于广域信息的云南电网送粤交直流混联输电断面统一协调控制研究

昆明理工大学　云南电力调度中心
束洪春　孙士云　廖泽龙　王　文
杨　强　董　俊　邱革非　刘志坚
唐　岚　刘可真　孙向飞

7. 高心墙堆石坝施工质量实时监控关键技术及工程应用

天津大学
华能澜沧江水电有限公司
中国水电顾问集团昆明勘测设计研究院
中国安能建设总公司
中国水利水电建设工程咨询西北公司
马洪琪　钟登华　张宗亮　张社荣
艾永平　刘东海　刘兴国　刘兴宁
吴　敏　崔　博　杨晋生

8. 山区高速公路危险路段交通安全设施系统的研究

云南省公路开发投资有限责任公司
云南蒙新高速公路建设指挥部
北京中路安交通科技有限公司
云南省交通规划设计研究院
谢凤禹　周应新　马　亮　张汝文
杨　强　荆　坤　杨云东　杨泽龙
岳锐强　李志厚　张　浩

9. 云南省二十年艾滋病流行规律及综合防治研究与应用

云南省疾病预防控制中心
云南省艾滋病关爱中心
云南省药物依赖防治研究所
云南省妇幼保健院
陆　林　贾曼红　樊移山　李建华
张　燕　马艳玲　张　勇　罗红兵
程何荷　赵尚德　张家鹏

二等奖（21 项）

1. 次氧化锌粉综合回收利用技术产业化

云南云铜锌业股份有限公司
牛　皓　戴兴征　杨美彦　杨建军
黄　江　刘茂利　沙月萍　程　瑛
黄孟阳

2. 优质弱筋小麦新品种“云麦 47、云麦 51”选育及应用

云南省农业科学院粮食作物研究所
玉溪市红塔区农业技术推广站
文山苗族壮族自治州农业科学研究所
昆明市农业科学研究院
弥勒县农业技术推广中心
于亚雄　胡银星　陈永堂　杨金华
杨木军　刘树英　吴美荣　程　耿
顾　坚

3. 烟草三种主要病害抗药性研究及应用

云南省烟草农业科学研究院
云南大学
云南省烟草公司文山州公司
云南省烟草公司昆明市公司
云南省烟草公司曲靖市公司
云南省烟草公司楚雄州公司
云南省烟草公司大理州公司
祝明亮　张克勤　李梅云　宋利民
刘月静　杨　明　曾　嵘　布云虹
蒋自立

4. 云夏等 4 个板栗新品种选育

云南省林业科学院
宁德鲁　陆　斌　邵则夏　杨卫明
杜春花　张艳丽　陈　芳　陈　福
施兴学

5. 六种重要动物外来病早期快速检测试剂盒研发

云南出入境检验检疫局检验检疫技术中心
深圳出入境检验检疫局动植物检验检疫

技术中心
珠海出入境检验检疫局动植物检验检疫技术中心
花群义　徐自忠　杨　素　周晓黎
董　俊　杨建明　杨云庆　秦智锋
吕建强

6. 云南高品质奶牛性控胚胎生产及种公牛胚胎克隆技术研发
云南中科胚胎工程生物技术有限公司
美国康涅狄格大学再生生物学研究中心
苏　雷　王姝瑭　贾银海　毛凤显
杨玉梅　马晓宁　陈永昌　丁爱军
周艳华

7. 云南中低品位胶磷矿选矿技术产业化开发
云南磷化集团有限公司
武汉工程大学
中蓝连海设计研究院
吴元欣　张文学　李耀基　钟康年
柏中能　罗惠华　刘丽芬　潘志权
罗昆义

8. 20万吨/年醋酸特种材料（锆镍钼铬及其合金复合材料）设备研制
云南大为化工装备制造有限公司
李亚民　杨　勇　孙承一　王　忠
陈荣伟　曾永平　顾绍珏　李天美
戎加富

9. 高档、高端卷烟产品的研发
红塔烟草（集团）有限责任公司
牟定荣　董　伟　刘　强　龚荣岗
张育光　彭国岗　白晓莉　王晓辉
刘旭九

10. 高速电气化铁道AT供电方式220kV单相牵引变压器
云南变压器电气股份有限公司
吕维华　杨宏伟　杨绍斌　李　寒
游晓红　潘　英　楚振宇　杨　江
叶剑云

11. 云南省公安信息化自动预警平台
云南省公安厅
云南省公民身份认证服务中心
昆明世科计算机网络有限公司
罗石文　郭洪斌　杨毓鉴　朱智江
李　锐　颜家银　杨永泸　李　辉
李　骏

12. 大型地下洞室高边墙稳定施工技术研究
中国水利水电第十四工程局有限公司
范开平　刘　文　王来所　和孙文
杨瑞莲　张国良　庄升会　郭振华
王晓丽

13. 碎裂玄武岩夹凝灰岩型铁路单线隧道综合技术研究
昆明铁路局建设管理处
中铁十局集团有限公司
中国中铁二院工程集团有限责任公司
昆明铁路局滇西铁路建设指挥部
梁中宇　张敏银　沈　周　杨　英
唐　勇　张晓明　韩忠平　王化武
忻　帆

14. 小湾电站700MW高水头大型水轮机埋件制造安装技术总结与创新
中国水利水电第十四工程局有限公司机电安装分公司
彭贵军　刘　诚　赵七美　赵佳华
毛永茂　李　郑　余天才　王秀然
李冬亮

15. 云南矿区污染土地植物修复与植物采矿技术示范
中国科学院地理科学与资源研究所
云南锡业集团有限责任公司
云南省环境科学研究院
刘晓海　陈同斌　董　琨　雷　梅
黄迎红　高云涛　刘忠翰　邓　晴
段刚

16. 静脉药物配伍可行性和稳定性的研究及应用
成都军区昆明总医院　武汉大学药学院
徐　帆　徐贵丽　徐昕明　张　青
郭　鹏　冯恩富　赵益斌　苏　莉

17. 云南省地方习用药材标准和饮片标准的研究
云南省食品药品检验所
西双版纳州食品药品检验所
楚雄州食品药品检验所
云南白药集团股份有限公司
云南鸿翔中草药有限公司
西双版纳州民族医药研究所（西双版纳州傣医医院）
云南省彝族医药研究所
薛志革　明全忠　刘德全　孙学明
方海云　余彩仙　姜明辉　豆　涛
陈彬

18. 有限元技术在骨科的应用
成都军区昆明总医院　南方医科大学
陆　声　张美超　徐永清　梅良斌
王跃力　姜　楠

19. 育龄妇女不同人群生殖道感染特点及检测技术临床应用系列研究
昆明医学院第二附属医院
云南省人口和计划生育科学技术研究所
杨红英　陆海音　吕　琳　郃文琳
杨　旭　番寿蕊　刘晓莉　李亚波
秦燕春

20. 碘—125 粒子组织间植入内放射治疗恶性肿瘤基础与临床系列研究
云南省第二人民医院
罗开元　杨　镛　李　波　毛文源
杨　嵘　王明春　段宝凤　张万福
李晓刚

21. 结直肠癌手术及处理因素与相关肠道微生态的研究
云南省第一人民医院
王昆华　包维民　龚昆梅　郭世奎
刘为军　龙亚新　欧阳一鸣　张　剑
凌　平

三等奖（99 项）

1. 铂类抗癌药物的合成新技术
昆明贵研药业有限公司
普绍平　朱泽兵　丛艳伟　彭　娟
栾春芳　何键　刘祝东

2. 迪庆藏族自治州冬作马铃薯高产高效栽培集成技术示范
迪庆藏族自治州土肥站　香格里拉县尼西乡农科站
和顺荣　木德伟　俞国新　王建忠
李世强　蒋春秀　海秀芝

3. 云南大叶茶良种长叶白毫选育与应用
云南省农业科学院茶叶研究所　德宏州茶叶技术推广站　临沧市茶叶科学研究所
王海思　杜　煊　王朝纪　李光涛
朱凤铭　王平盛　张俊

4. 早熟、高产油量杂交油菜新品种云油杂2号、3号选育与应用
云南省农业科学院经济作物研究所
临沧市农业科学研究所
贵阳市农业试验中心
保山市隆阳区农业技术推广所
丽江市玉龙县农技推广中心
李劲峰　蒋海玉　张美华　符明联　邓勇　郑树松　贺斌

5. 糖能兼用甘蔗新品种云蔗94—375的选育
云南省农业科学院甘蔗研究所
陈学宽　范源洪　刘家勇
吴才文　赵　俊　赵培方
杨洪昌

6. 多用途工业大麻品种“云麻1号”选育及配套栽培技术应用
云南省农业科学院经济作物研究所
云南省公安厅禁毒局禁种禁吸处
云南工业大麻股份有限公司
杨　明　郭鸿彦　胡学礼　许艳萍
郭孟璧　张庆滢　高运弘

7. 优质粳稻新品种云粳25号选育及应用
云南省农业科学院粮食作物研究所
大理市农业技术推广中心
曲靖市农业技术推广中心
赵国珍　苏振喜　世　荣　朱振华
蒋　聪　杨吉鹏　廖新华

8. 云南干热河谷旱坡地生态农业模式建设技术及示范
云南省农业科学院热区生态农业研究所
中国科学院水利部
成都山地灾害与环境研究所
元谋县农业综合开发办公室
云南省元谋万星生物产业开发有限公司
纪中华　杨艳鲜　方海东　沙毓沧
黄兴奇　潘志贤　熊东红

9. 水稻新品种“楚粳29号”的选育
楚雄彝族自治州农业科学研究推广所
李开斌　张天春　阮文忠　黄光和
徐加平　李自清　毕　用

10. 保山市168万亩保玉系列玉米新品种选育及示范推广
保山市农业科学研究所
邵思全　段家友　尹开庆　李琰聪
庞新益　赵毕昆　谢志坚

11. 薯蓣优质种源筛选与高效栽培技术
云南农业大学
云南永胜映华植物化工（集团）有限公司
华坪县农业局
郭华春　刘映华　罗广明　王　琼
董志渊　龙雯虹　王如贵

12. 生物多样性防控魔芋软腐病
云南省农科院富源魔芋研究所　云南农业大学
卢俊　彭磊　董坤　高祥伍
焦亚　吴康　赵琴

13. 烤烟砂培漂浮育苗技术研究
云南省烟草公司楚雄州公司
段应泽　李庆平　冯柱安　耿少武
布云虹　唐兵　周任虎

14. 昆明地区乡土树种营造景观林试验示范
昆明市林业科学研究所　西南林业大学
庞惠仙　马骏　马林　周蛟
杨红明　张成泽　王天兴

15. 滇西北亚高山退化林地植被恢复与重建技术研究与示范
云南省林业科学院　迪庆州林业科学研究所
张劲峰　郭华　王卫斌　史鸿飞
杨斌　李勇鹏　景跃波

16. 橡胶介壳虫综合防治技术研究及示范
云南省热带作物科学研究所　西双版纳傣族自治州植保植检站
李国华　周　明　阿红昌　刀学琼
段　波　王进强　张祖兵

17. 药用石斛繁育及栽培技术引进
中国林业科学研究院资源昆虫研究所
龙陵县林业局
李昆　孙永玉　廖声熙　罗长维
李成荣　段明伦

18. 德宏州牲畜W病综合防控技术措施的应用推广
德宏傣族景颇族自治州动物疫病预防控制中心
芒市动物疫病预防控制中心
盈江县动物疫病预防控制中心
陇川县动物疫病预防控制中心
梁河县动物疫病预防控制中心
创向辉　和　平　刘传斌　李永吉
刘星敏　尹安成　戴丙亮

19. 云南省Q病病原分布和变异研究及防控技术建立与应用
云南省动物疫病预防控制中心
云南省热带亚热带动物病毒病重点实验室
成都军区疾病预防控制中心
云南农业大学动物科学技术学院
张富强　张文东　段　纲　张燕霞
宋建领　范泉水　李华春

20. 无公害饲料生产与配套技术推广
玉溪快大多畜牧科技有限公司
玉溪市红塔区畜牧兽医局
杨保和　袁明凤　严金华　谢洪武
钟玉萍　郝家宏　李健平

21. 纳罗克非洲狗尾草种子生产关键技术研究
云南省草山饲料工作站，
邓菊芬　尹　俊　张美艳　马兴跃
王跃东　阙龙云　唐昊

22. 土著丝尾池塘养殖技术研究与推广
云南省渔业科学研究院
西双版纳傣族自治州景洪市水产研究所
薛晨江　邱家荣　田树魁　刘跃天
冷云　李永明　张军三

23. 硫化铜矿起泡捕收剂的研制及产业化
昆明冶研新材料股份有限公司
李松春　李晓阳　杨新华　任致伟
沈志刚　姚建成　余云柏

24. 香格里拉普达措国家公园规划技术
西南林业大学
昆明人龙旅游规划设计有限公司
叶文　沈超　杨宇明　唐立洲
李云龙　杨建美

25. 小龙潭矿务局边坡地表岩移监测网恢复及系统集成化
云南省小龙潭矿务局
昆明理工大学
云南地质工程勘察设计研究院
杨宏　方源敏　冉启发　王文忠
陈杰　王明珠　朱家春

26. 云南勐糯（兴）铅锌矿多元地学成矿信息融合与增加储量研究
云南永昌铅锌股份有限公司
王家仁　李冰　赵发　杨绍富
寸永益　赵志彬　王世宇

27. 物理及化学手段综合减害降焦研究
云南烟草科学研究院
红塔集团
红云红河烟草（集团）有限责任公司
云南瑞升烟草技术（集团）有限责任公司
李　斌　缪明明　曾晓鹰　牟定荣

陈永宽　陈章玉　刘志华

28. 云天化聚甲醛树脂热稳定性研究
云南云天化股份有限公司
清华大学化工系
朱明松　于　建　刘和兴　王志春
郭朝霞　普雪涛　江丽葵

29. 料浆法重钙装置提高产品水溶磷、有效磷技术研究及产业化
云南云天化国际化工股份有限公司
张应虎　胡正荣　张家全　束俊波
蔡学红　张丽美　席涛

30. 造纸法再造烟叶工艺技术改造及产品品控体系的建立
云南瑞升烟草技术（集团）有限公司
云南中烟昆船瑞升科技有限公司
刘维涓　卫青　周瑾　杨伟祖
余红涛　关平　王保兴

31. 高硅氧化锌矿加压酸浸技术开发及产业化
云南冶金集团股份有限公司
云南永昌铅锌股份有限公司
昆明冶金研究院
云南建水合兴矿冶有限公司
闫江峰　杨洪枝　张安福　王吉坤
王家仁　马慈成　彭建蓉

32. 锡矿物及炉渣富氧熔炼技术的开发与应用
云南锡业股份有限公司冶炼分公司
王彦坤　宋兴诚　陈平　徐胜利
唐都作　杨建中　樊家剑

33. 昆钢2000m^3高炉炉体上涨成因研究及治理
武钢集团昆明钢铁股份有限公司
昆明理工大学
唐启荣　丁跃华　杨光景　王　涛
董瑞章　夏海英　申　波

34. 冰葡萄酒研制开发
德钦县梅里酒业有限公司
山东省酿酒葡萄科学研究所
刘加强　赵新节　王咏梅　罗金海
杨华峰　汪荣　赵荣生

35. 新一代湿法磷酸用泵的研制与开发
昆明嘉和科技股份有限公司
昆明理工大学
洪文灿　赵骏　王静　宋鹏云　陈兴

36. 特色造纸法再造烟叶的开发及其在高档卷烟中的应用
云南瑞升烟草技术（集团）有限公司
云南中烟昆船瑞升科技有限公司
陈永宽　刘维涓　杨伟祖　周瑾
王保兴　商士斌　段孟

37. φ160/φ550×600四辊可逆液压AGC精轧机
云南冶金力神重工有限公司
赵勇　殷浩　胡式保　张成益
余成智　李凌　牛爱京

38. 中型水轮发电机13.8kV定子线棒制造技术
哈尔滨电机厂（昆明）有限责任公司
蒋续国　周　敏　尹云辉　刘春生
王永林　陈少春　孙燕明

39. 外装置成栓密相气力除灰技术国电环境保护研究院，国电阳宗海发电有限公司
蒋丽华　宋　峰　裴爱芳　沈祥云
张奕　陆小成　王金文

40. 生物质气化关键技术及设备的综合应用
昆明电研新能源科技开发有限公司
廖学理　蔡正达　李　中　王文红
张　辉　甄恩明　陈丕伟

41. 基于时空解析技术及全B/S架构水调自动化系统
云南电力调度中心
南京金水尚阳信息技术有限公司
大连理工大学
高孟平　金惠英　程春田　蔡华祥
蔡建章　杨春昊　章四龙

42. 云广±800kV直流输电工程对云南电网的影响研究
云南电力试验研究院（集团）有限公司电力研究院
孙鹏　司大军　肖友强　王兴刚
洪波　文华　张虹

43. 云南输电线路覆冰在线监测预警系统研发及融冰技术应用研究
云南电力试验研究院（集团）有限公司电力研究院　云南电网公司
云南电网公司技术中心
云南电网公司昭通供电局
曹敏　魏杰　陈鹏　文华
孙鹏　张志生　杨堂华

44. 云南水火电机组与电网协调控制技术研究

云南电力试验研究院（集团）有限公司电力研究院
云南电力调度中心
刘友宽　李文云　苏适　卢勇
刘和森　刘玲　翟伟翔

45. 高电压大容量节能电炉变压器开发
云南通变电器有限公司
文天福　刘振林　解德荣　常有顺
李虎林　冯民权

46. 计算机辅助卷烟产品设计
红云红河烟草（集团）有限责任公司
昆明清华中科通用设备有限公司
曾晓鹰　徐跃明　陶鹰　李庆华
束家新　陈江红　陈珍

47. 恶劣环境水下高精度水声定位系统
昆明船舶设备研究试验中心
童赛美　王健培　吴家喜　崔国平
陈涛　杨胜全　汤志峰

48. 交互式工业控制与信息集成平台
昆明威士科技有限公司
昆明理工大学
刘云　龙尚刚　许昌禄　张占军

49. 区域大集中模式客户服务技术支持系统研究及应用
云南电网公司
云南云电同方科技有限公司
肖鹏　于培双　李绍祥　张云虎
谢晓虹　周兴东　何涛

50. 云南省财政预算指标管理系统
云南省科学技术情报研究院，云南省财政厅预算处
诸开梅　邬平　吴斌　李俊
李鑫　杜军　谭鹏

51. 云南省工程建设地方标准（DBJ53/T—19—2007）《加芯搅拌桩技术规程》
昆明晟业工程技术有限公司
云南大地工程开发公司
云南省老科技工作者协会
昆明理工大学分析测试研究中心
昆明学院
饶英伟　李洪林　饶之帆　毛朝屏
单宝刚　董李宏　沈洁

52. 冷冻法在云南省水利工程中的应用研究
玉溪市星云湖抚仙湖出流改道工程建设管理局
广东省水利电力勘测设计研究院
中煤特殊凿井（集团）有限责任公司
武汉长科工程建设监理有限责任公司
李吉友　王志荣　王美华　李　俊
刘杰忠　何文云　王宗金

53. 山区桥梁实用加固技术开发
云南省公路科学技术研究所
重庆交通大学
云南开远公路管理总段
宁德飚　周建庭　梁建　张贤康
刘思孟　任保贞　吴海军

54. 提高云南高速公路沥青路面抗车辙性能研究
云南省公路科学技术研究所
东南大学
田卫群　杨军　岳晋伟　张贤康
陈飞　陈志伟　严世祥

55. 澜沧江国际边境河流急滩通航水力指标研究
云南省航务管理局
重庆交通大学
秦宗模　许光祥　邓明文　童思陈
蔡汝哲　李新林　杨艳萍

56. 云南省公路工程工程量清单计量规则
云南省交通运输厅工程造价管理局
昆明理工大学
华杰工程咨询有限公司
刘成志　王宝基　王　林　瞿国旭
晋　敏　肖达勇　杨剑兰

57. 绿色建筑系统集成技术及其在生态社区建设中的创新应用
云南世博兴云房地产有限公司
邵明　何发祥　宋建中　张晓星
俞斌　吴一初　普仲韬

58. 小湾水电站超大型圆筒尾水调压井设计研究与实践
中国水电顾问集团昆明勘测设计研究院
华能澜沧江水电有限公司小湾水电工程建设管理局
小湾 141 水电工程联营体
杨宜文　许　晖　周华　王红军
马　麟　刘东勇　邓加林

59. 保（山）龙（陵）高速公路运营安全保障系统综合研究
云南省公路开发投资有限责任公司
云南保龙高速公路建设指挥部
云南交通咨询有限公司　长安大学

吴华金　姚　勇　魏　朗　彭赛恒
段翔　张韦华　刘剑涛

60. 云南高温、潮湿山区高速公路路面结构研究
云南水麻高速公路建设指挥部
云南省交通规划设计研究院
重庆交通大学
王振华　梁乃兴　李志厚　王　萍
周建昆　李忠海　李红卫

61. 澜沧江－湄公河油品运输安全与防污染研究
云南省航务管理局
交通运输部科学研究院
交通运输部水运科学研究所
乔新民　唐安慧　耿红　陈洲峰
杨艳萍　刘红　张鹭

62. 沥青路面级配碎石基层结构设计与施工技术研究
云南省公路开发投资有限责任公司
云南祥临公路建设指挥部　长安大学
云南罗富高速公路建设指挥部　云南省交通规划设计研究院
姜志刚　谢凤禹　梅庆斌　郝培文
孙锡民　王金宝　熊玉朝

63. 铁路沿线山体落石、塌方、滑坡实时监控报警系统
昆明铁路局工务处
成都广成电子技术有限公司
伍送保　周翟　孙维集　张敏银
姚宝泉　杨海明　徐昆

64. 山区高速公路长效性沥青路面技术研究
云南保龙高速公路建设指挥部
东南大学
云南省交通规划设计研究院
姚勇　陈飞　李志厚　曹阳
徐宏　彭赛恒　张发春

65. 昭通市烤烟生产信息数字化与烤烟气候资源分析研究
云南省烟草公司昭通市公司
云南省气候中心
付修廷　黄中艳　黄　餅　朱　勇
倪　霞　余凌翔　杨军章

66. rHuGM—CSF/IL—6 融合蛋白基因的构建、表达、活性研究及应用
中国医学科学院医学生物学研究所
孙强明　徐维明　戴长柏　刘红岩
李亮助　丁云菲　李洪钊

67. 甲肝疫苗抗原检测及效力试验方法的研究
中国医学科学院医学生物学研究所
谢忠平　龙润乡　李华　陈洪波
宋霞　洪超　黄铠

68. 家鼠型Ⅰ号病监控措施的研究与应用
云南省地方病防治所
中国疾病预防控制中心传染病预防控制所
马永康　李镜辉　王国良　李天元
李贵昌　董兴齐　刘京立

69. 红灵芝排毒化肿胶囊抗肿瘤临床实验研究及应用
中国人民解放军云南省蒙自分区医院
李宝鸿　李佳璐　石梅初　张惠
石磊

70. 甲型副伤寒病人血培养和血细菌数的研究
玉溪市疾病预防控制中心
玉溪市人民医院
王树坤　储从家　山德生　孔繁林
刘红雁　吴强　杨汝松

71. 濒危药材胡黄连、雪上一枝蒿优良种源筛选及种植技术研究与应用
云南省农业科学院高山经济植物研究所
昆明中药厂有限公司
会泽县科学技术
昆明市宇斯药业有限责任公司
徐中志　袁理春　杨少华　陈翠
武逵　谢民秀　李培清

72. 老年多器官功能不全综合征中医药干预研究
昆明市中医医院
刘明　魏丹霞　姜莉芸　蔡瑞锦
顾力华　谢丹　张桂兰

73. 德宏州艾滋病防治二十年探索研究及应用
德宏傣族景颇族自治州疾病预防控制中心
中国疾病预防控制中心性病艾滋病预防控制中心
云南省疾病预防控制中心
德宏傣族景颇族自治州卫生局
瑞丽市疾病预防控制中心
段松　吴尊友　张保森　贾曼红

田树明　郑锡文　段一娟

74. 骨延长区成骨方式的组织学观察及中药对骨延长区成骨正向干预的研究
成都军区昆明总医院
邹培　阮默　李峻辉　徐永清
林月秋　周中英　李主一

75. 基于图像融合技术的适形调强放疗的基础和临床研究
成都军区昆明总医院
中国人民解放军第四军医大学
陈宏　刘均　董秀珍　史学涛
王永刚　张国桥　刘跃

76. 气道炎症性疾病患者呼出气冷凝液成分检测的评价及临床研究
成都军区昆明总医院
昆明医学院第二附属医院
刘　翱　李永霞　李少莹　杨伟康
张涛　徐健　钟红

77. 下肢血栓患者围手术期的护理研究及对策
成都军区昆明总医院
凌云霞　肖丽佳　黄晶　殷春红
商艳霞　杨顺秋　徐慧

78. 牙科纤维桩粘结性能相关研究
成都军区昆明总医院
张文云　肖玉鸿　吴雨耘　冯婷
杨立斗　张光平　徐默菡

79. 原发性小血管炎及其肾损害的诊断和预后影响因素研究
昆明医学院第二附属医院
连希艳　俞海瑾　赵劲涛　黄胜华
廖云娟　曾怡　白奕华

80. 细菌生物膜在心血管生物材料细菌粘附中的作用
昆明医学院第三附属医院（云南省肿瘤医院）
昆明医学院第二附属医院
黄云超　叶联华　杨达宽　周　云
许赓　张良　林兴

81. CystatinC、APOE基因多态性与散发性阿尔茨海默病的相关性研究
昆明医学院第一附属医院
王玉明　段勇　余发春　李冬梅
邱冬　苏艳丹　赵莹

82. 超声替代X射线引导心腔内介入治疗可行性与方法学系列临床研究
昆明医学院第一附属医院
郭　涛　顾　云　潘家华　赵　玲
骆志玲　王　钰　沈　艳

83. 灯盏花素抑制血管平滑肌细胞增殖的分子机制研究
昆明医学院第一附属医院
钱传云　陈荣琳　王燕琼　张　玮
夏　婧　郝　萍　王云徽

84. 螺旋CT三维重建技术辅助置入下颈椎椎弓根钉的实验及临床应用
昆明医学院第一附属医院
何飞　黄河　何波　邓亚敏
殷亮　张春强　颜光前

85. 面神经管应用解剖研究及临床价值探讨
昆明医学院第一附属医院
韩　丹　宋光义　吴　莉　邓亚敏
展鸿谋　陆　琳　吴　岩

86. 玉溪市58年麻风病防治效果评价及对策研究
玉溪市疾病预防控制中心
李孝安　陈　良　高良敏　鲁建波
张洪军　吴强　李顺祥

87. 2型糖尿病与结直肠腺瘤腺癌相关性研究
云南省第一人民医院
郭强　周怡昆　梁志松　薛元明　左赞　冯娟　苏恒

88. 大鼠卵巢组织皮下移植及冷冻保存的实验研究
云南省第一人民医院
马艳萍　李云秀　牛晓明　章晓梅
李永刚　唐莉

89. 肺癌淋巴转移分子机制的研究
云南省第一人民医院
王平　张利斌　常超　彭浩
彭俊　熊健　程宏忠

90. 门冬氨酸鸟氨酸、三七总甙Rg1、低剂量内毒素对肝纤维化病变干预机制的比较研究
云南省第一人民医院
昆明医学院
耿嘉蔚　范红　郭强　李树德
彭伟　陶健　陈天星

91. 在云南省开展四种代谢性疾病新生儿筛查的临床意义及效益研究
云南省第一人民医院
朱宝生　李利　陈红　贺静

王莉萍　章印红　王瑞红

92. 动脉化疗后宫颈癌细胞凋亡和肿瘤新生血管形式的研究

云南省肿瘤医院

卢玉波　杨宏英　魏万里　张红萍
杨谢兰　陈　芸

93. 高能量肢体损伤修复与重建的系列临床研究

中国人民解放军第五十九中心医院

陈雪松　肖茂明　王元山　管　力
江珉　马斌　张黎明

94. 建设创新型云南情况分析及对策研究

中共云南省委办公厅

云南省科学技术发展研究院

余春祥　崔　红　石洪墚　王舒宇
李德轩　欧阳桥　孙海燕

95. 云南省对东盟国家贸易知识产权保护对策研究

云南省科学技术发展研究院

云南省知识产权研究会

李义敢　许惠然　干　青　李凌
何晓钧　张素萍　唐新文

96. 云南省基于森林碳汇的应对气候变化制度建设

西南林业大学

文　冰　王　见　曹超学　赵林森
赵　觊　李春波　梁建忠

97. 云南省工业节能现状分析及科技支撑与对策研究

云南省科技情报研究院

李群　朱江　夏宇　潘荣翠
刘建中　杨鹏　王挥宇

98. 云南省清洁发展机制（CDM）能力建设研究

昆明理工大学　清华大学

彭金辉　韦志洪　李林红　邓　钢
张　兵　江映翔　邹进

99. 多彩的植物世界

中国科学院昆明植物研究所

管开云　施宗明　王立松

科学技术合作奖（2 名）

1. 斯蒂夫·布莱克摩尔（StephenBlack-more）英国
2. 路易斯·威廉姆·戴格（LewisWilliam-Dagger）新西兰

云南省第十三次哲学社会科学优秀成果评奖获奖项目

荣誉奖（2 项）

1　马曜文集　专著　2008 年 8 月云南人民出版社出版　马曜　云南民族大学

2　徐嘉瑞全集　2008 年 9 月　云南出版集团公司

一等奖（10 项）

1　当代中国文化人类学　专著　2008 年 12 月云南人民出版社出版　瞿明安主编　云南大学民族研究院

2　云南古代举士　2008 年 5 月云南人民出版社出版　党乐群　著　云南师范大学教育科学与管理学院

3　南宋交通史　专著　2008 年 10 月上海古籍出版社出版　张锦鹏　著　云南大学民族研究院

4 《二十四诗品》诗歌美学专著 2008 年 2 月　中央编译出版社出版　张国庆　著　云南大学人文学院中文系

5　中国西部外资问题研究　专著　2008 年 8 月人民出版社出版　杨先明　等著　云南大学发展研究院

6　理解人类的命运：从规律性假设到复杂性假设——兼与王南湜教授商榷　论文　发表于《学术月刊》2008 年第 11 期　白利鹏 昆明理工大学社会科学学院哲学所

7　偏离与调适：规范民族区域自治运行——兼以西南 E 自治县为例　论文　发表于《民族研究》2008 年第 3 期　王传发　西南林学院人文社会科学系

8　我国省对县（市）一般性转移支付的绩效评价　基于 DEA 二次相对效益模型　论文　发表于《经济研究》2008 年第 11 期　伏润民　常　斌　缪小林　云南财经大学财政与经济学院

9　问题意识与意识问题——人文社会科学问题的特征、来源与应答　论文　发表于《学术月刊》2008 年 10 月号总第

473期　何明　云南大学民族研究院

10　关于云南省应对金融危机应急对策研究系列报告 论文 发表于云南大学发展研究院《研究报告》第52、55、56期　杨先明　吕昭河　梁双陆等　云南大学发展研究院

二等奖（20项）

1　李国文纳西学论集　专著2008年1月民族出版社出版　李国文　著　云南民族大学云南省民族研究所

2　绿色供应链管理——企业可持续发展模式　专著　2008年5月科学出版社出版　杨红娟　编著　昆明理工大学管理与经济学院

3　传播与文化概论　专著2008年7月人民出版社出版　庄晓东　主编　云南师范大学科研处

4　电子政务价值评估——基于政务流程和信息整合的研究视角　专著　2008年7月人民出版社出版　邓崧　著　云南大学公共管理学院公共管理系

5　汉字学导论　专著　2008年8月云南人民出版社出版　秦建文　著　曲靖师范学院人文学院

6　发展的反思——澜沧江流域少数民族变迁的人类学研究　专著　2008年10月云南人民出版社出版　郭家骥　著　云南省社会科学院民族文学研究所

7　叙事学导论：从经典叙事学到后经典叙事学　专著　2008年11月高等教育出版社出版　谭君强　著　云南大学人文学院中文系

8　冲击与震荡　专著2008年6月云南人民出版社出版　赵彦飞　著　云南艺术学院思想政治理论教学部

9　课堂教学有效性标准研究　专著　2008年7月教育科学出版社出版　孙亚玲　著　云南师范大学教育科学与管理学院

10　基于比较优势动态化的中国贸易条件研究　专著　2008年11月人民出版社出版　黄宁　著　云南大学发展研究院

11　1992－2005年中国旅游业全要素生产率及省际差异　论文　发表于《地理学报》2008年63卷第4期　左冰　保继刚　云南财经大学旅游学院

12　云南电网项目依法合规建设的措施研究　论文　2008年6月通过鉴定验收　课题组　云南省经济研究院

13　董事会规模与公司价值关系的进一步检验——基于公司规模门槛效应的分析　论文　发表于《中国会计评论》2008年第3期　余怒涛等　云南财经大学会计学院

14　西方宪政民主的内在价值冲突　论文　发表于《政治学研究》2008年第3期　陈德顺　云南民族大学

15　关于中国—非洲能源关系发展问题的若干思考　论文发表于《世界经济与政治》2008年第9期　吴磊　卢光盛　云南大学国际关系研究院

16　依托学校建立民族农村社区学习中心的实践探索　论文发表于《教育研究》2008年第12期　王凌　曹能秀　云南师范大学教育科学与管理学院

17　对中国云南省不同人群美沙酮维持治疗可接受性的调查　论文发表于《美国酒精与药物滥用杂志》2008年1月第34卷　杨丽君等　云南警官学院刑事科学技术系

18　解决农村义务教育投入保障中的制度缺陷——对中央转移支付作用及事权体制调整的思考　论文　发表于《经济研究》2008年第10期　张丽华　汪冲　云南财经大学财政税收研究所

19　边疆考古的民族视角与范式思考　论文　发表于《民族研究》2008年第4期　李东红　云南大学社科处

20　试论中国边疆学的研究方法　论文　发表于《云南师范大学学报》2008年第5期　方铁　云南大学西南边疆少数民族研究中心

三等奖（74项）

1　破译千古易经——兼论彝汉文化的同源性　专著　2008年10月云南民族出版社出版　阿苏大岭　著　云南省司法厅

2　彝族建筑文化——全球背景下传承楚雄彝族建筑文化个案研究　专著　2008年8月云南民族出版社出版　李明峰　著 楚雄州委办公室

3　地区主义与东盟经济合作　专著　2008年6月上海辞书出版社出版　卢光盛　著　云南大学国际关系研究院

4　活力楚雄和谐彝州丛书　专著　2008

年4月云南省科技出版社出版　李忠吉　主编　楚雄州社科联

5　现代教师教育模式新探索——民族边疆地区“综合型”教师培养模式改革的理论与实践　专著　2008年5月科学出版社出版　罗明东等著　昆明学院院长办公室

6　现代汉语语气副词研究　专著 2008年9月云南人民出版社出版　齐春红　著　云南师范大学国际语言文化学院

7　云南民族口传非物质文化遗产总目提要　专著　2008年7月云南教育出版社出版　普学旺　主编　云南省少数民族古籍整理出版规划办公室

8　甲骨卜辞神话资料整理与研究　专著　2008年10月云南人民出版社出版　刘青　著　昆明学院文学与新闻传播系

9　经济分析的伦理基础：马克思对古典经济学的道德重塑 专著 2008年4月云大出版社出版　李建立　李东方　王红玲　著　云南师大哲学与政法学院

10　中国少数民族古籍总目提要·哈尼族卷　专著 2008年11月中国大百科全书出版社出版　李克忠　普学旺　史军超　主编　云南省少数民族古籍整理出版规划办公室

11　汉藏语系语言被动句研究　专著　2008年8月民族出版社出版　李洁　著　云南师范大学文学与新闻传播学院中文系

12　教育项目评估方法：微观视界的评估研究　专著　2008年9月云南科技出版社出版　刘康宁　著　云南大学高等教育研究院

13　水语复音词研究　专著　2008年11月中华书局出版　冯英　著　云南师范大学文学与新闻传播学院

14　纳税信用体系研究　专著　2008年5月人民出版社出版　陈新　著　云南师范大学经济与管理学院

15　滇东文学：历史与个案　专著　2008年4月云南人民出版社出版　张永刚　著　曲靖师范学院人文学院

16　明清佛教发展新趋势　专著　2008年6月云南大学出版社出版　黄海涛　著　云南师范大学组织部

17　生存与信仰——云南稻作文化之鬼神崇拜　专著　2008年12月云南美术出版社出版　董晓京　著　云南师范大学历史与行政学院

18　贝叶上的傣族文明——云南西双版纳南传上座部佛教社会研究　专著　2008年11月人民出版社出版　吴之清　著　云南师范大学哲学与政法学院哲学系

19　词语语义语法偏离搭配研究　专著　2008年3月　云南人民出版社　周春林　著　云南师范大学文学与新闻传播学院

20　云南水富内陆港发展战略及建设方案研究　专著　2008年8月12日通过鉴定验收　课题组　省政府研究室

21　云南调查报告专著　2008年10月云南大学出版社出版　杨雯　主编　云南调查总队

22　纳西民族志田野调查实录　专著 2008年6月中国书籍出版社出版　杨福泉　著　云南省社会科学院

23　区域人文社会和谐发展机制及对策研究　专著　2008年8月科学出版社出版　吴映梅　封志明　彭福亮　著　云南师范大学旅游与地理科学学院

24　少数民族发展中的人力资源开发研究　专著　2008年12月云南大学出版社出版　杨红英　著　云南大学工商管理与旅游管理学院

25　纪录片：观念与语言　专著　2009年4月云南大学出版社出版　宋杰　著　云南艺术学院影视学院

26　简单：整合营销传播的一个关键词——理论模式及运用　专著　2008年9月中国传媒大学出版社出版　蔡勇　著　云南财经大学传媒学院

27　翻译与创作：鲁迅语言的现代转型　专著 2008年5月云南人民出版社出版　黄琼英　著　曲靖师范学院外国语学院

28　跨境洗钱犯罪研究　专著　2008年4月中国人民公安大学出版社出版　李春　著　云南警官学院侦查系

29　重彩壁画　专著　2008年6月云南美术出版社出版　赵芳　著　玉溪师范学院艺术学院美术系

30　保山碑刻　专著　2008年6月云南美

术出版社出版 保山市文化广电新闻出版局 编 保山市文化广电新闻出版局

31 警察擒拿格斗 专著 2008年4月群众出版社出版 李德祥 主编 云南警官学院

32 刑法适用解释 专著 2008年10月中国检察出版社出版 王凯石 著 昆明市人民检察院公诉三处

33 都市经济简明教程 专著 2008年10月云南大学出版社出版 于干千 李河流 胡洪斌 主编 云南财经大学公共管理学院

34 彝族谱牒的史学研究价值 论文 发表于《楚雄师范学院学报》2008年第11期 普珍 云南省楚雄彝族文化研究所

35 中国边境地区的一体化效应与边缘经济增长中心的形成——基于空间经济理论的解释 论文 发表于《经济问题探索》2008年第1期 梁双陆 云南大学发展研究院

36 从生命伦理看吸毒行为及其社会后果 论文 发表于《自然辩证法研究》2008年第24卷第7期 韩跃红 昆明市昆明理工大学社会科学学院

37 信息服务与农户收入：中国的经验证据 论文 发表于《世界经济》2008年第6期 高梦滔 和云 师慧丽 云南民族大学经济学院

38 关于放生的叙事与分析——嘉绒藏族村落宗教生活考察 论文 发表于《民族研究》2008年第6期 李立 云南师范大学艺术学院

39 高校思想政治工作要注重人文关怀 论文 发表于《光明日报》2008年1月19日第7版 张巨成 云南大学马克思主义研究院

40 金平县莽人族属问题简论 论文 2008年先后被红河州政府、云南省政府采纳 杨六金 红河学院国际哈尼/阿卡研究中心

41 生态文化与生态文明 论文 发表于《光明日报》2008年4月8日理论版 周鸿 云南大学生命科学学院

42 和谐社会建设与当代中国经济学家责任——兼论“预言与劝说”之经济学伦理内涵 论文 发表于《云南大学学报·社会科学版》2008年第5期 侯合心 云南财经大学金融学院

43 加强云南多发性自然灾害预警应急机制建设研究 论文 2008年11月通过鉴定验收 课题组 中共云南省委政策研究室党政处

44 隆阳区新型农村合作经济组织的理论与实践研究 论文 发表于《中共云南省委党校学报》2008年第6期 课题组 中国共产党保山市隆阳区委员会党校

45 文学历史的阐释与文学经典的建构 论文 发表于《中国文哲研究集刊》2008年9月台北中央研究院出版 傅宇斌 云南师范大学文学与新闻传播学院

46 地区主义与跨界民族主义——论中国西南边疆跨界民族主义 论文 发表于《云南民族大学学报》2008年第1期 何跃 云南师范大学历史与行政学院

47 试论中国农民获得物质帮助的宪法权利 论文 发表于《西南政法大学学报》2008年第1期 周梁云 云南师范大学哲学与政法学院

48 论中国保险产业的适度规模 论文 发表于2008年5月《保险研究》2008第5期 何晓夏 章林 云南财经大学金融学院保险系

49 国外热点问题研究系列论文 论文 发表于《国外理论动态》2008年第3、8、12期 云南师范大学马克思主义理论研究中心 云南师范大学

50 欠发达地区教师资格认证制度问题及对策——以云南省为例 论文 发表于《学术探索》2008年第4期 史晓宇 云南师范大学党委组织部

51 终极控制权、股权结构与资本结构 论文 发表于《山西财经大学学报》2008年第5期 李小军 王平心 云南财经大学会计学院财务管理系

52 建立潜在债权保护制度的初步构想——以瑕疵担保请求权为考察中心 论文 发表于《云南大学学报法学版》2008年第1期 于定明 云南财经大学法学院

53 云南农民增收：体征、模式和机制

论文　发表于《玉溪师范学院学报》2008 年第 9 期　李春海　沈丽萍　玉溪师范学院商学院

54　人在学校日常教育实践中的共同成长——一种教育学意义上的幸福观　论文　发表于《教育科学研究》2008 年 7 期　张向众　云南师范大学教育科学与管理学院

55　论数字图书馆知识社区的构建　论文　发表于《情报杂志》2008 年第 2 期　韩丽　曲靖师范学院图书馆

56　殷商教育思想重溯　论文　发表于《西南大学学报》社会科学版 2008 年第 5 期　简孝平　云南省昭通师专中文系

57　清代云贵总督之建置演变考述　论文　发表于《中国边疆史地研究》2008 年第 2 期　邹建达　云南师范大学学报编辑部

58　中国贫困地区的功能定位与反贫困战略调整研究　论文　发表于《农业经济问题》2008 年第 2 期　熊理然　成卓　云南师范大学旅游与地理科学学院

59　略论南京临时政府处理民族问题的政策及设想　论文　发表于《中国藏学》2008 年第 4 期　潘先林　云南大学人文学院历史系

60　云南省旅游业投融资方式与体制机制创新研究　论文　2008 年 12 月通过鉴定验收　课题组　云南省财政厅　云南财经大学

61　西部少数民族人口城市化的特征——非剩余劳动力大尺度异地城市化　论文　发表于《改革与战略》2008 年第 6 期　杨筠　曲靖师范学院经济与管理学院

62　人的早产与教育起源——兼评理查德·利基《人类的起源》的教育价值　论文　发表于《教育学报》2008 年第 4 期　何志魁　张诗亚　大理学院教育科学学院

63　信息时代的国家安全与信息安全研究　论文　发表于《现代情报》2008 年 12 期　李仲良　楚雄师范学院图书馆

64　马克思的社会建设思想论文发表于《光明日报》2008 年 5 月 20 日　蒋红　云南大学马克思主义研究院

65　中国民族村寨研究省思——以 20 世纪中叶以来的学术著作为对象的讨论　论文　发表于《民族研究》2008 年第 4 期　肖青　云南师范大学文学与新闻传播学院

66　承认与执行国际体育仲裁裁决相关法律问题研究　论文　发表于《体育科学》2008 年第 6 期　石现明　云南财经大学法学院

67　建立“云南旅游综合改革试验区”的构想　论文　发表于《思想战线》2008 年第 4 期（34 卷）田里　吕天云　云南大学工商管理与旅游管理学院

68　云南民族地区城市弱势群体现状分析　论文　发表于《经济问题探索》2008 年第 8 期　陈文清　陆琴雯　楚雄师范学院党委宣传部

69　西部大开发税收优惠政策执行情况的回望分析与调整完善相关优惠政策的思考 论文 发表于《发展论坛》2008 年第 1 期 白玉刚 云南省地方税务局

70　彝汉纠纷中的身份、认知与权威 论文 发表于《民族研究》2008 年第 4 期　杨洪林（嘉日姆几）云南大学民族研究院民族学所

71　对农村金融的差异需求与分层供给行为选择的模型分析——基于机制设计理论的视角 论文 发表于《上海金融》2008 年第 5 期 郭树华 王健康　袁天昂　云南大学经济学院

72　久收入与农户储蓄：基于八省微观面板数据的经验研究 论文 发表于《数量经济技术经济研究》2008 年第 4 期　高梦滔　毕岚岚　师慧丽　云南民族大学经济学院

73　云南地方党委领导方式转变研究　论文　2008 年 11 月通过鉴定验收　课题组　中共云南省委党史研究室

74　社会资本与消除农村贫困　论文　发表于《经济学动态》2008 年第 6 期　周文　李晓红　云南财经大学

2010年第二届“云南省青年创业省长奖”获奖者

（按姓氏笔画排名）

方　喜　巧家奥鑫资源再生利用有限公司董事长

田　波　红河州建水县陶茶居紫陶文化传播有限公司董事长

仲燕波　玉溪市华宁县小燕子艺术幼儿园园长

刘　乐　云南山灞图像传输科技有限公司董事、副总经理

李永泉　云南一通太阳能科技有限公司董事长、总经理

李兴毅　丽江市华坪县雨台山茶厂、蜂蜜精炼厂董事长兼总经理

沈长虹　云南奥斯迪实业有限公司总经理

郑　凯　广南县凯鑫生态茶业开发有限公司总经理

赵兴册　龙陵县阿昌情土锅酒厂厂长

徐天剑　普洱市孟连行健普洱茶开发有限公司董事长

第二届“云南省青年创业省长奖”提名奖

（按姓氏笔画排名）

丁相恒　云南省临沧市家核美核桃新工艺开发有限公司总经理

马　萍　昆明市金思达化工有限公司董事长、总经理

马竹选　云南省文山州华博贸易有限责任公司董事长

王志光　云南省师宗县现代医院院长

王浩洋　云南省红河州锌联工贸有限公司总经理

艾镇云　安宁市一根葱快餐连锁店总经理

付保庆　昆明阳光事达科技有限公司董事长

刘明辉　爱伲集团董事长

杨吉斌　云南省云龙县山风食品厂厂长

李俊祥　云泰食品有限责任公司董事长

宋　威　云南省通海县宋威农产品进出口有限公司总经理

宋子波　云南省玉溪市甜馨食品有限责任公司总经理

张天雄　云南省泸西县康利面粉厂、红河山珍菌业开发有限公司总经理

张枝荣　云南省清逸堂实业有限公司总经理

张海燕　云南省佳缘国旅董事长

张雁斌　昆明市西山区由你啃蛋糕店总经理

和振宏　云南省维西县市政建设工程有限责任公司董事长

赵有能　云南省富源县金田原农产品开发有限责任公司董事长

钱永康　为君开园林工程有限公司董事长

蒲长文　昆明市嵩明伟诚蔬菜种植有限公司副总经理

云南省全国双拥模范城市

昆明市　建水县　开远市　大理市
楚雄市
蒙自市　玉溪市　曲靖市　临沧市

云南省国家级园林城市

昆明市　玉溪市　景洪市　安宁市

云南省第五批省级园林城市

曲靖市　芒市

云南省省级园林县城

呈贡县　晋宁县　嵩明县
禄劝彝族苗族自治县　师宗县　罗平县
会泽县　易门县　大姚县

2010年度云南省有突出贡献的优秀专业技术人才名单

（120名）

二等奖（1名）

姓名　单位

姚永刚　中国科学院昆明动物研究所

三等奖（119名）

序号　姓名　单位

1　孙成余　云南驰宏锌锗股份有限公司
2　罗文兵　云南省设计院
3　杨　敏　云南省环境科学研究院
4　苏有锦　云南省地震预报研究中心
5　熊　捷　昆明船舶设备集团有限公司
6　李志厚　云南省交通规划设计研究院
7　尹　蕾　云南省水利水电工程技术评审中心
8　黄　英　云南省水利水电科学研究院
9　李章建　云南建工混凝土有限公司
10　杨贵荣　昆明铁路局科学技术研究所
11　陈　林　云南云天化股份有限公司
12　桓源峰　云南锡业集团（控股）有限责任公司
13　孙绍有　云南省有色地质局三〇八队
14　武　军　云南省地质环境监测院
15　李定平　云南省地质矿产勘查开发局
16　杨金明　中国建筑材料工业地质勘查中心云南总队
17　董　跃　云南省机械研究设计院
18　侯　阳　中国兵器工业集团第二一一研究所
19　李晓峰　北方夜视技术集团股份有限公司
20　普绍平　昆明贵研药业有限公司
21　王学海　昆明市规划设计研究院
22　王章顺　红河州开远市城市绿化管理处
23　梁　辉　红河州风景园林管理处
24　王贵武　昆明市城市地下管线探测办公室
25　罗康敏　昆明市大观公园
26　杨忠恒　普洱市地方公路管理处
27　黄　镇　玉溪沃森生物技术有限公司
28　朱国山　云南华联锌铟股份有限公司
29　李志海　大理纳思屋业有限公司
30　周自玮　云南省农村科技服务中心
31　王继华　云南省农业科学院
32　贺熙勇　云南省热带作物科学研究所
33　朱建波　云南省畜牧兽医科学院
34　张文东　云南省动物疫病预防控制中心
35　杨木军　云南省农业科学院
36　薛世明　云南省草地动物科学研究院
37　陆　斌　云南省林业技术推广总站
38　王增明　红河州弥勒县农业技术推广中心
39　陆　进　红河州蒙自县植检植保站
40　金卫华　昆明市动物疫病预防控制中心
41　李涌泉　普洱市镇沅县动物卫生监督所
42　寇兴荣　楚雄州农产品质量检测中心
43　赵中保　楚雄州种猪种鸡场
44　杨国苍　曲靖市沾益县农业技术推广中心
45　和金福　怒江州林业局
46　饶荣良　临沧市土壤肥料工作站
47　杨文智　临沧市农业技术推广中心
48　杨光荣　玉溪市农业信息中心
49　代玉华　玉溪市红塔区植保植检站
50　周天富　文山州植保植检站
51　段杰珠　大理州园艺工作站
52　杨家贵　保山市农业科学研究所
53　王忠华　丽江市植保植检站
54　李文祥　丽江市永胜县永北镇畜牧兽医站
55　胡新才　怒江州植保植检站
56　郑喜印　云南大学
57　杨　昆　云南师范大学
58　伏润民　云南财经大学
59　刘建平　德宏师范高等专科学校
60　刘　俊　曲靖师范学院
61　张　鸣　云南艺术学院
62　卿　晨　昆明医学院
63　毛华明　云南农业大学
64　张晓春　思茅师范高等专科学校

65 杨宇明 西南林业大学
66 陈洛恩 玉溪师范学院
67 褚远辉 大理学院
68 韩跃红 昆明理工大学
69 那金华 临沧师范高等专科学校
70 赵兴学 云南省工业高级技工学校
71 高本云 曲靖市第二中学
72 党 颖 德宏州民族第一中学
73 魏戚光 昆明市第十四中学
74 窦志萍 昆明学院
75 叶世锦 普洱财经学校
76 聂 曲 西双版纳职业技术学院
77 王 静 楚雄开发区实验小学
78 李晓朴 曲靖市马龙县第一中学
79 和双萍 怒江州兰坪县民族中学
80 钟大勇 昭通市第一中学凤池分校
81 张永禄 临沧市财贸学校
82 彭丽萍 文山州砚山县第二小学
83 周嗣昌 大理州实验小学
84 斯那吾金 迪庆州德钦县第四中学
85 高正梅 保山市幼儿园
86 缪应雷 昆明医学院第一附属医院
87 乌若丹 云南省第一人民医院
88 杨红英 昆明医学院第二附属医院
89 李正发 云南省第一人民医院
90 马艳萍 云南省第一人民医院
91 陆永萍 云南省第二人民医院
92 彭旭光 红河州第一人民医院
93 张茂镕 昆明市疾病预防控制中心
94 龚建辉 普洱市人民医院
95 程荣昆 曲靖市陆良县中医院
96 杨太明 临沧市人民医院
97 侯 钢 玉溪市人民医院
98 吴 强 玉溪市疾病预防控制中心
99 瞿国丽 保山市人民医院
100 马文斗 云南省博物馆
101 李琦涵 中国医学科学院医学生物学研究所
102 杨云宝 云南教育出版社有限责任公司
103 和丽峰 云南省民语委办公室
104 沈向兴 云南日报报业集团
105 杨利先 云南省民间文艺家协会
106 李永祥 云南省社会科学院
107 黄中艳 云南省气象局气候中心
108 杨慧民 云南省广播电视局
109 白金明 中国科学院云南天文台
110 尹文举 昆明体育训练基地
111 余志坚 中国农业银行云南省分行
112 缪明明 云南烟草科学研究院
113 危 兵 云南省信息技术发展中心
114 区健宁 昆明市艺术研究所
115 刀福祥 西双版纳州报社
116 杨锐森 楚雄州文化馆
117 章志杰 西南交通建设集团股份有限公司
118 孔彩梅 富滇银行股份有限公司
119 杨诚森 云南广电网络集团有限公司

2010年度云南省享受政府特殊津贴人员名单

（100名）

序号 姓名 单位
1 王 珂 云南省城乡规划设计研究院
2 袁建民 云南CY集团有限公司（高技能人才）
3 魏 东 十四冶建设集团（高技能人才）
4 马 翔 云南新立有色金属有限公司
5 张 仪 云南迪庆矿业开发有限责任公司
6 吴 鸣 云南省盐业产品质量检验站
7 谢军华 昆明船舶设备集团有限公司
8 李永强 云南省地震局
9 李开毕 云南省地质调查院
10 谢凤禹 云南省公路开发投资有限责任公司
11 段 刚 云南省环境科学研究院
12 赵 磊 昆明电器科学研究所
13 潘云松 昆明铁路局信息技术处
14 朱学安 云南省水文水资源局
15 陈登权 云南锡业集团（控股）有限公司
16 张学书 云南省有色地质局

17	邱云峰	云南省测绘产品检测站
18	史　为	云南广电网络集团有限公司
19	高　鹰	云南白药集团股份有限公司
20	字美荣	云南电网公司昆明供电局
21	耿卫东	昆明市民办科技机构管理处
22	严　彬	西双版纳州建筑规划设计研究院
23	张雪峰	曲靖市化工研究设计院
24	王跃东	云南省草山饲料工作站
25	陆洪灿	云南省林业调查规划院
26	邓建明	景洪农场
27	蒋云东	云南省林业科学院
28	李绍平	云南省农业科学院
29	周　华	云南省德宏热带农业科学研究所
30	创向辉	德宏州动物疫病预防控制中心
31	曹树琼	昆明市安宁市蔬菜花卉管理站
32	杨　润	普洱市畜牧工作站
33	白永顺	楚雄州林业科学研究所
34	蔡荣甫	曲靖市动物卫生监督所
35	钱成明	曲靖市种子管理站
36	王玉琴	临沧市凤庆县农业局农技推广中心
37	张先勤	玉溪市畜禽改良站
38	杨　芬	文山州农业科学研究所
39	王鹏武	大理州家畜繁育指导站
40	朱　炫	大理州经济作物科学研究所
41	黄佳聪	保山市林业技术推广总站
42	赵炳华	保山市昌宁县农业科学技术推广所
43	和国钧	丽江市农业科学研究所
44	何　明	云南大学
45	刘　坚	云南师范大学
46	段万春	昆明理工大学
47	秦建文	曲靖师范学院
48	邵宛芳	云南农业大学
49	王克勤	西南林业大学
50	朱月春	昆明医学院
51	于丽红	云南艺术学院
52	李兴绪	云南财经大学
53	陈　灿	红河学院
54	彭志远	云南农业职业技术学院
55	邓开陆	云南省工业高级技工学校
56	马金书	中共云南省委党校
57	党乐群	云南师范大学
58	张顺发	昆明市寻甸县第一中学
59	杨昆华	昆明市第一中学
60	张　贤	红河州弥勒县西山民族中学
61	李光涛	普洱农业学校
62	高建评	临沧市永德县第一完全中学
63	张运鸿	玉溪师范学院附属中学
64	高丽萍	文山州第一中学
65	杨伟民	大理州民族中学
66	黄苑黎	保山市腾冲县第一中学
67	赵宏斌	昆明医学院第一附属医院
68	陈艳敏	云南省第一人民医院
69	金　焰	云南省第一人民医院
70	李迎春	昆明医学院第二附属医院
71	周红宁	云南省寄生虫病防治所
72	张益俊	德宏州医疗集团
73	许云亚	红河州第一人民医院
74	鲁文兴	普洱市第二人民医院
75	刘平华	西双版纳州人民医院
76	张　虹	楚雄州妇幼保健院
77	彭志军	临沧市人民医院
78	陈　静	怒江州贡山县疾病预防控制中心
79	李志祥	文山州人民医院
80	杜　梅	大理州妇幼保健院
81	刘永明	云南省话剧院
82	肖明华	云南省文物考古研究所
83	安华轩	云南省科技情报研究院
84	申　丽	云南人民广播电台
85	廖国阳	中国医学科学院医学生物学研究所
86	陈和林	云南省呈贡体育训练基地
87	熊玉有	云南省民语委
88	聂泽龙	中国科学院昆明植物研究所
89	雷平阳	昆明市《滇池》编辑部
90	龙保贵	红河州民族研究所
91	杨建钢	普洱电视台
92	乔坤洪	楚雄州广播电台
93	师跃雄	玉溪日报社
94	李安明	玉溪市文化馆
95	喻良其	大理州群众艺术馆
96	拉卫东	迪庆州体育局少体校
97	白玉先	迪庆日报社
98	常安登	西南交通建设集团股份有限公司
99	荀家正	云南阳光道桥股份有限公司
100	苏鹤洲	昆明钢铁控股有限公司

2010年云南省技术创新人才名单（28人）

（2010年11月16日）

1. 云南铜业（集团）有限公司　吴予才
2. 云南铜业股份有限公司　史谊峰
3. 昆明贵金属研究所　陈力
4. 云南昆船设计研究院　陈猛
5. 中国有色金属工业昆明勘察设计研究院　赖正发
6. 昆明中铁大型养路机械集团有限公司　胡斌
7. 昆明冶金研究院　张杰
8. 昆明电器科学研究所　万春红
9. 昆明冶研新材料股份有限公司　李文光
10. 昆明市规划编制与信息中心　吴俐民
11. 云南省印刷技术研究所　张春成
12. 云南省农业科学院药用植物研究所　李晚谊
13. 中国科学院昆明植物研究所　龙春林
14. 云南省林业科学院　陈强
15. 云南省畜牧兽医科学研究所　杨斌
16. 云南白药集团股份有限公司　王真
17. 西双版纳国家自然保护区科研所　陈明勇
18. 大理白族自治州农业科学研究所　陈国琛
19. 云南省文山州农业科学研究所　李云
20. 云南沃森生物技术有限公司　黄镇
21. 昆明翔昊科技有限公司　胡琳
22. 云南无敌制药有限责任公司　和肇有
23. 玉溪矿业有限公司　袁明华
24. 云南玉溪水松纸厂　代家红
25. 云南生物谷灯盏花药业有限公司　薛中社
26. 昆明友道科技开展有限公司　赵静峰
27. 云南三环中化化肥有限公司　王煜
28. 云南亚太环境工程设计研究有限公司　曾子平

人　物

Figures

2010年入选第十批技术创新人才培养对象人员表

序号	姓名	单位	性别	学位	职称	从事专业	领域
1	邹国富	中国有色金属工业昆明勘察设计研究院	男	硕士	高级工程师	矿产地质勘查	地质
2	马绍辉	中国医学科学院医学生物学研究所	男	硕士	副主任技师	疫苗开发	预防医学
3	王昆	中国水电顾问集团昆明勘测设计研究院	男	学士	正高级工程师	工程地质勘察	地质
4	周敏	云南植物药业有限公司	女	学士	高级工程师	生物医药	药物学
5	唐炜	云南冶金力神重工有限公司	男	学士	高级工程师	电气设计	电子信息
6	杨叶昆	云南烟草科学研究院	男	硕士	副研究员	烟草化学	化学化工
7	高明菊	云南文山七丹药业股份有限公司	女	学士	助理研究员	新产品开发	药物学
8	邱家荣	云南省渔业科学研究院	男	学士	副研究员	淡水渔业	农业
9	崔涛	云南省药物研究所	男	学士	高级工程师	药学	药物学
10	莫笑晗	云南省烟草农业科学研究院	男	硕士	副研究员	植物病理学	农业
11	李永平	云南省烟草农业科学研究院	男	学士	研究员	烟草育种、种子技术	农业
12	危兵	云南省信息技术发展中心	男	硕士	正高级工程师	计算机应用技术	电子信息
13	张雯洁	云南省食品药品检验所	女	学士	主任药师	药品检验及标准研究	药物学
14	龙洪进	云南省农业科学院	男	学士	副研究员	蔬菜育种与栽培	农业
15	金航	云南省农业科学院	男	学士	副研究员	药用植物栽培	中医中药
16	郭怡卿	云南省农业科学院	女	博士	研究员	植物生长与调节	农业
17	袁理春	云南省农业科学院	男	学士	副研究员	能源作物栽培	农业
18	沙毓沧	云南省农业科学院	男	学士	研究员	热作资源与生态农业	农业
19	谢江生	昆明中铁大型养路机械集团有限公司	男	硕士	高级工程师	大型养路机械设计开发	机械
20	徐云	云南省农业科学院	男	其他	研究员	植物保护	农业
21	陈洪梅	云南省农业科学院	女	硕士	副研究员	作物遗传育种	农业

序号	姓名	单位	性别	学位	职称	从事专业	领域
22	苏振喜	云南省农业科学院	女	硕士	副研究员	水稻遗传育种	农业
23	吴丽芳	云南省农业科学院	女	硕士	研究员	花卉	农业
24	和加卫	云南省农业科学院	男	硕士	副研究员	果树	农业
25	吴才文	云南省农业科学院	男	学士	研究员	甘蔗遗传育种	农业
26	梁名志	云南省农业科学院	男	硕士	副研究员	茶学	农业
27	张雨	云南省林业科学院	女	硕士	副研究员	经济林	林业
28	刘蓓	云南省供销合作社科学研究所	女	学士	研究员	食用菌	农业
29	和占星	云南省草地动物科学研究院	男	硕士	副研究员	畜牧	畜牧兽医
30	罗丽莉	云南瑞升烟草技术（集团）有限公司	女	硕士	工程师	卷烟新材料，吸烟健康	材料科学
31	胥福顺	云南铝业股份有限公司	男	学士	高级工程师	有色金属压力加工	冶金
32	李耀基	云南磷化集团有限公司	男	硕士	高级工程师	磷矿采选工程	化学化工
33	普世坤	云南临沧鑫圆锗业股份有限公司	男	学士	高级工程师	色金属分析测试	冶金
34	杨文菊	云南丽江机床有限公司	女	学士	工程师	机械制造	机械科学
35	赵立	云南昆船设计研究院	男	硕士	高级工程师	自动导引车设计研究	机械科学
36	赵宇	武钢集团昆明钢铁股份有限公司	男	硕士	高级工程师	轧钢	材料科学
37	朱汉勇	文山州农业科学研究所	男	硕士	高级农艺师	玉米遗传育种	农业
38	闻禄	普洱市农业科学研究所	男	硕士	研究员	农作	农业
39	童清	普洱市林业科学研究所	男	硕士	高级工程师	林业科研	林业
40	刘玉文	临沧市农业科学研究所	男	其他	副教授	水稻育种及试验示范	农业
41	张伟	昆明制药集团股份有限公司	男	学士	高级工程师	新药研究	药物学
42	徐远志	昆明冶研新材料股份有限公司	男	学士	高级工程师	有色金属冶金	冶金
43	张旭东	昆明冶金研究院	男	硕士	工程师	选矿	冶金

序号	姓名	单位	性别	学位	职称	从事专业	领域
44	唐利斌	昆明物理研究所	男	博士	高级工程师	光电材料与器件	材料科学
45	秦 云	昆明市建筑设计研究院有限责任公司	男	博士	正高级工程师	结构及岩土工程	建筑与结构工程学
46	冯朴纯	昆明积大制药有限公司	女	硕士	主管药师	药物学	药物学
47	谢国政	昆明电器科学研究所	男	硕士	高级工程师	自动控制	电工科学
48	管伟明	贵研铂业股份有限公司	男	硕士	正高级工程师	贵金属材料及制备	材料科学
49	杨正华	德宏州林业局	男	硕士	高级工程师	林业	林业
50	陈青	大理白族自治州园艺工作站	女	学士	研究员	园艺	农业
51	杨彝华	楚雄州林业科学研究所（楚雄州林业技术推广站）	女	其他	高级工程师	林业	林业
52	康洪灿	保山市农业科学研究所	男	学士	研究员	农业科研与推广	农业

2010年入选第十三批中青年学术和技术带头人后备人才人员表

序号	姓名	单位	性别	学位	职称	从事专业	领域
1	张文云	成都军区昆明总医院	男	博士	副主任医师	口腔医学	临床医学
2	陈华红	楚雄师范学院	女	博士	副教授	微生物学	林业
3	尹可丽	德宏师范高等专科学校	女	硕士	教授	教育心理学	社会科学
4	何 斌	红河学院	男	硕士	教授	数学	数理天文
5	夏雪山	昆明理工大学	男	博士	副教授	分子病毒学	基础生物学
6	胡建杭	昆明理工大学	男	博士	副教授	能源工程	工程热物理及能源科学
7	邓 辉	昆明理工大学	女	硕士	副教授	计算机应用技术	电子信息
8	刘大春	昆明理工大学	男	博士	高级工程师	有色金属冶金	冶金
9	张悟移	昆明理工大学	男	博士	教授	物流供应链管理	社会科学

序号	姓名	单位	性别	学位	职称	从事专业	领域
10	张玉勤	昆明理工大学	男	博士	教授	生物与光电功能材料	材料科学
11	李晓岚	昆明医学院第二附属医院	女	硕士	教授	风湿病与自体免疫病	临床医学
12	史明霞	昆明医学院第一附属医院	女	博士	副教授	血液学	临床医学
13	赵宏斌	昆明医学院第一附属医院	男	博士	副主任医师	骨外科学	临床医学
14	郑志锋	西南林业大学	男	博士	副教授	木材科学与技术	林业
15	王　娟	西南林业大学	女	博士	教授	生物多样性保护	林业
16	杨桂红	云南财经大学	女	博士	教授	工商管理	管理
17	刘　强	云南大学	男	博士	副教授	材料物理与化学	材料科学
18	何严萍	云南大学	女	博士	副教授	抗病毒药物分子设计合成	药物学
19	余泽芬	云南大学	女	博士	副教授	微生物学	基础生物学
20	邓　崧	云南大学	男	博士	副教授	公共管理	社会科学
21	朱　静	云南大学	男	博士	副教授	材料物理化学	材料科学
22	李国红	云南大学	女	博士	副研究员	微生物	农业
23	王　玲	云南大学	女	博士	教授	英语专业教学和科研	社会科学
24	李灿鹏	云南大学	男	博士	教授	功能性食品	化学化工
25	梁　虹	云南大学	女	硕士	教授	通信与信息系统	电子信息
26	李生森	云南大学	男	学士	教授	文艺学\艺术学	社会科学
27	樊保敏	云南民族大学	男	博士	讲师	有机化学	化学化工
28	赵素梅	云南农业大学	女	博士	副教授	动物营养与饲料科学	畜牧兽医
29	李佛琳	云南农业大学	男	博士	教授	烟草	农业
30	陈　斌	云南农业大学	男	博士	教授	植物保护	农业

序号	姓名	单位	性别	学位	职称	从事专业	领域
31	陆永萍	云南省第二人民医院	女	博士	副主任医师	超声诊断	临床医学
32	尹　勇	云南省第二人民医院	男	硕士	副主任医师	康复医学	临床医学
33	杨勤忠	云南省农业科学院	男	博士	副研究员	植物病理学	农业
34	周家武	云南省农业科学院	男	硕士	研究员	植物遗传育种	农业
35	李金明	云南省社会科学院	男	学士	研究员	民族学	社会科学
36	王嘉学	云南师范大学	男	博士	副教授	景观过程与调控	地理
37	云利军	云南师范大学	男	博士	副教授	教学科研	电子信息
38	王艳玲	云南师范大学	女	博士	副教授	教育学	社会科学
39	赵　勇	云南师范大学	男	博士	教授	有机化学	化学化工
40	毕天云	云南师范大学	男	博士	教授	社会学	社会科学
41	孙　瑜	云南师范大学	女	博士	教授	计算机软件与理论	电子信息
42	段为钢	云南中医学院	男	博士	副教授	药理学	中医中药
43	石　宏	中国科学院昆明动物研究所	男	博士	副研究员	人类遗传学	基础生物学
44	车　静	中国科学院昆明动物研究所	女	博士	副研究员	两栖爬行动物系统演化与生物地理学	基础生物学
45	王建红	中国科学院昆明动物研究所	女	博士	研究员	神经生物学	基础生物学
46	何红平	中国科学院昆明植物研究所	男	博士	副研究员	天然药物化学	药物学
47	张玉梅	中国科学院昆明植物研究所	女	博士	副研究员	天然产物化学	林业
48	蔡祥海	中国科学院昆明植物研究所	男	博士	副研究员	植物化学	化学化工
49	高江云	中国科学院西双版纳热带植物园	男	博士	研究员	生态学	基础生物学
50	朱俐颖	中国科学院云南天文台	女	博士	副研究员	双星物理	数理天文
51	李可军	中国科学院云南天文台	男	博士	研究员	太阳物理	数理天文
52	李仕胜	中国水电顾问集团昆明勘测设计研究院	男	硕士	正高级工程师	岩土工程	水利科学

长期在滇工作的“两院”院士名单

姓名	性别	所在单位	备注
吴征镒	男	昆明植物研究所	中国科学院院士
周　俊	男	昆明植物研究所	中国科学院院士
黄润乾	男	云南天文台	中国科学院院士
孙汉董	男	昆明植物研究所	中国科学院院士
张亚平	男	昆明动物研究所	中国科学院院士
苏君红	男	明物理研究所	中国工程院院士
陈　景	男	云南大学	中国工程院院士
戴永年	男	昆明理工大学	中国工程院院士
马洪琪	男	云南澜沧水电开发公司	中国工程院院士
徐德民	男	昆明海威机电技术研究所	中国工程院院士

大中型企业选介

Brief Introduction of Selective Large and Medium-sized Enterprises

云南铜业（集团）有限公司

2010年，面对复杂多变的经济环境和后危机时代的严峻挑战，云铜集团实施全方位深度结构调整、深化管理改革创新、巩固和扩大应对金融危机成果，攻坚克难，全面完成各项主要经营指标。

一、生产经营

2010年，云铜集团完成自产铜金属9.89万吨，完成计划的102.46%；精炼铜32.99万吨，完成计划的101.65%；锌产品8.74万吨，完成计划的109.28%；黄金8827千克，完成计划的112.02%；白银355.22吨，完成计划的111.01%；硫酸111.98万吨，完成计划的154.43%；铁精矿97.04万吨，完成计划的110.27%；钼精矿折合量1706吨，完成计划的129.44%。

全年实现销售收入372.26亿元，实现利润10.83亿元，完成10亿元利润考核指标的108.30%。公司总资产达503.39亿元，净资产147.78亿元，所有者权益总额147.78亿元。

二、企业管理

2010年，云铜集团全面加强企业内部管理，不断完善管理体系建设，通过职能管控作用的进一步强化，各项专业管理制度的进一步规范，公司财务管理、人力资源管理、投资管理、节能降耗、信息化建设、法律事务等各项管理工作迈上了一个新台阶。

（一）财务管理

1. 狠抓资金管理主线，拓宽思路，深入持续地开展资金集中管理工作，防范风险，提升效益

以资金日、月报为依托，实时监督跟踪、严控两项审批，强化银企内外联动监控，确保融资、担保规范化运行；对企业间借款合同进行了清理与规范，所属8家企业办理了银行委托贷款，强化企业责任意识，增强内部借款管理力度，同时增强企业间资金拆借的规范性。为降低担保额，控制财务风险，集团财务部担保质押抵押贷款从2009年的38.99亿元继续下降为2010年的26.13亿元；通过对所属企业账户情况逐一分析、沟通，清理出可压缩账户共19个；强化资金预报筹划工作，坚持按月分析资金情况，上报大额支付计划，以保障资金运转的安全，提升公司效益。

2. 逐步完善全面预算管理体系，预算执行力大大增强

云铜集团全面预算管理工作实现总部、企业、班组的“上中下”三层预算体系，预算内容涵盖生产、营销、投资、资源、安全、科技等各专业口，立体全方位预算体系基本建立；各责任主体或执行单位按照预算具体要求，建立每月预算执行情况分析制度，跟踪控制管理，重点围绕生产产量、成本费用、资金管控和利润目标四大主题，严格执行预算政策，适时实施必要的制约手段，强化预算考核。

3. 实施完全成本领先战略、固化降本增效措施

将2009年实践证明有效的管理措施固化下来，制订了2010年加强管理降本增效的具体措施，明确管理费用、财务费用控制和成本控制的多条具体措施，成为公司的常态管理措施。树立以综合效益为核心，精细管理为手段，科技支撑为保障，打造完全成本竞争新优势。坚持“量、本、利、安全环保”四位一体新型生产组织模式，生产计划与经营预算有机统一互动，将量（数量、质量）、本、利、安全融入生产组织中。

（二）人力资源管理

1. 干部管理工作

以“四好”领导班子建设为目标，抓好干部队伍建设和人才工作，全年共计调整机关部室中层管理人员和所属单位领导班子成员50人次，其中提拔使用17人次，免职解聘10人次，平级调整22人次，使干部和领导班子的结构更趋科学合理。

2. 教育培训工作

公司共计培训46825人次，其中：经营管理人员5241人次、专业技术人员10392人次、高技能人才31192人次。

3. 薪酬管理

加强工资总额管控、劳动用工控制和人工成本管理，完善经营业绩考核体系，制订了《公司2010年度经营业绩考核办法》《机关部门绩效考核办法》，会同相关部门制定了主要单位《2010年度经营业绩目标责任书》和《机

关部室2010年绩效合同书》，推进全员业绩考核；强化以业绩考核为基础的动态薪酬分配机制，挂钩工资总额基数的80%为基础工资，20%作为绩效工资基数，与业绩挂钩考核浮动兑现，同时实行“按月考核、按月预支、季度小结、年度清算”的模式，实现绩效工资与业绩考核挂钩浮动兑现，按月兑现体现激励及时性，充分发挥了薪酬分配的杠杆作用。

（三）投资管理

进一步理顺投资项目管理程序，规范项目投资管理存在的共性问题，增强项目投资的风险管理意识。加强项目建设招投标管理，保证项目建设的合法合规性。严格履行中铝投资程序，在经理办公会审批后，上报中铝公司、中铜公司和省政府相关分管机构各类请示、报告150多份。对重大投资项目的可研、初设进行严格审查，对在建项目实施动态监控，组织招标121项，组织项目可行研究内部审查20项。在项目建设管理中规范投资决策和管理行为，处理好生产与发展的关系，保证企业可持续健康发展。

（四）节能降耗管理

2010年是全面完成“十一五”节能减排目标的“收官”之年，云铜集团节能工作稳步发展，全面实现超越省政府2010年对云铜集团节能量的考核目标——3000吨标准煤。17户所属主要生产企业完成公司下达节能量目标：4000吨标准煤，工业生产能源消费量达37.06万吨标准煤，全年公司万元产值能耗节能量5929吨标准煤，铜冶炼综合能耗327.92kgce/t。

三、营销工作

根据生产组织安排，按照“保量、增利、降本”的总体要求，在合理维护原料市场的原则下，积极调整原料结构，调整产品销售区域和策略，堵死亏损源，盯死盈利点，积极开展内贸、进口粗铜和铜精矿的外销和外委代加工。在原料采购、产品销售、生产组织上联动运作，内部深化三项制度改革，实现流程再造和管理层级压缩，进一步明晰部门职能分工，对外加强对标，学习先进经验，提升经营管理水平。全年完成铜原料采购30.87万金属吨，实现产品销售收入304.97亿元（含税），产品销售实现货款回款率100%。

四、企业发展

（一）科技创新

1. 科技项目

云铜集团科技创新工作主要抓重点科技项目的执行管理，加强创新体系和研发平台建设，推动知识产权创造与管理。全年实施年度科技计划项目89项，其中在研和新立项的年度重点科技计划项目33项，一般性项目56项，投入科技经费15172.01万元。申请专利19件。

2. 自主创新成果

国家“科技支撑计划”——高速铁路专用铜合金导线产业化开发项目，顺利通过国家科技部的验收。研制出的铸铜转子，技术水平和产品性能达到国际先进水平，获国家科技部颁发的《国家重点新产品证书》。玉溪矿业将“数字矿山”技术研发和应用作为重点，使狮子山铜矿成为国内第一个三维数字采矿设计的铜矿山。云铜首次提出的“顶吹熔炼—顶吹吹炼”炼铜工艺和思路付诸实施，自主设计制造的因分特试验炉12月24日点火，实现矿铜杂铜共炼短流程全线贯通。不锈钢阴极铜电解技术实现产业化，比传统电解系统的电流效率提高0.87个百分点，电铜优质品率达100%，实现了操作的简易化、维护的可视化和运行的智能化。

（二）重点工程建设

2010年，云铜集团固定资产投资计划为20.77亿元，截至12月末已完成投资19.21亿元，全年投资计划完成率为92.48%。迪庆有色公司普朗铜矿一期采选工程累计完成投资10.63亿元，项目可研报告已于2010年10月通过云铜集团组织的专家评审；凉山矿业昆鹏10万吨阳极铜冶炼项目累计完成投资11.88亿元，项目于2010年7月25日，艾萨炉点火，全系统打通流程，开始热负荷试车项目，8月29日进行了热负荷联动试车，工程已进入收尾阶段；广东清远云铜10万吨/年再生铜电解及配套工程累计完成投资6.96亿元，建安工程已基本完工，进入全面试车阶段，总图工程正在进行收尾工作；云铜股份加工总厂新增电解产能技改项目累计完成投资6.48亿元，项目总图施工已经完成，外部网管施工基本完成，已开始试生产；星焰公司牟定郝家河铜矿深部采矿技改工程累计完成投资7971.76万元，项目已完成主井、副井施工，深部4#材料斜井涌水大，进展缓慢，1680运输平巷正在施工；玉溪矿业大红山铜矿3万吨/年精矿含铜～西部矿段采矿工程、迪庆矿业公司羊拉铜矿里农矿段采选工程、楚雄矿冶小河～石门坎矿段探矿（竖井）措施项目、达亚公司狮子山深部持续工程、玉溪矿业龙都尾矿库中后期排洪系统正在按计划推进。

（三）资本运营

云铜集团直接从融资市场上获取35亿元短期融资券发行额度，并赶在国家加息前成功发行一期20亿元，节约成本3440万元；继续降低担保额，全年担保质押抵押贷款下降12.86亿。云铜股份非公开发行股票项目在发行领导小组和各专业工作组、各中介机构的密切协作下，完成了非公开发行方案的编制，已上报证监会审查，待最后批复。

五、资源开拓

云铜集团坚定不移实施资源战略，以加强矿产资源管理和增加资源总量、加强资源整合、突出地质勘查实现为基本抓手，通过一年的努力，在地质找矿、资源勘探、资源考察论证等方面取得新的突破。全年实施地质勘查项目共51项，完成投入资金2.80亿元，在国内进行了现场矿产资源考察共19个矿权，国外考察共17个矿权。新增333以上铜金属量52.6万吨，钼金属量4.6万吨，铅+锌4.2万吨，铜金属量升级11.4万吨。

（张劲锋 黄绕生）

云南商业集团有限公司

〔综述〕 2010年是云南商业集团转机建制的第三年，面对国际金融危机对行业冲击的后续影响，面对改革改制收尾困难多、任务重以及协会职能不明确、机构不健全的实际情况，集团努力探索开展以咨询、管理和服务为中心的协会工作，全力抓好国企改革收尾工作，取得了明显成效。一是狠抓学习，提高队伍素质。随着集团工作重心的转移，集团主要领导高度重视抓好机关学习，以提高干部职工的政治素质和业务素质。采取领导宣讲传达，支部组织学习，个人自学讨论以及中心组交流学习等多种形式，认真传达学习中央和省委的一系列会议精神。采取请进来讲课，送出去学习的办法，加强干部职工的业务学习。全年集团机关参加学习人数达到300多人次。二是努力推进学习型党组织建设和开展创先争优活动。集团公司把在党的基层组织和党员中开展创建先进基层党组织，争当优秀党员活动作为推动国企改革和探索协会工作的有力武器。三是积极推动集团向协会的平稳过渡。一方面全力抓好国企改革改制的收尾工作，认真处理已改制企业的遗留问题，确保国有资产的保值增值，维护企业和社会稳定。另一方面积极探索开展协会工作，积极向上级反映协会职责任务不明，人员编制少的问题，努力开展以咨询、管理、服务为中心的协会工作，开展课题调研，加强行业指导，为协会的正常运转奠定基础。

〔党群和培训工作〕 集团认真抓好下属企业和改制企业的党建工作，完成全系统800多名党员的建库及统计上报工作。做好反腐倡廉工作，宣传贯彻廉政精神，组织开展警示教育，完成“小金库”清理工作。组织机关及下属企业的1519名职工参加第七期互助医疗活动，使近300名住院职工获得了补助。积极开展职业技能培训工作，全年共培训餐饮行农民工521人次，其中462人取得初级职业技能证书，举办2期职业经理人培训班，有41人参加培训。

〔资产管理工作〕 一年来，集团进一步完善财务管理制度，强化内部管理；进一步加强对国有资产、国有资金的管理，加大对欠款催收力度；进一步加强对下属企业国有资产的监管力，确保国有资产的保值增值。

〔扶贫工作〕 2010年是集团挂钩扶贫麻栗坡县八布乡的第四年，在认真下派新农村建设指导员的同时，集团领导及有关部门人员多次深入扶贫点考察调研，为八布乡脱贫致富出谋划策。全年集团共给予八布乡助学及奖励资金4.2万元，下拨抗旱启动资金4万元，协调省商务厅下拨商品配送专项资金50万元，协调省民委下拨饮水工程款3万元。在抗旱救灾活动中，积极组织爱心捐赠活动，捐赠八布乡柴油抽水机7台，衣物、食品等物资一批，干部职工捐款1.6万余元。

〔省农机总公司的改革〕 上半年，集团全力协助省农机公司做好转让、挂牌工作。一方面是将省农机公司原改制方案依据第四次评估结果进行调整上报，对一些重点难点问题进行反复研究汇报，争取方案审批与评估备案同步进行；另一方面是在省国资委批复同意实施整体重组和评估备案后，及时多次与评估机构和产权交易所进行沟通和协调，并于6月30日在云南省产权交易所开始整体转让挂牌公示。在收到“昆明市人民政府关于终止云南金竹宾馆挂牌转让交易的函”，以及安宁市政府和成昆复线建设指挥部将征用农机公司安宁仓库地块的通知后，集团以科学发展观为指导，及时研究调整省农机公司的改革思路，确保了国有资产的保值增值和企业的稳定发展。在具体工作中，重点抓了三个方面：一是及时报告省国资委要求调整公司的整体转让产权内容，与交易所协商终止挂牌转让交易工作；二是积极与市政府相关部门进行协商协调，争取市政府的支持并尽快落实拆除及补偿事宜，提出主楼拆除后对剩余土地及房屋的改造规划要求；三是进一步统一农机公司干部职工的思想认识，重新对农机公司今后的发展进行研究和探讨，以保证企业的稳定和发展。

〔省汽车工业总公司的破产〕 面对省汽车工业总公司破产工作困难多、难度大和职工诉求多的实际情况，一是继续清理、上报和处理涉及职工工资、住房、安置等的棘手问题，特别是清理拖欠工资和核实劳资关系。二是按计划完成破产的资产评估备案工作，针对公司管理混乱、账务不清、对外投资入股的公司早已停业多年、追缴投资和债权已过诉讼时限等复杂问题，认真负责，耐心细致地做好工作。三是积极争取破产资金，协调解决部分退休人员的社保事宜，集团积极向政府有关部门汇报反映因前期评估不足及预计收回资产变化大而引起破产费用缺口大的问题，多次与上海和昆明有关部门联系协商落实上海联营公司退休职工社保事宜，努力推动省汽车公司破产工作的顺利进行。

〔协会工作〕 一方面是围绕中心工作开展课题研究。一是在省委八届九次全会提出“流通活省”战略思路后，集团和协会及时研究成立“流通活省”课题组，牵头组织省委政研室、省政府研究室、省委党校、云南大学等10家单位的25位专家学者对我省流通领域十七个方面的问题进行专题课题研究。集团和协会主要领导亲自拟定课题研究的具体内容，组织召开课题研究会议，并对专家学者们提交的每一个子课题研究报告进行细致的审核修改，确保了课题研究的质量和水平。目前，“流通活省”课题研究工作已接近尾声，近三十万字的《云南省现代流通业研究报告》将于近期内正式出版发行并上报给省委、省政府有关部门和领导。二是针对我省酒类生产企业小、散、弱的问题，推动改变云南有名烟、名茶，但无名酒的局面，集团和协会在年初与省委政研室联合开展了《云酒产业发展研究》课题调研。一年来，课题组多次深入酒类生产企业和销售市场进行调研，在进行课题调研的同时，找出企业在生产和经营中存在的问题，为企业提供咨询服务。三是联合有关部门启动《云南扶贫开发模式创新与农村流通业振兴研究》课题。此课题研究的目的在于贯彻十七届三中全会提出的“开拓农村市场，推进农村流通现代化”，深入分析研究我省扶贫工作面临的新情况、新问题，创新扶贫模式，振兴农村市场，为实现2020年基本消除绝对贫困现象做出努力。目前，该课题研究已完成前期准备工作。另一方面是以省烹协为依托探索协会工作。2010年，集团和协会依托省烹协进一步开展为行业、为基层的咨询、管理和服务工作。一方面引导和扶持下属专业协会的工作，推动了全省餐饮行业的发展，另一方面也充实拓展了协会自身的工作，扩大了协会的影响力。首先是与省烹饪协会联合组织省内专家学者编辑出版《滇菜通论》一书，对滇菜的过去、现在和将来进行全面系统的研究和探讨。该书是新中国成立以来，云南餐饮行业编写的第一本全面介绍滇菜历史沿革、发展状况、菜品特征、文化渊源、教育科研及实践创新的理论专著；其次是协助楚雄州南华县成功举办“第七届南华野生菌美食节”，参与编辑出版《南华美食荟萃》一书。第三是帮助玉溪江川县向中烹协申报“中国生态美食名县”并获得成功，协助举办“江川县第六届开渔节暨首届生态美食节”和编辑出版《江川美食荟萃》一书。第四是积极开展对职业经理人、厨师、服务员等的培训工作，做好名师、名店、名宴、名菜等的评定工作。通过一系列对行业和基层的咨询、管理和服务工作，进一步探索开展协会工作方法和新路子，扩大了协会的影响力和知名度。

（王昕）

云南冶金集团股份有限公司

【综述】 2010年，云南冶金集团克服了外部环境复杂多变、干旱缺水、限电减产、电价上调、产品价格剧烈波动、原材料价格上涨等诸多困难，集团生产经营、产业建设、深化改革、党的建设等工作同步协调推进，继续保持平稳较快发展的良好势头。2010年，集团金属总产量首次突破100万吨，达到100.86万吨，同比增长12.49%。其中铝50.02万吨、锌21.7万吨、铅11.38万吨、铁合金13.91万吨、工业硅3.4万吨，同比分别增长18.03%、3.23%、14.7%、7.94%和176.42%；生铁4487吨。加工产品增长明显，其中铝加工28.03万吨，同比增长25.53%。实现营业收入170.72亿元、工业增加值45.82亿元、利税14.12亿元、利润 5.19 亿元，同比分别增长 38.54%、52.02%、18.06%和 118.07%。2010 年末，资产总额为 438.69 亿元，所有者权益 169.40 亿元，其中归属于母公司所有者权益 84.11 亿元，同比分别增长 20.36%、12.18%和 9.72%。集团“十一五”累计金属总产量近 430 万吨，是“十五”的两倍多；实现营业收入超过 745 亿元、工业增加值近 200 亿元、利税总额超过 106 亿元、利润总额超过 55 亿元，均为“十五”总量的三倍以上，除利润年均递增 6.5%外，其余年均递增都在 10%以上。总体来看，产品产量迈上新台阶，营业收入再创新高，主要生产经营企业全部实现盈利，集团整体经济效益实现恢复性增长，较好完成省政府、省国资委年度考核目标和集团“十一五”规划目标。

【项目建设】 集团“十一五”累计完成固定资产投资 206 亿元，是“十五”的四倍多。2010 年，集团产业建设项目 22 个，其中年内建成投产 5 个，新开工项目 8 个，全年完成投资超过 80 亿元。云铝公司 8 万吨/年铝板带铸轧项目、大兴安岭云冶公司 2 万吨/年电锌工程、斗南建锰公司 20 万吨/年铁合金节能减排技改工程一期 10 万吨生产线、冶研新材料公司 3000 吨/年多晶硅项目、新立公司 8 万吨/年高钛渣项目等项目建成投入试生产；文山铝业公司 80 万吨/年氧化铝项目、源鑫公司 60 万吨/年炭素项目、会泽 16 万吨/年铅锌及渣综合利用项目、呼伦贝尔 20 万吨/年铅锌冶炼项目、6 万吨/年钛白粉项目、1 万吨/年海绵钛项目等项目进展良好；丽江铝节能新技术推广示范项目、富源哈兹莱特工艺铝板带项目、芒市 30 万吨/年硅铝合金示范项目、浩鑫公司 20 万吨/年高精铝箔（薄）材项目、昆明重工公司重型装备研发制造基地项目等项目已奠基。此外，正基公司开发建设的澜沧公司、彝良驰宏公司职工住宅小区和马街片区经济适用住房二期等项目已建成；马街廉租房建设项目已获补助资金 1.68 亿元，前期工作进展顺利。

【深化改革】 完成上海沪鑫公司整体注入新美铝公司和增资，实现集团对新美铝公司控股，并更名为浩鑫公司。完成永昌铅锌公司与永昌硅业公司分设，同时对内部铅锌企业开展资产清查、矿权评估等工作，为下一步推进产业整合打下了基础。积极推进“央企入滇”，宝钢资源公司出资 1.33 亿元入股斗南公司，在海外资源开发、产品销售、技术研发等方面实现强强联合、优势互补；斗南公司上市申请已正式上报中国证监会。进出口物流公司引入 3 家新股东，注册资本增至 1.3 亿元，为集团物流体系建设创造了条件。集团与云南电网公司、昆明铁路局等建立战略合作关系，特别是与电网公司达成战略互信，有望在矿电结合上取得历史性突破。坚持多渠道、多方式融资，集团完成发行企业债券 14.5 亿元、短期融资券 10 亿元；成功注册中期票据 25 亿元并完成发行第一期 12 亿元；通过财务公司开展资金集中管理，上线的集团成员单位资金归集度达到 76.9%。

【企业管理】 按照现代企业制度要求，集团制定股东会、董事会、监事会议事规则等有关决策和管理制度，成立董事会投资与战略决策委员会、审计与风控委员会、薪酬与考核委员会和预算委员会。规范财务和资金管理，建立完善《集团财务预算管理制度》和《本部财务预算管理制度》等财务管理制度。加强风险管理，制定执行《加强代理业务管理暂行规定》和《建立客户信用评级备案机制管理办法》，对客户进行诚信分级管理，全集团共享诚信信息。集团本部通过 ISO9001：2008 质量管理体系认证，进一步调整完善本部管理部门职能，组织实施集团“企业门户系统”等 6 个信息化建设项目，集团被列为 2010 年全省重点培育信息化示范企业。进一步加强产业项目建设管理，建立完善集团战略规划、项目建议书等 9 项管理制度和办法。坚持“集团主导、业主负责”模式，对设计、施工、监理、总承包单位探索推行诚信管理制度。针对铝产业项目的实际，组建专业的项目管理部，整合内外资源，确保项目建设高效有序推进。面对严峻的生产经营形势，各企业围绕“提产量、抓指标、控成本、增效益”的总体目标，狠抓内部管理，加大技术经济指标和成本考核力度，加强市场趋势研究分析，创新营销方式，确保生产经营安全平稳运行。通过努力，集团全年纳入考核的技术经济指标 37 项（可比 36 项），同比稳定改善 21 项，其中 5 项质量指标稳定提高 3 项，9 项资源利用指标稳定提高 5 项，22 项消耗指标稳定下降 13 项，各项指标继续保持行业领先水平。全年节能 2.94 万吨标煤，完成省政府考核目标。集团全年有 6 个节能项目列入 2010 年云南省 100 项重点节能示范项目。狠抓安全责任和措施落实，加强安全基础管理，培育安全文化，安全生产工作进一步加强，各项指标控制在考核目标范围内。

【资源整合】 集团编制完成《集团 2010—2020 年矿产资源勘查保障规划》，加强对今后资源工作的规划指导。组建盛鑫源公司，在集团层面建立资源勘探、整合、开发运作平台，参与昆明市厂口乡钛矿资源整合工作。驰宏公司资源整合和找探矿取得新突破，其中，在西藏间接取得10个探矿权，彝良驰宏公司整合12个采矿权和1个探矿权，并在深部探获厚度大、品位高的铅锌矿体；荣达公司整合2个采矿权和7个探矿权，新增金属储量50多万吨；会泽公司在本区深部新增矿石储量30多万吨；加拿大塞尔温铅锌项目已正式启动运作。新立公司累计取得的4个采矿权钛资源储量约75万吨，8个探矿权预计可探获约90万吨。永昌硅业公司7个硅石采矿权保有储量1100多万吨。文山铝土矿勘查项目列入云南省3年找矿行动计划铝土矿整装勘查项目并开始实施，鹤庆铝土矿找矿规律研究项目列入云南省3年找矿行动计划重点评价项目。此外，集团加大对境外资源合作开发工作力度，南非、斐济等项目取得积极进展。2010年集团申报国家矿产资源节约与综合利用项目7项，获专项资金4060万元。

【技术创新】 加强创新体系和平台建设，全年获准设立湿法冶金、铝电解节能减排、铅冶金、锰系列产品、多晶硅5个省级工程技术研究中心，集团技术中心试验研究基地建设进展顺利。组建了云南冶金科技（美国）公司。在行业内率先开展“电解铝行业低浓度SO2烟气治理回收利用和CO2减排技术研究及产业化示范项目”。科技创新成果丰硕，全年获中国有色金属工业科技进步二等奖5项、三等奖3项；云南省科技进步一等奖1项、三等奖4项、技术发明二等奖1项和王吉坤副总工申报云南省杰出贡献奖已公示。全年共申请专利45项，获授权专利35项，其中发明专利10项。2个QC小组被评为全国优秀质量管理小组。驰宏公司白银产品在伦敦交易所成功注册，铅锭、铋锭、热镀锌基合金3个产品获2010年省自主创新产品认定；浩鑫公司获全国有色金属标委会优秀标准一等奖，0.005mm以下超薄铝箔被列入省重点培育自主创新产品。

【和谐企业建设】 集团制定“十二五”企业文化建设《实施指导意见》和集团2010年《企业文化建设考核实施细则》，进一步加强集团企业文化建设。2010年，集团被评为全国机械冶金建材系统劳动关系和谐企业，再次被评为全国有色金属行业AAA级信用企业，被省委评为2009年度党风廉政建设优秀单位；集团全年获省五一劳动奖状单位1家、省劳动关系和谐企业2家、省五一劳动奖章3人，省职工技术状元2人、省职工技术能手18人。集团工会被评为省职工经济技术创新工程先进集体，集团和云铝公司被评为省厂务公开民主管理工作先进单位。认真履行社会责任，全年累计为抗旱救灾等社会公益事业捐款近4000万元。

（李煜）

云南物流产业集团

【综述】 2010年，云南物流产业集团紧紧抓住“桥头堡”建设、物流业调整振兴和新一轮西部大开发的重大产业发展机遇，转变发展方式，调整经营结构，创新商业模式，扩大营业规模，提升经营效益，加快推进项目建设，增强集团品牌效应，集团继续保持强劲的发展态势，影响力、控制力、带动力和竞争力不断提升，圆满并超额完成“十一五”规划目标，为集团“十二五”发展奠定了坚实基础。

截至2010年12月31日，集团资产总额41.96亿元，比2005年增长2.63倍，同比增长14.49%；所有者权益6.45亿元，比2005年增长1.86倍，同比增长35.22%。2010年实现营业收入75.12亿元，比2005年增长了5.35倍，同比增长45.58%；实现物流总额308亿元，比2005年增长2.08倍；利润总额6012万元，比2005年增长2.19倍，同比增长12.37%；实现利税总额1.75亿元，比2005年增长2.08倍。

“十一五”期间，集团累计实现营业收入173亿元，年均增长75%；实现物流总额1075亿元，年均增长25%；实现利润总额1.96亿元，年均增长25%；实现利税总额4.92亿元，人均创利税42.36万元；妥善解决长期困扰集团发展的不良资产、债务等历史包袱7.1亿元；引入战略合作伙伴资金3.8亿元；组织全员培训258期，参训员工15000余人次，在岗员工人均培训10次以上，管理人员参训率达100%；组织61人次赴国外物流发达国家或地区进行考察学习；集团连续五年圆满完成或超额完成省国资委下达的年度经营业绩考核指标。集团被省委组织部、省国资委授予2008年度创建“四好”领导班子先进集体荣誉称号。

集团连续五年跻身中国服务业企业500强，2010年位列第219位，比2009年提升131位；列全国物流、仓储、运输、配送服务业50强第

10位，比2009年提升5位；列中国物流企业50强第17位，比2009年提升9位；列云南省100强企业第17位，比2009年提升15位；2009年—2010年连续两年列全国规模以上通用仓储企业前10名。

【经营质量大幅提升】 2010年集团积极应对宏观经济政策调整、金融危机后市场变化和昆明市城市改造带来的不利影响，继续贯彻“以物流带动贸易，以贸易促进物流”的经营战略，着力打造“上控资源，中联物流，下建网络”的运行模式，围绕“转方式、调结构”要求，牢固树立贸易规模化、物流网络化、产业链延伸化、服务链增值化、管理科学化的经营理念，大胆探索创新经营管理模式、商业运作模式和盈利模式的途径，在市场拓展、服务延伸、规模扩张、效益提升方面取得了实效。2010年集团首次实现营业利润2927万元，改变了连续两年营业利润为负数的局面，使集团的经营质量大幅提升。

2010年主要贸易品种数量情况

品种	本年累计完成额	去年同期完成额	比去年同期增减额	同比增减
煤炭（万吨）	173	113	60	53%
钢材（万吨）	122	53	69	130%
有色金属（吨）	834	1104	-270	-24%
白糖（万吨）	14	15	-1	-7%
黄磷（吨）	11530	14786	-3256	-22%
化肥（吨）	3780	900	2880	320%
塑料（吨）	7041	8102	-1062	-13%
汽车（辆）	18734	15375	3359	22%
工程机械（辆）	416	308	108	35%

【加快推进物流项目及网络建设】 2010年，集团以构建“昆明为中心，辐射全省，连接全国，面向东盟”的现代物流服务体系和网络信息平台为目标，积极推进重点物流项目建设，进一步完善集团的物流服务网络，优化物流战略布局。其中：安宁国际物流园已列入全省2011年100项在建重点建设项目计划，云南昭通昭阳物流商贸城、大理国际物流园、云南新钢综合物流园三个项目已列入全省2011年100项新开工重点建设项目计划，云南磨憨口岸国际物流园已列入全省2011年100项重点前期工作项目计划。以上项目预计总投资35亿元，规划用地面积4195亩。同时，集团积极探索药品物流、危险品物流、口岸物流、物流信息服务等专业化第三方物流领域。2010年已按照省政府批复精神完成对昆明圣辰医药公司的股权收购，为构建覆盖全省的基本用药物流配送体系奠定了基础；危险品公司“基于无线传感网络终端设备研究的危险品运输集成示范项目”获得了省科技厅的科研经费支持。2010年8月10日，经省政府批准，“云南东盟公共物流信息有限公司”正式注册成立，将通过网络平台和信息技术，整合我省公路运输物流信息资源，创新物流企业和保险公司、通讯企业、银行之间的合作共赢模式，拓展集团依托信息化建设转变发展方式的新型业态。12月31日，集团与云南南天电子信息产业股份有限公司、云南凯银科技有限公司签订战略合作协议，三方将充分发挥各自优势，积极探索和开发物流与信息产业相结合的领域，共同打造立足本省，覆盖全国，面向东盟的物流信息化平台，协力促进我省物流业和信息产业的融合和联动发展。

【不断改善财务资产状况】 2010年，集团取得实施“减债脱困工程”涉及企业所得税转增资本的批复，4770万元应交税款转增资本金，使“减债脱困工程”圆满完成，并组织相关企业开展验资工作，包括税款转增资本金在内，鑫盛、机电、燃料、化轻、物贸中心、集团本部六户企业汇总增加资本金1.26亿元；组织各企业全面展开不良资产和长期挂账负债清理工作，共清理并鉴证了不良资产4，265.29万元，长期挂账负债1，933.3万元；集团各企业通过增资扩股、合资、合作等方式引入战略合作伙伴资金1.7亿元，并积极与华夏银行、富滇银行、中信银行、深发行、招商银行、兴业银行等多家银行建立银企战略合作关系，截至2010年底，集团在多家银行的综合授信额度已达到22.28亿元，全年集团内部调剂资金总量达到4.18亿元。2010年6月11日和12月31日，集团分别与中国民生银行昆明分行、中国银行云南省分行签订了《战略合作协议》，两家银行将在合作期三年内为集团提供总额85亿元的意向综合性融资额度，支持集团物流项目建设及转方式、调结构的融资需求。随着集团资产结构、财务状况的日趋优化，集团的融资渠道进一步拓宽，融资环境进一步改善，融资能力进一步提高，为集团加快发展奠定坚实的基础。

【加强内部管理】 2010年，集团共出台27项规章制度，涉及财务管理、投融资管理、党风建设、干部人事考核管理、工程项目建设等多个方面，全面完善制度建设，从“精细化管理”中要效益。集团对所属企业内控管理制度的建设和实施进行了检查，制订了《云南物流产业集团关于贯彻落实企业内部控制规范及其配套指引 加强内部控制建设的实施意见》，新成立人力资源部和法律审计事务部并向社会公开招聘两部门的部长。同时集团不断加强财务监管，积极推进集团统一财务管理建设，制定了《云南物流产业集团委派财务总监和会计机构负责人考核办法（暂行）》，并组织2009年度委派会计机构负责人述职测评会议，对首次委派的人员第一年的工作进行评价，财务负责人委派工作取得较好的效果。

【打造职业化物流团队】 2010年，集团继续实施“人才强企战略”，构建了科学的人才引进、人才培养和人才使用体系，建立和完善“民主、公开、平等、竞争、择优”的人才管理和竞争机制；营造让“想干事、会干事、干成事、不坏事、不出事”的人能施展才华的舞台。集团制定了《加强人才培养工作的意见》《引进、培养、使用人才管理办法》《全员教育培训实施意见》《开展全员素质能力教育培养的暂行办法》等一系列制度，积极倡导“爱才、惜才、育才、带才、留才”，使人才能够留得住，引得进，干得成，从而形成了“人才支撑企业、企业造就人才”的良好氛围。2010年集团公开招聘131名员工，充实到各企业急需岗位，其中大中专各类人才100名。建立了校企人才联合创新培养基地，部分企业采取与相关院校合作开展“订单式”人才培养方式，引进企业紧缺各类人才；集团续聘续任中层管理人员49人，提拔到集团中层正职5人、副职4人，调整交流正职1人、副职1人，引进1人、免职1人；共开展全员学习培训11次，聘请知名专家、学者讲授企业战略管理、现代物流、现代物流发展趋势与运作模式、企业党建、执行力与管理实践等知识，1700人次参加了学习培训，20名中层管理人员参加了省内的五所大学的自主选学，7名中层管理人员到清华大学、云南财经大学进行中短期学习，15名中层以上管理人员“走出去”到国外省外考察学习。

【加强企业文化建设】 集团始终坚持以人为本，在企业发展的同时，不断提高职工工资福利待遇，改善职工住房条件，丰富职工精神文化生活，让员工共享改革发展成果，共建和谐企业。2010年集团在岗职工人均收入4.4万元，同比增长12.8%，比2005年增长74.2%。集团统一印制集团员工手册，重新修改制作了集团宣传专题片，制作下发《云南物流产业集团VI手册》，通过整合集团各成员企业视觉识别系统，以统一、崭新的企业形象体现集团的控制力、影响力和竞争力，举办了第四届“物流杯”大型文体活动暨员工乒乓球比赛，开展“我与企业共成长”读书征文活动，组织开展“青春彩云南·抗旱齐行动”活动。团员青年捐款5万余元，捐赠500件矿泉水。集团一户企业、一名员工分别荣获全省“青年安全示范岗”和“青年岗位能手”称号。集团两户企业团组织被团省委授予“青年文明号”称号。一名员工被云南省总工会授予“五一劳动奖章”。集团党委书记、董事长周少方同志撰写的《加快构建现代物流体系，促进面向西南“桥头堡”建设》论文荣获云南省企业家论坛征文活动二等奖。集团参评的《发展口岸物流，推动“桥头堡”建设》论文荣获三等奖。集团与云南财经大学校企合作共建高层次物流管理人才培养基地项目获得云南省教学成果二等奖。集团被国家统计局云南调查总队评为“企业（集团）监测专业二等奖”。

2010年集团支付离休人员医疗统筹等费用552.74万元，确保离休干部“两项待遇”的落实；筹集14.83万元慰问金，走访慰问困难员工223人次；截至2010年底，集团共有8户企业的736名职工参加了集团企业年金计划，共归集资金653.22万元，在职职工参加率达到95%；共提供扶贫帮困资金及物资300多万元，帮助挂钩扶贫点巧家县大寨镇建盖了文化室，捐助云南省老龄事业发展基金会助老工程10万元。集团中层以上管理人员连续三年向挂钩扶贫点巧家县大寨镇贫困家庭的在校大学生捐资助学，对口帮扶11个村的13名贫困大学生。

中国太平洋人寿保险股份有限公司云南分公司

[综述] 2010年是太平洋保险集团公司实现H股上市后同时迈向国内和国际市场的第一年，在资本市场跌宕起伏和国内保险市场激烈竞争的形势下，太平洋人寿保险云南分公司深入实践科学发展观，扎实推进“创先争优”活动，克服了云南历史上百年不遇的特大干旱，在云南保监局的正确领导下，在集团公司、总公司的具体指导下，深入贯彻落实科学发展观，围绕“转方式、调结构、防风险、促发展”，努力工作、开拓创新，聚焦营销、聚焦期缴，业务持续健康发展。2010年总保费收入14.79亿元，同比增长31%，标准保费13.77亿元，同比增长13%；新保核心业务4.13亿元，其中个险期缴1.15亿元，银保期缴1.12亿元，意外险1.86亿元，结构持续优化，成功实现公司价值的可持续增长；后援服务能力大幅增强，合规体系日趋健全，风险管控进一步加强。这一年，太平洋保险集团获颁港交所上市公司管治卓越奖、上交所上市公司年度董事会奖、“2010第一财经·中国企业社会责任榜”杰出企业奖、中国品牌价值十强，太平洋寿险被评为亚洲最佳寿险公司，分公司在2010年云南金融百姓口碑榜中荣获“最佳保险服务奖”。

[业务持续健康发展] 2010年，分公司认真贯彻落实全保会、集团公司、总公司、全省保险工作会议精神，在集团公司、总公司的正确领导下，在云南保监局的监管下，以提升销售能力为核心，以加快业务发展为重点，以打造个险万人团队为战略目标，不断改革创新，优化经营管理模式，优化资源配置，依法合规经营，做到公司可持续发展，取得了较好的经营成果。个险人力实现快速健康发展，核心业务个险期缴、银保期缴、意外险分别突破亿元大关。

围绕公司年度发展目标，营销渠道以深入落实提升营销渠道销售能力的六项重点工作，夯实基础管理，营销人力实现了渠道销售能力的稳步提升。银保渠道紧紧围绕“一手抓增速、一手抓基础”，促进银保队伍专业化建设与期缴业务的快速增长。直销渠道进一步加强基础建设，提升销售能力，安贷宝等产品成为叫好又叫座的主力产品。续期渠道客户服务专员人均产能逐年提高、13/25个月继续率稳步有升、续期基本法费率逐年下降，渠道专业化经营效益逐步体现。

[优化管理模式] 2010年，分公司进一步强化集中管理，优化经营管理模式，推行“条块结合、以块为主”的矩阵式管理模式和分渠道核算管理模式，将经营目标与各条线、各层级的绩效考核进行挂钩，充分发挥条线和机构的积极性、主动性，营造全员、全过程参与的预算管理氛围，有效促进公司总体经营效益的提升。推行固定和变动费用分立的管理模式，将人力资源费、固定折租摊费用纳入分公司统筹管理，通过费用分类管理的推行，统一了对固定费用管理的标准，增强固定费用投入产出效益。以保监会和总公司推广零现金管理为契机，加强收付费管理，全面提升银行转账率，防范资金风险，提高作业效率。至2010年末，分公司年度平均业务收入转账率已达到94.88%，支出转账率99.44%，全面达成总公司考核目标要求，在2010年总公司会计达标验收评审工作中达到总公司“AA”级标准，并获总公司综合进步奖。

[加强机构建设] 在2009年机构基础建设的基础上，分公司进一步加强中心支公司以及县级机构的内部管理，促进机构业务可持续发展能力的提升。2010年，云南分公司进一步修订了三、四级机构经营等级评定管理办法，以提升营销渠道销售能力为核心，以三、四级机构晋级达标为牵引，以绩效考核为抓手，制定机构经理考核体系，机构经理绩效与机构经营等级直接挂钩，加大了绩效考核的牵引力度，绩效考核体系以个险KPI指标为主。从管理干部到各技术条线所有人员考核指标均与人力发展挂钩。2010年，全公司有41家营销服务部升格为支公司。

[干部选拔与作用] 分公司始终坚持任人唯贤的原则，坚持能者上、庸者下的干部任用机制，为锻炼干部和干部成长搭建了良好的平台机制。分公司严格执行集团公司、总公司的干部路线方针政策，在干部选拔任用方面，坚持“基层工作经验是选拔任用干部的基础”原则，采取经营业绩与个人综合素质考核相结合的原则，重在考核个人素质和长期可持续发展，为省公司更好地服务于基层打下了良好的基础。

近三年来，公司先后有8名中心支公司班子成员及分公司部门负责人因工作绩效不明显、不作为或乱作为而被免职。云南分公司自2006年就开始了人力资源改革工作。2008年以后，在总公司的统一要求下，加快《改革与完善人力资源管理体系》建设，建立全省统一的组织架构、薪酬体系、绩效考核机制等一系列相关制度，并在实践中进行持续的完善，特别是三、四级机构绩效管理办法的出台大大提升了公司全体干部员工的工作积极性，工作业绩及机构经营等级均有大幅提升。

[风险与合规管理]　分公司坚持依法合规经营，强化风险与合规工作，加强全员培训教育，有效提升了全公司干部员工依法合规经营的意识和风险处置能力。一年来，分公司共组织开展全面合规自查和专项业务自查工作11次，包括合规风险的全面自查、反洗钱自查、年金业务自查、基础投入自查、意外险经营标准自查等。通过开展各项自查工作，不仅很好地掌握了公司在内控方面存在的薄弱环节，同时也通过自查这一形式很好地推动了公司合规文化和风险文化的建设。同时，分公司还通过强化合同的法务审查、合规预警报告、制度梳理等举措，使风险管理工作前移，公司的内控制度体系在健全性和合理性方面得到了明显的改善。分公司共组织实施针对不同层次干部员工的15次合规教育培训活动，组织辖内相关机构及分公司部室人员参与总公司举办的合规培训8期。由于组织到位、准备充分，参训人员不仅提高了认识，同时也提升了风险处置技能，“合规人人有责”“合规创造价值”的理念已深入广大员工的内心，合规经营已逐步成为各机构及广大干部员工的自觉自发的行为。

[提升保险服务品质]　分公司以内强素质为抓手，通过管理集中、服务延伸、理赔提速，以实际行动去佐证“做一家负责任的保险公司”的承诺。在管理集中方面，分公司全面实现95500电话回访省级集中、区域集中、业务档案向区域档案馆集中、核保作业向区域营运中心集中的管理模式。在服务延伸方面，柜面标准化建设于2010年初全面复制推广，11月全面完成37家机构的验收，同时公司具备对外服务功能的县域四级机构已完成五项服务功能的全覆盖。为提升服务质量，切实解决社会上普遍认为的“理赔难”问题，分公司通过七个“一”工程的实施，即：一声问候、一条热线、一个告知、一条短信、一条理赔绿色通道、一张处方、一个回访，有效提升理赔时效，并得到了客户的认可。同时，分公司还在重大灾害发生时，通过快速、高效的理赔，充分发挥保险的保障功能。2010年末，公司荣获云南金融百姓口碑榜评选的“最佳服务奖”。

[企业文化构建与社会责任]　在“诚信天下、稳健一生、追求卓越”的企业核心观引领下，结合实际，分公司着力构建以和谐文化为主体、以绩效文化为牵引的企业文化。以企业文化为载体，最终形成分公司在云南寿险市场的核心竞争力，对客户负责、对员工负责，用实际行动实现做一家负责任保险公司的承诺。2010年云南遭遇特大干旱之时，分公司积极响应省委、省政府和云南保监局号召，大力弘扬一方有难、八方支援的中华民族传统美德，通过捐款、捐水、捐物，积极参与到全省的抗旱救灾工作中。地处上海的太平洋人寿保险总公司非常关心云南的旱情，特批50万元专款用于云南的抗旱救灾工作。分公司全体干部员工捐款20万元，公司和员工累计捐款达到70万元。另外，分公司还捐水200余吨进村进希望小学。公司热心捐助、扶贫帮困等公益活动中所做出的大量实绩，得到了政府及社会各界的肯定和好评。

（彭　怡）

附　录

Attachment

2010年全省重点督查的20个重大建设项目

一、牛栏江—滇池补水工程项目。全面加快推进控制性工程实验场地建设，完成可研报告国家审批立项和移民安置、征占地补偿工作。抓好牛栏江上游水环境保护工作。完成投资20亿元。

二、润滇工程项目。全面完成楚雄青山嘴等10件大中型水库建设。推进2007年以来开工在建的35件中型及中型降等为小㈠型水库建设，实现部分项目主体工程完工。完成20件大中型病险水库除险加固任务。完成投资20亿元。

三、中低产田地改造项目。改造中低产田地250万亩以上，完成投资30亿元。

四、滇池污染治理项目。①滇池北岸水环境综合治理工程。确保第一、二、三、五、六、七、八污水处理厂正常运转。继续推进实施城东、城东南、城北、城南、城西5个片区排水管网建设，铺设雨、污水管网72公里。完成投资8亿元。②环湖截污工程。完成环湖东岸、南岸基础工程和西岸、北岸完善工程，主要管网实现全面闭合。完成投资40亿元。③湖滨生态建设。完成5万亩湖滨生态建设和8户省属单位及驻昆部队搬迁工作，全面实现滇池外海环湖生态闭合。完成投资10亿元。④入湖河道整治。完成海河、洛龙河、马料河、捞鱼河、护城河综合整治工程，开工建设小清河等6条入湖河道综合整治工程。完成投资12亿元。⑤水质和化学需氧量（COD）控制目标。滇池流域水环境质量整体保持稳定。滇池外海水质达到V类地表水标准；滇池草海水质力争接近V类地表水标准。滇池流域COD排放总量控制在37787吨以内，其中：工业源和城镇生活源COD控制在18000吨以内。

五、城镇污水和生活垃圾处理设施项目。确保248个规划项目，特别是2010年计划实施的46个项目（污水处理项目34个、垃圾处理项目12个）全部开工建设。完成91个项目建设并投入正常使用，其中上半年完成57个项目。完成投资80亿元以上。

六、城镇保障性住房建设项目。确保2009年开工建设的保障性住房项目上半年建成并投入使用。新开工建设11万套、550万平方米城镇廉租住房，完成60%以上工程量。完成3.3万户国有林区、垦区、煤矿沉陷区棚户改造和5681户华侨农（林）场非归难侨危房改造任务。建成1万套市场开发统筹保障性住房。完成投资50亿元以上。

七、农村保障性安居工程。争取中央补助和省级投入17.6亿元，完成30万户（其中：省级安排26万户，州市县安排4万户）农村危房改造及地震安居工程建设任务和5万户游牧民定居、扶贫安居、易地扶贫搬迁、灾区民房恢复重建、工程移民搬迁等其他农村保障性安居工程建设任务。

八、重大工业建设项目。①加快推进15个在建项目建设（2009年的11个在建项目、4个新开工项目），完成投资115亿元。②确保中石油油气管道和炼化基地、沈机集团昆机生产基地、云南冶金力神重工研发制造基地、中铝昆明铜业高精电工铜材加工基地、云南天士力茶叶加工基地、云变变压器制造基地6个项目开工建设。完成投资18亿元。③推进昆船机场装备研发及产业化基地、武钢昆钢高性能抗震钢生产线2个项目前期工作。

九、省级工业园区建设项目。强化园区建设管理，建立并启动重点工业园区动态管理运行机制。加快40个省级重点工业园区基础设施建设，完成投资50亿元。力争工业园区建成80万平方米的标准厂房，完成投资10亿元。

十、机场建设项目。①昆明新机场完成投资55亿元以上，全面完成航站楼建筑结构和装修工程，完成主要设备和系统安装并进入设备调试。②全面完成西双版纳、丽江等机场改扩建工程，完成投资10亿元。争取开工建设泸沽湖、红河机场。

十一、公路建设项目。①继续推进石林—锁龙寺、锁龙寺—蒙自、武定—昆明、保山—腾冲、江底—石林、磨黑—思茅、大理—丽江、昆明西南绕城和西北绕城等9条高速公路重点项目建设，完成投资100亿元。争取普立—宣威、龙陵—瑞丽高速公路完成前期工作。②加快52条在建二级公路建设，完成投资200亿元左右。③继续加强农村公路建设，新建和改建农村公路1.5万公里（其中，油路3500公里），完成投资40亿元。

十二、铁路建设项目。①加快大瑞（大保段）、玉蒙、蒙河、丽香、沾六二线、仁和至丽江铁路、昆广复线、云桂铁路和昆明枢纽扩能改造、昆明枢纽东南环线、昆玉铁路扩能改造工程等11个重点在建项目建设。②加快沪昆铁路客运专线长沙至昆明段、广通至大理铁路扩能改造工程等项目前期工作，力争开工建设。完成投资150亿元。

十三、能源建设（电力开发和电网工程）项目。①水电项目。加快小湾、功果桥、溪洛渡、向家坝等在建水电站项目建设，积极推进金沙江中下游、澜沧江流域水电开发项目前期工作。做好移民搬迁安置工作。②火电项目。继续推进雨汪煤电一体化工程、镇雄电厂2个在建项目建设；争取开工建设威信电厂项目。③新能源开发利用项目。推进石林大型光伏并网发电实验示范项目建设，完成一期10MW（兆瓦）工程。电力开发项目完成投资560亿元。④继续推进±800千伏超高压输电项目、骨干电网及农网完善工程、无电地区电力建设；争取国家支持，再核准开工一批500千伏及以下骨干电网和城乡电网完善、无电地区电力建设工程。完成投资140亿元。

十四、煤炭基地建设项目。①继续推进六大煤炭基地建设。恩洪、老厂、镇雄、先锋4个矿区全面实施资源整合工作，加快推进滇东能源细冲煤矿、昭通褐煤矿等项目前期工作。②加快小龙潭矿务局五期扩建工程、白龙山煤矿等在建项目建设。开工建设塘房、富煤一矿等大中型矿井。完成投资50亿元。

十五、重点商贸流通投资项目。①积极推进中国—东盟商贸港等10个在建项目建设，完成投资18.9亿元。②开工建设昆明国际水产品交易中心、昆明谨浦仓储物流园区等项目，完成投资20亿元。

十六、高校搬迁建设项目。新开工校区和教职工住宅面积100万平方米，教职工住宅全面建成并交付使用。云南大学、昆明理工大学、云南师范大学、云南民族大学、昆明医学院（云南医学高等专科学校）、云南中医学院、云南艺术学院、云南广播电视大学、云南交通职业技术学院等基本完成新校区建设主要任务。启动配套的云大附中附小、师大附中附小建设。完成投资40亿元。

十七、省级医疗机构建设项目。继续推进省级医疗卫生机构项目建设，加快推进昆医附一院呈贡新区医院、省第一人民医院安宁医院和省中医院滇池医院项目建设。完成投资15亿元。

十八、重大标志性文化设施建设项目。省博物馆新馆完成主体工程建设，完成投资2亿元；云南文化艺术中心（云南大剧院）完成投资8500万元；云南文苑开工建设2.5万平方米，完成投资1.5亿元；亚广传媒中心新开工建设11万平方米，完成投资4.5亿元。加快推进省科技馆新馆建设。

十九、城乡市场建设和扩大消费项目。①建设改造100个乡镇农贸（集贸）市场和特色专业批发市场。省级投资3000万元，拉动投资9亿元。②继续推进“万村千乡市场工程”，新建农家店3500个和配送中心50个。省级投资2350万元，拉动投资4亿元。

二十、重大旅游开发项目。①继续推进60个旅游小镇建设，完成投资25亿元。争取建成15～20个在全国有较高知名度的旅游小镇。②加快推进一批国家公园、一批旅游精品景区和一批旅游休闲度假设施建设，完成投资80亿元以上。

2010年全省重点督查的20项重要工作

一、推进新农村建设。①解决200万以上农村人口饮水安全问题。②新建农村户用沼气池20万口，完成节柴改灶10万户。③加强烟叶生产基础设施建设，力争受益面积达到151万亩。

二、推进农业产业化。①继续实施百亿斤粮食增产计划，建设500个万亩高产示范区，确保粮食种植面积稳定在6500万亩，力争粮食总产量增加40万吨。②扶持500户龙头企业和200户农民专业合作组织，建设1000个畜禽水产标准化养殖场（小区）和100个优势作物高产、标准示范园（区）。③加快林业产业发展。

完成200万亩中低产林改造。推进木本油料产业基地建设，力争完成种植面积450万亩以上，其中：核桃400万亩，油茶、澳洲坚果等50万亩。

三、推进扶贫开发攻坚。①解决和巩固60万农村贫困人口的温饱。②继续实施20个乡扶贫开发整乡推进试点。做好9000个贫困自然村整村推进。③新增培训农村劳动力100万人，新增转移就业50万人。

四、推进城乡社会保障体系建设。①推进鼓励创业促进就业政策措施的落实。通过贷免扶补，重点扶持3万人自主创业。实现新增城镇就业22万人，帮助6万名以上就业困难人员实现就业，城镇失业登记率控制在4.6%以内，确保零就业家庭至少1人就业。②做好社会保险扩面工作，全省享有各类保险人数达到1730万人次。基本解决2004年1月1日《工伤养老条例》实施前的“老工伤”纳入工伤保险统筹管理问题。③全省退休人员基本养老金、失业保险金、工伤保险待遇水平平均提高10%左右。全面启动州市级城镇职工基本医疗保险统筹工作。力争10个以上州市实现异地持卡就医、购药联网结算。全省新型农村养老保险试点县参保人数不少于80万人。④继续完善城乡低保制度，全省农村低保对象达到360万人左右。⑤全面推进城乡医疗救助。全额补助符合条件的农村个人缴纳参合资金，资助符合条件的城镇困难居民参加城镇居民基本医疗保险，对城乡困难群众实施门诊和住院医疗救助。⑥新建和改扩建50所农村敬老院。全面建立高龄老人津贴制度。建设300个城乡社区老年服务等一站式综合服务中心。

五、继续实施建设“创新型云南”行动计划。组织实施30项重大科技攻关项目，突破50项关键核心技术，研究开发50个具有自主知识产权的重大新产品；新认定高新技术企业80家，培育2~3户高新技术企业在国内外证券市场上市，遴选20户左右企业开展创新型企业试点工作；认定20个以上省级重点实验室或省级工程技术研究中心；引进10名以上国内外高端科技人才，培育10个省级创新团队，选拔培养100名省中青年学术和技术带头人后备人才及省技术创新人才培养对象。加快推进云南科技创新园建设。启动实施“质量兴省”战略。

六、加强国土资源管理和煤炭资源整合。①实行严格的耕地保护目标责任制，②进一步推进矿产资源开发整合工作。③继续推进全省煤炭资源整合。煤炭企业控制在360户左右，矿井数量控制在1210个左右，关闭100个小煤矿。

七、推进重点领域改革。①积极推进医药卫生体制改革，扩大基本医疗卫生保障覆盖面，实施基本药物制度，完善基层医疗卫生服务体系，促进基本公共卫生服务均等化，做好公立医院改革试点工作。②推进农垦系统改革发展。深入推进集体林权制度及其配套改革。加快推进殡葬改革。③继续推进投融资体制改革，直接融资规模突破200亿元。完成股权投资基金和新兴产业创业投资基金组建工作。力争年内1~3家企业成功上市。④推进金融改革。争取新增涉农贷款达到500亿元，新增中小企业贷款600亿元以上。力争跨境人民币贸易结算试点工作取得突破和富滇银行在老挝设立代表处，成立2家村镇银行。金融机构累计发放惠农卡200万张以上。全省小额贷款公司信贷投放突破100亿元。组建地方法人保险机构。⑤深化国有企业改革。推进省级经营性国有资产全面、分类监管，逐步实现全面覆盖。支持中小企业加快发展，力争以中小企业为主体的非公经济实现增加值占全省GDP的40%以上。⑥启动实施镇雄县、宣威市、腾冲县3个省直管县财政改革试点工作。推进实施好石林等8个县（区）扩权强县试点工作。

八、确保固定资产投资稳定增长。确保全社会固定资产投资规模比2009年增加1000亿元。①落实固定资产投资目标管理责任制度。②认真实施项目并行并联审批、限时办结等制度。③加强项目储备和前期工作。④积极争取国家政策和资金支持。⑤多渠道筹集建设资金。

九、推进城镇化建设，促进房地产业和建筑业发展。①加快推进现代新昆明、区域性中心城市、州市所在地城市、重点县城、边境口岸城镇和特色小镇“六个层次”的城镇建设步伐，力争全省城镇化率达到36%左右。②争取房地产开发投资完成800亿元以上，建筑业完成总产值1300亿元以上。

十、进一步做好防灾减灾工作。①认真落实防震减灾十大能力建设规划。②进一步加强救灾物资储备库和灾害应急机制建设，实现灾害应急预案州、县、乡全覆盖。抓好迪庆、红河等泥石流多发地区的预防和整治工作。强化边境、藏区和多灾重灾的500个乡（镇）救灾物资和装备储备。③争取上半年全面完成姚安、宾川地震灾区恢复重建任务。

十一、坚持优先发展教育。①加快中小学布局调整工作。小学（含非“一师一校”教学点）和初中撤并2009年校点数的9%左右，“一师一校”教学点撤并2009年校点数的50%左右。②全面实施中小学校舍安全工程。多方筹资完成200万平方米危房改造。③继续实施好义务教育经费保障工作。④继续推进中等职业教育、民办教育和学前教育发展。力争全省中等职业教育招生人数达到24万人，在校生人数达到60万人；扩大民办学校招生规模。

十二、推动医疗卫生事业发展。①加强和完善中医药服务体系建设，推进重点中医院项目建设。②推进院前急救医疗网络建设，加强省、州（市）、县级急救中心能力建设。③实施食品药品安全专项整治工作，确保人民群众饮食、医药安全。④继续做好甲型H1N1流感防控工作。

十三、推进文化设施建设。①完成300个乡镇综合文化站、5000个农家书屋建设任务。②继续实施广播电视“村村通”工程。

十四、推进“七彩云南”保护行动，加强节能减排工作。①认真贯彻落实《七彩云南生态文明建设规划纲要》，编制完成“十大工程”实施方案。积极推进生态文明建设，全面完成七彩云南保护行动“十一五”目标任务。加强除滇池外其他8大高原湖泊保护治理，完成“十一五”规划项目建设任务。继续推进滇西北生物多样性保护工作。加快推进“森林云南”建设。②加强节能技术研发推广，淘汰落后产能，确保年度完成单位GDP能耗降低3.67%，超额完成“十一五”节能目标任务。③推进污染减排重点项目建设，确保全面完成‘十一五’期间化学需氧量（COD）削减4.9%、二氧化硫（SO_2）削减4%的目标任务。

十五、继续开展新一轮禁毒和防艾人民战争。①积极推进新一轮禁毒人民战争。毒品预防知晓率各类学生达100%，公共娱乐服务场所达95%以上。进一步严密堵源截流立体防控体系和完善查缉制度，巩固境外替代种植成果。实现强制隔离戒毒收戒吸毒人员3.2万人以上，强制隔离戒毒所在所率保持在60%以上。②做好新一轮艾滋病防治工作。艾滋病防治知识知晓率有新的提高，80%的乡镇建立艾滋病自愿咨询检测点，100%县级以上医疗卫生机构具备艾滋病免费咨询检测能力。对95%以上的婚前保健人群进行HIV抗体免费检测，艾滋病病毒感染者及病人随访率达80%以上。

十六、加快云南旅游“二次创业”步伐。全面实施《云南省旅游产业发展和改革规划纲要》，确保旅游改革发展综合试点工作取得新突破。继续推进呈贡县斗南村等150个旅游特色村的建设工作。加快推进重点旅游城市和旅游县（市、区）建设，继续引进并建设一批国际品牌休闲度假酒店和旅游景区，全面启动实施旅游公共服务设施和旅游标准化建设。力争接待海外旅游者313万人次，接待国内旅游者1.32亿人次，实现旅游业总收入比2009年增长11%。

十七、继续推进“兴边富民工程”新三年行动计划和人口较少民族扶持工作。①推进实施“兴边富民工程”新三年行动计划6大工程、30件实事，确保各项目标任务圆满完成。②争取年内启动实施“兴地睦边”农田整治重大工程。③全面抓好7个人口较少民族和少数民族中极端困难人群的重点帮扶，进一步加大对景颇、拉祜、佤、傈僳4个特困民族的扶持力度。

十八、做好内贸流通工作。①加强全省食用植物油仓储设施建设，完成食用植物油地方储备计划。切实做好地方粮食、猪肉储备工作。保障全省成品油市场供应。②落实对餐饮业的扶持政策，进一步推进餐饮业品牌塑造工程，优化餐饮业发展布局，积极扩大餐饮消费需求，推动餐饮业发展取得实质性进展。③继续组织实施“家电下乡”工程，认真落实汽车、摩托车下乡政策。

十九、进一步提高对外开放水平。①配合国家编制完成云南作为国家面向西南开放桥头堡的建设规划和实施方案。②加强口岸建设和通关便利化。全面启动全省13个国家一类口岸、7个二类口岸和4个拟新开口岸的联检查验及配套设施的建设改造工作。重点推进昆曼大通道运输和贸易便利化。③继续推动中越、中老、中缅跨境经济合作区建设，争取国家批准建设中越跨境经济合作区。④办好第十八届昆交会、第三届南亚国家商品展、大湄公河次区域（GMS）经济走廊活动周、第五届中国—南亚商务论坛、第八届东盟华商投资西南项目推介会暨亚太华商论坛等系列活动。⑤推动外贸进出口实现恢复性增长，全省进出口贸易总额增长10%以上。扩大利用外资规模，提升利用外资的质量和水平。⑥争取完成15个县、300万亩出口基地的区域化备案工作。

二十、抓好安全生产工作。认真落实安全生产"一岗双责"，深入开展煤矿、非煤矿山和尾矿库、危险化学品和烟花爆竹、建筑施工、道路和水上交通等重点行业领域的安全生产专项整治工作。加强安全监管体系建设，着力构建安全生产长效机制，提高安全生产应急能力。推进安全质量标准化工作，加大安全生产执法和责任追究力度，努力促进安全生产形势持续稳定好转。

2010年云南十大科技进展

成功编研占中国植物种类半数以上的《云南植物志》

以云南及其邻近地区大规模野外考察、采集标本为基础，以精准文献资料记载和丰富物种信息为特色的《云南植物志》编研，是植物科学领域一项重要的基础性工作，为云南乃至全国生物多样性编目和制定保护措施提供了基本依据。《云南植物志》全书21卷共2452万字，图版4263幅，收载了云南已知野生及习见栽培高等植物433科3008属16201种1701亚变种，是生物资源数据库的主要组成部分。介于云南植物的重要地位，云南植物种类清楚后，中国植物种类就清楚了一半。

云南省艾滋病流行规律研究及科学防治取得突破进展

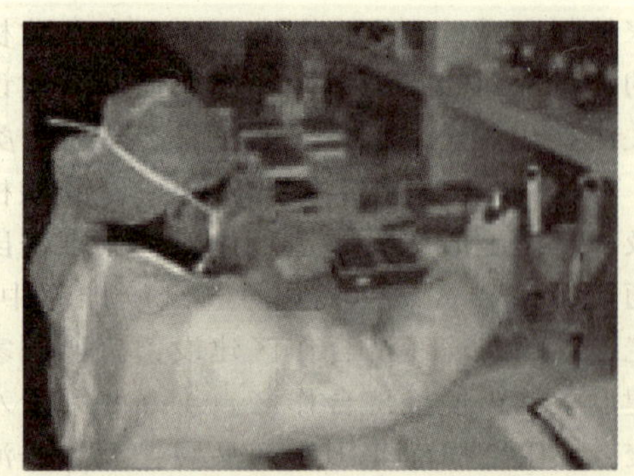

该研究首次在国内外采用了5项新技术，获得3项重要发现（首次在国内最早发现吸毒人群中艾滋病暴发，首次证实我国首例母婴传播、首次全程观察到中国艾滋病从周边国家传入云南，再经贩毒通道扩散到全国的全过程），通过研究技术的推广运用，六年共减少艾滋病新感染病例19465例，避免死亡2668例，为国家避免巨额医疗开支和经济损失。该研究的成果为国务院防治艾滋病工作委员会、云南省政府决策广泛应用，为云南省两轮防艾人民战争提供了有力的技术支持，为全国提供了技术借鉴。成果在《Nature》、《Lancet》杂志公开发表文章。

该研究项目拟评为2010年度云南省科学技术进步一等奖，现已进入公示期。

创新湿法炼锌工艺实现稀贵金属综合回收

在引进、消化和吸收国际一流锌冶炼专有技术基础上，将湿法炼锌工艺中焙烧矿"针铁矿除铁技术"创新性地应用于次氧化锌粉处理的工艺中。项目实施形成了年处理25000吨次氧化锌粉生产线，实现了"次氧化锌综合回收技术"产业化，取得了锌浸出率≥97.5%，锌回收率≥96%，铅渣品位25%，铅渣率31%，铟的回收率80%，铟富集比8－11的良好技术经济指标，实现了锌金属和稀贵金属的综合回收利用。项目产业化以来，累计处理含锌物料62000吨，回收锌14000吨，铅5500吨，铟28吨。获云铜、中国铝业科技进步一等奖，中国有色金属工业协会科技进步二等奖。

药物安全性评价支撑云药深入开发

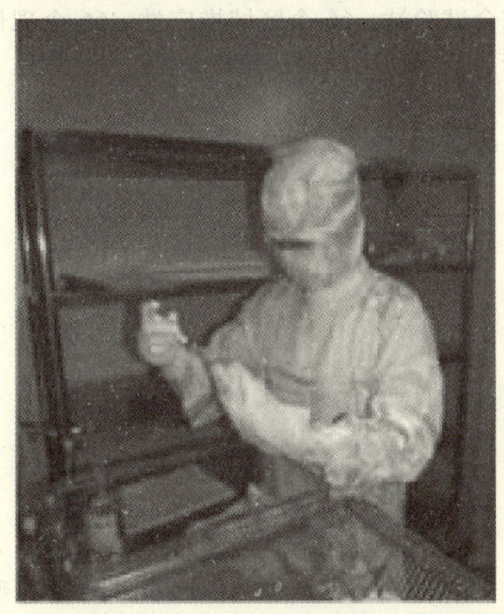

云南省药物研究所药物安全性评价中心2005年建成，2010年获得国家食品药品监督管理局药物GLP认证，为云南首家获GLP认证机构。中心药毒性试验、生殖毒性试验、遗传毒性试验、局部毒性试验、免疫原性试验、安全性药理试验项目齐全，开展了中药、天然药物、化学药物、生物制品及健康相关产品的安全性评价研究。近3年完成60多个、100多项药物安全性评价研究，为云南本土药物深入开发和创新药物申报提供了技术支撑，并与云南中医学院共建了“云南省研究生教育创新联合培养基地”。

云花绽放“中国创造”魅力

云南主栽鲜切花新品种选育及生产关键技术集成项目提升了我省鲜切花产业科技实力，项目重点集成和优化了栽培、种苗繁育、精准施肥、病虫害防治、采后处理、加工及运输、标准化生产等方面的技术，在花卉新品种选育方面取得瞩目的成绩，选育并申报新品种权证书的花卉新品种111个，其中获得知识产权的花卉新品种36个，通过初审和公示期的花卉新品种75个，新品种储备达上千个，花卉品种创新实力领先全国，云南省具有自主知识产权的玫瑰新品种“中国红”成为北京奥运会和残奥会颁奖用花，新品种系列花卉“阿诗玛”成为上海世博会主用花，云花在世界舞台上绽放出“中国创造”的魅力。

矿物长距离管道输送技术国内领先

复杂地形长距离铁精矿固液两相浆体输送关键技术解决了大U型、多起伏、高落差复杂地形下铁精矿管道输送的力学、机械、自动化等多学科交叉与集成技术难题，项目获得了2010年度国家科技进步二等奖及2010年度冶金科学技术二等奖。整体技术于2007年1月运用于云南大红山铁精矿输送管线工程及东川铁精矿输送管线工程中，累计经济效益51.8亿元，参照公路运输，减少二氧化碳排放25.8万吨。目前相关技术已授权全球最大的美国管道公司作为全球总代理，授权重庆水泵公司用于其项目设计和设备销售配套产品；技术推广应用于阿根廷、秘鲁、巴布亚新几内亚管道工程等。

高原高山峡谷区大型梯级开发的环境效应及生态安全调控取得重大技术突破和创新

高原高山峡谷区大型梯级开发的环境效应及生态安全调控，获得2010年国家科技进步二等奖。该成果为国家水电能源基地建设的生态安全调控提供了核心技术支撑，在西南地区得到广泛应用，社会、生态和经济效益显著：促进工程总投入600多亿元；提升了解决高原高山峡谷环境中大型梯级建设生态约束的技术能力；维护了1个世界自然遗产地和8个国家Ⅰ、Ⅱ级自然保护区的完整和稳定，成为我国流域梯级开发环境友好型工程建设的成功典范；对国家环评法实施、规划环境影响评价条例及移民安置政策的制定有重大技术基础支撑。

云南建设现代农业产业技术体系取得显著成效

现代农业产业技术体系依托现有省、州(市)、县、乡科研、技术推广力量等资源，围绕产业发展需求，以农产品为单元，以产业为主线，建设从产地到餐桌、从生产到消费、从研发到市场各个环节紧密衔接、环环相扣、服务农业发展目标的现代农业产业技术体系，打通科研、试验示范、推广和生产之间的快速通道，实现真正意义上的科研、试验和推广各环节之间的无缝衔接。2009年正式列入省级财政预算，省级财政每年投入2750万元启动实施水稻、玉米、马铃薯、生猪、奶牛、甘蔗、油菜、蚕桑8个农产品，建立61个功能研究室、39个综合试验站、66个区域推广站、66个现代农业产业技术体系综合示范区。

电解铝高效节能技术国际领先

云冶、云铝、中南大学联合开发的大型曲面阴极高能效铝电解槽新技术，采用曲面阴极铝电解槽的设计理念，将“阴极截面等电位”的曲面阴极设计原则与阴极表面曲面化后对铝液运动的减缓作用有机结合起来，从而提高铝液的稳定性，实现铝电解槽高效节能。目前已开发并应用了5种槽形的曲面阴极铝电解槽以及配套的高效焙烧启动技术、高能效电解新工艺及控制技术，平均铝直流电耗达12249kWh/t·Al，铝电解能耗降至国际领先水平，两年来累计创直接经济效益5228万元。

200万吨级煤焦化综合利用工程技术国内领先

云南大为制焦有限公司实施的200万吨焦化能源综合利用工程，自主研发出4×55孔5.5米双联下喷、复热式废气循环、年产200万吨的干全焦大型侧装捣固焦炉装置和年产20万吨焦炉煤气制甲醇装置，配备选煤、焦油加

工、粗苯精制、炭黑生产、污水处理、化产等十套装置，两装置均属全国首创，使整个生产过程充分体现了高效、节能、环保的综合特点，一举成就了目前国内煤化工煤资源综合利用率最高、产品链最长、环保效果最好、装置安全及技术配置最高的煤化工工程。

2010年入选中国企业500强滇企名单（9家）

名次	排名	企业名称	营业收入（万元）
1	104	红塔烟草（集团）有限责任公司	5590222
2	126	红云红河烟草（集团）有限责任公司	5023748
3	240	云天化集团	2572623
4	333	云南建工集团	1773102
5	358	昆明钢铁控股有限公司	1651702
6	392	云南煤化工集团	1453644
7	440	昆明铁路局	1272918
8	453	云南冶金集团股份有限公司	1232340
9	500	云南锡业集团（控股）有限责任公司	1108369

2010年入选中国服务业500强滇企名单（2家）

名次	排名	企业名称	营业收入（万元）
1	133	昆明铁路局	1272918
2	219	云南物流产业集团有限公司	515986

2010年入选中国制造业500强滇企名单（9家）

名次	排名	企业名称	营业收入（万元）
1	41	红塔烟草（集团）有限责任公司	5590222
2	56	红云红河烟草（集团）有限责任公司	5023748
3	119	云天化集团	2572623
4	187	昆明钢铁控股有限公司	1651702
5	209	云南煤化工集团有限公司	1453644
6	245	云南冶金集团股份有限公司	1232340
7	279	云南锡业集团（控股）有限责任公司	1108369
8	372	云南白药集团	717178
9	464	云南南磷集团	480864

云南省2010年“212”工程重点工业项目任务分解表

（省政府确定的23项重大工业建设项目）

序号	企业名称	项目名称	责任州市政府	州市政府责任部门	省工信委分管责任领导	省工信委责任处室
1	昆明中铁大型养路机械集团有限公司	200标准台/年国家大型铁路养护设备昆明产业基地建设项目	昆明市人民政府	昆明市工信委	许云	装备工业处
2	昆明云内动力股份有限公司	20万台/年轿车柴油机建设项目				
3	沈机集团昆明机床有限公司	数控重型精密机床制造及铸造基地建设项目				
4	云南冶金力神重工有限公司	重型装备研发制造基地建设项目				
5	云变电器股份有限公司	铁路牵引、500KV级及以上特高压大型变压器制造基地项目				
6	昆明船舶设备集团有限公司	民用机场物流装备研发及产业化基地建设项目				
7	云南名永硅业有限公司	3000吨/年多晶硅项目				
8	云南解化清洁能源开发有限公司寻甸先锋化工有限公司	褐煤洁净化利用（56万吨油品）试验示范工程项目	昆明市人民政府	昆明市工信委	许云	原材料工业处
9	云南磷化集团有限公司	450万吨/年中低品位磷矿浮选及深加工项目				
10	中铝昆明铜业有限公司	铜材加工（22万吨/年高精度电工铜材）项目				
11	武钢集团昆明钢铁股份有限公司	调整钢品种结构（185万吨高性能抗震钢）异地搬迁技改项目				
12	红云烟草（集团）有限公司昆明卷烟厂	昆明卷烟厂搬迁技改项目	昆明市人民政府	昆明市工信委	许云	食品药品工业处
13	云南白药集团股份有限公司	呈贡医药生产基地和物流建设项目				

续表

序号	企业名称	项目名称	责任州市政府	州市政府责任部门	省工信委分管责任领导	省工信委责任处室
14	云天化集团云天化股份有限公司	水富煤代气（26万吨/年甲醇）项目	昭通市人民政府	昭通市经委	许云	原材料工业处
15	云南冶金集团冶研新材料股份有限公司	3000吨/年多晶硅项目	曲靖市人民政府	曲靖市经委	许云	装备工业处
16	云南冶金集团驰宏锌锗股份有限公司	会泽铅锌冶炼（16万吨/年铅锌及渣综合利用）项目	曲靖市人民政府	曲靖市经委	许云	原材料工业处
17	云南冶金集团新立有色金属有限公司	钛产业（6万吨/年金红石级钛白粉、1万吨/年海绵钛）项目	楚雄州人民政府	楚雄州经委	许云	原材料工业处
18	云南锡业集团（控股）有限公司	铜冶炼（年产电铜10.8万吨）项目	红河州人民政府	红河州经委	许云	原材料工业处
19	云南冶金集团源鑫碳素有限公司	60万吨/年阳极碳素电解铝配套项目				
20	云南冶金集团文山铝业有限公司	文山铝土矿（80万吨/年氧化铝）开发项目	文山州人民政府	文山州 经委	许云	原材料工业处
21	云南天士力生物茶科技有限公司	产品制造、生物茶发酵、封装分离、能源动力等功能区建设	普洱市人民政府	普洱市经委	许云	食品药品工业处
22	云南云景林纸股份有限公司	9万吨/年纸浆技改项目	普洱市人民政府	普洱市经委	许云	消费品工业处
23	中国石油天然气集团公司	石油管道和炼化基地建设项目	相关州市人民政府	相关州市工信委（经委）	王兴宁	中缅油气管道办

2010 年认定云南省云药之乡县（市、区）名单

序号	县（市、区）	主要品种
1	文山州砚山县	三七
2	玉溪市元江县	芦荟
3	红河州绿春县	草果
4	曲靖市师宗县	薏苡仁、半夏
5	红河州金平县	南板蓝根
6	普洱市江城县	南药、萝芙木
7	昭通市盐津县	五倍子、杜仲
8	西双版纳州勐海县	铁皮石斛
9	德宏州芒市	石斛
10	丽江市古城区	当归、续断、云木香

2010 年云南名牌产品名单

编号	申报产品名称		注册商标名称	申报企业名称
1	卷烟及辅料	卷烟	国宾	红塔烟草（集团）有限责任公司
2		复合铝箔纸	玉塔	云南新兴仁恒包装材料有限公司
3		再造烟叶	昆船瑞升	云南昆船瑞升科技有限公司
4		烟用香精	天宏	云南天宏香精香料有限公司
5				云南瑞升烟草技术（集团）有限公司
6		烟用内衬纸	红塔	玉溪市大营街铝箔纸有限责任公司
7	制药及生物制品	平眩胶囊	老方	云南佑生药业有限责任公司
8		天麻醒脑胶囊	永孜堂	云南永孜堂制药有限公司
9		盐酸坦洛新缓释片	积大本特	昆明积大制药有限公司
10		小柴胡颗粒	振华制药	昆明振华制药厂有限公司
11		血塞通软胶囊	络泰	昆明制药集团股份有限公司
12		复方磷酸萘酚喹片	KPC	昆明制药集团股份有限公司
13		妇炎康片	云健	昆明云健制药有限公司
14		参苓健脾胃颗粒	云健	昆明云健制药有限公司
15		血塞通注射液	云植	云南植物药业有限公司
16		灯盏生脉胶囊	生物谷	云南生物谷灯盏花药业有限公司
17		肾衰宁胶囊		云南理想药业有限公司
18		磺胺嘧啶银孕膏	神火	昆明圣火药业（集团）有限公司
19		黄腾素软胶囊	神火	昆明圣火药业（集团）有限公司
20		消结安胶囊		云南良方制药有限公司
21		龙金通淋胶囊	色噫乐	云南希陶绿色药业股份有限公司

编号	申报产品名称		注册商标名称	申报企业名称
22	制药及生物制品	猪瘟活疫苗	金殿	云南生物制药有限公司
23		血塞通片	维和	云南维和药业股份有限公司
24		黄芪注射液	中精	大理药业股份有限公司
25		珍熊胆丸	瑞鹤	云南大理瑞鹤药业有限公司
26		血塞通注射液	络泰	昆明制药集团股份有限公司
27		蒿甲醚系列	阿替咪啶	昆明制药集团股份有限公司
28		注射用血塞通（冻干）	络泰	昆明制药集团股份有限公司
29		葡萄糖注射液		昆明南疆制药有限公司
30		参苓健脾胃颗粒	雲昆	昆明中药厂有限公司
31		复方康唑发用洗剂	康王	昆明滇虹药业有限公司
32		骨痛灵酊	滇虹	昆明滇虹药业有限公司
33	冶金	重熔用铝锭	云海 云铝	云南铝业股份有限公司
34		铅锭	金沙	云南驰宏锌锗股份有限公司
35		高纯阴极铜	铁峰	云南铜业股份有限公司
36		电工用铜线坯	铁峰	云南铜业股份有限公司
37		锗系列产品	银晶	云南驰宏锌锗股份有限公司
38		区熔锗锭	临鑫圆	云南临沧鑫园锗业股份有限公司
39		钢筋混凝土用热轧光圆钢筋	昆钢	武钢集团昆明钢铁股份有限公司
40		一般冲压用冷轧钢板和钢带	昆钢	武钢集团昆明钢铁股份有限公司
41		碳素结构钢热轧钢带	昆钢	武钢集团昆明钢铁股份有限公司
42	电子	PR 高级专业存折打印机	Nantian	云南南天电子信息产业股份有限公司
43		BST 系列银行自助服务终端	Nantian	云南南天电子信息产业股份有限公司
44	化肥	过磷酸钙	金星	云南金星化工有限公司
45			勤丰	云南禄丰勤攀化工有限公司
46		钙镁磷肥	菱牌	云南光明化工有限公司
47	化工	钛白粉	互通	云南大互通工贸有限公司
48		工业甲醇	红河	云南解化清洁能源开发有限公司解化化工公司
49				
50		工业甲醇	花山	云南云维股份有限公司
51		乙酸乙烯酯	云维	云南云维股份有限公司
52		工业赤磷	螺蛳	云南江磷集团股份有限公司
53		氢氧化钠	金云岭	云南南磷集团股份有限公司
			红云	云南盐化股份有限公司

编号	申报产品名称		注册商标名称	申报企业名称
54	化工	硫酸铵	昆钢	云南昆钢煤焦化有限公司
55		工业萘	昆钢	云南昆钢煤焦化有限公司
56		牙膏工业用磷酸氢钙	天飞	云南天创科技有限公司
57		农用硝酸钾	大旺	昆明青上化工有限公司
58	食品	瓶装饮用水	珍茗金龙	昆明珍茗食品有限责任公司
59			新林山	云南林山实业有限公司
60		小麦粉	聚友	保山永吉食品有限公司
61		大米	遮放贡	潞西市遮放贡米有限责任公司
62		核桃油	康邦美味	维西县康邦美味绿色资源开发公司
63			舒达	迪庆香格里拉舒达有机食品有限公司
64		普洱茶	八角亭	云南省黎明农工商联合公司茶厂
65			高黎贡山	腾冲县高黎贡山生态茶业有限责任公司
66			大益	勐海茶厂
67			勐库	云南双江勐库茶叶有限责任公司
68			宝焰牌	云南下关沱茶（集团）股份有限公司
69			松鹤	云南下关沱茶（集团）股份有限公司
70		绿茶	龙生	云南龙生茶叶股份有限公司
71		红茶	凤	云南滇红集团股份有限公司
72 73		小米辣泡菜系列食品	宏斌	云南宏斌绿色食品有限公司
74		澳洲坚果仁	迪思	云南迪斯企业集团坚果有限公司
			云澳达	云南云澳达坚果开发有限公司
75		速溶咖啡粉	后谷	德宏后谷咖啡有限公司
76	机械	大型铁路养路机械	铁工	昆明中铁大型养路机械集团有限公司
77 78		中高压六氟化硫断路器开关设备	云开	云南开关厂
79		户内金属铠装移开式中压开关设备	云开	云南开关厂
80			KEAPI	昆明电气科学研究所
81		发动机连杆总成	西仪	云南西仪工业股份有限公司
82		镀锌钢绞线	玉杯	玉溪玉杯金属制品有限公司
		破碎机	铁虎	文山通用机械制造有限责任公司
83	轻工	西服	OSD	云南奥斯迪实业有限公司
84		中密度纤维板	昌龙	普洱昌龙工贸企业（集团）有限公司
85			福通	普洱福通（集团）木业有限公司
86			宏睦	思矛红塔木业有限公司
		运动鞋	石林	云南省南湖橡胶厂

编号	申报产品名称			注册商标名称	申报企业名称
87	轻工	爪式旋开盖		云海	昆明云海印铁制盖有限公司
88		木质门		古林	腾冲县古林木业有限责任公司
89				金钻	思茅红塔木业有限公司
90		光学可变图像烫印箔		鋆鉴	云南荷乐宾防伪技术有限公司
91					
92		运动鞋		石林	云南省南湖橡胶厂
93	花卉	鲜切花	百合	MINGZHU	玉溪明珠花卉股份有限公司
94			唐菖蒲	臧健	元江县葳健花卉科技开发有限公司
95		鲜切花	蝴蝶兰	芊卉	昆明芊卉种苗有限公司
96			大花蕙兰	芊卉	昆明芊卉种苗有限公司
97				英茂	云南英茂花卉产业有限公司
98		种苗	康乃馨	英茂	云南英茂花卉产业有限公司

中国名牌产品名单

序号	申报产品名称	注册商标名称	申报企业名称
1	仓储自动化物流系统	昆船	昆明船舶设备集团有限公司
2	重过磷酸钙	三环	云南云天化国际化工股份有限公司
3	阴极铜	铁峰	云南铜业股份有限公司
4	大型铁路养路机械	铁工	昆明中铁大型养路机械集团有限公司
5	饮用天然矿泉水	大山	云南大山饮品有限公司
6	珠宝首饰（玉石饰品）	七彩云南	昆明七彩云南实业股份有限公司
7	珠宝首饰（玉石饰品）	昆百大	昆明百货大楼（集团）珠宝经营有限公司
8	卷烟	云烟	红云烟草（集团）有限责任公司（红云红河烟草（集团）有限责任公司）
9	锡锭	云锡	云南锡业集团（控股）有限责任公司
10	云南红全汁系列葡萄酒	滇云	云南高原葡萄酒有限公司
11	卷烟	红河	红河烟草（集团）有限责任公司（红云红河烟草（集团）有限责任公司）
12	磷酸二铵	“、白鹇”	云南云天化国际化工股份有限公司（红磷分公司）
13	卷烟	红塔山、玉溪、红梅	红塔烟草（集团）有限责任公司
14	磷酸二铵	云峰	云南云天化国际化工股份有限公司（云峰分公司）
15	尿素	金沙江	云南云天化股份有限公司

酒类中国名牌产品名单

序号	申报产品名称	注册商标名称	申报企业名称	企业性质
1	云南红全汁系列葡萄酒	滇云	云南高原葡萄酒有限公司	

酒类云南名牌产品名单

序号	申报产品名称	地址	企业性质
1	大理啤酒有限公司	大理市下关西郊一点红	非公
2	云南澜沧江啤酒企业（集团）有限公司	云南省云县草皮街 148 号	非公
3	云南高原葡萄酒有限公司	昆明市经济技术开发区经东路 17－3 号	非公
4	云南香格里拉酒业股份有限公司	昆明国家经济技术开发区云天小区办公楼 4 楼非公	非公